Lukas von Ditfurth

Datenmärkte, Datenintermediäre und der Data Governance Act

Global and Comparative Data Law

Herausgegeben von
Moritz Hennemann, Lea Katharina Kumkar, Linda Kuschel
und Björn Steinrötter

Band 4

Lukas von Ditfurth

Datenmärkte, Datenintermediäre und der Data Governance Act

Eine Analyse der europäischen Regulierung von B2B-Datenvermittlungsdiensten

DE GRUYTER

ISBN 978-3-11-133453-0
e-ISBN (PDF) 978-3-11-133766-1
e-ISBN (EPUB) 978-3-11-133806-4
ISSN 2751-0174
DOI https://doi.org/10.1515/9783111337661

Library of Congress Control Number: 2023943398

Bibliografische Information der Deutschen Nationalbibliothek
Die Deutsche Nationalbibliothek verzeichnet diese Publikation in der Deutschen Nationalbibliografie; detaillierte bibliografische Daten sind im Internet über http://dnb.dnb.de abrufbar.

Einbandabbildung: peshkov / iStock / Getty Images
Satz: bsix information exchange GmbH, Braunschweig
Druck und Bindung: CPI books GmbH, Leck

www.degruyter.com

Meinem Vater

Vorwort

Die vorliegende Arbeit wurde von der Juristischen Fakultät der Universität Passau im Sommersemester 2023 als Dissertation angenommen. Für die Drucklegung wurden neue Entwicklungen bis Ende Juni 2023 berücksichtigt.

An erster Stelle gilt mein Dank meinem geschätzten Doktorvater Prof. Dr. Moritz Hennemann, M.Jur. (Oxon.), der mich über die gesamte Dissertationszeit hervorragend betreut und mit vielen wertvollen Ratschlägen unterstützt hat. Darüber hinaus ist Prof. Dr. Michael Beurskens, LL.M. (University of Chicago) für die rasche Erstellung des mit konstruktiven Anmerkungen versehenen Zweitgutachtens zu danken.

Besonderer Dank gebührt meiner Freundin Henrike für ihre liebevolle Unterstützung während der Dissertationszeit und ihren großen Einsatz beim Korrekturlesen dieser (langen) Arbeit. Meinem Bruder Jakob ist zu danken für die ökonomischen Diskussionen, von denen diese Arbeit sehr profitiert hat. Mein größter Dank gilt schließlich meinem Vater Hoimar, der mich während meiner gesamten Ausbildung großzügig und bedingungslos unterstützt hat und ohne den diese Arbeit nicht entstanden wäre.

Berlin, im September 2023 Lukas von Ditfurth

https://doi.org/10.1515/9783111337661-200

Inhaltsübersicht

Inhaltsverzeichnis

Abkürzungsverzeichnis

ABl.	Amtsblatt der Europäischen Union
AcP	Archiv für die civilistische Praxis
AEUV	Vertrag über die Arbeitsweise der europäischen Union
AGB	Allgemeine Geschäftsbedingungen
AktG	Aktiengesetz
ALI	American Law Institute
B2B	Business-to-Business (von Unternehmen zu Unternehmen)
BB	Der Betriebs-Berater (Zeitschrift)
BDI	Bundesverband der deutschen Industrie
BeckOF IT-Recht	Beck'sche Online-Formulare IT- und Datenrecht
BeckOGK	Beck'scher Online-Großkommentar
BeckOK	Beck'scher Online-Kommentar
Begr.	Begründer
BGB	Bürgerliches Gesetzbuch
BGBl.	Bundesgesetzblatt
BGebG	Gesetz über Gebühren und Auslagen des Bundes
BGH	Bundesgerichtshof
BKartA	Bundeskartellamt
BKR	Zeitschrift für Bank- und Kapitalmarktrecht
BMJV	Bundesministerium der Justiz und für Verbraucherschutz (jetzt Bundesministerium der Justiz)
Brüssel I-VO	Verordnung (EU) Nr. 1215/2012 des Europäischen Parlaments und des Rates vom 12. Dezember 2012 über die gerichtliche Zuständigkeit und die Anerkennung und Vollstreckung von Entscheidungen in Zivil- und Handelssachen, ABl. L 351 vom 20.12.2012, S. 1–32.
BT-Drs.	Bundestagsdrucksache
bzw.	beziehungsweise
C2B	Consumer-to-Business (von Verbraucher zu Unternehmer)
CCZ	Corporate Compliance Zeitschrift
CEN	The European Committee for Standardization
CENELEC	The European Committee for Electrotechnical Standardization
COM	Mitteilung der Europäischen Kommission
ComputerR-Hdb.	Computerrechts-Handbuch
CR	Computer und Recht (Zeitschrift)
CRNI	Competition and Regulation in Network Industries (Zeitschrift)
DA	Data Act
DA-E	Entwurf des Data Act (Vorschlag der Europäischen Kommission, COM (2022) 68 final)
DGA	Data Governance Act (Verordnung (EU) 2022/868 des Europäischen Parlaments und des Rates vom 30. Mai 2022 über europäische Daten-Governance und zur Änderung der Verordnung (EU) 2018/1724, ABl. L 152 vom 3.6.2022, S. 1–44).

https://doi.org/10.1515/9783111337661-203

DGA-E	Entwurf des Data Governance Act (Vorschlag der Europäischen Kommission, COM(2020) 767 final)
DIN	Deutsches Institut für Normung
Diss.	Dissertation
DMA	Digital Markets Act (Verordnung (EU) 2022/1925 des Europäischen Parlaments und des Rates vom 14. September 2022 über bestreitbare und faire Märkte im digitalen Sektor und zur Änderung der Richtlinien (EU) 2019/1937 und (EU) 2020/1828, ABl. L 265 vom 12.10.2022, S. 1–66).
DMA-E	Entwurf ders Digital Markets Act (Vorschlag der Europäischen Kommission, COM(2020) 842 final)
DSA	Digital Services Act (Verordnung (EU) 2022/2065 des Europäischen Parlaments und des Rates vom 19. Oktober 2022 über einen Binnenmarkt für digitale Dienste und zur Änderung der Richtlinie 2000/31/EG, ABl. L 277 vom 27.10.2022, S. 1–102).
DSGVO	Datenschutz-Grundverordnung (Verordnung (EU) 2016/679 des Europäischen Parlaments und des Rates vom 27. April 2016 zum Schutz natürlicher Personen bei der Verarbeitung personenbezogener Daten, zum freien Datenverkehr und zur Aufhebung der Richtlinie 95/46/EG, ABl. L 119 vom 4.5.2016, S. 1–88).
DSM-RL	Digital-Single-Market-Richtlinie (Richtlinie (EU) 2019/790 des Europäischen Parlaments und des Rates vom 17. April 2019 über das Urheberrecht und die verwandten Schutzrechte im digitalen Binnenmarkt und zur Änderung der Richtlinien 96/9/EG und 2001/29/EG, ABl. 2019 L 130, S. 92–125).
DSRITB	Deutsche Stiftung für Recht und Informatik Tagungsband
DuD	Datenschutz und Datensicherheit
E-Commerce-RL	Richtlinie 2000/31/EG des Europäischen Parlaments und des Rates vom 8. Juni 2000 über bestimmte rechtliche Aspekte der Dienste der Informationsgesellschaft, insbesondere des elektronischen Geschäftsverkehrs, im Binnenmarkt, ABl. L 178 vom 17.7.2000, S. 1–16.
Ed.	Edition
EDPB	European Data Protection Board (Europäischer Datenschutzausschuss)
EL.	Ergänzungslieferung
ELI	European Law Institute
EMRK	Konvention zum Schutz der Menschenrechte und Grundfreiheiten
EPRS	European Parliamentary Research Service (Wissenschaftlicher Dienst des Europäischen Parlaments)
ErwG	Erwägungsgrund
ETSI	The European Telecommunications Standards Institute
EU	Europäische Union
EU-DSRL	Europäische Datenschutz-Richtlinie (Richtlinie 95/46/EG des Europäischen Parlaments und des Rates vom 24. Oktober 1995 zum Schutz natürlicher Personen bei der Verarbeitung personenbezogener Daten und zum freien Datenverkehr, ABl. L 281, S. 31–50).
EuCML	Journal of European Consumer and Market Law

EuG	Gericht der Europäischen Union
EuGH	Europäischer Gerichtshof
EuR	Europarecht (Zeitschrift)
Europäische Datenbank-RL	Richtlinie 96/9/EG des Europäischen Parlaments und des Rates vom 11. März 1996 über den rechtlichen Schutz von Datenbanken, ABL. EG v. 27.03.1996, L 77, S. 20–28.
Europäische Dienstleistungs-RL	VO 2006/123/EG des Europäischen Parlaments und des Rates vom 12. Dezember 2006 über Dienstleistungen im Binnenmarkt, ABl. L 376, S. 36–68.
EUV	Vertrag über die Europäische Union
EuZW	Europäische Zeitschrift für Wirtschaftsrecht
f.	folgend
ff.	folgende
FCA	Financial Conduct Authority
FK AEUV	Frankfurter Kommentar EUV, GRC und AEUV
Fortf.	Fortführer
FS	Festschrift
GATT	General Agreement on Tariffs and Trade (Allgemeines Zoll- und Handelsabkommen)
GenG	Genossenschaftsgesetz
GeschGehG	Gesetz zum Schutz von Geschäftsgeheimnissen
Geschäftsgeheimnis-RL	Richtlinie (EU) 2016/943 des Europäischen Parlaments und des Rates vom 8. Juni 2016 über den Schutz vertraulichen Know-hows und vertraulicher Geschäftsinformationen (Geschäftsgeheimnisse) vor rechtswidrigem Erwerb sowie rechtswidriger Nutzung und Offenlegung, ABl. L 157 vom 15.6.2016, S. 1–18.
ggf.	gegebenenfalls
GmbH	Gesellschaft mit beschränkter Haftung
GmbH & Co. KG	Gesellschaft mit beschränkter Haftung & Compagnie Kommanditgesellschaft
GRUR	Gewerblicher Rechtsschutz und Urheberrecht (Zeitschrift)
GRUR Int	GRUR International Journal of European and International IP Law
GRUR-Prax	Praxis im Immaterialgüter- und Wettbewerbsrecht (Zeitschrift)
GWR	Gesellschafts- und Wirtschaftsrecht (Zeitschrift)
h. M.	herrschende Meinung
Habil.	Habilitation
Hdb. EU-WirtschaftsR	Handbuch des EU-Wirtschaftsrechts
Hdb. IT-/DatenschR	Handbuch IT- und Datenschutzrecht
Hdb. KartR	Handbuch des Kartellrechts
Hdb. MMR	Handbuch Multimedia-Recht
Hdb. StaatsR VI	Handbuch des Staatsrechts, Band 6
HICSS 53	Proceedings of the 53rd Hawaii International Conference on System Sciences
ICBT 2	Proceedings of the 2nd International Conference on Blockchain Technology
ICC	International Chamber of Commerce
IEC	International Electrotechnical Commission

IETF	The Internet Engineering Task Force
IEDS	Incentives and Economics of Data Sharing
IIC	International Review of Intellectual Property and Competition Law
IMF	International Monetary Fund (Internationaler Währungsfond)
IoT	Internet of Things (Internet der Dinge)
IR	InfrastrukturRecht (Zeitschrift)
ISO	International Organization for Standardization
IWRZ	Zeitschrift für Internationales Wirtschaftsrecht
JIPITEC	Journal of Intellectual Property, Information Technology and Electronic Commerce Law
JZ	JuristenZeitung
K&R	Kommunikation & Recht (Zeitschrift)
Kap.	Kapitel
KMU	Kleine und mittlere Unternehmen
m. Anm.	mit Anmerkung
m. w. N.	mit weiteren Nachweisen
Mio.	Millionen
MMR	Multimedia und Recht – Zeitschrift für IT-Recht und Recht der Digitalisierung
MMR-Beil.	Multimedia und Recht – Beilage
MPI	Max-Planck-Institut für Innovation und Wettbewerb
MüKo	Münchener Kommentar
MünchHdb. GesR IV	Münchener Handbuch des Gesellschaftsrechts, Band 4
NBER	National Bureau for Economic Research
NJOZ	Neue Juristische Online Zeitschrift
NJW	Neue Juristische Wochenschrift
NZG	Neue Zeitschrift für Gesellschaftsrecht
NZI	Neue Zeitschrift für Insolvenzrecht
NZKart	Neue Zeitschrift für Kartellrecht
OECD	Organisation for Economic Co-operation
ORDO	Jahrbuch für die Ordnung von Wirtschaft und Gesellschaft
P2B-VO	Platform-to-business-Verordnung (Verordnung (EU) 2019/1150 des Europäischen Parlaments und des Rates vom 20. Juni 2019 zur Förderung von Fairness und Transparenz für gewerbliche Nutzer von Online-Vermittlungsdiensten, ABl. L 186 vom 11.7.2019, S. 57–79).
PinG	Privacy in Germany (Zeitschrift)
PSI-RL	Richtlinie (EU) 2019/1024 des Europäischen Parlaments und des Rates vom 20. Juni 2019 über offene Daten und die Weiterverwendung von Informationen des öffentlichen Sektors, ABl. L 172 vom 26.6.2019, S. 56–83.
RDi	Recht Digital (Zeitschrift)
Rhdb.	Rechtshandbuch
Richtlinie (EU) 2016/943	Richtlinie (EU) 2016/943 des Europäischen Parlaments und des Rates vom 8. Juni 2016 über den Schutz vertraulichen Know-hows und vertraulicher Geschäftsinformationen (Geschäftsgeheimnisse) vor rechtswidrigem Erwerb sowie rechtswidriger Nutzung und Offenlegung, ABl. L 157 vom 15.6.2016, S. 1–18.

Rom I-VO	Verordnung (EG) Nr. 593/2008 des Europäischen Parlaments und des Rates vom 17. Juni 2008 über das auf vertragliche Schuldverhältnisse anzuwendende Recht, ABl. L 177 vom 4.7.2008, S. 6–16.
RW	Rechtswissenschaft (Zeitschrift)
sog.	sogenannte
StGB	Strafgesetzbuch
SWD	Commission Staff Working Document (Arbeitsdokument der Kommissionsdienststellen)
TMG	Telemediengesetz
TRIPS	The Agreement on Trade-Related Aspects of Intellectual Property Rights (Übereinkommen über handelsbezogene Aspekte der Rechte des geistigen Eigentums)
u. a.	und andere/unter anderem
UAbs.	Unterabsatz
UGP-RL	Richtlinie 2005/29/EG des Europäischen Parlaments und des Rates vom 11. Mai 2005 über unlautere Geschäftspraktiken im binnenmarktinternen Geschäftsverkehr zwischen Unternehmen und Verbrauchern und zur Änderung der Richtlinie 84/450/EWG des Rates, der Richtlinien 97/7/EG, 98/27/EG und 2002/65/EG des Europäischen Parlaments und des Rates sowie der Verordnung (EG) Nr. 2006/2004 des Europäischen Parlaments und des Rates, ABl. L 149 vom 11.6.2005, S. 22–39.
UmwG	Umwandlungsgesetz
UrhDaG	Urheberrechts-Diensteanbieter-Gesetz
Urheberrechts-RL	Richtlinie (EU) 2019/790 des Europäischen Parlaments und des Rates vom 17. April 2019 über das Urheberrecht und die verwandten Schutzrechte im digitalen Binnenmarkt und zur Änderung der Richtlinien 96/9/EG und 2001/29/EG, ABl. L 130 vom 17.5.2019, S. 92–125.
UrhG	Urheberrechtsgesetz
UrhR	Urheberrecht
USD	US-Dollar
VersR	Versicherungsrecht (Zeitschrift)
VO (EG) 1/2003	Verordnung (EG) Nr. 1/2003 des Rates vom 16. Dezember 2002 zur Durchführung der in den Artikeln 81 und 82 des Vertrags niedergelegten Wettbewerbsregeln, ABl. L 1 vom 4.1.2003, S. 1–25.
VO (EU) 2018/1807	Verordnung (EU) 2018/1807 des Europäischen Parlaments und des Rates vom 14. November 2018 über einen Rahmen für den freien Verkehr nicht-personenbezogener Daten in der Europäischen Union, ABl. L 303 vom 28.11.2018, S. 59–68.
W3C	The World Wide Web Consortium
WM	Zeitschrift für Wirtschafts- und Bankrecht
WTO	World Trade Organisation (Welthandelsorganisation)
z. B.	zum Beispiel
ZD	Zeitschrift für Datenschutz
ZEuP	Zeitschrift für Europäisches Privatrecht
ZfDR	Zeitschrift für Digitalisierung und Recht
ZGE	Zeitschrift für geistiges Eigentum

ZGI	Zeitschrift für das gesamte Informationsrecht
ZIP	Zeitschrift für Wirtschaftsrecht
ZRP	Zeitschrift für Rechtspolitik
zugl.	zugleich
ZUM	Zeitschrift für Urheber- und Medienrecht

Kapitel 1: Einleitung

„Daten sind kein Öl – sie sind erneuerbare Ressourcen, die gebündelt, geteilt und wiederverwendet werden können."[1] Dieses Zitat der EU-Kommissarin für Wettbewerb und Digitales *Margarethe Vestager* lenkt den Blick auf die beiden Eigenschaften von Daten, die aus wirtschaftspolitischer Perspektive ihren Reiz und ihr Potenzial ausmachen. Zunächst sind Daten Ressourcen, die als Informationsträger die Entscheidungsfindung von Unternehmen verbessern und dadurch deren Innovationsfähigkeit und Produktivität stärken können. Dieser Wert von Daten als wirtschaftlicher Ressource steht schon seit längerem im Fokus der Europäischen Kommission. So sprach *Vestagers* Vorgängerin *Neelie Kroes* bereits im Jahr 2013 von Daten als dem neuen Öl, das als Treibstoff für Innovationen und Wirtschaftswachstum dienen soll.[2] Wie *Vestager* treffend feststellt, ist die Analogie von Daten als neuem Öl aber ungenau. Im Gegensatz zum Öl handelt es sich bei Daten um nicht-rivale Ressourcen. Sie können von mehreren Personen gleichzeitig zu unterschiedlichen Zwecken genutzt und beliebig oft geteilt werden. Aufgrund ihrer Nicht-Rivalität und Wiederverwertbarkeit lässt sich der vollständige gesamtgesellschaftliche Wert von Daten erst dann schöpfen, wenn sie zwischen Unternehmen und Organisationen ausgetauscht und geteilt werden.

Aus diesem Grund stellt die Intensivierung des Datenaustauschs eine zentrale Zielsetzung der Europäischen Datenstrategie aus dem Jahr 2020 dar. Ziel der Europäischen Kommission ist es, einen „echten Binnenmarkt für Daten" zu erschaffen, über den alle europäischen Unternehmen mit den von ihnen benötigten Daten versorgt werden.[3] Eine wichtige Säule dieses Binnenmarkts stellt der Austausch bereits erhobener Daten zwischen Unternehmen dar.[4] Auch wenn immer mehr Daten hierfür zu Verfügung stehen, teilen Unternehmen ihre Daten aus verschiedenen Gründen bislang nur in geringem Ausmaß. Viele Unternehmen sind schon grundsätzlich nicht bereit, ihre Daten mit anderen Unternehmen zu teilen. Sie befürchten den Kontrollverlust über ihre Daten oder verweigern die Datenweitergabe aus strategischen Gründen. Selbst wenn Unternehmen zur Weitergabe ihrer Daten bereit sind, gestaltet sich der B2B-Datenaustausch in der Praxis als schwierig. Informationsasymmetrien und Transaktionskosten verhindern in vielen Fällen den Abschluss und die Durchführung von Datentransaktionen.

1 *Vestager*, Tweet vom 6. Mai 2021, abrufbar unter: https://twitter.com/vestager/status/1390257079374557184.

2 *Kroes*, Rede vom 26. März 2013, abrufbar unter: https://ec.europa.eu/commission/presscorner/detail/en/SPEECH_13_261.

3 *Europäische Kommission*, COM(2020) 66 final, S. 5.

4 Indem Unternehmen bereits mit Daten als eigenständigen Produkten handeln, sind Märkte für Unternehmensdaten entstanden.

https://doi.org/10.1515/9783111337661-001

Zur Behebung dieser Hindernisse für den B2B-Datenaustausch sind aus Sicht des Gesetzgebers zwei Wege denkbar. Zum einen kann der Gesetzgeber auf die Entscheidungen von Unternehmen hinsichtlich der Weitergabe ihrer Daten einwirken, in dem er Anreize zur Datenweitergabe setzt oder eine gesetzliche Verpflichtung hierzu einführt. Letzterem Ansatz haftet aber das nicht unerhebliche Risiko eines regulatorischen Fehlschlags an. Schließlich haben Unternehmen in vielen Fällen berechtigte Interessen, die einer Datenweitergabe entgegenstehen. Zum Beispiel können durch die Datenweitergabe Betriebsgeheimnisse der datenhaltenden Unternehmen an die Öffentlichkeit gelangen. Zudem kann sich die gesetzlich erzwungene Datenweitergabe negativ auf die Anreize der Unternehmen zur Datenerhebung auswirken. Aus diesen Gründen wird eine allgemeine und bedingungslose Pflicht zum Datenteilen überwiegend abgelehnt.[5]

Sinnvoll können Datengewährungspflichten aber in spezifischen Fallkonstellationen sein. So kann es aufgrund von existierenden Marktmachtpositionen oder strukturellen Asymmetrien bei der Verhandlungsmacht geboten sein, dass Unternehmen hinsichtlich bestimmter Daten zur Weitergabe an andere Unternehmen verpflichtet werden. Dieser Ansatz liegt dem in der Europäischen Datenstrategie angekündigten[6] und als Entwurf[7] bereits vorliegenden Data Act zugrunde, der in Art 4 f. DA-E Datenzugangsansprüche der Nutzer von datensammelnden Geräten gegenüber den Geräteherstellern vorsieht.[8]

Die andere Möglichkeit zur Verbesserung des B2B-Datenaustauschs besteht darin, den freiwilligen Datenaustausch zwischen Unternehmen zu erleichtern, indem die existierenden Informationsasymmetrien und Transaktionskosten verringert werden. So ist es denkbar, dass der Gesetzgeber existierende Rechtsvorschriften modifiziert oder neue Vorschriften einführt, um die rechtliche Gestaltung und Durchführung von Datentransaktionen zu erleichtern. Angesichts des Umstandes, dass rechtliche Schwierigkeiten ein wesentliches Hemmnis für den B2B-Datenaustausch darstellen,[9] ist diese Option grundsätzlich naheliegend. Zum Beispiel könnte der Gesetzgeber die Schutzrechte an Daten reformieren oder ein maßgeschnei-

---

5 Siehe nur *Schweitzer/Peitz*, Datenmärkte in der digitalisierten Wirtschaft (2017), S. 84; *Hillmer*, Daten als Rohstoffe (2021), S. 348 ff., 356 ff.

6 *Europäische Kommission*, COM(2020) 66 final, S. 15 f.

7 *Europäische Kommission*, COM(2022) 68 final.

8 Schließlich nimmt die Europäische Kommission an, dass strukturelle Machtasymmetrien in diesen Situationen den Datenzugang der Nutzer vereiteln; siehe *Europäische Kommission*, SWD (2022) 34 final, S. 17 f. Siehe zu den Datenzugangsansprüchen *Kerber*, Governance of IoT Data (2022), S. 8 ff.; *Podszun/Pfeifer*, GRUR 2022, 953 (956 f.); *Hennemann/Steinrötter*, NJW 2022, 1481 (1483 f.); *Specht-Riemenschneider*, MMR-Beil. 2022, 809 (813 ff.).

9 So sehen viele Unternehmen den gegenwärtigen Rechtsrahmen für den Datenaustausch als größtes Hindernis bei der Datenweitergabe, siehe nur *Büchel/Demary/u. a.*, Anreizsystem und Ökonomie des Data Sharings (2022), S. 52.

dertes Vertragsrecht für den B2B-Datenaustausch[10] entwickeln.[11] Da insbesondere das strenge europäische Datenschutzrecht ein Hindernis für Datentransaktionen darstellt,[12] käme auch eine Anpassung der DSGVO in Betracht. Vor einer tiefgreifenden Veränderung des Rechtsrahmens schreckt der europäische Gesetzgeber bisher aber zurück.[13] Insbesondere die Modifizierung der DSGVO wird kategorisch abgelehnt.[14]

Alternativ kann der freiwillige Datenaustauschs auch durch die Stärkung von Marktmechanismen für den B2B-Datenaustausch gefördert werden. Zu diesem Zweck lässt sich an die Entwicklung von B2B-Datenintermediären anknüpfen. Allgemein handelt es sich bei B2B-Datenintermediären um digitale Plattformen, die Unternehmen bei der Anbahnung und Durchführung von Datentransaktionen unterstützen. Sie haben das Potenzial, Informationsasymmetrien und Transaktionskosten auf Datenmärkten zu verringern und dadurch dem B2B-Datenaustausch zu neuem Schwung zu verhelfen.[15] Derzeit stehen B2B-Datenintermediäre noch am Anfang ihrer Entwicklung und warten auf ihren Marktdurchbruch. Aufgrund ihrer marktfördernden Eigenschaften ist es aber verständlich, dass die EU große Hoffnungen in ihr Potenzial zur Belebung von Datenmärkten setzt und sie deshalb fördern möchte.

Klassischerweise erfolgt die staatliche Förderung erwünschter wirtschaftlicher Verhaltensweisen, indem Anreize für die Vornahme solcher Handlungen gesetzt werden. Typische Beispiele hierfür sind rechtliche Erleichterungen oder Subventionen. Der europäische Gesetzgeber wählt hingegen einen anderen Ansatz zur Förderung von Datenintermediären. Durch die Einführung der Art. 10 bis 15

10 Siehe in diesem Zusammenhang die Vorschläge von *ALI* und *ELI* für ein Datenvertragsrecht *ALI/ELI*, Principles for a Data Economy (2021).

11 Siehe zu den Schwächen des gegenwärtigen Rechtsrahmens für den B2B-Datenaustausch in Kap. 3, C. und *Schweitzer/Metzger/u. a.*, Data access and sharing (2022), S. 118 ff.

12 Siehe hierzu Kap. 3, C. III. 3 und *Wendehorst*, in: Lohsse/Schulze/Staudenmayer, Trading Data in the Digital Economy (2017), S. 327; *Sattler*, in: Pertot, Rechte an Daten (2019), S. 49.

13 Hierbei mag eine Rolle spielen, dass das von der Kommission ins Spiel gebrachte Datenerzeugerrecht in der Rechtswissenschaft und Praxis überwiegend auf Ablehnung gestoßen ist; siehe für eine Zusammenfasssung der Disskussionen hierzu *Beyer-Katzenberger*, in: Specht-Riemenschneider/Werry/Werry, Datenrecht in der Digitalisierung (2019), S. 37 (49 ff.).

14 *Veil*, ZGI 2022, 197 (198).

15 Siehe ErwG 27 DGA; Europäische *Kommission*, SWD(2020) 295 final, S. 12; *Martens/de Streel/u. a.*, B2B Data Sharing (2020), S. 28; *Richter/Slowinski*, IIC 50 (2019), 4 (10 ff.); *Richter*, ZEuP 2021, 634 (643); *Hennemann/v. Ditfurth*, NJW 2022, 1905 (1906, Rn. 7); *v. Ditfurth/Lienemann*, CRNI 23 (2022), 270 (273 f.). Neben den in dieser Arbeit behandelten B2B-Datenintermediären gibt es auch C2B-Datenintermediäre, die Privatpersonen bei der Verwaltung und Kontrolle ihrer personenbezogenen Daten unterstützen; siehe nur *Specht-Riemenschneider/Blankertz/u. a.*, MMR-Beil. 2021, 25 (26 f.); *Kühling*, ZfDR 2021, 1 (5 ff.).

DGA werden Datenvermittlungsdienste[16] einer strengen *ex-ante*-Regulierung unterworfen. Bevor sie ihre Dienste im europäischen Binnenmarkt anbieten, sind Datenvermittlungsdienste gemäß Art. 11 DGA zur Anmeldung bei den zuständigen Behörden der Mitgliedstaaten verpflichtet. Bei der Erbringung ihrer Dienste müssen sie die umfangreichen und strikten Vorgaben des Art. 12 DGA beachten. Primäres Ziel der Regulierung ist es, das Vertrauen der Nutzer in (B2B-)Datenvermittlungsdienste zu stärken und sie somit beim Wachstum zu unterstützen.[17] Auf diese Weise sollen Datenvermittler befähigt werden, Schlüsselrollen beim Datenaustausch im europäischen Binnenmarkt einzunehmen und diesem zu neuem Schwung zu verhelfen.

Gegenstand der vorliegenden Arbeit ist die Untersuchung der Regulierung von B2B-Datenvermittlungsdiensten durch Art. 10 bis 15 DGA. Hierzu sind zunächst die entscheidenden Hintergründe, die den Anlass für die Regulierung von Datenvermittlungsdiensten gegeben haben, darzustellen. Im zweiten Kapitel werden deshalb die Gründe für den B2B-Datenaustausch als wirtschaftspolitische Zielsetzung untersucht. In diesem Rahmen wird nach einer Analyse der datenpolitischen Zielsetzungen der Europäischen Datenstrategie näher darauf eingegangen, inwiefern Daten eine wertvolle wirtschaftliche Ressource darstellen und der florierende B2B-Datenaustausch erforderlich ist, um ihr gesamtes Innovationspotenzial auszuschöpfen. Im dritten Kapitel erfolgt dann eine Analyse der bereits existierenden Märkte für Unternehmensdaten und ihres rechtlichen Rahmens.[18] Hierbei wird ein besonderes Augenmerk darauf gelegt, ob und auf welche Weise der gegenwärtige Rechtsrahmen den B2B-Datenaustausch erschwert.[19] Der Kern des

16 Datenvermittlungsdienste sind Datenintermediäre, die die Voraussetzungen des Art. 10 DGA erfüllen und daher in den Anwendungsbereich des DGA fallen. Neben den hier behandelten B2B-Datenvermittlern (lit. a) erfasst der Anwendungsbereich auch C2B-Datenvermittler (lit. b) sowie Datengenossenschaften (lit. c).

17 Siehe ErwG 5, 32 DGA. Darüber hinaus zielt der DGA offensichtlich aber auch auf die Bekämpfung wettbewerblicher Risiken ab, die von Datenintermediären ausgehen können; siehe hierzu Kap. 5, B. III. 2. c) sowie *Hennemann/v. Ditfurth*, NJW 2022, 1905 (1907, Rn. 10); *v. Ditfurth/Lienemann*, CRNI 23 (2022), 270 (278 f.).

18 Mit Unternehmensdaten sind in dieser Untersuchung Daten in Unternehmenshand gemeint, die vom jeweiligen Unternehmen faktisch kontrolliert werden. Insofern bezieht sich der hier verwendete Begriff der Unternehmensdaten nicht (nur) auf Daten über ein Unternehmen und dessen Abläufe (wie z. B. die Informationen nach § 8b HGB), sondern auf alle von ihm gehaltenen Daten.

19 In diesem Rahmen wird auch das europäische Datenschutzrecht ausschließlich unter dem Gesichtspunkt seiner hemmenden Auswirkungen auf den B2B-Datenaustausch untersucht. Damit soll dem Datenschutz weder seine Legitimität noch seine Bedeutung abgesprochen werden. Im Rahmen dieser Untersuchung werden Daten jedoch ausschließlich als wirtschaftliche Ressource behandelt. Die wichtige rechtspolitische und ethische Frage, ob und mit welchem Ergebnis der Datenschutz gegen wirtschaftliche und andere gesellschaftliche Interessen an der Datennutzung abgewogen werden kann, wird in dieser Arbeit nicht näher erörtert.

dritten Kapitels besteht schließlich in der Untersuchung, welche Ursachen zu einem wahrscheinlichen Marktversagen auf den Märkten für Unternehmensdaten beitragen. Als maßgebliche Hindernisse für B2B-Datenmärkte kommen dabei vor allem Informationsasymmetrien und Transaktionskosten in Betracht. Die im zweiten und dritten Kapitel erfolgenden Feststellungen und Überlegungen sind dabei nicht nur im Hinblick auf den DGA interessant, sondern haben auch für die weiteren datenrechtlichen und -politischen Bestrebungen der EU eine Relevanz.[20]

Das vierte Kapitel widmet sich anschließend dem wirtschaftlichen Potenzial und den wettbewerblichen Risiken von B2B-Datenintermediären. Datenintermediäre können auf B2B-Datenmärkten eine wichtige Vermittlerrolle einnehmen und Informationsasymmetrien sowie Transaktionskosten abbauen. Daher werden in sie große Hoffnungen zur Verbesserung de B2B-Datenaustausches gesetzt. Gleichzeitig wohnen ihnen aufgrund ihrer Vermittlerstellung und aufgrund der Eigenschaften digitaler Märkte gewisse wettbewerbliche Risiken inne. Die Analyse der positiven und negativen Eigenschaften von Datenintermediären ist für die anschließende Untersuchung der Art. 10 bis 15 DGA von großer Bedeutung. Schließlich ist es für den Erfolg der europäischen Regulierung von Datenvermittlungsdiensten entscheidend, dass ihr marktförderndes Potenzial unterstützt und ihre Risiken eingedämmt werden.

Nach diesen Voruntersuchungen beginnt im fünften Kapitel der Hauptteil dieser Arbeit, in dem die Regulierung von B2B-Datenvermittlungsdiensten durch Art. 10 bis 15 DGA umfassend analysiert wird. Dies erfordert zunächst die Identifizierung der Zielsetzungen des DGA und ihrer Konsequenzen für den Regulierungsinhalt und -umfang. Anschließend werden Überlegungen zur Systematik der Art. 10 bis 15 DGA angestellt, die die Funktionsweise und den Regelungszusammenhang der Vorschriften aufzeigen sollen. Einen Schwerpunkt dieser Arbeit stellt die darauffolgende Untersuchung des Anwendungsbereichs der Regulierung auf B2B-Datenvermittlungsdienste nach Art. 10 lit. a DGA dar. Aufgrund ihres knappen Wortlauts sowie ihrer schwer durchschaubaren Systematik stellt diese Vorschrift den Rechtsanwender schließlich vor nicht unerhebliche Auslegungsschwierigkeiten. Von großem praktischem Interesse dürften auch die sich hieran anschließenden Ausführungen zur Durchführung des Anmeldeverfahrens (Art. 11 DGA) und zur behördlichen Durchsetzung (Art. 13 und 14 DGA) der Vorgaben für Datenvermittlungsdienste sein. Herzstück des DGA und Kern dieser Arbeit stellen schließlich die materiellen Bedingungen des Art. 12 DGA dar, die Anbieter von Datenvermittlungsdiensten bei der Erbringung ihrer Dienste im europäischen Binnenmarkt zu berücksichtigen haben. Aus diesem Grund nimmt die Auslegung und Analyse

20 Dies dürfte insbesondere für den Data Act gelten, der in großen Teilen auf ökonomischen Erwägungen zum B2B-Datenaustausch beruht.

des Art. 12 DGA einen Großteil dieser Arbeit ein. Zum Ende des fünften Kapitels wird erörtert, welche weiteren rechtlichen Vorgaben von Datenvermittlern zu berücksichtigen sind. In diesem Rahmen soll auch das Verhältnis des DGA zu den anderen in der Datenstrategie angekündigten Gesetzesvorhaben, dem DMA, DSA und DA-E, untersucht werden. Im sechsten Kapitel erfolgt schließlich die Bewertung des DGA und seiner Erfolgsaussichten.

Diese Arbeit verfolgt im Wesentlichen zwei Zielsetzungen. Zum einen soll das Verständnis der Art. 10 bis 15 DGA und ihrer Prämissen gefördert werden. Dies ist angesichts des für den DGA gewählten Regulierungsansatzes von großer Bedeutung. Denn jedenfalls auf den ersten Blick ist es nicht offensichtlich, wie die Regulierung von Datenvermittlungsdiensten zur Stärkung des B2B-Datenaustauschs beitragen soll und kann. Das Ziel und die Vorgehensweise der europäischen Regulierung von Datenvermittlern lassen sich nur bei genauer Kenntnis der gegenwärtigen Probleme auf Datenmärkten sowie der Funktionen von Datenintermediären nachvollziehen. Zudem kommt der Auslegung der Art. 10 bis 15 DGA eine große Bedeutung zu. Dies liegt daran, dass der DGA viele Vorschriften enthält, die in großem Maße uneindeutig und missverständlich sind. Der Verfasser hofft, durch die ausführliche Analyse der Art. 10 bis 15 DGA zum Verständnis dieser Vorschriften und zur Verringerung von Rechtsunsicherheiten in der Praxis beizutragen.

Zum anderen sollen der gewählte Regulierungsansatz und die einzelnen Rechtsvorschriften des DGA kritisch gewürdigt werden. In rechtstechnischer Hinsicht soll bewertet werden, ob die konkrete Umsetzung der Art. 10 bis 15 DGA zu vermeidbaren Auslegungsschwierigkeiten und Rechtsunsicherheiten führt. Daneben sollen rechtsökonomische Überlegungen zu den Erfolgsaussichten und der Sinnhaftigkeit der europäischen Regulierung von B2B-Datenvermittlern angestellt werden. In diesem Zusammenhang ist zu berücksichtigen, dass eine abschließende Bewertung des bei Drucklegung noch nicht anwendbaren DGA hier nicht erfolgen kann. Zielsetzung der kritischen Würdigung ist es vielmehr, mögliche Fehlschlagrisiken und unbeabsichtigte Nebenfolgen des DGA herauszuarbeiten, die bei der künftigen Analyse der Praxisauswirkungen des DGA, auch im Hinblick auf seine Evaluation nach Art. 35 DGA, als Leitfaden dienen können.

Kapitel 2: Der B2B-Datenaustausch als wirtschaftspolitische Zielsetzung

A. Einleitung

In diesem Kapitel wird der Fragestellung nachgegangen, warum es sich bei dem verstärkten Datenaustausch zwischen Unternehmen und anderen Akteuren um eine zentrale wirtschaftspolitische Zielsetzung der Europäischen Datenstrategie handelt. In einem ersten Schritt wird eruiert, welche Erwartungen die Europäische Kommission in die Nutzung und Weitergabe von Daten durch Unternehmen setzt und welche Annahmen ihrer Regulierung von Datenmärkten zugrunde liegen. Die Identifizierung der daten- und wirtschaftspolitischen Annahmen der Kommission soll zu einem besseren Verständnis der Zielsetzungen des DGA beitragen. Anschließend wird untersucht, inwiefern der B2B-Datenaustausch ein großes und noch weitgehend unerschlossenes wirtschaftliches Potenzial aufweist. Von diesem Potenzial hängt schließlich die Sinnhaftigkeit des DGA und anderer datenwirtschaftsrechtlicher Vorhaben ab.

B. Die Zielvorstellung des europäischen Binnenmarkts für Daten

I. Einleitung

In ihrer Europäischen Datenstrategie aus dem Jahr 2020 hat die Europäische Kommission die Verwirklichung eines „echten" Binnenmarkts für Daten zur Priorität ihrer digital- und datenpolitischen Bestrebungen erklärt. Dieser europäische Binnenmarkt, der für Daten aus aller Welt offensteht und die Sicherheit von personenbezogenen und sensiblen nicht-personenbezogenen Daten gewährleistet, soll (europäischen) Unternehmen Zugang zu einer „nahezu unbegrenzten Menge hochwertiger industrieller Daten" ermöglichen.[1] Diese Zielvorstellung liegt auch dem in der Datenstrategie angekündigten DGA zugrunde und stellt seine übergreifende Zielsetzung dar.[2] In diesem Abschnitt wird daher näher untersucht, weshalb die Kommission der Verwirklichung des Binnenmarkts für Daten eine große Bedeutung zuschreibt und mit welchen Mitteln sie beabsichtigt, ihn herbeizuführen.

---

1 *Europäische Kommission*, COM(2020) 66 final, S. 5.
2 Vgl. ErwG 2 DGA; siehe zu dieser Zielsetzung des DGA ausführlich in Kap. 5, B. III. 3. a).

https://doi.org/10.1515/9783111337661-002

II. Hintergründe und Zielsetzungen der Datenstrategie für den B2B-Datenaustausch

1. Entwicklung des europäischen Datenrechts

Die in der Europäischen Datenstrategie angekündigten Gesetzesvorhaben des DGA und des DA stellen eine signifikante Fortentwicklung des europäischen Datenrechts dar, unter welchem die Gesamtheit aller europäischen Rechtsvorschriften, die sich auf den rechtlichen Status von Daten beziehen oder deren Nutzung regulieren, verstanden wird.[3] Mittelpunkt des europäischen Datenrechts ist (und bleibt) das europäische Datenschutzrecht, das zunächst durch die EU-Datenschutzrichtlinie harmonisiert wurde und nun durch die DSGVO umfassend geregelt wird.[4] Daneben existieren, zum Teil schon seit längerem, weitere europäische Rechtsvorschriften, die den Schutz, die Speicherung oder die Nutzung von Daten betreffen.[5] Hierbei handelt es sich zum einen um Gesetze, die ausschließlich und gezielt die Verwendung von Daten adressieren. So regelt die VO (EU) 2018/1807 den Umfang, in dem die europäischen Mitgliedstaaten durch Lokalisierungsvorschriften den innereuropäischen Datenfluss beschränken dürfen. Zum anderen existieren Vorschriften, die zur Verfolgung datenunabhängiger regulatorischer Zielsetzungen Folgen für den Schutz, die Nutzung und den Zugang zu Daten entwickeln. Ein Beispiel hierfür ist das Kartellrecht, das bei einer marktbeherrschenden Stellung des Datenhalters Datenzugangsansprüche nach Art. 102 AEUV vorsehen kann.[6]

Die in der Datenstrategie angekündigten Gesetzesvorhaben ähneln dem europäischen Datenschutzrecht, indem sie primär die Verarbeitung und Verwendung von Daten adressieren. Hinsichtlich ihrer Zielsetzung stellen sie aber einen Paradigmenwechsel dar. Anstatt die Privatsphäre europäischer Bürger zu schützen, sollen der DGA, der DA und die Gemeinsamen Europäischen Datenräume[7] dazu beitragen, dass das Innovationspotenzial von Daten für die europäische Wirtschaft und Gesellschaft erfolgreich genutzt werden kann. Hierzu soll insbesondere der Zugang europäischer Unternehmen zu den bereits existierenden Daten anderer Unternehmen sowie von Behörden und Verbrauchern verbessert werden. Auf diese Weise bilden der DGA und der DA-E den Kern eines europäischen Datenwirt-

---

3 Siehe zum Begriff des europäischen Datenrechts *Streinz*, in: Craig/de Búrca, The Evolution of EU Law (2021), S. 902.

4 Für einen Überblick über die Entwicklung des europäischen Datenschutzrechts siehe *Streinz*, in: Craig/de Búrca, The Evolution of EU Law (2021), S. 902 (904 ff.).

5 *Streinz*, in: Craig/de Búrca, The Evolution of EU Law (2021), S. 902 (914 ff.).

6 Siehe dazu ausführlich *Schmidt*, Zugang zu Daten nach europäischem Kartellrecht (2020).

7 Siehe zu den Gemeinsamen Europäischen Datenräumen unten in Kap. 2, B. V. 2.

schaftsrechts, welches sich durch seinen Schwerpunkt in der Nutzbarmachung von Daten zu kommerziellen und nicht-kommerziellen Zwecken auszeichnet.[8]

2. Wachsende Bedeutung der Datennutzung

Dem aktiven Regulierungsansatz der Europäischen Datenstrategie im Hinblick auf die europäische Digital- und Datenwirtschaft ist ein jahrelanger Beobachtungs- und Überlegungsprozess der europäischen Institutionen vorangegangen. Bereits in seinen Schlussfolgerungen vom 25. Oktober 2013 erkannte der Europäische Rat die Notwendigkeit, digitale, datengestützte Innovationen in allen europäischen Wirtschaftszweigen zu fördern.[9] In den darauf folgenden Jahren veröffentlichte die Europäische Kommission eine Reihe von Mitteilungen, in denen sie die Bedeutung einer florierenden Datenwirtschaft hervorhob.[10] Mit datenwirtschaftsrechtlichen Gesetzesvorhaben hielt sich die Kommission zunächst aber zurück.[11] Diese Zurückhaltung hat die Kommission in ihrer Datenstrategie aufgegeben. Sie versucht durch den DGA, den DA-E sowie die Gemeinsamen Europäischen Datenräume die Weiterverwendung und den Austausch von Daten zwischen verschiedenen europäischen Akteuren durch die Anpassung des europäischen Rechtsrahmens zu begünstigen.

Die Dringlichkeit, mit der die Kommission in ihrer Datenstrategie auf den verstärkten Austausch von Daten pocht, beruht auf zwei Annahmen. Zunächst verweist die Kommission auf die exponentielle Bedeutungszunahme von Daten für den Wohlstand einer modernen Gesellschaft. So soll es sich bei Daten um die „Lebensader der wirtschaftlichen Entwicklung“ handeln.[12] Laut Kommission dienen Daten als Basis für viele neue Produkte und Dienstleistungen und ermöglichen einen effizienten Ressourceneinsatz in allen Wirtschaftszweigen. Insbesondere innovative Start-Ups und KMU benötigen den Zugang zu Daten, um neue Geschäftsfelder zu erschließen.[13] Die Bedeutung der Datennutzung erschöpft sich aber nicht bloß in wirtschaftlichen Anwendungsbereichen, sondern soll auch Verbesserungen in den Bereichen des Gesundheitswesens, der Umwelt und des öffentlichen Sektors herbeiführen.[14] Aus diesen Gründen soll die EU zum Vorbild für eine da-

---

8 *Steinrötter*, RDi 2021, 480 (481 f., Rn. 6); *Hennemann/Steinrötter*, NJW 2022, 1481 (Rn. 1).
9 *Europäischer Rat*, EUCO 169/13 (2013), Rn. 1.
10 Siehe nur *Europäische Kommission*, COM(2014) 442 final; COM(2017) 9 final; COM(2018) 232 final; für eine ausführliche Zusammenfassung der verschiedenen europäischen Initiativen und Überlegungen zur Datenregulierung siehe *Arnaut/Pont/u. a.*, Study on data sharing (2018), S. 12 ff.
11 Hierfür dürfte auch eine Rolle gespielt haben, dass Überlegungen, etwa zum eigentumsähnlichen Recht des Datenerzeugers in Wirtschaft und Wissenschaft negativ aufgenommen wurden; siehe zum Recht des Datenerzeugers *Europäische Kommission*, COM(2017) 9 final, S. 14.
12 *Europäische Kommission*, COM(2020) 66 final, S. 3.
13 *Europäische Kommission*, COM(2020) 66 final, S. 3.

tengesteuerte Gesellschaft werden, in der alle Bürgerinnen und Bürger sowie Unternehmen von der verstärkten Datennutzung profitieren.[15] Europäischen Unternehmen, Behörden und Wissenschaftlern soll der Zugang zu einer fast unbegrenzten Menge qualitativ hochwertiger Daten eröffnet werden.[16] Dies setzt einen florierenden Datenaustausch zwischen wirtschaftlichen, staatlichen und wissenschaftlichen Akteuren voraus.

Darüber hinaus scheint die Europäische Kommission besorgt zu sein, dass europäische (Digital-)Unternehmen gegenüber internationalen Konkurrenten dauerhaft ins Hintertreffen geraten könnten. Wenn Daten tatsächlich die Lebensader der Wirtschaft darstellen, könnten unaufholbare Rückstände bei der Datennutzung die internationale Wettbewerbsfähigkeit der europäischen Wirtschaft langfristig schmälern. Aus diesem Grund strebt die Kommission an, dass der Anteil der EU an der weltweiten Datenwirtschaft bis 2030 mindestens ihrem sonstigen wirtschaftlichen Gewicht entsprechen soll.[17] Besorgt zeigt sich die Kommission nicht nur hinsichtlich der wirtschaftlichen Auswirkungen, die sich aus der Vorreiterstellung internationaler Wettbewerber ergeben können. Sie fürchtet angesichts der grenzüberschreitenden Natur digitaler Dienste außerdem, dass sich in Europa amerikanische oder chinesische Vorstellungen für die Datennutzung durchsetzen könnten.[18] Daher soll ein europäischer Weg gefunden werden, der den Austausch und die breite Nutzung von Daten ermöglicht und gleichzeitig sicherstellt, dass europäische Werte und Rechte gewahrt werden.[19]

Neue Hoffnung für die internationale Wettbewerbsfähigkeit der europäischen Datenwirtschaft schöpft die Europäische Kommission aus der Zunahme der gesammelten Daten und den sich abzeichnenden Veränderungen ihrer Erzeugung. So soll die Menge der weltweit produzierten Daten von 33 Zettabyte im Jahr 2018 auf 175 Zettabyte im Jahr 2025 anwachsen.[20] Zudem ändere sich die Art und Weise wie Daten generiert werden. Aufgrund der raschen Entwicklung des Internets der Dinge soll in Zukunft der Großteil der Daten in industriellen und anderen Sektoren generiert werden, in denen die EU traditionell eine starke Stellung einnimmt.[21] Aufgrund dieser Entwicklungen erhalte die EU eine neue Chance, um eine führen-

---

14 *Europäische Kommission*, COM(2020) 66 final, S. 1 f.
15 *Europäische Kommission*, COM(2020) 66 final, S. 1.
16 *Europäische Kommission*, COM(2020) 66 final, S. 5.
17 *Europäische Kommission*, COM(2020) 66 final, S. 5.
18 *Europäische Kommission*, COM(2020) 66 final, S. 4. Hiermit geht die Sorge des Verlusts der digitalen Souveränität Europas einher; siehe dazu in Kap. 5, B. III. 1. b).
19 *Europäische Kommission*, COM(2020) 66 final, S. 4.
20 *Europäische Kommission*, COM(2020) 66 final, S. 2; *Reinsel/Gantz/Rydning*, The Digitization of the World (2018), S. 3.
21 *Europäische Kommission*, COM(2020) 66 final, S. 3 f.

de Rolle bei der Datennutzung einzunehmen.[22] Nachdem Europa die erste Innovationswelle verpasst hat, die durch von Verbrauchern über das Internet gesammelte Daten ermöglicht wurde, soll nun eine Vorreiterrolle bei der zweiten Innovationswelle eingenommen werden, die auf automatisch generierten Daten aus vernetzten Gegenständen beruht.[23]

III. Die Zielvorstellung des europäischen Binnenmarkts für Daten

Die Zielvorstellung der Kommission für den Datenaustausch in Europa besteht in der Entstehung eines florierenden europäischen Binnenmarkts für Daten. Dieser Binnenmarkt für Daten, der auch als einheitlicher europäischer Datenraum bezeichnet wird,[24] soll es Unternehmen und anderen Akteuren ermöglichen, Zugang zu einer nahezu unbegrenzten Menge hochwertiger industrieller Daten zu erhalten.[25] Es handelt sich beim Datenraum um den gesamteuropäischen Markt für Daten, an dem europäische Unternehmen und andere Akteure teilnehmen und über den Daten, auch sektorenübergreifend und grenzüberschreitend, gehandelt werden. Zugleich sollen im europäischen Binnenmarkt für Daten europäische Werte und Rechtsvorschriften, insbesondere das Datenschutzrecht, gewahrt werden und die Regeln für die Datennutzung und den Datenzugang fair, praktikabel und bestimmt sein.[26] Ziel der europäischen Datenstrategie ist es demnach, einen Rahmen für den fairen, rechtskonformen und effizienten Datenaustausch zwischen Unternehmen zu schaffen.

Vom ungehinderten Datenaustausch verspricht sich die Kommission erhebliche Wohlstandseffekte. Unter Berufung auf Schätzungen der OECD nimmt sie an, dass der verstärkte Austausch von Daten zwischen Unternehmen zu gesamtwirtschaftlichen Vorteilen in Höhe von 1 bis 2,5 % des europäischen BIP führen kann.[27] Dem Datenaustausch wird vonseiten der Kommission ein großes wirtschaftliches Potenzial zugeschrieben. So soll es sich bei Daten um Rohstoffe handeln, die es Un-

---

22 *Europäische Kommission*, COM(2020) 66 final, S. 2.
23 *Europäische Kommission*, SWD(2020) 295 final, S. 1.
24 Die Bezeichnung des Binnenmarkts als europäischer Datenraum durch die Kommission ist in hohem Maße missverständlich, da eine große Verwechslungsgefahr mit den Gemeinsamen Europäischen Datenräumen besteht. Bei den Gemeinsamen Europäischen Datenräumen handelt es sich jedoch um Infrastrukturen und rechtliche Regeln für den Datenaustausch in bestimmten strategisch bedeutsamen Sektoren, die vom sektorenübergreifenden Binnenmarkt zu unterscheiden sind.
25 *Europäische Kommission*, COM(2020) 66 final, S. 5.
26 *Europäische Kommission*, COM(2020) 66 final, S. 6.
27 *Europäische Kommission*, SWD(2020) 295 final, S. 9; *OECD*, Enhancing Access to and Sharing of Data (2019), S. 62 ff.

ternehmen und anderen Entscheidungsträger ermöglichen, bessere Entscheidungen zu treffen und so insbesondere deren Innovationsfähigkeiten verbessern können.[28] Die besondere wirtschaftspolitische Bedeutung von Daten als Ressource folgt daraus, dass sie unter geringem Ressourceneinsatz vervielfältigt und gleichzeitig von mehreren Unternehmen genutzt werden können.[29] Das gesamte wirtschaftliche Potenzial der Daten kann aufgrund dieser Eigenschaften nur dann geschöpft werden, wenn Unternehmen und andere Organisationen die vorhanden Datenschätze miteinander teilen.[30]

Mit der Etablierung eines florierenden Binnenmarkts für Daten bezweckt die Europäische Kommission nicht nur die Maximierung des gesamtwirtschaftlichen Wachstums. Darüber hinaus scheint sie im Datenaustausch auch ein Instrument zur fairen Verteilung der wirtschaftlichen Vorteile der Datennutzung zu sehen. Alle Unternehmen sollen, unabhängig von ihrer Größe und Marktmacht, an den Vorteilen der Datennutzung partizipieren können.[31] Insofern stellt die Zielvorstellung des europäischen Binnenmarkts einen Gegenentwurf zum *Status quo* der Datenökonomie dar, in dem eine geringe Anzahl mächtiger (amerikanischer) Digitalunternehmen große Datenmengen kontrolliert und gegenüber anderen Unternehmen abschottet. Den abgeschotteten Datensilos großer Digitalunternehmen soll ein vernetztes Ökosystem entgegengesetzt werden, bestehend aus Unternehmen unterschiedlicher Größe, die von der gemeinsamen Nutzung ihrer Datenbestände profitieren. So soll ein florierender Datenmarkt alle europäischen Unternehmen in die Lage versetzen, durch die gemeinsame und gegenseitige Nutzung ihrer Datenbestände die für ihre jeweiligen Zwecke erforderlichen Daten zu erhalten und dadurch in Konkurrenz zu Unternehmen treten zu können, die bereits über große Datenbestände verfügen. Dies ist umso wichtiger, da die große Mehrheit der europäischen Unternehmen, die sich auf die Analyse und Nutzung von Daten spezialisiert haben, Start-ups beziehungsweise KMU sind.[32] Gerade diese besonders innovativen Unternehmen stoßen bei der Datenakquise jedoch auf Schwierigkeiten.[33] Daher ist die Verbesserung der Datenverfügbarkeit durch die Förderung des Datenaustauschs ein wichtiger Schritt, um ihre Wettbewerbsfähigkeit gegenüber größeren und datenreicheren (internationalen) Wettbewerbern zu stärken.

28 *Europäische Kommission*, COM(2020) 66 final, S. 5; SWD(2020) 295 final, S. 1f.
29 *Europäische Kommission*, COM(2020) 66 final, S. 5; SWD(2020) 295 final, S. 8.
30 *Europäische Kommission*, COM(2020) 66 final, S. 5; SWD(2020) 295 final, S. 8f.
31 Siehe auch *v. Ditfurth/Lienemann*, CRNI 23 (2022), 270 (272).
32 *Europäische Kommission*, SWD(2020) 295 final, S. 2; SWD(2022) 34 final, S. 2.
33 *Europäische Kommission*, COM(2020) 66 final, S. 9; SWD(2020) 295 final, S. 17f.

IV. Gegenwärtige Probleme für den Datenaustausch zwischen Unternehmen

Bisher ist aber noch kein florierender Binnenmarkt für Daten entstanden. Dies gilt insbesondere auch für den Datenaustausch zwischen Unternehmen.[34] Aufgrund dessen stehen europäischen Unternehmen im Augenblick nicht genug Daten für die innovative Weiterverwendung zur Verfügung.[35] Die Ursachen für den schwachen B2B-Datenaustausch haben nach Ansicht der Kommission in erster Linie unternehmenskulturelle, wettbewerbliche und technische Gründe.[36] So haben die meisten Unternehmen nur geringe wirtschaftliche Anreize für die Weitergabe ihrer Daten und befürchten hierdurch den Verlust von Wettbewerbsvorteilen.[37] Zudem haben viele Unternehmen die Sorge, dass ihre Daten von potenziellen Vertragspartnern entgegen den vertraglichen Bestimmungen verwendet oder an Dritte weitergegeben werden könnten.[38] Auf technischer Ebene bemängelt die Kommission vor allem die fehlende Interoperabilität der Datensätze unterschiedlicher Unternehmen.[39] In bestimmten Konstellationen sollen außerdem Ungleichgewichte in der Marktmacht den B2B-Datenaustausch hemmen.[40]

Auffällig ist, dass die Europäische Kommission in ihrer Datenstrategie nicht auf die rechtlichen Schwierigkeiten beim Datenaustausch eingeht, obwohl diese von Unternehmen als wesentliches Hindernis für den Datenaustausch angesehen werden.[41] Zumindest in anderen Dokumenten hält die Kommission aber fest, dass rechtliche Unsicherheiten hinsichtlich der Anwendbarkeit und des Umfangs von Rechten an Daten sowie in Bezug auf die Vertragsgestaltung den Datenaustausch zwischen Unternehmen erschweren können.[42] Das Spannungsverhältnis zwischen umfassendem Datenschutz und florierendem Datenaustausch adressiert die Kommission jedoch nicht, obwohl die DSGVO mit ihren Prinzipien der Datenminimie-

---

34 *Europäische Kommission*, COM(2020) 66 final, S. 8; SWD(2020) 295 final, S. 9.
35 *Europäische Kommission*, COM(2020) 66 final, S. 7.
36 Siehe zu den Hindernissen beim Datenaustausch ausführlich in Kap. 3, D. III.
37 *Europäische Kommission*, COM(2020) 66 final, S. 8 f.; SWD(2020) 295 final, S. 11.
38 *Europäische Kommission*, COM(2020) 66 final, S. 8 f.; SWD(2020) 295 final, S. 11.
39 *Europäische Kommission*, COM(2020) 66 final, S. 10; SWD(2020) 295 final, S. 15.
40 *Europäische Kommission*, COM(2020) 66 final, S. 9 f.; SWD(2022) 34 final, S. 11.
41 Siehe nur *Büchel/Demary/u. a.*, Anreizsystem und Ökonomie des Data Sharings (2022), S. 52 f. Siehe zu den rechtlichen Schwierigkeiten beim Datenaustausch ausführlich Kap. 3, C. und D. III. 3. c) bb).
42 *Europäische Kommission*, SWD(2022) 34 final, S. 15 ff.; SWD(2018) 125 final, S. 6 f.

rung[43] und der Zweckbindung[44] in der Wirtschaft[45] und Wissenschaft[46] als wesentliches Hindernis für den B2B-Datenaustausch angesehen wird. Wohl auch aus diesem Grund setzt die Kommission ihre Hoffnungen für den B2B-Datenaustausch vor allem in maschinengenerierte, vermeintlich nicht-personenbezogene Daten aus der Industrie.[47] Allerdings ist zu berücksichtigen, dass auch industrielle Daten in vielen Fällen einen Personenbezug aufweisen können und dann der DSGVO unterliegen.[48]

V. Maßnahmen zur Stärkung des Datenaustausches zwischen Unternehmen

Um die bestehenden Hindernisse für den Datenaustausch zwischen Unternehmen zu reduzieren und der Zielvorstellung eines funktionierenden Binnenmarktes für Daten näher zu kommen, schlägt die Kommission in ihrer Datenstrategie verschiedene Maßnahmen vor. Diese umfassen neben Investitionen in die europäische Infrastruktur[49] zur Datennutzung und dem Datenaustausch insbesondere die Einführung neuer Rechtsvorschriften. Bei den in der Datenstrategie angekündigten rechtlichen Initiativen lässt sich zwischen sektorenübergreifenden oder horizontalen Maßnahmen und sektorenspezifischen Maßnahmen unterscheiden. Horizontale und sektorenspezifische Rechtsvorschriften sollen einander ergänzen und gemeinsam den Datenfluss sowohl innerhalb einzelner Sektoren als auch zwischen den verschiedenen Sektoren verbessern.

1. Horizontale Maßnahmen

Durch die Einführung horizontaler Rechtsvorschriften soll der nötige Rechtsrahmen für die Entstehung einer „datenagilen Wirtschaft" und die Entwicklung „lebendiger, dynamischer und florierender Ökosysteme" zwischen datennutzenden Unternehmen geschaffen werden.[50] Den Kern des sektorenübergreifenden Regulierungsrahmen zur Förderung des Datenaustausches zwischen Unternehmen bil-

43 Art. 5 Abs. 1 lit. c DSGVO.
44 Art. 5 Abs. 1 lit. b DSGVO.
45 Siehe nur *Büchel/Demary/u. a.*, Anreizsystem und Ökonomie des Data Sharings (2022), S. 53.
46 Siehe nur *Wendehorst*, in: Lohsse/Schulze/Staudenmayer, Trading Data in the Digital Economy (2017), S. 327; *Sattler*, in: Pertot, Rechte an Daten (2019), S. 49.
47 *Hennemann/v. Ditfurth*, NJW 2022, 1905 (Rn. 1); siehe bereits zu früheren Mitteilungen der Kommission *Wendehorst*, in: Lohsse/Schulze/Staudenmayer, Trading Data in the Digital Economy (2017), S. 327 (329 ff.).
48 Siehe nur *Purtova*, Law, Innovation and Technology 10 (2018), 40.
49 Siehe dazu *Europäische Kommission*, COM(2020) 66 final, S. 18 ff.
50 *Europäische Kommission*, COM(2020) 66 final, S. 14.

den der DGA und der DA.[51] Der DGA zielt darauf ab, die Verfügbarkeit und (Wieder-)Verwendbarkeit vorhandener Daten zu verbessern, die sich im Besitz von staatlichen Organisationen, Unternehmen und Individuen befinden.[52] Hinsichtlich des B2B-Datenaustausches verfolgt der DGA einen Ansatz, der das freiwillige Teilen von Unternehmensdaten stärken soll. Hierzu setzt der Gesetzgeber auf die Fähigkeit von Datenvermittlungsdiensten zur effektiven Unterstützung bei der Anbahnung von Datentransaktionen und zur Senkung dabei entstehender Transaktionskosten. Die Regulierung solcher Datenintermediäre in den Art. 10 bis 15 DGA soll die Bereitschaft von Unternehmen erhöhen, solche Dienste zu nutzen und über sie ihre Daten mit anderen Unternehmen zu teilen. Dadurch sollen Datenintermediäre in die Lage versetzt werden, zentrale Stellungen auf Datenmärkten einzunehmen und die Entstehung effizienter Datenmärkte zu unterstützen.

Der DA verfolgt gegenüber dem DGA eine andere Zielrichtung. Er zielt nicht in erster Linie darauf ab, den freiwilligen Datenaustausch zwischen Unternehmen zu stärken. Stattdessen adressiert der DA Situationen, in denen sich Unternehmen aufgrund ihrer überlegenen Markt- und Verhandlungsmacht weigern, ihre Daten zu angemessenen Bedingungen zu teilen,[53] indem er in Art. 4 und 5 DA-E Datenzugangsansprüche für die Nutzer datensammelnder oder -generierender Produkte einführt.[54] Die Produktnutzer können danach die Zugangsgewährung zu den durch ihre Produkte generierten Daten für sich selbst oder einen von ihnen benannten Dritten verlangen. Durch den Datenzugangsanspruch soll die Datenverfügbarkeit für Produktnutzer und Dritte verbessert und eine faire Verteilung der durch IoT-Produkte gesammelten Daten gewährleistet werden.[55] Zusätzlich enthält der DA-E in Art. 13 Fairness-Vorgaben für Vertragsklauseln in Datenverträgen, die einseitig von größeren Unternehmen gegenüber kleinen oder mittelständischen Unternehmen gestellt werden.[56] Auf der horizontalen Ebene werden der DGA und der DA durch den DMA und den DSA ergänzt.[57] Beide Gesetzesvorhaben sollen in erster Linie besonders mächtige digitale Plattformen, wie *Google* oder *Meta*, regulieren, indem sie die von ihn ausgehenden Risiken für den Wettbewerb und die Rechtseinhaltung auf digitalen Märkten adressieren.[58] Auch sie sollen mit-

51 Siehe *Europäische Kommission*, COM(2020) 66 final, S. 14 ff.
52 Siehe zu den Zielen des DGA ausführlich in Kap. 5, B. III. 1.
53 *Europäische Kommission*, SWD(2022) 34 final, S. 17 f.; *Podszun/Pfeifer*, GRUR 2022, 953.
54 Siehe hierzu *Hennemann/Steinrötter*, NJW 2022, 1481 (1483 f.); *Podszun/Pfeifer*, GRUR 2022, 953 (955 ff.). Siehe ausführlicher zu den Regelungen des Data Act unten in Kap. 5 D. VI.
55 Vgl. ErwG 6 DA-E.
56 Siehe nur *Hennemann/Steinrötter*, NJW 2022, 1481 (1485, Rn. 25 ff.).
57 Siehe näher zum DMA und DSA unten unter Kap. 5 D. IV. und V.
58 Siehe nur *Paal/Kumkar*, ZfDR 2021, 97 (109 ff.).

telbar dazu beitragen, einen auf europäischen Werten und fairem Wettbewerb beruhenden europäischen Binnenmarkt für Daten zu schaffen.

2. Sektorenspezifische Maßnahmen (Gemeinsame Europäische Datenräume)

Ergänzt werden die horizontalen Gesetzesvorhaben der EU durch sektorenspezifische Initiativen. Die Kommission bezeichnet diese als „Gemeinsame Europäische Datenräume“.[59] Ihre Grundkonzeption spiegelt die Notwendigkeit wider, den Besonderheiten bestimmter Sektoren Rechnung zu tragen und sie bei der Entwicklung ihrer eigenen Regeln und Standards für die Datennutzung und -weitergabe durch bereichsspezifische Maßnahmen zu unterstützen.[60] Die Entstehung Gemeinsamer Europäischer Datenräume ist für solche Sektoren vorgesehen, die eine besonders große strategische und wirtschaftspolitische Bedeutung haben oder einem öffentlichen Interesse dienen[61] und wegen ihrer individuellen Besonderheiten maßgeschneiderter Regelungen und Infrastrukturen bedürfen.[62] Auch wenn insoweit keine allgemeine Definition existiert, ist anzunehmen, dass sich die Gemeinsamen Europäischen Datenräume aus technischen Infrastrukturen und Instrumenten für die Nutzung und den Austausch von Daten sowie aus maßgeschneiderten rechtlichen Regeln und Standards für den Datenzugang, die Datenqualität und den Datenaustausch zusammensetzen werden.[63] Zu beachten ist, dass die sektorenspezifischen Datenräume Teil des übergeordneten horizontalen Binnenmarkts für Daten bleiben. Daten sollen nicht nur innerhalb der jeweiligen untergeordneten sektorenspezifischen Datenräume geteilt, sondern auch zwischen den verschiedenen Datenräumen ausgetauscht werden.[64]

Die für die sektorenspezifischen Datenräume entworfenen Regeln sollen grundsätzlich auf dem horizontalen Rechtsrahmen für den Datenaustausch aufbauen.[65] Abhängig von den Besonderheiten des jeweiligen Sektors können die rechtlichen Vorschriften und Governance-Mechanismen jedoch auch erheblich von den horizontalen Maßnahmen abweichen. Ein Beispiel hierfür ist der Europäische Gesundheitsdatenraum, für den die Europäische Kommission im Mai 2022

---

59 *Europäische Kommission*, COM(2020) 66 final, S. 25 ff.

60 ErwG 2 DGA; *Europäische Kommission*, COM(2020) 66 final, S. 6; *Roßnagel*, ZRP 2021, S. 173 (174).

61 *Europäische Kommission*, COM(2020) 66 final, S. 20, 25; SWD(2022) 45 final, S. 1.

62 *Europäische Kommission*, COM(2020) 66 final, S. 6 f.; SWD(2022) 45 final, S. 4 f. Bereichsspezifische Datenräume sind unter anderem für den Industriesektor, den Finanzsektor, den Agrarsektor, den Gesundheitssektor und den Mobilitätssektor vorgesehen; siehe *Europäische Kommission*, COM(2020) 66 final, S. 26 f., 30 ff.; SWD(2022) 45 final, S. 12 ff.

63 *Europäische Kommission*, COM(2020) 66 final, S. 20; SWD(2022) 45 final, S. 2.

64 *Europäische Kommission*, SWD(2022) 45 final, S. 2.

65 *Europäische Kommission*, SWD(2020) 295 final, S. 3.

ihren Verordnungsentwurf vorgestellt hat.[66] Zwar soll der Europäische Gesundheitsdatenraum auch auf dem DGA und dem DA-E aufbauen und deren horizontale Vorschriften durch bereichsspezifische Vorgaben ergänzen.[67] Tatsächlich erhält der Gesundheitssektor mit dem Gesundheitsdatenraum aber einen Rechtsrahmen, der von den horizontalen Regelungen für die Datennutzung und den Datenaustausch stark abweicht.[68] So soll die Weiterverwendung von Gesundheitsdaten aufgrund ihrer hohen Sensibilität von besonderen öffentlichen Stellen für den Zugang zu Gesundheitsdaten verwaltet werden.[69]

VI. Zwischenergebnis

Die Zielvorstellung der Europäischen Kommission sieht einen echten Binnenmarkt für Daten vor, über den alle europäischen Unternehmen mit den für ihre Zwecke benötigten Daten versorgt werden. Vor allem der verbesserte B2B-Datenaustausch soll entscheidend dazu beitragen, die Datenverfügbarkeit für Unternehmen, auch für Start-Ups und KMU, zu verbessern. Vom verbesserten Datenzugang europäischer Unternehmen verspricht sich die Kommission ein erhebliches Wachstum der Gesamtwirtschaft sowie die Verbesserung der internationalen Wettbewerbsfähigkeit der europäischen Datenwirtschaft. Die hohen Erwartungen der Kommission an den B2B-Datenaustausch beruhen auf ihren Annahmen über die ökonomi-

---

66 *Europäische Kommission*, COM(2022) 197 final.

67 *Europäische Kommission*, COM(2022) 197 final, S. 4 f., 101. In erster Linie beziehen sich die Regelungen des Europäischen Gesundheitsdatenraums auf die Vorschriften des DGA zur Wiederverwendung von Daten im Besitz öffentlicher Stellen (Art. 3–10 DGA), die zum Teil für den Gesundheitsdatenraum modifiziert werden; vgl. Art. 1 Abs. 4, 37 Nr. 1 lit. a, 37 Nr. 1 lit. q, 42 Nr. 1, 46 Nr. 3, 48, 61 und ErwG 42, 47, 60, 64 des Entwurfs der Verordnung zum Europäischen Gesundheitsdatenraums. Daneben finden sich in dem Entwurf aber auch Bezüge zum Rechtsrahmen für datenaltruistische Organisationen (Art. 16–25 DGA), vgl. Art. 40 Nr. 1, 2 und ErwG 45 des Entwurfs, und zum Dateninnovationsrat (Art. 29, 30 DGA), siehe Art. 64 Nr. 5, 65 lit. e und ErwG 65 des Entwurfs.

68 In der Europäischen Datenstrategie wurde der DGA noch als „Rechtsrahmen für die Governance gemeinsamer europäischer Datenräume" angekündigt, siehe *Europäische Kommission*, COM(2020) 66 final, S. 14. Von dieser Zielsetzung scheint die Kommission im Anschluss aber abgerückt zu sein. Allerdings wird klargestellt, dass Datenintermediäre auch in Gemeinsamen Europäischen Datenräumen zentrale Stellungen einnehmen können; siehe ErwG 27, 28 DGA; *Europäische Kommission*, SWD(2020) 295 final, S. 3; SWD(2022) 45 final, S. 6.

69 Siehe Art. 33–51 des Kommissionsentwurfs. Unter anderem werden Datenhalter, worunter zum Beispiel Krankenhäuser fallen, gemäß Art. 34 des Entwurfs dazu verpflichtet, bestimmte Gesundheitsdaten mit Sekundärnutzern teilen, wenn diese eine Datennutzungsgenehmigung (*data permit*) von den zuständigen Behörden für den Zugang zu Gesundheitsdaten (*health data access bodies*) erhalten haben.

schen Eigenschaften von Daten. Sie sieht Daten als kontinuierlich an Bedeutung gewinnende wirtschaftliche Ressourcen[70] an, deren vollständiges wirtschaftliches Potenzial aufgrund ihrer Nicht-Rivalität und Mehrzwecknutzbarkeit nur durch ihren verstärkten Austausch geschöpft werden kann. Insofern geht die Kommission davon aus, dass sich der gesamtwirtschaftliche Wert von Daten durch ihren verstärkten Austausch um ein Vielfaches erhöhen kann.[71]

Grundsätzlich vertraut die Europäische Kommission auf Marktmechanismen für den Austausch und die Verteilung von Daten. Unternehmen sollen in der Regel selbst darüber entscheiden, ob und unter welchen Umständen sie ihre Daten mit anderen teilen. Nur in Ausnahmefällen sollen Datenzugangsrechte eingeführt werden, um die Weitergabe der Daten durch die Datenhalter zu forcieren.[72] Dies ist etwa der Fall, wenn auf bestimmten Märkten strukturelle Probleme, wie erhebliche Ungleichgewichte in der Markt- und Verhandlungsmacht, oder gravierende Fairnessbedenken bestehen.[73] Im Übrigen soll der freiwillige Datenaustausch zwischen Unternehmen gestärkt werden. Um den freiwilligen Datenaustausch zu erleichtern und hierfür Anreize zu schaffen, sollen Hindernisse abgebaut werden, die Unternehmen momentan von der Weitergabe ihrer Daten abhalten. Eine zentrale Rolle sollen hierbei künftig Datenvermittlungsdienste einnehmen, die Datentransaktionen zwischen Datenhaltern und Datenerwerbern anbahnen und unterstützend begleiten. Indem der DGA durch die vertrauensfördernde Regulierung von Datenvermittlungsdiensten die Nutzerakzeptanz und das Wachstum solcher Dienste stärken soll, zielt der Gesetzgeber auf die Förderung von Marktlösungen zur Behebung der gegenwärtigen Probleme beim Datenaustausch ab.

C. Die wirtschaftliche Bedeutung von Daten

Wie der Blick auf die Europäische Datenstrategie gezeigt hat, haben sich Daten zu bedeutenden wirtschaftlichen Ressourcen entwickelt, deren Verfügbarkeit und Nutzung für eine effiziente und innovative Wirtschaft zunehmend unverzichtbar werden. Um zu verstehen, weshalb die Bedeutung der Datennutzung von Unternehmen in den letzten Jahren exponentiell zugenommen hat, wird in diesem Abschnitt untersucht, auf welche Weise sich der Wert von Daten für Unternehmen realisiert und warum sie eine zunehmend zentrale Ressource für innovative und

---

70 Vgl. *König*, European Policy Analysis 2022, 1 (5 ff.).

71 *Europäische Kommission*, SWD(2020) 295 final, S. 9.

72 *Europäische Kommission*, COM(2020) 66 final, S. 16, Fn. 39.

73 Solche Bedenken hinsichtlich der Nutzung und Weitergabe von IoT-Daten liegen dem DA-E zugrunde.

erfolgreiche Unternehmen darstellen. Zunächst aber wird darauf eingegangen, was unter (digitalen) Daten zu verstehen ist.

I. Daten und Informationen

1. Definition von Daten

Eine allgemeingültige Definition von Daten gibt es nicht. Der Begriff der Daten wird nicht nur in verschiedenen Wissenschaftszweigen unterschiedlich verstanden, selbst innerhalb der Informatik gehen die Ansichten hierzu weit auseinander.[74] Dies liegt vor allem daran, dass die Geeignetheit und Nützlichkeit verschiedener Datenbegriffe maßgeblich von der jeweiligen Perspektive und den Zielen des Verwenders abhängen.[75] So können Daten aus einer epistemischen Perspektive als erfasste Tatsachen verstanden werden, die als Basis für Argumente oder als empirische Belege dienen können.[76] Im Gegensatz dazu können Daten aus computerspezifischer Sicht als Sammlungen und Speicherungen von binären Zahlen verstanden werden, die elektronisch verarbeitet werden.[77] Bisher ist es nicht gelungen, eine einheitliche und umfassende Definition von Daten zu formulieren, die diese in all ihren Unterarten und mit ihren verschiedenen Charakteristika erfasst.[78] Im Rahmen dieser Arbeit werden Daten aus einer wirtschaftlichen und rechtlichen Perspektive untersucht. Aus diesem Grund wird dieser Arbeit ein informatorischer Datenbegriff zugrunde gelegt, bei dem die Bedeutung von Daten für die Entscheidungsfindung von Unternehmen und das damit verbundene Innovationspotential im Mittelpunkt stehen.

Unter Rückgriff auf Definitionen der OECD[79] und des Industriestandards ISO/IEC 2382-2015[80] werden digitale Daten in dieser Arbeit daher als maschinenlesbare Darstellungen von Tatsachen und anderen Informationen verstanden, die als Sym-

74 Eine Zusammenstellung von über 40 in den Computerwissenschaften diskutierten Vorschlägen für ein Datenkonzept findet sich in *Zins*, Journal of the American Society for Information Science and Technology 58 (2007), 47.

75 *Kitchin*, The Data Revolution (2014), S. 3 f.

76 *Floridi*, in: Darity, International Encyclopedia of the Social Sciences II (2008), S. 234.

77 *Floridi*, in: Darity, International Encyclopedia of the Social Sciences II (2008), S. 234 (235).

78 *Lyon*, in: Humphreys, The Oxford Handbook of Philosophy of Science (2016), S. 738 (739).

79 *OECD*, Introduction to Data and Analytics (2013), Rn. 6 ff., 81.

80 ISO/IEC 2382-2015: „data – reinterpretable representation of information in a formalized manner suitable for communication, interpretation, or processing"; abrufbar unter: https://www.iso.org/obp/ui/#iso:std:iso-iec:2382:ed-1:v1:en. Unter einer Information wird dort „die Kenntnis von Objekten, wie Tatsachen, Ereignissen, Dingen, Vorgängen oder Ideen, einschließlich Konzepten, die innerhalb eines bestimmten Kontexts eine bestimmte Bedeutung haben" verstanden.

bole gespeichert und übertragen werden.[81] Wichtig für das dieser Definition zugrunde liegende Verständnis von Daten ist, dass es sich bei diesen nicht selbst um Tatsachen oder Informationen handelt. Vielmehr stellen Daten diese nur in symbolischer Form dar. Dies erklärt, weshalb Daten, anders als die von ihnen dargestellten Tatsachen oder Informationen, eine im weitesten Sinne physikalische Struktur aufweisen und gespeichert, komprimiert, zerstört oder verschlüsselt werden können.[82] Durch ihre Körperlichkeit setzen sich Daten von den von ihnen dargestellten Inhalten ab.[83] Für die Qualifikation als Datum ist also entscheidend, dass Tatsachen und Informationen in einer zur Interpretation, Verarbeitung oder Weitergabe geeigneten Form fixiert werden.[84] Diese Fixierung erfolgt durch Symbole. Die Einordnung als Datum setzt grundsätzlich nicht voraus, dass die abgebildeten Inhalte in maschinenlesbarer Form, also digital, dargestellt werden.[85] Da in der Wirtschaft und im Rahmen dieser Untersuchung nur digitalen Daten eine herausragende Bedeutung zukommt, wird in der hier verwendeten Definition aber vorausgesetzt, dass es sich um maschinenlesbare Daten handelt. Schließlich sind solche Daten wirtschaftlich interessant, die wertvolle Informationen enthalten und aufgrund ihrer digitalen Struktur massenhaft und maschinell verarbeitet werden können.[86]

2. Strukturelle, syntaktische und semantische Ebenen von Daten

Insbesondere in der deutschen Rechtswissenschaft ist, zurückgehend auf *Zech*, die Unterscheidung zwischen der strukturellen, der syntaktischen und der semantischen Ebene von Daten weitverbreitet.[87] Diese Abgrenzung zwischen den verschiedenen Ebenen von Daten ist für deren rechtliche Behandlung *de lege lata et ferenda* relevant.[88] So kann es für das Verständnis rechtlicher Regelungen hilfreich sein, nachzuvollziehen, auf welche Datenebene sie sich beziehen.

---

81 Ähnlich *Lehner*, in: Specht-Riemenschneider/Werry/Werry, Datenrecht in der Digitalisierung (2019), S. 471 (474). Die hier verwendete Definition ähnelt auch der Definition des Art. 2 Nr. 1 DGA. Danach handelt es sich bei Daten um „jede digitale Darstellung von Handlungen, Tatsachen oder Informationen sowie jede Zusammenstellung solcher Handlungen, Tatsachen oder Informationen auch in Form von Ton-, Bild- oder audiovisuellem Material"; siehe hierzu näher in Kap. 5, C. IV. 3. a) aa).

82 *Lyon*, in: Humphreys, The Oxford Handbook of Philosophy of Science (2016), S. 738 (740).

83 *Spiecker gen. Döhmann*, RW 2010, 247 (253).

84 *Wellisch*, Abstracting, Indexing, Classification, Thesaurus Construction: A Glossary (1996), zitiert nach *Zins*, Journal of the American Society for Information Science and Technology 58 (2007), 47 (80).

85 Siehe *Zech*, Information als Schutzgegenstand (2012), S. 39.

86 *Steinrötter*, RDi 2021, 480 (481, Rn. 3).

87 *Zech*, Information als Schutzgegenstand (2012), S. 32 f.; *Zech*, GRUR 2015, S. 1151 (1153).

88 *Dewenter/Lüth*, Datenhandel und Plattformen (2018), S. 5; *Zech*, GRUR 2015, S. 1151 (1153).

Unter der strukturellen Ebene ist die physikalische Verkörperung von Daten zu verstehen.[89] Eine strukturelle Betrachtung von Daten setzt daher auf der Ebene des Datenträgers an und setzt Daten mit dem Trägermedium gleich, auf dem sie verkörpert sind.[90] An diese Ebene knüpft zum Beispiel das deutsche Zivilrecht an, indem das Sacheigentum an einem körperlichen Datenträger mittelbar auch die darauf gespeicherten Daten schützt.[91]

Demgegenüber setzt die syntaktische Betrachtung von Daten auf deren Zeichenebene an. Bei syntaktischer Betrachtung sind Daten die auf „einem Datenträger festgehaltenen Zeichen oder Zeichenfolgen".[92] Die Unterscheidung der Daten erfolgt allein danach, in welcher Reihenfolge die verwendeten Zeichen zueinander stehen.[93] Für die Abgrenzung auf der syntaktischen Ebene ist es irrelevant, welche semantische Bedeutung die Daten haben.[94] Nichtsdestotrotz repräsentieren die gewählten Zeichenfolgen durch die Verwendung eines Codes üblicherweise Informationen.[95] Aufgrund dessen ist die syntaktische Ebene für die semantische Ebene funktional von großer Bedeutung. Sie dient als Trägerin der semantischen Informationen.[96]

Die semantische Ebene ist die Bedeutungsebene eines Datums.[97] Auf dieser Ebene werden Daten nach ihrem Informations- und Sinngehalt abgegrenzt.[98] Je nachdem welche Informationen sie beinhalten, kann zwischen einzelnen Daten unterschieden werden. Auf der Informationsebene liegt das Potenzial für die Datennutzung und die damit verbundene Wertschöpfung.[99] Schließlich besteht der wirtschaftliche Wert von Daten darin, aus ihnen Informationen zu extrahieren, die anschließend in unternehmerische Innovations- und Entwicklungsprozesse einfließen können.[100] An die semantische Ebene von Daten knüpft unter anderem das Datenschutzrecht an. So fallen nach Art. 2 Abs. 1 DSGVO alle Daten in den Anwendungsbereich der Verordnung, die einen Personenbezug aufweisen. Die Anwendung richtet sich allein nach dem Dateninhalt, schließlich werden Daten in

89 *Zech*, Information als Schutzgegenstand (2012), S. 41.
90 *Dewenter/Lüth*, Datenhandel und Plattformen (2018), S. 5.
91 *Adam*, NJW 2020, 2063 (2063 f., Rn. 3 f.); *Zech*, 31 CR 2015, 137 (142). Siehe zum Schutz von Daten über das Sacheigentum an Datenträgern unten in Kap. 3, C. II. 2.
92 *Kerber/Specht*, Datenrechte (2019), S. 13.
93 *Schmidt*, Zugang zu Daten nach europäischem Kartellrecht (2020), S. 13.
94 *Zech*, Information als Schutzgegenstand (2012), S. 39 f.
95 *Zech*, Information als Schutzgegenstand (2012), S. 38.
96 *Kerber/Specht*, Datenrechte (2019), S. 13.
97 *Zech*, GRUR 2015, S. 1151 (1153).
98 *Dewenter/Lüth*, Datenhandel und Plattformen (2018), S. 5.
99 *Drexl*, NZKart 2017, S. 339 (343).
100 *OECD*, Data Driven Innovation (2015), S. 150.

Art. 4 Abs. 1 DSGVO als Informationen definiert. Unerheblich ist hingegen, in welcher Form sie vorliegen, gespeichert und verarbeitet werden.[101]

II. Wert der Datennutzung für Unternehmen

Bei der Verbesserung der Datenverfügbarkeit für Unternehmen handelt es sich nicht um einen Selbstzweck. Stattdessen geht die Kommission in ihrer Europäischen Datenstrategie davon aus, dass die verbesserte Datenverfügbarkeit den individuellen europäischen Unternehmen sowie der europäischen Gesamtwirtschaft erhebliche Vorteile bescheren wird. Daten werden als wirtschaftliche Ressourcen angesehen, die zur verbesserten Entscheidungsfindung und Innovationskraft von Unternehmen beitragen sollen.[102]

1. Datennutzung in Unternehmen

Die Bedeutung von Daten für die Wirtschaft hat in den letzten Jahren aufgrund von zwei miteinander zusammenhängenden Entwicklungen exponentiell an Bedeutung gewonnen. Zum einen hat der technologische Fortschritt den Aufwand und die Kosten für das Sammeln und Speichern von Daten drastisch verringert und die Möglichkeiten der Datensammlung erweitert.[103] Diese Entwicklung hat die Digitalisierung und Datafizierung der Welt ermöglicht,[104] wodurch Unternehmen immer größere Datenmengen[105] zu Analysezwecken zur Verfügung stehen. Zum

---

101 Siehe nur *Ziebarth*, in: Sydow/Marsch, DSGVO, Art. 4 Rn. 8. Der Datenschutz bezeichnet genau genommen also den Schutz von Informationen, siehe *v. Lewinski*, Die Matrix des Datenschutzes (2014), S. 5.

102 *Europäische Kommission*, COM(2020) 66 final, S. 1, 7; siehe auch *Hartl/Ludin*, MMR 2021, 534; *Richter*, ZEuP 2021, S. 634 (638 f.).

103 *Carrière-Swallow/Haksar*, The Economics and Implications of Data (2019), S. 3; *Kelleher/Tierney*, Data Science (2018), S. 5 ff.

104 Die Digitalisierung bezeichnet die Umwandlung analoger Informationen in digitale Informationen; siehe *De Mauro/Greco/Grimaldi*, Library Review 65 (2016), 122 (124). Bei diesem Vorgang werden analoge Informationen in maschinenlesbaren Binärcode konvertiert. Im Anschluss an die Digitalisierung von Informationen werden diese im Rahmen der Datafizierung in organisierte, quantifizierbare und analysierbare Formate umgewandelt; siehe *Mayer-Schönberger/Cukier*, Big Data (2013), S. 78. Siehe zum Vorgang der Datafizierung ausführlich *Kelleher/Tierney*, Data Science (2018), S. 39 ff.

105 So wird erwartet, dass das weltweite digitale Datenvorkommen von 33 Zettabytes im Jahr 2018 auf 175 Zettabytes im Jahr 2025 ansteigen wird; siehe *Reinsel/Gantz/Rydning*, The Digitization of the World (2018), S. 3. Ein Zettabyte sind eine Milliarde Terrabyte.

anderen hat es die Entwicklung neuer (Big Data-)Analysemethoden[106] erlaubt, größere und unstrukturierte Datenmengen in Echtzeit zu analysieren und daraus neue, weitreichende Erkenntnisse zu gewinnen.[107] Der Vorteil von Big Data-Analysemethoden besteht darin, dass sie schnell, effizient und zuverlässig neue Erkenntnisse aus der Analyse von Korrelationen zwischen verschiedenen Variablen gewinnen können, die ein menschlicher Analyst mit traditionellen Methoden nicht gefunden hätte.[108] Dabei sind sie anders als klassische Datenanalysen nicht darauf angewiesen, konkrete Fragestellungen anhand vorsortierter und vorstrukturierter Datensätze zu beantworten. Vielmehr kann ein unstrukturierter aus vielfältigen Daten bestehender Datensatz mit einer fast unbegrenzten Zahl verschiedener Algorithmen analysiert werden, um versteckte Zusammenhänge, Muster und Verhaltensweisen zu finden.[109]

Diese beiden Entwicklungen haben dazu geführt, dass die innovative Datennutzung verstärkt in den Fokus vieler Unternehmen, auch aus traditionellen Branchen und Industrien, gerückt ist. Der Wert von Daten besteht für Unternehmen in ihrer Eigenschaft als Träger von Informationen, die sich in die unternehmerische Entscheidungsfindung einbeziehen lassen.[110] Die Nutzung großer Datenmengen durch Unternehmen setzt ein umfassendes Datenmanagement voraus, das in der Literatur häufig als innerbetriebliche Datenwertschöpfungskette dargestellt wird.[111] In der Datenwertschöpfungskette realisiert sich der Wert von Daten in einer aufeinander folgenden Reihe von Arbeitsschritten. Bevor Daten zur unternehmerischen Entscheidungsfindung herangezogenen werden können, müssen sie zunächst erhoben, gespeichert, aufbereitet und analysiert werden. Die Datenanalyse wird dabei als das „Herzstück" der Datenwertschöpfungskette bezeichnet.[112] Durch sie werden aus den Daten Informationen extrahiert, die anschließend der Ent-

---

106 Nach der Definition von *De Mauro*, *Greco* und *Grimaldi* handelt es sich bei Big Data um einen Datenbestand, der durch sein besonders großes Volumen (*volume*), seine hohe Generierungs- und Verarbeitungsgeschwindigkeit (*velocity*) sowie seine Vielfalt (*variety*) gekennzeichnet ist und aufgrund dieser Eigenschaften besondere Technologien und Analysemethoden zur Verarbeitung und Wertschöpfung erfordert; siehe *De Mauro/Greco/Grimaldi*, Library Review 65 (2016), 122 (131).

107 Siehe *Kelleher/Tierney*, Data Science (2018), S. 11 ff.

108 *Kelleher/Tierney*, Data Science (2018), S. 4; *Rubinfeld/Gal*, Arizona Law Review 59 (2017), 339 (347).

109 *Kitchin*, Big Data & Society 1 (2014), 1 (2); *Monopolkommission*, Herausforderung digitale Märkte (2015), Rn 68.

110 *OECD*, Data Driven Innovation (2015), S. 150.

111 Siehe nur *Curry*, in: Cavanillas/Curry/Wahlster, New Horizons (2016), S. 29 (31); *Schmidt*, Zugang zu Daten nach europäischem Kartellrecht (2020), S. 82 ff.; *Rubinfeld/Gal*, Arizona Law Review 59 (2017), 339 (349).

112 *Schmidt*, Zugang zu Daten nach europäischem Kartellrecht (2020), S. 84.

scheidungsfindung von Unternehmen dienen können.[113] Indem Daten zur Unterstützung und Verbesserung unternehmerischer Entscheidungen genutzt werden, realisiert sich für Unternehmen ihr wirtschaftlicher Wert.[114]

2. Vorsprung durch Informationen

a) Entscheidungsfindung und Produktivität

Der Wert von Daten für Unternehmen besteht zunächst in ihrer Eigenschaft als Informationsträger. Die Bedeutung des Vorhandenseins von Informationen für unternehmerische Entscheidungsprozesse ist seit langem anerkannt. Insbesondere im Rahmen strategischer Entscheidungen ist es wichtig, dass Unternehmens aussagekräftige Informationen sowohl über ihre Geschäftschancen als auch über die eigenen Ressourcen und Fähigkeiten zur Verfügung stehen.[115] Darüber hinaus bieten digitale Daten aufgrund ihrer Maschinenlesbarkeit ein besonderes Potenzial für die unternehmerische Entscheidungsfindung, da sie sich auch von Computern aufnehmen und durch künstlich intelligente Systeme verarbeiten lassen. Dies ermöglicht die Automatisierung der unternehmerischen Entscheidungsfindung, indem mit autonomen Computersystemen ausgestattete Maschinen eigenständige Entscheidungen treffen.[116] Ein wichtiges Anwendungsfeld für künstlich intelligente und autonom agierende Maschinen ist die Industrie 4.0, in der vernetzte und mit Sensoren ausgestattete Maschinen miteinander kommunizieren und Computersysteme automatische Entscheidungen treffen.[117] Die Annahme, dass Daten einen wertvollen Input für die unternehmerische Entscheidungsfindung und Unternehmensproduktivität[118] darstellen, wird auch durch erste empirische Studien gestützt.[119] Jedenfalls in der Fertigungsindustrie, in der die Optimierung und Effizi-

---

113 *OECD*, Data Driven Innovation (2015), S. 143; *Wu/Hitt/Lou*, Management Science 66 (2020), 2017 (2025).

114 *Becker* in: Cavanillas/Curry/Wahlster, New Horizons (2016), S. 143; *OECD*, Data Driven Innovation (2015), S. 150; *Rubinfeld/Gal*, Arizona Law Review 59 (2017), 339 (349).

115 Siehe nur *Constantiou/Kallinikos*, Journal of Information Technology 30 (2015), 44 (46 f.).

116 *OECD*, Data Driven Innovation (2015), S. 155; *Hillmer*, Daten als Rohstoffe (2021), S. 216.

117 *Smit/Kreutzer/u. a.*, Industry 4.0 (2016), S. 20; *Büllingen/Börnsen*, Marktorganisation und Marktrealität (2015), S. 9 ff.

118 Die Produktivität bezeichnet das Verhältnis zwischen produzierten Gütern und den dafür eingesetzten Produktionsfaktoren (z. B. Arbeitskraft oder Ressourcen). Je mehr Güter durch den gleichen Einsatz von Produktionsfaktoren hergestellt werden können, desto produktiver ist ein Unternehmen.

119 *Brynjolfsson/McElheran*, Data in Action (2019); *Brynjolfsson/Jin/McElheran*, Business Economics 56 (2021), 217. Die Europäische Kommission beruft sich in ihrer Folgenabschätzung zum DGA auf Schätzungen der OECD, wonach Unternehmen, die in datengestützte Innovationen und Entscheidungsfindungen investieren, Produktivitätssteigerungen von 5 bis 10 % gegenüber anderen Unternehmen erzielen; siehe *Europäische Kommission*, SWD(2020) 295 final, S. 2. Allerdings ist zu

enz von Produktionsabläufen eine besonders große Rolle für den wettbewerblichen Erfolg von Unternehmen spielt, kann die intensive Datennutzung die Produktivität von Unternehmen signifikant erhöhen.[120]

b) Bedeutung von Daten für die Innovationskraft von Unternehmen

Allgemein wird außerdem angenommen, dass Daten eine wichtige Ressource für Innovationsprozesse darstellen und daher innovationsfördernd sind.[121] Dies liegt daran, dass Informationen von essenzieller Bedeutung für unternehmerische Innovationen sind.[122] Auch die Europäische Kommission nimmt an, dass die Datennutzung einen wichtigen Faktor für die künftige Innovationsfähigkeit der europäischen Wirtschaft darstellt und sieht hierin den Hauptgrund für die Intensivierung des Datenaustausches.[123]

aa) Begriff und Gegenstand von Innovationen

Ein einheitliches Begriffsverständnis von Innovation hat sich in der Wissenschaft nicht herausgebildet.[124] Nach einer verbreiteten Definition beginnt der Innovationsprozess jedenfalls mit einer Erfindung, schreitet mit der Entwicklung dieser Erfindung fort und endet in der Einführung eines neuen Produkts, eines neuen Verfahrens oder einer neuen Dienstleistung auf dem Markt endet.[125] Die Innovation selbst stellt also das in die Praxis umgesetzte Ergebnis eines Erneuerungsprozesses dar.[126] Innovationen werden in der Wissenschaft unter verschiedenen Gesichtspunkten kategorisiert. Eine wichtige Abgrenzung von unternehmerischen Innova-

---

beachten, dass diese Schätzung aus dem Jahr 2015 auf älteren Studien beruht und die zugrundeliegenden Studien nach Ansicht der OECD diverse Probleme, wie zum Beispiel Selektionseffekte, aufweisen; siehe *OECD*, Data Driven Innovation (2015), S. 29.

120 *Brynjolfsson/McElheran*, Data in Action (2019), S. 2; *Brynjolfsson/Jin/McElheran*, Business Economics 56 (2021), 217 (234).

121 Siehe nur *Paal/Hennemann*, Big Data as an Asset (2018), S. 18; *Schweitzer/Peitz*, Datenmärkte in der digitalisierten Wirtschaft (2017), S. 68; *Hillmer*, Daten als Rohstoffe (2021), S. 91; *OECD*, Enhancing Access to and Sharing of Data (2019), S. 16; *OECD*, Data Driven Innovation (2015), S. 132; *Zillner/Becker/u.a.*, in: Cavanillas/Curry/Wahlster, New Horizons (2016), S. 169 (171).

122 *Hillmer*, Daten als Rohstoffe (2021), S. 89.

123 *Europäische Kommission*, COM(2020) 66 final, S. 7, 14; SWD(2020) 295 final, S. 1 f., 8 f., 17; SWD (2022) 34 final, S. 2.

124 Siehe nur *Europäische Kommission*, Grünbuch zur Innovation (1995), S. 11; *Hornung*, Grundrechtsinnovationen (2015), S. 140; *Hillmer*, Daten als Rohstoffe (2021), S. 51. Für einen Überblick über verschiedene Definitionen siehe *Baregheh/Rowley/Sambrook*, Management Decision 47 (2009), 1323 (1324 ff.); *Edison/bin Ali/Torkar*, Journal of Systems and Software 86 (2013), 1390 (1394).

125 *Acs/Audretsch*, 78 The American Economic Review 78 (1988), 678 (679).

126 Siehe hierzu näher *Hillmer*, Daten als Rohstoffe (2021), S. 52.

tionen erfolgt anhand des Innovationsobjekts. So wird grundlegend zwischen Produktinnovationen und Prozessinnovationen unterschieden.[127] Innovationen lassen sich ferner nach ihrem Umfang und ihrer Wirkung auf das bestehende Marktgefüge in zwei Gruppen von Innovationen unterscheiden.[128] Die erste Gruppe sind revolutionäre oder disruptive Innovationen, die sich vor allem durch ihre enormen Auswirkungen auf das Marktgefüge auszeichnen.[129] Bei der zweiten Gruppe handelt es sich um inkrementelle Innovationen, bei denen die Verbesserung bereits bestehender Technologien in kleinen aufeinander folgenden Schritten erfolgt.[130]

bb) Daten als Ressourcen in Innovationsprozessen

Die Bedeutung von Daten für die Innovationskraft von Unternehmen besteht darin, dass die durch sie vermittelten Informationen in Innovationsprozesse einfließen. Ganz allgemein sind Informationen schon deshalb für Innovationen essenziell, da Innovationsprozesse immer auch auf Informationen und Erfahrungswissen aus der Vergangenheit beruhen.[131] Hierzu zählen zum Beispiel naturwissenschaftliche Erkenntnisse oder technologisches Knowhow. Die besondere Bedeutung von Informationen für den Innovationsprozess lässt sich darüber hinaus aber auch in einem engeren Zusammenhang feststellen. Insbesondere der erste Teil des Innovationsvorgangs, die Erfindung, wird maßgeblich durch das Vorhandensein und Verknüpfen von Informationen gekennzeichnet. So wird unter einer Erfindung die originelle Lösung eines Problems verstanden, die aus der Synthese von Informationen über ein Bedürfnis oder ein Ziel mit Informationen über die dafür erforderlichen technischen Mittel folgt.[132] Der Erfindungsprozess ist also ganz wesentlich durch das Finden, Sammeln und Verknüpfen verschiedener Informationen in neuartiger Weise gekennzeichnet.[133] Außerdem ist die Verfügbarkeit prognostischer

---

127 *Hoffmann-Riem*, Innovation und Recht (2016), S. 205; *Swann*, The Economics of Innovation (2009), S. 38 ff.; *Hillmer*, Daten als Rohstoffe (2021), S. 61. Produktinnovationen erfolgen durch die Erfindung und Markteinführung neuer oder erheblich verbesserter Produkte, die sich von bestehenden Produkten wesentlich unterscheiden. Prozessinnovationen sind Erneuerungen der Verfahrensweisen, durch die ein Produkt hergestellt bzw. eine Dienstleistung erbracht wird.

128 *Hillmer*, Daten als Rohstoffe (2021), S. 56; *Yu/Hang*, International Journal of Management Reviews 12 (2010), 435 (437).

129 *Cortez*, Berkeley Technology Law Journal 29 (2014), 175 (182 f.); *Yu/Hang*, International Journal of Management Reviews 12 (2010), 435 (437 ff.).

130 *Mattioli*, Berkeley Technology Law Journal 32 (2017), 179 (191); *Hillmer*, Daten als Rohstoffe (2021), S. 58.

131 *Hillmer*, Daten als Rohstoffe (2021), S. 89.

132 Grundlegend *Utterback*, The Academy of Management Journal 14 (1971), 75 (77).

133 *Tidd/Bessant/Pavitt*, Managing Innovation (2005), S. 15.

Informationen wichtig, um den voraussichtlichen Erfolg und das Risiko einer Innovation besser einschätzen zu können und so die dem Innovationsprozess inhärente Unsicherheit zu verringern.[134]

Die Bedeutung von digitalen Daten für die Innovationskraft von Unternehmen geht noch über die von herkömmlichen Informationsträgern hinaus. Denn Daten heben sich aufgrund ihrer Kombinierbarkeit und Maschinenlesbarkeit von anderen Informationsträgern ab und erschließen so neue Innovationsmöglichkeiten. Big Data-Analysemethoden sind in der Lage, neue Erkenntnisse aus der Verknüpfung bestehender Daten zu gewinnen, die eine menschlicher Analyst mit traditionellen Analysemethoden nicht gefunden hätte.[135] Außerdem sind Daten ein notwendiger Input für die Entwicklung innovativer, künstlich intelligenter Systeme.[136] Die Bedeutung der Datennutzung für die Innovationsfähigkeit wird auch durch erste empirische Untersuchungen gestützt. So konnte ein positiver Zusammenhang zwischen der Nutzung von Big Data-Analysen und der Innovationsleistung von Unternehmen auch in empirischen Studien festgestellt werden.[137]

D. Das gesamtwirtschaftliche Potenzial des B2B-Datenaustausches

Wie der vorangegangene Abschnitt gezeigt hat, profitieren Unternehmen von der Datennutzung insbesondere durch die Verbesserung ihrer Entscheidungsfindungsprozesse und ihrer Innovationsfähigkeiten. Für sich genommen, folgt hieraus aber noch nicht, dass der verstärkte Datenaustausch zwischen Unternehmen aus gesamtgesellschaftlicher Perspektive wünschenswert ist. Hierfür ist erforderlich, dass die verbesserte Datenverfügbarkeit für Unternehmen auch – über die individuellen Vorteile von Unternehmen hinausgehende – gesamtwirtschaftliche Vorteile mit sich bringt. Ein weiterer wichtiger Grund für die Intensivierung des B2B-Datenaustauschs kann sich aus den besonderen Eigenschaften von Daten ergeben. Aufgrund der Nicht-Rivalität von Daten und ihrer Nutzbarkeit zu vielfältigen Zwecken kann ihr voller gesamtwirtschaftlicher Nutzen regelmäßig nur dann realisiert werden, wenn sie vom Datensammler mit anderen Unternehmen geteilt werden.

134 *Hoffmann-Riem*, Innovation und Recht (2016), S. 302.

135 *Rubinfeld/Gal*, Arizona Law Review 59 (2017), 339 (347); *OECD*, Data Driven Innovation (2015), S. 150 f.

136 *Hillmer*, Daten als Rohstoffe (2021), S. 221; *Sivinski/Okuliar/Kjolbye*, European Competition Journal 13 (2017), 199 (209); *Hacker*, GRUR 2020, 1025 (1026).

137 Siehe etwa *Niebel/Rasel/Viete*, Economics of Innovation and New Technology 28 (2019), 296 (310); *Wu/Hitt/Lou*, Management Science 66 (2020), 2017 (2036).

I. Gesamtwirtschaftliche Vorteile unternehmerischer Datennutzung

Ob ein verstärkter B2B-Datenaustausch aus gesellschaftlicher Sicht wünschenswert ist, hängt nicht von dem privaten Wert, den Unternehmen für sich aus der Datennutzung und dem Datenaustausch ziehen können, ab. Stattdessen kommt es auf den gesamtwirtschaftlichen Wert an, der hierdurch generiert werden kann.[138] Die Europäische Kommission geht davon aus, dass die verstärkte Datennutzung große gesamtwirtschaftliche Vorteile herbeiführen kann. Insbesondere von der durch Daten erhöhten Innovationskraft europäischer Unternehmen sollen nicht nur die Unternehmen selbst, sondern auch alle Bürger Europas profitieren, indem sie bessere und günstigere Produkte und Dienstleistungen erhalten.[139]

Die Kommission scheint anzunehmen, dass der gesamtwirtschaftliche und gesellschaftliche Wert von Daten in erster Linie aus ihren innovationsunterstützenden Eigenschaften folgt.[140] Dies steht im Einklang mit der weitverbreiteten Ansicht, dass eine innovative Wirtschaft wichtig für die gesamte Gesellschaft ist und es sich deshalb bei der Förderung von Innovationen um ein legitimes politisches Ziel handelt.[141] Zum einen können Innovationen die Gesamtwirtschaft stärken und so „Wachstum, Beschäftigung und Wohlstand" in einer Volkswirtschaft sichern.[142] So wird in der ökonomischen Literatur davon ausgegangen, dass unternehmerische Innovationen wesentlicher Treiber eines langfristigen und endogenen Wachstums einer Volkswirtschaft sind.[143] Die Vorteile unternehmerischer Innovationen gehen damit über die privaten Vorteile des jeweiligen Unternehmens hinaus.[144] Durch private Innovationstätigkeiten entstehen Überlaufeffekte (*spillovers*), die dem Wachstum der gesamten Wirtschaft zugutekommen.[145] Zum anderen können Innovationen der Erreichung außerökonomischer, gesellschaftlich und politisch erwünschter Ziele dienen.[146] So setzte die Europäische Kommission beispiels-

138 Vgl. *Schweitzer/Peitz*, Datenmärkte in der digitalisierten Wirtschaft (2017), S. 18.

139 ErwG 2 DGA; *Europäische Kommission*, COM(2020) 66 final, S. 1; SWD(2020) 295 final (2020), S. 19.

140 *Kommission*, COM(2020) 66 final, S. 7, 14; SWD(2020) 295 final, S. 1 f., 8 f., 17; SWD(2022) 34 final, S. 2.

141 Siehe nur *Baker*, Antitrust Law Journal 74 (2007), 575 (576); *Hillmer*, Daten als Rohstoffe (2021), S. 63.

142 *BKartA*, Innovationen (2017), S. 1.

143 *Ahlstrom*, Academy of Management Perspectives 24 (2010), 11 (11 f.); *OECD*, The Innovation Imperative (2015), S. 17; *Kommission*, Grünbuch zur Innovation (1995), S. 18. Für weitere Nachweise zur Bedeutung von Innovationen für wirtschaftliches Wachstum siehe *Maradana/Pradhan/u. a.*, IIMB Management Review 31 (2019) 268 (269).

144 *Baker*, Antitrust Law Journal 74 (2007), 575 (576).

145 *Griliches*, The Scandinavian Journal of Economics 94 (1992), 29 (29 f.).

146 *Hillmer*, Daten als Rohstoffe (2021), S. 84 f.

weise in ihrer Europa-2020-Strategie darauf, dass wissenschaftliche und unternehmerische Innovationen den Klimawandel bekämpfen und die Ressourceneffizienz in der Wirtschaft verbessern würden.[147]

Neben positiven Auswirkungen auf die Innovationsfähigkeit von Unternehmen können datengestützte Entscheidungen von Unternehmen außerdem die Produktivität und Wettbewerbsfähigkeit von Unternehmen stärken. So kann die effektive Datennutzung zu einer effizienteren Ressourcenallokation innerhalb und zwischen Unternehmen beitragen.[148] Dies kommt nicht nur dem Erfolg des jeweiligen Unternehmens zugute. Bei einem funktionierenden Wettbewerb ist nämlich zu erwarten, dass Kosteneinsparungen der Unternehmen zumindest teilweise an Verbraucher und andere Abnehmer weitergegeben werden. Außerdem kann die effizientere Ressourcenallokation und verbesserte Entscheidungsfindung die nationale und internationale Wettbewerbsfähigkeit von europäischen Unternehmen stärken. Hierdurch können nicht nur Wettbewerbsnachteile gegenüber internationalen Wettbewerbern aufgeholt werden. Zusätzlich kommt ein stärkerer (internationaler) Wettbewerb Verbrauchern zugute, die von höherer Qualität, niedrigeren Preisen und mehr Innovationen profitieren.

II. Ökonomische Eigenschaften von Daten und ihrer Nutzung

Neben dem wirtschaftlichen Wert, der Daten als Informationsträgern zukommt, ergibt sich das ökonomische Potenzial des B2B-Datenaustausches auch aus den besonderen wirtschaftlichen Eigenschaften von Daten und ihrer Nutzung.

1. Nicht-Rivalität von Daten

Ein besonders wichtiges Merkmal von Daten besteht in ihrer Nicht-Rivalität, die eine große Bedeutung für die optimale Allokation von Daten und den wirtschaftspolitisch erwünschten Umfang des B2B-Datenaustausches hat.[149] Zurückgehend auf *Samuelson* werden unter nicht-rivalen Gütern solche Güter verstanden, deren Gebrauch durch einen Nutzer nicht den parallelen Gebrauch desselben Guts durch andere Nutzer beeinträchtigt.[150] Dies bedeutet, dass ein Gut von mehreren Personen gleichzeitig genutzt werden kann, ohne dass sich hierdurch sein Gebrauchs-

---

147 *Kommission*, COM(2010) 2020 final, S. 12.
148 *Brynjolfsson/McElheran*, Data in Action (2019), S. 6.
149 *OECD*, Data Driven Innovation (2015), S. 179; *Jones/Tonetti*, American Economic Review 110 (2020), 2819 (2856); *Martens/de Streel/u. a.*, B2B Data Sharing (2020), S. 12.
150 *Samuelson*, The Review of Economics and Statistics 36 (1954), 387.

wert für einen der Nutzer unmittelbar verringert.[151] Diese Eigenschaft liegt bei digitalen Daten vor. Sie können von mehreren Personen genutzt werden, ohne dass sie hierdurch unmittelbar an Wert verlieren oder sich ihr Informationsgehalt verbraucht.[152] Dies bedeutet, dass bestehende Datensätze von einer theoretisch unbegrenzten Anzahl an Unternehmen verwendet werden können und sich ihr Wert für jedes der an der Datennutzung beteiligten Unternehmen hierdurch nicht unmittelbar verringert.

Hinzu kommt, dass die Kosten der Zugänglichmachung der nicht-rivalen Daten für andere Nutzer äußerst gering sind.[153] Sie umfassen lediglich die Kosten für die Speicherung und Übertragung der Daten. Wenn zum Beispiel ein Automobilhersteller Daten über das Fahrverhalten seiner Kunden bei Nässe gesammelt hat und diese Daten die innovative Verbesserung von Antiblockiersystemen ermöglichen, könnte er diese Daten gleichzeitig anderen Unternehmen für den gleichen oder einen anderen Zweck zur Verfügung stellen. Von der Zugänglichmachung der Daten könnten dann andere Automobilhersteller profitieren, indem sie nach der Datenanalyse die Antiblockiersysteme ihrer eigenen Fahrzeugmodelle verbessern. Denkbar ist aber auch, dass die geteilten Daten für völlig andere Zwecke verwendet werden als diejenigen, für die sie ursprünglich gesammelt wurden.[154] So könnten die Daten zum Fahrverhalten bei Nässe beispielsweise auch einen Wert für Versicherungsanbieter oder für Abschleppunternehmen haben.

Auch wenn die Nutzbarkeit von Daten durch ihren vielfachen Gebrauch nicht unmittelbar beeinträchtigt wird, ist eine mittelbare Verringerung ihres ökonomischen Wertes durch die Mehrfachnutzung in bestimmten Situationen dennoch denkbar.[155] Dies kann insbesondere dann der Fall sein, wenn zwischen den potenziellen Datennutzern ein Wettbewerbsverhältnis besteht. Dann ist es wahrscheinlich, dass sich der wirtschaftliche Wert der Daten durch den Zugriff eines direkten Konkurrenten verringert. So wird in dem obengenannten Beispiel der datensammelnde Automobilhersteller kein Interesse daran haben, seine Daten zum Fahrverhalten bei Nässe an andere Hersteller weiterzugeben. Schließlich kann er durch die exklusive Nutzung der Daten seine Produkte verbessern und dadurch einen Wettbewerbsvorteil gegenüber seinen Konkurrenten erlangen. Gibt der Datensammler die Daten hingegen an andere Automobilhersteller weiter, entsteht ihm zumindest dann kein Wettbewerbsvorteil, wenn seine Wettbewerber ebenso wie er selbst zur innovativen Analyse und Nutzung der Daten in der Lage sind.

---

151 *Krämer/Senellart/Streel*, Making Data Portabiliy More Effective (2020), S. 51.

152 *Dewenter/Lüth*, Datenhandel und Plattformen (2018), S. 10.

153 *OECD*, Data Driven Innovation (2015), S. 179.

154 *Rusche*, Intereconomics 54 (2019), 114.

155 *Krämer/Senellart/Streel*, Making Data Portabiliy More Effective (2020), S. 53; *Reimsbach-Kounatze*, in: BMJV/MPI, Data Access (2021), S. 27 (32).

Zwar lassen sich die Daten nach der Weitergabe an andere Automobilhersteller weiterhin auf die gleiche Weise nutzen, als wenn der Datenerzeuger sie niemals mit Dritten geteilt hätte. Jedoch verringert sich durch die Weitergabe der wirtschaftliche Wert der Daten. Insofern ist zwar die Nutzung von Daten nicht-rivalisierend, der aus ihnen zu schöpfende wirtschaftliche Wert kann aber „rivalisierend" sein.[156]

2. Ausschließbarkeit der Nutzung von Daten

Es handelt sich bei Daten trotz ihrer Nicht-Rivalität nicht um öffentliche Güter, da sich Dritte typischerweise von ihrer Nutzung ausschließen lassen.[157] Dennoch sind einige Fallkonstellationen denkbar, in denen keine (vollständige) Ausschließbarkeit anderer potenzieller Datennutzer besteht. Daten sind daher am besten als partiell ausschließbare Güter zu verstehen.

Die Ausschließbarkeit eines Guts beschreibt den Grad, zu dem der Besitzer eines Guts dessen freie und kostenlose Nutzung durch andere verhindern kann. Ein Gut ist ausschließbar, wenn potentielle Nutzer zwingend ein Entgelt für den Zugriff auf das Gut entrichten müssen und ohne Entrichtung des Entgelts die Nutzung des Gutes unmöglich ist.[158] Die Ausschließbarkeit eines Gutes beruht nicht allein auf dessen natürlichen Eigenschaften, sondern wird maßgeblich durch technologische Möglichkeiten sowie soziale und rechtliche Normen bestimmt.[159] Wegen der Vielzahl der Variablen, die die Ausschließbarkeit eines Guts bestimmen, kann die Ausschließbarkeit von Gütern als ein Punkt auf einer fortlaufenden Skala und nicht als eine binäre Eigenschaft verstanden werden.[160] Güter können auf der Skala danach eingeordnet werden, wie vollständig und wie leicht sich andere (potenzielle) Nutzer ausschließen lassen.

Eine vollständige Ausschließbarkeit ist bei Daten nicht möglich. Insgesamt lässt sich bei ihnen aber mit vertretbarem Aufwand ein relativ starker Grad der Ausschließbarkeit erreichen. Dabei ist es hilfreich nach *Schmidt* bei der Ausschließbarkeit von Daten zwischen ihrer syntaktischen und ihrer semantischen Ebene zu unterscheiden.[161] Auf ihrer syntaktischen Ebene, also auf der Ebene ihrer (digitalen) Struktur, lassen sich Dritte relativ effektiv von der Datennutzung ausschließen. Die Datennutzung durch andere kann mithilfe rechtlicher und techni-

---

156 *Krämer/Senellart/Streel*, Making Data Portabiliy More Effective (2020), S. 53.

157 Siehe ausführlich zum Begriff eines öffentlichen Guts bei *Cowen*, Review of Social Economy 43 (1985), 53.

158 *Ott/Turnovsky*, Economica 73 (2006), 725 (726).

159 *Drahos*, Journal of International Economic Law 7 (2004), 321 (326 f.).

160 *Kapczynski/Syed*, The Yale Law Journal 122 (2013), 1900 (1903).

161 *Schmidt*, Zugang zu Daten nach europäischem Kartellrecht (2020), S. 53 f.

scher Maßnahmen weitgehend verhindert werden.[162] So können Unternehmen ihren Datenbestand durch Maßnahmen der Informations- und Systemsicherheit vor den unbefugten Zugriffen Dritter schützen. Auch wenn ein vollkommener Schutz vor Zugriffen unbefugter Dritter nicht möglich ist, lässt sich in der Praxis dennoch ein hoher Grad der Ausschließbarkeit für unternehmenseigene Daten herstellen.[163] Schwieriger ist es hingegen, die Ausschließbarkeit der Daten sicherzustellen, wenn Unternehmen ihre Daten freiwillig mit anderen Unternehmen oder Organisationen teilen. Denn dann besteht weder auf rechtlicher noch auf technischer Ebene ein effektiver Schutz vor der unbefugten Datenweitergabe durch den Datenempfänger an Dritte.[164] Abgesehen von Konstellationen der Datenweitergabe lässt sich aber konstatieren, dass auf der syntaktischen Ebene ein relativ hoher Grad der Ausschließbarkeit von Daten zu erreichen ist.

Demgegenüber ist auf der semantischen Ebene von Daten in vielen Fällen nur ein deutlich geringerer Grad der Ausschließbarkeit erreichbar. Dabei ist zu unterscheiden zwischen Informationen, die sich von verschiedenen Personen mehrfach erfassen lassen und solchen, bei denen dies nicht möglich ist.[165] In der ersten Fallgruppe ist die Herstellung der Ausschließbarkeit der im Datum enthaltenen Information nicht oder nur mit unverhältnismäßig hohen Kosten möglich. Schließlich steht dem erneuten Sammeln einer Information grundsätzlich nicht entgegen, dass bereits zuvor ein Unternehmen dieselbe Information erfasst und gespeichert hat.[166] Es handelt sich hierbei um nicht-exklusive Informationen, die (theoretisch) jedem zugänglich sind und deren (erneute) Erfassung keine prohibitiven Kosten verursacht.[167]

Anders verhält es sich bei exklusiven Informationen, auf die nur eine Organisation Zugriff hat. Exklusive Informationen liegen vor, wenn ein Unternehmen die Tatsachenvorgänge kontrolliert, über die Informationen gesammelt werden sollen. Wenn beispielsweise die vernetzten Fahrzeuge eines Automobilherstellers mittels Sensoren Daten über ihre interne Funktionsweise und das Fahrverhalten ihres Nutzers sammeln, hat der Automobilhersteller den exklusiven Zugang zu den in den Daten enthaltenen Informationen, da Dritte die in den Daten festgehaltenen Vorgänge nicht von außen erfassen können und keinen Zugriff auf die Fahrzeugsensoren haben. Bei exklusiven Informationen entspricht der Grad der Ausschließbarkeit auf der semantischen Ebene dem auf der syntaktischen Ebene von

---

162 *Gambaro*, Market and Competition Law Review 11 (2018), 99 (104); *Martens/de Streel/u. a.*, B2B Data Sharing (2020), S. 13 f.; *Hillmer*, Daten als Rohstoffe (2021), S. 230 ff.

163 *Carrière-Swallow/Haksar*, The Economics and Implications of Data (2019), S. 16.

164 Siehe hierzu ausführlich Kap. 5, D. III. 3. d) bb).

165 Siehe auch *Schmidt*, Zugang zu Daten nach europäischem Kartellrecht (2020), S. 54.

166 *Sokol/Comerford*, George Mason Law Review 23 (2016), 1129 (1137).

167 *Dewenter/Lüth*, Datenhandel und Plattformen (2018), S. 13.

Daten. Es kommt für den Ausschluss potenzieller Nutzer maßgeblich auf die technischen und rechtlichen Schutzmöglichkeiten des Datenhalters an. Insgesamt lässt sich aber ein deutlich höherer Grad der Ausschließbarkeit als bei nicht-exklusiven Informationen erreichen.

3. Daten als Investitionsgüter

Eine weitere wichtige Eigenschaft von Daten besteht darin, dass sie in der Wirtschaft überwiegend als Investitionsgüter verwendet werden.[168] Im Gegensatz zu Verbrauchsgütern handelt es sich bei Daten in der Regel nicht um ein Endprodukt. Vielmehr sind sie als Informationsträger Bausteine bei der Herstellung anderer Güter oder der Erbringung von Dienstleistungen. Darin ähneln sie Vorleistungsgütern, bei denen es sich um Rohstoffe, wie Holz, Metalle, Strom oder Benzin handelt. Daten und andere Investitionsgüter unterscheiden sich von den Vorleistungsgütern aber darin, dass sie aufgrund ihrer nicht-rivalen Natur unendlich oft wiederverwendet werden können.[169] Anders als bei Verbrauchsgütern oder Vorleistungsgütern besteht der wirtschaftliche Wert von Daten also darin, dass sie als Produktionsfaktoren der Herstellung anderer Güter oder der Schaffung von Dienstleistungen dienen und dabei nicht verbraucht werden.[170] Die auf ihrer Nicht-Rivalität beruhende Eigenschaft als Investitionsgut hat zur Folge, dass Daten theoretisch von einer unbegrenzten Anzahl von Personen als Produktionsfaktor für die Erstellung neuer Güter und Dienstleistungen verwendet werden können.[171]

4. Heterogenität und Mehrzwecknutzbarkeit von Daten

Daten lassen sich als nicht-rivale Investitionsgüter nicht nur von mehreren Unternehmen gleichzeitig nutzen, sie können auch für eine Vielzahl verschiedener Zwecke verwendet werden. Typischerweise werden Daten für einen bestimmten Zweck, etwa die Verbesserung eines bestehenden Produkts, gesammelt und analysiert. In vielen Fällen können die durch Daten erlangten Erkenntnisse aber auch für völlig andere, beim Sammeln der Daten überhaupt nicht bedachte Zwecke genutzt werden.[172] Eine solche Mehrzwecknutzung ist nicht bei allen Daten möglich. Es stellt aber eine Besonderheit von Daten dar, dass sie für unerwartete Zwecke wiederverwendet werden können und potentielle Anwendungsmöglichkeiten für

---

168 *OECD*, Data Driven Innovation (2015), S. 180.

169 *Reimsbach-Kounatze*, in: BMJV/MPI, Data Access (2021), S. 27 (34).

170 *OECD*, Data Driven Innovation (2015), S. 180; *Martens/de Streel/u. a.*, B2B Data Sharing (2020), S. 14; *Carrière-Swallow/Haksar*, The Economics and Implications of Data, S. 10.

171 *OECD*, Data Driven Innovation (2015), S. 181.

172 *OECD*, Data Driven Innovation (2015), S. 181; *Custers/Bachlechner*, Information Polity 22 (2017), 291 (295).

den Datenhalter daher oft nicht vorhersehbar sind.[173] Zum Beispiel können Daten, die vom öffentlichen Sektor für Verwaltungszwecke gesammelt werden, nach ihrer Veröffentlichung von Unternehmern zu Innovationszwecken wiederverwendet werden, die bei der ursprünglichen Erfassung der Daten unvorhersehbar waren.[174] Die Nutzbarkeit von Daten zu unterschiedlichen Zwecken stellt einen wichtigen Grund für den Datenaustausch dar. Wenn sich die einmal gesammelten Daten für divergierende, *ex ante* nicht vorhersehbare Zwecke nutzen lassen, ist es unwahrscheinlich, dass alle produktiven und innovativen Datennutzungen durch den Datensammler selbst realisiert werden können. Eine möglichst weite Verbreitung der Daten an unterschiedliche Nutzer ist erforderlich, damit möglichst viele gesellschaftlich erwünschte Anwendungsfelder für die gesammelten Daten erschlossen werden können.

Auch wenn viele Anwendungsmöglichkeiten zunächst unvorhersehbar sein mögen, ist die Mehrzwecknutzung von Daten nicht unbegrenzt möglich. Nicht jedes Datum kann für eine Vielzahl produktiver oder innovativer Zwecke durch unterschiedliche Akteure verwendet werden. In diesem Zusammenhang ist auch die inhaltliche Heterogenität von Daten zu berücksichtigen. Daten stellen keine „homogene Masse (dar), die beliebig einsetzbar und austauschbar ist".[175] Stattdessen vermitteln unterschiedliche Daten in der Regel unterschiedliche Informationen, die sich häufig nicht miteinander substituieren lassen.[176] Unternehmen werden für einen bestimmten Zweck häufig bestimmte Daten benötigen. In diesem Fall hilft ihnen die generelle Verfügbarkeit „irgendwelcher" Daten nicht weiter. Ein „blinder" Datenaustausch wäre deshalb nicht sinnvoll. Nur wenn der Datenempfänger eine eigene Verwendungsmöglichkeit für die Daten eines anderen Unternehmens hat, ergibt die Datenweitergabe für ihn Sinn.

5. Skaleneffekte und Verbundvorteile bei der Nutzung von Daten

Häufig wird angenommen, dass bei der Nutzung von Daten spürbare Skaleneffekte und Verbundvorteile existieren. Die tatsächliche Verbreitung, das Ausmaß und die Bedeutung dieser Effekte sind jedoch noch ungeklärt. Zumindest zu einem gewissen Grad ist es aber wahrscheinlich, dass solche Effekte in bestimmten Konstellationen vorliegen.

---

173 *Reimsbach-Kounatze*, in: BMJV/MPI, Data Access (2021), S. 27 (36).

174 *OECD*, Data Driven Innovation (2015), S. 181.

175 *Dewenter/Lüth*, Datenhandel und Plattformen (2018), S. 11.

176 *Reimsbach-Kounatze*, in: BMJV/MPI, Data Access (2021), S. 27 (54); *Dewenter/Lüth*, Datenhandel und Plattformen (2018), S. 12; *Gal/Rubinfeld*, New York University Law Review 94 (2019), 737 (742).

a) Skaleneffekte

Skaleneffekte beschreiben grundsätzlich den Mehrwert und die Kostenvorteile, die einem Unternehmen bei der Herstellung eines Gutes durch die Erhöhung der Produktionsmenge (*output*) entstehen.[177] Wenn sich die durchschnittlichen Stückkosten für die Herstellung eines Gutes bei einem Anstieg der Produktionsmenge verringern, liegen positive Skaleneffekte vor. Je mehr ein Unternehmen von einem bestimmten Gut produziert, desto niedriger sind dann seine Kosten für die Herstellung eines jeden Stücks und umso effizienter wird es dieses Gut produzieren können. Skaleneffekte sind in diesem Fall die Kostenvorteile, die ein Unternehmen aufgrund seiner Größe erhält.[178]

Dieses Konzept lässt sich auch auf die Nutzung von Daten übertragen. Positive Skaleneffekte können sich daraus ergeben, dass mit der Zahl der genutzten Daten die Kosten der Generierung, Speicherung und Analyse von Daten sinken oder sich durch die Analyse größerer Datenmengen ein höherer Mehrwert, etwa aufgrund besserer Vorhersageergebnisse, erzielen lässt.[179] So wird grundsätzlich davon ausgegangen, dass die Fixkosten für die Bereitstellung der nötigen technischen Infrastrukturen für die Datenerhebung und -analyse sehr hoch sind.[180] Aufgrund dessen sinken die Durchschnittskosten für die Erhebung, Speicherung und Analyse von Daten mit jedem zusätzlichen Datum, da die Fixkosten für die Anschaffung und Wartung von Servern und die Entwicklung von Algorithmen für die Datenanalyse auf eine größere Anzahl von genutzten Daten verteilt werden können. Effizient lassen sich Daten daher erst ab einer gewissen Menge und einem bestimmten Umfang der zu analysierenden Datensätze nutzen. Demgegenüber ist es noch offen, ob positive Skaleneffekte auch im Hinblick auf die Zuverlässigkeit und Vorhersagekraft von Datenanalysen angenommen werden können.[181] Diese Frage hängt wohl maßgeblich davon ab, zu welchen Zwecken und für welche Analysemethoden die Daten verwendet werden.[182]

b) Verbundvorteile

Fraglich ist außerdem, ob bei der Analyse von Daten Verbundvorteile bestehen. Verbundvorteile kommen vor allem bei der gemeinsamen Analyse von unterschiedlichen Daten und der Datennutzung für verschiedene Produkte und Dienst-

177 *Morell*, in: v. Towfigh/Petersen, Ökonomische Methoden im Recht (2017), S. 45 (74).
178 *OECD*, Data Driven Innovation (2015), S. 184.
179 *Dewenter/Lüth*, Datenhandel und Plattformen (2018), S. 14.
180 *Rubinfeld/Gal*, Arizona Law Review 59 (2017), 339 (352).
181 *Martens*, in: BMJV/MPI, Data Access (2021), S. 69 (77).
182 *De Streel*, in: Gerard/de Rivery/Meyring, Dynamic Markets (2018), S. 97 (105).

leistungen in Betracht.[183] Im Gegensatz zu Skaleneffekten beschreiben Verbundvorteile nicht die Kostenvorteile, die aus dem Umfang der Produktionsmenge entstehen, sondern die Vorteile, die sich aus der größeren Vielfalt der zu produzierenden Güter ergeben. Verbundvorteile liegen vor, wenn es günstiger ist, zwei verschiedene Produkte in einem Unternehmen gemeinsam herzustellen, als sie getrennt in unterschiedlichen Unternehmen herzustellen.[184]

Übertragen auf die Analyse von Daten bedeutet dies, dass Verbundvorteile vorliegen, wenn die Verknüpfung und gemeinsame Analyse inhaltlich verschiedener Daten aus unterschiedlichen Quellen gewinnbringender beziehungsweise kostengünstiger ist als die isolierte Analyse der Datensätze. Dies setzt voraus, dass die Datensätze komplementär sind, sich also gegenseitig ergänzen.[185] *Mayer-Schönberger* und *Padova* vergleichen Daten aus verschiedenen Quellen mit Puzzleteilen, deren gesamter Wert sich erst aus der Zusammensetzung mit anderen Daten ergibt.[186] Ein Beispiel für solche Verbundvorteile stellen Anbieter von Navigationssystemen dar.[187] Sie kombinieren eine Vielzahl verschiedener Daten aus öffentlichen und privaten Quellen, um die beste Wegführung zu ermitteln. Ob sich dieses und ähnliche Beispiele verallgemeinern lassen, ist jedoch noch ungeklärt. Es gibt derzeit keine empirische Literatur, die sich gezielt mit der Existenz von Verbundvorteilen bei der Datenanalyse auseinandersetzt.[188] Daher kann das Bestehen von Verbundvorteilen bei der Analyse von Daten nicht pauschal vorausgesetzt werden, sondern hängt vom konkreten Anwendungsfall ab. In Fällen, in denen tatsächlich Verbundvorteile bei der Analyse von Daten existieren, spricht dies für den breiteren Austausch von Daten zwischen Unternehmen und anderen Organisationen. Schließlich profitieren Unternehmen in diesem Fall von der Integration komplementärer Datensätze aus unterschiedlichen Quellen.

III. Zwischenergebnis

In Anbetracht der ökonomischen Eigenschaften und der wirtschaftlichen Verwendungsmöglichkeiten von Daten lässt sich nachvollziehen, weshalb der Austausch

183 Jedenfalls bei der Entwicklung unterschiedlicher digitaler Dienste, für welche die gleichen Daten erforderlich sind, kann aber von datenbasierten Verbundvorteilen ausgegangen werden; siehe hierzu Kap.4, C. I. 1 b) und *Belleflamme/Peitz*, The Economics of Platforms (2021), S. 134.

184 Grundlegend *Panzar/Willig*, The American Economic Review 71 (1981), 268.

185 *Duch-Brown/Martens/Mueller-Langer*, The economics of ownership (2017), S. 9.

186 *Mayer-Schönberger/Padova*, The Columbia Science and Technology Law Review 17 (2016), 315 (320).

187 *Martens*, in: BMJV/MPI, Data Access (2021), S. 69 (78).

188 *Martens*, in: BMJV/MPI, Data Access (2021), S. 69 (77 f.).

von Daten zwischen Unternehmen aus wirtschaftspolitischer Perspektive wünschenswert ist. Die ökonomischen Eigenschaften und Anwendungspotenziale von Daten führen dazu, dass der Datenaustausch eine Voraussetzung ist, um den vollständigen wirtschaftlichen und gesellschaftlichen Wert von Daten zu realisieren. Der primäre Grund hierfür liegt in der Nicht-Rivalität der Datennutzung.[189] Indem die gleichen Datensätze mehrfach zu verschiedenen, wertschöpfenden Zwecken verwendet werden können, vervielfacht sich ihr Nutzen aus gesamtwirtschaftlicher Perspektive. Aufgrund der vielseitigen Anwendungsmöglichkeiten und der damit verbundenen Wiederverwertbarkeit von Daten ist es unwahrscheinlich, dass ein datensammelndes Unternehmen in der Lage ist, alle wertschöpfenden Datenanwendungen selbst vorzunehmen.[190] Die Weitergabe von Daten kann deshalb zu erheblichen *Spillover*-Effekten zugunsten anderer Unternehmen führen.[191]

Demgegenüber führt die Abschottung von Datensätzen dazu, dass der potenzielle Wert der Daten nur unzureichend verwirklicht wird. Ein reibungsloser B2B-Datenaustausch ist demnach eine Voraussetzung dafür, dass der Wert der Daten für die Gesamtwohlfahrt maximiert werden kann. Insofern ist die Annahme der Kommission, dass die Errichtung eines echten Binnenmarkts für Daten zu großen wirtschaftlichen und gesellschaftlichen Vorteilen führen wird,[192] nicht unrealistisch. Es ist aber zu betonen, dass der Datenaustausch zwischen Unternehmen keinen Selbstzweck darstellt, sondern eben nur ein Mittel zur Erreichung wirtschaftlicher und gesellschaftlicher Ziele, nämlich der Steigerung der Gesamtwohlfahrt, ist. Nicht bei allen Daten ist es gesamtwohlfahrtsmaximierend, dass sie mit anderen Unternehmen geteilt werden. So kann die Weitergabe von bestimmten Daten die Privatsphäre von Verbrauchern beeinträchtigen oder Betriebsgeheimnisse von Unternehmen preisgeben. Entscheidend ist aus regulatorischer Perspektive, dass der Umfang des Datenaustausches zwischen Unternehmen auf einem die Gesamtwohlfahrt maximierenden Niveau liegt, wobei sowohl die Kosten als auch die Vorteile der Datenweitergabe zu berücksichtigen sind.[193]

---

189 *Martens/de Streel/u. a.*, B2B Data Sharing (2020), S. 12; *Martens*, in: BMJV/MPI, Data Access (2021), S. 69 (78); *Beyer-Katzenberger*, in: Specht-Riemenschneider/Werry/Werry, Datenrecht in der Digitalisierung (2019), S. 37 (47); *Jones/Tonetti*, American Economic Review 110 (2020), 2819 (2856); *Reimsbach-Kounatze*, in: BMJV/MPI, Data Access (2021), S. 27 (32).

190 *Schweitzer/Peitz*, Datenmärkte in der digitalisierten Wirtschaft (2017), S. 18; *Martens*, in: BMJV/MPI, Data Access (2021), S. 69 (79).

191 *Reimsbach-Kounatze*, in: BMJV/MPI, Data Access (2021), S. 27 (32).

192 *Europäische Kommission*, SWD(2020) 295 final, S. 9

193 *Martens/de Streel/u. a.*, B2B Data Sharing (2020), S. 13.

Kapitel 3: Marktversagen auf Märkten für Unternehmensdaten

A. Einleitung

Wie im vorigen Kapitel festgestellt wurde, besitzt der Datenaustausch zwischen Unternehmen ein großes wirtschaftliches Potenzial und ist aus wirtschaftspolitischer Perspektive wünschenswert. Es ist daher zu begrüßen, dass manche Unternehmen ihre Daten bereits auf Märkten für Unternehmensdaten[1] mit anderen Unternehmen teilen.[2] Diese werden zum Teil auch als Sekundärmärkte für Daten bezeichnet.[3] Allgemein ist davon auszugehen, dass der Handel eines Gutes über Märkte zu wichtigen Wohlstandseffekten, insbesondere der allokativen und produktiven Effizienz, führt. Dies gilt, trotz der Eigenschaft von Daten als nicht-rivalen Gütern, grundsätzlich auch für Datenmärkte. Allerdings reicht das Niveau des Datenhandels auf Märkten für Unternehmensdaten bisher bei weitem nicht an die Zielvorstellung eines florierenden Binnenmarkts für Daten heran.[4] Bislang werden nur wenige Daten von Unternehmen über Datenmärkte geteilt. Von einem funktionierenden Markt für Unternehmensdaten kann derzeit nicht gesprochen werden. Stattdessen liegen Anhaltspunkte für ein Marktversagen vor.

In diesem Kapitel wird zunächst dargestellt, auf welche Weise und in welchem Umfang bereits ein Datenhandel zwischen Unternehmen stattfindet. In diesem Rahmen ist insbesondere darauf einzugehen, welche wirtschaftlichen Anreize aus Sicht von Unternehmen für oder gegen die Weitergabe ihrer Daten sprechen. Anschließend werden die rechtlichen Rahmenbedingungen für den Datenaustausch zwischen Unternehmen untersucht. Da dieser als eine von mehreren Ursachen für die schwache Ausprägung des Datenhandels verantwortlich gemacht wird, kommt diesem Abschnitt auch eine große Bedeutung für den darauffolgenden Abschnitt zu, indem die gegenwärtigen Hindernisse für den B2B-Datenaustausch analysiert werden. Wie sich zeigen wird, bestehen aufgrund von Informationsasymmetrien

1 Mit Unternehmensdaten sind in dieser Untersuchung Daten in Unternehmenshand gemeint, die vom jeweiligen Unternehmen faktisch kontrolliert werden. Insofern bezieht sich der hier verwendete Begriff der Unternehmensdaten nicht (nur) auf Daten über ein Unternehmen und dessen Abläufe (wie z. B. die Informationen nach § 8b HGB), sondern auf alle von ihm gehaltenen Daten.

2 *Koutroumpis/Leiponen/Thomas*, Industrial and Corporate Change 29 (2020), 645; *Drexl*, NZKart 2017, 415, 417; *Martens/de Streel/u. a.*, B2B Data Sharing (2020), S. 12 ff.; *Schweitzer/Peitz*, Datenmärkte in der digitalisierten Wirtschaft (2017), S. 20 ff.; speziell zu Märkten für Fahrzeugdaten *Metzger*, GRUR 2019, 129 (135).

3 *Schweitzer/Peitz*, Datenmärkte in der digitalisierten Wirtschaft (2017), S. 21 f.; *Schweitzer/Peitz*, NJW 2018, 275 (276).

4 Siehe dazu Kap. 2, B. III.

https://doi.org/10.1515/9783111337661-003

und hohen Transaktionskosten erhebliche Anhaltspunkte für das Vorliegen eines Marktversagens auf Märkten von Unternehmensdaten. Die Feststellung der Marktversagensgründe ist im Rahmen dieser Untersuchung von hoher Relevanz, da die durch den DGA regulierten Datenintermediäre als Hoffnungsträger für die Überwindung der dem florierenden Datenaustausch entgegenstehenden Hindernisse angesehen werden.[5] Um feststellen zu können, ob Datenintermediäre diese Erwartungen erfüllen können, und ob die Regulierung durch den DGA geeignet ist, sie in dieser Rolle zu fördern, ist ein genaues Verständnis der Gründe für ein Marktversagen auf Märkten für Unternehmensdaten erforderlich.

B. Märkte für Unternehmensdaten

I. Sekundärmärkte für Daten

Daten werden bereits als „eigenständige Produkte" durch Unternehmen gehandelt.[6] Das Zusammentreffen von Angebot und Nachfrage nach den von Unternehmen kontrollierten Daten bildet Märkte für Unternehmensdaten. Diese Märkte werden in Abgrenzung zur Selbsterhebung von Daten auch als Sekundärmärkte für Unternehmensdaten bezeichnet.[7] Hierbei handelt es sich um Märkte, auf denen Unternehmen den Zugang zu den Daten anderer Unternehmen im Gegenzug für die Zahlung eines Entgelts oder die Erbringung anderer Gegenleistungen erhalten.[8] Auf diesen Märkten entscheiden datenhaltende Unternehmen frei darüber, ob sie die von ihnen kontrollierten Daten datennachfragenden Unternehmen anbieten. Die Gegenleistung der Datennachfrager für den Zugang zu Daten muss nicht zwingend monetär sein. Der Datenaustausch kann auch im Zuge von Kooperationen erfolgen oder die gegenseitige Datenzugangsgewährung durch die beteiligten Parteien voraussetzen.

Es wird allgemein davon ausgegangen, dass der marktwirtschaftliche Austausch von Gütern bei Vorliegen bestimmter idealer Voraussetzungen zur effizienten Allokation von Gütern und der Maximierung der Gesamtwohlfahrt führt.[9] Denn auf einem vollkommenen Markt führt das Zusammenspiel aus Angebot und Nachfrage zu einem Gleichgewicht auf dem Markt, bei dem es zu einer optimalen,

---

5 Siehe nur *Kommission*, SWD(2020) 295 final, S. 12; *Martens/de Streel/u. a.*, B2B Data Sharing (2020), S. 28 ff.; *Richter/Slowinski*, IIC 50 (2019), 4 (10 ff.).

6 *Drexl*, NZKart 2017, 415 (418).

7 In Abgrenzung zur Selbsterhebung von Daten, die dann als Primärmarkt für Daten bezeichnet wird; siehe *Schweitzer/Peitz*, Datenmärkte in der digitalisierten Wirtschaft (2017), S. 22.

8 Vgl. *Schweitzer/Peitz*, Datenmärkte in der digitalisierten Wirtschaft (2017), S. 22.

9 Vgl. auch *Metzger*, GRUR 2019, 129 (130); *Hillmer*, ZfDR 2021, 255 (266).

Pareto-effizienten Allokation der gehandelten Güter kommt.[10] Indem ein gehandeltes Gut demjenigen zugeführt wird, für den es den höchsten Nutzen hat, entsteht eine Pareto-effiziente Ressourcenverteilung. In diesem Fall kann eine Umverteilung des Guts innerhalb des Marktes nicht dazu führen, dass ein Akteur bessergestellt wird, ohne dass ein anderer Akteur gleichzeitig schlechter gestellt wird.[11]

Diese Annahme von den Wohlfahrtseffekten von Märkten gilt grundsätzlich auch für den marktwirtschaftlichen Austausch von Unternehmensdaten, auch wenn es sich bei ihnen um Güter handelt, die in ihrer Nutzung weitgehend nicht-rivalisierend sind.[12] Zwar kann in der Theorie die Maximierung des Zugangs zu einem nicht-rivalen Gut zu einem optimalen Gesamtwohlfahrtsniveau führen, da die zusätzliche, wertschöpfende Nutzung des Guts keine oder kaum zusätzliche Kosten erzeugt.[13] Allerdings ist zu beachten, dass ein allgemeiner Datenzugang Dritter zu Anreizproblemen bei der Sammlung und Speicherung von Daten durch Datenhalter führen kann[14] und mit der Datenweitergabe im Einzelfall wirtschaftliche Nachteile für den Datenhalter verbunden sein können.[15] Insbesondere kann sich der wirtschaftliche Wert der Daten für den Datenhalter durch die Weitergabe und anschließende Wiederverwendung in bestimmten Situationen verringern.[16] Es ist daher in Abwesenheit von Wettbewerbsproblemen sinnvoll, die Entscheidung über die Datenweitergabe bei den Datenhaltern selbst zu belassen.[17] Unternehmen wägen die Vorteile der Datenweitergabe dann gegen deren Kosten ab.[18] Zum Datenaustausch sind Unternehmen also nur dann bereit, wenn die Anreize für die Datenweitergabe die Anreize gegen die Datenweitergabe übersteigen.[19]

---

10 *Schäfer/Ott*, Ökonomische Analyse des Zivilrechts (2020), S. 14 ff.; *Cooter/Ulen*, Law & Economics (2016), S. 14; *Gravelle/Rees*, Microeconomics (2004), S. 279 ff.; *Magen*, in: Kirchof/Korte/Magen, Öffentliches Wettbewerbsrecht (2014), S. 17 (Rn. 30); ausführlich *Morell*, in: v. Towfigh/Petersen, Ökonomische Methoden im Recht (2017), S. 45 (45 ff.).

11 *Schäfer/Ott*, Ökonomische Analyse des Zivilrechts (2020), S. 14 f.; *Cooter/Ulen*, Law & Economics (2016), S. 14; *Kerber/Schwalbe*, in: MüKo WettbR, Grundlagen Rn. 135.

12 Siehe hierzu Kap. 2, D. II. 1.

13 *Reimsbach-Kounatze*, in: BMJV/MPI, Data Access (2021), S. 27 (32).

14 *Schweitzer/Peitz*, Datenmärkte in der digitalisierten Wirtschaft (2017), S. 18. Schließlich sind mit der Datensammlung und -aufbereitung nicht unerhebliche Investitionen verbunden; siehe *Reimsbach-Kounatze*, in: BMJV/MPI, Data Access (2021), S. 27 (32).

15 *Martens/de Streel/u. a.*, B2B Data Sharing (2020), S. 13.

16 *Krämer/Senellart/Streel*, Making Data Portabiliy More Effective (2020), S. 53; *Reimsbach-Kounatze*, in: BMJV/MPI, Data Access (2021), S. 27 (32).

17 *Schweitzer/Peitz*, Datenmärkte in der digitalisierten Wirtschaft (2017), S. 18.

18 *Martens/de Streel/u. a.*, B2B Data Sharing (2020), S. 13; *Reimsbach-Kounatze*, in: BMJV/MPI, Data Access (2021), S. 27 (43).

19 Siehe zu den Anreizen für und gegen die Datenweitergabe unten in Kap. 3, B. III.

II. B2B-Datenaustausch in der Praxis

Immer wenn ein Unternehmen einem anderen Unternehmen den Zugriff auf die eigenen Daten ermöglicht oder diese auf irgendeine Weise an das andere Unternehmen überträgt, zum Beispiel durch Übergabe eines physischen Datenträgers oder über eine Internetverbindung, liegt ein Datenaustausch vor.[20] In Abwesenheit von Eigentumsrechten an Daten[21] beruht der B2B-Datenaustausch auf der faktischen Fähigkeit von Unternehmen, den Datenzugang zu kontrollieren und den Datenzugriff anderer Unternehmen mittels technischer Maßnahmen zu verhindern.[22] Das Unternehmen, das den Zugang zu bestimmten Daten faktisch kontrolliert, wird als Datenhalter bezeichnet.[23] Ihm wird die Nutzungs- und Verfügungsbefugnis über die Daten aufgrund seiner Kontrollmöglichkeiten *de facto* zugewiesen. Wirksamkeit und der Umfang dieser Befugnisse hängen aber von der Effektivität der Schutzmaßnahmen des Datenhalters ab.[24] Aufgrund seiner faktischen Datenherrschaft kann der Datenhalter selbst entscheiden, ob er seine Daten mit anderen Unternehmen, den Datennutzern,[25] teilt.[26]

Die Gründe für die Weitergabe von Daten durch Datenhalter können vielfältig sein.[27] So kann die Datenweitergabe der Zusammenarbeit mit anderen Unternehmen dienen. Darüber hinaus können Unternehmen durch das entgeltliche Teilen

---

20 Synonym mit dem Datenaustausch werden in dieser Untersuchung die Begriffe der Datenweitergabe und des Teilens von Daten verwendet. Bei entgeltlichen Datenweitergaben wird auch vom Datenhandel oder von Datentransaktionen gesprochen.

21 Siehe hierzu Kap. 3, C. II. 2.

22 Drexl, JIPITEC 8 (2017), 257 (272, Rn. 69 ff.); *Kornmeier/Baranowski*, BB 2019, 1219 (1221); *Hofmann*, in: Pertot, Rechte an Daten (2019), S. 9 (19 f.); *Stender-Vorwachs/Steege*, NJOZ 2018, 1361 (1363); *Schweitzer/Peitz*, NJW 2018, 275 (278).

23 Die Bezeichnung als Datenhalter soll im Gegensatz zu den Begriffen des Datenbesitzers oder Dateninhabers klarstellen, dass seine Nutzungs- und Verfügungsgewalt über die Daten keine rechtliche Grundlage hat, sondern lediglich auf der faktischen Kontrollmöglichkeit beruht; vgl. *Drexl*, Data Access and Control (2018), S. 29 f. Im DGA wird demgegenüber die missverständliche Bezeichnung des „Dateninhabers" gewählt (Art. 2 Nr. 8 DGA); siehe hierzu näher in Kap. 5, C. IV. a) bb). Im Zusammenhang mit der Weitergabe von Daten werden Datenhalter hier auch als Datenveräußerer oder Datenanbieter bezeichnet.

24 *Hofmann*, in: Pertot, Rechte an Daten (2019), S. 9 (20).

25 Unter Datennutzern werden im Rahmen des Datenaustausches Unternehmen bezeichnet, die Daten von anderen Unternehmen nachfragen, um sie für eigene Geschäftszwecke wiederzuverwenden; vgl. nur *Europäische Kommission*, SWD(2018) 125 final, S. 5; *Arnaut/Pont/u. a.*, Study on data sharing (2018), S. IV; *OECD*, Enhancing Access to and Sharing of Data (2019), S. 35. Sie können aber auch als Datennachfrager, Datenerwerber oder Datenempfänger bezeichnet werden.

26 *Czychowski/Siesmayer*, in: Taeger/Pohle, ComputerR-Hdb., 20.5 Rn. 49; Drexl, JIPITEC 8 (2017), 257 (272, Rn. 70); *Schweitzer*, GRUR 2019, 569 (575).

27 Siehe zu den Anreizen für die Datenweitergabe im nächsten Abschnitt.

ihrer Daten neue finanzielle Einnahmequellen erschließen. Für die Durchführung von Datenweitergaben stehen verschiedene technische Möglichkeiten zur Verfügung. Eine technisch anspruchslose Lösung für den Datenaustausch stellt die Datenübertragung durch das Hoch- und Herunterladen von Daten auf unternehmenseigenen Servern oder den Servern von File-Hosting- und Cloud-Dienstleistern dar.[28] Zunehmend verbreitet ist der Einsatz von Anwendungsprogrammierschnittstellen beim Datenaustausch.[29] Bei ihnen handelt es sich um technische Schnittstellen von Computerprogrammen, die aus verschiedenen Funktionen, Abläufen und Protokollen bestehen und den Austausch von Daten sowie die Kommunikation von künstlich intelligenten Maschinen miteinander ermöglichen.[30] Sie erlauben es Datenhaltern, ihre Daten schnell und einfach mit Dritten zu teilen und dabei eine bessere Kontrolle über den Datenzugriff durch Dritte zu behalten.[31] Eine weitere moderne Lösung für den Datenaustausch stellen Daten-Sandboxen dar. Bei ihnen handelt es sich um geschlossene physische oder virtuelle Datenräume, in denen Daten analysiert, aber nicht aus der Daten-Sandbox exportiert werden können.[32] Daten-Sandboxen ermöglichen es daher, Dritten den Zugang zu Daten unter hohen Sicherheitsauflagen zu gewähren.[33]

III. Anreize für und gegen das Teilen unternehmenseigener Daten

Die Bereitschaft eines Unternehmens zur Weitergabe seiner Daten hängt davon ab, ob die Anreize für die Datenweitergabe die Anreize gegen die Datenweitergabe übersteigen. Noch zögern viele Unternehmen, ihre Daten mit anderen zu teilen. Aus der Perspektive vieler Datenhalter überwiegen derzeit die Risiken der Datenweitergabe ihre Chancen.[34] Während die Vorteile des Datenaustausches für die nachfragenden Unternehmen auf der Hand liegen, sind die Vorteile für Datenhalter weniger offensichtlich. Grundsätzlich können sich Datentransaktionen aber auch für Datenhalter lohnen.

---

28 *Arnaut/Pont/u. a.*, Study on data sharing (2018), S. 42, 61.

29 Häufig werden Anwendungsprogrammierschnittstellen entsprechend der international gängigen Abkürzung als API (*application programming interface*) abgekürzt.

30 *Hoffmann/Otero*, JIPITEC 11 (2020), 252 (259, Rn. 29); siehe auch ErwG 32 PSI-RL.

31 *Krämer/Senellart/Streel*, Making Data Portabiliy More Effective (2020), S. 41; *OECD*, Enhancing Access to and Sharing of Data (2019), S. 32.

32 *OECD*, Enhancing Access to and Sharing of Data (2019), S. 33; *Reimsbach-Kounatze*, in: BMJV/MPI, Data Access (2021), S. 27 (51 f.).

33 *Reimsbach-Kounatze*, in: BMJV/MPI, Data Access (2021), S. 27 (52).

34 Vgl. *Barbero/Cocoru/u. a.*, Study on emerging issues of data ownership (2018), S. 79; *v. Grafenstein*, Reconciling Conflicting Interests in Data (2022), S. 18 ff.

1. Anreize für die Datenweitergabe

Einen wichtigen Anwendungsbereich der Datenweitergabe stellt aus Sicht von Datenhaltern der Datenaustausch im Rahmen der Kooperation mit anderen Unternehmen dar.[35] Hierzu scheinen bereits jetzt gewisse Anreize zu bestehen. Wichtig ist der gegenseitige Datenaustausch insbesondere beim Lieferkettenmanagement.[36] Der Austausch von Daten mit Lieferanten und Kunden ermöglicht es einen effizienten Produktionsablauf und eine hohe Qualität zu gewährleisten, indem etwa Störungen in der Produktion frühzeitig erkannt und behoben werden.[37] Die Weitergabe von Daten an andere Unternehmen kann außerdem für die Herstellung individualisierter Produkte oder die Ermöglichung spezifischer Dienstleistungen, wie die vorausschauende Wartung von datensammelnden Geräten, notwendig sein.[38] Darüber hinaus geben Unternehmen ihre Daten in manchen Fällen an Dritte weiter, um die Entwicklung komplementärer Produkte und Dienstleistungen zu fördern.[39] Von dieser Möglichkeit haben zum Beispiel *Facebook*, *Google*, und *Twitter* Gebrauch gemacht. Indem sie über Programmierschnittstellen unabhängigen Entwicklern bestimmte Daten zugänglich gemacht haben, sind um ihre Plattformen herum ergänzende Ökosysteme entstanden, die die Attraktivität der Plattformen für Nutzer erheblich erhöht haben.[40]

Ein weiterer Anreiz für Unternehmen, ihre Daten zu teilen, kann darin bestehen, dass sie im Gegenzug Zugriff auf die Daten ihrer Transaktionspartner erlangen, die sie anschließend für ihre eigenen Zwecke analysieren können. Dieser gegenseitige Datenaustausch spielt vor allem beim Datenpooling eine große Rolle, bei dem mehrere Unternehmen ihre Daten einem Datenpool zufügen, auf den alle beteiligten Unternehmen Zugriff haben.[41] Das Datenpooling ist für Unternehmen insbesondere dann attraktiv, wenn bei der gemeinsamen Analyse ihrer Daten mit den von den anderen Unternehmen eingebrachten Datensätzen starke Verbundvorteile, Skaleneffekte oder sonstige Synergien entstehen.[42]

Daneben kann die Datenweitergabe der Monetisierung der eigenen Datenbestände dienen.[43] Wenn die Weitergabe der Daten gegen die Zahlung eines Entgelts

---

35 *Arnaut/Pont/u. a.*, Study on data sharing (2018), S. 39 f.

36 *Fedkenhauer/Fritzsche-Sterr/u.a.*, Datenaustausch (2017), S. 17; *Richter/Slowinski*, IIC 50 (2019), 4 (9).

37 *Fedkenhauer/Fritzsche-Sterr/u.a.*, Datenaustausch (2017), S. 17.

38 *Europäische Kommission*, SWD(2020) 295 final, S. 10.

39 *Feasey/de Streel*, Data Sharing for Digital Markets Contestability (2020), S. 27.

40 *Feasey/de Streel*, Data Sharing for Digital Markets Contestability (2020), S. 27.

41 Siehe hierzu in Kap. 4, B. II. 3 b) aa); siehe auch *Lundqvist*, EuCML 2018, 146 (146 f.).

42 Zu den Skaleneffekten und Verbundvorteilen bei der Datenanalyse siehe näher in Kap. 2, D. II. 5.

43 *Europäische Kommission*, SWD(2017) 2 final, S. 12; SWD(2018) 125 final, S. 5; *Kommission*, SWD (2020) 295 final, S. 8; *Marr*, Data Strategy (2017), S. 78 ff.

erfolgt, können hierdurch schließlich neue Einnahmequellen erschlossen werden und es entstehen für den Datenhalter Anreize zum Teilen seiner Daten.[44] Jedenfalls wenn der Datenweitergabe keine Unternehmensinteressen entgegenstehen und funktionierende Märkte für die Daten existieren, entspricht es der ökonomischen Rationalität, eigene Daten zur Gewinnsteigerung entgeltlich mit anderen Unternehmen zu teilen.[45] Bei Unternehmen mit großen oder besonders begehrten Datenbeständen könnte die Weitergabe von Daten daher eine lukrative Einnahmequelle darstellen.

Diese Art der Datenweitergabe ist aus wirtschaftspolitischer Perspektive besonders interessant, da sie Datenhaltern Anreize zur großflächigen Weitergabe ihrer Daten geben kann, insbesondere auch an Dritte, die aus anderen Sektoren stammen und zu denen nicht schon sonstige Vertragsbeziehungen bestehen. Noch scheint die Erschließung zusätzlicher Einnahmequellen durch die Monetisierung unternehmenseigener Datenbestände in der Praxis trotz ihrer grundsätzlichen Sinnhaftigkeit aber nur unzureichende Anreize für die Datenweitergabe zu erzeugen. Schließlich sind nur wenige Unternehmen dazu bereit, ihre Daten mit Dritten zu teilen, zu denen keine sonstigen Unternehmensbeziehungen bestehen.[46] Ein Grund hierfür könnte sein, dass monetäre Anreize zur Datenweitergabe die Existenz funktionierender Datenmärkte voraussetzen.[47] Gegenwärtig leiden Sekundärmärkte für Unternehmensdaten aber unter Informationsasymmetrien und hohen Transaktionskosten, so dass starke Anhaltspunkte für ein Marktversagen vorliegen.[48] Dies schränkt die Möglichkeiten und Erfolgsaussichten der entgeltlichen Weitergabe ein.

2. Kosten und Risiken der Datenweitergabe

Unternehmen können zunächst durch hohe Transaktionskosten von der Weitergabe ihrer Daten abgehalten werden.[49] Schließlich werden Unternehmen ihre Daten nur dann teilen, wenn sie in der Lage sind, eine angemessene Rendite für ihre datenbezogenen Investitionen zu erzielen.[50] Übersteigt der Aufwand für den Datenaustausch jedoch den privaten Nutzen der Datenhalter, der zum Beispiel in der Vergütung besteht, werden sie von der Weitergabe ihrer Daten absehen.

---

44 *Martens/de Streel/u. a.*, B2B Data Sharing (2020), S. 28.

45 *Hartl/Ludin*, MMR 2021, 534 (536).

46 *Europäische Kommission*, SWD(2017) 2 final, S. 16; siehe hierzu im nächsten Abschnitt.

47 Vgl. *v. Ditfurth/Lienemann*, CRNI 23 (2022), 270 (273); *Hartl/Ludin*, MMR 2021, 534 (536).

48 Siehe hierzu unten in Kap. 4, D.

49 Siehe hierzu in Kap. 4, D. III. 3.

50 *Reimsbach-Kounatze*, in: BMJV/MPI, Data Access (2021), S. 27 (43); *Martens/de Streel/u. a.*, B2B Data Sharing (2020), S. 25.

Über diese praktischen Erwägungen hinaus scheinen viele Unternehmen aber schon prinzipiell nicht zur Weitergabe ihrer Daten bereit zu sein.[51] Hierfür dürften strategische Erwägungen der Datenhalter verantwortlich sein. So fürchten Unternehmen, dass sie durch die Weitergabe ihrer Daten Wettbewerbsvorteile verlieren könnten.[52] Hierbei kann es sich zunächst um Wettbewerbsvorteile handeln, die auf der exklusiven Nutzung der Daten beruhen. So ist es denkbar, dass der Datenerwerber die erhaltenen Daten für den gleichen Zweck einsetzt, wie der Datenhalter und dieser seinen daraus resultierenden Wettbewerbsvorteil verliert. In diesem Fall wird der wirtschaftliche Wert der Daten durch die Mehrfachnutzung aus Sicht des Datenhalters reduziert oder sogar vollständig beseitigt wird.[53] Wettbewerbliche Nachteile können den Datenhaltern unter Umständen auch dadurch entstehen, dass die Erwerber die Daten zu anderen Zwecken als die Datenhalter verwenden. So kann die innovative Wiederverwendung seiner Daten aus Sicht des Datenhalters dazu führen, dass er in der Zukunft auf innovativere Wettbewerber treffen wird. *Jones* und *Tonetti* sprechen insofern von der Angst vor „kreativer Zerstörung", die Datenhalter von der Weitergabe ihrer Daten abhält.[54]

Auch der befürchtete Verlust von Wettbewerbsvorteilen, die nicht unmittelbar auf der Nutzung der geteilten Daten durch den Datenhalter beruhen, kann der Weitergabe von Daten entgegenstehen. So ist es beispielsweise denkbar, dass Datenerwerber beim Austausch von IoT-Daten, aufschlussreiche Einblicke in den Aufbau, die Funktionsweise oder sonstige relevante Eigenschaften der datensammelnden Geräte erlangen, die ihnen die Nachahmung der Geräte ermöglichen.[55] Insofern wird es Datenhaltern in manchen Fällen aufgrund der vielfältigen Anwendungsmöglichkeiten von Daten nicht gelingen, mit hinreichender Sicherheit auszuschließen, dass ihnen die Datenweitergabe am Ende nicht selbst schaden wird. Hinzu kommt, dass mit der Datenweitergabe der Verlust der Kontrolle über die anschließende Verbreitung der Daten einhergehen kann. Sobald die Daten die Herrschaftssphäre des Datenhalters verlassen haben, kann er nur begrenzt verhindern, dass der Datenerwerber die Daten mit anderen Dritten teilt.[56] Dieser Um-

---

51 Siehe nur *Röhl/Bolwin/Hüttl*, Datenwirtschaft in Deutschland (2021), S. 27.

52 *Europäische Kommission*, SWD(2020) 295 final, S. 11.

53 In diesen Fällen stößt die Nicht-Rivalität von Daten an ihre Grenzen; siehe oben in Kap. 2, D. II. 1.

54 *Jones/Tonetti*, American Economic Review 110 (2020), 2810 (2820, 2857).

55 So lässt sich mittels IoT-Daten unter Umständen ein *Reverse Engineering* durchführen, aus dem der Wettbewerber Informationen zur Konstruktion eines Konkurrenzprodukts erlangen kann; siehe *Lüftenegger/Dressel*, BB 2022, 2506 (2509).

56 *Reimsbach-Kounatze*, in: BMJV/MPI, Data Access (2021), S. 27 (43); *Martens/de Streel/u. a.*, B2B Data Sharing (2020), S. 26.

stand erhöht das Risiko, dass Dritte den Zugriff auf die Daten erhalten und sie für Zwecke verwenden, die den Interessen des Datenhalters widersprechen.

IV. *Status quo* des B2B-Datenaustausches

Aufgrund der Risiken der Datenweitergabe ist derzeit nur von einem niedrigen Niveau des B2B-Datenaustausches auszugehen. Zwar liegen bislang keine umfassenden empirischen Studien zum Umfang des B2B-Datenaustausches im europäischen Binnenmarkt vor. Allerdings lassen sich verschiedenen Stakeholder-Umfragen, die von der Europäischen Kommission und anderen Organisationen durchgeführt wurden, erste Tendenzen entnehmen.[57] Danach ist anzunehmen, dass der Datenaustausch zwischen Unternehmen eher schwach ausgeprägt ist.[58] Dies gilt insbesondere für den Datenaustausch zwischen Unternehmen, die miteinander nicht schon in engen vertikalen Geschäftsbeziehungen stehen.[59] Die Schwierigkeiten, von denen Unternehmen beim Datenaustausch berichten, stellen ein erstes Indiz dafür dar, dass noch keine funktionierenden Sekundärmärkte für Unternehmensdaten existieren.[60]

So ergibt sich aus mehreren Umfragen, dass Bereitschaft von Unternehmen zum Teilen ihrer Daten eher niedrig ist. In einer nicht repräsentativen Befragung von 380 Stakeholdern[61] der Europäischen Kommission aus dem Jahr 2017 gaben nur ca. 13 % der Teilnehmer an, dass sie ihre Daten gegen die Zahlung einer Gebühr einem weiten Kreis anderer Unternehmer zugänglich machen würden. Der Großteil der Teilnehmer gab an, dass sie ihre Daten überhaupt nicht oder nur innerhalb ihrer Lieferkette oder bei einer engen Kooperation mit anderen Unternehmen teilen.[62] Eine im gleichen Jahr und im Auftrag der Kommission durchgeführte

---

57 Siehe auch *Schweitzer/Metzger/u. a.*, Data access and sharing (2022), S. 91 ff.

58 Eine Ausnahme bilden hochspezialisierte Märkte für besondere Datentypen, wie insbesondere der Markt für Finanzdaten; siehe *Europäische Kommission*, SWD(2017) 2 final, S. 13.

59 Gleichzeitig besteht durchaus ein Interesse am Zugang zu den Daten anderer Unternehmen, wie auch die wachsende Zahl von Unternehmensübernahmen zeigt, deren strategische Zielsetzung vor allem im Zugang zu dem Datenbestand des Zielunternehmens besteht; siehe *Reimsbach-Kounatze*, in: BMJV/MPI, Data Access (2021), S. 27 (27); *OECD*, Enhancing Access to and Sharing of Data (2019), S. 16.

60 Die technischen, rechtlichen und sonstigen Hindernisse beim B2B-Datenaustausch, die zu einem Marktversagen auf Sekundärmärkten für Daten führen können, werden im weiteren Verlauf des Kapitels untersucht.

61 *Europäische Kommission*, Consultation on the „Building A European Data Economy“ Initative (2017), S. 1.

62 *Europäische Kommission*, Detailed analysis of the consultation results on „Building a European Data Economy“ (2017), S. 15.

Studie kam zu dem Ergebnis, dass nur 4 % der untersuchten Unternehmen ihre Daten entgeltlich mit Dritten teilen.[63] In einer weiteren nicht-repräsentativen Konsultation im Anschluss an die Veröffentlichung der Europäischen Datenstrategie im Jahr 2020 gaben fast 80 % der befragten Stakeholder an, dass sie in der Vergangenheit bereits Schwierigkeiten hatten, den Zugang zu den Daten anderer Unternehmen gewährt zu bekommen. Die Schwierigkeiten beruhten dabei in erster Linie auf der Weigerung des Datenhalters, seine Daten überhaupt zugänglich zu machen (65 %), auf technischen Problemen (72 %) sowie auf überhöhten Gebühren oder anderweitig unfairen Vertragsbedingungen (42 %).[64]

Eine aktuelle Studie des BDI und des Instituts der deutschen Wirtschaft zur Datennutzung durch deutsche Industrieunternehmen stellte fest, dass nur knapp 12 % der befragten Unternehmen geneigt sind, ihre Daten mit anderen Unternehmen zu teilen.[65] Insgesamt ist die große Mehrheit der befragen Unternehmen eher bereit, die Daten anderer Unternehmen nachzufragen als ihre eigenen Daten anzubieten. Nur für 10 % der Unternehmen haben das Anbieten und das Nachfragen von Daten etwa die gleiche Bedeutung.[66] Zu einem ähnlichen Ergebnis kam eine im Rahmen des IEDS-Projekts durchgeführte, repräsentative Studie zum Datennutzungsverhalten von Industrieunternehmen.[67] Danach spielt der B2B-Datenaustausch für 73 % der befragten Unternehmen keine wesentliche Rolle. Nur 2 % der Unternehmen sehen sich als Datengeber, also als Unternehmen, die eher Daten teilen als nachfragen.[68] Dies deutet nach den Autoren der Studie auf Schwierigkeiten bei der Datenweitergabe hin. Unternehmen monieren insoweit unter anderem einen unklaren Nutzen der Datenweitergabe (68 %), Sorgen um den Unternehmenserfolg (59 %) und fehlende Marktaussichten (43 %).[69] Auch rechtliche Unwägbarkeiten, sowohl hinsichtlich personenbezogener als auch nicht-personenbezogener Daten, werden von 68 % der befragten Unternehmen als entscheidende Hindernisse für den Datenaustausch angesehen.[70]

---

63 *Europäische Kommission*, SWD(2017) 2 final, S. 16; *Barbero/Cocoru/u. a.*, Study on emerging issues of data ownership (2018), S. 63.

64 *Europäische Kommission*, Summary Report on the open public consultation on the European strategy for data (2020), S. 2; SWD(2020) 295 final (2020), S. 9.

65 *Röhl/Bolwin/Hüttl*, Datenwirtschaft in Deutschland (2021), S. 27.

66 *Röhl/Bolwin/Hüttl*, Datenwirtschaft in Deutschland (2021), S. 29.

67 *Büchel/Demary/u. a.*, Anreizsystem und Ökonomie des Data Sharings (2022).

68 *Büchel/Demary/u. a.*, Anreizsystem und Ökonomie des Data Sharings (2022), S. 22.

69 *Büchel/Demary/u. a.*, Anreizsystem und Ökonomie des Data Sharings (2022), S. 23.

70 *Büchel/Demary/u. a.*, Anreizsystem und Ökonomie des Data Sharings (2022), S. 52 f.

C. Rechtliche Rahmenbedingungen von Datenmärkten

I. Einleitung

Aus ökonomischer Perspektive lässt sich das geringe Niveau des Datenhandels auf Sekundärmärkten für Unternehmensdaten durch die Existenz von positiven externen Effekten, Informationsasymmetrien sowie Transaktionskosten erklären.[71] Zu den Schwierigkeiten beim B2B-Datenaustausch kann auch der Rechtsrahmen für den Datenaustausch zwischen Unternehmen beitragen.[72] So wird vorgebracht, dass der mangelhafte rechtliche Schutz von Unternehmensdaten die Anreize zur Weitergabe von Daten schmälert und Unsicherheiten über den rechtlichen Schutzumfang von Daten die Weitergabe erschweren. Außerdem ist es denkbar, dass der Rechtsrahmen für den B2B-Datenaustausch hohe rechtliche Transaktionskosten verursacht, da das Aufsetzen von Verträgen und die Einhaltung datenschutzrechtlicher und kartellrechtlicher Anforderungen komplex sind und daher einen hohen Aufwand erfordern. Im Folgenden sollen der deutsche und europäische Rechtsrahmen für den Datenaustausch unter diesen Gesichtspunkten untersucht werden.[73]

II. Rechte von Unternehmen an Daten

1. Einleitung

Zunächst ist zu untersuchen, welche Rechte Unternehmen an Daten zustehen können. Dabei sind vor allem zwei Punkte von Interesse. Zum einen ist festzustellen, ob die Rechtsordnung einem Unternehmen die ausschließliche Nutzungs- und Verfügungsgewalt bestimmter Daten zuweist. Dies ist deshalb relevant, da nach dem einflussreichen *Coase*-Theorem die eindeutige Zuweisung ausschließlicher Verfügungsrechte an eine einzige Person eine essenzielle Voraussetzung für die effiziente Allokation eines Guts ist.[74] Da die Zuweisung eines ausschließlichen Eigentums-

---

71 Siehe hierzu Kap. 3, D. III.

72 *Schweitzer/Metzger/u.al*, Data access and sharing (2022), S. 114. So scheinen viele Unternehmen den existierenden Rechtsrahmen als ein wesentliches Hindernis für den B2B-Datenaustausch anzusehen, siehe *Büchel/Demary/u. a.*, Anreizsystem und Ökonomie des Data Sharings (2022), S. 52 f.

73 Untersucht wird der in Deutschland gültige Rechtsrahmen, der sich aus nationalen Gesetzen und europäischen Rechtsvorschriften zusammensetzt. Zu beachten ist, dass hier festgestellt werden soll, inwiefern der Rechtsrahmen den B2B-Datenaustausch in der Praxis hemmen kann. Aus diesem Grund erfolgt die Auslegung von strittigen Rechtsfragen im Einklang mit der h. M.

74 Siehe hierzu nur *Cooter/Ulen*, Law & Economics (2016), S. 81 ff.; *Schäfer/Ott*, Ökonomische Analyse des Zivilrechts (2020), S. 79 ff.; *Schmolke*, in: v. Towfigh/Petersen, Ökonomische Methoden im

rechts an einer Sache diese in vielen Fällen erst handelbar macht,[75] kann das Vorliegen eines ausschließlichen Nutzungs- und Verfügungsrechts für die Effizienz des B2B-Datenaustauschs relevant sein.[76]

Zum anderen ist dem rechtlichen Schutzniveau von Unternehmensdaten besondere Aufmerksamkeit zu widmen. Denn der rechtliche Schutz von Daten kann Auswirkungen auf die Anreize zum Teilen haben. Bei einem schwachen Rechtsschutz von Daten besteht ein höheres Risiko dafür, dass der Datenhalter ihre Nutzung nicht mehr kontrollieren kann, sobald sie seine eigene Herrschaftssphäre verlassen haben. Schließlich ist er rechtlich nur unzureichend vor der unbefugten Verwendung seiner Daten nach der ersten Weitergabe geschützt. Der Datenhalter wird seine Daten deshalb nicht oder nur sehr zurückhaltend mit anderen Unternehmen teilen. Demgegenüber führt ein hohes Schutzniveau dazu, dass der Datenhalter seine Daten unbesorgt mit anderen Nutzern teilen wird, da er bei einer Zweckentfremdung oder unbefugten Weitergabe der Daten auf effektiven Rechtsschutz zurückgreifen kann. Insofern kann der stärkere rechtliche Schutz eines (immateriellen) Guts paradoxerweise dazu führen, dass es in größerem Umfang geteilt wird als dies ohne rechtlichen Schutz der Fall wäre.[77]

2. Kein (geistiges) Eigentumsrecht an Daten

Nach europäischem und deutschem Recht kann an Daten weder ein sachenrechtliches Eigentum bestehen noch sind sie immaterialgüterrechtlich geschützt.

Das Sacheigentum gemäß § 903 BGB kann nur am Datenträger und nicht an den Daten selbst bestehen.[78] Weder auf der syntaktischen noch auf der semantischen Eben können Daten zivilrechtliches Eigentum darstellen. Der Grund hierfür liegt darin, dass das deutsche Recht nur das Eigentum an Sachen im Sinne von § 90

Recht (2017), S. 131 (137 ff.); *Dewenter/Lüth*, Datenhandel und Plattformen (2018), S. 42; *Coase*, The Journal of Law & Economics 3 (1960), 1; *Stigler*, The Theory of Price (1966), S. 113.

75 *Schäfer/Ott*, Ökonomische Analyse des Zivilrechts (2020), S. 78; *Posner*, Economic Analysis of Law (2014), S. 41.

76 Siehe auch *Duch-Brown/Martens/Mueller-Langer*, The economics of ownership (2017), S. 5.

77 *Lemley*, Stanford Law Review 61 (2008), 311 (332 ff.); *Schur*, GRUR 2020, 1142, 1148. Auf dieser Erwägung basiert ein klassisches Argument zur Rechtfertigung des Schutzes von Erfindungen und Informationen durch geistige Eigentumsrechte; siehe nur *Burk*, 8 Annual Review of Law and Social Science 8 (2012), 397 (399 ff.); zu dieser Argumentation im Hinblick auf die Einführung eines Eigentumsrechts an Daten siehe *Kerber*, GRUR Int 2016, 989 (993 ff.); *Drexl*, JIPITEC 8 (2017), 257 (275 f.).

78 Siehe nur *Röttgen* in: Specht-Riemenschneider/Werry/Werry, Datenrecht in der Digitalisierung (2019), S. 371 (375); *Rosenkranz/Scheufen*, ZfDR 2022, 159 (167); *Hofmann*, in: Pertot, Rechte an Daten (2019), S. 9 (20).

BGB kennt.[79] Daten fehlt die für die Sacheigenschaft erforderliche Körperlichkeit, weshalb sie keine eigentumsfähigen Sachen darstellen können.[80] Denn aus technischer Sicht handelt es sich bei Daten lediglich um bestimmte „Muster magnetischer Spannung".[81] Zudem sind Daten in ihrer Nutzung nicht-rival[82] und können beliebig oft vervielfältigt werden.[83] Es fehlt daher an der für das Sacheigentum typischen Rivalität.[84] Teilweise wird eine analoge Anwendung von § 903 BGB auf Daten gefordert.[85] Diese Forderung wird von der herrschenden Lehre aber zurecht zurückgewiesen. Mangels Körperlichkeit und Nicht-Rivalität von Daten fehlt es insoweit an einer vergleichbaren Interessenlage.[86] Lediglich der Datenträger, auf dem Daten gespeichert sind, ist nach § 903 BGB eigentumsfähig. Über dessen Schutz können auch die auf dem Träger (z. B. eine Festplatte) gespeicherten Daten indirekt geschützt werden.[87] In Zeiten von Cloud-Diensten und dem Internet der Dinge hat dieser Schutz aber spürbar an Bedeutung verloren, da das Eigentum am Datenträger und die Berechtigung an den dort gespeicherten Daten in der Regel auseinanderfallen.[88]

Auch Immaterialgüterrechte bestehen an Daten „als solchen" in aller Regel nicht.[89] Daten werden nicht über das Patentrecht geschützt. Gemäß § 1 Abs. 1 Patentgesetz wird eine Erfindung nur dann als Patent geschützt, wenn sie neu ist, auf einer erfinderischen Tätigkeit beruht und gewerblich anwendbar ist. Nach der Rechtsprechung wird unter einer Erfindung eine „Lehre zum praktischen Handeln, die realisierbar und wiederholbar ist und die Lösung technischer Aufgaben durch technische Mittel darstellt", verstanden.[90] Diese Voraussetzungen erfüllen

---

79 *Brückner*, in: MüKo BGB, § 903 Rn. 3; *Zech*, GRUR 2015, 1151 (1159); *Fries/Scheufen*, MMR 2019, 721 (723); *Sattler*, in: Sassenberg/Faber, Rhdb. Industrie 4.0, § 2 Rn. 98.

80 Siehe nur *Stresemann*, in: MüKo BGB, § 90 Rn. 25; *Zech*, GRUR 2015, 1151 (1159); *Hofmann*, in: Pertot, Rechte an Daten (2019), S. 9 (20).

81 *Wagner*, in: MüKo BGB, § 823 Rn. 245.

82 Siehe zur Nicht-Rivalität von Daten oben in Kap. 2, D. II. 1.

83 *Zech*, Information als Schutzgegenstand (2012), S. 327; *Czychowski/Siesmayer*, in: Taeger/Pohle, ComputerR-Hdb., 20.5 Rn. 49.

84 *Wagner*, in: MüKo BGB, § 823 Rn. 245; *Zech*, Information als Schutzgegenstand (2012), S. 327; *Czychowski/Siesmayer*, in: Taeger/Pohle, ComputerR-Hdb., 20.5 Rn. 49.

85 Etwa *Hoeren*, MMR 2013, 486 (487 ff.).

86 *Hofmann*, in: Pertot, Rechte an Daten (2019), S. 9 (20); *Zech*, GRUR 2015, 1151 (1159).

87 *Röttgen* in: Specht-Riemenschneider/Werry/Werry, Datenrecht in der Digitalisierung (2019), S. 371 (375); *Adam*, NJW 2020, 2063 (Rn. 3); *Hofmann*, in: Pertot, Rechte an Daten (2019), S. 9 (20).

88 *Röttgen* in: Specht-Riemenschneider/Werry/Werry, Datenrecht in der Digitalisierung (2019), S. 371 (375).

89 *Fries/Scheufen*, MMR 2019, 721 (723); *Hennemann*, RDi 2021, 61 (63, Rn. 9); *Hoeren/Uphues* in: Frenz, Handbuch Industrie 4.0 (2020), S. 113 (119); *Hofmann*, in: Pertot, Rechte an Daten (2019), S. 9 (22); *Sattler*, in: Sassenberg/Faber, Rhdb. Industrie 4.0, § 2 Rn. 15 ff.; *Wiebe*, GRUR 2017, 338.

90 *Sattler*, in: Sassenberg/Faber, Rhdb. Industrie 4.0, § 2 Rn. 16 m. w. N.

Daten nicht, da sie keine Lehre zum planmäßigen Handeln verkörpern,[91] sondern lediglich Informationen darstellen.[92] Ohnehin schließt § 1 Abs. 3 Nr. 4 Patengesetz die Wiedergabe von bloßen Informationen von der Einordnung als Erfindung im Sinne des Gesetzes aus.[93]

Ebenso scheidet der urheberrechtliche Schutz einzelner Daten aus. Nach § 2 Abs. 2 UrhG werden nur persönliche geistige Schöpfungen geschützt. An dem dafür erforderlichen menschlichen Schöpfungsakt fehlt es aber bei Daten, die „lediglich" Informationen wiedergeben.[94] Bei Daten, die urheberrechtlich geschützte Inhalte enthalten (z. B. Bilder oder audio-visuelle Aufnahmen), kann sich der Schutz auch auf die Daten selbst erstrecken.[95] Bei den für diese Untersuchung relevanten Daten, die Informationen über Zustände und Ereignisse abbilden, ist dies aber nicht der Fall, da sie nicht auf einen individuellen menschlichen Schöpfungsakt zurückgehen. Der urheberrechtliche Schutz individueller Daten kommt auch nicht über das Schutzrecht des Datenbankherstellers nach § 4 Abs. 2 UrhG oder §§ 87a ff. UrhG in Betracht.[96] Denn Datenbanken beziehungsweise Datenbankwerke werden nur in ihrer Gesamtheit geschützt. Der Schutzumfang erstreckt sich nicht auf die in ihnen enthaltenen einzelnen Daten.[97]

Abschließend lässt sich festhalten, dass weder ein sachenrechtliches noch ein immaterialgüterrechtliches Eigentumsrecht an Daten besteht. Mit der Einführung eines solchen Rechts an Daten ist in der näheren Zukunft auch nicht mehr zu rechnen. Befeuert durch die Mitteilung der Europäischen Kommission zur Digitalisierung der europäischen Industrie („digitising European industry") aus dem Jahr 2016, in der die Kommission unter anderem verkündete, dass sie über die Schaffung von Eigentumsrechten an nicht-personenbezogenen Daten nachdenke,[98] wurde in der Literatur ausführlich über die Sinnhaftigkeit der Einführung eines soge-

91 *Hoeren/Uphues* in: Frenz, Handbuch Industrie 4.0, S. 113 (119); *Hofmann*, in: Pertot, Rechte an Daten (2019), S. 9 (22); *Sattler*, in: Sassenberg/Faber, Rhdb. Industrie 4.0, § 2 Rn. 17.

92 Siehe zum Datenbegriff Kap. 2, C. I. 1.

93 *Hoeren/Uphues* in: Frenz, Handbuch Industrie 4.0, S. 113 (119).

94 *Hofmann*, in: Pertot, Rechte an Daten (2019), S. 9 (22); *Streinz*, in: Craig/de de Búrca, The Evolution of EU Law (2021), S. 902 (918); *Wiebe*, GRUR Int. 2016, 877 (879); *Wiebe*, GRUR 2017, 338.

95 *Streinz*, in: Craig/de Búrca, The Evolution of EU Law (2021), S. 902 (914) *Riehm*, VersR 2019, 714 (718).

96 Siehe zum Schutzrecht des Datenbankherstellers unten in Kap. 3, C. II. 4. b).

97 *Czychowski/Siesmayer*, in: Taeger/Pohle, ComputerR-Hdb., 20.5 Rn. 32; *Drexl*, JIPITEC 8 (2017), 257 (268, Rn. 48); *Hennemann*, RDi 2021, 61 (63, Rn. 9); *Hofmann*, in: Pertot, Rechte an Daten (2019), S. 9 (23); *Röttgen* in: Specht-Riemenschneider/Werry/Werry, Datenrecht in der Digitalisierung (2019), S. 371 (378); *Sattler*, in: Sassenberg/Faber, Rhdb. Industrie 4.0, § 2 Rn. 28; *Zech*, GRUR 2015, 1151 (1156 f.).

98 *Europäische Kommission*, COM(2016) 180 final, S. 16.

nannten Datenherstellerrechts diskutiert.[99] Dabei hat sich die Position, die die Einführung eines eigentumsähnlichen Rechts an Daten ablehnt, zurecht durchgesetzt. Denn aus ökonomischer und rechtspraktischer Perspektive sprechen die besseren Argumente gegen die Schaffung eines Eigentumsrechts an Daten.[100]

3. Kein Besitz an Daten

Aufgrund ihrer fehlenden Sacheigenschaft lehnen Rechtsprechung und Literatur die unmittelbare Anwendung der Besitzregelungen nach §§ 854 ff. BGB auf Daten ab.[101] Mitunter wird zwar die analoge Anwendung der §§ 854 ff. BGB auf Daten befürwortet.[102] Die besseren Argumente sprechen aber auch beim Besitz gegen eine Analogie. Schließlich passt der besitzrechtliche Sachherrschaftsbegriff auf Daten nicht, da es ihnen an der für die Sachherrschaft charakteristischen Rivalität bei der Nutzung fehlt und Daten unbegrenzt vervielfältigt werden können.[103] Es ist deshalb unwahrscheinlich, dass sich die analoge Anwendung der §§ 854 ff. BGB in der Rechtspraxis durchsetzen wird.

4. Schutz von Datenbanken und Datenbankwerken

Durch die im Jahr 1997 in Deutschland umgesetzte Europäischen Datenbank-RL hat sich der Schutz von Datenbankwerken sowie von Datenbanken im Rechtsraum der EU etabliert.[104] Schöpferischen Datenbanken wird ein urheberrechtlicher Schutz gewährt (§ 4 UrhG); Datenbanken, die auf erheblichen Investitionen beruhen, werden von einem *sui-generis*-Schutzrecht erfasst (§§ 87a ff. UrhG).[105]

a) Datenbankwerke

Der Schutz der in dieser Untersuchung relevanten unternehmerischen Datensätze als Datenbankwerke wird nur im Ausnahmefall in Betracht kommen. Denn § 4 Abs. 2 i. V. m. Abs. 1 UrhG setzt für die Einordnung einer Sammlung von Daten als

---

99 Für eine Zusammenfassung der Diskussionen siehe *Beyer-Katzenberger*, in: Specht-Riemenschneider/Werry/Werry, Datenrecht in der Digitalisierung (2019), S. 37 (49 ff.).

100 Siehe nur *Determann*, ZD 2018, 503; *Drexl*, JIPITEC 8 (2017), 257 (271 ff.); *Kerber*, GRUR Int 2016, 989.

101 *OLG Brandenburg*, ZD 2020, 157 (m. Anm. *Weiß*); *Zech* in: Pertot, Rechte an Daten (2019), S. 91 (99 f.); *Stresemann*, in: MüKo BGB (2021), § 90 Rn. 25; *Hoeren* in: Pertot, Rechte an Daten (2019), S. 37 (42); *Michl*, NJW 2019, 2729 (2730).

102 *Hoeren*, MMR 2019, 5; *Michl*, NJW 2019, 2729; *Adam*, NJW 2020, 2063 (2066 f.).

103 *Zech* in: Pertot, Rechte an Daten (2019), S. 91 (99); *Martini/Kolain/u. a.*, MMR-Beil. 2021, 3 (14).

104 *Röttgen* in: Specht-Riemenschneider/Werry/Werry, Datenrecht in der Digitalisierung (2019), S. 371 (376); *Ahlberg/Lauber-Rönsberg*, in: BeckOK UrhR, UrhG § 4 Rn. 2.

105 *Drexl*, JIPITEC 8 (2017), 257 (267, Rn. 44).

Datenbankwerk voraus, dass sie aufgrund der Auswahl oder Anordnung der Daten eine persönliche geistige Schöpfung des Urhebers darstellt.[106] An einer geistigen Schöpfung dürfte es bei den für diese Untersuchung relevanten Datensätzen in den allermeisten Fällen fehlen. Zwar kann für das Vorliegen einer geistigen Leistung schon ausreichen, dass „die Daten als einzelne Elemente systematisch oder methodisch angeordnet werden und [...] diese Auswahl und Anordnung über das rein handwerkliche, schematische oder routinemäßige hinausgeht".[107] Bei Datensätzen, deren Sammlung und Speicherung automatisch erfolgt und die durch ein Computerprogramm automatisiert angeordnet werden, fehlt es aber zwangsläufig an der schöpferischen Leistung eines Menschen.[108] Selbst wenn im Einzelfall eine Anordnung und Auswahl der Daten durch menschliche geistige Leistung erfolgen sollte, erstreckt sich der urheberrechtliche Schutz nur auf die Struktur und nicht auf die Inhalte der Datenbank.[109]

b) Datenbankherstellerrecht

Anders als das Schutzrecht für Datenbankwerke verlangt das Datenbankherstellerrecht nach § 87a UrhG keine besondere Schöpfungshöhe hinsichtlich der Anordnung und Auswahl der einzelnen Elemente.[110] Ziel dieses Schutzrechts ist es, Investitionen in die Datenbeschaffung und deren erleichterte Zugänglichkeit zu belohnen und hierfür Anreize zu setzen.[111] Für das Vorliegen einer Datenbank nach § 87a UrhG ist zunächst erforderlich, dass eine Sammlung von Daten systematisch oder methodisch so angeordnet wird, dass sie leicht zugänglich ist und einfach abgefragt werden kann.[112] Dies wird bei den meisten in irgendeiner Art strukturierten Datensätzen der Fall sein. Ein unstrukturierter „Datenhaufen" genügt den Anforderungen hingegen nicht.[113] Da Big Data-Analysemethoden häufig auch auf sol-

---

106 Siehe zur RL 96/9/EG *EuGH*, Urteil vom 1. März 2012, C-604/10, ECLI:EU:C:2012:115, Rn. 38 – *Football Dataco/Yahoo! UK*: „In Bezug auf die Erstellung einer Datenbank ist dieses Kriterium der Originalität erfüllt, wenn ihr Urheber über die Auswahl oder Anordnung der in ihr enthaltenen Daten seine schöpferischen Fähigkeiten in eigenständiger Weise zum Ausdruck bringt, indem er freie und kreative Entscheidungen trifft (...) und ihr damit seine „persönliche Note" verleiht."

107 *Sattler*, in: Sassenberg/Faber, Rhdb. Industrie 4.0, § 2 Rn. 28.

108 *Sattler*, in: Sassenberg/Faber, Rhdb. Industrie 4.0, § 2 Rn. 28; *Czychowski/Siesmayer*, in: Taeger/Pohle, ComputerR-Hdb., 20.5 Rn. 31; *Zech*, GRUR 2015, 1151 (1157).

109 *Leistner*, in: Schricker/Loewenheim, UrhG § 4 Rn. 34 f., 59.

110 *Röttgen* in: Specht-Riemenschneider/Werry/Werry, Datenrecht in der Digitalisierung (2019), S. 371 (379); *Sattler*, in: Sassenberg/Faber, Rhdb. Industrie 4.0, § 2 Rn. 32.

111 *Sattler*, in: Sassenberg/Faber, Rhdb. Industrie 4.0, § 2 Rn. 29, 31.

112 *Hofmann*, in: Pertot, Rechte an Daten (2019), S. 9 (23); *Dreier*, in: Dreier/Schulze, UrhG, § 87a Rn. 7; *Sattler*, in: Sassenberg/Faber, Rhdb. Industrie 4.0, § 2 Rn. 32.

113 *Czychowski/Siesmayer*, in: Taeger/Pohle, ComputerR-Hdb., 20.5 Rn. 33; *Dreier*, in: Dreier/Schulze, UrhG § 87a Rn. 7.

che unstrukturierten Datensätze angewendet werden, können potenziell wertvolle Datensätze aus dem Anwendungsbereich von § 87a Abs. 1 UrhG herausfallen.[114]

Darüber hinaus ist für die Eröffnung des Schutzbereichs von § 87a Abs. 1 UrhG erforderlich, dass dem Nutzer einer Datenbank der zielgerichtete Einzelzugang zu den jeweiligen in ihr enthaltenen Elementen ermöglicht wird.[115] Bei Datenbanken, die nicht über eine klassische relationale Organisationsstruktur verfügen, ist hierfür entscheidend, dass sich einzelne Daten systematisch, zum Beispiel durch Such- oder Abfragehilfen, (wieder) auffinden lassen.[116] Da Daten in Zeiten von Big Data-Analysen häufig in einer Weise gespeichert werden, bei der ein Auffinden der einzelnen Daten durch menschliche Nutzer weder möglich noch erforderlich ist, ist es denkbar, dass ein großer Teil moderner Datenbanken nicht vom Datenbankherstellerrecht erfasst wird.[117]

Zuletzt verlangt § 87a Abs. 1 UrhG, dass die Beschaffung, Überprüfung oder Darstellung der Datenbankinhalte eine nach Art und Umfang wesentliche Investition erfordert. Hierdurch sollen Investitionen abgesichert werden, die für die systematische und methodische Strukturierung von Daten und für die Zugänglichmachung der Daten anfallen.[118] Hinsichtlich der Wesentlichkeit von Investitionen bestehen keine hohen Anforderungen. Nach allgemeiner Ansicht scheitern nur unbedeutende Aufwendungen an diesem Kriterium.[119] Von großer Bedeutung ist jedoch die Unterscheidung zwischen der Erzeugung und der Sammlung von Daten. Als Investitionen für die Beschaffung von Daten als Datenbankinhalten werden nämlich nur die Mittel berücksichtigt, die für das Auffinden und Sammeln von Daten und deren Zusammenstellung aufgewendet worden sind.[120] Demgegenüber sind Investitionen, die der Erzeugung von Daten dienen, nach der Rechtsprechung des EuGH für die Anwendbarkeit des Schutzrechts irrelevant.[121] Schließlich bestehe der Zweck des *sui-generis*-Schutzrechts gerade darin, Unternehmen „einen Anreiz für die Einrichtung von Systemen für die Speicherung und die Verarbeitung vorhandener Informationen zu geben und nicht für das Erzeugen von Ele-

---

114 *Schur*, Die Lizenzierung von Daten (2020), S. 47.

115 *Wiebe*, GRUR 2017, 338 (340); *Dreier*, in: Dreier/Schulze, UrhG, § 87a Rn. 8.

116 *Wiebe*, GRUR 2017, 338 (340); *Schur*, Die Lizenzierung von Daten (2020), S. 47; *Leistner/Antoine/Sagstetter*, Big Data (2021), S. 43 f.

117 *Schur*, Die Lizenzierung von Daten (2020), S. 47 f.; a. A. *Leistner/Antoine/Sagstetter*, Big Data (2021), S. 44.

118 *Sattler*, in: Sassenberg/Faber, Rhdb. Industrie 4.0, § 2 Rn. 33.

119 *Sattler*, in: Sassenberg/Faber, Rhdb. Industrie 4.0, § 2 Rn. 33; *Schur*, Die Lizenzierung von Daten (2020), S. 51.

120 *Hofmann*, in: Pertot, Rechte an Daten (2019), S. 9 (23); *Dreier*, in: Dreier/Schulze, UrhG, § 87a Rn. 13.

121 *EuGH*, Urteil vom 9. November 2004, C-203/02, ECLI:EU:C:2004:695, Rn. 31 – *British Horseracing Board*.

menten, die später in einer Datenbank zusammengestellt werden können."[122] Die Abgrenzung zwischen Datensammlung und -generierung führt in vielen Fällen jedoch zu großen rechtlichen Schwierigkeiten.[123] Im Einzelfall kann die Nichtberücksichtigung von Investitionen in die Datenerzeugung dazu führen, dass eine Datensammlung mangels wesentlicher Investitionen nicht von §§ 87a ff. UrhG geschützt wird.[124]

c) Zwischenergebnis

Letztlich ist die Anwendbarkeit von §§ 87a ff. UrhG auf unternehmerische Datensammlungen eine Frage des Einzelfalls. Jedenfalls bei völlig unstrukturierten Sammlungen, die ein Auffinden einzelner Daten unmöglich machen, scheidet der Schutz durch das Datenbankherstellerrecht aus. Dies wird bei manchen automatisch generierten und analysierten Datensätzen der Fall sein. Schließlich ist es für Big Data-Anwendungen gerade nicht erforderlich, dass Daten in einer systematischen und individuell auffindbaren Weise gesammelt werden.[125] Selbst wenn eine Datensammlung in den Anwendungsbereich der §§ 87a ff. UrhG fällt, ist ihr Schutzniveau aber eher schwach ausgeprägt. § 87b Abs. 1 UrhG schützt den Datenbankhersteller nur vor der unbefugten Entnahme, Verbreitung und Wiedergabe der Datenbank oder eines wesentlichen Teils der Datenbank.[126]

Unwesentliche Entnahmen von Daten bleiben daher möglich.[127] Die Einordnung eines Teils einer Datenbank als wesentlich kann im Einzelfall Schwierigkeiten aufwerfen.[128] Je nach Größe der Datensammlung kann es sich auch noch bei einer absolut großen, aber relativ überschaubaren Anzahl an Daten um einen unwesentlichen Teil der Datenbank handeln. Einzelne Datensätze stellen jedenfalls noch keinen wesentlichen Teil der Sammlung dar.[129] Außerdem besteht eine

---

122 *EuGH*, Urteil vom 9. November 2004, C-203/02, ECLI:EU:C:2004:695, Rn. 31 – *British Horseracing Board.*

123 *Sattler*, in: Sassenberg/Faber, Rhdb. Industrie 4.0, § 2 Rn. 35 ff.; *Schweitzer/Metzger/u. a.*, Data access and sharing (2022), S. 120; *Schur*, Die Lizenzierung von Daten (2020), S. 49 f.; *Leistner/Antoine/Sagstetter*, Big Data (2021), S. 80 ff.

124 *Schur*, Die Lizenzierung von Daten (2020), S. 57; differenzierend zu unterschiedlichen Datentypen (*volunteered data, observed data, inferred data*) *Leistner/Antoine/Sagstetter*, Big Data (2021), S. 68 ff.

125 *Schur*, Die Lizenzierung von Daten (2020), S. 57; *Ensthaler*, NJW 2016, 3473 (3474 f.).

126 Nach Art. 7 Abs. 1 RL 96/9/EG ist dem Datenbankhersteller das Recht zu geben, „die Entnahme und/oder die Weiterverwendung der Gesamtheit oder eines in qualitativer oder quantitativer Hinsicht wesentlichen Teils des Inhalts dieser Datenbank zu untersagen."

127 Vergleiche Art. 8 Abs. 1 RL 96/9/EG.

128 Siehe hierzu näher *Leistner/Antoine/Sagstetter*, Big Data (2021), S. 84 f.; *Dreier*, in: Dreier/Schulze, UrhG § 87b Rn. 6; *Schur*, Die Lizenzierung von Daten (2020), S. 52 f.

129 *Dreier*, in: Dreier/Schulze, UrhG § 87b Rn. 6.

Schutzlücke, da nur die Entnahme, Verbreitung und Wiedergabe von Daten untersagt werden können.[130] Dadurch werden solche Fälle nicht erfasst, in denen Daten unbefugt auf dem Server des Datenbankherstellers analysiert werden und nur die Analyseergebnisse transferiert werden.[131] Abschließend muss daher konstatiert werden, dass das Datenbankherstellerrecht sowohl vom Schutzgegenstand als auch vom Schutzumfang nicht an die Gegebenheiten der modernen Datenwirtschaft angepasst ist und daher nur ein unzureichendes und unsicheres Schutzniveau bietet.[132]

5. Schutz von Daten als Geschäftsgeheimnisse

Unternehmensdaten können als Geschäftsgeheimnisse rechtlich geschützt werden. Durch das GeschGehG hat der deutsche Gesetzgeber die Richtlinie (EU) 2016/943 umgesetzt. Richtlinie und Gesetz dienen dem Schutz des Knowhows von Unternehmen vor unbefugten Zugriffen. Der Schutzbereich des GeschGehG setzt auf der semantischen Ebene an,[133] indem es den Schutz spezifischer Informationen bezweckt.[134] Anders als bei geistigen Eigentumsrechten wird dem Geheimnisinhaber durch den Schutz seiner Geschäftsgeheimnisse kein absolutes Recht in Form eines Ausschließlichkeitsrecht zugewiesen. Stattdessen wird die faktische Ausschließbarkeit Dritter von der geschützten Information rechtlich abgesichert,[135] indem § 4 GeschGehG für Dritte bestimmte Handlungsverbote in Bezug auf die geschützten Informationen aufstellt.

a) Sachlicher Anwendungsbereich des GeschGehG

Daten fallen unter den Schutz des GeschGehG, wenn es sich bei ihnen um Informationen im Sinne des § 2 Nr. 1 GeschGehG handelt. Nach § 2 Nr. 1 GeschGehG wird jede Information als Geschäftsgeheimnis geschützt, die geheim ist und daher einen wirtschaftlichen Wert besitzt, die Gegenstand angemessener Geheimhaltungsmaß-

---

130 Siehe zu den untersagten Nutzungshandlungen *Dreier*, in: Dreier/Schulze, UrhG § 87b Rn. 3 ff.

131 *Drexl*, JIPITEC 8 (2017), 257 (268, Rn. 48).

132 *Drexl*, JIPITEC 8 (2017), 257 (268, Rn. 49); *Schur*, Die Lizenzierung von Daten (2020), S. 57. Der Anwendungsbereich des Datenbankherstellerrechts könnte in der Zukunft weiter eingeschränkt werden, da Art. 35 DA-E vorsieht, dass der Schutzbereich keine Datenbanken umfassen soll, die durch die Nutzung eines Produkts oder einer damit verbundenen Dienstleistung erzeugte Daten beinhalten.

133 *Röttgen* in: Specht-Riemenschneider/Werry/Werry, Datenrecht in der Digitalisierung (2019), S. 371 (381).

134 *Drexl*, JIPITEC 8 (2017), 257 (269, Rn. 53).

135 *Hofmann*, in: Pertot, Rechte an Daten (2019), S. 9 (25); *Sattler*, in: Sassenberg/Faber, Rhdb. Industrie 4.0, § 2 Rn. 48; *Zech*, GRUR 2015, 1151 (1156).

nahmen durch ihren Inhaber ist und bei der ein berechtigtes Interesse an der Geheimhaltung besteht. Für die Anwendbarkeit des GeschGehG auf Unternehmensdaten können sich aufgrund dieser Legaldefinition in erster Linie drei Probleme ergeben: So sind nicht alle von Unternehmen erhobenen Daten als geheim anzusehen. Zudem beruht der Wert mancher Daten nicht auf ihrer Geheimhaltung und es kann im Einzelfall an angemessenen Geheimhaltungsmaßnahmen durch den Datenhalter fehlen. Jedenfalls bei manchen Daten kann aber davon ausgegangen werden, dass sie in den Anwendungsbereich von § 2 Nr. 1 GeschGehG fallen.[136]

Schwierigkeiten können zunächst hinsichtlich der Geheimhaltung von Daten auftreten. Geheim ist eine Information nach § 2 Nr. 1 lit. a GeschGehG, wenn sie weder insgesamt noch in der genauen Anordnung und Zusammensetzung ihrer Bestandteile den Personen in den Kreisen, die üblicherweise mit dieser Art von Informationen umgehen, allgemein bekannt oder ohne Weiteres zugänglich ist. Hieran kann es bei Daten fehlen, die sich leicht von anderen Personen reproduzieren lassen und daher ohne Weiteres zugänglich sind.[137] Dies ist etwa bei Sensordaten über öffentlich erfassbare Zustände und Ereignisse, wie zum Beispiel bei Wetterdaten, der Fall.[138] Jedoch kann es bei der systematischen Zusammenstellung oder Aggregation solcher individuell zugänglichen Einzeldaten an der allgemeinen Kenntnis und Zugänglichkeit fehlen, so dass es sich bei den Datensätzen dennoch um geheime Informationen handeln kann.[139] Schwierigkeiten kann die Feststellung des Vorliegens geheimer Informationen auch beim kontinuierlichen Austausch von Daten zwischen unterschiedlichen Unternehmen im Kontext der Industrie 4.0 aufwerfen.[140] Denn in diesen Fällen erhält mehr als ein Unternehmen den Zugriff auf die Daten und die in ihnen enthaltenen Informationen. Jedenfalls solche Daten, die sich von anderen Personen nicht ohne weiteres erfassen lassen, können aber dem Geheimnisschutz unterliegen. Dies ist etwa der Fall, wenn ein Unternehmen Daten in einem geschützten und exklusiven Umfeld, wie einer Fabrikanlage, erhebt und die erhobenen Daten auch anschließend vor dem Zugriff Dritter schützt.

Damit Daten in den Anwendungsbereich des § 2 Nr. 1 GeschGehG fallen, ist weiterhin erforderlich, dass sie auch aufgrund ihrer Geheimhaltung einen wirt-

---

136 Vgl. *Hofmann*, in: Pertot, Rechte an Daten (2019), S. 9 (25 ff.); *Renner*, in: BeckOK IT-Recht, GeschGehG, § 2 Rn. 8.

137 Siehe auch § 3 Abs. 1 Nr. 1 GeschGehG, wonach geschützte Informationen durch eigenständige Entdeckung erlangt werden dürfen.

138 *Drexl*, JIPITEC 8 (2017), 257 (269, Rn. 54).

139 *Krüger/Wiencke/Koch*, GRUR 2020, 578 (581); *Leistner/Antoine/Sagstetter*, Big Data (2021), S. 146 f.

140 Siehe hierzu *Sattler*, in: Sassenberg/Faber, Rhdb. Industrie 4.0, § 2 Rn. 58; *Leistner/Antoine/Sagstetter*, Big Data (2021), S. 147 f.

schaftlichen Wert aufweisen. Das Vorliegen eines wirtschaftlichen Werts einer Information wird weit ausgelegt.[141] Es genügt, dass die Informationen einen tatsächlichen oder potenziellen Marktwert aufweisen oder einem sonstigen wirtschaftlichen oder strategischen Interesse des Geheimnisinhabers dienen.[142] Danach ist die Werthaltigkeit von Datensätzen und selbst bei Anhäufungen von Rohdaten anzunehmen, wenn sie sich für Datenanalysen zu kommerziellen Zwecken eignen.[143] Jedenfalls wenn ein Markt für die Datensammlungen besteht und auch Dritte an ihrer Nutzung ein wirtschaftliches Interesse haben, ist ihnen ein wirtschaftlicher Wert zuzusprechen.[144] Hingegen wird bei Einzeldaten ein eigenständiger kommerzieller Wert mitunter verneint.[145] Auch das Merkmal der Kausalität zwischen der Geheimhaltung und dem Wert der Informationen wird weit ausgelegt. Es reicht aus, wenn der wirtschaftliche Wert der Informationen unter anderem auf ihrer Geheimhaltung beruht.[146] Dies ist dann der Fall, wenn der Wert der Informationen durch die Offenlegung spürbar beeinträchtigt werden könnte.[147] In vielen Fällen dürften Unternehmensdaten diese Voraussetzung erfüllen, da der Wert von Daten für den Datenhalter regelmäßig auch darauf beruht, dass ihre exklusive Nutzung ihm Wettbewerbsvorteile gegenüber Konkurrenten verschafft.[148] Im Ausnahmefall kann es sich aber anders verhalten. Schließlich können im Zeitalter von Big Data-Analysen auch triviale, an sich wertlose Daten durch die Verknüpfung mit anderen Daten einen Wert erlangen.[149]

Erforderlich ist außerdem, dass der Datenhalter im Einzelfall angemessene Geheimhaltungsmaßnahmen für seine Daten implementiert hat. Angemessen sind grundsätzlich solche Maßnahmen, die bei objektiver Betrachtung unter Berücksichtigung aller Umstände des Einzelfalls, insbesondere der unternehmerischen Sinnhaftigkeit von Maßnahmen, erforderlich erscheinen.[150] Entscheidende Kriterien für die Angemessenheit dürften demnach der Wert der Informationen sowie

---

141 Vgl. ErwG 14 der Richtlinie (EU) 2016/943.

142 *Harte-Bavendamm*, in: Harte-Bavendamm/Ohly/Kalbfus, GeschGehG, § 2 Rn. 36; *Alexander*, in: Köhler/Bornkamm/Feddersen, GeschGehG, § 2 Rn. 42 f.

143 *Leistner/Antoine/Sagstetter*, Big Data (2021), S. 144 f.; *Hofmann*, in: Pertot, Rechte an Daten (2019), S. 9 (26); *Aplin*, in: Lohsse/Schulze/Staudenmayer, Trading Data in the Digital Economy (2017), S. 59 (66); *Zech*, GRUR 2015, 1151 (1156).

144 *Krüger/Wiencke/Koch*, GRUR 2020, 578 (581); *Zech*, GRUR 2015, 1151 (1156).

145 *Aplin*, in: Lohsse/Schulze/Staudenmayer, Trading Data in the Digital Economy (2017), S. 59 (66).

146 *Harte-Bavendamm*, in: Harte-Bavendamm/Ohly/Kalbfus, GeschGehG, § 2 Rn. 37; *Alexander*, in: Köhler/Bornkamm/Feddersen, GeschGehG, § 2 Rn. 47.

147 *Harte-Bavendamm*, in: Harte-Bavendamm/Ohly/Kalbfus, GeschGehG, § 2 Rn. 37.

148 Siehe zu diesem Punkt auch Kap. 2, D. II. 1.

149 *Drexl*, JIPITEC 8 (2017), 257 (269, Rn. 54); *Wiebe*, GRUR Int. 2016, 877 (880).

150 *Alexander*, in: Köhler/Bornkamm/Feddersen, GeschGehG, § 2 Rn. 51.

die Kosten der Schutzmaßnahmen und ihre Üblichkeit sein.[151] Absolut wirksame und unumgehbare Sicherheitsmaßnahmen können hierfür nicht verlangt werden.[152] Zum Schutz der Informationen wird in der Regel eine Mischung aus technischen, organisatorischen und rechtlichen Vorkehrungen erforderlich sein.[153] Typische Schutzmaßnahmen umfassen Vertraulichkeitsvereinbarungen mit Mitarbeitern und Geschäftspartnern, Mitarbeiterschulungen und -kontrollen sowie Maßnahmen der IT-Sicherheit.[154] Beim Schutz von Daten dürften insbesondere letztere eine große Rolle spielen. Naheliegend ist insofern der Einsatz von Firewalls, Datenzugangskontrollen und Datenverschlüsselungen.

b) Schwierigkeiten bei der Geheimniszuordnung

Bei co-generierten Daten kann es zu Schwierigkeiten bei der Zuweisung des Geheimnisschutzes an eine Partei kommen.[155] Nach § 2 Nr. 2 GeschGehG ist Inhaber eines Geschäftsgeheimnisses, wer die rechtmäßige Kontrolle hierüber hat. Dies wirft insbesondere im Bereich der Industrie 4.0 und des Internets der Dinge Schwierigkeiten auf. Es besteht eine erhebliche und bislang ungelöste rechtliche Unsicherheit, ob der Hersteller einer datensammelnden Maschine, der Zugriff auf die Daten hat, oder ihr Nutzer, in dessen Eigentum sie steht, die Daten kontrolliert.[156] Denkbar ist in diesen Fällen auch, dass die Geheimnisinhaberschaft dann mehreren Personen parallel beziehungsweise gemeinsam zusteht.[157] Aufgrund dieser rechtlichen Unsicherheit wird das noch junge Gesetz und die zugrundeliegende Richtlinie als bereits von der Praxis überholt kritisiert.[158]

c) Schutzumfang des GeschGehG

Abgesehen von diesen Schwierigkeiten bei der Anwendung des GeschGehG auf Daten bietet das GeschGehG aber einen guten und in vielerlei Hinsicht auch sachge-

---

151 *Ohly*, GRUR 2019, 441 (444); *Sattler*, in: Sassenberg/Faber, Rhdb. Industrie 4.0, § 2 Rn. 68.
152 *Ohly*, GRUR 2019, 441 (444); *Alexander*, in: Köhler/Bornkamm/Feddersen, GeschGehG, § 2 Rn. 52.
153 *Harte-Bavendamm*, in: Harte-Bavendamm/Ohly/Kalbfus, GeschGehG, § 2 Rn. 55.
154 *Hauck*, in: MüKo LautR (2022), GeschGehG § 2 Rn. 22 ff.
155 *Ohly*, GRUR 2019, 441 (445); *Harte-Bavendamm*, in: Harte-Bavendamm/Ohly/Kalbfus, GeschGehG, § 2 Rn. 75; *Sagstetter*, in: Maute/Mackenrodt, Recht als Infrastruktur für Innovation (2018), S. 285 (303); *Schweitzer/Metzger/u. a.*, Data access and sharing (2022), S. 123.
156 *Aplin*, in: Lohsse/Schulze/Staudenmayer, Trading Data in the Digital Economy (2017), S. 59 (69); *Drexl*, JIPITEC 8 (2017), 257 (269, Rn 54); *Hofmann*, in: Pertot, Rechte an Daten (2019), S. 9 (26); *Krüger/Wiencke/Koch*, GRUR 2020, 578 (582); *Leistner/Antoine/Sagstetter*, Big Data (2021), S. 56 f.
157 *Alexander*, in: Köhler/Bornkamm/Feddersen, GeschGehG, § 2 Rn. 108.
158 *Drexl*, JIPITEC 8 (2017), 257 (269, Rn 52); *Sattler*, in: Sassenberg/Faber, Rhdb. Industrie 4.0, § 2 Rn. 54.

rechten Schutz. § 4 GeschGehG schützt den Geheimnisinhaber, indem es die Erlangung, Nutzung oder Offenlegung des Geheimnisses durch Dritte unter bestimmten Voraussetzungen verbietet.

Nach § 4 Abs. 1 Nr. 1 GeschGehG ist die Erlangung eines Geschäftsgeheimnisses durch unbefugten Zugang, unbefugte Aneignung oder unbefugtes Kopieren der Daten, Dokumente oder anderer Geheimnisträger verboten. Auch die Erlangung durch Verhaltensweisen, die nicht dem Grundsatz von Treu und Glauben unter Berücksichtigung der anständigen Marktgepflogenheit entsprechen, sind gemäß § 4 Abs. 1 Nr. 2 GeschGehG untersagt. Die Erlangung des Geschäftsgeheimnisses ist unbefugt, wenn eine gesetzliche oder rechtsgeschäftliche Erlaubnis hierzu fehlt. Die Befugnis und ihr Umfang ergeben sich insofern in erster Linie aus Verträgen zwischen dem Geheimnisinhaber und anderen Personen.[159] Für den unbefugten Zugang genügt nach § 4 Abs. 1 Nr. 1 GeschGehG bereits die Kenntnisverschaffung von den geschützten Informationen.[160] Ein Handlungsverbot besteht daher bereits beim bloß digitalen Zugriff auf Daten durch die Umgehung von Schutzmaßnahmen, ohne dass dabei Daten kopiert oder vom Server des Geheimnisinhabers transferiert werden.[161] Anders als das Datenbankherstellerrecht schützt das GeschGehG daher auch vor der unbefugten Datenanalyse auf dem Server des Geheimnisinhabers.[162]

§ 4 Abs. 2 GeschGehG untersagt außerdem die Nutzung von Geheimnissen, die durch eine unerlaubte Handlung erlangt wurden. Bei einem Verstoß gegen die Handlungsverbote des § 4 GeschGehG kann der Geheimnisinhaber vom Rechtsverletzer nach § 6 GeschGehG die Beseitigung der Beeinträchtigung und zukünftige Unterlassung verlangen und hat nach § 7 GeschGehG einen Anspruch auf Vernichtung oder Herausgabe der rechtswidrig erlangten Geheimnisträger sowie der Beseitigung der auf dem unbefugt erlangten Geheimnis beruhenden Produkte. Bei Daten hat der Geheimnisinhaber also einen Anspruch auf die „unwiderbringliche“ Löschung der angeeigneten oder kopierten Daten.[163]

Gerade im Hinblick auf Daten ist es von großer Bedeutung, dass sich der durch das GeschGehG vermittelte Schutz gemäß § 4 Abs. 3 S. 1 GeschGehG auch gegen Dritte richten kann. Denn nach dieser Vorschrift dürfen auch Dritte das Geschäftsgeheimnis, das sie vom erstmaligen Rechtsverletzer erlangt haben, weder erlangen, nutzen oder offenlegen, wenn sie von der zuvor erfolgten Rechtsverlet-

---

159 *Ohly*, in: Harte-Bavendamm/Ohly/Kalbfus, GeschGehG, § 4 Rn. 15 f.

160 *Hauck/Kamlah*, in: MüKo LautR, GeschGehG § 4 Rn. 8; *Ohly*, in: Harte-Bavendamm/Ohly/Kalbfus, GeschGehG, § 4 Rn. 12.

161 *Ohly*, in: Harte-Bavendamm/Ohly/Kalbfus, GeschGehG, § 4 Rn. 12.

162 Zur Schutzlücke des Datenbankherstellerrechts siehe in Kap. 3, C. II. 4.

163 *Alexander*, in: Köhler/Bornkamm/Feddersen, GeschGehG, § 7 Rn. 16; *Kalbfus*, in: Harte-Bavendamm/Ohly/Kalbfus, GeschGehG, § 7 Rn. 29.

zung wissen oder davon hätten wissen müssen. Für das Wissen und das Wissenmüssen ist der entscheidende Zeitpunkt derjenige der Erlangung, Nutzung oder Offenlegung. Der Dritte kann also auch bei einem gutgläubigen Geheimniserwerb später noch rechtswidrig handeln, etwa wenn er in der Zwischenzeit vom Geheimnisinhaber auf die Rechtsverletzung hingewiesen wurde.[164]

Für den Rechtsschutz von Datenhaltern im Rahmen von Datentransaktionen ist dies von wesentlicher Bedeutung, da dem Geheimnisinhaber über § 4 Abs. 3 S. 1 GeschGehG ein rechtlicher Zugriff auf Dritte ermöglicht wird. Dadurch geht der Geheimnisschutz in seiner persönlichen Reichweite über den vertraglichen Schutz, der nur zwischen den Parteien der Datentransaktion wirkt, hinaus.[165] Insofern werden zurecht Hoffnungen in den Geheimnisschutz als Grundlage für den Datenhandel, insbesondere bei der Bewältigung des Informationsparadoxons[166], gesetzt.[167] Schließlich besteht gerade kein vertraglicher Schutz des Datenhalters gegenüber Dritten. Wenn nämlich der Datennachfrager vertragswidrig und damit unbefugt die vom Datenhalter erhaltenen Daten an Dritte weitergibt, kann der Datenhalter zwar vertraglich gegen den Nachfrager vorgehen. Ein vertraglicher Anspruch gegen die Dritten, die unbefugt die geteilten Daten erlangt haben, scheidet aufgrund der relativen Wirkung von Verträgen jedoch aus. Wenn die geteilten Daten aber dem Geheimnisschutz unterliegen, kann der Datenhalter vom Dritten die Löschung der Daten nach § 7 Nr. 1 i. V. m. § 4 Abs. 3 S. 1 GeschGehG verlangen.

Auch in Konstellationen, in denen der Datenhalter dem Datennachfrager im Vorfeld einer Datentransaktion die Inspektion der gegenständlichen Daten ermöglicht, wird er durch den Geheimnisschutz rechtlich abgesichert.[168] Denn bei einer Datennutzung durch den Datennachfrager entgegen der vorvertraglichen Abrede im Rahmen eines *evaluation agreements*[169] kann der Datenhalter gegen ihn nach dem GeschGehG vorgehen. Damit gewährt das GeschGehG dem Geschäftsinhaber grundsätzlich effektive Abwehransprüche gegen unbefugte Datenzugriffe, -verwendungen und -weitergaben bei der Anbahnung und Durchführung von Datentransaktionen.

---

164 *Alexander*, in: Köhler/Bornkamm/Feddersen, GeschGehG, § 4 Rn. 73; *Ohly*, in: Harte-Bavendamm/Ohly/Kalbfus, GeschGehG, § 4 Rn. 48 m. w. N.

165 So auch *Sagstetter*, in: Maute/Mackenrodt, Recht als Infrastruktur für Innovation (2018), S. 285 (316 f.).

166 Siehe zum Informationsparadoxon unten in Kap. 3, D. III. 2. a) bb).

167 *Krüger/Wiencke/Koch*, GRUR 2020, 578 (583); *Hofmann*, in: Pertot, Rechte an Daten (2019), S. 9 (27).

168 *Hofmann*, in: Pertot, Rechte an Daten (2019), S. 9 (27).

169 Siehe hierzu *Hennemann*, RDi 2021, 61 (64, Rn. 13).

d) Durchsetzungsschwierigkeiten

In der Praxis können sich allerdings erhebliche Schwierigkeiten bei der rechtlichen Durchsetzung der Abwehr- und Schadensersatzansprüche aus dem GeschGehG ergeben. Selbst innerhalb eines Vertragsverhältnisses, das einem Datenaustausch zugrunde liegt, wird es aufgrund nachvertraglicher Informationsasymmetrien in vielen Fällen unmöglich sein, mit einem vertretbaren Überwachungsaufwand unbefugte Datennutzungen und -weitergaben aufzudecken.[170] Beim Vorgehen gegen Rechtsverletzer, denen nicht in irgendeiner Weise selbst Zugang zu den Daten gewährt wurde,[171] wirft die Aufdeckung der Identität des Störers ohnehin regelmäßig Schwierigkeiten auf.[172]

Hinlänglich bekannt ist zudem, dass die gerichtliche Durchsetzung des Geheimnisschutzes den Geheimnisinhaber als Kläger in eine Zwickmühle führen kann. Denn in einem Zivilverfahren muss der Geheimnisinhaber zur Substantiierung seiner Klage notwendigerweise Informationen über sein geschütztes Geheimnis gegenüber dem Gericht und dem Beklagten offenbaren. Indem er sein Geheimnis im Prozess offenlegt, riskiert der Kläger aber, dieses zu verlieren und auch noch andere vertrauliche Informationen der Gegenseite zugänglich zu machen (sog. Geheimnisparadoxon).[173] Diese Problematik soll § 16 GeschGehG abschwächen, indem die Prozessparteien dazu verpflichtet werden, vom Gericht als geheimhaltungsbedürftig eingestufte streitgegenständliche Informationen vertraulich zu behandeln. Bei einem Verstoß gegen die Geheimhaltungspflicht kann das Gericht gemäß § 17 GeschGehG ein Ordnungsgeld bis zu 100.000 EUR oder Ordnungshaft bis zu sechs Monaten anordnen. Ob diese Neuerung geeignet ist, die in Deutschland bisher defizitäre Möglichkeit gerichtlicher Durchsetzungen von Geheimnisschutzansprüchen zu verbessern, bleibt abzuwarten.[174]

e) Zwischenergebnis

Im Ergebnis kann festgehalten werden, dass der Geheimnisschutz zumindest in der Theorie in vielerlei Hinsicht einen geeigneten und sachgerechten Schutzrah-

---

170 Siehe zu dieser Problematik ausführlich unten in Kap. 3, D. III. 2. c).

171 Z. B. bei einem Hackerangriff oder Fällen der Industriespionage.

172 Siehe nur https://www.handelsblatt.com/politik/deutschland/cyberattacken-berlin-verdaechtigt-chinas-regierung-der-industriespionage-im-grossen-stil/24911728.html; https://www.tagesschau.de/investigativ/br-recherche/cyberspionage-ruestung-nordkorea-105.html; https://www.handelsblatt.com/unternehmen/handel-konsumgueter/flugzeugbauer-airbus-wohl-opfer-von-industriespionage/25059052.html?ticket=ST-2087986-vAFYyxZcpGfKfCpUByg6-cas01.example.org.

173 *Alexander*, in: Köhler/Bornkamm/Feddersen, GeschGehG (2022), § 16 Rn. 1; *Ohly*, GRUR 2019, 441 (449 f.).

174 Skeptisch *Ohly*, GRUR 2019, 441 (450); *Sattler*, in: Sassenberg/Faber, Rhdb. Industrie 4.0, § 2 Rn. 80.

men für nicht-personenbezogene Daten bietet.[175] Insbesondere kann der Geheimnisschutz Dateninhabern neben vertraglichen Abreden einen zusätzlichen Schutz bei der Anbahnung und Durchführung von Datentransaktionen gewähren und dadurch Transaktionshindernisse in Form von Rechtsrisiken beim Datenaustausch verringern.[176] Allgemein und vor allem im Kontext der Industrie 4.0 und des Internets der Dinge birgt der Schutz von Daten nach dem GeschGehG aber auch viele rechtliche Unsicherheiten.[177]

Da sich die Grenzen des Schutzumfangs eines Geheimnisses in der Regel nach vertraglichen Regelungen bestimmen, kann der Geheimnisschutz beim Datenaustausch die detaillierte vertragliche Haftungsregelung hinsichtlich der Verwendung der Daten durch den Datennachfrager nicht ersetzen. Er kann den vertraglichen Regelungen aber zu mehr Durchschlagskraft verhelfen, indem er anders als vertragsrechtliche Haftungsnormen auch ein Vorgehen gegen Dritte ermöglicht. Ob sich der Geheimnisschutz im Hinblick auf unbefugte Datenverwendungen auch in der Praxis als ein durchschlagskräftiges Instrument erweisen wird, ist derzeit aufgrund von Informationsasymmetrien nach Vertragsschluss noch offen. An der Effektivität des Schutzes können Zweifel bestehen, da sich von Außenstehenden kaum feststellen lässt, auf Grundlage welcher Informationen und Daten ein Unternehmen handelt.

6. Straf- und deliktsrechtlicher Schutz von Daten

Strafrechtlich können die Daten von Unternehmen nach §§ 202a ff., 303a StGB geschützt werden. Insgesamt bietet das Strafrecht damit einen weitgehenden Schutz von Datenbeständen. Da es sich bei diesen Vorschriften um Schutzgesetzte handelt, kann der geschädigte Datenhalter zudem zivilrechtlich gegen den Schädiger gemäß Art. 823 Abs. 2 BGB vorgehen. Nach § 823 Abs. 1 BGB wird außerdem der Eigentümer eines Speichermediums vor bestimmten Schädigungshandlungen in Bezug auf seine Daten geschützt.

a) Strafrechtlicher Schutz von Unternehmensdaten

Unternehmensdaten können zunächst unter den strafrechtlichen Schutz gemäß § 202a StGB fallen. Danach wird bestraft, wer sich oder einem Dritten unbefugt den Zugang zu Daten, die nicht für ihn bestimmt und gegen den unberechtigten

---

175 Siehe auch *Hillmer*, Daten als Rohstoffe (2021), S. 187; *Krüger/Wiencke/Koch*, GRUR 2020, 578 (584); zur Richtlinie EU 2016/943 *Sagstetter*, in: Maute/Mackenrodt, Recht als Infrastruktur für Innovation (2018), S. 285 (315 ff.).

176 Ähnlich *Hofmann*, in: Pertot, Rechte an Daten (2019), S. 9 (27); *Sagstetter*, in: Maute/Mackenrodt, Recht als Infrastruktur für Innovation (2018), S. 285 (316 f.).

177 Siehe auch *Leistner/Antoine/Sagstetter*, Big Data (2021), S. 187.

Zugang besonders gesichert sind, unter Überwindung einer Zugangssicherung verschafft. § 202a StGB schützt demnach die (faktische) „Ausschließlichkeit des Zugangs zu gespeicherten Daten" durch denjenigen, der die Daten gespeichert hat.[178] Voraussetzung für die Strafbarkeit ist, dass der Täter eine Sicherung[179] überwindet und dadurch unberechtigterweise Zugang zu den Daten erhält. Ob der Datenzugriff berechtigterweise erfolgt, bestimmt sich nach dem Willen desjenigen, der die Daten gespeichert hat.[180] Die Zugangsberechtigung zu den Daten kann daher vom Speichernden auch an Dritte übertragen werden.[181] Entscheidend für das Kriterium der Zugangsberechtigung ist allein, ob der Speichernde einem anderen den Zugang gewährt hat. Andere vertragliche Modalitäten hinsichtlich der Datennutzung sind aus strafrechtlicher Sicht irrelevant. Dies kann zu Schutzlücken bei der Zugangsgewährung zu Daten im Rahmen eines Vertragsverhältnisses führen, da § 202a StGB den Datenhalter nicht vor reinen Vertragsbrüchen schützt.[182] Wenn ein Datenhalter einem Datennachfrager den Zugang zu seinen Daten gewährt und dieser die Daten entgegen der vertraglichen Abrede verwendet oder an Dritte weiterleitet, scheidet die Strafbarkeit des Empfängers aus, da die Daten dennoch zu seiner Kenntnisnahme bestimmt waren.[183] § 202a StGB schützt effektiv nur vor Angriffen von außen, etwa durch Hacker oder Trojaner.[184]

Flankiert wird § 202a StGB durch §§ 202b ff. StGB. § 202b StGB stellt das Abfangen von Daten bei einer nicht-öffentlichen Datenübermittlung unter Strafe. Die Vorschrift ist gegenüber § 202a StGB subsidiär. § 202c StGB verbietet bestimmte Vorbereitungshandlungen für die beiden zuvor genannten Delikte. Nach § 202d StGB ist nun auch die Datenhehlerei strafbar. Erfasste Tathandlung ist das Zugänglichmachen von Daten, die nicht allgemein zugänglich sind und die ein anderer durch eine rechtswidrige Vortat erlangt hat. Auch insoweit zielt der strafrechtliche Schutz auf die Sanktionierung der Aufrechterhaltung des Unrechts durch externe Datenangriffe ab und schützt nicht (mittelbar) vor vertragswidrigem Verhalten

178 *Zech*, Information als Schutzgegenstand (2012), S. 391, 434.

179 Beispiele für Sicherheitsmaßnahmen sind u. a. bauliche Zugangsbeschränkungen zu den Servern, Passwort-Abfragen vor dem Zugriff, Verschlüsselungen von Daten sowie Firewalls; siehe nur *Graf*, in: MüKo StGB, § 202a Rn. 39 ff.

180 *Mansdörfer*, in: BeckOK IT-Recht, StGB § 202a Rn. 9; *Gercke*, in: Spindler/Schuster, StGB, § 202a Rn. 3; *Heger*, in: Lackner/Kühl/Heger, StGB, § 202a, Rn. 3; *Schur*, Die Lizenzierung von Daten (2020), S. 88.

181 *Graf*, in: MüKo StGB, § 202a Rn. 23; *Zech*, Information als Schutzgegenstand (2012), S. 392.

182 *Sattler*, in: Sassenberg/Faber, Rhdb. Industrie 4.0, § 2 Rn. 92.

183 *Eisele*, in: Schönke/Schröder, StGB, § 202a Rn. 11; *Graf*, in: MüKo StGB, § 202a Rn. 24; *Sattler*, in: Sassenberg/Faber, Rhdb. Industrie 4.0, § 2 Rn. 92. Geschütztes Rechtsgut des § 202a ist eben nur die formelle Verfügungsbefugnis des Datenhalters, der darüber bestimmen kann, wem er die Daten zugänglich macht, siehe *Eisele*, in: Schönke/Schröder, StGB, § 202a Rn. 1a.

184 *Sattler*, in: Sassenberg/Faber, Rhdb. Industrie 4.0, § 2 Rn. 92.

beim Datenaustausch. Denn der bloße Vertragsbruch reicht als Vortat im Sinne des § 202d StGB nicht aus.[185] Die vertragswidrige Weitergabe der durch eine Datentransaktion erlangten Daten stellt daher in der Regel keine rechtswidrige Vortat dar. Etwas anderes gilt dann, wenn die Daten durch einen Betrug nach § 263 StGB erlangt wurden.[186] Dessen Voraussetzungen dürften in den meisten Fällen aber nicht vorliegen.[187]

Zuletzt wird nach § 303a StGB die „Integrität der gespeicherten Daten" geschützt.[188] Rechtsgut der Vorschrift ist das Interesse des Speichernden an der Unversehrtheit der gespeicherten Daten.[189] Unter Strafe gestellt wird daher das Löschen, Unterdrücken, Unbrauchbarmachen und Verändern von Daten. Insgesamt bietet § 303a StGB zwar einen umfassenden Schutz vor externen Angriffen auf die Integrität von Daten. Wie bei § 202a StGB können aber im Rahmen von Vertragsverhältnissen Schutzlücken entstehen. Denn § 303a StGB schützt nicht vor dem vertragswidrigen Kopieren und Verbreiten von Daten.[190] Es fehlt insoweit an einer verändernden Einwirkung auf die Originaldaten. Aus dem gleichen Grund ist auch die vertragswidrige Analyse der Originaldaten nicht tatbestandsmäßig. Da die unerlaubte Weitergabe von Daten an Dritte, auf die im Rahmen eines Vertragsverhältnisses zugegriffen wird, auch die Tatbestandsvoraussetzungen von § 202a StGB nicht erfüllt sind, existiert insoweit eine Strafbarkeitslücke.

b) Deliktsrechtlicher Schutz von Daten

Der deliktsrechtliche Schutz von Unternehmensdaten besteht zunächst nach § 823 Abs. 2 BGB. Bei den §§ 202a ff., 303a StGB handelt es sich um Schutzgesetze im Sinne des § 823 Abs. 2 BGB,[191] weshalb dem Geschädigten zivilrechtliche Ansprüche auf Schadensersatz und Unterlassung gegen den Schädiger zustehen. Freilich setzen sich beim Schutzumfang des § 823 Abs. 2 BGB die Schwächen der Strafgesetze fort. Einen deliktsrechtlichen Schutz vor einer unbefugten Vervielfältigung, Analyse oder Weitergabe der Daten im Rahmen eines Vertragsverhältnisses bietet § 823 Abs. 2 BGB weder im Verbund mit § 202a StGB noch mit § 303a StGB.[192] Darüber hinaus dürfte bei Datenzugriffen von Dritten der Nachweis eines kausal auf dem

---

185 *Graf*, in: MüKo StGB, § 202d Rn. 17; vgl. auch die Gesetzesbegründung BT-Drs. 18/5088, S. 46.

186 *Graf*, in: MüKo StGB, § 202d Rn. 13.

187 In der Regel wird es schon am Tatbestandsmerkmal eines unmittelbaren, stoffgleichen Vermögensschadens durch die täuschungsbedingte Weitergabe der Daten fehlen.

188 *Zech*, Information als Schutzgegenstand (2012), S. 434.

189 *Hecker*, in: Schönke/Schröder, StGB, § 303a Rn. 1; *Wieck-Noodt*, in: MüKo StGB, § 303a Rn. 2; *Zech*, Information als Schutzgegenstand (2012), S. 394 m. w. N.

190 *Martini/Kolain/u. a.*, MMR-Beil. 2021, 3 (15).

191 *Wagner*, in: MüKo BGB, § 823 Rn. 596; *Schur*, Die Lizenzierung von Daten (2020), S. 95 m. w. N.

192 *Czychowski/Siesmayer*, in: Taeger/Pohle, ComputerR-Hdb., 20.5 Rn. 28.

Ausspähen und der Analyse der Daten beruhenden Schadens in der Regel nicht gelingen.[193] Zusätzlich kann dem Datenhalter im Falle des Löschens oder Ändern seiner Daten ein Schadensersatzanspruch nach § 823 Abs. 1 BGB zustehen, wenn es sich bei ihm um den Eigentümer des Datenträgers handelt, auf dem die betroffenen Daten gespeichert sind.[194] Ein Abwehrrecht gegen das unbefugte Kopieren oder Analysieren von Daten bietet aber auch § 823 Abs. 1 BGB nicht. Anders als bei § 823 Abs. 2 BGB i. V. m. §§ 202a ff., 303a StGB besteht nach dieser Vorschrift jedoch auch bei fahrlässigen Eigentumsverletzungen ein Schadensersatz- und Unterlassungsanspruch.

Darüber hinaus wird seit längerem in der Literatur diskutiert, ob der Datenhalter nach § 823 Abs. 1 BGB durch ein „Recht am eigenen Datenbestand" als sonstiges Recht geschützt wird.[195] Grund für die geforderte Erweiterung des deliktsrechtlichen Schutzes von Datenbeständen ist die Befürchtung einer Schutzlücke. Aufgrund der fortschreitenden Digitalisierung und Vernetzung werden Daten immer häufiger auf fremden Datenträgern, wie zum Beispiel auf Cloud-Servern, gespeichert, sodass ein über das Eigentum am Datenträger vermittelter Schutz der Daten in vielen Fällen ausscheidet.[196] Jedoch stehen der Qualifizierung des berechtigten „Besitzes" eines Datenbestands als sonstigem Recht dogmatische Bedenken entgegen. Für eine Einstufung als sonstiges Recht im Sinne des § 823 Abs. 1 BGB ist nämlich eine eigentumsähnliche Nutzungs- und Ausschließungsfunktion erforderlich.[197] An einer Nutzungszuweisung fehlt es beim bloßen strafrechtlichen Schutz von Datenbeständen jedoch.[198] Selbst wenn man ein Recht am eigenen Datenbestand annimmt, schützt es nach allgemeiner Auffassung jedenfalls nur die Integrität des Datenbestandes.[199] Dem Datenhalter stehen daher lediglich bei der unbe-

193 Vgl. *Riehm*, VersR 2019, 714 (718).

194 *Spindler*, in: BeckOGK BGB, § 823 Rn. 139; *Wagner*, in: MüKo BGB, § 823 Rn. 246; *Zech*, Information als Schutzgegenstand (2012), S. 269.

195 Siehe nur *Spindler*, in: BeckOGK BGB, § 823 Rn. 187 ff.; *Wagner*, in: MüKo BGB, § 823 Rn. 247, 338; *Riehm*, VersR 2019, 714 (720 ff.); *Schur*, Die Lizenzierung von Daten (2020), S. 94 ff.; *Zech*, Information als Schutzgegenstand (2012), S. 386 f.

196 *Schaub*, in: Prütting/Wegen/Weinreich, BGB, § 823 Rn. 77; *Spindler*, in: BeckOGK BGB, § 823 Rn. 140, 187; *Schur*, Die Lizenzierung von Daten (2020), S. 94; *Zech*, Information als Schutzgegenstand (2012), S. 386.

197 *Schaub*, in: Prütting/Wegen/Weinreich, BGB, § 823 Rn. 54; *Spindler*, in: BeckOGK BGB, § 823 Rn. 162.

198 *Sattler*, in: Sassenberg/Faber, Rhdb. Industrie 4.0, § 2 Rn. 88; *Schur*, Die Lizenzierung von Daten (2020), S. 96.

199 *Riehm*, VersR 2019, 714 (721).

fugten Löschung oder Veränderung seines Datenbestands deliktsrechtliche Ansprüche zu.[200]

7. Faktischer Schutz von Daten

Die ausschließliche Nutzungs- und Verfügungsbefugnis wird dem Datenhalter nicht durch ein (geistiges) Eigentumsrecht zugewiesen. In der Praxis erfolgt die Zuordnung der Daten daher über die faktische Fähigkeit, auf die Daten zuzugreifen und den Zugriff anderer mittels technischer Maßnahmen zu verhindern.[201] Mittels der tatsächlichen Herrschaft über die Daten besteht *de facto* eine Zuweisung der Daten an den Datenhalter, die in ihrer Wirksamkeit und ihrem Umfang aber von der Effektivität seiner Schutzmaßnahmen abhängt.[202] Aufgrund seiner faktischen Datenherrschaft kann der Datenhalter selbst entscheiden, ob er anderen den Zugang zu seinen Daten eröffnet oder nicht.[203] Freilich kann die Weitergabe von Daten beziehungsweise die Ermöglichung des Zugriffs auf diese die faktische Herrschaft über die Daten schwächen oder lockern. In der Praxis hat sich die faktische Datenkontrolle durch den Datenhalter bisher aber als ausreichende Grundlage für den vertraglichen Datenaustausch zwischen Unternehmen erwiesen.[204]

III. Rechtsrahmen für den Datenaustausch zwischen Unternehmen

Im folgenden Abschnitt wird ein Überblick über den existierenden Rechtrahmen für das Teilen von Daten zwischen Unternehmen gegeben. Zunächst ist dabei auf die vertragliche Gestaltung von Datentransaktionen in der Praxis einzugehen. Anschließend werden der regulatorische Rahmen und die gesetzlichen Grenzen für den Datenaustausch erörtert. Diesen bilden im Wesentlichen das Kartellrecht, das AGB-Recht sowie das Datenschutzrecht. Letzteres ist nur auf personenbezogene Daten anwendbar und daher nicht für alle Datentransaktionen zwischen Unternehmen relevant. Aufgrund des weiten Anwendungsbereichs der DSGVO und ihren strengen Anforderungen an Datenaustausch zwischen Unternehmen kommt

---

200 *Schaub*, in: Prütting/Wegen/Weinreich, BGB, § 823 Rn. 77; *Czychowski/Siesmayer*, in: Taeger/Pohle, ComputerR-Hdb., 20.5 Rn. 27.

201 *Drexl*, JIPITEC 8 (2017), 257 (272, Rn. 69 ff.); *Kornmeier/Baranowski*, BB 2019, 1210 (1221); *Hofmann*, in: Pertot, Rechte an Daten (2019), S. 9 (19 f.); *Stender-Vorwachs/Steege*, NJOZ 2018, 1361 (1363); *Schweitzer/Peitz*, NJW 2018, 275 (278).

202 *Hofmann*, in: Pertot, Rechte an Daten (2019), S. 9 (20).

203 *Drexl*, JIPITEC 8 (2017), 257 (272, Rn. 70); *Schweitzer*, GRUR 2019, 569 (575).

204 *Schur*, GRUR 2020, 1142 (1143).

dem Datenschutzrecht in der Praxis aber eine überragende Bedeutung für den Datenhandel zu.

1. Vertragliche Gestaltung von Datentransaktionen

Die rechtliche Durchführung von Datentransaktionen kann sowohl über Datenkaufverträge als auch über Datenlizenzverträge erfolgen.[205] Bei Datenlizenzverträgen handelt es sich um einen gesetzlich nicht geregelten Vertragstyp, der aber aufgrund seiner Flexibilität in der Praxis vorherrschend ist.

a) Datenkauf

Eine rechtliche Möglichkeit für das Teilen von Daten stellt der Datenkauf dar. Beim Datenkauf werden Daten dauerhaft und endgültig der Zugriffssphäre des Datenhalters entzogen und an den Datenerwerber übertragen.[206] Rechtlich ist der Datenkauf als Kauf eines sonstigen Gegenstandes nach § 453 Abs. 1 Alt. 2 BGB einzuordnen. Da es insoweit nicht möglich ist, dem Käufer das Eigentum an den Daten zu verschaffen, schuldet der Verkäufer lediglich die faktische Übergabe der Daten.[207] Im Gegenzug ist der Käufer zur Zahlung eines in der Regel einmaligen Entgelts verpflichtet. In der Praxis nimmt die Bedeutung das Datenkaufs kontinuierlich ab, da er für die vertragliche Gestaltung des sukzessiven Datenaustausches in Echtzeit ungeeignet ist[208] und der vollständige Verlust der Zugriffsmöglichkeit des Datenhalters auf die Daten der typischen Interessenlage in der Datenwirtschaft widerspricht.[209]

b) Datenlizenzvertrag

In der Praxis hat sich vielmehr die vertragliche Umsetzung von Datentransaktionen durch sogenannte Datenlizenzverträge durchgesetzt. Bei Datenlizenzverträgen verpflichtet sich der Lizenzgeber (Datenhalter) für einen gewissen Zeitraum, dem Lizenznehmer (Datennutzer) den Zugang zu den gegenständlichen Daten zu

---

205 Die gemeinsamen Prinzipien des *ALI* und des *ELI* unterscheiden zwischen mehreren Vertragstypen für die Überlassung oder Zugangsgewährung von Daten, die in der Zukunft als Vorbild für gesetzliche Regelungen dienen könnten; siehe *ELI/ALI*, Principles for a Data Economy (2021), S. 56 ff.

206 *Hennemann*, RDi 2021, 61 (64, Rn. 12); *Apel*, in: BeckOF IT-Recht, 3.7 Rn. 1.

207 *Hoeren/Pinelli*, JZ 2020, 879 (880); *Schur*, Die Lizenzierung von Daten (2020), S. 169.

208 *Schur*, Die Lizenzierung von Daten (2020), S. 39.

209 Aufgrund der nicht-rivalen Eigenschaften von Daten und ihrer simultanen Nutzbarkeit ist ein Verlust der Zugriffsmöglichkeit des Datenhalters weder nötig noch sinnvoll. Beim sukzessiven Datenaustausch ist der Datenerwerber außerdem auf die fortlaufende Speicherung der Daten durch den Datenveräußerer angewiesen.

ermöglichen und deren Nutzung zu gestatten. Die rechtliche Flexibilität von Datenlizenzverträgen entspricht den Ansprüchen und Erfordernissen der Datenwirtschaft besser als der gesetzliche Rahmen des Datenkaufs.

aa) Gegenstand und Typisierung von Datenlizenzverträgen

Der Begriff des Datenlizenzvertrages hat sich in Praxis und Wissenschaft etabliert, bedarf aber in mancher Hinsicht der Klarstellung.[210] Anders als bei der Lizenzierung von Immaterialgüterrechten bestehen an Daten kein Ausschließlichkeitsrechte, die die Datennutzung einer Person zuweisen und sich übertragen lassen.[211] Da entsprechende Ausschließlichkeitsrechte an Daten nicht bestehen, kann an ihnen keine eigentliche Lizenz übertragen werden. Dem Lizenznehmer können lediglich schuldrechtliche Zugangsansprüche und Nutzungsrechte eingeräumt werden.[212] Der Lizenzgeber verpflichtet sich, dem Lizenznehmer die im Vertrag näher spezifizierten Daten zur Verfügung zu stellen beziehungsweise den Zugang zu diesen zu ermöglichen und deren anschließende Nutzung zu erlauben.[213] Als Gegenleistung schuldet der Lizenznehmer in der Regel die Entrichtung eines Entgelts. Insoweit besteht aber eine große vertragliche Gestaltungsfreiheit.[214]

Die Einordnung von Datenlizenzverträgen in die Vertragstypologie des BGB wirft Schwierigkeiten auf.[215] Am vielversprechendsten erscheint noch der Versuch, Datenlizenzverträge als Pachtverträge nach § 581 BGB anzusehen.[216] Hiergegen spricht aber, dass die §§ 581 ff. BGB auf die Pacht von Grundstücken zugeschnitten sind. Aus diesem Grund fehlen dem Pachtrecht sachgerechte Regelungen und eine adäquate Risikoverteilung für den Datenaustausch.[217] Überzeugender ist es deshalb den Datenlizenzvertrag als Vertrag *sui generis* einzuordnen.[218] Den Vertrags-

---

210 Siehe *Hennemann*, RDi 2021, 61 (64, Rn. 12); *Czychowski/Winzek*, ZD 2022, 81 (86); *Rosenkranz/Scheufen*, ZfDR 2022, 159 (186).

211 *Schur*, GRUR 2020, 1142 (1144).

212 *Hennemann*, RDi 2021, 61 (64, Rn. 12); *Czychowski/Winzek*, ZD 2022, 81 (86); *Schur*, Die Lizenzierung von Daten (2020), S. 160 f. Denkbar ist es deshalb, Datenlizenzverträge als unechte Lizenzverträge einzuordnen, bei denen die Gewährung der faktischen Nutzbarkeit die Vertragsgrundlage darstellt; siehe *Schur*, Die Lizenzierung von Daten (2020), S. 159.

213 *Schur*, Die Lizenzierung von Daten (2020), S. 181 f. Für beispielhafte Vertragsklauseln zu den Primärpflichten des Lizenzgebers siehe *Osborne Clarke*, Legal Study on Ownership and Data (2016), S. 157 f.

214 Siehe zu möglichen Vergütungsmodellen, wie dem *revenue sharing*, *Hennemann*, RDi 2021, 61 (64, Rn. 15); *Schur*, Die Lizenzierung von Daten (2020), S. 182 f.

215 *Schur*, Die Lizenzierung von Daten (2020), S. 168 ff.; *Hennemann*, RDi 2021, 61 (64, Rn. 16).

216 Siehe nur *Graf v. Westphalen*, IWRZ 2018, 9 (15).

217 *Schur*, Die Lizenzierung von Daten (2020), S. 174 ff.; *Czychowski/Winzek*, ZD 2022, 81 (84).

218 *Hennemann*, RDi 2021, 61 (64, Rn. 16); *Schur*, GRUR 2020, 1142 (1145); *Czychowski/Winzek*, ZD 2022, 81 (84).

parteien wird es dadurch ermöglicht, flexible und maßgeschneiderte vertragliche Regelungen zu vereinbaren.[219] Die Kehrseite der weiten Vertragsfreiheit besteht jedoch darin, dass mangels eines gesetzlichen Leitbildes sowie gesetzlicher Regelungen ein erhöhter Aufwand für die Vertragsgestaltung beim Teilen von Daten erforderlich ist und hierdurch nicht unerhebliche Transaktionskosten entstehen können.[220]

bb) Typische Inhalte von Datenlizenzverträgen

Da es an gesetzlichen Regelungen zum Datenlizenzvertrag bislang fehlt, ist eine umfassende Festlegung des Vertragsgegenstands sowie der Rechte und Pflichten der Parteien im Vertrag zu empfehlen.[221] Eine große Bedeutung kommt zunächst der präzisen Beschreibung und Abgrenzung der vertragsgegenständlichen Daten zu. Als Anknüpfungspunkte für die Umschreibung der zu teilenden Daten eignen sich vor allem ihre inhaltliche Kategorisierung sowie die Festlegung ihrer Erhebungsquellen.[222] Sinnvoll ist es außerdem, die gewünschte Datenqualität umfassend vertraglich festzuhalten, da so eine spätere gerichtliche Überprüfung der Vertragsmäßigkeit erleichtert werden kann.[223] Aufgrund der Heterogenität von Daten und der Verschiedenheit denkbarer Anwendungszwecke der Lizenznehmer können insoweit keine allgemeingültigen Standards formuliert werden.[224] Denkbare Kriterien sind aber unter anderem die Aktualität, Richtigkeit oder Granularität von Daten.[225]

Von großer Bedeutung ist weiterhin die detaillierte Regelung der Nutzungsbedingungen und des Nutzungsumfangs. Hierfür ist zunächst zu klären, auf welche

---

219 Vgl. auch *Czychowski/Winzek*, ZD 2022, 81 (83).

220 So auch *Rosenkranz/Scheufen*, ZfDR 2022, 159 (196 f.).

221 Checklisten sind enthalten in *Europäische Kommission*, SWD(2018) 125 final, S. 6; *Sattler*, in: Sassenberg/Faber, Rhdb. Industrie 4.0, § 2 Rn. 125. Vertragsmuster finden sich in *Osborne Clarke*, Legal Study on Ownership and Data (2016), S. 156 ff.; *Apel*, in: BeckOF IT-Recht, 3.6.

222 *Europäische Kommission*, SWD(2018) 125 final, S. 6; *Schur*, Die Lizenzierung von Daten (2020), S. 226; *Rosenkranz/Scheufen*, ZfDR 2022, 159 (178).

223 *Hennemann*, RDi 2021, 61 (68, Rn. 32 f.); *Schur*, Die Lizenzierung von Daten (2020), S. 235 f.

224 *Hennemann*, RDi 2021, 61 (64, Rn. 13).

225 *Europäische Kommission*, SWD(2018) 125 final, S. 6. Außerdem ist die Anknüpfung an weitere aus der Informatik bekannte Kriterien möglich, siehe *Hennemann*, RDi 2021, 61 (68, Rn. 33); *Hoeren/Pinelli*, JZ 2020, 879 (883); *Czychowski/Winzek*, ZD 2022, 81 (87); ausführlich zur rechtlichen Nutzbarmachung informatorischer Qualitätsbegriffe *v. Lewinski/Hähnle*, DuD 2021, 686. Auch Art. 7 Abs. 2 lit. b (Datentransfervertrag) der Modellvorschläge des *ELI* und *ALI* zu gesetzlichen Regelungen für Datenverträge sieht vor, dass Eigenschaften wie die Aktualität, Richtigkeit und Granularität zur Bestimmung der Datenqualität in gesetzliche Regelungen zu sog. Datentransferverträgen Eingang finden sollten; dazu näher *ELI/ALI*, ALI-ELI Principles for a Data Economy (2021), S. 60 ff.

Weise dem Lizenznehmer technisch der Zugang zu den Daten ermöglicht wird.[226] Beispielsweise kann der Datenzugang über eine Anwendungsprogrammierschnittstelle eröffnet werden. Hinsichtlich des Nutzungsumfangs ist es oft sinnvoll, den Zweck der geplanten Nutzung explizit festzuhalten.[227] Stattdessen kann es sich aber auch anbieten, die Zwecke, zu denen die Analyseergebnisse verwendet werden dürfen, im Vorhinein vertraglich festzulegen oder bestimmte Nutzungszwecke ausdrücklich zu verbieten.[228] Dies ist insbesondere dann zu überlegen, wenn der Lizenznehmer die zweck- und ergebnisoffene Analyse der Daten beabsichtigt.

Weitere wesentliche Vertragsregelungen betreffen die beabsichtigte Dauer der Datenübertragung und die Dauer der Nutzung. Bei der Bereitstellung der Daten kann zwischen der nur einmaligen punktuellen Datenübertragung und der sukzessiven Datenübertragung unterschieden werden. Damit verbunden wird typischerweise geregelt, über welchen Zeitraum der Lizenznehmer die Daten analysieren darf und ob die Datenanalyse und -nutzung noch nach Vertragsende gestattet ist.[229] Außerdem kann grundsätzlich davon ausgegangen werden, dass nur dem Lizenznehmer (und nicht auch dem Lizenzgeber oder Dritten) die Nutzung der Ergebnisse seiner Datenanalysen zusteht.[230] Entspricht dies nicht dem Wunsch der Parteien, sollte ausdrücklich festgehalten werden, welche Personen die Analyseergebnisse verwenden dürfen.[231] Es ist zudem verbreitet, zu vereinbaren, ob die Daten parallel durch den Lizenzgeber oder Dritte genutzt werden dürfen und ob der Lizenznehmer befugt ist, die Daten an Dritte weiterzugeben (sog. Unterlizenzierung).[232] Je nach Inhalt und Ursprung der vertragsgegenständlichen Daten und den Hintergründen der Geschäftsbeziehung kann es auch geboten sein, eine Vertraulichkeitsregelung in den Vertrag aufzunehmen.[233] Übliche Vertragspraxis ist außerdem die Aufnahme vertraglicher Gewährleistungsklauseln, um eine sachgerechte Haftung zu ermöglichen.[234] Da der Schadensnachweis im Zusammenhang mit dem Datenaustausch eine prohibitiv hohe Hürde darstellen kann, empfiehlt es sich, vertragliche Pflichten (z. B. das Verbot der Weitergabe der Daten) über Vertragsstrafen abzusichern.[235]

---

226 *Schur*, Die Lizenzierung von Daten (2020), S. 231; *Kraus*, DSRITB 2015, 537 (547).
227 *Europäische Kommission*, SWD(2018) 125 final, S. 7; *Czychowski/Winzek*, ZD 2022, 81 (86); *Schur*, Die Lizenzierung von Daten (2020), S. 232.
228 *Schur*, Die Lizenzierung von Daten (2020), S. 228 f.
229 *Hennemann*, RDi 2021, 61 (68, Rn. 21); *Rosenkranz/Scheufen*, ZfDR 2022, 159 (189 f.).
230 *Hennemann*, RDi 2021, 61 (68, Rn. 20).
231 *Kraus*, DSRITB 2015, 537 (546 f.).
232 *Hennemann*, RDi 2021, 61 (68, Rn. 22 f.); *Schur*, Die Lizenzierung von Daten (2020), S. 233; *Rosenkranz/Scheufen*, ZfDR 2022, 159 (189); *Czychowski/Winzek*, ZD 2022, 81 (87).
233 *Kraus*, DSRITB 2015, 537 (547); *Apel*, in: BeckOF IT-Recht, 3.6 Rn. 20.
234 *Rosenkranz/Scheufen*, ZfDR 2022, 159 (180, 192); *Apel*, in: BeckOF IT-Recht, 3.6 Rn. 16.
235 *Rosenkranz/Scheufen*, ZfDR 2022, 159 (181); *Fries/Scheufen*, MMR 2019, 721 (724).

c) Haftungsfragen beim vertraglichen Datenaustausch

Bei der rechtlichen Durchführung von Datentransaktionen können sich Haftungsfragen stellen. Die in diesem Zusammenhang bestehende Unsicherheit wird von Unternehmen als wesentliches Hindernis beim Datenaustausch und der Entwicklung innovativer Geschäftsmodelle angesehen.[236] Insbesondere im Hinblick auf die Feststellung der Mangelhaftigkeit von Daten können sich schwierige rechtliche Fragen stellen, denen am besten durch die Aufnahme detaillierter vertraglicher Regelungen zu begegnen ist.

aa) Gewährleistung des Datenhalters

Da es sich beim Datenlizenzvertrag um einen atypischen Vertragstyp handelt, fehlt es an einem speziellen, auf die generellen Bedürfnisse der Parteien zugeschnittenen Gewährleistungsrecht.[237] Aus diesem Grund sind die Regelungen des allgemeinen Schuldrechts (§§ 280 ff. BGB) auf Datenlizenzverträge anzuwenden.[238] Große Probleme wirft bei der Haftung des Datenhalters neben dem Nachweis eines kausalen Schadens die Feststellung der Vertragsmäßigkeit der übermittelten Daten auf.[239] Denn aufgrund der vielseitigen Anwendungszwecke und den unterschiedlichen Eigenschaften verschiedener Datensätze ist die Formulierung einheitlicher Standards schwer möglich. Um eine spätere gerichtliche Überprüfung der Vertragsmäßigkeit der Daten zu ermöglichen, sollten daher ausführliche und individuelle vertragliche Regelungen zur Bereitstellung, dem Format und der Qualität der Daten in den Vertrag aufgenommen werden.[240] Zumindest gewisse, allgemeine Anhaltspunkte bei der Beurteilung der Datenqualität können die aus der Informatik stammenden Kriterien der Verfügbarkeit (*availability*), Nutzbarkeit (*usability*), Zuverlässigkeit (*reliability*), Zweckeignung (*relevance*) und Darstellungsqualität (*presentation quality*) bieten.[241]

---

236 *Büchel/Demary/u. a.*, Anreizsystem und Ökonomie des Data Sharings (2022), S. 53; *Barbero/Cocoru/u. a.*, Study on emerging issues of data ownership (2018), S. 81 f.

237 §§ 327 ff. BGB finden nur auf B2C-Verträge Anwendung, vgl. *Rosenkranz/Scheufen*, ZfDR 2022, 159 (179).

238 *Schur*, Die Lizenzierung von Daten (2020), S. 235; a. A. *Rosenkranz/Scheufen*, ZfDR 2022, 159 (179 f.).

239 *Hennemann*, RDi 2021, 61 (68, Rn. 31).

240 *Hennemann*, RDi 2021, 61 (68, Rn. 32 ff.); *Schur*, Die Lizenzierung von Daten (2020), S. 235 f.; *Europäische Kommission*, SWD(2018) 125 final, S. 6.

241 *Hennemann*, RDi 2021, 61 (68, Rn. 33); *v. Lewinski/Hähnle*, DuD 2021, 686 (690); *Hoeren/Pinelli*, JZ 2020, 879 (883).

bb) Haftung des Datenerwerbers

Auch die Haftung des Datenerwerbers bestimmt sich nach den Regelungen des allgemeinen Schuldrechts.[242] Mangels eines etablierten Leitbilds für Datenlizenzverträge sind auch hinsichtlich der Pflichten des Datenerwerbers individuelle Abreden sinnvoll und verbreitet. Dies gilt insbesondere für Vertraulichkeitsabreden, nach denen Datenempfänger die Daten und darauf basierende Auswertungsergebnisse nicht mit Dritten teilen dürfen.[243] Üblich ist es auch, die Zulässigkeit der Zusammenführung der weitergegebenen Daten mit anderen Daten des Empfängers ausdrücklich zu regeln[244] und Maßnahmen zur Gewährleistung der Daten- und IT-Sicherheit durch den Lizenznehmer in den Vertrag aufzunehmen.[245] Da der Schadensnachweis bei der vertragswidrigen Weitergabe, Zusammenführung oder Analyse von Daten, wenn überhaupt, nur mit einem hohen Begründungsaufwand zu erbringen ist, lohnt es sich aus Sicht des Datenhalters diese und andere Pflichten des Datenempfängers über Vertragsstrafen abzusichern.[246] Allerdings lassen sich Verletzungen des Geheimhaltungsinteresses in vielen Fällen nicht vollständig durch Vertragsstrafen ausgleichen.[247] Schließlich können unbefugte Datenweitergaben an Dritte auf diese Weise nicht wieder rückgängig gemacht werden.[248] Auch darüber hinaus ist es zweifelhaft, wie geeignet Vertragsstrafen zur Abschreckung von Vertragsbrüchen in der Praxis sind. Denn aufgrund von *ex-post*-Informationsasymmetrien ist es für den Datenhalter faktisch kaum überprüfbar, ob sich der Datenempfänger vertragsgemäß verhält.[249]

2. Rechtliche Grenzen des B2B-Datenaustausches

Auch wenn den Parteien bei Datentransaktionen eine große Freiheit bei der vertraglichen Ausgestaltung zukommt, setzen das Kartellrecht sowie das AGB-Recht ihnen gewisse Grenzen. Diese Vorgaben betreffen sowohl den Austausch personenbezogener als auch nicht-personenbezogener Daten. Die datenschutzrechtlichen Besonderheiten beim Austausch personenbezogener Daten werden im Anschluss hieran erörtert.

---

242 *Hennemann*, RDi 2021, 61 (69, Rn. 36); *Riehm*, VersR 2019, 714 (716); a. A. *Rosenkranz/Scheufen*, ZfDR 2022, 159 (192).
243 *Schur*, Die Lizenzierung von Daten (2020), S. 235 f.
244 Siehe *Osborne Clarke*, Legal Study on Ownership and Data (2016), S. 158.
245 *Rosenkranz/Scheufen*, ZfDR 2022, 159 (192).
246 *Fries/Scheufen*, MMR 2019, 721 (724); *Osborne Clarke*, Legal Study on Ownership and Data (2016), S. 161.
247 Vgl. *Hofmann*, in: Pertot, Rechte an Daten (2019), S. 9 (27 f.).
248 Ein direktes Vorgehen gegen den Dritten kann allein nach dem GeschGehG in Frage kommen; siehe hierzu oben in Kap. 3, C. II. 5. c).
249 Siehe hierzu unter Kap. 3, D. III. 2. b).

a) Kartellrechtliche Grenzen

Ein Datenaustausch zwischen Unternehmen verstößt gegen Art. 101 Abs. 1 AEUV, wenn er eine Wettbewerbsbeschränkung bezweckt oder bewirkt.[250] Kartellrechtlich brisant ist ein Datenaustausch in erster Linie dann, wenn er eine Kollusion der beteiligten Vertragsparteien ermöglicht oder erleichtert oder er der Abschottung eines Marktes dienen kann. Da der Informationsaustausch aber auch prokompetitive Auswirkungen haben kann, hängt die kartellrechtliche Beurteilung immer von den konkreten Umständen des Einzelfalls ab. Im Folgenden soll daher lediglich eine ungefähre Einschätzung der kartellrechtlichen Risiken beim Datenaustausch erfolgen.[251]

aa) Kollusion durch Datenaustausch?

Für die kartellrechtliche Beurteilung von Informations- und Datenaustauschen kommt den Horizontalleitlinien der Europäischen Kommission eine große Bedeutung zu. Aus diesem Grund werden hier sowohl die aktuell anwendbaren Horizontalleitlinien aus dem Jahr 2011 als auch die neuen Leitlinien, die von der Kommission im März 2022 vorgelegt wurden und nach einer weiteren Überarbeitung durch die Kommission im Juli 2023 in Kraft getreten sind, berücksichtigt. Im Gegensatz zu den alten Leitlinien stellen die neuen Horizontalleitlinien klar, dass der kartellrechtlich relevante Informationsaustausch auch den Austausch von Rohdaten und bearbeiteten Daten umfassen kann.[252] Inhaltlich enthalten sie ansonsten aber nur relativ wenige datenspezifische Ausführungen und stellen insofern keine wesentliche Fortentwicklung der alten Leitlinien dar.

(1) Kartellrechtliche Grundsätze für den Informations- und Datenaustausch

Dass der Austausch von Informationen, auch zwischen Wettbewerbern, nicht zwingend schädlich für den Wettbewerb ist, sondern umgekehrt auch wettbewerbsfördernde Folgen haben kann, ist im Kartellrecht anerkannt.[253] Auch die Kommission betont in ihren Horizontalleitlinien die möglichen Effizienzgewinne,

---

250 Aus denselben Gründen kann auch ein Verstoß gegen § 1 GWB in Betracht kommen. Die folgenden Erwägungen lassen sich grundsätzlich auch auf das deutsche Kartellrecht übertragen, auf das in diesem Rahmen nicht näher eingegangen wird.

251 Eine umfassende Untersuchung kartellrechtlicher Fragestellungen beim Teilen von Daten lässt sich in diesem Rahmen nicht durchführen und würde zu weit von den eigentlichen Fragestellungen der Untersuchung wegführen.

252 *Europäische Kommission*, Horizontalleitlinien (2023), Rn. 367. Der Datenaustausch wird dort in Fn. 228 weit definiert: Er umfasst „alle möglichen Formen und Modelle des Datenzugangs und der Datenübertragung zwischen Unternehmen".

253 Siehe hierzu ausführlich *Dewenter/Löw*, NZKart 2015, 458 (459 ff.).

die durch den Informationsaustausch zwischen Unternehmen erreicht werden können.[254] Dies gilt nach Ansicht der Kommission auch und vor allem für den Austausch von Daten.[255] Problematisch ist der Austausch von Informationen aber dann, wenn er ein kollusives Zusammenwirken von Unternehmen ermöglicht oder auf sonstige Weise ihre Wettbewerbsanreize verringert.[256] Dabei ist ein gegenseitiger Informationsaustausch für eine abgestimmte Verhaltensweise nach § 101 Abs. 1 AEUV nicht erforderlich. Es genügt die einseitige Informationsübermittlung.[257] Wesentliche Kriterien zur Beurteilung der kartellrechtlichen Zulässigkeit eines Informationsaustausches sind die jeweilige Marktstruktur und die Eigenschaften der jeweiligen Informationen.

Die wichtigste Eigenschaft der ausgetauschten Informationen sind ihre Inhalte. Unzulässig ist jedenfalls der Austausch von Informationen mit wettbewerblich sensiblen Inhalten. Hierzu zählen insbesondere Informationen über das geplante Wettbewerbsverhalten von Unternehmen, also über die geplanten Preise, Mengen- und Absatzziele.[258] Der Austausch solcher Informationen wird als bezweckte Wettbewerbsbeschränkung nach Art. 101 Abs. 1 AEUV angesehen.[259] Äußerst problematisch ist außerdem die Weitergabe von strategisch relevanten Informationen, die Rückschlüsse auf das Verhalten von Wettbewerbern zulassen und daher die Ungewissheit auf dem Markt reduzieren. Hierbei handelt es sich vor allem um Informationen über Produktionskosten und -kapazitäten, Umsätze, die bestehende Nachfrage und Kundschaft, Marktanteile, künftige Investitionen und Forschungs- und Entwicklungsaktivitäten.[260] Abschließend ist diese Aufzählung nicht. Alle Informationen, die sich auf einen im Einzelfall relevanten Wettbewerbsparameter beziehen, können eine Wettbewerbsbeschränkung bewirken.[261] Allgemein kann zwar davon ausgegangen werden, dass rein technische Informationen mangels unmit-

---

254 *Europäische Kommission*, Horizontalleitlinien (2011), Rn. 57; Horizontalleitlinien (2023), Rn. 373.

255 *Europäische Kommission*, Horizontalleitlinien (2023), Rn. 373.

256 *Schweitzer*, GRUR 2019, 569 (572); *Brömmelmeyer*, in: FK AEUV, Art. 101 Rn. 152; *Dewenter/Löw*, NZKart 2015, 458 (459 ff.); *Europäische Kommission*, Horizontalleitlinien (2023), Rn. 377 ff.

257 *Europäische Kommission*, Horizontalleitlinien (2011), Rn. 432; *Bechtold/Bosch/Brinker*, EU-Kartellrecht, AEUV Art. 101 Rn. 202.

258 *Europäische Kommission*, Horizontalleitlinien (2023), Rn. 384 f.

259 *Europäische Kommission*, Horizontalleitlinien (2011), Rn. 73 f.; Horizontalleitlinien (2023), Rn. 413; *Brömmelmeyer*, in: FK AEUV, Art. 101 Rn. 156; *Wagner-von Papp*, in: MüKo WettbR, AEUV Art. 101 Rn. 337; *Schweitzer*, GRUR 2019, 569 (572).

260 *Europäische Kommission*, Horizontalleitlinien (2011), Rn. 86.; Horizontalleitlinien (2023), Rn. 414; *Wagner-von Papp*, in: MüKo WettbR, AEUV Art. 101 Rn. 351 f.; *Bechtold/Bosch/Brinker*, EU-Kartellrecht, AEUV Art. 101 Rn. 201.

261 *Wagner-von Papp*, in: MüKo WettbR, AEUV Art. 101 Rn. 354.

telbaren Wettbewerbsbezugs ausgetauscht werden dürfen.[262] Bei Unternehmen, die im Forschungs- und Entwicklungsbereich miteinander konkurrieren, können technische Informationen gleichwohl von großer strategischer und wettbewerblicher Relevanz sein.[263] Es kommt für die Wettbewerbsrelevanz von Informationen nämlich immer auf ihre Bedeutung für den Empfänger im Einzelfall an.[264] Zuletzt wird die kartellrechtliche Brisanz von Informationen auch durch ihre Aktualität, ihren Aggregationsgrad und ihre öffentliche Verfügbarkeit beeinflusst.[265]

Hinsichtlich der Struktur des Marktes, auf dem Informationen ausgetauscht werden, ist eine Wettbewerbsbeschränkung grundsätzlich umso wahrscheinlicher, je konzentrierter, stabiler und transparenter der betroffene Markt ist.[266] Denn diese Faktoren erleichtern schon für sich genommen die Kollusion zwischen Wettbewerbern.[267] Im Zusammenspiel mit dem Informationsaustausch besteht daher eine besonders hohe Wahrscheinlichkeit, dass der Wettbewerb beschränkt wird. Ungeachtet der vorliegenden Marktgegebenheiten sind aber immer die konkreten Auswirkungen des Informationsaustausches für die Feststellung einer Wettbewerbsbeschränkung ausschlaggebend.[268]

(2) Anwendung der kartellrechtlichen Grundsätze auf den B2B-Datenaustausch

Auf Grundlage der kartellrechtlichen Erfahrungen mit dem Austausch von Informationen können für den Datenaustausch zwei wesentliche Kriterien für die kartellrechtliche Beurteilung identifiziert werden. Von entscheidender Bedeutung wird in der Regel sein, mit wem ein Unternehmen seine Daten teilt und welchen Inhalt die geteilten Daten haben.

(a) Teilnehmerkreis des Datenaustausches

Wichtig ist zunächst, in welcher Unternehmenskonstellation Daten geteilt werden. Einem kartellrechtlichen Risiko setzen sich in erster Linie Unternehmen aus, die

---

262 *Wagner-von Papp*, in: MüKo WettbR, AEUV Art. 101 Rn. 353; *Polley*, CR 2021, 701 (703 f., Rn. 23).
263 *Europäische Kommission*, Horizontalleitlinien (2011), Rn. 86.
264 *Europäische Kommission*, Horizontalleitlinien (2023), Rn. 390.
265 *Europäische Kommission*, Horizontalleitlinien (2011), Rn. 89 ff.; Horizontalleitlinien (2023), Rn. 390 ff.; *Schweitzer/Metzger/u. a.*, Data access and sharing (2022), S. 135.
266 *Europäische Kommission*, Horizontalleitlinien (2011), Rn. 77; *Wagner-von Papp*, in: MüKo WettbR, AEUV Art. 101 Rn. 342.
267 *Europäische Kommission*, Horizontalleitlinien (2011), Rn. 77 ff.; Horizontalleitlinien (2023), Rn. 412; *Wagner-von Papp*, in: MüKo WettbR, AEUV Art. 101 Rn. 343 ff.
268 *Europäische Kommission*, Horizontalleitlinien (2011), Rn. 77.

Daten mit Wettbewerbern teilen oder von Wettbewerbern Daten empfangen.[269] Wenn Daten zwischen Unternehmen ausgetauscht werden, die weder tatsächlich noch potenziell miteinander im Wettbewerb stehen, kann den Daten hingegen keine Wettbewerbsrelevanz zugemessen werden. Diese erste Weichenstellung für die kartellrechtliche Relevanz eines Datenaustausches steht im Einklang mit den für den Informationsaustausch entwickelten Grundsätzen.[270] So hat das EuG entschieden, dass eine „Verhaltensweise, bei der ein auf zwei verschiedenen Produktmärkten tätiges Unternehmen seinen auf einem dieser Märkte tätigen Wettbewerbern sensible Geschäftsinformationen über den anderen Markt mitteilt, auf dem diese nicht tätig sind, [...] im Prinzip nämlich nicht geeignet [ist], den Wettbewerb auf diesem zweiten Markt zu beeinflussen".[271] Dies bedeutet, dass der sektorenübergreifende Austausch von Daten im Regelfall kartellrechtlich unbedenklich ist. Entsprechendes gilt für den vertikalen Datenaustausch, also das Teilen von Daten mit Unternehmen auf einer vor- oder nachgelagerten Marktstufe. Soweit Lieferanten und Abnehmer mit dem Datenhalter in keiner Weise im (potenziellen) Wettbewerb stehen, besteht grundsätzlich keine Gefahr, dass der Datenaustausch den Wettbewerb auf einem Markt beschränkt.[272]

Neben dem bilateralen Datenaustausch zwischen Wettbewerbern kann auch dem Datenpooling[273] ein gewisses Kollusionsrisiko zugeschrieben werden. Schließlich sind Datenpools häufig darauf ausgelegt, dass Unternehmen aus einem spezifischen Sektor oder einer bestimmten Industrie miteinander Daten teilen.[274] Es ist daher sehr wahrscheinlich, dass zumindest einige Teilnehmer auch auf denselben kartellrechtlichen Märkten tätig sind und zueinander in horizontalen Wettbewerbsverhältnissen stehen.[275] Nach einer kartellrechtlichen Prüfung des Datenpools, sollten daher gegebenenfalls Sicherheitsvorkehrungen zur Vermeidung kollusiven Verhaltens ergriffen werden.[276]

---

269 So auch *Polley*, CR 2021, 701 (703 f., Rn. 19 ff.). Auch das Bundeskartellamt hebt hervor, dass das Datenpooling zwischen Wettbewerbern problematischer ist als jenes zwischen Unternehmen unterschiedlicher Marktstufen; vergleiche *BKartA*, Big Data und Wettbewerb (2017), S. 9.

270 Siehe *Wagner-von Papp*, in: MüKo WettbR, AEUV Art. 101 Rn. 334.

271 *EuG*, Urteil vom 16. September 2013, T-380/10, ECLI:EU:T:2013:449, Rn. 79 – *Wabco*.

272 Vgl. auch *Polley*, CR 2021, 701 (703 f., Rn. 20 f.).

273 Siehe zum Datenpooling unten in Kap. 4, B. II. 3. b) aa).

274 Z. B. bringt die *Skywise*-Plattform von *Airbus* verschiedene Unternehmen aus dem Flugsektor zusammen, siehe hierzu in Kap. 4, B. II. 3 b) bb).

275 *Lundqvist*, EuCML 2018, 146 (149).

276 *Europäische Kommission*, Horizontalleitlinien (2023), Rn. 408; *Schweitzer/Metzger/u. a.*, Data access and sharing (2022), S. 137. Siehe hierzu auch in Kap. 5, D. III.

(b) Informationsgehalt der Daten

Wenn Daten mit Wettbewerbern geteilt werden oder dies nicht ausgeschlossen werden kann, hängt die kartellrechtliche Zulässigkeit des Datenaustausches von den Inhalten der geteilten Daten ab. Hier ist wie bei anderen Informationen darauf abzustellen, ob die in den Daten verkörperten Informationsinhalte eine wettbewerbliche Relevanz haben. Grundsätzlich kann davon ausgegangen werden, dass der Austausch technischer Daten eher unproblematisch ist, da bei ihnen kein unmittelbarer Wettbewerbsbezug vorliegt.[277] Dennoch wäre eine eingehende, individuelle Inhaltsprüfung aller geteilten Datensätze notwendig, um ein kartellrechtliches Risiko vollständig auszuschließen.

Hilfreich zur ungefähren Einschätzung der wettbewerblichen Sensibilität der geteilten Daten ist deren Erhebungsquelle. Bei maschinengenerierten Daten, etwa über die Funktionsweise der Maschinen oder über Zustände und Ereignisse in deren Umwelt, besteht ein relativ geringes Risiko, dass sie unmittelbar wettbewerblich relevant sind.[278] Aus ihnen lässt sich nicht ohne Weiteres ein Rückschluss auf das geplante Wettbewerbsverhalten des Datenhalters ziehen. Es handelt sich bei ihnen, jedenfalls wenn sie anonymisiert sind, um rein technische Daten. Problematischer können dagegen Daten sein, die aus der Kunden- oder Nutzerdatenbank des Datenhalters stammen, da sie Rückschlüsse auf die Wettbewerbsstrategie des Datenhalters zulassen und eine stillschweigende Aufteilung nach Kunden oder Märkten erleichtern können.[279] Tendenziell von höherer wettbewerblicher Relevanz sind auch abgeleitete Daten, die durch die Analyse von bereits zuvor erfassten Daten generiert wurden.[280] Durch sie kann der Datenempfänger unter Umständen erfahren, für welche Zwecke der Datenhalter seine eigenen Daten verwendet. Ein besonderes Risiko besteht außerdem dann, wenn der Datenhalter und der Datenempfänger in erster Linie im Forschungs- und Entwicklungs-Bereich miteinander konkurrieren.[281] In diesen Fällen können auch rein technische Daten von hoher strategischer Relevanz sein. Beispielsweise können Maschinendaten Rückschlüsse über die in den Maschinen verwendeten Technologien ermöglichen.[282]

---

277 *Polley*, CR 2021, 701 (703 f., Rn. 23); *Wagner-von Papp*, in: MüKo WettbR, AEUV Art. 101 Rn. 353. Bei Daten über künftige Preise, Produktionskosten, -kapazitäten und -mengen, Umsätze und Kunden ist hingegen von einer hohen wettbewerblichen Relevanz auszugehen, vgl. ErwG 37 DGA.

278 So auch *Schweitzer/Metzger/u. a.*, Data access and sharing (2022), S. 135 f.

279 Siehe auch *Wagner-von Papp*, in: MüKo WettbR, AEUV Art. 101 Rn. 351; *Bechtold/Bosch/Brinker*, EU-Kartellrecht, AEUV Art. 101 Rn. 199.

280 Vgl. *Europäische Kommission*, Horizontalleitlinien (2023), Rn. 390; *Schweitzer/Metzger/u. a.*, Data access and sharing (2022), S. 135 f.

281 *Europäische Kommission*, Horizontalleitlinien (2011), Rn. 86.

282 Siehe auch *Dewenter/Lüth*, Datenhandel und Plattformen (2018), S. 64.

(c) Rechtfertigung nach Art. 101 Abs. 3 AEUV

Wenn ein Datenaustausch nach Art. 101 Abs. 1 AEUV grundsätzlich unzulässig ist, kommt eine Rechtfertigung nach Art. 101 Abs. 3 AEUV in Betracht. Erforderlich ist dafür, dass die Effizienzgewinne die Wettbewerbsbeeinträchtigungen des Datenaustausches überwiegen und die wettbewerbsbeschränkenden Elemente unerlässlich für die Erreichung der Effizienzgewinne sind.[283] Dies ist notwendigerweise eine Frage des Einzelfalls. Beim Austausch von Daten liegen als Rechtfertigungsgründe insbesondere wettbewerbs- und innovationssteigernde Effekte nahe.[284] Auch andere effizienzerhöhende Wirkungen, wie die Steigerung der Produktivität durch den Datennutzer, sind denkbar. Ob der Datenaustausch zu Effizienzsteigerungen führt und diese mögliche Wettbewerbsbeeinträchtigungen überwiegen, kann letzten Endes aber immer nur im Einzelfall bewertet werden und setzt eine hochkomplexe Prüfung voraus.[285]

bb) Marktabschottung durch Datenaustausch

Neben der Kollusionsgefahr kann der Datenaustausch ein weiteres kartellrechtliches Problem aufwerfen. So kann der Informationsaustausch dem Verschluss von Märkten dienen, wenn der Austausch wertvoller Informationen die nicht am Informationsaustausch beteiligten Wettbewerber im Wettbewerb deutlich schlechter stellt als die beteiligten Unternehmen.[286] Diese kartellrechtlichen Bedenken sind grundsätzlich auf den Austausch von Daten übertragbar.[287] So ist es möglich, dass der Zugang zu bestimmten Daten einen Wettbewerbsvorteil darstellt, etwa weil die Daten wesentlicher Input für die Entwicklung neuer Produkte sind. Auch die Kommission hält in ihren neuen Horizontalleitlinien eine durch den Datenaustausch bedingte Marktabschottung für möglich, wenn die Daten von strategischer Bedeutung sind.[288] Die entscheidende Frage ist daher, ob die Teilnahme am jeweiligen Datenaustausch für die Wettbewerbsfähigkeit von Drittunternehmen von großer Bedeutung ist. Dies ist beim bilateralen Datenaustausch zwischen Unternehmen in aller Regel zu verneinen.

---

283 *Europäische Kommission*, Horizontalleitlinien (2011), Rn. 95; Horizontalleitlinien (2023), Rn. 425 ff.

284 Vgl. auch *Crémer/de Montjoye/Schweitzer*, Competition policy for the digital era (2019), S. 92.

285 *Wagner-von Papp*, in: MüKo WettbR, AEUV Art. 101 Rn. 367.

286 *Europäische Kommission*, Horizontalleitlinien (2011), Rn. 69 f.; *Europäische Kommission*, Horizontalleitlinien (2023), Rn. 381 ff.; grundlegend *EuGH*, Urteil vom 23. November 2006, C-238/05, ECLI:EU:C:2006:734, Rn. 60 – *Asnef-Equifx*.

287 Vgl. *Schweitzer/Metzger/u. a.*, Data access and sharing (2022), S. 137 f.

288 *Europäische Kommission*, Horizontalleitlinien (2023), Rn. 382.

Problematisch kann aber in dieser Hinsicht das Datenpooling[289] sein.[290] Da hier mehrere Unternehmen aus einem Sektor ihre Daten zusammenlegen und jeder Teilnehmer auf die Daten der anderen zugreifen kann, ist es möglich, dass nicht teilnehmende Unternehmen im Wettbewerb auf dem gleichen oder einem nachgelagerten Markt schlechter gestellt werden. Ob Drittunternehmen tatsächlich schlechter gestellt werden, hängt vom Umfang sowie den Inhalten und der Qualität der Daten ab.[291] Soweit aber ein ernsthaftes Risiko der Benachteiligung von Drittunternehmen besteht, wird verlangt, dass Dritten der faire und diskriminierungsfreie Zugang zum Datenpool ermöglicht wird.[292] Ein Beispiel für diese Problematik bietet das kartellrechtliche Verfahren der Europäischen Kommission gegen *Insurance Ireland*.[293]

cc) Zwischenergebnis

Es kann festgehalten werden, dass die kartellrechtliche Zulässigkeit von B2B-Datentransaktionen der Feststellung im Einzelfall bedarf.[294] Zumindest der sektorenübergreifende Datenaustausch dürfte aber nur eine geringe kartellrechtliche Brisanz aufweisen. Denn wenn Daten nicht an Wettbewerber weitergegeben werden, scheidet ein kartellrechtliches Verbot grundsätzlich aus. Eine gründliche kartellrechtliche Prüfung eines Datenaustausches ist hingegen vor allem dann erforderlich, wenn Daten innerhalb des eigenen Sektors oder der eigenen Industrie mit Wettbewerbern geteilt werden.[295] In diesem Fall hängt die kartellrechtliche Zulässigkeit entscheidend vom Informationsgehalt der ausgetauschten Daten ab. Wenn ein bedenklicher Informationsaustausch zwischen Wettbewerbern vorliegt, kommt eine Abwägung der wettbewerbshindernden Effekte mit möglichen Effizienzsteigerungen nach Art. 101 Abs. 3 AEUV in Betracht. Im Ergebnis erfordert die kartellrechtliche Prüfung im Einzelfall jedoch einen erheblichen rechtlichen Aufwand und ist mit gewissen Rechtsunsicherheiten behaftet. Die kartellrechtlichen

---

289 Siehe hierzu ausführlicher in Kap. 4, C. III.

290 *Europäische Kommission*, Horizontalleitlinien (2023), Rn. 383; *Lundqvist*, EuCML 2018, 146 (151 ff.); *Graef/Tombal/de Streel*, Limits and Enablers of Data Sharing (2019), S. 7 f.

291 *Europäische Kommission*, Horizontalleitlinien (2023), Rn. 383.

292 *Europäische Kommission*, Horizontalleitlinien (2023), Rn. 383; *Crémer/de Montjoye/Schweitzer*, Competition policy for the digital era (2019), S. 97; *Schweitzer/Metzger/u. a.*, Data access and sharing (2022), S. 138; *Lundqvist*, EuCML 2018, 146 (154). Differenzierend zu der vergleichbaren Problematik im Hinblick auf B2B-Marktplätze *Podszun/Bongartz*, BB 2020, 2882 (2889 f.).

293 *Europäische Kommission*, Pressemitteilung vom 18. Juni 2021, Mitteilung der Beschwerdepunkte an *Insurance Ireland*; siehe hierzu näher in Kap. 4, C. III.

294 *Polley*, CR 2021, 701 (708, Rn. 58).

295 Auch aus diesem Grund ist das Datenpooling aus kartellrechtlicher Perspektive besonders problematisch.

Vorgaben erhöhen daher die rechtlichen Kosten für den Datenaustausch und können Unternehmen von pro-kompetitiven und innovationsfördernden Transaktionen abhalten.[296] Hieran ändern leider auch die überarbeiteten Horizontalleitlinien wenig. Ein Sonderproblem kann sich außerdem beim Datenpooling durch die möglicherweise marktabschottende Wirkung exklusiver Datenpools ergeben.

b) AGB-rechtliche Grenzen

Grundsätzlich findet das AGB-Recht der §§ 305 ff. BGB bei Datenkauf- oder Datenlizenzverträgen zwischen Unternehmern (§ 14 BGB) Anwendung.[297] Voraussetzung hierfür ist nach § 305 Abs. 1 BGB, dass der Klauselverwender die Bedingungen, die für eine Vielzahl von Fällen vorformuliert wurden, einseitig in den Vertrag einbezieht. Aufgrund von § 310 Abs. 1 BGB richten sich die AGB-rechtlichen Grenzen für Verträge über den B2B-Datenaustausch allein nach § 307 Abs. 1 BGB.[298] Danach sind Bestimmungen in allgemeinen Geschäftsbedingungen unwirksam, wenn sie den Vertragspartner des Verwenders entgegen den Geboten von Treu und Glauben unangemessen benachteiligen. Eine solche unangemessene Benachteiligung ist bei Datenkauf- oder Datenlizenzverträgen vor allem bei inhaltlichen Benachteiligungen des Vertragspartners durch den Klauselverwender und bei Verstößen gegen das AGB-rechtliche Transparenzgebot denkbar.

aa) Unangemessene Benachteiligung durch den Klauselinhalt

Die Prüfung der unangemessenen Benachteiligung durch eine AGB-Klausel erfolgt durch eine zweistufige Prüfung, bei der zunächst der Maßstab für die Angemessenheitsprüfung ermittelt und anschließend das Vorliegen einer unangemessenen Benachteiligung geprüft wird.[299] Das Vorliegen einer Benachteiligung kann angenommen werden, wenn eine AGB-Klausel zu Lasten des Vertragspartners von der ohne die Klausel geltenden Rechtslage, die das gesetzliche Leitbild für die Inhaltskontrolle bildet, abweicht (vgl. § 307 Abs. 2 Nr. 1 BGB).[300] Bei Datenlizenzverträgen

---

296 So auch *Polley*, CR 2021, 701 (708, Rn. 58).

297 Ergänzend zum AGB-Recht des deutschen bürgerlichen Rechts enthält Art. 13 DA-E Regelungen dazu, unter welchen Voraussetzungen Vertragsbedingungen, die den Datenzugang betreffen und einseitig gegenüber KMU gestellt werden, unwirksam sind; siehe hierzu näher unten in Kap. 5, D. VI. sowie *Hennemann/Steinrötter*, NJW 2022, 1481 (1485, Rn. 25 ff.)

298 Denn gemäß § 310 Abs. 1 BGB werden die speziellen Klauselverbote der §§ 308, 309 BGB und die Einbeziehungsvorschriften der § 305 Abs. 2, 3 BGB auf allgemeine Geschäftsbedingungen in B2B-Verträgen nicht angewandt. So soll der erhöhten Eigenverantwortung des Unternehmers für die Gestaltung seiner rechtlichen Beziehungen Rechnung getragen werden; siehe nur *Berger*, in: Prütting/Wegen/Weinreich, BGB, § 307 Rn. 29.

299 *Berger*, in: Prütting/Wegen/Weinreich, BGB, § 307 Rn. 7.

300 *Berger*, in: Prütting/Wegen/Weinreich, BGB, § 307 Rn. 8.

wird die Inhaltskontrolle dadurch erschwert, dass es kein gesetzliches Leitbild oder durch die Rechtsprechung entwickeltes Leitbild für sie gibt, an dem AGB-Klauseln gemessen werden können.[301] Dies kann dazu führen, dass die Zulässigkeit einer Klausel in hohem Maße von einzelfallbezogenen Erwägungen des Rechtsanwenders abhängen wird.[302] Langfristig ist zwar zu erwarten, dass Rechtsprechung und Wissenschaft ein solches Leitbild entwickeln werden.[303] Derzeit stellt das AGB-Recht aber nur eine unvollkommene und rechtsunsichere Kontrollmöglichkeit von Datenlizenzverträgen dar.

Dies liegt auch daran, dass AGB-Klauseln zur unmittelbaren Hauptleistung eines Vertrages (Leistungsbeschreibungen) der Inhaltskontrolle nach § 307 Abs. 1 BGB entzogen sind.[304] Als Leistungsbeschreibungen werden alle Bestimmungen angesehen, durch die Art, Umfang und Güte der geschuldeten Leistung festgesetzt werden.[305] Bei unkörperlichen Gegenständen gestaltet sich die Abgrenzung zwischen Leistungsbeschreibungen und den Bedingungen der Leistungserbringung in vielen Fällen als schwierig.[306] Zu beachten ist in diesem Zusammenhang, dass die Rechtsprechung im Urheberrecht den Umfang der Rechtseinräumung als Leistungsbeschreibung versteht, auf die die Inhaltskontrolle nicht angewendet werden kann.[307] Im Hinblick auf Datenlizenzverträge ist deshalb davon auszugehen, dass die Rechtsprechung Klauseln zur Umschreibung des Vertragsgegenstandes, der erlaubten Nutzungshandlungen sowie der Gegenleistung als Leistungsbeschreibungen ansehen wird.[308] Dies hätte zur Folge, dass die Inhaltskontrolle des § 307 Abs. 1 BGB auf wesentliche Regelungen von Datenlizenzverträgen schon nicht anwendbar ist.

bb) Verstoß gegen das Transparenzgebot

§ 307 Abs. 1 S. 2 BGB stellt klar, dass auch die Intransparenz einer verwendeten Klausel zur unangemessenen Benachteiligung des Vertragspartners führt. Das daraus abgeleitete Transparenzgebot sieht im B2B-Bereich vor, dass verwendete Klauseln für den typischen Vertragspartner der betroffenen Kundengruppe nach zu-

---

301 *Hennemann*, RDi 2021, 61 (65, Rn. 17); *Kraus*, DSRITB 2015, 537 (545); *Schur*, Die Lizenzierung von Daten (2020), S. 207; *Graf v. Westphalen*, IWRZ 2018, 9 (15 f.).

302 *Graf v. Westphalen*, IWRZ 2018, 9 (15).

303 Einige Bausteine eines Leitbildes werden herausgearbeitet in *Hennemann*, RDi 2021, 61 (65 f.).

304 *Berger*, in: Prütting/Wegen/Weinreich, BGB, § 307 Rn. 35; *Wurmnest*, in: MüKo BGB, § 307 Rn. 13.

305 *Berger*, in: Prütting/Wegen/Weinreich, BGB, § 307 Rn. 35.

306 *Hennemann*, RDi 2021, 61 (65, Rn. 17); *Wurmnest*, in: MüKo BGB, § 307 Rn. 16.

307 *Schur*, Die Lizenzierung von Daten (2020), S. 208 f. m. w. N.

308 *Schur*, Die Lizenzierung von Daten (2020), S. 209.

mutbaren Anstrengungen klar, verständlich und durchschaubar sind.[309] Klauseln sind so zu formulieren, dass der Vertragspartner seine Rechte und Pflichten möglichst konkret aus dem Vertrag ableiten kann.[310] Dies setzt nach dem Bestimmtheitsgebot auch voraus, dass Klauseln vermieden werden, die dem Verwender unangemessene Beurteilungsspielräume eröffnen.[311] Dem Transparenzgebot kann bei Datenlizenzverträgen eine überdurchschnittlich große Bedeutung zukommen. Dies liegt daran, dass mangels gesetzlicher Regelungen alle wesentlichen Bestimmungen zur Umschreibung des Leistungsgegenstandes und der Rechte und Pflichten der Parteien im Vertrag getroffen werden müssen.[312] Außerdem gilt das Transparenzgebot gemäß § 307 Abs. 3 S. 2 BGB auch für Klauseln, die der Leistungsbeschreibung dienen.[313] Aus diesem Grund sollte der Verwender von AGB-Klauseln sorgfältig darauf achten, dass er den Leistungsgegenstand und die (Gegen-)Leistungspflichten so sorgfältig wie möglich definiert und umschreibt und die Rechtslage an den Daten richtig darstellt.[314] Unklarheiten bei der Auslegung gehen schließlich zu Lasten des Verwenders.

3. Anforderungen der DSGVO an den Austausch personenbezogener Daten

Wie soeben festgestellt, existieren bislang kaum spezifische rechtliche Regeln für den Datenaustausch zwischen Unternehmen. Anders verhält es sich aber, wenn es sich bei den vertragsgegenständlichen Daten um personenbezogene Daten handelt. Dann unterliegen sie dem strengen Regelwerk der DSGVO. Dieses stellt aufgrund seines weiten Anwendungsbereichs, seiner restriktiven Regeln für die Datenweitergabe und den großen Rechtsunsicherheiten bei der Auslegung ein erhebliches Hindernis für den Datenaustausch zwischen Unternehmen dar.

a) Spannungsverhältnis zwischen DSGVO und B2B-Datenaustausch

Die hemmende Wirkung der DSGVO beim B2B-Datenaustausch überrascht nicht. Schließlich besteht bereits auf konzeptioneller Ebene ein gewisses Spannungsverhältnis zwischen den Grundprinzipien der DSGVO und der Zielsetzung eines flo-

---

309 *Berger*, in: Prütting/Wegen/Weinreich, BGB, § 307 Rn. 13, 15; *Wurmnest*, in: MüKo BGB, § 307 Rn. 63.
310 *Schur*, Die Lizenzierung von Daten (2020), S. 206.
311 *Berger*, in: Prütting/Wegen/Weinreich, BGB, § 307 Rn. 14; *Wurmnest*, in: MüKo BGB, § 307 Rn. 63.
312 *Schur*, Die Lizenzierung von Daten (2020), S. 207.
313 *Berger*, in: Prütting/Wegen/Weinreich, BGB, § 307 Rn. 33.
314 *Schur*, Die Lizenzierung von Daten (2020), S. 207.

rierenden B2B-Datenaustauschs.[315] Die DSGVO beruht unter anderem auf den Prinzipien der Datenminimierung und der Zweckbindung bei der Verarbeitung personenbezogener Daten. Nach dem Grundsatz der Zweckbindung gemäß Art. 5 Abs. 1 lit. b DSGVO sollen personenbezogene Daten ausschließlich für festgelegte, eindeutige und legitime Zwecke erhoben werden und dürfen nicht in einer mit diesen Zwecken unvereinbaren Weise weiterverarbeitet werden. Die Zweckbindung hat zur Folge, dass Daten, die für einen bestimmten Zweck erhoben wurden, nicht an Dritte weitergegeben werden dürfen, wenn diese Weitergabe nicht mit dem ursprünglichen Zweck vereinbar ist oder keine ausreichende Rechtsgrundlage nach Art. 6 DSGVO vorliegt.[316] Das Prinzip der Datenminimierung gemäß Art. 5 Abs. 1 lit. c DSGVO besagt, dass nur die personenbezogenen Daten verarbeitet werden dürfen, die zur Erfüllung des Verarbeitungszwecks angemessen, erheblich und notwendig sind. Es zielt darauf ab, dass der Umfang der zu verarbeitenden Daten qualitativ und quantitativ auf das für die jeweilige Verarbeitung erforderliche Minimum zu begrenzen ist.[317]

Der Widerspruch dieser Grundprinzipien zu den Voraussetzungen eines florierenden B2B-Datenaustauschs und einer erfolgreichen Datenwirtschaft ist offensichtlich.[318] Schließlich beruht der besondere gesellschaftliche Wert digitaler Daten auch auf dem Umstand, dass sie in großen Mengen gesammelt, kopiert und weitergegeben werden können und für eine Vielzahl verschiedener innovativer Zwecke genutzt werden können, die sich nicht immer bei ihrer Erhebung vorhersehen lassen.[319] Die frühe Zweckfestlegung und anschließende Minimierung der Nutzung und Weitergabe von personenbezogenen Daten verhindert, dass ihr gesamtes wirtschaftliche Potenzial geschöpft werden kann. Es überrascht daher, dass dieser Zielkonflikt zwischen der DSGVO und den Gesetzesvorhaben zur Stärkung des Datenaustauschs und der europäischen Datenwirtschaft von den EU-Institutionen nicht thematisiert wird.[320]

---

315 Vgl. *Graef/Tombal/de Streel*, Limits and Enablers of Data Sharing (2019), S. 11. Siehe allgemein zum Spannungsverhältnis zwischen wirtschaftlicher Datennutzung und Datenschutz in der DSGVO *Engeler*, NJW 2022, 3398.

316 *Graef/Tombal/de Streel*, Limits and Enablers of Data Sharing (2019), S. 11; *Herbst*, in: Kühling/Buchner, DSGVO, Art. 5 Rn. 42.

317 *Frenzel*, in: Paal/Pauly, DSGVO, Art. 5 Rn. 43; *Herbst*, in: Kühling/Buchner, DSGVO, Art. 5 Rn. 57.

318 Vgl. *Wendehorst*, in: Lohsse/Schulze/Staudenmayer, Trading Data in the Digital Economy (2017), S. 327 (344).

319 Siehe zu diesen Eigenschaften von Daten oben in Kap. 2, D.

320 In diesem Zusammenhang hat *Wendehorst* das europäische Datenschutzrecht treffend als „elephant in the room“ bezeichnet; *Wendehorst*, in: Lohsse/Schulze/Staudenmayer, Trading Data in the Digital Economy (2017), S. 327 (328 ff.).

b) Anwendungsbereich der DSGVO beim B2B-Datenaustausch

Nach Art. 2 Abs. 1 DSGVO umfasst der sachliche Anwendungsbereich der Verordnung die Verarbeitung personenbezogener Daten. Der (weiten) Definition des personenbezogenen Datums kommt daher die entscheidende Bedeutung für die Eröffnung des Anwendungsbereichs der DSGVO zu.[321]

aa) Personenbezogene Daten

Die Definition des Personenbezugs bei Daten ist weit. Gemäß § 4 Nr. 1 DSGVO sind personenbezogene Daten alle gespeicherten Informationen,[322] die sich auf eine identifizierte oder identifizierbare natürliche Person beziehen. Die beiden entscheidenden Tatbestandsmerkmale dieser Definition bestehen in dem Vorliegen eines Bezugs zu einer natürlichen Person und deren Identifizierbarkeit. Beide Merkmale werden weit ausgelegt.

(1) Bezug zu einer natürlichen Person

Für den Bezug einer Information zu einer Person genügt es, dass die Information alternativ oder kumulativ ein Inhalts-, Zweck- oder Ergebniselement aufweist.[323] Eine Beschränkung des Anwendungsbereichs auf besonders sensible Personendaten findet sich in der DSGVO dabei nicht.[324] Ein inhaltlicher Bezug zu einer Person liegt dann vor, wenn die Information eine Aussage zu einer oder über eine Person trifft.[325] Typische Beispiele sind der Name einer Person, ihre Adresse oder ihr Bewegungsmuster. Ausreichend ist aber auch jede andere Information über eine Person. Das Zweckelement erfüllt eine Information nach den einflussreichen Ausführungen der Artikel-29-Datenschutzgruppe dann, wenn sie verarbeitet wird, um eine Person zu beurteilen, zu beeinflussen oder in einer bestimmten Weise zu behandeln.[326] Hierunter fallen beispielsweise Informationen, die zur Erstellung von

---

321 *Finck/Pallas*, International Data Privacy Law 10 (2020), 11.

322 Die DSGVO setzt auf der semantischen Ebene von Daten an, siehe Kap. 2, C. I. 2. Unerheblich ist daher, in welcher Form die Informationen vorliegen, gespeichert und verarbeitet werden, vgl. *Arning/Rothkegel*, in: Taeger/Gabel, DSGVO, Art. 4 Rn. 7; *Ziebarth*, in: Sydow/Marsch, DSGVO, Art. 4 Rn. 8.

323 *EuGH*, Urt. v. 20. Dezember 2017, C-434/16, ECLI:EU:C:2017:994, Rn. 35 – *Nowak*; *Karg*, in: Simitis/Hornung/Spiecker, DSGVO, Art. 4 Nr. 1 Rn. 33; *Arning/Rothkegel*, in: Taeger/Gabel, DSGVO, Art. 4 Rn. 11; *Purtova*, Law, Innovation and Technology 10 (2018), 40 (54).

324 Siehe nur *EuGH*, Urt. v. 20. Dezember 2017, C-434/16, ECLI:EU:C:2017:994, Rn. 34 – *Nowak*.

325 *Karg*, in: Simitis/Hornung/Spiecker, DSGVO, Art. 4 Nr. 1 Rn. 34; *Purtova*, Law, Innovation and Technology 10 (2018), 40 (54).

326 *Artikel-29-Datenschutzgruppe*, WP 136 (2007), S. 11 f.; *Karg*, in: Simitis/Hornung/Spiecker, DSGVO, Art. 4 Nr. 1 Rn. 35; *Purtova*, Law, Innovation and Technology 10 (2018), 40 (54).

Nutzerprofilen gesammelt und verarbeitet werden.[327] Das Ergebniselement wird dann bejaht, wenn sich die Verarbeitung der Daten auf die Interessen oder Rechte einer Person faktisch oder rechtlich auswirkt oder dies zumindest möglich ist.[328] Hierfür genügt es bereits, dass eine Person aufgrund der Datenverarbeitung anders als sonstige Personen behandelt wird.[329] Dies ist etwa bei der Eintragung einer Person in eine Liste für Personen mit bestimmten Eigenschaften, wie etwa einer Liste mit zahlungskräftigen Kunden, der Fall.[330]

Insgesamt wird das Merkmal des Personenbezugs weit verstanden. Nur Daten, die überhaupt keine Informationen zu (identifizierbaren) Personen beinhalten und die nicht im Hinblick auf Personen verarbeitet werden oder Personen in ihren Rechten und Interessen betreffen können, fallen aus dem Anwendungsbereich der DSGVO heraus.[331] Ob sich ein Datum auf eine Person bezieht, ist außerdem in hohem Maße kontext- und einzelfallabhängig und richtet sich unter anderem nach den technischen Möglichkeiten und Absichten des Datennutzers.[332] Lediglich bei reinen Sachdaten, die in der Praxis aber kaum vorkommen,[333] kann ein Personenbezug mit Sicherheit ausgeschlossen werden.

(2) Identifizierbarkeit einer natürlichen Person

Art. 4 Nr. 1 DSGVO verlangt weiterhin, dass sich das Datum auf eine identifizierte oder identifizierbare Person bezieht. Eine identifizierte Person liegt dann vor, wenn sich ihre Identität unmittelbar aus der Information selbst ergibt.[334] Von der Identifizierbarkeit durch eine Information ist dann auszugehen, wenn anhand ihrer Verknüpfung mit weiteren Informationen die Identifizierung der Person ermöglicht wird.[335] Die direkte Identifizierbarkeit einer Person, etwa über die Verknüpfung des Datums mit dem bürgerlichen Namen des Datensubjekts ist dabei

327 *Karg*, in: Simitis/Hornung/Spiecker, DSGVO, Art. 4 Nr. 1 Rn. 35.

328 *Purtova*, Law, Innovation and Technology 10 (2018), 40 (56).

329 *Artikel-29-Datenschutzgruppe*, WP 136 (2007), S. 13; *Purtova*, Law, Innovation and Technology 10 (2018), 40 (56).

330 *Karg*, in: Simitis/Hornung/Spiecker, DSGVO, Art. 4 Nr. 1 Rn. 36.

331 Unter ungewöhnlichen Umständen können sogar Wetterdaten einen Bezug zu Personen aufweisen, siehe *Purtova*, Law, Innovation and Technology 10 (2018), 40 (57 ff.).

332 *Graef/Gellert/Husovec*, Towards a Holistic Regulatory Approach (2018), S. 5; *Purtova*, Law, Innovation and Technology 10 (2018), 40 (54 f.); *Artikel-29-Datenschutzgruppe*, WP 136 (2007), S. 11.

333 Vgl. *Arning/Rothkegel*, in: Taeger/Gabel, DSGVO, Art. 4 Rn. 10, 12.

334 *Arning/Rothkegel*, in: Taeger/Gabel, DSGVO, Art. 4 Rn. 24; *Karg*, in: Simitis/Hornung/Spiecker, DSGVO, Art. 4 Nr. 1 Rn. 54.

335 *Arning/Rothkegel*, in: Taeger/Gabel, DSGVO, Art. 4 Rn. 30; *Karg*, in: Simitis/Hornung/Spiecker, DSGVO, Art. 4 Nr. 1 Rn. 57.

nicht erforderlich.[336] Vielmehr genügt bereits die indirekte Identifizierbarkeit einer natürlichen Person durch Merkmale, die Ausdruck der physischen, physiologischen, genetischen, psychischen, wirtschaftlichen, kulturellen oder sozialen Identität der Person sind.[337] Ausreichend für die indirekte Identifizierbarkeit einer natürlichen Person durch ein Datum ist es, wenn die im Datum erhaltene Information gemeinsam mit anderen zur Verfügung stehenden Zusatzinformationen die Identifizierung erlaubt.[338] Für die Feststellung, ob sich ein Datum auf eine identifizierbare Person bezieht, werden nach ErwG 26 DSGVO alle Mittel und Fähigkeiten einbezogen, die vom Verantwortlichen oder einem Dritten wahrscheinlich zur Identifizierung herangezogen werden.[339] Dieses weite Verständnis hat der EuGH in der Rechtssache *Breyer* für die Auslegung der, insoweit inhaltsgleichen, EU-DSRL bestätigt. Danach sind nicht nur die Mittel zur Identifizierung zu berücksichtigen, die dem Verantwortlichen selbst zur Verfügung stehen, sondern auch die Mittel Dritter, auf die der Verantwortliche faktisch oder rechtlich zurückgreifen kann.[340] Nicht identifizierbar ist eine Person nur dann, wenn die Identifizierung rechtlich verboten ist oder sie aufgrund des im Einzelfall erforderlichen Aufwands praktisch nicht durchgeführt werden kann.[341]

Weil ErwG 26 DSGVO und die Rechtsprechung des EuGHs bei der Beurteilung der Identifizierbarkeit einer Person maßgeblich auf die Mittel des Verantwortlichen und Dritter abstellen und dabei auch sonstige objektive Umstände, wie den zu erwartenden finanziellen und zeitlichen Aufwand sowie die verfügbare Technologie und deren zu erwartende Entwicklung berücksichtigen, ist das Kriterium der Identifizierbarkeit in hohem Maße kontextabhängig und dynamisch.[342] Die Kontextabhängigkeit folgt daraus, dass die erfolgreiche Identifizierung wesentlich von den im Einzelfall zur Verfügung stehenden Mitteln abhängt. Ob einem Datensatz Informationen entnommen werden können, die Rückschlüsse auf die Identität einer natürlichen Person zulassen, richtet sich zum Beispiel danach, ob der Verantwortliche über bestimmte Zusatzinformationen verfügt oder den Datensatz

336 *Karg*, in: Simitis/Hornung/Spiecker, DSGVO, Art. 4 Nr. 1 Rn. 49.

337 *Ernst*, in: Paal/Pauly, DSGVO, Art. 4 Rn. 3; *Sattler*, in: Pertot, Rechte an Daten (2019), S. 49 (62).

338 EuGH, Urteil vom 19. Oktober 2016, C-582/14, Rn. 41 f. – *Breyer*.

339 *Karg*, in: Simitis/Hornung/Spiecker, DSGVO, Art. 4 Nr. 1 Rn. 61; *Ernst*, in: Paal/Pauly, DSGVO, Art. 4 Rn. 10.

340 EuGH, Urteil vom 19. Oktober 2016, C-582/14, ECLI:EU:C:2016:779, Rn. 42 f. – *Breyer*.

341 EuGH, Urteil vom 19. Oktober 2016, C-582/14, ECLI:EU:C:2016:779, Rn. 46 – *Breyer*; *Ernst*, in: Paal/Pauly, DSGVO, Art. 4 Rn. 11; *Karg*, in: Simitis/Hornung/Spiecker, DSGVO, Art. 4 Nr. 1 Rn. 61; *Sattler*, in: Pertot, Rechte an Daten (2019), S. 49 (63).

342 *Finck/Pallas*, International Data Privacy Law 10 (2020), 11 (18); *Purtova*, Law, Innovation and Technology 10 (2018), 40 (44, 47); *Stalla-Bourdillon/Knight*, Wisconsin International Law Journal 34 (2016), 284 (317).

mit anderen Daten verknüpft.[343] Im Zeitalter wachsender Datenbestände und sich verbessernder Big Data-Analysen wächst die Wahrscheinlichkeit erfolgreicher Identifizierungen kontinuierlich. Schließlich können im Rahmen von Big Data-Analysemethoden verschiedene Datensätze verbunden und aus scheinbar nicht-personenbezogenen oder anonymisierten Daten Rückschlüsse gezogen werden, die die Identifizierung einer Person ermöglichen.[344]

Die Dynamik des Kriteriums der Identifizierbarkeit beruht wiederum auf seiner Kontextabhängigkeit. Wenn sich die Möglichkeiten des Verantwortlichen und die sonstigen für die Identifizierung eines Individuums relevanten Umstände verändern, kann eine zuvor nicht-identifizierbare Person identifizierbar werden.[345] Dies hat zur Folge, dass ein ursprünglich nicht-personenbezogenes Datum im Laufe der Zeit einen Personenbezug annehmen kann, indem es zu einem späteren Zeitpunkt aufgrund technischer oder anderer Entwicklungen die Identifizierung einer natürlichen Person ermöglicht.[346] Beispielsweise senkt der Einsatz künstlich intelligenter Systeme kontinuierlich die Kosten für die Identifizierung von natürlichen Personen.[347] Nach alldem handelt es sich bei der Identifizierbarkeit einer Person durch ein Datum also um einen relativen und keinen absoluten Zustand, der je nach Datenhalter und Zeitpunkt unterschiedlich zu beurteilen ist.[348] Dieser Umstand hat auch auf Datentransaktionen große Auswirkungen. Daten, die aus Sicht des Datenhalters nicht-personenbezogen sind, können in den Händen des Datenerwerbers einen Personenbezug annehmen.

(3) Zwischenergebnis

Im Ergebnis kann festgehalten werden, dass der Anwendungsbereich der DSGVO sehr weit ist. Die binäre Unterscheidung von Daten in personenbezogene und nicht-personenbezogene Daten, die der DSGVO zugrunde liegt, und die weite Auslegung des Art. 4 Nr. 1 DSGVO führen dazu, dass viele für den Schutz der Privatsphäre natürlicher Personen scheinbar irrelevante Daten dennoch als personenbezogen einzuordnen sind.[349] Dies gilt auch für maschinengenerierte Daten aus

---

343 *Ernst*, in: Paal/Pauly, DSGVO, Art. 4 Rn. 11 f.

344 *OECD*, Enhancing Access to and Sharing of Data (2019), S. 84; *Karg*, in: Simitis/Hornung/Spiecker, DSGVO, Art. 4 Nr. 1 Rn. 65.

345 *Purtova*, Law, Innovation and Technology 10 (2018), 40 (47).

346 *Karg*, in: Simitis/Hornung/Spiecker, DSGVO, Art. 4 Nr. 1 Rn. 63; *Stalla-Bourdillon/Knight*, Wisconsin International Law Journal 34 (2016), 284 (318 f.); *Finck/Pallas*, International Data Privacy Law 10 (2020), 11 (16).

347 *Sattler*, in: Pertot, Rechte an Daten (2019), S. 49 (63).

348 *Graef/Gellert/Husovec*, Towards a Holistic Regulatory Approach (2018), S. 5.

349 *Finck/Pallas*, International Data Privacy Law 10 (2020), 11 (12).

der Industrie oder dem Internet der Dinge.[350] So ist es in vielen Konstellationen denkbar, dass maschinengenerierte Daten einen Bezug zum Maschinenführer aufweisen.[351] Daten, die durch ein vernetztes Automobil gesammelt werden, beziehen sich in der Regel auf einen identifizierbaren Fahrer oder Fahrzeuginsassen.[352] Ein Personenbezug kann selbst bei vermeintlich rein technischen Daten, etwa zum Einspritzverhalten des Motors oder dem Schaltverhalten des Getriebes, und bei aggregierten Daten, beispielsweise zur Durchschnittsgeschwindigkeit, vorliegen.[353] Aufgrund der existierenden Rechtsunsicherheiten empfiehlt es sich aus Sicht des Verantwortlichen eine „risikoaverse Strategie“ zu verfolgen, bei der vom Vorliegen des Personenbezugs ausgegangen wird, solange nicht das Gegenteil durch die Rechtsprechung verbindlich festgestellt worden ist.[354]

bb) Anonymisierung von Daten

Da nach ErwG 26 die DSGVO auf anonymisierte Daten keine Anwendung finden soll, stellt die Anonymisierung von Daten jedenfalls in der Theorie ein geeignetes Verfahren dar, um der strengen Regulierung durch die DSGVO zu entgehen.[355] In

---

350 *Wendehorst*, in: Lohsse/Schulze/Staudenmayer, Trading Data in the Digital Economy (2017), S. 327 (329, 332).

351 *Kraul*, GRUR-Praxis 2019, 478 (479). *Atik* und *Martens* gehen hingegen davon aus, dass Daten, die durch landwirtschaftliche Maschinen generiert oder aufgezeichnet werden, in der Regel keinen Personenbezug aufweisen, siehe *Atik/Martens*, JIPITEC 12 (2021), 370 (380, Rn. 41). Da aber auch die zufällige Erfassung von Vorgängen, an denen ein identifizierbarer Mensch in unwesentlicher Weise beteiligt ist, den Anwendungsbereich der DSGVO eröffnen kann, trifft diese Einschätzung jedenfalls in ihrer Pauschalität nicht zu.

352 *Wendehorst*, in: Lohsse/Schulze/Staudenmayer, Trading Data in the Digital Economy (2017), S. 327 (330).

353 Siehe *Metzger*, GRUR 2019, 129 (131).

354 *Sattler*, in: Pertot, Rechte an Daten (2019), S. 49 (64). Erschwert wird diese Strategie jedoch künftig durch den DA, dessen Vorschriften teilweise eine definitive Einordnung der Daten als personenbezogen oder nicht-personenbezogen durch den Dateninhaber voraussetzen und einer ausufernden Einordnung als personenbezogene Daten entgegenstehen können; siehe nur *Richter*, MMR 2023, 163 (165). Wenn beispielsweise ein Dateninhaber vorhandene Daten fälschlicherweise als personenbezogen einordnet und die Datenweitergabe an den Datennutzer nach Art. 4 Abs. 1 DA-E mangels Rechtfertigungsgrundlage gemäß Art. 4 Abs. 5 DA-E i. V. m. Art. 6 DSGVO ablehnt, würde dies einen Verstoß gegen Art. 4 Abs. 1 DA-E darstellen und könnte eine behördliche Sanktion gemäß Art. 33 DA-E nach sich ziehen.

355 Die Pseudonymisierung von Daten, also „die Verarbeitung personenbezogener Daten in einer Weise, dass die personenbezogenen Daten ohne Hinzuziehung zusätzlicher Informationen nicht mehr einer spezifischen betroffenen Person zugeordnet werden können“ (Art. 4 Nr. 5 DSGVO), schließt die grundsätzliche Anwendbarkeit der DSGVO hingegen nicht aus. Eine Erleichterung für den Verarbeiter pseudonymisierter Daten kann unter Umständen aber Art. 11 DSGVO vorsehen.

der Praxis ist die rechtssichere Anonymisierung aufgrund der weiten Auslegung des Personenbezugs nach Art. 4 Abs. 1 DSGVO und den technischen Fortschritten bei der De-Anonymisierung von Daten aber schwierig. Zudem kann die vollständige Anonymisierung von Daten dazu führen, dass sie ihren analytischen Wert verlieren.[356]

Allgemein wird unter der Anonymisierung die Veränderung personenbezogener Daten in einer Weise, die die Identifizierung der betroffenen Person unmöglich macht, verstanden.[357] Anonymisierte Daten behalten ihren relevanten Informationsgehalt, lassen aber keine Zuordnung der in ihnen enthaltenen Informationen zu einer bestimmten oder bestimmbaren Person zu.[358] Grundsätzlich geeignete Anonymisierungstechniken sind Randomisierungen, Generalisierungen sowie die Entfernung einzelner Identifizierungsmerkmale.[359] Anders als bei pseudonymisierten Daten muss die Re-Identifizierbarkeit natürlicher Personen bei anonymisierten Daten, auch für den Verantwortlichen, unmöglich sein.[360] Bei der Beurteilung des Anonymisierungserfolgs ist folglich ein strenger Maßstab anzulegen, bei dem nach ErwG 26 DSGVO alle wahrscheinlichen Mittel und künftigen Umstände zu berücksichtigen sind, die eine Identifikation ermöglichen können.

Die Einbeziehung des Kontexts und der technischen Möglichkeiten zur Re-Identifizierung von Daten bei der Prüfung des Anonymisierungserfolgs erschwert es zunehmend, Daten in rechtssicherer Weise zu anonymisieren. Denn aufgrund des technologischen Fortschritts bei der Analyse von Daten wird die Re-Identifizierung von Daten fortlaufend leichter und wahrscheinlicher.[361] So gibt es in der Praxis zahlreiche Beispiele dafür, dass bei scheinbar anonymisierten Daten später der Bezug zu einer identifizierbaren Person wiederhergestellt werden konnte.[362] Jedenfalls in vielen Fällen ist eine irreversible Anonymisierung nicht länger möglich. Bei der Anonymisierung von Daten handelt es sich folglich nicht um einen

---

356 *Wendehorst*, in: Lohsse/Schulze/Staudenmayer, Trading Data in the Digital Economy (2017), S. 327 (330).

357 *Ernst*, in: Paal/Pauly, DSGVO, Art. 4 Rn. 48; *Arning/Rothkegel*, in: Taeger/Gabel, DSGVO, Art. 4 Rn. 47.

358 *Ernst*, in: Paal/Pauly, DSGVO, Art. 4 Rn. 49.

359 *Arning/Rothkegel*, in: Taeger/Gabel, DSGVO, Art. 4 Rn. 50 ff.; *Bird & Bird*, Data-related legal issues (2019), S. 17.

360 *Arning/Rothkegel*, in: Taeger/Gabel, DSGVO, Art. 4 Rn. 54.

361 *Ernst*, in: Paal/Pauly, DSGVO, Art. 4 Rn. 50; *Arning/Rothkegel*, in: Taeger/Gabel, DSGVO, Art. 4 Rn. 48; *Finck/Pallas*, International Data Privacy Law 10 (2020), 11 (20); *Purtova*, Law, Innovation and Technology 10 (2018), 40 (47); *Wendehorst*, in: Lohsse/Schulze/Staudenmayer, Trading Data in the Digital Economy (2017), S. 327 (331); *Stalla-Bourdillon/Knight*, Wisconsin International Law Journal 34 (2016), 284 (318 ff.).

362 *Finck/Pallas*, International Data Privacy Law 10 (2020), 11 (20); *Purtova*, Law, Innovation and Technology 10 (2018), 40 (47 f.); *Ohm*, 57 UCLA Law Review 2010, 1701 (1716 ff.); jeweils m. w. N.

statischen, sondern um einen dynamischen Zustand. Daten, die im Augenblick noch wirksam anonymisiert sind, können zu einem späteren Zeitpunkt, zum Beispiel durch die Verbindung mit anderen nicht-personenbezogenen Daten, plötzlich wieder personenbezogen werden.[363]

c) Rechtmäßigkeit der Datenweitergabe nach der DSGVO

Datentransaktionen zwischen Unternehmen erfolgen in der Regel zwischen zwei oder mehr Verantwortlichen im Sinne des § 4 Nr. 7 DSGVO.[364] Dabei stellt die Datenweitergabe zwischen Unternehmen eine Verarbeitung nach Art. 4 Nr. 2 DSGVO in Form einer Offenlegung gegenüber einem Empfänger im Sinne des Art. 4 Nr. 9 DSGVO[365] dar. Konkret wird es sich bei Datentransaktionen um Offenlegungen in Form von Übermittlungen handeln. Denn eine Übermittlung ist die Form der Offenlegung, bei der personenbezogene Daten gezielt mit einzelnen Empfängern geteilt werden.[366] Als Datenverarbeitung bedarf die Datenübermittlung einer Rechtmäßigkeitsgrundlage nach Art. 6 DSGVO. Schließlich stellt das Datenschutzrecht alle Datenverarbeitungen unter ein „Verbot mit Erlaubnisvorbehalt".[367] Im Regelfall wird die Datenweitergabe gegenüber der Erstverarbeitung dabei eine eigenständige Rechtmäßigkeitsgrundlage erfordern. Als Erlaubnistatbestände für den B2B-Datenaustausch kommen in erster Linie Art. 6 Abs. 1 Abs. 1 UAbs. 1 lit. f i. V. m. Art. 21 DSGVO (Interessenabwägung) und Art. 6 Abs. 1 UAbs. 1 lit. a DSGVO (Einwilligung) in Betracht.

aa) Interessenabwägung nach Art. 6 Abs. 1 UAbs. 1 lit. f i. V. m. Art. 21 DSGVO

Nach Art. 6 Abs. 1 UAbs. 1 lit. f DSGVO ist eine Verarbeitung auch dann rechtmäßig, wenn sie zur Wahrung der berechtigten Interessen des Verantwortlichen erforderlich ist und bei einer Abwägung mit den Interessen, Grundrechten und Grundfreiheiten des Betroffenen die Interessen des Verantwortlichen an der Verarbeitung überwiegen. Welche Interessen eine Verarbeitung rechtfertigen können,

---

363 *Stalla-Bourdillon/Knight*, Wisconsin International Law Journal 34 (2016), 284 (318 ff.); *Drexl*, Data Access and Control (2018), S. 138.

364 *Wendehorst*, in: Lohsse/Schulze/Staudenmayer, Trading Data in the Digital Economy (2017), S. 327 (333 f.).

365 Der Empfängerbegriff der DSGVO ist weit. Nach Art. 4 Nr. 9 DSGVO ist ein Empfänger eine natürliche oder juristische Person, Behörde, Einrichtung oder andere Stelle, der personenbezogene Daten offengelegt werden, unabhängig davon, ob es sich bei ihr um einen Dritten handelt oder nicht.

366 *Arning/Rothkegel*, in: Taeger/Gabel, DSGVO, Art. 4 Rn. 80 f.

367 *Sattler*, in: Pertot, Rechte an Daten (2019), S. 49 (68); *Taeger*, in: Taeger/Gabel, DSGVO, Art. 6 Rn. 4; *Spindler/Dalby*, in: Spindler/Schuster, DSGVO, Art. 6 Rn. 1.

wird in der DSGVO nicht festgelegt. Grundsätzlich ist davon auszugehen, dass auch wirtschaftliche Zwecke ein legitimes Interesse für die Verarbeitung personenbezogener Daten darstellen können.[368] Es ist daher durchaus möglich, dass Unternehmen die Weitergabe von Daten an andere Unternehmen zu rein kommerziellen Zwecken auf ihr wirtschaftliches Interesse, etwa an der im Gegenzug erhaltenen Vergütung, stützen können.[369]

In der Praxis dürfte dieser Erlaubnistatbestand aber vor allem aus zwei Gründen keine rechtssichere Grundlage für den Datenaustausch mit anderen Unternehmen bieten. Zum einen ist die Vorschrift sehr vage, da sie eine Abwägung der eigenen Interessen mit den Interessen, Grundrechten und Grundfreiheiten Betroffenen voraussetzt.[370] Schwierigkeiten bereitet es schon, die relativen Gewichte der gegeneinander abzuwägenden Belange zu ermitteln.[371] Zudem sind im Rahmen der Abwägung vielseitige Kriterien, wie unter anderem die Vorhersehbarkeit der Verarbeitung für den Betroffenen, das rechtliche oder geschäftliche Verhältnis zwischen Verantwortlichem und Betroffenen sowie die Art und der Umfang der verarbeiteten Daten, zu berücksichtigen.[372] Entsprechend dem risikobasierten Ansatz der DSGVO trägt das verantwortliche Unternehmen selbst die Verantwortung für die Richtigkeit der vor der Verarbeitung durchgeführten Abwägung.[373] Die Aussicht, bei der schwierigen Abwägung falsch zu liegen und später ein behördliches oder zivilrechtliches Verfahren zu riskieren, kann Unternehmen aus diesem Grund davon abhalten, Art. 6 Abs. 1 UAbs. 1 lit. f DSGVO als Rechtfertigung für die Datenweitergabe heranzuziehen.[374]

Zum anderen muss der Verantwortliche den Betroffenen gemäß Art. 13 Abs. 1 lit. d DSGVO beziehungsweise Art. 14 Abs. 2 lit. b DSGVO über die Verarbeitung auf der Basis von Art. 6 Abs. 1 UAbs. 1 lit. f DSGVO informieren und ihn auf sein Widerspruchsrecht nach Art. 21 Abs. 1 und 2 DSGVO hinweisen. Wenn der Betroffene der Verarbeitung für die Zukunft widerspricht, endet die Befugnis des Verantwortlichen zur Verarbeitung mit *ex-nunc*-Wirkung.[375] Für den Datenaustausch zwischen

---

368 *Reimer*, in: Sydow/Marsch, DSGVO, Art. 6 Rn. 75, 78; *Buchner/Petri*, in: Kühling/Buchner, DSGVO, Art. 6 Rn. 146a; *Taeger*, in: Taeger/Gabel, DSGVO, Art. 6 Rn. 128. Hierfür spricht insbesondere ErwG 47 DSGVO, der die Datenverarbeitung für die Direktwerbung als eine dem berechtigten Interesse eines Unternehmens dienende Verarbeitung nennt.

369 *Sattler*, in: Pertot, Rechte an Daten (2019), S. 49 (71).

370 *Sattler*, in: Pertot, Rechte an Daten (2019), S. 49 (71).

371 *Reimer*, in: Sydow/Marsch, DSGVO, Art. 6 Rn. 82.

372 *Taeger*, in: Taeger/Gabel, DSGVO, Art. 6 Rn. 149; *Reimer*, in: Sydow/Marsch, DSGVO, Art. 6 Rn. 84 f.; *Schantz*, in: Simitis/Hornung/Spiecker, DSGVO, Art. 6 Rn. 105 ff.

373 *Taeger*, in: Taeger/Gabel, DSGVO, Art. 6 Rn. 142; *Frenzel*, in: Paal/Pauly, DSGVO, Art. 6 Rn. 31.

374 *Sattler*, in: Pertot, Rechte an Daten (2019), S. 49 (71).

375 *Sattler*, in: Pertot, Rechte an Daten (2019), S. 49 (71); *Munz*, in: Taeger/Gabel, DSGVO, Art. 21 Rn. 18.

Unternehmen stellt Art. 6 Abs. 1 UAbs. 1 lit. f DSGVO deshalb kaum eine taugliche Grundlage dar. Das Risiko eines Widerspruchs gefährdet den Erfolg der Durchführung einer Datentransaktion in unvorhersehbarer Weise.

bb) Einwilligung nach Art. 6 Abs. 1 UAbs. 1 lit. a DSGVO

Letztendlich kann der einzig gangbare Weg für die rechtmäßige Übermittlung von Daten durch Unternehmen nur darin bestehen, Einwilligungen der Betroffenen nach Art. 6 Abs. 1 UAbs. 1 lit. a DSGVO einzuholen. Allerdings bereitet auch der Erlaubnistatbestand der Einwilligung beim Datenaustausch erhebliche Schwierigkeiten und ist daher als Grundlage für den Datenhandel nur begrenzt geeignet.

Zunächst ist zu berücksichtigen, dass eine wirksame Einwilligung nur für einen oder mehrere bestimmte Zwecke erteilt werden kann. Der Verantwortliche unterliegt dabei einer engen Zweckbindung: Verarbeitungen zu anderen Zwecken als denen, in die ausdrücklich eingewilligt wurde, sind nicht von der Einwilligung erfasst.[376] Weitere Verarbeitungen der erhobenen Daten benötigen daher grundsätzliche einer eigenständigen Rechtsgrundlage, es sei denn, es handelt sich bei ihnen um mit dem Ursprungszweck kompatible Weiterverarbeitungen[377] nach Art. 6 Abs. 4 DSGVO.[378] Eine nach Art. 6 Abs. 4 DSGVO kompatible Weiterverarbeitung darf auf die Einwilligung bei der Erhebung gestützt werden. Die Feststellung der Kompatibilität ist im Rahmen einer umfangreichen, schwierigen und rechtsunsicheren Prüfung zu ermitteln.[379] Sie erfordert eine umfassende Interessenabwägung, die unter anderem den Zusammenhang der Datenerhebung und die möglichen Folgen der Weiterverarbeitung berücksichtigt. Aufgrund der Komplexität dieser Prüfung eignet sich Art. 6 Abs. 4 DSGVO nicht als verlässliche Rechtsgrundlage für die Datenübermittlung an Datennutzer.[380]

Daraus folgt, dass sowohl der Datenhalter als Verantwortlicher für die Datenweitergabe und der Datenerwerber als Verantwortlicher für die anschließende Datennutzung bestimmte, freiwillige und informierte Einwilligungen der Betroffenen gemäß Art. 6 Abs. 1 UAbs. 1 lit. a DSGVO i. V. m. Art. 4 Nr. 11 DSGVO einholen

---

376 *Schulz*, in: Gola/Heckmann, DSGVO, Art. 6 Rn. 23; *Taeger*, in: Taeger/Gabel, DSGVO, Art. 6 Rn. 45; *Sattler*, in: Pertot, Rechte an Daten (2019), S. 49 (73).

377 Ob die DSGVO Weiterverarbeitungen tatsächlich „privilegiert“, ist in der Literatur umstritten; siehe nur *Herbst*, in: Kühling/Buchner, DSGVO, Art. 5 Rn. 48 ff.; *Buchner/Petri*, in: Kühling/Buchner, DSGVO, Art. 6 Rn. 182 ff.; *Wendehorst*, in: Lohsse/Schulze/Staudenmayer, Trading Data in the Digital Economy (2017), S. 327 (335 f.).

378 *Hessel/Leffer/Potel*, ZD 2022, 537 (540); *Taeger*, in: Taeger/Gabel, DSGVO, Art. 6 Rn. 45; Schulz, in: Gola/Heckmann, DSGVO, Art. 6 Rn. 134; *Sattler*, in: Pertot, Rechte an Daten (2019), S. 49 (73).

379 Siehe zur Kompatibilitätsprüfung Schulz, in: Gola/Heckmann, DSGVO, Art. 6 Rn. 136 ff.; *Buchner/Petri*, in: Kühling/Buchner, DSGVO, Art. 6 Rn. 187 ff.

380 *Sattler*, in: Pertot, Rechte an Daten (2019), S. 49 (73 f.); *Schweitzer/Peitz*, NJW 2018, 275 (276).

müssen, die allerdings zusammenfallen können.[381] Die Einwilligungen müssen auf der Grundlage eindeutiger Informationen zum Personenkreis der potenziellen Empfänger und zu deren Verarbeitungszwecken abgegeben werden.[382] Blankoeinwilligungen und pauschale Einwilligungserklärungen sind hingegen unbestimmt und daher unwirksam.[383] Auch die nachträgliche „Genehmigung" einer Datenverarbeitung ist in der DSGVO nicht vorgesehen.[384]

Die strengen Anforderungen der DSGVO an die Bestimmtheit und Informiertheit von Einwilligungen stellen erhebliche Hindernisse für den B2B-Datenaustausch dar. Denn bei Datenübermittlungen, durch die Datenerwerber die Verfolgung ihre eigenen, *ex ante* nicht näher festgelegten Zwecke verfolgen, kann eine Einwilligung kaum wirksam eingeholt werden.[385] Im Zeitalter von Big Data besteht der Wert von Datenanalysen aber gerade darin, dass keine konkreten Fragestellungen untersucht werden, sondern Datensätze zweck- und ergebnisoffen zum Auffinden versteckter Zusammenhänge analysiert werden.[386] Die hinreichend konkrete Bestimmung der Verarbeitungszwecke durch den Datenerwerber wird zum Zeitpunkt der Durchführung einer Datentransaktion daher in vielen Fällen nicht möglich sein.

Ein weiteres Problem für die Eignung der Einwilligung als Grundlage für den B2B-Datenaustausch besteht darin, dass die Einwilligung gemäß Art. 7 Abs. 3 S. 1 DSGVO jederzeit frei widerrufen werden kann.[387] Wie Art. 7 Abs. 3 S. 2 DSGVO klarstellt, tritt die Wirkung des Widerrufs *ex nunc* ein.[388] Die Rechtsgrundlage für die Datenverarbeitung entfällt also nur für die Zukunft. Dennoch belastet Widerrufsmöglichkeit die Durchführung einer Datentransaktion mit Unsicherheit. Schließ-

---

381 *Wendehorst*, in: Lohsse/Schulze/Staudenmayer, Trading Data in the Digital Economy (2017), S. 327 (336).

382 *Denga*, GRUR 2022, 1113 (1115); *Buchner/Kühling*, in: Kühling/Buchner, DSGVO, Art. 7 Rn. 59. Siehe ausführlich zu den Informationspflichten bei der Aktiv- und der Passiverhebung von personenbezogenen Daten *Ebner*, Weniger ist mehr? (2022), S. 141 ff., 248 ff.

383 *Ernst*, in Paal/Pauly, DSGVO Art. 4 Rn. 78; *Taeger*, in: Taeger/Gabel, DSGVO, Art. 7 Rn. 137; *Arning/Rothkegel*, in: Taeger/Gabel, DSGVO, Art. 4 Rn. 329.

384 *Ernst*, in Paal/Pauly, DSGVO Art. 4 Rn. 64.

385 *Schweitzer/Peitz*, NJW 2018, 275 (276); *Denga*, GRUR 2022, 1113 (1115). Problematisch ist die Einwilligung zu einem bestimmten Zweck z. B. bei Fahrzeugdaten. Da diese sowohl vom Datenhalter als auch von potenziellen Datenempfängern für viele unterschiedliche Zwecke analysiert werden können, ist die umfassende Bestimmung aller in Frage kommenden Verarbeitungszwecke nahezu unmöglich; siehe *Metzger*, GRUR 2019, 129 (132).

386 *Schulz*, in: Gola/Heckmann, DSGVO, Art. 6 Rn. 152.

387 *Sattler*, in: Pertot, Rechte an Daten (2019), S. 49 (79).

388 *Taeger*, in: Taeger/Gabel, DSGVO, Art. 7 Rn. 79; *Frenzel*, in: Paal/Pauly, DSGVO, Art. 6 Rn. 16.

lich kann der Betroffene gemäß Art. 17 Abs. 1 lit. b DSGVO jederzeit die Löschung seiner Daten bei dem oder den Verantwortlichen verlangen.[389]

d) Zwischenergebnis

Im Ergebnis ist festzuhalten, dass der Datenschutz ein gewaltiges Hindernis für den B2B-Datenaustausch darstellt. Die sehr weite Definition des Personenbezugs von Daten in Art. 4 Nr. 1 DSGVO führt dazu, dass auch maschinengenerierte Daten aus der Industrie, die scheinbar keinen menschlichen Bezug aufweisen, in vielen Fällen als personenbezogene Daten in den Anwendungsbereich der DSGVO fallen können. Aufgrund der Kontextabhängigkeit und Dynamik des Merkmals des Personenbezugs können nur sehr wenige Daten pauschal als nicht-personenbezogen angesehen werden. Es ist zu erwarten, dass die überwiegende Anzahl an Datensätzen zumindest auch personenbezogene Daten enthält. Grundsätzlich kann zwar die Anonymisierung von Daten einen Ausweg aus dem strengen Regelwerk der DSGVO bieten. In der Praxis stellt sich jedoch das Problem, dass eine langfristig sichere Anonymisierung aufgrund moderner Analysetechniken immer schwieriger und aufwendiger wird.

Erschwert wird der B2B-Datenaustausch vor allem dadurch, dass die Regelungsstruktur der DSGVO ihm keinen geeigneten und sicheren Rahmen bietet. Da das Datenschutzrecht die Datenweitergabe unter ein Verbot mit Erlaubnisvorbehalt stellt, schwebt über jeder Datentransaktion das „Damoklesschwert der Erlaubnistatbestände".[390] Die für den Datenaustausch einzig in Betracht kommenden Erlaubnistatbestände der Einwilligung und der Interessenabwägung sind zur Ermöglichung eines florierenden Datenaustausches nur begrenzt geeignet, da sie strenge Anforderungen an die Rechtmäßigkeit der Datenverarbeitung stellen und den Verantwortlichen mit mehreren (Rechts-)Unsicherheiten belasten.

IV. Zwischenergebnis

Der B2B-Datenaustausch ist innerhalb des gegenwärtigen Rechtsrahmens grundsätzlich möglich. Es besteht zwar kein Eigentumsrecht an Daten. Lediglich Datenbanken können in ihrer Gesamtheit dem Schutz des Datenbankherstellerrechts nach §§ 87a ff. UrhG unterliegen. In der Praxis hat sich die faktische Herrschaft

389 *Taeger*, in: Taeger/Gabel, DSGVO, Art. 7 Rn. 79; *Buchner/Kühling*, in: Kühling/Buchner, DSGVO, Art. 7 Rn. 37.

390 *Sattler*, in: Pertot, Rechte an Daten (2019), S. 49 (68). Ob ein Verstoß gegen die DSGVO auch zur Nichtigkeit des Datenlizenzvertrages nach § 134 BGB führt, ist von der Rechtsprechung noch nicht abschließend geklärt worden; siehe dazu *Schur*, Die Lizenzierung von Daten (2020), S. 210 ff.

über Daten bislang aber als ausreichende Grundlage für den B2B-Datenaustausch erwiesen. Bei der rechtlichen Gestaltung von Datentransaktionen über Datenlizenzverträge kommt den Parteien eine weite vertragliche Freiheit zu. Das Fehlen maßgeschneiderter gesetzlicher Regelungen überlässt es den Vertragsparteien, für ihre Zwecke geeignete und individuell angepasste vertragliche Regelungen zu treffen. Die damit potenziell verbundenen Vorteile sind freilich nur durch einen höheren Aufwand bei der Vertragsgestaltung und gegebenenfalls durch langwierige Verhandlungen erreichbar. Zudem setzen sie detaillierte und spezialisierte Rechtskenntnisse voraus. Es ist deshalb befürchten, dass die Kosten für den Abschluss von Datenlizenzverträgen durch das Fehlen gesetzlicher Regelungen und standardisierter Verträge erhöht werden.[391] Zudem wird der Abschluss von Datentransaktionen durch unklare Haftungsregelungen und unsichere Rechtspositionen an Daten erschwert.[392]

Daten werden durch das Strafrecht und das Deliktsrecht zu einem gewissen Grad geschützt. Grundsätzlich besteht ein starker, strafrechtlich abgesicherter Schutz vor unbefugten, externen Datenzugriffen. Schutzlücken bestehen aber beim vertraglichen Datenaustausch. Wenn der Datenerwerber die erhaltenen Daten unbefugt an einen Dritten weiterleitet, kann der Datenhalter weder mit vertraglichen noch mit deliktischen Ansprüchen direkt gegen den Dritten vorgehen. Etwas anderes gilt nur dann, wenn die Daten als Geschäftsgeheimnisse im Sinne des § 2 Nr. 1 GeschGehG geschützt sind. Dann können dem Datenhalter und Geheimnisinhaber auch Direktansprüche auf Unterlassung der Datennutzung und Herausgabe beziehungsweise Vernichtung der Daten zustehen. Die Anwendbarkeit auf Unternehmensdaten wird jedoch durch erhebliche Rechtsunsicherheiten erschwert. Ob das GeschGehG auch in der Praxis einen effektiven Schutz von sensiblen Daten bewirken kann, steht deshalb noch nicht fest. Ergänzend können Vertragsstrafen zumindest dazu beitragen, die Weitergabe der Daten an Dritte durch den Erwerber zu unterbinden. Hier wie auch bei den Ansprüchen nach dem GeschGehG stellt sich aber das Problem, dass unbefugte Datenverwendungen und -übermittlungen aufgrund von *ex-post*-Informationsasymmetrien kaum aufzudecken sind.[393] Es ist deshalb zu befürchten, dass Unternehmen aufgrund des unzureichenden Schutzes von Daten im Rahmen von Datentransaktionen und den Probleme auf der Rechtsdurchsetzungsebene zögern, ihre Unternehmen mit anderen Unternehmen zu teilen.

Auf der regulatorischen Ebene stellt die DSGVO wegen ihres weiten Anwendungsbereichs und ihrer engen und mit Rechtsunsicherheiten behafteten Recht-

---

391 Siehe hierzu Kap. 3, D. 3. c) bb) (1).

392 Siehe *Büchel/Demary/u. a.*, Anreizsystem und Ökonomie des Data Sharings (2022), S. 53.

393 Siehe hierzu in Kap. 3, III. 2. c).

mäßigkeitsgrundlagen ein erhebliches Hindernis für den B2B-Datenaustausch dar.[394] Aus diesem Grund ist es wahrscheinlich, dass ein Großteil möglicher Datentransaktionen aufgrund der Anwendbarkeit der DSGVO vollständig unterbleiben oder zumindest der erforderliche organisatorische und rechtliche Aufwand für ihre Durchführung um ein Vielfaches erhöht wird. Demgegenüber steht das Kartellrecht den meisten Datentransaktionen nicht entgegen. Nichtsdestotrotz ist eine kartellrechtliche Einzelfallprüfung bei Datentransaktionen grundsätzlich angezeigt.

D. Anhaltspunkte für ein Marktversagen auf B2B-Datenmärkten

I. Einleitung

Die Europäische Kommission ist überzeugt, dass viele Unternehmen im Augenblick keinen Zugang zu den für sie wichtigen Daten erhalten, da der Datenaustausch zwischen Unternehmen aufgrund verschiedener Hindernisse nur in einem geringen Ausmaß stattfindet.[395] In der Tat gibt es Anhaltspunkte dafür, dass bisher nur relativ wenige Daten zwischen Unternehmen ausgetauscht werden, die nicht bereits in einer engen Geschäftsbeziehung zueinander stehen.[396] Teilweise sind Unternehmen generell aus strategischen Gründen nicht zur Weitergabe ihrer Daten bereit. Aber selbst wenn Unternehmen grundsätzlich willens sind, ihre bereits erhobenen Daten mit anderen zu teilen, scheitern in der Praxis viele Datentransaktionen. Es bestehen insofern gewisse Anhaltspunkte für das Vorliegen eines Marktversagens auf Sekundärmärkten für Unternehmensdaten. Die Gründe hierfür sollen in diesem Abschnitt näher untersucht werden. Diese Untersuchung soll zum einen aufzeigen, ob und inwiefern regulatorische Eingriffe in B2B-Datenmärkte geboten sind. Zum anderen soll die Analyse bestehender Hindernisse für den B2B-Datenaustausch zeigen, auf welche Weise B2B-Datenintermediäre das Potenzial haben, die Anbahnung, den Abschluss und die Durchführung von Datentransaktionen zu fördern. Die Feststellung der Markthindernisse und der potenziellen Rolle von Datenintermediären bei ihrer Beseitigung hat aus diesem Grund für die weitere Untersuchung, insbesondere für die Analyse des Art. 12 DGA, eine große Bedeutung.

---

394 So auch die einstimmige Meinung betroffener Unternehmen, siehe *Büchel/Demary/u. a.*, Anreizsystem und Ökonomie des Data Sharings (2022), S. 53.
395 *Europäische Kommission*, SWD(2020) 295 final (2020), S. 8.
396 Siehe oben in Kap. 3, B. III.

Dabei ist zu berücksichtigen, dass hier keine abschließende, insbesondere keine empirische, Feststellung eines Marktversagens erfolgen kann. Stattdessen werden die wesentlichen Problembereiche beim B2B-Datenaustausch und ihre Ursachen anhand der existierenden Literatur identifiziert und systematisiert.

II. Allgegenwärtigkeit von Marktversagen

Marktversagen gehen mit einer ineffizienten Allokation einher und sind daher aus gesamtgesellschaftlicher Perspektive suboptimal. Schließlich handelt es sich bei einem Marktversagen um das Nichtvorliegen eines vollkommenen, Pareto-effizienten Marktes. Beim vollkommenen Markt führt das Zusammenspiel aus Angebot und Nachfrage zu einem Gleichgewicht auf dem Markt, bei dem es zu einer optimalen, Pareto-effizienten Allokation der gehandelten Güter kommt.[397] Ein gesamtgesellschaftliches Wohlfahrtsoptimum wird aber dann nicht erreicht, wenn ein Marktversagen vorliegt.[398] Denn bei einer ineffizienten Allokation erfolgen auf einem Markt nicht alle Transaktionen, die für die potenziell beteiligten Parteien vorteilhaft wären. Ein ineffizienter Markt stellt daher eine verpasste Chance dar: Manche Marktakteure könnten im Vergleich zur bestehenden Situation bessergestellt werden, ohne dass dabei andere Akteure schlechter gestellt werden müssten.[399]

Zu berücksichtigen ist, dass es sich beim vollkommenen Markt um einen idealisierten Zustand handelt, der in der Realität nur sehr selten vorkommt. Für das Entstehen eines Pareto-effizienten Marktes wird schließlich das Vorliegen vollkommenen Wettbewerbs vorausgesetzt. Dieser setzt wiederum die Erfüllung verschiedener Bedingungen, wie unter anderem das Vorliegen vollständiger Informationen, die Abwesenheit von Marktzutrittsschranken und Transaktionskosten sowie das Vorliegen einer atomistischen Marktstruktur voraus.[400] Diesen idealen Anforderungen entsprechen reale Märkte nicht, weshalb sie meistens zu suboptimalen Ergebnissen führen.[401] Die Abweichung vom Idealzustand bedeutet aber nicht, dass die jeweiligen realen Märkte nicht trotzdem noch gut (und ggf. besser

---

397 *Schäfer/Ott*, Ökonomische Analyse des Zivilrechts (2020), S. 14 ff.; *Cooter/Ulen*, Law & Economics (2016), S. 14; *Magen*, in: Kirchof/Korte/Magen, Öffentliches Wettbewerbsrecht (2014), S. 17 (Rn. 30).

398 *Martens*, in: BMJV/MPI, Data Access (2021), S. 69; *Krugman/Wells*, Economics (2015), S. 124.

399 *Krugman/Wells*, Economics (2015), S. 124.

400 *Magen*, in: Kirchof/Korte/Magen, Öffentliches Wettbewerbsrecht (2014), S. 17 (Rn. 30); *Rusche/Scheufen*, On (intellectual) property (2018), S. 12 f.

401 *Schäfer/Ott*, Ökonomische Analyse des Zivilrechts (2020), S. 85.

als bei einem regulatorischen Eingriff) funktionieren können.[402] Jedenfalls bei einem schweren Marktversagen ist die Allokation des betroffenen Guts aber erheblich gestört.

III. Marktversagensgründe

Marktversagen sind auf das Vorliegen bestimmter Umstände, sogenannter Marktversagensgründe, auf den betroffenen Märkten zurückzuführen. Die Kategorisierung und die genaue Abgrenzung von Marktversagensgründen sind im Einzelnen umstritten. Verbreitet ist aber die Annahme, dass Marktversagen vor allem auf Informationsasymmetrien und opportunistisches Verhalten, externe Effekte, Marktmacht oder Transaktionskosten zurückzuführen sind.[403] Im Folgenden wird daher untersucht, ob Anhaltspunkte für die Existenz solcher Marktversagensgründe auf sekundären Märkten für Unternehmensdaten vorliegen.

1. Externe Effekte

a) Marktversagen durch externe Effekte

Ein wichtiger Grund für das Auftreten von Marktversagen ist das Vorkommen von externen Effekten auf den betroffenen Märkten.[404] Externe Effekte liegen immer dann vor, wenn das Handeln eines Akteurs Auswirkungen auf Dritte hat, die ihn selbst nicht unmittelbar betreffen, und daher nicht in seiner Entscheidungswirkung berücksichtigt werden. Die Vor- und Nachteile seines Handelns, die nur Dritte betreffen, werden vom Akteur nicht internalisiert.[405] Indem die Vor- oder Nachteile für Dritte bei der Entscheidungsfindung nicht berücksichtigt werden, nehmen die Parteien dann entweder mehr oder weniger Handlungen vor als gesamtgesellschaftlich erwünscht. [406]

---

402 *Magen*, in: Kirchof/Korte/Magen, Öffentliches Wettbewerbsrecht (2014), S. 17 (Rn. 31 f.)

403 Siehe zu den einzelnen Marktversagensgründen *Martens*, in: BMJV/MPI, Data Access (2021), S. 69 (87 ff.); *Schäfer/Ott*, Ökonomische Analyse des Zivilrechts (2020), S. 86 ff.; *Morell*, in: v. Towfigh/Petersen, Ökonomische Methoden im Recht (2017), S. 45 (72 ff.); *Schmolke*, in: v. Towfigh/Petersen, Ökonomische Methoden im Recht (2017), S. 131 (137); *Cooter/Ulen*, Law & Economics (2016), S. 38 ff.; *Gravelle/Rees*, Microeconomics (2004), S. 314 ff.; *Mas-Colell/Whinston/Green*, Microeconomic Theory (1995), S. 350 ff.

404 *Breyer*, Harvard Law Review 92 (1979), 547 (555).

405 *Schäfer/Ott*, Ökonomische Analyse des Zivilrechts (2020), S. 88; *Morell*, in: v. Towfigh/Petersen, Ökonomische Methoden im Recht (2017), S. 45 (72 ff.); *Mas-Colell/Whinston/Green*, Microeconomic Theory (1995), S. 352.

406 *Cooter/Ulen*, Law & Economics (2016), S. 39.

Grundlegend wird zwischen positiven und negativen externen Effekten unterschieden.[407] Negative externe Effekte liegen vor, wenn eine Aktivität zu Kosten für Dritte führt, die vom Verursacher nicht getragen und daher in seiner Entscheidungsfindung nicht berücksichtigt werden. Der Verursacher wird in diesem Fall eine Handlung zur privaten Profitmaximierung vornehmen, auch wenn aus der gesamtgesellschaftlichen Perspektive die Kosten den Nutzen überwiegen.[408] Negative externe Effekte führen also dazu, dass bestimmte Handlungen in größerem Umfang als sozial erwünscht vorgenommen werden.[409] Demgegenüber entstehen bei positiven externen Effekten Vorteile für Dritte, die dem handelnden Akteur aber selbst keinen Nutzen bringen. Aus diesem Grund hat der Akteur keinen oder nur einen geringeren Anreiz diese Handlungen vorzunehmen. Schließlich richtet er sich bei seiner Entscheidung, ob er eine Handlung vornimmt, nur nach dem Nutzen, den er selbst aus der Aktivität zieht. Aus gesamtgesellschaftlicher Perspektive wäre ein höheres Niveau von Aktivitäten mit positiven externen Effekten aber wünschenswert.[410]

b) Positive externe Effekte beim Datenaustausch

Hinsichtlich des B2B-Datenaustauschs ist das Vorliegen positiver externe Effekte, die zu einem Marktversagen führen, denkbar. Der Grund hierfür liegt darin, dass der Datenhalter die Vorteile der Datenweitergabe nicht oder nicht ausreichend internalisieren kann und daher keine oder nur geringe wirtschaftliche Anreize für die Datenweitergabe hat.[411] Datenhalter werden unter diesen Voraussetzungen davon absehen, ihre Daten mit anderen Unternehmen zu teilen, obwohl dies aus gesellschaftlicher Perspektive wünschenswert wäre, oder sie nur in einem suboptimalen Ausmaß mit Dritten teilen.

Im Wesentlichen kommen positive externe Effekte beim Datenaustausch in zwei Formen in Betracht. Zunächst kann es nach der Weitergabe von Daten zu einem Trittbrettfahrerverhalten kommen.[412] Sobald der Datenhalter seine Daten an-

---

407 *Krugman/Wells*, Economics (2015), S. 466 ff.

408 *Cooter/Ulen*, Law & Economics (2016), S. 39.

409 Ein klassisches Beispiel hierfür sind Umweltemissionen, vgl. *Krugman/Wells*, Economics (2015), S. 467 ff.; *Morell*, in: v. Towfigh/Petersen, Ökonomische Methoden im Recht (2017), S. 45 (76 f.).

410 *Krugman/Wells*, Economics (2015), S. 479 f. Ein Beispiel für positive externe Effekte sind Grippeimpfungen, da sie nicht nur den Geimpften vor der Erkrankung schützen, sondern auch dazu führen, dass sich der Virus weniger stark verbreitet, wovon Dritte profitieren.

411 *Martens*, in: BMJV/MPI, Data Access (2021), S. 69 (90); *Martens/de Streel/u. a.*, B2B Data Sharing (2020), S. 25; *Reimsbach-Kounatze*, in: BMJV/MPI, Data Access (2021), S. 27 (43); *Haberer/Schnurr*, Open Government Data in Digital Markets (2022), S. 15 f.

412 *Reimsbach-Kounatze*, in: BMJV/MPI, Data Access (2021), S. 27 (43).

deren Unternehmen zugänglich gemacht hat, kann er ihre weitere Verbreitung nicht mehr vollständig kontrollieren. Aus diesem Grund kann er nicht verhindern, dass die Daten ohne seine Zustimmung und ohne Entrichtung einer Lizenzgebühr an Dritte weitergegeben werden. Da der Dritte die Daten nutzt, ohne hierfür zu zahlen, entstehen ihm wirtschaftliche Vorteile, an denen der Datenhalter nicht beteiligt wird und die er deshalb nicht in seine private Kosten-Nutzen-Rechnung einbeziehen wird.

Des Weiteren können positive externe Effekte dadurch entstehen, dass das Teilen von Unternehmensdaten anderen Unternehmen und Organisationen größere Vorteile als dem Datenhalter bringt und diese nicht vollständig vom Datenhalter internalisiert werden können.[413] Gründe hierfür sind untere anderem das Entstehen neuer Geschäftsmöglichkeiten für Dritte und effizienzerhöhende Verbundeffekte, die durch die Verknüpfung unterschiedlicher Datensätze erreicht werden können.[414] Die OECD geht deshalb davon aus, dass die gesamtwirtschaftlichen Vorteile des Datenaustausches die privaten Vorteile des Datenhalters bei weitem übersteigen.[415] Dies führt dazu, dass die privaten Anreize der Datenhalter nur zu einem Ausmaß des Datenaustausches führen, das deutlich unter dem gesellschaftlich optimalen Niveau liegt. Zumindest in der Theorie ließe sich dieser externe Mehrwert aber durch eine angemessene Vergütung internalisieren.[416]

2. Informationsasymmetrien und opportunistisches Verhalten

a) Marktversagen durch Informationsasymmetrien und opportunistisches Verhalten

Anerkanntermaßen kann ein Marktversagen durch unvollständige Informationen der Parteien oder durch Informationsasymmetrien zwischen den Parteien hervorgerufen werden.[417] Informationsasymmetrien können dabei sowohl vor als auch nach Vertragsschluss auftreten.

---

413 *Reimsbach-Kounatze*, in: BMJV/MPI, Data Access (2021), S. 27 (43).

414 *Reimsbach-Kounatze*, in: BMJV/MPI, Data Access (2021), S. 27 (38); *OECD*, Enhancing Access to and Sharing of Data (2019), S. 64 ff.; *Martens*, in: BMJV/MPI, Data Access (2021), S. 69 (79).

415 *Reimsbach-Kounatze*, in: BMJV/MPI, Data Access (2021), S. 27 (38); *OECD*, Enhancing Access to and Sharing of Data (2019), S. 60.

416 Hierzu scheint es aufgrund von Schwierigkeiten bei der Preisfindung derzeit aber nicht zu kommen, siehe Kap. 3, D. III. 3. c) aa).

417 *Cooter/Ulen*, Law & Economics (2016), S. 41 f.; *Morell*, in: v. Towfigh/Petersen, Ökonomische Methoden im Recht (2017), S. 45 (75); *Schäfer/Ott*, Ökonomische Analyse des Zivilrechts (2020), S. 87; *Baldwin/Cave/Lodge*, Understanding Regulation (2011), S. 18 f.; *Mas-Colell/Whinston/Green*, Microeconomic Theory (1995), S. 436 ff.

aa) Verhinderung effizienter Transaktionen durch *ex-ante*-Informationsasymmetrien

Beim Vorliegen von Informationsasymmetrien vor Vertragsschluss wird eine Pareto-effiziente Allokation nicht erreicht, da die Parteien mangels vollständiger Informationen Entscheidungen treffen, die nicht in ihrem (und dem gesellschaftlichen) besten Interesse sind.[418] Dies führt dazu, dass ineffiziente Transaktionen zustande kommen und effiziente Transaktionen unterbleiben.[419] Wenn zum Beispiel ein unkundiger Verbraucher einen Gebrauchtwagen kaufen möchte, kann er nicht einzuschätzen, ob der Wagen versteckte Mängel aufweist. Schließlich verfügt nur der Gebrauchtwagenhändler über die erforderlichen Informationen, um den Zustand eines Fahrzeugs verlässlich einschätzen zu können. Da der Verbraucher das mangelfreie Fahrzeug nicht vom mangelhaften Fahrzeug unterscheiden kann, wird er gegebenenfalls ein für ihn nachteiliges Kaufgeschäft eingehen oder von einem für ihn vorteilhaften Erwerb Abstand nehmen. Die asymmetrische Verteilung relevanter Informationen ermöglicht es dem Verkäufer, sich gegenüber dem Käufer opportunistisch zu verhalten. Dies bedeutet, dass der Verkäufer den Informationsnachteil des Käufers rücksichtslos zum eigenen Vorteil ausnutzt.[420] Ein besonderes Risiko stellt bei strukturellen Informationsasymmetrien das Entstehen einer adversen Selektion und eines *market for lemons* dar.[421]

bb) Informationsparadoxon

Auf Märkten für Informationen stellt sich zusätzlich ein besonderes durch Informationsasymmetrien hervorgerufenes Problem. Dort verhindert das von *Arrow* identifizierte Informationsparadoxon, dass sich der Käufer von dem Inhalt einer Information, die er erwerben möchte, einen akkuraten Eindruck verschaffen kann und anschließend noch weiter an ihrem Erwerb interessiert sein wird.[422] Denn wenn ein potenzieller Käufer vom Verkäufer eine Information erwerben möchte, muss er in der Lage sein, ihr einen Wert beizumessen. Nur so kann er bestimmen, ob er am Erwerb interessiert ist und welchen Preis er bereit ist, zu zahlen. Wenn der Verkäufer dem potenziellen Käufer aber die zum Verkauf be-

---

418 *Schmolke*, in: v. Towfigh/Petersen, Ökonomische Methoden im Recht (2017), S. 131 (138).

419 *Schmolke*, in: v. Towfigh/Petersen, Ökonomische Methoden im Recht (2017), S. 131 (138); *Schäfer/Ott*, Ökonomische Analyse des Zivilrechts (2020), S. 87.

420 *Schäfer/Ott*, Ökonomische Analyse des Zivilrechts (2020), S. 87, 475 f.; *Williamson*, Journal of Economic Literature 19 (1981), 1537 (1545).

421 Siehe dazu grundlegend *Akerlof*, The Quarterly Journal of Economics 84 (1970), 488; sowie *Schmolke*, in: v. Towfigh/Petersen, Ökonomische Methoden im Recht (2017), S. 131 (138 ff.); *Schäfer/Ott*, Ökonomische Analyse des Zivilrechts (2020), S. 409 ff.

422 *Arrow*, in: NBER, The Rate and Direction of Inventive Activity (1962), S. 609 (615).

stimmten Informationen offenlegt, um ihn von ihrem Inhalt oder ihrer Qualität zu überzeugen, gelangt der Käufer bereits in den Besitz des Handelsgegenstandes (der Information) und hat dann keinen Grund mehr, noch für sie zu zahlen.[423] Aus diesem Grund existieren häufig keine funktionierenden Märkte für Informationen.[424]

cc) *Ex-post*-Informationsasymmetrien und opportunistisches Handeln

Informationsasymmetrien und das durch sie ermöglichte opportunistische Verhalten stellen nicht nur vor dem Vertragsschluss ein Problem dar. Sie können auch nach dem Vertragsschluss durch verborgene Handlungen einer Partei auftreten.[425] Das Problem besteht darin, dass aufgrund von Informationsasymmetrien nach Vertragsschluss eine Partei die Handlungen der anderen Partei nicht oder nur unzureichend beobachten und überwachen kann (sog. *hidden actions*).[426] Die unbeobachtete Partei kann sich dann die Unwissenheit ihres Vertragspartners durch opportunistisches Verhalten zunutze machen und zum eigenen Vorteil entgegen den vertraglichen Regelungen und den Interessen ihres Vertragspartners handeln.[427] Da der Vertragspartner dieses Verhalten nicht aufdecken kann, kommt die opportunistisch handelnde Partei regelmäßig „ungestraft" davon. Auch Informationsasymmetrien nach Vertragsschluss führen zu Ineffizienzen, da Vertragsverhältnisse, die für zumindest eine Partei unvorteilhaft sind, zustande kommen oder effiziente Vertragsschlüsse unterbleiben.[428] So wird eine Partei von einer wichtigen Transaktion Abstand nehmen, wenn sie nicht überprüfen kann, ob ihr Vertragspartner die Vertragsbedingungen auch wirklich einhalten wird.

b) Informationsasymmetrien auf Datenmärkten vor Vertragsabschluss

aa) Vorliegen von *ex-ante*-Informationsasymmetrien

Es ist davon auszugehen, dass beim Austausch von Daten wesentliche *ex-ante*-Informationsasymmetrien zwischen dem Datenhalter und dem Datenerwerber existieren. In vielen Fällen kann es für Datennutzer aufgrund von Informationsdefizi-

423 *Arrow*, in: NBER, The Rate and Direction of Inventive Activity (1962), S. 609 (615); *Duch-Brown/Martens/Mueller-Langer*, The economics of ownership (2017), S. 36; *Dewenter/Lüth*, Datenhandel und Plattformen (2018), S. 42 f.
424 *Arrow*, in: NBER, The Rate and Direction of Inventive Activity (1962), S. 609 (616).
425 *Schmolke*, in: v. Towfigh/Petersen, Ökonomische Methoden im Recht (2017), S. 131 (151 ff.); *Schäfer/Ott*, Ökonomische Analyse des Zivilrechts (2020), S. 87, 615.
426 *Schmolke*, in: v. Towfigh/Petersen, Ökonomische Methoden im Recht (2017), S. 131 (151).
427 *Steinle/Schiele/Ernst*, Journal of Business-to-Business Marketing 21 (2014), 123 (124 m. w. N.).
428 *Schäfer/Ott*, Ökonomische Analyse des Zivilrechts (2020), S. 87; *Schmolke*, in: v. Towfigh/Petersen, Ökonomische Methoden im Recht (2017), S. 131 (151 f.).

ten schon Schwierigkeiten aufwerfen, geeignete Datenhalter für den Datenerwerb zu finden.[429] Wer über die von ihnen benötigten Daten verfügt, ist in vielen Fällen nicht ersichtlich. Hinzu kommen starke Informationsasymmetrien hinsichtlich der Inhalte und der Qualität gesuchter Daten. Schließlich handelt es sich bei Daten nicht um standardisierte oder homogene Handelsgüter, sondern um heterogene Güter.[430] Das bedeutet, dass der Inhalt und die Eigenschaften von Daten sich erheblich voneinander unterscheiden können und nicht jeder Datensatz die gleichen Eigenschaften aufweist und für den gleichen Zweck analysiert werden kann. Zudem handelt es sich bei Informationsgütern, wie Daten es sind, um Erfahrungsgüter.[431] Bei Erfahrungsgütern können die Eigenschaften und die Qualität des Produkts erst nach dem Erwerb und der Verwendung verlässlich festgestellt werden.[432] *Ex ante* kann der Erwerber daher nicht zuverlässig bestimmen, ob die Daten die benötigten Informationen und die gewünschte Qualität aufweisen.[433] Er ist dann gezwungen, auf die Angaben des Datenhalters zu vertrauen.

In der Praxis ziehen Datenerwerber häufig Informationen über die Herkunft von Daten (*data provenance*) als Indikator für deren Qualität heran.[434] Dann kommt den Metadaten über den Ursprung, die Charakteristika und die Geschichte eines Datensatzes eine hohe Bedeutung für die Beurteilung der Datenqualität zu. Auch hinsichtlich der Datenherkunft muss sich der Erwerber aber in erster Linie auf die Richtigkeit der Angaben des Datenhalters und die Unverfälschtheit der Metadaten verlassen.[435] Dieser kennt die Qualität der Daten und ihre Herkunft und kann seinen Wissensvorsprung in den Vertragsverhandlungen gegenüber dem Erwerber strategisch ausnutzen, etwa indem er den Erwerber über die Qualität und Inhalte seiner Daten täuscht. Es ist aus diesen Gründen wahrscheinlich, dass *ex-ante*-Informationsasymmetrien beim Datenhandel dazu führen, dass ineffiziente Verträge geschlossen werden, die nicht im tatsächlichen Interesse des Datenerwer-

---

429 Siehe *Europäische Kommission*, SWD(2020) 295 final, S. 15 f.

430 Siehe hierzu Kap. 2, D. II. 4.

431 *Europäische Kommission*, Towards a European strategy on B2G data sharing (2020), S. 21; *Koutroumpis/Leiponen/Thomas*, 29 Industrial and Corporate Change 2020, 645 (646).

432 *Schäfer/Ott*, Ökonomische Analyse des Zivilrechts (2020), S. 606.

433 Für die Qualität von Daten sind vor allem ihre Zweckeignung (*relevancy*), ihre Genauigkeit und Richtigkeit (*accuracy*) und ihre Aktualität (*timeliness*) entscheidend; siehe *OECD*, Quality Framework (2012), Rn. 8 ff.; *Krämer/Schnurr/Micova*, The Role of Data for Digital Markets Contestability (2020), S. 64 ff.; *v. Lewinski/Hähnle*, DuD 2021, 686 (687).

434 *Koutroumpis/Leiponen/Thomas*, 29 Industrial and Corporate Change 2020, 645 (650).

435 *Koutroumpis/Leiponen/Thomas*, 29 Industrial and Corporate Change 2020, 645 (650). Mittelfristig besteht die Hoffnung, dass mithilfe von Blockchain-Technologien verlässliche und unverfälschbare Metadaten über jedes Datum generiert werden können, so dass Datennutzer den Metadaten vertrauen können; siehe nur *Sigwart/Borkowski/Peise, et al.*, Personal and Ubiquitous Computing (2020).

bers sind und umgekehrt effiziente Verträge nicht zustande kommen, weil der Datenerwerber nicht auf die Angaben des Datenhalters vertrauen kann.

bb) Potenzielle Marktlösungen für *ex-ante*-Informationsasymmetrien

Da es sich bei Daten um Informationsgüter handelt, deren Wert sich aus den in ihnen enthaltenen Informationen ergibt,[436] ist es denkbar, dass das Informationsparadoxon Anwendung auf sie findet. Dann könnten Daten von potenziellen Erwerbern nicht inspiziert werden, ohne dass die Erwerber gleichzeitig den Anreiz verlieren, für die inspizierten Daten zu zahlen.[437]

In der Praxis lassen sich bei Datentransaktionen aber Lösungen für das Informationsparadoxon und die vorliegenden *ex-ante*-Informationsasymmetrien finden. Eine Inspektion der Daten, die die zwischen Datenhalter und Datenerwerber bestehenden Informationsasymmetrien verringert, ist möglich, ohne dass dadurch das Informationsparadoxon eintritt.[438] Für eine Inspektion der zu erwerbenden Daten bestehen zwei Möglichkeiten. Zum einen kann der Erwerber einen Teil des Datensatzes als Stichprobe erhalten und sich so von dessen Qualität überzeugen. Dies stellt gerade bei Datensätzen, die für Big Data-Analysen bestimmt sind, eine sinnvolle Lösung dar. Durch die Stichprobe kann sich der Erwerber vom Inhalt, dem Format und der Qualität der Daten überzeugen. Die Stichprobe allein ist aber für die Analyse mit Big Data-Analysemethoden zu klein, so dass weiterhin ein Anreiz für den Abschluss des Vertrages besteht.[439]

Eine andere Möglichkeit besteht darin, dem Erwerber vorab den Zugang zu den Daten in einer Daten-Sandbox zu eröffnen. Hierbei handelt es sich um einen geschlossenen physischen oder virtuellen Datenraum, der die Begutachtung und Analyse der Daten ermöglicht, aber ihren Export aus der Daten-Sandbox heraus verhindert.[440]

Zu beachten ist aber, dass beide genannten Maßnahmen zur Verringerung von Informationsasymmetrien den Aufwand und die Transaktionskosten für Datentransaktionen erhöhen und damit zu einer anderen Barriere für den Datenaus-

---

436 *OECD*, Data Driven Innovation, S. 150.

437 *Duch-Brown/Martens/Mueller-Langer*, The economics of ownership (2017), S. 38. Bei Vorliegen des Informationsparadoxons könnte der Erwerber die Daten nutzen, ohne die beim Abschluss des Vertrags fällige Gebühr zu entrichten, da er den hierzu erforderlichen Datenzugriff bereits im Rahmen der Inspektion erhält; siehe Kap. 3, D. 2. a) bb).

438 *Haberer/Schnurr*, Open Government Data in Digital Markets (2022), S. 17; *Schweitzer/Peitz*, Datenmärkte in der digitalisierten Wirtschaft (2017), S. 36 f.

439 Rechtlich erfolgt die Durchführung von Stichproben über sog. *evaluation agreements*, siehe *Hennemann*, RDi 2021, 61 (64, Rn. 13).

440 *OECD*, Enhancing Access to and Sharing of Data (2019), S. 33; *Reimsbach-Kounatze*, in: BMJV/MPI, Data Access (2021), S. 27 (51 f.).

tausch beitragen.[441] Unabhängig von etwaigen Inspektionsmöglichkeiten der Erwerber wird das Informationsparadoxon in manchen Fällen des Datenaustausches ohnehin nur eine geringe Rolle spielen. Wenn etwa der Datenhalter dem Datennutzer Zugang zu einem kontinuierlichen Datenfluss gewährt, zum Beispiel zu den fortlaufend aktualisierten Bewegungsdaten vernetzter Fahrzeuge, kennt der Datenerwerber den Inhalt und die Qualität der Daten und ist dennoch auf den Zugang zu den fortwährend gesammelten Daten angewiesen. Ein einmaliges Abschöpfen des Informationsgehalts der Daten ist in diesen Fällen nicht möglich.

c) Informationsasymmetrien auf Datenmärkten nach Vertragsschluss

aa) Vorliegen von *ex-post*-Informationsasymmetrien

Informationsasymmetrien nach dem Vertragsschluss stellen beim Datenaustausch ein großes Hindernis dar. Ab dem Zeitpunkt, an dem der Datenerwerber den Zugriff auf die Daten erhält, gehen die Informationsasymmetrien zulasten des Datenhalters. Sobald die Daten die ausschließliche Herrschaftssphäre des Datenhalters verlassen haben, kann er nicht mehr überprüfen, was der Datenerwerber mit ihnen macht und ob er sie gegebenenfalls an Dritte weitergibt. Der Datenhalter kann deshalb die vertragsgemäße Verwendung der von ihm geteilten Daten in der Regel weder nachvollziehen noch überwachen. Der Datenerwerber hat dann die Möglichkeit und Anreize, Vertragsregelungen zu seinem eigenen Vorteil zu verletzen, da er nicht befürchten muss, hierbei vom Datenhalter ertappt zu werden. Denn von außen ist es im Regelfall nicht nachzuvollziehen, ob der Datenerwerber oder ein Dritter aufgrund der vertragswidrigen Nutzung von Daten des Datenhalters entscheidet und handelt. Diese Sorge der Datenhalter vor unentdeckt vertragswidrigem Verhalten stellt in der Praxis einen erheblichen Anreiz gegen das Teilen von Daten dar.[442] Wenn keine adäquaten Überprüfungsmechanismen für die vertragsgemäße Durchführung des Vertrages bestehen, schrecken Datenhalter vor dem Vertragsschluss zurück, da sie mit opportunistischem Verhalten des Datenerwerbers rechnen müssen.

bb) Mechanismen zur Verringerung von *ex-post*-Informationsasymmetrien

Ex-post-Informationsasymmetrien kann auf verschiedenen Wegen entgegengewirkt werden. Zunächst kann der Aufbau einer Vertrauensbeziehung zwischen den Parteien des Datenaustausches das Risiko opportunistischen Verhaltens ver-

---

441 Siehe zu den Transaktionskosten Kap. 3, D. III. 3.

442 Siehe *Arnaut/Pont/u. a.*, Study on data sharing (2018), S. 44; *Barbero/Cocoru/u. a.*, Study on emerging issues of data ownership (2018), S. 79; *Europäische Kommission*, SWD(2020) 295 final, S. 11; *OECD*, Enhancing Access to and Sharing of Data (2019), S. 81 ff.

ringern. Wenn zwischen Datenhalter und Datennutzer ein gefestigtes Vertrauensverhältnis besteht, werden sie die Existenz von Informationsasymmetrien nicht als Vertragshindernis wahrnehmen, da sie nicht mit opportunistischen Verhaltensweisen der Gegenseite rechnen müssen.[443] Allerdings setzt die Entwicklung einer Vertrauensbeziehung zwischen Unternehmen einen gewissen Zeit- und Kostenaufwand voraus, wodurch die Transaktionskosten des Datenaustausches weiter erhöht werden. Der Aufbau einer Vertrauensbeziehung dürfte insbesondere beim großflächigen Datenaustausch mit einer Vielzahl von Unternehmen nicht in Frage kommen. Insofern dürften Informationsasymmetrien nach Vertragsschluss einer Standardisierung des Datenaustausches entgegenstehen und Unternehmen insbesondere davon abhalten, ihre Daten mit Unternehmen zu teilen, zu denen keine anderweitige Geschäftsbeziehung besteht. Dies erklärt auch, weshalb viele Unternehmen ihre Daten, nur innerhalb ihrer Lieferketten oder bei engen Kooperationen mit anderen Unternehmen teilen.[444]

Auch bei Informationsasymmetrien nach Vertragsschluss können technische Einrichtungen zu einem gewissen Grad Abhilfe schaffen. Ein wichtiges Instrument für den kontrollierten Datenaustausch stellen Programmierschnittstellen dar, über die Computerprogramme der Datennutzer Daten vom Datenhalter automatisch abrufen können.[445] Dabei kann der Datenhalter mithilfe der Programmierschnittstelle vorab festlegen, wer wie oft auf die Daten zugreifen darf und zu welchen Zwecken sie verwendet werden.[446] Über interne Messsysteme ermöglichen Anwendungsschnittstellen es den Datenhaltern genau nachzuverfolgen, welche Datennutzer wie oft auf bestimmte Daten zugreifen.[447] Dadurch bieten Anwendungsschnittstellen den Datenhaltern ein gewisses Maß an Kontrolle über die von ihnen mit anderen Unternehmen geteilten Daten. Sie können aber nicht verhindern, dass Datennutzer abgerufene Daten später zu vertragswidrigen Zwecken verwenden oder sie weiterleiten. Ein höheres Schutzniveau bieten daher Daten-Sandboxen, bei denen die Daten vollständig in einem isolierten Datenraum zugänglich gemacht werden und nur innerhalb dieses geschützten Umfelds analy-

---

443 *Duch-Brown/Martens/Mueller-Langer*, The economics of ownership (2017), S. 36; *Arnaut/Pont/u. a.*, Study on data sharing (2018), S. 82; siehe zur Bedeutung von Vertrauensbeziehungen auch Kap. 3, D. IV. 2.

444 *Europäische Kommission*, Detailed analysis of the consultation results on „Building a European Data Economy“ (2017), S. 15; *Fedkenhauer/Fritzsche-Sterr/u. a.*, Datenaustausch (2017), S. 17.

445 Siehe *OECD*, Enhancing Access to and Sharing of Data (2019), S. 32.

446 *Krämer/Senellart/Streel*, Making Data Portabiliy More Effective (2020), S. 41; *OECD*, Enhancing Access to and Sharing of Data (2019), S. 32.

447 *OECD*, Enhancing Access to and Sharing of Data (2019), S. 32 f.

siert werden können.[448] Diese schützen vor einer vertragswidrigen Datenverwendung oder Datenweitergabe an Dritte. Allerdings bleibt es auch hier möglich, dass aus der Analyse der abgeschirmten Daten extrahierte Informationen später mit Dritten geteilt werden. Der für den Erwerber und Dritte wirtschaftlich interessante Informationsgehalt eines Datenbestandes könnte also trotzdem vertragswidrig weitergereicht werden. Außerdem sind die technischen Anforderungen an eine Daten-Sandbox relativ hoch, wodurch höhere Transaktionskosten beim Datenaustausch entstehen.[449]

d) Zwischenergebnis

Insgesamt ist festzuhalten, dass Informationsasymmetrien vor und nach dem Datenaustausch grundsätzlich überwindbare Hindernisse für den Vertragsschluss darstellen. Gerade bei den Informationsasymmetrien nach dem Datenaustausch wird deren vollständiger Abbau praktisch aber kaum erreichbar sein, da eine vollständige Überwachung der Vertragseinhaltung durch den Datenerwerber in der Praxis unmöglich ist. Problematisch ist außerdem, dass das Abbauen von Informationsasymmetrien neue Transaktionskosten entstehen lässt und einer Standardisierung des Datenaustausches entgegensteht. Aufgrund von Informationsasymmetrien setzen viele Unternehmen das Bestehen eines Vertrauensverhältnisses zum Datenempfänger dem Teilen ihrer Daten voraus. Dies erschwert aber den sektorenübergreifenden Datenhandel mit einer Vielzahl von Unternehmen. Aus diesen Gründen ist davon auszugehen, dass gerade Informationsasymmetrien nach der Datentransaktion ein erhebliches Hindernis für den effizienten Datenaustausch darstellen und somit zu einem Marktversagen führen.

3. Transaktionskosten

Die Europäische Kommission nimmt an, dass auf B2B-Datenmärkten erhebliche Transaktionskosten existieren.[450] Dies ist problematisch, da hohe Transaktionskosten zu einem Marktversagen führen, indem sie an sich effiziente Transaktionen verhindern.

a) Bedeutung von Transaktionskosten in der ökonomischen Theorie

Bei Transaktionskosten handelt es sich um die Kosten, die bei der Anbahnung und der Durchführung einer Transaktion entstehen. Sie stellen also nicht den für eine

---

448 *OECD*, Enhancing Access to and Sharing of Data (2019), S. 33 f.; *Reimsbach-Kounatze*, in: BMJV/MPI, Data Access (2021), S. 27 (51 f.).

449 Siehe hierzu Kap. 3, D. III. 3. d) aa) (1).

450 *Europäische Kommission*, SWD(2020) 295 final, S. 11.

Gegenleistung zu entrichtenden Preis dar, sondern die für den Abschluss und die Durchführung eines Vertrages anfallenden Kosten.[451] Aus ökonomischer Perspektive sind hohe Transaktionskosten schädlich, da sie das Zustandekommen effizienter Transaktionen verhindern können.[452] Wenn die Transaktionskosten im Vergleich zum Mehrwert, den die Parteien von der Transaktion erwarten, zu hoch sind, werden diese von der Transaktion Abstand nehmen.[453] Auf diese Weise werden beiderseitig vorteilhafte Austauschverhältnisse verhindert, was zu einer ineffizienten Ressourcenallokation und somit zu einem Marktversagen führt.

Coase beschreibt Transaktionskosten als die Kosten, die erforderlich sind, um Vertragspartner zu finden, erfolgreiche Verhandlungen zu führen, einen Vertrag aufzusetzen und die notwendigen Kontrollen durchzuführen, sowie um sicherzustellen, dass die Vertragsbedingungen eingehalten werden.[454] Die Definition von *Coase* präzisierend wird das Entstehen von Transaktionskosten in drei Phasen unterteilt. So wird zwischen Suchkosten, Vertragsabschlusskosten und Vertragsdurchführungskosten unterschieden.[455] Die Suchkosten umfassen alle Kosten, die Käufer und Verkäufer im Vorfeld aufwenden, um einander zu finden und eine Transaktion anzubahnen.[456] Sie sind in der Regel hoch für einzigartige oder heterogene Güter und niedrig für standardisierte oder homogene Güter.[457]

Die Vertragsabschlusskosten umfassen die Kosten der Verhandlung zwischen den Parteien, der Einigung und der Vertragsaufsetzung.[458] Verhandlungskosten sind die Kosten, die aufgebracht werden müssen, um eine vertragliche Einigung über den Preis und die weiteren Vertragsbedingungen zu erzielen.[459] Sie entstehen vor allem dadurch, dass beide Parteien das für sie jeweils beste Verhandlungsergebnis erzielen wollen und deshalb über die Verteilung des aus der Transaktion entstehenden Mehrwerts verhandeln.[460] Auch Rechtskosten können zur Höhe der

---

451 *Posner*, John Marshall Review of Intellectual Property Law 4 (2005), 325; *Morell*, in: v. Towfigh/Petersen, Ökonomische Methoden im Recht (2017), S. 45 (77).
452 *Coase*, The Journal of Law & Economics 3 (1960), 1 (15).
453 *Baldia*, Northwestern Journal of International Law & Business 34 (2013), 1 (23 f.); *Cooter/Ulen*, Law & Economics (2016), S. 91 f.
454 *Coase*, The Journal of Law & Economics 3 (1960), 1 (15).
455 *Dahlman*, The Journal of Law & Economics 22 (1979), 141 (147 f.); *Cooter/Ulen*, Law & Economics (2016), S. 88; *Schäfer/Ott*, Ökonomische Analyse des Zivilrechts (2020), S. 79; *Baldia*, Northwestern Journal of International Law & Business 34 (2013), 1 (23). *Magen*, in: Kirchof/Korte/Magen, Öffentliches Wettbewerbsrecht (2014), S. 17 (Rn. 30).
456 Typische Suchkosten sind die Werbungskosten des Verkäufers oder der Produktinformationsaufwand des Käufers.
457 *Cooter/Ulen*, Law & Economics (2016), S. 88.
458 *Cooter/Ulen*, Law & Economics (2016), S. 88 ff.
459 *Baldia*, Northwestern Journal of International Law & Business 34 (2013), 1 (23, Fn. 86).
460 *Cooter/Ulen*, Law & Economics (2016), S. 74 ff.

Vertragsabschlusskosten beitragen. Zwar sollen gesetzliche Regeln in vielen Fällen dazu beitragen, die Transaktionskosten zu verringern.[461] Dies gilt aber nur für Regelungen, die inhaltlich eindeutig und bestimmt sind und in der Praxis einfach angewendet werden können. Rechtliche Unsicherheiten erhöhen hingegen die Vertragsabschlusskosten, da die Vertragsgestaltung aufwendiger ist[462] und die Parteien dabei gegebenenfalls auf externe Rechtsberater zurückgreifen müssen.[463] Rechtskosten können außerdem durch die Einhaltung rechtlicher Vorgaben, mit denen der Gesetzgeber bestimmte rechtspolitische oder gesellschaftliche Ziele verfolgt, erhöht werden.[464]

Nach der erfolgreichen Einigung durch die Vertragsparteien können noch Vertragsdurchführungskosten anfallen. Hierunter fallen alle Kosten, die für die Durchführung einer Transaktion notwendig sind. Sie umfassen unter anderem die technischen oder logistischen Kosten einer Transaktion. Bei komplexen Transaktionen können zudem bei der Überwachung der Vertragserfüllung durch die Gegenseite hohe Kosten entstehen.[465] Dies gilt insbesondere dann, wenn vertragliche Pflichten erst in der ferneren Zukunft oder über einen längeren Zeitraum erbracht werden müssen.[466] Besonders schwierig ist in diesem Zusammenhang die Überwachung versteckter Handlungen aufgrund von *ex-post*-Informationsasymmetrien.[467] Weitere Kosten können bei der rechtlichen Durchsetzung des Vertrags anfallen. Vertragsdurchsetzungskosten werden durch rechtliche Unsicherheiten und der damit einhergehenden Unvorhersehbarkeit des Ausgangs von Gerichtsverfahren erhöht.[468] Schließlich müssen die Parteien in diesen Fällen auf externen Rechtsrat zurückgreifen und mit längeren Gerichtsverfahren rechnen, die sich über mehrere Instanzen hinziehen.[469]

---

461 *Driesen/Ghosh*, Arizona Law Review 47 (2005), 61 (68 ff.); *Schäfer/Ott*, Ökonomische Analyse des Zivilrechts (2020), S. 481 f.; *Cooter/Ulen*, Law & Economics (2016), S. 91 ff.

462 *Krugman/Wells*, Economics (2015), S. 470.

463 *Meyer*, Denver Journal of International Law & Policy 34 (2006), 119 (121); *Baldia*, Northwestern Journal of International Law & Business 34 (2013), 1 (25).

464 Ein Beispiel hierfür ist die notarielle Beurkundung beim Grundstückskaufvertrag nach § 311b Abs. 1 BGB. Sie soll u. a. vor übereilten Vertragsabschlüssen schützen. Durch die notariellen Gebühren und den mit der Beurkundung verbundenen Aufwand werden aber gleichzeitig die Transaktionskosten der Parteien erhöht.

465 *Baldia*, Northwestern Journal of International Law & Business 34 (2013), 1 (23, Fn. 86); *Schmolke*, in: v. Towfigh/Petersen, Ökonomische Methoden im Recht (2017), S. 131 (151 f.).

466 *Cooter/Ulen*, Law & Economics (2016), S. 90.

467 Siehe zu versteckten Handlungen oben in Kap. 3, D. III. 2. c).

468 *Baldia*, Northwestern Journal of International Law & Business 34 (2013), 1 (25).

469 Insofern besteht auch ein Zusammenhang zwischen den Vertragsabschlusskosten und den Vertragsdurchführungskosten. Wenn die Parteien mehr Zeit und Aufwand in die Vertragsgestaltung investieren, ist mit weniger rechtlichen Unklarheiten bei der späteren Vertragsdurchsetzung

b) Suchkosten beim Datenaustausch

Beim B2B-Datenaustausch ist davon auszugehen, dass die Suchkosten im Allgemeinen hoch sind und in vielen Fällen prohibitive Auswirkungen haben können.[470] So berichtet die Europäische Kommission, dass sich viele Unternehmen über Schwierigkeiten beim Auffinden von Daten mit dem gewünschten Inhalt und der gewünschten Qualität beklagen.[471]

Dies ist aus mehreren Gründen wenig überraschend. Zum einen weisen Daten eine große inhaltliche Heterogenität auf.[472] Nicht jedes Datum kann für jeden Zweck verwendet werden. Verschiedene Datensätze vermitteln in der Regel unterschiedliche Informationen, die sich nicht immer miteinander substituieren lassen.[473] Wenn Unternehmen bei der Datenanalyse einen bestimmten Anwendungszweck im Auge haben, können sie nicht auf jeden inhaltlich beliebigen Datensatz zurückgreifen. Es handelt sich bei Daten um spezifische Güter, die für den Datennachfrager nur dann interessant sind, wenn sie bestimmte semantische Eigenschaften aufweisen. Wer im Besitz der für den jeweiligen Datennachfrager nützlichen Datensätze ist, ist für den Nachfrager in der Regel nicht offensichtlich. Schließlich existieren hierzu weder Datenbanken, noch gibt es viele Unternehmen, die ihren Datenbestand aktiv bewerben.[474] Deshalb ist das Auffinden geeigneter Vertragspartner, die über die gewünschten Daten verfügen, in vielen Fällen mit hohem Aufwand verbunden.

Zum anderen geht die Sicherstellung der adäquaten Qualität der nachgefragten Daten mit erheblichen Kosten einher. Schließlich bestehen zwischen dem Datenhalter und dem Datennachfrager auch insoweit Informationsasymmetrien.[475] Die Überprüfung der Datenqualität kann in der Praxis durch Begutachtungen der angebotenen Daten erfolgen. Zum Beispiel kann der Datenerwerber Stichproben des Datensatzes untersuchen.[476] Damit ist aber ein gewisser Aufwand verbunden, der den Vertragsabschluss verzögert und zusätzliche Kosten entstehen lässt. Das

---

zu rechnen. Andererseits entstehen dann höhere Kosten bei der Vertragsaufsetzung. Siehe hierzu *Schäfer/Ott*, Ökonomische Analyse des Zivilrechts (2020), S. 479 ff.; *Schmolke*, in: v. Towfigh/Petersen, Ökonomische Methoden im Recht (2017), S. 131 (157).

470 *Martens/de Streel/u. a.*, B2B Data Sharing (2020), S. 29.

471 *Europäische Kommission*, SWD(2020) 295 final, S. 15 f.

472 Siehe hierzu auch Kap. 2, D. II. 4.

473 *Dewenter/Lüth*, Datenhandel und Plattformen (2018), S. 12; *Gal/Rubinfeld*, New York University Law Review 94 (2019), 737 (742).

474 Für Beispiele von Unternehmen, die hiervon eine Ausnahme darstellen und ihren Datenbestand aktiv vermarkten, siehe *Arnaut/Pont/u.a*, Study on data sharing (2018), S. 68 ff.

475 Siehe zu den Informationsasymmetrien Kap. 3, D. III. 2. b).

476 Siehe hierzu Kap. 3, D. III. 2. b) bb).

Erfordernis der Begutachtung steht der Standardisierung und insofern auch der einfachen und schnellen Anbahnung von Datentransaktionen entgegen.

Vor diesem Hintergrund ist davon auszugehen, dass Suchkosten allgemein ein erhebliches Hindernis für den reibungslosen Datenaustausch zwischen Unternehmen darstellen. Es sind allerdings auch bestimmte Konstellationen denkbar, in denen die Suchkosten niedrig sind. Dies ist etwa dann der Fall, wenn die Parteien bereits in einer Vertragsbeziehung stehen und dadurch wissen, über welche für sie interessanten Daten der Datenhalter verfügt. Beispielsweise wird es keine hohen Suchkosten geben, wenn Unternehmen Daten zur Koordinierung der Lieferkette austauschen.[477] Auch bei Daten, die nicht diskret gesammelt werden, dürften geringere Suchkosten bestehen. Zum Beispiel kann es bei Daten, die von vernetzten Geräten gesammelt werden, in vielen Fällen offensichtlich sein, dass der Gerätehersteller über die generierten Daten verfügt. Nichtsdestotrotz ist die Bedeutung der Suchkosten für den Datenaustausch als hoch einzuschätzen. Gerade beim aus innovationspolitischer Sicht besonders wertvollen, sektorenübergreifenden Datenaustausch zwischen Unternehmen, die in keiner geschäftlichen Beziehung zueinanderstehen, dürften sich hohe Suchkosten als äußerst problematisch erweisen.

c) Vertragsabschlusskosten

Hohe Vertragsabschlusskosten können sich beim Datenaustausch vor allem aus Schwierigkeiten bei der Preisfindung, dem rechtlichen Aufwand bei der Vertragsgestaltung sowie der Einhaltung regulatorischer Vorgaben für Datentransaktionen ergeben.

aa) Schwierigkeiten bei der Preisfindung

Bevor eine Datentransaktion zustande kommt, müssen sich die Unternehmen über die Bedingungen hierfür einigen. Bei Datentransaktionen gegen Entgelt setzt dies unter anderem die Einigung über den für den Datenzugang zu entrichtenden Preis voraus. Dabei erfolgt die Preisbildung auf dem sekundären Datenmarkt wie auch bei anderen Gütern nach dem Prinzip von Angebot und Nachfrage.[478] In der Praxis wirft die Preisfindung jedoch häufig Schwierigkeiten auf.[479] Auch wenn für

---

477 Siehe zum vertikalen Datenaustausch *Fedkenhauer/Fritzsche-Sterr/u. a.*, Datenaustausch (2017), S. 17.

478 *Lehner*, in: Specht-Riemenschneider/Werry/Werry, Datenrecht in der Digitalisierung (2019), S. 471 (481).

479 Zu dem damit verwandten Problem der Bezifferung der Wertbestimmung von Daten siehe *Nguyen/Paczos*, Measuring the economic value of data (2020), S. 32 ff.; *v. Grafenstein*, Reconciling

die Bestimmung des Preises verschiedene Kriterien als Orientierungshilfe herangezogen werden können,[480] haben sich für die meisten Daten noch keine stabilen Marktpreise herausgebildet.[481] Hierzu trägt zum einen das niedrige Transaktionsvolumen auf Märkten für Unternehmensdaten bei.[482] Darüber hinaus ist denkbar, dass die Heterogenität von Daten und die Kontextabhängigkeit ihres Wertes die Preisfindung erschwert. Insofern könnten Datenmärkte Ähnlichkeiten zu den Märkten für geistige Eigentumsrechte aufweisen.[483]

(1) Heterogenität von Daten

Zunächst wirkt sich auf die Preisfindung das gleiche Problem aus, das bereits das Auffinden geeigneter Daten erschwert und somit zu hohen Suchkosten führt: Es handelt sich bei Daten nicht um standardisierte Güter, sondern um heterogene und individuelle Güter.[484] Dies bedeutet, dass sich der Wert verschiedener Datensätze erheblich voneinander unterscheiden kann und deshalb der Preis für jeden auszutauschenden Datensatz individuell festgesetzt oder verhandelt werden muss. Aufgrund der Individualität und Unterschiedlichkeit der gehandelten Daten gibt es anders als bei standardisierten Gütern keine Vergleichswerte, auf die bei der Preisfindung zurückgegriffen werden kann.[485] Jedenfalls bisher fehlt es an einer ausreichenden Anzahl vergleichbarer Datentransaktionen, die von den Parteien zur Schätzung des Werts der Daten herangezogen werden können.[486] Mangels zur Verfügung stehender Vergleichswerte sind dann umfangreiche Begutachtungen für die Wertfestsetzung von Datensätzen nötig.

(2) Kontextabhängigkeit der Preisfindung

Eine weitere Ursache für Schwierigkeiten bei der Preisfindung liegt darin, dass der Wert, den die Parteien bestimmten Daten zuschreiben, stark kontextabhängig

---

Conflicting Interests in Data (2022), S. 20; *Lehner*, in: Specht-Riemenschneider/Werry/Werry, Datenrecht in der Digitalisierung (2019), S. 471.

480 *Stahl/Löser/Vossen*, Informatik-Spektrum 38 (2015), 133 (136 f.).

481 *Lehner*, in: Specht-Riemenschneider/Werry/Werry, Datenrecht in der Digitalisierung (2019), S. 471 (485).

482 *Hartl/Ludin*, MMR 2021, 534 (536).

483 So existiert auf den Märkten für Patentrechte das Problem, dass sich der Wert einzelner Patente nur mit hohem Aufwand und unter Berücksichtigung der bereits verfügbaren Patente des Erwerbers ermitteln lässt; siehe *Hagiu/Yoffie*, Intermediaries for the IP market (2011), S. 4.

484 Siehe Kap. 2, D. II. 4.

485 *Tang/Shao/u. a.*, Journal of Systems Science and Systems Engineering 29 (2020), 697 (698).

486 *Lehner*, in: Specht-Riemenschneider/Werry/Werry, Datenrecht in der Digitalisierung (2019), S. 471 (485).

ist.[487] Aus diesem Grund hängt auch der Preis, den unterschiedliche Datennachfrager bereit sind für ein und denselben Datensatz zu zahlen, maßgeblich von den individuellen Umständen der Datentransaktion und des Datennachfragers ab.[488] Für die Zahlungsbereitschaft des nachfragenden Unternehmens ist nämlich entscheidend, welchen individuellen Wert es dem angebotenen Datensatz zuschreibt. Dieser richtet sich danach, welchen kommerziellen Mehrwert sich der Nachfrager von der Analyse des angebotenen Datensatzes verspricht. Die Höhe des erzielbaren Mehrwerts hängt wiederum maßgeblich von seinen beabsichtigten Verwendungszwecken, seinen bereits verfügbaren Datenbeständen und seinen Datenanalysefähigkeiten ab. Aus diesem Grund beruht die individuelle Zahlungsbereitschaft maßgeblich auf den Umständen und Voraussetzungen des jeweiligen Datenerwerbers ab. Dies erschwert die Standardisierung der Preisfindung und begünstigt langwierige Preisverhandlungen.

bb) Rechtskosten beim Datenaustausch

Wie bereits festgestellt wurde, gibt es Anhaltspunkte dafür, dass der rechtliche Rahmen für den B2B-Datenaustausch ein wesentliches Hindernis für die Entstehung funktionierender Datenmärkte darstellt.[489] Es ist wahrscheinlich, dass Rechtskosten die Vertragsabschlusskosten erheblich ansteigen lassen. Zum einen kann der Rechtsrahmen Auswirkungen auf die Kosten der Vertragsaufsetzung für Datentransaktionen haben. Zum anderen kann die Einhaltung gesetzlicher Vorgaben die Kosten für den Vertragsabschluss erhöhen.

(1) Kosten der Vertragsaufsetzung

Es ist davon auszugehen, dass die Kosten der Vertragsaufsetzung bei Datentransaktionen höher sind als bei Transaktionen vieler anderer Gütern. Schwierigkeiten beim Datenaustausch werden bereits dadurch hervorgerufen, dass es in der Praxis häufig unklar ist, welche Rechte in welchem Umfang an den Daten existieren.[490] Dies kann bereits im Vorfeld einer Datentransaktion schwierige und klärungsbedürftige Rechtsfragen aufwerfen. Aufwendig ist auch die Durchführung von Datentransaktionen durch gesetzlich ungeregelte Datenlizenzverträge.[491] In Abwe-

---

487 *OECD*, Enhancing Access to and Sharing of Data (2019), S. 96; *Hoffmann-Riem*, Recht im Sog der digitalen Transformation (2022), S. 92.

488 *Lehner*, in: Specht-Riemenschneider/Werry/Werry, Datenrecht in der Digitalisierung (2019), S. 471 (481); *Lange/Stahl/Vossen*, Datenmarktplätze in verschiedenen Forschungsdisziplinen (2017), S. 3.

489 Siehe Kap. 3, C. IV.

490 *Schweitzer/Metzger/u. a.*, Data access and sharing (2022), S. 128.

491 Siehe zu Datenlizenzverträgen oben in Kap. 3, C. III. 1. b).

senheit dispositiven Vertragsrechts kommt den individuellen Vereinbarungen der Parteien eine überragende Bedeutung zu. Um Rechtsunsicherheiten hinsichtlich des Vertragsgegenstands sowie der vertraglichen Rechte und Pflichten der Vertragsparteien zu vermeiden, empfiehlt es sich, die vertraglichen Pflichten sowie eine Vielzahl rechtlicher Eventualitäten ausdrücklich und umfassend im Vertrag festzuhalten.

Die damit einhergehenden Vorteile bei der Individualisierung des Vertragsrahmens gehen mit erheblichen Kosten einher. Zunächst erfordert die Vertragsaufsetzung aufgrund ihrer Komplexität einen gewissen Aufwand seitens der Parteien. So beklagen nicht wenige Unternehmen die derzeit bestehenden rechtlichen Unsicherheiten bei der Vertragsgestaltung.[492] Aus diesem Grund kann es gerade für KMU ohne (spezialisierte) Rechtsabteilung erforderlich sein, externen Rechtsrat für die Vertragsaufsetzung herbeizuziehen.[493] Darüber hinaus eröffnet das Fehlen dispositiver Gesetzesvorschriften einen großen Verhandlungsspielraum bei der Vertragsaufsetzung. Wenn alle wesentlichen Vertragspunkte zur freien rechtlichen Disposition stehen und es an einem gesetzlichen Leitbild fehlt, kann dies zu zähen und teuren Verhandlungen führen und den Vertragsabschluss in die Länge ziehen. Diese Umstände stehen einer rechtlichen Standardisierung des B2B-Datenaustauschs derzeit entgegen.

(2) Rechtseinhaltungskosten

Darüber hinaus können den Vertragsparteien hohe Kosten durch die Einhaltung regulatorischer Vorgaben für den Datenaustausch entstehen. Dies gilt insbesondere hinsichtlich der DSGVO. Deren Regelungen stellen, wie bereits festgestellt, ein erhebliches Hindernis für den B2B-Datenaustausch dar.[494] Aufgrund der weiten Auslegung personenbezogener Daten nach der DSGVO ist ihre Anwendbarkeit bei jeder Datentransaktion gründlich zu prüfen. Diese Prüfung ist in vielen Fällen aufwendig und komplex. Schließlich ist das Vorliegen eines Bezugs zu einer identifizierbaren Person kontextabhängig und Feststellung des Personenbezugs erfordert die Auswertung aller gegenständlichen Daten auf ihrer semantischen Ebene.

Wenn die Datentransaktion (auch) personenbezogene Daten zum Gegenstand hat, muss für die Rechtmäßigkeit der Transaktion eine der Rechtmäßigkeitsbedingungen nach Art. 6 DSGVO erfüllt sein. Als einzige tragbare und zumindest ansatz-

492 *Büchel/Demary/u. a.*, Anreizsystem und Ökonomie des Data Sharings (2022), S. 53.

493 Vgl. auch *Rosenkranz/Scheufen*, ZfDR 2022, 159 (196 f.).

494 Siehe zur DSGVO oben in Kap. 3, C. III. 3.; so gaben in einer repräsentativen Umfrage von deutschen Industrieunternehmen knapp 88 % der befragen Unternehmen an, dass datenschutzrechtliche Bedenken ein Hemmnis für den B2B-Datenaustausch darstellen; siehe *Büchel/Demary/u. a.*, Anreizsystem und Ökonomie des Data Sharings (2022), S. 53.

weise verlässliche Rechtsgrundlage kommt dabei die Einwilligung der Betroffenen nach Art. 6 Abs. 1 UAbs. 1 lit. a DSGVO in Betracht. Voraussetzung einer Datenübermittlung wird deshalb die Einholung informierter und freiwilliger Einwilligungen aller Betroffenen sein. Dies erfordert, dass die Einwilligungen auf der Grundlage eindeutiger Informationen zum Personenkreis der potenziellen Empfänger und zu deren Verarbeitungszwecken abgegeben werden.[495] Blankoeinwilligungen und pauschale Einwilligungserklärungen sind hingegen unbestimmt und daher unwirksam.[496] Die Einholung hinreichend spezifischer Einwilligungen ist aufwendig und geht, insbesondere wenn eine Vielzahl von Personen betroffen ist, mit hohen organisatorischen Kosten einher. Alternativ zur Einholung von Einwilligungen können Datenhalter personenbezogene Daten auch anonymisieren. Hierbei ist aber zu berücksichtigen, dass auch die effektive Anonymisierung großer Datenmengen mit erheblichen technischen und organisatorischen Kosten einhergeht und das Risiko der De-Anonymisierung die Rechtssicherheit dieser Verfahren einschränkt.[497] Hinzu kommt, dass erfolgreiche Anonymisierungen den analytischen Wert der Daten für viele Anwendungszwecke schmälern.[498] Es gibt insoweit keinen Königsweg für die Herstellung der datenschutzrechtlichen Konformität von Datentransaktionen. Die Übermittlung personenbezogener Daten wird daher mit hohen Kosten verbunden sein und unter Umständen die Einholung spezialisierten Rechtsrats erfordern.

Unternehmen sind außerdem verpflichtet, kartellrechtliche Vorgaben beim Datenaustausch einzuhalten.[499] Die Einhaltung des Kartellrechts stellt ein geringeres Problem für den B2B-Datenaustausch dar als die Befolgung der DSGVO. Schließlich sind nur Datenübermittlungen an (potenzielle) Wettbewerber kartellrechtlich problematisch. Nichtsdestotrotz muss die kartellrechtliche Zulässigkeit von B2B-Datentransaktionen immer im Einzelfall festgestellt werden, wodurch Kosten entstehen. Da es für kartellrechtliche Laien schwierig ist, wettbewerbsschädliche Datentransaktionen zu identifizieren,[500] wird häufig die Einholung externen Rechtsrats erforderlich sein.

---

495 Siehe nur *Denga*, GRUR 2022, 1113 (1115); *Buchner/Kühling*, in: Kühling/Buchner, DSGVO, Art. 7 Rn. 59; *Arning/Rothkegel*, in: Taeger/Gabel, DSGVO, Art. 4 Rn. 339.

496 *Ernst*, in Paal/Pauly, DSGVO Art. 4 Rn. 78; *Taeger*, in: Taeger/Gabel, DSGVO, Art. 7 Rn. 137; *Arning/Rothkegel*, in: Taeger/Gabel, DSGVO, Art. 4 Rn. 329.

497 Siehe nur *Oostveen*, International Data Privacy Law 6 (2016), 299 (306); *Finck/Pallas*, International Data Privacy Law 10 (2020), 11 (20).

498 *Wendehorst*, in: Lohsse/Schulze/Staudenmayer, Trading Data in the Digital Economy (2017), S. 327 (330 f.).

499 Siehe hierzu Kap. 3, C. III. 2. a).

500 *Polley*, CR 2021, 701 (708, Rn. 58).

d) Vertragsdurchführungskosten

Unter die Vertragsdurchführungskosten fallen alle Kosten, die für die Durchführung und Abwicklung einer Transaktion notwendig sind. Hierbei handelt es sich zum einen um die Kosten, die bei der technischen Umsetzung der Datentransaktion anfallen. Zum anderen entstehen Kosten durch die Überwachung und Sicherstellung der Einhaltung der vertraglichen Bestimmungen. Zu beachten ist, dass die Kosten der Vertragsdurchführung, die zeitlich erst nach Abschluss des Vertrages anfallen, dennoch die Bereitschaft der Parteien zum Abschluss des Vertrages beeinflussen. Schließlich nehmen die Parteien die erwarteten Vertragsdurchführungskosten in ihre private Kosten-Nutzen-Rechnung zur Beurteilung der Transaktion *ex ante* auf.

aa) Technische Kosten der Vertragsdurchführung

Bei der Transaktionsdurchführung fallen technische Kosten zunächst bei der Übertragung der Daten vom Datenhalter auf den Datennutzer beziehungsweise bei der Zugangsgewährung an. Darüber hinaus kann die für die Datennutzung erforderliche Herstellung der Dateninteroperabilität mit Kosten verbunden sein.

(1) Kosten der Übertragung von Daten

Die Kosten der technischen Datenweitergabe hängen maßgeblich von dem gewählten Übertragungsmechanismus ab. Eher primitive Wege der Datenweitergabe, wie das Hoch- und Herunterladen von Daten auf unternehmenseigenen Servern oder den Servern von File-Hosting- und Cloud-Dienstleistern,[501] dürften in der Regel mit überschaubaren Kosten verbunden sein. Höhere Kosten sind aber bei ausgefeilteren Möglichkeiten des Datenaustausches zu erwarten, insbesondere bei der Verwendung von Programmierschnittstellen und Daten-Sandboxen.[502] Dort fallen unter Umständen hohe Kosten für die Errichtung und den Betrieb der Einrichtungen für den Datenaustausch an. So schätzt das Software-Unternehmen *DreamFactory* die Kosten für die Errichtung einer eher simplen Programmierschnittstelle auf 20.000 USD.[503] Freilich kann hierfür auch auf das Angebot externer Anbieter zurückgegriffen werden. Aber auch dann fallen nicht zu vernachlässigende Kosten an. Noch deutlich höher sind die Kosten für eine Daten-Sandbox. So verlangt der Anbieter *Data Republic* für die Nutzung einer von ihm entwickelten Daten-Sand-

---

501 *Arnaut/Pont/u.a*, Study on data sharing (2018), S. 42, 61.

502 *Reimsbach-Kounatze*, in: BMJV/MPI, Data Access (2021), S. 27 (51 f.).

503 Siehe https://blog.dreamfactory.com/api-calculator-understanding-the-costs-behind-building-an-api-based-application.

box-Architektur eine jährliche Gebühr in Höhe von 120.000 USD.[504] Diese Beispiele zeigen, dass die technische Abwicklung von Datentransaktionen durchaus mit hohen Kosten verbunden sein kann. Dies gilt insbesondere dann, wenn der Datenhalter sich nur an wenigen Transaktionen beteiligt und die Fixkosten daher nicht auf eine hohe Transaktionszahl verteilen kann.

(2) Kosten der Herstellung der Interoperabilität von Daten

Ein weiterer, nicht zu vernachlässigender Kostenpunkt bei der technischen Durchführung von Datentransaktion kann durch das Herstellen der Interoperabilität von Daten entstehen. Die fehlende Interoperabilität von Datensätzen stellt nach den Aussagen von Unternehmen ein erhebliches Hindernis für den reibungslosen Datenaustausch dar.[505] Schließlich haben Datennachfrager nur dann ein Interesse am Datenerwerb, wenn sie die Daten anschließend auch nutzen und gegebenenfalls mit eigenen Datenbeständen zusammenlegen können. Hierzu ist aber die Interoperabilität der erworbenen Daten mit ihren eigenen Systemen und Daten erforderlich.

(a) Dateninteroperabilität

Da der Begriff der Interoperabilität in verschiedenen Anwendungsbereichen nicht immer einheitlich verwendet wird,[506] ist sorgfältig zu differenzieren, worauf sich Interoperabilität beim Datenaustausch bezieht. Allgemein bezeichnet Interoperabilität die Fähigkeit eines Systems mit einem anderen, technisch verschiedenen System zu kommunizieren und zusammenzuarbeiten.[507] Interoperabilität spielt eine wichtige Rolle im Softwarebereich, da sie eine Voraussetzung für das erfolgreiche Zusammenarbeiten von unterschiedlichen Programmen ist.[508]

Im Rahmen des Datenaustausches ist die Dateninteroperabilität von Bedeutung, da sie für die Nutzung derselben Daten durch verschiedene IT-Systeme notwendig ist.[509] Unterschieden wird zwischen der syntaktischen und der semantischen Interoperabilität, wobei beide Arten der Interoperabilität in der Realität

---

504 Siehe https://aws.amazon.com/marketplace/pp/prodview-k5rr3zendjhqu.

505 *Europäische Kommission*, SWD(2020) 295 final, S. 15; SWD(2022) 34 final, S. 22; *Barbero/Cocoru/u. a.*, Study on emerging issues of data ownership, S. 89; *Arnaut/Pont/u.a*, Study on data sharing (2018), S. 80; *OECD*, Enhancing Access to and Sharing of Data (2019), S. 92; *OECD*, Data Driven Innovation (2015), S. 192.

506 Siehe zu den verschiedenen Definitionen *Hoffmann/Otero*, JIPITEC 11 (2020), 252 (255 f.).

507 *Schweitzer/Kerber*, JIPITEC 8 (2017), 39 (40, Rn. 5); *Hoffmann/Otero*, JIPITEC 11 (2020), 252 (256 f., Rn. 20); *Brown*, The technical components of interoperability (2020), S. 4.

508 *Hoffmann/Otero*, JIPITEC 11 (2020), 252 (255, Rn. 13).

509 *OECD*, Data Driven Innovation (2015), S. 192.

häufig zusammenfallen.[510] Syntaktische Interoperabilität bezeichnet die Kompatibilität des Datenformats und der Datenstruktur, die beim Datenaustausch verwendet werden.[511] Sie liegt dann vor, wenn die durch die Daten übermittelten Informationen anhand von „grammatikalischen" Regeln („in einer gemeinsamen Sprache") kodiert wurden, die beide Systeme verstehen können.[512] Demgegenüber setzt die semantische Interoperabilität voraus, dass die verschiedenen Systeme auch den Sinn- und Bedeutungsgehalt der als Daten übermittelten Informationen verstehen können.[513] Hieran fehlt es, wenn trotz einheitlicher Datenformate die von verschiedenen Systemen verwendeten Datenmodelle und -schemata unterschiedlich und daher inkompatibel sind.[514] Dann kann es aufgrund eines fehlenden einheitlichen „Vokabulars" zu Verständnisproblemen kommen, da ein anderes System nicht nachvollziehen kann, was ein bestimmter Datenpunkt inhaltlich bedeuten soll.[515] Sowohl die syntaktische als auch die semantische Interoperabilität sind erforderlich, um die vollständige Interoperabilität zwischen Datensätzen zu erreichen.[516] Zusammenfassend setzt die Interoperabilität von Datensätzen demnach voraus, dass Daten und Metadaten nach vereinbarten Modellen und Schemata strukturiert und Daten anhand einheitlicher Klassifizierungen und Vokabulare kodiert werden.[517]

(b) Kosten fehlender Dateninteroperabilität

Datennachfrager haben nur dann Interesse am Erwerb von Daten, wenn sie diese auch analysieren und nutzen können. Dies setzt aber voraus, dass die Daten sowohl auf der syntaktischen als auch auf der semantischen Ebene interoperabel sind.[518] In der Praxis stellt dies häufig ein Problem dar, da Unternehmen unterschiedliche Varianten von Datenmodellen und -schemata verwenden und es inso-

---

510 *Brown*, The technical components of interoperability (2020), S. 6; *Hoffmann/Otero*, JIPITEC 11 (2020), 252 (257 f.).

511 *Noura/Atiquzzaman/Gaedke*, Mobile Networks and Applications 24 (2019), 796 (799).

512 *Noura/Atiquzzaman/Gaedke*, Mobile Networks and Applications 24 (2019), 796 (799); *Brown*, The technical components of interoperability (2020), S. 5.

513 *Schweitzer/Kerber*, JIPITEC 8 (2017), 39 (41, Rn. 6); *Noura/Atiquzzaman/Gaedke*, Mobile Networks and Applications 24 (2019), 796 (799); *Hoffmann/Otero*, JIPITEC 11 (2020), 252 (275., Rn. 25); *Brown*, The technical components of interoperability (2020), S. 5.

514 *Noura/Atiquzzaman/Gaedke*, Mobile Networks and Applications 24 (2019), 796 (799). Siehe hierzu ausführlich *González Morales/Orrell*, Data Interoperability (2018), S. 22 ff.

515 *Gal/Rubinfeld*, New York University Law Review 94 (2019), 737 (747 f.); *Brown*, The technical components of interoperability (2020), S. 6.

516 *OECD*, Enhancing Access to and Sharing of Data (2019), S. 93.

517 *González Morales/Orrell*, Data Interoperability (2018), S. 10.

518 *Hoffmann/Otero*, JIPITEC 11 (2020), 252 (258, Rn. 26).

weit an einer Harmonisierung fehlt.[519] Dies ist nicht nur sektorenübergreifend ein Problem. Sogar innerhalb einer Organisation werden oft unterschiedliche Datenmodelle verwendet. Einer Harmonisierung steht entgegen, dass es kein einzig richtiges Datenmodell gibt, sondern unterschiedliche Datenmodelle für verschiedene Zwecke am besten geeignet sind.[520]

Die fehlende Interoperabilität von Daten kann nachträglich hergestellt werden. Hierbei fallen aber wesentliche Kosten an.[521] Dies gilt insbesondere dann, wenn Daten aus verschiedenen Quellen kombiniert werden und einen einheitlich strukturierten Datensatz ergeben sollen, etwa wenn externe Daten mit internen Daten verknüpft werden.[522] Dann müssen unter Umständen erhebliche Ressourcen aufgewendet werden, bevor die gemeinsame Analyse der Daten möglich ist. Da die gemeinsame Analyse mehrere Datensätze aufgrund von Verbundvorteilen aber besonders attraktiv ist,[523] stellen die Probleme bei der Zusammenlegung unterschiedlicher Datensätze ein gravierendes Hindernis für den Erwerb externer Daten dar. Ohne die Interoperabilität der Daten hat der Datenempfänger keinen Anreiz zur Datentransaktion, da er sie nicht verwenden kann. Die mit der Herstellung der Interoperabilität einhergehenden Kosten können aber im Einzelfall prohibitive Wirkungen für den Abschluss von Datentransaktionen entfalten. Aus diesem Grund wird die Standardisierung von Daten, also die einheitliche Formatierung, Strukturierung und Klassifizierung, als eine wichtige Voraussetzung für einen funktionierenden Datenaustausch zwischen Unternehmen angesehen.[524]

bb) Kosten der Durchsetzung vertraglicher Bestimmungen

Auch die Durchsetzung der vertraglichen Bestimmungen, auf die sich die Parteien bei einer Datentransaktion geeinigt haben, kann mit erheblichen Kosten verbunden sein.[525] Allgemein sind Vertragsdurchsetzungskosten gering, wenn Vertragsbrüche leicht zu beobachten sind und die Beseitigung oder Bestrafung von Vertragsbrüchen einfach durchzusetzen ist.[526] Bei Datentransaktionen ist in der Regel

---

519 *OECD*, Data Driven Innovation (2015), S. 192; *Europäische Kommission*, SWD(2020) 295 final 2020, S. 15; *González Morales/Orrell*, Data Interoperability (2018), S. 22.

520 *González Morales/Orrell*, Data Interoperability (2018), S. 22.

521 *Schweitzer/Kerber*, JIPITEC 8 (2017), 39 (41, Rn. 6).

522 *Barbero/Cocoru/u. a.*, Study on emerging issues of data ownership (2018), S. 93; *Gal/Rubinfeld*, New York University Law Review 94 (2019), 737 (748); *Rubinfeld/Gal*, Arizona Law Review 59 (2017), 339 (365).

523 Siehe zu den Verbundvorteilen Kap. 2, D. II. 5. b).

524 *Gal/Rubinfeld*, New York University Law Review 94 (2019), 737 (750); *OECD*, Enhancing Access to and Sharing of Data (2019), S. 93; *Europäische Kommission*, SWD(2020) 295 final, S. 15.

525 So auch *Martens/de Streel/u. a.*, B2B Data Sharing (2020), S. 26.

526 *Cooter/Ulen*, Law & Economics (2016), S. 90.

weder das eine noch das andere der Fall. Die hohen Durchsetzungskosten können sich daher negativ auf die Bereitschaft von Unternehmen zum Datenaustausch auswirken. Zwar regeln Datenhalter und Datenerwerber vertraglich, ob die Daten an Dritte weitergegeben werden dürfen und zu welchen Zwecken die Daten analysiert werden dürfen.[527] Hierdurch können Datenhalter ihre rechtlichen und geschäftlichen Interessen schützen. In der Praxis ist die effektive Durchsetzung der Vereinbarungen zum Schutz der Datenhalter aber schwierig, weshalb diese in vielen Fällen von der Weitergabe ihrer Daten absehen. Schließlich müssen sie aufgrund der schwachen Durchsetzbarkeit der Vereinbarungen befürchten, dass ihre Daten von den Erwerbern vertragswidrig und entgegen ihren Interessen verwendet werden.[528]

(1) Hohe Überwachungskosten

Die schwache Durchsetzbarkeit von Verträgen in der Praxis liegt zum einen daran, dass die Überwachungskosten sehr hoch sein können. Ob der Datenerwerber vertragsgemäß mit den Daten umgeht, ist in der Regel nämlich nur mit sehr hohem Aufwand oder überhaupt nicht festzustellen. Dies liegt daran, dass der Datenhalter mit der Weitergabe der Daten die faktische Kontrolle über sie verliert.[529] Außerdem entstehen bei der Datenübermittlung *ex-post*-Informationsasymmetrien. Der Datenhalter kann nicht beurteilen, wie der Datenerwerber mit den Daten umgeht und ob er sie gegebenenfalls an Dritte weiterleitet.[530] Diese Umstände führen dazu, dass Datenhalter in der Praxis kaum überwachen können, ob sich ihre Vertragspartner entsprechend der vertraglichen Regelungen verhalten. Die Nichtüberwachbarkeit vertraglicher Bestimmungen kann dazu führen, dass Datenhalter von grundsätzlich vorteilhaften Datentransaktionen Abstand nehmen, da sie mit dem opportunistischen Verhalten ihrer Vertragspartner rechnen müssen. Eine gewisse Abhilfe können hier technische Mechanismen wie Daten-Sandboxen leisten.[531] Deren Nutzung eignet sich aber nicht für alle Zwecke und kann mit erheblichen Kosten einhergehen,[532] so dass die Kosten für die Durchsetzung vertraglicher Bestimmungen und damit die Transaktionskosten hoch bleiben.

---

527 Siehe Kap. 3, C. III. 1. b) bb) und *Hennemann*, RDi 2021, 61 (64, Rn. 14); *Schur*, GRUR 2020, 1142 (1145).

528 *OECD*, Enhancing Access to and Sharing of Data (2019), S. 81 f.; *Arnaut/Pont/u.a*, Study on data sharing (2018), S. 44, 76 f.; *Barbero/Cocoru/u. a.*, Study on emerging issues of data ownership (2018), S. 79; *Europäische Kommission*, SWD(2020) 295 final, S. 11.

529 *OECD*, Enhancing Access to and Sharing of Data (2019), S. 83; *Lüftenegger/Dressel*, BB 2022, 2506 (2507).

530 Siehe Kap. 3, D. III. 2. c) aa).

531 Siehe Kap. 3, D. III. 2. c) bb).

532 Siehe Kap. 3, D. III. 3. d) aa) (1).

(2) Unzureichender rechtlicher Schutz

Selbst wenn der Datenhalter von einem Vertragsbruch erfährt, sind seine Möglichkeiten zur Wiederherstellung des Zustandes vor dem Vertragsbruch begrenzt. Wenn der Erwerber die Daten in vertragswidriger Weise analysiert und verwendet hat, kann der Datenhalter unter Umständen schuldrechtlichen Schadensersatz (§§ 280 Abs. 1, 241 Abs. 2 BGB) verlangen. Die Ermittlung der Schadenshöhe kann in der Praxis aber Schwierigkeiten aufwerfen, da hierfür ein konkreter Schaden beziffert werden muss. Vertragsstrafen oder vertragliche Schadenspauschalierungen können die Rechtsposition des Datenhalters immerhin zu einem gewissen Grad verbessern.[533]

Unzulänglich ist insbesondere der Rechtsschutz gegenüber Dritten, wenn der Datenerwerber die erhaltenen Daten unbefugt an Dritte weitergibt. Dann kann der Datenhalter zwar gegen seinen Vertragspartner mit Schadensersatzansprüchen vorgehen. Er kann mangels eines Eigentumsrechts an Daten jedoch weder die Löschung noch die Herausgabe der Daten durch den Dritten verlangen.[534] Anders verhält es sich nur dann, wenn die geteilten Daten dem geschäftlichen Geheimnisschutz unterliegen. In diesem Fall kann der Datenhalter über § 4 Abs. 3 S. 1 GeschGehG auch gegen Dritte, die unbefugt Daten vom Vertragspartner erlangt haben, vorgehen. In der Praxis existieren aber Schwierigkeiten bei der effektiven Durchsetzung von Ansprüchen nach dem GeschGehG.[535] Zudem wirft die Eröffnung des sachlichen Schutzbereichs des GeschGehG im Hinblick auf Daten mitunter Schwierigkeiten auf.[536] Die Wiederherstellung des Zustands vor dem Vertragsbruch ist deshalb in den meisten Fällen nicht oder nur sehr schwer zu erreichen.

e) Zwischenergebnis

Im Ergebnis gibt es starke Anhaltspunkte dafür, dass beim Datenaustausch hohe Transaktionskosten anfallen. Diese können sowohl bei der Anbahnung als auch beim Abschluss und der Durchführung einer Datentransaktion entstehen. Unternehmen müssen in vielen Fällen erhebliche zeitliche, personelle und finanzielle Ressourcen aufwenden, um eine Datentransaktion erfolgreich durchführen zu können. Die hohen Transaktionskosten schrecken potenzielle Vertragsparteien ab und können somit das Zustandekommen ansonsten effizienter Transaktionen verhindern. Es ist zu befürchten, dass Transaktionskosten ein wesentliches Hindernis

---

533 Siehe dazu Kap. 3, C. III. 1. c) bb).

534 *Schweitzer/Peitz*, Datenmärkte in der digitalisierten Wirtschaft (2017), S. 69; *Dewenter/Lüth*, Datenhandel und Plattformen (2018), S. 48.

535 Siehe hierzu Kap. 3, C. II. 5. d).

536 Siehe zum Schutz von Daten durch das GeschGehG Kap. 3, C. II. 5.

für den verstärkten Austausch von Daten zwischen Unternehmen darstellen und einer Standardisierung des Datenhandels entgegenstehen.

4. Marktmacht

Datennachfragende Unternehmen tragen häufig vor, dass sie von größeren Unternehmen entweder überhaupt keinen Zugang zu deren Daten erhalten oder im Gegenzug hohe Gebühren oder anderweitig nachteilige Konditionen akzeptieren müssen.[537] Ein Grund hierfür könnte in der hohen Marktmacht von Datenhaltern liegen.

a) Marktmacht in der ökonomischen Theorie

aa) Auswirkungen von Marktmacht

Zur Verdeutlichung der Auswirkungen von Marktmacht lässt sich ein Markt, auf dem ein Anbieter Marktmacht hat, einem vollkommen wettbewerblichen Markt gegenüberstellen. Bei einem Markt mit vollkommenem Wettbewerb gibt es so viele Anbieter und Nachfrager, dass keiner von ihnen den Marktpreis durch seine individuellen Entscheidungen beeinflussen kann.[538] Der Marktpreis entspricht dann den Grenzkosten der Anbieter, wodurch eine Pareto-effiziente Allokation erreicht wird.[539] Demgegenüber wird die Preissetzungsmacht eines marktmächtigen Unternehmens nicht oder nur in geringerem Maße durch Wettbewerber begrenzt.[540] Das marktmächtige Unternehmen kann daher einen Preisaufschlag gegenüber seinen Kunden durchsetzen.[541] Es ist in der Lage, den Preis eines Guts über das Wettbewerbsniveau anzuheben, ohne dabei einen Absatzrückgang hinnehmen zu müssen, der so stark ist, dass die Preiserhöhung unrentabel wird.[542] Die Existenz von Marktmacht ist nicht nur deshalb problematisch, weil sie zu Verteilungswirkun-

---

537 *Barbero/Cocoru/u. a.*, Study on emerging issues of data ownership (2018), S. 92; *Arnaut/Pont/u.a*, Study on data sharing (2018), S. 80; *Europäische Kommission*, Detailed analysis of the consultation results on „Building a European Data Economy" (2017), S. 13; SWD(2022) 34 final, S. 11.

538 *Cooter/Ulen*, Law & Economics (2016), S. 28; *Morell*, in: v. Towfigh/Petersen, Ökonomische Methoden im Recht (2017), S. 45 (69); *Kerber/Schwalbe*, in: MüKo WettbR, Grundlagen Rn. 154.

539 *Kerber/Schwalbe*, in: MüKo WettbR, Grundlagen Rn. 152; *Magen*, in: Kirchof/Korte/Magen, Öffentliches Wettbewerbsrecht (2014), S. 17 (Rn. 30).

540 *Morell*, in: v. Towfigh/Petersen, Ökonomische Methoden im Recht (2017), S. 45 (72).

541 *Syverson*, Journal of Economic Perspectives 33 (2019), 23 (25); *Cooter/Ulen*, Law & Economics (2016), S. 39; *Landes/Posner*, Harvard Law Review 94 (1981), 937 (939); *Kerber/Schwalbe*, in: MüKo WettbR, Grundlagen Rn. 210.

542 Auch andere Parameter als der Preis und die Angebotsmenge können durch die Marktmacht des Anbieters beeinflusst werden. Zum Beispiel kann der Anbieter auch eine schlechtere Qualität oder unattraktivere Vertragsbedingungen gegenüber seinen Kunden durchsetzen.

gen zugunsten des marktmächtigen Unternehmens führt. Die durch Marktmacht überhöhten Preise reduzieren außerdem die Allokations- und Produktionseffizienz und führen somit zu Wohlfahrtsverlusten.[543]

bb) Voraussetzungen von Marktmacht

Die Marktmacht eines Unternehmens ist eng mit der auf dem jeweiligen Markt vorherrschenden Marktstruktur verbunden. Die Marktstruktur beschreibt in erster Linie den Grad der Unternehmenskonzentration und der Produktdifferenzierung sowie das Vorhandensein von Hindernissen für den Markteintritt neuer Unternehmen. Ein Extrem denkbarer Marktstrukturen stellt der vollkommene oder perfekte Markt dar, in dem es eine große Anzahl an Anbietern und Nachfragern gibt und keine Marktzutrittsschranken vorhanden sind. Bei einer solchen Marktstruktur verfügt kein Unternehmen über Marktmacht und der Preis kann von keinem Unternehmen einseitig beeinflusst werden.[544] Demgegenüber stellt ein Monopol das andere Extrem möglicher Marktstrukturen dar. Bei einem Monopol gibt es nur einen einzigen Anbieter eines Gutes, der alleine die gesamte Marktnachfrage bedient, und durch Marktzutrittsschranken vor dem Markteintritt anderer Unternehmen geschützt ist.[545] Zwischen perfektem Wettbewerb und Monopol sind viele Marktformen mit einer begrenzten Wettbewerberzahl denkbar.[546]

Ein Monopol kann nur dann entstehen und fortbestehen, wenn der Monopolist durch ein Marktzutrittshindernis vor dem Markteintritt anderer Unternehmen geschützt ist.[547] Das Monopol kann insbesondere auf dem Schutz durch staatliche Regulierung, dem Vorliegen starker Skaleneffekte oder der Kontrolle des für den Markteintritt erforderlichen Zugangs zu einer essenziellen Ressource oder einer wesentlichen Einrichtung (*essential facility*) beruhen.[548] Bei der Kontrolle einer notwendigen Ressource oder Einrichtung kann der Monopolist den Markteintritt

---

543 *Kerber/Schwalbe*, in: MüKo WettbR, Grundlagen Rn. 166 f.; *Morell*, in: v. Towfigh/Petersen, Ökonomische Methoden im Recht (2017), S. 45 (73).

544 *Cooter/Ulen*, Law & Economics (2016), S. 28 f.; *Morell*, in: v. Towfigh/Petersen, Ökonomische Methoden im Recht (2017), S. 45 (69); *Magen*, in: Kirchof/Korte/Magen, Öffentliches Wettbewerbsrecht (2014), S. 17 (Rn. 30); *Kerber/Schwalbe*, in: MüKo WettbR, Grundlagen Rn. 150 ff.

545 *Cooter/Ulen*, Law & Economics (2016), S. 29 ff.; *Morell*, in: v. Towfigh/Petersen, Ökonomische Methoden im Recht (2017), S. 45 (72 f.); *Schäfer/Ott*, Ökonomische Analyse des Zivilrechts (2020), S. 63 ff.; *Mas-Colell/Whinston/Green*, Microeconomic Theory (1995), S. 383 ff.; *Kerber/Schwalbe*, in: MüKo WettbR, Grundlagen Rn. 163 ff.

546 Z. B. spricht man von einem Oligopol, wenn nur eine geringe Anzahl von Wettbewerbern auf einem Markt tätig ist.

547 *Cooter/Ulen*, Law & Economics (2016), S. 28; *Morell*, in: v. Towfigh/Petersen, Ökonomische Methoden im Recht (2017), S. 45 (74); *Krugman/Wells*, Economics (2015), S. 389.

548 *Morell*, in: v. Towfigh/Petersen, Ökonomische Methoden im Recht (2017), S. 45 (74).

anderer Unternehmen verhindern, indem er ihnen den Zugang zu der notwendigen Ressource verweigert.[549]

b) Marktmacht beim B2B-Datenaustausch

Fraglich ist, ob Märkte für Unternehmensdaten durch das Bestehen von Marktmacht beeinflusst und gehemmt werden.[550] Hierfür kommt es darauf an, ob (manche) Datenhalter auf Datenmärkten über eine gewisse Marktmacht verfügen, aufgrund derer sie den Nachfragern ihrer Daten den Zugang zu diesen verweigern oder für den Zugang überhöhte Preise verlangen können.[551]

aa) Herrschaft über nicht-reproduzierbare und -substituierbare Daten

Die Antwort auf diese Frage hängt entscheidend davon ab, ob sich der Halter eines Datensatzes einem funktionierenden Wettbewerb auf dem Angebotsmarkt für den jeweiligen Datensatz ausgesetzt sieht. Dies kann nicht pauschal beantwortet werden, sondern hängt von dem Informationsgehalt und den Umständen der Erhebung der jeweiligen Daten ab. Eine starke Marktmachtstellung hat ein Datenanbieter dann, wenn seine Daten aufgrund ihres Informationsgehalts nicht durch andere Daten substituiert werden können und er andere Unternehmen von der (erneuten) Erhebung beziehungsweise der Reproduktion der Daten ausschließen kann.[552] Umgekehrt ist das Vorliegen von Marktmacht aber dann ausgeschlossen, wenn die Daten des Datenanbieters aus Sicht der Nachfrager durch die Daten einer Vielzahl anderer Unternehmen funktionell substituiert werden können oder die Daten des Datenanbieters auch ohne die Entstehung prohibitiv hoher Kosten durch den Nachfrager reproduziert werden können.

---

549 *Krugman/Wells*, Economics (2015), S. 389.

550 Aus kartellrechtlicher Sicht ist zu beachten, dass es nicht nur einen B2B-Markt für Daten gibt, sondern je nach Bedarf und Art der Daten zwischen verschiedenen Datenmärkten unterschieden werden kann, siehe *Körber*, NZKart 2016, 303 (309).

551 In der wettbewerbsrechtlichen und -ökonomischen Literatur wird bislang vor allem diskutiert, ob die Datenmacht eines Unternehmens ihm Wettbewerbsvorteile verschaffen und ihm zu einer erheblichen Marktmacht auf einen bestimmten Markt verhelfen kann; siehe nur *Körber*, NZKart 2016, 303 (305); *BKartA*, Big Data und Wettbewerb (2017), S. 7; *Krämer/Schnurr*, Journal of Competition Law & Economics 18 (2022), 255. Dieser Frage wird im Rahmen dieser Untersuchung nicht nachgegangen. Stattdessen wird untersucht, ob davon auszugehen ist, dass (potenzielle) Datenanbieter erhebliche Marktmacht haben, die sie gegenüber Datennachfragern ausnutzen können und die so zu einem suboptimalen Niveau des B2B-Datenaustauschs führt.

552 Ähnlich *Schweitzer/Peitz*, Datenmärkte in der digitalisierten Wirtschaft (2017), S. 82.

bb) Kontrolle der Datenerhebung

Ob ein Unternehmen die Erhebung bestimmter Daten kontrolliert, hängt davon ab, ob es Dritte von der Erhebung ausschließen kann. Wie zuvor festgestellt, können Dritte auf der semantischen Ebene von Daten nur in manchen Fällen von der Erhebung und Nutzung ausgeschlossen werden.[553] Bei Daten über Vorgänge, die sich von jedermann beobachten und aufzeichnen lassen, ist ein Ausschluss Dritter von der Datenerhebung grundsätzlich nicht möglich.[554] Nur ausnahmsweise wird eine Reproduktion solcher Daten unmöglich sein. Dies ist etwa dann der Fall, wenn die aufzuzeichnenden Vorgänge in der Vergangenheit liegen oder die parallele beziehungsweise erneute Erhebung der Daten mit Kosten in prohibitiver Höhe verbunden ist.[555] Gerade bei klassischen personenbezogenen Daten wird davon ausgegangen, dass die parallele oder erneute Datenerfassung grundsätzlich möglich ist.[556]

Anders verhält es sich, wenn die gegenständlichen Daten nur aus einer Quelle gesammelt werden können und der Datenanbieter diese Quelle kontrolliert. Dann hat er einen exklusiven Zugang zu den Daten und kann Dritte von der Erhebung und Nutzung dieser Daten ausschließen. Hierunter fallen in erster Linie einzigartige Daten aus der Industrie, die nur aus einer Quelle generiert werden können.[557] Ein wichtiges Beispiel hierfür sind Daten, die von mit dem Internet verbundenen Geräten stammen.[558] So kann zum Beispiel ein Automobilhersteller unter Umständen ein Monopol auf die von seinen Fahrzeugen generierten Daten haben.[559] In ähnlicher Weise können Unternehmen auch die Erhebung von Daten in ihren für Dritte unzugänglichen Produktionsstätten kontrollieren. Eine Monopolstellung kann aber auch in diesen Fällen nur dann angenommen werden, wenn keine funktionalen Substitute für die Daten des Anbieters verfügbar sind.[560]

---

553 Siehe oben zur Ausschließbarkeit von der Datennutzung und -erhebung Kap. 2, D. II. 2.

554 Vgl. *Hillmer*, Daten als Rohstoffe (2021), S. 168.

555 Im zweiten Fall kann die Situation derjenigen eines natürlichen Monopols ähneln; siehe *Rusche/Scheufen*, On (intellectual) property (2018), S. 16 f.

556 Siehe *Paal/Hennemann*, Big Data as an Asset (2018), S. 58; *BKartA*, Big Data und Wettbewerb (2017), S. 10.

557 *Schmidt*, Zugang zu Daten nach europäischem Kartellrecht (2020), S. 440; *Paal/Hennemann*, Big Data as an Asset (2018), S. 58 f.

558 *Europäische Kommission*, COM(2018) 232 final, S. 9.

559 *Kerber*, JIPITEC 9 2018, 310 (317, Rn. 18).

560 Aus diesem Grund wird der Substituierbarkeit von Daten auch eine große Bedeutung für das Vorliegen der Voraussetzungen eines kartellrechtlichen Datenzugangsanspruchs zugeschrieben; siehe *Crémer/de Montjoye/Schweitzer*, Competition policy for the digital era (2019), S. 101.

cc) Substituierbarkeit von Daten

Ein Substitut für ein bestimmtes Gut liegt dann vor, wenn dieses die gleichen oder ähnliche Bedürfnisse befriedigt und daher vom Nachfrager als gleichwertig angesehen werden kann. Entscheidend ist, dass die beiden Güter aus Sicht des Nachfragers funktionell austauschbar sind, also für ihn den gleichen Zweck erfüllen können.[561] Aus diesem Grund hängt das Vorliegen einer Substitutionsbeziehung zwischen unterschiedlichen Datensätzen von dem Zweck ab, für den der Nachfrager die Daten verwenden möchte. Folglich kann die Marktmacht von Datenanbietern nicht pauschal beurteilt werden. Zu berücksichtigen sind immer der Anwendungszweck des Nachfragers und die in den Daten verkörperten Informationen.[562]

Grundsätzlich ist davon auszugehen, dass die Daten unterschiedlicher Unternehmen aus gegebenenfalls unterschiedlichen Quellen in vielen Fällen miteinander substituiert werden können und daher einen adäquaten Ersatz füreinander darstellen.[563] So wird beim maschinellen Lernen künstlich intelligenter Systeme mittels Daten in der Regel angenommen, dass es nicht nur einen einzigen geeigneten Trainingsdatensatz gibt, sondern unterschiedliche Datensätze mit ähnlichen Erfolgen verwendet werden können.[564] An der Substituierbarkeit verschiedener Datensätze kann es aber insbesondere in Konstellationen des Internets der Dinge fehlen, in denen der Zugang zu bestimmten IoT-Daten begehrt wird, die für die Erbringung komplementärer Dienste oder die Entwicklung komplementärer Produkte auf einem sekundären Markt benötigt werden.[565] Auch hier ist aber immer der vom Nachfrager konkret beabsichtigte Verwendungszweck zu berücksichtigen.[566] Die Nicht-Substituierbarkeit der Daten kann zum Beispiel dann angenommen werden, wenn eine Werkstatt zur Reparatur eines Fahrzeugs den Zugang zu den individualisierten Nutzungsdaten des jeweiligen Kunden benötigt.[567] Der Rückgriff auf die Daten anderer, vergleichbarer Fahrzeuge reicht für die erfolgrei-

---

561 *Thomas*, in: Kling/Thomas, Kartellrecht, § 8 Rn. 127.

562 *Drexl*, JIPITEC 8 (2017), 257 (281, Rn. 128).

563 *Sivinski/Okuliar/Kjolbye*, European Competition Journal 13 (2017), 199 (215); *Duch-Brown/Martens/Mueller-Langer*, The economics of ownership (2017), S. 20.

564 *Europäische Kommission*, Entscheidung vom 6. Dezember 2016, M.8124, Rn. 253 ff. – *Microsoft/LinkedIn*; *Hillmer*, Daten als Rohstoffe (2021), S. 228 f., 304; *Sivinski/Okuliar/Kjolbye*, European Competition Journal 13 (2017), 199 (216).

565 Dann liegt eine Flaschenhals-Situation vor, in der die Daten eine essentielle Ressource für den Wettbewerb auf einem nachgelagerten Markt darstellen, siehe hierzu allgemein *Kerber/Schwalbe*, in: MüKo WettbR, Grundlagen Rn. 636 f.; *Lianos/Carballa*, Economic Power and New Business Models (2021), S. 15.

566 *Drexl*, JIPITEC 8 (2017), 257 (281, Rn. 128).

567 *Schmidt*, Zugang zu Daten nach europäischem Kartellrecht (2020), S. 380; *Kerber/Specht*, Datenrechte (2019), S. 175.

che Reparatur dann nicht aus.[568] In anderen Konstellationen kann es aber genügen, dass der Datennachfrager den Zugang zu vergleichbaren Daten anderer Automobilhersteller erhält.

dd) *Gatekeeper*-Stellung der Hersteller datensammelnder Geräte

Ein Datenmonopol des Geräteherstellers kann insbesondere gegenüber den Nutzern seiner Geräte bestehen. In vielen Fällen konstruieren die Gerätehersteller ihre Produkte so, dass die Gerätenutzer hierauf nicht zugreifen können.[569] Der Gerätehersteller nimmt dann eine *Gatekeeper*-Stellung für die durch das Gerät gesammelten Daten ein.[570] Für den Gerätenutzer kann es aber nützlich oder sogar notwendig sein, dass er Zugang zu den von seinem Gerät generierten Daten erhält. Zum Beispiel kann er die Daten für eigene Geschäftsaktivitäten verwenden[571] oder sie an externe Dienstleister auf Sekundärmärkten weiterleiten, um günstigere oder bessere Dienstleistungen von diesen zu erhalten.[572] Der Datenzugang kann daneben auch erforderlich sein, wenn der Nutzer auf die Geräte eines anderen Herstellers umsteigen möchte und seine in der Vergangenheit generierten Daten portieren, also „mitnehmen" möchte.[573] Allerdings kann ein funktionierender Wettbewerb auf dem Primärmarkt für das jeweilige Gerät die Machtstellung des Herstellers verringern, da der Gerätenachfrager die Datenzugangsbedingungen unterschiedlicher Gerätehersteller in seiner Kaufentscheidung berücksichtigen kann.[574] Abgesehen von solchen Flaschenhals-Situationen im Bereich des Internets der Dinge sind auch andere Konstellationen möglich, in denen ein Unternehmen über einzigartige Daten verfügt, die ein anderes Unternehmen für innovative Geschäftsaktivitäten zwingend benötigt. Es ist nicht ausgeschlossen, dass vereinzelt Unternehmen über Spezialdaten verfügt, die ein anderes Unternehmen dringend

---

568 *Schweitzer*, GRUR 2019, 569 (573).

569 *Atik/Martens*, JIPITEC 12 (2021), 370 (374, Rn. 12). Dies soll sich nach Art. 3 DA-E künftig ändern; vorgesehen ist dort ein *„data access by default"*, siehe *Hennemann/Steinrötter*, NJW 2022, 1481 (1483, Rn. 11).

570 *Schmidt*, Zugang zu Daten nach europäischem Kartellrecht (2020), S. 373; *Kerber*, JIPITEC 9 2018, 310 (317, Rn. 18).

571 Beispielsweise können Landwirte die Daten von Landmaschinen für moderne Dünge-Methoden benötigen, siehe *Atik/Martens*, JIPITEC 12 (2021), 370 (374, Rn. 11 m. w. N.).

572 Siehe zu den möglichen Zusatzdiensten, die durch den Zugang zu Fahrzeugdaten ermöglicht werden bei *Metzger*, GRUR 2019, 129 (130); *Martens/Mueller-Langer*, Access to digital car data (2018), S. 7; *Determann*, Hastings Law Journal 70 (2018), 1 (28 ff.).

573 Wenn dies nicht möglich ist, kommt es zu einem sogenannten *Lock-In*-Effekt. Der Nutzer ist dann auf dem System seines gegenwärtigen Vertragspartners gefangen, siehe *Atik/Martens*, JIPITEC 12 (2021), 370 (374, Rn. 12); *Drexl*, Data Access and Control (2018), S. 34 ff.

574 *Atik/Martens*, JIPITEC 12 (2021), 370 (374, Rn. 13).

als Input für eine Analyse benötigt. Bisher liegen allerdings keine Anhaltspunkte dafür vor, dass solche Situationen in der Praxis weit verbreitet sind.

ee) Ausnutzung der Marktmacht auf Datenmärkten

Wenn ein Datenhalter aufgrund seiner Kontrolle nicht-substituierbarer Daten über eine hohe Marktmacht verfügt, kann er diese Situation auf zwei Weisen ausnutzen. Zum einen kann er überhöhte Preise für den Datenzugang verlangen, um den zu erwartenden Gewinn des Nachfragers fast vollständig abzuschöpfen.[575] Zum anderen kann ein Unternehmen, das eine für den Eintritt auf einen Markt notwendige Ressource kontrolliert, den Zugang hierzu verweigern, um so einen nachgelagerten Markt abzuschotten.[576] Letzteres ist dann attraktiv, wenn der Datenhalter selbst auf dem nachgelagerten Markt tätig ist. Er kann dann durch künstliche Marktzutrittsschranken Wettbewerber vom Sekundärmarkt fernhalten und dort eine Monopolrente erzielen.[577] Darüber hinaus scheinen Unternehmen den Datenzugang auch aus strategischen Gründen zu verweigern, weil sie davon ausgehen, dass das Teilen von Daten zum Entstehen von verstärktem Wettbewerb auf dem Primärmarkt, bei dessen Bedienung die Daten anfallen, beiträgt. Unternehmen befürchten, dass sie durch die Datenweitergabe wettbewerbliche Vorteile verlieren können oder in der Zukunft Opfer „kreativer Zerstörung" werden.[578] Erfolgsversprechend ist diese Strategie langfristig aber nur, wenn sie hinsichtlich der Daten über eine gewisse Marktmacht verfügen.

c) Zwischenergebnis

Es kann nicht allgemein davon ausgegangen werden, dass es auf B2B-Datenmärkten zu Marktversagen aufgrund hoher Marktmachtkonzentration kommt. Ein Datenhalter ist auf dem Markt für Daten nur dann marktmächtig, wenn er die Erhebung der gefragten Daten kontrolliert und es für diese Daten keine adäquaten Substitute gibt. Dies kann der Fall sein, wenn ein Maschinenhersteller exklusiv über nicht-reproduzierbare Daten verfügt und damit eine *Gatekeeper*-Stellung über die

---

575 *Kerber/Schwalbe*, in: MüKo WettbR, Grundlagen Rn. 636; *Kerber*, JIPITEC 9 2018, 310 (320, Rn. 25); *Martens/Mueller-Langer*, Access to digital car data (2018), S. 15.

576 *Kerber/Schwalbe*, in: MüKo WettbR, Grundlagen Rn. 636; *Duch-Brown/Martens/Mueller-Langer*, The economics of ownership (2017), S. 30; *Martens/de Streel/u. a.*, B2B Data Sharing (2020), S. 20; *Martens*, in: BMJV/MPI, Data Access (2021), S. 69 (86).

577 *Kerber*, JIPITEC 9 2018, 310 (319, Rn. 24).

578 *Europäische Kommission*, SWD(2020) 295 final 2020, S. 11; *Jones/Tonetti*, American Economic Review 110 (2020), 2819 (2820).

erzeugten Daten einnimmt.[579] Es wird in der Praxis aber relativ selten vorkommen, dass keine adäquaten Datensubstitute von anderen Unternehmen erhoben und geteilt werden können. Etwas anderes gilt jedoch dann, wenn der Zugang zu individualisierten Daten für die Leistungserbringung auf einem Sekundärmarkt zwingend erforderlich ist. Mangels geeigneter Substitute ist der Datenhalter in diesen Fällen Monopolist für die begehrten Daten. Es kann dann sein, dass Gerätenutzer und Wettbewerber auf Sekundärmärkten nicht den benötigten Datenzugang vom Gerätehersteller erhalten und dadurch in ihrer wirtschaftlichen Handlungs- und Wertschöpfungsmöglichkeiten beeinträchtigt werden. In eben diesen Konstellationen sollen künftig die Datenzugangsansprüche nach Art. 4 f. DA-E Abhilfe schaffen.[580]

IV. Zwischenergebnis

Die vorangegangene Analyse zeigt, dass das Vorliegen eines Marktversagens auf Sekundärmärkten für Unternehmensdaten wahrscheinlich ist. Zudem gibt sie Aufschluss darüber, inwiefern Vertrauensbeziehungen eine wichtige Voraussetzung für den B2B-Datenaustausch darstellen.

1. Vorliegen eines Marktversagens wahrscheinlich

Im Ergebnis bestehen erhebliche Anhaltspunkte für das Vorliegen eines beachtlichen Marktversagens auf B2B-Datenmärkten. Es ist wahrscheinlich, dass alle hier untersuchten Marktversagensgründe zu einem gewissen Grad dazu beitragen. Allerdings dürften hinsichtlich ihrer Verbreitung und ihrer Bedeutung erhebliche Unterschiede zwischen den einzelnen Marktversagensgründen bestehen. So ist davon auszugehen, dass vor allem Informationsasymmetrien und Transaktionskosten den B2B-Datenaustausch in einem erheblichen Ausmaß bremsen.[581] Schließlich handelt es sich bei Daten um heterogene Güter, weshalb das Finden geeigneter Daten mit erheblichen Kosten verbunden sein kann. Außerdem erfordert die Durchführung von Datentransaktionen einen hohen technischen und rechtlichen Aufwand und es müssen erhebliche Ressourcen in die Überwachung der Einhaltung

---

579 Siehe auch *Budzinski/Gaenssle/Stöhr*, List Forum für Wirtschafts- und Finanzpolitik 46 (2020), 157 (169); *Schmidt*, Zugang zu Daten nach europäischem Kartellrecht (2020), S. 373.

580 Die Effektivität der Regelungen wird allerdings überwiegend bezweifelt, siehe *Kerber*, Governance of IoT Data (2022), S. 8 ff.; *Podszun/Pfeifer*, GRUR 2022, 953 (956 f.); *Hennemann/Steinrötter*, NJW 2022, 1481 (1483 f.); *Specht-Riemenschneider*, MMR-Beil. 2022, 809 (813 ff.).

581 Diese Annahme scheint auch die Europäische Kommission zu teilen, siehe *Europäische Kommission*, SWD(2020) 295 final, S. 11 f., 15.

der vertraglichen Bestimmungen investiert werden. Diese Schwierigkeiten bei der Anbahnung und Durchführung von Datentransaktionen beruhen auch auf vorvertraglichen und nachvertraglichen Informationsasymmetrien zwischen den Parteien. Aus rechtlicher Perspektive stellt die Einhaltung der datenschutzrechtlichen Vorgaben an den Datenaustausch ein wesentliches Hindernis dar. Darüber hinaus können positive externe Effekte dazu führen, dass Datenhalter bei der Weitergabe von Daten zurückhaltend sind. In bestimmten Konstellationen kann außerdem angenommen werden, dass der Datenhalter über eine starke Marktstellung oder sogar über ein Monopol verfügt. Das Vorliegen erheblicher Marktmacht wird in Bezug auf Daten aber eher die Ausnahme als die Regel sein.

Insgesamt es wahrscheinlich, dass diese vier Marktversagensgründe im Zusammenspiel zu einer erheblichen Störung des B2B-Datenaustauschs führen und ein beachtliches Marktversagen begründen. Dies führt dazu, dass Daten bisher nur in einem geringen Ausmaß ausgetauscht werden und funktionierende B2B-Märkte für Unternehmensdaten noch nicht entstanden sind. Insoweit die bestehenden Schwierigkeiten beim Datenaustausch auf die Eigenschaften von Daten zurückzuführen sind, ist darüber hinaus eine gewisse Skepsis angezeigt, ob ein Datenaustausch mit sehr geringen Transaktionskosten überhaupt möglich ist. Da es sich bei Daten um heterogene Erfahrungsgüter handelt, werden Datentransaktionen immer einen gewissen Informationsaufwand voraussetzen. Ihre Nicht-Rivalität und nur partielle Ausschließbarkeit eröffnen außerdem die Möglichkeit opportunistischen Verhaltens nach Vertragsschluss, wodurch zwangsläufig erhebliche Überwachungskosten entstehen.

2. Bedeutung von Vertrauensbeziehungen beim B2B-Datenaustausch

Die Analyse der bestehenden Transaktionskosten und Informationsasymmetrien verdeutlicht, wie wichtig Vertrauensbeziehungen zwischen den beteiligten Unternehmen für den erfolgreichen Abschluss und die Durchführung einer Datentransaktion sind.[582]

In den Sozialwissenschaften ist allgemein anerkannt, dass Vertrauen für die erfolgreiche Koordinierung menschlicher Ziele und Zwecke von zentraler Bedeutung ist.[583] So können Vertrauensverhältnisse beim wirtschaftlichen Austausch von Gütern als „Schmiermittel“ für Transaktionen wirken. Aufgrund ihres Vertrauens in die Gegenseite sind Parteien nämlich bereit, Risiken einzugehen, die die Durchführung von Transaktionen erleichtern. Ohne gegenseitiges Vertrauen müssen die Parteien auf alternative, zusätzliche Kosten erzeugende Mechanismen zu-

582 Dies betonend *Europäische Kommission*, COM(2020) 66 final, S. 8 f.; SWD(2020) 295 final, S. 11.
583 *Shell*, Vanderbilt Law Review 44 (1991), 221 (225 f.).

rückgreifen, um die Durchführung der Transaktion zu ermöglichen.[584] Besonders wichtig ist gegenseitiges Vertrauen immer dann, wenn Informationsasymmetrien vorliegen und daher das Risiko besteht, dass die Gegenseite sich opportunistisch verhält.[585] Schließlich müssen bei einem fehlenden Vertrauensverhältnis vor Vertragsschluss hohe Informationskosten aufgebracht und nach Vertragsschluss aufwendige Überwachungsmaßnahmen ergriffen werden, um sicherzustellen, dass die andere Partei nicht opportunistisch handelt. Bei einem engen Vertrauensverhältnis zwischen den Parteien sind solche Maßnahmen hingegen nicht erforderlich, wodurch die nötigen Transaktionskosten verringert werden.[586] Gerade bei Erfahrungsgütern, wozu auch Daten zählen, kann das Vertrauen des Erwerbers die prohibitiv hohen Informationskosten ersetzen und dadurch das Zustandekommen einer Transaktion erst ermöglichen.[587]

Im Hinblick auf den Austausch von Daten ist es wahrscheinlich, dass die Existenz von Vertrauensbeziehungen zwischen Datenanbietern und -nachfragern von großer Bedeutung für die erfolgreiche Anbahnung und Durchführung von Datentransaktionen ist. Wie bereits festgestellt, bestehen bei Datentransaktionen sowohl vor als auch nach Vertragsschluss Informationsasymmetrien, die der Partei mit Informationsvorteil einen Spielraum für opportunistisches Handeln eröffnen. Wenn die Parteien einander hingegen vertrauen, können sie die Gefahr opportunistischen Verhaltens beim Vertragsschluss überwinden und sogar sensible Daten miteinander austauschen.[588] Das gegenseitige Vertrauen gleicht dann den negativen Effekt aus, den die bestehenden Informationsasymmetrien und das damit einhergehende Risiko opportunistischen Verhaltens auf den Vertragsschluss haben. Insofern verwundert es nicht, dass Unternehmen in Umfragen angeben,[589] ihre Daten in erster Linie mit Unternehmen zu teilen, zu denen bereits anderweitige Geschäftsbeziehungen bestehen.

---

584 *Shell*, Vanderbilt Law Review 44 (1991), 221 (226). Allgemeine Beispiele für solche Mechanismen sind etwa Kautionen, Vorverträge, der gleichzeitige Austausch von Leistung und Gegenleistung oder die Einschaltung von unabhängigen Drittpersonen.

585 *Lyons/Mehta*, Cambridge Journal of Economics 21 (1997), 239 (240 f.); *Shell*, Vanderbilt Law Review 44 (1991), 221 (225).

586 *Hult*, The Theory and Practice of Legislation 6 (2018), 1 (3 m. w. N.); *Shell*, Vanderbilt Law Review 44 (1991), 221 (225).

587 *Schäfer/Ott*, Ökonomische Analyse des Zivilrechts (2020), S. 606 f.

588 *Duch-Brown/Martens/Mueller-Langer*, The economics of ownership (2017), S. 36; *Burstein*, Texas Law Review 91 (2012), 227 (265 f.).

589 *Fedkenhauer/Fritzsche-Sterr/u. a.*, Datenaustausch (2017), S. 17 f.

E. Zusammenfassung und Ausblick

Wie sich gezeigt hat, existieren Märkte für Unternehmensdaten bereits auf Grundlage der faktischen Kontrolle von Datenhaltern über „ihre" Datenbestände. In der Praxis ist der Handel mit Daten bislang aber schwach ausgeprägt. Es bestehen insofern Anhaltspunkte für ein Marktversagen. Dieses beruht primär auf hohen Transaktionskosten und Informationsasymmetrien. Für die hohen Transaktionskosten ist auch der gegenwärtige Rechtsrahmen für Datenmärkte und insbesondere das europäische Datenschutzrecht verantwortlich. In bestimmten Konstellationen können außerdem Marktmachtstellungen von Datenhaltern den Datenaustausch beeinträchtigen. Aufgrund dieser Umstände erhalten viele Unternehmen nicht den Zugang zu den von ihnen benötigten Daten. Es ist zu befürchten, dass der unzureichende Datenzugang ihre Innovationskraft und Produktivität verringert und die internationale Wettbewerbsfähigkeit europäischer Unternehmen schwächt.

Es stellt sich daher die Frage, wie das Marktversagen auf Sekundärmärkten für Unternehmensdaten behoben werden kann. Es ist denkbar, dass manche der aktuellen Hindernisse für den B2B-Datenaustausch durch technische Entwicklungen und Marktentwicklungen beseitigt oder abgemildert werden können. Zum Beispiel können sichere Mechanismen für die Datennutzung, wie zum Beispiel Daten-Sandboxen, den Spielraum für opportunistische Verhaltensweisen von Datennutzern verringern. Auch Marktinnovationen können zur Entwicklung der Datenmärkte beitragen. Insofern ruhen die Hoffnungen auf Datenintermediären. Schließlich haben Datenintermediäre das Potenzial, Transaktionskosten und Informationsasymmetrien zu verringern, indem sie bei der Anbahnung und Durchführung von Datentransaktionen behilflich sind.[590]

Die besonderen Eigenschaften von Daten bieten jedoch auch Anlass für Pessimismus. Da es sich bei Daten um heterogene Erfahrungsgüter handelt, werden Datentransaktionen immer einen gewissen Informationsaufwand voraussetzen. Zudem ermöglicht es ihre nur partielle Ausschließbarkeit und Nicht-Rivalität, dass sich Datenerwerber opportunistisch verhalten können. Ob technische, organisatorische und rechtliche Entwicklungen die daraus resultierenden Schwierigkeiten beheben können, ist noch unklar. Offen ist auch, ob sich Datenintermediäre unter diesen Umständen zu den erhofften Förderern von Datenmärkten entwickeln können.[591]

---

590 Siehe zum Potenzial von Datenintermediären Kap. 4, B. II.

591 Insofern skeptisch *Koutroumpis/Leiponen/Thomas*, Industrial and Corporate Change 29 (2020), 645 (654 f.).

Anstatt die organische Entwicklungen von B2B-Datenmärkten abzuwarten, können auch regulatorische Maßnahmen zur Behebung von Marktversagen ergriffen werden.[592] Diesen Ansatz verfolgt die Europäische Kommission mit dem DA-E und dem DGA, indem sie sowohl direkt als auch indirekt in B2B-Datenmärkte eingreift. Der direkte Eingriff erfolgt durch die Gewährung von Datenzugangsrechten für die Nutzer von datensammelnden Geräten nach Art. 4 ff. DA-E. Hiermit reagiert die Kommission auf die Marktmacht von Geräteherstellern, die aus deren *Gatekeeper*-Positionen resultiert.[593] In diesem Fall ist eine direkte Intervention sinnvoll und umsetzbar. Zum einen ist nicht unbedingt zu erwarten, dass sich die Machtposition der Gerätehersteller durch organische Marktentwicklungen verringern wird. Zum anderen ist die Komplexität der Beziehungen zwischen Gerätehersteller und Gerätenutzern noch vergleichsweise überschaubar.

Die indirekte Intervention in B2B-Datenmärkte erfolgt durch die Regulierung von Datenintermediären gemäß Art. 10 ff. DGA. Statt direkte Maßnahmen zu ergreifen, um Informationsasymmetrien oder Transaktionskosten zu verringern, setzt die Kommission darauf, dass Datenintermediäre diese Hindernisse für den B2B-Datenaustausch in der Zukunft überwinden können.[594] Dies ist nachvollziehbar, da direkte Interventionen zur Senkung von Informationsasymmetrien und Transaktionskosten aufgrund der Komplexität von Datenmärkten schwer umsetzbar[595] oder unerwünscht[596] sind. Stattdessen soll durch ihre Regulierung das Vertrauen in Datenintermediäre gestärkt werden, wodurch es ihnen ermöglicht werden soll, zentrale Funktionen auf Datenmärkten einzunehmen und zu einem florierenden B2B-Datenaustausch beizutragen. Der Fragestellung, ob diese Vorgehensweise vielversprechend ist, wird im weiteren Verlauf dieser Untersuchung noch ausführlich nachgegangen. Zuvor sollen aber die entstehenden B2B-Datenintermediäre und ihr Potenzial für die Datenwirtschaft näher analysiert werden.

---

592 Das Vorliegen eines spürbaren Marktversagens wird allgemein als Bedingung für marktkorrigierende Eingriffe gesehen, siehe *Magen*, in: Kirchof/Korte/Magen, Öffentliches Wettbewerbsrecht (2014), S. 17 (Rn. 31 f.).

593 Siehe *Europäische Kommission*, SWD(2022) 34 final, S. 11 f.

594 *Europäische Kommission*, SWD(2020) 295 final, S. 12.

595 So haben die Diskussionen um das Dateneigentumsrecht gezeigt, dass eine einfache rechtliche Lösung nicht so leicht zu finden ist. Hilfreich zur Senkung von Rechtskosten bei Datentransaktionen könnte aber die Schaffung eines dispositiven Vertragsrechts sein.

596 Eine naheliegende Maßnahme zur Senkung von Transaktionskosten würde die Modifizierung des Datenschutzrechts darstellen. Unabhängig von der Frage, ob dies aus gesamtgesellschaftlicher Perspektive sinnvoll ist, dürfte diese Maßnahme auf erheblichen politischen Widerstand stoßen.

Kapitel 4: Die Chancen und Risiken von B2B-Datenintermediären

A. Einleitung

Wie im vorigen Kapitel festgestellt wurde, gibt es erhebliche Anhaltspunkte für ein Marktversagen auf Sekundärmärkten für Unternehmensdaten. Dies liegt in erster Linie an den hohen Transaktionskosten und Informationsasymmetrien, die den Datenaustausch zwischen Unternehmen wesentlich erschweren können. Es besteht aber die Hoffnung, dass B2B-Datenintermediäre[1] bei der Beseitigung dieser Hindernisse eine zentrale Rolle einnehmen können.[2] Indem sie als *Match-Maker* die Anbahnung von Datentransaktionen ermöglichen und anschließend die Transaktionsdurchführung durch technische und rechtliche Hilfestellungen unterstützen, können Datenintermediäre Transaktionskosten wesentlich senken und die Auswirkungen von Informationsasymmetrien abmildern. Dadurch haben sie das Potenzial, den B2B-Datenaustausch zu beleben und zur Entstehung eines florierenden Binnenmarkts für Daten beizutragen. Um die Chancen und die Risiken der Regulierung von Datenvermittlungsdiensten durch den DGA zu erfassen, wird die marktfördernde Funktion von Datenintermediären in diesem Kapitel näher untersucht.

Neben ihrem marktfördernden Potenzial können Datenintermediäre aber auch gewisse Risiken für ihre Nutzer und den Wettbewerb bergen.[3] Aufgrund ihrer Vermittlungsposition zwischen den beiden Parteien einer Transaktion stellen strukturelle Interessenkonflikte bei Intermediären ein allgemeines und marktübergreifendes Risiko dar.[4] So können Intermediäre Anreize haben, Transaktionen anzubahnen, die in ihrem eigenen Interesse und nicht dem ihrer Kunden oder Nutzer sind. Aufgrund ihrer Stellungs- und Informationsvorteile können sie in manchen Fällen auch in der Lage sein, eigene Interessen zum Nachteil ihrer

---

1 Im Folgenden geht es ausschließlich um Datenintermediäre, die zwischen Unternehmen vermitteln. Sie werden im Folgenden aus Gründen der Lesbarkeit pauschal als „Datenintermediäre" bezeichnet. Dies soll aber nicht darüber hinwegtäuschen, dass es neben den B2B-Datenintermediären auch noch C2B-Datenintermediäre, wie z. B. *Personal Information Management Systems*, gibt; siehe dazu nur *Specht-Riemenschneider/Blankertz/u. a.*, MMR-Beil. 2021, 25.

2 Siehe ErwG 27 DGA; *Europäische Kommission*, SWD(2020) 295 final, S. 12; *Martens/de Streel/u. a.*, B2B Data Sharing (2020), S. 28 ff.; *Richter/Slowinski*, IIC 50 (2019), 4 (10 ff.); *Richter*, ZEuP 2021, 634 (643); *Hennemann/v. Ditfurth*, NJW 2022, 1905 (1906, Rn. 7); *v. Ditfurth/Lienemann*, CRNI 23 (2022), 270 (273 f.).

3 Vgl. *v. Ditfurth/Lienemann*, CRNI 23 (2022), 270 (276 f.).

4 *Montero/Finger*, The Rise of the New Network Industries (2021), S. 216 ff.

https://doi.org/10.1515/9783111337661-004

Nutzer zu verfolgen.[5] Angesichts ihrer Neigung zur vertikalen und horizontalen Integration sind Interessenkonflikte bei digitalen Plattformen häufiger anzutreffen als bei traditionellen Vermittlern. Darüber hinaus haben die Betreiber solcher Plattformen durch die Kontrolle wichtiger Marktinstitutionen die Fähigkeit, Märkte nach ihren Interessen zu formen. Da es sich bei Datenintermediären um digitale Plattformen handelt und der DGA wesentlich von den Erfahrungen der Wettbewerbsbehörden mit mächtigen Plattformen, wie *Google*, *Amazon* oder *Facebook*, inspiriert wurde,[6] werden in diesem Kapitel auch die von digitalen Plattformen ausgehenden Risiken untersucht, obwohl es sich bei Datenintermediären gegenwärtig noch um kleine Dienste ohne spürbare Marktmacht handelt.

B. Intermediäre als Chance für den B2B-Datenaustausch

Datenintermediäre haben das Potenzial, die Anbahnung und Durchführung von Datentransaktionen zwischen Unternehmen zu erleichtern. Um nachzuvollziehen, inwiefern Intermediäre zentrale Rollen auf Märkten einnehmen können, werden zunächst die allgemeinen Eigenschaften und Funktionen von Intermediären in der Wirtschaft dargestellt. Anschließend werden unterschiedliche Typen von Datenintermediären vorgestellt und es wird untersucht, inwiefern sie B2B-Datenmärkte unterstützen können.

I. Allgemeine Eigenschaften und Funktionen von Intermediären

1. Stellung von Intermediären auf Märkten

Intermediäre kommen in vielen Bereichen des Wirtschaftslebens vor. Ganz allgemein handelt es sich bei ihnen um Dritte, die zwischen zwei oder mehr Personen vermitteln. In der Wirtschaft sind die Vermittlungstätigkeiten von Intermediären in der Regel auf den Abschluss von Verträgen gerichtet. Ihr wirtschaftlicher Wert besteht darin, dass sie auf Märkten Transaktionskosten senken und so zu deren Effizienz beitragen können.[7] Nach der einflussreichen Abgrenzung von *Spulber* kann grundlegend zwischen zwei Formen von Intermediären unterschieden wer-

5 *Judge*, The University of Chicago Law Review 82 (2015), 573.

6 Vgl. *Baloup/Bayamlıoğlu/u. a.*, White Paper on the DGA (2021), S. 26.

7 *Spulber*, Market Microstructure (1999), S. 256 ff.; *Bailey/Bakos*, International Journal of Electronic Commerce 1 (1997), 7 (7 f.); *Judge*, The University of Chicago Law Review 82 (2015), 573 (583); *Evans/Schmalensee*, in: Evans, Platform Economics (2011), S. 2 (10); *Hagiu/Yoffie*, Intermediaries for the IP market (2011), S. 6.

den. Ein Intermediär ist entweder ein Akteur, der Waren von Verkäufern kauft, um sie an Dritte weiterzuverkaufen. Oder es handelt sich bei ihm um einen Dritten, der Verkäufern und Käufern dabei hilft, sich zu finden und miteinander Geschäfte abzuschließen.[8] *Hagiu* bezeichnet den ersten Intermediärstyp als Händler und den Zweiten als zweiseitige Plattformen.[9] Die für diese Untersuchung interessanten zweiseitigen Plattformen ermöglichen Interaktionen zwischen zwei verschiedenen Nutzergruppen, Anbietern und Nachfragern, damit diese miteinander Geschäfte abschließen können (sog. *Match-Making*).[10]

Intermediäre existieren auf vielen verschiedenen Märkten.[11] Sie werden benötigt, wenn die erwarteten Erträge der Marktteilnehmer aus dem durch den Intermediär vermittelten Austausch die erwarteten Erträge aus dem direkten Austausch übersteigen.[12] Dies ist dann der Fall, wenn über die Nutzung von Intermediären die auf einem Markt existierenden Transaktionskosten gesenkt werden können und ihre Inanspruchnahme folglich attraktiver ist als die direkte Vertragsanbahnung zwischen Anbietern und Nachfragern. Aus diesem Grund sind Intermediäre vor allem auf Märkten mit hohen Transaktionskosten anzutreffen. Das große wirtschaftliche Potenzial von Intermediären hat sich in den letzten Jahren insbesondere in der Entstehung digitaler Plattformen gezeigt. So sind einige digitale Plattformen entstanden, die die Transaktionskosten für Anbieter und Nachfrager massiv verringert und infolgedessen die betroffenen Märkte radikal verändert haben.[13] Der Erfolg dieser neuen Intermediäre beruht unter anderem auf ihrer Fähigkeit, mithilfe komplexer Datenanalyseverfahren Informationen über attraktive Transaktionsmöglichkeiten zu erlangen und diese für ihre Nutzern anzubahnen.[14]

2. Wesentliche Funktionen von Intermediären

Der Wert von Intermediären besteht darin, dass sie Transaktionskosten und Friktionen auf Märkten verringern können. Dies tun sie, indem sie als Vermittler bestimmte Funktionen auf Märkten ausüben. *Bailey* und *Bakos* identifizieren als zentrale Funktionen von Intermediären das *Match-Making* zwischen Anbietern und

8 *Spulber*, Journal of Economic Perspectives 10 (1996), 135; *Spulber*, Market Microstructure (1999), S. 3.
9 *Hagiu*, Review of Network Economics 6 (2007), 115; *Hagiu/Jullien*, The RAND Journal of Economics 42 (2011), 337 (339). Siehe ausführlich zu zweiseitigen Plattformen Kap. 4, B. I. 3. a).
10 *Hagiu/Jullien*, The RAND Journal of Economics 42 (2011), 337 (339); *Dewenter/Lüth*, Datenhandel und Plattformen (2018), S. 25; *Evans/Schmalensee*, in: Evans, Platform Economics (2011), S. 2 (5 f.).
11 Klassische Beispiele für zweiseitige Plattformen sind Börsen, Immobilien- oder Versicherungsmakler oder Auktionshäuser, vgl. *Evans/Schmalensee*, in: Evans, Platform Economics (2011), S. 2 (5 f.).
12 *Spulber*, Market Microstructure (1999), S. 342 ff.
13 Beispiele sind *Uber* oder *AirBnB*; siehe zu ihren Marktwirkungen *Montero/Finger*, The Rise of the New Network Industries (2021), S. 35 ff., 138 ff.
14 *Schweitzer*, ZEuP 2019, 1 (2).

Nachfragern, die Unterstützung der Parteien bei der Transaktionsanbahnung und -durchführung sowie das Herstellen von Vertrauen.[15]

a) *Match-Making*

Die wichtigste Funktion von Intermediären besteht darin, das *Matching* zwischen Anbietern und Nachfragern zu unterstützen. Im Wirtschaftsleben bezeichnet *Matching* das gegenseitige Suchen und Finden von Anbietern und Nachfragern im Markt. Aufgrund der Vielzahl von Transaktionen, die sie begleiten, haben spezialisierte Intermediäre häufig bessere Kenntnisse von den Merkmalen des Markts und den Bedürfnissen der Marktteilnehmer und können dieses Wissen zur gegenseitigen Vermittlung von Marktteilnehmern einsetzen.[16] Intermediäre senken Suchkosten außerdem, indem sie den Austausch von Gütern zentralisieren.[17] Bei einem dezentralen Austausch müssen häufig große Anstrengungen unternommen werden, um geeignete Handelspartner zu finden. Unter Umständen müssen erhebliche Reise- und Kommunikationskosten aufgebracht werden, bevor der passende Käufer oder Verkäufer gefunden wird. Bei einem zentralisierten Austausch über einen Intermediär treffen hingegen viele potenzielle Anbieter und Nachfrager in einem physischen oder virtuellen Raum aufeinander, so dass sich geeignete Vertragspartner schneller und leichter finden lassen.[18]

b) Unterstützungsfunktion

Darüber hinaus können Intermediäre Transaktionskosten senken, indem sie bestimmte Koordinierungs-, Informations- und Unterstützungsfunktionen für die Marktteilnehmern übernehmen.[19] Über Intermediäre können Informationen effizienter ausgetauscht werden, da sie nicht separat zwischen allen Anbietern und Nachfragern ausgetauscht werden müssen, sondern durch den Intermediär gebündelt weitergegeben werden. Beispielsweise wählt ein Makler relevante, in Betracht kommende Angebote auf einem Markt aus und gibt Informationen hierzu gebündelt an den Interessenten weiter. Der Interessent muss daher nicht Informationen zu einer Vielzahl von relevanten und irrelevanten Angeboten selbst einho-

---

15 *Bailey/Bakos*, International Journal of Electronic Commerce 1 (1997), 7 (8).

16 *Bailey/Bakos*, International Journal of Electronic Commerce 1 (1997), 7 (10).

17 *Spulber*, Journal of Economic Perspectives 10 (1996), 135 (147).

18 Ein anschauliches Beispiel hierfür ist *AirBnB*. Für den Vermieter einer Ferienwohnung ist es deutlich einfacher, Interessenten aus der ganzen Welt über *AirBnB* zu finden, als sie eigenständig ohne die zwischengeschaltete Plattform aufzuspüren.

19 *Bailey/Bakos*, International Journal of Electronic Commerce 1 (1997), 7 (9).

len. Intermediäre können außerdem weitere unterstützende Funktionen wahrnehmen, wie die Zahlungsabwicklung oder Transaktionsdokumentation.[20]

c) Vertrauensfunktion

Eine weitere wichtige Funktion von Intermediären besteht darin, Vertrauen zwischen den Marktteilnehmern aufzubauen und langfristig zu erhalten. Dieser Funktion kommen sie in erster Linie dadurch nach, dass sie opportunistisches Verhalten vor und nach Vertragsschluss verhindern.[21] Hierzu sind Intermediäre aufgrund ihrer langfristigen und zentralen Marktstellungen besonders geeignet. Da Intermediäre langfristig auf einem Markt aktiv sind, haben sie ein Interesse daran, dass abgeschlossene Transaktionen erfolgreich durchgeführt und Vertragsbrüche vermieden werden. Sie werden ihre Dienste nur solchen Nutzern anbieten, die sich in der Vergangenheit als vertragstreu erwiesen haben. Nutzer schrecken deshalb vor opportunistischem Verhalten zurück, da sie ansonsten befürchten müssen, dass sie in Zukunft vom Intermediär ausgeschlossen werden.[22] Darüber hinaus können Intermediäre gezielt vor- und nachvertragliche Informationsasymmetrien abbauen und so Vertrauen zwischen den Vertragsparteien herstellen. Intermediäre können *ex-ante*-Informationsasymmetrien dadurch ausgleichen, dass sie der Partei, die sich einem Informationsvorsprung auf der Gegenseite ausgesetzt sieht, eigene Informationen und Expertise bereitstellen.[23] Außerdem können sie vertrauensherstellende Maßnahmen durchführen, etwa indem sie potenzielle Anbieter auf ihre Seriosität überprüfen oder ein Bewertungssystem für Marktteilnehmer einführen.[24] Auch nach dem Vertragsschluss können Intermediäre opportunistisches Verhalten verhindern, indem sie die Vertragskonformität der Transaktionsparteien überwachen.[25] Da sie an einer Vielzahl von Transaktionen beteiligt sind, profitieren sie im Vergleich zu den Transaktionsparteien von Skalenvorteilen.[26]

---

20 *Bailey/Bakos*, International Journal of Electronic Commerce 1 (1997), 7 (9).

21 Siehe zu opportunistischem Verhalten in Kap. 3, D. III. 2. c).

22 *Bailey/Bakos*, International Journal of Electronic Commerce 1 (1997), 7 (9).

23 *Spulber*, Journal of Economic Perspectives 10 (1996), 135 (147); *Judge*, The University of Chicago Law Review 82 (2015), 573 (584).

24 *Koutroumpis/Leiponen/Thomas*, Industrial and Corporate Change 29 (2020), 645 (649); *Belleflamme/Peitz*, The Economics of Platforms (2021), S. 41 ff., 124 ff.

25 *Bailey/Bakos*, International Journal of Electronic Commerce 1 (1997), 7 (9); *Spulber*, Journal of Economic Perspectives 10 (1996), 135 (147 f.).

26 *Spulber*, Journal of Economic Perspectives 10 (1996), 135 (148).

3. Besondere Eigenschaften von digitalen Plattformen

Da zweiseitige Plattformen im Zuge der Digitalisierung auf vielen Märkten eine überragende Bedeutung erlangt haben und an sie auch im Hinblick auf den Datenaustausch zwischen Unternehmen große Erwartungen geknüpft werden, soll im Folgenden näher auf ihre essenziellen Eigenschaften eingegangen werden. Auf die wettbewerbliche Bedeutung dieser Eigenschaften wird später näher eingegangen.[27]

a) Definition

Nach *Hagiu* und *Wright* zeichnen sich zwei- oder mehrseitige Plattformen durch zwei Eigenschaften aus.[28] Zunächst ermöglichen sie direkte Interaktionen zwischen mindestens zwei unterschiedlichen Nutzergruppen. Eine direkte Interaktion liegt vor, wenn die Nutzer der verschiedenen Gruppen oder Plattformseiten die Entscheidung über die Kernbedingungen und -inhalte ihrer Interaktionen behalten und diese nicht der Plattform überlassen. Je nachdem wie viele unterschiedliche Nutzergruppen auf einer Plattform zusammengebracht werden, ist sie zwei- oder mehrseitig. Zwei unterschiedliche Nutzergruppen sind zum Beispiel Verkäufer und Käufer oder Werber und Konsument. Mehrseitig ist eine Plattform zum Beispiel dann, wenn neben Verkäufern und Käufern auch noch Versicherer auf der Plattform aktiv sind. Freilich sind auch Plattformen denkbar, die sich nur an eine Nutzergruppe richten. Ein Beispiel für eine einseitige Plattform ist der Messenger-Dienst *WhatsApp*.[29] Darüber hinaus ist für das Vorliegen einer Plattform erforderlich, dass ihre Nutzer ihr zugehörig sind. Die Zugehörigkeit setzt voraus, dass Nutzer bewusst plattformspezifische Investitionen tätigen, die notwendig sind, damit sie auf der Plattform direkt miteinander interagieren können. Hierfür genügen jedoch schon geringe Investitionen, wie das Aufbringen der erforderlichen Zeit für die Registrierung auf einer Online-Plattform.[30]

b) Steigende Skalenerträge

Digitale Plattformen zeichnen sich zunächst durch stark ansteigende Skalenerträge aus. Dies bedeutet, dass die Gesamtkosten der Plattformen nur stark unterproportional mit der Zahl ihrer Nutzer wachsen.[31] Plattformen sind umso profitabler, je mehr Nutzer ihre Dienste in Anspruch nehmen. Dies liegt daran, dass sich die

---

27 Siehe Kap. 4, C. I.
28 *Hagiu/Wright*, International Journal of Industrial Organization 43 (2015), 162 (163).
29 *Crémer/de Montjoye/Schweitzer*, Competition policy for the digital era (2019), S. 21.
30 *Hagiu/Wright*, International Journal of Industrial Organization 43 (2015), 162 (163 f.).
31 *Crémer/de Montjoye/Schweitzer*, Competition policy for the digital era (2019), S. 20; *Stigler Committee on Digital Platforms*, Final Report (2019), S. 36.

Bereitstellung von Plattformen durch sehr geringe variable Kosten im Vergleich zu hohen Fixkosten auszeichnet.[32] Ob eine Plattform 1.000 oder 1.000.000 Nutzer hat, schlägt sich aufgrund der geringen variablen Kosten nur unwesentlich in ihren Gesamtkosten nieder. Digitale Plattformen haben geringe variable Kosten, da keine physischen Vertriebskosten anfallen. Sie können an jedem beliebigen Ort der Welt mit nur minimalen Zusatzkosten erbracht werden.[33]

c) Positive Netzwerkeffekte

Von großer Bedeutung für den Erfolg von Plattformen sind außerdem positive Netzwerkeffekte. Positive Netzwerkeffekte liegen vor, wenn eine Plattform für ihre Nutzer umso attraktiver wird, je höher die Zahl anderer Nutzer auf der Plattform ist.[34] Allgemein wird zwischen direkten und indirekten Netzwerkeffekten unterschieden.[35] Direkte Netzwerkeffekte treten ein, wenn der Nutzen eines Produkts oder Dienstes für einen Nutzer dadurch zunimmt, dass die Zahl gleichartiger Nutzer ansteigt.[36] Ein klassisches Beispiel für das Vorliegen direkter Netzwerkeffekte bietet das Telefonnetz. Je mehr Nutzer an das Netz angeschlossen sind, desto nützlicher sind Telefone als Kommunikationsmittel.[37] Indirekte Netzwerkeffekte kommen hingegen bei zwei- oder mehrseitigen Plattformen vor. Der Nutzen einer Plattform für eine Nutzergruppe steigt dadurch an, dass sich die Zahl der Nutzer aus anderen Nutzergruppen erhöht.[38] Zum Beispiel wird ein Marktplatz für potenzielle Käufer umso interessanter, je mehr Verkäufer dort ihre Waren anbieten, da dann zum Beispiel eine größere Produktauswahl angeboten wird. Umgekehrt gewinnt ein Marktplatz für Verkäufer an Attraktivität, wenn die Zahl der potenziellen Käufer, die den Marktplatz nutzen, steigt. Dies führt zu einer positiven Attraktionsspirale: Da neue Käufer wiederum neue Verkäufer anlocken, profitieren auch

32 *Evans/Schmalensee*, in: Evans, Platform Economics (2011), S. 2 (15); *Stigler Committee on Digital Platforms*, Final Report (2019), S. 36.

33 So entstehen Facebook nur geringe Mehrkosten, wenn es mit seinem sozialen Netzwerk neue Länder erschließt; siehe *Stigler Committee on Digital Platforms*, Final Report (2019), S. 36.

34 *Crémer/de Montjoye/Schweitzer*, Competition policy for the digital era (2019), S. 20; *Stigler Committee on Digital Platforms*, Final Report (2019), S. 38; *Belleflamme/Peitz*, The Economics of Platforms (2021), S. 10; *Alt/Zimmermann*, Electronic Markets 29 (2019), 143 (145).

35 Grundlegend *Katz/Shapiro*, The American Economic Review 75 (1985), 424; *Katz/Shapiro*, Oxford Economic Papers 38 (1986), 146.

36 *Belleflamme/Peitz*, The Economics of Platforms (2021), S. 11 f.

37 *Montero/Finger*, The Rise of the New Network Industries (2021), S. 65 ff.

38 *Caillaud/Jullien*, The RAND Journal of Economics 34 (2003), 309 (309 f.); *Belleflamme/Peitz*, The Economics of Platforms (2021), S. 17; *Dewenter/Lüth*, Datenhandel und Plattformen (2018), S. 24.

die anderen Käufer indirekt davon, dass auf dem Marktplatz noch weitere Käufer aktiv sind.[39]

Positive Netzwerkeffekte haben einen großen Einfluss auf das erfolgreiche Wachstum von Plattformen. Bei der Gründung einer neuen Plattform können sie sich aber als Hindernis erweisen. Es kann dann zu dem sog. Henne und Ei-Problem (*chicken-egg-problem*) kommen.[40] Um Käufer anzuziehen, benötigt der Plattformbetreiber eine große Zahl von registrierten Verkäufern, welche aber nur dann bereit sind, sich zu registrieren, wenn sie wiederum erwarten, dass viele Käufer die Plattform nutzen werden. Aus diesem Grund kann es schwierig sein, eine neue Plattform zu etablieren. Solange nicht eine „kritische Masse“ von Nutzern auf der jeweils anderen Plattformseite erreicht ist, lohnt sich die Registrierung für potenzielle neue Nutzer nicht.[41] Um möglichst schnell eine kritische Masse zu erreichen, kann es für Plattformbetreiber sinnvoll sein, ihre Dienste zunächst zu einem subventionierten Preis anzubieten oder andere Nutzungsanreize zu setzen.[42]

Sobald jedoch eine ausreichende Nutzerzahl erreicht worden ist, können Plattformen aufgrund von positiven Netzwerkeffekten und den damit verbundenen Rückkoppelungseffekten (*feedback loops*) ein sehr dynamisches und schnelles Wachstum hinlegen.[43] Denn wenn die Plattform für eine Nutzergruppe attraktiver wird und diese Gruppe dadurch wächst, steigt gleichzeitig die Attraktivität der Plattform für die Nutzer auf der anderen Plattformseite. Das in diesem Prozess erreichte Wachstum der zweiten Nutzergruppe erhöht wiederum die Attraktivität der Plattform für die erste Nutzergruppe. Dieser sich selbst befördernde Prozess führt dazu, dass die Nutzerzahlen bis zu einem bestimmten Punkt „von allein“ ansteigen.

II. Datenintermediäre

1. Einleitung

Da Intermediäre in vielen Bereichen des Wirtschaftslebens eine wichtige Rolle als Mittler einnehmen, überrascht es nicht, dass auch im Hinblick auf den noch

---

39 *Belleflamme/Peitz*, The Economics of Platforms (2021), S. 18.
40 *Caillaud/Jullien*, The RAND Journal of Economics 34 (2003), 309 (310); *Belleflamme/Peitz*, The Economics of Platforms (2021), S. 114; *Evans*, Multisided Platforms (2016), S. 7.
41 *Evans/Schmalensee*, Review of Network Economics 9 (2010), 1 (5 ff.).
42 Insbesondere kann es sinnvoll sein, einer besonders begehrten Nutzergruppe (z. B. Konsumenten) vergünstigte Konditionen gegenüber der anderen Nutzergruppe (z. B. Händler) anzubieten; siehe nur *Belleflamme/Peitz*, The Economics of Platforms (2021), S. 115 ff.
43 *Evans*, Multisided Platforms (2016), S. 7; *Belleflamme/Peitz*, The Economics of Platforms (2021), S. 18 f.

schwach ausgeprägten B2B-Datenaustausch von Seiten der Kommission und der Literatur große Hoffnungen an sie geknüpft werden.[44] Aus diesem Grund ist es ein erklärtes Ziel des DGA, die noch jungen Datenintermediäre zu fördern.[45] Im Folgenden sollen die Eigenschaften und Funktionen verschiedener Modelle von Datenintermediären näher untersucht werden. Dabei soll ein besonderes Augenmerk auf Datenmarktplätze und industrielle Datenplattformen gelegt werden. Schließlich werden insbesondere an diese beiden Typen von B2B-Datenintermediären große Hoffnungen zur Belebung des B2B-Datenhandels geknüpft.

Zu beachten ist in diesem Zusammenhang, dass es sich bei Datenmarktplätzen und industriellen Datenplattformen um noch junge Erscheinungsformen von Intermediären handelt, die sich noch in einer dynamischen Experimentier- und Entwicklungsphase befinden. Die hier verwendeten Begriffe von Datenmarktplätzen und industriellen Datenplattformen repräsentieren deshalb Idealtypen. Plattformen, die sowohl Merkmale von Datenmarktplätzen als auch von industriellen Datenplattformen aufweisen, sind denkbar und kommen in der Praxis bereits vor.[46] Da die Europäische Kommission zwischen Datenmarktplätzen und industriellen Datenplattformen differenziert[47] und sich die meisten in der Praxis vorkommenden Beispiele problemlos als Datenmarktplätze oder industrielle Datenplattformen einordnen lassen, werden diese Unterscheidung und die damit zusammenhängenden Begrifflichkeiten auch im Rahmen dieser Untersuchung verwendet. Zur Unterscheidung zwischen Datenmarktplätzen, industriellen Datenplattformen und weiteren Modellen für den B2B-Datenaustausch können insbesondere die in der Literatur entwickelten Parameter zur Klassifizierung von Datenintermediären herangezogen werden.[48] Danach werden Datenintermediäre unter anderem nach

---

44 Siehe nur *Martens/de Streel/u. a.*, B2B Data Sharing (2020), S. 28; *Richter/Slowinski*, IIC 50 (2019), 4 (10 ff.); *Schweitzer/Metzger/u. a.*, Data access and sharing (2022), S. 277.

45 ErwG 27 DGA; *Kommission*, SWD(2020) 295 final, S. 12. In diesem Zusammenhang ist zu beachten, dass nicht alle Formen von Datenintermediären durch den DGA reguliert werden. Nur solche Datenintermediäre, die als Datenvermittlungsdienste in den Anwendungsbereich des Art. 10 DGA fallen, unterliegen den Vorgaben des DGA. Aus diesem Grund wird hier sorgfältig zwischen dem Begriff des Datenintermediäres und dem des Datenvermittlungsdienstes unterschieden.

46 Z. B. entspricht der *Data Intelligence Hub* der *Telekom* grds. eher einer industriellen Datenplattform, vgl. auch *Europäische Kommission*, SMART 2020/694 D2, S. 41. Dennoch wird auf der Plattform auch ein Marktplatz für Daten angeboten, siehe https://portal.dih.telekom.net/marketplace; *BDI*, Digitale B2B-Plattformen (2020), S. 55.

47 Vgl. *Europäische Kommission*, SWD(2017) 2 final, S. 17 f.; SWD(2020) 295 final, S. 3, 10; SMART 2020/694 D2, S. 37, 40; *Rodríguez de las Heras Ballell/Hofmann/u. a.*, Work stream on Data (2021), S. 36 f.; vgl. auch *Richter*, ZEuP 2021, 634 (640).

48 Siehe zu den verschiedenen Parametern nur *Meisel/Spiekermann*, Datenmarktplätze (2019), S. 5 ff.; *Spiekermann*, Intereconomics 54 (2019), 208 (212); *Simon/Markopoulos/u. a.*, D2.1 ‚Definition

ihrer Inhaberschaft,[49] ihrem Offenheitsgrad[50] und den ihnen zugrunde liegenden wirtschaftlichen Motiven[51] für die Datenweitergabe klassifiziert.

2. Datenmarktplätze

a) Definition

Für Datenmarktplätze existieren in der Literatur bereits mehrere Definitionsversuche.[52] Anhand der verschiedenen Definitionen können zwei essenzielle Eigenschaften von Datenmarktplätzen identifiziert werden. Erstens handelt es sich bei ihnen um digitale, zwei- oder mehrseitige Plattformen, die Datenhalter und Datennachfrager miteinander verbinden.[53] Datenmarktplätze sind demnach *Match-Maker* im klassischen Sinne. Sie bieten zwei oder mehr unterschiedlichen Nutzergruppen eine Plattform, um Datentransaktionen anzubahnen und abzuschließen. Zweitens sind nur solche Plattformen Datenmarktplätze, auf denen Daten gehandelt werden.[54] Es handelt sich also um Plattformen, auf denen Daten mit Gewinnerzielungsabsicht ausgetauscht werden.[55] Entscheidend für die Einordnung eines Datenintermediäres als Datenmarktplatz ist demnach, dass der auf ihnen stattfindende Datenaustausch der direkten Monetisierung der Daten dient.[56] Über dieses Merkmal des entgeltlichen Datenhandels lassen sich Datenmarktplätze von indus-

---

and analysis‘ (2021), S. 26 ff.; *Stahl/Schomm/u. a.*, Vietnam Journal of Computer Science 3 (2016), 137 (140 f.); *Wernick/Olk/v. Grafenstein*, Technology and Regulation 2020, 65 (67 ff.).

49 Unterschieden wird danach, ob der Datenintermediärsdienst von einem Unternehmen betrieben wird, das selbst am Datenaustausch beteiligt ist, oder ob es sich um ein unabhängiges Unternehmen handelt; siehe nur *Meisel/Spiekermann*, Datenmarktplätze (2019), S. 9; *Stahl/Schomm/u. a.*, Vietnam Journal of Computer Science 3 (2016), 137 (140 f.); *Simon/Markopoulos/u. a.*, D2.1 ‚Definition and analysis‘ (2021), S. 28 f.

50 Unterschieden wird zwischen offenen, halb-offenen und geschlossenen Diensten; siehe *Spiekermann*, Intereconomics 54 (2019), 208 (213); *Richter/Slowinski*, IIC 50 (2019), 4 (11 f.).

51 Siehe *Richter/Slowinski*, IIC 50 (2019), 4 (13).

52 Für eine Zusammenstellung siehe *Simon/Markopoulos/u. a.*, D2.1 ‚Definition and analysis‘ (2021), S. 22 f.

53 *Koutroumpis/Leiponen/Thomas*, 29 Industrial and Corporate Change 2020, 645 (647); *Spiekermann*, Intereconomics 54 (2019), 208 (210); *Simon/Markopoulos/u. a.*, D2.1 ‚Definition and analysis‘ (2021), S. 23 f.; *Meisel/Spiekermann*, Datenmarktplätze (2019), S. 3; *Fruhwirth/Rachinger/Prlja*, HICCS 53 (2020), 5378 (5379).

54 *Simon/Markopoulos/u. a.*, D2.1 ‚Definition and analysis‘ (2021), S. 23; *Spiekermann*, Intereconomics 54 (2019), 208 (210); *Meisel/Spiekermann*, Datenmarktplätze (2019), S. 3; *Stahl/Schomm/u. a.*, Vietnam Journal of Computer Science 3 (2016), 137 (140); *Sharma/Lawrenz/Rausch*, ICBT 2 (2020), 39 (40).

55 *Simon/Markopoulos/u. a.*, D2.1 ‚Definition and analysis‘ (2021), S. 23.

56 Dieses Verständnis von Datenmarktplätzen entspricht dem der Europäischen Kommission; vgl. *Europäische Kommission*, SWD(2018) 125 final, S. 10.

triellen Datenplattformen und anderen unentgeltlichen Datenaustauschmodellen abgrenzen.

Ausgehend von dieser Definition sind an einem Datenmarktplatz mindestens drei unterschiedliche Gruppen von Akteuren beteiligt: Der Betreiber des Marktplatzes sowie die Datenanbieter und Datennachfrager.[57] Diese Einteilung ist jedoch nicht starr. Unternehmen können ihre Daten auf dem Datenmarktplatz anbieten und zugleich die Daten anderer Unternehmen erwerben. Auch der Betreiber des Datenmarktplatzes kann gleichzeitig als Nutzer auf ihm aktiv sein, indem er eigene Daten anbietet oder die Daten anderer Unternehmen erwirbt. Neben diesen drei Akteuren können auch noch weitere Unternehmen auf Datenmarktplätzen aktiv sein. Bei ihnen handelt es sich in der Regel um Unternehmen, die ergänzende Dienstleistungen, wie zum Beispiel Analysedienstleistungen, anbieten.[58] In diesen Fällen liegt keine zweiseitige, sondern eine mehrseitige Plattform vor.

Angesichts ihrer typischen Eigenschaften weisen Datenmarktplätze Ähnlichkeiten zu anderen digitalen Marktplätzen, wie *Amazon Marketplace* oder *Ebay* auf. Datenmarktplätze stellen schließlich die digitale Infrastruktur bereit, über die Anbieter und Nachfrager virtuell zusammenkommen können, um miteinander Geschäfte abzuschließen.[59] Der Datenmarktplatz *Dawex Global Data Marketplace*[60] beschreibt sich insofern als einen „Mix aus *Ebay*, *Amazon* und *AirBnB* für Daten".[61] Beispiele für weitere aktive Datenmarktplätze sind *Here Marketplace*,[62] *Snowflake Data Exchange*,[63] *Caruso Dataplace*[64] oder *Advaneo*[65].[66] Verglichen mit der Bedeutung von Marktplätzen in anderen Wirtschaftsbereichen spielen Datenmarktplätze bislang allerdings nur eine untergeordnete Rolle. Noch ist es keinem Datenmarktplatz gelungen, eine wichtige Marktstellung einzunehmen.[67]

---

57 *Fruhwirth/Rachinger/Prlja*, HICCS 53 (2020), 5378 (5379); *Meisel/Spiekermann*, Datenmarktplätze (2019), S. 3; *Simon/Markopoulos/u. a.*, D2.1 ‚Definition and analysis' (2021), S. 23 f.

58 *Fruhwirth/Rachinger/Prlja*, HICCS 53 (2020), 5378 (5380); *Meisel/Spiekermann*, Datenmarktplätze (2019), S. 3 f.; *Simon/Markopoulos/u. a.*, D2.1 ‚Definition and analysis' (2021), S. 24.

59 *Stahl/Schomm/u. a.*, Vietnam Journal of Computer Science 3 (2016), 137 (140).

60 https://www.dawex.com/de/einsatz-datenaustausch/kundenfaelle/global-data-marketplace.

61 *Europäische Kommission*, Data access and Transfer (2017), S. 9.

62 https://developer.here.com/products/platform/marketplace.

63 https://www.snowflake.com/data-marketplace.

64 https://www.caruso-dataplace.com/marketplace-evolution; *BDI*, Digitale B2B-Plattformen (2020), S. 47.

65 https://www.advaneo-datamarketplace.de; *BDI*, Digitale B2B-Plattformen (2020), S. 44.

66 Eine nicht abschließende Aufzählung von Datenmarktplätzen findet sich in *Spiekermann*, Intereconomics 54 (2019), 208 (211, 215).

67 Zu den Schwierigkeiten bei der Etablierung von Datenmarktplätzen siehe Kap. 4, B. II. 2. f).

b) Inhaberschaft und Offenheitsgrad

Datenmarktplätze werden in der Regel von Inhabern betrieben, die weder selbst am Datenaustausch beteiligt sind[68] noch auf den Hauptmärkten ihrer Nutzer aktiv sind. Der Großteil der Anbieter von Datenmarktplätzen kann daher derzeit als unabhängig bezeichnet werden. *Dawex, Snowflake* oder *Advaneo* betreiben als selbstständige Unternehmen Marktplätze, ohne unmittelbar oder mittelbar in den Industrien und Sektoren ihrer Nutzergruppen tätig zu sein.[69] Dies ist aber nicht zwingend der Fall. Zum Beispiel bietet das Unternehmen *Here Technologies* über den von ihm betriebenen Datenmarktplatz *Here Marketplace* für Standort- und Mobilitätsdaten auch eigene Daten an.[70] Zudem gehört Here Technologies mehrheitlich den Automobilherstellern *BMW, Audi, Mercedes* und *Mitsubishi,*[71] also Unternehmen, die auch selbst Standort- und Mobilitätsdaten generieren und nutzen. Insofern ist der *Here Marketplace* vertikal in den Sektor integriert, für den er als Marktplatz dient.

Hinsichtlich ihrer Nutzerschaft sind Datenmarktplätze typischerweise offen.[72] Grundsätzlich können auf ihnen alle Unternehmen aus den unterschiedlichsten Sektoren am Datenaustausch teilhaben. Aufgrund dessen bieten Datenmarktplätze die Voraussetzungen dafür, dass auch Unternehmen, die ansonsten in keiner geschäftlichen Beziehung zueinanderstehen, miteinander Daten austauschen können.[73] In Bezug auf die Inhalte der auf ihnen gehandelten Datensätze sind bei Datenmarktplätzen unterschiedliche Modelle denkbar. Datenmarktplätze können ein breites und eher allgemeines Datenangebot haben, das aus unterschiedlichen Branchen oder Sektoren stammt. Alternativ können Betreiber aber auch spezialisierte Marktplätze für den Handel mit speziellen Daten anbieten.[74] Zum Beispiel ist auf dem *Dawex Global Data Marketplace* der Handel mit Daten aus allen möglichen Sektoren zulässig. Der *Snowflake Marketplace* fokussiert sich demgegenüber auf Daten aus bestimmten Sektoren, wie unter anderem dem Medien-, Finanz-

---

68 *Stahl/Schomm/u. a.*, Vietnam Journal of Computer Science 3 (2016), 137 (140); *Richter/Slowinski*, IIC 50 (2019), 4 (11).

69 Siehe https://www.dawex.com/en/about/investors; https://www.snowflake.com/company; https://www.advaneo.de/ueber-uns.

70 Siehe https://developer.here.com/documentation/marketplace-consumer/user_guide/topics/discover.html.

71 Siehe https://www.here.com/company/investors; https://en.wikipedia.org/wiki/Here_Technologies.

72 *Richter/Slowinski*, IIC 50 (2019), 4 (11); *Spiekermann*, Intereconomics 54 (2019), 208 (211, 213).

73 Gerade an diesen sektorenübergreifenden Datenaustausch knüpft die Kommission große Hoffnungen zur Förderung datengestützter Innovationen; vgl. *Europäische Kommission*, COM (2020) 66 final, S. 6.

74 *Richter/Slowinski*, IIC 50 (2019), 4 (12); *Spiekermann*, Intereconomics 54 (2019), 208 (211, 213); *Simon/Markopoulos/u. a.*, D2.1 ‚Definition and analysis' (2021), S. 26 ff.

oder Gesundheitssektor.[75] Noch spezialisierter ist der *Here Marketplace*, auf dem nur Standort- und Mobilitätsdaten gehandelt werden.

c) Kernfunktionen von Datenmarktplätzen

Datenmarktplätze entsprechen als zwei- oder mehrseitige Plattformen dem klassischen Modell von Intermediären. Dies spiegelt sich in ihren Kernfunktionen wider.[76] Datenmarktplätze sind als *Match-Maker* tätig und übernehmen typischerweise eine Unterstützungs- und Vertrauensfunktion bei der Anbahnung und Durchführung von Datentransaktionen.

aa) *Match-Making*

Als *Match-Maker*[77] helfen Datenmarktplätze ihren Nutzern dabei, geeignete Vertragspartner für Datentransaktionen zu finden. Datenmarktplätze leisten dann einen wichtigen Beitrag für das *Matching* zwischen Anbietern und Nachfragern, wenn sie in der Lage sind, die Informationsasymmetrien zwischen diesen Nutzergruppen und die damit zusammenhängenden Suchkosten zu verringern.

(1) Auffindbarkeit von Daten

Datenmarktplätze können die Auffindbarkeit von Daten durch die Zentralisierung und Katalogisierung des Datenangebots unterstützen. Auf dezentralisierten Datenmärkten ist es für potenzielle Datennachfrager aufgrund bestehender Informationsasymmetrien in der Regel schwierig, passende Datenanbieter zu finden.[78] Indem ein Datenmarktplatz eine Vielzahl von Datenanbietern auf seiner Plattform versammelt, zentralisiert er das existierende Datenangebot. Dies reduziert die Suchkosten der Nachfrager und erhöht die Wahrscheinlichkeit ein passendes Angebot zu finden, da sie mit geringem Aufwand viele Datenangebote finden und nach passenden Datensätzen durchsuchen können.[79] Eng mit der Zentralisierung ist die Katalogisierung des Datenangebots verbunden. Sie besteht darin, dass die verschiedenen Datenangebote auf dem Datenmarktplatz nach Kategorien sortiert aufgelistet werden und dieser Katalog mittels einer Suchfunktion nach geeigneten

---

75 https://www.snowflake.com/data-marketplace.

76 Zu den typischen Funktionen von Intermediären siehe Kap. 4, B. I. 2.

77 *Europäische Kommission*, SWD(2018) 125 final, S. 10; *Koutroumpis/Leiponen/Thomas*, Industrial and Corporate Change 29 (2020), 645 (654); *Richter/Slowinski*, IIC 50 (2019), 4 (13); *Dewenter/Lüth*, Datenhandel und Plattformen (2018), S. 31.

78 Siehe hierzu Kap. 3, D. III. 2. b).

79 Siehe allgemein zur Zentralisierungsfunktion von Intermediären *Spulber*, Journal of Economic Perspectives 10 (1996), 135 (145, 147).

Datensätzen durchsucht werden kann.[80] Einige Datenmarktplätze experimentieren zudem mit KI-Lösungen, um passende Datenanbieter und -erwerber miteinander zu *matchen*.[81]

(2) Feststellung der Datenqualität

Einen Beitrag zum Abbau von Informationsasymmetrien können Datenmarktplätze auch hinsichtlich der Qualität der angebotenen Daten leisten. Aufgrund der besonderen Eigenschaften von Daten kann sich die Qualitätsfeststellung in der Praxis jedoch als schwierig erweisen. Bei homogenen Erfahrungsgütern[82] wird die Qualitätssicherung häufig durch Überprüfungen der Güter, die von Intermediären gegen eine Gebühr angeboten werden, ermöglicht. Bei heterogenen Erfahrungsgütern, wie Daten, ist eine aussagekräftige Überprüfung durch Dritte aber in der Regel nicht möglich.[83] Dies gilt im Hinblick auf Daten umso mehr, da sich die benötigte Datenqualität stark nach dem Anwendungsziel des Datennutzers richtet.[84]

Datenmarktplätzen verbleiben daher drei Möglichkeiten, um eine hohe Datenqualität auf ihren Plattformen zu gewährleisten. Eine Möglichkeit besteht darin, nicht die angebotenen Daten selbst, sondern ihre Anbieter zu überprüfen.[85] Datenmarktplätze können etwa eine Seriositätsüberprüfung der Datenanbieter durchführen, bevor Anbieter zum Marktplatz zugelassen werden und ein Bewertungssystem für diese einrichten.[86] Diese Maßnahmen können geeignet sein, um Vertrauen zwischen den Marktplatznutzern aufzubauen und die Teilnahme unzuverlässiger oder sogar böswilliger Datenanbieter zu verhindern. Unmittelbare Rückschlüsse auf den Inhalt und die Qualität der Daten lassen sie aber nicht zu.

Daneben können Datenmarktplätze den Erwerbern Metadaten über die angebotenen Datensätze zur Verfügung stellen, die Rückschlüsse über die Qualität der

---

80 *Simon/Markopoulos/u. a.*, D2.1 ‚Definition and analysis' (2021), S. 32; *Meisel/Spiekermann*, Datenmarktplätze (2019), S. 18; *Sharma/Lawrenz/Rausch*, ICBT 2 (2020), 39 (41).

81 *Simon/Markopoulos/u. a.*, D2.1 ‚Definition and analysis' (2021), S. 32; https://www.bcg.com/publications/2021/new-data-sharing-tools-helping-companies-find-value. Siehe allgemein zu *Matching*-Algorithmen *Belleflamme/Peitz*, The Economics of Platforms (2021), S. 60 ff.

82 Bei Erfahrungsgütern können die Eigenschaften und die Qualität des Produkts erst nach dem Erwerb und der Verwendung verlässlich festgestellt werden, siehe hierzu Kap. 3, D. III. 2. b).

83 *Koutroumpis/Leiponen/Thomas*, Industrial and Corporate Change 29 (2020), 645 (649).

84 *OECD*, Enhancing Access to and Sharing of Data (2019), S. 94; *Dewenter/Lüth*, Datenhandel und Plattformen (2018), S. 17.

85 *Koutroumpis/Leiponen/Thomas*, Industrial and Corporate Change 29 (2020), 645 (649); *Richter/Slowinski*, IIC 50 (2019), 4 (14).

86 *Koutroumpis/Leiponen/Thomas*, Industrial and Corporate Change 29 (2020), 645 (649); *Simon/Markopoulos/u. a.*, D2.1 ‚Definition and analysis' (2021), S. 33; allgemein hierzu *Engert*, AcP 218 (2018), 304 (352).

Datensätze zulassen.[87] Hinsichtlich der Richtigkeit der Metadaten müssen Datenerwerber jedoch grundsätzlich auf die Angaben des Datenhalters vertrauen. Auch hier besteht das Risiko, dass Datenanbieter falsche oder unvollständige Informationen weitergeben.[88] Zumindest manche Metadaten können aber durch die Betreiber von Datenmarktplätzen selbst generiert werden und sind deswegen verlässlich.[89] Eine dritte Möglichkeit besteht darin, dass über den Datenmarktplatz die Inspektion angebotener Datensätze durch Interessenten ermöglicht wird.[90] Beispielsweise werden Datenerwerbern auf dem *Global Data Marketplace* von *Dawex* Stichproben aus den angebotenen Datensätzen zur Verfügung gestellt.[91]

bb) Unterstützung bei der Durchführung von Datentransaktionen

Neben ihrer *Match-Making*-Funktion können Datenmarktplätze weitere Dienstleistungen anbieten, um ihre Nutzer beim Abschluss und der Durchführung von Datentransaktionen zu unterstützen. In vielen Fällen sind Datenmarktplätze bei der geschäftlichen Anbahnung und Durchführung von Datentransaktionen behilflich. Üblich ist es, dass Datenanbieter und -nachfrager über den Marktplatz miteinander kommunizieren und verhandeln können.[92] Ebenso kann die Zahlung der Lizenzgebühren durch den Datenerwerber in der Regel über den Datenmarktplatz abgewickelt werden.[93] Zusätzlich kann der Datenmarktplatz die Parteien der Datentransaktion bei der Preisfindung unterstützen. Zum Beispiel ist *Dawex* seinen Nutzern dabei behilflich, den Wert ihrer Daten zu evaluieren.[94] Im Rahmen der Zahlungsabwicklung können Datenmarktplätze außerdem eine wichtige Dokumentations- und Zertifizierungsfunktion übernehmen.[95] Datenmarktplätze können ihre Nutzer außerdem bei der rechtlichen Durchführung von Datentransaktionen unterstützen. Eine denkbare Unterstützungshandlung stellt insbesondere

---

87 *Koutroumpis/Leiponen/Thomas*, Industrial and Corporate Change 29 (2020), 645 (650); *Sharma/Lawrenz/Rausch*, ICBT 2 (2020), 39 (42).

88 *Koutroumpis/Leiponen/Thomas*, Industrial and Corporate Change 29 (2020), 645 (650).

89 *Meisel/Spiekermann*, Datenmarktplätze (2019), S. 20; *Sharma/Lawrenz/Rausch*, ICBT 2 (2020), 39 (42).

90 *Simon/Markopoulos/u. a.*, D2.1 ‚Definition and analysis' (2021), S. 32.

91 Vgl. https://www.dawex.com/en/data-buyers; *Europäische Kommission*, SWD(2018) 125 final, S. 10.

92 *Meisel/Spiekermann*, Datenmarktplätze (2019), S. 19; *Simon/Markopoulos/u. a.*, D2.1 ‚Definition and analysis' (2021), S. 32.

93 *Richter/Slowinski*, IIC 50 (2019), 4 (15); *Simon/Markopoulos/u. a.*, D2.1 ‚Definition and analysis' (2021), S. 32; *Sharma/Lawrenz/Rausch*, ICBT 2 (2020), 39 (41).

94 Siehe https://www.dawex.com/en/why-data-exchange/success-stories/global-data-marketplace.

95 Die Zertifizierung von Datentransaktionen kann für die Bilanzierung von großer Bedeutung sein, siehe *Europäische Kommission*, SWD(2018) 125 final, S. 10.

das Überlassen von Standardklauseln für Datenlizenzverträge dar.[96] Hierdurch kann der rechtliche Gestaltungsaufwand für die Transaktionsparteien reduziert werden.[97]

Des Weiteren können Datenmarktplätze ihre Nutzer bei der technischen Durchführung von Datentransaktionen unterstützen. So kann der Datenaustausch über die Server und Anwendungsprogrammierschnittstellen des Datenmarktplatzes erfolgen.[98] Einige Datenmarktplätze bieten alternativ die Möglichkeit an, dass die Datensätze nicht auf den Servern des Datenmarktplatzes gespeichert werden, sondern in dezentraler Weise direkt vom Datenhalter an den Datenerwerber transferiert werden.[99] Daneben können Datenmarktplätze zusätzliche Dienstleistungen anbieten, um die Nutzung der ausgetauschten Daten durch den Datenerwerber zu erleichtern. So können sie dem Datenerwerber anbieten, die erworbenen Daten in ein gewünschtes Datenmodell und -format umzuwandeln, damit er sie mit seinen eigenen Daten zusammenführen kann.[100] Beispielsweise ist der *Caruso Dataplace* dabei behilflich, Daten von verschiedenen Autoherstellern zu vereinheitlichen.[101] Datenmarktplätze können Datentransaktionen zusätzlich durch Hilfestellungen bei der Anonymisierung von Daten erleichtern.[102] Indem Datenmarktplätze eine Vielzahl von Datentransaktionen begleiten, können sie aufgrund von Skaleneffekten eine größere technische Expertise aufbauen als ihre Nutzer und sie diesen zur Verfügung stellen.

---

96 *Europäische Kommission*, SWD(2020) 295 final, S. 12; *Simon/Markopoulos/u. a.*, D2.1 ‚Definition and analysis' (2021), S. 32; *Martens/de Streel/u. a.*, B2B Data Sharing (2020), S. 30.

97 In der Praxis stellt zum Beispiel *Dawex* seinen Nutzern Standardklauseln zur Verfügung; siehe *Europäische Kommission*, Data access and Transfer (2017), S. 9.

98 *Simon/Markopoulos/u. a.*, D2.1 ‚Definition and analysis' (2021), S. 32 f.; *Europäische Kommission*, SWD(2018) 125 final, S. 10.

99 *Spiekermann*, Intereconomics 54 (2019), 208 (213); *Fruhwirth/Rachinger/Prlja*, HICSS 53 (2020), 5738 (5743 f.). *Dawex* bietet z. B. sowohl eine zentrale als auch eine dezentrale Datenübertragungsmöglichkeit an, vgl. https://picante.today/business-wire/2019/10/08/94729/dawex-unveils-decentralized-data-exchange-technology.

100 *Spiekermann*, Intereconomics 54 (2019), 208 (213); *Wernick/Olk/v. Grafenstein*, Technology and Regulation 2020, 65 (73).

101 *BDI*, Digitale B2B-Plattformen (2020), S. 47. Aus diesem Grund wird erwartet, dass Datenmarktplätze mittelfristig einen wichtigen Beitrag für die Herstellung der Interoperabilität zwischen verschiedenen Datensätzen leisten können; siehe *Europäische Kommission*, SWD(2020) 295 final, S. 12; *Simon/Markopoulos/u. a.*, D2.1 ‚Definition and analysis' (2021), S. 33; *Martens/de Streel/u. a.*, B2B Data Sharing (2020), S. 31.

102 Zum Beispiel bietet *Dawex* auf seinem Datenmarktplatz Unterstützung bei der Datenanonymisierung an; siehe *Europäische Kommission*, Data access and Transfer (2017), S. 9; https://www.dawex.com/en/news/dawex-matches-criteria-european-data-gouvernance-act.

cc) Vertrauensfunktion von Datenmarktplätzen

Wie bereits dargestellt, ist die Existenz von Vertrauensbeziehungen zwischen Datenanbietern und -nachfragern von großer Bedeutung für die erfolgreiche Anbahnung und Durchführung von Datentransaktionen.[103] Aus diesem Grund besteht eine wichtige Funktion von Datenmarktplätzen in der Herstellung und Aufrechterhaltung des erforderlichen Vertrauens zwischen den verschiedenen Marktakteuren.[104] Hierzu tragen Datenmarktplätze einerseits durch ihre kontinuierliche und zentrale Stellung beim Datenaustausch bei. Unternehmen, die den Datenmarktplatz auch in der Zukunft nutzen möchten, haben einen starken Anreiz, sich regelkonform zu verhalten.[105] Darüber hinaus können Datenmarktplätze aktive Maßnahmen ergreifen, um opportunistisches und sonstiges Fehlverhalten zu verhindern. Eine Möglichkeit hierfür besteht in der Überprüfung der Seriosität von Nutzern und der Einführung eines Bewertungssystems für Marktplatznutzer.[106] Diese Mechanismen können dafür sorgen, dass unzuverlässige Marktakteure zum Datenmarktplatz schon nicht zugelassen werden bzw. wieder zügig von ihm ausgeschlossen werden.[107] Datenmarktplätze können außerdem Maßnahmen einführen, um nachvertraglichen Opportunismus der Datenerwerber zu verhindern.[108] Hierzu kann insbesondere die Kontrolle der Datennutzung durch Anwendungsprogrammierschnittstellen und ihre Nachverfolgung durch die Protokollierung von Datenzugriffen und -verarbeitungen mithilfe von Blockchain-Technologien oder digitaler Wasserzeichen gehören.[109]

d) Zusätzliche Dienstleistungen

Neben ihren Kernfunktionen können Datenmarktplätze weitere zusätzliche Dienstleistungen anbieten.[110] Hierbei handelt es sich um datenbezogene Leistungen, die nicht unmittelbar dem Datenaustausch dienen, sondern die Nutzbarkeit der Daten für den Anbieter oder Erwerber verbessern. Datenmarktplätze können ihren Nutzern etwa bei der Visualisierung, Aufbereitung und Analyse von Daten

103 Siehe Kap. 3, D. IV. 2.
104 *Richter/Slowinski*, IIC 50 (2019), 4 (14 f.).
105 Siehe Kap. 4, B. I. 2. c).
106 *Koutroumpis/Leiponen/Thomas*, Industrial and Corporate Change 29 (2020), 645 (649); *Simon/Markopoulos/u. a.*, D2.1 ‚Definition and analysis' (2021), S. 32 f.; *Richter/Slowinski*, IIC 50 (2019), 4 (14).
107 *Engert*, AcP 218 (2018), 304 (370).
108 Siehe zum nachvertraglichen Opportunismus Kap. 3, D. III. 2. c).
109 *Europäische Kommission*, SWD(2020) 295 final, S. 11; *Richter/Slowinski*, IIC 50 (2019), 4 (15); *Simon/Markopoulos/u. a.*, D2.1 ‚Definition and analysis' (2021), S. 33 f.; *Meisel/Spiekermann*, Datenmarktplätze (2019), S. 19.
110 *Spiekermann*, Intereconomics 54 (2019), 208 (212 f.); *Richter/Slowinski*, IIC 50 (2019), 4 (12).

behilflich sein.[111] Beispielsweise sind in den Datenmarktplatz von *Advaneo* Werkzeuge zur Datenverarbeitung- und -analyse integriert.[112] Denkbar ist es auch, dass der Betreiber eines Datenmarktplatzes auf Anweisung seine Nutzer Datenanalysen für sie durchführt. Darüber hinaus können Datenmarktplätze die auf ihnen angebotenen Daten für die Erwerber aggregieren, um den Datennutzern besonders wertvolle Datensätze zur Verfügung stellen zu können.[113] Diese Leistung bietet zum Beispiel der *Here Marketplace* an.[114]

e) Wertschöpfung durch Datenmarktplätze

Angesichts ihrer Funktionen und Eigenschaften ist es durchaus berechtigt, Hoffnungen in Datenmarktplätze zur Erleichterung des B2B-Datenaustausches zu setzen. Jedenfalls in der Theorie sind sie geeignet, um den Datenaustausch zwischen Unternehmen zu erleichtern, indem sie die Transaktionskosten erheblich reduzieren.[115] Als *Match-Maker* können Datenmarktplätze vorvertragliche Informationsasymmetrien abbauen und Suchkosten verringern und die Transaktionsdurchführung durch technische, organisatorische und rechtliche Hilfestellungen unterstützen. Aufgrund ihrer zentralen und langfristigen Stellung auf Datenmärkten sind sie außerdem prädestiniert, opportunistische Verhaltensweisen zu unterbinden und das Vertrauen auf dem Markt zu stärken. Dank der hohen Anzahl von Datentransaktionen, die sie begleiten, sollten Datenmarktplätze außerdem von positiven Skaleneffekten profitieren und rasch eine größere Expertise als die Datenanbieter und -nutzer bei der Umsetzung von Datentransaktionen erwerben.[116] Hiervon dürften vor allem solche Unternehmen profitieren, für die sich der Aufbau einer eigenen technischen Infrastruktur für den Datenaustausch mangels eines hinreichend großen Transaktionsvolumens nicht lohnt.

Darüber hinaus ist es denkbar, dass Datenmarktplätze auch bei der Aufbereitung und Analyse von Daten unterstützen können. Dies gilt vor allem dann, wenn bei der gemeinsamen Erbringung solcher Zusatzdienste mit den Intermediärstätig-

---

111 *Spiekermann*, Intereconomics 54 (2019), 208 (213); *Meisel/Spiekermann*, Datenmarktplätze (2019), S. 19 f.

112 Siehe https://www.advaneo-datamarketplace.de/workbench-data-science-tools-und-best-practice-datenverarbeitung.

113 *Spiekermann*, Intereconomics 54 (2019), 208 (213); *Simon/Markopoulos/u. a.*, D2.1 ‚Definition and analysis' (2021), S. 33.

114 *Spiekermann*, Intereconomics 54 (2019), 208 (215).

115 So auch *Europäische Kommission*, SWD(2020) 295 final, S. 12; *Martens/de Streel/u. a.*, B2B Data Sharing (2020), S. 28; *Koutroumpis/Leiponen/Thomas*, Industrial and Corporate Change 29 (2020), 645 (654).

116 *Koutroumpis/Leiponen/Thomas*, Industrial and Corporate Change 29 (2020), 645 (654).

keiten Verbundvorteile[117] entstehen. Dann können Datenmarktplätze bessere und günstigere kombinierte Dienste anbieten, als dies bei der getrennten Erbringung dieser Dienste der Fall wäre. Aus diesem Grund wird angenommen, dass die Bereitstellung von zusätzlichen datenbezogenen Dienstleistungen, die über die Kernfunktionen eines Datenmarktplatzes hinausgehen, einen wesentlichen Erfolgsfaktor für Datenmarktplätze darstellt.[118]

f) Schwierigkeiten bei der Etablierung von Datenmarktplätzen

Obwohl vieles dafür spricht, dass der Datenaustausch über Datenmarktplätze Unternehmen große Vorteile bietet, hat sich ihre Nutzung in der Praxis noch nicht durchgesetzt.[119] Viele Datenmarktplätze sind noch in der Entstehungsphase[120] oder weisen bislang niedrige Transaktionsvolumina und Umsätze auf. Der Betrieb einiger Datenmarktplätze ist bereits wieder eingestellt worden.[121] Beispielsweise hat *Microsoft* sechs Jahre nach der Inbetriebnahme seinen *Azure Data Marketplace* aufgrund des fehlenden Interesses von Nutzern geschlossen.[122] Jedenfalls bisher scheint die Nachfrage von Unternehmen nach Datenmarktplätzen überschaubar zu sein. So ist zumindest in den klassischen Industrien und Sektoren derzeit nur eine sehr geringe Zahl von Unternehmen bereit, ihre Daten über Marktplätze zu teilen.[123]

Als Gründe für die schwache Nachfrage kommen mehrere Ursachen in Betracht. Empirisch gesicherte Erkenntnisse gibt es insoweit aber noch nicht. Überwiegend wird davon ausgegangen, dass Entwicklung und Nutzung von Datenmarktplätzen durch die gleichen Probleme gebremst werden, die dem florierenden bilateralen Datenaustausch zwischen Unternehmen entgegenstehen.[124] Demnach behindern technische, rechtliche, organisatorische und betriebswirtschaftliche Schwierigkeiten nicht nur den bilateralen Datenaustausch zwischen Unternehmen, sondern auch den Datenaustausch über einen Datenmarktplatz.[125] Als größte Hindernisse für die Nutzung von Datenmarktplätzen werden die Bedenken von Unternehmen hinsichtlich der Qualität fremder Daten und der unzurei-

---

117 Siehe zu Verbundvorteilen Kap. 2, D. II. 5. b) und Kap. 4, C. I. 1. b).

118 *Spiekermann*, Intereconomics 54 (2019), 208 (216).

119 *Koutroumpis/Leiponen/Thomas*, Industrial and Corporate Change 29 (2020), 645 (654 f.); *Simon/Markopoulos/u. a.*, D2.1 ‚Definition and analysis' (2021), S. 20.

120 *Spiekermann*, Intereconomics 54 (2019), 208 (215).

121 *Simon/Markopoulos/u. a.*, D2.1 ‚Definition and analysis' (2021), S. 20; *Spiekermann*, Intereconomics 54 (2019), 208 (215).

122 Siehe https://adtmag.com/articles/2016/11/18/azure-datamarket-shutdown.aspx.

123 *Demary/Fritsch/u. a.*, Readiness Data Economy (2019), S. 59 f.

124 *Simon/Markopoulos/u. a.*, D2.1 ‚Definition and analysis' (2021), S. 41 ff.

125 *Simon/Markopoulos/u. a.*, D2.1 ‚Definition and analysis' (2021), S. 46.

chenden Kontrolle der Verwendung eigener Daten durch Erwerber angesehen.[126] Die Hindernisse beim B2B-Datenaustausch, die durch Datenmarktplätze überwunden werden sollen, könnten derzeit auch die breite Nutzung von Datenmarktplätzen verhindern.

Demgegenüber macht die Europäische Kommission in erster Linie Vertrauensdefizite dafür verantwortlich, dass bisher nur wenige Daten über Datenmarktplätze oder industrielle Datenplattformen ausgetauscht werden.[127] Der Existenz von Vertrauen zwischen Datenanbietern und -erwerbern wird für das Zustandekommen von Datentransaktionen allgemein eine hohe Bedeutung zugemessen.[128] Nach Ansicht der Kommission stehen Vertrauensdefizite aber insbesondere auch der Entwicklung und dem Wachstum von Datenmarktplätzen entgegen.[129] Es ist durchaus plausibel, dass ein gewisses Vertrauen von Unternehmen in Datenmarktplätze notwendig ist, um über sie Daten auszutauschen. Für die Annahme, dass der Datenaustausch über Datenmarktplätze bisher in erster Linie durch das fehlende Vertrauen in solche Marktplätze gebremst wird, gibt es aber keine gesicherte empirische Grundlage. Sie ist rein spekulativ.[130]

Letztlich ist es wahrscheinlich, dass mehrere Ursachen zur geringen Nutzung von Datenmarktplätzen beitragen. Allein auf das womöglich fehlende Vertrauen potenzieller Nutzer in Datenmarktplätze dürfte das geringe Transaktionsvolumen nicht zurückzuführen sein. Mindestens ebenso wichtig sind technische, rechtliche und betriebswirtschaftliche Gründe. Nicht zuletzt dürfte die geringe Nutzung von Datenmarktplätzen wohl auch auf die fehlende Bereitschaft vieler Unternehmen zur breiten Datennutzung und -weitergabe zurückzuführen sein.[131] Nur ein relativ geringer Anteil traditioneller Unternehmen dürfte sich bisher überhaupt mit dem Austausch von Daten über Datenmarktplätze ernsthaft auseinandergesetzt haben. Solange sie keine kritische Nutzermasse erreicht haben, leiden Datenmarktplätze

---

126 *Koutroumpis/Leiponen/Thomas*, Industrial and Corporate Change 29 (2020), 645 (654).

127 *Europäische Kommission*, SWD(2020) 295 final, S. 12.

128 Siehe hierzu Kap. 3, D. IV. 2.; *Europäische Kommission*, SWD(2020) 295 final, S. 11; SWD(2018) 125 final, S. 1; *Richter/Slowinski*, IIC 50 (2019), 4 (14).

129 *Europäische Kommission*, SWD(2020) 295 final, S. 12.

130 Vgl. *Richter*, ZEuP 2021, 634 (644). Auch die Studien, auf die sich die Kommission stützt, bieten hierzu keine empirisch gesicherten Erkenntnisse, siehe *Europäische Kommission*, SMART 2020/694 D2, S. 43 f.; *Martens/de Streel/u. a.*, B2B Data Sharing (2020), S. 29. In erster Linie scheint die Kommission ihre Annahme auf ein generelles (angebliches) Misstrauen gegenüber digitalen Plattformen zu stützen, siehe *Europäische Kommission*, SWD(2020) 295 final, S. 25.

131 Nach einer aktuellen Studie können nur ca. 28 % der deutschen Industrieunternehmen als „digitale Unternehmen" eingeschätzt werden; siehe *Röhl/Bolwin/Hüttl*, Datenwirtschaft in Deutschland (2021), S. 14 ff. Nur bei wenigen Industrieunternehmen stellt die Datennutzung und der Datenaustausch einen wesentlichen Bestandteil ihrer Geschäftsmodelle dar; siehe *Demary/Fritsch/u. a.*, Readiness Data Economy (2019), S. 56.

unter dem Henne-Ei-Problem.[132] Erst wenn sie eine kritische Nutzermasse erreicht haben, werden sie für Datenanbieter und -nachfrager interessant.

3. Industrielle Datenplattformen

a) Terminologie und Definition

Verglichen mit den Datenmarktplätzen sind industrielle Datenplattformen bislang nur wenig erforscht. Auch eine einheitliche Bezeichnung hat sich für sie noch nicht herausgebildet. Im Einklang mit den Dokumenten und Studien, die von der Europäischen Kommission veröffentlicht oder in Auftrag gegeben wurden, wird in dieser Untersuchung für sie der Begriff der industriellen Datenplattformen verwendet.[133] Es existieren aber auch andere Begriffe für die unter diesen Namen gefassten Plattformen. Industrielle Datenplattformen werden als virtuelle Plattformen verstanden, die den Austausch und die Verknüpfung von Daten zwischen verschiedenen Unternehmen und Organisationen durch eine gemeinsame Referenzarchitektur und gemeinsame Governance-Regeln innerhalb eines geschäftlichen Ökosystems ermöglichen.[134] Es kann sich bei ihnen sowohl um einseitige als auch um zwei- oder mehrseitige Plattformen handeln.[135]

Ähnlich wie Datenmarktplätze stellen industrielle Datenplattformen also virtuelle Plattformen dar, über die Daten zwischen Unternehmen ausgetauscht werden können. Die Abgrenzung zu Datenmarktplätzen erfolgt im Wesentlichen anhand von zwei Merkmalen. Anders als bei Datenmarktplätzen teilen Unternehmen ihre Daten auf industriellen Datenplattformen nicht primär, um im Gegenzug ein Entgelt zu erhalten. Stattdessen steht die Zusammenarbeit von Unternehmen durch die gemeinsame Datennutzung im Vordergrund.[136] Außerdem kommt der *Match-Making*-Funktion bei industriellen Datenplattformen eine geringere Bedeutung zu. Unternehmen, die an einer industriellen Datenplattform teilnehmen, sind einander in der Regel bereits bekannt. Der über die Plattformen stattfindende Datenaustausch erfolgt häufig im Rahmen bereits existierender Geschäftsbeziehungen und innerhalb eines Sektors. Industrielle Datenplattformen stellen hierfür die technische Infrastruktur und den organisatorischen Rahmen bereit. Insofern ent-

---

132 Siehe hierzu Kap. 4, I. 3. c).

133 Vgl. *Europäische Kommission*, SWD(2017) 2 final, S. 18; SWD(2020) 295 final, S. 10; Monitoring B2B Industrial Digital Platforms in Europe (2020), S. 15; SMART 2020/694 D2, S. 37; *Rodríguez de las Heras Ballell/Hofmann/u. a.*, Work stream on Data (2021), S. 37. *Dewenter* und *Lüth* verwenden dagegen den Begriff der „unentgeltlichen Sharing Plattformen“, siehe *Dewenter/Lüth*, Datenhandel und Plattformen (2018), S. 32.

134 *Europäische Kommission*, SWD(2017) 2 final, S. 18.

135 *Dewenter/Lüth*, Datenhandel und Plattformen (2018), S. 33.

136 *Arnaut/Pont/u.a*, Study on data sharing (2018), S. 62; *Dewenter/Lüth*, Datenhandel und Plattformen (2018), S. 32.

sprechen industrielle Datenplattformen der klassischen Vermittlerrolle von Intermediären weniger stark als Datenmarktplätze.

b) Zwei Modelle für den Datenaustausch

Wie bei den Datenmarktplätzen handelt es sich bei industriellen Datenplattformen um noch junge Modelle für den Datenaustausch, deren konkrete Ausgestaltungen häufig einen experimentellen Charakter und heterogene Eigenschaften aufweisen. Die wichtigsten Modelle können aber in Datenpools einerseits und industrielle Datenräume andererseits unterschieden werden.[137]

aa) Datenpools

Datenpools können vereinfacht als Plattformen verstanden werden, auf denen die Daten einer Vielzahl von Unternehmen aggregiert und zur Analyse bereitgestellt werden.[138] Die Teilnehmer geben bestimmte Daten in den Datenpool und erhalten im Gegenzug Zugriff auf die in den Pool eingespeisten Daten anderer Teilnehmer.[139] Unternehmen schließen sich also zusammen, um durch die Zusammenlegung ihrer Daten von den Daten der jeweils anderen teilnehmenden Unternehmen zu profitieren. Anders als auf Datenmarktplätzen erfolgt ein gegenseitiger Datenaustausch. Datenpools haben folglich einen stark kooperativen Charakter.

Das Datenpooling scheint insbesondere dann vielversprechend zu sein, wenn es sich bei den aggregierten Daten um komplementäre Daten handelt. Da sich die Daten in diesen Fällen gegenseitig ergänzen, entsteht für alle Beteiligten ein unmittelbarer Mehrwert durch den Zugriff auf einen größeren Datenbestand.[140] Unternehmen nutzen deshalb Datenpools vorrangig um Daten aus ähnlichen Datenquellen (z. B. Sensordaten von vernetzten Kraftfahrzeugen) oder mit einem vergleichbaren Inhalt (z. B. Logistikdaten) auszutauschen. Weil sich die Daten in diesen Fällen gegenseitig ergänzen, hat jedes teilnehmende Unternehmen ein Interesse seinen Datenbestand durch die komplementären Daten der anderen Teil-

---

137 So wohl auch *Schweitzer/Metzger/u. a.*, Data access and sharing (2022), S. 85. Auch diese Begrifflichkeiten werden zum Teil anders verstanden. Z. B. überschneidet sich die Definition von Datenräumen des *Fraunhofer Instituts* nur teilweise mit dem hier verwendeten Begriff; zum Begriff des *Fraunhofer Instituts* siehe *Otto*, in: Otto/ten Hompel/Wrobel, Designing Data Spaces (2022), S. 3 (7 f.).

138 *Wernick/Olk/v. Grafenstein*, Technology and Regulation 2020, 65 (74).

139 *Lundqvist*, EuCML 2018, 146.

140 *Carballa Smichowski*, 54 Intereconomics 2019, 222 (226); *Crémer/de Montjoye/Schweitzer*, Competition policy for the digital era (2019), S. 92; *Schweitzer/Peitz*, Datenmärkte in der digitalisierten Wirtschaft (2017), S. 23. Schließlich entstehen bei der Analyse komplementärer Datensätze Verbundvorteile für den Datennutzer, siehe Kap. 2, D. II. 2. b).

nehmer zu erweitern. Die an einem Datenpool teilnehmenden Unternehmen stammen daher zumeist aus dem gleichen Sektor.[141] Datenpools werden in der Regel von einem oder mehreren Teilnehmern gegründet und betrieben. Grundsätzlich kommen aber auch unabhängige Dritte als Betreiber in Betracht.[142] Da es sich bei Datenpools um komplexe Unternehmenskooperationen handelt, kann ihre Gründung und ihr Betrieb technisch und rechtlich sehr anspruchsvoll sein kann.[143]

Bisher werden Datenpools vor allem in der Finanz- und Versicherungsbranche eingesetzt.[144] Unternehmen aus diesen Branchen legen schon seit längerem ihre Daten zusammen, um Kredit- oder Versicherungsrisiken bei ihren (potenziellen) Kunden besser identifizieren zu können.[145] Datenpools werden weiterhin schon genutzt, um gemeinschaftlich innovative Produkte oder Dienstleistungen zu entwickeln. Beispielsweise gibt es im Mobilitätssektor Angebote, die auf der Kombination von Daten verschiedener Verkehrsmittelanbieter beruhen.[146] Neben der gemeinsamen Produktentwicklung ist mittelfristig zu erwarten, dass Unternehmen Datenpools in stärkerem Ausmaß nutzen werden, um ihren Datenbestand für Analysen zu erweitern und so ihre individuelle Innovationskraft zu steigern. Insbesondere für das Training selbstlernender Algorithmen könnten Datenpools künftig eine wichtige Grundlage darstellen.[147]

bb) Industrielle Datenräume

Industrielle Datenräume[148] sind Plattformen, die eine technische Infrastruktur für den schnellen und sicheren Datenaustausch zwischen teilnehmenden Unternehmen bieten.[149] Anders als bei Datenpools werden nicht die Daten mehrerer Unternehmen aggregiert und anschließend allen Teilnehmern zur Nutzung überlassen. Stattdessen ermöglichen industrielle Datenräume den beteiligten Unternehmen die unkomplizierte technische Weitergabe von Daten an andere Unternehmen aus

141 *Europäische Kommission*, SWD(2017) 2 final, S. 18.
142 *Wernick/Olk/v. Grafenstein*, Technology and Regulation 2020, 65 (74).
143 *Wernick/Olk/v. Grafenstein*, Technology and Regulation 2020, 65 (74); *Lundqvist*, EuCML 2018, 146 (149).
144 *Hillmer*, Daten als Rohstoffe (2021), S. 396; *Crémer/de Montjoye/Schweitzer*, Competition policy for the digital era (2019), S. 95 f.; *EuGH*, Urteil vom 23. November 2006, C-238/05, ECLI:EU:C:2006:734 – *Asnef-Equifax*.
145 *Crémer/de Montjoye/Schweitzer*, Competition policy for the digital era (2019), S. 94.
146 *Carballa Smichowski*, 54 Intereconomics 2019, 222 (226 f.); *Wernick/Olk/v. Grafenstein*, Technology and Regulation 2020, 65 (74).
147 *Hillmer*, Daten als Rohstoffe (2021), S. 396.
148 Industrielle Datenräume sind nicht zu verwechseln mit den Gemeinsamen Europäischen Datenräumen; siehe zu diesen Kap. 2, B. V. 2.
149 *Europäische Kommission*, SWD(2017) 2 final, S. 18; *Kommission*, Workshop Report: Data access and Transfer (2017), S. 8 f.

dem Datenraum. Primäres Ziel von industriellen Datenräumen ist es, durch die Ermöglichung des reibungslosen Datenaustausches zur Verbesserung der Effizienz und Produktivität der teilnehmenden Unternehmen beizutragen.[150]

Anders als Datenmarktplätze sollen Datenräume in erster Linie den Datenaustausch innerhalb bestehender Wertschöpfungsketten und -netzwerke erleichtern.[151] Aus diesem Grund stammen die teilnehmenden Unternehmen häufig aus dem gleichen Sektor und die Datenräume werden in vielen Fällen von einem großen Unternehmen mit einer starken Stellung im jeweiligen Sektor initiiert.[152] Beispiele für industrielle Datenräume sind die Plattform *Skywise* von *Airbus,*[153] die *Rio*-Plattform der *Traton*-Gruppe[154] sowie die Plattform *BruCloud* der Brüsseler Flughafengesellschaft.[155] Im Gegensatz zu Datenmarktplätzen ist der sektorenübergreifende Datenaustausch über industrielle Datenräume in der Regel nicht vorgesehen.

Typisch für die Funktionen und Anwendungsbereiche von industriellen Datenräumen ist die Plattform *Skywise.*[156] Auf ihr können teilnehmende Fluglinien die in ihrem Geschäftsalltag anfallenden Datenmengen zunächst speichern und analysieren. Hierbei handelt es sich vor allem um Daten, die von modernen Flugzeugen beim Einsatz generiert werden, sowie Flugplan- und Betriebsdaten.[157] Außerdem können über *Skywise* Daten mit *Airbus* und seinen Zulieferern geteilt werden. Die Fluglinien profitieren vom dem Datenaustausch und der Datenanalyse auf der Plattform, indem sie technische Probleme reduzieren und die Effizienz innerbetrieblicher Abläufe steigern können. *Airbus* profitiert von der Datenweitergabe in Echtzeit, da sie die vorausschauende und reaktionsschnelle Wartung der Flugzeuge ermöglicht und durch die bereitgestellten Daten Erkenntnisse erlangt werden können, die langfristig in die Konstruktion neuer Flugzeugmodelle einfließen.[158] Durch die enge Verzahnung des Datenaustauschs mit den Zulieferern kann die schnelle Wartung der Flugzeuge sichergestellt werden.

In vielen Fällen soll der industrielle Datenraum nicht nur den Austausch von Daten zwischen Unternehmen erleichtern, sondern auch einen virtuellen Ort für

---

150 *Arnaut/Pont/u.a,* Study on data sharing (2018), S. 62.

151 *Richter/Slowinski,* IIC 50 (2019), 4 (19); *Koutroumpis/Leiponen/Thomas,* Industrial and Corporate Change 29 (2020), 645 (657).

152 *Carballa Smichowski,* 54 Intereconomics 2019, 222 (227); *Europäische Kommission,* SWD(2020) 295 final, S. 10; SMART 2020/694 D2, S. 40 f.

153 https://aircraft.airbus.com/en/services/enhance/skywise.

154 https://traton.com/en/rio.html.

155 https://brucloud.com.

156 *Arnaut/Pont/u.a,* Study on data sharing (2018), S. 66.

157 *Mitty,* Skywise: Airbus bet on big data (2020).

158 *Mitty,* Skywise: Airbus bet on big data (2020).

weitere datenbezogene Dienstleistungen bieten.[159] Auf der Plattform *BruCloud* werden zum Beispiel Anwendungen zur Optimierung der Datennutzung und des Datenaustausches angeboten.[160] Ebenso stehen beim *Data Intelligence Hub* der *Telekom* Anwendungen zur Datenanalyse und zur Verknüpfung eigener und externer Datensätze bereit.[161] Insgesamt lässt sich festhalten, dass industrielle Datenräume auf die Etablierung von Daten-Ökosystemen abzielen.[162] Dabei handelt es sich um Netzwerke verschiedener Unternehmen und Akteure, die über eine integrierte Plattform gemeinsam Daten austauschen, verarbeiten und analysieren, um auf innovative Weise zusammen einen Mehrwert zu erzeugen.[163]

c) Potenzial von industriellen Datenplattformen für den B2B-Datenaustausch

Der Wert von industriellen Datenräumen besteht vor allem darin, dass sie die Transaktionskosten beim Datenaustausch senken können. Zum einen stellen sie die technische Infrastruktur für den Datenaustausch zwischen Unternehmen zur Verfügung. Es ist zu erwarten, dass industrielle Datenräume hierbei von positiven Skaleneffekten profitieren und daher technische Lösungen für den Datenaustausch anbieten können, die die eigenen Möglichkeiten der teilnehmenden Unternehmen übersteigen. Zum anderen können industrielle Datenräume den Aufbau von Vertrauen zwischen den Teilnehmern unterstützen, indem sie Teilnehmer überprüfen und Maßnahmen für die Sicherung von Datentransfers ergreifen.[164] Im Gegensatz zu Datenmarktplätzen stellt die Anbahnung von Datentransaktionen bei industriellen Datenräumen jedoch allenfalls eine untergeordnete Aufgabe dar. Denn überwiegend erfolgt der Datenaustausch innerhalb existierender Wertschöpfungs-Ökosysteme zwischen Unternehmen, die bereits geschäftliche Beziehungen zueinander unterhalten.

Datenpools sind vor allem deshalb wertvoll, weil sich die teilnehmenden Unternehmen durch das Zusammenlegen komplementärer Datenbestände Verbund-

---

159 Die Beteiligung zusätzlicher Dienstleister ist auch in der Referenzarchitektur des Fraunhofer Instituts für Datenräume vorgesehen, siehe *Otto/Steinbuß/u. a.*, Reference Architecture Model (2019), S. 32.

160 https://brucloud.com/apps.

161 https://dih.telekom.net/tools.

162 Siehe auch *Otto/Steinbuß/u. a.*, Reference Architecture Model (2019), S. 13.

163 *Runeson/Olsson/Linåker*, Journal of Systems and Software 182 (2021), 1 (2); *Otto/Rehof*, Data Ecosystems (2019), S. 17.

164 Siehe z. B. die Referenzarchitektur des Fraunhofer Instituts in *Otto/Steinbuß/u. a.*, Reference Architecture Model (2019), S. 29 f.; Huber/Wessel/u. a., in: Otto/ten Hompel/Wrobel, Designing Data Spaces (2022), S. 147.

vorteile bei der Datenanalyse zunutze machen können[165] und sie die Durchführung einer Vielzahl bilateraler Datentransfers durch die Datenbündelung ersetzen. Je nach Anzahl der Teilnehmer kann durch die Aggregation der Daten ein Datenbestand entstehen, der aufgrund seiner Größe besondere Chancen für die Datenanalyse bietet und der durch bilaterale Datentransaktionen nur schwer aufgebaut werden könnte. Die Transaktionskosten werden durch das Errichten eines Datenpools, auf den alle Teilnehmer zugreifen können, wesentlich reduziert. Denn der anderenfalls erforderliche Abschluss einer Vielzahl individueller, bilateraler Datenlizenzverträge und deren anschließender technischer Umsetzung wird den beteiligten Unternehmen durch den Zugriff auf den Datenpool erspart.

4. Weitere Modelle für den Datenaustausch

Neben Datenmarktplätzen und industriellen Datenplattformen gibt es noch weitere Modelle für den B2B-Datenaustausch, auf die im weiteren Verlauf der Untersuchung eingegangen wird und die daher hier kurz vorgestellt werden sollen.

a) Plattformen zur Monetisierung unternehmenseigener Daten

Manche Unternehmen bieten eigene Plattformen zur Kommerzialisierung ihrer Daten an.[166] Über solche Plattformen können interessierte Datennutzer entgeltlich Zugang zu den Daten des die Plattform betreibenden Unternehmens erlangen. Es handelt sich hierbei um ein dispersiales Modell für den Datenaustausch: Der Datenhalter teilt seine Daten mit einer Vielzahl anderer Unternehmen zu standardisierten Vertragsbedingungen.[167] Ein Beispiel für eine Plattform zur Monetisierung unternehmenseigener Daten ist die von *BMW* betriebene Plattform *BMW CarData*.[168] Über *BMW CarData* bietet *BMW* die durch vernetzte *BMW*-Fahrzeuge generierten Daten anderen Unternehmen zur Nutzung an. *BMW CarData* richtet sich vor allem an unabhängige Werkstätten, Händler, Versicherungen und andere *Aftermarket*-Anbieter.[169] Zu beachten ist, dass es sich bei diesen Plattformen nicht

165 *Carballa Smichowski*, 54 Intereconomics 2019, 222 (226); *Crémer/de Montjoye/Schweitzer*, Competition policy for the digital era (2019), S. 92; *Schweitzer/Peitz*, Datenmärkte in der digitalisierten Wirtschaft (2017), S. 23.

166 *Richter/Slowinski*, IIC 50 (2019), 4 (10 f.).

167 *Koutroumpis/Leiponen/Thomas*, Industrial and Corporate Change 29 (2020), 645 (653); *Meisel/Spiekermann*, Datenmarktplätze (2019), S. 9.

168 Siehe https://www.bmwgroup.com/en/innovation/technologies-and-mobility/cardata.html; https://www.press.bmwgroup.com/global/article/detail/T0271366EN/bmw-group-launches-bmw-cardata:-new-and-innovative-services-for-customers-safely-and-transparently?language=en.

169 *Metzger*, GRUR 2019, 129 (133).

um Datenintermediäre handelt.[170] Schließlich fehlt es an der für die Intermediärseigenschaft erforderlichen Vermittlerstellung zwischen mindestens zwei anderen Parteien.[171]

b) Datenbroker

Ein relativ weit entwickeltes und aktives Teilgebiet des B2B-Datenaustauschs stellt der Handel mit Daten durch Datenbroker dar. Datenbroker sammeln, speichern und aggregieren Daten, um sie anschließend an Dritte zu verkaufen.[172] Im Gegensatz zu Datenmarktplätzen ermöglichen sie nicht den direkten Datenaustausch zwischen verschiedenen Parteien, sondern sammeln selbst aktiv Daten aus verschiedenen Quellen und bereiten diese auf, um sie möglichst gewinnbringend an Kunden zu veräußern.[173] Es handelt sich bei ihnen um Intermediäre in Form von Händlern.[174]

Datenbroker tragen die Daten, mit denen sie handeln, aus verschiedenen öffentlichen und privaten Quellen zusammen.[175] Sie erlangen öffentlich verfügbare Daten über frei zugängliche Webseiten und aus staatlichen Erhebungen. Daneben kaufen sie aber auch Daten von privaten Unternehmen an, wie zum Beispiel Daten über die Kunden eines Einzelhändlers oder maschinengenerierte Daten von Unternehmen aus der Industrie.[176] Bevor Datenbroker ihre Daten weiterveräußern, werden die Daten typischerweise aggregiert und analysiert. Dabei handeln Datenbroker sowohl mit den von ihnen aggregierten Daten als auch mit den auf diesen Daten basierenden Analyseergebnissen.[177] Die gebündelten und abgeleiteten Daten werden anschließend an Unternehmen verkauft, die sie beispielsweise zu Marketingzwecken einsetzen.[178] Aufgrund der Intransparenz ihres Geschäftsmodells und

---

170 *Wernick/Olk/v. Grafenstein*, Technology and Regulation 2020, 65 (68).
171 Aus demselben Grund handelt es sich bei ihnen streng genommen auch nicht um Plattformen.
172 *Dewenter/Lüth*, Datenhandel und Plattformen (2018), S. 30; *OECD*, Enhancing Access to and Sharing of Data (2019), S. 37.
173 *OECD*, Enhancing Access to and Sharing of Data (2019), S. 37.
174 Siehe zu den zwei Haupttypen von Intermediären Kap. 4, B. I. 1.; vgl. auch *Autorité de la Concurrence/BKartA*, Competition Law and Data (2016), S. 38 f.
175 *Reviglio*, Internet Policy Review 11 (2022), 1 (5 f.); *Feasey/de Streel*, Data Sharing for Digital Markets Contestability (2020), S. 27.
176 *OECD*, Enhancing Access to and Sharing of Data (2019), S. 37.
177 *Dewenter/Lüth*, Datenhandel und Plattformen (2018), S. 30.
178 Bedeutende Datenbroker sind z. B. *Acxiom* oder *Nielsen*; siehe *Sherman*, Data Brokers and Sensitive Data (2021), S. 4 f.

dem mit ihren Aktivitäten verbundenen Eindringen in die Privatsphäre von Verbrauchern stehen Datenbroker häufig in der Kritik.[179]

c) Technische Unterstützungsdienstleister

Technische Unterstützungsdienstleister (*technical enablers*) helfen Unternehmen bei der technischen Durchführung der Datenweitergabe.[180] Sie bieten ihren Nutzern web- und cloudbasierte Infrastrukturen, die es ihnen ermöglichen, ihre Daten sicher und einfach mit anderen Unternehmen zu teilen. Technische Unterstützungsdienstleister können sowohl beim bilateralen als auch beim multilateralen Datenaustausch behilflich sein. Unternehmen, die sich über den bilateralen Datenaustausch einig sind, können die Durchführung ihrer Datentransaktion über die technische Infrastruktur der Dienstleister vollziehen. Aufgrund ihrer Spezialisierung können die Dienstleister ihren Kunden hochentwickelte Leistungen für den Datenaustausch, wie die Protokollierung der Datentransaktion oder die Nutzung digitaler Wasserzeichen, anbieten.[181]

Beim multilateralen Datenaustausch sind technische Unterstützungsdienstleister behilflich, indem sie Cloud-Infrastrukturen für den Betrieb von Datenmarktplätzen oder industriellen Datenplattformen entgeltlich zur Verfügung stellen. Unterstützungsdienstleister betreiben nicht selbständig Datenmarktplätze oder industrielle Datenplattformen, sondern überlassen die von ihnen entwickelten technischen Infrastrukturen den Betreibern solcher Plattformen. Ihren Umsatz generieren sie durch die Erhebung von Gebühren für die Einrichtung, den Gebrauch und die Wartung der den Plattformen zugrundeliegenden Cloud-Infrastrukturen.[182] Zum Beispiel hat *Nallian*[183] eine Cloud-basierte Plattformarchitektur für das Teilen von Daten in Echtzeit und in verschiedenen Formaten entwickelt.[184] Diese wird unter anderem für den industriellen Datenraum *BruCloud* verwendet, der von der Brüsseler Flughafengesellschaft betrieben wird und der Optimierung von Logistikprozessen dient.[185] Seit kurzem ist auch *Dawex* als technischer Unterstützungsdienstleister tätig. Neben dem selbst betriebenen *Global Data Marketplace* bietet *Dawex* seine Plattformarchitektur auch anderen Betreibern von Da-

179 Siehe nur *Sherman*, Data Brokers and Sensitive Data (2021), S. 9 ff.; *Reviglio*, Internet Policy Review 11 (2022), 1 (10 ff.).

180 *Europäische Kommission*, SWD(2018) 125 final, S. 11; *Arnaut/Pont/u.a*, Study on data sharing (2018), S. 63.

181 *Europäische Kommission*, SWD(2018) 125 final, S. 11.

182 *Arnaut/Pont/u.a*, Study on data sharing (2018), S. 63.

183 Siehe https://nallian.com/about-us.

184 *Europäische Kommission*, SWD(2018) 125 final, S. 11; *Arnaut/Pont/u.a*, Study on data sharing (2018), S. 70.

185 https://nallian.com/communities/brucloud; https://brucloud.com.

tenmarktplätzen oder industriellen Datenplattformen an.[186] Beispielsweise basiert der *Space Data Marketplace*, ein Marktplatz für Weltraumdaten, der unter anderem von *Airbus* und *Thales* betrieben wird, auf der Plattformarchitektur von *Dawex*.[187]

d) Datengenossenschaften

Ein weiteres, in der Praxis noch kaum verbreitetes Modell für den Datenaustausch sind Datengenossenschaften.[188] Erste Datengenossenschaften sind bisher im Agrarsektor entstanden, einem Bereich, in dem Genossenschaften traditionell eine große Bedeutung zukommt.[189] Es handelt sich bei Datengenossenschaften um Organisationen, die Daten für ihre Nutzer speichern und aggregieren und es diesen ermöglichen, ihre Daten selbstbestimmt zu verwalten.[190] Mithilfe der Angebote von Datengenossenschaften sollen Unternehmen in die Lage versetzt werden, informierte Entscheidungen über die Nutzung und Weitergabe ihrer Daten zu treffen. Zudem sollen durch den Zusammenschluss mehrerer Unternehmen in einer Genossenschaft Verhandlungsungleichgewichte gegenüber Großunternehmen, die die Daten der Mitglieder nutzen möchten, ausgeglichen werden.[191] Die Weitergabe von Daten der Mitglieder an Dritte findet also mittelbar über die Datengenossenschaft statt. Datengenossenschaften weisen insofern Ähnlichkeiten bestimmten Datentreuhändern für natürliche Personen (*Personal Information Management Systems*) auf.[192] Anders als solche Datentreuhänder richten sich Datengenossenschaften aber nicht an natürliche Personen,[193] sondern an kleine und mittlere Unternehmen.[194] Neben der Speicherung und Verwaltung der Nutzerdaten können Datengenossenschaften auch Anbieter für zusätzliche datenbezogene Dienstleis-

---

186 https://www.dawex.com/en/data-exchange-platform/data-marketplace.

187 Siehe https://www.dawex.com/en/news/launch-of-the-space-data-marketplace/; https://www.space-data-marketplace.eu/en/.

188 *Europäische Kommission*, SMART 2020/694 D2, S. 40.

189 *Jouanjean/Casalini/u. a.*, Issues around data governance (2020), S. 15; *Atik/Martens*, JIPITEC 12 (2021), 370 (390 f.); *Wolfert/Ge/u. a.*, Agricultural Systems 153 (2017), 69 (78).

190 *Jouanjean/Casalini/u. a.*, Issues around data governance (2020), S. 15; *Atik/Martens*, JIPITEC 12 (2021), 370 (391, 113).

191 *Jouanjean/Casalini/u. a.*, Issues around data governance (2020), S. 16.

192 *Atik/Martens*, JIPITEC 12 (2021), 370 (391, 113). Siehe zu den Datentreuhandmodellen für natürliche Personen nur *Specht-Riemenschneider/Blankertz/u. a.*, MMR-Beil. 2021, 25.

193 Hierin unterscheidet sich die Definition von Datentreuhändern in Art. 2 Nr. 15 DGA vom üblichen Verständnis von Datengenossenschaften. Nach Art. 2 Nr. 15 DGA kann es sich auch bei Diensten für Datensubjekte um Datengenossenschaften handeln.

194 Zudem fehlt es Datengenossenschaften an der für Treuhänder typischen Wahrnehmung fremder Interessen, siehe dazu *Specht-Riemenschneider/Blankertz/u. a.*, MMR-Beil. 2021, 25 (34). Stattdessen verfolgen die Mitglieder von Datengenossenschaften gleichgerichtete Interessen.

tungen auf ihren Plattformen zulassen, die den Nutzern etwa Dienste für die Datenanalyse zur Verfügung stellen.[195] Ein Beispiel für eine Datengenossenschaft ist *Join Data*.[196] Über *Join Data* können Landwirte die in ihren Betrieben generierten Daten verwalten, analysieren und mit Dritten teilen.

C. Wettbewerbliche Risiken von Datenintermediären

Datenintermediäre haben das Potenzial, die Effizienz von Datenmärkten wesentlich zu erhöhen und zu einem florierenden Datenaustausch beizutragen. Noch handelt es sich bei den in dieser Untersuchung im Vordergrund stehenden Datenmarktplätzen und industriellen Datenplattformen um junge Erscheinungen mit geringen Marktauswirkungen. Vor dem Hintergrund der Erfahrungen mit den sich äußerst dynamisch entwickelnden Digitalmärkten ist es aber denkbar, dass ihre gesamtwirtschaftliche Bedeutung schnell zunehmen könnte.[197] Dann könnten Datenintermediäre nicht nur zentrale Stellungen auf Datenmärkten einnehmen, sondern auch gewisse wettbewerbliche Risiken ausstrahlen. Insbesondere im Hinblick auf Datenmarktplätze, die von Netzwerk- und Skaleneffekten stark profitieren dürften, kann eine durch Machtkonzentration geprägte Entwicklung des Marktes erwartet werden.[198]

Anlass zu Befürchtungen über die künftige Entwicklung von Datenintermediären, insbesondere von Datenmarktplätzen, können die in den letzten zwei Jahrzehnten gemachten Erfahrungen mit digitalen Plattformen Anlass bieten. Digitale Plattformen haben einen großen Einfluss auf ökonomische und gesellschaftliche Strukturen und Prozesse erlangt.[199] In einer Vielzahl von Wirtschaftssektoren haben sie drastische Umbrüche herbeigeführt und übernehmen als zentrale Infrastrukturen eine wichtige Rolle bei der Organisation verschiedenster Märkte.[200] Indem sie die Informations- und Transaktionskosten in Online-Märkten erheblich senken, kreieren sie unbestritten einen großen wirtschaftlichen Mehrwert.[201] Gleichzeitig haben digitale Plattformen aber auch negative Auswirkungen auf den Wettbewerb und die Wirtschaft. Ihre Marktmacht in Verbindung mit ihrer zentralen Marktstellung lässt sich für wettbewerbsschädliche Verhaltensweisen zu Las-

---

195 *Jouanjean/Casalini/u. a.*, Issues around data governance (2020), S. 16.
196 Siehe https://join-data.nl/en/what-we-do.
197 *Richter/Slowinski*, IIC 50 (2019), 4 (15 f.); *Spiekermann*, Intereconomics 54 (2019), 208 (215).
198 Vgl. *v. Ditfurth/Lienemann*, CRNI 23 (2022), 270 (279).
199 Für eine eindrückliche Beschreibung siehe *Dolata*, Berliner Journal für Soziologie 29 (2019), 179 (183, 190).
200 *Dolata*, Berliner Journal für Soziologie 29 (2019), 179 (184, 191 ff.).
201 Vgl. *Schweitzer*, ZEuP 2019, 1 (2).

ten ihrer Nutzer und Wettbewerber ausnutzen und kann dem gesamtwirtschaftlichen Wohlfahrts- und Innovationsniveau schaden.[202] Die Unfähigkeit klassischer kartellrechtlicher Instrumente, die von digitalen Plattformen ausgehenden negativen Effekte für den Wettbewerb wirksam zu bekämpfen, haben in der Europäischen Union zu weitreichenden Regulierungsbestrebungen, nämlich dem DMA, dem DSA und der P2B-VO geführt.[203]

Wie im nächsten Kapitel dargelegt wird, ist die Regulierung von Datenvermittlern durch Art. 10 bis 15 DGA maßgeblich durch die Erfahrungen der Wettbewerbsbehörden mit mächtigen digitalen Plattformen geprägt. Um das von Datenmarktplätzen als digitale Plattformen potenziell ausgehende Risiko für Datenmärkte besser einschätzen zu können, werden die Machtstellungen dominanter Plattformen und deren potenzielle nachteilhafte gesamtwirtschaftliche Auswirkungen im folgenden Abschnitt überblicksartig dargestellt. Im Anschluss daran werden die von industriellen Datenplattformen potenziell ausgehenden Marktabschottungswirkungen untersucht.

I. Von digitalen Plattformen ausgehende Wettbewerbsgefahren

1. Machtstellungen dominanter digitaler Plattformen

Die besonderen Machtstellungen dominanter digitaler Plattformen beruhen auf mehreren Faktoren. Zunächst gibt es auf Plattformmärkten starke Konzentrationstendenzen, die zur Bildung schwer angreifbarer Monopole oder Oligopole führen können und dominanten Plattformen starke Marktmachtstellungen gegenüber ihren Nutzern verschaffen. Diese Machtstellungen werden weiter verstärkt durch vertikale und horizontale Ausdehnungen digitaler Konglomerate und die damit einhergehenden Verbundvorteile. Zuletzt beruht die Überlegenheit von Plattformen gegenüber ihren Nutzern auch darauf, dass sie als Betreiber zentraler Markteinrichtungen sich Informationsvorteile und ihre Regelsetzungsmacht zunutze machen können. Die daraus resultierenden dominanten Marktpositionen lassen sich von digitalen Plattformen auf verschiedene Weisen zulasten der allokativen und dynamischen Effizienz missbrauchen.[204]

---

202 *Parker/Petropoulos/Van Alstyne*, Digital Platforms and Antitrust (2020), S. 4.
203 Siehe zum Überblick nur *Paal/Kumkar*, ZfDR 2021, 91 (106 ff.); *Gielen/Uphues*, EuZW 2021, 627.
204 *Parker/Petropoulos/Van Alstyne*, Digital Platforms and Antitrust (2020), S. 8.

a) Konzentrationstendenzen auf Plattform-Märkten

Plattform-Märkte sind durch starke Konzentrationstendenzen gekennzeichnet.[205] Häufig existieren nach einer durch intensiven Wettbewerb gekennzeichneten Anfangsphase nur eine oder wenige Plattformen, die den Großteil aller Nutzer auf sich vereinen. Erwachsene Plattform-Märkte tendieren demnach zur Bildung von Monopolen und Oligopolen. Dies liegt in erster Linie daran, dass digitale Plattformen nach der Erlangung einer bestimmten Größe von starken Netzwerkeffekten und Skaleneffekten profitieren.[206]

Direkte und indirekte Netzwerkeffekte führen dazu, dass eine Plattform mit ihrer wachsenden Nutzerzahl für neue Nutzer immer attraktiver wird. Die dadurch entstehenden Rückkoppelungseffekte treiben das Plattformwachstum weiter an.[207] Diese sich selbst verstärkenden Netzwerkeffekte können dazu führen, dass die Plattform, die zuerst die kritische Nutzermasse erreicht hat, den Großteil der Nutzer auf einem Markt anzieht und an sich bindet. Andere Wettbewerber, die selbst noch keine kritische Nutzerzahl erreicht haben, tun sich hingegen schwer, neue Nutzer anzuziehen und werden mittelfristig von der führenden Plattform abgehängt.[208] Ein kleiner Nutzervorsprung kann sich dadurch schnell in einen großen Wettbewerbsvorteil verwandeln.[209] Auf Plattform-Märkten existieren deshalb erhebliche Wettbewerbsvorteile für das Unternehmen, das als erstes den Markt betritt und eine signifikante Nutzerbasis aufbaut (*first mover's advantage*).[210]

Diese durch Netzwerkeffekte verursachten Marktkonzentrationstendenzen werden durch positive Skaleneffekte verstärkt.[211] Positive Skaleneffekte liegen vor, da die Gesamtkosten einer Plattform aufgrund geringer variabler Kosten nur stark

---

205 *Montero/Finger*, The Rise of the New Network Industries (2021), S. 207; *Barwise/Watkins*, in: Moore/Tambini, Digital Dominance (2018), S. 21 (21 f.); *Schweitzer/Haucap/u. a.*, Modernisierung der Missbrauchsaufsicht (2018), S. 12.

206 *Parker/Petropoulos/Van Alstyne*, Digital Platforms and Antitrust (2020), S. 5 f.; *Stigler Committee on Digital Platforms*, Final Report (2019), S. 34 f.; *Barwise/Watkins*, in: Moore/Tambini, Digital Dominance (2018), S. 21 (24 ff.); *Crémer/de Montjoye/Schweitzer*, Competition policy for the digital era (2019), S. 19 ff.; *Montero/Finger*, The Rise of the New Network Industries (2021), S. 207; *Monopolkommission*, XXIII. Hauptgutachten (2020), S. 30 f. Zu Netzwerk- und Skaleneffekten bei Plattformen siehe bereits in Kap. 4, B. I. 3.

207 Siehe hierzu im Detail. Kap. 4, B. I. 3. c).

208 *Stigler Committee on Digital Platforms*, Final Report (2019), S. 38.

209 *Stigler Committee on Digital Platforms*, Final Report (2019), S. 41.

210 *Parker/Petropoulos/Van Alstyne*, Digital Platforms and Antitrust (2020), S. 6.

211 *Stigler Committee on Digital Platforms*, Final Report (2019), S. 36; *Crémer/de Montjoye/Schweitzer*, Competition policy for the digital era (2019), S. 20; *Parker/Petropoulos/Van Alstyne*, Digital Platforms and Antitrust (2020), S. 5.

unterproportional mit der Zahl ihrer Nutzer wachsen.[212] Aus diesem Grund kann eine Plattform, wenn sie einmal ihren Betrieb aufgenommen hat, schnell expandieren und gegenüber kleineren Wettbewerbern günstigere oder bessere Dienste anbieten.[213] Außerdem dehnen sich digitale Plattformen stetig in neue Bereiche aus und können dadurch große Datenmengen aus unterschiedlichen Geschäftsfeldern sammeln und von Verbundvorteilen profitieren.[214] Die Analyse der dabei anfallenden Datenmengen ermöglicht es ihnen, ihre Angebote auf eine Weise zu verbessern, die für Wettbewerber ohne Zugang zu einem ähnlich großen und vielfältigen Datenbestand nicht erreichbar ist.[215]

Ausgeprägte Netzwerkeffekte, Skaleneffekte und Verbundvorteile ergänzen und verstärken sich gegenseitig. Im Zusammenspiel können sie zum rasanten Wachstum einer Plattform und dem Kippen (*tipping*) des Marktes führen.[216] Ein Markt ist dann gekippt, wenn eine Plattform eine dominante Stellung erlangt hat und ihre führende Marktposition dauerhaft nicht bestreitbar ist. Ist der Markt einmal gekippt lässt sich die starke Marktkonzentration kaum wieder umkehren. Frühere Wettbewerber sind aus dem Markt ausgeschieden und für neue Plattformen ist der Markteintritt angesichts der starken Position der etablierten Plattform unattraktiv. Schließlich kann der Marktneuling nicht auf die gleichen Netzwerk-, Skalen und Verbundeffekte wie die etablierte Plattform zurückgreifen.[217] Sobald ein Plattform-Markt gekippt ist, kann die dominante Plattform Monopolgewinne erzielen. Dies hat zur Folge, dass Plattform-Märkte in erster Linie durch den Wettbewerb um den Markt und nicht durch den Wettbewerb im Markt gekennzeichnet sind.[218] Die Aussicht auf hohe Gewinne lässt Wettbewerber heftig um die Monopolstellung konkurrieren (*winner takes all*).[219] Sobald eine Plattform die Monopolstellung erreicht hat, ist der Wettbewerb aber zum Erliegen gekommen und kann aufgrund der hohen Marktzutrittsbarrieren nur schwer wieder entfacht werden.

---

212 Siehe hierzu näher in Kap. 4, B. I. 3. b).

213 *Stigler Committee on Digital Platforms*, Final Report (2019), S. 37; *Parker/Petropoulos/Van Alstyne*, Digital Platforms and Antitrust (2020), S. 5; *Savary*, RDI 2021, 117 (118, Rn. 6).

214 Siehe zur Konglomeratsbildung bei Plattformen Kap. 4, C. I. 1. b) und zu Verbundvorteilen bei der Datenanalyse Kap. 2, D. II. 5. b).

215 *Parker/Petropoulos/Van Alstyne*, Digital Platforms and Antitrust (2020), S. 5 f.; *Stigler Committee on Digital Platforms*, Final Report (2019), S. 37; *Monopolkommission*, XXIII. Hauptgutachten (2020), S. 30; *Barwise/Watkins*, in: Moore/Tambini, Digital Dominance (2018), S. 21 (28 f.).

216 *Stigler Committee on Digital Platforms*, Final Report (2019), S. 35; *Schweitzer/Haucap/u. a.*, Modernisierung der Missbrauchsaufsicht (2018), S. 12; *Monopolkommission*, XXIII. Hauptgutachten (2020), S. 31; *Parker/Petropoulos/Van Alstyne*, Digital Platforms and Antitrust (2020), S. 6.

217 *Stigler Committee on Digital Platforms*, Final Report (2019), S. 35.

218 *Stigler Committee on Digital Platforms*, Final Report (2019), S. 35; *Parker/Petropoulos/Van Alstyne*, Digital Platforms and Antitrust (2020), S. 6.

219 *Barwise/Watkins*, in: Moore/Tambini, Digital Dominance (2018), S. 21 (24).

Die Entwicklung, die zum Kippen eines Marktes und der Monopolstellung einer Plattform führt, wird häufig aktiv von der später dominanten Plattform unterstützt. Das Kippen eines Marktes ist in vielen Fällen nämlich keine zwangsläufige Folge der Eigenschaften von Plattform-Märkten. So ist auf vielen digitalen Plattform-Märkten die parallele Nutzung mehrerer Plattformen (*Multihoming*) grundsätzlich möglich.[220] Wenn Nutzer mehrere Plattformen gleichzeitig nutzen können und hieran ein Interesse haben, zum Beispiel wegen der Differenzierung zwischen den Plattformen, kommt es nicht zur Monopolbildung. Digitale Plattformen haben aber starke Anreize, um das *Multihoming* und das Wechseln von Diensten (*Switching*) durch künstliche Hürden zu verhindern.[221] So sollen *Lock-in*-Effekte herbeigeführt werden, durch die Nutzer an die Plattform gebunden werden.[222]

b) Konglomerateffekte

Digitale Plattformen neigen außerdem zur Bildung von Konglomeraten durch die Ausweitung ihrer Tätigkeiten auf andere Märkte.[223] Auf diese Weise kann das Plattformunternehmen seine Marktstellungen gegenseitig verstärken (Konglomerateffekte).[224] Plattformen expandieren dabei sowohl vertikal als auch horizontal.[225] Sie übernehmen also nicht nur Geschäftsfelder, die auf einem vor- oder nachgelagerten Markt unmittelbar mit ihrer bisherigen Geschäftstätigkeit zusammenhängen, sondern stoßen auch in völlig neue Geschäftsfelder vor, die mit ihrem ursprünglichen Tätigkeitsbereich keine oder nur wenige Verbindungen aufweisen.[226]

Die starke vertikale und horizontale Expansion von Plattformen ist in vielen Fällen mit Vorteilen für ihre Nutzer verbunden, die von den datenbasierten Verbundvorteilen der Plattformen durch hochqualitative und aufeinander abge-

---

220 *Schweitzer/Haucap/u. a.*, Modernisierung der Missbrauchsaufsicht (2018), S. 12.

221 *Schweitzer/Haucap/u. a.*, Modernisierung der Missbrauchsaufsicht (2018), S. 13.

222 *Barwise/Watkins*, in: Moore/Tambini, Digital Dominance (2018), S. 21 (29); *Savary*, RDI 2021, 117 (118, Rn. 9); *Schweitzer/Haucap/u. a.*, Modernisierung der Missbrauchsaufsicht (2018), S. 13.

223 *Stigler Committee on Digital Platforms*, Final Report (2019), S. 37; *Parker/Petropoulos/Van Alstyne*, Digital Platforms and Antitrust (2020), S. 6; *Khan*, in: Moore/Tambini, Digital Dominance (2018), S. 98 (108); *Hoffmann-Riem*, Recht im Sog der digitalen Transformation (2022), S. 89; *Schweitzer/Haucap/u. a.*, Modernisierung der Missbrauchsaufsicht (2018), S. 14 f.

224 *Hoffmann-Riem*, Recht im Sog der digitalen Transformation (2022), S. 89 f.

225 *Parker/Petropoulos/Van Alstyne*, Digital Platforms and Antitrust (2020), S. 6.

226 Ein Beispiel ist der ursprüngliche Online-Buchhändler *Amazon*, der mittlerweile eine Supermarktkette betreibt, Filme produziert und Cloud-Dienste anbietet; siehe *Khan*, in: Moore/Tambini, Digital Dominance (2018), S. 98 (108); *Parker/Petropoulos/Van Alstyne*, Digital Platforms and Antitrust (2020), S. 6.

stimmte Dienste profitieren können.[227] Sie bietet aber auch Risiken für Wettbewerber und Plattformnutzer. Zunächst kann die Konglomeratbildung die Marktmachtstellung auf dem Plattform-Markt verstärken. Sie ermöglicht es dem Plattformbetreiber, komplementäre Daten aus unterschiedlichen Geschäftsfeldern zu sammeln und mithilfe der sich daraus ergebenden Verbundvorteile seine Machtstellung zu festigen.[228] Zudem trägt die Bildung von Ökosystemen zu *Lock-in*-Effekten bei.[229] Es ist für Plattformnutzer schwerer für eine Dienstleistung zu einem anderen Anbieter zu wechseln, wenn damit der Wechsel einer Vielzahl von Dienstleistungen verbunden ist. Darüber hinaus besteht bei der vertikalen oder horizontalen Integration von Plattformen die Gefahr, dass sich das Plattformunternehmen auf den neuen Märkten Vorteile verschafft, die nicht auf einem Leistungswettbewerb beruhen, sondern auf der Übertragung der Marktmacht vom Plattform-Markt.[230] Dies verzerrt den Leistungswettbewerb, da andere Unternehmen trotz womöglich besserer Dienste gegenüber den Plattformunternehmen an einem erheblichen Wettbewerbsnachteil leiden. Problematisch ist auch, dass Erweiterungen der Geschäftstätigkeiten zu Interessenkonflikten mit den (gewerblichen) Nutzern der ursprünglichen Plattform führen können.[231]

c) Informationelle Macht

Darüber hinaus profitieren Plattformen von ihren zentralen Stellungen auf Online-Märkten. Als Betreiber von digitalen Marktinfrastrukturen sammeln sie umfangreiche Informationen über das Funktionieren der jeweiligen Märkte.[232] Sie erhalten akkurate und aktuelle Informationen über die Marktpreise, das Suchverhalten von Verbrauchern, die Preisanpassungen der Händler und die Komplementarität unterschiedlicher Produkte.[233] Auf diese Weise verfügen sie über „informationelle Macht“: Ihre „Hoheit über die anfallenden Daten aller Marktteilnehmer, deren Abschöpfung, Kontrolle und Auswertung [...] [verschafft] den Plattformbetreibern einen lückenlosen Überblick über alles, was auf den von ihnen organi-

---

227 *Schweitzer/Haucap/u. a.*, Modernisierung der Missbrauchsaufsicht (2018), S. 18; *Stigler Committee on Digital Platforms*, Final Report (2019), S. 37; *Crémer/de Montjoye/Schweitzer*, Competition policy for the digital era (2019), S. 33.

228 *Schweitzer/Haucap/u. a.*, Modernisierung der Missbrauchsaufsicht (2018), S. 16 f.; *Crémer/de Montjoye/Schweitzer*, Competition policy for the digital era (2019), S. 33.

229 *Monopolkommission*, XXIII. Hauptgutachten (2020), S. 31.

230 *Khan*, in: Moore/Tambini, Digital Dominance (2018), S. 98 (114); *Schweitzer/Haucap/u. a.*, Modernisierung der Missbrauchsaufsicht (2018), S. 14. Siehe hierzu näher in Kap. 4, C. I. 2. b).

231 Siehe hierzu Kap. 4, C. I. 2. b) bb).

232 *Dolata*, Berliner Journal für Soziologie 29 (2019), 179 (193 f.); *Schweitzer*, ZEuP 2019, 1 (3 f.).

233 *Crémer/de Montjoye/Schweitzer*, Competition policy for the digital era (2019), S. 68.

sierten Markten geschieht […]".[234] Die Plattformbetreiber besitzen gegenüber ihren Nutzern, die keinen Zugang zu den Informationen erhalten, daher gewaltige Informationsvorteile.[235] Diese informationelle Überlegenheit lässt sich gegenüber ihren Nutzern in wettbewerbsverfälschender Weise ausnutzen. Anreize hierzu sind vor allem bei Plattformen zu finden, die aufgrund ihrer vertikalen oder horizontalen Integration Interessenkonflikten gegenüber ihren Nutzern unterliegen.[236]

d) Regelsetzungsmacht

Zu der Machtstellung großer digitaler Plattform trägt außerdem bei, dass sie als zentrale Marktinfrastrukturen die Regeln für die Marktorganisation maßgeblich beeinflussen und gestalten können.[237] Die Plattformbetreiber treten als private „Gesetzgeber" auf, indem sie Interaktionen zwischen verschiedenen Nutzern regulieren.[238] In dieser Funktion übernehmen sie „quasi-hoheitliche Aufgaben der Marktstrukturierung und -regulierung".[239] Ihre Regelsetzungsfunktion nehmen Plattformen dabei nicht nur rechtlich über ihre AGB wahr. Wesentliche Regeln zur Strukturierung und Regulierung der auf den Plattformen stattfindenden Interaktionen sind bereits in die Plattformarchitektur „eingegossen".[240] Wichtige Interaktionsregeln werden etwa durch die Algorithmen gesetzt, die für das Ranking oder die Empfehlung von Produkten verantwortlich sind.[241] In ihrer Gesamtheit können die von einer Plattform gesetzten Regeln einen großen Einfluss auf die Struktur des gesamten Markts haben. In der Medienbranche hat der Einfluss von Plattformen etwa dazu geführt, dass sich Medienproduzenten bei der Produktion, Verbreitung und Verwertung ihrer Inhalte weitgehend an die von Plattformen gesetzten Regeln angepasst haben.[242]

---

234 *Dolata*, Berliner Journal für Soziologie 29 (2019), 179 (193).

235 *Monopolkommission*, XXIII. Hauptgutachten (2020), S. 31; *Schweitzer/Haucap/u. a.*, Modernisierung der Missbrauchsaufsicht (2018), S. 8; *Khan*, in: Moore/Tambini, Digital Dominance (2018), S. 98 (108 f., 119).

236 Siehe hierzu Kap. 4, C. I. 2 b) bb); *Monopolkommission*, Herausforderung digitale Märkte (2015), S. 134.

237 *Dolata*, Berliner Journal für Soziologie 29 (2019), 179 (194); *Monopolkommission*, XXIII. Hauptgutachten (2020), S. 31.

238 *Crémer/de Montjoye/Schweitzer*, Competition policy for the digital era (2019), S. 60; *Schweitzer*, ZEuP 2019, 1 (3 ff.); *Dunne*, Journal of Antitrust Enforcement 9 (2020), 244 (247).

239 *Dolata*, Berliner Journal für Soziologie 29 (2019), 179 (194).

240 *Schweitzer*, ZEuP 2019, 1 (4).

241 *Crémer/de Montjoye/Schweitzer*, Competition policy for the digital era (2019), S. 61; *Schweitzer*, ZEuP 2019, 1 (4).

242 *Dolata*, Berliner Journal für Soziologie 29 (2019), 179 (194); *Nielsen/Ganter*, New Media & Society 20 (2018), 1600 (1614 f.).

Dabei ist es nicht zwangsläufig negativ zu bewerten, dass Plattformen wichtige Marktregeln selbst setzen. Die Einführung sachgemäßer Regeln und ihre Durchsetzung sind zur Gewährleistung gut funktionierender Plattformen und Märkte unentbehrlich. Hierin kann gerade ein Vorteil von Plattformen als Intermediären gegenüber unstrukturierten Märkten liegen. Durch die Durchsetzung angemessener Regeln für den Umgang zwischen Nutzern können Plattformen etwa zum *Matching* und zur Bildung von Vertrauen zwischen Marktteilnehmern beitragen.[243] Um die Attraktivität und den Markterfolg ihrer Plattform zu erhöhen, haben Plattformbetreiber grundsätzlich ein Interesse daran, effiziente Regeln zu setzen, die im Interesse aller Nutzer sind.[244] Anders kann es sich aber dann verhalten, wenn die Plattform über eine hohe Marktmacht verfügt.[245] In diesem Fall sind die Nutzer in einem hohen Grad auf die Nutzung der Plattform angewiesen und daher unter Umständen auch dazu bereit, ihr Verhalten an für sie nachteilige Regeln anzupassen.[246] Plattformen haben dann einen Anreiz diese Machtstellung zu ihren Gunsten und zum Nachteil ihrer Nutzer auszunutzen, wenn ihre Interessen von denen der Nutzer abweichen.[247] So kann es für einen vertikal integrierten Plattformbetreiber vorteilhaft sein, die verwendeten Produktempfehlungen und *Matching*-Algorithmen so zu verfälschen, dass sie seine eigenen Dienste und Produkte bevorzugen (*self-preferencing*).[248]

2. Negative Folgen der Ausnutzung von Plattform-Machtstellungen

Nach dem Kippen eines Marktes erlangen digitale Plattformen starke, multidimensionale Machtpositionen, die sie zum eigenen Vorteil ausnutzen können. Die missbräuchliche Ausnutzung dieser Machtpositionen kann mit negativen Folgen für den Wettbewerb und die Gesamtwohlfahrt einhergehen. Einige problematische Verhaltensweisen sollen im Folgenden kurz dargestellt werden.[249]

---

243 Siehe zur Vertrauensfunktion von Datenmarktplätzen in Kap. 4, B. II. 2. c) cc). Vertrauen schaffen Datenmarktplätze z. B. durch die Durchsetzung von Verhaltensregeln und die Einführung von Bewertungssystemen.

244 *Evans/Schmalensee*, in: Evans, Platform Economics (2011), S. 2 (13 f.); *Crémer/de Montjoye/Schweitzer*, Competition policy for the digital era (2019), S. 61 f.; *Engert*, AcP 218 (2018), 304 (311); *Dunne*, Journal of Antitrust Enforcement 9 (2020), 244 (248).

245 *Crémer/de Montjoye/Schweitzer*, Competition policy for the digital era (2019), S. 62.

246 *Dolata*, Berliner Journal für Soziologie 29 (2019), 179 (194).

247 *Schweitzer*, ZEuP 2019, 1 (9 f.); *Bougette/Budzinski/Marty*, The Antitrust Bulletin 67 (2022), 190 (196 ff.).

248 *Schweitzer*, ZEuP 2019, 1 (10); *Dunne*, Journal of Antitrust Enforcement 9 (2020), 244 (248). Hierbei macht sich der Plattformbetreiber auch seine informationelle Überlegenheit zunutze.

249 Zu beachten ist, dass nicht alle der hier dargestellten Verhaltensweisen zwingend kartellrechtswidrig sind.

a) Marktabschottung

Digitale Plattformen haben Anreize und Möglichkeiten, die Märkte, auf denen sie aktiv sind, vor (potenziellen) Wettbewerbern abzuschotten. Entsprechende Verhaltensweisen können sowohl den Wettbewerb zwischen Plattformen als auch den Wettbewerb auf der Plattform betreffen.

aa) Schwächung des Wettbewerbs zwischen Plattformen

In vielen Fällen ergreifen dominante Plattformen gezielte Maßnahmen, um die Unangreifbarkeit ihrer Marktstellungen zu unterstützen. Ein Mittel besteht darin, aktuelle oder potenzielle Wettbewerber zu akquirieren, bevor sie die Marktstellung der dominanten Plattform angreifen können (*killer acquisitions*).[250] Ein besonderes Augenmerk legen dominante Plattformen zudem auf die Gefahr der Disintermediation, also das Risiko ihrer Umgehung.[251] Wenn ein anderes Unternehmen direkten Zugang zu den Nutzern der Plattform erhält, kann es die Plattform umgehen und gegebenenfalls sogar verdrängen. Plattformen ergreifen daher verschiedene Vorkehrungen, um ihre Nutzer von anderen Unternehmen abzuschotten und die Etablierung direkter Geschäftsbeziehungen zwischen Nutzern und Drittunternehmen zu verhindern.[252] Hierzu gehört zum Beispiel der Abschluss von Exklusivverträgen mit den (gewerblichen) Plattformnutzern.[253] Weiterhin versuchen Plattformen, *Lock-in*-Effekte herbeizuführen, indem sie das *Switching* oder *Multihoming* ihrer Nutzer durch technische Maßnahmen künstlich erschweren.[254]

bb) Schwächung des Wettbewerbs auf dem Plattformbinnenmarkt

Betreiber digitaler Plattformen können außerdem den „Binnenmarkt“ auf ihren Plattformen abschotten, indem sie Dritthändlern den Plattformzugang verweigern oder sie auf andere Weise benachteiligen. Plattformbetreiber agieren insofern als *Gatekeeper* auf ihren Plattformen. Dies bedeutet, dass sie über den Zugang Dritter

---

250 *Parker/Petropoulos/Van Alstyne*, Digital Platforms and Antitrust (2020), S. 14; *Crémer/de Montjoye/Schweitzer*, Competition policy for the digital era (2019), S. 117; *Bourreau/de Streel*, Digital Conglomerates (2019), S. 21 f. Prominente Beispiele sind der Erwerb von *Waze* durch *Google* oder der Erwerb von *Instagram* durch *Facebook*.

251 *Stigler Committee on Digital Platforms*, Final Report (2019), S. 72.

252 *Stigler Committee on Digital Platforms*, Final Report (2019), S. 72.

253 *Stigler Committee on Digital Platforms*, Final Report (2019), S. 72; *OECD*, Abuse of dominance in digital markets (2020), S. 37 f.

254 *Barwise/Watkins*, in: Moore/Tambini, Digital Dominance (2018), S. 21 (29); *Savary*, RDI 2021, 117 (118, Rn. 9); *Schweitzer/Haucap/u. a.*, Modernisierung der Missbrauchsaufsicht (2018), S. 13.

zu ihren Plattformen und den auf den Plattformen aktiven Nutzern entscheiden.[255] Auf diese Weise stellt die Plattform den Flaschenhals für den Zugang zu den dort aktiven (potenziellen) Kunden eines Drittunternehmens dar.[256] In ihrer Funktion als *Gatekeeper* kontrolliert die dominante Plattform daher wichtige Vertriebskanäle und Geschäftsbeziehungen zwischen Anbietern und Nachfragern.[257] In den meisten Fällen hat der Plattformbetreiber zwar kein Interesse daran, Anbieter auszuschließen, da dies die Attraktivität der Plattform für Nachfrager verringern könnte. Anders verhält es sich aber dann, wenn der vertikal integrierte Plattformbetreiber mit den Drittanbietern auf seiner Plattform im Wettbewerb steht und sich besonders lukrative Geschäftsfelder selbst vorbehalten möchte.[258] In diesen Fällen hat der Plattformbetreiber die Anreize und Möglichkeiten, um Drittanbieter von der Plattform auszuschließen oder auf andere Weise im Wettbewerb zu benachteiligen.[259]

cc) Folgen von Marktabschottungen

Die Wettbewerbsschwächungen können sich zunächst in höheren Preisen und einer schlechteren Qualität der Plattformen und der dort angebotenen Produkte und Dienstleistungen niederschlagen.[260] Negative Auswirkungen können Marktabschottungen außerdem auf das wirtschaftliche Innovationsniveau aller Marktteilnehmer haben.[261]

Marktabschottungen durch dominante Plattformen senken die Innovationsanreize sowohl für die dominanten Plattformen selbst als auch für andere Unternehmen, die (potenziell) auf dem Plattformmarkt oder dem Plattformbinnenmarkt tätig sind. Dominante Plattformen haben einen geringeren Innovationsanreiz, da sie durch die Erschwerung des Marktzutritts für potenzielle Wettbewerber, weniger stark auf Innovationen angewiesen sind, um ihre dominante Marktstellung zu

---

255 *Bourreau/de Streel*, Digital Conglomerates (2019), S. 19. Ein (erweitertes) Konzept des *Gatekeepers* liegt der Regulierung von digitalen Plattformen im DMA-E zugrunde, siehe Art. 3 Abs. 1 DMA.

256 *Armstrong*, The RAND Journal of Economics 37 (2006), 668 (669 f.); *Parker/Petropoulos/Van Alstyne*, Digital Platforms and Antitrust (2020), S. 9.

257 *Schweitzer*, ZEuP 2021, 503 (519).

258 *Stigler Committee on Digital Platforms*, Final Report (2019), S. 73; *Khan*, in: Moore/Tambini, Digital Dominance (2018), S. 98 (117 ff.).

259 *Stigler Committee on Digital Platforms*, Final Report (2019), S. 74. Zu anderen Formen der Benachteiligung siehe Kap. 4, C. I. 2. b) bb).

260 Siehe hierzu näher in Kap. 4, C. I. 2. d).

261 *Parker/Petropoulos/Van Alstyne*, Digital Platforms and Antitrust (2020), S. 13; *Stigler Committee on Digital Platforms*, Final Report (2019), S. 74 ff.

schützen.[262] Darüber hinaus verhindern sie Innovationen von (potenziellen) Marktneulingen. Da die Erfolgsaussichten für innovative Start-Ups aufgrund der Marktmacht der dominanten Plattform und der daraus resultierenden Marktabschottungswirkungen äußerst gering sind, werden diese vom Markteintritt abgehalten[263] und erhalten in vielen Fällen nicht das notwendige Wagniskapital, um zu expandieren.[264] Auch auf dem Plattformbinnenmarkt können Marktabschottungen zu einem geringeren Innovationsniveau führen. Schließlich müssen erfolgreiche Anbieter befürchten, dass erfolgreiche Innovationen durch den vertikal integrierten Plattformbetreiber abgeschöpft werden.[265]

b) Übertragung von Marktmacht

Die Benachteiligungen von gewerblichen Nutzern, die ihre Dienste auf der Plattform der anderen Nutzergruppe anbieten, dienen in vielen Fällen nicht nur der Abschottung des Plattform-Marktes, sondern können auch die Übertragung der Marktmacht der Plattform auf andere Märkte bezwecken (*leveraging*).[266] So ist es für mächtige Plattformunternehmen typisch, dass sie ihre Tätigkeiten auf neue Geschäftsfelder ausbreiten und dann in Konkurrenz zu ihren eigenen Nutzern treten.[267] Indem sie ihre Marktmacht vom Ursprungsmarkt auf die neuen Märkten „hebeln", können Plattformen ihre Position auf den neuen Märkten stärken und dort den Wettbewerb schwächen.

aa) Bündelungs- und Koppelungsstrategien

Klassische Methoden zur Übertragung von Marktmacht auf benachbarte Märkte sind das Bündeln (*bundling*) und Koppeln (*tying*) von Produkten oder Dienstleistungen.[268] Beim Bündeln von Produkten werden mehrere Produkte nur gemeinsam verkauft oder der Käufer erhält einen signifikanten Rabatt, wenn er die Produkte als Bündel kauft. Bei der Koppelung von Produkten kann das „gekoppelte"

---

262 *Parker/Petropoulos/Van Alstyne*, Digital Platforms and Antitrust (2020), S. 13.

263 *Stigler Committee on Digital Platforms*, Final Report (2019), S. 76; *Bourreau/Streel*, Digital Conglomerates (2019), S. 23.

264 *Parker/Petropoulos/Van Alstyne*, Digital Platforms and Antitrust (2020), S. 13; *Committee on Digital Platforms*, Final Report (2019), S. 75.

265 *Stigler Committee on Digital Platforms*, Final Report (2019), S. 69. Siehe hierzu auch Kap. 4, C. I. 2. b) cc).

266 *Crémer/de Montjoye/Schweitzer*, Competition policy for the digital era (2019), S. 65 f.; *OECD*, Abuse of dominance in digital markets (2020), S. 41, 54; *Bamberger/Lobel*, Berkeley Technology Law Journal 32 (2017), 1051 (1087 ff.); *Khan*, in: Moore/Tambini, Digital Dominance (2018), S. 98 (113 ff.).

267 Siehe hierzu auch Kap. 4, C. I. 1. b).

268 *de Cornière/Taylor*, The Economic Journal 131 (2021), 3122 (3124 f.).

Produkt nur gemeinsam mit einem anderen Produkt, dem Koppelungsprodukt, erworben werden.[269] Sowohl beim Bündeln als auch beim Koppeln wird das Produkt A aus dem Ursprungsmarkt, auf dem der Anbieter Marktmacht hat, mit einem anderen Produkt B, auf dessen Markt (Zielmarkt) er über keine Marktmacht verfügt, verknüpft. Der Kunde wird also dazu gezwungen neben Produkt A auch Produkt B zu erwerben.[270]

Die ökonomische und wettbewerbsrechtliche Beurteilung von Kopplungsgeschäften hat sich im Laufe der Zeit mehrfach gewandelt.[271] Unter Effizienzgesichtspunkten ist das Bündeln oder Koppeln von Produkten nicht zwangsläufig negativ zu bewerten.[272] Es kommt insoweit auf den Einzelfall an. Beispielsweise können durch Kopplungsgeschäfte in prokompetitiver Weise die Suchkosten oder andere Transaktionskosten für die Erwerber gesenkt werden.[273] Das Bündeln oder Koppeln von Produkten kann andererseits aber auch der Übertragung der Marktmacht vom Ursprungsmarkt für Produkt A auf den Markt für Produkt B dienen, indem es den Zielmarkt für Wettbewerber verschließt.[274] Denn die Verknüpfung der Produkte verringert die Nachfrage der Käufer für die alternativen Angebote von Wettbewerbern auf dem Markt für Produkt B. Dies gilt insbesondere für komplementäre Produkte, die sich nur gemeinsam nutzen lassen.[275] Die durch die Koppelung oder Bündelung verringerte Nachfrage nach Produkt B des Wettbewerbers führt dazu, dass dieser den Markt verlässt oder ihn schon nicht betritt. So erlangt das koppelnde Unternehmen auch auf dem Zielmarkt eine dominante Stellung, womit eine Verringerung der Konsumentenwohlfahrt und des Innovationsniveaus einhergeht.[276]

Es gibt Anhaltspunkte dafür, dass Bündelungs- und Koppelungsstrategien auf digitalen Märkten verbreitet sind und oft ein erfolgreiches Mittel zur Marktmacht-

---

269 *OECD*, Roundtable on Conglomerate Effects (2020), S. 10; *Holzweber*, European Competition Journal 14 (2018), 342 (344); *Kerber/Schwalbe*, in: MüKo WettbR, Grundlagen Rn. 624

270 *Kerber/Schwalbe*, in: MüKo WettbR, Grundlagen Rn. 624.

271 Siehe zur Entwicklung *Holzweber*, European Competition Journal 14 (2018), 342 (346).

272 *Kerber/Schwalbe*, in: MüKo WettbR, Grundlagen Rn. 623; *OECD*, Abuse of dominance in digital markets (2020), S. 41.

273 *Kerber/Schwalbe*, in: MüKo WettbR, Grundlagen Rn. 623; *Motta*, Competition Policy (2004), S. 461; *Bourreau/Streel*, Digital Conglomerates (2019), S. 14.

274 *Bourreau/Streel*, Digital Conglomerates (2019), S. 14 f.; *Carlton/Waldman*, The RAND Journal of Economics 33 (2002), 194 (196 f., 212 ff.); *Elhauge*, Harvard Law Review 123 (2009), 399 (413 f.); *Kerber/Schwalbe*, in: MüKo WettbR, Grundlagen Rn. 625 f.

275 *OECD*, Abuse of dominance in digital markets (2020), S. 45; *Nalebuff*, The Quarterly Journal of Economics 119 (2004), 159 (160 f.).

276 *Bourreau/Streel*, Digital Conglomerates (2019), S. 15; *OECD*, Abuse of dominance in digital markets (2020), S. 45.

übertragung darstellen.[277] Dies liegt daran, dass die Eigenschaften digitaler Märkte, wie das Vorhandensein von Netzwerk- und Skaleneffekten, Verbundvorteilen und niedrigen Grenzkosten, solche Strategien begünstigen.[278] Besonders erfolgsversprechend ist der Versuch einer Marktmachtübertragung, wenn die digitale Plattform im Ursprungsmarkt bereits von starken Netzwerkeffekten profitiert und ihre Nutzer sich mit den Nutzern des Konkurrenten im Zielmarkt wesentlich überschneiden.[279] In diesem Fall kann das Plattformunternehmen das Produkt im Zielmarkt mit seiner Plattform verknüpfen und auf dem Zielmarkt von den bereits aufgebauten Netzwerkeffekten der Plattform profitieren. Begünstigt werden Bündelungen und Koppelungen bei digitalen Produkten zudem durch ihre vergleichsweise einfache Umsetzbarkeit. So kann eine digitale Plattform ein interoperables Ökosystem miteinander verbundener digitaler Produkte bilden, von dem Produkte fremder Anbieter ausgeschlossen werden.[280]

bb) Selbstbegünstigungen

Eine weitere Möglichkeit zur Marktmachtübertragung stellt die Bevorzugung eigener Produkte und Dienste gegenüber Drittanbietern durch digitale Plattformen dar (*self-preferencing*).[281] Die Selbstbegünstigung ist dann möglich, wenn der Betreiber einer integrierten Plattform gleichzeitig als Plattformnutzer auftritt.[282] Bei einem Online-Marktplatz ist der Plattformbetreiber zum Beispiel in der Lage, seine

277 *Bourreau/Streel*, Digital Conglomerates (2019), S. 15; *OECD*, Abuse of dominance in digital markets (2020), S. 42 f., 45; *Eisenmann/Parker/Van Alstyne*, Strategic Management Journal 32 (2011), 1270 (1274).

278 *OECD*, Abuse of dominance in digital markets (2020), S. 42; *Eisenmann/Parker/Van Alstyne*, Strategic Management Journal 32 (2011), 1270 (1277 ff.).

279 *Eisenmann/Parker/Van Alstyne*, Strategic Management Journal 32 (2011), 1270 (1279 ff.); *Bourreau/Streel*, Digital Conglomerates (2019), S. 18; *OECD*, Abuse of dominance in digital markets (2020), S. 45.

280 *OECD*, Abuse of dominance in digital markets (2020), S. 42. Ein klassisches Beispiel für eine Marktmachtübertragung durch die Koppelung zweier Produkte stellt *Microsofts* Verknüpfung des Betriebssystems *Windows* mit seinem Videoabspielprogramm *Windows Media Player* dar, siehe *Europäische Kommission*, Entscheidung v. 24.3.2004, C-3/37792 – *Microsoft* und Entscheidung v. 6.3.2013, AT.39530 – *Microsoft (Tying)*. Ein Beispiel für eine Koppelungspraktik einer digitalen Plattform bietet die Untersuchung der Europäischen Kommission zum *Android*-Betriebssystem von *Google*, siehe *Europäische Kommission*, Entscheidung v. 18.7.2018, AT.40099 – *Google Android*.

281 *Crémer/de Montjoye/Schweitzer*, Competition policy for the digital era (2019), S. 65; *OECD*, Abuse of dominance in digital markets (2020), S. 54; *Stigler Committee on Digital Platforms*, Final Report (2019), S. 74; *Graef*, Yearbook of European Law 38 (2019), 448 (453 ff.); *Bougette/Budzinski/Marty*, The Antitrust Bulletin 67 (2022), 190 (196 ff.).

282 *Graef*, Yearbook of European Law 38 (2019), 448 (454); *Bougette/Budzinski/Marty*, The Antitrust Bulletin 67 (2022), 190 (196 ff.).

zentrale Machtstellung auszunutzen, um Suchanfragen auf seine eigenen Angebote zu leiten oder seine Angebote an besonders prominenter Stelle zu platzieren.[283] Indem der Plattformbetreiber durch die Selbstbegünstigung die Nachfrage nach den Angeboten von Wettbewerbern senkt, schwächt er mithilfe seiner Machtstellung auf Markt A den Wettbewerb auf Markt B, um seine Marktstellung auf Markt B zu verbessern.[284] Nicht in allen Fällen haben Plattformbetreiber Anreize zu Selbstbegünstigungen. Wenn gewerbliche Plattformnutzer aufgrund ihrer Benachteiligung die Plattform verlassen, können die Qualität und die Einnahmen der Plattform sinken. Ebenso können Nachfrager die Plattform verlassen, da ihnen verfälschte Suchergebnisse angezeigt werden und dadurch sub-optimale *Matches* zustande kommen.[285] Ist die Plattform Monopolistin oder sind die Nutzer von ihr wirtschaftlich abhängig, werden sie die Plattform jedoch trotz deren Selbstbegünstigung nicht verlassen können. Auch in diesem Fall lohnt sich die Selbstbegünstigung aber nur, wenn die Einnahmen durch die erhöhten Verkaufszahlen der eigenen Produkte die entgangenen Transaktionsgebühren, die ohne die Benachteiligung der Wettbewerber angefallen wären, übersteigen.[286]

cc) Trittbrettfahrerverhalten und Gewinnabschöpfungen

Die Bündelungs-, Koppelungs- und Selbstbegünstigungsstrategien von Plattformen weisen auf ein weiteres Phänomen hin, dass nicht nur, aber vor allem bei digitalen Plattformen auftritt: Plattformen begünstigen den Eintritt von Produktanbietern auf ihre Plattform, um anschließend deren Produkte zu imitieren und sie von der Plattform zu verdrängen. So eignen sie sich die Innovationen und Investitionen ihrer Plattformnutzer an und schöpfen die dadurch generierten Gewinne ab.[287]

Anfangs ermöglicht der Plattformbetreiber dem Produktanbieter den Zugang zur Plattform, um deren Attraktivität zu erhöhen. Die gewerblichen Plattformnut-

---

283 Der Plattformbetreiber nutzt hierbei seine informationelle Überlegenheit sowie seine Regelsetzungsmacht aus, siehe Kap. 4, C. I. 1. c) und d).

284 *OECD*, Ex ante regulation of digital markets (2021), S 35 f.; *OECD*, Abuse of dominance in digital markets (2020), S. 54. Ein Beispiel für eine Selbstbegünstigung bietet die Entscheidung der Europäischen Kommission zu *Google Shopping*; siehe *Europäische Kommission*, Entscheidung v. 27.6.2017, AT.39740 – *Google Shopping*; *EuG*, Entscheidung v. 10.11.2021, T-612/17 – *Google Shopping*; siehe hierzu auch *Graef*, Yearbook of European Law 38 (2019), 448 (454 f.); *OECD*, Ex ante regulation of digital markets (2021), S 36.

285 *Bougette/Budzinski/Marty*, The Antitrust Bulletin 67 (2022), 190 (196 f.) Dies setzt aber voraus, dass die Nachfrager die Wettbewerbsverfälschung überhaupt bemerken.

286 *Bougette/Budzinski/Marty*, The Antitrust Bulletin 67 (2022), 190 (198).

287 *Stigler Committee on Digital Platforms*, Final Report (2019), S. 68 f.; *OECD*, Abuse of dominance in digital markets (2020), S. 53; *Shelanski*, University of Pennsylvania Law Review 161 (2013), 1663 (1669).

zer investieren dann in die Entwicklung oder Einführung neuer Produkte oder Dienstleistungen.[288] Wegen seiner informationellen Macht[289] kann der Plattformbetreiber den Erfolg der durch die Investitionen ermöglichten Produkte und Dienste nachvollziehen. Im Erfolgsfall kann er dann die gleichen oder ähnliche Produkte in Konkurrenz zu seinen Nutzern anbieten und diesen durch Koppelungs- oder Selbstbegünstigungsstrategien einen unfairen Wettbewerbsvorteil verschaffen.[290] Dies erlaubt es ihm, den durch die Investitionen geschaffenen Wert abzuschöpfen, ohne das Risiko eines Fehlschlags zu tragen.[291] Langfristig kann dieses Vorgehen aber zu einem ineffizienten Investitionsniveau führen.[292] Schließlich tätigen die Plattformnutzer ihre Innovationen in der Erwartung, dass sie eine entsprechende Rendite erzielen werden. Aufgrund der Abschöpfungsstrategie des Plattformbetreibers wird diese Erwartung enttäuscht und ihre langfristigen Investitionsanreize sinken. Hinzu kommt, dass der Plattformbetreiber selbst nicht zur Entwicklung oder Einführung neuer oder verbesserter Produkte durch Investitionen beiträgt, sondern als Trittbrettfahrer lediglich an der Investitionsrendite seiner Nutzer partizipiert.[293]

d) Ausbeutungsmissbräuche

Dominante digitale Plattformen können ihre Marktmachtstellungen außerdem zur Ausbeutung ihrer Nutzer missbrauchen.[294] Ein Ausbeutungsmissbrauch liegt dann vor, wenn ein marktmächtiges Unternehmen seinen Vertragspartnern Preise oder Vertragsbedingungen aufzwingt, die für letztere unfair und nachteilhaft sind.[295] Die Auswirkungen von ausbeuterischen Verhaltensweisen auf den Wettbewerb und die Gesamtwohlfahrt sind umstritten. Jedenfalls in bestimmten Konstellationen ist es aber wahrscheinlich, dass der Ausbeutungsmissbrauch die Gesamtwohlfahrt beeinträchtigt und zu einer ungerechten Verteilung der Transaktionser-

---

288 *Stigler Committee on Digital Platforms*, Final Report (2019), S. 69.

289 Siehe hierzu oben Kap. 4, C. I. 1. c).

290 *OECD*, Abuse of dominance in digital markets (2020), S. 53; *Khan*, in: Moore/Tambini, Digital Dominance (2018), S. 98 (118 f.).

291 *Stigler Committee on Digital Platforms*, Final Report (2019), S. 70, 74; *Khan*, in: Moore/Tambini, Digital Dominance (2018), S. 98 (119).

292 *Stigler Committee on Digital Platforms*, Final Report (2019), S. 69.

293 *Shelanski*, University of Pennsylvania Law Review 161 (2013), 1663 (1670).

294 *Stigler Committee on Digital Platforms*, Final Report (2019), S. 70; *Parker/Petropoulos/Van Alstyne*, Digital Platforms and Antitrust (2020), S. 9; *OECD*, Abuse of dominance in digital markets (2020), S. 50 ff.

295 *OECD*, Abuse of dominance in digital markets (2020), S. 50; vgl. auch Art. 102 Abs. 2 lit. a AEUV, § 19 Abs. 2 Nr. 2 GWB.

löse führt.[296] Anhaltspunkte für ausbeuterische Verhaltensweisen von Plattformen gibt es vor allem gegenüber ihren gewerblichen Nutzern. Digitale Plattformen können diesen gegenüber ihre Flaschenhals-Stellung für den Zugang zu Verbrauchern ausnutzen. Denn wenn die Nutzung der Plattform für Händler, Werbetreibende oder App-Entwickler unerlässlich ist, um ihre Kunden zu erreichen, kann der Plattformbetreiber ihnen sehr hohe Preise für den Zugang zu den Nutzern der anderen Plattformseite abverlangen.[297] Zum Beispiel ist es *Facebook* und *Google* gelungen, Medienangebote von Drittanbietern zu geringen Preisen auf ihren Plattformen einzubinden.[298]

e) Zwischenergebnis

Im Ergebnis können dominante digitale Plattformen ihre multi-dimensionalen Machtstellungen auf verschiedene Weisen zu Lasten ihrer Nutzer und Wettbewerber ausnutzen. In diesem Zusammenhang ist auf zwei Umstände hinzuweisen. Zum einen haben digitale Plattformen viele Bereiche unseres Lebens in positiver Weise verändert und Konsumenten zu großen Wohlfahrtsgewinne verholfen.[299] Daraus folgt jedoch nicht, dass es keinen Spielraum für weitere Wohlfahrtsgewinne gibt, indem durch regulatorische Maßnahmen einige der durch Plattformen verursachten Nachteile eingedämmt werden. Zum anderen ist zu berücksichtigen, dass das Vorhandensein negativer wettbewerblicher und wirtschaftlicher Folgen aufgrund der meisten der hier vorgestellten Verhaltensweisen nur im Einzelfall sicher festgestellt werden kann. Nichtsdestotrotz handelt es sich um Verhaltensweisen, denen typischerweise ein hohes wettbewerbliches Risiko anhaftet und die in vielen Fällen den Wettbewerb schwächen und dadurch die Gesamt- und Konsumentenwohlfahrt sowie das Innovationsniveau senken.[300]

II. Konzentrationstendenzen auf den Märkten für B2B-Datenintermediäre?

Noch sind existierende Datenintermediäre weit davon entfernt, marktmächtige Positionen einzunehmen. Potenzielle Nutzer sind derzeit nicht von einzelnen B2B-

---

296 Hierzu fundiert *Gal*, in: Lianos/Geradin, Handbook on European Competition Law (2013), S. 385.

297 *Armstrong*, The RAND Journal of Economics 37 (2006), 668 (669); *Stucke*, Georgetown Law Technology Review 2 (2018), 275 (298 f.); *Parker/Petropoulos/Van Alstyne*, Digital Platforms and Antitrust (2020), S. 9.

298 *Stigler Committee on Digital Platforms*, Final Report (2019), S. 70.

299 Siehe nur *Stigler Committee on Digital Platforms*, Final Report (2019), S. 6.

300 *Parker/Petropoulos/Van Alstyne*, Digital Platforms and Antitrust (2020), S. 8 ff.; *Stigler Committee on Digital Platforms*, Final Report (2019), S. 68 ff.

Datenintermediären abhängig und können frei zwischen verschiedenen Alternativen des Datenaustausches wählen. Es ist jedoch denkbar, dass in der Zukunft auch Datenintermediäre in Form von digitalen Plattformen die Fähigkeit zu wettbewerbsverfälschenden Verhaltensweisen erlangen können.

1. Datenmarktplätze: Positive Netzwerk-, Skalen- und Verbundeffekte

Jedenfalls im Hinblick auf Datenmarktplätze ist es durchaus möglich, dass ihre Märkte in Zukunft erhebliche Konzentrationstendenzen aufweisen werden.[301] Schließlich bieten sie ihre Dienste Nutzern aus allen Sektoren an und profitieren von Netzwerkeffekten. Die sich selbst verstärkenden Netzwerkeffekte könnten dazu führen, dass ein Anbieter immer weiter an Attraktivität gewinnt und schließlich alle anderen Wettbewerber aus dem Markt ausscheiden. Da es sich bei Datenmarktplätzen um digitale Infrastrukturen mit geringen variablen Kosten handelt, ist zudem von positiven Skaleneffekten auszugehen. Ebenso sind Verbundvorteile beim Betrieb von Datenmarktplätzen denkbar, die sich aus der Verbindung mit anderen Diensten, wie zum Beispiel Cloud-Diensten oder Datenanalysediensten, ergeben können. Die Machtstellung eines dominanten Datenmarktplatzes würde dann auf seiner Marktmacht, seinen Informationsvorteilen und seiner Regelsetzungsmacht beruhen und ließe sich zulasten seiner Wettbewerber und Nutzer ausnutzen.

Darüber hinaus könnten die Netzwerkeffekte, Skaleneffekte und Verbundvorteile auch dazu führen, dass es für bereits etablierte digitale Plattformunternehmen attraktiv ist, in den Markt für Datenmarktplätze einzutreten.[302] So bieten *Amazon*[303] und in geringerem Umfang auch *Google*[304] bereits Datenmarktplätze an. Noch handelt es sich hierbei um relativ kleine Datenmarktplätze, auf denen vor allem Datensätze von Datenbrokern und aus öffentlichen Quellen angeboten werden. Jedoch sind *Amazon* und *Google* Unternehmen, die im Markt für Cloud-Dienste bereits starke Positionen innehaben. Denkbar ist es daher, dass sie bei der Expansion in den Markt für Datenmarktplätze von Skaleneffekten und Verbundvorteilen durch ihre bestehenden Cloud- und Datenverarbeitungsangebote profitieren. Sie könnten außerdem in der Lage sein, ihre Marktmacht vom Markt für

301 Vgl. *Richter/Slowinski*, IIC 50 (2019), 4 (16).

302 So die Sorge der Kommission; siehe *Europäische Kommission*, SWD(2020) 295 final, S. 16 f.

303 *Amazon* betreibt seine *AWS Data Exchange* als Marktplatz für Daten, auf dem momentan knapp 4.000 Datensätze angeboten werden: siehe https://aws.amazon.com/de/data-exchange; https://venturebeat.com/2019/11/13/amazons-aws-data-exchange-launches-with-over-80-data-providers.

304 *Google* betreibt auf seiner Cloud-Plattform einen Marktplatz für Daten, auf dem bisher ca. 230 Datensätze angeboten werden, vgl. https://console.cloud.google.com/marketplace/browse?filter=solution-type:dataset.

Cloud-Dienste durch Koppelungspraktiken auf den Markt für Datenmarktplätze zu übertragen.

2. Besonderheiten auf Märkten für B2B-Plattformen

Dennoch ist es im Moment nicht abzusehen, ob auf den Märkten für Datenmarktplätze tatsächlich ähnliche Entwicklungen wie auf anderen Plattformmärkten eintreten werden. Zum einen setzt dies voraus, dass Datenmarktplätze kommerziellen Erfolg haben. Dies ist bisher nicht der Fall.[305] Zum anderen gibt es wesentliche Unterschiede zwischen Datenmarktplätzen und den bereits etablierten Plattformen mit dominanten Machtstellungen. Letztere verfolgen ein B2C-Geschäftsmodell, bei dem sie Unternehmen (z. B. Werbekunden oder Händler) mit Verbrauchern zusammenbringen. Ihre Macht gegenüber ihren gewerblichen Nutzern beruht unter anderem auf ihrer Flaschenhals-Stellung für den Zugang zu Verbrauchern. Unternehmen sind deshalb auf die Plattformen angewiesen, um ihre Kunden zu erreichen. Bei Datenmarktplätzen handelt es sich hingegen um B2B-Plattformen. Sowohl die Datenanbieter als auch die Datennachfrager sind Unternehmen. Bislang ist es nur wenigen B2B-Plattformen für physische oder digitale Güter gelungen, sich dauerhaft zu etablieren.[306] Marktprägende Funktionen übernehmen sie, anders als dominante B2C-Plattformen, bisher nicht.

Die Gründe für die bisher relativ geringe Bedeutung und Inanspruchnahme von B2B-Plattformen sind noch ungeklärt.[307] Es gibt jedoch Anhaltspunkte dafür, dass bei B2B-Plattformen das Auftreten starker Marktkonzentration unwahrscheinlicher ist als bei B2C-Plattformen. So besteht bei B2B-Plattformen ein größerer Hang zur Spezialisierung und Differenzierung, da die Bedürfnisse von geschäftlichen Nutzern aus unterschiedlichen Branchen stärker differenzieren als die von Verbrauchern.[308] Zudem ist die Verteilung von Marktmacht zwischen Plattform und Nutzern bei B2B-Plattformen ausgeglichener als bei B2C-Plattformen. Denn B2B-Plattformen bahnen Transaktionen mit größeren Volumina zwischen Unternehmen an, die selbst eine starke Marktstellung innehaben können.[309] Die Machtstellung der B2B-Plattformen wird auch dadurch geschwächt, dass sie keine Flaschenhals-Stellungen für den Zugang zu ansonsten schwer erreichbaren

---

305 Siehe hierzu Kap. 4, B. II. 2. f).

306 B2B-Plattformen befinden sich noch in einer vergleichsweise frühen Entwicklungsphase, siehe *Falck/Koenen*, B2B platforms (2020); *Haucap/Kehder/Loebert*, B2B-Plattformen in NRW (2020), S. 20 ff.

307 Hierfür kommen verschiedene Gründe in Betracht, siehe *Haucap/Kehder/Loebert*, B2B-Plattformen in NRW (2020), S. 23 m. w. N.

308 *Falck/Koenen*, B2B platforms (2020), S. 15.

309 *Falck/Koenen*, B2B platforms (2020), S. 14 f.

Verbrauchern einnehmen. Es ist insgesamt davon auszugehen, dass im B2B-Bereich alternative Vertriebskanäle für Anbieter leichter erreichbar und Disintermediationen von Plattformen wahrscheinlicher sind. Hierfür spricht auch, dass das *Multihoming* auf B2B-Plattformen weit verbreitet ist.[310]

Im Ergebnis ist die Entstehung einer wettbewerblich problematischen Machtkonzentration bei Datenmarktplätzen zwar möglich, muss aber nicht zwingend erfolgen. Bei industriellen Datenplattformen spricht hingegen wenig dafür, dass sich eine geringe Zahl besonders marktmächtiger Plattformen entwickeln könnte. Schließlich handelt es sich bei ihnen um differenzierte und sektorenspezifische Plattformen, die weniger stark von Netzwerkeffekten profitieren und eher geringe Anreize zur sektorenübergreifenden Expansion haben.

III. Marktabschottungen durch industrielle Datenplattformen?

Auch bei industriellen Datenplattformen können sich jedoch Risiken für die Abschottung nachgelagerter Märkte stellen.[311] Wenn der Zugang zu einer solchen Plattform für die erfolgreiche Teilnahme am Wettbewerb auf einem nachgelagerten Markt essenziell ist, haben der oder die Betreiber der industriellen Datenplattform nämlich eine besondere Verantwortung für die wettbewerbliche Chancengleichheit. Bei der Einschätzung dieses Risikos können die kartellbehördlichen Erfahrungen mit dem Informations- und Datenpooling im Bank- und Versicherungswesen erste Anhaltspunkte bieten.

1. Wettbewerbliche Erfahrungen beim Informations- und Datenpooling

Etabliert sind Informations- und Datenpools schon seit längerem in den Banken- und Versicherungsbranchen. Ihr Zweck besteht darin, durch Informationsbündelung die Informationsasymmetrien zwischen Kreditnehmern und Banken oder Versicherten und Versicherern abzubauen, um so die Identifizierung von Kredit- oder Versicherungsrisiken zu erleichtern.[312] Es ist anerkannt, dass der Informationsaustausch die Effizienz von Kredit- und Versicherungsmärkten fördern kann.

---

310 *Falck/Koenen*, B2B platforms (2020), S. 40.

311 Freilich können industrielle Datenplattformen auch die Kollusion zwischen Unternehmen ermöglichen. Das Risiko hierfür ist aber nicht zwingend größer als bei anderen Formen des Datenaustausches.

312 *Crémer/de Montjoye/Schweitzer*, Competition policy for the digital era (2019), S. 94; *EuGH*, Urteil vom 23. November 2006, C-238/05, ECLI:EU:C:2006:734, Rn. 46 f. – *Asnef-Equifx*; *Europäische Kommission*, Pressemitteilung v. 18. Juni 2021, Mitteilung der Beschwerdepunkte an *Insurance Ireland*.

Jedoch haften Informations- und Datenpools zugleich nicht zu vernachlässigende Kollusions- und Marktabschottungsrisiken an.

Schon die Horizontalleitlinien der Europäischen Kommission weisen darauf hin, dass der exklusive Informationsaustausch zwischen Unternehmen zu einer wettbewerbswidrigen Marktverschließung führen kann.[313] Denn der Austausch strategisch bedeutender Informationen stellt diejenigen Wettbewerber schlechter, die nicht am Informationsaustausch beteiligt sind.[314] Da die Teilnahme am Informationsaustausch einen wichtigen Wettbewerbsvorteil auf dem zugrundeliegenden Markt bietet, werden die Nicht-Teilnehmer im Wettbewerb benachteiligt. Zum Beispiel hat die Europäische Kommission in der Mitteilung der Beschwerdepunkte gegen *Insurance Ireland*, einer Vereinigung irischer Versicherungsunternehmen, ausgeführt, dass der fehlende Zugang zu dem von *Insurance Ireland* betriebenen Datenpool negative Auswirkungen auf die Kosten, Preise und Qualität der Angebote von nicht teilnehmenden Versicherungsunternehmen haben könne. Die Nichtzulassung zum Datenpool könne aus diesem Grund eine Zutrittsschranke für den Versicherungsmarkt darstellen, die künstlich die Auswahl für Nachfrager einschränke und zu einem höheren Preisniveau führe.[315] Die Wettbewerbsverzerrung ist demnach eine mittelbare Folge des an sich effizienzerhöhenden und daher wünschenswerten Datenpoolings. Wettbewerbsbeeinträchtigend ist nicht das Datenpooling selbst, sondern der selektive Ausschluss einzelner Wettbewerber vom Datenpool.

Aus diesem Grund wird als Bedingung für die kartellrechtliche Zulässigkeit des wettbewerblich relevanten Informations- und Datenpoolings vorausgesetzt, dass Wettbewerbern der Zugang zum Datenpool in fairer und nicht-diskriminierender Weise ermöglicht wird.[316] So kann die Branche von der effizienzfördernden Wirkung des Datenpools profitieren, ohne dass es zu einer Marktabschottung kommt. Erforderlich ist, dass jeder Wettbewerber den Zugang zum Datenpool erhält, wenn er bestimmte, sachlich gerechtfertigte Bedingungen erfüllt. Dies kommt insbesondere kleineren Wettbewerbern und Marktneulingen zugute, deren Teilnahme aus Sicht der etablierten Marktteilnehmer ansonsten verzichtbar wäre.

---

313 *Europäische Kommission*, Horizontalleitlinien (2011), Rn. 69 f.; Horizontalleitlinien (2023), Rn. 381.

314 *Europäische Kommission*, Horizontalleitlinien (2011), Rn. 60; Horizontalleitlinien (2023), Rn. 381 f.

315 *Europäische Kommission*, Pressemitteilung v. 18. Juni 2021, Mitteilung der Beschwerdepunkte *an Insurance Ireland*.

316 *EuGH*, Urteil vom 23. November 2006, C-238/05, ECLI:EU:C:2006:734, Rn. 60 f. – *Asnef-Equifx*; *Crémer/de Montjoye/Schweitzer*, Competition policy for the digital era (2019), S. 97; *Lundqvist*, EuCML 2018, 146 (154); *Graef/Tombal/de Streel*, Limits and Enablers of Data Sharing (2019), S. 7.

2. Industrielle Datenplattformen als wettbewerbliches Risiko?

Eine vergleichbare Problematik kann grundsätzlich bei allen industriellen Datenplattformen einer gewissen Größe entstehen. Sie agieren überwiegend sektorenbezogen, so dass ihre Teilnehmer regelmäßig auf denselben Märkten aktiv sind.[317] Künftig ist es denkbar, dass die Teilnahme an einer industriellen Datenplattform einen entscheidenden Wettbewerbsvorteil darstellen wird. Zum Beispiel können die Teilnehmer an einem industriellen Datenpool von einer größeren Datenbasis für Analysen und den damit einhergehenden Verbundvorteilen profitieren. Auch die Teilnahme an einem industriellen Datenraum kann einen wesentlichen Wettbewerbsvorteil darstellen, wenn sie den effizienten Datenaustausch innerhalb einer Branche ermöglicht. Gerade für die Wettbewerbsfähigkeit kleinerer Unternehmen und von Marktneulingen kann es künftig essenziell sein, dass sie den Zugang zu einer bestimmten industriellen Datenplattform erhalten, die auf dem jeweiligen Markt eine zentrale Rolle einnimmt.

Problematisch ist in diesem Zusammenhang, dass derzeit viele größere Datenplattformen von führenden Unternehmen aus den jeweiligen Sektoren betrieben werden, wodurch Interessenkonflikte entstehen können.[318] Wenn eine industrielle Datenplattform von zentraler Bedeutung für den Wettbewerb auf einem bestimmten Markt ist, kann ihr Betreiber seine Marktposition auf dem zugrunde liegenden Markt stärken, indem er (potenzielle) Wettbewerber von der Nutzung der Datenplattform ausschließt und so im Wettbewerb benachteiligt. So kann die Teilnahme an einem industriellen Datenraum für Zulieferer oder Kunden der Betreiber aufgrund der starken Marktposition der Plattformbetreiber unverzichtbar sein. Wettbewerbern der Plattformbetreiber, die auch ein Interesse am Datenaustausch mit den Zulieferern oder Kunden haben, kann der Plattformzutritt aber verwehrt werden. Insofern sind die Betreiber industrieller Datenplattformen in der Lage, den Wettbewerb zu ihren Gunsten zu verfälschen. Eine Ausweichmöglichkeit besteht für die Wettbewerber darin, dass sie, gegebenenfalls im Zusammenschluss mit anderen Unternehmen, eigene Plattformen gründen können. Für kleinere Wettbewerber oder Marktneulinge dürfte es aber schwierig sein, eine ausreichende Zahl von Nutzern anzuziehen, um die Wettbewerbsvorteile gegenüber dem Betreiber der führenden Plattform auszugleichen.

---

317 Siehe hierzu Kap. 4, C. II. 3.

318 *Europäische Kommission*, SWD(2020) 295 final, S. 10.

D. Zwischenergebnis

Es hat sich gezeigt, dass Datenintermediären sowohl ein großes Potenzial für die Stärkung des B2B-Datenaustauschs als auch gewisse wettbewerbliche Risiken innewohnen. Indem sie die Anbahnung und Durchführung von Datentransaktionen erleichtern und unterstützen, können sie die auf Märkten für Unternehmensdaten existierenden Transaktionskosten wesentlich verringern. Dies gilt insbesondere für Datenmarktplätze, die als *Match-Maker* zwischen einer Vielzahl von Unternehmen aus unterschiedlichen Sektoren vermitteln und Transaktionen anbahnen. Industrielle Datenplattformen können als technische Infrastrukturen die technischen Kosten für den Datenaustausch zwischen Unternehmen verringern und so die Durchführung von datengestützten Unternehmenskooperationen vereinfachen. Bisher konnte das wirtschaftliche Potenzial von Datenintermediären aufgrund niedriger Nutzerzahlen aber noch nicht geschöpft werden.

Gleichzeitig können von Datenintermediären als digitalen Plattformen in der Zukunft gewisse wettbewerbliche Risiken ausgehen. Märkte für digitale Plattformen sind aufgrund von Netzwerkeffekten, Skaleneffekten und Verbundvorteilen durch starke Konzentrationstendenzen gekennzeichnet. Da auch Datenmarktplätze von den genannten Effekten in hohem Maße profitieren, ist es nicht unwahrscheinlich, dass vergleichbare Entwicklungen auch auf ihren Märkten eintreten und zu negativen Folgen für den Wettbewerb, das Innovationsniveau und die Gesamtwohlfahrt führen werden. Allerdings ist zu berücksichtigen, dass es sich bei Datenmarktplätzen um B2B-Plattformen handelt. Auf Märkten für B2B-Plattformen ist es jedenfalls bisher nicht zu vergleichbaren Marktkonzentrationen gekommen wie auf Märkten für B2C-Plattformen. Es ist jedoch offen, ob sich diese Tendenz auch auf Märkten für Datenmarktplätze niederschlagen wird. Darüber hinaus ist es denkbar, dass erfolgreiche und bereits etablierte Anbieter digitaler Dienste, wie *Google* oder *Amazon*, aufgrund von Verbundvorteilen und gegebenenfalls mithilfe von *Leveraging*-Praktiken starke Marktpositionen auf dem Markt für Datenmarktplätze erreichen werden.[319]

Bei industriellen Datenplattformen kommt den Netzwerkeffekten hingegen eine geringere Bedeutung zu. Es ist daher nicht von denselben Konzentrationstendenzen wie bei Datenmarktplätzen auszugehen. Nichtsdestotrotz können die Betreiber solcher Plattformen aufgrund von Informationsvorteilen und Interessenkonflikten die Anreize und Fähigkeiten zur Benachteiligung einzelner Nutzer haben. Zudem besteht ein Marktabschottungsrisiko, wenn potenziellen Wettbewerbern der Zugang zur Datenplattform verweigert wird.

---

319 So die Sorge der Kommission, siehe *Europäische Kommission*, SWD(2020) 295 final, S. 16 f.

Vor diesem Hintergrund verfolgt die Regulierung von Datenvermittlungsdiensten durch den DGA eine doppelte Zielsetzung. Sie soll einerseits das Vertrauen in Datenvermittler stärken, um es ihnen einen stärkeren Nutzerzuwachs zu ermöglichen. Hierdurch sollen sie ihr Potenzial bei der Anbahnung von Datentransaktionen entfalten und zentrale Stellungen auf B2B-Datenmärkten einnehmen können. Gleichzeitig soll die Regulierung durch den DGA die von ihnen potenziell ausgehenden wettbewerblichen Gefahren eingrenzen. So soll verhindert werden, dass Datenvermittler ihre potenziellen Machtstellungen zu Lasten ihrer Nutzer und Wettbewerber ausnutzen können.

Kapitel 5: Die Regulierung von B2B-Datenintermediären durch den DGA

A. Einleitung

Der europäische Gesetzgeber hat sich aufgrund der in den vorangegangenen Kapiteln untersuchten Umstände dazu entschieden, bestimmten Formen von (B2B-) Datenintermediären, sogenannten Datenvermittlungsdiensten, eine *ex-ante*-Regulierung durch Art. 10 bis 15 DGA aufzuerlegen. Durch die Regulierung von Datenvermittlungsdiensten soll primär das Nutzervertrauen in sie gestärkt werden. Hiervon verspricht sich der Gesetzgeber, dass Datenvermittler eine größere Nutzerbasis akquirieren können und, auch wegen der damit einhergehenden Netzwerkeffekte, in die Lage versetzt werden, ihre Dienste zu skalieren.[1] Auf diese Weise sollen Datenvermittler eine zentrale Stellung im europäischen Binnenmarkt für Daten einnehmen und dem freiwilligen (B2B-)Datenaustausch zu neuem Schwung verhelfen. Schließlich sind Sekundärmärkte für Unternehmensdaten derzeit noch unterentwickelt und werden insbesondere durch Informationsasymmetrien und hohe Transaktionskosten gebremst.[2] B2B-Datenintermediäre haben aufgrund ihrer Eigenschaften als *Match-Maker* und auf den Datenaustausch spezialisierter Dienstleister das Potenzial, eben diese Hindernisse auf B2B-Datenmärkten zu verringern und damit zu einem florierenden Datenaustausch in der EU beizutragen. Die regulierungsbedingte Förderung soll ihnen helfen, ihr Potenzial für den B2B-Datenaustausch zu entfalten.

Gleichzeitig soll der DGA aber auch die Entstehung bestimmter wettbewerblicher Risiken verhindern, die von Datenvermittlern als potenziell mächtige digitale Plattformen gegenüber ihren Nutzern und Wettbewerbern ausgehen können.[3] Mit dieser doppelten Zielsetzung verfolgt der Gesetzgeber einen Drahtseilakt. Einerseits sollen Datenvermittler gefördert und in ihrem Wachstum gestärkt werden. Andererseits sollen sie durch strenge regulatorische Vorgaben eingehegt werden. Diese schon an sich anspruchsvolle Aufgabe wird durch Informationsprobleme des Gesetzgebers erschwert.[4] Weder sind die Gründe für ein wahrscheinliches Marktversagen auf Sekundärmärkten für Unternehmensdaten hinreichend empi-

---

1 Vgl. *Richter*, ZEuP 2021, 634 (644 f.); *Hennemann/v. Ditfurth*, NJW 2022, 1905 (1907, Rn. 10); *v. Ditfurth/Lienemann*, CRNI 23 (2022), 270 (277).

2 Siehe oben Kap. 3, D. III.

3 *Hennemann/v. Ditfurth*, NJW 2022, 1905 (1907, Rn. 10); *v. Ditfurth/Lienemann*, CRNI 23 (2022), 270 (278 f.).

4 Siehe hierzu näher in Kap. 6, C. I.; vgl. auch *Richter*, ZEuP 2021, 634 (646, 662 f.); *v. Ditfurth/Lienemann*, CRNI 23 (2022), 270 (290).

https://doi.org/10.1515/9783111337661-005

risch erforscht, noch ist belegt, wodurch Datenvermittlungsdienste bisher in ihrem Wachstum gebremst werden. Für die Zukunft lässt sich derzeit nicht absehen, ob und in welcher Form Datenvermittlungsdienste tatsächlich einmal eine zentrale Rolle auf Datenmärkten einnehmen werden. Vor diesem Hintergrund ist es nicht überraschend, dass dem DGA ein erhebliches Risiko des Fehlschlags anhaftet. In diesem Kapitel soll daher bei der Analyse der Art. 10 bis 15 DGA ein besonderes Augenmerk auf die Frage gelegt werden, inwiefern sich die Regulierung durch den DGA auf die den B2B-Datenvermittlern innewohnenden Potenziale und Risiken auswirken kann.

B. Regelungsgegenstände und Zielsetzungen des DGA

I. Einleitung

In einem ersten Schritt werden die Regelungsgegenstände und Zielsetzungen des DGA untersucht. Hierdurch soll der gesetzliche Kontext und Zusammenhang der Regulierung von Datenintermediären aufgezeigt werden und ein besseres Verständnis der allgemeinen Zielsetzungen des DGA sowie der konkreten Zielsetzungen für die Regulierung von (B2B-)Datenvermittlungsdiensten geschaffen werden.

II. Regelungsgegenstände des DGA

1. Die vier unterschiedlichen Regelungsgegenstände

Wie Art. 1 Abs. 1 DGA klarstellt, regelt der DGA vier Bereiche: Die Wiederverwendung von Daten des öffentlichen Sektors, die Regulierung von Datenvermittlungsdiensten, einen Zertifizierungsrahmen für datenaltruistische Organisationen und die Schaffung eines Europäischen Dateninnovationsrats.

Zunächst werden im zweiten Kapitel (Art. 3 bis 9 DGA) Bedingungen für die Wieder- und Weiterverwendung bestimmter Daten, über die staatliche Stellen verfügen, festgelegt. In Ergänzung zu den Vorschriften der PSI-Richtlinie[5] sollen die Art. 3 bis 9 DGA auch die Weiterverwendung besonders geschützter Daten[6] für

5 Vgl. ErwG 10 DGA.

6 Hierzu zählen insbesondere personenbezogene Daten und solche Daten, die als geistiges Eigentum oder als Geschäftsgeheimnisse geschützt sind; vgl. Art. 3 Abs. 1 und ErwG 6 DGA.

nicht-staatliche Zwecke[7] ermöglichen.[8] Hierzu schreibt Art. 5 DGA bestimmte Bedingungen vor, unter denen auch solche Daten mit Dritten zur Weiterverwendung durch diese geteilt werden können.

Das dritte Kapitel (Art. 10 bis 15 DGA) enthält Regelungen für den Anmeldungs- und Aufsichtsrahmen für Datenvermittlungsdienste. Neben den hier untersuchten B2B-Datenintermediären adressiert die im dritten Kapitel vorgesehene Regulierung auch solche Datenintermediäre, die zwischen Datensubjekten und Datennutzern vermitteln.[9] Im vierten Kapitel (Art. 16 bis 25 DGA) wird außerdem ein Rahmen für die freiwillige Registrierung und Zertifizierung von datenaltruistischen Organisationen niedergelegt. Hierbei handelt es sich um Organisationen, die Datenspenden, also die freiwillige und unentgeltliche Bereitstellung von Daten, zu gemeinnützigen Zwecken entgegennehmen.[10] Durch die Zertifizierung sowie die damit einhergehenden Transparenzvorgaben und materiell-rechtlichen Anforderungen[11] soll das Vertrauen in datenaltruistische Organisationen gestärkt und der Datenaltruismus gefördert werden.[12]

Im sechsten Kapitel finden sich schließlich Regelungen zum Europäischen Dateninnovationsrat (Art. 29 und 30 DGA). Hierbei handelt es sich gemäß Art. 29 Abs. 1 DGA um ein Expertengremium, das sich unter anderem aus Vertretern der zuständigen Behörden[13] aller Mitgliedsstaaten, der Kommission sowie des Europäischen Datenschutzausschusses zusammensetzt. Artikel 30 DGA legt verschiedene Aufgaben des Dateninnovationsrats fest. In erster Linie übernimmt der Dateninnovationsrat eine Beratungsfunktion für die Kommission. Insofern weist die Konzeption des Dateninnovationsrats Ähnlichkeiten zu der des Europäischen Datenschutzausschusses auf.[14] Ergänzt werden die vier Regelungsbereiche des DGA durch Verfahrensvorschriften für die im DGA vorgesehenen Behörden (Kapitel 5), durch Vorschriften zum internationalen Datenzugang (Kapitel 7) sowie zur Befugnis zum Erlass delegierter Rechtsakte durch die Kommission (Kapitel 8) und durch die Schlussbestimmungen (Kapitel 9).

---

7 Die Daten staatlicher Stellen sollen insbesondere der Wissenschaft und Wirtschaft zugänglich gemacht werden, vgl. ErwG 15 DGA.
8 *Spindler*, CR 2021, 98 (100, Rn. 6); *Schildbach*, ZD 2022, 148 (149).
9 Vgl. Art. 10 lit. b DGA und ErwG 30 DGA.
10 *Spindler*, CR 2021, 98 (105, Rn. 31).
11 Siehe hierzu *Spindler*, CR 2021, 98 (105 f.); *Schildbach*, ZD 2022, 148 (151).
12 Vgl. ErwG 46 DGA.
13 Zu den im DGA vorgesehenen Behörden siehe Kap. 5, C. VI. 1.
14 Vgl. Art. 68, 70 DSGVO. Im Vergleich zum Europäischen Datenschutzausschuss nimmt der Europäische Dateninnovationsrat noch stärker eine rein beratende Funktion ein. Während der Datenschutzausschuss selbstständig Leitlinien und Empfehlungen zur Anwendung bestimmter Vorschriften der DSGVO veröffentlicht, beschränken sich die Aufgaben des Dateninnovationsrats in erster Linie auf die Beratung der Kommission.

Auffällig ist, dass die unterschiedlichen Regelungsbereiche des DGA auf den ersten Blick keine inhaltliche Verbindung aufweisen.[15] Der europäische Gesetzgeber regelt drei verschiedene Bereiche, nämlich Open Data, die Datenwirtschaft und den Datenaltruismus in einer Verordnung. Eine lose Verbindung der einzelnen Bereiche wird nur durch das gemeinsame Ziel hergestellt, die breitere Nutzung existierender Datenbestände durch Weitergabe an Dritte und die anschließende (Wieder-)Verwendung zu fördern.[16] Die Bündelung unterschiedlicher Regelungsbereiche in einer Verordnung ist nicht *per se* zu beanstanden. Da es sich hierbei immer nur um Teilregelungen der verschiedenen Bereiche handelt, ist jedoch besonders auf das Verhältnis der Regelungen des DGA zu anderen Gesetzen und Gesetzesvorhaben zu achten.

2. Daten-Governance

Aus der Gesamtschau der durch den DGA geregelten Bereiche ergibt sich nicht ohne Weiteres, weshalb der europäische Gesetzgeber den Namen „Verordnung über Daten-Governance"[17] gewählt hat. Dem vorherrschenden, aus der Informatik stammenden Verständnis von Daten-Governance folgt der Gesetzgeber nicht. In der Informatik werden unter Daten-Governance die Strukturen und Rahmenbedingungen für die Verwaltung von Datenbeständen innerhalb einer Organisation verstanden.[18] Ziel der Daten-Governance ist es, die Verfügbarkeit und Qualität der Datenbestände für die Verwendbarkeit durch den Datenhalter sicherzustellen.[19] Zur Daten-Governance einer Organisation gehören unter anderem Standards für die Datensicherheit, die Zuweisung von Zuständigkeiten für die Datennutzung und die Überwachung interner Datenprozesse.[20] Hierzu trifft der DGA keine Regelungen. Stattdessen regelt der DGA die organisationsübergreifende Nutzung von Daten.

Der europäische Gesetzgeber versteht den Begriff der Daten-Governance demnach in einem anderen als dem informatischen Sinne. Zwar wird der zugrunde gelegte Begriff der Daten-Governance weder im Gesetzestext noch in den Erwägungsgründen des DGA definiert. Augenscheinlich umfasst Daten-Governance nach dem Verständnis des Gesetzgebers jedoch nicht nur die organisationsinterne,

---

15 *Spindler*, CR 2021, 98 (107, Rn. 45); *Leistner*, Journal of Intellectual Property Law & Practice 16 (2021), 778 (779).

16 Siehe hierzu Kap. 5, III. 1. a); vgl. bereits *Hennemann/v. Ditfurth*, NJW 2022, 1905 (Rn. 3).

17 Der englische Titel lautet: „Regulation on European Data Governance".

18 *Engels*, Intereconomics 54 (2019), 216 (217); *Krotova/Eppelsheimer*, Was bedeutet Data Governance? (2019), S. 7; *Otto/Weber*, in: Hildebrand/Gebauer/u. a., Daten- und Informationsqualität (2011), S. 277 (280).

19 *Engels*, Intereconomics 54 (2019), 216 (217).

20 *Krotova/Eppelsheimer*, Was bedeutet Data Governance? (2019), S. 7 f.

sondern auch die organisationsübergreifende Verwendung von Daten. So betont der Gesetzgeber in ErwG 5 DGA, dass ein unionsweiter Governance-Rahmen das Vertrauen zwischen Unternehmen und natürlichen Personen beim Datenaustausch und der Datennutzung stärken soll.[21] In einer Pressemitteilung bezeichnet die Kommission Daten-Governance als „eine Reihe von Regeln und Mitteln zur Verwendung von Daten. Dies beinhaltet neben Mechanismen, Vereinbarungen und technischen Normen für eine gemeinsame Datennutzung auch Strukturen und Prozesse für einen sicheren Datenaustausch, beispielsweise über vertrauenswürdige Dritte."[22] Hiernach kann Daten-Governance als Gesamtheit der rechtlichen und nicht-rechtlichen Regeln und Mechanismen für die Nutzung und den Austausch von Daten verstanden werden.[23] Die durch den DGA gesetzten Vorschriften stellen damit einen Ausschnitt der europäischen Daten-Governance dar, zu der außerdem noch andere Rechtsvorschriften sowie organisatorische und technische Regeln, Standards und Mechanismen gehören.

III. Zielsetzungen des DGA

1. Allgemeine Zielsetzungen des DGA

a) Nutzbarmachung existierender Datenbestände

Das primäre und seine Regelungsbereiche verbindende Ziel des DGA besteht darin, die Nutzung bereits existierender Datenbestände zu verbessern.[24] Entsprechend der Ankündigung in der Europäischen Datenstrategie soll der DGA die nöti-

21 Nicht zuletzt hieß es im ursprünglichen Kommissionsentwurf, dass die durch den DGA geschaffenen Governance-Strukturen dazu beitragen würden, einen koordinierten, sektoren- und grenzüberschreitenden Ansatz der Datennutzung zu errichten; siehe *Europäische Kommission*, COM(2020) 767 final, S. 2.

22 *Europäische Kommission*, Verordnung über Daten-Governance – Fragen und Antworten, 25. November 2020, abrufbar unter: https://ec.europa.eu/commission/presscorner/detail/de/QANDA_20_2103.

23 In ähnlicher Weise wird Daten-Governance mitunter in der rechtswissenschaftlichen Literatur verstanden. So verstehen *Borgogno* und *Zangrandi* Daten-Governance als die Gesamtheit der Regeln und Mechanismen, die die Sammlung, den Zugang, die Speicherung und die Verarbeitung von Daten Dritter regeln, siehe *Borgogno/Zangrandi*, Data governance (2021), S. 5. *Kerber* definiert ein Daten-Governance-System als die Gesamtheit der Rechte und rechtlichen Regeln, die für die Erhebung, Verarbeitung, Analyse, Verwendung, gemeinsame Nutzung und den Verkauf von Daten in einem bestimmten System relevant sind, siehe *Kerber*, in: BMJV/MPI, Data Access (2021), S. 441 (463). *v. Grafenstein* identifiziert die Koordinierung der Interessen verschiedener Stakeholder bei der organisationsübergreifenden Datennutzung als zentrales Ziel der Daten-Governance, siehe *v. Grafenstein*, Reconciling Conflicting Interests in Data (2022), S. 10.

24 Vgl. *Hennemann/v. Ditfurth*, NJW 2022, 1905 (Rn. 3).

gen Strukturen schaffen, um die Verwendung von Daten für innovative Geschäftsideen aber auch für wissenschaftliche Forschungszwecke zu erleichtern.[25] Hierdurch soll das hohe Potenzial von Daten für Wirtschaft und Gesellschaft geschöpft werden.[26] Zentrale Voraussetzung für die Schöpfung des gesamten Potenzials von Daten ist der florierende Austausch bereits erhobener Daten zwischen staatlichen und nicht-staatlichen Akteuren im gesamten digitalen Binnenmarkt der EU.[27] Der DGA soll zu dieser Zielsetzung beitragen, indem er den Datenaustausch erleichtert und so die verstärkte Datenweitergabe durch öffentliche Stellen, Unternehmen und Privatpersonen ermöglicht.[28]

Die allgemeine Zielsetzung des DGA, den Datenaustausch zu erleichtern, zieht sich als roter Faden durch die vier Regelungsteile des DGA und verbindet sie miteinander. So sollen die Vorschriften der Art. 3 bis 9 DGA die Weitergabe von Daten öffentlicher Stellen erleichtern und somit deren Verfügbarkeit für Unternehmen und Wissenschaftler verbessern.[29] Zugleich sollen Unternehmen und Datensubjekte nach ErwG 19 DGA aber darauf vertrauen können, dass die Weiterverwendung ihrer Daten, die sich im Besitz des öffentlichen Sektors befinden, in einer Weise erfolgt, die ihre Rechte und Interessen berücksichtigt. Durch die Art. 10 bis 15 DGA soll das Vertrauen in Datenintermediäre gestärkt werden, um die Datenweitergabe von Verbrauchern an Unternehmen und den Datenaustausch zwischen Unternehmen über Datenintermediäre attraktiver zu machen.[30] In ähnlicher Weise sollen die Art. 16 bis 25 DGA das Vertrauen in datenaltruistische Organisationen stärken, um mehr Privatpersonen zu Datenspenden zu bewegen.[31] Schließlich soll der Europäische Dateninnovationsrat gemäß Art. 30 DGA dabei helfen, technische Standards und Praktiken zu entwickeln, die die technische Durchführung des sektorenübergreifenden Datenaustausch und der Datennutzung erleichtern.[32]

25 *Europäische Kommission*, COM(2020) 66 final, S. 14 f.

26 *Europäische Kommission*, COM(2020) 295 final, S. 19.

27 *Europäische Kommission*, SWD(2020) 295 final, S. 8, 19; siehe zu dieser Zielvorstellung Kap. 2, B. III.

28 *Europäische Kommission*, SWD(2020) 295 final, S. 19.

29 Vgl. ErwG 15, 16 DGA; *Europäische Kommission*, SWD(2020) 295 final, S. 21. Die Art. 3–9 DGA unterstützen folglich die Weitergabe von Daten der öffentlichen Hand an die Privatwirtschaft (*Government-to-Business* oder G2B).

30 Vgl. ErwG 27, 32, 33 DGA. Unterstützt werden sowohl der B2B- als auch der C2B-Datenaustausch.

31 Vgl. ErwG 45, 46 DGA.

32 Vgl. ErwG 54 DGA.

b) Digitale Souveränität

Eine weitere implizite Zielsetzung des DGA kann in der Stärkung der „digitalen Souveränität" der EU und ihrer Mitgliedsstaaten gesehen werden.[33] Bei dem Begriff der digitalen Souveränität handelt es sich um einen diffusen Sammelbegriff,[34] hinter dem sich eine Vielzahl unterschiedlicher digitalpolitischer Ziele und Interessen verstecken.[35] Gemeinsamer Ausgangspunkt aller Verwendungen dieses Begriffs ist augenscheinlich der vor allem durch amerikanische Digitalunternehmen herbeigeführte Kontroll- und Autonomieverlust der staatlichen, wirtschaftlichen und zivilen Akteure Europas im digitalen Raum.[36] Als Gegenentwürfe zu diesem Zustand werden verschiedene Vorstellungen der digitalen Souveränität formuliert. Ein auf die Perspektive von Datensubjekten abstellender Ansatz versteht digitale Souveränität als Datensouveränität,[37] was so viel wie die Datenautonomie natürlicher Personen bedeuten soll.[38] Ein weiterer Ansatz besteht darin, digitale Souveränität als technologische und wirtschaftliche Souveränität zu begreifen.[39] Technologische Souveränität bezeichnet in diesem Zusammenhang in erster Linie die Unabhängigkeit von nicht-europäischen digitalen Produkten und Infrastrukturen.[40] In Abgrenzung zu diesen beiden schwammigen Interpretationen und im Einklang mit dem aus der Staatstheorie stammenden, etablierten Begriff der Souveränität[41] soll digitale Souveränität in dieser Untersuchung allein als die staatliche Souveränität im digitalen Raum verstanden werden.

---

33 *Baloup/Bayamlıoğlu/u. a.*, White Paper on the DGA (2021), S. 56.

34 Die ubiquitäre und von seinem klassischen Anwendungsbereich losgelöste Verwendung des Begriffs Souveränität für unterschiedliche digitale Sachverhalte beraubt ihm seiner Konturen und Inhalte und schmälert dadurch seine analytische Nützlichkeit. *Peuker* vermutet, dass der Begriff seine Beliebtheit in Medien und Politik gerade seiner Unbestimmtheit verdankt, *Peuker*, Verfassungswandel durch Digitalisierung (2020), S. 192.

35 Vgl. *Tiedeke*, MMR 2021, 624.

36 *Tiedeke*, MMR 2021, 624 (624 f.); *EPRS*, Digital sovereignity for Europe (2020), S. 1; *Pohle/Thiel*, Internet Policy Review 9 (2020), 1 (6 f.).

37 *Tiedeke*, MMR 2021, 624 (625).

38 Vgl. *Krüger*, ZRP 2016, 190; *Beise*, RDi 2021, 597; *Peuker*, Verfassungswandel durch Digitalisierung (2020), S. 197. Weshalb statt Datensouveränität nicht der etablierte und präzisere Begriff der informationellen Selbstbestimmtheit verwendet wird, erschließt sich nicht. Kritisch gegenüber der Erstreckung des Begriffs der Souveränität auf Individuen zeigen sich auch *Aretz*, DuD 2022, 40 (44); *Denga*, GRUR 2022, 1113 (1119). Ein Versuch, der Konturenlosigkeit des Begriffs der Datensouveränität auch Positives abzugewinnen, findet sich bei *Augsberg/Gehring*, in: Augsberg/Gehring, Datensouveränität (2022), S. 7–17.

39 *Tiedeke*, MMR 2021, 624 (625).

40 *EPRS*, Digital sovereignity for Europe (2020), S. 5. In der deutschen Fassung der europäischen Datenstrategie wird „technological sovereignity" etwa als „technologische Unabhängigkeit" übersetzt, siehe *Europäische Kommission*, COM(2020) 66 final, S. 6.

41 Siehe nur *Philpott*, Sovereignty (2020).

aa) Staatliche Souveränität im digitalen Raum

(1) Begriffliche Konturen digitaler Souveränität

Auch wenn es sich bei der Souveränität um einen wandelbaren Begriff handelt, der im Laufe der Zeit viele verschiedene Schattierungen angenommen hat, bezeichnet Souveränität im Kern die „höchste Gewalt auf einem räumlichen Gebiet".[42] Dabei ist der Staat traditionell die politische Institution, in der die Souveränität verwirklicht wird. Unterschieden wird zwischen der Souveränität im Staat und der Souveränität des Staates.[43] Souverän im Staat ist, wer über die Letztentscheidungsbefugnis innerhalb des Staates verfügt.[44] Die Souveränität des Staates bezeichnet dagegen seine innere Selbstbestimmtheit (innere Souveränität) und seine Unabhängigkeit von und gegenüber anderen Staaten (äußere Souveränität).[45] Die innere Souveränität des Staates manifestiert sich in seiner Hoheitsgewalt, auf seinem Territorium verbindliche Rechtsakte für seine Subjekte zu setzen und diese mittels seines Gewaltmonopols durchzusetzen.[46] Im Hinblick auf die digitale Souveränität Europas ist die innere Hoheitsgewalt von Interesse. Denn um die Herrschaft über ein Territorium auszuüben, ist es zunehmend notwendig, auch die Kontrolle über die in diesem Gebiet erfolgenden digitalen Aktivitäten auszuüben.[47] Dabei ist zu beachten, dass die eigenständige Souveränität der Europäischen Union vom Bundesverfassungsgericht und dem Großteil der deutschen Staatsrechtslehre abgelehnt wird.[48] Stattdessen haben die souveränen Mitgliedsstaaten lediglich einzelne Hoheitsrechte an die EU abgetreten. Im Kontext der digitalen Souveränität sollte die Souveränität Europas daher als die autonome und effektive Ausübung hoheitlicher Gewalt sowohl durch die europäischen Institutionen als auch durch die Mitgliedstaaten verstanden werden.[49]

Als politische Zielvorstellung ist die digitale Souveränität Europas durch den wahrgenommenen Kontrollverlust der staatliche Akteure Europas im digitalen

---

42 Siehe nur *Philpott*, Sovereignty (2020); *Besson*, Sovereignity (2011), Rn. 1.

43 *Hillgruber/Seitschek*, Souveränität (2021).

44 Im Absolutismus war der Monarch der Souverän im Staat. In der Bundesrepublik Deutschland legt Art. 20 Abs. 2 GG das Volk als Souverän fest. Zur Volkssouveränität siehe *Volkmann*, Volkssouveränität (2021); *Jarass*, in: Jarass/Pieroth, GG, Art. 20 Rn. 2 ff.

45 *Hillgruber/Seitschek*, Souveränität (2021); *Peuker*, Verfassungswandel durch Digitalisierung (2020), S. 215.

46 *Hillgruber/Seitschek*, Souveränität (2021); *Peuker*, Verfassungswandel durch Digitalisierung (2020), S. 197.

47 *Chander/Sun*, Vanderbilt Journal of Transnational Law 55 (2022), 283 (291).

48 Siehe nur BVerfGE 123, 267, Rn. 298 ff.; *Wollenschläger*, in: Dreier, GG, Art. 23 Rn. 88 ff.; *Bamberger*, Souveränität (2022).

49 In ähnlicher Weise definieren *Chander* und *Sun* digitale Souveränität als die Übertragung der traditionellen staatlichen Souveränität auf den Online-Bereich, siehe *Chander/Sun*, Vanderbilt Journal of Transnational Law 55 (2022), 283 (292).

Raum motiviert. Es besteht die Sorge, dass Europa schrittweise seine „Fähigkeit zur Gestaltung und Durchsetzung von Gesetzen im digitalen Raum" verliert.[50] Dieser Souveränitätsverlust im wird vor allem auf die Machtstellung von Technologieunternehmen im digitalen Raum zurückgeführt. *Floridi* spricht insofern von der Entstehung einer „*de facto* Souveränität" digitaler Unternehmen.[51] Eine Gefahr für die digitale Souveränität von Staaten soll also in erster Linie von mächtigen Privatunternehmen und nicht von anderen Staaten ausgehen.[52] So betreibt und kuriert eine Handvoll (überwiegend amerikanischer) Plattformen zentrale digitale Infrastrukturen zur sozialen und wirtschaftlichen Interaktion und bestimmt die Regeln hierfür weitgehend selbst.[53] Da physische Infrastrukturen im digitalen Raum nur eine untergeordnete Bedeutung einnehmen und das staatliche Territorium als physischer Hoheitsbereich insofern einen Bedeutungsverlust erfahren hat,[54] sind außerdem die traditionellen Zugriffs- und Rechtsdurchsetzungsmöglichkeiten staatlicher Akteure im Internet geschwächt.

Die Herstellung (absoluter) staatlicher digitaler Souveränität erfordert demnach zum einen die Fähigkeit, eigene, autonom festgelegte Regeln für den digitalen Raum zu setzen. Die Regeln für den digitalen Raum können sich dabei inhaltlich auf jeden Bereich und jeden Aspekt des digitalen Raums und digitaler Aktivitäten beziehen.[55] Zum anderen setzt digitale Souveränität die Fähigkeit zur effektiven Wahrung und Durchsetzung der gesetzten Regeln voraus.[56] In ihrer Datenstrategie formuliert die Europäische Kommission diesen Anspruch dahingehend, dass neue europäische Vorschriften und wirksame Durchsetzungsmechanismen die uneingeschränkte Einhaltung europäischer Rechtsvorschriften und Werte, insbesondere des Datenschutzrechts und des Wettbewerbsrechts, gewährleisten sollen.[57]

---

50 *EPRS*, Digital sovereignity for Europe (2020), S. 1.

51 *Floridi*, Philosophy & Technology 33 (2020), 369 (372).

52 Siehe *Chander/Sun*, Vanderbilt Journal of Transnational Law 55 (2022), 283 (290, 307 f.).

53 Siehe zur Regelsetzungsmacht digitaler Plattformen Kap. 4, C. I. 1. d).

54 *Tiedeke*, MMR 2021, 624 (627).

55 Digitale Souveränität umfasst also nicht nur die Fähigkeit des Staates, seine eigene nationale Sicherheit im digitalen Raum durch Regulierung zu schützen, sondern auch seine Fähigkeit zur Regulierung sozialer und wirtschaftlicher Aktivitäten im digitalen Raum. Staaten streben nach digitaler Souveränität vor allem, um ihre Bürger besser schützen zu können und um ihre eigene Digitalwirtschaft zu stärken, siehe *Chander/Sun*, Vanderbilt Journal of Transnational Law 55 (2022), 283 (291).

56 Im Hinblick auf digitale Plattformen bedeutet dies, dass alle Unternehmen, die in der EU geschäftlich tätig werden, auch an das europäische Recht gebunden sein sollen; vgl. *Hoffmann-Riem*, Recht im Sog der digitalen Transformation (2022), S. 301.

57 *Europäische Kommission*, COM(2020) 66 final, S. 6. *Margarethe Vestager* setzt digitale Souveränität mit „regulatorischer Souveränität" gleich; siehe *Cerre*, Debate with Margrethe Vestager: Digital sovereignty in the age of pandemics, 24. April 2020, abrufbar unter: https://cerre.eu/news/

(2) Digitale Souveränität als Zielsetzung im DGA

Die beiden Facetten digitaler Souveränität, autonome Rechtssetzung und effektive Rechtsdurchsetzung im digitalen Raum, finden sich auch im DGA, insbesondere im Hinblick auf Datenintermediäre, wieder. So setzt der europäische Gesetzgeber mit dem DGA verbindliche Regeln für Datenvermittlungsdienste fest, die die europäischen Werte, Rechte und Interessen reflektieren sollen. Insbesondere sollen Datenvermittler nach ErwG 32 DGA „eine neuartige europäische Art der Daten-Governance ermöglichen". Die Regulierung von Datenvermittlern ist insofern Bestandteil der europäischen Datenstrategie, die darauf abzielt, bei der Gestaltung der Datenwirtschaft einen eigenen „europäischen Weg" zu verfolgen, der die breite Nutzung von Daten mit hohen Datenschutz-, Sicherheits- und Ethik-Standards vereinbaren soll.[58] Der Gesetzgeber reguliert Datenintermediäre also pro-aktiv, um die Regeln für diesen Teilbereich der Datenwirtschaft nach seinen autonom festgelegten Zielvorstellungen zu bestimmen. Augenscheinlich soll verhindert werden, dass die fundamentalen Regeln für Datenvermittlungsdienste und ihre Märkte von führenden Unternehmen aus der Digitalwirtschaft gesetzt werden.[59] Indem der Gesetzgeber frühzeitig die rechtlichen Regeln für Datenintermediäre festlegt, verhindert er, dass sich hierfür heteronome Regeln etablieren und verfestigen können, die langfristig die staatliche Fähigkeit zur autonomen Regelsetzung und damit die staatliche Souveränität in diesem Bereich untergaben könnten.

Darüber hinaus versucht der europäische Gesetzgeber durch den DGA auch den zweiten Aspekt digitaler Souveränität, nämlich die effektive Rechtsdurchsetzung im digitalen Raum, zu stärken. Dieser Aspekt digitaler Souveränität findet sich in Art. 11 Abs. 3 DGA wieder. Danach sollen Anbieter von Datenvermittlungsdiensten, die nicht in der EU niedergelassen sind, jeweils einen gesetzlichen Vertreter in der EU bestimmen, an den sich die Behörden in allen Angelegenheiten im Zusammenhang mit den angebotenen Datenvermittlungsdiensten wenden können.[60] Hierdurch soll die Einhaltung der Bestimmungen des DGA gewährleistet werden.[61] Der Gesetzgeber reagiert damit auf eine wesentliche Ursache für die Schwächung staatlicher Souveränität im digitalen Raum: Digitale Dienste können global angeboten werden, ohne dass eine physische Präsenz vor Ort erforderlich ist. Dies erschwert es Staaten, bei Rechtsverstößen ihre Gesetze gegenüber den

---

debate-with-margrethe-vestager-digital-sovereignty-in-the-age-of-pandemics; *Baischew/Kroon/ua.*, Digital Sovereignity in Europe (2020), S. 3.

58 *Europäische Kommission*, COM(2020) 66 final, S. 4; siehe auch *Roßnagel*, ZRP 2021, 173 (173 f.).

59 Vgl. *Europäische Kommission*, SWD(2020) 295 final, S. 16 f. Ebenso soll verhindert werden, dass die Regeln für den Datenzugriff und die Datenverwendung durch die USA oder China bestimmt werden, vgl. *Europäische Kommission*, COM(2020) 66 final, S. 6.

60 Siehe hierzu im Detail Kap. 5, C. VI. 2. c).

61 Vgl. ErwG 42 DGA.

Verantwortlichen, die nicht ohne Weiteres erreicht werden können, durchzusetzen.[62] Die vorgeschriebene Benennung eines gesetzlichen Vertreters innerhalb der europäischen Jurisdiktion erleichtert die Kommunikation mit den Verantwortlichen und kann die effektivere Unterbindung von Rechtsverstößen ermöglichen.

Ein weiterer Mechanismus, der die effektivere Durchsetzung der Rechte europäischer Bürger und Unternehmen erreichen soll, ist in Art. 31 DGA im Hinblick auf internationale Datentransfers vorgesehen. Nach Art. 31 Abs. 1 DGA sollen unter anderem die Anbieter von Datenvermittlungsdiensten alle angemessenen technischen, rechtlichen und organisatorischen Maßnahmen, einschließlich vertraglicher Vereinbarungen, treffen, um die internationale Übermittlung oder den staatlichen Zugriff auf nicht-personenbezogene Daten, die in der Union gespeichert sind, zu verhindern, wenn eine solche Übermittlung oder ein solcher staatlicher Zugriff zu einem Konflikt mit dem Unionsrecht oder dem nationalen Recht des jeweiligen Mitgliedstaats führen würde.[63] So soll verhindert werden, dass die rechtlich geschützten Geschäftsinteressen europäischer Unternehmen durch nicht-europäische Staaten oder Unternehmen verletzt werden.[64] Da sich rechtswidrige Datenzugriffe nicht mehr rückgängig machen lassen, sollen Vorkehrungen getroffen werden, um den Bruch europäischen Rechts *ex ante* zu verhindern. Art. 31 DGA spiegelt den „pro-aktiven" Ansatz der EU in Bezug auf den internationalen Datenverkehr wider.[65] Internationale Datentransfers sollen nur dann erfolgen, wenn sie im Einklang mit europäischen Werten und Rechtsvorschriften stehen. Hierin zeigt sich der Anspruch der EU, die Bedingungen für den internationalen Datenverkehr souverän, also nach den eigenen Vorstellungen, festzulegen.

(3) Kehrseite digitaler Souveränität

Art. 31 DGA lenkt den Blick auf die globalen Auswirkungen digitaler Souveränität. Mit der effektiven Regulierung des digitalen Raums im eigenen Territorium geht in vielen Fällen auch die Regulierung ausländischer Bürger und Unternehmen sowie die Beeinflussung fremder Staaten einher.[66] Die Ausübung digitaler Souveränität durch einen großen Staat oder einen mächtigen Staatenverbund kann den sog. „Brüssel-Effekt" herbeiführen. Der Brüssel-Effekt tritt auf, wenn ein einzelner Staat oder Staatenbund in der Lage ist, seine Gesetze und Vorschriften durch Marktmechanismen unilateral über seine Grenzen hinaus zu tragen, was *de facto*

62 Siehe nur *Woods*, The Yale Law Journal 128 (2018), 328 (351 ff.).
63 Siehe hierzu näher in Kap. 5, C. VII. 4.
64 Vgl. ErwG 20, 21 und 22 DGA.
65 *Europäische Kommission*, COM(2020) 66 final, S. 27.
66 *Chander/Sun*, Vanderbilt Journal of Transnational Law 55 (2022), 283 (306 f.).

zu einer globalen Anwendung der nationalen Normen führt.[67] Beobachten lässt sich der Brüssel-Effekt zum Beispiel bei der DSGVO, deren Inkrafttreten auch direkte Auswirkungen auf den Datenschutz in nicht-europäischen Ländern gehabt hat.[68] Der Brüssel-Effekt zeigt, dass die Ausübung staatlicher Souveränität im digitalen Raum im Vergleich zur traditionellen Ausübung von Souveränität eine stärkere internationale Komponente aufweist. Die im digitalen Raum notwendigerweise extraterritoriale Ausübung innerstaatlicher Hoheitsgewalt erhöht zum einen deren Schwierigkeit, Komplexität und Risiko.[69] Zum anderen bürdet sie dem Staat oder Staatenbund, der als Gesetzgeber im digitalen Raum aktiv wird, eine gewisse globale Verantwortung auf. Denn ob die staatenübergreifende Anwendung innerstaatlicher Regelungen auch im Interesse ausländischer Staaten, Bürger und Unternehmen ist, wird sich in vielen Fällen kaum feststellen lassen.[70]

Ohnehin ist die digitale Souveränität aus normativer Perspektive ein „zweischneidiges Schwert".[71] Damit ein Staat effektiv den Schutz der Privatsphäre, den Verbraucherschutz, die Förderung des Wettbewerbs und die Strafverfolgung verwirklichen kann, muss er auch digital souverän sein. Es ist legitim, dass demokratisch gewählte Institutionen und nicht private Akteure die wichtigsten Regeln im digitalen Raum aufstellen.[72] Damit ist aber nicht gesagt, dass die in legitimer Weise staatlich gesetzten Regeln tatsächlich eine sachgerechte und zweckmäßige Regelung des digitalen Raums darstellen oder im Interesse ihrer Bürger sind.[73]

bb) Unabhängigkeit der europäischen Wirtschaft im digitalen Raum

Im Hinblick auf die Wirtschaft ist mit der „digitalen Souveränität" die Eigenständigkeit und Unabhängigkeit der nationalen (bzw. europäischen) Wirtschaft gegenüber ausländischen Technologie- und Diensteanbietern gemeint.[74] Bestrebungen zur Stärkung der digitalen Eigenständigkeit der Wirtschaft sind zumeist in breitere wirtschaftspolitische Zielsetzungen zur Wahrung der Wettbewerbs- und Inno-

---

67 *Bradford*, Northwestern University Law Review 107 (2012), 1 (3).

68 Siehe nur *Mahieu/Asghari/u. a.*, Journal of Information Policy 11 (2021), 301.

69 *Chander/Sun*, Vanderbilt Journal of Transnational Law 55 (2022), 283 (307).

70 *Bradford*, Northwestern University Law Review 107 (2012), 1 (64). Siehe zu den möglichen internationalen Auswirkungen des DGA Kap. 6, C. III.

71 *Chander/Sun*, Vanderbilt Journal of Transnational Law 55 (2022), 283 (311).

72 Siehe auch *Woods*, The Yale Law Journal 128 (2018), 328 (369).

73 So lässt sich die digitale Souveränität von Staaten auch zu Lasten ihrer Bürger, etwa zur Einschränkung der Privatsphäre oder Meinungsfreiheit, ausnutzen; siehe *Chander/Sun*, Vanderbilt Journal of Transnational Law 55 (2022), 283 (287).

74 *Pohle/Thiel*, Internet Policy Review 9 (2020), 1 (10); *EPRS*, Digital sovereignity for Europe (2020), S. 5.

vationsfähigkeit inländischer Unternehmen eingebettet.[75] Als Voraussetzungen zur Verwirklichung der digitalen Unabhängigkeit der Wirtschaft werden der Zugang zu den erforderlichen digitalen Technologien und Daten sowie die Kompetenz zur selbstbestimmten Nutzung dieser Ressourcen angesehen.[76]

(1) Datenwirtschaftliche Unabhängigkeit als Zielsetzung

Die Zielsetzungen zur Stärkung der digitalen Eigenständigkeit der europäischen Wirtschaft nehmen auch in der Europäischen Datenstrategie eine wichtige Stellung ein. So kann ein zentrales Ziel der Datenstrategie darin gesehen werden, die erforderlichen Rahmenbedingungen zur Stärkung der Wettbewerbsfähigkeit europäischer Unternehmen zu schaffen.[77] Europäische Unternehmen sollen im europäischen Binnenmarkt den Zugang zu einer „nahezu unbegrenzten Menge hochwertiger industrieller Daten erhalten".[78] Daten werden als wertvolle Ressourcen angesehen, die für die europäische Wirtschaft nutzbar gemacht werden sollen und zu deren globaler Wettbewerbsfähigkeit beitragen sollen.[79] Darüber hinaus soll die Entwicklung eigener europäischer Daten- und Cloud-Infrastrukturen gefördert werden, um den Zugang der europäischen Wirtschaft und Verwaltung zu sicheren Daten-Diensten zu gewährleisten.[80] Hierdurch soll die Abhängigkeit von Drittstaaten im Datenbereich reduziert werden.[81]

Zu der Zielsetzung, die digitale Unabhängigkeit und Wettbewerbsfähigkeit der europäischen Wirtschaft zu stärken, soll der DGA beitragen, indem er den Zugang zu Daten verbessert.[82] Der verbesserte Zugang zu Daten für Unternehmen soll zum einen allgemein das Wachstum und die Wertschöpfung der europäischen

---

75 *Pohle/Thiel*, Internet Policy Review 9 (2020), 1 (10); *Seifried/Berschek*, Schwerpunktstudie Digitale Souveränität (2021), S. 11.

76 *Seifried/Berschek*, Schwerpunktstudie Digitale Souveränität (2021), S. 11; *Kagermann/Streibich/Suder*, Digitale Souveränität (2021), S. 8.

77 *König*, European Policy Analysis 2022, 1 (14).

78 *Europäische Kommission*, COM(2020) 66 final, S. 5 f.; 14 ff.

79 *König*, European Policy Analysis 2022, 1 (15).

80 *Europäische Kommission*, COM(2020) 66 final, S. 18 ff. Die Kommission hält es für problematisch, dass die EU derzeit in hohem Maße von nicht-europäischen Cloud-Anbietern abhängig ist, siehe *Europäische Kommission*, COM(2020) 66 final, S. 10 f. Abhilfe schaffen soll hierbei auch das von Frankreich und Deutschland gegründete Projekt *Gaia-X*. *Gaia-X* soll kleine und mittlere Cloud-Anbieter in Europa durch gemeinsame Standards verbinden, die es ihnen ermöglichen, eine offene, sichere und vertrauenswürdige europäische Alternative zu den großen amerikanischen Cloud-Anbietern anzubieten; siehe zu *Gaia-X* nur *Schütrumpf/Person*, RDi 2022, 281 (282 ff.); *Pohle/Thiel*, Internet Policy Review 9 (2020), 1 (10).

81 *Europäische Kommission*, SWD(2020) 295 final, S. 17.

82 *Europäische Kommission*, COM(2020) 66 final, S. 14; SWD(2020) 295 final, S. 19.

Wirtschaft erhöhen.[83] Dieses Ziel steht im Einklang mit der allgemeinen wirtschaftspolitischen Zielsetzung, die Wettbewerbsfähigkeit der europäischen Wirtschaft im Zeitalter der Digitalisierung zu wahren. Zum anderen soll speziell der Datenzugang für besonders innovative Unternehmen mit digitalen Geschäftsmodellen gestärkt werden.[84] Es ist anzunehmen, dass der DGA den in der geringeren Verfügbarkeit von Daten bestehenden Wettbewerbsnachteil gegenüber amerikanischen Unternehmen ausgleichen soll, damit langfristig auch in Europa eine wettbewerbsfähige Daten- und Digitalwirtschaft entsteht. Dies würde die Abhängigkeit der europäischen Wirtschaft gegenüber internationalen Anbietern verringern.

(2) Unabhängigkeit oder Protektionismus?

Mitunter sehen sich die europäischen Bestrebungen zur Stärkung der wirtschaftlichen Unabhängigkeit von ausländischen Technologie- und Digitalunternehmen dem Vorwurf des Wirtschaftsprotektionismus ausgesetzt.[85] Dieser Vorwurf beruht unter anderem auf Aussagen europäischer Spitzenpolitiker. So nannte der EU-Kommissar für den europäischen Binnenmarkt Thierry Breton als Ziel der europäischen Daten- und Digitalstrategie, „dass europäische Daten vorrangig für europäische Unternehmen genutzt werden, damit wir in Europa Wertschöpfung erzielen können".[86] Zudem besteht der Eindruck, dass europäische Institutionen die Dominanz von Unternehmen aus Drittstaaten in bestimmten Sektoren schon für sich als Problem und als Verlust europäischer Souveränität ansehen.[87] Allein die Tatsache, dass Unternehmen aus Drittstaaten in bestimmten Wirtschaftsbereichen führend sind, begründet jedoch noch keinen Nachteil für Verbraucher und stellt auch nicht die staatliche Souveränität europäischer Mitgliedsstaaten infrage.[88]

Insofern besteht durchaus die Gefahr, dass die Regulierung der Daten- und Digitalwirtschaft einen Vorwand für die Verfolgung wirtschaftsprotektionistischer

83 *Europäische Kommission*, COM(2020) 66 final, S. 5; SWD(2020) 295 final, S. 19.

84 *Europäische Kommission*, COM(2020) 66 final, S. 3, 18; SWD(2020) 295 final, S. 21, 75.

85 *Chander/Sun*, Vanderbilt Journal of Transnational Law 55 (2022), 283 (309 f.).; *Tiedeke*, MMR 2021, 624 (627).

86 Zitiert in *Delcker*, Thierry Breton: European Companies must be ones profiting from European data, Politico v. 19. Januar 2020, abrufbar unter: https://www.politico.eu/article/thierry-breton-european-companies-must-be-ones-profiting-from-european-data. Andere Äußerungen gehen dahin, dass sich Europa in einem globalen „Wettrennen" oder „Wettkampf" um die Führungsstellung beim Zugang und der Nutzung von Daten befinde; EU-Kommission, Pressemitteilung v. 19. Februar 2020, abrufbar unter: https://ec.europa.eu/commission/presscorner/detail/en/ip_20_273.

87 So meint der wissenschaftliche Dienst des Europäischen Parlaments, dass digitale Plattformen zunehmend als die Akteure wahrgenommen werden, „die ganze Sektoren der EU-Wirtschaft beherrschen und den EU-Mitgliedstaaten ihre Souveränität in Bereichen wie Urheberrecht, Datenschutz, Steuern oder Verkehr entziehen", siehe *EPRS*, Digital sovereignity for Europe (2020), S. 4.

88 *Chander/Sun*, Vanderbilt Journal of Transnational Law 55 (2022), 283 (310).

Zielsetzungen bietet oder unbeabsichtigt protektionistische Züge enthält. Letztlich ist dies aber eine Frage, die für jedes Gesetzesvorhaben im Einzelnen geklärt werden muss. In diesem Zusammenhang ist es denkbar, dass der DGA nicht-europäische Anbieter von Datenvermittlungsdiensten faktisch benachteiligen könnte. So kann Art. 31 DGA *de facto* eine Pflicht zur Datenspeicherung auf europäischen Servern herbeiführen und dadurch nicht-europäische Datenvermittler benachteiligen.[89] Außerdem ist es möglich, dass die strenge Regulierung von Datenvermittlungsdiensten durch den DGA dazu führt, dass bestimmte Dienste in Europa nicht mehr angeboten werden können und europäische Unternehmen, deren Angebote auf diese Regulierung maßgeschneidert sind, hiervon auf dem europäischen Binnenmarkt profitieren.[90] Solche protektionistischen Auswirkungen des DGA können negative Folgen für die Nutzer in Europa haben und langfristig die globale Wettbewerbsfähigkeit europäischer Datenvermittlungsdienste schmälern.[91]

2. Zielsetzungen für die Regulierung von B2B-Datenvermittlungsdiensten

Die übergeordneten Zielsetzungen des DGA prägen die Regulierung von Datenvermittlern. Konkret soll die Regulierung von Datenvermittlungsdiensten durch den DGA zwei Zielsetzungen verfolgen. In erster Linie soll das Vertrauen der Nutzer in die Erbringung solcher Dienste gestärkt werden. Auf diese Weise sollen Datenvermittler und der (B2B-)Datenaustausch im europäischen Binnenmarkt gefördert werden. Außerdem soll der DGA den Wettbewerb auf Märkten für Datenvermittlungsdiensten schützen. Diese sekundäre Zielsetzung wird vom Gesetzgeber weniger in den Vordergrund gestellt, dürfte aber, wie sich zeigen wird, von ebenso großer Wichtigkeit sein.

a) Zielvorstellung für B2B-Datenintermediäre im europäischen Binnenmarkt

Wie bereits im dritten Kapitel festgestellt wurde, wohnt B2B-Datenintermediären das Potenzial inne, die bestehenden Transaktionskosten und Informationsasymmetrien auf Datenmärkten erheblich zu senken. Dadurch können sie dazu beitragen, die auf Datenmärkten angenommenen Marktversagen zu beheben und so die Entstehung eines florierenden B2B-Datenaustauschs in Europa unterstützen. Diese Erwartung teilt auch die Europäische Kommission. Nach ihrer Ansicht haben B2B-Datenintermediäre das Potenzial, die Auffindbarkeit relevanter Daten durch ihre *Match-Making*-Funktion zu verbessern und Transaktionskosten beim B2B-Daten-

---

89 Siehe hierzu Kap. 5., C. VII. 4. d).

90 Vgl. *Bildt/Mann/Vos*, The Brussels Effect (2020).

91 Siehe hierzu ausführlich Kap. 6, C. III. 2.

austausch zu senken.[92] Aufgrund dieser Funktionen sollen Datenvermittlungsdienste nach ErwG 27 DGA eine „Schlüsselrolle" in der Datenwirtschaft einnehmen, indem sie den freiwilligen Datenaustausch zwischen Unternehmen fördern und unterstützen. Datenvermittlungsdienste sollen eine zentrale Stellung in der Datenwirtschaft einnehmen und den Austausch großer Datenmengen ermöglichen.

b) Vertrauensförderung durch Regulierung

Momentan nutzen jedoch nur wenige Datenhalter und potenzielle Datenerwerber die bereits existierenden Datenvermittlungsdienste, um über sie Daten zu teilen. Die Europäische Kommission nimmt an, dass hierfür Vertrauensdefizite auf Datenmärkten verantwortlich sind.[93] Insbesondere sollen Unternehmen B2B-Datenvermittlungsdiensten kein hinreichendes Vertrauen entgegenbringen.[94] Das primäre Ziel der Regulierung von Datenvermittlungsdiensten durch den DGA besteht deshalb darin, das Vertrauen in Datenvermittlungsdienste zu stärken. So ist nach ErwG 32 DGA die Schaffung eines Rechtsrahmens, in dem Anforderungen an die vertrauenswürdige Erbringung von Datenvermittlungsdiensten geschaffen werden, erforderlich, um das Vertrauen in diese Dienste zu stärken. Durch die Vertrauensförderung soll die Entwicklung von Datenvermittlern unterstützt werden, indem ihnen zu einer größeren Nutzerbasis verholfen wird. Auf diese Weise soll es die Regulierung von Datenvermittlern ermöglichen, dass diese ihr Potenzial für die Datenwirtschaft realisieren und die Verfügbarkeit von Daten für Unternehmen und andere Organisationen in Europa verbessern.[95]

Obwohl es sich bei der Förderung von Datenvermittlungsdiensten um die primäre Zielsetzung des DGA handeln soll, wirft sie angesichts der Regelungen des DGA Fragen auf. Denn auf den ersten Blick scheint die Zielsetzung der Förderung von Datenvermittlungsdiensten nur schlecht zu der gewählten Regulierung dieser Dienste im DGA zu passen. Nach der Zielsetzung des europäischen Gesetzgebers stellt die Erbringung von Datenvermittlungsdiensten eine erwünschte wirtschaftliche Tätigkeit dar, die daher gefördert werden soll.[96] Es wäre deshalb zu erwarten gewesen, dass der DGA Anreize für die Erbringung solcher Dienste setzen würde,

---

92 *Europäische Kommission*, SWD(2020) 295 final, S. 12.

93 *Europäische Kommission*, COM(2020) 66 final, S. 8 f.; SWD(2018) 125 final, S. 1; SWD(2020) 295 final, S. 11 f.

94 *Europäische Kommission*, SWD(2020) 295 final, S. 12. Siehe zur Plausibilität dieser Annahme Kap. 4, II. 2. f).

95 Vgl. ErwG 5, 32 DGA; *Europäische Kommission*, SWD(2020) 295 final, S. 20; *Hennemann/v. Ditfurth*, NJW 2022, 1905 (1907, Rn. 10); *v. Ditfurth/Lienemann*, CRNI 23 (2022), 270 (271, 277 f.); *Hartl/Ludin*, MMR 2021, 534 (537).

96 ErwG 27 DGA; *Europäische Kommission*, SWD(2020) 295 final, S. 20, 25.

etwa in Form von rechtlichen Erleichterungen oder Privilegierungen. Tatsächlich enthält der DGA aber keine unmittelbaren Anreize für die Erbringung von Datenvermittlungsdiensten.[97] Stattdessen werden die Anbieter solcher Dienste dazu verpflichtet, ihre Dienste anzumelden und strenge Verhaltensvorgaben bei der Erbringung der Dienste einzuhalten.

Dennoch dürfte der vom europäischen Gesetzgeber verfolgte Förderungsansatz weniger unkonventionell sein, als er auf den ersten Blick erscheint.[98] Schließlich sind Vertrauensprobleme aufgrund von potenziellen Interessenkonflikten und der Intransparenz ihrer Geschäftsmodelle bei den meisten Formen von Intermediären verbreitet.[99] Aufgrund dessen unterliegen viele klassische Intermediärsbranchen, wie die der Immobilienmakler, Versicherungsmaklermakler oder Wertpapierbörsen, in vielen Jurisdiktionen der staatlichen Regulierung durch spezielle Rechtsvorschriften oder regulieren sich selbst über Verhaltenskodizes.[100] Zum Beispiel verfolgt das Börsengesetz, das den Betrieb und die Organisation von Börsen regelt, unter anderem das Ziel, das Vertrauen der Anleger in die Börse zu stärken, um deren Bereitschaft zur Börsennutzung zu erhöhen.[101] Auch bei Datenvermittlungsdiensten sind strukturelle Interessenkonflikte wahrscheinlich.[102] Dies gilt insbesondere dann, wenn es sich bei ihnen um vertikal integrierte Plattformen handelt, die mit ihren eigenen Nutzern auf Märkten im Wettbewerb stehen. Die Regulierung von Datenvermittlungsdiensten kann daher erforderlich sein, um das Vertrauen der Nutzer in sie zu stärken, indem bestimmte Verhaltensweisen zum Nachteil der Nutzer verboten werden.

Auch die der Regulierung zugrunde liegende Annahme, dass aufgrund von Vertrauensdefiziten bisher nur wenige Unternehmen die Dienste von Datenintermediären in Anspruch nehmen,[103] hat eine gewisse Plausibilität. Sie stützt sich auf die allgemeine Bedeutung von Vertrauensbeziehungen für den erfolgreichen Datenaustausch und auf das Vorhandensein generellen Misstrauens gegenüber digitalen Plattformmodellen.[104] Zu beachten ist jedoch, dass diese Annahme nicht empirisch belegt ist.[105] Insbesondere bei Datenmarktplätzen kommen auch andere

97 Kritisch deshalb *Bundesregierung*, Vorläufige Stellungnahme der Bundesrepublik Deutschland zum Daten-Governance-Gesetz (2021), S. 19; *Hartl/Ludin*, MMR 2021, 534 (537).
98 Vgl. *v. Ditfurth/Lienemann*, CRNI 23 (2022), 270 (277 f.).
99 *Montero/Finger*, The Rise of the New Network Industries (2021), S. 216 f.
100 *Montero/Finger*, The Rise of the New Network Industries (2021), S. 216 f.
101 *Kumpan*, in: Schwark/Zimmer, BörsG, Einleitung Rn. 19.
102 Siehe hierzu Kap. 5, B. III. 2. c) aa).
103 *Europäische Kommission*, SWD(2020) 295 final, S. 10, 12, 25.
104 Siehe hierzu näher Kap. 4, B. II. 2. f).
105 Vgl. auch *Richter*, ZEuP 2021, 634 (644).

Gründe für ihren fehlenden kommerziellen Erfolg in Betracht.[106] So ist es ebenso denkbar, dass technische, rechtliche und organisatorische und betriebswirtschaftliche Schwierigkeiten nicht nur den bilateralen Datenaustausch zwischen Unternehmen, sondern auch den Datenaustausch über Datenmarktplätze verhindern.[107] Folglich hängen die Erfolgsaussichten des DGA zur Förderung von Datenvermittlungsdiensten von zwei Faktoren ab.[108] Zunächst muss es zutreffen, dass die derzeitigen Startschwierigkeiten von Datenvermittlungsdiensten tatsächlich auf das fehlende Vertrauen potenzieller Nutzer zurückzuführen sind. Außerdem muss der DGA geeignet sein, diese Vertrauensdefizite zu beheben. Da an der Richtigkeit beider Prämissen durchaus Zweifel bestehen können, ist bereits jetzt festzuhalten, dass die primäre Zielsetzung des DGA einem erheblichen Risiko des Fehlschlags ausgesetzt ist.[109]

c) Schutz des Wettbewerbs auf dem Markt für Datenvermittlungsdienste

Weniger im Vordergrund steht das zweite Ziel der Regulierung von Datenvermittlungsdiensten: Die Erbringung von Datenvermittlungsdiensten soll nach ErwG 33 DGA in einem wettbewerblichen Umfeld erfolgen.[110] Hierzu sollen wettbewerbsschädliche Verhaltensweisen, die im Zusammenhang mit den führenden digitalen Plattformen aufgetreten sind,[111] auf dem Markt für Datenvermittlungsdienste frühzeitig unterbunden werden.[112] Insbesondere sollen Verhaltensweisen verhindert

---

106 Siehe Kap. 4, B. II. 2. f).

107 *Simon/Markopoulos/u. a.*, D2.1 ‚Definition and analysis' (2021), S. 46; *Koutroumpis/Leiponen/Thomas*, Industrial and Corporate Change 29 (2020), 645 (654).

108 Vgl. *v. Ditfurth/Lienemann*, CRNI 23 (2022), 270 (278); siehe hierzu näher in Kap. 6, C. II. 2.

109 Siehe auch *Hennemann/v. Ditfurth*, NJW 2022, 1905 (1910, Rn. 29); *Richter*, ZEuP 2021, 634 (646).

110 Es ist erstaunlich, dass diese Zielsetzung trotz der offensichtlichen wettbewerbsschützenden Zielsetzungen vieler Vorschriften des Art. 12 DGA in den Erwägungsgründen und den Begleitdokumenten des DGA kaum angesprochen wird. Dies könnte daran liegen, dass der europäische Gesetzgeber Bezüge zum europäischen Kartellrecht aus Kompetenzgründen vermeiden möchte. Da die Art. 10 bis 15 DGA im Umfang wesentlich über Art. 101, 102 AEUV hinausgehen, lassen sie sich nicht auf Art. 103 AEUV als Kompetenzgrundlage stützen. Es wäre stattdessen eine aufwendige und die Zustimmung aller Mitgliedstaaten voraussetzende Kompetenzerweiterung nach Art. 352 AEUV nötig gewesen. Womöglich um dieses Erfordernis zu umgehen, hat der Gesetzgeber den DGA auf die Binnenmarktkompetenz nach Art. 114 AEUV gestützt. Die Entscheidung gegen eine kartellrechtliche Kompetenzgrundlage erfordert dann aber auch eine konzeptionelle Abgrenzung des DGA von kartellrechtlichen Zielsetzungen. Siehe zu dieser Thematik beim DMA, bei dem die kartellrechtlichen Bezüge sogar noch offensichtlicher sind, *Kumkar*, RDi 2022, 347 (348 f., Rn. 5).

111 Siehe hierzu Kap. 4, C. I. 2.

112 Vgl. *Europäische Kommission*, SWD(2020) 295 final, S. 26; *Hennemann/v. Ditfurth*, NJW 2022, 1905 (1907, Rn. 10).

werden, die durch Interessenkonflikte entstehen können und zu Lasten der eigenen Nutzer gehen. Insofern dienen manche der wettbewerbsbezogenen Vorschriften gleichzeitig dem Schutz des Vertrauens der Nutzer von Datenvermittlungsdiensten. Darüber hinaus finden sich im DGA aber auch Vorschriften wieder, die ausschließlich oder in erster Linie den Schutz des horizontalen Wettbewerbs auf dem Markt für Datenvermittlungsdienste und auf benachbarten Märkten bezwecken. Zum Beispiel beschränken Art. 12 lit. a und lit. e DGA das Spektrum der Dienste, die Datenvermittler ihren Nutzern anbieten dürfen.[113] Diese Beschränkungen lassen sich nicht mit der Zielsetzung der Stärkung des Nutzervertrauens erklären. Stattdessen sollen sie den horizontalen Wettbewerb zwischen Datenvermittlern schützen, indem sie verhindern, dass Datenvermittler durch ihre Integration mit anderen Diensten *Lock-in*-Effekte erzielen und Marktzutrittsschranken für potenzielle Wettbewerber errichten können.[114]

Im Vergleich zur primären Zielsetzung der Vertrauensförderung ist bei der sekundären Zielsetzung des Wettbewerbsschutzes der unmittelbare Zusammenhang zwischen Zielsetzung und gewähltem Regulierungsinstrument deutlich offensichtlicher. Die Regulierung der Datenvermittlungsdienste weist gewisse Ähnlichkeiten zur Regulierung von *Gatekeeper*-Plattformen durch den DMA auf.[115] In beiden Gesetzen werden bestimmte digitale Plattformen (Datenvermittlungsdienste bzw. *Gatekeeper*-Plattformen) *ex ante* durch die Auferlegung konkreter Verhaltenspflichten reguliert.[116] Der europäische Gesetzgeber schafft mit dem DGA sowie dem DMA quasi ein „Sonderkartellrecht" für die jeweiligen Regulierungsadressaten.

Von besonderem Interesse sind im Hinblick auf die Zielsetzung des Wettbewerbsschutzes auf Märkten für Datenvermittlungsdienste drei Fragestellungen. Zunächst ist festzustellen, vor welchen Risiken und in welchem Umfang der DGA den Schutz des Wettbewerbs bezwecken soll. Anschließend stellt sich die Frage, weshalb der Gesetzgeber die Ergreifung regulatorischer Maßnahmen zum Wettbewerbsschutz bereits zu einem Zeitpunkt erforderlich hält, zu dem es noch keine Datenvermittlungsdienste mit signifikanter Marktmacht gibt. Zuletzt soll auf das Verhältnis zwischen den beiden Zielsetzungen der Vertrauensförderung und des Wettbewerbsschutzes näher eingegangen werden.

---

113 Siehe zu diesen Vorschriften näher in Kap. 5, C. VII. 3. a) und e).

114 *v. Ditfurth/Lienemann*, CRNI 23 (2022), 270 (278).

115 Siehe hierzu näher in Kap. 5, D. IV. 1.

116 Vgl. *Hennemann/v. Ditfurth*, NJW 2022, 1905 (1910, Rn. 30); zum DMA *Schweitzer*, ZEuP 2021, 503 (529 ff.).

aa) Drei Schutzebenen des DGA

Der DGA bezweckt den Schutz des Wettbewerbs des Marktes für Datenvermittlungsdienste auf drei Ebenen.[117] Zunächst soll der DGA Dateninhaber und Datennutzer vor missbräuchlichen vertikalen Verhaltensweisen der Datenvermittler schützen. Ein Risiko besteht hierfür insbesondere dann, wenn Datenvermittler in der Zukunft über erhebliche Marktmachtstellungen verfügen sollten. So ist es Anbietern von Datenvermittlungsdiensten zum Beispiel gemäß Art 12 lit. a DGA untersagt, die von Dateninhabern zur Verfügung gestellten Daten für ihre eigenen Zwecke zu verwenden. Außerdem sind sie gemäß Art 12 lit. f DGA dazu verpflichtet, den Zugang zu ihren Diensten unter fairen, transparenten und nichtdiskriminierenden Bedingungen anzubieten. Diese und andere Verpflichtungen, die auf die Verhinderung missbräuchlicher vertikaler Verhaltensweisen von Datenvermittlern abzielen, dienen zugleich dem Zweck, das Vertrauen der Nutzer in solche Dienste zu stärken.

Darüber hinaus scheint der europäische Gesetzgeber besorgt zu sein, dass durch den Markteintritt mächtiger digitaler Konglomerate Wettbewerbsverfälschungen entstehen können.[118] Digitale Konglomerate können durch die vertikale und horizontale Expansion von Verbundvorteilen profitieren und dabei marktmächtige Ökosysteme aufbauen, die aus verschiedenen Produkten und Dienstleistungen bestehen. Unter Umständen können sie deshalb ein besonderes Risiko für den Wettbewerb darstellen.[119] Der DGA versucht die Entstehung von Konglomeratseffekten einzudämmen, indem er gemäß Art. 12 lit. a Alt. 2 DGA die gesellschaftsrechtliche Entflechtung von Datenvermittlungsdiensten vorsieht und nach Art. 12 lit. a Alt. 1 und lit. e DGA ihre integrierte Bereitstellung mit anderen (datenbezogenen) Diensten einschränkt. Zudem ist es nach Art. 12 lit. b DGA unzulässig, Datenvermittlungsdienste gebündelt mit anderen Dienstleistungen anzubieten.[120] Auf diese Weisen kann die Entstehung von Marktzutrittsschranken aufgrund von *Lock-in*-Effekten verhindert werden, die auf der Bildung und Vernetzung digitaler Ökosysteme beruhen.

Zuletzt soll der DGA auch ansonsten den horizontalen Wettbewerb zwischen verschiedenen Anbietern von Datenvermittlungsdiensten schützen. Zu diesem Zweck soll sichergestellt werden, dass die Nutzer nicht in ihren Möglichkeiten zum *Switching* und *Multihoming* beeinträchtigt werden. So sollen Marktabschottungen durch Datenvermittler verhindert werden. Diese Zielsetzung wird in erster

---

117 Dieser Abschnitt beruht im Wesentlichen auf *v. Ditfurth/Lienemann*, CRNI 23 (2022), 270 (278 f.).

118 Siehe zu dieser Befürchtung im nächsten Abschnitt.

119 Siehe zu den möglichen wettbewerblichen Auswirkungen von Konglomeraten Kap. 4, C. I. 1. b).

120 Siehe zu Koppelungs- und Bündelungsstrategien Kap. 4, C. I. 2. b) aa).

Linie durch Vorschriften verfolgt, die die vertikale oder horizontale Integration von Datenvermittlungsdiensten mit anderen datenbezogenen Diensten einschränken (Art. 12 lit. a und lit. e), die Bündelung von Diensten verbieten (Art. 12 lit. b), die Möglichkeit zum *Multihoming* absichern (Art. 12 lit. f)[121] und die Anbieter dazu verpflichten, die erforderlichen Maßnahmen zur Gewährleistung der Interoperabilität ihrer Datenvermittlungsdienste mit den Diensten anderer Anbieter zu ergreifen (Art. 12 lit. i).

bb) Gründe für die frühe Marktregulierung

Anders als der DMA richtet sich die Regulierung des DGA nicht an Plattformen, die bereits über eine sehr hohe Marktmacht verfügen. Stattdessen handelt es sich bei den Adressaten des DGA überwiegend um Start-Ups, die sich noch nicht im Markt etabliert haben. Es ist daher auf den ersten Blick überraschend, dass der Gesetzgeber die wettbewerbliche Regulierung von Datenvermittlern bereits zu diesem Zeitpunkt für erforderlich hält.

Eine explizite Rechtfertigung für die Notwendigkeit frühzeitiger Regulierung enthalten weder der DGA noch die Begleitdokumente der Kommission. Es ist aber wahrscheinlich, dass die Entscheidung zur frühzeitigen Regulierung auf folgenden Erwägungen beruht. Zunächst ist sich die Kommission der Besonderheiten und Risiken von digitalen Plattformmärkten bewusst.[122] Aufgrund von Netzwerk- und Skaleneffekten können Plattformen in einem kurzen Zeitraum ein rasantes Wachstum erzielen.[123] Da der Wert einer Plattform entscheidend von den durch sie erzeugten Netzwerkeffekten und Skaleneffekten abhängt, sind erwachsene Plattformmärkte durch starke Konzentrationstendenzen geprägt.[124] Dies führt dazu, dass Plattformen primär um den Markt konkurrieren.[125] Sobald eine Plattform aufgrund ihrer Nutzerzahlen ausreichende Netzwerkeffekte und Skaleneffekte erzielt hat, ist sie ihren Wettbewerbern überlegen, verdrängt diese aus dem Markt und nimmt eine kaum noch bestreitbare Machtstellung ein. Der Markt ist dann gekippt.

Diese Eigenschaft von digitalen Plattformmärkten hat zwei Konsequenzen. Zum einen gibt es den *First Mover's Advantage*: Das Unternehmen, das als erstes

---

121 Siehe hierzu Kap. 5, C. VII. 3. f) bb) (3) (a).

122 Siehe nur *Europäische Kommission*, SWD(2020) 295 final, S. 10 f.

123 Siehe Kap. 4, B. I. 3. b) und c). Indem der DGA die Datenvermittlungsdienste fördert, soll er ihnen auch helfen, die erforderlichen Netzwerk- und Skaleneffekte zu erzielen, vgl. *Europäische Kommission*, SWD(2020) 295 final, S. 12; *Richter*, ZEuP 2021, 634 (644 f.).

124 Siehe hierzu Kap. 4, C. I. 1. a) und *Montero/Finger*, The Rise of the New Network Industries (2021), S. 207.

125 Siehe hierzu ausführlich in Kap. 4, C. I. 1. a).

den Markt betritt und eine signifikante Nutzerbasis aufbaut, profitiert auch dann noch von erheblichen Wettbewerbsvorteilen, wenn seine Wettbewerber an sich überlegene Dienste anbieten.[126] Es ist daher möglich, dass ein Unternehmen trotz eines unterlegenen Dienstes den Wettbewerb um den Markt gewinnt. Zum anderen kann eine Plattform das Kippen eines Marktes unterstützen und den Wettbewerb um den Markt verfälschen, indem sie das *Switching* oder *Multihoming* ihrer Nutzer wesentlich erschwert oder völlig verhindert.[127] Sobald der Markt gekippt ist, lassen sich Verfälschungen des Wettbewerbs um den Markt nicht mehr umkehren. Aus diesem Grund kann nur die frühzeitige Regulierung des Marktes den Wettbewerb um den Markt effektiv vor Verfälschungen schützen. Indem der DGA den horizontalen Wettbewerb zwischen Datenvermittlungsdiensten durch verschiedene Maßnahmen schützen soll, kann er dazu beitragen, dass der *First Mover's Advantage* reduziert wird und sich die besten Dienste in einem unverfälschten Wettbewerb ohne *Lock-in*-Effekte durchsetzen werden. Auf diese Weise kann auch der dynamische Wettbewerb nach einer möglicherweise erfolgten Marktkonzentration geschützt werden. So kann die Sicherstellung des *Switchings* und *Multihomings* von Dienstenutzern das Entstehen von Marktzutrittsbarrieren verhindern und zur Bestreitbarkeit des Marktes beitragen.[128] In vertikaler Hinsicht kann die Regulierung von Datenvermittlungsdiensten nach erfolgter Marktkonzentration außerdem unterbinden, dass die dann über eine gewisse Marktmacht verfügenden Datenvermittler missbräuchliche Verhaltensweisen gegenüber ihren Dienstenutzern vornehmen.[129]

Ein weiteres wichtiges Motiv für die frühzeitige wettbewerbliche Regulierung des Marktes für Datenvermittlungsdienste scheint die Sorge der Kommission vor dem Eintritt und der Ausbreitung mächtiger (digitaler) Konglomerate auf dem Markt für Datenvermittlungsdienste zu sein.[130] Zum einen befürchtet die Kommission, dass bereits etablierte und mächtige digitale Plattformen selbst Datenvermittlungsdienste anbieten könnten, ohne dabei wesentlichem Wettbewerb ausgesetzt zu sein.[131] Dann könnten sie auch aufgrund von Konglomeratseffekten[132], Ver-

---

126 *Parker/Petropoulos/Van Alstyne*, Digital Platforms and Antitrust (2020), S. 6.

127 *Barwise/Watkins*, in: Moore/Tambini, Digital Dominance (2018), S. 21 (28); *Schweitzer/Haucap/u. a.*, Modernisierung der Missbrauchsaufsicht (2018), S. 13.

128 Vgl. *v. Ditfurth/Lienemann*, CRNI 23 (2022), 270 (278).

129 Siehe zu missbräuchlichen Verhaltensweisen von digitalen Plattformen Kap. 4, C. I. 2. d).

130 Vgl. *v. Ditfurth/Lienemann*, CRNI 23 (2022), 270 (279).

131 *Europäische Kommission*, SWD(2020) 295 final, S. 16 f. *Amazon* und *Google* betreiben bereits eigene Datenmarktplätze, siehe hierzu Kap. 4, C. II. 1. *Microsoft* hat den Betrieb seines *Azure Data Marketplace* hingegen nach wenigen Jahren wieder eingestellt, siehe https://adtmag.com/articles/2016/11/18/azure-datamarket-shutdown.aspx.

132 Siehe zu Konglomeratseffekten Kap. 4, C. I. 1. b).

bundvorteilen und Bündelungsstrategien eine ähnliche Machtstellung wie auf ihren Kernmärkten einnehmen[133] und diese zulasten ihrer Nutzer und (potenziellen) Wettbewerber ausnutzen. Zum anderen hält die Kommission wettbewerbliche Fehlentwicklungen im Hinblick auf den Aufbau und Betrieb industrieller Datenplattformen durch Großunternehmen aus klassischen Industriezweigen, wie *Airbus* oder *MAN*, für möglich.[134] Solche Unternehmen könnten ihre überlegene Verhandlungsmacht gegenüber und zulasten ihrer kleineren Geschäftspartner ausnutzen.

Der Eintritt etablierter (Digital-)Unternehmen auf den Markt für Datenvermittlungsdienste stellt daher ein besonderes Risiko für deren unverfälschte Entwicklung dar. Die frühzeitige Regulierung des Marktes kann solche denkbaren Fehlentwicklungen verhindern. Der Schutz des Wettbewerbs ist umso wichtiger, wenn Datenvermittlungsdienste in der Zukunft tatsächlich Schlüsselrollen in der Datenwirtschaft einnehmen sollten.[135] Wettbewerbsschädliche Verhaltensweisen von Datenvermittlungsdiensten könnten dann einen besonders negativen Einfluss auf die gesamte Datenwirtschaft haben.

cc) Zusammenhang zwischen Vertrauensförderung und Wettbewerbsschutz

Zum Teil wird vorgebracht, dass der europäische Gesetzgeber Datenvermittlungsdienste in widersprüchlicher Weise fördere, obwohl gerade sie als digitale Plattformen ein erhebliches wettbewerbliches Risiko darstellen können.[136] Dieser Vorwurf übersieht aber, dass die Plattformproblematik im DGA durch die Auferlegung konkreter Verhaltenspflichten zur Aufrechterhaltung des Wettbewerbs direkt adressiert wird. So soll der DGA bestimmte vertikale und horizontale Verhaltensweisen von Datenvermittlern, die zu Lasten ihrer Nutzer und Wettbewerber gehen können, gerade verhindern. Der Schutz des Wettbewerbs auf Märkten

---

133 *Europäische Kommission*, SWD(2020) 295 final, S. 16 f. Diese Gefahr betont auch der Berichterstatter für den DGA der Fraktion Die Grünen im Europaparlament *v. Boeselager*: „Wir wissen ja, dass 70 bis 80 Prozent der Daten bei den großen Cloud-Anbietern – auf dem Markt herrschen oligopolistische Verhältnisse – liegen [...]. Wir wollen aber nicht, dass sich die Datenmacht im Bereich Data Storage einfach so überträgt auf das Daten vermitteln"; zitiert nach *Rusch*, Data Governance Act: Monopolisten ausbremsen, Tagesspiegel Background vom 15. Juli 2021, abrufbar unter: https://background.tagesspiegel.de/digitalisierung/data-governance-monopolisten-ausbremsen.

134 *Europäische Kommission*, SWD(2020) 295 final, S. 10.

135 So die Erwartung der Kommission: ErwG 27 DGA; *Europäische Kommission*, SWD(2020) 295 final, S. 12.

136 *Vogelzang*, A closer look at the data intermediaries and the risk of platformization (2022). *Richter* sieht den im DGA verfolgten Förderungsgedanken „in natürlicher Spannung" zur Debatte über die wettbewerbsschädliche Marktmacht von Plattformen, siehe *Richter*, ZEuP 2021, 634 (645).

für Datenvermittlungsdienste wird in diesem Zusammenhang nicht als isoliertes Ziel verfolgt, sondern dient teilweise auch als Mittel, um das Vertrauen in Datenintermediäre zu stärken.[137]

C. Die Regulierung von B2B-Datenvermittlungsdiensten nach Art. 10 bis 15 DGA

I. Einleitung

In diesem Abschnitt erfolgt die umfassende rechtliche Analyse der Regulierung von B2B-Datenvermittlungsdiensten durch Art. 10 bis 15 DGA. Dabei sollen sowohl die einzelnen Regelungen untersucht als auch die übergreifenden Zusammenhänge und Zielsetzungen der Regulierung aufgezeigt werden. Den Schwerpunkt bildet in diesem Rahmen die Darstellung und Auslegung der Art. 10 bis 15 DGA. Zugleich soll eine kritische Würdigung der Zielsetzungen der einzelnen Vorschriften und ihrer Umsetzungen aus rechtlicher und ökonomischer Perspektive erfolgen. Eine übergreifende Gesamtbewertung des DGA ist jedoch erst im nächsten Kapitel vorgesehen.

II. Rechtsgrundlage

Der europäische Gesetzgeber stützt den Erlass des DGA auf Art. 114 AEUV.[138] Art. 114 AEUV dient als Rechtsgrundlage für die Verwirklichung des europäischen Binnenmarktes im Sinne der Art. 3 Abs. 3 EUV, Art. 26 AEUV.[139] Als Mittel der „positiven Integration" bietet Art. 114 AEUV dem europäischen Gesetzgeber die Möglichkeit, die Errichtung und Erhaltung des europäischen Binnenmarkts durch Sekundärrecht zu fördern.[140] Dabei steht dem Gesetzgeber nach Art. 114 AEUV ein weites

---

137 Als begründeter könnte sich jedoch die Befürchtung erweisen, die strenge Regulierung von Datenvermittlungsdiensten sei mit ihrer effektiven Förderung unvereinbar; siehe hierzu Kap. 6, C. II. 1. b) dd).

138 Siehe die Präambel und ErwG 1 DGA; *Europäische Kommission*, COM(2020) 767 final, S. 2 f.; SWD(2020) 295 final, S. 17 f.

139 *Korte*, in: Calliess/Ruffert, AEUV, Art. 114 Rn. 2; *Schröder*, in: Streinz, AEUV, Art. 114 Rn. 4.

140 *Korte*, in: Calliess/Ruffert, AEUV, Art. 26 Rn. 40; *Schröder*, in: Streinz, AEUV, Art. 26 Rn. 28.

Ermessen bei der Auswahl der rechtlichen Handlungsform und deren konkreter Ausgestaltung zu.[141] Für den DGA hat der Gesetzgeber eine EU-Verordnung nach Art. 288 Abs. 2 AEUV gewählt.

Da Art. 114 AEUV die europaweite Rechtsangleichung zur Herstellung der Einheit des Binnenmarkts ohne Beschränkung auf bestimmte Sachmaterien erlaubt, handelt es sich bei ihm um eine Rechtsgrundlage mit „Querschnittscharakter“ und weitem Anwendungsbereich.[142] Voraussetzung für die Anwendbarkeit des Art. 114 AEUV ist das Vorliegen einer Störung des Binnenmarktes, die in einer Kollision nationalen Rechts mit den europäischen Grundfreiheiten oder in einer durch nationales Recht bedingten Wettbewerbsverfälschung bestehen kann.[143] Das Funktionieren des Binnenmarkts ist dann gefährdet, wenn Unterschiede zwischen den Rechtsordnungen der Mitgliedsstaaten verfälschte Wettbewerbsbedingungen schaffen.[144] Eine Wettbewerbsverfälschung liegt beispielsweise vor, wenn divergente Rechtvorschriften zu unterschiedlich hohen Herstellungskosten in den einzelnen Mitgliedstaaten führen.[145] Als Reaktion auf bestehende Wettbewerbsverfälschungen ermächtigt Art. 114 AEUV den europäischen Gesetzgeber zur Rechtsangleichung.[146] Zulässig ist nach Art. 114 AEUV auch die präventive Rechtsangleichung.[147] So kann der europäische Gesetzgeber auf neue technische Entwicklungen reagieren, indem er das Entstehen divergierender mitgliedstaatlicher Rechtsvorschriften durch einheitliche Vorschriften frühzeitig unterbindet.[148]

Solche präventiven Überlegungen scheinen dem DGA zugrunde zu liegen. Die Europäische Kommission erkennt das Risiko, dass die Mitgliedstaaten im Zuge der fortschreitenden Digitalisierung eigene, die Datennutzung und -weitergabe betreffende Rechtsvorschriften erlassen könnten, wodurch die Fragmentierung des Bin-

---

141 *Korte*, in: Calliess/Ruffert, AEUV, Art. 114 Rn. 74 f.; *Schröder*, in: Streinz, AEUV, Art. 114 Rn. 57, 59.

142 *Classen*, in: von der Groeben/Schwarze/Hatje, AEUV, Art. 114 Rn. 8; *Schröder*, in: Streinz, AEUV, Art. 114 Rn. 18.

143 *Classen*, in: von der Groeben/Schwarze/Hatje, AEUV, Art. 114 Rn. 39 ff.; *Korte*, in: Calliess/Ruffert, AEUV, Art. 114 Rn. 40; *Schröder*, in: Streinz, AEUV, Art. 114 Rn. 21 ff. Art. 114 AEUV ist nur dann anwendbar, wenn die Wettbewerbsverfälschung auf die Rechtslage in den Mitgliedstaaten zurückgeht. Als Rechtsgrundlage für Rechtsakte gegen von Unternehmen ausgehende Wettbewerbsbeschränken dient hingegen Art. 103 AEUV; siehe *Basedow*, ZEuP 2021, 217 (221).

144 *Classen*, in: von der Groeben/Schwarze/Hatje, AEUV, Art. 114 Rn. 55; *Schröder*, in: Streinz, AEUV, Art. 114 Rn. 26.

145 *Korte*, in: Calliess/Ruffert, AEUV, Art. 114 Rn. 47; *Schröder*, in: Streinz, AEUV, Art. 114 Rn. 29.

146 *Korte*, in: Calliess/Ruffert, AEUV, Art. 114 Rn. 22 ff.; *Schröder*, in: Streinz, AEUV, Art. 114 Rn. 36 ff.

147 *Classen*, in: von der Groeben/Schwarze/Hatje, AEUV, Art. 114 Rn. 71; *Schröder*, in: Streinz, AEUV, Art. 114 Rn. 42.

148 *Schröder*, in: Streinz, AEUV, Art. 114 Rn. 42.

nenmarkts verstärkt würde.[149] Durch die Einführung gemeinsamer europäische Regeln für die Daten-Governance soll frühzeitig verhindert werden, dass der Wettbewerb im Binnenmarkt für datenbezogene Wirtschaftsleistungen durch einzelstaatliche Regelungen verzerrt wird.[150] Dabei lässt der europäische Gesetzgeber jedoch offen, welche konkret anstehenden nationalstaatlichen Gesetze zu einer Fragmentierung des Binnenmarkts führen könnten. Denkbar ist es, dass er sich auf datenrechtliche Bestrebungen in Deutschland oder Frankreich bezieht.[151] Auch wenn sich der Eindruck aufdrängt, dass es der EU mit dem DGA weniger um die Vereinheitlichung des Binnenmarkts und mehr um die aktive Gestaltung der europäischen Datenwirtschaft geht, dürfte der Erlass des DGA noch vom weiten Anwendungsbereich des Art. 114 AEUV erfasst sein.[152] Schließlich besteht durchaus ein Risiko, dass sich in naher Zukunft divergierende mitgliedstaatliche Regelungen auf die Einheit des Binnenmarkts auswirken und zu Wettbewerbsverfälschungen führen könnten.

III. Regulierungssystematik

Die Regulierung der Art. 10 bis 15 DGA richtet sich gemäß Art. 10 DGA an Datenvermittlungsdienste, bei denen es sich entgegen Art. 15 DGA um kommerzielle Dienste handelt. Anbieter von Datenvermittlungsdiensten sind gemäß Art. 11 DGA verpflichtet, sich bei den zuständigen Behörden anzumelden, die nach Art. 13 DGA von den Mitgliedstaaten einzurichten sind und über Kontrollbefugnisse nach Art. 14 DGA verfügen. Außerdem unterliegen Datenvermittler den Bedingungen des Art. 12 DGA, die sie bei der Erbringung ihrer Datenvermittlungsdienste einhalten müssen. Diese Systematik der Regulierung von Datenvermittlungsdiensten er-

---

149 *Europäische Kommission*, COM(2020) 767 final, S. 2; SWD(2020) 295 final, S. 17.

150 Siehe ErwG 1 DGA.

151 So prüft die deutsche Bundesregierung laut ihrer Datenstrategie aus dem Jahr 2021 die Einführung eines konkreten Rechtsrahmens für die Erbringung von Datenmanagementsystemen und PIMS, siehe *Bundesregierung*, Datenstrategie (2021), S. 36; *Hartl/Ludin*, MMR 2021, 534 (537).

152 Im Hinblick auf den DMA wird kritisiert, dass dieser auf Art. 114 AEUV und nicht (auch) auf Art. 103 AEUV gestützt wird, siehe *Basedow*, ZEuP 2021, 217 (221 ff.); *Leistner*, Journal of Intellectual Property Law & Practice 16 (2021), 778 (779, 781). Dies habe den praktischen Nachteil, dass Rechtsakte, die sich, wie z. B. RL 2014/104/EU, auf Art. 101, 102 AEUV beziehen, nicht auf den DMA anwendbar sind. Ähnliche Bedenken lassen sich in abgeschwächter Form auch auf den DGA übertragen. Anders als der DMA zielt der DGA aber nicht auf die Regulierung marktmächtiger Unternehmen ab, auch wenn er durchaus wettbewerbspolitische Zielsetzungen verfolgt. Insofern stellt Art. 103 AEUV für den DGA eine weniger naheliegende Rechtsgrundlage dar als für den DMA. Ohnehin ist fraglich, ob der DGA sich überhaupt auf Art. 103 AEUV hätte stützen lassen können oder ob hierfür eine Kompetenzerweiterung nach Art. 352 AEUV erforderlich gewesen wäre.

scheint auf den ersten Blick wenig komplex, offenbart bei genauerem Hinsehen aber durchaus interessante und folgenreiche Entscheidungen des Gesetzgebers, die im Folgenden dargestellt werden sollen.

1. Dienstebezogener Regulierungsansatz

Zunächst verfolgt der europäische Gesetzgeber einen dienstebezogenen und keinen unternehmensbezogenen Regulierungsansatz. Wie ErwG 28 DGA klarstellt, fallen nur die Datenvermittlungstätigkeiten eines Unternehmens im Sinne des Art. 2 Abs. 11 DGA in den Anwendungsbereich der Regulierung. Die Regulierung durch den DGA betrifft also immer nur diejenigen Aktivitäten von Unternehmen, die unmittelbar der Erbringung von Datenvermittlungsdiensten dienen. Daneben können Unternehmen oder Konzerne weiterhin andere (datenbezogene) Tätigkeiten ausüben, die nicht durch den DGA reguliert werden.[153] Demnach erfolgt durch den DGA keine allumfassende Regulierung von Unternehmen, sondern nur von bestimmten Geschäftstätigkeiten.

2. Verbot unter Anmeldevorbehalt

Bei der Regulierung von Datenvermittlungsdiensten hat sich der europäische Gesetzgeber außerdem für einen Ansatz entschieden, der ein Anmeldeverfahren für Datenvermittlungsdienste mit einer dezentralen *ex-post*-Kontrolle durch Behörden der Mitgliedstaaten vereint. Das in Art. 11 DGA vorgesehene Anmeldeverfahren für die Erbringung von Datenvermittlungsdiensten kommt einem „Verbot unter Anmeldevorbehalt" gleich.[154] Gemäß Art. 11 Abs. 1 DGA ist jeder (potenzielle) Anbieter von Datenvermittlungsdiensten verpflichtet, sich bei der zuständigen Behörde gemäß Art. 13 DGA[155] anzumelden. Die rechtliche Prüfung, ob seine Tätigkeiten als Datenvermittlungsdienste im Sinne des Art. 10 DGA einzuordnen sind, obliegt dem (potenziellen) Datenvermittler dabei selbst. Nach Art. 11 Abs. 4 DGA darf ein Anbieter seine Datenvermittlungsdienste erst nach erfolgter Einreichung der Anmeldung aufnehmen. Aus Art. 11 Abs. 4 DGA ergibt sich im Umkehrschluss, dass die Durchführung von Datenvermittlungstätigkeiten ohne vorherige Anmeldung untersagt ist. Sobald der Dienstanbieter seine Tätigkeiten aufnimmt, muss er außerdem, wie Art. 11 Abs. 4 DGA klarstellt, die ihm durch Art. 12 DGA auferlegten Bedingungen einhalten. Eine substantielle Prüfung der Anmeldung durch die zu-

153 Diese müssen aber von den Datenvermittlungstätigkeiten gemäß Art. 12 lit. a DGA gesellschaftsrechtlich getrennt werden, siehe hierzu Kap. 5, C. VI. 3. a) bb).
154 *Spindler*, CR 2021, 98 (103, Rn. 23).
155 Siehe zu Art. 13 DGA in Kap. 5, C. VI. 1.

ständige Behörde erfolgt aber nicht.[156] Ein Anbieter darf seine Datenvermittlungsdienste unmittelbar nach der Einreichung der vollständigen Anmeldung in allen Mitgliedstaaten aufnehmen.[157] Insofern verfolgt der DGA ein *One-Stop-Shop*-Prinzip.

Eine positive Genehmigung des angemeldeten Datenvermittlungsdienstes durch die zuständige Behörde ist weder notwendig noch vorgesehen.[158] Stattdessen überwachen die zuständigen Behörden die Einhaltung der Anmeldepflicht und der in Art. 12 DGA festgelegten Bedingungen für die Erbringung von Datenvermittlungsdiensten nachträglich. Hierfür stehen den Behörden verschiedene Ermittlungs- und Sanktionsbefugnisse zur Verfügung.[159] Die Durchsetzung der Regulierung von Datenvermittlungsdiensten beruht folglich auf einem System der *ex-post*-Kontrolle.[160] Im Gegensatz zu einem System der *ex-ante*-Kontrolle stellt die zuständige Behörde bei der *ex-post*-Kontrolle nicht bereits vor der Aufnahme der Tätigkeit sicher, dass der Anbieter die Voraussetzungen erfüllt beziehungsweise die ihm auferlegten Pflichten einhält. Stattdessen wirkt die *ex-post*-Kontrolle durch Abschreckung, indem Rechtsverstöße nachträglich sanktioniert werden.[161] Die Furcht vor späteren Sanktionen soll die Regulierungsadressaten, also die Anbieter von Datenvermittlungsdiensten, zu rechtskonformem Verhalten motivieren.

Das Verbot unter Anmeldevorbehalt mit *ex-post*-Kontrolle wurde von der Europäischen Kommission als Kompromiss zwischen einem bloß freiwilligen Zertifizierungsmechanismus und einem verbindlichen Genehmigungsverfahren für Datenvermittlungsdienste gewählt.[162] Ein freiwilliges Zertifizierungsverfahren wurde von der Kommission als unzureichend angesehen, um das erforderliche Vertrauen in (alle) Datenvermittlungsdienste herzustellen. Ein echtes Genehmigungsverfahren sei wiederum mit erheblichen, im schlimmsten Fall prohibitiven Kosten für die Datenvermittler verbunden. Demgegenüber soll das Anmeldeverfahren mit *ex-post*-Kontrolle als vorzugswürdiger Mittelweg das Vertrauen in Datenvermitt-

---

156 Vgl. *Richter*, ZEuP 2021, 634 (648); *Graef/Gellert*, The European Commission's proposed DGA (2021), S. 9; *Spindler*, CR 2021, 98 (103, Rn. 23).

157 Siehe Art. 11 Abs. 5 DGA.

158 Vgl. auch ErwG 38 DGA.

159 Siehe hierzu Kap. 5, C. VI. 3.

160 Vgl. *Richter*, ZEuP 2021, 634 (648).

161 Siehe zu *ex-ante-* und *ex-post*-Kontrollen im Kartellrecht sowie ihren jeweiligen Vor- und Nachteilen *Möschel*, ORDO 52 (2011), 63.

162 *Europäische Kommission*, COM(2020) 767 final, S. 6; *Spindler*, CR 2021, 98 (102 f.); *Richter*, ZEuP 2021, 634 (648).

lungsdienste stärken und gleichzeitig die Regulierungsadressaten mit vergleichsweise geringen Kosten belasten.[163]

Ganz ohne Nachteil ist aber auch diese vermeintliche Zwischenlösung nicht. Wie hinlänglich bekannt ist, bieten *ex-post*-Kontrollen im Vergleich zu *ex-ante*-Genehmigungen ein geringeres Niveau an Rechtssicherheit.[164] Schließlich kann sich der Regelungsadressat bei der Aufnahme seiner Aktivitäten nicht auf die verbindliche Genehmigung einer Behörde verlassen, sondern muss auf Basis seiner eigenen, womöglich unzutreffenden rechtlichen Einschätzung handeln. Dieser Nachteil von *ex-post*-Kontrollen stellt sich auch beim DGA. Den Anbieter eines Datenvermittlungsdienstes trifft grundsätzlich die alleinige Verantwortung für die Einschätzung, ob er in den Anwendungsbereich des DGA fällt und ob er alle Bedingungen für die Erbringung von Datenvermittlungsdiensten einhält.[165] Folglich trägt der Anbieter das alleinige Risiko dafür, dass er die Regelungen des DGA falsch auslegt und hierfür zu einem späteren Zeitpunkt sanktioniert wird. Angesichts der zahlreichen Schwierigkeiten und Unklarheiten bei der Auslegung des DGA[166] kann das Risiko der rechtlichen Fehleinschätzung eine erhebliche Belastung für Datenvermittler darstellen. Insofern vermeidet die vom europäischen Gesetzgeber gewählte Regulierungsalternative zwar den hohen bürokratischen Aufwand eines Genehmigungsverfahrens. Diese Erleichterung geht aber zu Lasten der Rechtssicherheit.[167]

Aus diesem Grund ist es zu begrüßen, dass der Gesetzgeber im Trilogverfahren mit Art. 11 Abs. 9 DGA die Möglichkeit für Datenvermittler eingeführt hat, sich die rechtliche Zulässigkeit ihrer Dienste nach dem DGA bestätigen zu lassen. Auf freiwilliger Basis können sich Datenvermittler an die zuständigen Behörden wenden, um die Gesetzeskonformität ihrer Geschäftsmodelle feststellen zu lassen. Dies stellt einen erheblichen Zugewinn an Rechtssicherheit für die Datenvermittler dar, da sie sich nicht allein auf ihre rechtliche Einschätzung verlassen müssen, sondern die Zustimmung der für die Durchsetzung des DGA zuständigen Behörde erhalten. Insofern kann die Regelung des Art. 11 Abs. 9 DGA die nachteiligen Folgen des Systems der *ex-post*-Kontrolle zu einem gewissen Grad abfedern.[168]

---

163 *Europäische Kommission*, COM(2020) 767 final, S. 6; *Graef/Gellert*, The European Commission's proposed DGA (2021), S. 9; Zu den zugrunde liegenden Erwägungen der Kommission siehe *Europäische Kommission*, SWD(2020) 295 final, S. 25 f., 38, 41, 52 ff.; SMART 2020/694 D2, S. 97 ff.

164 *Möschel*, ORDO 52 (2011), 63 (68).

165 *Graef/Gellert*, The European Commission's proposed DGA (2021), S. 9.

166 Siehe hierzu Kap. 6, B.

167 Auch aus anderen Gründen bestehen Zweifel, ob die gewählte Zwischenlösung tatsächlich eine zweckmäßige Regulierungsalternative darstellt. Insbesondere ist zu befürchten, dass eine *ex-post*-Kontrolle weniger effektiv als eine *ex-ante* Genehmigung ist. Hierauf wird näher in Kap. 6, C. II. 2. b) eingegangen.

168 Siehe zur unklaren Rechtswirkung der Bestätigung nach Art. 11 Abs. 9 DGA Kap. 5, VI. 2. e) bb).

3. Regulierung durch *ex-ante*-Regeln

Auch wenn der Gesetzgeber bei der Durchsetzung des DGA auf eine *ex-post*-Kontrolle setzt, wird den Datenvermittlern durch Art. 12 DGA die Einhaltung konkreter Regeln *ex ante* auferlegt.[169] Diese Vorgehensweise unterscheidet sich wesentlich von der nachträglichen Verhaltensprüfung anhand allgemeiner und flexibel gefasster Normen (Standards), wie sie etwa im Kartellrecht üblich ist.[170] So enthalten *ex-ante*-Regeln typischerweise konkretere und detailliertere Vorgaben als Standards, welche dafür ergebnis- und abwägungsoffener sind.[171] Die Entscheidung für *ex-ante*-Regeln hat verschiedene Konsequenzen für die Regulierung von Datenvermittlungsdiensten. Zunächst handelt es sich bei *ex-ante*-Regeln um relativ starre und damit unflexible Vorschriften, die die konkreten Umstände des Einzelfalls nicht berücksichtigen können. Aus diesem Grund können prokompetitive Auswirkungen einer nach Art. 12 DGA untersagten Verhaltensweise nicht dazu führen, dass ihre Vornahme im konkreten Einzelfall ausnahmsweise dennoch zulässig ist. Außerdem handelt es sich bei *ex-ante*-Regeln um unmittelbar anwendbare Vorschriften (*self-executing norms*), die den Regulierungsadressaten ohne weiteren Beschluss einer Behörde binden.[172] Hinsichtlich des Anwendungsbereichs der *ex-ante*-Regeln verfolgt der DGA dabei einen *One-size-fits-all*-Ansatz.[173] Datenvermittlungsdienste werden unabhängig von ihrer Größe, ihren individuellen Eigenschaften und ihrer Marktmacht reguliert.

Die Vor- und Nachteile von *ex-ante*-Regeln gegenüber Standards bei der Verhaltensregulierung von Normadressaten sind in der rechtsökonomischen Literatur breit diskutiert worden.[174] Für die Verwendung von *ex-ante*-Regeln spricht grundsätzlich, dass sie den Normadressaten und den Behörden und Gerichten größere Rechtssicherheit bieten und sich schneller, effektiver und günstiger durchsetzen lassen.[175] Schließlich sind schwierige und langwierige Einzelfallabwägungen bei der Durchsetzung konkreter und starrer *ex-ante*-Regeln nicht erforderlich. Dieser Umstand führt aber gleichzeitig dazu, dass *ex-ante*-Regeln in der Anwendung weniger flexibel sind und in Einzelfällen zu unangemessenen Ergebnissen führen können. Es ist deshalb möglich, dass die starren *ex-ante*-Regelungen in manchen

---

169 *Hennemann/v. Ditfurth*, NJW 2022, 1905 (1910, Rn. 30).

170 Vgl. in dieser Hinsicht zum DMA *Schweitzer*, ZEuP 2021, 503 (530 ff.); *Kerber*, Taming tech giants with a per-se rules approach? (2021).

171 Siehe nur *Schäfer*, in: Rowley/Schneider, The Encyclopedia of Public Choice (2004), S. 671.

172 Vgl. zum in dieser Hinsicht ähnlichen DMA *Kumkar*, RDi 2022, 347 (350, Rn. 11).

173 Vgl. *Hennemann/v. Ditfurth*, NJW 2022, 1905 (1910, Rn. 30); *v. Ditfurth/Lienemann*, CRNI 23 (2022), 270 (288).

174 Grundlegend *Kaplow*, Duke Law Journal 42 (1992), 557.

175 *Kerber*, Taming tech giants with a per-se rules approach? (2021), S. 3, 7; *Schweitzer*, ZEuP 2021, 503 (531).

Fällen ein erwünschtes Verhalten verbieten oder ein schädliches Verhalten erlauben.[176] Ob der Gesetzgeber bei der Regulierung wirtschaftlicher Aktivitäten auf *ex-ante*-Regeln oder Standards zurückgreifen sollte, hängt unter anderem von den konkreten Gegebenheiten auf dem zu regulierenden Markt, den Marktkenntnissen des Gesetzgebers sowie der Schwere der Auswirkungen von Fehlentscheidungen ab.

Für die Verwendung von *ex-ante*-Regeln bei der Regulierung von Datenvermittlungsdiensten könnte sprechen, dass sie Datenvermittlern und ihren Nutzern einen sicheren und eindeutigen Rechtsrahmen bieten sollen, der das Nutzervertrauen in Datenvermittler gewährleistet und das Wachstum von Datenvermittlern ermöglicht. Außerdem kann die Dynamik von Märkten für Datenvermittlungsdienste dazu führen, dass die Sanktionierung unerwünschter Verhaltensweisen durch *ex-post*-Standards aufgrund ihrer Langsamkeit nicht in der Lage wäre, unerwünschte Entwicklungen rechtzeitig und effektiv zu verhindern. Ob diese theoretischen Vorteile der *ex-ante*-Regulierung tatsächlich auf den DGA zutreffen, ist aber zweifelhaft. Da viele der den Datenvermittlern in Art. 12 DGA auferlegten Bedingungen abstrakt, vage und in hohem Maße auslegungsbedürftig sind, kann nicht davon ausgegangen werden, dass der DGA tatsächlich einen rechtssicheren Rahmen für Datenvermittlungsdienste, ihre Nutzer und Behörden bietet.[177] Außerdem ist zu erwarten, dass die Regelungen des Art. 12 DGA aufgrund ihres *One-size-fits-all*-Ansatzes und ihrer Inflexibilität in vielen Fällen zu unsachgemäßen Ergebnissen führen werden.[178] Dieser typische Nachteil von *ex-ante*-Regeln könnte sich beim DGA als besonders gravierend erweisen, da die Kenntnisse des Gesetzgebers über die derzeitigen Probleme auf Märkten für Datenvermittlungsdienste und ihre künftige Entwicklung beschränkt sind.[179]

4. Dezentrale und öffentliche Rechtsdurchsetzung

Weiterhin hat sich der Gesetzgeber für ein System der öffentlichen Kontrolle und Durchsetzung der Art. 11 und 12 DGA entschieden. Die private Durchsetzung der Regelungen des DGA durch Geschädigte, Wettbewerber oder Interessenverbände ist im DGA nicht geregelt. Auch wenn ein zivilgerichtliches Vorgehen gegen Datenvermittler nach den Vorschriften des nationalen Rechts möglich ist,[180] legt der Ge-

176 *Kerber*, Taming tech giants with a per-se rules approach? (2021), S. 3; *Schweitzer*, ZEuP 2021, 503 (532).
177 Siehe hierzu näher in Kap. 6, B.
178 Siehe zur ähnlichen Problematik beim DMA *Kerber*, Taming tech giants with a per-se rules approach? (2021), S. 6.
179 Siehe hierzu näher in Kap. 6, C. I.
180 Siehe hierzu Kap. 5, D. VII.

setzgeber die schwerpunktmäßige Durchsetzung den zuständigen Behörden auf.[181]

Bei der behördlichen *ex-post*-Kontrolle hat der Gesetzgeber einen dezentralen Ansatz gewählt. Gemäß Art. 13 Abs. 1 DGA muss jeder Mitgliedstaat eine zuständige Behörde benennen, die in seinem Territorium für die Durchsetzung des DGA verantwortlich ist. Anders als beim DMA[182] ist also nicht die Europäische Kommission für die Anwendung des DGA zuständig. Es ist daher erforderlich, dass die Mitgliedstaaten eigenständig die erforderlichen Kapazitäten für die effektive Durchsetzung des DGA aufbauen.

Die Gründe, die zur Entscheidung für eine dezentrale Durchsetzung geführt haben, ergeben sich weder aus dem DGA noch aus seinen Begleitdokumenten. Womöglich waren hierfür die Erfahrungen mit der zentralen Anwendung des europäischen Wettbewerbsrechts und die damit einhergehende Überlastung der Kommission ausschlaggebend.[183] So wird hinsichtlich des DMA die administrative Überlastung der Kommission aufgrund ihrer relativ geringen Kapazitäten befürchtet.[184] Aufgrund der niedrigen Anzahl von Datenvermittlungsdiensten ist eine Überlastung der Kommission bei einer zentralen Durchsetzung des DGA jedoch nicht zwingend zu erwarten. Zudem ist zu befürchten, dass die dezentrale Anwendung des DGA, auch wegen der zu erwartenden Rechtsunsicherheiten bei der Auslegung der Vorschriften, zu einer inkohärenten Durchsetzung des DGA zwischen den einzelnen Mitgliedstaaten führen wird. Für eine Bündelung der sich aus dem DGA ergebenden Aufgaben hatte sich im Gesetzgebungsverfahren unter anderem deshalb die Bundesregierung ausgesprochen.[185]

IV. Sachlicher Anwendungsbereich (Art. 10)

1. Einleitung

Der Anwendungsbereich des DGA bestimmt sich nach Art. 10 DGA. Danach richtet sich, welche Datenintermediäre der Anmeldungspflicht nach Art. 11 DGA und den Verhaltenspflichten des Art. 12 DGA unterliegen. Art. 10 DGA umfasst drei Kategorien von Datenintermediären: Zunächst fallen gemäß Art. 10 lit. a DGA Datenvermittler, die zwischen Dateninhabern und Datennutzern vermitteln, in den Anwendungsbereich. Hiervon werden Datenintermediäre erfasst, die Datentransaktionen

---

181 Angesichts der Potenziale privater Rechtsdurchsetzung kann hierin eine verpasste Chance gesehen werden; siehe *Richter*, ZEuP 2021, 634 (660) und Kap. 5, D. VIII.

182 Siehe nur *Kumkar*, RDi 2022, 347 (352, Rn. 17).

183 Siehe dazu *Basedow*, ZEuP 2021, 217 (222 f.).

184 *Kumkar*, RDi 2022, 347 (352, Rn. 19).

185 *Bundesregierung*, Vorläufige Stellungnahme der Bundesrepublik Deutschland zum Daten-Governance-Gesetz (2021), S. 3.

primär zwischen Unternehmen vermitteln (B2B-Datenvermittler). Sie sind Gegenstand dieser Untersuchung. Nach Art. 10 lit. b DGA fallen außerdem Datenvermittler in den Anwendungsbereich des dritten Kapitels, die bei der Datenweitergabe zwischen natürlichen Personen und Datennutzern behilflich sind. Auf sie wird im Folgenden nicht näher eingegangen. Zuletzt werden gemäß Art. 10 lit. c DGA auch Datengenossenschaften vom Anwendungsbereich des DGA erfasst. Auf sie wird hier nur am Rande eingegangen, da sie sich in ihren Zielsetzungen und Aufgabenfeldern wesentlich von den hier im Mittelpunkt stehenden B2B-Datenvermittlern unterscheiden. Anders als bei B2B-Datenvermittlern stellt die Unterstützung des Datenhandels bei ihnen nur einen untergeordneten Nebenzweck dar. Stattdessen sollen Datengenossenschaften vorrangig ihre Mitglieder bei der Ausübung ihrer Rechte unterstützen und ihre Verhandlungsposition gegenüber Dritten stärken.

2. Systematische Vorüberlegungen zu Art. 10 lit. a DGA

Zunächst sind einige systematische Vorüberlegungen zu Art. 10 lit. a DGA geboten, da dort weder klargestellt wird, in welchem Verhältnis die beiden Halbsätze der Vorschrift zueinander stehen, noch erläutert wird, ob sich der erste Halbsatz nur auf einen oder zwei verschiedene Typen von Diensten bezieht.

Nach dem Wortlaut des Art. 10 lit. a Hs. 1 DGA erfasst der Anwendungsbereich „Vermittlungsdienste zwischen Dateninhabern und potenziellen Datennutzern, einschließlich [der] Bereitstellung der technischen oder sonstigen Mittel als Voraussetzung solcher Dienste“. Aufgrund ihres Wortlauts und ihrer Systematik wird diese Vorschrift hier so verstanden, dass sie sich auf zwei unterschiedliche Typen von Diensten bezieht, die beide jeweils in den Anwendungsbereich der Art. 10 ff. DGA fallen.[186] So umfasst der Anwendungsbereich des Art. 10 lit. a Hs. 1 DGA zum einen die eigentlichen B2B-Datenvermittlungsdienste, die zwischen Dateninhabern und Datennutzern selbst vermitteln (Art. 10 lit. a Hs. 1 Alt. 1 DGA). Zum anderen erstreckt sich der Anwendungsbereich aber auch auf solche Dienstleister, die die Erbringung von B2B-Datenvermittlungsdiensten erst ermöglichen, indem sie hierfür die erforderlichen technischen oder sonstigen Mittel zur Verfügung stellen (Art. 10 lit. a Hs. 1 Alt. 2 DGA). Es handelt sich bei Letzteren um Dienstleister, die selbst keinen Datenvermittlungsdienste anbieten, sondern technische oder sonstige Mittel zum Betrieb solcher Dienste bereitstellen.[187] Der Wortlaut des Art. 10 lit. a Hs. 1 Alt. 2 DGA verdeutlicht, dass auch solche Dienstleister mit bloßer Unterstützungsfunktion in den Anwendungsbereich des DGA fallen sollen. Gleichzeitig können sie mit den Datenvermittlern der ersten Alternative nicht identisch sein, da

186 So auch *Hennemann/v. Ditfurth*, NJW 2022, 1905 (1908, Rn. 17); *v. Ditfurth/Lienemann*, CRNI 23 (2022), 270 (281).
187 *Hennemann/v. Ditfurth*, NJW 2022, 1905 (1908, Rn. 17).

sie nur die erforderlichen Mittel für die Erbringung der Dienste nach der ersten Alternative bereitstellen und diese Dienste nicht (zwangsläufig) selbst erbringen.

Auch das Verhältnis zwischen Art. 10 lit. a Hs. 1 und Hs. 2 DGA ist klärungsbedürftig. Nach Halbsatz 2 „können" zu den Datenvermittlungsdiensten „auch der zwei- oder mehrseitige Austausch von Daten oder die Einrichtung von Plattformen oder Datenbanken, die den Austausch oder die gemeinsame Nutzung von Daten ermöglichen, sowie die Einrichtung anderer spezieller Infrastrukturen für die Vernetzung von Dateninhabern mit Datennutzern gehören". Es ist davon auszugehen, dass Art. 10 lit. a Hs. 2 DGA beispielhafte Dienste oder Einrichtungen nennt, bei denen es sich typischerweise um Datenvermittlungsdienste nach Halbsatz 1 handeln soll. Auf diese Weise kann Halbsatz 2 als Auslegungshilfe dienen. Es ist demgegenüber nicht anzunehmen, dass Art. 10 lit. a Hs. 2 DGA den ersten Halbsatz ergänzen soll, indem er zusätzliche Formen von B2B-Datenvermittlungsdienste nennt. Für dieses Verständnis spricht insbesondere der Wortlaut der Vorschrift, nach dem es sich bei den genannten Diensten um Datenvermittlungsdienste handeln „kann". Art. 10 lit. a Hs. 2 DGA ist demnach als Auslegungshilfe und nicht als eigenständiges Tatbestandsmerkmal zu verstehen.

Letztendlich kann Art. 10 lit. a Hs. 2 DGA aber nur als misslungen bezeichnet werden. Die Vorschrift bietet dem Rechtsanwender keine wirkliche Hilfestellung und ist zum Teil missverständlich. So kann nach der deutschen Fassung „auch der zwei- oder mehrseitige Datenaustausch" einen Datenvermittlungsdienst darstellen. Diese Aussage ist mit der Definition von Datenvermittlungsdiensten in Art. 2 Nr. 11 DGA nicht vereinbar und beruht wohl auf einer fehlerhaften Übersetzung von „bilateral or multilateral exchanges of data".[188]

3. B2B-Datenvermittler (Art. 10 lit. a Hs. 1 Alt. 1 DGA)

Nach Art. 10 lit. a Hs. 1 Alt. 1 DGA umfasst der Anwendungsbereich des dritten Kapitels Vermittlungsdienste zwischen Dateninhabern und Datennutzern. Der knappe Wortlaut der Vorschrift wird durch die Definitionen des Art. 2 DGA ergänzt. Eine zentrale Bedeutung nimmt dabei die Definition von Datenvermittlungsdiensten in Art. 2 Nr. 11 DGA ein. Zudem werden in Art. 2 DGA die für die Bestimmung des Anwendungsbereichs maßgeblichen Begriffe der Daten (Nr. 1), des Datenhalters (Nr. 8), des Datennutzers (Nr. 9) sowie der gemeinsamen Datennutzung (Nr. 10) definiert. In einem ersten Schritt sollen diese Legaldefinitionen dargestellt und analysiert werden. Dabei soll vor allem untersucht werden, inwiefern sich ihre konkreten Ausgestaltungen auf den Anwendungsbereich des Art. 10 lit. a Hs. 1

188 Die englische Sprachfassung von Art. 10 lit. a Hs. 2 DGA lautet: „[intermediation] services may include bilateral or multilateral exchanges of data". Treffender hätte sich diese Formulierung mit „Datenbörsen" übersetzen lassen können.

Alt. 1 DGA auswirken. Im Anschluss hieran werden die wesentlichen Voraussetzungen des Anwendungsbereichs des Art. 10 lit. a Hs. 1 Alt. 1 DGA anhand der Definition von Datenvermittlungsdiensten nach Art. 2 Nr. 11 DGA herausgearbeitet. Zuletzt wird untersucht, ob und unter welchen Umständen verschiedene, in der Praxis vorkommende Datenintermediärstypen die Voraussetzungen des Art. 10 lit. a Hs. 1 Alt. 1 DGA erfüllen.

a) Maßgebliche Legaldefinitionen

aa) Daten (Art. 2 Nr. 1 DGA)

Bei Daten handelt es sich gemäß Art. 2 Nr. 1 DGA um „jede digitale Darstellung von Handlungen, Tatsachen oder Informationen sowie um jede Zusammenstellung solcher Handlungen, Tatsachen oder Informationen, auch in Form von Ton-, Bild- oder audiovisuellem Material".[189] Die gewählte Definition ist an die weitverbreitete Datendefinition des internationalen Industriestandards ISO/IEC 2382-1 (1993) angelehnt, geht aber über sie hinaus.[190]

(1) Daten als digitale Darstellungen

Nach dem ersten Teil der Definition, der an den Industriestandard ISO/IEC 2382-1 angelehnt ist, handelt sich es sich bei Daten um Darstellungen von Handlungen, Tatsachen oder Informationen in digitaler Form. Nach der Definition sind Daten also nicht mit Informationen identisch, sondern stellen letztere (in symbolischer Form) dar.[191] Zudem stellt die Definition klar, dass die Informationen in digitaler, also maschinenlesbarer Form dargestellt werden müssen. Nicht-digitale Daten werden zumindest von diesem Teil der Definition nicht erfasst. Indem der erste Teil der Definition Daten als digital dargestellte beziehungsweise strukturierte Informationen versteht, trifft er eine für die Praxis der Datenwirtschaft geeignete Abgrenzung. Denn für die Datenwirtschaft sind solche Informationen von Interesse, die aufgrund ihrer digitalen Struktur maschinell verarbeitet und analysiert

---

189 Die englische Definition lautet: „‚data' means any digital representation of acts, facts or information and any compilation of such acts, facts or information, including in the form of sound, visual or audiovisual recording." Die gleiche Definition von Daten wird auch in Art. 2 Nr. 1 DA-E verwendet; vgl. *Hennemann/Steinrötter*, NJW 2022, 1481 (1482, Rn. 5).

190 Nach der ISO/IEC 2382-1 ist ein Datum die „reinterpretierbare Darstellung von Informationen in einer formalisierten Weise, die für die Kommunikation, Interpretation oder Verarbeitung geeignet ist". Eine Information ist in diesem Sinne „die Kenntnis von Objekten, wie Tatsachen, Ereignisse, Dinge, Vorgänge oder Ideen, einschließlich Konzepten, die innerhalb eines bestimmten Kontexts eine bestimmte Bedeutung haben".

191 Siehe hierzu auch in Kap. 2, C. I. 1.

werden können.[192] Darüber hinaus trifft der erste Definitionsteil keine Unterscheidung von Daten anhand semantischer Kriterien. Folglich umfasst er sowohl personenbezogene als auch nicht-personenbezogene Daten.[193]

(2) Daten als Zusammenstellungen

Schwierigkeiten wirft allerdings der zweite Teil der Definition auf, wonach es sich bei Daten auch um jede Zusammenstellung „solcher" Handlungen, Tatsachen oder Informationen handelt, auch in Form von Ton-, Bild- oder audiovisuellem Material. Anders als der erste Teil weicht der zweite Teil erheblich von gängigen Datendefinitionen ab und bleibt unbestimmt.[194] Nach dem Wortlaut bezieht sich der zweite Teil nicht auf Zusammenstellungen der digitalen Darstellungen von Handlungen, Tatsachen oder Informationen, sondern auf Zusammenstellungen von Handlungen, Tatsachen oder Informationen selbst. Es ist jedoch wahrscheinlich, dass dem Gesetzgeber bei dieser Formulierung ein Fehler unterlaufen ist und sich der zweite Teil der Definition eigentlich auf Zusammenstellungen der digitalen Darstellungen, also der Daten, beziehen soll.[195]

Auch wenn man Art. 2 Abs. 1 DGA dahingehend versteht, dass Zusammenstellungen von digitalen Daten erfasst werden, bleibt unklar, was hierunter im Einzelnen verstanden wird.[196] Der Wortlaut von Zusammenstellungen könnte, ähnlich wie beim urheberrechtlichen Schutz von Datenbanken nach § 87a UrhG, eine systematische oder methodische Sammlung und Anordnung von Daten voraussetzen.[197] Hiergegen spricht, dass in Art. 2 Nr. 1 DGA gerade kein Bezug auf Art. 1 Abs. 2 der europäischen Datenbank-RL genommen wird, wonach Datenbanken als „Sammlung(en) von Werken, Daten oder anderen unabhängigen Elementen" definiert werden. Außerdem scheint der Gesetzgeber durch die Ergänzung des klassischen Datenbegriffs mit dem zweiten Definitionsbestandteil auf einen weiten Datenbegriff abzuzielen. Auch Datenansammlungen, die nicht unter Art. 1 Abs. 2 der Datenbank-RL fallen, dürften daher erfasst sein. Angesichts des Sinngehalts von „Zusammenstellungen" ist jedoch zumindest ein Minimum an aktiver Datenanordnung zu fordern, die aber auch durch ein Computerprogramm erfolgen kann. Da sowohl bei Datenansammlungen als auch bei Datenzusammenstellungen die Einzeldaten ohnehin schon vom ersten Teil der Definition des Art. 2 Nr. 1 DGA erfasst

192 *Steinrötter*, RDi 2021,480 (481, Rn. 3).

193 Vgl. *Baloup/Bayamlıoğlu/u. a.*, White Paper on the DGA (2021), S. 9; *Specht-Riemenschneider*, in: Specht-Riemenschneider/Hennemann, DGA, Art. 2 Rn. 35.

194 Zurecht kritisch *Baloup/Bayamlıoğlu/u. a.*, White Paper on the DGA (2021), S. 9.

195 So auch *Baloup/Bayamlıoğlu/u. a.*, White Paper on the DGA (2021), S. 9.

196 Siehe auch *Baloup/Bayamlıoğlu/u. a.*, White Paper on the DGA (2021), S. 9.

197 Siehe zum Datenbankherstellerrecht oben in Kap. 3, C. II. 4. b).

werden, dürfte die praktische Relevanz dieser Abgrenzung aber vernachlässigbar sein.

(3) Ton-, Bild- und audiovisuelle Aufzeichnungen

Bedeutsam ist hingegen, dass unter Art. 2 Nr. 1 DGA auch Ton-, Bild- und audiovisuelle Aufzeichnungen fallen. Mit dieser Klarstellung reagiert der Gesetzgeber auf Entwicklungen bei der Datenanalyse und der Zusammenstellung von Datensätzen in der Praxis. Datensätze, die für Big Data-Analysen bestimmt sind, zeichnen sich unter anderem durch ihre Vielfalt (*variety*) aus und können neben strukturierten Daten auch Texte, Bilder, Tonspuren oder Videos enthalten.[198] Im Ergebnis verfolgt Art. 2 Nr. 1 DGA also einen weiten Ansatz, der alle für die Datenwirtschaft relevanten Datenarten abdecken soll. Indem auch unstrukturierte Daten, wie Bild- oder Tondaten,[199] erfasst werden, erstreckt die Datendefinition des Art. 2 Abs. 1 DGA die Anwendbarkeit des DGA potenziell auch auf Intermediäre von digitalen Inhalten, wie Musikstücken oder Videos. Eine ausufernde Anwendung des DGA soll daher durch den Ausschluss solcher Intermediäre vom Anwendungsbereich gemäß Art. 2 Nr. 11 lit. b DGA unterbunden werden.[200]

bb) Dateninhaber (Art. 2 Nr. 8 DGA)

Auslegungsschwierigkeiten wirft auch die Definition des Dateninhabers auf. Gemäß Art. 2 Abs. 8 DGA ist ein Dateninhaber eine juristische Person, einschließlich öffentlicher Stellen und internationaler Organisationen, oder eine natürliche Person, die in Bezug auf die gegenständlichen Daten keine betroffene Person ist, und die nach geltendem Unionsrecht oder nationalem Recht berechtigt ist, den Zugang zu bestimmten personenbezogenen Daten oder nicht personenbezogenen Daten zu gewähren oder diese weiterzugeben.

Überraschend ist bereits die Verwendung des Begriffs „Dateninhaber“ in der deutschen Sprachfassung.[201] Die englische Sprachfassung des DGA, in welcher die Verordnung erarbeitet wurde, bezieht sich in Art. 2 Nr. 8 DGA auf den „data holder“, also den Datenhalter. Unter dem Datenhalter wird in der Literatur üblicherweise derjenige verstanden, der Daten *de facto* kontrolliert und aufgrund dieser faktischen Kontrolle über ihre Weitergabe bestimmen kann.[202] Der Begriff des Dateninhabers impliziert nach gängigem Verständnis aber eine über die faktische

---

198 *Gandomi/Haider*, International Journal of Information Management 35 (2015), 137 (138).
199 Vgl. *Krämer/Senellart/Streel*, Making Data Portabiliy More Effective (2020), S. 37.
200 Siehe hierzu Kap. 5, C. IV. 3. c) ff).
201 Siehe auch *Bundesregierung*, Vorläufige Stellungnahme der Bundesrepublik Deutschland zum Daten-Governance-Gesetz (2021), S. 5.
202 Siehe hierzu Kap. 3, C. II. 7.

Kontrolle hinausgehende rechtliche Befugnis zur Verfügung über „seine“ Daten[203] und weicht daher vom Begriff des Datenhalters wesentlich ab. Davon abgesehen, passt der Begriff des Dateninhabers, wie sich zeigen wird, aber besser zur missglückten Definition des Art. 2 Nr. 8 DGA als der Begriff des Datenhalters.

(1) „Berechtigung“ zur Datenweitergabe

Nach Art. 2 Nr. 8 DGA handelt es sich bei dem Dateninhaber nämlich um eine Person, die nach geltendem Unionsrecht oder nationalem Recht berechtigt ist, den Zugang zu bestimmten Daten zu gewähren oder diese weiterzugeben. Nach seinem Wortlaut setzt Art. 2 Nr. 8 DGA für die Einordnung als Dateninhaber voraus, dass dieser ein Recht dazu hat, seine Daten weiterzugeben. Ein solches Recht existiert für Einzeldaten jedoch nicht. Wie bereits festgestellt wurde, gibt es kein (geistiges) Eigentumsrecht an Daten, das Datenhaltern eine ausschließliche Nutzungs- und Verfügungsbefugnis an „ihren“ Daten zuweist.[204] Datenhalter weisen Dritten Nutzungsrechte an ihren Daten allein auf vertraglicher Basis zu.[205] Indem von der üblichen, auf der faktischen Datenkontrolle basierenden Definition des Datenhalters abgewichen wird, gefährdet Art. 2 Abs. 8 DGA die grundsätzliche Anwendbarkeit des DGA auf die Datenvermittlung.[206] Denn wenn es keine Dateninhaber im Sinne der missglückten Definition gibt, kann es auch keine Datenvermittlungsdienste geben, die zwischen Dateninhabern und Datennutzern vermitteln. Der Anwendungsbereich des Art. 10 lit. a Hs. 1 Alt. 1 DGA würde dann ins Leere laufen. Allenfalls in Bezug auf Datensammlungen, die als Datenbanken nach § 87a UrhG geschützt sind, käme eine Dateninhaberschaft und damit auch das Angebot von Datenvermittlungsdiensten nach Art. 10 lit. a Hs. 1 Alt. 1 DGA in Betracht.[207] Die Vermittlung von Einzeldaten würde hingegen an der Definition der Dateninhaberschaft scheitern.

Eine wortgetreue Auslegung des Art. 2 Nr. 8 DGA würde deshalb zu einem unhaltbaren Ergebnis führen und den Zweck der Regulierung unterlaufen. Es ist daher angezeigt, das Definitionsmerkmal der Berechtigung zur Datenweitergabe restriktiv und im Einklang mit den Zwecken des DGA zu interpretieren. Danach soll der Dateninhaber als die Person verstanden werden, die die faktische Kontrolle über Daten ausübt, ohne dass der Kontrolle und Weitergabe der Daten die Rechte

---

203 So wird der Begriff des Inhabers z. B. im geistigen Eigentumsrecht für denjenigen verwendet, dem die Rechtsordnung ein Schutzrecht zuweist; vgl. nur §§ 7, 28, 98 MarkenG; §§ 10, 135 UrhG; § 24 PatentG.

204 Siehe ausführlich in Kap. 3, C. II. 2.

205 Siehe Kap. 3, C. III. 1.

206 Vgl. auch *Baloup/Bayamlıoğlu/u. a.*, White Paper on the DGA (2021), S. 11.

207 *Baloup/Bayamlıoğlu/u. a.*, White Paper on the DGA (2021), S. 11.

Dritter entgegenstehen.[208] Entgegenstehende Rechte Dritter könnten sich etwa aus dem GeschGehG oder der DSGVO ergeben.[209] Diese teleologisch geprägte Auslegung der Berechtigung zur Datenweitergabe würde den Anwendungsbereich des Art. 2 Nr. 8 DGA sinnerhaltend erweitern. Faktische Datenhalter würden nur dann nicht in den Anwendungsbereich fallen, wenn die Datenweitergabe durch sie die Rechte anderer verletzt und sie aus diesem Grund zur Datenweitegabe nicht berechtigt sind. Indem rechtskonforme *de facto* Datenhalter als Dateninhaber im Sinne des Art. 2 Nr. 8 DGA angesehen werden, fällt die Mehrheit der am Datenhandel beteiligten Datenhalter in den Anwendungsbereich. Dies hat zur Folge, dass der Anwendungsbereich für Datenvermittlungsdienste nach Art. 10 lit. a Hs. 1 Alt. 2 DGA nicht durch die Definition des Art. 2 Nr. 8 DGA unterlaufen wird.

Letztlich ist es nicht nachvollziehbar, weshalb sich der Gesetzgeber für die Formulierung in Art. 2 Nr. 8 DGA entschieden hat.[210] Indem die Definition des Dateninhabers (*data holder*) auf eine rechtliche Berechtigung zur Datenweitergabe abstellt, wird der Anwendungsbereich des Art. 10 lit. a Hs. 1 Alt. 1 DGA ohne Not verzerrt. Ein Mehrwert der gewählten Definition gegenüber einer auf der faktischen Datenkontrolle basierenden Alternativdefinition lässt sich nicht erkennen.

(2) Kreis potenzieller Dateninhaber

Als Dateninhaber kommen zunächst alle juristischen Personen in Betracht. Anders als der ursprüngliche Kommissionsentwurf stellt Art. 2 Nr. 8 DGA nun klar, dass auch öffentliche Stellen und internationale Organisationen als Dateninhaber vom Anwendungsbereich der Definition erfasst werden.[211] Folglich werden nicht nur Datenvermittler, die Dienste für Unternehmensdaten anbieten, von Art. 10 lit. a Hs. 1 Alt. 1 DGA erfasst, sondern auch solche Datenvermittler, die sich auf die Vermittlung von Daten aus der öffentlichen Hand oder von internationalen Organisationen spezialisieren. Darüber hinaus können auch natürliche Personen Dateninhaber in Bezug auf solche Daten sein, hinsichtlich derer sie keine betroffene Person im Sinne von Art. 2 Abs. 7 DGA i. V. m. Art. 4 Nr. 1 DSGVO sind. In diesem Fall teilen sie nicht ihre eigenen personenbezogenen Daten, sondern nicht-personen-

---

208 Ähnlichkeiten hierzu weist der „negative rights-based approach" auf, den *Baloup u. a.* erwägen; siehe *Baloup/Bayamlıoğlu/u. a.*, White Paper on the DGA (2021), S. 11 f.

209 Siehe zum Schutzumfang des GeschGehG oben unter Kap. 3, C. II. 5. c).

210 Eine ähnliche, aber gelungenere Definition findet sich in Art. 2 Abs. 6 DA-E.

211 Öffentliche Stellen umfassen nach der Definition des Art. 2 Nr. 17 DGA „den Staat, Gebietskörperschaften, Einrichtungen des öffentlichen Rechts oder Verbände, die aus einer oder mehreren dieser Körperschaften oder einer oder mehreren dieser Einrichtungen des öffentlichen Rechts bestehen".

bezogene Daten oder die personenbezogenen Daten anderer natürlicher Personen.[212]

cc) Datennutzer (Art. 2 Nr. 9 DGA)

Auch die Definition des Datennutzers gemäß Art. 2 Nr. 9 DGA birgt große Anwendungsprobleme.[213] Zunächst weist die deutsche Sprachfassung leider erneut eine wesentliche Abweichung von der englischen Sprachfassung auf. Nach der deutschen Fassung ist ein Datennutzer „eine natürliche oder juristische Person, die rechtmäßig Zugang zu bestimmten personenbezogenen oder nicht personenbezogenen Daten hat und im Fall personenbezogener Daten, unter anderem nach der Verordnung (EU) 2016/679, berechtigt ist, diese Daten für kommerzielle oder nichtkommerzielle Zwecke zu nutzen".[214] Demgegenüber ist ein Datennutzer laut der englischen Sprachfassung „eine natürliche oder juristische Person, die rechtmäßigen Zugang zu bestimmten personenbezogenen oder nicht personenbezogenen Daten hat und das Recht hat, diese Daten für kommerzielle oder nichtkommerzielle Zwecke zu nutzen, im Falle von personenbezogenen Daten auch gemäß der Verordnung (EU) 2016/679".[215] Die deutsche Sprachfassung bezieht das Kriterium der Nutzungsberechtigung nur auf personenbezogene Daten, während die englische Fassung die Nutzungsberechtigung auch bei nicht-personenbezogenen Daten verlangt.[216] Da der DGA in englischer Sprache erarbeitet und verabschiedet wurde, wird hier die englische Sprachfassung zugrunde gelegt.

(1) Kreis potenzieller Datennutzer

Als Datennutzer kommen nach der Definition des Art. 2 Nr. 9 DGA sowohl juristische als auch natürliche Personen in Betracht. Anders als Art. 2 Nr. 8 DGA stellt die Definition des Datennutzers nicht klar, dass auch öffentliche Stellen und internationale Organisationen vom Anwendungsbereich der Definition erfasst sind. Es ist aber anzunehmen, dass auch sie unter die Definition fallen, da sie juristische Per-

---

212 Vgl. auch *Specht-Riemenschneider*, in: Specht-Riemenschneider/Hennemann, DGA, Art. 2 Rn. 50.

213 So auch *Baloup/Bayamlıoğlu/u. a.*, White Paper on the DGA (2021), S. 13.

214 Hervorhebung durch den Verfasser.

215 Hervorhebung durch den Verfasser. Der englische Wortlaut lautet: „‚Data User' means a natural or legal person who has lawful access to certain personal or non-personal data and has the right, including under Regulation (EU) 2016/679 in the case of personal data, to use that data for commercial or non-commercial purposes".

216 Siehe auch *Specht-Riemenschneider*, in: Specht-Riemenschneider/Hennemann, DGA, Art. 2 Rn. 58.

sonen darstellen und der Wortlaut der Norm keine Einschränkung dahingehend trifft, dass nur Unternehmen als juristische Personen gemeint sind.

(2) Rechtmäßiger Zugang zu Daten

Eine juristische oder natürliche Person muss außerdem den rechtmäßigen Zugang zu den Daten (des Datenhalters) erlangen. Der (Daten-)Zugang meint dabei gemäß Art. 2 Nr. 13 DGA die Datennutzung im Einklang mit bestimmten technischen, rechtlichen oder organisatorischen Anforderungen, ohne dass Daten hierzu zwingend übertragen oder heruntergeladen werden müssen. Fraglich ist nach dieser Definition, weshalb der Zugang zu Daten mit deren Nutzung gleichgesetzt wird und was unter den bestimmten technischen, rechtlichen oder organisatorischen Anforderungen zu verstehen ist. Letztlich dürfte es für den Datenzugang aber ausreichen, dass der Nutzer faktisch auf die Daten zugreifen kann.

Erforderlich ist, dass der Nutzer den Zugang zu den Daten in rechtmäßiger Weise erhält. Da es an Eigentumsrechten für Daten fehlt, ist dieses Definitionsmerkmal dahingehend zu verstehen, dass der Zugang nicht in rechtswidriger Weise erfolgt. Dies setzt voraus dass der Datenzugang durch den Datenhalter vertraglich gestattet wird und nicht gegen geltendes europäisches oder nationales Recht verstößt.[217] Ein Rechtsverstoß liegt insbesondere dann vor, wenn durch den Datenzugang gegen das Geschäftsgeheimnisrecht, das Urheberrecht oder strafrechtliche Vorschriften verstoßen wird.[218] Bei personenbezogenen Daten kann sich die Rechtswidrigkeit auch aus Verstößen gegen die DSGVO ergeben.[219]

(3) Recht zur Datennutzung

Weiterhin ist erforderlich, dass die Person, die den rechtmäßigen Datenzugang erhält, ein Recht zur Datennutzung hat. Fraglich ist, inwiefern sich dieses Definitionsmerkmal vom rechtmäßigen Datenzugang unterscheidet beziehungsweise als kumulatives Rechtmäßigkeitserfordernis einen Mehrwert bietet.[220] Ähnlich wie

---

217 Ähnlich *Specht-Riemenschneider*, in: Specht-Riemenschneider/Hennemann, DGA, Art. 2 Rn. 53.

218 Auch an anderen Stellen im DGA scheint die Rechtmäßigkeit von Datenzugriffen dahingehend verstanden zu werden, dass kein Rechtsverstoß vorliegt. Im Hinblick auf die Wiederverwendung von Daten, die sich in der Hand öffentlicher Stellen befinden, besagt ErwG 18 DGA etwa: „Daten, für die Rechte des geistigen Eigentums gelten, sowie Geschäftsgeheimnisse sollten nur dann an Dritte übermittelt werden, wenn diese Übermittlung nach Unionsrecht oder nationalem Recht rechtmäßig ist oder die Zustimmung des Rechteinhabers vorliegt".

219 Vgl. Art. 6, 9 DSGVO.

220 Vgl. zum Kommissionsentwurf, dessen Gesetzestext im Gesetzgebungsverfahren noch leicht abgeändert wurde, *Baloup/Bayamlıoğlu/Benmayor, et al.*, White Paper on the DGA (2021), S. 13.

beim Kriterium der Berechtigung zur Datenweitergabe gemäß Art. 2 Nr. 8 DGA kann in diesem Rahmen nicht gefordert werden, dass der Datennutzer im Sinne des Art. 2 Nr. 9 DGA ein gesetzliches Recht zur Datennutzung für kommerzielle oder nicht-kommerzielle Zwecke hat.[221] Denn ein (geistiges) Eigentumsrecht an Daten, das dem Inhaber die Verwertungsbefugnis zuweist, gibt es nicht.[222] Damit der Anwendungsbereich des Art. 2 Abs. 9 DGA nicht unterlaufen wird, sollte die Berechtigung zur Datennutzung dahingehend interpretiert werden, dass die Datennutzung rechtmäßig ist, also nicht gegen Unionsrecht oder nationales Recht verstößt. Auch hier dürften vor allem Verstöße gegen die DSGVO, das Strafrecht, das GeschGehG oder § 87a UrhG in Betracht kommen.

Auch bei Art. 2 Nr. 9 DGA bleibt unverständlich, wieso sich der Gesetzgeber für die gewählte Definition entschieden hat. Durch die Aufladung der Definition mit Rechtmäßigkeitskriterien öffnet der Gesetzgeber die Tür für Rechtsunsicherheiten und Anwendbarkeitslücken. Eine streng am Wortlaut orientierte Auslegung der Art. 2 Nr. 8 und Nr. 9 DGA würde zu einer fast vollständigen Verschließung des Anwendungsbereichs des Art. 10 lit. a Hs. 1 Alt. 1 DGA führen. Jedenfalls hinsichtlich der Regulierung von Datenvermittlern ist nicht nachvollziehbar, weshalb der Gesetzgeber nicht eine Definition gewählt hat, die allein auf die faktische Beteiligung von Personen am Datenaustausch abstellt. Es wäre daher vorzugswürdig gewesen, wenn Art. 10 lit. a Hs. 1 Alt. 1 DGA auf eine Definition von Datenempfängern als Personen, die Daten von Datenhaltern zur selbständigen Nutzung erhalten, Bezug genommen hätte.

cc) Gemeinsame Datennutzung (Art. 2 Nr. 10 DGA)

Nach Art. 2 Nr. 10 DGA ist die gemeinsame Datennutzung „die entgeltliche oder unentgeltliche Bereitstellung von Daten durch eine betroffene Person oder einen Dateninhaber an einen Datennutzer für die gemeinschaftliche oder individuelle Nutzung dieser Daten auf der Grundlage freiwilliger Vereinbarungen, des Unionsrechts oder des nationalen Rechts, sowohl direkt als auch über einen Mittler, etwa im Rahmen von gebührenpflichtigen oder gebührenfreien offenen oder kommerziellen Lizenzen“. Auch bei Art. 2 Nr. 10 DGA weicht die deutsche Sprachfassung von der englischen ab. Die Bezeichnung der in Art. 2 Nr. 10 DGA definierten Merkmale als „gemeinsame Datennutzung“ ist missverständlich. Schließlich umfasst Art. 2 Nr. 10 DGA auch die Bereitstellung von Daten für die individuelle Nutzung

---

221 Nach der zutreffenden Ansicht der Bundesregierung Deutschland suggeriert der Wortlaut des Art. 2 Nr. 9 DGA aber gerade einen solchen gesetzlichen Zugangsanspruch, siehe *Bundesregierung*, Vorläufige Stellungnahme der Bundesrepublik Deutschland zum Daten-Governance-Gesetz (2021), S. 6.

222 Siehe Kap. 3, C. II. 2.

und nicht bloß für die gemeinschaftliche Nutzung. Der englische Begriff des „data sharing“ trifft den Definitionsinhalt von Art. 2 Nr. 10 DGA, dessen Kernelement die Bereitstellung von Daten ist, daher besser. Im Übrigen wirft die Definition des Art. 2 Abs. 10 DGA aber keine Schwierigkeiten bei der Auslegung und Anwendung auf.

(1) Bereitstellung von Daten durch den Dateninhaber

Die gemeinsame Datennutzung erfolgt über die Datenbereitstellung vom Dateninhaber an den Datennutzer. Der Dateninhaber ist insofern als „Datenveräußerer“ und der Datennutzer als „Datenerwerber“ anzusehen. Hinsichtlich der Datenbereitstellung scheint der Gesetzgeber bewusst eine offene Formulierung gewählt zu haben. Der Dateninhaber muss dem Datennutzer die Daten so zugänglich machen, dass dieser sie verwenden kann. Hierfür ist es nicht erforderlich, dass die Daten dem Dateninhaber elektronisch übermittelt oder von diesem heruntergeladen werden.[223] Es kann auch genügen, dass dem Datennutzer der Zugang zu den Daten auf den Servern des Datennutzers ermöglicht wird und die Daten von ihm nur auf diesen Servern verwendet werden.[224] Zudem deckt Art. 2 Nr. 10 DGA sowohl die direkte Datenweitergabe als auch die mittelbare Datenweitergabe über einen Intermediär ab.

(2) Grundlage der Datenbereitstellung

Auch hinsichtlich des Anlasses für die Datenbereitstellung verfolgt Art. 2 Nr. 10 DGA einen weiten Ansatz. Datenbereitstellungen können auf der Grundlage freiwilliger Vereinbarungen, des Unionsrechts oder des nationalen Rechts erfolgen. Zumindest gegenwärtig dürften in den meisten Fällen freiwillige, also vertragliche Vereinbarungen die Basis für die Datenbereitstellung darstellen. Dabei kann die Bereitstellung sowohl entgeltlich als auch unentgeltlich erfolgen. Art. 2 Nr. 10 DGA nennt insofern offene (also unentgeltliche) oder kommerzielle Datenlizenzen als Beispiele. Als unionsrechtliche und nationalrechtliche Grundlagen für die Datenbereitstellung in Form von Datenzugangsansprüchen kommen derzeit insbesondere kartellrechtliche Datenzugangsansprüche und Ansprüche nach dem DMA in Betracht.[225] Wichtige Datenzugangsansprüche können künftig zudem in Art. 4 f. DA-E vorgesehen sein.[226]

---

223 Vgl. auch Art. 2 Nr. 13 DGA.

224 Hierbei handelt es sich um einen sogenannten *in-situ*-Datenzugang.

225 Siehe nur *Schmidt*, Zugang zu Daten nach europäischem Kartellrecht (2020); *Schweitzer/Metzger/u. a.*, Data access and sharing (2022), S. 198 ff.

226 Siehe nur *Hennemann/Steinrötter*, NJW 2022, 1481 (1483 ff.) und Kap. 5, D. VI.

(3) Gemeinschaftliche oder individuelle Datennutzung

Gemäß Art. 2 Nr. 10 DGA kann die Bereitstellung der Daten sowohl für die gemeinschaftliche als auch für die individuelle Datennutzung erfolgen. Anders als es der Wortlaut der „gemeinsamen Datennutzung" nahelegt, ist es nicht erforderlich, dass der Dateninhaber und der Datennutzer die Daten gemeinsam oder für gemeinsame Zwecke verwenden. Art. 2 Nr. 10 DGA erfasst auch Fälle, in denen der Dateninhaber dem Datennutzer seine Daten überlässt, damit dieser sie für seine eigenen von den ursprünglichen Verwendungszwecken abweichenden Anwendungszwecke nutzt. Gerade in dieser Wiederverwendung von Daten besteht schließlich das große wirtschaftliche und gesellschaftliche Potenzial des Datenaustausches.[227] Die gemeinschaftliche Datennutzung bezeichnet demgegenüber die parallele Datennutzung von zwei oder mehreren Personen für einen gemeinsamen Zweck. Sie kommt zum Beispiel bei Forschungskooperationen oder bei der Organisation von Lieferketten vor. Hervorzuheben ist außerdem, dass Art. 2 Nr. 10 DGA die gemeinsame Datennutzung nicht auf bestimmte Zwecke beschränkt. Der Wortlaut der Definition ist zweckoffen und umfasst nicht nur die Datenbereitstellung für innovative Zwecke, sondern auch für „banale" Anwendungen. Da Daten heute in vielen wirtschaftlichen Zusammenhängen ausgetauscht werden, hat dieser Umstand weitreichende Folgen für den Anwendungsbereich der Definition von Datenvermittlungsdiensten nach Art. 2 Nr. 11 DGA.[228]

dd) Datenvermittlungsdienste (Art. 2 Nr. 11 DGA)

Die Definition von Datenvermittlungsdiensten in Art. 2 Nr. 11 DGA ist erst während des Gesetzgebungsverfahrens hinzugefügt worden. Der Kommissionsentwurf enthielt eine Umschreibung von Datenvermittlungsdiensten lediglich in ErwG 22 DGA-E, von der die Definition des Art. 2 Nr. 11 DGA nun aber teilweise abweicht. Aus Gründen der Rechtssicherheit ist die Aufnahme einer rechtlich verbindlichen Definition zu begrüßen.

Gemäß Art. 2 Nr. 11 Hs. 1 DGA handelt es sich bei einem Datenvermittlungsdienst um „einen Dienst, mit dem durch technische, rechtliche oder sonstige Mittel Geschäftsbeziehungen zwischen einer unbestimmten Anzahl von betroffenen Personen oder Dateninhabern einerseits und Datennutzern andererseits hergestellt werden sollen, um die gemeinsame Datennutzung [...] zu ermöglichen [...]". Daneben enthalten Art. 2 Nr. 11 Hs. 2 lit. a bis d DGA Ausschlussklauseln für bestimmte Dienste. Hierbei handelt es sich überwiegend um Klarstellungen, da die meisten der genannten Dienste ohnehin nicht die Voraussetzungen der Definition des Art. 2 Nr. 11 Hs. 1 DGA erfüllen. Nicht von der Definition umfasst werden demnach

227 Siehe Kap. 2, D.

228 Siehe hierzu unten in Kap. 5, C. IV. 3. b) cc) (2).

Datenbroker (lit. a), Vermittler von urheberrechtlich geschützten Inhalten (lit. b), Dienste, die nur einem geschlossenen Kreis von Dateninhabern und/oder Datennutzern offenstehen (lit. c), sowie Dienste, die von öffentlichen Stellen ohne die Absicht der Herstellung von Geschäftsbeziehungen angeboten werden (lit. d). Auf die einzelnen Voraussetzungen der für den Anwendungsbereich des Art. 10 lit. a Hs. 1 Alt. 1 DGA besonders wichtigen Definition des Art. 2 Nr. 11 DGA wird im folgenden Abschnitt ausführlich eingegangen.

b) Wesentliche Eigenschaften von Datenvermittlungsdiensten

Nach der Definition des Art. 2 Nr. 11 Hs. 1 DGA müssen Datenintermediäre folgende Eigenschaften aufweisen, um als B2B-Datenvermittlungsdienste in den Anwendungsbereich des Art. 10 lit. a Hs. 1 Alt. 1 DGA zu fallen: B2B-Datenvermittlungsdienste zielen auf die Herstellung von Geschäftsbeziehungen zwischen einer unbestimmten Anzahl von Dateninhabern und Datennutzern durch technische, rechtliche oder sonstige Mittel ab, um die gemeinsame Datennutzung zu ermöglichen. Eingeschränkt wird der Anwendungsbereich durch Art. 15 DGA, wonach bestimmte nicht-kommerzielle Anbieter von Datenvermittlungsdiensten nicht in den Anwendungsbereich der Regulierung fallen.

aa) Herstellung geschäftlicher Beziehungen durch technische, rechtliche oder sonstige Mittel

Nach Art. 2 Nr. 11 Hs. 1 DGA handelt es sich bei Datenvermittlungsdiensten um solche Dienste, mit denen durch technische, rechtliche oder sonstige Mitteln Geschäftsbeziehungen zwischen Dateninhabern und Datennutzern zur gemeinsamen Datennutzung hergestellt werden sollen.

(1) Datenvermittlungstätigkeit als Zielsetzung

Die Definition des Art. 2 Nr. 11 Hs. 1 DGA stellt insofern auf den Zweck von Datenvermittlungsdiensten ab. Deutlicher wird dies noch in der englischen Sprachfassung. Danach handelt es sich bei ihnen um Dienste, „die darauf abzielen", Geschäftsbeziehungen herzustellen.[229] Demnach genügt es, dass ein Anbieter von Datenvermittlungsdiensten die Zielsetzung verfolgt, Geschäftsbeziehungen zwischen Datenhaltern und Datennutzern anzubahnen. Es ist nicht erforderlich, dass der

229 Art. 2 Nr. 11 Hs. 1 DGA der englischen Sprachfassung lautet: „‚data intermediation service' means a service which aims to establish commercial relationships for the purposes of data sharing between an undetermined number of data subjects and data holders on the one hand and data users on the other, through technical, legal or other means […]" (Hevorhebung durch Verfasser).

Anbieter in der Vergangenheit bereits solche Geschäftsbeziehungen hergestellt hat. Die Zwecksetzung genügt für sich bereits zur Eröffnung des Anwendungsbereichs.[230] Dies ist angesichts der vorgesehenen *ex-ante*-Regulierung von Datenvermittlungsdiensten konsequent. Schließlich soll gemäß Art. 11 Abs. 1 DGA die Anmeldung solcher Dienste bereits vor der Aufnahme ihrer Tätigkeiten erfolgen.

Gleichwohl sollte die Feststellung, ob ein Anbieter auf die Herstellung von Geschäftsbeziehungen abzielt, anhand objektiver Kriterien erfolgen.[231] Anderenfalls ließe sich die Definition von den zuständigen Behörden nicht rechtssicher anwenden, was die effektive Durchsetzung des DGA gefährden würde. Im Einzelfall würde es entscheidend von der subjektiven Zielsetzung des Datenintermediärs abhängen, ob er die Voraussetzungen des Art. 2 Nr. 11 DGA erfüllt. Dies würde es den potenziellen Regulierungsadressaten leicht machen, sich durch die Setzung einer divergierenden Zielsetzung dem Anwendungsbereich des DGA zu entziehen.[232] Entscheidend für die Beurteilung, ob ein Dienstanbieter auf die Herstellung von Geschäftsbeziehungen zur gemeinsamen Datennutzung abzielt, sollte es sein, ob sich eine entsprechende Zielsetzung, objektiv manifestiert hat. Als wesentliches Kriterium könnte zum einen der Umstand dienen, ob die Tätigkeiten des Anbieters objektiv geeignet sind, solche Geschäftsbeziehungen herzustellen. Zum anderen ist zu verlangen, dass entsprechende Tätigkeiten auch am Markt angeboten werden (oder dies in naher Zukunft geplant ist). Dabei sollte es unerheblich sein, ob die Vermittlungstätigkeiten dem Hauptzweck oder nur einem Nebenzweck der Leistungen des Anbieters dienen. Diese sich in ErwG 22 DGA-E findende Unterscheidung hat der Gesetzgeber für die Definition des Art. 2 Nr. 11 Hs. 1 DGA gerade nicht übernommen.[233]

---

230 Anders als noch im Kommissionsentwurf (ErwG 22 DGA-E) ist aber nicht mehr erforderlich, dass es sich bei der Herstellung von Geschäftsbeziehungen zur gemeinsamen Datennutzung um den Hauptzweck des Datenvermittlungsdienstes handeln muss. Diese im Trilog erfolgte Änderung ist zu begrüßen. Eine Differenzierung zwischen Haupt- und Nebenzweck hätte zu (weiteren) Abgrenzungsschwierigkeiten geführt und ggf. Ausweichbewegungen bei der Gestaltung von Intermediärstätigkeiten nach sich gezogen, vgl. *Richter*, ZEuP 2021, 634 (655). Siehe demgegenüber zur Bedeutung des Hauptzwecks bei der Anbahnung von Geschäftsbeziehungen unten in Kap. 5, C. IV. 3. b) cc) (2).

231 Das Abstellen auf objektive Faktoren bei der Ermittlung von unternehmerischen Zielsetzungen ist nicht unüblich. Beispielsweise erfolgt im Rahmen der Prüfung von Art. 101 AEUV die Feststellung, ob das Merkmal des „Bezweckens" vorliegt, nach objektiven Kriterien; siehe nur *Zimmer*, in: Immenga/Mestmäcker, AEUV, Art. 101, Rn. 129 ff.; *Kling*, in: Kling/Thomas, Kartellrecht, § 5 Rn. 98 ff.

232 Siehe insofern zum Kommissionsentwurf *Richter*, ZEuP 2021, 634 (655).

233 Hiervon ist die Frage zu unterscheiden, ob der Hauptzweck bei der Anbahnung von Geschäftsbeziehungen in der Ermöglichung der gemeinsamen Datennutzung liegen muss. Siehe dazu Kap. 5, C. IV. 3. b) cc) (2).

(2) Herstellung von Geschäftsbeziehungen

Weiterhin ist erforderlich, dass ein Anbieter von Datenvermittlungsdiensten Geschäftsbeziehungen zwischen Dateninhabern und Datennutzern zur gemeinsamen Datennutzung herstellt. Der Begriff der Geschäftsbeziehungen wird im DGA nicht definiert und wirft Auslegungsschwierigkeiten auf.

(a) Herstellung einer unmittelbaren Beziehung

Zunächst setzt die Herstellung einer Geschäftsbeziehung voraus, dass eine unmittelbare Verbindung zwischen Dateninhaber und Datennutzer hergestellt werden muss. Dateninhaber und -nutzer müssen durch den Datenvermittler unmittelbar miteinander in Kontakt gebracht werden. Der Intermediär muss also als Vermittler oder Verbindungselement zwischen den Parteien eines Datenaustausches auftreten. Eine unmittelbare Beziehung zwischen Dateninhaber und -nutzer wird jedenfalls dann nicht hergestellt, wenn der Diensteanbieter als eigenständiger Datenhändler zwischen die Parteien tritt. Dies verdeutlicht Art. 2 Nr. 11 Hs. 2 lit. a DGA hinsichtlich Datenbrokern.[234] Datenbroker erwerben Daten von Dateninhabern und bieten sie nach erfolgter Aufbereitung Datennutzern an. Hierbei wird aber gerade kein direkter Kontakt und damit keine Geschäftsbeziehung zwischen Dateninhabern und -nutzern hergestellt.

Das Merkmal der herzustellenden „Beziehung" ist weit auszulegen. Es setzt nicht zwingend voraus, dass der Datenvermittler unmittelbar einen auf die gemeinsame Datennutzung gerichteten Vertrag zwischen den Parteien anbahnt. Vielmehr genügt, es dass ein geschäftlicher Kontakt oder eine geschäftliche Interaktion mit dem Ziel der gemeinsamen Datennutzung hergestellt wird. Es ist deshalb nicht notwendig, dass er ihnen beim Vertragsabschluss behilflich ist. Diese Auslegung wird durch den Wortlaut des Art. 2 Nr. 11 Hs. 1 DGA gestützt, der gerade nicht die Herstellung eines Vertragsverhältnisses voraussetzt. Sie steht zudem im Einklang mit dem herkömmlichen Verständnis der Funktionen von Intermediären.[235] Die zentrale Leistung von Intermediären besteht nämlich im *Match-Making*, also der Ermöglichung von Interaktionen zwischen zwei unterschiedlichen Nutzergruppen, Anbietern und Nachfragern, damit diese untereinander Geschäfte abschließen. Entscheidend für die Intermediärstätigkeit ist, dass das gegenseitige Auffinden potenzieller Geschäftspartner erleichtert beziehungsweise ermöglicht wird. Nicht erforderlich ist hingegen, dass im Falle des Zustandekommens einer Transaktion der Vertragsschluss auch über die Plattform durchgeführt wird. Nicht zuletzt ist die hier vertretene Auslegung aufgrund der Zwecksetzung des DGA ge-

---

234 Siehe zu Datenbrokern in Kap. 4, B. II. 4. b) und zum Ausschlussgrund des Art. 2 Nr. 11 lit. a DGA in Kap. 5, C. IV. 3. c) cc).

235 Siehe zum *Match-Making* von (Daten)Intermediären Kap. 4, B. I. 2. a) und II. 2. c) aa).

boten. Sowohl aus Art. 10 lit. a Hs. 2 DGA als auch aus ErwG 28 DGA geht hervor, dass insbesondere auch Datenmarktplätze und andere als *Match-Maker* fungierende (zweiseitige) Plattformen für den Datenaustausch unter Art. 2 Abs. 11 DGA fallen sollen.

(b) Geschäftsbeziehungen

Von großer Bedeutung für den Umfang des Anwendungsbereichs des Art. 10 lit. a Hs. 1 DGA ist die Frage, wann es sich bei einer zwischen Dateninhaber und Datennutzer hergestellten Beziehung um eine Geschäftsbeziehung (*commercial relationship*) handelt.[236] Da der DGA keine Definition von Geschäftsbeziehungen enthält, ist unklar, nach welchem Kriterium die geschäftliche Natur von Beziehungen zwischen Dateninhabern und Datennutzern bestimmt werden kann. Allgemein werden unter Geschäftsbeziehungen langfristige Interaktionen zwischen denselben Geschäftspartnern verstanden, die eine Vielzahl von gemeinsamen und miteinander verbundenen Transaktionen umfassen.[237] Im Rahmen des DGA sind Geschäftsbeziehungen aber nicht in diesem Sinne zu verstehen. Anderenfalls würde die Definition des Art. 2 Nr. 11 Hs. 1 DGA nur solche Datenintermediäre umfassen, die auf die Herstellung langfristiger Beziehungen zwischen Dateninhabern und Datennutzern abzielen.[238]

Einen Anknüpfungspunkt für die Einordnung einer hergestellten Beziehung als Geschäftsbeziehung könnte stattdessen die Unternehmerstellung der beteiligten Parteien bieten. Eine Geschäftsbeziehung würde danach voraussetzen, dass es sich beim Dateninhaber sowie beim Datennutzer um Kaufleute beziehungsweise um Unternehmen handeln muss. Hiergegen sprechen aber die im DGA verwendeten Definitionen von Dateninhabern und Datennutzern. So stellt Art. 2 Nr. 8 DGA ausdrücklich klar, dass auch öffentliche Stellen, internationale Organisationen und sogar natürliche Personen Dateninhaber sein können.[239] Auch Art. 2 Nr. 9 DGA beschränkt die Definition von Datennutzern nicht auf Unternehmen und bezieht grundsätzlich alle juristischen Personen ein.[240] Die Unternehmerstellung kann daher nicht als taugliches Abgrenzungskriterium dienen. Ihre Verwendung würde den Anwendungsbereich des Art. 10 lit. a Hs. 1 DGA entgegen dem Wortlaut von Art. 2 Nr. 8 und Nr. 9 DGA verengen.

---

236 Die Auslegung des Merkmals der Geschäftsbeziehung ist auch für die Anwendbarkeit der Art. 10–14 DGA auf öffentliche Stellen (Art. 2 Nr. 11 lit. d DGA) und auf datenaltruistische Organisationen (Art. 15 DGA) relevant.

237 Siehe nur *Kühne*, Asymmetrische Bindungen in Geschäftsbeziehungen (2008), S. 9 ff. m. w. N.

238 Dieses Verständnis würde z. B. Datenmarktplätze vom Anwendungsbereich ausschließen.

239 Siehe hierzu Kap. 5, C. IV. 3. a) bb) (2).

240 Siehe hierzu Kap. 5, C. IV. 3. a) cc) (1).

Auch kein geeignetes Kriterium für die Kategorisierung von Beziehungen als Geschäftsbeziehungen bietet der Umstand, ob der Datennutzer dem Dateninhaber ein Entgelt für die gemeinsame Datennutzung zahlt. Zum einen ergibt sich aus der Definition der gemeinsamen Datennutzung nach Art. 2 Nr. 10 DGA, dass hierunter sowohl entgeltliche als auch unentgeltliche Datenweitergaben fallen. Das Abstellen auf die Entgeltlichkeit der herzustellenden Datentransaktionen würde daher im Widerspruch zu der Definition der gemeinsamen Datennutzung stehen. Zum anderen würde das Kriterium der Entgeltlichkeit den Anwendungsbereich des Art. 10 lit. a Hs. 1 DGA zu stark verkürzen. Denn auch der unentgeltliche Datenaustausch kann in der Datenwirtschaft eine wichtige Rolle spielen. Die Unentgeltlichkeit von Datenweitergaben bietet aus rechtspolitischer Perspektive keinen hinreichenden Grund dafür, dass solche Plattformen aus dem Anwendungsbereich des DGA herausfallen sollen. Es ist vielmehr davon auszugehen, dass eine solche Verengung des Anwendungsbereichs der Intention des Gesetzgebers widersprechen würde.[241]

Stattdessen sollte für das Merkmal der Geschäftsbeziehung auf den Zweck der hergestellten Beziehung zwischen Dateninhaber und Datennutzer abgestellt werden. Wenn die gemeinsame Datennutzung einen kommerziellen Zweck verfolgt, handelt es sich bei der zugrundeliegenden Vermittlung um die Herstellung einer Geschäftsbeziehung. Dabei bestimmt sich der Zweck der gemeinsamen Datennutzung maßgeblich nach dem Zweck der vom Datennutzer beabsichtigten Datennutzung. Ein kommerzieller Zweck für die Datennutzung liegt dann vor, wenn sie im Zusammenhang mit den Geschäften des Datennutzers erfolgt und zumindest mittelbar auf die Erzielung von Gewinnen ausgerichtet ist. Wenn der Datennutzer hingegen einen nichtkommerziellen Zweck, wie die rein wissenschaftliche Forschung oder die Wahrnehmung öffentlicher Aufgaben verfolgt, wird keine Geschäftsbeziehung hergestellt. Allein diese Auslegung des Merkmals der Geschäftsbeziehung steht im Einklang mit dem Wortlaut und der Systematik des DGA und bietet ein handhabbares Kriterium für die Abgrenzung von anderen Diensten.

Außerdem liegen Anhaltspunkte dafür vor, dass der Gesetzgeber mit dem Merkmal der Geschäftsbeziehung die Abgrenzung von Datennutzungen für kommerzielle Zwecke von Nutzungen für nichtkommerzielle Zwecke beabsichtigt hat.[242] So findet sich die Unterscheidung zwischen kommerziellen und nichtkommerziellen Zwecken an mehreren Stellen im DGA wieder.[243] Die drei Regelungsbe-

241 So nennt ErwG 28 DGA die Betreiber von Ökosystemen für den Austausch von Daten und Datenpools als Beispiele für Datenvermittlungsdienste. Hierbei handelt es sich typischerweise um Plattformen für den unentgeltlichen Datenaustausch zwischen ihren Mitgliedern.

242 Dieses Verständnis teilen wohl auch *Schweitzer/Metzger/u. a.*, Data access and sharing (2022), S. 284.

243 Vgl. Art. 2 Nr. 2 und Nr. 9, Art. 6 Abs. 4, Art. 15 DGA; ErwG 25, 29 DGA.

reiche des DGA legen dabei verschiedene Schwerpunkte hinsichtlich der Zwecksetzungen bei der Wiederverwendung und dem Austausch von Daten. Die in den Art. 3 bis 9 DGA geregelte Wiederverwendung von Daten der öffentlichen Hand umfasst die Nutzung von Daten sowohl für kommerzielle als auch für nichtkommerzielle Zwecke.[244] Demgegenüber verfolgt der im vierten Kapitel geregelte Datenaltruismus ausschließlich nichtkommerzielle Ziele. Denn gemäß Art. 2 Nr. 16 DGA erfolgt die altruistische Datennutzung für Ziele von allgemeinem Interesse, wie die Gesundheitsversorgung, die Bekämpfung des Klimawandels oder die wissenschaftliche Forschung im allgemeinen Interesse.[245]

Der Zweck von Datenvermittlungsdiensten besteht hingegen darin, den Austausch und die Nutzung von Daten für kommerzielle Zwecke in der Wirtschaft zu beflügeln. So sieht ErwG 27 DGA vor, dass Datenvermittlungsdienste eine Schlüsselrolle in der Datenwirtschaft einnehmen sollen, indem sie gemeinsame Datennutzungspraktiken zwischen Unternehmen fördern. Es ist aus diesen Gründen anzunehmen, dass durch das Merkmal der Geschäftsbeziehung gerade auf Datenweitergaben und -nutzungen mit wirtschaftlicher Zielsetzung Bezug genommen wird.[246] Folglich ist es naheliegend, dass der Gesetzgeber über das Merkmal der Geschäftsbeziehung B2B-Datenvermittler nach Art. 10 lit. a DGA von Anbietern abgrenzen möchte, deren Zweck in der Anbahnung von Datenweitergaben zu nichtkommerziellen Zwecken besteht.

Insofern bietet das Abstellen auf den kommerziellen Zweck der Datenweitergabe auch ein sachgerechtes Abgrenzungskriterium im Hinblick auf Art. 2 Nr. 11 Hs. 2 lit. d DGA und Art. 15 DGA. Nach Art. 2 Nr. 11 Hs. 2 lit. d DGA werden Datenvermittlungsdienste, die von öffentlichen Stellen ohne die Absicht der Herstellung von Geschäftsbeziehungen angeboten werden, vom Anwendungsbereich des Art. 2 Abs. 11 DGA ausgeschlossen.[247] Gemäß Art. 15 DGA sind die Art. 10 bis 14 DGA nicht auf anerkannte datenaltruistische Organisationen und andere Einrichtungen ohne Erwerbszweck anwendbar, solange sie keine Geschäftsbeziehungen zwischen Da-

---

244 Vgl. Art. 2 Nr. 2 und Art. 6 Abs. 4 DGA.

245 Siehe auch ErwG 45 DGA. Danach soll es das Ziel des vierten Kapitels des DGA sein, zur Entstehung von ausreichend großen Datenbeständen beizutragen, die auf der Grundlage von Datenaltruismus bereitgestellt werden und für Zielsetzungen des allgemeinen Interesses analysiert werden können.

246 Dieses Auslegungsergebnis steht auch nicht in Widerspruch zu Art. 2 Nr. 9 DGA, wonach Datennutzer als juristische Personen definiert werden, die berechtigt sind, die erhaltenen Daten für kommerzielle und nichtkommerzielle Zwecke zu verwenden. Denn die Definition des Datennutzers ist auch für den nichtkommerziellen Datenaltruismus relevant, vgl. Art. 21 Abs. 1 lit. a DGA. Es ist daher mit dem Wortlaut und der Systematik des Art. 2 Nr. 9 DGA vereinbar, dass Datenvermittlungsdienste nur auf die Datenweitergabe zu kommerziellen Zwecken abzielen.

247 Wie ErwG 27 DGA klarstellt, kommen auch öffentliche Stellen grundsätzlich als Anbieter von Datenvermittlungsdiensten in Betracht.

tenherstellern und Datennutzern herstellen.[248] Beide Ausschlussgründe sind als Privilegierungen vor dem Hintergrund gerechtfertigt, dass die strenge Regulierung nach den Art. 10 bis 14 DGA dann nicht erforderlich ist, wenn öffentliche Stellen oder Einrichtungen ohne Erwerbszweck keine kommerziellen Datentransaktionen anbahnen, sondern nichtkommerzielle Zwecke verfolgen. So nennt ErwG 29 DGA Archive für die (wissenschaftliche) Weiterverwendung von Forschungsdaten aus der Wissenschaft als Beispiel für Einrichtungen, die keine Geschäftsbeziehungen herstellen.

(c) Herstellung durch technische, rechtliche oder sonstige Mittel

Datenvermittlungsdienste müssen darauf abzielen, Geschäftsbeziehungen zwischen Dateninhabern und Datennutzern für den Zweck der gemeinsamen Datennutzung durch technische, rechtliche oder sonstige Mittel herzustellen. Entscheidend für die Erfüllung dieses Definitionsmerkmals ist nach dem Wortlaut der Vorschrift, dass die Datenvermittlungsdienste bei der Herstellung der Geschäftsbeziehung behilflich sind und nicht bei der Durchführung der Datentransaktion. Die Nutzung technischer, rechtlicher oder sonstiger Mittel bezieht sich demzufolge nicht auf die (technische) Ausführung der Datenübermittlung, sondern auf die vorgelagerte Stufe einer Datentransaktion, nämlich die Herstellung geschäftlicher Kontakte zur gemeinsamen Datennutzung.[249]

Der Datenvermittlungsdienst muss demnach einen Beitrag dafür leisten, dass sich geeignete Dateninhaber und Datennutzer gegenseitig finden und in geschäftlichen Kontakt treten. Die Definition des Art. 2 Nr. 11 Hs. 1 DGA zielt somit in erster Linie auf die *Match-Making*-Funktionen von Datenintermediären ab.[250] *Match-Maker* zentralisieren das Angebot und die Nachfrage nach Daten auf ihren Plattformen und ermöglichen so geschäftliche Interaktionen zwischen Dateninhabern und Datennutzern.[251] Folglich müssen Anbieter von Datenvermittlungsdiensten zwingend als Vermittler zwischen Dateninhabern und Datennutzern auftreten.

---

248 Siehe auch ErwG 29 DGA.

249 Deutlich weiter ging hingegen noch der Wortlaut des ErwG 22 DGA-E. Danach sollte der Anwendungsbereich des DGA „für Anbieter von Diensten für die gemeinsame Datennutzung gelten, deren Hauptziel in der Herstellung einer geschäftlichen, rechtlichen und möglicherweise auch technischen Beziehung zwischen den Dateninhabern, einschließlich betroffener Personen, einerseits und möglichen Nutzern andererseits sowie darin besteht, die Parteien bei einer Transaktion von Datenbeständen zwischen beiden zu unterstützen." (Hervorhebungen durch den Verfasser).

250 Vgl. *v. Ditfurth/Lienemann*, CRNI 23 (2022), 270 (280).

251 Siehe zur *Match-Making*-Funktion von Intermediären im Allgemeinen Kap. 4, B. I. 2. a) und zu Datenmarktplätzen Kap. 4, B. II. 2. c) aa).

Die bloße Unterstützung bei der Durchführung einer Datentransaktion genügt hingegen nicht.

Hinsichtlich der Mittel für die Herstellung geschäftlicher Beziehungen trifft der Wortlaut des Art. 2 Nr. 11 Hs. 1 DGA keine Einschränkungen. Als Beispiele werden technische und rechtliche Mittel genannt, aber auch sonstige Mittel reichen aus. Im Ergebnis dürfte daher jedes zur Anbahnung von Datentransaktionen objektiv geeignete Mittel genügen.[252] Als Beispiel nennt ErwG 28 DGA Datenmarktplätze, auf denen Unternehmen ihre Daten anderen Unternehmen anbieten können. Nach Art. 10 lit. a Hs. 2 DGA können auch spezielle Infrastrukturen für die Vernetzung von Dateninhabern mit Datennutzern der Herstellung von Geschäftsbeziehungen dienen. Keine geeigneten Mittel stellen laut ErwG 28 DGA hingegen solche Dienste dar, die ausschließlich als technische Werkzeuge für die gemeinsame Datennutzung, also für die technische Durchführung einer Datentransaktion, bereitgestellt werden.[253] Zu solchen bloßen technischen Werkzeugen zählen nach ErwG 28 DGA in der Regel Cloud-Dienste, Dienstleistungen zur Datenanalyse, Software für die gemeinsame Datennutzung, Internetbrowser, Browser-Plug-Ins und E-Mail-Dienste. Etwas anderes soll aber ausnahmsweise dann gelten, wenn solche Dienste zur Herstellung geschäftlicher Beziehungen bereitgestellt werden oder über die Bereitstellung dieser Dienste Informationen über die Herstellung geschäftlicher Beziehungen zur gemeinsamen Datennutzung erlangt werden.[254]

Ob ein bestimmter Dienst, auf die Herstellung von Geschäftsbeziehungen abzielt oder nur der technischen Umsetzung von gemeinsamen Datennutzungen dient, muss im Einzelfall festgestellt werden. Dabei ist zu beachten, dass die Erwägungsgründe und Art. 10 lit. a Hs. 2 DGA zum Teil unpräzise sind. Nicht alle der dort als mögliche Datenvermittlungsdienste genannten Einrichtungen fallen zwangsläufig in den Anwendungsbereich. So können gemäß Art. 10 lit. a Hs. 2 DGA zu den Datenvermittlungsdiensten auch Plattformen oder Datenbanken gehören, die den Austausch oder die gemeinsame Nutzung von Daten ermöglichen.[255] In der Tat ist dies möglich. Entscheidend ist aber nicht, ob solche Plattformen oder Datenbanken den Austausch oder die gemeinsame Nutzung von Daten ermöglichen, sondern ob sie zu diesen Zwecken Geschäftsbeziehungen herstellen sollen. Gleiches

---

252 Siehe bereits *Hennemann/v. Ditfurth*, NJW 2022, 1905 (1908, Rn. 14).

253 Der Anwendbarkeit des Art. 2 Nr. 11 DGA steht aber nicht entgegen, dass der Diensteanbieter zusätzlich zur Herstellung von Geschäftsbeziehungen auch bei der technischen Durchführung von Datentransaktionen unterstützt. Gemäß Art. 2 Nr. 10 DGA kann die Bereitstellung von Daten sowohl direkt zwischen Dateninhabern und Datennutzern als auch mittelbar über einen Intermediär erfolgen.

254 Die bloße Erlangung von Informationen ist jedoch nicht mit der Definition von Datenvermittlern nach Art. 2 Nr. 11 Hs. 1 DGA vereinbar und bleibt deshalb unberücksichtigt.

255 Ähnlich auch ErwG 27, 32 DGA.

gilt für die in ErwG 28 DGA genannten Ökosysteme für die gemeinsame Datennutzung und Datenpools. Der Umstand, dass eine Plattform oder eine andere Einrichtung die gemeinsame Datennutzung ermöglicht, ist für sich genommen weder erforderlich noch ausreichend, um den Anwendungsbereich des Art. 10 lit. a DGA zu eröffnen. Es ist daher sorgfältig zu differenzieren, ob eine Datenplattform nur der Durchführung bestehender Geschäftsbeziehungen zur gemeinsamen Datennutzung dient oder auch die Anbahnung neuer Datentransaktionen bezweckt. Nur im letzteren Fall zielt die Plattform auf die Herstellung von Geschäftsbeziehungen ab.[256]

Diese eher restriktive Auslegung ist angesichts des eindeutigen Wortlauts des Art. 2 Nr. 11 Hs. 1 DGA geboten. Sie wird auch durch die Bezeichnung der regulierten Datenintermediäre als Daten<u>vermittlung</u>sdienste gestützt. Die Nichterstreckung des Anwendungsbereichs auf Plattformen, die nur der technischen Durchführung von gemeinsamen Datennutzungen dienen, entspricht zudem dem Zweck des DGA. Denn die Regulierung von Datenvermittlungsdiensten zielt gerade auf solche Datenintermediäre ab, die Schlüsselfunktionen in der Datenwirtschaft einnehmen sollen und deshalb auch gewisse wettbewerbliche Risiken darstellen können.[257] Hierbei handelt es sich um solche Datenintermediäre, die zwischen einer großen Anzahl von Dateninhabern und Datennutzern als *Match-Maker* vermitteln und dabei von Netzwerkeffekten profitieren. Anders verhält es sich bei Plattformen, die lediglich der Umsetzung bereits angebahnter Datenaustauschbeziehungen dienen. Sie werden in der Regel von einem kleinen Kreis von Dateninhabern und Datennutzern in Anspruch genommen und sind nicht auf das Wachstum ihres Nutzerkreises ausgerichtet. Ähnlich wie das Kriterium der Offenheit kann das Merkmal der Herstellung von Geschäftsbeziehungen den Anwendungsbereich der Regulierung auf solche Datenvermittler eingrenzen, die aufgrund ihrer Größe eine kritische Stellung in der gesamten Datenwirtschaft einnehmen und die auf die Förderung des Nutzervertrauens aufgrund ihrer Größe besonders angewiesen sind.

bb) Zwischen einer unbestimmten Anzahl von Dateninhabern und Datennutzern

Eine ähnliche Funktion erfüllt auch das in Art. 2 Nr. 11 Hs. 1 DGA vorgegebenen Definitionsmerkmal der Offenheit zugrunde. Datenvermittlungsdienste müssen danach auf die Herstellung von Geschäftsbeziehungen zwischen einer unbestimmten Anzahl von Dateninhabern und Datennutzern abzielen.

---

256 Dies kann zu schwierigen Abgrenzungsfragen bei der Anwendung des Art. 2 Nr. 11 DGA auf industrielle Datenplattformen führen, siehe Kap. 5, IV. 3. c) bb) (1).

257 Siehe zu den Zielsetzungen der Art. 10 bis 15 DGA Kap. 5, B. III. 2.

(1) Gründe für die Beschränkung auf offene Dienste

Von Art. 2 Nr. 11 Hs. 1 DGA werden folglich nur solche Dienste erfasst, die auf eine große Nutzerbasis abzielen und infolgedessen von einem regulatorischen Rahmen zur Minderung von Vertrauensproblemen profitieren können.[258] Vertrauensprobleme sind bei offenen Diensten besonders wahrscheinlich, da die individuellen Nutzer bei diesen Datenvermittlungsdiensten keinen direkten Einfluss auf die Funktionsweisen und Geschäftsmodelle der Anbieter nehmen können. Zudem stehen die Nutzer untereinander häufig nicht schon in anderen Geschäftsbeziehungen, so dass allgemein ein niedrigeres Vertrauensniveau besteht.[259] Bei geschlossenen Datenplattformen mit einer überschaubaren Teilnehmerzahl dürfte die Vertrauensproblematik hingegen weniger präsent sein.[260] Ein weiterer Grund für die Beschränkung des Anwendungsbereichs der Regulierung auf offene Datenvermittlungsdienste ist deren Bedeutung für die Datenwirtschaft. Es sind gerade die offenen, von Netzwerkeffekten profitierenden Datenintermediäre, die den B2B-Datenaustausch in der europäischen Datenwirtschaft vorantreiben könnten und aufgrund ihrer zentralen Stellungen reguliert werden sollen.

(2) Bestimmung der Offenheit von Datenvermittlungsdiensten

Zur Bestimmung, ob Datenvermittlungsdienste auf die Herstellung von Geschäftsbeziehungen zwischen einer unbestimmten Anzahl von Dateninhabern und Datennutzern abzielen, kann auf die Ansätze zur Klassifizierung von Datenintermediären aus der Literatur zurückgegriffen werden. So wird bei Datenintermediären zwischen offenen, geschlossenen und halb-offenen Modellen unterschieden.[261] Bei offenen Datenintermediären steht die Teilnahme allen Interessenten frei. Eine Einschränkung des Teilnehmerkreises auf bestimmte Unternehmen oder auf Unternehmen aus bestimmten Branchen oder Sektoren gibt es nicht. Stattdessen richten sie sich an eine große und zunächst unbekannte Nutzergruppe.[262] Auch offene Datenintermediäre können bestimmte Nutzungsbedingungen voraussetzen. Es handelt sich dabei aber lediglich um Bedingungen, die zumindest potenziell von allen Dateninhabern und Datennutzern erfüllt werden können. Anderenfalls kann ein Datenintermediär nicht mehr als offen, sondern allenfalls als halb-offen klassifiziert werden. Beispiele für „offene" Nutzungsbedingungen sind die Entrichtung von Gebühren oder die Einhaltung eines Verhaltenskodex. Offene Dateninterme-

---

258 *Richter*, ZEuP 2021, 634 (651).
259 Siehe zur Vertrauensproblematik beim Datenaustausch Kap. 3, D. IV. 2.
260 *Richter*, ZEuP 2021, 634 (651); *Martens/de Streel/u. a.*, B2B Data Sharing (2020), S. 30.
261 Siehe nur *Spiekermann*, Intereconomics 54 (2019), 208 (213).
262 *Spiekermann*, Intereconomics 54 (2019), 208 (213); *Richter/Slowinski*, IIC 50 (2019), 4 (12).

diäre richten sich an alle interessierten Nutzer und vermitteln daher zwischen einer unbestimmten Anzahl von Dateninhabern und Datennutzern.

Anders verhält es sich bei geschlossenen Datenintermediären. Die Nutzung solcher Datenintermediäre steht nur ausgewählten Unternehmen offen. Ihr Teilnehmerkreis wird auf bestimmte, im Vorhinein festgelegte Unternehmen begrenzt.[263] Ziel geschlossener Plattformen ist es, dass ihre Nutzer die Daten in einem kontrollierbaren und vertrauensvollen Umfeld teilen und nutzen.[264] Neue Teilnehmer werden daher üblicherweise nur in Absprache mit den bisherigen Nutzern und nicht bereits aufgrund der Erfüllung bestimmter Kriterien aufgenommen. Geschlossene Datenplattformen zielen insofern nicht auf die Vermittlung zwischen einer unbestimmten Anzahl von Dateninhabern und Datennutzern ab. Dies verdeutlicht Art. 2 Nr. 11 Hs. 2 lit. c DGA, wonach solche Dienste nicht in den Anwendungsbereich des DGA fallen, die von einem geschlossenen Kreis juristischer Personen genutzt werden, etwa für das Management von Lieferanten- oder Kundenbeziehungen oder zur Durchführung vertraglich festgelegter Kooperationen.[265] Diese und vergleichbare Dienste bezwecken nicht die Anbahnung neuer Datentransaktionen, sondern dienen der technischen Durchführung bestimmter Projekte oder Kooperationen zwischen Unternehmen, die bereits in Geschäftsbeziehungen zueinander stehen.

Schwierigkeiten wirft die Frage auf, ob halb-offene Dienste für den Datenaustausch in den Anwendungsbereich des Art. 10 lit. a Hs. 1 Alt. 1 DGA fallen können. Halb-offene Plattformen richten sich nur an Unternehmen, die bestimmte Voraussetzungen erfüllen.[266] Beispielsweise müssen die teilnehmenden Unternehmen aus einem bestimmten Sektor stammen oder eine bestimmte Größe aufweisen. Es handelt sich also um Voraussetzungen, die nicht jeder Interessent erfüllen kann. Hierin unterscheiden sich halb-offene Dienste von offenen Diensten. Anders als bei geschlossenen Plattformen beschränkt sich der Teilnehmerkreis jedoch nicht nur auf individuell ausgewählte Unternehmen, sondern erfasst potenziell alle Unternehmen, die die mehr oder weniger abstrakten Voraussetzungen erfüllen.

Ob halb-offene Dienste das Merkmal der Vermittlung einer unbestimmten Anzahl von Dateninhabern und Datennutzern erfüllen, richtet sich nach den im Einzelfall gewählten Kriterien für die Zulassung von Nutzern. Entscheidend ist, ob nach den Kriterien davon ausgegangen werden kann, dass der potenzielle Nutzerkreis, der die vorgegebenen Kriterien erfüllt, eine unbestimmbare Anzahl von Dateninhabern und -nutzern umfasst. Es darf also aus Sicht des Anbieters nicht mög-

---

263 *Europäische Kommission*, SWD(2018) 125 final, S. 5.
264 *Europäische Kommission*, SWD(2018) 125 final, S. 5; *Richter/Slowinski*, IIC 50 (2019), 4 (11).
265 Siehe hierzu auch in Kap. 5, C. IV. 3. c) bb).
266 *Spiekermann*, Intereconomics 54 (2019), 208 (213); *Richter/Slowinski*, IIC 50 (2019), 4 (12).

lich sein, zu bestimmen, wie viele und welche konkreten Personen die Voraussetzungen für die Nutzung seiner Dienste erfüllen werden. Bestimmbar ist der Kreis der potenziellen Nutzer hingegen dann, wenn im Vorhinein die Zahl und die Identität der potenziellen Nutzer bekannt ist. Denn wenn die Kriterien für die Inanspruchnahme der Dienste so eng gezogen werden, dass der Nutzerkreis bestimmbar ist, ähneln sie in ihrer Funktionsweise eher geschlossenen Diensten.

Zum Beispiel könnte der potenzielle Nutzerkreis einer Datenplattform bestimmbar sein, die nur den Kunden des Plattformbetreibers offensteht. Anders verhält es sich aber, wenn die Zulassungskriterien so abstrakt gefasst werden, dass die potenziellen Teilnehmer für den Diensteanbieter nicht individuell bestimmbar sind. Dies dürfte etwa bei weitgefassten Kriterien der Fall sein, wie der Zugehörigkeit zu einem bestimmten Sektor oder dem Erreichen oder Unterschreiten einer bestimmten Umsatzschwelle.[267] Wenn sich ein Datenintermediär zum Beispiel ausschließlich an Unternehmen aus dem Agrarsektor oder der Automobilindustrie richtet, ist sein Nutzerkreis aufgrund der Größe dieser Sektoren nicht mehr individuell bestimmbar. Im Ergebnis dürfte die Offenheit von Diensten also davon abhängen, ob die Zulassungskriterien objektiv, abstrakt und weit gefasst sind.[268]

(3) Beiderseitige Offenheit

Zu beachten ist außerdem, dass der Datenvermittlungsdienst sowohl einer unbestimmten Anzahl von Dateninhabern als auch einer unbestimmten Anzahl von Datennutzern offenstehen muss. Es genügt nicht, dass der Dienst nur auf einer Marktseite das Merkmal der Offenheit erfüllt. Dies ergibt sich aus dem Wortlaut des Art. 2 Nr. 11 Hs. 1 DGA und wird auch durch Art. 2 Nr. 11 Hs. 2 lit. c DGA bestätigt, wonach Dienste, die nur von einem Dateninhaber genutzt werden können, nicht in den Anwendungsbereich der Definition fallen. In diesem Zusammenhang ist zu berücksichtigen, dass die Definitionen von Dateninhaber und Datennutzer nach Art. 2 Nr. 8 und Nr. 9 DGA dem Gesetzgeber missglückt sind.[269] Beide Definitionen sind daher „geltungserhaltend" auszulegen. Danach ist Dateninhaber, wer die faktische Kontrolle über Daten ausübt, ohne dass der Kontrolle und Weitergabe dieser Daten die Rechte Dritter entgegenstehen. Datennutzer ist, wer den rechtmäßigen Zugang zu Daten erhält und diese in rechtmäßiger Weise für kommerzielle (oder nichtkommerzielle) Zwecke nutzen kann.

---

267 So im Ergebnis auch *Richter*, ZEuP 2021, 634 (650 f.).

268 Vgl. *Specht-Riemenschneider*, in: Specht-Riemenschneider/Hennemann, DGA, Art. 2 Rn. 73; *v. Ditfurth/Lienemann*, CRNI 23 (2022), 270 (280).

269 Siehe hierzu oben in Kap. 5, IV. 3. a) bb) und cc).

cc) Zur Ermöglichung der gemeinsamen Datennutzung

Gemäß Art. 2 Abs. 11 Hs. 1 DGA sollen über den Datenvermittlungsdienst Geschäftsbeziehungen zwischen Dateninhabern und Datennutzern hergestellt werden, um die gemeinsame Datennutzung zu ermöglichen. Datenvermittlungsdienste müssen also den Zweck verfolgen, Geschäftsbeziehungen zur gemeinsamen Datennutzung anzubahnen. Dies wird noch deutlicher in der englischen Sprachfassung, wonach ein Datenvermittlungsdienst „darauf abzielt, Geschäftsbeziehungen zum Zwecke der gemeinsamen Datennutzung herzustellen“.[270]

(1) Gemeinsame Datennutzung

Die durch den Datenvermittlungsdienst angebahnten Geschäftsbeziehungen müssen demnach die gemeinsame Datennutzung bezwecken. Die gemeinsame Datennutzung ist in Art. 2 Nr. 10 DGA definiert und kann entgeltlich oder unentgeltlich sowie aufgrund freiwilliger Abrede oder gesetzlicher Anordnung erfolgen.[271] Zentrales Definitionsmerkmal für die gemeinsame Datennutzung ist, dass der Dateninhaber dem Datennutzer bestimmte Daten bereitstellt, also ihm den Zugang zu diesen Daten eröffnet. Hinsichtlich der Ausgestaltung der technischen Durchführung der Datenbereitstellung trifft Nr. 2 Abs. 10 DGA dabei keine Einschränkungen. Darüber hinaus stellt Art. 2 Nr. 10 DGA klar, dass die Datenbereitstellung sowohl unmittelbar zwischen Dateninhaber und Datennutzer als auch indirekt über einen Intermediär erfolgen kann. Es ist also nicht erforderlich, dass der Datenvermittlungsdienst den Dateninhaber und Datennutzer auch bei der technischen Durchführung der von ihm angebahnten Datenbereitstellung unterstützt. Die Parteien der vom Datenvermittlungsdienst hergestellten Geschäftsbeziehung können die Datenbereitstellung auch unmittelbar ohne Einbindung eines Intermediärs durchführen. Hinsichtlich der Zwecke der gemeinsamen Datennutzung enthält Art. 2 Nr. 10 DGA keine Einschränkungen. Es ist daher nicht erforderlich, dass die Daten dem Datennutzer für innovative Zwecke oder für Big Data-Analysen bereitgestellt werden.

(2) Gemeinsame Datennutzung als primärer Zweck der Geschäftsbeziehung

Der Zweck der von Datenvermitlungsdiensten herzustellenden Geschäftsbeziehungen muss die gemeinsame Datennutzung sein. Dieses Definitionsmerkmal sollte restriktiv ausgelegt werden und nur die Herstellung von Geschäftsbeziehungen erfassen, deren Hauptzweck die Ermöglichung der gemeinsamen Datennutzung

---

270 Die englische Fassung lautet: „'data intermediation service' means a service which aims to establish commercial relationships for the purposes of data sharing [...]“.

271 Siehe zu Art. 2 Abs. 10 DGA ausführlich in Kap. 5, IV. 3. a) dd).

ist. Anderenfalls droht der Anwendungsbereich des Art. 2 Nr. 11 DGA auszuufern, da heute Unternehmen in den meisten Geschäftsbeziehungen gemeinsam Daten nutzen.[272]

Grundsätzlich erlaubt der Wortlaut des Art. 2 Nr. 11 DGA auch ein weiteres Verständnis der Zwecksetzung. Zwar soll die die Herstellung von Geschäftsbeziehungen zur Ermöglichung der gemeinsamen Datennutzung erfolgen. Erforderlich ist nach dem Wortlaut aber nicht, dass es sich hierbei um den Hauptzweck der Geschäftsbeziehung handeln muss. Auch die Herstellung von Geschäftsbeziehungen, bei denen als Nebenzweck Daten ausgetauscht werden, könnte noch unter den Wortlaut fallen. Dieses Auslegungsergebnis wird nicht durch Art. 2 Nr. 10 DGA ausgeschlossen. Denn aufgrund der Zweckoffenheit des Art. 2 Nr. 10 DGA kann die Datenbereitstellung grundsätzlich für jeden beliebigen Zweck erfolgen. Auch die Bereitstellung von Daten, die der Durchführung einer sonstigen Geschäftsbeziehung dienen, fällt noch unter Art. 2 Nr. 10 DGA. Es ist daher nicht ausgeschlossen, dass die Datenbereitstellung im Rahmen eines übergeordneten Vertragsverhältnisses erfolgt und lediglich der Durchführung dieses Vertragsverhältnisses dient.

Die weite Auslegung der Zwecksetzung könnte den Anwendungsbereich des DGA auch auf Intermediäre erstrecken, die in erster Linie andere Güter als Daten oder Dienstleistungen vermitteln. Denn im Zeitalter der Digitalisierung tauschen Unternehmen in den meisten Geschäftsbeziehungen Daten aus, zum Beispiel um die logistische Koordinierung abzustimmen. Es könnten dann B2B-Handelsplattformen für physische Güter wie Stahl, Öl oder Zement in den Anwendungsbereich des DGA fallen.[273] Schließlich werden auf digitalen Handelsplattformen zwangsläufig auch Daten zwischen Anbietern und Nachfragern zur Durchführung der Handelsgeschäfte ausgetauscht. Der Plattformbetreiber stellt deshalb über seine Handelsplattform Geschäftsbeziehungen zwischen Anbietern und Nachfragern her, in deren Rahmen auch Daten ausgetauscht werden sollen. Die Anbahnung der Transaktionen verfolgt in diesen Fällen die gemeinsame Datennutzung durch den Austausch von Daten als untergeordneten Nebenzweck.

Es entspricht jedoch nicht dem Zweck des DGA, auch solche Vermittlungstätigkeiten zu regulieren, bei denen die gemeinsame Datennutzung nur zu einem untergeordneten und unselbständigen Zweck erfolgt. Denn der DGA zielt auf die Regulierung von Intermediären ab, die eine Schlüsselrolle in der Datenwirtschaft einnehmen sollen, indem sie den freiwilligen Datenaustausch zwischen Unternehmen erleichtern. Eine solche Schlüsselrolle können aber nur Datenintermediäre

272 Siehe *Hennemann/v. Ditfurth*, NJW 2022, 1905 (1908, Rn. 16).

273 Siehe allgemein zu den Zielsetzungen und Geschäftsmodellen von B2B-Handelsplattformen *Podszun/Bongartz*, BB 2020, 2882; *Küster/Schieber*, BB 2020, 2188 (2194); *Falck/Koenen*, B2B platforms (2020), S. 22 ff.

einnehmen, die der Herstellung von Geschäftsbeziehungen zum Datenaustausch und nicht zu anderen Zwecken dienen. Aus diesem Grund sollte Art. 2 Nr. 11 Hs. 1 DGA nur die Herstellung von Geschäftsbeziehungen erfassen, deren Hauptzweck darin besteht, die gemeinsame Datennutzung zu ermöglichen. Diese restriktive Auslegung lässt sich durch Betonung der Zielsetzung von Datenvermittlungsdiensten auch mit dem Wortlaut des Art. 2 Nr. 11 Hs. 1 DGA vereinbaren.[274] Nach der englischen Sprachfassung handelt es sich bei ihnen nämlich um Dienste, die darauf abzielen, Geschäftsbeziehungen für die Zwecke der gemeinsamen Datennutzung herzustellen. Datenvermittlungsdiensten muss es also gerade um die Anbahnung von Geschäftsbeziehungen zur gemeinsamen Datennutzung gehen.

dd) Ausnahmen (Art. 15 DGA)

Vom Anwendungsbereich nach Art. 10 DGA sieht Art. 15 DGA eine Ausnahme für „anerkannte datenaltruistische Organisationen und andere Einrichtungen ohne Erwerbszweck [vor], soweit deren Tätigkeit darin besteht, für Ziele von allgemeinem Interesse Daten zu erheben, die von natürlichen oder juristischen Personen auf der Grundlage des Datenaltruismus zur Verfügung gestellt werden, es sei denn, diese Organisationen und Einrichtungen sind bestrebt, Geschäftsbeziehungen zwischen einer unbestimmten Zahl von betroffenen Personen und Dateninhabern einerseits und Datennutzern andererseits herzustellen“.[275] Aufgrund der Gegenausnahme erfüllt Art. 15 DGA in erster Linie eine Klarstellungsfunktion.[276]

(1) Einrichtungen ohne Erwerbszweck

Unter die Ausnahmeregelung des Art. 15 DGA können nur solche Datenvermittler fallen, die als datenaltruistische Organisationen anerkannt sind oder bei denen es sich um andere Einrichtungen ohne Erwerbszweck handelt.[277] Damit eine Organisation als datenaltruistische Organisation anerkannt ist, muss sie als solche in das öffentliche Register für anerkannte datenaltruistische Organisationen gemäß Art. 17 und 19 DGA eingetragen sein und die Eintragungsvoraussetzungen nach Art. 18 DGA erfüllen.[278] Hierfür ist gemäß Art. 18 lit. c DGA unter anderem erfor-

---

274 Vgl. *Hennemann/v. Ditfurth*, NJW 2022, 1905 (1908, Rn. 16).

275 Vgl. zum DGA-E bereits *Richter*, ZEuP 2021, 634 (649).

276 Wenn eine Organisation keine Geschäftsbeziehungen anbahnt, erfüllt sie schon nicht die Voraussetzungen des Art. 10 lit. a Hs. 1 Alt. 1 i. V. m. Art. 2 Nr. 11 DGA.

277 Es ist aufgrund des Wortlauts davon auszugehen, dass es sich bei datenaltruistischen Organisationen um einen Unterfall von Einrichtungen ohne Erwerbszweck handelt, siehe *Specht-Riemenschneider*, in: Specht-Riemenschneider/Hennemann, DGA, Art. 15 Rn. 2.

278 Vgl. auch *Specht-Riemenschneider*, in: Specht-Riemenschneider/Hennemann, DGA, Art. 15 Rn. 10.

derlich, dass die einzutragende Organisation ohne Erwerbszweck tätig und von Organisationen, die Erwerbszecke verfolgen, rechtlich unabhängig ist.[279] Art. 15 DGA erfasst darüber hinaus auch Einrichtungen, die nicht als datenaltruistische Organisationen anerkannt sind und dennoch keinen Erwerbszeck verfolgen.[280] Erforderlich ist dann, dass ihre Dienste keinen gewerblichen Interessen dienen.[281] Dies dürfte jedenfalls dann der Fall sein, wenn sie ihre Dienste ohne Gewinnerzielungsabsicht erbringen.

(2) Datenerhebung aus altruistischen Gründen

Des Weiteren müssen die Organisationen Daten für Ziele von allgemeinem Interesse erheben, die von natürlichen oder juristischen Personen auf der Grundlage des Datenaltruismus zur Verfügung gestellt werden. Gemäß Art. 2 Nr. 16 DGA erfolgt eine altruistische Bereitstellung von Daten dann, wenn betroffene Personen oder Dateninhaber ihre Daten zur Nutzung für Ziele von allgemeinem Interesse bereitstellen, ohne hierfür ein Entgelt zu fordern oder zu erhalten, das über eine Entschädigung für die ihnen durch die Bereitstellung ihrer Daten entstandenen Kosten hinausgeht. Die Ziele von allgemeinem Interesse werden nach Art. 2 Nr. 16 DGA durch das nationale Recht definiert. Sie können unter anderem die Gesundheitsversorgung, die Bekämpfung des Klimawandels oder die Verbesserung der Erbringung öffentlicher Dienstleistungen umfassen.[282]

(3) Keine Herstellung von Geschäftsbeziehungen

Die Ausnahme des Art. 15 DGA greift aber dann nicht, wenn datenaltruistische Organisationen oder Einrichtungen ohne Erwerbszeck bestrebt sind, Geschäftsbeziehungen zwischen einer unbestimmten Zahl von betroffenen Personen und Dateninhabern einerseits und Datennutzern andererseits herzustellen.[283] Die Herstellung von Geschäftsbeziehungen ist dann anzunehmen, wenn der Datennutzer mit der gemeinsamen Datennutzung einen kommerziellen Zweck verfolgt, sie also im Zusammenhang mit seinen Geschäften erfolgt und auf die Gewinnerzielung ausge-

---

279 Vgl. ErwG 46 DGA.

280 Anders als bei den Datenvermittlungsdiensten sieht der DGA für datenaltruistische Organisationen keine Anmeldungs- oder Registrierungspflicht vor. Die Registrierung erfolgt nur auf freiwilliger Basis, vgl. *Europäische Kommission*, COM(2020) 767 final, S. 6. Es kann daher auch Organisationen geben, die datenaltruistische Zwecke verfolgen, ohne sich dafür registrieren zu lassen.

281 *Specht-Riemenschneider*, in: Specht-Riemenschneider/Hennemann, DGA, Art. 15 Rn. 13.

282 Vgl. ErwG 45 DGA.

283 Diese Gegenausnahme war im Kommissionsentwurf noch nicht enthalten und wurde erst im weiteren Gesetzgebungsverfahren eingefügt; siehe zur Historie des Art. 15 DGA *Specht-Riemenschneider*, in: Specht-Riemenschneider/Hennemann, DGA, Art. 15 Rn. 1 ff.

richtet ist.[284] Organisationen, die Geschäftsbeziehungen herstellen, verfolgen mit ihren Tätigkeiten nicht mehr (ausschließlich) altruistische Ziele, sondern beteiligen sich am wirtschaftlichen Datenaustausch.

Es ist daher konsequent, dass die Freistellung des Art. 15 DGA auf sie keine Anwendung findet. Schließlich soll Art. 15 DGA Organisationen mit altruistischer Zielsetzung privilegieren. Ohne die Privilegierung würde die Anmeldepflicht nach Art. 11 DGA die auf Freiwilligkeit basierenden Registrierungsmöglichkeiten der Art. 17 ff. DGA unterlaufen. Der Verwaltungsaufwand eines verpflichtenden Anmeldeverfahrens sollte datenaltruistischen Organisationen im vierten Kapitel des DGA gerade erspart werden.[285] Diese Privilegierung wird damit begründet, dass datenaltruistische Organisationen Daten für gemeinwohlorientierte Zwecke sammeln. Bei der Herstellung von Geschäftsbeziehungen, die der Datennutzung für private wirtschaftliche Zwecke dienen, fehlt eine solche altruistische Zielsetzung hingegen. Daher kommt eine Privilegierung auch dann nicht in Betracht, wenn der Datenvermittler selbst ohne Erwerbszweck tätig wird. Freilich ist die Bedeutung des Art. 15 DGA überschaubar. Organisationen, die nicht die Herstellung von Geschäftsbeziehungen bezwecken, fallen schon nicht unter die Definition der Datenvermittlungsdienste nach Art. 2 Nr. 11 Hs. 1 DGA.[286] Insofern kommt Art. 15 DGA eine rein deklaratorische Bedeutung zu.

ee) Zusammenfassung

Zur Übersichtlichkeit sollen die Anforderungen an Datenvermittlungsdienste abschließend zusammengefasst werden. Nach Art. 10 lit. a Hs. 1 Alt. 1, 2 Nr. 11 DGA handelt es sich bei einem Datenvermittlungsdienst um einen Dienst, mit dem durch technische, rechtliche oder sonstige Mittel Geschäftsbeziehungen zwischen einer unbestimmten Anzahl von Dateninhabern einerseits und Datennutzern andererseits hergestellt werden sollen, um die gemeinsame Datennutzung zu ermöglichen.

Die Definition stellt demnach auf den Zweck von Datenvermittlungsdiensten ab. Nach der insoweit eindeutigeren englischen Sprachfassung muss ein Datenvermittlungsdienst darauf abzielen, Geschäftsbeziehungen herzustellen. Die Feststellung, ob ein Anbieter auf die Herstellung von Geschäftsbeziehungen abzielt, soll anhand objektiver Kriterien erfolgen. Das Vorliegen dieses Definitionsmerkmals ist zu bejahen, wenn die Tätigkeiten des Anbieters objektiv geeignet sind, Ge-

284 Siehe hierzu ausführlich in Kap. 5, IV. 3. b) aa) (2) (b).

285 Vgl. *Europäische Kommission*, COM(2020) 767 final, S. 6.

286 Vgl. auch *Specht-Riemenschneider*, in: Specht-Riemenschneider/Hennemann, DGA, Art. 15 Rn. 19.

schäftsbeziehungen zur gemeinsamen Datennutzung herzustellen und gegenwärtig oder in naher Zukunft am Markt angeboten werden.

Die Herstellung einer Geschäftsbeziehung setzt die Entstehung einer unmittelbaren Verbindung zwischen Datenhalter und Datennutzer voraus. Es genügt, dass ein geschäftlicher Kontakt oder eine geschäftliche Interaktion mit der Zielsetzung der gemeinsamen Datennutzung vermittelt wird. Das Vorliegen einer Geschäftsbeziehung ist dann anzunehmen, wenn die gemeinsame Datennutzung einen kommerziellen Zweck verfolgt. Ein kommerzieller Zweck für die Datennutzung liegt vor, wenn sie im Zusammenhang mit den Geschäften des Datennutzers erfolgt und zumindest mittelbar der Gewinnerzielung dient. Erforderlich ist zudem, dass der Datenvermittlungsdienst bei der Anbahnung der Geschäftsbeziehung durch technische, rechtliche oder sonstige Mittel behilflich ist und nicht bloß bei der Durchführung der Datentransaktion. Zur Anbahnung der Geschäftsbeziehung kommt jedes Mittel in Betracht, das hierzu objektiv geeignet ist.

Ob ein Datenvermittler zwischen einer unbestimmten Anzahl von Dateninhabern und Datennutzern Geschäftsbeziehungen herstellt, richtet sich danach, ob und gegebenenfalls welche Zulassungsvoraussetzungen er für die Nutzung seiner Dienste aufstellt. Entscheidend ist, ob nach den gewählten Kriterien für die Nutzung seiner Dienste davon ausgegangen werden kann, dass der potenzielle Nutzerkreis, der die vorgegebenen Kriterien erfüllt, eine unbestimmte Anzahl von Dateninhabern und -nutzern umfasst. Es darf aus Sicht des Anbieters nicht vorab bestimmbar sein, wie viele und welche konkreten Dateninhaber und Datennutzer die Voraussetzungen für die Nutzung seiner Dienste erfüllen. Als Dateninhaber gilt in diesem Zusammenhang, wer die faktische Kontrolle über Daten ausübt, ohne dass der Kontrolle und Weitergabe dieser Daten die Rechte Dritter entgegenstehen. Datennutzer ist, wer rechtmäßig den Zugang zu Daten erhält und diese in rechtmäßiger Weise für kommerzielle Zwecke nutzen kann.

Die Herstellung von Geschäftsbeziehungen soll erfolgen, um die gemeinsame Datennutzung zu ermöglichen. Datenvermittlungsdienste müssen den Zweck verfolgen, Geschäftsbeziehungen anzubahnen, die der gemeinsamen Datennutzung dienen. Die Zielsetzung von Datenvermittlungsdiensten sollte restriktiv ausgelegt werden und nur die Herstellung von Geschäftsbeziehungen erfassen, deren Hauptzweck die Ermöglichung der gemeinsamen Datennutzung darstellt. Dabei ist zentrales Definitionsmerkmal für die gemeinsame Datennutzung, dass der Dateninhaber dem Datennutzer bestimmte Daten bereitstellt, ihm also den Zugang zu diesen Daten eröffnet

Der Anwendungsbereich des Art. 10 lit. a Hs. 1 Alt. 1 DGA ist dann nicht eröffnet, wenn ein Datenvermittler unter die Voraussetzungen des Art. 15 DGA fällt. Danach sind die Art. 10 ff. DGA nicht auf datenaltruistische Organisationen oder Einrichtungen ohne Erwerbszweck anwendbar, die auf Grundlage des Datenaltruismus zur Verfügung gestellte Daten für Ziele von allgemeinem Interesse sammeln und hierbei keine Geschäftsbeziehungen herstellen.

ff) Zwischenergebnis

Es hat sich gezeigt, dass die Abgrenzung des Anwendungsbereichs der Art. 10 lit. a Hs. 1 Alt. 1, 2 Nr. 11 DGA den Rechtsanwender vor zum Teil schwierige Auslegungsfragen stellt. Ob die Regulierung von Datenvermittlungsdiensten auf einen bestimmten B2B-Datenvermittler Anwendung findet, hängt maßgeblich vom Verständnis teilweise uneindeutiger Definitionsmerkmale ab. Es ist wahrscheinlich, dass der Gesetzgeber durch die offene Formulierung des Anwendungsbereichs beabsichtigt, künftig zu erwartende Entwicklungen auf den dynamischen Märkten für Datenvermittlungsdienste aufzufangen. So sind viele Definitionsmerkmale weit gefasst sind können unterschiedliche Modelle für die Erbringung von Datenvermittlungsdiensten erfassen. Die nötige Begrenzung des Anwendungsbereichs erfolgt aber durch das Merkmal der Offenheit und das Erfordernis, dass Datenvermittlungsdienste bei der Herstellung von Geschäftsbeziehungen behilflich sein müssen und nicht bereits die Unterstützung bei der rechtlichen oder technischen Durchführung von Datentransaktionen genügt. Hierdurch wird sichergestellt, dass nur solche Datenintermediäre in den Anwendungsbereich der Regulierung fallen, die als *Match-Maker* Dateninhaber und Datennutzer zusammenbringen.

c) B2B-Datenvermittlungsdienste in der Praxis

In diesem Abschnitt soll festgestellt werden, welche Datenintermediäre typischerweise die Voraussetzungen der Art. 10 lit. a Hs. 1 Alt. 1, 2 Nr. 11 DGA erfüllen und daher in den Anwendungsbereich der Regulierung von Datenvermittlungsdiensten fallen werden. Zwar lassen sich hierüber keine pauschalen Aussagen treffen, da selbst innerhalb der unterschiedlichen Kategorien von Datenintermediären eine gewisse Vielfalt zu finden ist. Jedoch kann eine ungefähre Einordnung anhand der charakteristischen Merkmale der verschiedenen Intermediärstypen getroffen werden.

aa) Datenmarktplätze

Datenmarktplätze werden in ErwG 28 DGA als ein mögliches Beispiel für Datenvermittlungsdienste genannt und dürften die Definitionsmerkmale des Art. 2 Nr. 11 Hs. 1 DGA in der Regel erfüllen.[287] So ist die Definition von Datenvermittlungsdiensten in vielerlei Hinsicht maßgeschneidert für Datenmarktplätze. Denn

---

287 Siehe bereits *Hennemann/v. Ditfurth*, NJW 2022, 1905 (1908, Rn. 16); *v. Ditfurth/Lienemann*, CRNI 23 (2022), 270 (280).

die wesentliche Funktion von Datenmarktplätzen besteht im *Match-Making*. Über ihre Plattformen bringen sie Dateninhaber und Datennutzer zusammen und ermöglichen es ihnen, Datentransaktionen abzuschließen.[288] Ihre Dienste dienen primär der Anbahnung von Datentransaktionen zwischen Unternehmen, die mit der Datennutzung kommerzielle Zwecke verfolgen, und zielen somit auf die Herstellung von Geschäftsbeziehungen zur gemeinsamen Datennutzung ab. Nicht alle Datenmarktplätze unterstützen Dateninhaber und Datennutzer auch bei der technischen und rechtlichen Durchführung von Datentransaktionen.[289] Für die Eröffnung des Anwendungsbereichs ist das Angebot solcher Leistungen jedoch nicht erforderlich. Es kommt allein darauf an, ob ein Datenmarktplatz bei der Herstellung von unmittelbaren Geschäftsbeziehungen behilflich ist. Wie Art. 2 Abs. 10 DGA klarstellt, muss die Bereitstellung der gegenständlichen Daten nicht über den Datenintermediär selbst erfolgen.

Datenmarktplätze erfüllen typischerweise auch das Merkmal der Offenheit. Häufig richten sie sich an einen unbegrenzten Nutzerkreis aus verschiedenen Sektoren.[290] Manche Datenmarktplätze sind aber auf Daten aus einem bestimmten Sektor oder mit einem bestimmten Informationsgehalt spezialisiert.[291] Auch solche Marktplätze dürften aber in der Regel die Herstellung von Geschäftsbeziehungen zwischen einer unbestimmten Anzahl von Dateninhabern und Datennutzern bezwecken. Denn auch bei ihnen werden die zugelassenen Nutzer nicht individuell ausgewählt, sondern lediglich abstrakte Zulassungskriterien aufgestellt. Diese dürften überwiegend so weit gefasst sein, dass die potenziellen Teilnehmer für den Marktplatzbetreiber nicht individuell bestimmbar sind. Die Offenheit von Datenmarktplätzen ist auch durch ihre *Match-Making*-Funktion bedingt, die einen weiten Nutzerkreis voraussetzt. Schließlich zielen Datenmarktplätze gerade darauf ab, Datentransaktionen zwischen Unternehmen anzubahnen, die ansonsten in keiner geschäftlichen Beziehung zueinanderstehen.

bb) Industrielle Datenplattformen

Anders als bei Datenmarktplätzen lässt sich bei industriellen Datenplattformen die Anwendbarkeit der Art. 10 lit. a Hs. 1 Alt. 1, 2 Nr. 11 DGA nur im Einzelfall feststellen. Zwar nennt ErwG 28 DGA auch Datenpools und Ökosysteme zur gemeinsamen Datennutzung, die allen Interessierten offenstehen, als Beispiele für Datenintermediäre, die in den Anwendungsbereich der Verordnung fallen sollen. Letztlich

---

288 Siehe zur *Match-Making*-Funktion von Datenmarktplätzen in Kap. 4, II. 2. c) aa).

289 Siehe hierzu Kap. 4, II. 2. c) bb).

290 So z. B. der *Global Data Marketplace* von *Dawex*; siehe hierzu Kap. 4, II. 2. b).

291 Zum Beispiel werden auf dem *Here Marketplace* nur Standort- und Mobilitätsdaten gehandelt.

dürfte dies aber nur auf eine Minderheit existierender industrieller Datenplattformen zutreffen. Schließlich dienen industrielle Datenplattformen in vielen Fällen nur der technischen Durchführung des Datenaustausches im Rahmen bereits bestehender Geschäftsbeziehungen innerhalb bestimmter Sektoren.[292] Sie treten daher seltener als *Match-Maker* auf. Zudem werden industrielle Datenplattformen häufig gegründet, um Kooperationen zwischen ausgewählten Unternehmen in einem geschlossenen Umfeld zu ermöglichen. In manchen Konstellationen können aber auch industrielle Datenplattformen die Voraussetzungen des Art. 10 lit. a Hs. 1 Alt. 1 DGA erfüllen.

(1) Herstellung von Geschäftsbeziehungen

Der Anwendungsbereich des DGA ist nur für solche industriellen Datenplattformen eröffnet, die auch Geschäftsbeziehungen zwischen Dateninhabern und Datennutzern anbahnen und nicht bloß die technische Durchführung von Datenübermittlungen unterstützen.[293] Dies wird sowohl bei Datenpools als auch bei industriellen Datenräumen in der Regel dann der Fall sein, wenn sie sich als offene Plattformen an eine großen Nutzerkreis richten.

Bei Datenpools gibt jeder Teilnehmer Daten in den Datenpool und erhält im Gegenzug den Zugriff auf die in den Pool eingespeisten Daten der anderen Teilnehmer.[294] Üblicherweise sind die Teilnehmer also Dateninhaber und Datennutzer zugleich. Häufig findet das Datenpooling im Rahmen von engen Unternehmenskooperationen statt, bei denen sich alle Teilnehmer bereits im Vorfeld auf alle wesentlichen Parameter des Datenpoolings geeinigt haben. In diesen Fällen bestehen die Geschäftsbeziehungen zur gemeinsamen Datennutzung schon vor der Gründung des Datenpools. Der Datenpool dient dann lediglich der Umsetzung des bereits angebahnten Datenaustausches. Neue Geschäftsbeziehungen werden hingegen nicht hergestellt. Wie Art. 2 Nr. 11 Hs. 2 lit. c DGA klarstellt, sollen solche vertraglichen Kooperationen von geschlossenen Gruppen nicht unter die Definition des Art. 2 Hs. 2 Nr. 11 DGA fallen.[295] Etwas anders gilt in den Fällen, in denen der

---

292 Siehe Kap. 4, II. 3. c).

293 Aus diesem Grund dürfte die der geplante Dateninfrastruktur Gaia-X keinen B2B-Datenvermittler gemäß Art. 12 lit. a DGA darstellen; a. A. *Falkhofen*, EuZW 2021, 787 (791). Denn bei Gaia-X soll es sich lediglich um eine standardisierte und dezentrale Infrastruktur für die Bereitstellung datenbezogener Dienstleistungen handeln; siehe *Schütrumpf/Person*, RDi 2022, 281 (282, Rn. 9). Gaia-X bezweckt folglich nicht selbst die unmittelbare Herstellung von Geschäftsbeziehungen von Dateninhabern und -nutzern. Denkbar ist aber, dass es sich bei den auf Gaia-X basierenden *Federations* (dazu *Schütrumpf/Person*, RDi 2022, 281 (285 f.)) im Einzelfall um Datenvermittler nach Art. 10 lit. a DGA handeln kann.

294 Siehe Kap. 4, II. 3. b) aa).

295 Vgl. auch ErwG 28 DGA.

Datenpool nicht nur einem geschlossenen Kreis von Teilnehmern, sondern allen Interessenten offensteht, die bestimmte Voraussetzungen erfüllen.[296] In diesen Fällen werden Geschäftsbeziehungen zur gemeinsamen Datennutzung nicht schon vor dem Eintritt in den Datenpool zwischen allen Teilnehmern bestehen. Die Geschäftsbeziehungen der neuen Teilnehmer zu den übrigen Teilnehmern werden dann erst durch die Nutzung des Datenpools hergestellt.

Ähnlich verhält es sich bei industriellen Datenräumen, die als technische Plattformen den schnellen und sicheren Datenaustausch zwischen den teilnehmenden Unternehmen ermöglichen sollen. Ob sie (auch) der Herstellung von Geschäftsbeziehungen zur gemeinsamen Datennutzung dienen, hängt entscheidend von ihrer Zielsetzung, ihrer Teilnehmerzahl und -struktur sowie von ihrer Offenheit für neue Interessenten ab. Bislang kommen industrielle Datenräume überwiegend innerhalb von Lieferketten und anderen bereits existierenden Geschäftsbeziehungen zum Einsatz.[297] Wenn industrielle Datenräume in diesen Fällen nur die Umsetzung bereits vereinbarter Datenaustauschbeziehungen ermöglichen sollen, fehlt es ihnen an der Zielsetzung, Geschäftsbeziehungen herzustellen. Dies wird bei kleineren Datenräumen, die von einem geschlossenen Kreis von Unternehmen für die Zusammenarbeit im Rahmen existierender langfristiger Geschäftsbeziehungen genutzt werden, der Regelfall sein.[298] Bei großen industriellen Datenräumen, die einer Vielzahl unbestimmter Unternehmen offenstehen, wird die Anbahnung von Geschäftsbeziehungen hingegen häufig zum Aufgabenfeld dieser Plattformen gehören. Denn in diesen Fällen steht der Großteil der Teilnehmer nicht schon zuvor in gegenseitigen Geschäftsbeziehungen zur gemeinsamen Datennutzung. Diese werden dann, zumindest teilweise, erst über den Datenraum angebahnt.

(2) Offenheit

Der Umstand, ob eine industrielle Datenplattform die Herstellung von Geschäftsbeziehungen zwischen Dateninhabern und Datennutzern bezweckt, hängt wesentlich von der Nutzerzahl und Offenheit solcher Plattformen ab. Plattformen, die Geschäftsbeziehungen vermitteln sollen, werden deshalb in der Regel auch Plattformen sein, die sich an eine unbestimmte Anzahl von Dateninhabern und Datennutzern richten.

---

296 Unter Umständen ist die Offenheit von industriellen Datenplattformen kartellrechtlich sogar geboten; siehe hierzu im nächsten Abschnitt.

297 Siehe Kap. 4, II. 3. b) bb)).

298 Erforderlich ist aber, dass bereits eine Geschäftsbeziehung zur gemeinsamen Datennutzung existiert. Es genügt nicht, dass Dateninhaber und Datennutzer bereits in einer Geschäftsbeziehung stehen, die nicht auf die gemeinsame Datennutzung gerichtet ist.

Hierbei ist zu berücksichtigen, dass industrielle Datenplattformen in der Regel in spezifische Sektoren integriert sind.[299] Offene industrielle Datenplattformen, an denen jedes beliebige Unternehmen teilnehmen darf, kommen daher in der Praxis kaum vor. Stattdessen richten sich die Plattformen entweder nur an einen geschlossenen Kreis von Unternehmen oder es dürfen nur Unternehmen teilnehmen, die bestimmte Voraussetzungen erfüllen. Geschlossene Datenplattformen erfüllen das Definitionsmerkmal der Offenheit nicht. Halb-offene industrielle Datenplattformen können hingegen in den Anwendungsbereich des DGA fallen, wenn die Zulassungskriterien, die von Teilnehmern erfüllt werden müssen, hinreichend abstrakt und weit gefasst sind. Die Kriterien müssen so gewählt werden, dass sich die Zusammensetzung des Teilnehmerkreises nicht im Vorhinein bestimmen lässt. Dies ist der Fall bei sachlich gerechtfertigten Kriterien, wie der Zugehörigkeit zu einem Sektor oder einer bestimmten Mindestgröße von teilnehmenden Unternehmen.[300]

(3) Zwischenergebnis

Im Ergebnis dürfte die Anwendbarkeit des DGA auf industrielle Datenplattformen in vielen Fällen daran scheitern, dass es sich bei ihnen um geschlossene Plattformen handelt, die nicht auf die Herstellung von Geschäftsbeziehungen abzielen. Solchen Plattformen fehlt die Offenheit für (neue) Teilnehmer und sie nehmen keine eigentliche Vermittlungstätigkeit wahr. Dieses Auslegungsergebnis wird durch Art. 2 Nr. 11 Hs. 2 lit. c DGA bestätigt, wonach solche Dienste nicht unter Art. 2 Nr. 11 DGA fallen, die von mehreren juristischen Personen in einer geschlossenen Gruppe genutzt werden.[301] Als nicht abschließende Beispiele für geschlossene Gruppen werden Lieferanten- oder Kundenbeziehungen sowie vertragliche Kooperationen genannt. Insbesondere zählen hierzu auch Kooperationen, deren Hauptziel darin besteht, die Funktionsfähigkeit von Gegenständen, die mit dem In-

299 Siehe Kap. 4, II. 3.

300 Zu beachten ist in diesem Zusammenhang, dass bei industriellen Datenplattformen mit einer gewissen Marktmacht der offene und diskriminierungsfreie Zugang aufgrund kartellrechtlicher Vorgaben ermöglicht werden muss. Es ist deshalb denkbar, dass mit der wachsenden Bedeutung des B2B-Datenaustausches auch die Zahl offener Datenplattformen steigen wird. Siehe etwa zum Verfahren der Europäischen Kommission gegen den Datenpool *Insurance Ireland* in Kap. 4, C. III. 2. sowie *Holm-Hadulla/Hamann/u. a.*, Data pooling between Companies (2022). Der Umstand, dass die Offenheit einer industriellen Datenplattform lediglich auf kartellbehördlichen Vorgaben beruht, steht der Awendbarkeit des DGA nicht grundsätzlich entgegen. Schließlich besteht nach der Zwecksetzung des DGA auch in diesen Fällen ein Bedürfnis für einen vertrauensfördernden Rechtsrahmen. Allein der kartellrechtliche Zugangsanspruch eines individuellen Nutzers zu einer industriellen Datenplattform begründet aber noch nicht deren Offenheit.

301 Siehe auch ErwG 28 DGA.

ternet der Dinge verbunden sind, zu gewährleisten.[302] Offene industrielle Datenplattformen sind bisher noch wenig verbreitet. Beispiele hierfür könnten aber große Datenpools, etwa im Versicherungssektor, oder große industrielle Datenräume, die sich an eine breite Nutzergruppen richten, darstellen.

cc) Datenbroker

Datenbroker werden nicht vom Anwendungsbereich der Art. 10 lit. a Hs. 1 Alt. 1 und Art. 2 Nr. 11 DGA erfasst.[303] Dies stellen auch Art. 2 Abs. 11 Hs. 2 lit. c DGA und ErwG 28 DGA klar. Datenbroker werden dort beschrieben als „Dienste, in deren Rahmen Daten von Dateninhabern eingeholt und aggregiert, angereichert oder umgewandelt werden, um deren Wert erheblich zu steigern, und Lizenzen für die Nutzung der resultierenden Daten an die Datennutzer vergeben werden, ohne eine Geschäftsbeziehung zwischen Dateninhabern und Datennutzern herzustellen". Diese Beschreibung deckt sich mit gängigen Definitionen von Datenbrokern.[304] Es ist konsequent, dass Datenbroker nicht in den Anwendungsbereich der Definition fallen, da sie keine Vermittlungstätigkeit wahrnehmen. Sie bahnen keine direkten Geschäftsbeziehungen zwischen Dateninhabern und Datennutzern an, sondern handeln eigenständig mit den Daten, die sie aus verschiedenen Quellen erhoben oder erworben haben. Hierzu treten sie selbst in Geschäftsbeziehungen mit Dateninhabern und Datennutzern, indem sie von Dateninhabern Daten erwerben und diese nach erfolgter Verarbeitung an Datennutzer weitergeben. Direkte geschäftliche und vertragliche Interaktionen zwischen Dateninhabern und Datennutzern kommen dabei nicht zustande.

dd) Plattformen zur Monetisierung unternehmenseigener Daten

Auch Plattformen, über die nur ein Unternehmen seine Daten mit Dritten teilt, fallen nicht in den Anwendungsbereich des DGA.[305] Unternehmen betreiben solche Dienste, um ihre eigenen Daten entgeltlich und zu standardisierten Vertragsbedingungen mit anderen Unternehmen zu teilen.[306] Über sie werden ausschließlich die Daten des Unternehmens angeboten, das den Dienst betreibt. Es fehlt folglich an einer Vermittlungstätigkeit zwischen Dateninhabern und Datennutzern. Auch der Umstand, dass solche Plattformen einer unbestimmten Anzahl von Datennutzern offenstehen, genügt nicht um den Anwendungsbereich der Art. 10 lit. a Hs. 1 Alt. 1,

---

302 Gemeint sind wohl *Industrial-Internet-of-Things-Plattformen* oder das sog. *Collaborative Condition Monitoring*; siehe hierzu *Polley*, CR 2021, 701; *Falck/Koenen*, B2B platforms (2020), S. 31 ff.
303 Vgl. *Hennemann/v. Ditfurth*, NJW 2022, 1905 (1908, Rn. 14).
304 Siehe zum Geschäftsmodell von Datenbrokern in Kap. 4, B. II. 4. b).
305 Vgl. *Hennemann/v. Ditfurth*, NJW 2022, 1905 (1908, Rn. 15).
306 Siehe zu solchen Plattformen in Kap. 4, B. II. 4. a).

2 Nr. 11 DGA zu eröffnen. Schließlich setzt die Definition des Art. 2 Nr. 11 Hs. 1 DGA zusätzlich voraus, dass ein Datenvermittlungsdienst Geschäftsbeziehungen für eine unbestimmte Anzahl von Dateninhabern herstellen soll. An diesem Merkmal fehlt es bei Plattformen zur Monetisierung unternehmenseigener Daten. Dies stellt auch Art. 2 Nr. 11 Hs. 2 lit. c DGA klar, wonach Dienste, die ausschließlich von einem Dateninhaber für die Nutzbarmachung seiner Daten verwendet werden, nicht als Datenvermittlungsdienste im Sinne des Art. 2 Nr. 11 DGA angesehen werden.[307]

ee) Öffentliche Stellen

Wie ErwG 27 DGA verdeutlicht, können Datenvermittlungsdienste grundsätzlich auch von öffentlichen Stellen angeboten werden. Gemäß Art. 2 Nr. 17 DGA umfassen öffentliche Stellen „den Staat, Gebietskörperschaften, Einrichtungen des öffentlichen Rechts oder Verbände, die aus einer oder mehreren dieser Körperschaften oder einer oder mehreren dieser Einrichtungen des öffentlichen Rechts bestehen". Ob eine öffentliche Stelle einen Datenvermittlungsdienst im Sinne des Art. 2 Nr. 11 DGA anbietet, ist im Einzelfall festzustellen.

Art. 2 Nr. 11 Hs. 2 lit. d DGA enthält insofern keine Einschränkung des Anwendungsbereichs für öffentliche Stellen. Denn nach Art. 2 Nr. 11 Hs. 2 lit. d DGA sind nur solche Dienste keine Datenvermittlungsdienste im Sinne des Art. 2 Nr. 11 DGA, die von öffentlichen Stellen angeboten werden und nicht auf die Herstellung von Geschäftsbeziehungen abzielen. Die Herstellung von Geschäftsbeziehungen findet sich aber bereits als Definitionsmerkmal in Art. 2 Nr. 11 DGA. Dienste, die unter den Ausschlussgrund von Art. 2 Nr. 11 Hs. 2 lit. d DGA fallen, erfüllen deshalb schon nicht die Voraussetzungen eines Datenvermittlungsdienstes gemäß Art. 2 Nr. 11 DGA.[308] Der Zweck von Art. 2 Nr. 11 lit. d DGA scheint in der deklaratorischen Betonung des Umstandes zu liegen, dass öffentliche Stellen nur dann in den Anwendungsbereich der DGA fallen, wenn sie Geschäftsbeziehungen zur gemeinsamen Datennutzung für kommerzielle Zwecke anbahnen. Nicht erfasst werden hingegen Dienste von öffentlichen Stellen, die den Datenaustausch für gemeinnützige Zwecke ermöglichen sollen.

Da öffentliche Stellen bislang kaum als Datenvermittler in Erscheinung getreten sind, lässt sich noch schwer abschätzen, welche öffentlichen Angebote in der Zukunft Datenvermittlungsdienste darstellen werden. Jedenfalls bei öffentlichen Stellen, welche die Weiterverwendung von Daten im Besitz der öffentlichen Hand gemäß Art. 3 bis 9 DGA ermöglichen, soll es sich laut ErwG 29 DGA nicht um Daten-

---

307 Vgl. auch den mit Art. 2 Nr. 11 lit. c DGA inhaltsgleichen ErwG 28 DGA.

308 Bei der Bezeichnung solcher Dienste als „Datenvermittlungsdienste" in Art. 2 Nr. 11 lit. d DGA muss es sich daher um ein redaktionelles Versehen handeln.

vermittlungsdienste handeln.[309] Durch die Ausnahmeregelung sollen in erster Linie Widersprüche zu den Vorschriften des zweiten Kapitels vermieden werden.[310] Ohnehin werden bei der Wiederverwendung von Daten öffentlicher Stellen keine direkten Geschäftsbeziehungen zwischen Dateninhabern und Datennutzern hergestellt. Der Datennutzer erhält lediglich den Datenzugang von der öffentlichen Hand. Es kommt damit zu keiner direkten geschäftlichen Interaktion zwischen dem Datennutzer und dem ursprünglichen Dateninhaber.

ff) Intermediäre für urheberrechtlich geschützte Inhalte

Gemäß Art. 2 Nr. 11 Hs. 2 lit. b DGA handelt es sich bei Diensten, deren Schwerpunkt auf der Vermittlung urheberrechtlich geschützter Inhalte liegt, nicht um Datenvermittlungsdienste im Sinne des Art. 2 Nr. 11 DGA. Anders als bei den übrigen Ausschlussgründen des Art. 2 Nr. 11 Hs. 2 DGA hat Art. 2 Nr. 11 Hs. 2 lit. b DGA nicht bloß einen deklaratorischen Charakter, sondern stellt eine echte Ausnahme dar. Wegen der weiten Datendefinition in Art. 2 Nr. 1 DGA fallen schließlich auch Daten in Form von Ton-, Bild- oder audiovisuellen Aufnahmen in den Anwendungsbereich des DGA.[311] Aufgrund dessen könnten im Prinzip auch Vermittler von Online-Medien, die als Kunstwerke, Musikstücke oder Filme Daten im Sinne des DGA sind, vom Anwendungsbereich des Art. 2 Abs. 11 DGA erfasst sein.[312]

Da die Regulierung durch den DGA jedoch auf Dienste abzielt, die Daten für Analysezwecke und nicht bloß zu Unterhaltungszwecken vermitteln, ist eine Ausnahme für Vermittler von urheberrechtlich geschützten Inhalten angebracht. Der DGA soll durch die Regulierung von Datenintermediären den Datenaustausch über solche Intermediäre im Binnenmarkt fördern, um die Datengrundlage von Unternehmen für innovative Analysezwecke zu verbessern. Hiervon unterscheiden sich die Zielsetzungen von Vermittlern von urheberrechtlich geschützten Inhalten wesentlich. Zudem enthalten bereits die DSM-RL und der DSA[313] spezielle Regelungen für sie. Als Neuerung zum DGA-E ist die Aufnahme einer ausdrücklichen Ausnahme für solche Diensteanbieter in den Gesetzestext daher zu begrüßen.[314] Einen Anhaltspunkt dafür, welche Dienste der Gesetzgeber als Vermittler

309 Entsprechendes dürfte für öffentliche Stellen gelten, die die Weiterverwendung von Daten der öffentlichen Hand aufgrund von nationalen Gesetzen, die auf der PSI-RL beruhen, ermöglichen. In Deutschland wurde die PSI-RL durch das Datennutzungsgesetz vom 16. Juli 2021 (BGBl. I S. 2941, 2942, 4114) umgesetzt.

310 *Specht-Riemenschneider*, in: Specht-Riemenschneider/Hennemann, DGA, Art. 2 Rn. 75.

311 Siehe näher zu Art. 2 Abs. 1 DGA Kap. 5, IV. 3. a) aa).

312 Vgl. *Specht-Riemenschneider*, in: Specht-Riemenschneider/Hennemann, DGA, Art. 2 Rn. 72; *Richter*, ZEuP 2021, 634 (652).

313 Siehe hierzu *Janal*, GRUR 2022, 221.

314 Siehe zum insofern noch unklareren DGA-E *Richter*, ZEuP 2021, 634 (652).

von urheberrechtlich geschützten Inhalten ansieht, bietet ErwG 29 DGA. Dort werden Diensteanbieter für das Teilen von Online-Inhalten gemäß Art. 2 Abs. 6 DSM-RL als Beispiele für Vermittler im Sinne von Art. 2 Nr. 11 Hs. 2 lit. b DGA genannt.

Gemäß Art. 2 Abs. 6 UAbs. 1 DSM-RL handelt es sich bei Diensteanbietern für das Teilen von Online-Inhalten um Anbieter von Diensten der Informationsgesellschaft, bei denen der Hauptzweck bzw. einer der Hauptzwecke darin besteht, eine große Menge an von seinen Nutzern hochgeladenen, urheberrechtlich geschützten Werken oder sonstigen Schutzgegenständen zu speichern und der Öffentlichkeit Zugang hierzu zu verschaffen, wobei der Anbieter diese Inhalte organisiert und zum Zwecke der Gewinnerzielung bewirbt. In Deutschland wurde die DSM-RL durch das UrhDaG umgesetzt.[315] Durch die DSM-RL und das UrhDaG sollen in erster Linie die urheberrechtliche Verantwortlichkeit großer Upload-Plattformen wie Youtube, TikTok oder Instagram geregelt werden.[316] Der Anwendungsbereich des UrhDaG (und der DSM-RL) ist aber durchaus voraussetzungsreich.[317] So muss die Speicherung und öffentliche Zugänglichmachung von urheberrechtlich geschützten Inhalten gemäß § 2 Abs. 1 Nr. 1 UrhDaG einen Hauptzweck des Dienstes darstellen.[318] Offen ist, welche Anforderungen an die Organisation der Inhalte gemäß § 2 Abs. 1 Nr. 1 UrhDaG zu stellen sind.[319] Es ist daher wahrscheinlich, dass sich der Anwendungsbereich des UrhDaG und der zugrunde liegenden Richtlinie letztlich auf einen deutlich kleineren Kreis von Diensteanbietern erstreckt als zunächst angenommen.

---

315 Nach der Definition des § 2 Abs. 1 Nr. 4 UrhDaG müssen Diensteanbieter zusätzlich zu den in Art. 2 Abs. 6 UAbs. 1 DSM-RL festgelegten Kriterien auch mit Online-Inhaltediensten (wie z. B. *Netflix* oder *Spotifiy*) um die gleichen Zielgruppen konkurrieren. Dieses Definitionsmerkmal war zuvor lediglich in ErwG 62 DSM-RL enthalten; siehe hierzu *Barudi*, in: Barudi, Das neue Urheberrecht (2021), § 1 Rn. 11.

316 *Hofmann*, NJW 2021, 1905 (1906); *Frey/Rudolph*, MMR 2021, 671 (672).

317 *Janal*, GRUR 2022, 211 (212); *Leistner*, ZGE 2020, 123 (144 f.); *Barudi*, in: Barudi, Das neue Urheberrecht (2021), § 1 Rn. 10 ff. Gleiches gilt für die zugrunde liegende DSM-RL, auf die es hier ankommt.

318 Es muss sich bei der Speicherung und Zugänglichmachung von Online-Inhalten um den wichtigsten oder zumindest um einen von mehreren gleichwichtigen Hauptzwecken handeln, siehe *Barudi*, in: Barudi, Das neue Urheberrecht (2021), § 1 Rn. 13. Es ist fraglich, ob dieses Kriterium von sozialen Netzwerken wie *Twitter*, *Instagram* oder *Facebook*, die vor allem die Selbstdarstellung und Kommunikation ihrer Nutzer ermöglichen sollen, erfüllt wird; siehe *Janal*, GRUR 2022, 211 (212). Hinzu kommt, dass es bei sozialen Netzwerken i. d. R. an einem Konkurrenzverhältnis zu Anbietern von Online-Inhaltediensten i. S.d § 2 Abs. 1 Nr. 4 UrhDaG fehlt.

319 Wenn hierfür eine Sortierung nach Kategorien oder eine Suchfunktion vorausgesetzt werden, würden bestimmte Dienste wie *TikTok*, die Inhalte lediglich über einen Empfehlungsalgorithmus organisieren, aus dem Anwendungsbereich herausfallen; siehe nur *Janal*, GRUR 2022, 211 (212).

Auf den genauen Anwendungsbereich des Art. 2 Abs. 6 DSM-RL und des § 2 UrhDaG kommt es hier jedoch nicht an. Denn Art. 2 Nr. 11 Hs. 2 lit. b DGA erfasst alle Dienste, deren Schwerpunkt auf der Vermittlung urheberrechtlich geschützter Inhalte liegt. Auch wenn ein Dienst nicht die Anwendungsvoraussetzungen der DSM-RL erfüllt, kann er vom Anwendungsbereich des DGA ausgeschlossen sein. Entscheidend ist, dass ein Diensteanbieter urheberrechtlich geschützte Werke oder andere Schutzinhalte vermittelt. Da Daten nur dann urheberrechtlich geschützt sind, wenn sie geschützte Inhalte enthalten,[320] bietet Art. 2 Nr. 11 Hs. 2 lit. b DGA eine hinreichend trennscharfe Abgrenzung. Gewöhnliche Daten, die lediglich Informationen verkörpern und keinen geistigen Schöpfungsakt enthalten, sind nicht urheberrechtlich geschützt.[321] Ihre Vermittlung fällt daher nicht in den Ausnahmebereich des Art. 2 Nr. 11 Hs. 2 lit. b DGA.

gg) Datenaltruistische Organisationen

Wie ErwG 29 DGA klarstellt, fallen datenaltruistische Organisationen grundsätzlich nicht in den Anwendungsbereich der Regulierung von Datenvermittlungsdiensten. Etwas anderes gilt nach Art. 15 DGA nur dann, wenn datenaltruistische Organisationen oder andere vergleichbare Einrichtungen ohne Erwerbszweck ausnahmsweise, entgegen ihrer eigentlichen Zwecksetzung, Geschäftsbeziehungen zwischen Dateninhabern und Datennutzern herstellen.[322]

hh) Sonstige Dienste

Auch bei anderen Diensten kann sich die Frage stellen, ob sie in den Anwendungsbereich der Art. 10 lit. a Hs. 1 Alt. 1, 2 Nr. 11 DGA fallen. Da Daten heute in vielen Geschäftsbeziehungen ausgetauscht werden, kann es bei den unterschiedlichsten Diensten angezeigt sein, zu prüfen, ob für das jeweilige Geschäftsmodell der Anwendungsbereich des DGA eröffnet ist. Wie Art. 10 lit. a Hs. 2 DGA klarstellt, kommen Dienste als Datenvermittler in Betracht, die sich hinsichtlich ihrer Struktur, Funktionsweise und ihres Geschäftsmodells wesentlich unterscheiden können. So ist es unter Umständen auch denkbar, dass Datenbanken als Datenvermittler in den Anwendungsbereich der DGA fallen können.[323] Letztlich dürften die Merkmale der Herstellung von Geschäftsbeziehungen, deren Hauptzweck die gemeinsame Datennutzung ist, sowie der Offenheit eine ausufernde Anwendung des DGA aber verhindern. Aufgrund der großen Bandbreite von Diensten, die womöglich ein

---

320 Siehe Kap. 3, C. II. 2.

321 Siehe hierzu Kap. 3, C. II. 2.

322 Siehe zu Art. 15 DGA ausführlich in Kap. 5, C. IV. 3. b) dd).

323 Vgl. *Specht-Riemenschneider*, in: Specht-Riemenschneider/Hennemann, DGA, Art. 10 Rn. 30.

oder mehrere Definitionsmerkmale von Datenvermittlungsdiensten erfüllen, kann an dieser Stelle nicht auf alle in Betracht kommenden Dienste eingegangen werden. Lediglich zwei Dienste, die in den Erwägungsgründen ausdrücklich genannt werden, sollen kurz erörtert werden.

Laut ErwG 29 DGA sollen Bereitsteller konsolidierter Datenträger sowie Kontoinformationsdienstleister nicht in den Anwendungsbereich des DGA fallen. Bei Bereitstellern von konsolidierten Datenträgern handelt es sich gemäß Art. 2 Abs. 1 Nr. 45 VO (EU) 600/2014[324] i. V. m. Art. 4 Abs. 1 Nr. 53 RL (EU) 2014/65[325] um Personen, die zur Einholung von Handelsauskünften über bestimmte Finanzinstrumente auf geregelten Märkten berechtigt sind und die Handelsauskünfte in einem kontinuierlichen Datenstrom konsolidieren, über den Preis- und Handelsvolumendaten pro Finanzinstrument abrufbar sind. Der Zweck solcher Bereitsteller von konsolidierten Datenträgern besteht darin, die Transparenz und Übersichtlichkeit von Handelsdaten der europäischen Finanzmärkte durch die Konsolidierung dieser Daten zu verbessern.[326]

Kontoinformationsdienstleister sind gemäß Art. 4 Nr. 19 RL (EU) 2015/2366[327] Zahlungsdienstleister, die Kontoinformationsdienste im Sinne von Ziffer 8 des Anhangs I i. V. m. Art. 4 Nr. 16 RL (EU) 2015/2366 erbringen. Ein Kontoinformationsdienst stellt einen Online-Dienst zur Mitteilung konsolidierter Informationen über ein Zahlungskonto oder mehrere Zahlungskonten dar, die ein Zahlungsdienstnutzer entweder bei einem anderen Zahlungsdienstleister oder bei mehr als einem Zahlungsdienstleister hält.[328] Es handelt sich bei solchen Dienstleistern um Vermittler zwischen Banken und Bankkunden, die Informationen über Zahlungskon-

324 Verordnung (EU) Nr. 600/2014 des Europäischen Parlaments und des Rates vom 15.5.2014 über Märkte für Finanzinstrumente und zur Änderung der Verordnung (EU) Nr. 648/2012, ABl. L 173/84, S. 84–148.

325 Richtlinie 2014/65/EU des Europäischen Parlaments und des Rates vom 15.5.2014 über Märkte für Finanzinstrumente sowie zur Änderung der Richtlinie 2002/92/EG und 2011/61/EU, ABl. L 173/349, S. 349–496.

326 *Kumpan*, in: Schwark/Zimmer, WpHG, § 2 Rn. 237. Siehe zu den Hintergründen der RL (EU) 2014/65 und den konkreten Aufgaben von Bereitstellern konsolidierter Datenträger *Hoops*, WM 2018, 205.

327 Richtlinie (EU) 2015/2366 des Europäischen Parlaments und des Rates vom 25. November 2015 über Zahlungsdienste im Binnenmarkt, zur Änderung der Richtlinien 2002/65/EG und 2013/36/EU und der Verordnung (EU) Nr. 1093/2010 sowie zur Aufhebung der Richtlinie 2007/64/EG, ABl. L 337/35, S. 35–127.

328 Die Definition von Kontoinformationsdiensten wurde in § 1 Abs. 34 ZAG inhaltsgleich übernommen; siehe *Terlau*, in: Casper/Terlau, ZAG, § 1 Rn. 165, 628 ff.

ten des Kunden sammeln und konsolidieren, um sie dem Kunden oder einem anderen Dienstleister zur Verfügung stellen.[329]

Weshalb diese beiden Finanzdienstleister nicht in den Anwendungsbereich des DGA fallen sollen, lassen die Erwägungsgründe offen. Bei beiden Diensten dürfte es aber zumindest am Merkmal der Herstellung von Geschäftsbeziehungen zur gemeinsamen Datennutzung zwischen Dateninhabern und Datennutzern fehlen. Schließlich sammeln und aggregieren beide Dienste Daten selbständig, um sie anschließend mit Datennutzern zu teilen. Die Herstellung direkter geschäftlicher Kontakte zwischen den Datenquellen und den Nutzern erfolgt dabei nicht. Diese beiden Beispiele zeigen jedoch anschaulich, dass auch bei Diensten, die ganz anderen Zwecken als denen von Datenmarktplätzen oder industriellen Datenplattformen dienen, die Anwendbarkeit des DGA in Betracht kommen kann. Um zu verhindern, dass der Anwendungsbereich des DGA sich entgegen der Absicht des Gesetzgebers auch auf Dienste erstreckt, die keine typischen Datenvermittler sind, sollten die Voraussetzungen des Art. 2 Nr. 11 DGA entsprechend streng ausgelegt werden. Schließlich bezweckt der DGA die Regulierung von Datenintermediären, die als *Match-Maker* den Austausch von Daten für innovative Analysezwecke ermöglichen sollen.

4. Bereitsteller von Mitteln zur Erbringung von Datenvermittlungsdiensten (Art. 10 lit. a Hs. 1 Alt. 2 DGA)

a) Einleitung

Gemäß Art. 10 lit. a Hs. 1 Alt. 2 DGA wird auch die Bereitstellung von technischen oder anderen Mitteln zur Ermöglichung von Datenvermittlungsdiensten im Sinne des Art. 10 lit. a Hs. 1 Alt. 1 DGA als Erbringung solcher Datenvermittlungsdienste angesehen und unterfällt damit dem DGA. Auch wenn der Wortlaut der Vorschrift nicht eindeutig ist, scheint sich Art. 10 lit. a Hs. 1 Alt. 2 DGA auf technische Unterstützungsdienstleister zu beziehen, die sich auf die Bereitstellung der technischen Infrastrukturen für den Betrieb von Datenmarktplätzen und industriellen Datenplattformen spezialisiert haben.[330] Augenscheinlich reagiert der Gesetzgeber mit der zweiten Alternative auf die Entwicklung, dass sich eine steigende Anzahl von Unternehmen auf die Bereitstellung von technischen Infrastrukturen für den Betrieb von Datenvermittlungsdiensten an andere Unternehmen spezialisiert. Zum

329 *Jestaedt*, BKR 2018, 445 (446). Auf Basis der konsolidierten Informationen können zum Beispiel Anwendungen zur Integration mehrerer Konten, zur Erleichterung der Buchführung sowie zur Erstellung von Bonitätsanalysen entwickelt und dem Kunden angeboten werden; siehe *Jestaedt*, BKR 2018, 445 (446); *Terlau*, in: Casper/Terlau, ZAG, § 1 Rn. 166.

330 Vgl. *Hennemann/v. Ditfurth*, NJW 2022, 1905 (1908, Rn. 17). Siehe zum Geschäftsmodell technischer Unterstützungsdienstleister Kap. 4, B. II. 4. c).

Beispiel betreibt *Dawex* nicht nur seinen eigenen *Global Data Marketplace*, sondern stellt seine Plattformarchitektur daneben auch anderen Unternehmen entgeltlich zur Verfügung, die selbst Datenmarktplätze oder industrielle Datenplattformen betreiben wollen.[331]

Bedauerlich ist, dass weder der Gesetzestext noch die Erwägungsgründe des DGA verlässliche Anhaltspunkte dafür bieten, unter welchen Voraussetzungen die Bereitstellung technischer Mittel für die Ermöglichung von Datenvermittlungsdiensten in den Anwendungsbereich des DGA fällt. Problematisch ist außerdem, dass der DGA nicht das Verhältnis zwischen dem Bereitsteller der Mittel für die Ermöglichung eines Datenvermittlungsdienstes einerseits und dem Betreiber desselben Dienstes, also dem Nutzer der zur Verfügung gestellten Mittel, regelt. Es wird deshalb vertreten, dass Art. 10 lit. a Hs. 1 Alt. 2 DGA eng ausgelegt und restriktiv angewendet werden sollte.

b) Voraussetzungen

Die Abgrenzung des Anwendungsbereichs von Art. 10 lit. a Hs. 1 Alt. 2 DGA wirft Schwierigkeiten auf. Es ergibt sich nicht bereits aus dem Wortlaut welche Mittel und welche Anbieter in den Anwendungsbereich fallen sollen. Weder enthält Art. 2 DGA eine Definition noch finden sich in den Erwägungsgründen Stellen, die sich unmittelbar auf solche Dienste beziehen und eine eindeutige Auslegung ermöglichen.

Nach dem Wortlaut der Norm ist die Bereitstellung technischer oder anderer Mittel erforderlich, bei denen es sich um eine „Voraussetzung" für die Erbringung von Datenvermittlungsdiensten handelt. Danach genügt also die Bereitstellung jedes Mittels zur Ermöglichung solcher Dienste. Da es sich bei Datenvermittlungsdiensten um technologisch und organisatorisch komplexe Vorhaben handelt, basieren sie häufig auf technischen oder sonstigen Mitteln, die von Drittanbietern bereitgestellt werden. Zum Beispiel greifen Datenmarktplätze in vielen Fällen auf Cloud-Dienste von externen Anbietern zurück.[332] Der Wortlaut des Art. 10 lit. a Hs. 1 Alt. 2 DGA ist daher sehr weit und erfasst potenziell eine große Bandbreite von Diensten. Alle Dienste, die bei der Entwicklung und dem Betrieb eines Datenvermittlungsdienstes genutzt werden, könnten in den Anwendungsbereich des

---

331 Z. B. basiert *Api-Agpro*, ein Marktplatz für Agrardaten, der von dem Gemeinschaftsunternehmen *Agdatahub* betrieben wird, auf der Technologie von *Dawex*, siehe https://www.dawex.com/en/why-data-exchange/success-stories und https://api-agro.eu/en.

332 Z. B. hat *Agdatahub* das auf Datenmarktplätze spezialisierte Unternehmen *Dawex* mit der Entwicklung und dem Betrieb seines Datenmarktplatzes *Api-Agpro* beauftragt und das Unternehmen *Orange Business Services* mit der Bereitstellung einer souveränen Cloud-Infrastruktur für den Datenmarktplatz beauftragt; siehe *Dawex*, Case Study (2020), S. 2.

DGA fallen, da sie Datenvermittlungsdienste ermöglichen. Neben Anbietern von Cloud-Diensten könnten zum Beispiel auch Anbieter von Softwarelösungen für Anwendungsprogrammierschnittstellen vom Anwendungsbereich nach Art. 10 lit. a Hs. 1 Alt. 2 DGA erfasst sein.

Eine solche, allein auf den Wortlaut abstellende Auslegung würde zu einer grenzenlosen Anwendung des DGA führen. Der Anwendungsbereich des Art. 10 lit. a Hs. 1 Alt. 2 DGA könnte sich auf Anbieter erstrecken, die bloße „Bauteile“ oder untergeordnete Dienstleistungen für die Entwicklung und den Betrieb von einem oder mehreren Datenvermittlungsdiensten bereitstellen. Dies würde dem Zweck des DGA widersprechen, der auf die Regulierung von zentralen Plattformen und Einrichtungen für den Datenaustausch abzielt. Gegen eine extensive Anwendung des DGA spricht auch die Regulierungssystematik des DGA. Sowohl die Anmeldung nach Art. 11 DGA als auch die Bedingungen für die Erbringung von Datenvermittlungsdiensten in Art. 12 DGA sind auf das Anbieten von ganzheitlichen Vermittlungsdiensten und nicht nur von einzelnen Bestandteilen zugeschnitten.

Gestützt wird die restriktive Auslegung von Art. 10 lit. a Hs. 1 Alt. 2 DGA auch durch ErwG 28 DGA. Danach soll die Bereitstellung von Cloud-Diensten, Analysediensten und Softwareanwendungen für den Datenaustausch grundsätzlich nicht als Datenvermittlungsdienst im Sinne dieser Verordnung gelten, sofern mit diesen Diensten Dateninhabern ausschließlich technische Werkzeuge für die Datenweitergabe zur Verfügung gestellt werden. Etwas anderes soll nur dann gelten, wenn die Bereitstellung solcher Werkzeuge oder Mittel darauf abzielt, zwischen Dateninhabern und Datennutzern eine geschäftliche Beziehung herzustellen oder sie es dem Anbieter ermöglicht, Informationen über die Herstellung geschäftlicher Beziehungen zum Zwecke der gemeinsamen Datennutzung zu erlangen. ErwG 28 DGA zeigt, dass gerade nicht jedes technische Werkzeug, das für den Datenaustausch verwendet werden kann, in den Anwendungsbereich des DGA fallen soll. Nur dann, wenn durch die Bereitstellung von technischen Werkzeugen (unmittelbar) die Herstellung von Geschäftsbeziehungen bezweckt wird oder hierüber Informationen erlangt werden, kann der Anwendungsbereich eröffnet sein.

Das erste Kriterium ist bei der Auslegung der Bereitstellung technischer oder anderer Mittel zur Ermöglichung von Datenvermittlungsdiensten zu berücksichtigen.[333] Es sollten danach nur solche Mittel von Art. 10 lit. a Hs. 1 Alt. 2 DGA erfasst werden, die unmittelbar zur Herstellung von Geschäftsbeziehungen zur gemeinsamen Datennutzung genutzt werden können und sollen. Dies ist bei der Bereitstel-

333 Das zweite in ErwG 28 DGA genannte Kriterium lässt sich mit Wortlaut und Zweck von Art. 10 lit. a und Art. 2 Nr. 11 DGA hingegen nicht vereinbaren und bleibt hier unberücksichtigt. Die bloße Kenntniserlangung über die Herstellung von Geschäftsbeziehungen kann nicht als eigene Erbringung von Datenvermittlungsdiensten angesehen werden.

lung von Plattforminfrastrukturen der Fall, über die ein Datenvermittlungsdienst unmittelbar betrieben werden kann, ohne dass hierfür eine Weiterentwicklung der Plattforminfrastruktur nötig ist. Bei der Bereitstellung von Mitteln im Sinne des Art. 10 lit. a Hs. 1 Alt. 2 DGA soll es sich folglich um die Bereitstellung des fertigen (technischen) Unterbaus von Datenvermittlungsdiensten handeln. So kann verhindert werden, dass der Anwendungsbereich des Art. 10 lit. a Hs. 1 Alt. 2 DGA auch solche Dienste umfasst, die nur untergeordnet für die Bereitstellung von Datenvermittlungsdienste verwendet werden und keine aktive Rolle bei der Herstellung von Geschäftsbeziehungen einnehmen.

Es werden demnach nur relativ komplexe technische Lösungen von Art. 10 lit. a Hs. 1 Alt. 2 DGA erfasst, die dem Nutzer dieser Mittel das Anbieten von Datenvermittlungsdiensten ohne wesentliche weitere Zwischenschritte ermöglichen. So soll sichergestellt werden, dass nur solche Dienstleister in den Anwendungsbereich fallen, die eine zentrale Rolle für den Datenaustausch im Binnenmarkt einnehmen, indem sie die Werkzeuge für die Herstellung von Geschäftsbeziehungen zum Zweck des Datenaustausches bereitstellen und dadurch einen spürbaren Einfluss auf den Datenaustausch ausüben können. Bei solchen Dienstleistern handelt es sich vor allem um Anbieter wie *Dawex* oder *Nallian*, die den Betreibern von Datenvermittlungsdiensten fertige und gegebenenfalls maßgeschneiderte Plattformen für die Durchführung der Vermittlungsdienste zur Verfügung stellen.[334]

c) Verhältnis von Art. 10 lit. a Hs. 1 Alt. 1 und Alt. 2 DGA

Unklar ist außerdem, in welchem Verhältnis Art. 10 lit. a Hs. 1 Alt. 2 DGA zur ersten Alternative steht. Der Anbieter eines Datenvermittlungsdienstes muss sich gemäß Art. 11 Abs. 1 DGA bei der zuständigen Behörde anmelden und die Bedingungen des Art. 12 DGA erfüllen. Das Regelungssystem des DGA adressiert den Erbringer eines Datenvermittlungsdienstes. Dies dürfte üblicherweise derjenige sein, der den Dienst am Markt anbietet. Wenn allerdings auch die Bereitstellung der Plattform für die Durchführung des gleichen Datenvermittlungsdienstes gemäß Art. 10 lit. a Hs. 1 Alt. 2 DGA einen Datenvermittlungsdienst darstellt, ist unklar, wer als Erbringer anzusehen ist. Es könnten dann rechtlich zwei Datenvermittlungsdienste nebeneinander existieren, obwohl es sich faktisch nur um einen Datenvermittlungsdienst handelt, der Dateninhabern und -nutzern angeboten wird. Alternativ ist es denkbar, dass auch rechtlich nur ein Datenvermittlungsdienst existiert, für den der Anbieter und der Dienstleister, der die technische Plattform zur Verfügung stellt, gemeinsam als verantwortliche Erbringer angesehen werden.

---

334 Siehe zu solchen Dienstleistungen ausführlich Kap. 4, B. II. 4. c).

Beide Optionen sind abzulehnen. Die doppelte rechtliche Existenz eines Datenvermittlungsdienstes könnte zu divergenten Beurteilungen und Behandlungen eines Dienstes durch Behörden führen. Eine gemeinsame Verantwortlichkeit zwischen Anbieter nach Alternative 1 und Dienstleister nach Alternative 2 kann mangels ausdrücklicher gesetzlicher Anordnung nicht angenommen werden, da sie weitreichende rechtliche Folgen für beide Anbieter hätte. So könnte zum Beispiel der Dienstleister für Handlungen des Anbieters sanktioniert werden. Stattdessen sollte Art. 10 lit. a Hs. 1 Alt. 2 DGA restriktiv und subsidiär angewendet werden. Durch die Aufnahme von Alternative 2 in Art. 10 lit. a DGA scheint der Gesetzgeber nämlich vor allem das Entstehen von Anwendungslücken vermeiden zu wollen.

Zu einer Anwendungslücke könnte es dann kommen, wenn ein Unternehmen einen Datenvermittlungsdienst unter seinem Namen anbietet, aber von einem Dienstleister betreiben lässt. In diesem Fall könnte die Regulierung des offiziellen Anbieters ins Leere laufen, da er am Betrieb des Datenvermittlungsdienstes selbst nicht beteiligt ist. Schließlich kontrolliert der Dienstleister die Plattform des Datenvermittlungsdienstes und die darauf befindlichen Daten, auch wenn sie nicht in seinem Namen angeboten wird. Es könnte in diesen Fällen notwendig sein, auf den Dienstleister, der den Datenvermittlungsdienst betreibt, regulatorisch zuzugreifen. Der Erbringer von Datenvermittlungsdiensten im Sinne der Art. 11, 12 DGA sollte deshalb dasjenige Unternehmen sein, das den Dienst betreibt und kontrolliert. In der Regel wird dies nicht der Dienstleister sein, der die Plattformarchitektur nur zur Verfügung stellt. Nur in Ausnahmefällen, in denen der Datenvermittlungsdienst von einem Dienstleister für den eigentlichen Anbieter betrieben wird, sollte Alternative 2 statt Art. 10 lit. a Hs. 1 Alt. 1 DGA zur Anwendung kommen.

d) Zwischenergebnis

Im Ergebnis stellt Art. 10 lit. a Hs. 1 Alt. 2 DGA den Rechtsanwender vor große Probleme. Durch den weiten Wortlaut und das Fehlen ergänzender Definitionen besteht eine erhebliche Unsicherheit, worum genau es sich bei der Bereitstellung von technischen oder anderen Mitteln zur Ermöglichung von Datenvermittlungsdiensten handeln soll. Ebenso problematisch ist das Verhältnis von Art. 10 lit. a Hs. 1 Alt. 2 DGA zur ersten Alternative. Die Erbringung von Mitteln zur Ermöglichung von Datenvermittlungsdiensten wird mit der unmittelbaren Erbringung solcher Dienste gleichgestellt. Weder aus dem Gesetzestext noch aus den Erwägungsgründen geht aber hervor, in welchem Verhältnis die beiden Alternativen zueinanderstehen. Dies erschwert die Handhabung des DGA in Fällen, in denen mehrere Personen an der Bereitstellung von Datenvermittlungsdiensten beteiligt sind.

5. Dienste von Datengenossenschaften (Art. 10 lit. c DGA)

a) Einleitung

Datengenossenschaften fallen nach Art. 10 lit. c DGA als Datenvermittlungsdienste in den Anwendungsbereich des dritten Kapitels des DGA. Ihre Zielsetzung besteht darin, ihren Mitgliedern bei der informierten Entscheidungen über die Nutzung und Weitergabe ihrer Daten zu helfen. Zudem können sie durch die Bündelung von Angeboten die Verhandlungsmacht ihrer Mitglieder stärken.[335] Typischerweise richten sich Datengenossenschaften an KMU. Die Definition des DGA in Art. 2 Nr. 15 geht hierüber aber hinaus und bezieht auch Datengenossenschaften ein, die natürlichen Personen offenstehen.

Bei Datengenossenschaften handelt es sich nicht um klassische Intermediäre, die vorrangig Verträge zwischen unterschiedlichen Marktteilnehmern anbahnen und dadurch Transaktionskosten senken sollen. Stattdessen sollen die Genossenschaften ihren Mitgliedern die Kooperation und die Verfolgung gemeinsamer wirtschaftlicher und sonstiger Interessen ermöglichen.[336] Die Förderung des B2B-Datenaustausches erfolgt bei ihnen, wenn überhaupt, als Nebenzweck. Aufgrund dieser wesentlichen Unterschiede zu den in dieser Untersuchung behandelten B2B-Datenintermediären wird hier nur knapp auf den Anwendungsbereich des Art. 10 lit. c DGA eingegangen. Dabei soll die Abgrenzung des Art. 10 lit. c zu lit. a DGA im Vordergrund stehen.

b) Voraussetzungen von Datengenossenschaften

Der Begriff der Datengenossenschaften wird in Art. 2 Nr. 15 DGA definiert. Danach handelt es sich bei ihnen um „Datenvermittlungsdienste, die von einer Organisationsstruktur angeboten werden, welche sich aus betroffenen Personen, Ein-Personen-Unternehmen oder KMU, die in dieser Struktur Mitglied sind, zusammensetzt, und deren Hauptzwecke in der Unterstützung ihrer Mitglieder bei der Ausübung ihrer Rechte in Bezug auf bestimmte Daten bestehen, unter anderem beim Treffen einer sachkundigen Entscheidung vor der Einwilligung zur Datenverarbeitung, beim Meinungsaustausch über die den Interessen ihrer Mitglieder im Zusammenhang mit ihren Daten am besten entsprechenden Zwecke und Bedingungen der Datenverarbeitung und beim Aushandeln der Bedingungen der Datenverarbeitung im Namen der Mitglieder, bevor die Erlaubnis zur Verarbeitung nicht perso-

---

335 Siehe zu den Funktionen von Datengenossenschaften in Kap. 4, B. II. 4. d).

336 Der Geschäftszweck von Datengenossenschaften entspricht somit den Aufgaben, die typischerweise von Genossenschaften erbracht werden. Z. B. werden Genossenschaften in § 1 Genossenschaftsgesetz (GenG) allgemein als „Gesellschaften von nicht geschlossener Mitgliederzahl, deren Zweck darauf gerichtet ist, den Erwerb oder die Wirtschaft ihrer Mitglieder oder deren soziale oder kulturelle Belange durch gemeinschaftlichen Geschäftsbetrieb zu fördern" definiert.

nenbezogener Daten erteilt oder in die Verarbeitung personenbezogener Daten eingewilligt wird".[337]

aa) Organisationsstruktur, die sich aus Mitgliedern zusammensetzt

Bei Datengenossenschaften muss es sich demnach um Organisationsstrukturen handeln, die sich aus Mitgliedern zusammensetzen und deren Hauptzweck die Unterstützung ihrer Mitglieder bei bestimmten datenbezogenen Tätigkeiten darstellt. Der persönliche Anwendungsbereich des Art. 10 lit. c DGA ist weit. Die Definition des Art. 2 Nr. 15 DGA erfasst alle Organisationsstrukturen, die sich aus Mitgliedern zusammensetzen und ihre Mitglieder bei der Datennutzung und -kontrolle unterstützen sollen. Es ist nicht erforderlich, dass es sich bei solchen Organisationen um europäische Genossenschaften (SCE)[338] handelt oder sie die Rechtsform einer eingetragenen Genossenschaft im Sinne des deutschen GenG oder vergleichbarer Gesetze anderer europäischer Mitgliedstaaten aufweisen. Eine unter Art. 2 Nr. 15 DGA fallende Organisation könnte zum Beispiel auch als wirtschaftlicher Verein nach § 22 BGB konstituiert sein. Entscheidend ist hinsichtlich der Organisationsstruktur, dass es sich um einen mitgliedschaftlichen Zusammenschluss handelt, der eine gewisse Dauer und Stabilität hat.[339] *Specht-Riemenschneider* sieht dabei die „demokratische Selbstverwaltung" durch die Mitglieder als zentrales Merkmal einer Datengenossenschaft an.[340]

Auch hinsichtlich des Mitgliederkreises ist Art. 2 Nr. 15 DGA relativ offen. Neben KMU können sich Datengenossenschaften auch aus betroffenen Personen im Sinne des Art. 2 Nr. 7 DGA i. V. m. Art. 4 Nr. 1 DSGVO sowie aus Ein-Personen-Unternehmen zusammensetzen. Neben Datengenossenschaften, die unternehmerische Interessen vertreten, werden demnach auch Datengenossenschaften erfasst, die Verbraucher bei der Nutzung und Weitergabe ihrer Daten unterstützen.[341] Große Unternehmen und öffentliche Stellen sind hingegen keine tauglichen Mitglieder

337 In ErwG 31 DGA finden sich außerdem Ausführungen zu den möglichen Aufgabenfeldern und Zielsetzungen von Datengenossenschaften.

338 *Societas Cooperativa Europaea*; siehe hierzu *Baloup/Bayamlıoğlu/u. a.*, White Paper on the DGA (2021), S. 29.

339 *Specht-Riemenschneider*, in: Specht-Riemenschneider/Hennemann, DGA, Art. 2 Rn. 85.

340 *Specht-Riemenschneider*, in: Specht-Riemenschneider/Hennemann, DGA, Art. 2 Rn. 85.

341 Datengenossenschaften für betroffene Personen unterscheiden sich von C2B-Intermediären gemäß Art. 10 lit. b DGA dadurch, dass letztere als eigenständige und von ihren Nutzern unabhängige Organisationen natürlichen Personen bei der Ausübung ihrer Rechte aus der DSGVO und aus anderen Rechtsvorschriften behilflich sind (vgl. ErwG 30 DGA). Bei Datengenossenschaften schließen sich betroffene Personen hingegen zusammen, um gemeinsam ihre Rechte und Interessen durchzusetzen. Zur Abgrenzung von Datentreuhändern und Datengenossenschaften siehe *Specht-Riemenschneider/Blankertz/u. a.*, MMR-Beil. 2021, 25 (31).

im Sinne des Art. 2 Nr. 15 DGA. Gemäß der von der Europäischen Kommission verwendeten Definition zählen zu den KMU Unternehmen, „die weniger als 250 Personen beschäftigen und die entweder einen Jahresumsatz von höchstens 50 Mio. EUR erzielen oder deren Jahresbilanzsumme sich auf höchstens 43 Mio. EUR beläuft".[342]

Kennzeichnend für eine Datengenossenschaft ist, dass sie sich aus Mitgliedern zusammensetzt und ausschließlich für diese und in deren Interesse tätig wird.[343] Hierin besteht ein wesentlicher Unterschied zu den Datenvermittlungsdiensten nach Art. 10 lit. a DGA. Letztere vermitteln zwischen verschiedenen Nutzergruppen, ohne dabei die Interessen einer Seite zu vertreten. Im Gegensatz dazu versuchen Datengenossenschaften einseitig die Interessen ihrer Mitglieder gegenüber Dritten durchzusetzen. Außerdem unterscheiden sich Datengenossenschaften von B2B-Datenvermittlungsdiensten durch ihre Betreiberstruktur. Datengenossenschaften setzen sich ausschließlich aus ihren Mitgliedern zusammen, die aufgrund ihrer Position als Mitglieder zu einem gewissen Grad an der Entscheidungsfindung und Verwaltung ihrer Genossenschaft teilnehmen.[344] Die Nutzer einer Datengenossenschaft haben folglich einen Einfluss auf die Ausgestaltung und die Aktivitäten der Genossenschaft. Demgegenüber werden B2B-Datenvermittlungsdienste üblicherweise von Einzelunternehmen oder Konsortien betrieben.[345] In diesen Fällen hat der Großteil ihrer Nutzer keinen rechtlichen Einfluss auf die Entscheidungsfindung und die geschäftlichen Aktivitäten des B2B-Datenvermittlers.

bb) Zwecksetzungen von Datengenossenschaften

Nach der Definition des Art. 2 Nr. 15 DGA besteht der Hauptzweck von Datengenossenschaften in der Unterstützung ihrer Mitglieder der Ausübung ihrer Rechte in Bezug auf ihre Daten. Dabei nennt die Definition drei Handlungsfelder, die für Datengenossenschaften besonders wichtig sein können.[346] Zunächst können sie ihren Mitgliedern dabei helfen, informierte Entscheidungen über die Nutzung ihrer Da-

342 Vgl. Art. 2 Abs. 1 des Anhangs I der Empfehlung der Kommission vom 6. Mai 2003 betreffend die Definition der Kleinstunternehmen sowie der kleinen und mittleren Unternehmen (bekannt gegeben unter Aktenzeichen K(2003) 1422), ABl. L 124 vom 20.5.2003, S. 36–41.

343 Vgl. auch *Specht-Riemenschneider*, in: Specht-Riemenschneider/Hennemann, DGA, Art. 2 Rn. 84.

344 Bei einer eingetragenen Genossenschaft üben die Mitglieder ihre Rechte gemäß Art. 43 Abs. 1 GenG in der Generalversammlung aus; siehe zu den typischen Mitgliederrechten und -pflichten in der Genossenschaft auch *Specht-Riemenschneider*, in: Specht-Riemenschneider/Hennemann, DGA, Art. 2 Rn. 88.

345 Siehe zu Datenmarktplätzen und industriellen Datenplattformen in Kap. 4, B. II. 2. b) und 3.

346 Siehe zu den vorgesehenen Unterstützungsleistungen ausführlich bei *Specht-Riemenschneider*, in: Specht-Riemenschneider/Hennemann, DGA, Art. 2 Rn. 90 ff.

ten zu treffen.[347] Darüber hinaus können sie bei Meinungsverschiedenheiten zwischen ihren Mitgliedern vermitteln und sie bei der Entscheidung unterstützen, welche Zwecke und Bedingungen für die Datennutzung und -weitergabe den Interessen aller Mitglieder am besten entsprechen. Nach ErwG 31 DGA können sie etwa mögliche Handlungsoptionen ausloten und den Mitgliedern vorstellen. Zuletzt können Datengenossenschaften im Namen ihrer Mitglieder Bedingungen für die Datenverarbeitung durch Dritte aushandeln.

Aus den in Art. 2 Nr. 15 DGA genannten Aufgabenfeldern ergibt sich, dass Datengenossenschaften in erster Linie eine Informationsfunktion für ihre Mitglieder übernehmen und eine Bündelungsfunktion gegenüber Dritten ausüben sollen. Zum einen sollen ihre Mitglieder mit Hilfe der Datengenossenschaften bessere Entscheidungen über die Nutzung und Weitergabe ihrer Daten treffen können. Zum anderen erhöhen die Mitglieder durch das kollektive Auftreten ihre Verhandlungsmacht gegenüber Dritten. Während B2B-Datenvermittler durch ihre *Match-Making*-Funktion und ihre Unterstützungsfunktion bei der technischen und rechtlichen Durchführung von Datentransaktionen Transaktionskosten senken sollen, verfolgen Datengenossenschaften ein anderes Ziel: Sie sollen die Interessenformulierung und -durchsetzung ihrer Mitglieder stärken und so deren Datenkontrolle und „Datenrendite“ erhöhen. Auf diese Weise können sie dazu beitragen, Macht- und Verhandlungsasymmetrien zwischen den Mitgliedern und Dritten zu verringern.[348]

c) Zwischenergebnis

Es zeigt sich, dass Datengenossenschaften eine andere Struktur als die hier untersuchten B2B-Datenvermittler aufweisen und andere Ziele verfolgen. Aufgrund ihrer mitgliedschaftlichen Verfassung dürften Interessenkonflikte zwischen den Anbietern von Datenvermittlungsdiensten und ihren Nutzern bei Datengenossenschaften, anders als bei B2B-Datenvermittlern, grundsätzlich nicht zu erwarten sein. Es stellt sich daher die Frage, weshalb der Gesetzgeber sich trotz dieser erheblichen Unterschiede zwischen B2B-Datenvermittlern und Datengenossenschaften dazu entschlossen hat, Datengenossenschaften in den Anwendungsbereich des DGA einzubeziehen.[349] Es ist denkbar, dass der Gesetzgeber versucht, die Entstehung von Ausweichbewegungen zu antizipieren und damit einhergehende Regulierungslücken zu verhindern.

347 Vgl. auch ErwG 31.

348 *Baloup/Bayamlıoğlu/u. a.*, White Paper on the DGA (2021), S. 29; *Specht-Riemenschneider*, in: Specht-Riemenschneider/Hennemann, DGA, Art. 10 Rn. 45.

349 Siehe zu der grundsätzlichen Frage, ob die einheitliche Regulierung sehr unterschiedlicher Datenvermittlungsdienste sinnvoll ist, Kap. 6, C. II. 3. b).

6. Zwischenergebnis

Im Ergebnis ist festzuhalten, dass die rechtliche Ausgestaltung des Anwendungsbereichs nach Art. 10 DGA erhebliche Schwierigkeiten für den Rechtsanwender aufwirft. Zwar stellt die Aufnahme einer Legaldefinition von Datenvermittlungsdiensten im Vergleich zum ursprünglichen Verordnungsvorschlag der Kommission einen deutlichen Fortschritt dar. Dennoch bleiben im Detail viele Rechtsfragen offen. Dies liegt zunächst daran, dass die Definitionen von Dateninhabern und Datennutzern misslungen sind und eine geltungserhaltende Auslegung durch den Rechtsanwender erfordern.

Hinzu kommt, dass die einzelnen Merkmale der Definition von Datenvermittlungsdiensten einen sehr weiten Spielraum bei der Auslegung eröffnen. Gerade in Anbetracht des Umstands, dass es sich beim Angebot von Datenvermittlungsdiensten um ein junges, noch nicht etabliertes Geschäftsfeld handelt, wären ausführlichere und eindeutigere Erläuterungen in den Erwägungsgründen angebracht und wünschenswert gewesen. Gegenwärtig finden sich dort nur wenige Auslegungshilfen zu den einzelnen Definitionsmerkmalen und die dort genannten (Negativ-)Beispiele für Datenvermittlungsdienste sind zu vage.[350] Auch die in Art. 10 lit. a Hs. 2 DGA genannten Beispiele für Datenvermittlungsdienste sind wenig hilfreich und stehen teilweise im Widerspruch zu der Definition in Art. 2 Abs. 11 DGA. Der Rechtsanwender muss den Anwendungsbereich deshalb anhand teleologischer Erwägungen ermitteln. Zuletzt ist die fehlende Kohärenz des Art. 10 lit. a DGA zu bemängeln. Insbesondere ist das Verhältnis von Art. 10 lit. a Hs. 1 Alt. 1 und Alt. 2 DGA ungeklärt.

Aus diesen Gründen besteht eine nicht unerhebliche Rechtsunsicherheit bei der Anwendung des Art. 10 lit. a DGA. Dies ist besonders problematisch, da der DGA grundsätzlich die *ex-post*-Kontrolle von Datenvermittlungsdiensten durch die zuständigen Behörden vorsieht. Potenzielle Anbieter von Datenvermittlungsdiensten müssen daher selbst einschätzen, ob der Anwendungsbereich des DGA für sie eröffnet ist.[351] Die Rechtsunsicherheit wird außerdem durch die dezentrale Anwendung des DGA verschärft. Da jeder Mitgliedstaat eine eigene Behörde für die Überwachung von Datenvermittlungsdiensten einrichten muss, ist eine divergente Entwicklung bei der Auslegung der nicht eindeutigen Definitionsmerkmale zwischen den Mitgliedstaaten wahrscheinlich.[352] Endgültige Klarheit bei der Auslegung einiger Definitionsmerkmale werden vermutlich erst Vorabentscheidungsverfahren beim EuGH schaffen können.

---

350 Kritisch auch *Schweitzer/Metzger/u. a.*, Data access and sharing (2022), S. 285.

351 Eine gewisse Erleichterung bietet insofern Art. 11 Abs. 9 DGA, wonach die behördliche Feststellung beantragt werden kann; siehe hierzu Kap. 5, C. VI. 2. e) bb).

352 Siehe hierzu ausführlich in Kap. 5, C. VI. 2. c).

V. Räumlicher und zeitlicher Anwendungsbereich

Neben dem sachlichen Anwendungsbereich sind außerdem der räumliche und zeitliche Anwendungsbereich der Regulierung von Datenvermittlungsdiensten zu berücksichtigen.

1. Räumlicher Anwendungsbereich

In den räumlichen Anwendungsbereich des DGA fallen zunächst Anbieter von Datenvermittlungsdiensten mit Sitz oder Niederlassung im Territorium eines oder mehrerer Mitgliedstaaten. Darüber hinaus erstreckt sich der Anwendungsbereich des DGA unter Umständen aber auch auf internationale Anbieter solcher Dienste. Dies ergibt sich mittelbar aus Art. 11 Abs. 3 und ErwG 42 DGA.[353] Denn gemäß Art. 11 Abs. 3 DGA müssen Anbieter von Datenvermittlungsdiensten ohne Niederlassung in der EU einen gesetzlichen Vertreter benennen, der den nach Art. 12 DGA zuständigen Behörden als Anlaufstelle bei Fragen im Zusammenhang mit den von den internationalen Anbietern erbrachten Datenvermittlungsdiensten dient. Art. 11 Abs. 3 DGA setzt zwangsläufig voraus, dass auch Datenvermittler ohne Niederlassung in der EU in den räumlichen Anwendungsbereich des DGA fallen können.

Es ist erstaunlich und unter Transparenzgesichtspunkten bedenklich, dass die internationale Anwendbarkeit des DGA und ihre Voraussetzungen nicht explizit im Gesetzestext des DGA festgehalten worden sind. Dies gilt insbesondere im Hinblick auf das völkerrechtliche Verbot der extraterritorialen Wirkung staatlichen Handelns. Hiernach dürfen Staaten nur auf ihrem eigenen Territorium Recht setzen und durchsetzen. Absolut gilt das Wirkungs- und Handlungsverbot aber nur bezüglich der staatlichen Durchsetzung von Recht. Die Erstreckung neuen Rechts auf ausländische Sachverhalte ist hingegen zulässig, wenn ein sachlicher Zusammenhang vorliegt, insbesondere durch im Inland spürbare Auswirkungen des außerterritorialen Verhaltens.[354] Bei der DSGVO wurde die völkerrechtskonforme Erstreckung ihres Anwendungsbereichs auf nichteuropäische Datenverarbeiter durch die Einführung des Marktortprinzips in Art. 3 Abs. 2 DSGVO gelöst.[355] Der internationale Anwendungsbereich erstreckt sich nach Art. 3 Abs. 2 DSGVO nur dann auf nicht in der Union niedergelassene Datenverarbeiter, wenn Daten von Personen verarbeitet werden, die sich im Territorium der Union befinden, und die

---

353 *Hennemann/v. Ditfurth*, NJW 2022, 1905 (1907, Rn. 12).

354 Siehe nur *Kahl*, in: Jestaedt, Grenzüberschreitungen (2017), S. 343 (353); *Krämer*, EuR 2021, 137 (138); *Hofmann*, in: Dauses/Ludwigs, Hdb. EU-WirtschaftsR, H. I. § 1 Rn. 29; *Uecker*, ZD 2019, 67 (67 f.).

355 *Zerdick*, in: Ehmann/Selmayr, DSGVO, Art. 3 Rn. 14; *Selmayr/Ehmann*, in: Ehmann/Selmayr, DSGVO, Einführung Rn. 23; *Schmidt*, in: Taeger/Gabel, DSGVO, Art. 3 Rn. 17.

Datenverarbeitungen im Zusammenhang mit dem Anbieten von Waren oder Dienstleistungen an die betroffenen Personen (lit. a) oder im Zusammenhang mit der Verhaltensbeobachtung von betroffenen Personen (lit. b) erfolgen. Diese Begrenzung der internationalen Anwendbarkeit der DSGVO durch das Marktortprinzip wird zurecht als mit dem Völkerrecht vereinbar angesehen.[356] Denn die Anwendbarkeit der DSGVO ist nur in solchen Fällen eröffnet, in denen eine Datenverarbeitung spürbare Auswirkungen auf Personen im Territorium der EU hat.[357] Rein extraterritoriale Sachverhalte werden vom Anwendungsbereich der DSGVO hingegen nicht erfasst.

Diese Erwägungen zeigen, dass die konkrete Ausgestaltung der internationalen Anwendbarkeit des DGA für seine völkerrechtliche Vereinbarkeit von großer Bedeutung ist. Die rechtlichen Voraussetzungen für die Anwendbarkeit des DGA auf Anbieter von Datenvermittlungsdiensten ohne Sitz oder Niederlassung im Unionsgebiet finden sich allein in ErwG 42 DGA. Hierin wird inhaltlich auf das Marktortprinzip aus Art. 3 Abs. 2 lit. a DSGVO, Art. 6 Abs. 1 lit. b Rom I-VO und die aus diesen Verordnungen bekannten Beurteilungskriterien zurückgegriffen.[358] Entscheidendes Kriterium für die Anwendbarkeit des DGA ist gemäß ErwG 42 DGA, ob ein Anbieter von Datenvermittlungsdiensten offensichtlich beabsichtigt, solche Dienste für Personen in einem oder mehreren Mitgliedstaaten anzubieten.[359] Ist dies der Fall, kommt der DGA bei internationalen Anbietern in gleicher Weise zur Anwendung wie bei europäischen Anbietern. ErwG 42 DGA kommt damit eine große Bedeutung für die Anwendbarkeit des DGA zu. Weshalb eine entsprechende Regelung nicht in den Gesetzestext aufgenommen wurde und nur in den Erwägungsgründen zu finden ist, erschließt sich angesichts der völkerrechtlichen Bedeutung nicht.

Inhaltlich kann das im DGA verwendete Marktortprinzip aber als eine sachgerechte Lösung angesehen werden, um einerseits Rechtslücken im internationalen Kontext und andererseits die Anwendung auf Sachverhalte ohne Bezug zum europäischen Binnenmarkt zu vermeiden. Wie bei der DSGVO[360] stellt sich beim DGA grundsätzlich die Gefahr des *Forum Shopping*. Da Datenvermittlungsdienste ausschließlich über das Internet angeboten werden, könnten Datenvermittler der Re-

---

356 *Selmayr/Ehmann*, in: Ehmann/Selmayr, DSGVO, Einführung Rn. 23.

357 Das Vorliegen von spürbaren Auswirkungen innerhalb eines Staatsgebiets ist als völkerrechtliche Grundlage für die Gesetzgebungszuständigkeit eines Staates (oder Staatenbunds) allerdings nicht unumstritten; vgl. zur DSGVO *Wimmer*, Syracuse Law Review 68 (2018), 126 (130 f.); *Azzi*, JIPITEC 2018, 126 (130 f.).

358 *Hennemann/v. Ditfurth*, NJW 2022, 1905 (1907, Rn. 12); *Spindler*, CR (2021), 98 (103, Rn. 23).

359 Siehe zur Auslegung dieses Kriteriums ausführlich in Kap. 5, C. VI. 2. c) aa) (2).

360 *Schmidt*, in: Taeger/Gabel, DSGVO, Art. 3 Rn. 31; *Klar*, in: Kühling/Buchner, DSGVO, Art. 3 Rn. 18.

gulierung entgehen, indem sie sich ausschließlich außerhalb des Unionsgebiets niederlassen. Ein solches *Forum Shopping* wird durch die Eröffnung der Anwendbarkeit auf internationale Anbieter verhindert. Gleichzeitig ist die Regelung restriktiv genug, um rechtliche Interventionen in rein extraterritoriale Sachverhalte zu vermeiden. Denn internationale Anbieter müssen „offensichtlich" die Erbringung ihrer Dienste innerhalb der EU beabsichtigen. Rein zufällige oder unerhebliche Auswirkungen extraterritorialer Handlungen in der EU begründen deshalb noch nicht den Anwendungsbereich des DGA.[361]

2. Zeitlicher Anwendungsbereich

Der zeitliche Anwendungsbereich der Art. 10 bis 15 DGA ist grundsätzlich ab dem Tag der Geltung des DGA eröffnet. Hierbei handelt es sich gemäß Art. 38 DGA um den 24. September 2023. Etwas anderes gilt nach Art. 37 DGA nur für solche Einrichtungen, die ihre Datenvermittlungsdienste nach Art. 10 DGA bereits am 23. Juni 2022 angeboten haben. Solchen Diensteanbietern wird eine zweijährige Schonfrist eingeräumt. Die Gewährung einer zweijährigen Umstellungsfrist ist aus Gründen der Verhältnismäßigkeit angebracht. Schließlich kann aufgrund der strengen Regelungen des Art. 12 DGA eine erhebliche Umstellung der Datenvermittlungsdienste mancher Anbieter erforderlich sein.[362]

Die Reichweite der Übergangsregelung des Art. 37 DGA im Hinblick auf Einrichtungen, die zeitlich hintereinander oder nebeneinander mehre Datenvermittlungsdienste anbieten, bleibt offen.[363] So ist es nach dem Wortlaut denkbar, dass sich Art. 37 DGA auf alle Datenvermittlungsdienste einer Einrichtung bezieht, solange sie am Stichtag bereits einen Datenvermittlungsdienst angeboten hat. Alternativ könnte die Übergangsregelung lediglich auf den konkreten Datenvermittlungsdienst Anwendung finden, der von der jeweiligen Einrichtung am 23. Juni 2022 am Markt angeboten wurde. Für das letztere Verständnis spricht der Zweck der Vorschrift, wonach das Vertrauen der Diensteanbieter geschützt und ihnen ein angemessen Zeitraum für die Umstellung ihrer Dienste gewährt werden soll.[364] Ein vergleichbares Schutzbedürfnis besteht nicht, wenn derselbe Diensteanbieter nach dem 23. Juni 2022 einen zweiten Datenvermittlungsdienst einführt oder er

361 Siehe hierzu näher in Kap. 5, C. VI. 2. c) aa) (2).

362 Z. B. kann die gesellschaftsrechtliche Entflechtung der Dienste notwendig sein; siehe Kap. 5, C. VI. 3. a) bb).

363 *Hennemann*, in: Specht-Riemenschneider/Hennemann, DGA, Art. 37 Rn. 3.

364 So auch *Hennemann*, in: Specht-Riemenschneider/Hennemann, DGA, Art. 37 Rn. 23.

nach zwischenzeitlicher Einstellung des ersten Dientes erneut als Datenvermittler tätig wird.[365]

VI. Anmeldeverfahren und behördliche Überwachung von Datenvermittlungsdiensten

Die Art. 11, 13 und 14 DGA enthalten Regelungen zum Anmeldeverfahren für Datenvermittlungsdienste, zur behördlichen Überwachung von aktiven Datenvermittlungsdiensten und zur Einrichtung der hierfür verantwortlichen Behörden durch die Mitgliedstaaten. Diese Regelungen und die in Art. 27 und 28 DGA vorgesehenen Rechtsschutzmöglichkeiten für Datenvermittler und Dritte sollen im Folgenden vorgestellt werden. In diesem Rahmen wird ein besonderes Augenmerk darauf gelegt, inwiefern sich die rechtliche Ausgestaltung des behördlichen Anmeldeverfahrens und Überwachungssystems auf die Erbringung von Datenvermittlungsdiensten auswirken kann.

1. Zuständige Behörden (Art. 13 DGA)

Der DGA sieht die dezentrale Durchführung und Durchsetzung des Anmeldeverfahrens des Art. 11 DGA und der Verhaltenspflichten des Art. 12 DGA vor.[366] Aus diesem Grund verlangt Art. 13 Abs. 1 DGA, dass die Mitgliedstaaten bis zur Geltungserlangung des DGA zuständige Behörden für Datenvermittlungsdienste benennen. Für diese Behörden stellt Art. 26 DGA, auf den Art. 13 Abs. 2 DGA verweist, bestimmte Anforderungen auf. Art. 13 Abs. 3 DGA regelt das Verhältnis der Behörden für Datenvermittlungsdienste zu anderen benachbarten Behörden, wie den Datenschutzbehörden oder den nationalen Wettbewerbsbehörden.

a) Benennung der zuständigen Behörden (Abs. 1)

Gemäß Art. 13 Abs. 1 DGA ist jeder Mitgliedstaat dazu verpflichtet, eine oder mehrere zuständige Behörden für die Wahrnehmung der Aufgaben im Zusammenhang mit dem Anmeldeverfahren für Datenvermittlungsdienste[367] zu benennen und ihre Namen der Kommission bis zum Tag der Geltung des DGA, dem 24. Sep-

365 Ein bloßes *Rebranding* eines kontinuierlich betriebenen Datenvermittlungsdienstes reicht jedoch nicht aus, um als Zäsur die Anwendbarkeit der Übergangsregelung zu beenden.

366 Siehe dazu Kap. 5, C. III. 4.

367 Im Zusammenhang mit dem Anmeldeverfahren steht nicht nur die Durchführung des Anmeldeverfahrens selbst, sondern auch die Überwachung der Einhaltung von Art. 12 DGA durch Datenvermittlungsdienste, wie Art. 14 Abs. 1 DGA deutlich macht.

tember 2023,[368] mitzuteilen. Es ist demnach nicht erforderlich, dass jeder Mitgliedstaat eine neue Sonderbehörde für die Durchsetzung der Regelungen des DGA errichtet. Es genügt, dass eine bereits existierende Behörde benannt wird, die zusätzlich mit den Aufgaben aus Art. 11 und 14 DGA betraut wird. Damit wird in der Regel eine Erweiterung der bisherigen Behördenstruktur einhergehen, da die bestehende Behörde für die Erfüllung zusätzlicher Aufgaben weitere Personal- und Sachmittel benötigen wird.[369] Ebenfalls ist die Errichtung einer neuen Behörde zulässig, wie Art. 26 Abs. 1 DGA zeigt. Nach Art. 13 Abs. 1, 26 Abs. 1 DGA ist es außerdem möglich, dass ein Mitgliedstaat mehrere unterschiedliche Behörden für die Wahrnehmung der sich aus dem dritten Kapitel des DGA ergebenden Aufgaben benennt. In einem Bundesstaat wie Deutschland könnten zum Beispiel neben einer Bundesbehörde auch Länderbehörden mit der Durchsetzung des DGA betraut werden.[370]

Bei der Auswahl der zu benennenden Behörde(n) sind die Mitgliedstaaten grundsätzlich frei. Laut ErwG 44 DGA sollen die zuständigen Behörden auf der Grundlage ihrer Kapazitäten und ihres Fachwissens hinsichtlich des horizontalen und sektoralen Datenaustausches ausgewählt werden. Außerdem sollen sie von allen Datenvermittlern unabhängig sein.[371] In Betracht kommen daher insbesondere die nationalen Wettbewerbsbehörden oder Datenschutzbehörden.[372]

b) Anforderungen an die zuständigen Behörden (Art. 13 Abs. 2 i. V. m. Art. 26 DGA)

Nach ErwG 44 DGA sollen die zuständigen Behörden bei der Wahrnehmung ihrer Aufgaben unabhängig von allen Anbietern von Datenvermittlungsdiensten sowie transparent und unparteiisch sein. Die konkreten Anforderungen, die der DGA an die zuständigen Behörden der Mitgliedstaaten stellt, finden sich in Art. 26 DGA wieder. Dessen Anforderungen müssen die Behörden gemäß Art. 13 Abs. 2 DGA genügen.

---

368 Siehe Art. 38 DGA.

369 *Specht-Riemenschneider*, in: Specht-Riemenschneider/Hennemann, DGA, Art. 13 Rn. 11.

370 Z. B. sind für die Durchsetzung der DSGVO in Deutschland sowohl der Bundesbeauftragte für den Datenschutz und die Informationsfreiheit als auch verschiedene Behörden der Länder zuständig; siehe *Nguyen*, in: Gola/Heckmann, DSGVO, Art. 51 Rn. 5; *Ziebarth*, in: Sydow/Marsch, DS-GVO, Art. 51 Rn. 9. Eine ähnliche Stukturierung wäre auch nach Art. 13 Abs. 1 DGA zulässig. Aufgrund des relativ kleinen Aufgabenkreises und aus Gründen der Rechtssicherheit ist aber die Bündelung der Zuständigkeit bei einer einzigen Bundesbehörde vorzuziehen.

371 Vgl. Art 26 Abs. 1 DGA; siehe hierzu Kap. 5, C. VI. 1. b) aa).

372 ErwG 4 DGA hält ausdrücklich fest, dass es sich bei den zuständigen Behörden des DGA um Datenschutzbehörden handeln darf; siehe auch *Graef/Gellert*, The European Commission's proposed DGA (2021), S. 8.

aa) Rechtliche Trennung und funktionale Unabhängigkeit

Gemäß Art. 26 Abs. 1 S. 1 DGA müssen die zuständigen Behörden von allen Anbietern von Datenvermittlungsdiensten und allen anerkannten datenaltruistischen Organisationen rechtlich getrennt und funktional unabhängig sein. Zudem stellen Art. 26 Abs. 1 S. 2 und 3 DGA klar, dass Mitgliedstaaten sowohl vorhandene Behörden nutzen als auch neue Behörden errichten können und die Aufgaben der für Datenvermittlungsdienste zuständigen Behörden und der für die Registrierung von datenaltruistischen Organisationen zuständigen Behörden von derselben Behörde wahrgenommen werden.

Die Notwendigkeit der rechtlichen Trennung und funktionalen Unabhängigkeit der zuständigen Behörden von Datenvermittlungsdiensten erklärt sich dadurch, dass auch öffentliche Stellen grundsätzlich Datenvermittlungsdienste anbieten können.[373] Durch die funktionelle Unabhängigkeit und rechtliche Trennung der Aufsichtsbehörden von staatlichen Anbietern von Datenvermittlungsdiensten soll Interessenkonflikten vorgebeugt werden. Sie dient zudem der Absicherung der rechtstaatlichen Unparteilichkeit.[374]

Der in Art. 26 Abs. 1 S. 1 DGA verwendete Begriff der funktionellen Unabhängigkeit entstammt den Debatten um die Unabhängigkeit der Kontrollstellen nach Art. 28 EU-DSRL.[375] Unter der funktionellen Unabhängigkeit wird danach die Freiheit von inhaltlichen Weisungen oder anderen inhaltlichen Einflussnahmen durch die beaufsichtigten Organisationen verstanden.[376] Die zuständigen Behörden müssen also gegenüber den von ihnen beaufsichtigten öffentlichen Stellen und Unternehmen unabhängig sein. Eine völlige Unabhängigkeit gegenüber allen staatlichen Behörden, wie dies in Art. 52 Abs. 1 und Abs. 2 DSGVO vorgesehen ist,[377] ist nach Art. 26 Abs. 1 S. 1 DGA aber nicht erforderlich. Es ist daher zulässig, die zuständigen Behörden im Sinne des Art. 13 DGA in bestehende Behörden zu integrieren und sie einer Fach- und Rechtsaufsicht zu unterstellen. Erforderlich ist lediglich, dass die zuständigen Behörden frei von Weisungen und anderen Einflussmaßnah-

---

373 Siehe Kap. 5, C. IV. 3. c) ee).

374 Siehe allgemein zur funktionell-sachlichen Unabhängigkeit im Rahmen der DSGVO *Schneider*, in: BeckOK DatenschutzR, DSGVO, Art. 52 Rn. 11.1. Siehe zur unparteiischen Aufgabenwahrnehmung gemäß Art. 26 Abs. 2 DGA Kap. 5, C. VI. 1. b) bb).

375 Dort hielt der *EuGH* eine funktionale Unabhängigkeit der Kontrollstellen nicht für ausreichend und verlangte die vollständige bzw. institutionelle Unabhängigkeit; siehe *EuGH*, Urteil vom 9. März 2010, C-518/07, ECLI:EU:C:2010:125 – *Kommission/Deutschland*; *Körffer*, in: Paal/Pauly, DSGVO, Art. 52 Rn. 1 m. w. N.; *Selmayr/Ehmann*, in: Ehmann/Selmayr, DSGVO, Art. 52 Rn. 7 ff.

376 *Specht-Riemenschneider*, in: Specht-Riemenschneider/Hennemann, DGA, Art. 13 Rn. 20; *Selmayr*, in: Ehmann/Selmayr, DSGVO, Art. 52 Rn. 7.

377 Siehe dazu *Grittmann*, in: Taeger/Gabel, DSGVO, Art. 52 Rn. 9 ff.; *Körffer*, in: Paal/Pauly, DSGVO, Art. 52 Rn. 1 ff.; *Nguyen*, in: Gola/Heckmann, DSGVO, Art. 52 Rn. 6 ff.

men durch jegliche Anbieter von Datenvermittlungsdiensten sind. Zusätzlich abgesichert wird die funktionelle Unabhängigkeit durch die Voraussetzung der rechtlichen Trennung zuständiger Behörden von Datenvermittlungsdiensten. Sie müssen sich in einer rechtlich getrennten Organisation oder Organisationseinheit als die (öffentlichen) Anbieter von Datenvermittlungsdiensten befinden, zum Beispiel in einer anderen Behörde oder zumindest in einer getrennten Abteilung.

bb) Ausübung der behördlichen Aufgaben (Art. 26 Abs. 2 DGA)

Gemäß Art. 26 Abs. 2 DGA sollen die zuständigen Behörden ihre Aufgaben unparteiisch, transparent, kohärent und rechtzeitig wahrnehmen.[378] Bei der Wahrnehmung ihrer Aufgaben sollen sie für einen fairen Wettbewerb und Diskriminierungsfreiheit sorgen.[379] Durch Art. 26 Abs. 2 DGA soll demnach verhindert werden, dass es zu Wettbewerbsverzerrungen aufgrund der öffentlichen Durchsetzung des DGA kommt.[380] Behörden sollen Ungleichbehandlungen vermeiden, indem sie die Verordnung unparteiisch und kohärent, also einheitlich, anwenden. Einzelne Anbieter von Datenvermittlungsdiensten sollen gegenüber anderen Anbietern weder bevorteilt noch benachteiligt werden. Dieses Gebot dient erkennbar dem Schutz des europäischen Binnenmarkts vor Wettbewerbsverfälschungen durch die mitgliedstaatlichen Behörden. Vor allem sollen Benachteiligungen von KMU verhindert werden, die Datenvermittlungsdienste anbieten.[381] Strukturell abgesichert wird die Neutralität und Unparteilichkeit der zuständigen Behörden durch die Gebote der funktionalen Unabhängigkeit und der rechtlichen Trennung nach Art. 26 Abs. 1 S. 1 DGA.

Zur unparteiischen Ausübung der Aufgaben trägt auch eine transparente Arbeitsweise bei. Sie schützt die Planungssicherheit von Diensteanbietern und erleichtert die Feststellung von Ungleichbehandlungen. Insbesondere sollte für die Diensteanbieter nachvollziehbar sein aufgrund welcher sachlichen und rechtli-

---

378 Dies bekräftigt ErwG 44 DGA, wonach die zuständigen Behörden bei der Wahrnehmung ihrer Aufgaben transparent und unparteiisch sein sollen.

379 Siehe auch Art. 11 Abs. 7 DGA, wonach das Anmeldeverfahren ohne Diskriminierungen erfolgen soll.

380 Entgegen der missglückten Formulierung des Art. 26 Abs. 2 DGA sollen (und können) die Behörden nicht allgemein den fairen Wettbewerb und Diskriminierungsfreiheit auf Datenvermittlungsmärkten sicherstellen, sondern vermeiden, dass sie durch die ihre Tätigkeiten Wettbewerbsverzerrungen oder Diskriminierungen herbeiführen; siehe *Hennemann*, in: Specht-Riemenschneider/Hennemann, DGA, Art. 26 Rn. 27.

381 Vgl. ErwG 38 DGA, wonach das Anmeldeverfahren keine unnötigen Hindernisse für KMU aufstellen soll und in diskriminierungsfreier Weise erfolgen muss.

chen Erwägungen die Behörde ihre Entscheidungen trifft.[382] Außerdem sieht Art. 26 Abs. 2 DGA vor, dass die Aufgaben verlässlich[383] und rechtzeitig wahrgenommen werden. Diese Vorgaben dürften besonders dann relevant sein, wenn die Behörden wie bei Art. 11 Abs. 8 und Abs. 9 DGA auf Antrag der Anbieter von Datenvermittlungsdiensten tätig werden. Schließlich ist es ein Ziel des Gesetzgebers, den Verwaltungsaufwand für die Diensteanbieter möglichst gering zu halten.[384] Um eine bürokratische Ausbremsung von Diensteanbietern durch die Behörden zu verhindern, ist eine rasche Erfüllung der behördlichen Aufgaben unerlässlich.

cc) Anforderungen an das Behördenpersonal (Art. 26 Abs. 3 und Abs. 4 DGA)

Um die Unabhängigkeit und Unparteilichkeit der zuständigen Behörden abzusichern, werden in Art. 26 Abs. 3 und Abs. 4 DGA bestimmte Neutralitätsanforderungen an die oberste Leitungsebene und die Mitarbeiter der für die Datenvermittlungsdienste zuständigen Behörden gestellt. Das Personal der zuständigen Behörden darf gemäß Art. 26 Abs. 3 S. 1 DGA weder Konstrukteur, Hersteller, Lieferant, Installateur, Käufer, Eigentümer, Verwender oder Wartungsbetrieb der von ihnen beaufsichtigten Dienste noch bevollmächtigter Vertreter einer dieser Parteien sein. Art. 26 Abs. 3 S. 1 DGA verbietet also persönliche wirtschaftliche Verflechtungen des Behördenpersonals mit Datenvermittlungsdiensten und soll so Interessenkollisionen vorbeugen. Dies schließt gemäß Art. 26 Abs. 3 S. 2 DGA aber weder die Verwendung dieser Dienste, wenn sie für die Tätigkeit der zuständigen Behörde nötig sind, noch die Verwendung solcher Dienste zum persönlichen Gebrauch aus. Fälle, in denen die Nutzung von Datenvermittlungsdiensten für die Erbringung der behördlichen Aufgaben notwendig ist, sind gegenwärtig schwer vorstellbar.

Zusätzlich zu den in Absatz 3 adressierten direkten wirtschaftlichen Verflechtungen zwischen Behördenpersonal und Regulierungsadressaten untersagt Art. 26 Abs. 4 DGA der Leitungsebene und den Mitarbeitern alle Tätigkeiten, die ihre Unabhängigkeit bei der Beurteilung oder ihre Integrität im Zusammenhang mit den ihnen übertragenen Bewertungstätigkeiten beeinträchtigen könnten. Eine ähnliche Regelung findet sich für die Datenschutzaufsichtsbehörden in Art. 52 Abs. 3 DSGVO. Sie soll der Sicherung der Unparteilichkeit, Integrität und Vertrauenswür-

---

382 Art. 14 Abs. 6 DGA ordnet die Mitteilung von Gründen explizit für die Auferlegung von Sanktionen an. Dies dürfte aber unter Transparenzgesichtspunkten auch für andere Entscheidungen zu fordern sein.

383 Vgl. die englische Sprachfassung: „Competent authorities […] shall exercise their tasks in an impartial, transparent, consistent, reliable and timely manner“ (Hervorhebung durch Verfasser). In der deutschen Sprachfassung des Art. 26 Abs. 2 DGA wird das Merkmal der Verlässlichkeit überraschenderweise nicht genannt.

384 Vgl. *Europäische Kommission*, COM(2020) 767 final, S. 6.

digkeit der Personen dienen.[385] Entsprechende Erwägungen stehen auch hinter Art. 26 Abs. 4 DGA, der als Ergänzung des Art. 26 Abs. 3 DGA dienen soll. Es sollten alle entgeltlichen oder unentgeltlichen Tätigkeiten vom Verbot erfasst werden, die zu Interessenkonflikten führen können und dadurch das Risiko der Beeinträchtigung der persönlichen Neutralität und Unabhängigkeit bergen. Eine nach Art. 26 Abs. 4 DGA unzulässige Beeinträchtigung der Unabhängigkeit und Integrität von Leitungspersonen und Mitarbeitern ist insbesondere dann zu befürchten, wenn sie bei einem Datenvermittlungsdienst mitarbeiten, dem Aufsichts- oder Verwaltungsrat eines solchen Dienstes angehören oder Beratungstätigkeiten für Datenvermittlungsdienste anbieten. Unproblematisch dürften demgegenüber Tätigkeiten in der Lehre oder Wissenschaft sein.[386]

dd) Angemessene Ausstattung (Art. 26 Abs. 5 DGA)

Art. 26 Abs. 5 DGA sieht vor, dass die zuständigen Behörden über angemessene finanzielle und personelle Mittel verfügen müssen, um die ihnen übertragenen Aufgaben erfüllen zu können. Auch das nötige Fachwissen soll in den Behörden vorhanden sein.[387] Wie bei Art. 52 Abs. 4 DSGVO wird hierdurch der Grundsatz der loyalen Zusammenarbeit gemäß Art. 4 Abs. 3 EUV i. V. m. Art. 197 Abs. 1 und Art. 291 Abs. 1 AEUV konkretisiert, nach dem die Mitgliedstaaten bei der dezentralen Durchführung von EU-Recht durch nationale Behörden für die effektive Durchsetzung des EU-Rechts verantwortlich sind.[388] Mitgliedstaaten müssen die Behörden im Sinne des Art. 13 DGA daher finanziell und personell so ausstatten, dass sie ihre Aufgaben effektiv wahrnehmen können.[389] Hierzu gehört auch, dass die Behörden finanziell und personell in der Lage sind, ihre Aufgaben gemäß Art. 26 Abs. 2 DGA rechtzeitig durchzuführen. Zudem müssen sie so ausgestattet sein, dass sie ihre Kooperationspflichten gegenüber der Kommission und den DGA-Behörden anderer Mitgliedstaaten erfüllen können.

---

385 *Schneider*, in: BeckOK DatenschutzR, DSGVO, Art. 52 Rn. 22; *Grittmann*, in: Taeger/Gabel, DSGVO, Art. 52 Rn. 17; *Nguyen*, in: Gola/Heckmann, DSGVO, Art. 52 Rn. 11.

386 Vgl. zu Art. 52 Abs. 3 DSGVO *Grittmann*, in: Taeger/Gabel, DSGVO, Art. 52 Rn. 18; *Nguyen*, in: Gola/Heckmann, DSGVO, Art. 52 Rn. 11.

387 Dies dürfte insbesondere für Fachwissen in Bezug auf den horizontalen und sektoralen Datenaustausch gelten, vgl. ErwG 44 DGA.

388 So zu Art. 52 Abs. 4 DSGVO *Selmayr*, in: Ehmann/Selmayr, DSGVO, Art. 52 Rn. 22.

389 Vgl. zu Art. 52 Abs. 4 DSGVO *Grittmann*, in: Taeger/Gabel, DSGVO, Art. 52 Rn. 21; *Selmayr*, in: Ehmann/Selmayr, DSGVO, Art. 52 Rn. 22; *Schneider*, in: BeckOK DatenschutzR, DSGVO, Art. 52 Rn. 25.

ee) Kooperation mit anderen DGA-Behörden (Art. 26 Abs. 6 DGA)

Gemäß Art. 26 Abs. 6 DGA sind die zuständigen Behörden außerdem verpflichtet, der Kommission und den zuständigen Behörden anderer Mitgliedstaaten auf begründeten Antrag unverzüglich die Informationen zur Verfügung zu stellen, die diese zur Wahrnehmung ihrer Aufgaben gemäß des DGA benötigen. Wenn es sich hierbei um vertrauliche Informationen in Form von Berufs- und Geschäftsgeheimnissen handelt, gewährleisten die Kommission und die mitgliedstaatlichen Behörden die vertrauliche Behandlung. Die Pflicht zur unverzüglichen Bereitstellung von Informationen soll die Effektivität der dezentralen Durchführung des DGA sicherstellen. Die Voraussetzungen und Verfahrensweisen der behördlichen Zusammenarbeit sind in Art. 14 Abs. 7 DGA geregelt.[390]

c) Verhältnis zu anderen Fachbehörden (Art. 13 Abs. 3 DGA)

aa) Trennung behördlicher Verantwortungsbereiche (S. 1)

Gemäß Art. 1 Abs. 3 und Abs. 4 DGA bleiben europäisches und nationales Datenschutz- und Wettbewerbsrecht vom DGA unberührt.[391] Wie insbesondere ErwG 35 DGA klarstellt, müssen Datenvermittlungsdienste nicht nur die Regelungen des DGA, sondern auch sämtliche datenschutzrechtliche und wettbewerbsrechtliche Vorschriften einhalten.[392] Dieselben Handlungen von Datenvermittlungsdiensten können sowohl rechtliche Vorgaben des DGA als auch des europäischen und nationalen Datenschutz- und Wettbewerbsrechts berühren.[393] Diese drei, für die Erbringung von Datenvermittlungsdiensten wichtigsten Regulierungsbereiche können sich folglich überschneiden.

Gemäß Art. 13 Abs. 3 S. 1 DGA lassen die Befugnisse der für Datenvermittlungsdienste zuständigen Behörden die Befugnisse der Datenschutzbehörden, der nationalen Wettbewerbsbehörden,[394] der für Cybersicherheit zuständigen Behörden und anderer einschlägiger Fachbehörden unberührt.[395] Der DGA verändert die sachliche Zuständigkeit der jeweiligen Fachbehörden demnach nicht. Insbesondere werden mit den Behörden nach Art. 13 DGA keine übergeordneten Behörden geschaffen, die die datenschutzrechtliche oder wettbewerbsrechtliche Zulässigkeit

---

390 Siehe Kap. 5, C. VI. 3. f).

391 Siehe auch ErwG 4, 35, 37, 60 DGA.

392 Siehe zu den datenschutz- und kartellrechtlichen Anforderungen an Datenvermittler. Kap. 5, D. II. und III.

393 Vgl. auch *Veil*, Data Governance Act II: Datenmittler (2021).

394 Der Wortlaut des Art. 13 Abs. 3 S. 1 DGA nennt nur die Befugnisse der nationalen Wettbewerbsbehörden. Auch die Befugnisse der Europäischen Kommission hinsichtlich der Durchsetzung des europäischen Wettbewerbsrechts dürften aber vom DGA unangetastet bleiben.

395 Auch Art. 1 Abs. 3 und ErwG 35, 44 DGA verdeutlichen, dass Art. 10–15 DGA die Zuständigkeiten und Befugnisse der Datenschutzaufsichtsbehörden nicht berühren.

der Handlungen von Datenvermittlungsdiensten selbst verbindlich beurteilen können. Stattdessen kommt es für die datenschutzrechtliche und wettbewerbsrechtliche Zulässigkeit auf die Beurteilung der jeweils zuständigen Datenschutz- und Wettbewerbsbehörden an. Wenn also eine DGA-Behörde ein bestimmtes Vorgehen für mit der DSGVO vereinbar hält, kann der Anbieter von Datenvermittlungsdiensten hierfür dennoch sanktioniert werden, wenn die zuständige Datenschutzbehörde in dem Vorgehen einen Verstoß gegen die DSGVO sieht.[396] In dem System getrennter Zuständigkeiten der europäischen Datenregulierung haben nur die jeweils zuständigen Fachbehörden das letzte Wort. Das *One-Stop-Shop*-Prinzip des DGA[397] wird hierdurch aufgeweicht. Anbieter von Datenvermittlungsdiensten werden nicht allein durch die DGA-Behörden überwacht, sondern (zumindest) auch durch die europäischen und nationalen Datenschutz- und Wettbewerbsbehörden. Da die verschiedenen Behörden dasselbe Verhalten uneinheitlich beurteilen können, kann das System der getrennten Zuständigkeiten zu Rechtsunsicherheiten für die Anbieter von Datenvermittlungsdiensten führen.[398]

bb) Behördenübergreifende Zusammenarbeit (S. 2)

Um divergierende Entscheidungen zu vermeiden, sollen die DGA-Behörden mit den anderen Fachbehörden gemäß Art. 13 Abs. 3 S. 2 DGA eng zusammenarbeiten, die zur Wahrnehmung ihrer Aufgaben in Bezug auf Anbieter von Datenvermittlungsdiensten erforderlichen Informationen austauschen und sich um konsistente Entscheidungen bei der Anwendung des DGA bemühen. Die Behörden werden demnach dazu angehalten, miteinander zu kooperieren, um die reibungslose und einheitliche Anwendung des DGA zu ermöglichen. Gesetzliche Verfahrensvorschriften enthält der DGA hierfür jedoch nicht.[399] Die Regelung, in welchem Umfang und auf welche Weise die Behörden miteinander kooperieren sollen, bleibt daher den Mitgliedstaaten selbst überlassen.[400]

Zudem beschränkt sich die Kooperationspflicht auf die Anwendung des DGA. Damit verbundene Anwendungsfragen des Datenschutz- oder Wettbewerbsrechts

---

396 In ihrer Stellungnahme zum DGA-E kritisierte die Bundesregierung noch, dass das Verhältnis der Behörden zueinander und ihre Verantwortlichkeiten nicht hinreichend klar seien; siehe *Bundesregierung*, Vorläufige Stellungnahme der Bundesrepublik Deutschland zum Daten-Governance-Gesetz (2021), S. 22. Durch die Hinzufügung des Art. 13 Abs. 3 S. 1 DGA während des Gesetzgebungsverfahrens hat sich der Gesetzgeber eindeutig für ein System getrennter Zuständigkeiten und Verantwortlichkeiten entschieden.

397 Siehe hierzu Kap. 5, C. VI. 2. a) bb).

398 Siehe hierzu Kap. 6, C. II. 3. a).

399 Anders z. B. Art. 60 ff. DSGVO.

400 So auch *Specht-Riemenschneider*, in: Specht-Riemenschneider/Hennemann, DGA, Art. 13 Rn. 26.

werden von Art. 13 Abs. 3 S. 2 DGA nicht adressiert. Dabei ist auch in diesen Rechtsgebieten eine abgestimmte und konsistente Entscheidungsfindung der Behörden sinnvoll. So kann das Kartellrecht im Einzelfall strengere Vorgaben für die Erbringung von Datenvermittlungsdiensten aufstellen als der DGA.[401] Ein abgestimmtes Vorgehen der beteiligten Fachbehörden ist in diesen Fällen auch im Hinblick auf kartellrechtliche Vorschriften sinnvoll, um den durch den DGA harmonisierten Rechtsrahmen für Datenvermittler nicht zu unterlaufen.

Zur Kooperation unterschiedlicher Fachbehörden enthält lediglich ErwG 44 DGA den Hinweis, dass die DGA-Behörden in Bezug auf Fragen, die eine Prüfung der Einhaltung der DSGVO erfordern, gegebenenfalls um eine Stellungnahme oder einen Beschluss der zuständigen Aufsichtsbehörde ersuchen sollten. Eine solche Vorgehensweise dürfte insbesondere im Hinblick auf C2B-Datenvermittler relevant sein. Diese müssen nach Art. 12 lit. m und lit. n DGA Vorgaben einhalten, die einen unmittelbaren Bezug zur DSGVO aufweisen. Das Einholen von Stellungnahmen oder Beschlüssen der datenschutzrechtlichen Aufsichtsbehörden ist naheliegend und zweckmäßig, um divergierende Einschätzungen und Entscheidungen der DGA-Behörden zu vermeiden. Nur durch die enge Kooperation der unterschiedlichen Behörden kann der Verwaltungsaufwand und das Risiko rechtlicher Fehleinschätzungen für die Anbieter von Datenvermittlungsdiensten verringert werden.

Es ist vor diesem Hintergrund bedauerlich, dass der DGA keine engere Verzahnung der verschiedenen Rechtsbereiche und Fachbehörden vorsieht, um Datenvermittlern ein zuverlässiges *One-Stop-Shop*-Verfahren zu ermöglichen. Wie eng und effektiv die verschiedenen mitgliedstaatlichen Fachbehörden zusammenarbeiten, bleibt ihnen letztlich selbst überlassen. Da divergierende Rechtsauffassungen zu Lasten der Datenvermittler gehen, wäre eine gesetzliche Regelung des Zusammenwirkens der relevanten Behörden wünschenswert gewesen. In Abwesenheit solcher Regelungen ist es Anbietern von Datenvermittlungsdiensten zu empfehlen, auch mit den zuständigen Wettbewerbs- und Datenschutzbehörden frühzeitig Kontakt aufzunehmen, um die gesamtrechtliche Zulässigkeit ihrer Geschäftsmodelle auszuloten. Eine solche Vorgehensweise geht aber mit einem hohen Verwaltungsaufwand einher und bietet keine vollständige Rechtssicherheit, da verbindliche Behördenerklärungen zur rechtlichen Zulässigkeit von Geschäftsmodellen grundsätzlich weder im Datenschutzrecht noch im Wettbewerbsrecht

---

401 Zum Beispiel kann das Kartellrecht über Art. 12 lit. a Alt. 1 DGA hinausgehend die vollständige funktionelle und informationelle Entflechtung von Datenvermittlungsdiensten vorsehen; siehe hierzu Kap. 5, D. III. 2.

vorgesehen sind.[402] Jedenfalls unter diesem Gesichtspunkt wäre ein umfassendes *ex-ante*-Genehmigungsverfahren mit gesamtrechtlicher Prüfung durch eine Behörde mit gebündelten und bindenden Entscheidungskompetenzen vorzugswürdig gewesen.

d) Zwischenergebnis

In ihrer Stellungnahme zum Kommissionsentwurf hat die Bundesregierung kritisiert, dass Art. 26 DGA (Art. 23 DGA-E) ohne rechtfertigende sachliche Gründe zu tief in die Organisationshoheit der Mitgliedstaaten eingreife.[403] Dem ist nicht zuzustimmen. Zum einen lässt der DGA den Mitgliedstaaten eine große Freiheit bei der Entscheidung, ob die zuständige Behörde neu gegründet werden soll oder ob sie an eine (beliebige) bereits bestehende Behörde angegliedert wird. Zum anderen sind die Anforderungen des Art. 26 DGA sachgerecht und dürften sich in vielen Fällen ohnehin bereits aus dem Rechtsstaatsprinzip nach Art. 20 Abs. 3 GG und einfachgesetzlichen nationalen Vorschriften ergeben. Zu kritisieren ist aber, dass der DGA keine umfassenderen und detaillierteren Regelungen zur Kooperation zwischen DGA-Behörden und anderen Fachbehörden enthält. Die fehlende Verzahnung fachbehördlicher Aufgaben führt zu einem größeren Verwaltungsaufwand und einer erhöhten Rechtsunsicherheit für Anbieter von Datenvermittlungsdiensten.

2. Anmeldeverfahren (Art. 11 DGA)

In diesem Abschnitt wird das in Art. 11 DGA geregelte Anmeldeverfahren für Anbieter von Datenvermittlungsdiensten dargestellt und analysiert. Wie ErwG 38 DGA klarstellt, soll das gewählte Anmeldeverfahren die Vertrauenswürdigkeit der Erbringung von Datenvermittlungsdiensten sicherstellen und gleichzeitig deren Anbieter nur mit einem unwesentlichen Verwaltungsaufwand belasten. Ob diese Zielsetzungen durch die gewählte Regulierung tatsächlich werden, ist aber zweifelhaft.[404] Auch im Folgenden soll daher ein besonderes Augenmerk auf den Um-

---

402 Allerdings sind nach Art. 36 DSGVO Konsultationen mit den Aufsichtsbehörden bei besonders riskanten Datenverarbeitungsvorgängen vorgesehen. Um ein echtes Genehmigungsverfahren handelt es sich dabei aber nicht, vgl. *Baumgartner*, in: Ehmann/Selmayr, DSGVO, Art. 36 Rn. 1. Nach § 32c GWB sind förmliche und informelle Abstimmungen mit dem Bundeskartellamt zwar vorgesehen, in der Praxis aber eher selten. Abstimmungen mit der Europäischen Kommission sind nur in sehr seltenen Fällen möglich; siehe *Polley*, CR 2021, 701 (707, Rn. 54 ff.).

403 *Bundesregierung*, Vorläufige Stellungnahme der Bundesrepublik Deutschland zum Daten-Governance-Gesetz (2021), S. 25.

404 Siehe Kap. 6, C. II. 2. b).

stand gelegt werden, ob das Anmeldeverfahren des Art. 11 DGA die Erbringung von Datenvermittlungsdiensten erschwert.

a) Allgemeine Regelungen

aa) Anmeldepflicht und Tätigkeitsaufnahme (Abs. 1 und 4)

Nach Art. 11 Abs. 1 DGA muss sich jeder Anbieter von Datenvermittlungsdiensten, der beabsichtigt, Datenvermittlungsdienste anzubieten, bei der zuständigen Behörde anmelden. Erst nach der Anmeldung sind Diensteanbieter gemäß Art. 11 Abs. 4 DGA zur Aufnahme von Datenvermittlungstätigkeiten berechtigt. Hieraus folgt im Umkehrschluss, dass das Anbieten von Datenvermittlungsdiensten ohne die vorherige Durchführung des Anmeldeverfahrens untersagt ist. Die Erbringung von Datenvermittlungstätigkeiten unterliegt insofern einem „Verbot unter Anmeldevorbehalt".[405] Das Anbieten von Datenvermittlungsdiensten vor der Einreichung einer vollständigen Anmeldung ist deshalb als Rechtsverstoß im Sinne des Art. 14 Abs. 3 DGA anzusehen.[406] Nach dem Wortlaut von Art. 11 Abs. 1 DGA ist die Anmeldung bereits dann erforderlich, wenn der Anbieter die Erbringung von Datenvermittlungsdiensten beabsichtigt. Die Anmeldung muss zeitlich also noch vor der erstmaligen Erbringung der relevanten Dienste erfolgen. Von der Erbringung der Dienste ist spätestens dann auszugehen, wenn sie Dateninhabern und Datennutzern am Markt angeboten werden. Die bloße Gründung oder Vorbereitung eines Datenvermittlungsdienstes ohne die Absicht zum unmittelbaren Anbieten sollten mangels behördlichen Überwachungsbedarfs hingegen noch nicht als Erbringung von Datenvermittlungsdiensten verstanden werden. Stattdessen ist das unmittelbare Bevorstehen der Diensteerbringung zu verlangen.[407]

Die Aufnahme seiner Datenvermittlungstätigkeiten ist einem Anbieter gemäß Art. 11 Abs. 4 DGA gestattet, sobald er „die Anmeldung vorgenommen hat". Nach der insoweit eindeutigeren englischen Sprachfassung handelt es sich bei der Vornahme der Anmeldung um die „Einreichung" der Anmeldung.[408] Ein Anbieter darf seine Dienste demnach unmittelbar nach der erfolgten Einreichung der Anmeldung anbieten. Weder eine Genehmigung[409] noch eine Bestätigung der Anmeldung

---

405 Siehe Kap. 5, C. III. 2. sowie *Spindler*, CR (2021), 98 (103, Rn. 23).

406 Siehe zu Art. 14 DGA Kap. 5, C. VI. 3.

407 Vgl. auch *Specht-Riemenschneider*, in: Specht-Riemenschneider/Hennemann, DGA, Art. 11 Rn. 17.

408 Der englische Wortlaut des Art. 11 Abs. 4 DGA lautet: „After having submitted a notification in accordance with paragraph 1, the data intermediation services provider may start the activity subject to the conditions laid down in this Chapter" (Hervorhebung durch Verfasser).

409 Art. 11 Abs. 1 und 4 DGA sehen daher kein Verbot mit Genehmigungsvorbehalt vor, vgl. ErwG 38 DGA; *Specht-Riemenschneider*, in: Specht-Riemenschneider/Hennemann, DGA, Art. 11 Rn. 23.

durch die zuständige Behörde sind erforderlich. Eine Bestätigung kann aber gemäß Art. 11 Abs. 8 DGA angefordert werden.[410] Mangels Genehmigungserfordernis erfolgt nach Art. 11 DGA grundsätzlich auch keine substanzielle Prüfung, ob der Datenvermittlungsdienst die in Art. 12 DGA aufgestellten Bedingungen einhält. Eine substanzielle Prüfung kann aber gemäß Art. 11 Abs. 9 DGA vom Datenvermittler beantragt werden.

Voraussetzung für die Aufnahme der Dienste ist jedoch, dass die Anmeldung und die in ihr enthaltenen Angaben gemäß Art. 11 Abs. 6 DGA vollständig und richtig sind. Schließlich würden unvollständige oder falsche Informationen die Fähigkeit der zuständigen Behörde beeinträchtigen, die Erfüllung der rechtlichen Voraussetzungen durch den angemeldeten Datenvermittler zu überprüfen. Dies würde dem Zweck des Anmeldeverfahrens, das Nutzervertrauen in Datenvermittlungsdienste zu stärken, zuwiderlaufen. Folglich kann nur die Übermittlung einer vollständigen und richtigen Anmeldung zur Erbringung von Datenvermittlungsdiensten berechtigen. Inhaltlich muss die Anmeldung, wie ErwG 39 DGA klarstellt, aber nicht mehr als die Absichtserklärung, Datenvermittlungsdienste zu erbringen, sowie die in Absatz 6 genannten Informationen enthalten.[411] Weitere Anmeldungsvoraussetzungen könnten sich in der Zukunft aber durch sektorspezifische Rechtsvorschriften ergeben.[412]

Art. 11 DGA enthält keine Formvorschriften für die Einreichung der Anmeldung. Nach ErwG 56 DGA soll aber sichergestellt werden, dass die Anbieter von Datenvermittlungsdiensten einen vollständigen und grenzüberschreitenden Online-Zugang zu dem Anmeldeverfahren haben und dieses vollständig online abwickeln können. Hierzu soll das Anmeldeverfahren über ein digitales Zugangstor nach der Verordnung (EU) 2018/1724[413] angeboten werden. Die Einreichung der Anmeldung soll demnach grundsätzlich in elektronischer Form erfolgen. Hieraus folgt aber keine Verpflichtung für die Datenvermittler. Alternativ dürfte daher die Anmeldung auch in Schriftform oder Textform zulässig sein, solange sie die inhaltlichen Vorgaben nach Art. 11 Abs. 6 DGA erfüllt.[414] Die zuständigen Behörden sind jedoch nicht dazu befugt, die Schriftform für die Anmeldung vorauszusetzen.

410 Siehe zur Anmeldungsbestätigung gemäß Art. 11 Abs. 8 DGA in Kap. 5, C. VI. 2. e) aa).

411 Siehe zu Art. 11 Abs. 6 DGA in Kap. 5, C. VI. 2. b) aa).

412 Vgl. ErwG 40 DGA.

413 Verordnung (EU) 2018/1724 des Europäischen Parlaments und des Rates vom 2. Oktober 2018 über die Einrichtung eines einheitlichen digitalen Zugangstors zu Informationen, Verfahren, Hilfs- und Problemlösungsdiensten und zur Änderung der Verordnung (EU) Nr. 1024/2012, ABl. L 295 vom 21.11.2018, S. 1–38.

414 Auch die nur mündliche Anmeldung ist nach dem Wortlaut zulässig. Aufgrund der bei ihr fehlenden Informations- und Dokumentationsfunktionen dürfte sie aber kaum zur Anmeldung geeignet sein.

bb) Örtliche Zuständigkeit und Zuständigkeitskonzentration (Abs. 2 und 5)

Gemäß Art. 11 Abs. 2 DGA gilt bei der Anwendung des DGA, dass ein Anbieter von Datenvermittlungsdiensten, der in mehreren Mitgliedstaaten niedergelassen ist, der rechtlichen Zuständigkeit des Mitgliedstaats unterliegt, in dem er seine Hauptniederlassung hat.[415] Damit folgt Art. 11 Abs. 2 DGA bei der Zuständigkeitsverteilung zwischen den Mitgliedstaaten dem bereits aus Art. 56 Abs. 1 DSGVO bekannten Schema.[416] Für die Durchführung des Anmeldeverfahrens und die Überwachung der Anbieter von Datenvermittlungsdiensten ist immer nur die DGA-Behörde des Mitgliedstaates örtlich zuständig, indem der jeweilige Datenvermittler seine einzige EU-Niederlassung oder seine Hauptniederlassung hat. Bei der Hauptniederlassung eines Anbieters handelt es sich gemäß Art. 2 Nr. 14 DGA um seine Hauptverwaltung in der EU. Zu Ermittlung der Hauptverwaltung sollen nach ErwG 41 DGA objektive Kriterien herangezogen werden, wie der Umstand, wo die effektive und tatsächliche Ausübung von Verwaltungstätigkeiten stattfindet.[417] Als Hauptsitz eines Unternehmens kann, in Anlehnung an die für Art. 54 Abs. 1 AEUV gängige Definition, der Ort angesehen werden, „an dem die Willensbildung und – für Dritte objektiv erkennbar – die eigentliche unternehmerische Leitung der Gesellschaft erfolgt".[418] Da der tatsächliche Geschäftsschwerpunkt objektiv zu bestimmen ist, ist der formell eingetragene Sitz für die Feststellung des Hauptsitzes hingegen unbeachtlich.[419] Entscheidend ist allein der Ort der tatsächlichen unternehmerischen Leitung innerhalb der Union.

Örtlich zuständig für die Durchführung des DGA ist demnach allein die Behörde, in der ein Anbieter seine Hauptniederlassung hat. Die Anmeldung bei der Behörde des Mitgliedstaats, in dem sich seine Hauptniederlassung befindet, berechtigt den Anbieter von Datenvermittlungsdiensten gemäß Art. 11 Abs. 5 DGA aber zur Erbringung seiner Dienste in allen anderen Mitgliedstaaten. Der DGA enthält folglich das Prinzip eines *One-Stop-Shop*-Verfahrens für Datenvermittler.[420] Laut ErwG 39 DGA soll so die effektive grenzüberschreitende Erbringung von Datenvermittlungsdiensten unterstützt werden. Zum einen wird durch das auf nur eine Behörde konzentrierte Anmeldeverfahren der Verwaltungsaufwand für Datenver-

---

415 Dies gilt nach dem Wortlaut der Vorschrift „unbeschadet unionsrechtlicher Bestimmungen zur Regelung grenzübergreifender Schadenersatzklagen und damit zusammenhängender Verfahren".

416 *Spindler*, CR (2021), 98 (103, Rn. 23).

417 Das gleiche Kriterium zur Bestimmung der Hauptniederlassung findet sich auch in ErwG 36 DSGVO.

418 *Tiedje*, in: von der Groeben/Schwarze/Hatje, AEUV, Art. 54 Rn. 28.

419 *Gola*, in: Gola/Heckmann, DSGVO, Art. 4 Rn. 126; *Nguyen*, in: Gola/Heckmann, DSGVO, Art. 56 Rn. 12.

420 Siehe auch Kap. 5, C. III. 2.

mittler reduziert. Zum anderen wird vermieden, dass die rechtliche Zulässigkeit der Aktivitäten eines Datenanbieters innerhalb der Union von verschiedenen Behörden uneinheitlich beurteilt werden kann. Denn für die Überwachung eines Datenvermittlers ist immer nur eine einzige Behörde zuständig.

b) Allgemeine Pflichten für Datenvermittler bei der Anmeldung

Wie aus ErwG 39 DGA folgt, soll die Anmeldung neben der Erklärung der Absicht, Datenvermittlungsdienste anzubieten, nur die in Art. 11 Abs. 6 DGA genannten Informationen beinhalten. Zusätzlich können gemäß Art. 11 Abs. 11 DGA Anmeldegebühren anfallen und die Datenvermittler unterliegen bestimmten Mitteilungspflichten nach den Absätzen 11 und 12. Die Pflicht zur Benennung eines gesetzlichen Vertreters gemäß Art. 11 Abs. 3 DGA betrifft dagegen nur Datenvermittler, die nicht in der Union niedergelassen sind.[421]

aa) Informationspflichten (Abs. 6)

Die in Art. 11 Abs. 6 DGA statuierten Informationspflichten verlangen die Mitteilung bestimmter Informationen, die für die Kontaktierung des Datenvermittlers und die Überprüfung der Rechtmäßigkeit des anzubietenden Dienstes notwendig sind. Sie sollen die Transparenz der Geschäftsmodelle von Datenvermittlern gegenüber den Behörden und zum Teil auch gegenüber den potenziellen Dienstenutzern erhöhen, um die vertrauenswürdige Erbringung solcher Dienste zu gewährleisten.[422] Dabei wird sich aus den mitzuteilenden Informationen in der Regel nur ansatzweise ergeben, ob der angemeldete Datenvermittlungsdienst die Voraussetzungen des Art. 12 DGA vollständig einhält. Der Gesetzgeber hat sich insofern erkennbar bemüht, den administrativen Aufwand für Datenvermittler gering zu halten.[423] Die mitzuteilenden Informationen sollen der zuständigen Behörde lediglich einen ersten Überblick über den angemeldeten Datenvermittler verschaffen und sie befähigen, seine Überwachung gemäß Art. 14 DGA aufzunehmen.

Nach Art. 11 Abs. 6 lit. a DGA muss zunächst der Name des angemeldeten Datenvermittlers mitgeteilt werden. Diese Informationspflicht bezieht sich auf den Namen des Datenvermittlungsdienstes im Sinne des Art. 10 DGA und nicht auf den Namen des Mutterunternehmens oder der zugehörigen Unternehmensgruppe. Wenn der Datenvermittlungsdienst über eine juristische Person oder eine Personengesellschaft erbracht wird, muss deren Firma mitgeteilt werden.[424] Zusätzlich

---

421 Siehe zu Art. 11 Abs. 3 DGA in Kap. 5, C. VI. 2. c).

422 Vgl. *Specht-Riemenschneider*, in: Specht-Riemenschneider/Hennemann, DGA, Art. 11 Rn. 51.

423 Vgl. *Europäische Kommission*, COM(2020) 767 final, S. 6.

424 *Specht-Riemenschneider*, in: Specht-Riemenschneider/Hennemann, DGA, Art. 11 Rn. 41.

müssen nach Art. 11 Abs. 6 lit b DGA der Rechtsstatus, die Rechtsform, die Eigentümerstruktur, die relevanten Tochtergesellschaften und gegebenenfalls die Registernummer mitgeteilt werden. Unter dem Rechtsstatus eines Datenvermittlungsdienstes kann der Gründungsstand der den Dienst (künftig) erbringenden Gesellschaft sowie deren Rechtsfähigkeit, also ihre Eigenschaft als Trägerin von Rechten und Pflichten,[425] verstanden werden.[426] Mit der Rechtsform ist zudem der Typ der Gesellschaft anzugeben, durch die der Datenvermittlungsdienst erbracht wird. Hierfür kommen neben europäischen und mitgliedstaatlichen Gesellschaftsformen auch nicht-europäische Gesellschaftsformen in Betracht.

Die bei der Anmeldung mitzuteilende Eigentümerstruktur ist für die zuständigen Behörden von besonderem Interesse, da sie Aufschluss darüber geben kann, ob Interessenkonflikte bei der Erbringung von Datenvermittlungsdiensten wahrscheinlich sind. Mögliche sich aus der Eigentümerstruktur ergebende Interessenkonflikte sind vor allem im Hinblick auf das Datennutzungsverbot, die Pflicht zur rechtlichen Entflechtung und das Verbot von Koppelungsgeschäften nach Art. 12 lit. a und lit. b DGA wichtig. Durch die Mitteilung der Eigentümerstruktur wird die Behörde frühzeitig in die Lage versetzt, weitere Informationen hierzu einzuholen. Aus dem gleichen Grund soll der Datenvermittler nach Art. 11 Abs. 6 lit. b DGA auch über relevante Tochtergesellschaften informieren. Auch aus deren Existenz können sich Hinweise auf mögliche Interessenkonflikte und Verstöße gegen Art. 12 DGA ergeben. „Relevante“ Tochtergesellschaften dürften in diesem Rahmen solche Gesellschaften sein, die andere datenbezogene Dienste anbieten. Schwestergesellschaften müssen in der Anmeldung hingegen nicht angegeben werden, obwohl sich auch aus deren Existenz Hinweise auf Interessenkonflikte entnehmen lassen könnten. Wenn der Anbieter von Datenvermittlungsdiensten im Handelsregister oder einem vergleichbaren öffentlichen Register eingetragen ist, muss zudem seine Registernummer angegeben werden.

Des Weiteren muss der Datenvermittler in seiner Anmeldung bestimmte Adressen und Kontaktinformationen angeben. Gemäß Art. 11 Abs. 6 lit. c DGA muss der Datenvermittler die Anschrift seiner Hauptniederlassung in der Union und, sofern vorhanden, die Anschriften seiner Zweigniederlassungen in anderen Mitgliedstaaten benennen. Wenn der Datenvermittler nicht in der Union niedergelassen ist,[427] muss er stattdessen die Anschrift seines gesetzlichen Vertreters mitteilen. Zusätzlich sollen Datenvermittler in der Anmeldung nach Art. 11 Abs. 6 lit. e DGA über ihre Kontaktpersonen und Kontaktangaben informieren. Diese Pflicht

425 Siehe nur *Fuchs*, Rechtsfähigkeit (2022).

426 Dazu ausführlich *Specht-Riemenschneider*, in: Specht-Riemenschneider/Hennemann, DGA, Art. 11 Rn. 43.

427 Siehe zu internationalen Anbietern von Datenvermittlungsdiensten Kap. 5, C. VI. 2. c).

erstreckt sich auch auf internationale Datenvermittler, die bereits einen gesetzlichen Vertreter nach Art. 11 Abs. 3 DGA benannt haben.

Datenvermittler sind außerdem gemäß Art. 11 Abs. 6 lit. f DGA dazu verpflichtet, der Anmeldung eine Beschreibung des von ihnen beabsichtigten Datenvermittlungsdienstes beizufügen. Anhand dieser Beschreibung sollte sich feststellen lassen können, ob der Dienst überhaupt in den Anwendungsbereich des DGA fällt und, ob es sich bei dem angemeldeten Dienst um B2B-Datenvermittlungsdienst, C2B-Datenvermittlungsdienst oder eine Datengenossenschaft handelt. Die Beschreibung sollte der Behörde weiterhin einen ersten Überblick über die Aktivitäten und das Geschäftsmodell des Datenvermittlungsdienstes geben. Aufgrund dieser Informationen kann sie dann eine erste Einschätzung vornehmen, ob der Datenvermittler die Bedingungen des Art. 12 DGA erfüllt. Es ist jedoch nicht erforderlich, dass der Diensteanbieter bereits bei der Anmeldung umfassende Informationen über die Funktionsweise seines Dienstes oder eine Stellungnahme zur Erfüllung der Bedingungen des Art. 12 DGA einreicht. Durch die Mitteilung von Grundinformationen zu den Geschäftsaktivitäten soll die Behörde einschätzen können, ob weitere Informationen nach Art. 14 Abs. 2 DGA anzufordern sind.[428]

Darüber hinaus muss die Behörde nach Art. 11 Abs. 6 lit. g DGA über den voraussichtlichen Tag der Aufnahme der Datenvermittlungstätigkeiten informiert werden, sofern die Aufnahme nicht am Tag der Anmeldung erfolgt. Schließlich muss bei der Anmeldung gemäß Art. 11 Abs. 6 lit. d DGA eine öffentlich zugängliche Webseite angegeben werden. Diese muss vollständige, inhaltlich richtige und aktuelle Informationen über den Anbieter von Datenvermittlungsdienst und seine Tätigkeiten enthalten.[429] Insbesondere sollen die Informationen gemäß den Buchstaben a (Name), b (Rechtsform, Eigentümerstruktur, etc.), c (Anschriften von Niederlassungen oder Vertreter) und f (Beschreibung der Tätigkeiten) auf der Webseite zu finden sein. Dies führt dazu, dass Anbieter von Datenvermittlungsdiensten relativ umfangreiche Informationen, etwa zur Eigentümerstruktur oder ihren Tochterunternehmen, auf ihrer Webseite veröffentlichen müssen. Es ist davon auszugehen, dass durch die Veröffentlichung der Informationen und ihre fortlaufende Aktualisierung auf der Webseite die Transparenz der Unternehmensstruktur und -tätigkeiten von Datenvermittlern auch für Dateninhaber und Datennutzer erhöht werden soll.[430] Möglicherweise kann durch die erhöhte Transparenz

---

428 Ähnlich *Specht-Riemenschneider*, in: Specht-Riemenschneider/Hennemann, DGA, Art. 11 Rn. 59.

429 Dazu ausführlich *Specht-Riemenschneider*, in: Specht-Riemenschneider/Hennemann, DGA, Art. 11 Rn. 54 ff.

430 So auch *Specht-Riemenschneider*, in: Specht-Riemenschneider/Hennemann, DGA, Art. 11 Rn. 51. Den Behörden sind etwaige Änderungen der nach Absatz 6 zu übermittelnden Informationen ohnehin schon nach Art. 11 Abs. 12 DGA mitzuteilen.

von Datenvermittlungsdiensten das Vertrauen potenzieller Nutzer gestärkt werden.

bb) Nachträgliche Mitteilungspflichten (Abs. 12 und 13)

Anbieter von Datenvermittlungsdiensten unterliegen auch nach der Einreichung ihrer Anmeldung bestimmten Mitteilungspflichten. Zum einen sind sie gemäß Art. 11 Abs. 12 DGA verpflichtet, der zuständigen Behörde jede Änderung der nach Absatz 6 übermittelten Informationen mitzuteilen. Die Mitteilung soll innerhalb von 14 Tagen ab dem Tag der Änderung erfolgen. Solche Änderungen können die Kontaktierung durch die Behörde betreffen oder für die rechtliche Beurteilung der Datenvermittlungstätigkeiten nach Art. 12 DGA relevant sein. Zum anderen muss der zuständigen Behörde die (dauerhafte) Einstellung der Datenvermittlungsdienste innerhalb von 15 Tagen mitgeteilt werden. Diese Mitteilungspflicht ist vor allem für das von der Kommission nach Art. 11 Abs. 10 DGA zu führende öffentliche Register relevant, in dem alle in der Union tätigen Datenvermittlungsdienste für potenzielle Nutzer gebündelt angezeigt werden sollen.[431] Um die Aktualität und Richtigkeit des Registers zu gewährleisten, ist es erforderlich, dass Datenvermittler die Behörden über die Beendigung ihrer Dienste informieren.

cc) Anmeldegebühren (Abs. 11)

Anbieter von Datenvermittlungsdiensten können verpflichtet sein, Gebühren für die Anmeldung ihrer Dienste zu entrichten. Denn gemäß Art. 11 Abs. 11 S. 1 DGA ist die zuständige Behörde dazu befugt, nach Maßgabe des nationalen Rechts Gebühren für die Anmeldung zu erheben. Die Anmeldungsgebühren müssen nach Satz 2 verhältnismäßig und objektiv sein und auf den Verwaltungskosten beruhen, die durch die Überwachung der Einhaltung der Vorschriften und andere Marktkontrolltätigkeiten der zuständigen Behörden in Bezug auf Anmeldungen von Anbietern von Datenvermittlungsdiensten entstehen. Die Gebührenbemessung soll sich also nach dem Kostendeckungsprinzip richten. Das Kostendeckungsprinzip zielt auf einen finanziellen Vorteilsausgleich ab, der sich nach dem Umfang der eingesetzten Mittel für die Erbringung der öffentlichen Leistung bemisst.[432] Es liegt unter anderem auch der Gebührenbemessung nach dem BGebG und der europäischen Dienstleistungs-RL zugrunde.[433]

---

431 Siehe zum öffentlichen Register Kap. 5, C. VI. 2. d) bb).

432 *Prömper/Stein*, in: Prömper/Stein, BGebG, § 9 Rn. 11.

433 Vgl. Art. 9 Abs. 1 BGebG; Art. 13 Abs. 2 S. 2 Dienstleistungs-RL. Auch in einigen Landesgebührengesetzen findet sich das Kostendeckungsprinzip, siehe nur § 9 Abs. 1 S. 1 Nr. 1 GebG NRW, § 7 Abs. 1 LGebG BW, § 3 Abs. 1 S. 1 HVwKostG.

Nach Art. 11 Abs. 11 S. 2 DGA sollen sich die Gebühren an den objektiven Verwaltungskosten orientieren. Die abrechenbaren Verwaltungskosten umfassen gemäß Satz 2 nicht nur die durch die Anmeldung selbst entstehenden Kosten, sondern setzen sich auch aus den Kosten zusammen, die bei der Überwachung der Einhaltung der Vorschriften und anderen Marktkontrolltätigkeiten anfallen. Aus dem Wortlaut von Absatz 11 ergibt sich nicht unmittelbar, ob die Gebührenhöhe die erforderlichen Verwaltungskosten überschreiten darf. Zumindest deutliche Überschreitungen der anfallenden Verwaltungskosten dürften aber unverhältnismäßig sein. Gemäß Art. 11 Abs. 11 S. 3 DGA können sich die zuständigen Behörden dazu entschließen, bei KMU[434] sowie Start-Ups nur eine ermäßigte Gebühr zu verlangen oder auf die Gebührenerhebung vollständig zu verzichten. Diese Ausnahmeregelung lässt sich durch die Zielsetzung des ErwG 38 DGA erklären, wonach das Anmeldeverfahren keine unnötigen Hindernisse für solche Unternehmen aufstellen soll. Denn für junge und kleine Unternehmen können Anmeldegebühren eine besondere finanzielle Belastung darstellen. Zudem soll der DGA gerade dazu beitragen, dass junge und dynamische Unternehmen als Teilnehmer der europäischen Datenwirtschaft gedeihen können.[435]

c) Benennung eines gesetzlichen Vertreters für internationale Anbieter (Abs. 3 DGA)

Eine besondere Verpflichtung sieht Art. 11 Abs. 3 DGA für Anbieter von Datenvermittlungsdiensten vor, die keine Niederlassung in der Union haben. Diese müssen in einem der Mitgliedstaaten, in denen sie ihre Dienste anbieten, einen gesetzlichen Vertreter benennen, der als Anlaufstelle für die zuständige Behörde dient. Die Benennung eines Vertreters soll nach ErwG 42 DGA die rechtskonforme Erbringung von Datenvermittlungsdiensten durch internationale Anbieter gewährleisten. Sie dient damit der Stärkung der digitalen Souveränität der EU.[436] Das Vorhandensein eines Vertreters als Anlaufstelle für die Behörde soll in erster Linie die Effektivität und Effizienz behördlicher Informationsanfragen und anderer Durchsetzungsverfahren begünstigen. Zudem bietet der Zugriff auf den vor Ort ansässigen Vertreter den Vorteil, dass die Vorschriften des DGA durch die innerterritoriale Ausübung von Hoheitsgewalt durchgesetzt werden können und somit

---

434 Es handelt sich um Unternehmen, die die weniger als 250 Personen beschäftigen und die entweder einen Jahresumsatz von höchstens 50 Mio. EUR erzielen oder deren Jahresbilanzsumme sich auf höchstens 43 Mio. EUR beläuft; siehe hierzu bereits Kap. 5, C. IV. 5. b) aa).

435 Vgl. ErwG 2, 27 DGA. Die Kommission erwartet, dass Start-Ups eine Schlüsselrolle bei der Entwicklung neuer Geschäftsmodelle in der Datenwirtschaft zukommen wird, *Europäische Kommission*, COM(2020) 66 final, S. 18.

436 Siehe zu der Zielsetzung der digitalen Souveränität in Kap. 5, B. III. 1. b).

der Rückgriff auf die völkerrechtlich unzulässige extraterritoriale Rechtsdurchsetzung nicht notwendig ist.[437] Art. 11 Abs. 3 DGA ist außerdem von Bedeutung, da er Rückschlüsse auf die internationale Anwendbarkeit des DGA zulässt.[438]

aa) Internationale Anbieter

In den Anwendungsbereich des Art. 11 Abs. 3 DGA fallen internationale Anbieter von Datenvermittlungsdiensten, die keine Niederlassung in der EU haben, aber ihre Dienste dennoch in einem oder mehreren Mitgliedstaaten anbieten.

(1) Keine Niederlassung in der EU

Der Begriff der Niederlassung wird weder im Gesetzestext noch in den Erwägungsgründen des DGA definiert. Naheliegend ist es deshalb, auf das im europäischen Datenschutzrecht etablierte Verständnis einer Niederlassung zurückzugreifen. Nach ErwG 22 DSGVO setzt eine Niederlassung in der Union die effektive und tatsächliche Ausübung einer Tätigkeit durch eine feste Einrichtung voraus. Die Rechtsform einer solchen Niederlassung, die eine Zweigstelle oder eine Agentur sein kann, ist dabei nach der auf die DSGVO (und den DGA) übertragbaren Rechtsprechung des EuGH zur inhaltsgleichen Definition in ErwG 19 EU-DSRL irrelevant.[439] Entscheidend für die Feststellung der Existenz einer Niederlassung ist stattdessen der Grad der Beständigkeit der Einrichtung sowie die Effektivität der Ausübung wirtschaftlicher Tätigkeiten, wobei schon geringfügige Tätigkeiten ausreichen können.[440] Wesentliches Abgrenzungskriterium im Rahmen des Art. 11 Abs. 3 DGA ist folglich, ob ein Datenvermittler wirtschaftliche Tätigkeiten durch eine feste und beständige Einrichtung ausübt. Diese Kriterien dürften durch das Vorhandensein eines kleinen Büros oder eines dauerhaften Vertreters des Anbieters in einem Mitgliedstaat, nicht aber schon durch die Existenz von Postfächern oder Servern, erfüllt sein.[441] Lediglich vorübergehend installierte Einrichtungen, wie Messestände, erfüllen das Kriterium einer festen Einrichtung ebenfalls

---

437 *Krämer*, EuR 2021, 137 (144). Siehe zum völkerrechtlichen Verbot der extraterritorialen Wirkung staatlichen Handelns Kap. 5, C. V. 1.

438 Siehe zur räumlichen Anwendbarkeit des DGA Kap. 5, C. V. 1.

439 *EuGH*, Urteil vom 1. Oktober 2015, C-230/14, ECLI:EU:C:2015:639, Rn. 28 m. w. N.; *Ernst*, in: Paal/Pauly, DSGVO, Art. 3 Rn. 7; *Zerdick*, in: Ehmann/Selmayr, DSGVO, Art. 3 Rn. 9.

440 *EuGH*, Urteil vom 1. Oktober 2015, C-230/14, ECLI:EU:C:2015:639, Rn. 29, 31; *Ernst*, in: Paal/Pauly, DSGVO, Art. 3 Rn. 7; *Piltz*, in: Gola/Heckmann, DSGVO, Art. 3 Rn. 13; *Kartheuser/Schmitt*, ZD 2016, 155 (156).

441 Vgl. *Ernst*, in: Paal/Pauly, DSGVO, Art. 3 Rn. 8; *Klar*, in: Kühling/Buchner, DSGVO, Art. 3 Rn. 46 f.; *Klar*, in: Kühling/Buchner, DSGVO, Art. 3 Rn. 10.

nicht.[442] Nur wenn ein Datenvermittler keine Niederlassung in der Union betreibt, handelt es sich bei ihm um einen internationalen Anbieter, der in den Anwendungsbereich des Art. 11 Abs. 3 DGA fallen kann.

(2) Anbieten der Dienste in der EU

Erforderlich ist außerdem, dass der internationale Datenvermittler seine Dienste innerhalb der Union anbietet. Hierzu sollte gemäß ErwG 42 DGA geprüft werden, ob der Anbieter von Datenvermittlungsdiensten „offensichtlich" beabsichtigt, solche Dienste für Personen in einem oder mehreren Mitgliedstaaten anzubieten.[443] Für diese Prüfung stellt ErwG 42 DGA einige, bereits aus Art. 3 Abs. 2 lit. a DSGVO oder Art. 6 Abs. 1 lit. b Rom I-VO bekannte Kriterien auf.[444] Aufgrund des Wortlauts des ErwG 42 DGA und des dienstebezogenen Regulierungsansatzes des DGA[445] kommt es ausschließlich darauf an, ob das Anbieten von Datenvermittlungsdiensten in der Union beabsichtigt ist. Ob ein Unternehmen andere (datenbezogene) Dienste in der EU anbietet, ist hingegen irrelevant.

Wie bei Art. 3 Abs. 2 lit. a DSGVO ist im Rahmen des Art. 11 Abs. 3 DGA anhand einer Gesamtschau im Einzelfall zu ermitteln, ob das Anbieten von Datenvermittlungsdiensten in einem oder mehreren Mitgliedstaaten beabsichtigt ist.[446] Zu beachten ist zunächst, dass das Angebot von Datenvermittlungsdiensten „offensichtlich" beabsichtigt sein muss. Das Kriterium der offensichtlichen Beabsichtigung ist schon deshalb zu betonen, da es die internationale Anwendbarkeit des DGA auf solche Fälle beschränkt, bei denen ein klarer innereuropäischer Zusammenhang besteht.[447] Eine offensichtliche Absicht liegt nicht schon dann vor, wenn ein Angebot bloß unabsichtlich erfolgt oder es faktisch möglich ist, die Dienste von einem Mitgliedstaat aus in Anspruch zu nehmen.[448] Nach ErwG 42 DGA soll auch die bloße Zugänglichkeit einer Webseite oder einer E-Mail-Adresse und anderer Kontaktdaten des Anbieters von Datenvermittlungsdiensten in der Union noch keinen ausreichenden Anhaltspunkt für ein beabsichtigtes Angebot darstellen. Das gleiche soll für die Verwendung einer Sprache gelten, die in dem Drittland, in dem der Anbieter von Datenvermittlungsdiensten niedergelassen ist, allgemein gebräuchlich ist. Jedenfalls bei der ausschließlichen Verwendung einer Sprache, die in kei-

442 *Klar*, in: Kühling/Buchner, DSGVO, Art. 3 Rn. 45.
443 Inhaltlich entspricht ErwG 42 DGA weitgehend ErwG 23 DSGVO.
444 *Spindler*, CR (2021), 98 (103, Rn. 23).
445 Siehe Kap. 5, C. III. 1.
446 Zur DSGVO *Klar*, in: Kühling/Buchner, DSGVO, Art. 3 Rn. 80.
447 Ein solcher sachlicher Zusammenhang ist für die völkerrechtliche Zulässigkeit der Anwendung des DGA auf nichteuropäische Datenvermittler erforderlich; siehe Kap. 5, C. V. 1.
448 *Klar*, in: Kühling/Buchner, DSGVO, Art. 3 Rn. 81; *Zerdick*, in: Ehmann/Selmayr, DSGVO, Art. 3 Rn. 19.

nem Mitgliedstaat der Union üblich ist, fehlt es an einem beabsichtigten Angebot für europäische Nutzer.[449] Hingegen können nach ErwG 42 DGA „andere Faktoren wie die Verwendung einer Sprache oder Währung, die in einem oder mehreren Mitgliedstaaten gebräuchlich ist, in Verbindung mit der Möglichkeit, Dienste in dieser Sprache zu bestellen, oder die Erwähnung von Nutzern in der Union darauf hindeuten, dass der Anbieter von Datenvermittlungsdiensten beabsichtigt, in der Union seine Dienste anzubieten". Es kommt demnach auf die inhaltliche Gestaltung des Angebots im Einzelfall an.[450] Jedenfalls dann, wenn die Dienste in einer Sprache angeboten werden, die ausschließlich in einem oder mehreren Mitgliedstaaten verwendet wird, ist von einem beabsichtigten Angebot auszugehen.[451]

Die Kriterien des ErwG 42 DGA sind nicht abschließend.[452] Ergänzend können die für Art. 6 Abs. 1 lit. b Rom I-VO und Art. 15 Brüssel I-VO entwickelten Grundsätze bei Art. 11 Abs. 3 DGA herangezogen werden. Nach der Rechtsprechung des EuGH können unter anderem die Angabe von Telefonnummern mit internationaler Vorwahl, die Tätigung von Ausgaben für einen Internetreferenzierungsdienst, um europäischen Nutzern den Zugang zur Webseite des Diensteanbieters im Drittstaat zu erleichtern oder die Verwendung eines anderen Domain-Namens als desjenigen des Staates der Niederlassung (z. B. „.de" statt „.com") als Anhaltspunkte für ein beabsichtigtes Anbieten in der Union dienen.[453] Letztlich ist anhand einer umfassenden Gesamtschau aller relevanten Umstände im Einzelfall zu beurteilen, ob das Anbieten von Datenvermittlungsdiensten in der Union beabsichtigt ist.

bb) Benennung eines Vertreters

Gemäß Art. 11 Abs. 3 UAbs. 1 DGA muss ein Anbieter von Datenvermittlungsdiensten, der nicht in der Union niedergelassen ist, aber die in Art. 10 DGA genannten Datenvermittlungsdienste in der Union anbietet, einen gesetzlichen Vertreter in einem der Mitgliedstaaten, in denen seine Dienste angeboten werden, benennen. Nach Art. 11 Abs. 3 UAbs. 3 S. 1 DGA unterliegt der internationale Anbieter von Datenvermittlungsdiensten dann der rechtlichen Zuständigkeit des Mitgliedstaates, in dem sich der Vertreter befindet. Durch die Vorschrift soll die effektive Anwendung des DGA sichergestellt werden. Laut ErwG 42 DGA ist die Benennung eines

449 Vgl. *Klar*, in: Kühling/Buchner, DSGVO, Art. 3 Rn. 86.
450 *Ernst*, in: Paal/Pauly, DSGVO, Art. 3 Rn. 16.
451 *Klar*, in: Kühling/Buchner, DSGVO, Art. 3 Rn. 85.
452 So im Hinblick auf ErwG 23 DSGVO auch *Klar*, in: Kühling/Buchner, DSGVO, Art. 3 Rn. 84; *Zerdick*, in: Ehmann/Selmayr, DSGVO, Art. 3 Rn. 19.
453 *EuGH*, Urteil vom 7. Dezember 2010, C-585/08 und C-144/09, ECLI:EU:C:2010:740, Rn. 81 ff. – *Pammer und Alpenhof*; *Bach*, in: Spindler/Schuster, Rom I-VO Art. 6 Rn. 17; *Leible*, in: Hüßtege/Mansel, Rom I-VO Art. 6 Rn. 55; *Mörsdorf*, in: BeckOK IT-Recht, Rom I-VO Art. 6 Rn. 18.1.

Vertreters insbesondere deshalb notwendig, weil Anbieter von Datenvermittlungsdiensten personenbezogene Daten und vertrauliche Geschäftsdaten verarbeiten und deshalb engmaschig überwacht werden sollten. Eine vergleichbare Regelung ist bereits in Art. 27 DSGVO enthalten.[454] Da sowohl Art. 11 Abs. 3 DGA als auch Art. 27 DSGVO die Vermeidung regulatorischer Schlupflöcher für internationale Anbieter bezwecken,[455] orientiert sich die Auslegung von Art. 11 Abs. 3 DGA hier an der von Art. 27 DSGVO.

(1) Person des Vertreters

Gemäß Art. 2 Nr. 21 DGA handelt es sich bei dem Vertreter um eine „in der Union niedergelassene natürliche oder juristische Person, die ausdrücklich benannt wurde, um im Auftrag eines nicht in der Union niedergelassenen Anbieters von Datenvermittlungsdiensten [...] zu handeln, und an die sich die für die Datenvermittlungsdienste zuständigen Behörden [...] hinsichtlich der Verpflichtungen nach dieser Verordnung ausschließlich oder zusätzlich zu den betreffenden Anbietern von Datenvermittlungsdiensten [...] wenden, auch um gegen einen nicht in der Union niedergelassenen Anbieter von Datenvermittlungsdiensten [...], der die Vorschriften nicht einhält, Durchsetzungsverfahren einzuleiten“. Bereits die Definition des Art. 2 Nr. 21 DGA zeigt, dass der Begriff des „gesetzlichen“ Vertreters in Art. 11 Abs. 3 UAbs. 1 S. 1 DGA missverständlich ist. Die in der deutschen Sprachfassung verwendete Terminologie impliziert nämlich, dass es sich bei dem Vertreter im Sinne des Art. 11 Abs. 3 DGA um einen Stellvertreter handeln muss, dessen Vertretungsmacht sich (wie z. B. beim Geschäftsführer einer GmbH) unmittelbar aus dem Gesetz ergeben muss.[456] Wie sich aus Art. 11 Abs. 3 DGA und ErwG 42 DGA ergibt, wird der Vertreter aber per Rechtsgeschäft benannt. Der Vertreter nach Art. 11 Abs. 3 DGA muss also nicht zwingend der Geschäftsführer eines Datenvermittlers sein.

Beim Vertreter handelt es sich um eine eigenständige Person, die nicht mit dem Datenvermittler identisch ist und als greifbarer Ansprechpartner für die zuständigen Behörden dienen soll. Für dieses Verständnis spricht Art. 11 Abs. 3 UAbs. 3 S. 2 DGA, wonach die Benennung eines gesetzlichen Vertreters die Haftung des Datenvermittlers nicht berührt. Der Vertreter muss außerdem (mindestens) in einem Mitgliedstaat der EU niedergelassen sein. Der Mitgliedstaat, in dem der Vertreter niedergelassen ist, ist gemäß Art. 11 Abs. 3 UAbs. 3 S. 1 DGA für den vertrete-

---

454 *Hennemann/v. Ditfurth*, NJW 2022, 1905 (1907, Rn. 12).

455 Siehe zum Zweck des Art. 27 DSGVO nur *Martini*, in: Paal/Pauly, DSGVO, Art. 27 Rn. 16; *Piltz*, in: Gola/Heckmann, DSGVO, Art. 27 Rn. 8, 10.

456 Die in der englischen Sprachfassung gewählte Bezeichnung als „legal representative“ enthält diesen Sinngehalt demgegenüber nicht.

nen Anbieter von Datenvermittlungsdiensten rechtlich zuständig. Die örtliche Zuständigkeit liegt also bei der von diesem Mitgliedstaat gemäß Art. 13 Abs. 1 DGA benannten Behörde. Unter der Niederlassung eines Vertreters ist in Anlehnung an Art. 49 Abs. 1 S. 1 AEUV eine dauerhafte physische Präsenz zu verstehen, von der aus auch tatsächlich die Geschäftsaktivitäten des Vertreters erfolgen.[457]

Der Datenvermittler ist bei der Wahl seines Vertreters weitgehend frei. Anforderungen an die persönliche und fachliche Eignung des Vertreters stellt Art. 11 Abs. 3 DGA nicht. Es kann sich bei dem Vertreter sowohl um eine natürliche als auch um eine juristische Person handeln.[458] Geeignete Vertreter sind zum Beispiel Rechtsanwälte oder Rechtsanwaltskanzleien.[459] Auch Angehörige des eigenen Unternehmens oder Konzerns kommen grundsätzlich als Vertreter von Datenvermittlern in Betracht.[460] Entscheidend ist nach Art. 11 Abs. 3 UAbs. 1 DGA allein, dass der Vertreter in einem Mitgliedstaat niedergelassen ist, in dem der Datenvermittler auch seine Dienste anbietet. Wenn ein Anbieter seine Dienste in mehreren Mitgliedstaaten erbringt, kann er seinen Vertreter aus jedem dieser Mitgliedstaaten auswählen.[461] Dabei genügt es nach dem Wortlaut des ersten Unterabsatzes, dass nur ein Vertreter in einem Mitgliedstaat für die gesamte EU benannt wird.[462] Eine Pflicht zur Benennung eines Vertreters in jedem Mitgliedstaat, in dem ein Anbieter seine Dienste erbringt, besteht nicht.[463]

(2) Formelle Anforderungen an die Benennung

Erforderlich ist, dass der Vertreter ausdrücklich, also nicht nur konkludent, benannt wird. Anders als Art. 27 Abs. 1 DSGVO stellt der Wortlaut des Art. 11 Abs. 3 DGA aber keine formellen Anforderungen an die Benennung des Vertreters durch

---

457 *Martini*, in: Paal/Pauly, DSGVO, Art. 27 Rn. 48.

458 So auch *Schreiber/Pommerening/Schoel*, Das neue Recht der Daten-Governance (2023), § 3 Rn. 56.

459 Vgl. *Hartung*, in: Kühling/Buchner, DSGVO, Art. 4 Nr. 17 Rn. 7, Art. 27 Rn. 12; *Martini*, in: Paal/Pauly, DSGVO, Art. 27 Rn. 25.

460 *Hartung*, in: Kühling/Buchner, DSGVO, Art. 27 Rn. 12; *Piltz*, in: Gola/Heckmann, DSGVO, Art. 27 Rn. 6.

461 Vgl. *Specht-Riemenschneider*, in: Specht-Riemenschneider/Hennemann, DGA, Art. 11 Rn. 33; siehe zum insoweit inhaltsgleichen Art. 27 Abs. 3 DSGVO *Martini*, in: Paal/Pauly, DSGVO, Art. 27 Rn. 47.

462 Auch nach der DSGVO ist ein einziger Vertreter für alle Mitgliedstaaten ausreichend; vgl. *Piltz*, in: Gola/Heckmann, DSGVO, Art. 27 Rn. 18; *Hartung*, in: Kühling/Buchner, DSGVO, Art. 27 Rn. 12.

463 Eine solche Mehrfachbenennung ist auch nicht vorgesehen, da sie mit der im DGA vorgesehenen Verfahrenskonzentration bei einer zuständigen mitgliedstaatlichen Behörde nicht vereinbar wäre.

den Datenvermittler.[464] Auch in ErwG 42 DGA der deutschen Sprachfassung finden sich zur Benennung des Vertreters keine formellen Vorgaben. Dort heißt es nämlich, dass der Anbieter von Datenvermittlungsdiensten „den gesetzlichen Vertreter benennen und schriftlich beauftragen [soll], in Bezug auf die ihm nach dieser Verordnung obliegenden Verpflichtungen in seinem Auftrag zu handeln". Demnach wäre nur für die Beauftragung nach Art. 11 Abs. 3 UAbs. 2 DGA und nicht für die Benennung nach dem ersten Unterabsatz die Schriftform zu wählen. Hierin weicht die deutsche Sprachfassung aber von anderen Sprachfassungen ab. Nach der englischen Sprachfassung sollte der gesetzliche Vertreter durch eine „schriftliche Vollmacht" benannt werden.[465] Identische Formulierungen enthalten auch die französische und die spanische Sprachfassung.[466]

Es ist daher wahrscheinlich, dass die in der deutschen Sprachfassung gewählte Formulierung auf einem redaktionellen Versehen beruht. Im Einklang mit den übrigen Sprachfassungen sollte die Benennung des Vertreters durch schriftliche Vollmacht erfolgen. Eine verbindliche Pflicht hierzu kann aber weder Art. 11 Abs. 3 DGA noch der Sollvorschrift des ErwG 42 entnommen werden. Zu beachten ist außerdem, dass europarechtliche Formvorgaben autonom auszulegen sind und daher die Schriftform im Sinne des ErwG 42 DGA nicht der des § 126 BGB entsprechen muss. Der Übereilungsschutz oder der Nachweis der Echtheit der Urkunde sind bei der Benennung des gesetzlichen Vertreters zu vernachlässigen. Stattdessen soll die Schriftform die Benennung nach außen gegenüber der zuständigen Behörde erkennbar machen. Es dürfte deshalb für ErwG 42 DGA ausreichen, wenn die Benennung durch eine Vollmacht in Textform oder elektronischer Form erfolgt.[467]

---

464 Gemäß Art. 27 Abs. 1 DSGVO ist der Vertreter schriftlich zu benennen. Die Anforderungen an die Schriftform im Sinne dieser Vorschrift sind umstritten; vgl. nur *Piltz*, in: Gola/Heckmann, DSGVO, Art. 27 Rn. 13 ff.; *Martini*, in: Paal/Pauly, DSGVO, Art. 27 Rn. 17 ff.

465 Dort heißt es: „The legal representative should be designated by a written mandate of the data intermediation services provider to act on the latter's behalf […]" (Hervorhebung durch den Verfasser).

466 Im Französischen lautet der letzte Satz des ErwG 42 DGA: „Le représentant légal devrait être désigné par un mandat écrit du prestataire de services d'intermédiation de données le chargeant d'agir pour son compte afin de remplir les obligations qui incombent à ce dernier au titre du présent règlement" (Hervorhebung durch den Verfasser). Der Wortlaut der spanischen Sprachfassung lautet: „El representante legal debe haber sido designado mediante un mandato por escrito del proveedor de servicios de intermediación de datos para actuar en nombre de este en lo que respecta a las obligaciones del proveedor con arreglo al presente Reglamento" (Hervorhebung durch den Verfasser).

467 So zutreffend zu Art. 27 DSGVO *Piltz*, in: Gola/Heckmann, DSGVO, Art. 27 Rn. 15 f.; a. A. *Martini*, in: Paal/Pauly, DSGVO, Art. 27 Rn. 17 ff.

Darüber hinaus sind der zuständigen Behörde bestimmte Informationen zum benannten Vertreter mitzuteilen. Gemäß Art. 11 Abs. 6 lit. c DGA soll die zuständige Behörde über die Anschrift des benannten Vertreters informiert werden. Zudem sind der Behörde nach Art. 11 Abs. 6 lit. e DGA die Kontaktpersonen des Datenvermittlers mitzuteilen. Bei internationalen Datenvermittlern ist zu diesen Kontaktpersonen auch der gesetzliche Vertreter zu zählen. Wie auch bei Art. 27 DSGVO lässt sich die Benennung des gesetzlichen Vertreters jederzeit ohne Angabe von Gründen widerrufen.[468] In diesem Fall ist der internationale Datenvermittler jedoch verpflichtet, einen neuen Vertreter zu benennen. Die Änderung in der Person des Vertreters ist gemäß Art. 11 Abs. 12 DGA innerhalb von 14 Tagen der zuständigen Behörde mitzuteilen. Wenn ein internationaler Datenvermittler keinen gesetzlichen Vertreter benannt hat, ist die zuständige Behörde gemäß Art. 14 Abs. 5 DGA befugt, die Befugnis zur Erbringung des Dienstes auszusetzen oder bis zur erfolgten Benennung zu verschieben.

cc) Rechtsstellung und Aufgaben des Vertreters

Der vor Ort präsente gesetzliche Vertreter soll den Datenvermittler bei der Erfüllung seiner Pflichten aus dem DGA unterstützen und als Anlaufstelle für die zuständige Behörde dienen.[469] Gemäß Art. 11 Abs. 3 UAbs. 2 S. 2 DGA arbeiten die Vertreter mit den Behörden zusammen und informieren sie über die zur Einhaltung der Vorgaben des DGA durch den Datenvermittler umgesetzten Maßnahmen. Die Vertreter fungieren nach ErwG 42 DGA als zusätzliche Ansprechpartner für die Behörden. Als solche treten sie nicht in die Rechtstellung des Datenvermittlers ein, sondern unterstützen lediglich bei der Umsetzung gesetzlicher Vorgaben und der Kommunikation mit den zuständigen Behörden.[470] Mangels eigener Verantwortlichkeit für das Handeln des Datenvermittlers haftet der gesetzliche Vertreter nicht für dessen Verhalten.[471] Hierfür spricht zum einen, dass sich im Gesetz keine Sanktionsbefugnis gegenüber dem Vertreter findet. Zum anderen stellt Art. 11 Abs. 3 UAbs. 3 S. 2 DGA klar, dass die Benennung des Vertreters „unbeschadet rechtlicher Schritte" gegen den Datenvermittler erfolgt. Der Anbieter von Datenvermittlungsdiensten bleibt also materiell-rechtlich verantwortlich.[472] Die Benen-

---

468 So zu Art. 27 DSGVO *Martini*, in: Paal/Pauly, DSGVO, Art. 27 Rn. 27c.

469 Vgl. ErwG 42 DGA; siehe auch zu Art. 27 DSGVO *Piltz*, in: Gola/Heckmann, DSGVO, Art. 27 Rn. 37; *Martini*, in: Paal/Pauly, DSGVO, Art. 27 Rn. 49.

470 Vgl. zu Art. 27 DSGVO *Hartung*, in: Kühling/Buchner, DSGVO, Art. 27 Rn. 9.

471 Vgl. *Bertermann*, in: Ehmann/Selmayr, DSGVO, Art. 27 Rn. 14; *Piltz*, in: Gola/Heckmann, DSGVO, Art. 27 Rn. 37, 45; *Hartung*, in: Kühling/Buchner, DSGVO, Art. 27 Rn. 23 f.; *Martini*, in: Paal/Pauly, DSGVO, Art. 27 Rn. 50a.

472 *Martini*, in: Paal/Pauly, DSGVO, Art. 27 Rn. 53.

nung eines Vertreters soll lediglich die Durchsetzung des DGA für die zuständigen Behörden erleichtern.

(1) Beauftragung des Vertreters

Nach Art. 11 Abs. 3 UAbs. 2 S. 1 DGA beauftragt der Anbieter der Datenvermittlungsdienste den gesetzlichen Vertreter, neben ihm oder an seiner Stelle den zuständigen Behörden, betroffenen Personen und Dateninhabern bei Fragen im Zusammenhang mit den erbrachten Datenvermittlungsdiensten als Anlaufstelle zu dienen. Der Datenvermittler muss den Vertreter also nicht nur benennen, sondern ihn nach ErwG 42 DGA auch beauftragen, die sich aus dem DGA ergebenden Aufgaben in seinem Auftrag wahrzunehmen. Die Unterscheidung zwischen Benennung und Beauftragung findet sich bereits in Art. 27 DSGVO.[473] Die dort angestellten Überlegungen lassen sich hier übertragen.

Schwierigkeiten wirft die Einordnung des der Beauftragung zugrundeliegenden Rechtsverhältnisses zwischen dem Vertreter und dem Datenvermittler auf.[474] Zum Teil wird hierin eine rechtsgeschäftliche Stellvertretung gesehen.[475] Zweifelhaft ist aber das Vorliegen eines ausreichenden Entscheidungsspielraums des Vertreters.[476] Denn nach ErwG 42 DGA soll der Vertreter in Bezug auf die dem Datenvermittler nach dem DGA obliegenden Verpflichtungen in dessen Auftrag handeln. Er unterliegt also maßgeblich den Weisungen des Datenvermittlers und trifft keine eigenen wesentlichen Entscheidungen. Dies spricht gegen die Einordnung des gesetzlichen Vertreters als Erklärungsvertreter. Etwas anderes kann sich im Einzelfall aber aufgrund des Wahlrechts des Diensteanbieters[477] hinsichtlich des Vertretungsumfangs ergeben. Denn nach dem Wortlaut des Art. 11 Abs. 3 UAbs. 2 S. 1 DGA kann sich der Datenvermittler aussuchen, ob der Vertreter zusätzlich zu ihm oder alleine an seiner Stelle als Anlaufstelle dienen soll. Wenn der Vertreter als

---

473 *Piltz*, in: Gola/Heckmann, DSGVO, Art. 27 Rn. 32 ff.; *Martini*, in: Paal/Pauly, DSGVO, Art. 27 Rn. 24a f.

474 So auch bei Art. 27 DSGVO, vgl. *Hartung*, in: Kühling/Buchner, DSGVO, Art. 27 Rn. 14; *Piltz*, in: Gola/Heckmann, DSGVO, Art. 27 Rn. 33 ff.

475 Vgl. *Martini*, in: Paal/Pauly, DSGVO, Art. 27 Rn. 24a m. w. N.

476 *Hartung*, in: Kühling/Buchner, DSGVO, Art. 27 Rn. 14; *Piltz*, in: Gola/Heckmann, DSGVO, Art. 27 Rn. 35.

477 Nach ErwG 42 DGA soll es den Behörden möglich sein, sich zusätzlich zum Datenvermittler oder alternativ an den gesetzlichen Vertreter zu wenden. Diese Formulierung weist auf ein Wahlrecht der Behörde hin und widerspricht dem Wortlaut des Unterabsatz 2 Satz 1. Dem eindeutigen Gesetzeswortlaut sollte jedoch der Vorrang gegenüber den Erwägungsgründen eingeräumt werden. Im Außenverhältnis ist die Wahl des Datenvermittlers aber nur dann bindend, wenn er sie der zuständigen Behörde mitgeteilt hat; so auch zu Art. 27 DSGVO *Hartung*, in: Kühling/Buchner, DSGVO, Art. 27 Rn. 15; *Martini*, in: Paal/Pauly, DSGVO, Art. 27 Rn. 50.

alleinige Anlaufstelle dienen soll, dürfte es sich bei ihm um einen Erklärungsvertreter handeln. Da der Vertreter als erste Anlaufstelle für Behörden dienen soll, ist ohnehin in allen Fällen von seiner Stellung als Empfangsvertreter auszugehen.[478] Behördenerklärungen, die gegenüber dem Vertreter abgegeben werden, werden daher unmittelbar gegenüber dem Datenvermittler wirksam. Die Stellung als Empfangsvertreter setzt anders als die des Erklärungsvertreters keinen eigenen Entscheidungsspielraum des Vertreters voraus.

(2) Aufgabenbereich des Vertreters

Der Aufgabenbereich des Vertreters umfasst die Erfüllung der Informationspflichten des Datenvermittlers. Er soll den vor Ort nicht präsenten Datenvermittler vertreten, indem er als erste Anlaufstelle für die Behörden dient und mit ihnen zusammenarbeitet. Die Zusammenarbeit mit den Behörden setzt voraus, dass der gesetzliche Vertreter die für den Rechtsvollzug erforderlichen Tatsachen mitteilt und Beweismittel vorliegt.[479] In erster Linie soll der gesetzliche Vertreter alle Fragen der zuständigen Behörde zur Erbringung der Datenvermittlungsdienste durch den Anbieter beantworten. Insbesondere soll der Vertreter den Behörden gemäß Art. 11 Abs. 3 UAbs. 2 S. 2 DGA auf Verlangen umfassend darlegen, welche Maßnahmen und Vorkehrungen der Anbieter von Datenvermittlungsdiensten getroffen hat, um die Einhaltung des DGA sicherzustellen. Diese Verpflichtung korrespondiert mit der Befugnis der Behörden gemäß Art. 14 Abs. 2 DGA, wonach sie von Datenvermittlern oder ihren gesetzlichen Vertretern alle Informationen anfordern dürfen, die nötig sind, um die Einhaltung der Anforderungen des DGA zu überprüfen.

Wie Art. 2 Nr. 21 DGA und ErwG 42 DGA klarstellen, sollen sich die Behörden auch dann an den Vertreter wenden können, wenn ein Durchsetzungsverfahren gegen den Datenvermittler eingeleitet wird, weil sich dieser nicht an die Vorschriften des DGA hält. Der gesetzliche Vertreter dient somit als Ansprechpartner bei allen behördlichen Fragestellungen, die sich im Anschluss an die Anmeldung bei der Überwachung von Datenvermittlungsdiensten stellen. Art. 11 Abs. 3 DGA statuiert keine unmittelbare Pflicht des gesetzlichen Vertreters zur rechtzeitigen, vollständigen und wahrheitsgemäßen Beantwortung von Fragen. Eine solche lässt sich aber mittelbar aus Art. 14 Abs. 5 Alt. 2 DGA entnehmen. Danach ist die zuständige Behörde befugt, die Erbringung der Datenvermittlungsdienste auszusetzen oder zu verschieben, wenn der gesetzliche Vertreter es versäumt, die erforderlichen Informationen vorzulegen, durch die die Einhaltung dieser Verordnung um-

---

478 Vgl. zu Art. 27 DSGVO *Bertermann*, in: Ehmann/Selmayr, DSGVO, Art. 27 Rn. 12; *Hartung*, in: Kühling/Buchner, DSGVO, Art. 27 Rn. 14; *Martini*, in: Paal/Pauly, DSGVO, Art. 27 Rn. 24a, 54a.
479 Vgl. zu Art. 31 DSGVO *Martini*, in: Paal/Pauly, DSGVO, Art. 31 Rn. 17.

fassend belegt wird. Gesetzliche Vertreter sollten daher die zulässigen Fragen der zuständigen Behörden rechtzeitig, vollständig und nach bestem Wissen beantworten.

dd) Rechtsfolgen der Benennung für den Datenvermittler

Gemäß Art. 11 Abs. 3 UAbs. 3 S. 2 DGA erfolgt die Benennung eines gesetzlichen Vertreters unbeschadet etwaiger rechtlicher Schritte gegen den Anbieter von Datenvermittlungsdiensten. Dies bedeutet, dass die Benennung eines Vertreters die rechtliche Verantwortlichkeit und Haftung des Datenvermittlers nicht berührt.[480] Bei Verstößen gegen Vorschriften des DGA haftet allein der Datenvermittler. Dies gilt auch dann, wenn der Datenvermittler den Vertreter als alleinige Anlaufstelle für die zuständige Behörde bestimmt. Die exklusive Beauftragung des Vertreters betrifft nur die Beantwortung von Behördenfragen, nicht aber die rechtliche Verantwortlichkeit für etwaige Rechtsverstöße.[481]

Hinsichtlich der Haftung internationaler Anbieter von Datenvermittlungsdiensten ist zu berücksichtigen, dass sie nicht nur wie auch sonstige Anbieter für Verstöße gegen die Vorschriften des Art. 11, 12 DGA haften. Darüber hinaus kann ihre Erbringung von Datenvermittlungsdiensten gemäß Art. 14 Abs. 5 DGA ausgesetzt oder verschoben werden, wenn sie keinen gesetzlichen Vertreter benannt haben oder der benannte Vertreter es unterlassen hat, die erforderlichen Informationen vorzulegen. Bei einem Zuwiderhandeln gegen die Aussetzungsverfügung kommen anschließend Durchsetzungsmaßnahmen nach Art. 14 Abs. 4 DGA und Sanktionen nach Art. 34 DGA in Betracht.[482]

d) Pflichten der DGA-Behörden

Neben den Pflichten für Datenvermittler statuiert Art. 11 DGA auch Pflichten für die zuständigen Behörden im Zusammenhang mit dem Anmeldungsverfahren. Sie sollen sicherstellen, dass das Anmeldungsverfahren nichtdiskriminierend ist und unterliegen Informationspflichten gegenüber der Europäischen Kommission.

aa) Diskriminierungsverbot (Abs. 7)

Nach Art. 11 Abs. 7 DGA sollen die zuständigen Behörden sicherstellen, dass das Anmeldungsverfahren nichtdiskriminierend ist und nicht zu Wettbewerbsverzerrungen führt. Bevorzugungen oder Benachteiligungen einzelner Datenvermittler

480 Vgl. zu Art. 27 DSGVO *Hartung*, in: Kühling/Buchner, DSGVO, Art. 27 Rn. 25; *Piltz*, in: Gola/Heckmann, DSGVO, Art. 27 Rn. 45; *Martini*, in: Paal/Pauly, DSGVO, Art. 27 Rn. 53.
481 Vgl. *Martini*, in: Paal/Pauly, DSGVO, Art. 27 Rn. 54.
482 Siehe hierzu Kap. 5, C. VI. 3 d).

im Anmeldungsverfahren sind demnach unzulässig. Dies hat zur Folge, dass die zuständigen Behörden in ihrer Verwaltungspraxis an das Gleichbehandlungsgebot gebunden sind.[483] Im Rahmen des Anmeldungsverfahrens dürfen wesentlich gleiche Sachverhalte nicht ungleich und wesentlich ungleiche Sachverhalte nicht gleichbehandelt werden.[484]

Dabei legt Art. 11 Abs. 7 DGA ein besonderes Augenmerk auf Wettbewerbsverzerrungen. Gemeint sind hiermit wohl Wettbewerbsverfälschungen, die der Verwirklichung des europäischen Binnenmarkts als Zielsetzung der Art. 3 Abs. 3 EUV und Art. 26 Abs. 1 AEUV entgegenstehen. Die Vorschrift zielt also insbesondere auf die Nichtdiskriminierung von Datenvermittlern aus anderen Mitgliedstaaten ab. Art. 11 Abs. 7 DGA dient damit unter anderem der Absicherung des allgemeinen europarechtlichen Diskriminierungsverbots nach Art. 18 AEUV und der Dienstleistungsfreiheit nach Art. 56 AEUV.[485] Aus Art. 18 und 56 AEUV folgt bereits ein primärrechtliches Verbot von Diskriminierungen aus Gründen der Staatsangehörigkeit in Bezug auf transnationale Anbieter von Datenvermittlungsdiensten.[486] Das Diskriminierungsverbot des Art. 11 Abs. 7 DGA erschöpft sich aber nicht in Diskriminierungen wegen der Herkunft eines Datenvermittlers. Auch sachlich ungerechtfertigte Diskriminierungen aus anderen Gründen sind im Anmeldungsverfahren untersagt.[487] Wie sich aus ErwG 38 DGA ergibt, sollen Diskriminierungen vor allem auch gegenüber KMU sowie Start-Ups als besonders schutzbedürftigen Wirtschaftsakteuren vermieden werden. Aus diesem Grund sollte beim Anmeldeverfahren berücksichtigt werden, dass sie über geringere personelle und finanzielle Ressourcen verfügen.[488] Zum Beispiel könnten von ihnen weniger umfangreiche Informationen angefordert werden.[489]

Darüber hinaus ist davon auszugehen, dass Art. 11 Abs. 7 DGA darauf abzielt, systemische Wettbewerbsverzerrungen zu verhindern, die durch die unterschiedliche Ausgestaltung der Anmeldungsverfahren in den verschiedenen Mitgliedstaa-

---

483 Für deutsche Behörden folg dieses Gebot ohnehin aus Art. 3 Abs. 1, Art. 20 Abs. 3 GG; siehe nur *Jarass*, in: Jarass/Pieroth, GG, Art. 3 Rn. 10 ff., Art. 20 Rn. 44.

484 Vgl. auch *Specht-Riemenschneider*, in: Specht-Riemenschneider/Hennemann, DGA, Art. 11 Rn. 62.

485 Als nicht-körperliche wirtschaftliche Leistung fällt das Anbieten von Datenvermittlungsdiensten nach Art. 57 AEUV unter die Dienstleistungsfreiheit.

486 Siehe nur *Randelzhofer/Forsthoff*, in: Grabitz/Hilf/Nettesheim, AEUV, Art. 56, 57 Rn. 80 ff.; *Epiney*, in: Calliess/Ruffert, AEUV, Art. 18 Rn. 6 f. Dabei ist es auch eine Zielsetzung der Grundfreiheiten zur Verwirklichung des Binnenmarktes beizutragen, siehe *Ludwigs*, in: Dauses/Ludwigs, Hdb. EU-WirtschaftsR, E. I. Grundregeln Rn. 6 f.

487 Siehe zu verbotenen Diskriminierungsgründen etwa Art. 21 Abs. 1 EU-GRCh.

488 *Specht-Riemenschneider*, in: Specht-Riemenschneider/Hennemann, DGA, Art. 11 Rn. 63.

489 Hinsichtlich der Anmeldegebühren sieht bereits Art. 11 Abs. 11 S. 2 DGA vor, dass die Behörden ermäßigte Gebühren verlangen oder auf sie vollständig verzichten können.

ten entstehen könnten.[490] Wenn die Behörde eines Mitgliedstaats die Datenvermittlungsdienste in ihrem Zuständigkeitsbereich im Vergleich zu anderen Behörden besonders nachsichtig behandelt und zum Beispiel auf die Bereitstellung von Informationen entgegen Art. 11 Abs. 6 DGA verzichtet, würde dies faktisch zu einer Besserstellung der einheimischen Dienste gegenüber den Diensten mit Hauptniederlassung in anderen Mitgliedstaaten führen. Auch solche Wettbewerbsverzerrungen zwischen den Mitgliedstaaten sollen nach Art. 11 Abs. 7 DGA unterbleiben.

bb) Mitteilungspflichten (Abs. 10 und Abs. 14)

Gemäß Art. 11 Abs. 10 S. 1 und Abs. 14 DGA unterliegen die zuständigen Behörden gegenüber der Kommission gewissen Mitteilungspflichten in Bezug auf die An- und Abmeldung von Datenvermittlungsdiensten innerhalb ihres Zuständigkeitsbereiches. Hintergrund dieser Pflichten ist die Einrichtung eines öffentlichen Registers durch die Kommission nach Art. 11 Abs. 10 S. 2 DGA, in dem alle in der EU tätigen Datenvermittlungsdienste aufgeführt werden sollen. Dabei wird nach Absatz 10 Satz 3 auch die Mehrzahl der bei der Anmeldung nach Art. 11 Abs. 6 DGA mitzuteilenden Informationen veröffentlicht.[491] Das von der Kommission geführte und laufend aktualisierte Register erfüllt gegenüber potenziellen Nutzern von Datenvermittlungsdiensten eine Informations- und Transparenzfunktion. Nutzer sollen mit geringen Informationskosten einen Überblick über die existierenden Angebote erhalten können. Durch die damit einhergehende Stärkung der Transparenz auf dem Markt für Datenvermittlungsdienste kann mittelbar der Wettbewerb gestärkt werden. Insbesondere kann das öffentliche Register die Marktstellung von KMU sowie Start-Ups stärken, deren Angebote durch die gebündelte Anzeige sichtbarer werden.

Für die Einrichtung und laufende Aktualisierung dieses Registers ist es erforderlich, dass die zuständigen Behörden der Mitgliedstaaten die relevanten Informationen an die Kommission weiterleiten. Schließlich erfolgt das Anmeldungsverfahren und die Durchsetzung des DGA durch die Behörden der Mitgliedstaaten. Nach Absatz 10 Satz 1 sind die Behörden deshalb verpflichtet, jede erfolgte Anmeldung unverzüglich auf elektronischem Wege der Kommission mitzuteilen. Der Umfang der Informationen wird in Absatz 10 Satz 1 nicht spezifiziert. Da in dem Register aber auch die meisten der in Art. 11 Abs. 6 DGA genannten Informationen zu den Datenvermittlungsdiensten veröffentlicht werden, muss die behördliche Mitteilungspflicht zumindest diese Informationen umfassen. Lediglich die Kontaktangaben und Kontaktpersonen des Datenvermittlers nach Art. 11 Abs. 6 lit. e DGA erscheinen nicht im Register.

490 Vgl. *Specht-Riemenschneider*, in: Specht-Riemenschneider/Hennemann, DGA, Art. 11 Rn. 64 f.
491 Nicht veröffentlicht werden lediglich die Kontaktangaben nach Art. 11 Abs. 6 lit. e DGA.

Um die laufende Aktualisierung des Registers zu ermöglichen, müssen die Behörden auch nachträgliche Änderungen der relevanten Umstände mitteilen. Gemäß Art. 11 Abs. 14 S. 1 DGA besteht eine Mitteilungspflicht für alle der in Art. 11 Abs. 12 und Abs. 13 DGA genannten Umstände. Unverzüglich mitzuteilen sind daher alle Änderungen der in Absatz 6 genannten Angaben sowie die Einstellung der Datenvermittlungstätigkeiten durch den Anbieter. Sobald die zuständige Behörde entsprechende Informationen aufgrund der Mitteilungspflichten von Datenvermittlern gemäß Art. 11 Abs. 12 und Abs. 13 DGA erlangt hat, ist sie verpflichtet, diese Informationen unverzüglich an die Kommission weiterzuleiten. Anschließend aktualisiert die Kommission gemäß Art. 11 Abs. 14 S. 2 DGA das Register mit den erhaltenen Informationen. Bei der Feststellung der unverzüglichen Weiterleitung der Informationen durch die Behörden kann aufgrund der autonomen Auslegung des Unionsrechts nicht auf die Legaldefinition des § 121 Abs. 1 S. 1 BGB zurückgegriffen werden. Nach dem Zweck der Vorschrift ist die zügige Weiterleitung der Informationen geboten.[492]

e) Behördliche Bestätigungserklärungen

Zusätzlich zu ihren allgemeinen Aufgaben im Anmeldungsverfahren können die zuständigen Behörden auf Antrag eines Datenvermittlers dazu verpflichtet sein, nach erfolgter Prüfung den Abschluss des Anmeldeverfahrens oder die gesetzeskonforme Erbringung der Datenvermittlungstätigkeiten zu bestätigen.

aa) Anmeldungsbestätigung (Abs. 8)

Gemäß Art. 11 Abs. 8 DGA bestätigt die zuständige Behörde auf Antrag und durch eine standardisierte Erklärung, dass der Anbieter von Datenvermittlungsdiensten die in Absatz 1 genannte Anmeldung vorgenommen hat und die Anmeldung die in Absatz 6 genannten Informationen enthält. Zweck der Bestätigungserklärung ist es, dem Anbieter von Datenvermittlungsdiensten Rechtssicherheit bei der Aufnahme seiner Dienste zu gewähren. Er erhält dazu die behördliche Bestätigung, dass er das Anmeldeverfahren ordnungsgemäß abgeschlossen hat und daher zur Aufnahme seiner Dienste nach Art. 11 Abs. 4 DGA berechtigt ist. Der Zweck der Bestätigungserklärung, die Rechtssicherheit für den Diensteanbieter zu erhöhen, spricht dafür, dass die Feststellung der Erfüllung des Anmeldeverfahrens durch die Behörde rechtlich verbindlich ist. Im deutschen Recht kann die Bestätigung daher durch einen feststellenden Verwaltungsakt nach § 35 S. 1 VwVfG erfolgen.[493]

---

492 Vgl. *Specht-Riemenschneider*, in: Specht-Riemenschneider/Hennemann, DGA, Art. 11 Rn. 76.
493 *Specht-Riemenschneider*, in: Specht-Riemenschneider/Hennemann, DGA, Art. 11 Rn. 67.

Voraussetzung der Bestätigungserklärung ist zunächst, dass das Anmeldeverfahren ordnungsgemäß und vollständig durchgeführt wurde. Hierfür ist insbesondere erforderlich, dass der Datenvermittler alle in Absatz 6 genannten Informationen übermittelt hat und diese Informationen inhaltlich richtig sind. Zudem muss er einen Antrag stellen, an den Absatz 8 jedoch keine besonderen Voraussetzungen hinsichtlich der Form stellt. Ausreichend dürfte daher auch ein mündlicher Antrag sein. Bei Vorliegen dieser Voraussetzungen gibt die Behörde innerhalb einer Woche die standardisierte Bestätigungserklärung ab, dass die Anmeldung ordnungsgemäß erfolgt ist. Durch die Einführung der Wochenfrist soll der Datenvermittler möglichst schnell die Gewissheit erlangen, dass er seine Dienste in der Union aufnehmen darf. Eine Stellungnahme zur Einhaltung der Verhaltenspflichten nach Art. 12 DGA erfolgt in der Erklärung nach Absatz 8 aber nicht. Eine solche weitergehende Bestätigung ist nur in Art. 11 Abs. 9 DGA vorgesehen. Das Bestätigungsverfahren ist aus Sicht des Datenvermittlers fakultativ. Er kann seine Dienste (auf eigenes Risiko) auch aufnehmen, ohne eine Bestätigung anzufordern oder die Bestätigungserklärung abzuwarten.

bb) Bestätigung der Gesetzeskonformität (Abs. 9)

Gemäß Art. 11 Abs. 9 UAbs. 1 S. 1 DGA bestätigt die zuständige Behörde auf Antrag, dass der Anbieter von Datenvermittlungsdiensten die Anforderungen der Art. 11 und 12 DGA erfüllt. Diese im Trilogverfahren hinzugekommene, freiwillige Bestätigungsmöglichkeit stärkt die Rechtssicherheit für die Erbringung von Datenvermittlungsdiensten.[494] Datenvermittler, die sich die Konformität ihrer Geschäftsmodelle mit den Vorschriften des DGA bestätigen lassen, können darauf vertrauen, dass sie ihre Tätigkeiten auch in der Zukunft in gleicher Weise ausüben können. Die Rechtsrisiken des im DGA zugrunde gelegten Systems einer *ex-post*-Kontrolle werden so abgemildert.[495] Der Anbieter eines behördlich bestätigten Datenvermittlungsdienstes kann zu einem gewissen Grad darauf vertrauen, dass sein Geschäftsmodell auch in der Zukunft gesetzeskonform sein wird.[496] Außerdem sind Datenvermittler gemäß Art. 11 Abs. 9 UAbs. 1 S. 2 DGA nach ihrer Bestätigung befugt, bei der schriftlichen und mündlichen Kommunikation das Label „in der Union anerkannter Anbieter von Datenvermittlungsdiensten“ zu führen und ein gemeinsames Logo zu verwenden.

Voraussetzung für die Bestätigung der rechtlichen Zulässigkeit eines Datenvermittlungsdienstes ist die Erfüllung aller Bedingungen der Art. 11, 12 DGA. Dies

494 Vgl. *v. Ditfurth/Lienemann*, CRNI 23 (2022), 270 (281 f.).

495 Siehe zu diesen Risiken Kap. 5, C. III. 2.

496 Die Feststellung der Konformität mit dem Datenschutz- oder Kartellrecht ist von der Bestätigung nach Art. 11 Abs. 9 DGA freilich nicht umfasst.

bedeutet zunächst, dass eine ordnungsgemäße und vollständige Anmeldung eingereicht wurde und, sofern geboten, ein gesetzlicher Vertreter nach Art. 11 Abs. 3 DGA benannt wurde. Außerdem ist erforderlich, dass der Datenvermittlungsdienst alle auf ihn anwendbaren Bedingungen des Art. 12 DGA zum Zeitpunkt der Bestätigung erfüllt und einen Antrag auf Bestätigung gestellt hat. Zum Verfahren der Bestätigungserklärung enthält Art. 11 Abs. 9 DGA keine Regelungen. Anders als Absatz 8 enthält Absatz 9 auch keine Frist für die behördliche Erteilung der Bestätigung. Da Datenvermittler bei Vorliegen der Voraussetzungen einen Anspruch auf eine Bestätigung haben, sollte ihre Erteilung aber innerhalb einer angemessenen Frist erfolgen. Hierbei ist zu berücksichtigen, dass sich die Feststellung der Einhaltung von Art. 12 DGA in der Regel nicht allein anhand der nach Art. 11 Abs. 6 DGA zu übermittelnden Informationen treffen lässt. Bevor die Behörde die Bestätigung nach Art. 11 Abs. 9 UAbs. 1 S. 1 DGA erteilen kann, wird sie deshalb im Regelfall weitere Informationen einholen müssen.

Zur rechtlichen Wirkung der behördlichen Bestätigung findet sich in Art. 11 Abs. 9 DGA bedauerlicherweise keine explizite Regelung. Nach dem Wortlaut ist es sowohl denkbar, dass der Bestätigung lediglich einen deklaratorischen Charakter ohne eigene Rechtswirkung hat, als auch, dass von ihr eine verbindliche Rechtsfolge ausgeht. Für letzteres spricht insbesondere, dass an die Bestätigung unmittelbare rechtliche Folgen geknüpft sind.[497] Schließlich dürfen sich gemäß Unterabsatz 1 Satz 2 nur Datenvermittler, die eine Bestätigung nach Unterabsatz 1 Satz 1 erhalten haben, als „in der Union anerkannte Anbieter“ bezeichnen und das gemeinsame Logo verwenden. Aufgrund dessen ist davon auszugehen, dass es sich bei der Bestätigung nach Art. 11 Abs. 9 UAbs. 1 S. 1 DGA nach deutschem Recht um einen Verwaltungsakt gemäß § 35 S. 1 VwVfG handelt.[498] Selbst wenn man eine Rechtswirkung der Bestätigung verneint, ist aber wie bei den aus dem Kartellrecht bekannten *Comfort Letters* und Beratungsschreiben[499] zumindest zu fordern, dass die zuständige Behörde zu einem späteren Zeitpunkt nicht ohne sachlichen Grund eine inhaltlich abweichende Entscheidung treffen darf. Anderenfalls würde Art. 11 Abs. 9 DGA den Zweck verfehlen, Anbietern von Datenvermittlungsdiensten Rechtsicherheit hinsichtlich der Ausgestaltung ihrer Geschäftsmodelle zu gewähren.

Wenn man richtigerweise vom Vorliegen eines Verwaltungsakts mit Rechtswirkung ausgeht, entfaltet dieser gegenüber der Erlassbehörde eine Bindungswirkung.[500] Die Behörde darf dann keine Folgeentscheidungen treffen, die im Widerspruch zum Regelungsinhalt der Bestätigungsentscheidung stehen. Bei einer Ver-

---

497 *Specht-Riemenschneider*, in: Specht-Riemenschneider/Hennemann, DGA, Art. 11 Rn. 69.
498 *Specht-Riemenschneider*, in: Specht-Riemenschneider/Hennemann, DGA, Art. 11 Rn. 69.
499 Siehe nur *Wiedemann*, in: Wiedemann, Hdb. KartR, § 6 Rn. 9 m. w. N.
500 *Schwarz*, in: Fehling/Kastner/Störmer, VwVfG, § 35 Rn. 73.

änderung der Sachlage ist daher ein Widerruf nach § 49 Abs. 2 Nr. 3 VwVfG erforderlich, um die Bindungswirkung zu beseitigen.[501] Gegenüber anderen Behörden und Gerichten entfaltet der Verwaltungsakt eine Tatbestandswirkung. Dies bedeutet, dass die Behörden und Gerichte zu einem gewissen Grad an den Regelungsgehalt der Bestätigungsentscheidung gebunden sind.[502] Nimmt man hingegen an, dass der Bestätigung nach Art. 11 Abs. 9 UAbs. 1 S. 1 DGA lediglich eine deklaratorische Wirkung zukommt, endet die Selbstbindung der Behörde automatisch durch eine wesentliche Veränderung der Sachlage, die vor allem bei einer relevanten Verhaltensänderung des Datenvermittlers anzunehmen ist. Eine Bindungswirkung der Bestätigungserklärung gegenüber anderen Behörden oder Gerichten ist mangels gesetzlicher Anordnung und aufgrund des deklaratorischen Charakters der Bestätigung ohnehin nicht anzunehmen.

Im Anschluss an die Bestätigung nach Art. 11 Abs. 9 UAbs. 1 S. 1 DGA darf der Anbieter von Datenvermittlungsdiensten gemäß Art. 11 Abs. 9 UAbs. 1 S. 2 DGA bei der schriftlichen und mündlichen Kommunikation das Label „in der Union anerkannter Anbieter von Datenvermittlungsdiensten" führen und ein gemeinsames Logo verwenden. Das Label sowie das Logo erfüllen eine Informationsfunktion für potenzielle Nutzer von Datenvermittlungsdiensten und erhöhen die Markttransparenz. Laut ErwG 43 DGA soll ermöglicht werden, dass Dateninhaber in der Union anerkannte Datenvermittler ohne Weiteres als solche erkennen können und so ihr Vertrauen in die anerkannten Anbieter gestärkt wird. Das gemeinsame Logo wird von der Europäischen Kommission gemäß Art. 11 Abs. 9 UAbs. 2 S. 1, UAbs. 3 i. V. m. Art. 33 Abs. 2 DGA im Wege von Durchführungsrechtsakten festgelegt. Anerkannte Datenvermittler sollen das Logo nach Art. 11 Abs. 9 UAbs. 2 S. 2 DGA gut sichtbar auf allen Online- und Offline-Veröffentlichungen anzeigen, die sich auf ihre Datenvermittlungstätigkeit beziehen.

f) Zwischenergebnis

Abschließend lässt sich festhalten, dass der erforderliche Aufwand für die Durchführung des Anmeldeverfahrens überschaubar ist und in einem angemessenen Rahmen bleibt. Die nach Art. 11 Abs. 6 DGA mitzuteilenden Informationen lassen sich in der Regel schnell erfassen und weiterleiten. Es ist aus diesen Gründen nicht zu erwarten, dass das Anmeldeverfahren für Datenvermittler eine erhebliche Belastung darstellen wird. Zu begrüßen ist die in Art. 11 Abs. 5 DGA vorgesehene Zuständigkeitskonzentration durch einen *One-Stop-Shop*, wonach die Anmeldung bei

---

501 *Schwarz*, in: Fehling/Kastner/Störmer, VwVfG, § 35 Rn. 73. Eine Änderung der Sachlage kann sich z. B. auch aus einer Verhaltensänderung des Verwaltungsaktsadressaten, also des Datenvermittlers, ergeben; siehe nur *Schoch*, in: Schoch/Schneider, VwVfG, § 49 Rn. 110.

502 Siehe dazu *Schwarz*, in: Fehling/Kastner/Störmer, VwVfG, § 35 Rn. 74 f.

der Behörde eines Mitgliedstaats zur Erbringung der Dienste im gesamten Gebiet der EU berechtigt. Eine sehr sinnvolle Ergänzung im Vergleich zum Kommissionsentwurf stellt zudem die Regelung des Art. 11 Abs. 9 DGA dar. Die darin enthaltene Option, sich bestätigen zu lassen, dass die angebotenen Dienste die Anforderungen der Art. 11 und 12 DGA erfüllen, könnte zur Rechtssicherheit bei der Erbringung von Datenvermittlungsdiensten beitragen. Die voraussichtliche Effektivität dieser Bestätigung wird aber dadurch geschmälert, dass unklar ist, ob und in welchem Umfang eine Bindungswirkung von der Bestätigung ausgeht. Eine ausführlichere Regelung der Rechtswirkungen der behördlichen Bestätigung wäre deshalb vorzugswürdig gewesen.

3. Behördliche Durchsetzung des DGA (Art. 14 DGA)

a) Einleitung

Der europäische Gesetzgeber hat sich für die öffentliche Durchsetzung des DGA durch dezentral organisierte Behörden der Mitgliedstaaten entschieden.[503] Um die lückenlose Anwendung der Vorschriften durch Datenvermittler zu gewährleisten, werden den mitgliedstaatlichen Behörden bestimmte Befugnisse eingeräumt. Zur Sachverhaltsermittlung sind die zuständigen Behörden auf die Einholung von Informationen nach Art. 14 Abs. 2 DGA angewiesen. Im Vergleich zu den Wettbewerbsbehörden oder den datenschutzrechtlichen Aufsichtsbehörden sind ihre Ermittlungsbefugnisse insofern weniger umfassend. Zur Durchsetzung der Vorschriften des DGA können die Behörden unter anderem die Aussetzung oder Einstellung der Dienste anordnen und Geldstrafen verhängen. Um die effektive Rechtsdurchsetzung auch grenzübergreifend sicherzustellen, sieht Art. 14 Abs. 7 DGA außerdem die Zusammenarbeit der Behörden aus den verschiedenen Mitgliedstaaten vor. Die Ausgestaltung der behördlichen Durchsetzung des DGA und ihre Stärken und Schwächen sollen in diesem Abschnitt genauer untersucht werden.

b) Überwachung und Beaufsichtigung durch die zuständige Behörde (Abs. 1)

Durch Art. 14 Abs. 1 S. 1 DGA werden die zuständigen Behörden beauftragt, die Einhaltung der Anforderungen des DGA durch die Anbieter von Datenvermittlungsdiensten zu überwachen und zu beaufsichtigen. Der Gesetzgeber hat sich für ein System der dezentralen öffentlichen Durchsetzung (*public enforcement*) der Regelungen des dritten Kapitels des DGA entschieden, in dem in erster Linie die Behörden der Mitgliedstaaten für die Sicherstellung der effektiven Anwendung der Vorschriften des dritten Kapitels verantwortlich sind. Die Zuständigkeit der Behörden

503 Siehe hierzu Kap. 5, C. III. 4.

für die Durchsetzung dieser Vorschriften wird in Absatz 1 nicht explizit genannt.[504] Dass die Durchsetzung der Vorschriften des DGA neben der Überwachung und Beaufsichtigung auch zum Aufgabenbereich der zuständigen Behörden gehören soll, ergibt sich aber aus Art. 14 Abs. 5 und Abs. 6 DGA, wonach die Behörden gewisse Maßnahmen zur Sicherstellung der Einhaltung der Vorschriften ergreifen können.

Die Zuständigkeit für die Überwachung und Durchsetzung der Vorschriften des dritten Kapitels des DGA wird in Art. 14 DGA nicht (erneut) geregelt. Sie richtet sich nach der in Art. 11 Abs. 2 und Abs. 3 DGA im Zusammenhang mit dem Anmeldeverfahren aufgestellten Zuständigkeitsverteilung.[505] Zuständig für die Überwachung ist danach die Behörde des Mitgliedstaates, in deren Gebiet ein Datenvermittler seine einzige Niederlassung in der EU oder seine Hauptniederlassung hat oder in dem sich sein gesetzlicher Vertreter befindet.[506] Der DGA verfolgt demnach auch bei der Überwachung und Durchsetzung seiner Vorschriften nach Art. 14 DGA einen dezentralen Ansatz. Außerdem erstreckt sich die Zuständigkeitskonzentration nach Art. 11 Abs. 2 und Abs. 5 DGA auf die sich an die Anmeldung anschließenden Durchsetzung des DGA. Jede DGA-Behörde überwacht grundsätzlich nur die Datenvermittler, die sich bei ihr gemäß Art. 11 Abs. 2 oder Abs. 3 DGA angemeldet haben oder sich hätten anmelden müssen. Parallele Zuständigkeiten sind bei der Durchsetzung nach Art. 14 DGA nicht vorgesehen. Gemäß Art. 14 Abs. 7 DGA sind die Behörden der unterschiedlichen Mitgliedstaaten jedoch zur gegenseitigen Kooperation verpflichtet.

Grundsätzlich sind die zuständigen Behörden bereits nach Art. 14 Abs. 1 S. 1 DGA von Amts wegen dazu verpflichtet, die Einhaltung der Vorschriften des DGA zu überwachen und zu beaufsichtigen.[507] Demnach müssen die Behörden die Aktivitäten von Datenvermittlern in ihrem Zuständigkeitsbereich beobachten und bei Anhaltspunkten für Rechtsverstöße weitere Nachforschungen betreiben. Anhaltspunkte für weitere Nachforschungen können sich insbesondere aus den bei der Anmeldung nach Art. 11 Abs. 6 DGA zu übermittelnden Informationen ergeben. Da

504 Anders verhält es sich z. B. bei Art. 57 Abs. 1 lit. a DSGVO, der sowohl die Überwachung der Anwendung der DSGVO als auch deren Durchsetzung als Aufgabe der Aufsichtsbehörden benennt.

505 In Art. 11 Abs. 2 DGA heißt es ausdrücklich, dass die dort getroffene Zuständigkeitsverteilung „für die Zwecke dieser Verordnung", also auch für Art. 14 DGA, gilt (Hervorhebung durch den Verfasser).

506 Gemeint sind die Behörden i. S. d. Art. 13 Abs. 1 DGA, auch wenn dies im Wortlaut des Art. 13 Abs. 1 DGA nicht ausdrücklich klargestellt wird. Dort heißt es nämlich: „Jeder Mitgliedstaat benennt (...) zuständige Behörden für die Wahrnehmung der Aufgaben im Zusammenhang mit dem Anmeldeverfahren (...)" (Hervorhebung durch den Verfasser). Siehe hierzu ausführlich *Specht-Riemenschneider*, in: Specht-Riemenschneider/Hennemann, DGA, Art. 14 Rn. 21.

507 So auch *Specht-Riemenschneider*, in: Specht-Riemenschneider/Hennemann, DGA, Art. 14 Rn. 22.

während des Anmeldeverfahrens keine materiell-rechtliche Prüfung der Einhaltung der Voraussetzungen des Art. 12 DGA durch den Datenvermittler erfolgt, sind die sich bereits im Anmeldeverfahren ergebenden Anhaltspunkte für vorliegende Rechtsverstöße erst bei der anschließenden Überwachung nach Art. 14 DGA zu berücksichtigen. Die zuständigen Behörden können aber auch auf anderen Wegen Kenntnisse von möglichen Rechtsverstößen erlangen. Zum Beispiel können sie entsprechende Informationen von anderen DGA-Behörden oder sonstigen Fachbehörden, wie den Kartell- oder Datenschutzbehörden, erhalten.

Art. 14 Abs. 1 S. 2 DGA stellt darüber hinaus klar, dass die zuständigen Behörden nicht nur von Amts wegen, sondern auch auf Antrag einer natürlichen oder juristischen Person tätig werden können.[508] Satz 2 scheint sich in erster Linie auf das Beschwerderecht nach Art. 27 DGA zu beziehen. Danach können natürliche und juristische Personen bei der jeweils zuständigen Behörde Beschwerden gegen Anbieter von Datenvermittlungsdienste einlegen.[509] Solche Beschwerden dienen unter anderem dazu, die zuständige Behörde auf potenzielle Rechtsverstöße aufmerksam zu machen und ihr die Untersuchung und Verfolgung dieser zu ermöglichen.[510] Wenn eine Behörde eine Beschwerde nach Art. 27 DGA in Bezug auf die Aktivitäten eines Datenvermittlers erhält, ist sie verpflichtet, den sich aus der Beschwerde ergebenden Anhaltspunkten nachzugehen und gegebenenfalls weitere Nachforschungen anzustellen.[511] Darüber hinaus können die zuständigen Behörden aber auch aufgrund einfacher Hinweise von Dritten über potenzielle Rechtsverstöße tätig werden.[512]

c) Ermittlungsbefugnisse (Abs. 2)

Um die Anwendung der Vorschriften des DGA sicherzustellen, stehen den DGA-Behörden im Vergleich zu anderen Fachbehörden, wie den Datenschutz-Aufsichtsbe-

---

508 Die deutsche Sprachfassung des Art. 14 Abs. 1 S. 2 DGA enthält eine unglückliche Formulierung. Wie sich im Vergleich mit der englischen Sprachfassung ergibt, ist mit Satz 2 gemeint, dass die Behörden auch auf Antrag einer natürlichen oder juristischen Person die Einhaltung der Rechtsvorschriften durch Anbieter von Datenvermittlungsdiensten überwachen und beaufsichtigen können. So lautet die englische Sprachfassung des Art. 14 Abs. 1 S. 2 DGA: „The competent authorities for data intermediation services may also monitor and supervise the compliance of data intermediation services providers, on the basis of a request by a natural or legal person" (Hervorhebung durch den Verfasser).

509 Siehe ausführlich zu Art. 27 DGA in Kap. 5, C. VI. 4 b) aa).

510 So zum insoweit vergleichbaren Beschwerderecht nach Art. 77 DSGVO *Selmayr*, in: Ehmann/Selmayr, DSGVO, Art. 57 Rn. 8.

511 Siehe Kap. 5, C. VI. 4 b) aa) (2).

512 Die Möglichkeit solcher Hinweise wird durch das Beschwerderecht nach Art. 27 DGA nicht ausgeschlossen. Vgl. zu Art. 77 DSGVO *Körffer*, in: Paal/Pauly, DSGVO, Art. 77 Rn. 2.

hörden und den Kartellbehörden,[513] eher beschränkte Ermittlungsbefugnisse zur Verfügung. Sie können entweder gemäß Art. 14 Abs. 2 DGA Informationen von Datenvermittlern anfordern oder nach Art. 14 Abs. 7 DGA Informationen mit anderen DGA-Behörden austauschen.[514] Weitergehende Befugnisse, etwa zur Durchsuchung der Räumlichkeiten von Datenvermittlern, stehen den zuständigen Behörden hingegen nicht zu. Die Befugnis nach Art. 14 Abs. 2 S. 1 DGA, die für die Überprüfung der Einhaltung der Vorschriften des DGA nötigen Informationen von Datenvermittlern anzufordern, dient der Ermittlung und Aufklärung des relevanten Sachverhalts in rechtlicher und tatsächlicher Hinsicht. Die Behörden sollen durch die erhaltenen Informationen in die Lage versetzt werden, über die Erforderlichkeit weiterer Durchsetzungsmaßnahmen nach Art. 14 Abs. 3 und Abs. 4 DGA zu entscheiden. Adressaten des Informationsanspruchs sind ausschließlich die Anbieter von Datenvermittlungsdiensten selbst sowie gegebenenfalls ihre gesetzlichen Vertreter nach Art. 11 Abs. 3 DGA.[515]

aa) Voraussetzungen des Informationsanspruchs

Der behördliche Informationsanspruch ist nach seinem Wortlaut weit gefasst. Konkrete Verdachtsmomente, dass der betroffene Datenvermittler gegen Vorschriften verstößt, sind für seine Ausübung nicht erforderlich. Denn die Umsetzung der detaillierten Pflichten des Art. 12 DGA lässt sich nicht allein von außen beobachten, sondern setzt auch Kenntnisse der internen Organisation voraus, die sich anders als durch die Vorlage von Informationen nicht erlangen lassen. Für die Anforderung der Informationen sollte es ausreichen, dass die Behörde die herauszugebenden Informationen so umschreibt, dass der Datenvermittler erkennen kann, auf welche Informationen und Unterlagen sich die Behörde bezieht und durch welche Informationen zur Sachverhaltsaufklärung beigetragen werden kann.[516] Da die Behörde in der Regel keine Kenntnis davon hat, über welche Informationen der Adressat konkret verfügt, kann die Benennung einzelner Unterlagen nicht verlangt werden. Neben der allgemeinen Umschreibung der mitzuteilenden Informationen ist gemäß Art. 14 Abs. 2 S. 2 DGA jede Anforderung von Informationen mit Gründen zu versehen. Insbesondere sollten die Zwecke des Informationsverlangens und andere relevante sachliche und rechtliche Hintergründe mitgeteilt werden. Nur dann lässt sich durch den Adressaten überprüfen, ob das Informati-

---

513 Vgl. Art. 58 Abs. 1 DSGVO und Art. 17 ff. VO(EG) 1/2003 (Verordnung (EG) Nr. 1/2003 des Rates vom 16. Dezember 2002 zur Durchführung der in den Artikeln 81 und 82 des Vertrags niedergelegten Wettbewerbsregeln, ABl. L 1 vom 4.1.2003, S. 1–25).

514 Siehe zu Art. 14 Abs. 7 DGA unten in Kap. 5, C. VI. 3. f).

515 Vgl. *Specht-Riemenschneider*, in: Specht-Riemenschneider/Hennemann, DGA, Art. 14 Rn. 25.

516 So zu Art. 58 Abs. 1 lit. a DSGVO *Polenz*, in: Simitis/Hornung/Spiecker, DSGVO, Art. 58 Rn. 10.

onsgesuch notwendig und verhältnismäßig ist. Schließlich muss jede Informationsanforderung nach Art. 14 Abs. 2 S. 2 DGA in einem angemessenen Verhältnis zur Wahrnehmung der behördlichen Informationen stehen.

bb) Umfang des Informationsanspruchs

Die Pflicht zur Herausgabe bezieht sich auf alle Informationen, die nötig sind, um die Einhaltung der Anforderungen des dritten Kapitels des DGA zu überprüfen, und deren Beschaffung in einem angemessenen Verhältnis zur behördlichen Aufgabenwahrnehmung steht. Die herauszugebenden Informationen können dabei inhaltlich vielfältiger Art sein. Beispielsweise können Informationen zur innerbetrieblichen Organisation, zur gesellschaftsrechtlichen Struktur, zu technischen Abläufen, zur Preissetzung oder zu Verhandlungen mit Dateninhabern oder -nutzern vom Informationsanspruch erfasst sein.[517]

Über den Zweck der Kontrolle des jeweiligen Datenvermittlers hinausgehende Informationen sind vom Anspruchsumfang hingegen nicht erfasst. Demnach sind die Adressaten zum Beispiel nicht verpflichtet, allgemeine Informationen zum Datenvermittlungsmarkt mit den Behörden zu teilen. Auch die allgemeine Ausforschung von Unternehmen ist nicht vom behördlichen Überwachungsauftrag erfasst. Begrenzt wird der Informationsanspruch außerdem durch den Grundsatz der Verhältnismäßigkeit in Art. 14 Abs. 2 S. 2 DGA. Jede Anforderung von Informationen muss danach in einem angemessenen Verhältnis zur Wahrnehmung der behördlichen Aufgabe stehen, die Einhaltung der Vorschriften des DGA zu überprüfen. So dürfte das Anfordern von Informationen, deren Beschaffung einen hohen Aufwand für den Datenvermittler darstellt, nur dann verhältnismäßig sein, wenn ernsthaft damit zu rechnen ist, dass ein Verstoß gegen eine Vorschrift des DGA vorliegt. Aus Verhältnismäßigkeitsgründen kommt auch eine „gestufte Geltendmachung" des Informationsanspruchs in Betracht.[518] Bei Informationen, die sich mit vergleichbarem Aufwand auch aus anderen Quellen beschaffen lassen, fehlt es in der Regel bereits an der Notwendigkeit der Informationsbereitstellung durch den Datenvermittler.

Hinsichtlich der Form der angeforderten Informationen sieht die Vorschrift keine Begrenzung vor. Informationen können grundsätzlich mündlich sowie in Schrift-, Bild-, Ton- oder elektronischer Form (auch als Daten) übermittelt wer-

---

517 Vgl. zum Umfang von Art. 58 Abs. 1 lit. a DSGVO *Grittmann*, in: Taeger/Gabel, DSGVO, Art. 58 Rn. 12; *Selmayr*, in: Ehmann/Selmayr, DSGVO, Art. 58 Rn. 12; *Polenz*, in: Simitis/Hornung/Spiecker, DSGVO, Art. 58 Rn. 10.

518 *Specht-Riemenschneider*, in: Specht-Riemenschneider/Hennemann, DGA, Art. 14 Rn. 28.

den.[519] Zu fordern ist jedoch, dass die Informationen in einer Weise zur Verfügung gestellt werden, welche die Auswertung durch die zuständige Behörde nicht erschwert.[520] Soweit die Voraussetzungen des Informationsanspruchs vorliegen, ist der Adressat rechtlich verpflichtet, die gewünschten Informationen bereitzustellen. Da es sich um das zentrale Ermittlungsinstrument der DGA-Behörden handelt, dürfen Datenvermittler die Bereitstellung der angeforderten Informationen nicht verweigern. Unter Rückgriff auf den in Art. 18 Abs. 4 S. 3 VO (EG) 1/2003 enthaltenen allgemeinen Rechtsgedanken ist außerdem anzunehmen, dass Art. 14 Abs. 1 S. 1 DGA auch die Pflicht zur Erteilung vollständiger, sachlich richtiger und nicht irreführender Informationen erfasst.[521] Art. 14 DGA enthält keine Durchsetzungsbefugnisse bei Verstößen gegen die Informationspflicht. Es ist aber denkbar, dass die Behörden hierzu auf nationales Verwaltungsvollstreckungsrecht zurückgreifen können.

d) Befugnisse bei Rechtsverstößen

Wenn die zuständige Behörde den Rechtsverstoß eines Datenvermittlers feststellt, ist sie gemäß Art. 14 Abs. 3 DGA zunächst angehalten, dem Datenvermittler die Gelegenheit zur Stellungnahme zum möglichen Verstoß zu geben. Um den Verstoß zu beenden, stehen ihr verschiedene rechtliche Befugnisse zur Verfügung. Sie kann gemäß Art. 14 Abs. 4 UAbs. 1 S. 1 DGA die Beendigung des Verstoßes anordnen und hierzu angemessene und verhältnismäßige Maßnahmen ergreifen. Insbesondere kann die Behörde die in Art. 14 Abs. 4 UAbs. 1 S. 2 DGA aufgezählten Vollstreckungsmaßnahmen anwenden. Alternativ oder kumulativ kann die Behörde den betroffenen Datenvermittler sanktionieren. Die hierfür heranzuziehenden Sanktionsvorschriften sind von den Mitgliedstaaten eigenständig nach Art. 34 Abs. 1 DGA zu erlassen. Der Anwendungsbereich der Vollstreckungs- und Sanktionsmaßnahmen umfasst alle Verstöße gegen Art. 11 und 12 DGA.

aa) Einholung einer Stellungnahme (Abs. 3)

Wenn die zuständige Behörde feststellt, dass ein Datenvermittler gegen eine oder mehrere Anforderungen des DGA verstößt, ist sie gemäß Art. 14 Abs. 3 DGA verpflichtet, dies dem betroffenen Datenvermittler mitzuteilen und ihm Gelegenheit zur Stellungnahme innerhalb von 30 Tagen zu gewähren. Die Einholung einer Stel-

---

519 Siehe zum vergleichbaren Auskunftsrecht nach Art. 58 Abs. 1 lit. a DSGVO *Grittmann*, in: Taeger/Gabel, DSGVO, Art. 58 Rn. 12; *Polenz*, in: Simitis/Hornung/Spiecker, DSGVO, Art. 58 Rn. 11.
520 So auch *Specht-Riemenschneider*, in: Specht-Riemenschneider/Hennemann, DGA, Art. 14 Rn. 27. Vgl. zu Art. 58 Abs. 1 lit. a DSGVO *Selmayr*, in: Ehmann/Selmayr, DSGVO, Art. 58 Rn. 12.
521 Siehe zu diesem Rechtsgedanken *Selmayr*, in: Ehmann/Selmayr, DSGVO, Art. 58 Rn. 12; *Bischke/Neideck*, in: MüKo WettbR, VO 1/2003, Art. 18 Rn. 25.

lungnahme steht nach dem Wortlaut der Vorschrift nicht im Ermessen der Behörde. Sie ist daher verpflichtet, dem jeweiligen Datenvermittler die Gelegenheit zur Stellungnahme zu ermöglichen.[522] Die Vorschrift schützt das rechtliche Gehör des betroffenen Datenvermittlers. Indem ihm die Möglichkeit zur Verteidigung gegen die behördlichen Vorwürfe eröffnet wird, trägt Art. 14 Abs. 3 DGA zu einem fairen Verfahren bei. Darüber hinaus kann die Stellungnahme des Datenvermittlers zur Sachverhaltsaufklärung beitragen. Die Pflicht zur Gewährung einer Stellungnahme sollte daher auch deren Kenntnisnahme und Würdigung durch die Behörde umfassen.[523] Nach Ablauf der Frist von 30 Tagen ab Mitteilung ist die Behörde zur Anhörung der Stellungnahme nicht mehr verpflichtet.

bb) Unterbindung von Rechtsverstößen (Abs. 4 und 6)

(1) Verhältnis zu Absatz 3

Wenn die zuständige Behörde den Rechtsverstoß eines Datenvermittlers festgestellt hat, ist sie gemäß Art. 14 Abs. 4 UAbs. 1 DGA befugt, die Beendigung des Verstoßes zu verlangen und hierzu angemessene Maßnahmen zu ergreifen. Fraglich ist das zeitliche und prozedurale Verhältnis der Untersagung nach Absatz 4 zur Anhörung der Stellungnahme gemäß Absatz 3. Denkbar ist es, dass die zuständige Behörde zunächst die Abgabe einer Stellungnahme oder den Ablauf der Frist des Art. 14 Abs. 3 DGA abwarten muss, bevor sie weitere Schritte ergreifen kann. Aus dem Wortlaut des Absatz 4 ergibt sich eine solche Pflicht jedoch nicht. Gegen eine solche Pflicht spricht außerdem, dass die Behörde nach Art. 14 Abs. 4 UAbs. 1 S. 1 DGA bei schwerwiegenden Verstößen deren unverzügliche Beendigung verlangen kann. Ein Abwarten der Stellungnahme nach Absatz 3 würde ein unverzügliches Handeln der Behörde vereiteln. Daher ist davon auszugehen, dass das Abwarten der Stellungnahme keine zwingende Voraussetzung des Tätigwerdens nach Absatz 4 ist und die Frist insofern keine Sperrwirkung entfaltet.[524] Lediglich Einstellungsanordnungen nach Art. 14 Abs. 4 UAbs. 1 S. 2 lit. c DGA setzen die vorherige Mitteilung durch die Behörde voraus. Um auf Grundlage eines umfassend aufgeklärten Sachverhalts zu handeln, empfiehlt es sich jedoch in den meisten Fällen, erst nach der Würdigung der Stellungnahme zu reagieren. Jedenfalls bei schwer-

---

522 Nach deutschem Verwaltungsrecht ergibt sich diese Verpflichtung ohnehin aus § 28 Abs. 1 VwVfG.

523 Eine solche Pflicht ist im Rahmen der Anhörung nach Art. 28 Abs. 1 VwVfG allgemein anerkannt; siehe nur *Kallerhoff/Mayen*, in: Stelkens/Bonk/Sachs, VwVfG, § 28 Rn. 38.

524 So auch *Specht-Riemenschneider*, in: Specht-Riemenschneider/Hennemann, DGA, Art. 14 Rn. 31.

wiegenden und gegebenenfalls unumkehrbaren Maßnahmen sollte das Abwarten der Stellungnahme schon aus Verhältnismäßigkeitsgründen geboten sein.[525]

(2) Anordnung der Beendigung

Gemäß Art. 14 Abs. 4 UAbs. 1 S. 1 DGA ist die zuständige Behörde befugt, vom jeweiligen Datenvermittler die Beendigung des Verstoßes gegen Art. 11, 12 DGA zu verlangen und die angemessenen und verhältnismäßigen Maßnahmen zu ergreifen, um die Einhaltung sicherzustellen. Die Ergreifung angemessener und verhältnismäßiger Maßnahmen bezieht sich dabei auf die den Behörden zur Verfügung stehenden Vollstreckungsmaßnahmen nach Art. 14 Abs. 4 UAbs. 1 S. 2 lit. a bis c DGA. Hierfür spricht der Wortlaut der Vorschrift, wonach die Behörden „in dieser Hinsicht" befugt sind, die in Art. 14 Abs. 4 UAbs. 1 S. 2 lit. a bis c DGA genannten Maßnahmen anzuwenden. Der Satzteil „in dieser Hinsicht" bezieht sich auf die zuvor in Satz 1 genannten angemessenen und verhältnismäßigen Maßnahmen. Sowohl bei der Anordnung der Beendigung des Verstoßes als auch bei der Anordnung von Maßnahmen im Sinne des Art. 14 Abs. 4 UAbs. 1 S. 2 DGA handelt es sich um Verwaltungsakte im Sinne von § 35 S. 1 VwVfG.[526]

Zu beachten sind bei der Beendigungsanordnung neben der Fristsetzung insbesondere die Vorgaben des Art. 14 Abs. 6 DGA. Nach dessen leicht missverständlichem Wortlaut sind dem Anordnungsadressaten „die gemäß den Absätzen 4 und 5 auferlegten Maßnahmen, die Gründe dafür sowie die notwendigen Schritte zur Behebung der entsprechenden Mängel" mitzuteilen. Der Wortlaut legt nahe, dass sich die Begründungspflicht nur auf die Durchsetzungsmaßnahmen nach Art. 14 Abs. 4 UAbs. 1 DGA bezieht. Ein solches Verständnis widerspricht aber dem Sinn der Vorschrift, der darin besteht, dass die Behörde eine „Informations- und Beratungsfunktion" übernehmen soll, die es dem Adressaten ermöglicht, die Rechtmäßigkeit der Anordnung zu überprüfen und gegebenenfalls die erforderlichen Schritte zur Abstellung des Rechtsverstoßes zu unternehmen.[527] Hierfür ist gerade die Begründung der Beendigungsanordnung erforderlich, die den weiteren Maßnahmen zugrunde liegt und aus der sich ergibt, durch welche Handlungen der Rechtsverstoß abzustellen ist.

---

525 *Specht-Riemenschneider*, in: Specht-Riemenschneider/Hennemann, DGA, Art. 14 Rn. 31.

526 Vgl. auch *Specht-Riemenschneider*, in: Specht-Riemenschneider/Hennemann, DGA, Art. 14 Rn. 34.

527 *Specht-Riemenschneider*, in: Specht-Riemenschneider/Hennemann, DGA, Art. 14 Rn. 66 f.

(a) Fristsetzung

Grundsätzlich sieht Art. 14 Abs. 4 UAbs. 1 S. 1 DGA vor, dass die zuständige Behörde dem gegen die Anforderungen des DGA verstoßenden Datenvermittler die Beendigung des Verstoßes innerhalb einer angemessenen Frist aufgibt. Angemessen ist eine Frist dann, wenn es dem Datenvermittler möglich und zumutbar ist, den Rechtsverstoß innerhalb der Frist abzustellen.[528] Die Angemessenheit einer Frist richtet sich deshalb maßgeblich nach dem Aufwand, der für die Beendigung des Verstoßes aufgebracht werden muss. Verstöße, deren Beseitigung eine umfassendere technische oder (gesellschafts-)rechtliche Umgestaltung des Datenvermittlungsdienstes erfordern, rechtfertigen demnach die Einräumung einer längeren Frist. Hinsichtlich der Zumutbarkeit der Frist ist außerdem die Schwere des Verstoßes zu berücksichtigen.[529] Gemäß Art. 14 Abs. 6 DGA darf die angemessene Frist für die Umsetzung der Beendigungsanordnung jedoch maximal 30 Tage betragen.[530] Ob eine Frist von 30 Tagen zur Abstellung von allen Verstößen ausreicht, ist jedoch fraglich. Insbesondere für die rechtliche Entflechtung eines größeren Unternehmens zur Einhaltung des gesellschaftsrechtlichen Trennungsgebots gemäß Art. 12 lit. a Alt. 2 DGA dürfte eine Frist von 30 Tagen knapp bemessen sein.

Bei einem schwerwiegenden Verstoß ist das Setzen einer Frist nach dem Wortlaut des Art. 14 Abs. 4 UAbs. 1 S. 1 DGA nicht erforderlich. Die Behörde kann in diesen Fällen die unverzügliche Beendigung des Verstoßes durch den Datenvermittler verlangen.[531] Relevante Kriterien für die Feststellung eines schwerwiegenden Verstoßes könnten unter anderem das Ausmaß der Rechtsverletzung, die Bedeutung der verletzten Norm oder die Vorsätzlichkeit der Handlung sein.[532] Zum Beispiel ist bei einem vorsätzlichen Verstoß gegen das Datennutzungsverbot nach Art 12 lit. a Alt. 1 DGA, der zu einem erheblichen Schaden eines Dateninhabers führt, von einem schwerwiegenden Verstoß auszugehen. Wenn ein schwerwiegender Verstoß vorliegt, kann die zuständige Behörde die unverzügliche, also sofortige Beendigung des Verstoßes verlangen, sie ist dazu aber nicht verpflichtet.

---

528 So wird die Angemessenheit der Frist z. B. auch im Rahmen der Androhung nach § 13 Abs. 1 S. 2 VwVG verstanden; vgl. *Deutsch/Burr*, in: BeckOK VwVfG, VwVG, § 13 Rn. 9.

529 Vgl. *Specht-Riemenschneider*, in: Specht-Riemenschneider/Hennemann, DGA, Art. 14 Rn. 35.

530 Der Wortlaut des Art. 14 Abs. 6 DGA spricht insoweit von einer „Frist von höchstens 30 Tagen damit der Anbieter von Datenvermittlungsdiensten diesen Maßnahmen nachkommen kann" (Hervorhebung durch Verfasser). Hierbei handelt es sich um eine missglückte Formulierung. Sinnvollerweise kann es nicht darum gehen, den in Art. 14 Abs. 4 UAbs. 1 DGA genannten Vollstreckungsmaßnahmen nachzukommen, sondern nur um die Erfüllung der den Maßnahmen zugrundeliegenden Beendigungsanordnung.

531 Ein schwerwiegender Verstoß kann auch die endgültige Einstellung der Dienste gemäß Art. 14 Abs. 4 UAbs. 1 S. 2 lit. c DGA nach sich ziehen; siehe hierzu im nächsten Abschnitt.

532 Ähnlich *Specht-Riemenschneider*, in: Specht-Riemenschneider/Hennemann, DGA, Art. 14 Rn. 35.

(b) Inhaltliche und zeitliche Anforderungen an die Anordnung

Nach Art. 14 Abs. 6 DGA sind dem Adressaten die gemäß den Absätzen 4 und 5 auferlegten Maßnahmen, die Gründe dafür sowie die notwendigen Schritte zur Behebung der entsprechenden Mängel unverzüglich mitzuteilen. Durch die unverzügliche Mitteilung der Anordnung und eventuell getroffener Maßnahmen soll es dem Datenvermittler ermöglicht werden, die Beendigungsanordnung zügig umzusetzen, um so die Durchsetzung der Maßnahmen zu vermeiden, oder rechtzeitig mit Rechtsbehelfen gegen die Anordnung vorzugehen.[533] Wie der Wortlaut von Art. 14 Abs. 4 UAbs. 1 und Abs. 6 DGA klarstellt, können dem Adressaten Durchsetzungsmaßnahmen gleichzeitig mit der Anordnung auferlegt werden.[534] Es ist aber auch denkbar, dass solche Maßnahmen erst für einen späteren Zeitpunkt angedroht werden.

Durch die Verpflichtung, dem Datenvermittler die Gründe für ihre Anordnung mitzuteilen, sieht Absatz 6 eine Informationspflicht für die Behörde vor.[535] Sie muss konkret darlegen, auf welche Weise der Datenvermittler in rechtlicher und tatsächlicher Hinsicht gegen die Anforderungen des DGA verstoßen hat. Dem Datenvermittler muss deutlich werden, weshalb er sein Verhalten anpassen soll. Außerdem muss er überprüfen können, ob die behördliche Anordnung rechtmäßig ist und ob er gegebenenfalls dagegen rechtlich vorgehen kann. Nach Art. 14 Abs. 6 DGA genügt es nicht, dass die Behörde den Datenvermittler zur Beendigung des Rechtsverstoßes auffordert. Sie muss ihm darüber hinaus die notwendigen Schritte zur Behebung der festgestellten Mängel seines Dienstes mitteilen. Die damit vorgesehene Beratungspflicht der Behörde geht über die allgemeinen Vorgaben des deutschen Verwaltungsrechts hinaus.[536]

Der Gesetzestext des DGA enthält keine konkreten Maßnahmen, welche die Behörde dem Datenvermittler zur Beendigung des Verstoßes auferlegen kann. Der Behörde kommt daher bei der Anordnung von Abhilfemaßnahmen ein weites Auswahlermessen zu. Die zur Beendigung des Rechtsverstoßes auferlegten Schritte müssen nach allgemeinen Grundsätzen aber geeignet, notwendig und verhältnismäßig sein. Mit Blick auf die Anforderungen des Art. 12 DGA kommen sowohl verhaltensorientierte als auch strukturelle Anordnungen in Betracht, um auf die Beendigung des Verstoßes hinzuwirken. Verhaltensorientierte Maßnahmen können auf die Unterlassung bestimmter Handlungen oder auf ein aktives Tun gerichtet

---

533 Siehe zum Rechtsschutz des Datenvermittlers nach Art. 28 DGA in Kap. 5, C. VI. 4 a) bb).

534 So auch *Specht-Riemenschneider*, in: Specht-Riemenschneider/Hennemann, DGA, Art. 14 Rn. 36.

535 *Specht-Riemenschneider*, in: Specht-Riemenschneider/Hennemann, DGA, Art. 14 Rn. 66 f.

536 So auch *Specht-Riemenschneider*, in: Specht-Riemenschneider/Hennemann, DGA, Art. 14 Rn. 67.

sein.[537] Zum Beispiel kann die zuständige Behörde dem Datenvermittler untersagen, weiterhin die Daten, für die er seine Dienste erbringt, entgegen Art. 12 lit. a Alt. 1 DGA für eigene Zwecke zu verwenden. Strukturelle Maßnahmen können im Hinblick auf das gesellschaftsrechtliche Trennungsgebot nach Art. 12 lit. a Alt. 2 DGA erforderlich sein. Bei der Beendigungsanordnung ist außerdem das Bestimmtheitsgebot zu beachten. Die Anordnung muss so formuliert werden, dass es für den Datenvermittler erkennbar ist, welche Handlungen die zuständige Behörde von ihm verlangt. Nur dann kann er sein Verhalten anhand der Anordnung ausrichten.

(3) Durchsetzungsmaßnahmen

Um die künftige Einhaltung der Art. 11 und 12 DGA durch den betroffenen Datenvermittler sicherzustellen, ergreift die zuständige Behörde gemäß Art. 14 Abs. 4 UAbs. 1 S. 1 DGA angemessene und verhältnismäßige Maßnahmen. Die für die Sicherstellung der Rechtseinhaltung gegebenenfalls erforderlichen Durchsetzungsmaßnahmen finden sich in Art. 14 Abs. 4 UAbs. 1 S. 2 lit. a bis c DGA. Danach können die zuständigen Behörden Geldstrafen verhängen oder die vorübergehende Aussetzung oder dauerhafte Einstellung der betroffenen Datenvermittlungsdienste anordnen. Zu diesen Maßnahmen müssen die Behörden (auch) nach dem mitgliedstaatlichen Recht befugt sein.[538]

Die Auswahl der konkreten Durchsetzungsmaßnahme im Einzelfall steht im Ermessen der Behörde. Neben der Wirksamkeit der Maßnahmen sind für das Anwendungsverhältnis der Maßnahmen untereinander die in Art. 14 Abs. 4 UAbs. 1 S. 1 DGA festgelegten Grundsätze der Angemessenheit und Verhältnismäßigkeit entscheidend. Die mildeste und damit bei leichten Verstößen vorrangig anzuwendende Maßnahme ist die Verhängung einer Geldstrafe nach 14 Abs. 4 UAbs. 1 S. 2 lit. a DGA. Bei gravierenderen Verstößen kommt alternativ[539] die Anordnung der vorübergehenden Aussetzung der Dienste nach 14 Abs. 4 UAbs. 1 S. 2 lit. b DGA in Betracht. Die Anordnung der dauerhaften Einstellung von Datenvermittlungsdiensten ist bereits nach dem Wortlaut des 14 Abs. 4 UAbs. 1 S. 2 lit. c DGA nur bei schweren oder wiederholten Verstößen zulässig.

---

537 Vgl. zu den verhaltensorientierten Maßnahmen nach Art. 7 VO(EG) 1/2003, der die Abhilfemaßnahmen für Verstöße gegen das europäische Kartellrecht regelt, *Bauer*, in: MüKo WettbR, VO 1/2003, Art. 7 Rn. 15.

538 Vgl. *Specht-Riemenschneider*, in: Specht-Riemenschneider/Hennemann, DGA, Art. 14 Rn. 37.

539 Dass die drei Durchsetzungsmaßnahmen des Art. 14 Abs. 4 UAbs. 1 S. 2 DGA grundsätzlich in einem Alternativverhältnis zueinander stehen, zeigt das „oder" am Ende von Art. 14 Abs. 4 UAbs. 1 S. 2 lit. b DGA.

(a) Zwangsgelder und Geldbußen (lit. a)

Nach Art. 14 Abs. 4 UAbs. 1 S. 2 lit. a DGA sind die zuständigen Behörden dazu befugt, im Verwaltungsverfahren abschreckende Geldstrafen (gemeint sind wohl Zwangsgelder) zu verhängen und zusätzlich oder alternativ gerichtliche Verfahren zur Verhängung von Geldbußen einzuleiten.

(aa) Gerichtliche Geldbußen

Mit der Befugnis zur Einleitung gerichtlicher Verfahren trifft der Gesetzgeber einerseits wohl eine Regelung für solche Mitgliedstaaten, wie Dänemark oder Estland, deren Rechtssysteme keine Befugnis von Behörden zur Verhängung von Geldstrafen vorsehen.[540] In den meisten Mitgliedstaaten, auch in Deutschland, können die zuständigen Behörden hingegen selbst Zwangsgelder im Verwaltungsverfahren verhängen. Wie der Wortlaut des Art. 14 Abs. 4 UAbs. 1 S. 2 lit. a DGA klarstellt, dürfen gerichtliche Verfahren zur Verhängung von Geldbußen aber auch parallel zur Verhängung von Zwangsgeldern eingeleitet werden. Dies spricht dafür, dass solche gerichtlichen Verfahren in allen Mitgliedstaaten möglich sein sollen. Auf welche Rechtsgrundlage diese Gerichtsverfahren in solchen Mitgliedstaaten gestützt werden sollen, die eine behördliche Durchsetzung vorsehen, ist unklar.[541] Ohnehin haben Geldbußen primär einen Strafcharakter und stellen daher im Rahmen des auf die präventive Durchsetzung von Behördenanordnungen abzielenden Art. 14 UAbs. 1 DGA ein systemfremdes Element dar.

(bb) Behördliche Zwangsgelder

Behörden können außerdem selbst Zwangsgelder verhängen. Der in Art. 14 Abs. 4 UAbs. 1 S. 2 lit. a DGA verwendete Begriff der Geldstrafe ist insoweit missverständlich. Wie der Nebensatz klarstellt, kann es sich bei den Geldstrafen um „Zwangsgelder" und „Zwangsgelder mit Rückwirkung" handeln. Nach der deutschen Sprachfassung ist aber unklar, ob Geldstrafen neben Zwangsgeldern auch Bußgelder mit repressivem Charakter umfassen können. Jedenfalls nach dem allgemeinen Wortsinn von Geldstrafe ist ein solches Verständnis vertretbar.

In Anbetracht der englischen Sprachfassung ist aber davon auszugehen, dass Art. 14 Abs. 4 UAbs. 1 S. 2 lit. a DGA die Behörden ausschließlich ermächtigt, Zwangsgelder und keine Geldstrafen im Sinne von Sanktionen aufzuerlegen. Dort heißt es: „The competent authority [...] shall have the authority [...] to impose,

---

540 Eine entsprechende Regelung findet sich z. B. auch in Art. 83 Abs. 9 DSGVO; vgl. ErwG 151 DSGVO und *Nemitz*, in: Ehmann/Selmayr, DSGVO, Art. 83 Rn. 4, 48.

541 Vgl. auch *Specht-Riemenschneider*, in: Specht-Riemenschneider/Hennemann, DGA, Art. 14 Rn. 46.

through administrative procedures, dissuasive financial penalties, which may include periodic penalties and penalties with retroactive effect". Der Nebensatz soll in der englischen Sprachfassung also nur klarstellen, dass unterschiedliche Ausgestaltungen der zu verhängenden Zwangsgelder (periodisch oder rückwirkend) möglich sind. Er soll keine Varianten der allgemeineren Geldstrafe aufzählen, die über die Zwangsgelder hinaus auch einen Strafcharakter haben könnte.[542] Aus diesem Grund hättte „dissuasive financial penalties" mit „abschreckenden Zwangsgeldern" und nicht mit Geldstrafen übersetzt werden sollen. Dafür, dass es sich bei der Geldstrafe in Art. 14 Abs. 4 UAbs. 1 S. 2 lit. a DGA ausschließlich um Zwangsgelder handeln kann, sprechen auch die Systematik und der Gesetzeszweck. Denn die möglichen Sanktionen für Rechtsverstöße wurden separat in Art. 34 DGA geregelt. Demgegenüber bezweckt Art. 14 Abs. 4 UAbs. 1 S. 2 DGA die effektive Durchsetzung von Anordnungen, die auf die präventive Beendigung eines Rechtsverstoßes abzielen. Die Vorschrift hat folglich keinen Strafcharakter, sondern dient allein der zwangsweisen Rechtsdurchsetzung.[543]

Hinsichtlich der Ausgestaltung des Zwangsgeldes nach Art. 14 Abs. 4 UAbs. 1 S. 2 lit. a DGA steht der Behörde grundsätzlich ein weites Ermessen zu. Naheliegend dürfte die Verhängung eines periodischen Zwangsgeldes sein, das tageweise oder wochenweise anfällt. Möglich sind auch rückwirkende Zwangsgelder. Diese dürften vor allem dann in Betracht kommen, wenn das Zwangsgeld bereits bei der Beendigungsanordnung angedroht, aber noch nicht verhängt wurde. Die Höhe des Zwangsgelds soll abschreckend sein. Sie soll den Datenvermittler dazu bewegen, den Rechtsverstoß unverzüglich zu beenden. Gleichzeitig muss die gewählte Höhe jedoch angemessen und verhältnismäßig sein. Es empfiehlt sich daher eine Orientierung am Umsatz des jeweiligen Datenvermittlers.[544] Auch die in Art. 34 Abs. 2 DGA genannten Kriterien, die auf Zwangsgelder nicht unmittelbar anwendbar sind, können hilfsweise von den Behörden als Orientierungshilfen herangezogen werden.[545]

(b) Vorübergehende Aussetzung (lit. b)

Bei gravierenden Rechtsverstößen kann die zuständige Behörde alternativ gemäß Art. 14 Abs. 4 UAbs. 1 S. 2 lit. b DGA anordnen, dass der Beginn der Erbringung ver-

542 Die Übersetzung von „penalty" als Zwangsgeld ist durchaus üblich und wurde z. B. auch in Art. 24 VO (EG) 1/2003 verwendet.

543 So im Ergebnis auch *Specht-Riemenschneider*, in: Specht-Riemenschneider/Hennemann, DGA, Art. 14 Rn. 44.

544 So z. B. ausdrücklich angeordnet in Art. 24 Abs. 1 VO(EG) 1/2003.

545 Vgl. auch *Specht-Riemenschneider*, in: Specht-Riemenschneider/Hennemann, DGA, Art. 14 Rn. 47.

schoben oder die Erbringung von Datenvermittlungsdiensten ausgesetzt wird bis die von der Behörde geforderten Maßnahmen umgesetzt worden sind. Die vorübergehende Aussetzung der Dienste kommt aus Gründen der Verhältnismäßigkeit erst dann in Betracht, wenn der Verstoß so schwerwiegend ist, dass die Fortführung der Dienste nicht zumutbar ist. Dies dürfte insbesondere dann der Fall sein, wenn der Rechtsverstoß unmittelbar eine intensive Verletzung der Rechte der Dateninhaber und Datennutzer bewirkt.[546] Dann muss die Fortsetzung des Datenvermittlungsdienstes zum Schutze der eigenen Nutzer vorerst unterbleiben.[547] Beim erstmaligen Verstoß gegen Vorschriften, die lediglich der Vermeidung potenzieller, noch nicht realisierter Risiken dienen, dürfte die Aussetzungsanordnung hingegen in vielen Fällen unverhältnismäßig sein.[548]

Die Verschiebung des Beginns der Erbringung von Datenvermittlungsdiensten kann in erster Linie dann zur Anwendung kommen, wenn die Behörde nach der Anmeldung, aber vor der Aufnahme der Tätigkeit einen oder mehrere Rechtsverstöße feststellt.[549] Da der Datenvermittler seine Tätigkeit noch nicht aufgenommen hat, handelt es sich bei der Verschiebung der Erbringung um einen weniger einschneidenden Verwaltungseingriff als bei der Aussetzung des bereits angebotenen Datenvermittlungsdienstes. Es sind daher weniger strenge Anforderungen an die Verschiebungsanordnung zu stellen. Wenn ein Unternehmen der Verschiebungs- oder Aussetzungsanordnung nach Art. 14 Abs. 4 UAbs. 1 S. 2 lit. b DGA nicht nachkommt, können die Behörden zur Durchsetzung auf das nationale Verwaltungsvollstreckungsrecht zurückgreifen. Sobald der Datenvermittler die verlangten Maßnahmen umgesetzt hat, entfällt die Rechtswirkung der Aussetzungsanordnung unmittelbar, da die Anordnung der Maßnahme nach dem Wortlaut der Vorschrift nur bis zu diesem Zeitpunkt gilt.[550]

(c) Dauerhafte Einstellung (lit. c)

Gemäß Art. 14 Abs. 4 UAbs. 1 S. 2 lit. c DGA können die zuständigen Behörden die Einstellung der Bereitstellung des Datenvermittlungsdienstes anordnen, falls schwere oder wiederholte Verstöße trotz vorheriger Mitteilung gemäß Absatz 3 nicht be-

546 Z. B. bei einem Verstoß gegen das Datennutzungsverbot nach Art. 12 lit. a Alt. 1 DGA.

547 Insofern hat die Vorschrift auch eine „drittschützende Funktion", siehe *Specht-Riemenschneider*, in: Specht-Riemenschneider/Hennemann, DGA, Art. 14 Rn. 49.

548 Dies wäre z. B. der Fall bei dem Versäumnis, geeignete Maßnahmen für den Insolvenzfall nach Art. 12 lit. h DGA zu ergreifen.

549 Wenn der Tag der Anmeldung und der Tag der Aufnahme der Tätigkeit auseinanderfallen, ist dies der Behörde bei der Anmeldung gemäß Art. 11 Abs. 6 lit. g DGA mitzuteilen.

550 Der Wortlaut des Art. 14 Abs. 4 UAbs. 1 S. 2 lit. b DGA ist so zu verstehen, dass die Verschiebungs- oder Aussetzungsanordnung eine auflösende Bedingung enthält; a. A. *Specht-Riemenschneider*, in: Specht-Riemenschneider/Hennemann, DGA, Art. 14 Rn. 52.

hoben wurden. Aus Gründen der Verhältnismäßigkeit werden an die dauerhafte Einstellung von Datenvermittlungsdiensten hohe Anforderungen geknüpft. Es handelt sich hierbei um die *ultima ratio*, die dann zur Anwendung kommt, wenn ein Datenvermittler schwerwiegend oder wiederholt gegen die Vorschriften des DGA verstoßen hat und dadurch seinen Unwillen oder seine Unfähigkeit gezeigt hat, die Anforderungen des DGA bei der Erbringung seiner Dienste zu berücksichtigen.

(aa) Voraussetzungen der Einstellung

Wann ein schwerer Verstoß vorliegt, wird im DGA nicht definiert. Die Feststellung eines schweren Verstoßes sollte daher durch die Gesamtschau aller relevanten Umstände erfolgen. Als relevante Kriterien kommen auch hier insbesondere das Ausmaß der Rechtsverletzung, die Bedeutung der verletzten Norm oder die Vorsätzlichkeit des Handelns in Betracht.[551] Ein schwerer Verstoß könnte zum Beispiel anzunehmen sein, wenn der Datenvermittler vorsätzlich gegen das Datennutzungsverbot des Art. 12 lit. a DGA verstößt und die erlangten Daten entgegen den Interessen der Dateninhaber verwendet. Wegen der schweren Rechtsfolge des Art. 14 Abs. 4 UAbs. 1 S. 2 lit. c DGA sollte auch bei wiederholten Verstößen eine gewisse Schwere der Verstöße vorausgesetzt werden. Leichtere Verstöße sollten nur bei häufiger und schuldhafter Begehung zur dauerhaften Einstellung führen. Im Übrigen sollten aber auch aufeinanderfolgende Verstöße gegen unterschiedliche Vorschriften der Art. 11, 12 DGA als wiederholte Verstöße angesehen werden.[552] Schließlich wird dadurch die generelle Unzuverlässigkeit des Anbieters belegt.

Eine weitere Voraussetzung der Einstellungsanordnung ist außerdem, dass der Verstoß dem Datenvermittler gemäß Art. 14 Abs. 3 DGA mitgeteilt wird und er die Gelegenheit zur Behebung des Verstoßes erhält. Erst wenn der Datenvermittler den Verstoß nicht behoben hat, obwohl ihm das möglich und zumutbar war, kann die Einstellung der Dienste verlangt werden. Aus diesem Grund sollte sowohl die Frist zur Stellungnahme nach Art. 14 Abs. 3 DGA als auch die Frist zur Abstellung von Rechtsverstößen nach Art. 14 Abs. 6 DGA abgewartet werden. Es kann daher sein, dass die Einstellungsanordnung erst 60 Tage nach der ursprünglichen Beseitigungsanordnung ergehen darf.[553] Auch im Rahmen des Art. 14 Abs. 4 UAbs. 1 S. 2 lit. c DGA kann zur Durchsetzung der Einstellungsanordnung auf das nationale Verwaltungsvollstreckungsrecht zurückgegriffen werden.

---

551 Ähnlich *Specht-Riemenschneider*, in: Specht-Riemenschneider/Hennemann, DGA, Art. 14 Rn. 58.

552 *Specht-Riemenschneider*, in: Specht-Riemenschneider/Hennemann, DGA, Art. 14 Rn. 57.

553 *Specht-Riemenschneider*, in: Specht-Riemenschneider/Hennemann, DGA, Art. 14 Rn. 59.

(bb) Entfernung aus dem Register

Wenn die zuständige Behörde die Einstellung der Erbringung eines Datenvermittlungsdienstes angeordnet hat, fordert sie gemäß Art. 14 Abs. 4 UAbs. 2 DGA die Kommission auf, den betroffenen Anbieter aus dem öffentlichen Register der Anbieter von Datenvermittlungsdiensten zu streichen. Ein Unternehmen, dem das Anbieten von Datenvermittlungsdiensten in der Union untersagt ist, soll nicht länger in dem öffentlichen Register nach Art. 11 Abs. 10 S. 2 DGA erscheinen, das potenziellen Nutzern als erste Anlaufstelle für das Auffinden geeigneter Datenvermittlungsdienste dient.

(cc) Mögliche Wiederaufnahme eingestellter Dienste?

Die Einstellung des Datenvermittlungsdienstes muss nicht endgültig sein.[554] Wie sich aus Art. 14 Abs. 4 UAbs. 2 und UAbs. 3 S. 1 DGA ergibt, kann sich ein Datenvermittler nach Beseitigung der Verstöße erneut bei der zuständigen Behörde anmelden. Da die Streichung nach Unterabsatz 2 nur bei der Einstellung möglich ist und damit die zu meldende Wiederaufnahme nach Unterabsatz 3 nur zwischenzeitlich eingestellte Dienste betreffen kann, folgt aus Unterabsatz 3, dass auch die Einstellung nach Art. 14 Abs. 4 UAbs. 1 S. 2 lit. c DGA nicht zwingend endgültig ist.

Wenn die Wiederaufnahme auch von eingestellten Diensten möglich ist, stellt sich die anschließende Frage, wie sich die nicht endgültige Einstellung von der vorübergehenden Aussetzung unterscheiden lässt. Der wesentliche Unterschied zwischen Einstellung und Aussetzung dürfte darin bestehen, wie leicht sich die Dienste nach der Anordnung wieder aufnehmen lassen. Nach Art. 14 Abs. 4 UAbs. 1 S. 2 lit. b DGA ist die Aussetzungsanordnung nur bis zur Durchführung der geforderten Abhilfemaßnahmen wirksam. Der Datenvermittler kann seine Dienste unmittelbar nach der Beseitigung des Rechtsverstoßes wieder anbieten. Demgegenüber sieht Art. 14 UAbs. 3 S. 1 DGA bei eingestellten Diensten vor, dass ihre Anbieter der zuständigen Behörde die Beseitigung „mitteilen" müssen. Nach dem Wortlaut der englischen Sprachfassung („re-notify the competent authority") und der französischen Sprachfassung („données adresse une nouvelle notification à l'autorité compétente") wird für die Wiederaufnahme sogar eine erneute Anmeldung vorausgesetzt. Dies spricht dafür, dass eine Neuanmeldung nach Art. 11 DGA erforderlich ist oder sogar eine substanzielle Überprüfung und Freigabe des Dienstevermittlers durch die Behörde erfolgen muss. Im Anschluss teilt die Behörde der Kommission die erneute Anmeldung gemäß Art. 14 Abs. 4 UAbs. 3 S. 2 DGA mit, worauf diese den Datenvermittler anschließend wieder in das öffentliche Register aufnimmt.

---

554 A. A. wohl *Specht-Riemenschneider*, in: Specht-Riemenschneider/Hennemann, DGA, Art. 14 Rn. 54.

cc) Sanktionen (Art. 34 DGA)

Zusätzlich zu den Durchsetzungsmaßnahmen nach Art. 14 Abs. 4 DGA oder an deren Stelle können (und ggf. müssen) die zuständigen Behörden die Verstöße von Datenvermittlern gegen den DGA sanktionieren. Die hierfür anwendbaren Sanktionen finden sich nicht im DGA selbst. Stattdessen enthält Art. 34 DGA den Auftrag an die nationalen Gesetzgeber, Vorschriften über Sanktionen zu erlassen, die bei Verstößen unter anderem gegen die nach Art. 11 DGA für Anbieter von Datenvermittlungsdiensten geltende „Mitteilungspflicht"[555] oder die Bedingungen des Art. 12 DGA zu verhängen sind.

Der europäische Gesetzgeber überlässt die Einführung von Sanktionsvorschriften damit den Mitgliedstaaten. Da insofern keine konkreten Mindestvorgaben für die Sanktionen aufgestellt werden, besteht das Risiko, dass die Mitgliedstaaten sehr unterschiedliche Sanktionsvorschriften einführen werden. Auch in ErwG 55 DGA wird dieses Problem erkannt und eine Harmonisierung der Sanktionsvorschriften für vorteilhaft gehalten. Auf eine gewisse Angleichung der nationalen Sanktionsvorschriften kann der Europäische Dateninnovationsrat nach Art. 29 DGA hinwirken, dessen Empfehlungen gemäß Art. 34 Abs. 1 S. 3 DGA von den Mitgliedstaaten beim Setzen ihrer Vorschriften zu berücksichtigen sind. Eine Vollharmonisierung ist in Art. 34 DGA jedoch nicht vorgesehen.

Darüber hinaus enthält Art. 34 Abs. 1 DGA eher allgemeine Vorgaben für die Einführung von Sanktionsvorschriften. Gemäß Art. 34 Abs. 1 S. 2 DGA müssen die Sanktionen wirksam, verhältnismäßig und abschreckend sein. Die Sanktionen dürfen einerseits nicht so milde ausfallen, dass sie die effektive Durchsetzung des DGA nicht gewährleisten können und keine Abschreckungswirkung entfalten können.[556] Andererseits dürfen die Sanktionen aber nicht unverhältnismäßig streng sein. Den Behörden müssen gestufte Sanktionsmittel zur Verfügung stehen, die auch bei unterschiedlich schweren Fällen angemessene Reaktionen ermöglichen. Offen bleibt nach Art. 34 DGA allerdings die Frage, ob die Mitgliedstaaten nur Verwaltungssanktionen erlassen können oder ob sie, wie zum Beispiel nach Art. 84 DSGVO,[557] auch strafrechtliche Sanktionen einführen dürfen.

In Art. 34 Abs. 2 DGA sind außerdem nicht-abschließende Kriterien aufgezählt, die bei der Verhängung von Sanktionen aufgrund von Rechtsverstößen von den Mitgliedstaaten zu berücksichtigen sind. Relevante Kriterien sind gemäß Art. 34 Abs. 2 lit. a DGA etwa die Art, Schwere, Umfang und Dauer des Verstoßes oder

---

555 Gemeint ist wohl die Anmeldepflicht nach Art. 11 DGA. Auf die Anmeldepflicht bezieht sich auch der Wortlaut der englischen Sprachfassung.

556 Es ist anzunehmen, dass die Sanktionen sowohl spezialpräventiv als auch generalpräventiv wirken sollen.

557 Siehe nur *Nemitz*, in: Ehmann/Selmayr, DSGVO, Art. 84 Rn. 1.

nach Art. 34 Abs. 2 lit. b DGA der Umstand, ob der Datenvermittler Maßnahmen zur Minderung oder Behebung des durch den Verstoß verursachten Schadens ergriffen hat. Auch bei den anderen in Absatz 2 aufgezählten Kriterien handelt es sich um typische Gesichtspunkte für die Strafzumessung.

e) Sonderbefugnisse gegenüber internationalen Datenvermittlern (Abs. 5 und 6)

Art. 14 Abs. 5 DGA enthält Sonderbefugnisse für Situationen, in denen ein internationaler Datenvermittler seiner Pflicht zur Benennung eines gesetzlichen Vertreters nach Art. 11 Abs. 3 DGA nicht nachkommt oder ein von ihm benannter Vertreter ein behördliches Informationsverlangen nach Art. 14 Abs. 2 DGA nicht erfüllt. In diesen Fällen ist die zuständige Behörde befugt, den Beginn der Erbringung des Datenvermittlungsdienstes zu verschieben oder diesen auszusetzen,[558] bis ein gesetzlicher Vertreter benannt wurde oder die erforderlichen Informationen vorgelegt wurden. Auch bei den Maßnahmen nach Art. 14 Abs. 5 DGA sind die Anforderungen des Absatz 6 zu beachten. Dem adressierten Datenvermittler sind die Gründe für die Maßnahmen sowie die notwendigen Schritte zur Behebung der entsprechenden Verstöße mitzuteilen. Außerdem ist ihm eine angemessene Frist von höchstens 30 Tagen zur Behebung des Verstoßes zu setzen.[559]

Vor dem Hintergrund, dass die zuständige Behörde bereits nach Art. 14 Abs. 4 UAbs. 1 S. 2 lit. b DGA mit einer Verschiebungs- oder Aussetzungsordnung auf die in Art. 14 Abs. 5 DGA genannten Rechtsverstöße reagieren könnte, erscheint die Vorschrift des Art. 14 Abs. 5 DGA auf den ersten Blick als überflüssig.[560] Es ist aber denkbar, dass Absatz 5 eine Verschärfung gegenüber Absatz 4 bezwecken soll. Statt aus Verhältnismäßigkeitsgründen zunächst ein Zwangsgeld anzuordnen, soll die Behörde auf die in Absatz 5 genannten Verstöße direkt mit einer Verschiebungs- oder Aussetzungsanordnung reagieren. Der Behörde wird durch Absatz 5 folglich die Ermessensentscheidung abgenommen, ob eine Verschiebungs- oder Aussetzungsanordnung in den genannten Fällen angemessen und verhältnismäßig ist. Als besondere Sanktionsnorm lässt sich Art. 14 Abs. 5 DGA vermutlich damit erklären, dass der Gesetzgeber verhindern wollte, dass gegenüber internationalen Anbietern von Datenvermittlungsdiensten Vollzugsdefizite entstehen könnten.[561]

---

558 Siehe zur Verschiebung und Aussetzung von Datenvermittlungsdiensten Kap. 5, C. VI. 3. d) bb) (3).

559 Siehe zu den Anforderungen des Art. 14 Abs. 6 DGA ausführlich in Kap. 5, C. VI. 3. d) bb) (2) (a).

560 Siehe auch *Specht-Riemenschneider*, in: Specht-Riemenschneider/Hennemann, DGA, Art. 14 Rn. 64.

561 Siehe zur Bedeutung des gesetzlichen Vertreters in Kap. 5, B. III. 1. b) aa) (2).

Wenn der Datenvermittler keinen Vertreter benannt hat, fehlt es der Behörde an einem Ansprechpartner vor Ort. Sie ist dann auf die unter Umständen schwierige Kontaktierung des Datenvermittlers im Ausland angewiesen. Es ist daher nach der Regelungssystematik des DGA konsequent, dass die Benennung eines Vertreters zwingende Voraussetzung für das Anbieten von Diensten ist und ihr Fehlen zur Verschiebung oder Aussetzung der Erbringung der Dienste führt.

Weniger nachvollziehbar ist aber die Erstreckung der besonderen Sanktionsvorschrift des Absatz 5 auf die Nichterfüllung eines behördlichen Informationsverlangens. Wenn es dem gesetzlichen Vertreter nicht gelingt auf Verlangen der zuständigen Behörde gemäß Art. 14 Abs. 2 DGA die erforderlichen Informationen vorzulegen, durch welche die Einhaltung der Vorschriften des DGA umfassend belegt wird, kann die Behörde die Verschiebung oder Aussetzung anordnen. Zur Anordnung dieser Maßnahmen ist die Behörde grundsätzlich auch nach Art. 14 Abs. 4 UAbs. 1 S. 2 lit. b DGA befugt, soweit dies verhältnismäßig ist. Fraglich ist, ob die strengere Behandlung der Nichterfüllung der Informationspflichten durch internationale Anbieter von europäischen Anbietern sachlich gerechtfertigt ist. In der Praxis muss die Behörde bei der Ermessensausübung nach Art. 14 Abs. 5 DGA aber ohnehin Verhältnismäßigkeitserwägungen nach allgemeinen rechtstaatlichen Grundsätzen berücksichtigen.

f) Zwischenbehördliche Zusammenarbeit (Abs. 7)

Art. 14 Abs. 7 DGA regelt die Zusammenarbeit zwischen den DGA-Behörden unterschiedlicher Mitgliedstaaten. Die grenzübergreifende behördliche Zusammenarbeit wird in vielen Fällen erforderlich sein, um die Regelungen des DGA effektiv durchzusetzen. Denn aufgrund des *One-Stop-Shop*-Prinzips und des Prinzips der dezentralen Durchsetzung des DGA[562] ist immer nur die Behörde des Mitgliedstaates, in dem ein Datenvermittler seine Hauptniederlassung hat, für die Durchsetzung der Regelungen des DGA zuständig. Über Rechtsbefugnisse verfügt sie nur in ihrem Heimatstaat. Datenvermittlungsdienste werden als Online-Dienste jedoch typischerweise in mehreren Mitgliedstaaten gleichzeitig erbracht. Neben der Hauptniederlassung im Territorium der zuständigen Behörde kann es dann weitere Niederlassungen oder andere Einrichtungen (z. B. Server) im Gebiet anderer Mitgliedstaaten geben. Auf diese darf die zuständige Behörde mangels Rechtsbefugnissen nicht zugreifen. Sie ist in solchen Fällen zur effektiven Rechtsdurchsetzung auf die Amtshilfe der DGA-Behörden aus anderen Mitgliedstaaten angewiesen. Darüber hinaus dient die behördliche Zusammenarbeit der Sicherstellung der einheitlichen Rechtsanwendung, indem die Informations- und Handlungseinheit

---

562 Siehe zu diesen Prinzipien Kap. 5, C. III. 2. und 4.

der beteiligten Behörden ermöglicht wird.[563] So kann es erforderlich sein, dass die Behörden Informationen austauschen, um die zuständige Behörde zu bestimmen. Damit für die zwischenstaatliche Kooperation bei der Anwendung des DGA keine gesonderten Vereinbarungen zwischen den Mitgliedstaaten getroffen werden müssen, ist die behördliche Zusammenarbeit in Art. 14 Abs. 7 DGA geregelt.

aa) Umfang der Kooperationspflicht (UAbs. 1)

Art. 14 Abs. 7 UAbs. 1 S. 1 DGA enthält den Auftrag an die DGA-Behörden, zu kooperieren und sich gegenseitig zu unterstützen. Anders als Art. 60 DSGVO, der eine generelle Kooperationspflicht vorsieht, schreibt Art. 14 Abs. 7 UAbs. 1 S. 1 DSGVO die Zusammenarbeit nur für den Fall vor, dass ein Datenvermittler in mehreren Mitgliedstaaten aktiv ist. In diesem Fall besteht eine gegenseitige Kooperationspflicht für die zuständige Behörde, in deren Mitgliedstaat sich die Hauptniederlassung des Datenvermittlers befindet, und die anderen DGA-Behörden, in deren Mitgliedstaaten der Datenvermittler tätig ist. Die gegenseitige Kooperationspflicht bedeutet, dass nicht nur die anderen DGA-Behörden die im Einzelfall zuständige Behörde unterstützen müssen, sondern auch die zuständige Behörde zur Zusammenarbeit verpflichtet ist.

Gemäß Art. 14 Abs. 7 UAbs. 1 S. 2 DGA kann die Zusammenarbeit zwischen den verschiedenen DGA-Behörden insbesondere den Informationsaustausch zur Durchführung ihrer Aufgaben nach dem DGA umfassen. Die Behörden sind verpflichtet, solche Informationen auszutauschen, die für die effektive Ausübung ihrer Pflichten erforderlich sind. Hierunter können zum Beispiel Informationen über Rechtsverstöße des Datenvermittlers oder über die Verlagerung seiner Hauptniederlassung in einen anderen Mitgliedstaat fallen. Wie nach Art. 61 DSGVO[564] und Art. 12 VO (EG) 1/2003[565] können grundsätzlich auch geschützte Informationen wie zum Beispiel Geschäftsgeheimnisse ausgetauscht werden, sofern die vertrauliche Behandlung durch die empfangende Behörde sichergestellt ist.[566]

Neben der Informationshilfe sieht Art. 14 Abs. 7 UAbs. 1 DGA vor, dass die zuständige Behörde die Behörden anderer Mitgliedstaaten auch um die Vornahme der in Art. 14 DGA genannten Maßnahmen ersuchen kann. Die ersuchende Behörde kann folglich die DGA-Behörden anderer Mitgliedstaaten, um die Vornahme eines Informationsgesuchs nach Absatz 2 sowie um die Anordnung der Durchset-

---

563 Siehe allgemein zur Amtshilfe *Isensee*, in: Isensee/Kirchhof, Hdb. StaatsR VI, § 126, S. 3 (133).

564 Vgl. *Dix*, in: Kühling/Buchner, DSGVO, Art. 61 Rn. 14.

565 *Bechtold/Bosch/Brinker*, EU-Kartellrecht, VO 1/2003 Art. 12 Rn. 2; *Bardong/Stempel*, in: MüKo WettbR, VO Nr. 1/2003, Art. 12 Rn. 17.

566 Die Pflicht zur vertraulichen Behandlung solcher Informationen folgt bereits aus Art. 13 Abs. 2 i. V. m. Art. 26 Abs. 6 S. 2 DGA; siehe dazu Kap. 5, C. VI. 1. b) ee).

zungsmaßnahmen nach den Absätzen 4 und 5 bitten. Von solchen Amtshilfeersuchen sollten auch Vollstreckungsmaßnahmen, wie der Verwaltungszwang und die Beitreibung von Zwangsgeldern, erfasst sein. Denn gerade die Vollstreckung der Anordnungen nach den Absätzen 4 und 5 kann für die zuständige Behörde eines Mitgliedstaates Schwierigkeiten aufwerfen, wenn sich wichtige Einrichtungen des Datenvermittlers in einem anderen Mitgliedstaat befinden. So kann es zum Beispiel zur Durchsetzung einer Einstellungsanordnung nach Art. 14 Abs. 4 UAbs. 1 S. 2 lit. c DGA erforderlich sein, dass sich in einem anderen Mitgliedstaat befindende Server des adressierten Datenvermittlers zwangsweise abgeschaltet werden.

bb) Verfahren bei der Amtshilfe (UAbs. 2)

Gemäß Art. 14 Abs. 7 UAbs. 2 S. 1 DGA ist ein begründetes Ersuchen zu stellen, wenn eine zuständige Behörde in einem Mitgliedstaat eine DGA-Behörde aus einem anderen Mitgliedstaat um Unterstützung bei der Durchsetzung der Vorschriften des DGA bittet. Die Begründung sollte alle Informationen enthalten, die notwendig sind damit die ersuchte Behörde über die Begründetheit der Anfrage entscheiden kann und gegebenenfalls dem Ersuchen nachkommen kann.[567] Insbesondere muss der Zweck der Ersuchung angegeben werden. Dieser dient schließlich bei Informationsanfragen nach Unterabsatz 3 als Abgrenzungskriterium für die zulässige Informationsverwendung.[568] Daneben sollten zumindest der zugrundeliegende Sachverhalt, die rechtlichen Gründe und die von der ersuchten Behörde vorzunehmenden Maßnahmen mitgeteilt werden.[569] Die ersuchte Behörde muss gemäß Art. 14 Abs. 7 UAbs. 2 S. 2 DGA auf das Ersuchen unverzüglich und innerhalb einer Frist, die der Dringlichkeit des Ersuchens angemessen ist, antworten. Die Angemessenheit der Antwortfrist richtet sich folglich nach den Umständen des Einzelfalls. Da die Antwort unverzüglich erfolgen soll, ist in der Regel die schnellstmögliche Beantwortung zu fordern. Durch die schnelle Reaktion auf ein Amtshilfeersuchen soll die effektive Durchsetzung des DGA und die reibungslose Kooperation zwischen den Behörden sichergestellt werden.

In Art. 14 Abs. 7 DGA ist nicht ausdrücklich geregelt, ob und unter welchen Umständen die ersuchte Behörde ein Amtshilfeersuchen ablehnen kann. Dass die Ablehnung rechtswidriger Ersuchen grundsätzlich möglich sein muss, folgt bereits

---

567 Vgl. zu Art. 61 Abs. 3 S. 1 DSGVO *Dix*, in: Kühling/Buchner, DSGVO, Art. 61 Rn. 12; *Thiel*, in: Taeger/Gabel, DSGVO, Art. 61 Rn. 9; *v. Lewinski*, in: Auernhammer, DSGVO, Art. 61 Rn. 11.

568 Vgl. auch insoweit zu Art. 61 Abs. 3 S. 1 DSGVO *Dix*, in: Kühling/Buchner, DSGVO, Art. 61 Rn. 12.

569 Siehe auch *Specht-Riemenschneider*, in: Specht-Riemenschneider/Hennemann, DGA, Art. 14 Rn. 74.

aus dem auch vom EuGH anerkannten[570] Grundsatz der Gesetzmäßigkeit der Verwaltung.[571] Um die wirksame Anwendung des Unionsrechts gemäß Art. 4 Abs. 3 EUV nicht zu gefährden, darf ein Amtshilfeersuchen aber nur aus berechtigten Gründen zurückgewiesen werden. Hierbei lässt sich auf die in Art. 61 Abs. 4 DSGVO genannten, verallgemeinerungsfähigen Ablehnungsgründe zurückgreifen. Entsprechend kann die Behörde das Ersuchen ablehnen, wenn sie für die durchzuführenden Maßnahmen nicht zuständig ist oder die Erfüllung des Ersuchens gegen den DGA, sonstiges Unionsrecht oder das nationale Recht, dem die ersuchte Behörde unterliegt, verstoßen würde. An der Zuständigkeit der ersuchten Behörde kann es unter anderem dann fehlen, wenn die ersuchende Behörde für eine bestimmte Maßnahme selbst zuständig ist. Die Möglichkeit der Amtshilfe soll die im DGA festgelegte Zuständigkeitsordnung nicht verändern.[572] Eine Auslagerung von Handlungen, welche die eigentlich zuständige Behörde selbst vornehmen könnte, ist nicht vorgesehen. Ablehnungsgründe, die sich aus dem nationalen Recht ergeben, sind unionsrechtskonform auszulegen und unter Umständen restriktiv anzuwenden.[573] Dies gilt insbesondere für das deutsche Verwaltungsverfahrensrecht, das in § 8a Abs. 3 VwVfG i. V. m. § 5 Abs. 2 und Abs. 3 VwVfG zum Teil relativ weitreichende Ablehnungsgründe enthält. Zum Beispiel kann die Ablehnung eines Ersuchens nicht bereits nach § 5 Abs. 3 Nr. 2 VwVfG durch das Anfallen eines unverhältnismäßig großen Aufwands gerechtfertigt werden.

cc) Zweckbindung (UAbs. 3)

Art. 14 Abs. 7 UAbs. 3 DGA enthält eine Zweckbindung für die Informationen, die im Zusammenhang mit einem Amtshilfeersuchen und geleisteter Amtshilfe nach Art. 14 DGA ausgetauscht werden. Diese Informationen dürfen nur für die Zwecke verwendet werden, für die sie angefordert wurden. Insofern enthält Unterabsatz 3 eine enge Zweckbegrenzung. Nach dem Wortlaut dürfen die Informationen allein für den Zweck, der dem Ersuchen zugrunde liegt, genutzt werden. Eine Verwendung der Informationen für andere Verfahren scheidet hiernach aus.[574] Dies gilt erst recht für andere Aufgaben der Behörden.

---

570 Siehe nur *Terhechte*, in: Terhechte, Verwaltungsrecht der EU (2022), § 7 Rn. 25 m. w. N.

571 Im deutschen Recht folgt dieser Grundsatz aus dem Rechtsstaatsprinzip nach Art. 20 Abs. 2 und Abs. 3 GG.

572 Vgl. zu Art. 61 Abs. 4 DSGVO *Peuker*, in: Sydow/Marsch, DSGVO, Art. 61 Rn. 28.

573 *Dix*, in: Kühling/Buchner, DSGVO, Art. 61 Rn. 13, 24; *Peuker*, in: Sydow/Marsch, DSGVO, Art. 61 Rn. 34.

574 Diese Frage ist im Hinblick auf den zu Unterabsatz 3 ähnlichen Art. 61 Abs. 3 S. 2 DSGVO umstritten. Eine vergleichbar enge Zweckbegrenzung wird u. a. angenommen von *Körffer*, in: Paal/Pauly, DSGVO, Art. 61 Rn. 6; *Thiel*, in: Taeger/Gabel, DSGVO, Art. 61 Rn. 10; a. A. *Dix*, in: Kühling/Buchner, DSGVO, Art. 61 Rn. 12.

g) Zwischenergebnis

Im Ergebnis kann die Regelung der Überwachung und Durchsetzung der Vorschriften des dritten Kapitels durch Art. 14 DGA nur teilweise als gelungen bezeichnet werden. In vielerlei Hinsicht ist die Vorschrift zu oberflächlich. Detailliertere Regelungen wären insofern wünschenswert und im Vergleich zum Umfang der entsprechenden Regelungen in der DSGVO oder der VO (EG) Nr. 1/2003 auch zu erwarten gewesen. So bleiben bei der Anwendung der Vorschrift viele offene Fragen, die in der Praxis zu Rechtsunsicherheiten führen dürften. Zum Beispiel wird offengelassen, in welchem Verhältnis die Durchsetzungsmaßnahmen nach Art. 14 Abs. 4 UAbs. 1 DGA zu den Sanktionen nach Art. 34 DGA stehen. Unklar ist auch, ob Datenvermittlungsdienste nach ihrer Einstellung gemäß Art. 14 Abs. 4 UAbs. 1 S. 2 lit. c DGA unter bestimmten Voraussetzungen wieder aufgenommen werden können, oder ob sich die Begründungspflicht nach Art. 14 Abs. 6 DGA auch auf die Beendigungsanordnung bezieht. Diese Auslegungsschwierigkeiten werden durch die mangelhafte Übersetzung der deutschen Sprachfassung noch verschärft.

Die inhaltliche Eignung der Regeln wird sich in der Anwendungspraxis zeigen. Auffällig ist, dass die Ermittlungsbefugnisse der zuständigen Behörden limitiert sind. Sie können zur Sachverhaltsermittlung allein auf Informationsanfragen nach Art. 14 Abs. 2 DGA zurückgreifen. Ob dies ausreicht, um komplexe Rechtsverstöße festzustellen, ist fraglich. Grundsätzlich stehen den Behörden mit den in Art. 14 Abs. 4 UAbs. 1 DGA genannten Durchsetzungsmaßnahmen geeignete Mittel bereit, um die Anwendung des DGA sicherzustellen. Durchsetzungsschwierigkeiten könnten aber dadurch entstehen, dass die regulierten Dienste im digitalen Raum angeboten werden und ein physischer Zugriff auf die Server daher nicht in allen Fällen möglich ist. Eine Erleichterung für die Durchsetzung könnte insofern die *de-facto*-Lokalisierungspflicht für Datenvermittler nach Art. 31 DGA darstellen.[575] Die Kooperationspflicht nach Art. 14 Abs. 7 DGA kann außerdem dazu beitragen, die Nachteile der dezentralen Anwendung des DGA abzumildern. Auffällig ist aber, dass die Kooperationspflicht und Amtshilfe im Vergleich zu den Art. 60 ff. DSGVO weniger ausführlich geregelt sind. Dies könnte in der behördlichen Praxis zu Rechtsunsicherheiten führen.

4. Rechtsschutzmöglichkeiten

Um ein einheitliches europäisches Rechtsschutzniveau zu gewährleisten, sind in Art. 27 und 28 DGA bestimmte Rechtsbehelfe für Datenvermittler und Dritte vorgesehen. Datenvermittler haben gemäß Art. 28 Abs. 1 DGA ein Recht auf einen gerichtlichen Rechtsbehelf gegen rechtsverbindliche Entscheidungen zuständiger

575 Siehe zu Art. 31 DGA Kap. 5, C. VII. 4.

Behörden nach Art. 14 DGA. Dritte können bei der zuständigen Behörde nach Art. 27 Abs. 1 DGA Beschwerde gegen Datenvermittler einlegen. Insbesondere nach einer die Beschwerde abweisenden Entscheidung oder bei Untätigkeit der Behörde steht auch ihnen der gerichtliche Rechtsbehelf nach Art. 28 DGA zu.

a) Rechtsschutz für Datenvermittler

Anbieter von Datenvermittlungsdiensten können gegen Entscheidungen der DGA-Behörden vor allem gerichtlich nach Art. 28 DGA vorgehen. Daneben stehen ihnen aber auch die gewöhnlichen verwaltungsrechtlichen Rechtsbehelfe zu, die das Recht des jeweiligen Mitgliedstaates vorsieht.

aa) Rechtsbehelfe im Verwaltungsverfahren

Gemäß Art. 28 Abs. 1 DGA steht das Recht auf einen wirksamen gerichtlichen Rechtsschutz betroffenen Personen unbeschadet anderweitiger verwaltungsrechtlicher oder außergerichtlicher Rechtsbehelfe zu. Dies bedeutet, dass Datenvermittler, die von der Entscheidung einer DGA-Behörde betroffen sind, gegen die Entscheidung mit verwaltungsrechtlichen Rechtsbehelfen vorgehen können. Im deutschen Recht kommt hierfür insbesondere das Widerspruchsverfahren nach §§ 68 ff. VwGO in Betracht. Dieses ist gegen Maßnahmen der DGA-Behörden nach Art. 14 DGA statthaft,[576] da es sich bei den möglichen behördlichen Anordnungen nach Art. 14 Abs. 2, Abs. 4 und Abs. 5 DGA um belastende Verwaltungsakte handelt.[577] Als außergerichtlichen und formlosen Rechtsbehelf kann ein Datenvermittler außerdem eine Dienstaufsichtsbeschwerde anstrengen. Unstatthaft ist dagegen die Beschwerde nach Art. 27 Abs. 1 DGA. Denn nach Art. 27 Abs. 1 DGA können bei der zuständigen Behörde lediglich Beschwerden gegen Datenvermittler eingelegt werden. Eine Beschwerdemöglichkeit für den Datenvermittler gegen eine ihn belastende Verwaltungsentscheidung ist nach Art. 27 Abs. 1 DGA hingegen nicht vorgesehen. Denkbar ist es aber, dass ein Datenvermittler über Art. 27 Abs. 1 DGA Beschwerde gegen einen anderen Datenvermittler einlegt.

bb) Gerichtlicher Rechtsbehelf (Art. 28 Abs. 1)

Art. 28 Abs. 1 DGA gibt jeder betroffenen natürlichen und juristischen Person einen Anspruch auf Rechtsschutz gegen rechtsverbindliche Entscheidungen der DGA-Behörden. Die Vorschrift weist große Ähnlichkeiten zu Art. 78 DSGVO auf. Art. 28 Abs. 1 DGA statuiert ein (materielles) Recht auf gerichtliche Überprüfung

---

576 Siehe zu den Voraussetzungen der Statthaftigkeit eines Anfechtungswiderspruchs nur *Geis*, in: Sodan/Ziekow, VwGO, § 68 Rn. 82 ff.

577 Siehe Kap. 5, C. VI. 3. d) bb) (2) und (3).

der behördlichen Entscheidungen. Die Modalitäten des Gerichtsverfahrens werden in Art. 28 DGA nicht geregelt. Aus diesem Grund sind die nationalen Verfahrensordnungen unter Berücksichtigung der Vorgaben des Art. 28 DGA anwendbar.[578]

(1) Statthaftigkeit

Statthaft ist der gerichtliche Rechtsbehelf nach Art. 28 Abs. 1 DGA gegen rechtsverbindliche Entscheidungen gemäß Artikel 14 durch die für Datenvermittlungsdienste zuständigen Behörden „in Bezug auf die Verwaltung, Kontrolle und Durchsetzung der Anmeldevorschriften für Anbieter von Datenvermittlungsdiensten“. In der englischen Sprachfassung werden die Anmeldevorschriften als „notification regime“ (Anmeldeverfahren) bezeichnet. Gemeint sind wohl nicht nur rechtsverbindliche Entscheidungen, welche die Anmeldevorschriften des Art. 11 DGA betreffen, sondern alle Entscheidungen nach Art. 14 DGA, die im Zusammenhang mit der Anmeldung und Überwachung von Datenvermittlungsdiensten getroffen werden.[579] Hierzu zählen auch Entscheidungen wegen Verstößen gegen Art. 12 DGA.

Die Statthaftigkeit des Rechtsbehelfs bleibt aber auf Entscheidungen zu Überwachungs- und Durchsetzungsmaßnahmen nach Art. 14 DGA begrenzt. Hierunter fallen vor allem Anordnungen von Informationsherausgaben nach Absatz 2, Anordnungen der Beendigung eines Rechtsverstoßes sowie Anordnungen damit einhergehender Durchsetzungsmaßnahmen gemäß Absatz 4 sowie Aussetzungs- und Verschiebungsanordnungen nach Absatz 5.[580] Da es sich bei den angegriffenen Verwaltungsentscheidungen um „rechtsverbindliche Entscheidungen“ handeln muss, richtet sich der Rechtsbehelf nach Art. 28 Abs. 1 DGA gegen Verwaltungshandeln, das nach deutschem Recht als Verwaltungsakt im Sinne des § 35 S. 1 VwVfG

578 Im Hinblick auf Art. 78 DSGVO hat der deutsche Gesetzgeber die grundsätzliche Anwendbarkeit der VwGO in § 20 Abs. 2 BDSG festgeschrieben; vgl. *Moos/Schefzig*, in: Taeger/Gabel, DSGVO, Art. 78 Rn. 3; *Sydow*, in: Sydow/Marsch, DSGVO, Art. 78 Rn. 6 f. Auch ohne ausdrückliche Anordnung des Gesetzgebers ist aber von der Anwendbarkeit der VwGO und anderer einschlägiger Verfahrensordnungen auszugehen, da Art. 28 DGA nur einzelne, unvollständige Regelungen zum gerichtlichen Rechtsbehelf enthält. Denkbar ist es zum jetzigen Zeitpunkt aber auch, dass der deutsche Gesetzgeber, ähnlich wie im Kartellrecht (§§ 63 ff., 83 ff. GWB), einen eigenen Rechtsbehelf mit eigenen Verfahrensvorschriften für Klagen gegen Entscheidungen der DGA-Behörden schaffen wird.

579 Anderenfalls würde Art. 28 DGA seinen Zweck verfehlen, für die betroffenen Personen einen effektiven und harmonisierten Rechtsschutz zu gewährleisten. Schließlich werden viele der wichtigsten Anordnungen nach Art. 14 DGA die Einhaltung des Art. 12 DGA betreffen.

580 Siehe ausführlich zu den einzelnen in Art. 14 DGA vorgesehenen Maßnahmen Kap. 5, C. VI. 3. d).

zu qualifizieren ist.[581] Gegen die rechtsverbindlichen Anordnungen gemäß Art. 14 DGA ist daher nach deutschem Recht die Anfechtungsklage gemäß § 42 Abs. 1 Alt. 1 VwGO statthaft.[582]

Zu anderen gerichtlichen Rechtsbehelfen und Klagearten trifft Art. 28 DGA keine Regelungen. Hieraus folgt aber nicht, dass sie durch Art. 28 DGA gesperrt werden. Gegen einfaches Verwaltungshandeln, das keinen Verwaltungsakt darstellt (z. B. Vollstreckungsmaßnahmen), kann sich der Datenvermittler nach deutschem Recht mit einer allgemeinen Leistungsklage in Form einer Unterlassungsklage zur Wehr setzen.[583] Wenn die Behörde auf Bestätigungsanträge nach Art. 11 Abs. 8 oder Abs. 9 DGA untätig bleibt oder diese zu Unrecht ablehnt, kommen eine Untätigkeitsklage (§§ 42 Abs. 1 Alt. 2 i. V. m. § 75 VwGO) beziehungsweise eine Verpflichtungsklage (§ 42 Abs. 1 Alt. 2 VwGO) in Betracht

(2) Betroffenheit

Für das Klagerecht nach Art. 28 Abs. 1 DGA ist erforderlich, dass der Datenvermittler von der rechtsverbindlichen Entscheidung der zuständigen Behörde betroffen ist. Wie bei Art. 78 Abs. 1 DSGVO[584] sind hieran keine zu hohen Anforderungen zu stellen. Die Betroffenheit einer Person sollte bereits dann angenommen werden, wenn die rechtsverbindliche Entscheidung auf die Rechts- und Interessensphäre des Klägers in negativer Weise einwirkt.[585] Jedenfalls beim Datenvermittler, der Adressat einer belastenden Entscheidung ist, handelt es sich um einen Betroffenen.[586] Grundsätzlich können aber auch Dritte von einer rechtsverbindlichen Entscheidung der zuständigen Behörde betroffen sein.[587]

---

581 So auch die h. M. zu Art. 78 DSGVO; vgl. *Körffer*, in: Paal/Pauly, DSGVO, Art. 78 Rn. 3; *Pötters/Werkmeister*, in: Gola/Heckmann, DSGVO, Art. 78 Rn. 8.

582 Dies gilt zumindest dann, wenn der deutsche Gesetzgeber keinen spezielleren Sonderrechtsbehelf für Klagen gegen die auf Art. 14 DGA gestützten Entscheidungen von DGA Behörden schafft. Da Art. 28 Abs. 1 DGA ein Recht auf einen wirksamen gerichtlichen Rechtsbehelf unbeschadet anderweitiger verwaltungsrechtlicher oder außergerichtlicher Rechtsbehelfe statuiert, ist die Durchführung eines Widerspruchsverfahrens gemäß § 68 Abs. 1 VwGO vor der Klageerhebung entbehrlich.

583 Siehe zu dieser Klageart nur *Sodan*, in: Sodan/Ziekow, VwGO, § 42 Rn. 53 ff.

584 Im Rahmen von Art. 78 DSGVO werden überwiegend geringe Anforderungen an die Betroffenheit gestellt, vgl. *Boehm*, in: Simitis/Hornung/Spiecker, DSGVO, Art. 78 Rn. 9.

585 Ähnlich zu Art. 78 Abs. 1 DSGVO *Nemitz*, in: Ehmann/Selmayr, DSGVO, Art. 78 Rn. 6.

586 Vgl. zu Art. 78 DSGVO *Körffer*, in: Paal/Pauly, DSGVO, Art. 78 Rn. 3; *Pötters/Werkmeister*, in: Gola/Heckmann, DSGVO, Art. 78 Rn. 10; *Moos/Schefzig*, in: Taeger/Gabel, DSGVO, Art. 78 Rn. 5.

587 Siehe hierzu Kap. 5, C. VI. 4. b) bb) (1).

(3) Zuständigkeit

Die gerichtliche Zuständigkeit für Verfahren nach Art. 28 Abs. 1 DGA ist in Art. 28 Abs. 2 DGA geregelt. Da im DGA die Rechtsdurchsetzung durch die Behörden der Mitgliedstaaten vorgesehen ist, liegt die Zuständigkeit für Verfahren gegen Entscheidungen der DGA-Behörden bei den nationalen Gerichten.[588] Nach Art. 28 Abs. 2 DGA sind die Gerichte desjenigen Mitgliedstaates für Verfahren nach Absatz 1 oder 3 zuständig, gegen dessen DGA-Behörde der Rechtsbehelf gerichtet ist. Entscheidungen der zuständigen Behörden können also nur durch die Gerichte des eigenen Mitgliedstaates überprüft werden. Ein mögliches *Forum Shopping* von Klägern wird hierdurch unterbunden. Hinsichtlich der Zuständigkeitsverteilung innerhalb der Mitgliedstaaten trifft Art. 28 Abs. 2 DGA anders als etwa Art. 78 Abs. 3 DSGVO keine Aussagen. Sie richtet sich allein nach den Bestimmungen des jeweiligen Mitgliedstaates. Grundsätzlich dürfte der Rechtsweg zu den Verwaltungsgerichten für Verfahren nach Art. 28 Abs. 1, Abs. 3 DGA eröffnet sein. Schließlich handelt es sich bei einer Klage gegen eine rechtsverbindliche Entscheidung gemäß Art. 28 Abs. 1 DGA um eine öffentlich-rechtliche Streitigkeit nach § 40 Abs. 1 S. 1 VwGO, da durch Art. 14 DGA allein Träger öffentlicher Gewalt zur Vornahme von Handlungen berechtigt werden.[589] Zu diesem Zeitpunkt kann es aber auch nicht ausgeschlossen werden, dass der deutsche Gesetzgeber einen eigenen Sonderrechtsbehelf und spezielle Verfahrensvorschriften für das gerichtliche Vorgehen gegen rechtsverbindliche Entscheidungen von DGA-Behörden schaffen wird.[590] In diesem Fall wäre auch die Einführung einer abdrängenden Sondernorm zu den Zivilgerichten denkbar.

b) Rechtsschutz für Dritte

Im DGA sind teilweise auch die Rechtsschutzmöglichkeiten Dritter geregelt. Unter Dritten werden in diesem Zusammenhang alle juristischen und natürlichen Personen verstanden, die nicht selbst als Datenvermittler durch die geforderte oder angegriffene rechtsverbindliche Entscheidung einer DGA-Behörde unmittelbar adressiert werden. Demnach kann es sich auch bei anderen Datenvermittlern, zum Beispiel Konkurrenten des adressierten Datenvermittlers, um Dritte handeln. Dritten steht gemäß Art. 27 DGA ein Beschwerderecht bei der zuständigen Behörde zu. Zudem haben sie ein Klagerecht nach Art. 28 Abs. 1, Abs. 3 DGA.

---

588 Nichtigkeitsklagen nach Art. 263 AEUV kommen nur gegen Handlungen von EU-Einrichtungen in Betracht, vgl. *Pötters/Werkmeister*, in: Gola/Heckmann, DSGVO, Art. 78 Rn. 3.

589 Siehe zu den Voraussetzungen einer öffentlich-rechtlichen Streitigkeit ausführlich *Ehlers/Schneider*, in: Schoch/Schneider, VwGO, § 40 Rn. 200 ff.

590 So gibt es im Kartellrecht ein besonderes Prozessrecht für Kartellverwaltungs- und Kartellbußgeldverfahren in den §§ 63 ff. GWB; siehe *Johanns/Roesen*, in: MüKo WettbR, GWB § 63 Rn. 1 ff.

aa) Beschwerde (Art. 27)

Art. 27 Abs. 1 DGA räumt allen natürlichen und juristischen Personen das Recht ein, gegen einen Anbieter von Datenvermittlungsdiensten Beschwerde bei der für ihn zuständigen DGA-Behörde einzulegen. Damit führt Art. 27 Abs. 1 DGA einen einfachen verwaltungsrechtlichen Rechtsbehelf ein, durch den Dritte mit geringem Aufwand ein etwaiges Fehlverhalten von Datenvermittlern behördlich überprüfen lassen können. Anders als das in Art. 77 DSGVO geregelte Recht auf Beschwerde, soll Art. 27 Abs. 1 DGA es wohl nicht nur betroffenen Personen ermöglichen, sich gegen Rechtsverletzungen zur Wehr zu setzen.[591] Da für die Beschwerde nach Art. 27 Abs. 1 DGA die eigene Betroffenheit nicht erforderlich ist, handelt es sich bei ihr um einen Popularrechtsbehelf.

(1) Beschwerdefähigkeit

Die Zulässigkeitsvoraussetzungen für die Beschwerde sind daher niedrig. Beschwerdefähig sind alle natürlichen und juristischen Personen. Zulässig ist es etwa, dass ein Datenvermittler eine Beschwerde gegen einen seiner Wettbewerber einlegt. Das Beschwerderecht steht auch Verbänden oder anderen Unternehmen zu. Eine Beschwerdebefugnis setzt der Wortlaut des Art. 27 Abs. 1 DGA nicht voraus. Eine Beschwerde kann grundsätzlich von jeder Person eingelegt werden, auch wenn sie selbst durch das gerügte Verhalten des Datenvermittlers nicht betroffen ist. Anscheinend soll die Offenheit des Rechtsbehelfs für alle natürlichen und juristischen Personen bezwecken, dass Dritte die zuständigen Behörden beim Aufdecken von Rechtsverstößen unterstützen, indem sie sie durch Beschwerden auf potenzielles Fehlverhalten von Datenvermittlern aufmerksam machen.[592]

(2) Gegenstand und Umfang des Beschwerderechts

Begrenzt wird der Umfang des Beschwerderechts nach Art. 27 Abs. 1 DGA durch die Anforderungen an den Beschwerdegegner und den Beschwerdegegenstand. Die Beschwerde kann nur gegen Anbieter von Datenvermittlungsdiensten eingelegt werden. Das Beschwerderecht richtet sich folglich nicht gegen Handlungen der zuständigen Behörde, sondern gegen Handlungen des beaufsichtigten Datenvermittlers. Ein Anspruch auf die Überprüfung von Behördenmaßnahmen besteht nicht. Es kann lediglich die behördliche Überprüfung des Verhaltens von Datenvermittlern verlangt werden. Dabei kann die Beschwerde nach dem Wortlaut wegen aller in den Anwendungsbereich dieser Verordnung fallenden Angelegenhei-

---

591 Siehe zum Zweck des Art. 77 DSGVO *Nemitz*, in: Ehmann/Selmayr, DSGVO, Art. 77 Rn. 1f.

592 Daneben lassen sich Rechtsverstöße bei der zuständigen Behörde, auch ohne vom Beschwerderecht Gebrauch zu machen, formlos anzeigen.

ten eingelegt werden. Beschwerdeanlass dürften aber insbesondere Rechtsverstöße eines Datenvermittlers sein.

Zu fordern ist, dass der Beschwerdeführer der zuständigen Behörde zumindest tatsächliche Anhaltspunkte für das Vorliegen eines Rechtsverstoßes des Datenvermittlers mitteilt.[593] Anderenfalls wäre die Behörde verpflichtet, bereits aufgrund pauschaler und unsubstantiierter Behauptungen tätig zu werden. Hinsichtlich der Form und Frist enthält Art. 27 Abs. 1 DGA keine Regelungen. Die Beschwerde kann daher formlos, auch mündlich oder per E-Mail, und ohne Beachtung einer Frist eingelegt werden.[594] Inhaltlich ist der Beschwerdeanspruch nach dem Wortlaut der Vorschrift nicht auf den Erlass einer konkreten Maßnahme durch die zuständige Behörde gerichtet. Die Behörde ist folglich lediglich dazu verpflichtet, den gerügten Verstoß nach pflichtgemäßem Ermessen in angemessenem Umfang zu untersuchen.[595] Bei der Feststellung eines Rechtsverstoßes kann die Behörde von den ihr gemäß Art. 14 DGA zustehenden Befugnissen sowie Sanktionsmitteln gemäß Art. 34 DGA nach eigenem Ermessen Gebrauch machen.

(3) Zuständige Behörde

Zuständig für die Beschwerde ist die DGA-Behörde, in deren Zuständigkeitsbereich der Datenvermittler fällt, gegen den die Beschwerde gerichtet ist. Die Beschwerde kann demnach nicht bei jeder beliebigen DGA-Behörde eingelegt werden. Da der Ort der Hauptniederlassung des Datenvermittlers beziehungsweise der Sitz seines gesetzlichen Vertreters gemäß Art. 11 Abs. 10 S. 3 i. V. m. Art. 11 Abs. 6 lit. c DGA im öffentlichen Register einsehbar sind, kann die zuständige Behörde vom Beschwerdeführer mit geringem Aufwand ermittelt werden.

(4) Unterrichtungspflichten der Behörde

Gemäß Art. 27 Abs. 2 lit. a DGA muss die Behörde den Beschwerdeführer über den Stand des Verfahrens und die getroffene Entscheidung unterrichten. Außerdem muss die Behörde den Beschwerdeführer nach Art. 27 Abs. 2 lit. b DGA über die Möglichkeit eines gerichtlichen Rechtsbehelfs nach Art. 28 Abs. 1, Abs. 3 DGA belehren. Art. 27 Abs. 2 DGA impliziert, dass der Beschwerdeführer gegen die aus der Beschwerde resultierenden rechtsverbindlichen Entscheidungen gerichtlich vor-

---

593 So zum Beschwerderecht nach Art. 77 DSGVO *Moos/Schefzig*, in: Taeger/Gabel, DSGVO, Art. 77 Rn. 8; *Nemitz*, in: Ehmann/Selmayr, DSGVO, Art. 77 Rn. 8; *v. Lewinski*, in: Auernhammer, DSGVO, Art. 77 Rn. 4.

594 Vgl. zu Art. 77 DSGVO *Körffer*, in: Paal/Pauly, DSGVO, Art. 77 Rn. 3; *Moos/Schefzig*, in: Taeger/Gabel, DSGVO, Art. 77 Rn. 9; *Pötters/Werkmeister*, in: Gola/Heckmann, DSGVO, Art. 77 Rn. 16.

595 Dies ist im Rahmen von Art. 77 DSGVO mittlerweile umstritten, siehe nur *Pötters/Werkmeister*, in: Gola/Heckmann, DSGVO, Art. 77 Rn. 7 m. w. N.

gehen kann. Dies setzt voraus, dass die Behörde über das (Nicht-)Vorgehen gegen den Datenvermittler eine Entscheidung trifft und den Beschwerdeführer über seinen Anspruch bescheidet.[596]

Das Beschwerdefahren nach Art. 27 DGA kann demnach auf drei Arten enden. Zunächst ist es möglich, dass die zuständige Behörde einen Rechtsverstoß des Datenvermittlers feststellt und anschließend nach pflichtgemäßem Ermessen gegen ihn vorgeht. Wenn die Behörde hingegen keinen Rechtsverstoß feststellt, weist sie die Beschwerde zurück. Der Beschwerdeführer kann gegen diese Entscheidung gegebenenfalls gerichtlich nach Art. 28 Abs. 1 DGA vorgehen. Bleibt die Behörde auf die Beschwerde hin untätig und trifft keine Entscheidung, kann der Beschwerdeführer vom Rechtsbehelf nach Art. 28 Abs. 3 DGA Gebrauch machen. Aufgrund der in Art. 28 Abs. 3 DGA vorgesehenen Rechtsbehelfsmöglichkeit ist zu fordern, dass die Untersuchung der Umstände, die Gegenstand der Beschwerde sind, und die Unterrichtung nach Art. 27 Abs. 2 DGA innerhalb eines angemessenen Zeitraums erfolgen.

bb) Gerichtlicher Rechtsschutz (Art. 28)

Wenn die zuständige Behörde eine Beschwerde zurückweist oder auf die Beschwerde hin untätig bleibt, kann der Beschwerdeführer nach Art. 28 Abs. 1 oder Abs. 3 DGA gegen sie vorgehen. Das Recht auf einen gerichtlichen Rechtsbehelf nach Art. 28 Abs. 1 DGA kann darüber hinaus auch sonstigen Dritten zustehen, sofern sie selbst betroffen sind.

(1) Betroffenheit nach Art. 28 Abs. 1 DGA

Das Recht auf gerichtlichen Rechtsschutz nach Art. 28 Abs. 1 DGA erstreckt sich auf alle betroffenen natürlichen und juristischen Personen und damit grundsätzlich auch auf Dritte. Voraussetzung ist, dass eine rechtsverbindliche Entscheidung ergangen ist und der Kläger betroffen ist.

Jedenfalls die Zurückweisung einer Beschwerde nach Art. 27 DSGVO stellt eine rechtsverbindliche Entscheidung dar, die vom Kläger angegriffen werden kann.[597] Die Betroffenheit des Klägers ist anzunehmen, wenn es möglich ist, dass seine Beschwerde zu Unrecht zurückgewiesen wurde. Die zurückweisende Entscheidung wirkt sich dann negativ auf seine Rechtssphäre aus, indem sie sein Beschwerde-

---

596 Vgl. zum ähnlichen Art. 77 DSGVO *Körffer*, in: Paal/Pauly, DSGVO, Art. 77 Rn. 5; *Moos/Schefzig*, in: Taeger/Gabel, DSGVO, Art. 77 Rn. 17.

597 Hierfür spricht aus systematischen Gründen, dass Beschwerdeführer nach Art. 27 Abs. 2 lit. b DGA über die Möglichkeit des gerichtlichen Rechtsbehelfs zu unterrichten sind; vgl. auch zu Art. 78 DSGVO *Körffer*, in: Paal/Pauly, DSGVO, Art. 78 Rn. 5; *Moos/Schefzig*, in: Taeger/Gabel, DSGVO, Art. 78 Rn. 6.

recht nach Art. 27 Abs. 1 DGA verletzt.[598] Da der Kläger in diesen Fällen nicht lediglich die Aufhebung der verbindlichen Entscheidung begehrt, sondern darüber hinaus ein Vorgehen gegen den jeweiligen Datenvermittler verlangt, kommen nach deutschem Recht eine Verpflichtungsklage gemäß § 42 Abs. 1 Alt. 2 VwGO oder eine allgemeine Leistungsklage als statthafte Klagearten in Betracht. Auch nach Art. 28 Abs. 1 DGA kann der Anspruch des Klägers aber nur soweit reichen, dass die Behörde verpflichtet wird, den gerügten Zustand in angemessenem Umfang zu untersuchen und bei Vorliegen eines Rechtsverstoßes ermessensfehlerfrei über das Vorgehen gemäß Art. 14 DGA zu entscheiden.

Grundsätzlich kann ein Recht auf gerichtlichen Rechtsschutz nach Art. 28 Abs. 1 DGA auch solchen Dritten zustehen, die zuvor kein Beschwerdeverfahren nach Art. 27 DGA durchgeführt haben. Weder aus dem Wortlaut noch der Systematik der Art. 27 und 28 DGA ergibt sich, dass die Durchführung eines Beschwerdeverfahrens zwingende Voraussetzung des gerichtlichen Rechtsschutzes nach Art. 28 Abs. 1 DGA ist. Nach dem Wortlaut des Art. 28 Abs. 1 DGA steht dieses Recht jeder natürlichen und juristischen Person zu, die von einer Entscheidung der zuständigen DGA-Behörde selbst betroffen ist. Es ist insofern nicht ausgeschlossen, dass eine Entscheidung, die von der zuständigen Behörde gegenüber einem Datenvermittler getroffen wurde, auch Rechtswirkungen gegenüber Dritten entfaltet. In diesen Fällen ist eine Drittanfechtung der Entscheidung durch die betroffene Person möglich. Häufig wird es aber an einer eigenen Betroffenheit des Dritten fehlen. Nur wenn die rechtsverbindliche Entscheidung ausnahmsweise auch gegenüber Dritten nachteilige Wirkungen entfaltet, können diese gemäß Art. 28 Abs. 1 DGA zur Klage berechtigt sein.[599]

(2) Untätigkeitsrechtsbehelf nach Art. 28 Abs. 3 DGA

Einen besonderen, Art. 78 Abs. 2 DSGVO ähnelnden Rechtsbehelf enthält Art. 28 Abs. 3 DGA für den Fall, dass eine zuständige Behörde auf eine Beschwerde hin untätig bleibt. In diesen Fällen ist dem Beschwerdeführer „gemäß dem nationalen Recht“ entweder ein wirksamer gerichtlicher Rechtsbehelf oder Zugang zur Nachprüfung durch eine unparteiische Stelle mit entsprechender Sachkenntnis zu eröffnen.

Im deutschen Recht existiert ein wirksamer und geeigneter gerichtlicher Rechtsbehelf mit der Untätigkeitsklage gemäß Art. 42 Abs. 1 Alt. 2 i. V. m. § 75 VwGO.[600] Die Klage ist dann gegen die Behörde zu richten, die für die Beschwerde

---

598 Siehe auch zu Art. 78 DSGVO *Körffer*, in: Paal/Pauly, DSGVO, Art. 78 Rn. 6.

599 Siehe zu den übrigen Voraussetzungen des Art. 28 Abs. 1 DGA oben in Kap. 5, C. VI. 4. a) bb).

600 Siehe auch zu Art. 78 Abs. 2 DGA *Körffer*, in: Paal/Pauly, DSGVO, Art. 78 Rn. 3; *Moos/Schefzig*, in: Taeger/Gabel, DSGVO, Art. 78 Rn. 12.

gemäß Art. 27 Abs. 1 DGA zuständig ist, aber nach Eingang der Beschwerde untätig geblieben ist.[601] Das Gericht kann die DGA-Behörde bei Begründetheit der Klage allerdings nur dazu verurteilen, auf die Beschwerde hin tätig zu werden und den gerügten Sachverhalt in angemessenem Umfang und nach pflichtgemäßem Ermessen zu untersuchen. Eine eigene Entscheidung in der Sache kann das Gericht nicht treffen.

Fraglich ist, ab welchem Zeitpunkt nach Eingang der Beschwerde von einer Untätigkeit der Behörde auszugehen ist. Anders als Art. 78 Abs. 2 DSGVO enthält Art. 28 Abs. 3 DGA hierzu keine Regelung. Im Einklang mit den dreimonatigen Fristenregelungen in Art. 78 Abs. 2 DSGVO und § 75 VwGO spricht viel dafür, eine Untätigkeit der zuständigen Behörde auch bei Art. 28 Abs. 3 DGA in der Regel dann anzunehmen, wenn der Beschwerdeführer innerhalb von drei Monaten nicht nach Art. 27 Abs. 2 lit. a DGA über den Stand des Verfahrens und die getroffene Entscheidung unterrichtet wurde. Bei aufwendigeren Verfahren kann jedoch nur verlangt werden, dass der Beschwerdeführer über den Stand des Verfahrens unterrichtet wurde und nicht, dass das Verfahren bereits innerhalb von drei Monaten mit einer behördlichen Entscheidung abgeschlossen wurde. Eine Untätigkeitsklage kommt im Einzelfall schon vor Ablauf der drei Monate in Betracht, wenn es offensichtlich ist, dass die Behörde die Beschwerde nicht mehr bearbeiten wird, etwa weil sie ihre Zuständigkeit ablehnt.

VII. Bedingungen für die Erbringung von B2B-Datenvermittlungsdiensten (Art. 12 und 31 DGA)

1. Einleitung

Art. 12 DGA legt die Bedingungen für die Erbringung von Datenvermittlungsdiensten fest. Bereits die Bezeichnung der Pflichten für Datenvermittler als Bedingungen lässt darauf schließen, dass ihr Vorliegen notwendige Voraussetzung für die Erbringung eines Datenvermittlungsdienstes ist und ihr Fehlen zur Verschiebung, Aussetzung oder Einstellung des Dienstes führen kann.[602] Wie schon erörtert, wird die Erfüllung der Bedingungen des Art. 12 DGA allerdings nicht bei der Anmeldung überprüft, sondern erst im Rahmen der behördlichen *ex-post*-Kontrolle von Datenvermittlern.[603]

---

601 Vgl. zu Art. 78 Abs. 2 DGA *Körffer*, in: Paal/Pauly, DSGVO, Art. 78 Rn. 16.

602 *Baloup/Bayamlıoğlu/u. a.*, White Paper on the DGA (2021), S. 30. Siehe zu den Maßnahmen, die der zuständigen Behörde im Falle eines Verstoßes gegen Art. 12 DGA zur Verfügung stehen, in Kap. 5, C. VI. 3. d).

603 Siehe zur Überwachungssystematik Kap. 5, C. III. 2.; vgl. auch *Richter*, ZEuP 2021, 634 (648).

Bei Art. 12 DGA handelt es sich um das materielle Herzstück der Regulierung von Datenvermittlungsdiensten. In dieser Vorschrift wird festgelegt, welche Voraussetzungen Datenvermittler erfüllen müssen, um ihre Dienste (weiter) in der EU anbieten zu dürfen. Inhaltlich enthalten die Bedingungen des Art. 12 DGA sowohl strukturelle Vorgaben als auch Verhaltenspflichten, die von den adressierten Datenvermittlern umgesetzt werden müssen. Nach diesen Bedingungen bestimmt sich, welche Tätigkeiten Datenvermittler in der Zukunft vornehmen dürfen, wie sie gesellschaftsrechtlich zu strukturieren sind und ob sie gegebenenfalls ihr Geschäftsmodell umstellen müssen. Der Erfolg des DGA wird deshalb maßgeblich davon abhängen, ob die in Art. 12 DGA niedergelegten Regelungen geeignet und angemessen sind, um die Zielsetzungen der Regulierung zu erreichen. In diesem Abschnitt werden zunächst die Grundprinzipien des Art. 12 DGA analysiert. Hierbei sollen die gemeinsamen Zielsetzungen, Wirkungsmechanismen und Funktionszusammenhänge der einzelnen Vorschriften des Art. 12 DGA komprimiert aufgezeigt werden. Anschließend werden die einzelnen Bedingungen des Art. 12 DGA im Detail untersucht, wobei der Schwerpunkt auf der Auslegung der einzelnen Vorschriften liegen soll. Daraufhin wird auf die Pflichten eingegangen, die sich für Datenvermittler aus Art. 31 DGA ergeben.

2. Zielsetzungen und Grundprinzipien des Art. 12 DGA

In den in Art. 12 DGA festgelegten Bedingungen spiegeln sich die beiden Zielsetzungen der Regulierung von Datenvermittlungsdiensten wider.[604] In erster Linie soll das Nutzervertrauen in die Anbieter von Datenvermittlungsdiensten gestärkt werden, um die auf dem europäischen Binnenmarkt aktiven Datenvermittler zu fördern. Außerdem soll der Wettbewerb auf dem Markt für Datenvermittlungsdienste vor den Wettbewerb beeinträchtigenden horizontalen und vertikalen Verhaltensweisen geschützt werden. Die Art und Weise, in der diese beiden Zielsetzungen durch Art. 12 DGA verfolgt und umgesetzt werden, lässt sich durch fünf Grundprinzipien systematisieren. Bei diesen, die Regulierung von Datenvermittlern maßgeblich prägenden Prinzipien handelt es sich um die Neutralität, die Interoperabilität, die Rechtsdurchsetzungsverantwortung, die Datensicherheit und die Unterstützungsfunktion von Datenvermittlungsdiensten.[605] Diese Grundprinzipien finden sich in den einzelnen Bedingungen des Art. 12 DGA wieder. Sie drücken die gesetzgeberische Vorstellung aus, auf welche Weise Datenvermittlungsdienste in der Zukunft in Europa erbracht werden sollen. Wie sich zeigen wird, ist

---

604 Siehe zu den Zielsetzungen des DGA ausführlich in Kap. 5, B. III. 2.; vgl. auch ErwG 5, 32, 33 DGA.

605 Die Untersuchung dieser Prinzipien beruht auf *v. Ditfurth/Lienemann*, CRNI 23 (2022), 270 (282 ff.).

der durch Art. 12 DGA umgesetzte Regulierungsrahmen für die Erbringung von Datenvermittlungsdiensten wesentlich durch die regulatorischen Erfahrungen mit marktmächtigen digitalen Plattformen geprägt.[606]

a) Neutralität

Von größter Bedeutung ist das Neutralitätsprinzip, das grundlegend die Erbringung von Datenvermittlungsdiensten prägen soll. Nach ErwG 33 DGA soll die Neutralität ein Schlüsselelement zur Stärkung des Vertrauens in Datenvermittlungsdienste darstellen. Zugleich sollen durch die Neutralität Wettbewerbsverfälschungen verhindert werden, die insbesondere aufgrund von Interessenkonflikten der Datenvermittler entstehen könnten. Das Neutralitätsprinzip weist dabei im Wesentlichen zwei Facetten auf. Zum einen soll die Neutralität der Datenvermittler in Bezug auf die Daten sichergestellt werden, die zwischen Dateninhabern und Datennutzern über ihre Dienste geteilt werden.[607] Zum anderen sieht Art. 12 DGA zu einem gewissen Grad eine unabhängige und neutrale Marktstellung der Datenvermittler vor. Laut ErwG 32 DGA soll so „eine neuartige europäische Art der Daten-Governance“ ermöglicht werden, die eine Trennung der Bereitstellung, Vermittlung und Nutzung von Daten in der Datenwirtschaft vorsieht. Eine besondere Schlüsselfunktion nehmen dabei die Datenvermittlungsdienste ein, die nach ErwG 27 DGA von allen Dateninhabern und Datennutzern unabhängig sein sollen. Mit dieser unabhängigen Stellung geht eine gewisse Neutralität der Datenvermittler gegenüber ihren Nutzern einher, die insbesondere durch ein Diskriminierungsverbot gegenüber Dienstenutzern abgesichert wird.[608]

aa) Datenbezogene Neutralität

Kernvorschrift der datenbezogenen Neutralität ist Art. 12 lit. a Alt. 1 DGA. Danach dürfen Datenvermittler die Daten, für die sie ihre Datenvermittlungsdienste erbringen, für keine anderen Zwecke verwenden, als sie den Datennutzern zur Verfügung zu stellen. Sie werden, wie ErwG 33 DGA klarstellt, bei Datentransaktionen lediglich als neutrale Mittler tätig. Die strenge Zweckbindung in Bezug auf die vermittelten Daten wirkt in zwei Richtungen.[609] Zum einen darf ein Datenvermittler

---

606 Siehe auch *Baloup/Bayamlıoğlu/u. a.*, White Paper on the DGA (2021), S. 26; *Hennemann/v. Ditfurth*, NJW 2022, 1905 (1907, Rn. 10); *v. Ditfurth/Lienemann*, CRNI 23 (2022), 270 (282).

607 Vgl. ErwG 33 DGA; *Hennemann/v. Ditfurth*, NJW 2022, 1905 (1908, Rn. 19); *Richter*, ZEuP 2021, 634 (654).

608 Im Hinblick auf C2B-Datenvermittler, die gegenüber betroffenen Personen bestimmten Treuhandpflichten gemäß Art. 12 lit. m DGA unterliegen, kann aber keine absolute Neutralität angenommen werden; siehe *Richter*, ZEuP 2021, 634 (655).

609 Vgl. *Hennemann/v. Ditfurth*, NJW 2022, 1905 (1908, Rn. 19).

die weiterzugebenen Daten nicht für eigene Zwecke verwenden oder an Dritte weiterreichen. Zum anderen darf der Diensteanbieter den Dateninhabern und Datennutzern nur in sehr begrenztem Umfang andere (komplementäre) Dienste neben der Datenvermittlung für ihre Daten anbieten. Das absolute Verbot, die vermittelten Daten für eigene Zwecke zu verwenden oder mit Dritten zu teilen, wird ergänzt durch Art. 12 lit. c DGA, der eine etwas weniger strenge Zweckbindung auch für bestimmte, bei der Erbringung von Datenvermittlungsdiensten selbst erhobene Daten beziehungsweise Metadaten vorsieht. Solche Daten, worunter unter anderem Geolokalisierungsdaten und Daten über den Zeitpunkt und die Dauer einer Datenvermittlung fallen, dürfen nur zur Entwicklung der eigenen Datenvermittlungsdienste eingesetzt werden. Sie dürfen demnach weder mit Dritten geteilt noch zur Entwicklung oder Verbesserung anderer Dienste eingesetzt werden.

(1) Schutzwirkungen zugunsten der Dienstenutzer

Die Zweckbindungen in Art. 12 lit. a und lit. c DGA dienen in erster Linie dem Schutz des Vertrauens von Dateninhabern. Sie reagieren auf die verbreitete Sorge von Dateninhabern vor dem Kontrollverlust bei der Weitergabe ihrer Daten. Schließlich besteht ein wesentliches Hindernis für den Datenaustausch darin, dass Dateninhaber die Nutzung und Verbreitung ihrer Daten nicht mehr kontrollieren können, sobald die Daten die eigene Herrschaftssphäre verlassen haben.[610] Das an den Datenvermittler gerichtete Verbot, die vermittelten Daten selbst zu nutzen oder an Dritte weiterzuleiten, soll das auf der *ex-post*-Informationsasymmetrie beruhende Vertrauensdefizit beseitigen. Ob dies gelingt, wird an der effektiven Durchsetzung der Vorschrift liegen.[611] Da auch von den Datenvermittlern erhobene Daten und Metadaten sensible Informationen über die Geschäftstätigkeiten und -beziehungen von Dateninhabern und Datennutzern enthalten können, schützt auch Art. 12 lit. c DGA das Vertrauen der Dienstenutzer.

Darüber hinaus dienen die Zweckbindungen für vermittelte Daten und erhobene Daten aber auch dem Schutz der Dienstenutzer vor Wettbewerbsverfälschungen, die durch Interessenkonflikte der Datenvermittler entstehen können. Hintergrund dieser Zielsetzung dürften in erster Linie die wettbewerblichen Erfahrungen mit vertikal integrierten und zu Konglomeraten neigenden digitalen

---

610 Siehe zu der Problematik opportunistischen Verhaltens von Datenerwerbern aufgrund nachvertraglicher Informationsasymmetrien Kap. 3, D. III. 2. c).

611 Insofern stellt sich das Problem, dass unbefugte Datenverwendungen von außen nur schwer erkennbar sind. Ob die Ermittlungsbefugnisse der DGA-Behörden zur Aufdeckung heimlicher Verstöße ausreichend sind, ist fraglich.

Plattformen sein.[612] Interessenkonflikte könnten vor allem dann entstehen, wenn ein Datenvermittler Teil eines Konglomerats ist und andere Unternehmensteile im Wettbewerb zu seinen Nutzern stehen. In diesem Fall kann sich das Unternehmen des Datenvermittlers unfaire Wettbewerbsvorteile auf einem horizontalen Markt verschaffen, indem es die von ihm vermittelten Daten eines Dateninhabers analysiert, um seine eigenen Produkte oder Dienste, die zu denen des Dateninhabers in Konkurrenz stehen, zu verbessern. Denkbar ist es auch, dass der Datenvermittler selbst auf dem Binnenmarkt seiner Plattform tätig würde, indem er die Daten vieler Dateninhaber aggregiert und dann gebündelt als überlegenes Datenprodukt über seinen eigenen Datenvermittlungsdienst anbietet. Der vertikal integrierte Datenvermittler würde sich in diesen Fällen unfaire Wettbewerbsvorteile zu Lasten seiner Nutzer verschaffen.[613]

Auch Art. 12 lit. c DGA schützt Dateninhaber und -nutzer vor Wettbewerbsverzerrungen zu ihren Lasten. Digitale Plattformbetreiber sammeln typischerweise große Mengen an Daten über die Aktivitäten ihrer Nutzer auf der Plattform.[614] Den daraus resultierenden Informationsvorsprung können die Plattformbetreiber gegenüber ihren Nutzern ausnutzen, wenn sie hierzu aufgrund von Interessenkonflikten Anreize haben. Beispielsweise ist es denkbar, dass ein Datenvermittler infolge der Analyse selbst erhobener Daten eigene Datenprodukte in Konkurrenz zu bisherigen Dateninhabern anbietet, etwa weil er festgestellt hat, dass diese Datenprodukte ein lukratives Geschäftsfeld bieten.[615] Zudem ist es nicht ausgeschlossen, dass der Datenvermittler durch die Überwachung seiner Nutzer Informationen erhält, die sich auf anderen Märkten gegen diese einsetzen lassen.[616]

(2) Schutz vor horizontalen Wettbewerbsverfälschungen

Darüber hinaus schränkt das datenbezogene Neutralitätsgebot ein, welche Dienste ein Datenvermittler seinen Nutzern anbieten darf. Nach Art. 12 lit. a Alt. 1 DGA darf der Datenvermittler die vermittelten Daten dem Datennutzer nur zur Verfügung stellen und sie nicht anderweitig verwenden. Die untersagte Verwendung für andere Zwecke schließt grundsätzlich alle anderen Datenverarbeitungen, auch im Auftrag des Dateninhabers oder Datennutzers, aus. Dies bedeutet, dass Daten-

---

612 *Graef/Gellert*, The European Commission's proposed DGA (2021), S. 12. Siehe zu den Konglomeratseffekten bei digitalen Plattformen Kap. 4, C. I. 1. b).

613 Erfolgreich dürfte ein solches Vorgehen aber nur bei einem marktmächtigen Datenvermittler sein, da anderenfalls seine Nutzer abspringen würden.

614 Siehe zur informationellen Macht von digitalen Plattformen Kap. 4, C. I. 1. c).

615 Siehe zum Trittbrettfahrerverhalten von Plattformbetreibern Kap. 4, C. I. 2. b) cc).

616 Zum Beispiel könnten sich die Informationen in Verhandlungen mit dem Dienstenutzer ausnutzen lassen.

vermittler ihren Nutzern keine zusätzlichen datenbezogenen Dienste, wie zum Beispiel Datenanalysen, anbieten dürfen. Eine Ausnahme hiervon findet sich aber in Art. 12. lit. e DGA. Danach dürfen Datenvermittler solche datenbezogenen Dienste anbieten, deren spezifischer Zweck der Erleichterung des Datenaustausches dient.[617] Beispiele hierfür umfassen die Anonymisierung, Konvertierung oder vorübergehende Speicherung der Daten eines Dateninhabers.[618] Hierdurch erfolgt eine Begrenzung des strikten Neutralitätsprinzips um zu ermöglichen, dass Datenvermittler ihre Unterstützungsfunktion bei Datentransaktionen ausüben können.[619]

Zu berücksichtigen ist in diesem Zusammenhang, dass der DGA einen dienstebezogenen Regulierungsansatz verfolgt.[620] Wie ErwG 28 DGA klarstellt, fallen nur diejenigen Tätigkeiten in den Anwendungsbereich der Regulierung, die der Bereitstellung von Datenvermittlungsdiensten dienen. Aufgrund dessen können sonstige, nicht mehr von Art. 12 lit. e DGA umfasste datenbezogene Dienste weiterhin von Schwester- oder Muttergesellschaften des Datenvermittlers angeboten werden. Um zu verhindern, dass es hierdurch zu Wettbewerbsverzerrungen und der Umgehung der datenbezogenen Neutralitätspflicht kommt, sieht Art. 12 lit. b DGA ein Koppelungs- und Bündelungsverbot vor. Die Vertragsbedingungen, einschließlich der Preisgestaltung, für die Bereitstellung von Datenvermittlungsdiensten dürfen in keiner Weise davon abhängig gemacht werden, ob ein Dienstenutzer andere Dienste des Datenvermittlers oder eines verbundenen Unternehmens nutzt. Der Nutzer eines Datenvermittlungsdienstes darf also nicht deshalb günstigere Konditionen erhalten als die übrigen Nutzer, weil er auch andere Dienste desselben Konzerns in Anspruch nimmt. Der Gesetzgeber reagiert damit auf das Risiko, dass ein Unternehmen seine Datenvermittlungsdienste mit anderen Diensten verknüpft und dadurch seine auf dem Markt für einen anderen Dienst vorhandene Marktmacht auf den Markt für Datenvermittlungsdienste überträgt.[621]

Zweck der Beschränkung von Datenvermittlern, ihren Nutzern weitere Dienste anzubieten oder ihre Datenvermittlungsdienste mit anderen Diensten verbundener Unternehmen zu verknüpfen, ist nicht die unmittelbare Förderung des Nutzervertrauens. Schließlich ergibt sich aus der integrierten Bereitstellung mehrerer

---

617 Die deutsche Sprachfassung des Art. 12 lit. e DGA impliziert durch die Verwendung des Wortes „insbesondere", dass Datenvermittler auch andere Dienste also solche zur Erleichterung des Datenaustausches anbieten dürfen. Ein Vergleich mit anderen Sprachfassungen der Vorschrift zeigt aber, dass dies nicht der Fall ist. Siehe hierzu Kap. 5, C. VII. 3. e) bb) (3).

618 Vgl. ErwG 32 DGA.

619 Siehe hierzu unten in Kap. 5, C. VII. 3. e) aa).

620 Siehe hierzu bereits in Kap. 5, C. III. 1.

621 Siehe zur Verwendung von *Leveraging*-Strategien durch digitale Plattformen und ihre wettbewerblichen Risiken oben in Kap. 4, C. I. 2. b) bb).

Dienste kein Risiko für die Nutzer. Es kann gerade in ihrem Interesse sein, dass Datenvermittler weitere datenbezogene Dienste aus einer Hand anbieten.[622] Stattdessen dienen die Beschränkungen dem Schutz des Wettbewerbs vor Marktabschottungen und horizontalen Wettbewerbsverfälschungen. Zum einen werden *Lock-in*-Effekte verhindert, die dadurch entstehen können, dass einem Nutzer ein ganzes Bündel von Diensten aus einer Hand angeboten werden. Es ist für einen Dateninhaber oder Datennutzer schwieriger für den Datenvermittlungsdienst zu einem anderen Anbieter zu wechseln, wenn damit der Wechsel einer Vielzahl komplementärer Dienste verbunden ist.[623]

Zum anderen werden durch Koppelungs- oder Bündelungsstrategien herbeigeführte Marktmachtübertragungen verhindert. Denn wenn ein Unternehmen seinen Datenvermittlungsdienst mit einem anderen Dienst verknüpft, auf dessen Markt es über erhebliche Marktmacht verfügt, kann es zu einer Verschließung des Marktes für Datenvermittlungsdienste kommen. Schließlich haben viele Nutzer kein Interesse daran, den Datenvermittlungsdienst eines Konkurrenten zu verwenden, ohne den damit verknüpften Dienst des marktmächtigen Anbieters in Anspruch nehmen zu können. Die auf diese Weise verringerte Nachfrage nach dem Datenvermittlungsdienst des Konkurrenten kann dann dazu führen, dass der Konkurrent den Markt verlässt und anschließend das die Bündelungsstrategie verfolgende Unternehmen auch auf dem Markt für Datenvermittlungsdienste eine marktmächtige Stellung erlangt.

Letztlich soll die Beschränkung der Erbringung und der Verknüpfung anderer Dienste durch den Datenvermittler dazu führen, dass der Markt für Datenvermittlungsdienste von anderen Märkten entflochten und isoliert wird. Es soll vermieden werden, dass Unternehmen, die bereits auf benachbarten Märkten (z. B. für Cloud-Dienste oder Datenanalysen) eine starke Marktstellung erlangt haben, diese Stellung nutzen können, um auch den noch jungen Markt für Datenvermittlungsdienste dominieren zu können.[624] Etablierte Akteure der Datenwirtschaft sollen nicht von Wettbewerbsvorteilen profitieren, die auf ihren Ökosystemen beruhen. Dies soll (europäischen) Start-ups die Möglichkeit bieten, den Markt für Datenver-

622 Aufgrund möglicher Synergieeffekte ist es denkbar, dass gerade Datenvermittler hierzu besonders geeignet sein könnten. Siehe dazu in Kap. 6, C. II. 1. b) cc) und 3. b).

623 Siehe zu den *Lock-in*-Effekten, die durch Plattform-Ökosysteme entstehen können, in Kap. 4, C. I. 1. b). Die Kehrseite des Verbots besteht aber darin, dass aufeinander abgestimmte und für Nutzer möglicherweise besonders attraktive Bündel verschiedener Dienste nicht aus einer Hand durch den Datenvermittler bereitgestellt werden können.

624 Von Bedeutung dürfte dies derzeit insbesondere hinsichtlich des Marktes für Cloud-Dienste sein, auf dem *Amazon Web Services* und *Microsoft Azure* bereits über starke Marktstellungen verfügen.

mittlungsdienste ungehindert zu betreten.[625] Darüber hinaus soll der Leistungswettbewerb auf dem Markt für Datenvermittlungsdienste gestärkt und geschützt werden. Da sie nicht in einem Ökosystem von Diensten gefangen sind, sollten Nutzer von Datenvermittlungsdiensten in der Lage sein, zwischen verschiedenen Datenvermittlern ohne wesentliche Hindernisse zu wechseln.[626] Die Attraktivität von Datenvermittlungsdiensten soll sich allein nach ihrer individuellen Qualität und ihren Konditionen bestimmen.[627]

Ein weiterer, mit der Angebotsbeschränkung von Datenvermittlern zusammenhängender Aspekt der datenbezogenen Neutralität betrifft die Umwandlung von Datenformaten.[628] Nach Art. 12 lit. d DGA soll der Datenvermittler die zwischen Dateninhaber und Datennutzer ausgetauschten Daten grundsätzlich in dem Format belassen, in dem er sie vom Dateninhaber erhalten hat. Es ist ihm vorbehaltlich bestimmter Ausnahmen untersagt, die Daten eigenmächtig in ein anderes Format umzuwandeln. Die Umwandlung von Datenformaten ist nur zur Verbesserung der Interoperabilität und in der Regel mit der Einwilligung des Dateninhabers zulässig.[629] Zweck der Neutralitätspflicht hinsichtlich des Datenformats ist die Verhinderung von *Lock-in*-Effekten durch künstliche technische Hürden. Marktmächtigen Datenvermittlern wäre es ansonsten möglich, ein eigenes Datenformat einzuführen und den eigenen Nutzern aufzuzwingen. Dieses eigene Datenformat könnte dann als Zugangsvoraussetzung für den Datenvermittlungsdienst und andere Dienste aus dem Dienstleistungsökosystem der Unternehmensgruppe des Datenvermittlers implementiert werden. Hierdurch könnte es den Dateninhabern und -nutzern erschwert werden, mit ihren umgewandelten Daten zu anderen Diensten zu wechseln, die dieses Format nicht unterstützen.[630]

---

625 Vgl. *v. Ditfurth/Lienemann*, CRNI 23 (2022), 270 (285). Da es sich bei den etablierten Unternehmen der Datenwirtschaft fast ausschließlich um internationale Unternehmen handelt, lässt sich ein protektionistischer Einschlag der Regulierung schwer leugnen; siehe hierzu in Kap. 6, C. III. 2,

626 Das *Switching* soll zusätzlich durch die Interoperabilitätspflichten für Datenvermittler erleichtert werden; siehe hierzu Kap. 5, C. VI. 2. b).

627 Freilich können die Beschränkungen des DGA dazu führen, dass die Qualität der möglichen Dienste sinkt. Insbesondere ist zu befürchten, dass Anbieter nicht von Verbundvorteilen profitieren können; siehe Kap. 6, C. II. 1. b) cc).

628 Vgl. *Richter*, ZEuP 2021, 634 (654).

629 Siehe zur Umwandlung aus Interoperabilitätsgründen in Kap. 5, C. VII. 3. d) bb) (2).

630 Zudem könnte die eigenmächtige Einführung nicht-interoperabler Standards durch Datenvermittler den Datenaustausch im Binnenmarkt weiter bremsen; siehe hierzu Kap. 5, C. VII. 2. b).

(3) Absicherung durch rechtliche Entflechtung

Abgesichert wird das datenbezogene Neutralitätsprinzip durch ein gesellschaftsrechtliches Trennungsgebot nach Art. 12 lit. a Alt. 2 DGA.[631] Datenvermittlungsdienste müssen danach durch eine gesonderte juristische Person erbracht werden, die von anderen Einheiten des Unternehmens getrennt ist. Nur diese getrennte juristische Person, über die der Datenvermittlungsdienst erbracht wird, ist Adressat der Vorgaben des Art. 12 DGA. Die strukturelle Trennung des Datenvermittlungsdienstes von anderen Diensten des Unternehmens bzw. der Unternehmensgruppe soll nach ErwG 33 DGA möglichen Interessenkonflikten vorbeugen. Hinsichtlich der datenbezogenen Neutralität soll die gesellschaftsrechtliche Trennung dazu beitragen, dass Daten, Metadaten oder sonstige Erkenntnisse, die aus der Erbringung von Datenvermittlungsdiensten gewonnen werden, nicht für andere (gegebenenfalls mit Dateninhabern konkurrierende) Tätigkeiten der Mutter- oder Schwestergesellschaften genutzt werden können. Auch ansonsten soll der Informationsaustausch zwischen den verschiedenen Unternehmenseinheiten verringert und den Datenvermittlungsdiensten ein gewisses Maß an Unabhängigkeit gegenüber anderen Unternehmenseinheiten verschafft werden.[632] Letzteres Ziel ist auch im Hinblick auf die nutzerbezogene Neutralität von Datenvermittlern relevant.

bb) Nutzerbezogene Neutralität

Das europäische Modell der Daten-Governance sieht eine strikte Trennung bei der Bereitstellung, Vermittlung und Nutzung von Daten vor.[633] Datenvermittler sollen gegenüber den Dateninhabern und Datennutzern, die ihre Dienste in Anspruch nehmen, zu einem gewissen Grad unabhängig und neutral sein.[634] Der Grund für ihre nutzerbezogene Neutralitätspflicht besteht darin, dass sie ihre künftige *Gatekeeper*-Stellung und den damit womöglich einhergehenden Einfluss auf Datenvermittlungsmärkten sowie nachgelagerte Märkten möglicherweise zu wettbewerbsverfälschenden Verhaltensweisen ausnutzen können.

Als *Gatekeeper* entscheiden sie über den Zugang zu ihren Diensten und bestimmen über die Nutzungsbedingungen für ihre Dienste und die auf ihren Plattformen geltenden Regeln. Durch ihre *Gatekeeper*-Stellung können Datenvermittler

---

631 Vgl. *Hennemann/v. Ditfurth*, NJW 2022, 1905 (1908, Rn. 20); *Richter*, ZEuP 2021, 634 (654).

632 Aus diesem Grund sind gesellschaftsrechtliche und andere Trennungs- bzw. Entflechtungsvorgaben auch in der Regulierung klassischer Netzwerkindustrien verbreitet; siehe nur *Montero/Finger*, The Rise of the New Network Industries (2021), S. 246 f.

633 Vgl. ErwG 32 DGA.

634 So auch *Baloup/Bayamlıoğlu/u. a.*, White Paper on the DGA (2021), S. 31; *Schweitzer/Metzger/u. a.*, Data access and sharing (2022), S. 287; *Kerber*, DGA – einige Bemerkungen aus ökonomischer Sicht (2021), S. 2.

zum einen die Wettbewerbsbedingungen auf ihren Plattformen, insbesondere zwischen den verschiedenen, ihre Dienste nutzenden Dateninhabern, bestimmen. Sie können diese Machtstellung ausnutzen, um die Datenangebote von Unternehmen, die mit ihnen verbunden sind, zu begünstigen[635] und die Angebote konkurrierender Dateninhaber zu benachteiligen.[636] Wenn zum Beispiel ein mit dem Datenvermittler verbundenes Unternehmen in Konkurrenz zu einem anderen Dateninhaber Datenprodukte auf der Datenvermittlungsplattform anbietet, kann der Datenvermittler den anderen Dateninhaber ausschließen und so den Wettbewerb auf der Plattform[637] schwächen. Alternativ kann der Datenvermittler den mit ihm verbundenen Anbieter beim *Ranking* oder auf andere Weise begünstigen.[638] Zum anderen können sie den Wettbewerb auf nachgelagerten Märkten verfälschen, auf denen der Zugang zu den auf der Datenvermittlungsplattform ausgetauschten Daten essenziel für die Wettbewerbsfähigkeit von Unternehmen ist. Die Zugangsverweigerung gegenüber einzelnen Dienstenutzern kann dann deren Wettbewerbsposition auf dem nachgelagerten Markt schwächen.[639]

Datenvermittler können Anreize zu solchen Verhaltensweisen aufgrund von Interessenkonflikten haben. Wenn sie vertikal oder horizontal in Konzerne integriert sind und andere Unternehmen des gleichen Konzerns mit Dienstenutzern auf der Datenvermittlungsplattform oder auf nachgelagerten Märkten konkurrieren, kann es sich lohnen, die übrigen Dienstenutzer zu benachteiligen. Ein Datenvermittler kann dann seine *Gatekeeper*-Stellung dazu verwenden, Dateninhaber oder Datennutzer, die mit den Diensten eines mit ihm verbundenen Unternehmens im Wettbewerb stehen, auszuschließen oder auf andere Weise zu benachteiligen. Die Fähigkeiten zur Umsetzung solcher wettbewerbsverfälschenden Maßnahmen könnten Datenvermittler in der Zukunft durch die Erlangung von Marktmacht erhalten.

Um zu verhindern, dass die zentrale Marktstellung der Datenvermittler missbraucht wird, um Wettbewerbsverzerrungen oder Marktabschottungen zu Lasten einzelner Nutzer herbeizuführen, sieht Art. 12 lit. f DGA vor, dass der Zugang zum

---

635 Z. B. können Datenvermittler die Datenprodukte der mit ihnen verbundenen Unternehmen beim Such-Ranking oder durch eine herausgehobene Anzeige auf ihrer Webseite bevorzugen.

636 Siehe zu diesen Verhaltensweisen, die von marktmächtigen Plattformen bereits in der Vergangenheit umgesetzt wurden, in Kap. 4, C. I. 2. b) bb).

637 Siehe zur Schwächung des Wettbewerbs auf Plattformen durch ihre Betreiber in Kap. 4, C. I. 2. a) bb).

638 Siehe zu Formen der Selbstbegünstigung Kap. 4, C. I. 2. b) bb).

639 Siehe als Beispiel für diese Konstellation das Verfahren zu *Insurance Ireland*. In dem dort zugrunde liegenden Markt für Versicherungen spielte der Zugang zum Datenpool eine große wettbewerbliche Rolle. Unternehmen, denen der Zugang zum Datenpool verweigert wurde, wurden daher in ihrer Wettbewerbsfähigkeit auf dem nachgelagerten Markt geschwächt. Siehe dazu näher Kap. 4, C. III. 2.

Datenvermittlungsdienst und dessen Preise und Geschäftsbedingungen fair, transparent und nichtdiskriminierend sein müssen.[640] Datenvermittler sind gegenüber ihren Nutzern dahingehend neutral, dass sie die Nutzer grundsätzlich gleich und fair behandeln und nicht willkürlich einzelne Nutzer bevorteilen oder benachteiligen dürfen.[641] Insbesondere sind Datenvermittler zur Offenheit verpflichtet.[642] Nutzer, welche die sachlich gerechtfertigten Nutzungsbedingungen erfüllen, müssen zum Datenvermittlungsdienst zugelassen werden und dürfen nicht ohne Grund ausgeschlossen oder auf andere Weise diskriminiert oder unfair behandelt werden.

Art. 12 lit. f DGA bezweckt damit primär den vertikalen Schutz der Dienstenutzer vor Missbräuchen der *Gatekeeper*-Stellung durch den Datenvermittler. Zunächst soll das Fairness- und Diskriminierungsverbot verhindern, dass der Wettbewerb zwischen verschiedenen Dienstenutzern verfälscht wird. Dies gilt sowohl für den Wettbewerb auf der Datenvermittlungsplattform als auch für den Wettbewerb auf nachgelagerten Märkten und betrifft auch missbräuchliche Verhaltensweisen des Datenvermittlers, durch welche die mit ihm verbunden Unternehmen zu Lasten anderer Nutzer begünstigt werden sollen. Denn nach Art. 12 lit. f DGA dürfen Datenvermittler ihre Nutzer nur bei einer sachlichen Rechtfertigung von ihren Diensten ausschließen und gegenüber anderen Unternehmen ungleich behandeln. So bietet Art. 12 lit. f DGA auch einen gewissen Schutz vor Selbstbegünstigungen von Unternehmen, die mit einem Datenvermittler verbunden sind.[643] Eine zusätzliche Absicherung bietet das gesellschaftsrechtliche Trennungsgebot, indem es dem Datenvermittler zu einer größeren Unabhängigkeit gegenüber dem Mutterkonzern verhilft, um Interessenkonflikte zu vermeiden.[644]

Art. 12 lit. f DGA schützt außerdem vor Ausbeutungsmissbräuchen durch marktmächtige Datenvermittler.[645] Durch die Fairnessbedingung werden Preise in ihrer absoluten Höhe begrenzt. Aufgrund des Diskriminierungsverbots dürfen keine Nutzer bei der Preissetzung benachteiligt werden. Hiervon dürften wegen ihrer

---

640 Siehe hierzu Kap. 5, C. VII. 3. f); vgl. auch *v. Ditfurth/Lienemann*, CRNI 23 (2022), 270 (286); *Hennemann/v. Ditfurth*, NJW 2022, 1905 (1909, Rn. 24).

641 Ähnliche Vorgaben werden bereits seit längerem für die Regulierung traditioneller Netzwerkindustrien verwendet; siehe nur *Montero/Finger*, The Rise of the New Network Industries (2021), S. 247.

642 Vgl. *Richter*, ZEuP 2021, 634 (656).

643 Siehe hierzu Kap. 5, C. VII. 3. f) bb) (5); *v. Ditfurth/Lienemann*, CRNI 23 (2022), 270 (286).

644 Gesellschaftsrechtliche (und andere) Trennungs- bzw. Entflechtungsvorgaben werden auch in den klassischen Netzwerkindustrien eingesetzt, um Diskriminierungen von externen Nutzern zu vermeiden. So werden z. B. im Energierecht die in §§ 20 f. EnWG statuierten Diskriminierungsverbote beim Netzzugang durch Entflechtungsvorschriften flankiert; siehe *Säcker/Meinzenbach*, in: Säcker, EnWG, § 21 Rn. 55.

645 Siehe näher zu Ausbeutungsmissbräuchen durch digitale Plattformen oben in Kap. 4, C. I. 2. d).

geringeren Verhandlungsmacht insbesondere KMU profitieren.[646] Dies entspricht dem besonderen Anliegen des Gesetzgebers, den Zugang von KMU und Start-Ups zu Datenvermittlungsdiensten zu gewährleisten.[647] Gerade junge und kleinere europäische Unternehmen aus der Datenwirtschaft sollen durch den DGA einen verbesserten Zugang zu Daten erhalten, um innovative Dienste oder Produkte entwickeln zu können.

Indem Art. 12 lit. f DGA Dienstenutzer vor Wettbewerbsverfälschungen und missbräuchlichen Verhaltensweisen schützt, trägt die Vorschrift außerdem dazu bei, ihr Vertrauen in Datenvermittler zu stärken. Darüber hinaus dient Art. 12 lit. f DGA nach hier vertretener Auslegung mittelbar dem Schutz des horizontalen Wettbewerbsverhältnisses zwischen den unterschiedlichen Datenvermittlern. Schließlich verbietet die Vorschrift Datenvermittlern die Verwendung von Exklusivverträgen[648], durch die Nutzer am *Switching* oder *Multihoming* gehindert werden könnten.[649]

b) Interoperabilität

Ein weiteres Kernanliegen des europäischen Gesetzgebers, welches sich in Art. 12 DGA wiederfindet, ist die Förderung von Interoperabilität durch Datenvermittlungsdienste. Datenvermittlungsdienste sind in einem gewissen Umfang verpflichtet, die Interoperabilität der auszutauschenden Daten mit anderen Daten (lit. d) und die Interoperabilität ihrer Dienste mit anderen Datenvermittlungsdiensten (lit. i) herzustellen. Hintergrund der Interoperabilitätsvorschriften des Art. 12 DGA ist die plausible Annahme der Europäischen Kommission, dass die fehlende Interoperabilität zwischen verschiedenen Datensätzen oder zwischen unterschiedlichen Datendiensten ein wesentliches Hindernis für den ungehinderten Datenaustausch im europäischen Binnenmarkt und für die effektive Datennutzung durch KMU darstellt.[650] Art. 12 lit. d und lit. i DGA verfolgen dabei einen doppelten Zweck. Zum einen sind die Interoperabilität und Standardisierung von Daten notwendig, um den Datenaustausch innerhalb von Sektoren und zwischen Sektoren zu erleichtern. Zum anderen kann die Interoperabilität von Daten und Datenvermitt-

---

646 *Hennemann/v. Ditfurth*, NJW 2022, 1905 (1909, Rn. 24).

647 Vgl. ErwG 27, 32 DGA.

648 Exklusivverträge stellen ein verbreitetes Mittel dar, um *Lock-in*-Effekte gegenüber den Nutzern herbeizuführen; siehe hierzu Kap. 4, C. I. 2. a) aa).

649 Siehe hierzu Kap. 5, C. VII. 3. f) (3) (a); vgl. auch *v. Ditfurth/Lienemann*, CRNI 23 (2022), 270 (289).

650 Vgl. ErwG 3 DA-E; *Europäische Kommission*, SWD(2020) 295 final, S. 15; COM(2020) 66 final, S. 10; siehe zur Bedeutung der Interoperabilität beim Datenaustausch ausführlich in Kap. 3, D. III. 3. d) aa) (2).

lungsdiensten den horizontalen Wettbewerb schützen, indem sie den *Lock-in* von Nutzern verhindern.[651]

Wie bereits gesehen, soll der Datenvermittler gemäß Art. 12 lit. d DGA die zwischen Dateninhaber und Datennutzer ausgetauschten Daten in dem Format belassen, in dem er sie vom Dateninhaber erhalten hat. Zur Wahrung seiner neutralen Stellung ist es ihm grundsätzlich untersagt, die Daten eigenmächtig in ein anderes Format umzuwandeln. Eine Ausnahme hiervon macht Art. 12 lit. d DGA aber unter anderem dann, wenn die Formatumwandlung die Interoperabilität verbessert, vom Datennutzer verlangt wird oder zur Einhaltung internationaler oder europäischer Normen erforderlich ist. In diesen Fällen haben die Dateninhaber allerdings das Recht, die Umwandlung zu untersagen (*Opt-out*-Recht). Alternativ kann die Formatumwandlung durch Unionsrecht vorgeschrieben sein. Dann steht den Dateninhabern auch kein *Opt-out*-Recht zu. Es ist angemessen, das Art. 12 lit. d DGA in diesen Fällen eine Ausnahme vom strengen Neutralitätsgrundsatz vorsieht. Schließlich verbessert die Konversion von Datenformaten die Wiederverwendbarkeit der Daten und erleichtert somit die Datenweitergabe durch Dateninhaber.[652] Zugleich stellt die Herstellung der Interoperabilität durch die Angleichung an internationale oder europäische Datenstandards sicher, dass kein Datenvermittler ein eigenes Datenformat zur Herbeiführung von *Lock-in*-Effekten einführen kann.[653]

Gemäß Art. 12 lit. i DGA sollen Datenvermittler außerdem geeignete Maßnahmen treffen, um die Interoperabilität mit anderen Datenvermittlungsdiensten zu gewährleisten. Hierfür sollen insbesondere offene und weitverbreitete Standards aus dem jeweiligen Sektor, in dem die Datenvermittler aktiv sind, verwendet werden. Nach ErwG 34 DGA soll die Vorschrift sicherstellen, dass der Binnenmarkt (für Datenvermittlungsdienste) einwandfrei funktioniert. Ziel ist es, das reibungslose *Switching* von Dienstenutzern, also den ungehinderten Wechsel zwischen Datenvermittlungsdiensten, zu ermöglichen und abzusichern. So soll gewährleistet werden, dass die Anbieter von Datenvermittlungsdiensten allein aufgrund ihrer Qualität und ihrer Konditionen miteinander konkurrieren und bestehende Marktanteilsvorsprünge nicht durch künstliche Wechselbarrieren sichern können. Die Herstellung der Interoperabilität soll also in erster Linie die Portabilität zwischen Datenvermittlungsdiensten verbessern, um den Anbieterwechsel für Dateninhaber und Datennutzer zu erleichtern.[654] Darüber hinaus ist es denkbar, dass die In-

651 Vgl. auch *v. Ditfurth/Lienemann*, CRNI 23 (2022), 270 (285).

652 Auf diese Weise können Datenvermittler ihre Unterstützungsfunktion als spezialisierte Marktakteure wahrnehmen.

653 Siehe hierzu näher in Kap. 5, C. VII. 3. d).

654 Vgl. *Hennemann/v. Ditfurth*, NJW 2022, 1905 (1909, Rn. 23). Auf die Portabilität zwischen verschiedenen Datenverarbeitungsdiensten zielt auch Art. 29 Abs. 1 lit. b DA-E ab.

teroperabilität aber auch der Nutzung und dem Austausch von Daten zwischen verschiedenen Datenvermittlungsdiensten dienen kann.[655]

c) Unterstützungsfunktion

In Art. 12 lit. d und lit. e DGA findet sich außerdem der Regelungsgedanke wieder, dass Datenvermittler bei der Durchführung des Datenaustausches eine technische Unterstützungsfunktion wahrnehmen sollen, die über ihre *Match-Making*-Funktion und das bloße Weiterleiten der Daten vom Dateninhaber an den Datennutzer hinausgeht. Indem Art. 12 lit. d und lit. e DGA Datenvermittlern die Erbringung bestimmter zusätzlicher Dienstleistungen erlauben, wird eine Ausnahme vom strengen datenbezogenen Neutralitätsprinzip des Art. 12 lit. a Alt. 1 DGA gemacht, wonach ein Datenvermittler seinen Nutzern grundsätzlich keine zusätzlichen Dienstleistungen anbieten darf.[656] Die nach Art. 12 lit. e DGA erlaubten Zusatzdienstleistungen beschränken sich aber auf solche Dienste, die unmittelbar der Erleichterung des Datenaustausches dienen.[657] Hierunter fallen unter anderem die vorübergehende Speicherung, die Konvertierung und die Anonymisierung der Daten. Die Umwandlung der Daten in ein interoperables Format ist unter den in Art. 12 lit. d DGA genannten Voraussetzungen zulässig, da sie die Nutzung der Daten nach dem Austausch ermöglicht und so den Vorgang des Datenaustausches für Dateninhaber und -nutzer vereinfacht. Unzulässig ist hingegen die Analyse der Daten für den Datennutzer.

Die Förderung der Unterstützungsfunktion von Datenvermittlern in Art. 12 DGA beruht auf der Erwartung, dass sie als spezialisierte Marktakteure eine hohe Expertise bei der technischen Gestaltung und Durchführung von Datentransaktionen erlangen können.[658] Schließlich begleiten Datenvermittler eine Vielzahl von Datentransaktionen und profitieren dadurch von positiven Skaleneffekten bei der Bereitstellung technischer Werkzeuge für den Datenaustausch. Von dieser beson-

---

655 Siehe zu dieser möglichen Zielsetzung näher in Kap. 5, C. VII. 3. i) aa). Sie wird im Hinblick auf europäische Datenräume und Cloud-Dienste wohl auch durch Art. 28, 29 DA-E verfolgt; siehe *Podszun/Pfeifer*, GRUR 2022, 953 (958).

656 *Hennemann/v. Ditfurth*, NJW 2022, 1905 (1908, Rn. 19); *v. Ditfurth/Lienemann*, CRNI 23 (2022), 270 (283).

657 Vgl. ErwG 32 DGA. Der Wortlaut der deutschen Sprachfassung ist insofern unrichtig, indem er vorsieht, dass zusätzliche Dienste „insbesondere" zur Erleichterung des Datenaustausches angeboten werden können. In u. a. der englischen Sprachfassung ist das Anbieten zusätzlicher Dienste hingegen nur für den „spezifischen Zweck" der Erleichterung des Datenaustausches zulässig.

658 So formuliert auch ErwG 27 DGA die Erwartung, dass spezialisierte Datenvermittlungsdienste bei der Entstehung datengetriebener Ökosysteme eine unterstützende Rolle spielen können und insbesondere KMU den Zugang zur Datenwirtschaft ermöglichen.

deren Expertise und Spezialisierung können insbesondere solche Dateninhaber und Datennutzer profitieren, für die sich der Aufbau oder Erwerb einer eigenen technischen Infrastruktur für den Datenaustausch nicht lohnt, da sie nur relativ wenige Datentransaktionen durchführen.[659] Es besteht deshalb die Hoffnung, dass spezialisierte Datenvermittler die Transaktionskosten für Dateninhaber und Datennutzer senken können.[660]

d) Datensicherheit

Art. 12 DGA enthält zudem Vorschriften, die auf die Sicherheit der Daten von Dateninhabern abzielen, auf die der Datenvermittler im Rahmen seiner Tätigkeit Zugriff erhält. Indem ein bestimmtes Schutzniveau für ihre Daten gewährleistet wird, soll das Vertrauen der Dateninhaber in die europäischen Datenvermittler gestärkt werden. Sie sollen erwarten dürfen, dass im europäischen Binnenmarkt tätige Datenvermittler ihre Daten effektiv sichern und schützen. Dies ist von nicht zu unterschätzender Bedeutung für die Bereitschaft von Dateninhabern, Datenvermittlungsdienste zu nutzen. Denn die Sorge, dass sich Dritte ihre sensiblen Daten in rechtswidriger Weise aneignen könnten, hemmt die Bereitschaft von Unternehmen zum Teilen ihrer Daten erheblich. Grundsätzlich ist zwar davon auszugehen, dass die Nachfrage von Dateninhabern nach Datensicherheit zu starken Anreizen für Datenvermittler führt, effektive Sicherheitsmaßnahmen einzuführen.[661] Die gesetzliche Auferlegung erforderlicher Sicherungsmaßnahmen für die Daten kann aber dann angebracht sein, wenn von Informationsasymmetrien zulasten der Dateninhaber auszugehen ist, aufgrund derer sie den tatsächlichen Umfang und die Geeignetheit der vom Datenvermittler implementierten Sicherheitsmaßnahmen nur schwer absehen können. In diesem Fall kann nicht unbedingt erwartet werden, dass der Qualitätswettbewerb zwischen verschiedenen Datenvermittlern zu einem angemessenen Sicherheitsniveau führt.[662]

Nach Art. 12 lit. l DGA werden Datenvermittler etwa dazu verpflichtet, ein angemessenes Sicherheitsniveau bei der Speicherung, Verarbeitung und Übermittlung nicht-personenbezogener Daten zu gewährleisten.[663] Bei wettbewerblich sensiblen Daten muss sogar das höchste Sicherheitsniveau eingehalten werden. Wei-

---

659 Siehe zu dem auf der Unterstützungsfunktion von Datenintermediären beruhenden Mehrwert für Marktteilnehmer oben in Kap. 4, B. II. c) bb) und e).

660 Vgl. *Europäische Kommission*, SWD(2020) 295 final, S. 12.

661 Folglich betonen existierende Datenintermediäre bereits jetzt die Sicherheit ihrer Dienste gegenüber potenziellen Nutzern; siehe z. B. https://www.dawex.com/en/security-privacy.

662 Siehe hierzu näher in Kap. 5, C. VII. 3. l) cc).

663 Hinsichtlich personenbezogener Daten ergeben sich ähnliche Anforderungen bereits aus den Art. 5 Abs. 1 lit. f, 24, 25, 32 DSGVO.

terhin sieht Art. 12 lit. h DGA vor, dass Datenvermittler im Fall der Insolvenz die angemessene Weiterführung ihrer Dienste gewährleisten und den Dateninhabern und Datennutzern den Zugang zu ihren Daten ermöglichen. Zuletzt sieht Art. 12 DGA Transparenzpflichten vor. Gemäß Art. 12 lit. k DGA müssen Dateninhaber im Falle eines unberechtigten Zugriffs auf ihre nicht-personenbezogenen Daten unverzüglich unterrichtet werden. Hierdurch soll das Vertrauen der Dateninhaber gestärkt werden, indem Informationsasymmetrien zu ihren Lasten abgebaut werden und ihnen die Reaktion auf unbefugte Datenzugriffe ohne Verzögerung ermöglicht wird. Zudem führt jeder Anbieter von Datenvermittlungsdiensten nach Art. 12 lit. o DGA ein Protokoll über seine Tätigkeiten, wodurch die von ihm vollzogenen Handlungen für Behörden und Dienstenutzer bei Bedarf nachvollziehbar gemacht werden können.

e) Rechtsdurchsetzungsverantwortung

Nicht zuletzt enthält Art. 12 DGA Vorschriften, die den Datenvermittlern eine gewisse Verantwortung für die Verhinderung rechtswidrigen Nutzerverhaltens auferlegen.[664] Gemäß Art. 12 lit. g und lit. j DGA müssen Datenvermittler bestimmte Maßnahmen zur Rechtsdurchsetzung auf ihren Plattformen ergreifen. Sie sollen als „erste Rechtsdurchsetzungsinstanzen" („first-line enforcers")[665] dafür sorgen, dass geltendes Recht auf ihren Plattformen eingehalten wird. Hierdurch soll zum einen das Nutzervertrauen in Datenvermittlungsdienste gestärkt werden, indem missbräuchliche oder rechtswidrige Zugriffe und Übermittlungen ihrer Daten auf den Plattformen effektiv unterbunden werden. Zum anderen soll wohl das allgemeinere ordnungsrechtliche Ziel verfolgt werden, rechtswidriges datenbezogenes Nutzerverhalten auf den Plattformen der Vermittlungsdienste zu verhindern.[666] Hiermit greift der DGA einen allgemeinen Trend der Plattformregulierung auf. Lange Zeit haben die Betreiber digitaler Plattformen unter der E-Commerce-RL davon profitiert, dass sie eine geringe rechtliche Verantwortung für das Verhalten ihrer Nutzer getragen haben. Auf diesen Zustand hat der europäische Gesetzgeber in der jüngeren Vergangenheit mit der DSM-RL und dem DSA reagiert und für Plattformen strengere Pflichten zur Verhinderung rechtswidrigen Nutzerverhaltens eingeführt.[667]

---

664 Vgl. *v. Ditfurth/Lienemann*, CRNI 23 (2022), 270 (287).

665 *Graef/Gellert*, The European Commission's proposed DGA (2021), S. 11 f.

666 So existieren schon seit längerem florierende Schwarzmärkte für personenbezogene Daten, wie Kreditkarten- oder Kontoinformationen; siehe nur *Hutchings/Holt*, The British Journal of Criminology 55 (2015), 596; *Hutchings/Holt*, Global Crime 18 (2017), 11. Ähnliche Märkte könnten künftig auch für sensible Daten von Unternehmen, wie Geschäftsgeheimnisse, entstehen.

667 Siehe nur *Janal*, GRUR 2022, 211; *Gielen/Uphues*, EuZW 2021, 627 (632 ff.); *Kaesling*, ZUM 2021, 177.

Nach Art. 12 lit. g DGA müssen Anbieter von Datenvermittlungsdiensten über Verfahren verfügen, um betrügerische oder missbräuchliche Praktiken von Personen zu verhindern, die über den Datenvermittlungsdienst Zugang zu Daten erlangt haben oder ersuchen. Beispielsweise muss es gemäß ErwG 35 DGA möglich sein, Datennutzer auszuschließen, die gegen Geschäftsbedingungen des Datenvermittlers oder geltendes Recht verstoßen. Damit wird die Wahrnehmung einer für Intermediäre ohnehin typischen Funktion gesetzlich vorgeschrieben. Aufgrund ihrer zentralen Marktstellung sind Datenintermediäre prädestiniert dafür, opportunistisches Verhalten vor und nach Vertragsschluss zu verhindern und so Vertrauen zwischen den verschiedenen Nutzern ihrer Dienste herzustellen.[668]

Ähnliche Erwägungen dürften auch Art. 12 lit. j DGA zugrunde liegen. Nach Art. 12 lit. j DGA sollen Datenvermittler angemessene Maßnahmen ergreifen, um die rechtswidrige Übertragung nicht-personenbezogener Daten zu verhindern. Der Datenvermittler soll seine zentrale Marktstellung und die damit einhergehenden Informationsvorteile einsetzen, um Rechtsverletzungen durch Datentransfers zu unterbinden. Datennutzer sollen darauf vertrauen können, dass sie über den Datenvermittlungsdienst nur legale Datenangebote von Dateninhabern erhalten. Dadurch soll ein hohes Vertrauensniveau zwischen den beiden Nutzergruppen gewährleistet werden. Darüber hinaus scheint die Vorschrift das generelle Ziel zu verfolgen, die Rechtsdurchsetzung im digitalen Raum zu verbessern. Datenvermittler übernehmen die eigentlich behördliche Aufgabe, Rechtsverstöße ihre Nutzer aufzudecken und zu unterbinden. Hierzu dürften sie aufgrund ihrer informationellen Vorteile besser positioniert sein als die zuständigen Fachbehörden oder die durch die rechtswidrigen Datenaktivitäten verletzten Parteien. Da die Feststellung etwaiger Rechtsverletzungen in vielen Fällen eine Auswertung des semantischen Informationsgehalts der transferierten Daten voraussetzt, kann die effektive Rechtsdurchsetzung aber auch Datenvermittler vor eine große technische und organisatorische Herausforderung stellen. Eine weite Auslegung des dem Rechtsanwender viel Spielraum lassenden Art. 12 lit. j DGA würde nämlich dazu führen, dass Datenvermittler verpflichtet sind, das rechtskonforme Verhalten ihrer Nutzer detailliert zu überwachen und alle möglichen Rechtsverstöße selbst zu unterbinden.[669]

---

668 Siehe zur Vertrauensfunktion von Intermediären allgemein in Kap. 4, B. I. 2. c) und von Datenmarktplätzen im Besonderen in Kap. 4, B. II. 2. c) cc).

669 *Hennemann/v. Ditfurth*, NJW 2022, 1905 (1909, Rn. 25); *v. Ditfurth/Lienemann*, CRNI 23 (2022), 270 (287).

3. Bedingungen des Art. 12 DGA

Die in Art. 12 DGA vorgesehenen Bedingungen für Datenvermittler sollen durch die Umsetzung der eben aufgezeigten Grundprinzipien sicherstellen, dass Datenvermittlungsdienste im europäischen Binnenmarkt in vertrauenswürdiger und wettbewerblicher Weise erbracht werden. Dabei umfassen die Bedingungen des Art. 12 DGA sowohl strukturelle als auch verhaltensbezogene Pflichten. Die in Art. 12 DGA enthaltenen Pflichten sind eher knapp und offen gehalten[670] und werden nur durch wenige Erläuterungen in den Erwägungsgründen ergänzt. Aufgrund dessen stellen die einzelnen Bedingungen des Art. 12 DGA den Rechtsanwender zum Teil vor gravierende Auslegungsschwierigkeiten. In diesem Abschnitt soll versucht werden, im Einklang mit den Zielsetzungen des DGA eine konsistente und sachgerechte Auslegung des Art. 12 DGA zu finden. Ausgeklammert werden dabei die Vorschriften der Art. 12 lit. m und lit. n DGA, die nur C2B-Datenvermittler und teilweise Datengenossenschaften betreffen.

a) Zweckbeschränkung und Entflechtung (lit. a)

Art. 12 lit. a DGA enthält sowohl ein Datennutzungsverbot, das die zulässige Datenverwendung durch Datenvermittler auf wenige eng umgrenzte Zwecke beschränkt, als auch das Gebot, dass Datenvermittlungsdienste durch von anderen Unternehmenseinheiten rechtlich getrennte Gesellschaften erbracht werden müssen. Bei beiden Bestandteilen der Vorschrift handelt es sich um Vorgaben, die für die Umsetzung des Neutralitätsprinzips von großer Bedeutung sind und die Erbringung von Datenvermittlungsdiensten maßgeblich prägen.

aa) Zweckbeschränkung für die Datennutzung (Alt. 1)

Nach Art. 12 lit. a Alt. 1 DGA darf ein Datenvermittler die Daten, für die er Datenvermittlungsdienste erbringt, zu keinen anderen Zwecken verwenden als sie den Datennutzern zur Verfügung zu stellen.

(1) Hintergrund und Zweck

Art. 12 lit. a Alt. 1 DGA soll die datenbezogene Neutralität der Anbieter von Datenvermittlungsdiensten sicherstellen, indem ihnen eine enge Zweckbeschränkung für die Verwendung der Daten auferlegt wird.[671] Hiermit werden zwei Zielsetzungen verfolgt. Zum einen wird den Datenvermittlern untersagt, die Daten für eigene

---

670 Vgl. auch *Specht-Riemenschneider*, in: Specht-Riemenschneider/Hennemann, DGA, Art. 12 Rn. 24.

671 Vgl. ErwG 33 DGA. Siehe zur datenbezogenen Neutralität sowie dem Zweck und Regelungszusammenhang des Art. 12 lit. a Alt. 1 DGA ausführlich oben in Kap. 5, C. VII. 2. a) aa).

Zwecke zu verwenden oder sie mit Dritten zu teilen. Durch die Untersagung unbefugter Datennutzungen und -weitergaben soll das Vertrauen von Dateninhabern und Datennutzern in die Datenvermittler gestärkt und geschützt werden.[672] Außerdem sollen so Wettbewerbsverfälschungen auf unterschiedlichen Märkten verhindert werden, die durch Interessenkonflikte vertikal und horizontal integrierter Datenvermittler entstehen könnten. Beispielsweise könnte ein Datenvermittler mithilfe der Daten eines Dateninhabers eigene Produkte oder Dienste entwickeln oder verbessern, um auf einem nachgelagerten Markt in den Wettbewerb zum Dateninhaber zu treten.

Außerdem wird Datenvermittlern grundsätzlich untersagt, den Dateninhabern und -nutzern zusätzliche datenbezogene Dienste anzubieten. Hierdurch soll verhindert werden, dass Datenvermittlungsdienste mit anderen Diensten der Unternehmensgruppe, wie zum Beispiel Cloud-Diensten oder Datenanalysen, integriert oder gebündelt werden. Die Integration oder Bündelung solcher Dienste kann nämlich der wettbewerbsschädigenden Übertragung der auf anderen Märkten bestehenden Marktmacht auf den Markt für Datenvermittlungsdienste dienen.[673] Darüber hinaus kann die Bündelung verschiedener Dienste zu *Lock-in*-Effekten führen, indem der Wechsel zu den Diensten anderer Anbieter durch die Bildung eines Dienste-Ökosystems erschwert wird.[674] Durch die Untersagung der Bündelung von unterschiedlichen Diensten kann der Markteintritt für spezialisierte Anbieter von Datenvermittlungsdiensten erleichtert werden.

(2) Regelungsinhalt

Der Regelungsinhalt und -umfang des Art. 12 lit. a Alt. 1 DGA bestimmt sich danach, welche Daten und Datenverwendungen in den Anwendungsbereich der Vorschrift fallen und zu welchen Zwecken die Daten nicht verwendet werden dürfen.

(a) Erfasste Daten

Art. 12 lit. a Alt. 1 DGA bezieht sich nur auf diejenigen Daten, für die Datenvermittlungsdienste erbracht werden. Erfasst werden also nur die Daten, die der Dateninhaber mit dem Datennutzer teilen möchte und die dem Datenvermittler vom Dateninhaber zur anschließenden Weiterleitung an den Datennutzer übermittelt werden. Hierbei handelt es sich um alle Daten, die über den jeweiligen Datenver-

---

672 Die Sorge vor der unbefugten Verwendung ihrer Daten stellt schließlich ein wesentliches Hindernis für die Bereitschaft von Dateninhabern, ihre Daten zu teilen, dar.

673 Siehe zu Bündelungs- und Koppelungsstrategien von digitalen Plattformen in Kap. 4, C. I. 2. b) aa).

674 Siehe allgemein zu dieser Problematik bei digitalen Konglomeraten in Kap. 4, C. I. 1. b).

mittlungsdienst ausgetauscht werden sollen, und auf die der Datenvermittler im Rahmen seiner Tätigkeit Zugriff erhält. Nicht vom Anwendungsbereich erfasst sind demgegenüber solche Daten, die der Datenvermittler eigenständig bei der Erbringung seiner Dienste sammelt. Die Zulässigkeit der Nutzung solcher Daten wird in Art. 12 lit. c DGA geregelt.

(b) Datenverwendung

Art. 12 lit. a Alt. 1 DGA adressiert alle denkbaren Verwendungen der in den Anwendungsbereich fallenden Daten. Der Begriff der Datenverwendung ist in diesem Zusammenhang weit auszulegen. Hierfür spricht zunächst der Wortlaut der Norm, wonach auch die Zurverfügungstellung der Daten gegenüber dem Datennutzer eine Verwendung von Daten darstellt. Die weite Auslegung des Begriffs der Datenverwendung ist außerdem durch den Zweck der Vorschrift geboten. Um das Vertrauen der Nutzer und den Wettbewerb zu stärken, sollen alle datenbezogenen Handlungen untersagt werden, durch die im Rahmen der Datenvermittlungstätigkeit vom Dateninhaber erhaltene Daten nicht ausschließlich dem Datennutzer zugänglich gemacht werden.

Von der Vorschrift erfasste Datenverwendungen sind daher unter anderem die Speicherung der Daten, sofern sie nicht unmittelbar der Datenweitergabe an den Datennutzer dient, jegliche Weiterverarbeitungen, wie zum Beispiel Datenanalysen oder Datenaufbereitungen, sowie Übermittlungen von Daten an Dritte, zu denen auch andere Unternehmenseinheiten des Mutterkonzerns des Datenvermittlers zählen. Aufgrund des klaren Wortlauts und der Zwecksetzung des Art. 12 lit. a Alt. 1 DGA dürfen die vom Dateninhaber zur Verfügung gestellten Daten entgegen ErwG 33 DGA[675] auch nicht zur Verbesserung der Datenvermittlungsdienste verwendet werden.[676] Schließlich widerspricht es dem Vertrauensinteresse der Dateninhaber, wenn ihre Daten zu kommerziellen Zwecken des Datenvermittlers analysiert werden. Zudem würde durch die erlaubte Datenanalyse das Risiko weiterer unzulässiger Datenverwendungen steigen. ErwG 33 DGA, dem kein Rege-

675 Dort heißt es, dass „die Anbieter von Datenvermittlungsdiensten die von den Dateninhabern bereitgestellten Daten zur Verbesserung ihrer Datenvermittlungsdienste verwenden können" sollten.

676 Einen Kompromiss schlägt *Specht-Riemenschneider* vor, wonach die Daten unter der Zustimmung des Dateninhabers für Verbesserungszwecke verwendet werden dürfen; vgl. *Specht-Riemenschneider*, in: Specht-Riemenschneider/Hennemann, DGA, Art. 12 Rn. 34. Aufgrund des Charakters des Art. 12 DGA als behördlich überprüfbare Marktzulassungsvoraussetzung ist die Disponibilität der Vorschrift aber abzulehnen.

lungscharakter zukommt, sollte deshalb in diesem Zusammenhang unberücksichtigt bleiben.[677]

(c) Andere Zwecke

Datenvermittler dürfen die im Rahmen ihrer Tätigkeiten von Dateninhabern erhaltenen Daten nur zu einem einzigen Zweck verwenden. Bei diesem Zweck handelt es sich um die Zurverfügungstellung der Daten an den Datennutzer, der sich hierüber zuvor mit dem Dateninhaber vertraglich geeinigt hat.[678] Datenverwendungen zu allen anderen Zwecken sind dem Datenvermittler daher untersagt.[679] Dies gilt insbesondere für Datenanalysen. Dabei ist es unerheblich, ob die Analyse der Daten für eigene Zwecke erfolgt oder ob sie im Auftrag des Dateninhabers oder Datennutzers vorgenommen wird. Zu beachten ist aber, dass Datenverarbeitungen im Auftrag des Dateninhabers oder -nutzers grundsätzlich von rechtlich getrennten Schwester- oder Muttergesellschaften des Datenvermittlers erbracht werden können.[680] Hierfür ist aber ein separates Vertragsverhältnis erforderlich, bei dem das Koppelungs- und Bündelungsverbot des Art. 12 lit. b DGA zu berücksichtigen ist. Verboten ist außerdem die Weitergabe der Daten an Dritte, sofern dies nicht vom Dateninhaber ausdrücklich verlangt wurde. Da Datenvermittler die vom Dateninhaber erlangten Daten schon nicht analysieren dürfen, ist auch die Weitergabe von Informationen unzulässig, die aus der Analyse dieser Daten extrahiert wurden. Schließlich soll verhindert werden, dass der Informationsgehalt der Daten eines Dateninhabers über den Datenvermittler nach außen dringt.

(d) Ausnahmen

Ausnahmen der strengen Datennutzungsbeschränkung finden sich in Art. 12 lit. d und lit. e DGA. Art. 12 lit. e DGA erlaubt die Vornahme bestimmter Handlungen, die der Erleichterung des Datenaustausches dienen. Es handelt sich hierbei insbesondere um Tätigkeiten, die mittelbar der Zurverfügungstellung der Daten an den

---

677 Ohnehin ist es wahrscheinlich, dass der Formulierung in ErwG 33 DGA ein gesetzgeberisches Versehen zugrunde liegt und sie sich eigentlich auf Art. 12 lit. c DGA beziehen sollte.

678 Es ist unter Umständen auch denkbar, dass die Daten aufgrund von Datenzugangsansprüchen (z. B. Art. 4 f. DA-E) zur Verfügung gestellt werden; so wohl auch *Specht-Riemenschneider*, in: Specht-Riemenschneider/Hennemann, DGA, Art. 12 Rn. 33.

679 Eine Ausnahme für bestimmte Handlungen, die mittelbar dem Datenaustausch dienen, findet sich in Art. 12 lit. e DGA.

680 Nach ErwG 28 DGA umfasst der Anwendungsbereich des DGA nur die Erbringung von Datenvermittlungsdiensten. Die Erbringung anderer (datenbezogener) Dienste durch das gleiche Unternehmen bzw. die gleiche Unternehmensgruppe werden hingegen nicht erfasst.

Datennutzer dienen.[681] Einzelne der in Art. 12 lit. e DGA vorgesehenen Dienste gehen über diese Zielsetzung aber hinaus und dienen der Datenweitergabe vorangestellten Handlungen.[682] Außerdem erlaubt Art. 12 lit. d DGA unter bestimmten Umständen die Umwandlung der Daten, um ihre Interoperabilität mit anderen Daten zu verbessern.

(3) Keine Abdingbarkeit

In der Literatur gibt es Überlegungen dazu, ob die Zweckbeschränkung der Datennutzung nach Art. 12 lit. a Alt. 1 DGA abdingbar ist.[683] So sei es in bestimmten Fällen denkbar, dass der in Art. 12 lit. a Alt. 1 DGA enthaltene Grundsatz der datenbezogenen Neutralität durchbrochen werden könne, ohne dass dies zu Lasten des Dateninhabers, des Datennutzers oder der Allgemeinheit ginge. Gegen die Disponibilität der Vorschrift spricht aber entscheidend, dass Art. 12 lit. a Alt. 1 DGA eine Marktordnungsfunktion wahrnimmt. Durch die Vorschrift soll nicht nur das Vertrauen der Dateninhaber und Datennutzer geschützt, sondern auch der Schutz des Wettbewerbs auf dem Markt für Datenvermittlungsdienste und auf anderen Märkten bezweckt werden. Die Abdingbarkeit der Vorschrift würde zwingend zu Lasten dieser wettbewerblichen Schutzfunktion und damit zu Lasten der Allgemeinheit gehen. Hinzu kommt, dass die Disponibilität der Vorschrift mit der Systematik der Art. 10 bis 15 DGA nicht vereinbar ist. Bei den Datenvermittlern durch Art. 12 DGA aufgegebenen Pflichten handelt es sich um behördlich überprüfte Bedingungen für die Erbringung von Datenvermittlungsdiensten im europäischen Binnenmarkt. Es würde dem Charakter der Bedingungen als zwingende Marktzulassungsvoraussetzungen widersprechen, wenn sie in einzelnen Vertragsverhältnissen abbedungen werden könnten. Zudem ließe sich die Zulässigkeit der Abbedingung im Einzelfall durch die Behörden kaum feststellen.

bb) Gesellschaftsrechtliches Trennungsgebot (Alt. 2)

Art. 12 lit. a Alt. 2 DGA verlangt, dass Datenvermittlungsdienste vom Anbieter über eine gesonderte juristische Person bereitgestellt werden. Hierdurch wird die gesellschaftsrechtliche Trennung bzw. die rechtliche Entflechtung von Datenvermittlungsdiensten vorgeschrieben.

---

681 Z. B. die vorübergehende Speicherung der Daten auf den Servern des Datenvermittlers.
682 Z. B. die Anonymisierung der Daten.
683 *Richter*, ZEuP 2021, 634 (655), im Ergebnis wird dort die Abdingbarkeit offengelassen; die Abdingbarkeit ablehnend *Schweitzer/Metzger/u. a.*, Data access and sharing (2022), S. 294 f.

(1) Hintergrund und Zweck

Zweck der Vorschrift ist es, die datenbezogene und nutzerbezogene Neutralität der Datenvermittler strukturell abzusichern.[684] Laut ErwG 33 DGA ist die strukturelle Trennung der Datenvermittlungsdienste von allen anderen Diensten des Unternehmens erforderlich, um Interessenkonflikte zu verhindern.[685] Solche Interessenkonflikte können bei vertikal und horizontal integrierten Unternehmen entstehen. Vertikal und horizontal integrierte Unternehmen können Anreize haben, die bei der Erbringung von Datenvermittlungsdiensten anfallenden Daten für andere Geschäftsbereiche zu verwenden, in denen sie mit den Dateninhabern und Datennutzern konkurrieren. Ein solches Verhalten kann Wettbewerbsverfälschungen nach sich ziehen und ist gemäß Art. 12 lit. a Alt. 1 und lit. c DGA unzulässig.[686] Durch die strukturelle Trennung soll das Risiko unzulässiger Datenverwendungen durch die mit dem Datenvermittler verbundenen Unternehmen oder Unternehmenseinheiten verringert und so gleichzeitig das Vertrauen in Datenvermittler gestärkt werden. Auf diese Weise stärkt Art. 12 lit. a Alt. 2 DGA die datenbezogene Neutralität von Datenvermittlungsdiensten.[687]

Darüber hinaus dient die Vorschrift auch der Absicherung der nutzerbezogenen Neutralität bei vertikal beziehungsweise horizontal integrierten Unternehmen. Indem die gesellschaftsrechtliche Trennung dem Datenvermittlungsdienst ein gewisses Maß an rechtlicher Unabhängigkeit gegenüber anderen Unternehmenseinheiten einräumt, soll sie dazu beitragen, dass Nutzer des Datenvermittlungsdienstes hinsichtlich des Zugangs und der Konditionen in fairer und nichtdiskriminierender Weise behandelt werden. Die Bevorzugung von Unternehmen und Unternehmenseinheiten, die mit dem Datenvermittlungsdienst verbunden sind, bei der Nutzung des Datenvermittlungsdienstes soll durch die gesellschaftsrechtliche Trennung verhindert werden.

Mit dem gesellschaftsrechtlichen Trennungsgebot greift der Gesetzgeber auf ein aus der Regulierung von Netzwerkindustrien bekanntes Regulierungsinstrument zurück.[688] In der regulierungsrechtlichen und -ökonomischen Literatur ist das gesellschaftsrechtliche Trennungsgebot unter dem Namen der rechtlichen Entflechtung (*legal unbundling*) bekannt. Hierunter wird in Abgrenzung zu anderen

---

684 Siehe bereits in Kap. 5, C. VII. 2. a) aa) (3).

685 Die Verhinderung von Interessenkonflikten stellt auch das primäre Ziel von Entflechtungsvorgaben in regulierten Industrien dar; siehe *Khan*, Columbia Law Review 119 (2019), 973 (1052 ff.).

686 Schließlich ist es dem Datenvermittlungsdienst untersagt, die im Rahmen seiner Tätigkeit erhaltenen Daten mit verbundenen Unternehmen und Unternehmenseinheiten zu teilen.

687 Vgl. auch *v. Ditfurth/Lienemann*, CRNI 23 (2022), 270 (284).

688 Siehe allgemein zur Verwendung von Entflechtungsmaßnahmen in den Netzwerkindustrien und ihrer Übertragbarkeit auf digitale Plattformen *Montero/Finger*, The Rise of the New Network Industries (2021), S. 246 f.

Entflechtungsarten[689] die Erbringung einer bestimmten wirtschaftlichen Tätigkeit durch eine rechtlich eigenständige Gesellschaft innerhalb eines vertikal integrierten Konzerns verstanden.[690] So soll etwa im Netzregulierungsrecht die rechtliche Entflechtung die Unabhängigkeit zentraler Geschäftsbereiche stärken, um Wettbewerbsverfälschungen und Diskriminierungen von Wettbewerbern durch vertikal integrierte Unternehmen zu verhindern.[691]

(2) Regelungsinhalt

Der knappe Wortlaut des Art. 12 lit. a Alt. 2 DGA sieht vor, dass Datenvermittlungsdienste über eine gesonderte juristische Person bereitzustellen sind. Unter Verwendung der aus der Regulierung von Netzwerkindustrien bekannten Unterscheidung stellt sich die Frage, ob hiermit neben der rechtlichen Entflechtung auch eine operationelle und informatorische Entflechtung einhergeht.

(a) Gesonderte juristische Person (rechtliche Entflechtung)

Anwendung findet Art. 12 lit. a Alt. 2 DGA auf alle Anbieter von Datenermittlungsdiensten, die in ein Unternehmen integriert sind, das in mehreren Geschäftsbereichen aktiv ist. Die Pflicht zur rechtlichen Entflechtung trifft also alle Unternehmen oder Unternehmensgruppen, die vertikal oder horizontal integriert sind. Ohne Bedeutung ist die Vorschrift hingegen für solche Unternehmen, die ohnehin keiner anderen Geschäftstätigkeit als dem Erbringen von Datenvermittlungsdiensten nachgehen. In diesem Fall können schließlich auch keine durch unterschiedliche

---

689 Weitere Formen der Entflechtung sind die informatorische Entflechtung (*informational unbundling*), die buchhalterische Entflechtung (*account unbundling*), die operationelle Entflechtung (*operational unbundling*) sowie die eigentumsrechtliche Entflechtung (*ownership unbundling*); siehe nur *Martinez*, in: Calliess/Ruffert, AEUV Art. 91 Rn. 49 ff.; *De Wyl/Finke*, in: Schneider/Theobald, Recht der Energiewirtschaft, § 4 Rn. 39 ff.; *Schneider*, Regulierungsrecht der Netzwirtschaften I (2013), S. 750 ff. Zu den geschichtlichen und ökonomischen Hintergründen von Entflechtungsmaßnahmen im Energiesektor siehe *Morrison*, in: Hafner/Luciani, Handbook of International Energy Economics (2022), S. 471. Die Implementierung von Maßnahmen, die mit der rechtlichen, organisatorischen und informationellen Entflechtung vergleichbar sind, hat das Bundeskartellamt in der Vergangenheit bereits für vertikal integrierte B2B-Plattformen verlangt; siehe *Küster/Schieber*, BB 2020, 2188 (2194); *Podszun/Bongartz*, BB 2020, 2882 (2886, 2889).

690 Siehe *Ehricke*, IR 2004, 170; *Pirstner-Ebner*, The European Legal Forum 4 (2004), 235 (236); *Staebe*, IR 2006, 204 (206); *Martinez*, in: Calliess/Ruffert, AEUV Art. 91 Rn. 55. Bei der schärferen Entflechtungsvariante der eigentumsrechtlichen Entflechtung (*ownership unbundling*) ist darüber hinaus erforderlich, dass das Eigentum an der rechtlich getrennten Gesellschaft aufgegeben wird; siehe *Martinez*, in: Calliess/Ruffert, AEUV Art. 91 Rn. 57.

691 *Weber/Reumann*, NZKart 2022, 259 (262); *Staebe*, IR 2006, 204; *Theobald*, in: Schneider/Theobald, Recht der Energiewirtschaft, § 1 Rn. 74.

Geschäftstätigkeiten bedingten Interessenkonflikte für den Datenvermittler entstehen.

Der Umfang des gesellschaftsrechtlichen Trennungsgebots ist weit. Der Datenvermittlungsdienst soll von einer gesonderten juristischen Person erbracht werden, die von allen anderen Tätigkeiten des Unternehmens getrennt ist.[692] Das gesellschaftsrechtliche Trennungsgebot für den Datenvermittlungsdienst gilt also nicht bloß hinsichtlich bestimmter Tätigkeiten, bei denen Interessenkonflikte besonders wahrscheinlich sind, sondern allgemein. Dies hat zur Folge, dass die gesonderte Gesellschaft ausschließlich zur Erbringung des Datenvermittlungsdienstes verwendet werden darf. Alle anderen Tätigkeiten müssen, unabhängig von ihrem Zweck und ihrer Natur, über separate Gesellschaften ausgeübt werden. Es besteht insofern ein mittelbares Verbot für die Erbringung sonstiger Dienste durch Datenvermittler. Zu betonen ist aber, dass die gesellschaftsrechtliche Entflechtung nach Art. 12 lit. a Alt. 2 DGA keine eigentumsrechtliche Entflechtung[693] erfordert. Es ist deshalb nicht nötig, dass der Datenvermittlungsdienst auf einen anderen Rechtsträger übertragen wird, der nicht zum Konzern gehört.

Bei der Umsetzung der rechtlichen Entflechtung des Datenvermittlungsdienstes kann teilweise auf die aus dem Energierecht bekannten Maßnahmen zurückgegriffen werden.[694] Eine Möglichkeit zur Umsetzung der rechtlichen Entflechtung ist die Übertragung des Datenvermittlungsdienstes auf eine neue oder bereits existierende[695] Tochter- oder Schwestergesellschaft des übertragenden Rechtsträgers. Für die Übertragung der Vermögensgegenstände des Datenvermittlungsdienstes bieten sich nach deutschem Recht insbesondere die Abspaltung nach § 123 Abs. 1 UmwG, die Aufspaltung nach § 123 Abs. 2 UmwG oder die Ausgliederung nach § 123 Abs. 3 UmwG an.[696] Daneben ist es möglich, mit der übernehmenden Gesellschaft einen Kaufvertrag abzuschließen, der durch die Übereignung der Vermögensgegenstände des Datenvermittlungsdienstes vollzogen wird (*Asset Deal*).[697] Bei diesen Gestaltungsvarianten wird der Datenvermittlungsdienst also auf eine eigenständige Tochtergesellschaft der Konzernmutter überführt. Die anderen Tätigkei-

---

692 Vgl. ErwG 33 DGA: „Dies bedeutet, dass der Datenvermittlungsdienst von einer juristischen Person erbracht werden sollte, die von den anderen Tätigkeiten dieses Anbieters von Datenvermittlungsdiensten getrennt ist".

693 Siehe zur eigentumsrechtlichen Entflechtung nur *Martinez*, in: Calliess/Ruffert, AEUV Art. 91 Rn. 57.

694 Siehe dazu *De Wyl/Finke*, in: Schneider/Theobald, Recht der Energiewirtschaft, § 4 Rn. 114 ff.; *Säcker/Schönborn*, in: Säcker, EnWG, § 7 Rn. 23 ff.; *Finke*, in: Theobald/Kühling, EnWG § 7 Rn. 6 ff.

695 Freilich darf die bereits existierende Gesellschaft dann keine anderen Tätigkeiten ausüben.

696 Siehe *De Wyl/Finke*, in: Schneider/Theobald, Recht der Energiewirtschaft, § 4 Rn. 116; *Finke*, in: Theobald/Kühling, EnWG § 7 Rn. 10; *Säcker/Schönborn*, in: Säcker, EnWG, § 7 Rn. 25.

697 Siehe *Säcker/Schönborn*, in: Säcker, EnWG, § 7 Rn. 25.

ten der Unternehmensgruppe werden dann durch die Muttergesellschaft oder im Fall einer Holding-Struktur durch Schwestergesellschaften ausgeübt. Alternativ besteht die Möglichkeit, dass der Datenvermittlungsdienst bei der Muttergesellschaft verbleibt und alle anderen Tätigkeiten des Unternehmens ihrerseits in Tochtergesellschaften übertragen werden. Auch auf diese Weise wird formalrechtlich eine vollständige Trennung des Datenvermittlungsdienstes von anderen Geschäftsbereichen erreicht.[698]

Als mögliche Rechtsformen der Gesellschaft, auf die der Datenvermittlungsdienst übertragen wird, kommen in erster Linie die GmbH, die AG oder die GmbH & Co. KG oder ihre europäischen Pendants in Betracht.[699] Aufgrund ihrer im Vergleich zur AG niedrigen Gründungskosten, des überschaubaren Verwaltungsaufwandes und der stärkeren Kontrollmöglichkeiten durch die Muttergesellschaft[700] ist zu erwarten, dass die GmbH für die meisten Datenvermittler die präferierte Rechtsform bei der Entflechtung sein wird.

(b) Keine operationelle Entflechtung

Bei der rechtlichen Entflechtung handelt es sich um die rein formal-gesellschaftliche Trennung von anderen Konzerneinheiten, die die faktische oder materielle Unabhängigkeit allein nicht sicherstellen kann.[701] Insbesondere garantiert die rechtliche Trennung keine generelle Weisungsfreiheit gegenüber der Muttergesellschaft. Aus diesem Grund enthält zum Beispiel das Energierecht mit § 7a EnWG zusätzlich Vorgaben zur operationellen Entflechtung, die der rechtlichen und faktischen Einflussnahme auf den rechtlich getrennten Konzernteil und der personellen Vermischung Grenzen setzen sollen.[702] Unter anderem ist gemäß § 7a Abs. 4 S. 1 EnWG zu gewährleisten, dass dem rechtlich getrennten Konzernteil bestimmte Entscheidungsbefugnisse zustehen und diese unabhängig von der Konzernleitung

698 In Bezug auf § 7 EnWG ist umstritten, ob diese Struktur zulässig ist; siehe nur *De Wyl/Finke*, in: Schneider/Theobald, Recht der Energiewirtschaft, § 4 Rn. 131; *Finke*, in: Theobald/Kühling, EnWG § 7 Rn. 24 f.; *Säcker/Schönborn*, in: Säcker, EnWG, § 7 Rn. 38. Rechtlich problematisch ist diese Konstellation aber eher im Hinblick auf das operationelle Entflechtungsgebot nach § 7a EnWG. Die selben Bedenken stellen sich bei Art. 12 lit. a Alt. 2 DGA deshalb nicht. Die rechtliche Eigenständigkeit der Gesellschaft, über die der Datenvermittlungsdienst erbracht wird, liegt auch dann vor, wenn es sich bei ihr um die Muttergesellschaft handelt.

699 Vgl. zu § 7 EnWG *De Wyl/Finke*, in: Schneider/Theobald, Recht der Energiewirtschaft, § 4 Rn. 125; *Finke*, in: Theobald/Kühling, EnWG § 7 Rn. 14 ff. Auch die europäische Gesellschaft (Societas Europaea) kommt grundsätzlich als Rechtsform in Betracht.

700 Siehe zu den Vorteilen der GmbH als Rechtsform gegenüber der AG *Finke*, in: Theobald/Kühling, EnWG § 7 Rn. 15 ff.

701 *Staebe*, IR 2006, 204; *Finke*, in: Theobald/Kühling, EnWG § 7 Rn. 3.

702 *De Wyl/Finke*, in: Schneider/Theobald, Recht der Energiewirtschaft, § 4 Rn. 180; *Theobald*, in: Theobald/Theobald, Grundzüge des Energiewirtschaftsrechts, 4. Teil, S. 346.

und anderen betrieblichen Einrichtungen des Konzerns ausgeübt werden. Um diese Entscheidungsbefugnisse effektiv ausüben zu können, muss der Konzern sicherstellen, dass der getrennte Konzernteil über die erforderliche Ausstattung in materieller, personeller, technischer und finanzieller Hinsicht verfügt.

Ein vergleichbares Erfordernis der operationellen Entflechtung enthält Art. 12 lit. a Alt. 2 DGA nicht. Aufgrund des klaren Wortlauts der Vorschrift und der hohen Eingriffsintensität einer operationellen Entflechtung in die betrieblichen Abläufe eines Unternehmens darf ein solches Erfordernis auch nicht in die Norm hineingelesen werden. Folglich setzt Art. 12 lit. a Alt. 2 DGA weder die faktische und wirtschaftliche Unabhängigkeit noch die Weisungsfreiheit des Datenvermittlungsdienstes voraus.[703] Dies schwächt die Effektivität der Vorschrift, auf Interessenkonflikten beruhende, unerwünschte Verhaltensweisen von Datenvermittlern zu verhindern. Im Gegenzug erspart der Gesetzgeber den adressierten Datenvermittlern aber eine enorme organisatorische Belastung.

Nichtsdestotrotz kann die formal-rechtliche Unabhängigkeit des Datenvermittlungsdienstes unter Umständen auch mit einer gewissen faktischen Unabhängigkeit gegenüber der Konzernleitung einhergehen. Ob und inwieweit ein Datenvermittlungsdienst tatsächlich frei von Weisungen und Einflüssen der Konzernleitung ist, hängt von seiner Rechtsform und der Konzernstruktur ab. Wenn der Datenvermittlungsdienst durch eine AG als Tochtergesellschaft erbracht wird, ist sein Vorstand in hohem Maße rechtlich unabhängig gegenüber der Muttergesellschaft.[704] Denn der Vorstand einer AG leitet die Gesellschaft gemäß § 76 Abs. 1 AktG selbständig nach eigenem Ermessen und unterliegt weder den Weisungen des Aufsichtsrats noch der Hauptversammlung.[705] Insbesondere kann er weder vom Aufsichtsrat gemäß § 111 Abs. 4 S. 1 AktG noch von der Hauptversammlung gemäß § 119 Abs. 2 AktG zu Maßnahmen verpflichtet werden, die er ablehnt.[706] Diese gilt auch für eine Konzernstruktur, in der die Muttergesellschaft alle Anteile an der AG hält. Der Datenvermittlungsdienst in der Rechtsform einer AG ist aus diesen Gründen vor Einflussnahmen der Muttergesellschaft weitgehend geschützt. Die rechtlich unabhängige Position des Vorstands wird weiterhin dadurch gestärkt, dass seine Abberufung gemäß § 84 AktG nur bei Vorliegen eines wichtigen Grunds, an den hohe Anforderungen zu stellen sind, möglich ist.[707] In der Praxis

---

703 So im Ergebnis auch *Richter*, ZEuP 2021, 634 (654); Spindler, CR 2021, 98 (104, Rn. 26); *Hennemann/v. Ditfurth*, NJW 2022, 1905 (1908 f., Rn. 20); *v. Ditfurth/Lienemann*, CRNI 23 (2022), 270 (284); *Specht-Riemenschneider*, in: Specht-Riemenschneider/Hennemann, DGA, Art. 12 Rn. 36.

704 Vgl. *Säcker/Schönborn*, in: Säcker, EnWG, § 7 Rn. 25; *Finke*, in: Theobald/Kühling, EnWG § 7 Rn. 16 f.

705 *Spindler*, in: Müko AktG, § 76 Rn. 31; *Koch*, AktG, § 76 Rn. 25.

706 *Habersack*, in: Müko AktG, § 111 Rn. 110 f.; *Kubis*, in: Müko AktG, § 119 Rn. 118.

707 Vgl. *Wentrup*, in: MünchHdb. GesR IV, § 20 Rn. 49 ff.

dürfte der Grad der faktischen Unabhängigkeit in vielen Fällen aufgrund personeller Verflechtungen aber deutlich geringer sein. Ein Verbot von Doppelmandaten gibt es nicht. Vorstandsmitglieder der Muttergesellschaft können deshalb gleichzeitig im Vorstand oder Aufsichtsrat der Tochtergesellschaft vertreten sein.[708]

Im Gegensatz zur AG gibt es bei der GmbH sehr weitgehende Einfluss- und Weisungsmöglichkeiten der Gesellschafter.[709] § 37 Abs. 1 GmbHG gewährt den Gesellschaftern der GmbH ein umfangreiches Weisungsrecht. Sie können dem Geschäftsführer in jeder Angelegenheit der Geschäftsführung Weisungen erteilen. Insbesondere sind auch Einzelanweisungen zu konkreten Maßnahmen der Geschäftsführung vom Weisungsrecht umfasst.[710] Der Geschäftsführer ist an die Weisungen der Gesellschafter im Innenverhältnis gebunden.[711] Die Muttergesellschaft könnte dem Geschäftsführer des in einer GmbH verfassten Datenvermittlungsdienstes daher umfassende Vorgaben zur Erbringung seiner Dienste machen. Gesellschaftsrechtlich wäre es zum Beispiel zulässig, dass die Muttergesellschaft den Geschäftsführer anweist, die Angebote der mit ihm verbundenen Unternehmen zu Lasten anderer Plattformnutzer zu begünstigen. Unzulässig und damit nicht bindend sind aber Weisungen, die Rechtsverstöße und ein rechtswidriges Handeln des Geschäftsführers vorsehen.[712]

Darüber hinaus stehen den Gesellschaftern nach § 51a Abs. 1 GmbHG Auskunfts- und Einsichtnahmerechte zu. Sie können Auskunft zu allen Angelegenheiten der Gesellschaft verlangen und alle Geschäftsunterlagen der Gesellschaft einsehen.[713] Geschwächt wird die Unabhängigkeit des Geschäftsführers weiterhin durch die Befugnis der Geschäftsführer, seine Bestellung gemäß § 38 Abs. 1 GmbHG jederzeit und ohne Vorliegen von Gründen zu widerrufen.[714] Wenn er Weisungen der Muttergesellschaft nicht befolgt, kann sie ihn sofort abberufen. Aus diesem Grund befindet er sich gegenüber der Muttergesellschaft in einer starken Abhängigkeitsstellung. Im Ergebnis ist die faktische Unabhängigkeit des Da-

---

708 *Spindler*, in: Müko AktG, § 76 Rn. 65; *Habersack*, in: Müko AktG, § 105 Rn. 10. Bei Vorstandsmitgliedern ist aber gemäß § 88 Abs. 1 S. 2 AktG die Zustimmung der Aufsichtsräte beider Gesellschaften erforderlich; siehe *Wentrup*, in: MünchHdb. GesR IV, § 19 Rn. 43.

709 Siehe *Säcker/Schönborn*, in: Säcker, EnWG, § 7 Rn. 36; *Theobald*, in: Theobald/Theobald, Grundzüge des Energiewirtschaftsrechts, 4. Teil, S. 352; *De Wyl/Finke*, in: Schneider/Theobald, Recht der Energiewirtschaft, § 4 Rn. 127; *Ehricke*, IR 2004, 170 (171 ff.).

710 *Mennicke*, NZG 2000, 622; *Stephan/Tieves*, in: MüKo GmbHG, § 37 Rn. 123; *Altmeppen*, GmbHG, § 37 Rn. 4.

711 *Altmeppen*, GmbHG, § 37 Rn. 3.

712 *Altmeppen*, GmbHG, § 37 Rn. 6 m. w. N. Die Gesellschafter könnten den Geschäftsführer der Tochtergesellschaft daher z. B. nicht anweisen, gegen die Datennutzungsbeschränkung des Art. 12 lit. a Alt. 1 DGA zu verstoßen.

713 *Altmeppen*, GmbHG, § 51a Rn. 6, 8; *Hillmann*, in: MüKo GmbHG, § 51a Rn. 26, 51.

714 *Altmeppen*, GmbHG, § 38 Rn. 2; *Stephan/Tieves*, in: MüKo GmbHG, § 38 Rn. 7.

tenvermittlungsdienstes gegenüber der Muttergesellschaft daher sehr schwach, wenn er als Tochtergesellschaft in Form einer GmbH erbracht wird.

Wenn der Datenvermittlungsdienst hingegen durch die rechtlich getrennte Muttergesellschaft eines Konzerns erbracht wird, ist seine rechtliche Unabhängigkeit gegenüber den Tochtergesellschaften groß. Die Muttergesellschaft eines Konzerns hat zwar eine gewisse Verantwortung gegenüber den Tochtergesellschaften, eine rechtliche Verpflichtung zur Konzernleitung gibt es aber nicht.[715] Im Regelfall ist aber zu erwarten, dass die personelle Identität der Leitungsebene des Datenvermittlungsdienstes mit der Leitungsebene des Konzerns seine faktische Unabhängigkeit vom Konzern erheblich einschränkt oder sogar vollständig beseitigt.

(c) Teilweise informationelle Entflechtung

Im Energierecht findet sich in § 6a EnWG das Gebot zur informationellen Entflechtung. Hierunter wird das Verbot der Weitergabe wettbewerblich sensibler Informationen an andere Geschäftsbereiche bzw. Konzerngesellschaften verstanden, welches durch organisatorische und technische Vorkehrungen umzusetzen ist.[716] Ausdrücklich enthält Art. 12 lit. a DGA eine vergleichbare Vorgabe zur informationellen Entflechtung nicht. Gleichwohl dürfte sie sich hinsichtlich bestimmter Daten mittelbar aus Art. 12 lit. a Alt. 1 und lit. c DGA ergeben.

So sieht Art. 12 lit. a Alt. 1 DGA vor, dass Daten, für die ein Datenvermittler seine Dienste erbringt, zu keinen anderen Zwecken verwendet werden dürfen, als sie den Datennutzern zur Verfügung zu stellen. Gemäß Art. 12 lit. c DGA dürfen bestimmte Daten, die bei der Erbringung des Datenvermittlungsdienstes erhoben werden, nur für die Entwicklung des Datenvermittlungsdienstes verwendet werden. Da der Begriff der Verwendung weit und die erlaubten Zwecke eng zu verstehen sind,[717] ist dem Datenvermittlungsdienst jede Weitergabe der aufgezählten Daten an Dritte untersagt. Zu den Dritten zählen in diesem Rahmen auch alle mit dem rechtlich eigenständigen Datenvermittlungsdienst in einem Konzern verbundenen Unternehmen. Aufgrund den mit den Zweckbeschränkungen einhergehenden Pflichten zur vertraulichen Behandlung bestimmter Daten sollte der Datenvermittlungsdienst verhindern, dass die mit ihm verbundenen Unternehmen oder sonstige Dritte Zugriff auf die genannten Daten erhalten.

---

715 *Wentrup*, in: MünchHdb. GesR IV, § 19, Rn. 38.

716 *Hölscher*, in: Britz/Hellermann/Hermes, EnWG, § 6a Rn. 1 ff.; *Staebe*, IR 2006, 222 (224 f.); *Theobald*, in: Theobald/Theobald, Grundzüge des Energiewirtschaftsrechts, 4. Teil, S. 325 ff.; *De Wyl/Finke*, in: Schneider/Theobald, Recht der Energiewirtschaft, § 4 Rn. 42 ff.

717 Siehe zur Auslegung von Art. 12 lit. a Alt. 1 und lit. c DGA in Kap. 5, VII. 3. a) aa) (2) und c) bb).

Hierzu muss jeder Datenvermittler geeignete organisatorische und technische Vorkehrungen treffen.[718] Als organisatorische Lösung kommt in Betracht, dass Teile des Personals des Datenvermittlungsdienstes von dem anderer Konzernbereiche getrennt werden.[719] Eine personelle Trennung ist jedenfalls bei denjenigen Mitarbeitern des Datenvermittlungsdienstes sinnvoll, die im Rahmen ihrer Tätigkeiten einen unmittelbaren Zugriff auf die nach Art. 12 lit. a und lit. c DGA vertraulich zu behandelnden Daten erhalten. Solche Personen dürfen dann nicht in anderen Geschäftsbereichen, in denen eine Datennutzung denkbar ist, tätig werden. Ergänzend sind auch arbeitsrechtliche Weisungen denkbar, wonach die zu schützenden Daten nicht weitergegeben werden dürfen und sicher zu speichern sind.[720] In technischer Hinsicht ist die Trennung der Datenzugriffsberechtigungen geboten.[721] Den Mitarbeitern verbundener Unternehmen soll es dadurch technisch unmöglich gemacht werden, auf die vertraulichen Daten des Datenvermittlers zuzugreifen.

cc) Stellungnahme

Art. 12 lit. a Alt. 1 DGA gehört zu den wenigen Bedingungen des Art. 12 DGA, die trotz ihres knappen Wortlauts kaum Auslegungsschwierigkeiten bereiten. Der Zielsetzung der Vorschrift, die Verwendung der von Dateninhabern bereitgestellten Daten für eigene Zwecke der Datenvermittler ausnahmslos zu verbieten, ist zuzustimmen. Schließlich stellt die Sorge der Dateninhaber vor dem Kontrollverlust über ihre Daten ein erhebliches Hindernis für den florierenden B2B-Datenaustausch dar.[722] Zwar bezieht sich ihre Sorge vor allem auf die vertragswidrige Verwendung und Weiterleitung der Daten durch Datennutzer. Da aber auch Daten-

---

718 Siehe zu der hiermit zusammenhängenden Verpflichtung gemäß Art. 12 lit. l DGA, wonach Datenvermittler ein angemessenes Sicherheitsniveau gewährleisten müssen, Kap. 5, C. VII. 3. l).

719 Siehe *Theobald*, in: Theobald/Theobald, Grundzüge des Energiewirtschaftsrechts, 4. Teil, S. 328 f.; *De Wyl/Finke*, in: Schneider/Theobald, Recht der Energiewirtschaft, § 4 Rn. 52 ff.

720 Vgl. *Säcker/Schönborn*, in: Säcker, EnWG, § 6a Rn. 38. In Bezug auf ein etwaiges Auskunftsrecht der Muttergesellschaft als Gesellschafterin des Datenvermittlers dürften die vertraulichen Daten des Datenvermittlungsdienstes schon nicht als Geschäftsunterlagen i. S. d. § 51a GmbH zu qualifizieren sein; zum Umfang des Einsichtsrechts siehe *Hillmann*, in: MüKo GmbHG, § 51a Rn. 51 ff. Anderenfalls ist das Einsichtnahmerecht zugunsten des entgegenstehenden Vertraulichkeitsgebots des Datenvermittlers aufzulösen; vgl. *Küster/Schieber*, BB 2020, 2188 (2191 f.).

721 Siehe (auch zu denkbaren Trennungsmaßnahmen) *Wyl/Finke*, in: Schneider/Theobald, Recht der Energiewirtschaft, § 4 Rn. 57 f.; *Theobald*, in: Theobald/Theobald, Grundzüge des Energiewirtschaftsrechts, 4. Teil, S. 329 f.; *Hölscher*, in: Britz/Hellermann/Hermes, EnWG, § 6a Rn. 16; *Säcker/Schönborn*, in: Säcker, EnWG, § 6a Rn. 42.

722 Siehe Kap. 3, D. III. 2. c).

vermittler Zugriff auf die Daten der Dateninhaber erhalten,[723] können ähnliche Sorgen auch diesen gegenüber entstehen. Die Wirksamkeit der Vorschrift könnte in der Praxis jedoch darunter leiden, dass sich unbefugte Datenverwendungen kaum aufdecken lassen, sobald die Daten die Herrschaftssphäre des Dateninhabers verlassen haben. Es ist daher fraglich, wie effektiv Art. 12 lit. a Alt. 1 DGA tatsächlich darin sein wird, das Vertrauen der Dateninhaber in Datenvermittler zu fördern. Hinsichtlich der zweiten Zielsetzung des Art. 12 lit. a Alt. 1 DGA, den Umfang der datenbezogenen Dienste zu begrenzen, die Datenvermittler ihren Nutzern anbieten dürfen, bestehen schon grundlegende Zweifel. Auf diese wird im Abschnitt zu Art. 12 lit. e DGA näher eingegangen.[724]

Hinsichtlich Art. 12 lit. a Alt. 2 DGA wäre eine ausführlichere Regelung der Entflechtungsanforderung wünschenswert gewesen. So ist unklar, ob mit der rechtlichen Entflechtung mittelbar auch eine gewisse operationelle und informationelle Entflechtung einhergehen soll. Jedenfalls zur Einhaltung von Art. 12 lit. a Alt. 1 und lit. c DGA dürfte eine gewisse informationelle Trennung geboten sein. Eine operationelle Entflechtung ist zwar grundsätzlich nicht erforderlich. Inwiefern der der Datenvermittlungsdienst tatsächlich von Weisungen der mit ihm verbundenen Gesellschaften abhängig ist, hängt aber maßgeblich von der Konzernstrukturierung und dem nationalen bzw. europäischen Gesellschaftsrecht ab.

Eine klarstellende Regelung der Anforderungen und Grenzen der Entflechtung wäre vor diesem Hintergrund hilfreich gewesen. Ohnehin stellt sich die Frage, inwiefern eine rein formal-rechtliche Entflechtung dazu beitragen kann, die Entstehung und Entfaltung von Interessenkonflikten zu verhindern. Schließlich kann eine Muttergesellschaft bei entsprechender Konzernstrukturierung weiterhin einen bestimmenden Einfluss auf den Datenvermittler ausüben. Auch personelle Verflechtungen in der Leitungsebene bleiben möglich. Es ist daher unwahrscheinlich, dass Art. 12 lit. a Alt. 2 DGA wesentlich dazu beitragen kann, unzulässige Datennutzungen und Benachteiligungen von Dienstenutzern aufgrund von Interessenkonflikten zu verhindern. Der Beitrag der Vorschrift zur Gewährleistung der daten- und nutzerbezogenen Neutralität dürfte überschaubar bleiben.

b) Verbot von Koppelungs- und Bündelungspraktiken (lit. b)

Im Rahmen der Trilogverhandlungen wurde mit Art. 12 lit. b DGA auf Bestreben des Europäischen Parlaments ein umfassendes Verbot der Koppelung oder Bünde-

---

723 Zu beachten ist aber, dass nicht alle Datenvermittlungsdienste bei der Datenübermittlung involviert sind. Manche Datenmarktplätze verfolgen einen dezentralen Ansatz, bei dem die Daten unmittelbar zwischen Dateninhaber und Datennutzer ohne Beteiligung des Datenmarktplatzes ausgetauscht werden.

724 Siehe Kap. 5, C. VII. 3. e).

lung von Datenvermittlungsdiensten mit anderen (datenbezogenen) Diensten eingeführt.[725] Nach Art. 12 lit. b DGA dürfen die kommerziellen Bedingungen von Datenvermittlungsdiensten nicht davon abhängig gemacht werden, ob der Dienstenutzer noch andere Dienstleistungen des Datenvermittlers oder der mit ihm verbundenen Unternehmen in Anspruch nimmt.

aa) Zweck und Hintergrund der Vorschrift

Durch die in Art. 12 lit. a DGA festgelegte Zweckbegrenzung für die Verwendung von Daten und das gesellschaftsrechtliche Trennungsgebot für Datenvermittlungsdienste soll die datenbezogene Neutralität von Datenvermittlern sichergestellt werden. Unter anderem soll Art. 12 lit. a DGA die Entstehung von Wettbewerbsverfälschungen und Marktabschottungen durch vertikal oder horizontal integrierte Datenvermittler verhindern.[726] Zu beachten ist jedoch, dass mit dem Datenvermittler verbundene, aber rechtlich getrennte Unternehmen auch weiterhin andere datenbezogene oder sonstige nicht-datenbezogene Dienste anbieten dürfen. Diese Möglichkeiten der Erbringung zusätzlicher Dienste eröffnen Unternehmen die Chance, durch Koppelungs- und Bündelungsstrategien Marktabschottungen und Marktmachtübertragungen herbeizuführen. Art. 12 lit. b DGA soll solchen Strategien einen Riegel vorschieben und damit dem Schutz des Wettbewerbs auf dem Markt für Datenvermittlungsdienste dienen.[727]

Bündelungen und Koppelungen von Produkten oder Diensten bezeichnen Verhaltensweisen von Unternehmen zur strategischen Verknüpfung verschiedener Leistungen.[728] Beim Bündeln von Diensten werden mehrere Dienste nur zusammen angeboten oder der Nutzer erhält einen signifikanten Rabatt, wenn er die Dienste als Bündel erwirbt. Bei der Koppelung von Diensten kann der Hauptdienst nur dann in Anspruch genommen werden, wenn der Kunde sich verpflichtet, einen zusätzlichen Dienst in Anspruch zu nehmen.[729] Grundsätzlich können Koppelungs- und Bündelungsgeschäfte je nach ihrer Zielsetzung und den Begleitumständen sowohl positive als auch negative Marktwirkungen haben.[730] Wettbewerbsschädlich sind sie jedenfalls dann, wenn sie dazu dienen, die Marktmacht des

---

725 Siehe zur Historie der Vorschrift *Specht-Riemenschneider*, in: Specht-Riemenschneider/Hennemann, DGA, Art. 12 Rn. 4.

726 Siehe hierzu ausführlich oben in Kap. 5, C. VII. 2. a) aa).

727 Vgl. *v. Ditfurth/Lienemann*, CRNI 23 (2022), 270 (284 f.).

728 Siehe zu Bündelungs- und Koppelungsstrategien ausführlich in Kap. 4, C. I. 2. b) aa).

729 *OECD*, Roundtable on Conglomerate Effects of Mergers (2020), S. 10; *Holzweber*, European Competition Journal 14 (2018), 342 (344); *Kerber/Schwalbe*, in: MüKo WettbR, Grundlagen Rn. 624; *Eilmansberger/Bien*, in: MüKo WettbR, AEUV, Art. 102 Rn. 624 f.

730 Siehe Kap. 4, C. I. 2. b) aa) sowie *Kerber/Schwalbe*, in: MüKo WettbR, Grundlagen Rn. 623; *OECD*, Abuse of dominance in digital markets (2020), S. 41.

Anbieters vom Kernmarkt auf den Zielmarkt zu übertragen, indem der Zielmarkt für Wettbewerber verschlossen wird.[731] Gerade auf digitalen Märkten gibt es Anhaltspunkte dafür, dass Bündelungs- und Koppelungsstrategien verbreitet sind und in einigen Fällen erfolgreich zur Marktmachtübertragung verwendet wurden.[732]

Art. 12 lit. b DGA adressiert die wettbewerblichen Risiken von Koppelungs- und Bündelungsstrategien auf digitalen Märkten, indem es sie in Bezug auf Datenvermittlungsdienste generell und unabhängig von deren jeweiligen Marktanteilen und Marktumständen untersagt. So sollen zum einen Wettbewerbsverfälschungen durch Marktmachtübertragungen verhindert werden.[733] Schließlich kann es zu einer Verschließung des Marktes für Datenvermittlungsdienste kommen, wenn ein Unternehmen seinen Datenvermittlungsdienst mit anderen Diensten bündelt, auf deren Märkten es über erhebliche Marktmacht verfügt, und sich so künstlich Wettbewerbsvorteile auf dem Markt für Datenvermittlungsdienste verschafft. Im umgekehrten Fall soll verhindert werden, dass die Marktstellung eines marktmächtigen Datenvermittlers auf andere (benachbarte) Märkte übertragen werden kann. Zum anderen sollen *Lock-in*-Effekte verhindert werden, die dadurch entstehen können, dass Nutzer dazu gedrängt werden, ganze Bündel von (komplementären) Diensten von einem Anbieter in Anspruch zu nehmen. Denn der Wechsel zu einem anderen Datenvermittler ist für die Nutzer kaum möglich oder zumindest äußerst unattraktiv, wenn sie gleichzeitig auf die Nutzung einer Vielzahl anderer Dienste, wie zum Beispiel Cloud- oder Analysedienste, ihres ursprünglichen Anbieters verzichten müssten.

Vorrangig soll Art. 12 lit. b DGA also verhindern, dass die Märkte für Datenvermittlungsdienste und benachbarte Märkte durch den Eintritt und die Verbreitung von Konglomeraten verfälscht werden. Diese könnten ihre bereits erreichten Machtstellungen auf benachbarten Märkten dazu verwenden, ähnlich starke Stellungen auf dem Markt für Datenvermittlungsdienste zu erreichen und ihre Nutzer künstlich am *Switching* zu anderen Anbietern zu hindern. Indem dominante Konglomerate der Datenwirtschaft, wie *Amazon*, *Google* oder *Microsoft*, davon abgehalten werden, den noch jungen Markt für Datenvermittlungsdienste in ihre Öko-

---

731 Siehe hierzu Kap. 4, C. I. 2. b) aa). In solchen Fällen können Koppelungs- und Bündelungsgeschäfte aufgrund ihrer wettbewerbsverfälschenden Wirkungen als Behinderungsmissbräuche gegen Art. 102 AEUV oder § 19 GWB verstoßen; siehe *Eilmansberger/Bien*, in: MüKo WettbR, AEUV, Art. 102 Rn. 600 ff.; *Brömmelmeyer*, in: FK AEUV, Art. 102 Rn. 99 ff.; *Westermann*, in: MüKo WettbR, GWB, § 19 Rn. 77.

732 Siehe hierzu Kap. 4, C. I. 2. b) aa).

733 Siehe auch Kap. 5, C. VII. 2. a) aa) (2).

systeme zu integrieren, sollen kleinere Unternehmen die Möglichkeit erhalten, diese Nische der Datenwirtschaft erfolgreich zu betreten.[734]

bb) Regelungsinhalt

Gemäß Art. 12 lit. b DGA dürfen die kommerziellen Bedingungen, einschließlich der Preisgestaltung, für die Erbringung von Datenvermittlungsdiensten für einen Dateninhaber oder Datennutzer nicht davon abhängig gemacht werden, ob oder in welchem Umfang der Dateninhaber oder Datennutzer andere Dienste desselben Anbieters von Datenvermittlungsdiensten oder eines verbundenen Unternehmens nutzt.

(1) Kommerzielle Bedingungen

Die Verknüpfung eines anderen Dienstes mit dem Datenvermittlungsdienst muss sich auf die kommerziellen Bedingungen des Datenvermittlungsdienstes auswirken. Erfasst werden von der Vorschrift sowohl die kommerziellen Bedingungen für Dateninhaber als auch für Datennutzer. Der Begriff der kommerziellen Bedingungen, also der Geschäftsbedingungen, ist in diesem Zusammenhang weit zu verstehen. Neben der Preisgestaltung, bei der es sich um eine zentrale Geschäftsbedingung handelt, dürften auch alle sonstigen Vertragskonditionen vom Regelungsgehalt des Art. 12 lit. b DGA erfasst sein. Der Wortlaut der Vorschrift sieht insoweit keine Einschränkung vor. Für eine weite Auslegung spricht zudem der Zweck des Art. 12 lit. b DGA, der jegliche Besserstellungen von solchen Dienstenutzern verhindern soll, die neben dem Datenvermittlungsdienst noch weitere Dienste des Anbieters in Anspruch nehmen.

Zu den kommerziellen Bedingungen gehören daher alle vertraglichen Vereinbarungen, die Leistung und Gegenleistung betreffen.[735] Neben dem Preis umfassen die kommerziellen Bedingungen unter anderem den Umfang der Leistung, worunter zum Beispiel das Datenvolumen fällt, das von Nutzern über den Datenvermittlungsdienst ausgetauscht werden darf. Auch wenn es sich beim Zugang zum Datenvermittlungsdienst begrifflich nicht um eine Geschäftsbedingung handelt, sollte er von Art. 12 lit. b DGA erfasst sein. Denn wenn der Zugang nur solchen Dateninhabern und Datennutzern gewährt wird, die zusätzlich andere Dienste in

---

734 Vgl. *v. Ditfurth/Lienemann*, CRNI 23 (2022), 270 (285).

735 Zu beachten ist, dass sich eine Differenzierung zwischen zentralen Geschäftsbedingungen, wie dem Preis, und sonstigen Nebenkonditionen ohnehin nicht durchführen ließe, da in der Geschäftspraxis Preise und sonstige Vertragskonditionen in einem engen und gegenseitigen Zusammenhang stehen. Schließlich stellen auch bessere Nebenkonditionen einen wirtschaftlichen Vorteil dar, der sich in einem Geldwert ausdrücken lässt; siehe *Eilmansberger/Bien*, in: MüKo WettbR, AEUV, Art. 102 Rn. 372; *Fuchs*, in: Immenga/Mestmäcker, AEUV, Art. 102 Rn. 186.

Anspruch nehmen, handelt es sich schließlich um die stärkste Form der Verknüpfung des Datenvermittlungsdiensts mit der Inanspruchnahme anderer Dienste.[736]

(2) Andere Dienste

Das Verbot die kommerziellen Bedingungen des Datenvermittlungsdienstes von der Inanspruchnahme anderer Dienste abhängig zu machen, bezieht sich sowohl auf zusätzliche Dienste des Datenvermittlers als auch auf alle Dienste der mit ihm verbundenen Unternehmen.

Andere Dienste eines Datenvermittlers können nur solche Zusatzdienste sein, die sich von der Datenvermittlung trennen lassen. Von der Trennbarkeit ist auszugehen, wenn die Zusatzdienste separat angeboten werden können oder ihre Durchführung nicht zwingend für das Anbieten von Datenvermittlungstätigkeiten, die in der Herstellung von Geschäftsbeziehungen zum Zweck des Datenaustausches bestehen, erforderlich ist. Die Trennbarkeit ist bei den zusätzlichen Diensten nach Art. 12 lit. d und lit. e DGA anzunehmen. Danach dürfen Datenvermittler bestimmte Zusatzdienste erbringen, die den Datenaustausch erleichtern, wie etwa die Anonymisierung von Daten für den Dateninhaber oder die Umwandlung des Datenformats für den Datennutzer.[737] Da sie zusätzlich zum Datenvermittlungsdienst erbracht und unabhängig von Datenvermittlungsdiensten angeboten werden können, sind sie als andere Dienste im Sinne des Art. 12 lit. b DGA anzusehen.[738]

Darüber hinaus erstreckt sich die Vorschrift nach ihrem Wortlaut und Zweck auf alle anderen Dienste von Unternehmen, die mit dem Datenvermittler verbunden sind. Erfasst werden alle Dienste von Mutter-, Schwester- oder Tochtergesellschaften des Datenvermittlers.[739] Es muss sich bei diesen Diensten nicht zwingend um datenbezogene Dienste handeln. Allerdings ist zu erwarten, dass die Vorschrift ihre Wirkung vor allem im Hinblick auf solche datenbezogenen Dienste entfaltet, die mit dem Datenvermittlungsdienst in einem Komplementärverhältnis stehen.

736 Eine solche Verhaltensweise würde darüber hinaus einen Verstoß gegen Art. 12 lit. f DGA darstellen.

737 Siehe zu den erlaubten Zusatzdiensten von Datenvermittlungsdiensten unten in Kap. 5, C. VII. 3. e) bb).

738 So im Ergebnis auch *Specht-Riemenschneider*, in: Specht-Riemenschneider/Hennemann, DGA, Art. 12 Rn. 38.

739 Auf die im Rahmen von § 271 Abs. 2 HGB entwickelten Grundsätze, wonach es sich bei Schwestergesellschaften mangels beherrschenden Einflusses nicht um verbundene Unternehmen handelt, kann und sollte bei der autonomen Auslegung des Art. 12 lit. b DGA nicht zurückgegriffen werden. Der Zweck der Vorschrift, die Bündelungs- und Koppelungspraktiken effektiv verhindern soll, spricht eindeutig dafür, dass auch Schwesterunternehmen als verbundene Unternehmen anzusehen sind. Anderenfalls ließe sich die Vorschrift sehr leicht durch entsprechende Konzernstrukturierungen umgehen.

Denn bei komplementären Diensten haben Bündelungs- oder Koppelungsstrategien relativ hohe Erfolgsaussichten.[740] ErwG 33 DGA nennt daher vor allem Dienste für die Speicherung von Daten, Datenanalyse-Dienste oder Anwendungen künstlicher Intelligenz als Beispiele für gekoppelte oder gebündelte Dienste.

(3) Abhängigkeit von anderen Diensten

Als verbotene Handlung nach Art. 12 lit. b DGA genügt es, dass die Geschäftsbedingungen für den Datenvermittlungsdienst von der Nutzung anderer Dienste des Datenvermittlers oder verbundener Unternehmen abhängig gemacht werden. Es reicht hierfür aus, dass die Inanspruchnahme anderer Dienste die Geschäftsbedingungen des Datenvermittlungsdienstes in irgendeiner Weise beeinflusst. Demnach darf es keinen direkten Zusammenhang zwischen den Geschäftsbedingungen, die einem Nutzer angeboten werden, und dem Umstand, ob er weitere Dienste in Anspruch nimmt, geben. Entscheidend ist, ob sich die Nutzung eines anderen Dienstes in der Gestaltung der Geschäftsbedingungen des Datenvermittlungsdienstes für den jeweiligen Nutzer niederschlägt. Als Anknüpfungspunkt hierfür kommt sowohl der Umstand, ob ein Nutzer überhaupt andere Dienste in Anspruch nimmt, in Betracht, als auch der Umfang der Inanspruchnahme. Es ist nämlich nach dem Wortlaut der Vorschrift auch unzulässig, die Geschäftsbedingungen des Datenvermittlungsdienstes an den Umfang der Nutzung eines anderen Dienstes, zum Beispiel zur Datenanalyse, zu knüpfen.

Damit enthält Art. 12 lit. b DGA ein weites Verbot der Koppelung und Bündelung von Datenvermittlungsdiensten. Anders als im Rahmen von Art. 102 AEUV ist weder erforderlich, dass der Datenvermittler oder mit ihm verbundene Unternehmen auf einem der Märkte marktbeherrschend sind, noch muss eine durch die Koppelung oder Bündelung hervorgerufene Marktverschließung wahrscheinlich sein.[741] Art. 12 lit. b DGA setzt daher nicht den auf der Marktbeherrschung beruhenden und für Koppelungs- und Bündelungsgeschäfte nach Art. 102 AEUV charakteristischen Zwang gegenüber den Kunden voraus. Auch Verknüpfungen von Diensten, die offensichtlich keine Gefahr für den Wettbewerb darstellen, werden von Art. 12 lit. b DGA erfasst.

(4) Effektive Verhinderung von Bündelungs- und Koppelungsstrategien?

Wenn, wie hier vertreten, unter den Geschäftsbedingungen im Rahmen von Art. 12 lit. b DGA auch die Zugangsgewährung zum Datenvermittlungsdienst ver-

---

740 Siehe hierzu oben Kap. 4, C. I. 1. b) aa).

741 Vgl. zu den Voraussetzungen von Art. 102 AEUV *Eilmansberger/Bien*, in: MüKo WettbR, AEUV, Art. 102 Rn. 604, 614.

standen wird, erfasst das Verbot des Art. 12 lit. b DGA alle gängigen Bündelungsstrategien. Denkbare Koppelungsstrategien werden durch Art. 12 lit. b DGA hingegen nur teilweise untersagt. Insofern enthält die Vorschrift eine erhebliche Schutzlücke.

Zunächst sind reine Bündelungen von Datenvermittlungsdiensten mit anderen Diensten verboten. Reine Bündelungen bezeichnen die Fälle, in denen zwei oder mehr Dienste ausschließlich zusammen als Paket angeboten werden und nicht einzeln genutzt werden können.[742] Sie sind gemäß Art. 12 lit. b DGA unzulässig, da in diesen Fällen der Zugang zum Datenvermittlungsdienst davon abhängig gemacht wird, ob ein anderer Dienst genutzt wird. Beispielsweise ist es einem Datenvermittler untersagt, die Erbringung seines Datenvermittlungsdienstes an die Bedingung zu knüpfen, dass ein Datennutzer auch seine Dienste zur Datenpflege in Anspruch nimmt. Ebenso untersagt Art. 12 lit. b DGA gemischte Bündelungen. Bei gemischten Bündelungen können die gebündelten Dienste zwar auch einzeln erworben werden, der Nutzer erhält aber einen signifikanten Rabatt oder andere Vorteile, wenn er die gebündelten Dienste zusammen erwirbt.[743] In diesen Fällen werden der Preis oder andere Geschäftsbedingungen des Datenvermittlungsdienstes und anderer Dienste davon abhängig gemacht, ob ein Nutzer sie gemeinsam erwirbt. Dies verstößt gegen Art. 12 lit. b DGA, da sich die Inanspruchnahme eines anderen Dienstes auf die Geschäftsbedingungen des Datenvermittlungsdienstes niederschlägt. Zum Beispiel könnte ein integriertes Unternehmen Dateninhabern und -nutzern einen Rabatt für den Datenvermittlungsdienst anbieten, wenn sie ihn gemeinsam mit seinem Datenanalyse-Dienst nutzen.

Art. 12 lit. b DGA erfasst unter bestimmten Voraussetzungen auch Koppelungsgeschäfte. Beim Koppelungsgeschäft wird der Kunde verpflichtet, neben dem vorrangig begehrten Dienst (Kopplungsdienst) auch noch einen weiteren Dienst (gekoppelter Dienst) zu erwerben.[744] Die Nutzung des Kopplungsdienstes wird demnach von der Nutzung des gekoppelten Dienstes abhängig gemacht. Unzulässig sind nach dem Wortlaut des Art. 12 lit. b DGA diejenigen Fälle, in denen es sich beim Datenvermittlungsdienst um den Kopplungsdienst handelt. Schließlich wird in diesem Fall der Zugang zum Datenvermittlungsdienst nur gewährt, wenn gleichzeitig ein anderer Dienst des Datenvermittlers oder eines verbundenen Unternehmens genutzt wird. Zum Beispiel darf der Zugang zum Datenvermittlungs-

---

742 *Eilmansberger/Bien*, in: MüKo WettbR, AEUV, Art. 102 Rn. 625; *Brömmelmeyer*, in: FK AEUV, Art. 102 Rn. 99.

743 *Eilmansberger/Bien*, in: MüKo WettbR, AEUV, Art. 102 Rn. 628.

744 *Eilmansberger/Bien*, in: MüKo WettbR, AEUV, Art. 102 Rn. 602, 624; *Brömmelmeyer*, in: FK AEUV, Art. 102 Rn. 99.

dienst nicht daran geknüpft werden, dass Nutzer auch die Cloud-Dienste eines verbundenen Unternehmens in Anspruch nehmen.

Den umgekehrten Fall, bei dem der Datenvermittlungsdienst der gekoppelte Dienst ist, erfasst Art. 12 lit. b DGA hingegen nicht. Hier wird schließlich nur der Zugang zu einem anderen Dienst davon abhängig gemacht, dass der Nutzer auch den Datenvermittlungsdienst nutzt. Die Geschäftsbedingungen des anderen Dienstes sehen also vor, dass zwingend auch der Datenvermittlungsdienst in Anspruch genommen wird. Die Geschäftsbedingungen des Datenvermittlungsdienstes werden hiervon aber nicht berührt. Er kann weiterhin separat genutzt werden und die Nutzung des anderen Dienstes schlägt sich nicht auf seine Geschäftsbedingungen nieder. Sie werden folglich nicht von der Nutzung eines anderen Dienstes abhängig gemacht. Daher enthält Art. 12 lit. b DGA eine gravierende Schutzlücke bei Marktmachtübertragungen von anderen Märkten auf den Markt für Datenvermittlungsdienste. Beispielsweise ist es zulässig, dass ein Unternehmen mit Marktmacht auf dem Markt für Cloud-Dienste die Nutzung seines Cloud-Dienstes (Koppelungsdienst) an die Nutzung seines Datenvermittlungsdienstes (gekoppelter Dienst) koppelt.

Vor dem Hintergrund der Zielsetzung des DGA, die Erbringung von Datenermittlungsdiensten in einem durch Wettbewerb geprägten Umfeld sicherzustellen, ist es erstaunlich, dass der Gesetzgeber diese Schutzlücke zugelassen bzw. übersehen hat. Zwar können sich Unternehmen nicht durch Bündelungsstrategien künstliche Vorteile auf dem Markt für Datenvermittlungsdienste verschaffen. Marktmachtübertragungen mithilfe von Koppelungsgeschäften bleiben aber möglich. Lediglich Koppelungsgeschäfte, bei denen es sich beim Datenvermittlungsdienst um den Koppelungsdienst handelt, werden untersagt. Solche Koppelungsgeschäfte können zwar die Entstehung von *Lock-in*-Effekten begünstigen und auch auf dem Markt für Datenvermittlungsdienste als Koppelungsmarkt gewisse Marktverschließungen fördern.[745] Ein größeres wettbewerbliches Risiko für das wettbewerbliche Umfeld von Datenvermittlungsdiensten stellen aber Koppelungsgeschäfte dar, die der Machtübertragung auf den gekoppelten Markt, also den Markt für Datenvermittlungsdienste, dienen.

cc) Stellungnahme

Nach der Logik des DGA war die Ergänzung des Art. 12 lit. b DGA im Gesetzgebungsverfahren konsequent. Die Vorschrift kann die Umgehung der Beschränkungen für die Erbringung von Zusatzdiensten nach Art. 12 lit. a und lit. e DGA verhindern. Schließlich ist es denkbar, dass integrierte Datenvermittler ihre Dienste da-

---

745 Siehe dazu *Elhauge*, Harvard Law Review 123 (2009), 399 (417 ff.).

von abhängig machen, dass Nutzer komplementäre Dienste von ihnen oder von mit ihnen verbundenen Unternehmen in Anspruch nehmen. Dies würde der Zielsetzung entgegenlaufen, Datenvermittlungsdienste von anderen (datenbezogenen) Diensten zu isolieren.

Darüber hinaus ist es zu einem gewissen Grad nachvollziehbar, dass Marktmachtübertragungen auf die noch jungen Märkte für Datenvermittlungsdienste verhindert werden sollen. Insofern fällt das Schutzniveau des Art. 12 lit. b DGA aber hinter seine Zielsetzung zurück. Zwar werden Marktmachtübertragungen durch Bündelungsstrategien durch die Vorschrift umfassend verboten, da sie zwangsläufig mit einer Beeinflussung der Geschäftsbedingungen des Datenvermittlers eingehen. Ein Schlupfloch bieten aber Koppelungsgeschäfte, bei denen der Datenvermittlungsdienst der gekoppelte Dienst ist. Diese Art von Koppelungsgeschäften kann allein nach Art. 102 AEUV verboten sein, der im Vergleich zu Art. 12 lit. b DGA jedoch deutlich strengere Anforderungen an die Unzulässigkeit von Koppelungsgeschäften stellt.

Auch losgelöst von diesem Umsetzungsfehler kommen Zweifel an der Sinnhaftigkeit eines generellen Verbots von Bündelungs- und Koppelungspraktiken auf.[746] Zwar trifft es zu, dass solche Praktiken auf digitalen Märkten besonders gefährlich und junge Märkte für sie besonders anfällig sind. Letztlich dürfte ein generelles Verbot aber dazu führen, dass auch ökonomisch erwünschte oder unbedenkliche Verhaltensweisen von Unternehmen, die über keine spürbare Marktmacht verfügen, unterbunden werden. So kann es zu diesem Zeitpunkt nicht ausgeschlossen werden, dass Bündelungs- und Koppelungspraktiken von Datenvermittlern Effizienzgewinne generieren würden, indem sie die Suchkosten von Dienstenachfragern reduzieren, die mehrere zusammenhängende datenbezogene Dienste nachfragen.[747] Die Wettbewerbsrisiken, die tatsächlich von Bündelungs- und Koppelungspraktiken durch große digitale Konglomerate ausgehen, hätten durch eine zielgenauere Regulierung adressiert werden können, die sich etwa wie der DMA an Umsatzschwellen des Konzerns orientiert. Wahrscheinlich hätte auch die strenge Durchsetzung des Art. 102 AEUV und vergleichbarer nationalstaatlicher Vorschriften zum Schutz von Marktmachtübertragungen ausgereicht.

c) Nutzungsbegrenzung für erhobene Daten (lit. c)

Art. 12 lit. c DGA enthält eine Zweckbeschränkung für solche Daten, die bei der Erbringung von Datenvermittlungsdiensten anfallen. Diese sollen ausschließlich

746 Vgl. *Hennemann/v. Ditfurth*, NJW 2022, 1905 (1909, Rn. 21); *v. Ditfurth/Lienemann*, CRNI 23 (2022), 270 (285).

747 Siehe allgemein zu möglichen und typischen Effizienzgewinnen durch Bündelungs- und Koppelungspraktiken *Motta*, Competition Policy (2004), S. 461.

für die Entwicklung des jeweiligen Datenvermittlungsdienstes verwendet werden dürfen. Zudem sieht die Norm vor, dass diese Daten den Dateninhabern auf Anfrage zur Verfügung zu stellen sind.

aa) Hintergrund und Zweck

Art. 12 lit. c DGA soll das Nutzervertrauen schützen und Wettbewerbsverfälschungen verhindern, indem das Neutralitätsprinzip für Datenvermittler auf solche Daten erstreckt wird, die bei der Erbringung von Datenvermittlungsdiensten erhoben werden. Durch die Zweckbeschränkung bei der Nutzung selbst erhobener Daten adressiert Art. 12 lit. c DGA die informationelle Macht, die Datenvermittler als Betreiber ihrer digitalen Plattformen erlangen können.[748] Sie ergibt sich aus ihrer zentralen Marktstellung und den weitreichenden Möglichkeiten der (automatischen) Informationsgewinnung im digitalen Raum.

So können Datenvermittler umfangreiche Daten und Metadaten über alle auf ihren Plattformen erfolgenden Interaktionen in Echtzeit sammeln. Dies umfasst unter anderem Informationen über die Marktpreise, das Suchverhalten der Datennutzer, die Preisanpassungen der Dateninhaber und die Komplementarität unterschiedlicher Datensätze.[749] Diese Informationen können ihnen einen umfassenden Überblick über alle Aktionen und Interaktionen verschaffen, die auf ihren Plattformen stattfinden.[750] Der Umstand, dass Datenvermittler und andere Plattformbetreiber vielfältige und umfangreiche Daten über ihre Dienste sammeln, ist nicht generell zu beanstanden. Denn daraus erlangte Wissen kann zur Verbesserung der Dienste verwendet werden, wovon auch die Nutzer profitieren.[751]

Wettbewerbliche Probleme können jedoch bei Interessenkonflikten der Plattformbetreiber bzw. der Datenvermittler auftreten. In diesen Fällen haben sie Anreize, ihre informationelle Macht entgegen den Interessen ihrer Nutzer und in potenziell wettbewerbsverfälschender Weise zu nutzen. Dies geschieht, indem sie die gesammelten Informationen zur Einführung und Begünstigung eigener Konkurrenzprodukte einsetzen.[752] Hierdurch werden unabhängige Anbieter erheblich benachteiligt, da sie keinen eigenen Zugriff auf die sie betreffenden Informationen erhalten und sie daher nicht zur Verbesserung oder Anpassung ihres Angebots

748 Siehe ausführlich zur informationellen Macht von digitalen Plattformbetreibern Kap. 4, C. I. 1. c).
749 Vgl. allgemein zu digitalen Plattformen *Crémer/de Montjoye/Schweitzer*, Competition policy for the digital era (2019), S. 68.
750 *Dolata*, Berliner Journal für Soziologie 29 (2019), 179 (193).
751 Siehe Kap. 4, C. I. 1. c).
752 Siehe hierzu Kap. 4, C. I. 2. b) bb) und cc); vgl. auch *Stigler Committee on Digital Platforms*, Final Report (2019), S. 68 f.; *OECD*, Abuse of dominance in digital markets (2020), S. 53.

verwenden können.[753] Die Abschottung der auf der Plattform erhobenen Daten kann darüber hinaus zu Informationsengpässen führen, welche die Markteffizienz der Plattform verringern.[754]

Vergleichbare, auf Interessenkonflikten beruhende Probleme können sich auch bei Datenvermittlungsdiensten stellen. Beispielsweise können über einen Datenmarktplatz auch Datenprodukte der mit dem Datenvermittlungsdienst verbundenen Unternehmen angeboten und, zum Beispiel beim *Ranking*, bevorzugt werden. Gerade bei Datenvermittlern, die aus demselben Sektor wie ihre Nutzer stammen, besteht zudem die Gefahr, dass sie über die gesammelten Daten und Metadaten Rückschlüsse über weitere Geschäftsaktivitäten ihrer Nutzer ziehen können, die sich strategisch (z. B. in Verhandlungen) und zu Lasten ihrer Nutzer auf anderen Märkten verwenden lassen. Eine Beschränkung der Nutzungszwecke für erhobene Daten kann daher zur Stärkung des Nutzervertrauens und der Vermeidung von Wettbewerbsverfälschungen beitragen. Durch den Anspruch der Dateninhaber auf Zugang zu den erhobenen Daten können außerdem Informationsasymmetrien abgebaut werden und die Effizienz des Plattformbinnenmarkts verbessert werden.

bb) Regelungsinhalt

Die etwas sperrig formulierte Vorschrift des Art. 12 lit. c DGA sieht vor, dass „die Daten, die in Bezug auf Tätigkeiten einer natürlichen oder juristischen Person zur Erbringung des Datenvermittlungsdienstes erhoben werden, einschließlich Datum, Uhrzeit und Geolokalisierungsdaten, Dauer der Tätigkeit sowie Verbindungen zu anderen natürlichen oder juristischen Personen, die von der den Datenvermittlungsdienst nutzenden Person hergestellt werden, nur für die Entwicklung dieses Datenvermittlungsdienstes verwendet werden, was die Nutzung von Daten für die Aufdeckung von Betrug oder im Interesse der Cybersicherheit umfassen kann, und sie den Dateninhabern auf Anfrage zur Verfügung zu stellen sind".

(1) Erfasste Daten

Von großer Bedeutung ist zunächst, welche Daten von der Vorschrift erfasst werden. Die Vorgängerregelung im Kommissionsentwurf (Art. 11 Nr. 2 DGA-E) bezog sich pauschal auf „Metadaten, die bei der Erbringung des Dienstes für die gemein-

753 *Kerber*, ZD 2021, 544 (546).

754 Siehe *Martens/Parker/u. a.*, Towards Efficient Information Sharing in Network Markets (2021), S. 3.

same Datennutzung erfasst werden".[755] Art. 12 lit. c DGA soll hierzu eine Konkretisierung darstellen, indem Beispiele für die von der Vorschrift erfassten Daten gegeben werden. Dennoch verbleiben aufgrund der umständlichen Umschreibung der erfassten Daten Schwierigkeiten bei der Auslegung.[756]

(a) Art der Erhebung

Art. 12 lit. c DGA setzt zunächst voraus, dass die Daten vom Datenvermittler erhoben wurden. Hinsichtlich der Art der Erhebung ist die Vorschrift weit zu verstehen. In Betracht kommt die aktive Erhebung der Daten durch den Datenvermittler, etwa indem automatisiert Informationen über das Verhalten der Nutzer auf seiner Plattform gesammelt werden. Hierunter fallen zum Beispiel Daten, die über Cookies des Datenvermittlers erhoben werden. Darüber hinaus werden auch Daten erfasst, die von Dienstenutzern selbst zur Verfügung gestellt werden, etwa durch das Eingeben von Informationen bei der Anmeldung. Nicht erfasst werden hingegen Daten, die über den Datenvermittlungsdienst ausgetauscht werden sollen. Diese sind schließlich schon zu einem früheren Zeitpunkt von den Dateninhabern erhoben worden und nicht erst bei der Nutzung der Datenvermittlungsdienste. Gegen die Einbeziehung solcher Daten im Rahmen des Art. 12 lit. c DGA spricht unter systematischen Gesichtspunkten auch, dass für sie bereits die strengere Zweckbeschränkung des Art. 12 lit. a Alt. 1 DGA gilt.[757]

(b) Erhebungszweck

Weiterhin werden von der Zweckbeschränkung des Art. 12 lit. c DGA nur solche Daten erfasst, die zur Erbringung des Datenvermittlungsdienstes erhoben wurden. Vor dem Hintergrund der Begrenzung der informationellen Macht von Datenvermittlern ist dieses Merkmal weit zu verstehen. Daten, die von Dateninhabern oder -nutzern zur Nutzung des Datenvermittlungsdienstes zur Verfügung gestellt wurden,[758] dienen der Erbringung des Dienstes ebenso wie Daten, die der Datenvermittler über die technische Leistung seiner Plattform oder zur Verbesserung seines *Matching*-Algorithmus sammelt. Lediglich Daten, die ohne einen Zusammenhang zur Erbringung des Datenvermittlungsdienstes aufgezeichnet werden, fallen nicht in den Anwendungsbereich der Vorschrift. Dies ist zum Beispiel bei Daten

---

755 Siehe zur Historie der Vorschrift *Specht-Riemenschneider*, in: Specht-Riemenschneider/Hennemann, DGA, Art. 12 Rn. 5.

756 Im Gegensatz dazu ist z. B. der ähnliche Art. 6 Abs. 10 DMA deutlich präziser formuliert.

757 Art 12 lit. a DGA ist gegenüber lit. c strenger, da die dort adressierten Daten in keiner Weise vom Datenvermittler für eigene Zwecke verwendet werden dürfen, auch nicht zur Verbesserung der eigenen Dienste; siehe hierzu Kap. 5, C. IVI. 3. a) aa) (2) (c).

758 Z. B. Adressen, Preise oder Beschreibungen ihrer Angebote.

der Fall, die der Datenvermittler aus anderen Quellen erhält und die nicht auf seine Stellung als Betreiber des Datenvermittlungsdienstes zurückzuführen sind.

(c) Inhalt der erhobenen Daten

Inhaltlich muss es sich um Daten handeln, die in Bezug zu den Aktivitäten einer natürlichen oder juristischen Person stehen. Art. 12 lit. c DGA scheint sich damit auf die Aktivitäten von Dateninhabern und Datennutzern bei der Nutzung des Datenvermittlungsdienstes zu beziehen.[759] Gerade diese Aktivitäten lassen sich schließlich vom Datenvermittler aufzeichnen. Etwas deutlichere Konturen hinsichtlich des Inhalts der erfassten Daten erhält der eher vage Wortlaut des Art. 12 lit. c DGA durch die dort genannten, nicht abschließenden Beispiele. Danach können die erfassten Daten unter anderem das Datum, die Uhrzeit, die Geolokalisierungsdaten und die Dauer der Tätigkeit sowie Verbindungen zu anderen natürlichen oder juristischen Personen, die von der den Datenvermittlungsdienst nutzenden Person hergestellt werden, beinhalten. In erster Linie bezieht sich Art. 12 lit. c DGA also auf Informationen, die Aufschluss über die äußeren Umstände der Anbahnung und des Abschlusses von Datentransaktionen zwischen Dateninhabern und Datennutzern geben. Beispielsweise werden Daten erfasst, die besagen, zu welchem Zeitpunkt und von wo aus ein Dateninhaber seine Daten anbietet oder zwischen welchen Dateninhabern und Datennutzern Geschäftsbeziehungen zustande kommen bzw. scheitern. An einem Bezug zu den Tätigkeiten der Dienstenutzer fehlt es jedoch dann, wenn rein technische Daten über den Betrieb des Datenvermittlungsdienstes erhoben werden, die sich nicht auf Tätigkeiten der Dienstenutzer beziehen. Dies ist zum Beispiel bei Daten der Fall, die allein über die Funktionsfähigkeit der Server des Datenvermittlers Aufschluss geben.

(2) Zulässiger Verwendungszweck

Die erhobenen Daten dürfen ausschließlich für die Entwicklung des Datenvermittlungsdienstes verwendet werden. Unter der Entwicklung kann die Verbesserung bestehender Funktionen, aber auch die Einführung neuer Funktionen zur Fortentwicklung des Datenvermittlungsdienstes verstanden werden. Da die Verbesserung und Fortentwicklung von Datenvermittlungsdiensten auf vielfältige Weise denkbar ist, kommen verschiedene Einsatzfelder für die erhobenen Daten in Betracht. Denkbar ist zunächst, dass die Daten zur Verbesserung der Nutzer- und Datensicherheit auf der Plattform analysiert und verwendet werden. So nennt Art. 12 lit. c DGA die Aufdeckung von Betrug oder die Verbesserung der Cybersicherheit als

759 Bei Datenvermittlern nach Art. 10 lit. b und lit. c DGA kommen auch betroffene Personen hierfür in Betracht.

Beispiele für die zulässige Datennutzung. Zum Beispiel kann der Datenvermittler die Daten, die er über die Aktivitäten von Nutzern gesammelt hat, analysieren, um Algorithmen für die automatische Entdeckung von Transaktionen und Nutzern zu entwickeln, die möglicherweise gegen geltendes Recht oder die Nutzungsbedingungen des Datenvermittlungsdienstes verstoßen. Auch die Verbesserung der technischen Funktions- und Leistungsfähigkeit des Datenvermittlungsdienstes durch die Nutzung von erhobenen Daten ist nach Art. 12 lit. c DGA zulässig. Beispielsweise könnte ein Datenvermittler analysieren, zu welchen Zeiten besonders viele Daten über seine Server ausgetauscht werden und dementsprechend seine Kapazitäten anpassen, um temporäre Überlastungen der Server zu vermeiden.

Grundsätzlich dürfte auch die Nutzung von erhobenen Daten und Metadaten zur Verbesserung des eigenen *Matching*-Algorithmus zulässig sein. Durch solche Algorithmen können den Nutzern zum Beispiel attraktive Interaktionsmöglichkeiten vorgeschlagen werden und eine Optimierung des *Rankings* von Suchergebnissen erfolgen. *Matching*-Algorithmen können dadurch einen wichtigen Beitrag für das effiziente *Match-Making* und die damit einhergehende Reduzierung von Suchkosten durch digitale Plattformen leisten.[760] Für Datenvermittler kann der Einsatz von *Matching*-Algorithmen daher entscheidend sein, um passende Datentransaktionen für ihre Nutzer zu finden. Da ihre Einführung und Optimierung die Analyse einer großen Anzahl von Nutzerhandlungen und -interaktionen voraussetzen,[761] dient die Verwendung von erhobenen Daten zum Aufbau und der Verbesserung solcher Algorithmen grundsätzlich der Entwicklung des Datenvermittlungsdienstes. Dies gilt aber nur dann, wenn die Datenanalysen die *Matching*-Algorithmen tatsächlich verbessern, indem sie die Fähigkeit der Algorithmen, geeignete Interaktionen anzubahnen, objektiv fördern. Datenanalysen, die hingegen der Manipulation von *Matching*-Algorithmen zur Ermöglichung von Selbstbegünstigungen dienen, sind nicht nach Art. 12 lit. c DGA erlaubt. Schließlich besteht der Zweck der Vorschrift gerade darin, zu verhindern, dass Daten, die der Datenvermittler bei der Erbringung seiner Dienste erhebt, entgegen den unmittelbaren Interessen der Dienstenutzer verwendet werden. Aufgrund der Intransparenz von *Matching*-Algorithmen[762] werden sich solche Verstöße in der Praxis jedoch nur schwer aufdecken lassen.[763]

---

760 Siehe nur *Engert*, AcP 218 (2018), 304 (332 ff.); *Belleflamme/Peitz*, The Economics of Platforms (2021), S. 60 ff.

761 *Montero/Finger*, The Rise of the New Network Industries (2021), S. 36 ff.; *Belleflamme/Peitz*, The Economics of Platforms (2021), S. 70 ff.

762 *Schweitzer*, ZEuP 2019, 1 (4).

763 Dies gilt umso mehr, da den DGA-Behörden nur wenige Ermittlungsbefugnisse zustehen, siehe Kap. 5, C. VI. 3. c).

(3) Datenzugangsgewährung

Gemäß Art. 12 lit. c DGA sind die erhobenen Daten den Dateninhabern auf Anfrage zur Verfügung zu stellen. Um die Informationsasymmetrie zwischen dem Datenvermittler und den seinen Dienst nutzenden Dateninhabern zu verringern, sollen diese Zugang zu bestimmten erhobenen Daten erhalten. Durch den Datenzugang können Dateninhaber ihre Marktpositionen gegenüber dem Datenvermittler aber auch im Wettbewerb untereinander verbessern. Beispielsweise können sie ihre Angebote entsprechend der Nachfrage von Datennutzern anpassen oder Benachteiligungen durch Algorithmen des Datenvermittlers aufdecken.[764] Leider lässt Art. 12 lit. c DGA wichtige Fragen hinsichtlich der Zurverfügungstellung der erhobenen Daten durch den Datenvermittler offen. Der Umfang der Vorschrift, ihr Potenzial zur Beseitigung von Informationsasymmetrien sowie der mit der Zurverfügungstellung der Daten verbundene Aufwand bleiben daher in hohem Maße ungewiss.

Eindeutig ist insoweit nur, dass der Datenvermittler die erhobenen Daten allein auf Anfrage dem jeweiligen Dateninhaber zur Verfügung zu stellen hat. Eine Pflicht des Datenvermittlers, die erhobenen Daten von sich aus den Dateninhabern zur Verfügung zu stellen, existiert nicht. Art. 12 lit. c DGA regelt nicht ausdrücklich, welche Dateninhaber berechtigt sind, eine Anfrage zu stellen. Da der Zweck der Vorschrift darin besteht, Informationsasymmetrien zwischen Datenvermittlern und Dienstenutzern auszugleichen, ist aber davon auszugehen, dass nur solche Dateninhaber eine Anfrage stellen dürfen, die auch die Dienste des Datenvermittlers in Anspruch nehmen.

(a) Umfang der herauszugebenden Daten

Fraglich ist, welche Daten der Datenvermittler dem anfragenden Dateninhaber zur Verfügung stellen muss. Denkbar ist zum einen, dass lediglich solche Daten von der Herausgabepflicht erfasst sind, die im Zusammenhang mit der Nutzung des Datenvermittlungsdienstes durch den jeweiligen Dateninhaber gesammelt wurden. Eine vergleichbare Regelung findet sich in Art. 6 Abs. 10 DMA gegenüber den dort regulierten Torwächtern.[765] Andererseits könnte gemeint sein, dass jeder Dateninhaber Zugang zu allen Daten erhält, die in den Grenzen von Art. 12 lit. c DGA erhoben werden. Dann würde sich der Zugang auf den gesamten durch den Datenvermittler aggregierten Datenbestand erstrecken. Ein umfassender Datenzu-

---

764 Vgl. *Cabral/Haucap/u.a*, The EU Digital Markets Act (2021), S. 20; *Martens/Parker/u. a.*, Towards Efficient Information Sharing in Network Markets (2021), S. 12, 32; *Crémer/de Montjoye/Schweitzer*, Competition policy for the digital era (2019), S. 68.

765 Im Kommissionsentwurf befand sich diese Regelung noch in Art. 6 Nr. 1 lit. i DMA-E; siehe dazu näher *Kerber*, ZD 2021, 544 (546); *Cabral/Haucap/u.a*, The EU Digital Markets Act (2021), S. 21 f.

gangsanspruch der Dateninhaber würde Informationsasymmetrien vollständig abbauen und die Dateninhaber an dem gesamten wirtschaftlichen Mehrwert der Datengenerierung durch den Datenvermittler teilhaben lassen. Demgegenüber bewahrt ein Datenzugangsanspruch, der sich nur auf die im Zusammenhang mit der Nutzung des Datenvermittlungsdienstes durch den jeweiligen Dateninhaber erhobenen Daten bezieht, die Informationsvorteile des Datenvermittlers und verhindert, dass der gesamte Wert der Daten geschöpft wird.[766]

Erstaunlicherweise regelt Art. 12 lit. c DGA, anders als Art. 6 Abs. 10 DMA, nicht explizit, in welchem Umfang Dateninhaber einen Anspruch auf Zugang zu den vom Datenvermittler erhobenen Daten haben. Diese Regelungslücke ist angesichts der Bedeutung des Anspruchsumfangs für Dateninhaber und Datenvermittler nicht nachvollziehbar. Der Wortlaut des Art. 12 lit. c DGA spricht eher dafür, dass jeder Dateninhaber Zugang zu allen Daten erhält. Schließlich wird generell angeordnet, dass „sie" (die Daten) den Dateninhabern zur Verfügung zu stellen sind. Eine Differenzierung der Daten nach dem Kriterium, durch wessen Nutzung die Daten generiert wurden, erfolgt nicht. Auch der Zweck der Vorschrift, Informationsasymmetrien auszugleichen, legt eine weite Auslegung des Datenzugangsanspruchs nahe. Es ist deshalb anzunehmen, dass der Datenvermittler den Dateninhabern grundsätzlich alle nach Art. 12 lit. c DGA erhobenen Daten zur Verfügung stellen muss.

Allerdings sollte der Zugangsanspruch restriktiv ausgelegt werden, insofern er die Rechte und legitimen Interessen der Datenvermittler und der anderen Dateninhaber berührt. Damit die Wettbewerbsposition des Datenvermittlers nicht in unangemessener Weise beeinträchtigt wird, darf kein Zugangsanspruch zu Daten bestehen, die durch Urheberrechte oder als Geschäftsgeheimnisse geschützt sind.[767] Zum Beispiel sollten Dateninhaber Informationen über die Nachfrage nach bestimmten Datentypen erhalten, nicht aber über den Matching-Algorithmus des Datenvermittlers. Mit Blick auf die Rechte und Interessen anderer Dateninhaber sollte sichergestellt werden, dass Daten, die Informationen über andere Dateninhaber und deren Nutzer enthalten, in aggregierter Form weitergegeben werden. So kann deren Identifikation verhindert werden und es wird vermieden, dass sensitive Informationen über ihre Geschäftstätigkeiten auf dem Datenvermittlungsdienst an den Datenzugangspetenten gelangen.

---

766 Vgl. zum DMA-E *Cabral/Haucap/u.a*, The EU Digital Markets Act (2021), S. 22.
767 So zu Art. 6 Abs. 10 DMA *Wolf-Posch*, in: Podszun, DMA, Art. 6 Rn. 227.

(b) Art und Weise der Datenherausgabe

Auf welche Weise und in welchem Format die erhobenen Daten zur Verfügung zu stellen sind, wird in Art. 12 lit. c DGA nicht näher spezifiziert.[768] Grundsätzlich ist der Datenvermittler daher in seiner Entscheidung frei, wie er den Dateninhabern Zugang zu den Daten ermöglicht. Es ist ihm überlassen, ob er die Daten an den Dateninhaber übermittelt (*ex-situ*-Zugang) oder ob er ihm lediglich den Zugang zu den Daten auf seinen eigenen Servern ermöglicht (*in-situ*-Zugang).[769] Mangels ausdrücklicher Anordnung kann außerdem nicht davon ausgegangen werden, dass die Daten in Echtzeit zur Verfügung gestellt werden müssen. Ebenso kann nicht angenommen werden, dass der Datenvermittler die Daten zwingend in ein interoperables Format umwandeln muss. Allerdings darf die Bereitstellung der Daten nicht auf eine Weise erfolgen, die die Nutzbarkeit der Daten für die Dateninhaber faktisch verhindert. Zu fordern ist deshalb, dass die Daten in einem angemessenen Zeitraum und auf einem gängigen technischen Wege zur Verfügung gestellt werden. Der Wortlaut des Art. 12 lit. c DGA, der eine Vergütung des Datenvermittlers für die Datenbereitstellung nicht explizit vorsieht, spricht für einen kostenlosen Datenzugangsanspruch der Dateninhaber. Jedenfalls sollte ein etwaiger Vergütungsanspruch des Datenvermittlers die Kosten für die Bereitstellung der Daten nicht übersteigen. Anderenfalls könnten Datenvermittler entgegen dem Zweck der Vorschrift Dateninhaber von der Inanspruchnahme ihrer Datenzugangsansprüche durch überhöhte Gebühren abhalten.

cc) Stellungnahme

Es ist grundsätzlich zu begrüßen, dass Art. 12 lit. c DGA die Verwendung und Weitergabe von Daten regelt, die bei der Erbringung von Datenvermittlungsdiensten erhoben wurden. Schließlich können Datenvermittler aufgrund von Interessenkonflikten Anreize haben, die erhobenen Daten entgegen den Interessen ihrer Nutzer zu verwenden. Indem Art. 12 lit. c DGA die zulässige Datennutzung auf die Verbesserung von Datenvermittlungsdiensten beschränkt, wird das Missbrauchspotenzial solcher Daten eingehegt. Auf diese Weise können Wettbewerbsverfälschungen zu Lasten der Dienstenutzer verhindert und das Nutzervertrauen gestärkt werden. Die handwerkliche Umsetzung der Nutzungsbeschränkung in Art. 12 lit. c DGA ist aber nicht vollständig gelungen. Eine präzisere Umschreibung der vom Anwendungsbereich der Norm umfassten Daten wäre wünschenswert gewesen. Das Gleiche gilt für die Umschreibung der zulässigen Verwendungszwecke.

---

768 Vgl. auch *Specht-Riemenschneider*, in: Specht-Riemenschneider/Hennemann, DGA, Art. 12 Rn. 45.

769 Siehe näher zur Unterscheidung von *in-situ*-Datenzugang und *ex-situ*-Datenzugang bei *Martens/Parker/u. a.*, Towards Efficient Information Sharing in Network Markets (2021), S. 4.

Aufgrund des knappen Wortlauts der Norm verbleiben Rechtsunsicherheiten hinsichtlich des Anwendungsbereichs und des Erlaubnisumfangs der Vorschrift.

Zu beachten ist außerdem, dass die Zweckbeschränkung hinsichtlich der Verwendung erhobener Daten auch dazu führt, dass diese nicht für die Entwicklung anderer Dienste eingesetzt werden dürfen. Die verbreitete Vorgehensweise digitaler Konglomerate, die in einem Geschäftsfeld erhobenen Daten auch für Dienste auf anderen Märkten zu verwenden, wird damit unterbunden.[770] Dies dürfte aus Sicht des Gesetzgebers eine gewollte Folge der Zweckbeschränkung sein. Schließlich werden so die weitere Ausbreitung und Stärkung von digitalen Konglomeraten sowie die damit einhergehenden wettbewerblichen Risiken verringert. Die Kehrseite hiervon besteht jedoch darin, dass Konglomerate nicht von datenbasierten Verbundvorteilen aufgrund der durch ihre Datenvermittlungsdienste gesammelten Daten profitieren können, die es ihnen unter Umständen ermöglichen würden, ihren Nutzern besonders attraktive Dienste auf benachbarten Märkten anzubieten.[771] Die Zweckbeschränkung kann also auch negative wirtschaftliche Auswirkungen haben.

Die Pflicht, die erhobenen Daten auch den Dateninhabern zur Verfügung zu stellen, ist grundsätzlich positiv zu bewerten. Hierdurch können Informationsasymmetrien zwischen Datenvermittlern und Dateninhabern ausgeglichen werden und es wird die Schöpfung des gesamten wirtschaftlichen Werts dieser Daten ermöglicht. Zu beanstanden ist aber die abstrakte Formulierung der Vorschrift. Der Umfang der mit dem jeweiligen Dateninhaber zu teilenden Daten bleibt offen. Aus der Vorschrift ergibt sich auch nicht, auf welche Weise die angeforderten Daten den Dateninhabern zur Verfügung zu stellen sind. Dies ist angesichts des Umstands, dass die vergleichbare Vorschrift des Art. 6 Abs. 10 DMA viel klarere Regelungen zur Bereitstellung der Daten enthält, enttäuschend. Aufgrund der mit dem knappen Wortlaut einhergehenden Unsicherheiten sind Rechtsstreitigkeiten zwischen Datenvermittlern und Dateninhabern hinsichtlich der Weitergabe der erhobenen Daten vorprogrammiert.

d) Umwandlungen von Datenformaten (lit. d)

Art. 12 lit. d DGA regelt, unter welchen Voraussetzungen Datenvermittler das Format der Daten, die sie vom Dateninhaber an den Datennutzer weiterleiten, umwandeln dürfen. Grundsätzlich ist der Austausch in dem Format zu ermöglichen, in dem der Datenvermittler die Daten vom Dateninhaber erhält. Unter bestimmten Bedingungen darf das Datenformat aber umgewandelt werden, um die Inter-

770 Siehe zu dieser Vorgehensweise Kap. 4, C. I. 1. b).
771 Siehe zu diesen Vorteilen in Kap. 2, D. II. 5 b) und Kap. 4, C. I. 1. b).

operabilität der Daten zu verbessern. Es besteht insofern ein „Konvertierungsverbot mit Erlaubnisvorbehalt".[772]

aa) Hintergrund und Zweck

Das grundsätzliche Verbot, Datenformate eigenmächtig umzuwandeln, soll die datenbezogene Neutralität von Datenvermittlern sicherstellen, indem die Herbeiführung von *Lock-in*-Effekten durch künstliche technische Barrieren verhindert wird.[773] Zu diesem Zweck soll die Fähigkeit von Nutzern zum *Switching* und *Multihoming* zwischen verschiedenen Anbietern von Datenvermittlungsdiensten gestärkt werden. So soll der Wettbewerb zwischen Datenvermittlern sowie zwischen komplementären Dienstleistern geschützt werden.[774] Schließlich besteht das Risiko, dass marktmächtige Datenvermittler ein eigenes nicht-interoperables Datenformat einführen könnten, das für die Nutzung des Datenvermittlungsdienstes und komplementärer Dienste von verbundenen Unternehmen aus derselben Unternehmensgruppe vorausgesetzt wird. Dies könnte es Dateninhabern und Datennutzern erschweren, mit ihren umgewandelten Daten zu anderen Datenvermittlern und komplementären Diensten zu wechseln, die dieses Format nicht unterstützen.

Zudem könnten andere Anbieter komplementärer datenbezogener Dienste daran gehindert werden, ihre Dienste den Nutzern des etablierten Datenvermittlers erfolgreich anzubieten, da die Nutzung ihrer Dienste zuvor eine aufwendige Umwandlung der Daten voraussetzen würde. Somit kann die Einführung nicht-interoperabler Datenformate die Datenportabilität und das *Switching* der Nutzer von Datenvermittlungsdiensten und komplementären Diensten erschweren sowie das *Multihoming*, also das gleichzeitige Nutzen von mindestens zwei substituierbaren Diensten, verhindern. Auf diese Weise könnte es zur Abschottung der betroffenen Märkte und einer damit einhergehenden Wettbewerbsschwächung kommen.

Erschwerend kommt hinzu, dass die Einführung uneinheitlicher Datenformate durch unterschiedliche Datenvermittler die Heterogenität der genutzten Datenformate zusätzlich vergrößern und so den Datenaustausch zwischen Unternehmen weiter erschweren könnte.[775] Aus diesen Gründen ist die Umwandlung von

---

772 *Specht-Riemenschneider*, in: Specht-Riemenschneider/Hennemann, DGA, Art. 12 Rn. 48.

773 *Hennemann/v. Ditfurth*, NJW 2022, 1905 (1909, Rn. 22); *v. Ditfurth/Lienemann*, CRNI 23 (2022), 270 (285).

774 Unter anderem auf der fehlenden Dateninteroperabilität beruhende *Lock-in*-Effekte existieren bereits in erheblichem Umfang auf dem Markt für Cloud-Dienste; siehe *Opara-Martins/Sahandi/Tian*, Journal of Cloud Computing 5 (2016), 1 (1 ff.); *Europäische Kommission*, SWD(2022) 34 final, S. 14, 22.

775 Siehe zum Problem der fehlenden Dateninteroperabilität oben in Kap. 3, D. III. 3. d) aa) (2).

Datenformaten lediglich unter bestimmten Voraussetzungen zur Verbesserung der Interoperabilität von Daten zulässig. Die Herstellung der Interoperabilität von Daten anhand etablierter Standards oder Normen kann zunächst dazu beitragen, *Lock-in*-Effekte zu vermeiden, indem der Wechsel zu anderen datenbezogenen Diensten erleichtert wird. Außerdem kann die Verbesserung der Interoperabilität den Datenaustausch zwischen Unternehmen im europäischen Binnenmarkt vereinfachen.[776] Aktuell stellt die fehlende Interoperabilität von Daten nämlich ein wesentliches technisches Hindernis für den Datenaustausch dar.[777] Nach Art. 12 lit. d DGA sollen sich Dateninhaber und -nutzer die technische Expertise von Datenvermittlern zur Verbesserung der Dateninteroperabilität zunutze machen können, um die technische Durchführung des Datenaustausches zu vereinfachen und Transaktionskosten zu senken.[778]

bb) Regelungsinhalt

Gemäß Art. 12 lit. d DGA ermöglicht „der Anbieter von Datenvermittlungsdiensten [...] den Austausch der Daten in dem Format, in dem er diese vom Dateninhaber erhält, wandelt die Daten nur in bestimmte Formate um, um die Interoperabilität innerhalb und zwischen Sektoren zu verbessern, oder wenn der Datennutzer dies verlangt, oder wenn das Unionsrecht dies vorschreibt oder wenn dies der Harmonisierung mit internationalen oder europäischen Datennormen dient und bietet betroffenen Personen oder Dateninhabern die Möglichkeit an, auf diese Umwandlungen zu verzichten („opt out"), sofern sie nicht durch das Unionsrecht vorgeschrieben sind". Demnach ist es dem Datenvermittler grundsätzlich untersagt, das Format der vom Dateninhaber erhaltenen Daten umzuwandeln. Die Formatumwandlung ist nur dann zulässig, wenn die Voraussetzungen einer der vier in Art. 12 lit. d DGA genannten Ausnahmen vorliegen.

(1) Grundsatz der Formatkontinuität

Nach Art. 12 lit. d DGA leitet der Datenvermittler die vom Dateninhaber erhaltenen Daten an den Datennutzer weiter, ohne ihr Format umzuwandeln. Als neutraler Vermittler soll er die Daten bei der Durchführung von Datentransaktionen grund-

---

776 Vgl. ErwG 32 DGA.

777 Vgl. ErwG 3 DA-E; *Europäische Kommission*, SWD(2020) 295 final, S. 15; COM(2020) 66 final, S. 10; siehe zu den Kosten der Herstellung von Dateninteroperabilität als wesentliches Hindernis beim Datenaustausch in Kap. 3, D. III. 3. d) aa) (2) (b).

778 Dies entspricht der Erwartung an Datenvermittler, dass sie aufgrund ihrer Spezialisierung eine besondere Expertise erlangen können und diese ihren Nutzern zur Verfügung stellen, um die Kosten von Datentransaktionen zu senken; vgl. *Europäische Kommission*, SWD(2020) 295 final, S. 12. Siehe hierzu auch oben in Kap. 4, B. II. 2. c) bb).

sätzlich nicht verändern.[779] Art. 12 lit. d DGA bezieht sich ausschließlich auf die Daten, die er vom Dateninhaber zur Weitergabe an den Datennutzer erhält und die damit Gegenstand von Datentransaktionen sind. Daten, die der Datenvermittler nach Art. 12 lit. c DGA selbst erhebt, fallen hingegen nicht in den Anwendungsbereich der Vorschrift. Unbeachtlich ist die Vorschrift auch dann, wenn der Datenvermittler lediglich die Geschäftsbeziehung zwischen dem Dateninhaber und dem Datennutzer anbahnt, ohne diese bei der technischen Durchführung der Datenübermittlung zu unterstützen. Schließlich erhält er in diesen Fällen keine Daten vom Dateninhaber zur Weiterleitung an den Datennutzer.

(2) Ausnahmen

Art. 12 lit. d DGA sieht vier Ausnahmen vor, unter denen Datenvermittler das Format der erhaltenen Daten dennoch umwandeln dürfen. Zulässig ist die Umwandlung des Datenformats zur Verbesserung der Dateninteroperabilität, auf Verlangen des Datennutzers, zur Befolgung von Unionsrecht und zur Harmonisierung mit europäischen und internationalen Datenstandards. Übergreifendes Ziel aller vier Ausnahmetatbestände ist die Herstellung der Interoperabilität der weiterzuleitenden Daten mit anderen Datenbeständen. Zu beachten ist außerdem, dass dem Dateninhaber bei drei der vier Ausnahmen ein *Opt-out*-Recht zusteht. Er kann die Umwandlung der Daten immer untersagen, solange sie nicht durch zwingendes Unionsrecht vorgeschrieben ist. Zur Ausgestaltung dieses *Opt-out*-Rechts enthält Art. 12 lit. d DGA keine näheren Vorgaben.[780]

(a) Verbesserung der Dateninteroperabilität (Var. 1)

Zunächst darf der Datenvermittler nach Art. 12 lit. d Var. 1 DGA die erhaltenen Daten in bestimmte Formate konvertieren, um die Interoperabilität der Daten innerhalb und zwischen Sektoren zu verbessern. In Abgrenzung zu den anderen in Art. 12 lit. d DGA vorgesehenen Ausnahmen bietet dieser Ausnahmetatbestand dem Datenvermittler die Möglichkeit, Daten auf eigene Initiative oder auf Anweisung des Dateninhabers umzuwandeln. Voraussetzung ist aber, dass die Formatumwandlung tatsächlich die Interoperabilität der Daten verbessert und der Dateninhaber auf die Umwandlung nicht verzichtet.

---

779 Ausnahmen von diesem Grundsatz finden sich neben Art. 12 lit. d DGA auch in lit. e.
780 Vgl. *Specht-Riemenschneider*, in: Specht-Riemenschneider/Hennemann, DGA, Art. 12 Rn. 53.

(aa) Dateninteroperabilität

Die Dateninteroperabilität setzt voraus, dass die selben Daten von unterschiedlichen IT-Systemen genutzt werden können.[781] Sie ist erforderlich damit ein Datennutzer die vom Dateninhaber erhaltenen Daten auch mit seinen IT-Systemen nutzen und gegebenenfalls mit eigenen Daten kombinieren kann. Hierfür ist sowohl die syntaktische als auch die semantische Interoperabilität der Daten erforderlich.[782] An der semantischen Interoperabilität fehlt es, wenn trotz einheitlicher Datenformate die von verschiedenen Systemen verwendeten Datenmodelle und -schemata inkompatibel sind.[783] Datensätze sind erst dann vollständig interoperabel, wenn die Daten und Metadaten das gleiche Format aufweisen und die Daten anhand einheitlicher Klassifizierungen und Vokabulare kodiert werden.[784]

Da die Umwandlung des Datenformats allein nicht ausreicht, um die vollständige Dateninteroperabilität herzustellen, sollte der Begriff des Datenformats im Rahmen des Art. 12 lit. d DGA weit verstanden werden. Schließlich ist auch das Vorliegen der semantischen Interoperabilität zwingend notwendig, um die vollständige Dateninteroperabilität zu erreichen. Aufgrund des Zwecks der Vorschrift, die effektive Verbesserung der Dateninteroperabilität innerhalb und zwischen Sektoren zu verbessern, sollte die Umwandlung des Datenformats durch den Datenvermittler nach Art. 12 lit. d DGA deshalb auch die Angleichung der verwendeten Datenmodelle und Datenschemata umfassen.

(bb) Verbesserung der Interoperabilität

Notwendig für das Vorliegen des Ausnahmetatbestands ist, dass die Formatumwandlung der Verbesserung der Interoperabilität innerhalb oder zwischen Sektoren dient. Der Ausnahmetatbestand soll nicht dazu dienen, das grundsätzliche Verbot für eigenmächtige Formatumwandlungen durch den Datenvermittler zu umgehen. Formatumwandlungen sind nur dann zulässig, wenn sie tatsächlich die Interoperabilität der ausgetauschten Daten verbessern. Dies kann der Fall sein, wenn die vom Dateninhaber bereitgestellten Daten an ein faktisch weit verbreitetes Datenformat angepasst werden,[785] das aber weder durch EU-Recht noch durch

---

781 Siehe zur Dateninteroperabilität ausführlich Kap. 3, D. III. 3. d) aa) (2) (a); vgl. auch *OECD*, Data Driven Innovation (2015), S. 192.

782 *OECD*, Enhancing Access to and Sharing of Data (2019), S. 93; *Hoffmann/Otero*, JIPITEC 11 (2020), 252 (257 f.).

783 *Noura/Atiquzzaman/Gaedke*, Mobile Networks and Applications 24 (2019), 796 (799). Siehe hierzu ausführlich *González Morales/Orrell*, Data Interoperability (2018), S. 22 ff.

784 *González Morales/Orrell*, Data Interoperability (2018), S. 10; siehe hierzu näher in Kap. 3, D. III. 3. d) aa) (2).

785 Bei einem solchen weit verbreiteten Datenformat kann es sich zum Beispiel um einen *de-facto*-Industriestandard handeln; siehe hierzu im Detail unten in Kap. 5, C. VII. 3. d) bb) (2) (d).

internationale Datennormen vorgeschrieben ist.[786] So ist es denkbar, dass der Dateninhaber ein ungewöhnliches, für seine Bedürfnisse maßgeschneidertes Datenformat verwendet, welches die Nutzung seiner Daten durch andere Unternehmen verhindert. Die Umwandlung in ein gängigeres, aber nicht durch Recht oder Datennormen zwingend vorgeschriebenes Format könnte dann die Wiederverwendbarkeit der Daten erheblich verbessern. Ebenso kann bei sektorenübergreifenden Datentransaktionen ein Bedürfnis danach bestehen, die Daten an das im Sektor des Datennutzers verbreitete Format anzupassen.

Die Umwandlung des Datenformats zur Verbesserung der Interoperabilität kann auf eigene Initiative des Datenvermittlers erfolgen und setzt keine ausdrückliche Einwilligung des Dateninhabers voraus. Die Verzichtsmöglichkeit des Dateninhabers ist als *Opt-out*-Verfahren ausgestaltet. Der Dateninhaber muss der Umwandlung daher ausdrücklich widersprechen. Es ist aber wahrscheinlich, dass die Formatumwandlung nach Art. 12 lit. c Var. 1 DGA in der Praxis üblicherweise auf Anweisung des Dateninhabers hin erfolgen wird.

(b) Auf Verlangen des Datennutzers (Var. 2)

Nach Art. 12 lit. d Var. 2 DGA darf der Datenvermittler das Datenformat auch auf Verlangen des Datennutzers umwandeln. Hieran hat der Datennutzer ein Interesse, wenn die Formatumwandlung die Interoperabilität mit seinen Daten verbessert. Bei dem Format, in das die Umwandlung zu erfolgen hat, muss es sich nicht zwingend um ein weit verbreitetes oder normiertes Format handeln. Es kann auch die Umwandlung in ein Format erfolgen, das zwar wenig verbreitet ist, aber für den Datennutzer aufgrund individueller Anwendungszwecke besonders nützlich ist. In Art. 12 lit. d Var. 2 DGA spiegelt sich die Unterstützungsfunktion wider, die Datenvermittler ihren Nutzern anbieten sollen. Da die Herstellung der Interoperabilität verschiedener Datensätze technisch komplex und aufwendig sein kann,[787] kann es für den Datennutzer vorteilhaft sein, auf die Expertise des spezialisierten Datenvermittlers zurückzugreifen.

Auch bei dieser Variante ist der Begriff des Datenformats weit zu verstehen. Er umfasst sowohl die Anpassung der Datenmodelle als auch der Datenschemata. Zudem steht dem Dateninhaber auch hier ein *Opt-out*-Recht zu. Der Datennutzer kann die erhaltenen Daten also nicht gegen den Willen des Dateninhabers umwan-

---

786 Bei der Formatkonvertierung aufgrund EU-rechtlicher Vorgaben oder zur Harmonisierung mit Datennormen finden bereits die spezielleren Ausnahmetatbestände der Art. 12 lit. c Var. 3 und 4 DGA Anwendung; siehe hierzu in den nächsten Abschnitten.

787 *Barbero/Cocoru/u. a.*, Study on emerging issues of data ownership (2018), S. 93; *Gal/Rubinfeld*, New York University Law Review 94 (2019), 737 (748); *Rubinfeld/Gal*, Arizona Law Review 59 (2017), 339 (365).

deln lassen. Vor der Umwandlung muss dem Dateninhaber deshalb die Möglichkeit gegeben werden, von seinem Widerspruchsrecht Gebrauch zu machen.

(c) Unionsrecht (Var. 3)

Gemäß Art. 12 lit. d Var. 3 DGA darf und muss der Datenvermittler das Format der erhaltenen Daten dann umwandeln, wenn dies durch EU-Recht vorgesehen ist. Ihn trifft dann eine rechtliche Pflicht zur Umwandlung der Daten. Ein *Opt-out*-Recht des Dateninhabers ist in diesem Fall anders als bei den übrigen Ausnahmetatbeständen nicht vorgesehen. Art. 12 lit. d Var. 3 DGA erfasst die Fälle, in denen die Umwandlung zwingend durch Unionsrecht vorgeschrieben ist und es unerheblich ist, ob die Umwandlung im Sinne des Dateninhabers und des Datennutzers erfolgt.

Aktuell existieren kaum europäische Rechtsvorschriften, die die Umwandlung von Daten in ein bestimmtes Format vorschreiben. Eine Anforderung, Daten aus Gründen der Interoperabilität umzuwandeln, könnte sich aber in Art. 24 Abs. 2 RL (EU) 2019/944[788] finden. Nach dieser Vorschrift kann die Europäische Kommission durch Durchführungsrechtsakte Interoperabilitätsanforderungen für den Zugang zu bestimmten Daten, die von intelligenten Messsystemen im Energiesektor gespeichert werden. Diese Interoperabilitätsanforderungen sollen sich unter anderem auf die syntaktische und semantische Interoperabilität der Daten beziehen können. Ein weiteres Beispiel für eine europäische Rechtsnorm, die bestimmte Vorgaben hinsichtlich der zu verwendenden Datenformate enthält, stellt Art. 21 Abs. 2 VO(EU) 2015/703[789] dar. Diese Vorschrift regelt gemeinsame (interoperable) Lösungen für den Datenaustausch zwischen den Betreibern von Erdgasfernleitungen. Hierdurch soll nach ErwG 8 der Verordnung ein angemessener Grad der Harmonisierung des Datenaustausches erreicht werden, um grenzübergreifende Fernleitungstätigkeiten zu erleichtern. Unter anderem soll gemäß Art. 21 Abs. 2 lit. b Nr. 1 VO(EU) 2015/703 das Datenformat „Edig@s-XML“ oder ein gleichwertiges Format, das denselben Grad an Interoperabilität gewährleistet, verwendet werden.

Mittelfristig ist zu erwarten, dass noch weitere EU-Rechtsakte die Umwandlung von Daten in bestimmte Formate zur Verbesserung der Interoperabilität vorsehen werden. Denn die Verbesserung der (Daten-)Interoperabilität ist eine wesentliche Zielsetzung der Europäischen Kommission bei der Gründung gemeinsa-

---

788 Richtlinie (EU) 2019/944 des Europäischen Parlaments und des Rates vom 5. Juni 2019 mit gemeinsamen Vorschriften für den Elektrizitätsbinnenmarkt und zur Änderung der Richtlinie 2012/27/EU, ABl. L 158 vom 14.6.2019, S. 125–199.

789 Verordnung (EU) 2015/703 der Kommission vom 30. April 2015 zur Festlegung eines Netzkodex mit Vorschriften für die Interoperabilität und den Datenaustausch, ABl. L 113 vom 1.5.2015, S. 13–26.

mer Europäischer Datenräume.[790] Der Vorschlag der Europäischen Kommission für die EU-Verordnung zum Europäischen Gesundheitsdatenraum enthält noch keine Vorschriften, die sich gezielt auf die Umwandlung von Daten in bestimmte, interoperable Formate beziehen.[791] Es ist aber denkbar, dass künftige Vorschläge zu anderen gemeinsamen europäischen Datenräumen solche sektorspezifischen Vorschriften zur Verwendung bestimmter Datenformate enthalten werden.

(d) Internationale oder europäische Datennormen (Var. 4)

Gemäß Art. 12 lit. d Var. 4 DGA darf der Datenvermittler das Format der erhaltenen Daten zur Harmonisierung mit internationalen oder europäischen Datennormen anpassen. Die Normung beziehungsweise Standardisierung von Datenformaten bezieht sich auf deren Vereinheitlichung. Sie zielt auf die Verwendung einheitlicher Datenstrukturen, -modelle, -schemata und -terminologien ab.[792] Der Wert der Standardisierung von Datenformaten besteht darin, dass sie deren Interoperabilität und damit einhergehend die Austauschbarkeit und Wiederverwendbarkeit von Daten verbessert.[793]

Standards können sich zum einen durch Marktprozesse oder durch die Einigung einer bestimmten Anzahl von Unternehmen auf einen gemeinsamen Standard entwickeln. Solche Standards werden als *de-facto*-Standards oder Industriestandards bezeichnet.[794] Zum anderen können Standards von staatlichen oder nicht-staatlichen, anerkannten Organisationen im Wege der Normung festgelegt werden. Hierbei handelt es sich um *de-jure*-Standards oder Normen.[795] Anerkannte Normungsorganisationen sind etwa das DIN oder die ISO. Die von anerkannten

---

790 Vgl. ErwG 27 DGA; *Europäische Kommission*, COM(2020) 66 final, S. 20; *Kommission*, SWD (2022) 45 final, S. 3.

791 Der Verordnungsvorschlag enthält mehrere Interoperabilitätsvorgaben. Diese beziehen sich aber auf die Interoperabilität zwischen verschiedenen Geräten oder Software-Anwendungen und nicht auf die Interoperabilität von Daten *per se*; siehe u. a. Art. 2 Abs. 2 lit. f, Art. 13 Abs. 3, 14 Abs. 2 und Abs. 3, Art. 50 des Kommissionsentwurfs.

792 Siehe zur Normung von Datenformaten *Gal/Rubinfeld*, New York University Law Review 94 (2019), 737 (749); *Hillmer*, Daten als Rohstoffe (2021), S. 370 f.

793 *Gal/Rubinfeld*, New York University Law Review 94 (2019), 737 (753); *Europäische Kommission*, Rolling Plan for ICT Standardisation (2022), S. 43; *Walshe*, in: Curry/Metzger/u. a., The Elements of Big Data Value (2021), S. 333 (348); *Hoffmann/Otero*, JIPITEC 11 (2020), 252 (258, Rn. 27).

794 *Mangelsdorf*, in: Wittpahl, Künstlice Intelligenz (2019), S. 48 (49); *Brinsmead*, Essential Interoperability Standards (2021), S. 19; *Belleflamme*, European Journal of Political Economy 18 (2002), 153 (153 f.). Ein Beispiel für einen erfolgreichen Industriestandard ist die weltweite Verbreitung des MP3-Formats zur Speicherung von Audiodaten.

795 *Mangelsdorf*, in: Wittpahl, Künstlice Intelligenz (2019), S. 48; *Brinsmead*, Essential Interoperability Standards (2021), S. 19; *Belleflamme*, European Journal of Political Economy 18 (2002), 153 (153 f.).

Organisationen gesetzten Normen haben keine rechtliche Verbindlichkeit, finden aber aufgrund der wirtschaftlichen Vorteile der Vereinheitlichung sowie der vertrauens- und legitimitätserzeugenden Durchführung des Normungsverfahrens in der Regel eine weite Beachtung.

Es ist davon auszugehen, dass sich Art. 12 lit. d Var. 4 DGA allein auf die Formatumwandlung zur Harmonisierung mit *de-jure*-Standards, also Normen, bezieht.[796] Hierfür spricht der Wortlaut der Vorschrift, der die Harmonisierung mit internationalen oder europäischen Datennormen vorsieht. Der Wortlaut bezieht sich also auf Normen, die von europäischen oder internationalen Normungsorganisationen herausgegeben werden. Auf europäischer Ebene kommen Normen der drei Standardisierungsorganisationen ETSI, CEN und CENELEC in Betracht.[797] Wichtige internationale Normungsorganisationen, die auch im Bereich der Datennutzung und -verarbeitung tätig werden, sind unter anderem die ISO und die IEC. Aktuell gibt es eine Reihe laufender und abgeschlossener Standardisierungsvorhaben europäischer und internationaler Normungsorganisationen, welche die Speicherung, Verarbeitung und Nutzung von Daten betreffen.[798] Allerdings fehlt es bisher noch an etablierten und einheitlichen Normen für den intra- oder intersektoralen Datenaustausch zwischen Unternehmen.[799]

Jedenfalls mittelfristig ist die Entstehung solcher Normen zu erwarten. Eine wesentliche Zielsetzung der Europäischen Kommission im Zusammenhang mit ihrer Datenstrategie besteht darin, durch die Verwendung genormter Datenformate die „interoperable Erfassung und Verarbeitung von Daten aus verschiedenen Quellen über verschiedene Sektoren und vertikale Märkte hinweg [zu] ermöglichen".[800] Die Entwicklung sektorspezifischer Datennormen soll vor allem im Rahmen der Gründung gemeinsamer europäischer Datenräume unterstützt wer-

---

796 Allerdings kann die Umwandlung des Datenformats zur Vereinheitlichung mit einem *de-facto*-Industriestandard nach Variante 1 zulässig sein, wenn sie der Verbesserung der Interoperabilität dient.

797 Siehe für einen Überblick über diese Organisationen *Walshe*, in: Curry/Metzger/u. a., The Elements of Big Data Value (2021), S. 333 (335 f.); siehe zu den Normungsaktivitäten dieser Organisationen im Hinblick auf die Datennutzung und -verarbeitung *Europäische Kommission*, Rolling Plan for ICT Standardisation (2022), S. 47.

798 Eine umfassende Aufzählung findet sich in *Europäische Kommission*, Rolling Plan for ICT Standardisation (2022), S. 47 ff.

799 *OECD*, Enhancing Access to and Sharing of Data (2019), S. 92 f.; *Europäische Kommission*, SWD(2022) 34 final, S. 22.

800 *Europäische Kommission*, COM(2020) 66 final, S. 10; vgl. auch *Europäische Kommission*, COM (2022) 68 final, S. 3; Rolling Plan for ICT Standardisation (2022), S. 42. Unter von der Europäischen Kommission befragten Unternehmen herrscht große Einigkeit, dass die Einführung von einheitlichen Datennormen notwendig ist, um den Datenaustausch zu verbessern; vgl. *Europäische Kommission*, SWD(2022) 34 final, S. 22.

den.[801] Darüber hinaus sollen aber auch Normen für den sektorübergreifenden Datenaustausch gefördert werden. Eine wichtige Unterstützungsfunktion bei der Entwicklung und Nutzbarmachung von sektorspezifischen und sektorübergreifenden Datennormen soll der nach Art. 29 DGA von der Kommission einzusetzende Europäische Dateninnovationsrat einnehmen.[802] Dieser soll gemäß Art. 30 lit. g DGA die Kommission bei ihren Bemühungen unterstützen, einer Fragmentierung des Binnenmarkts und der Datenwirtschaft im Binnenmarkt entgegenzuwirken, indem die grenzüberschreitende und die sektorübergreifende Interoperabilität von Daten sowie von Datenvermittlungsdiensten zwischen verschiedenen Sektoren und Bereichen auf der Grundlage bestehender europäischer, internationaler oder nationaler Normen verbessert wird. Außerdem soll der Dateninnovationsrat gemäß Art. 30 lit. h Nr. 1 DGA die Verwendung und Entwicklung sektorübergreifender Normen für die Datennutzung und den sektorenüberschreitenden Datenaustausch durch Leitlinien unterstützen.

Wenn sich anerkannte internationale oder europäische Normen für den Datenaustausch entwickelt haben, kann der Datenvermittler die erhaltenen Daten eigenständig in das genormte Datenformat umwandeln. Die vorherige Anweisung durch den Dateninhaber oder Datennutzer ist nicht erforderlich. Allerdings steht dem Dateninhaber auch bei dieser Variante ein *Opt-out*-Recht zu. Er kann der Angleichung des Datenformats an eine internationale oder europäische Norm daher widersprechen.

cc) Stellungnahme

Es ist sinnvoll, dass der Gesetzgeber die neutrale Position von Datenvermittlern weiter absichert, indem er ihnen grundsätzlich die Umwandlung von Daten in andere Datenformate untersagt. Denn die Umwandlung der erhaltenen Daten in eigenständig festgelegte Datenformate kann zu *Lock-in*-Effekten führen, die eine Marktabschottung begünstigen. Dieses Problem hat sich bereits auf den Märkten für Cloud-Dienste gezeigt. Unter anderem aufgrund der Verwendung uneinheitlicher, nicht-interoperabler Datenformate durch Cloud-Anbieter haben Nutzer große Schwierigkeiten mit ihren Daten zu einem anderen Anbieter zu wechseln.[803]

---

801 *Europäische Kommission*, SWD(2022) 45 final, S. 4 f.

802 Vgl. ErwG 54 DGA.

803 *Opara-Martins/Sahandi/Tian*, Journal of Cloud Computing 5 (2016), 1 (1 ff.); *Europäische Kommission*, SWD(2022) 34 final, S. 14, 22. Aus diesem Grund sieht Art. 29 Abs. 2 DA-E bestimmte Dateninteroperabilitätsvorgaben für Anbieter von Cloud-Diensten vor.

Art. 12 lit. d DGA kann dazu beitragen, die Entstehung ähnlicher *Lock-in*-Effekte auf dem Markt für Datenvermittlungsdienste frühzeitig zu verhindern.[804]

Gleichzeitig ist aber auch die Einführung von Ausnahmeregelungen für die Konvertierung von Datenformaten angebracht. Denn die Umwandlung von Datenformaten zur Verbesserung der Interoperabilität verbessert die Wiederverwendbarkeit der Daten und erleichtert somit die Datenweitergabe durch Dateninhaber. Da die fehlende Interoperabilität von Daten ein erhebliches Hindernis für den Datenaustausch zwischen Unternehmen darstellt, ist es angemessen, dass Datenvermittler als auf die Durchführung von Datentransaktionen spezialisierte Unternehmen ihre besondere Expertise bei der Umwandlung von Datenformaten anwenden dürfen. In diesem Zusammenhang ist es sinnvoll, dass sie auch ohne explizite Beauftragung ihrer Nutzer Datensätze an rechtliche Vorgaben oder Datennormen anpassen dürfen. Datenvermittler können so die von der Kommission beabsichtigte Harmonisierung von Datenformaten im europäischen Binnenmarkt und den einzelnen Sektoren vorantreiben.

Trotz der Vorteile der Datenharmonisierung ist es richtig, dass Dateninhaber der Umwandlung durch ihr *Opt-out*-Recht widersprechen können, soweit die Konvertierung nicht gesetzlich vorgeschrieben ist.[805] Zwar kann durch die *Opt-out*-Möglichkeit der Harmonisierungsprozess verlangsamt werden. Andererseits können Dateninhaber legitime Gründe für die Untersagung der Umwandlung ihrer Daten haben. Denn die Herstellung der Dateninteroperabilität durch Standardisierung kann im Einzelfall auch Nachteile mit sich bringen. Beispielsweise kann die Standardisierung von Datenformaten unter Umständen die Sicherheit von Daten und IT-Systemen schwächen.[806] Unter diesen Gesichtspunkten berücksichtigt Art 12 lit. d DGA die Interessen der Dateninhaber in angemessener Weise. Durch das *Opt-out*-Recht wird vermieden, dass risikoaverse Dateninhaber aufgrund von Sicherheitsbedenken, die auf der Konvertierung ihrer Daten beruhen, von der Nutzung von Datenvermittlungsdiensten abgehalten werden.

e) Zusätzlich erlaubte Dienstleistungen (lit. e)

Art. 12 lit. e DGA regelt, welche zusätzlichen Dienste und Werkzeuge Datenvermittler neben ihrer eigentlichen Haupttätigkeit, der Erbringung von Datenvermittlungstätigkeiten, anbieten dürfen. Zulässig ist in einem engen Rahmen das Anbieten zusätzlicher Leistungen, die den Datenaustausch zumindest mittelbar erleich-

---

804 Weitere Vorgaben zur Interoperabilität mit anderen Datenvermittlungsdiensten enthält Art. 12 lit. i DGA; siehe dazu in Kap. 5, C. VII. 3. i).

805 A. A. *Specht-Riemenschneider*, in: Specht-Riemenschneider/Hennemann, DGA, Art. 12 Rn. 53.

806 *Gal/Rubinfeld*, New York University Law Review 94 (2019), 737 (757); *Schweitzer/Kerber*, JIPITEC 8 (2017), 39 (42, Rn. 10); *Gasser*, Interoperability in the Digital Ecosystem (2015), S. 13.

tern. Eine entsprechende Ausnahmeregelung enthielt der Kommissionsentwurf noch nicht. Dort wurde Datenvermittlern die Erbringung aller zusätzlichen Dienstleistungen untersagt. Durch die Einführung von Art. 12 lit. e DGA im späteren Gesetzgebungsverfahren[807] hat der europäische Gesetzgeber auf die teils erhebliche und berechtigte Kritik am ausnahmslosen Verbot reagiert.[808]

aa) Hintergrund und Zweck

Art. 12 lit. e DGA regelt eine Ausnahme von der strengen Zweckbeschränkung nach Art. 12 lit. a DGA, wonach die vom Dateninhaber erhaltenen Daten grundsätzlich für keine anderen Zwecke verwendet werden, als sie den Datennutzern zur Verfügung zu stellen. Durch das grundsätzliche Verbot, Dateninhabern und Datennutzern zusätzliche Dienste anzubieten, soll die Entstehung von *Lock-in*-Effekten verhindert werden.[809]

Art. 12 lit. e DGA macht hiervon eine Ausnahme, indem das Anbieten bestimmter zusätzlicher Dienste und Werkzeuge zur Erleichterung des Datenaustausches durch Datenvermittler zugelassen wird. Datenvermittler sollen bei der Durchführung des Datenaustausches eine technische Unterstützungsfunktion wahrnehmen dürfen, die über ihre *Match-Making*-Funktion und das bloße Weiterleiten der Daten vom Dateninhaber an den Datennutzer hinausgeht.[810] Hierfür besteht ein Bedürfnis, da die technische Durchführung von Datentransaktionen in der Praxis Schwierigkeiten aufwirft.[811] In vielen Fällen stoßen Dateninhaber und Datennutzer nicht nur bei der Anbahnung und dem Abschluss von Datentransaktionen auf Schwierigkeiten, sondern auch bei deren technischer Umsetzung.

Indem Datenvermittler dazu beitragen, die technische Durchführung von Datentransaktionen zu erleichtern, können sie die Transaktionskosten für Dateninhaber und Datennutzer senken und zum florierenden Datenaustausch im europäischen Binnenmarkt beitragen.[812] Schließlich ist zu erwarten, dass Datenvermittler aufgrund ihrer Spezialisierung eine hohe Expertise bei der Gestaltung und Durch-

---

807 Siehe zur Historie der Vorschrift *Specht-Riemenschneider*, in: Specht-Riemenschneider/Hennemann, DGA, Art. 12 Rn. 7.

808 Siehe zur Kritik z. B. folgende Stellungnahmen: *Bitkom*, Comments on the DGA (2021), S. 5; *BDI*, Statement on the proposed DGA (2021), S. 4 f.; *ICC*, Feedback on COM(2020)767 (2021), S. 2. Die Kritik ging zum Teil noch weiter und bezog sich auch darauf, dass Datenvermittler ihren Nutzern keine integrierten Datenanalysen und Datenanreicherungen anbieten dürfen.

809 Siehe hierzu näher in Kap. 5, C. VII. 2. a) aa) (2).

810 Siehe zu den möglichen Unterstützungsmaßnahmen von Datenmarktplätzen und industriellen Datenplattformen in Kap. 4, B. II. 2 und 3.

811 Siehe zu den technischen Kosten bei Datentransaktionen in Kap. 3, D. III. 3. d) aa).

812 Vgl. *Europäische Kommission*, SWD(2020) 295 final, S. 12.

führung von Datentransaktionen aufbauen können.[813] Damit Datenvermittler ihre potenziell wirtschaftlich wertvolle Unterstützungsfunktion effektiv ausfüllen können, ist die Ausnahme von der strengen Zweckbeschränkung des Art. 12 lit. a DGA angezeigt. Zugleich soll ihre neutrale Stellung aber möglichst umfassend gewahrt werden, indem sich Art. 12 lit. e DGA nur auf solche Tätigkeiten beschränkt, die ausschließlich der Erleichterung von Datentransaktionen dienen.

bb) Regelungsinhalt

Gemäß Art. 12 lit. e DGA können Datenvermittlungsdienste „ein Angebot zusätzlicher spezifischer Werkzeuge und Dienste für Dateninhaber umfassen, insbesondere um den Datenaustausch zu erleichtern, z. B. vorübergehende Speicherung, Pflege, Konvertierung, Anonymisierung und Pseudonymisierung; diese Werkzeuge werden nur auf ausdrücklichen Antrag oder mit Zustimmung des Dateninhabers [...] verwendet, und die in diesem Zusammenhang angebotenen Werkzeuge Dritter werden für keine anderen Zwecke verwendet“. Zu beachten ist aber, dass der Wortlaut der deutschen Sprachfassung missverständlich ist und von anderen Sprachfassungen abweicht. In Art. 12 lit. e Hs. 1 DGA heißt es, dass Datenvermittlungsdienste zusätzliche Werkzeuge und Dienste umfassen können, insbesondere um den Datenaustausch zu erleichtern. In der englischen Sprachfassung heißt es hingegen, dass zusätzliche Dienste und Werkzeuge angeboten werden können „for the specific purpose of facilitating the exchange of data“.[814] Zusätzliche Dienste und Werkzeuge können danach nur und nicht insbesondere für den Zweck der Erleichterung des Datenaustausches angeboten werden. Sie dürfen, anders als die deutsche Sprachfassung impliziert, nicht auch zu anderen Zwecken angeboten werden. Im Einklang mit der englischen Sprachfassung heißt es in ErwG 33 DGA der deutschen Sprachfassung, dass Datenvermittler „ihre Werkzeuge oder die Werkzeuge Dritter zur Verfügung stellen können, um die Datenweitergabe [...] zu erleichtern“. Aus diesen Gründen sollte Art. 12 lit. e DGA so verstanden werden, dass das Anbieten zusätzlicher Dienste und Werkzeuge ausschließlich zum Zweck der Erleichterung des Datenaustausches zulässig ist.

---

813 Siehe Kap. 4, B. II. 2 c) bb).

814 Dieser Formulierung entspricht auch der Wortlaut der französischen Sprachfassung: „les services d'intermédiation de données peuvent prévoir de fournir aux détenteurs de données ou aux personnes concernées des instruments et services spécifiques supplémentaires dans le but particulier de faciliter l'échange de donnée“; ebenso die spanische Sprachfassung: „los servicios de intermediación de datos podrán incluir la oferta de herramientas y servicios específicos adicionales a los titulares de datos o los interesados con el objetivo específico de facilitar el intercambio de los datos“ (Hervorhebungen durch den Verfasser).

(1) Zusätzliche Dienste und Werkzeuge

Art. 12 lit. e DGA erlaubt das Anbieten zusätzlicher Dienste und Werkzeuge zur Erleichterung des Datenaustausches. Bei den zusätzlichen Diensten und Werkzeugen handelt es sich um alle Leistungen des Datenvermittlers, die über die Weiterleitung der Daten vom Dateninhaber an den Datennutzer hinausgehen und damit nicht mehr unmittelbar der Zurverfügungstellung der Daten an den Datennutzer dienen. Es handelt sich also um Leistungen, die nicht lediglich die technische Abwicklung der Datentransaktion bezwecken.

Datenvermittler dürfen sowohl zusätzliche Dienste als auch zusätzliche Werkzeuge anbieten. Unter Diensten zur Erleichterung des Datenaustausches sind solche Angebote zu verstehen, bei denen der Datenvermittler bestimmte Handlungen zur Verarbeitung der Daten selbst vornimmt. Wenn der Datenvermittler dem Dateninhaber ein Werkzeug zur Datenverarbeitung bereitstellt, nimmt er hingegen keine eigenen Datenverarbeitungstätigkeiten vor. Stattdessen verwendet der Dateninhaber das bereitgestellte Werkzeug eigenständig, um die gewünschte Datenverarbeitung herbeizuführen. Wie Art. 12 lit. e Hs. 2 DGA und ErwG 33 DGA zeigen, darf der Datenvermittler dem Dateninhaber auch die Werkzeuge Dritter anbieten und in seine Datenvermittlungsplattform integrieren.[815] Dies gilt aber nur dann, wenn die Drittwerkzeuge ausschließlich der Erleichterung des Datenaustausches dienen.

(2) Für Dateninhaber

Gemäß Art 12 lit. e DGA können Datenvermittler zusätzliche Dienste und Werkzeuge zur Erleichterung des Datenaustausches Dateninhabern oder betroffenen Personen anbieten. Die Verwendung der Dienste oder Werkzeuge darf außerdem nur auf Antrag oder mit Zustimmung der Dateninhaber oder betroffenen Personen stattfinden. Sie muss also auf deren Initiative zurückgehen oder zumindest mit deren Einverständnis erfolgen.[816] Hieraus folgt, dass B2B-Datenvermittler nach Art. 10 lit. a DGA ihre zusätzlichen Leistungen ausschließlich Dateninhabern bereitstellen dürfen. Datennutzern können die Zusatzleistungen hingegen nicht an-

815 Datenvermittler müssen sich daher nicht auf ein- oder zweiseitige Plattformen beschränken, sondern können auch mehrseitige Plattformen für den Datenaustausch anbieten. Mehrseitig ist eine Plattform, wenn mindestens drei verschiedene Nutzergruppen (z. B. Dateninhaber, Datennutzer, Drittanbieter von Werkzeugen) auf der Plattform zusammengebracht werden; siehe zu dieser Abgrenzung Kap. 4, B. I. 3. a).

816 Siehe ausführlich zum Antrag und der Zustimmung *Specht-Riemenschneider*, in: Specht-Riemenschneider/Hennemann, DGA, Art. 12 Rn. 61 ff.

geboten werden. Lediglich die Konvertierung des Datenformats darf gemäß Art. 12 lit. d Var. 2 DGA auf Verlangen des Datennutzers vorgenommen werden.[817]

Hiermit widerspricht Art. 12 lit. e DGA den ErwG 32 und 33 DGA. Nach ErwG 32 DGA sollen Datenvermittler die ausgetauschten Daten anpassen dürfen, um auf Wunsch des Datennutzers deren Nutzbarkeit zu verbessern. Nach ErwG 33 DGA sollen Datenvermittler auch Datennutzern ihre Werkzeuge oder die Werkzeuge Dritter zur Verfügung stellen können, um die Datenweitergabe zu erleichtern. Angesichts des klaren Wortlauts des Art. 12 lit. e DGA sind die ihm widersprechenden Ausführungen der Erwägungsgründe außer Acht zu lassen. Den Erwägungsgründen kommt lediglich ein deklarativer Charakter zu; sie sind rechtlich nicht verbindlich. Nach der ständigen Rechtsprechung des EuGH dürfen Erwägungsgründe weder herangezogen werden, um von den Bestimmungen eines Rechtsakts abzuweichen, noch um die Bestimmungen auf eine Weise auszulegen, die offensichtlich ihrem Wortlaut widerspricht.[818]

(3) Zum Zwecke der Erleichterung des Datenaustausches

Als entscheidendes Abgrenzungsmerkmal zwischen zulässigen und unzulässigen Zusatzleistungen dient der Zweck der angebotenen Dienste und Werkzeuge, der objektiv zu bestimmen ist. Erforderlich ist, dass mit der Erbringung der zusätzlichen Dienste und Werkzeuge die Erleichterung des Datenaustausches bezweckt wird. Die Zusatzleistungen müssen der Durchführung von Datentransaktionen zumindest mittelbar dienen. Datenbezogene Leistungen, die nicht der Erleichterung von Datentransaktionen dienen, sondern andere Zwecke verfolgen, fallen hingegen nicht in den Anwendungsbereich der Ausnahmeregelung des Art. 12 lit. e DGA.

(a) Vorübergehende Datenspeicherung

Art. 12 lit. e DGA enthält eine nicht abschließende Aufzählung von Zusatzleistungen, die typischerweise der Erleichterung des Datenaustausches dienen. Hierzu zählt zunächst die vorübergehende Speicherung der Daten. Die auszutauschenden Daten können zur Weiterleitung an den Datennutzer oder zur vorgelagerten Durchführung anderer Zusatzleistungen auf den Servern des Datenvermittlers gespeichert werden. Die Datenspeicherung darf aber nur vorübergehend, also temporär, erfolgen. Sie ist nur zulässig, solange sie für die Durchführung der Datentransaktion oder deren Vorbereitung notwendig ist. Durch das Merkmal der

---

817 Siehe hierzu Kap. 5, C. VII. 3. d) bb) (2) (b).

818 *EuGH*, Urteil vom 9. Juni 2014, C-345/13, ECLI:EU:C:2014:2013, Rn. 31 – *Karen Millen Fashions*; *EuGH*, Urteil vom 24. November 2015, C-136/04, ECLI:EU:C:2005:716, Rn. 32 m. w. N. – *Deutsches Milch-Kontor*.

Kurzfristigkeit soll eine Abgrenzung von Diensten erfolgen, welche die Datenspeicherung als Hauptleistung anbieten und zur dauerhaften Datenspeicherung genutzt werden. Solche langfristigen Speicherdienste, worunter insbesondere Cloud-Dienste fallen, dürfen von Datenvermittlern nicht nach Art. 12 lit. e DGA erbracht werden.

(b) Datenpflege

Zulässig ist außerdem das Anbieten von Diensten und Werkzeugen für die Datenpflege. Die Datenpflege (*data curation*) beschreibt die Methoden und Maßnahmen im Rahmen der Datenverwaltung, die darauf abzielen, die Qualität und Nutzbarkeit von Daten zu erhalten und zu verbessern.[819] Sie ermöglicht das Auffinden und Wiederfinden von Daten, bewahrt und erhöht die Qualität und den Wert der Daten und stellt ihre Wiederverwendbarkeit über einen längeren Zeitraum sicher.[820] Indem sie die Wiederverwendbarkeit von Daten ermöglicht und gewährleistet, kommt der Datenpflege als vorgelagerter Handlung eine wesentliche Bedeutung für den Datenaustausch zu. Die Datenpflege umfasst insbesondere die Erstellung und Aktualisierung von Metadaten, die die Datennutzung in verschiedenen Kontexten ermöglichen, sowie die Katalogisierung und Strukturierung der im Datensatz enthaltenen Daten.[821]

Bei der Datenaufbereitung darf der Datenvermittler den Dateninhaber unterstützen oder die Tätigkeiten vollständig für ihn übernehmen. Die Datenaufbereitung ist als ein ihr vorgelagerter Zwischenschritt von der Datenanalyse zu unterscheiden. Sie dient dazu, die Analysierbarkeit von Datensätzen zu verschiedenen Zwecken herzustellen. Sie umfasst aber nicht die Extraktion von Informationen aus den Datensätzen. Hierbei handelt es sich um den Vorgang der Datenanalyse, welcher als wesentlicher Akt der Datennutzung nicht mehr in den Anwendungsbereich des Art. 12 lit. e DGA fällt. Schließlich handelt sich bei der Datenanalyse nicht um einen der Datenweitergabe vorangestellten Akt.

(c) Anonymisierung und Pseudonymisierung von Daten

Weiterhin zulässig ist gemäß Art. 12 lit. e DGA die Anonymisierung oder Pseudonymisierung der Daten. Im datenrechtlichen Kontext wird unter der Anonymisierung die Veränderung personenbezogener Daten in einer Weise verstanden, die

---

819 *Freitas/Curry*, in: Cavanillas/Curry/Wahlster, New Horizons (2016), S. 87.

820 Vgl. auch *Specht-Riemenschneider*, in: Specht-Riemenschneider/Hennemann, DGA, Art. 12 Rn. 56.

821 *Freitas/Curry*, in: Cavanillas/Curry/Wahlster, New Horizons (2016), S. 87 (88 ff.).

die Identifizierung der betroffenen Person unmöglich macht.[822] Gängige Anonymisierungstechniken sind Randomisierungen, Generalisierungen sowie die Entfernung einzelner Identifizierungsmerkmale.[823] Anonymisierte Daten behalten ihren Informationsgehalt zu einem gewissen Grad, lassen aber keine Zuordnung der in ihnen enthaltenen Informationen zu einer bestimmten oder bestimmbaren Person zu.[824] Nach Art 4 Nr. 5 DSGVO bezeichnet die Pseudonymisierung von Daten die Verarbeitung personenbezogener Daten in einer Weise, in der die personenbezogenen Daten ohne Hinzuziehung zusätzlicher Informationen nicht mehr einer spezifischen betroffenen Person zugeordnet werden können, sofern diese zusätzlichen Informationen gesondert aufbewahrt werden und einem gewissen technischen und organisatorischen Schutz unterliegen.[825] Die Pseudonymisierung erschwert die Identifizierung einer betroffenen Person. Anders als bei der Anonymisierung bleibt aber die Zuordnung der Daten zu einer Person und damit die Re-Identifizierung möglich.[826]

Sowohl die Anonymisierung als auch die Pseudonymisierung von Daten können der Erleichterung des Datenaustausches dienen, indem sie die datenschutzrechtliche Handhabung von Datentransaktionen erleichtern.[827] Auf anonymisierte Daten findet die DSGVO schon keine Anwendung.[828] Bei pseudonymisierten Daten bleibt die DSGVO zwar anwendbar. Immerhin ist die Pseudonymisierung aber bei der Interessenabwägung nach Art. 6 Abs. 1 UAbs. 1 lit. f DSGVO zu berücksichtigen.[829] Insbesondere die Anonymisierung hat ein großes Potenzial zur Erleichterung der rechtlichen Umsetzung von Datentransaktionen, da sie den Dateninhaber von den strengen Anforderungen der DSGVO an die Datenübermittlung befreit. Es ist daher sinnvoll, dass Datenvermittler als spezialisierte Dienstleister bei der Anonymisierung behilflich sein können. Zu beachten ist allerdings, dass rechtssichere Verfahren zur dauerhaften Anonymisierung gegenwärtig nicht existieren.[830] Es ist deshalb fraglich, ob die Anonymisierung ausreichen wird, um die datenschutzrechtliche Konformität von Datentransaktionen sicherzustellen.

---

822 *Ernst*, in: Paal/Pauly, DSGVO, Art. 4 Rn. 48; *Arning/Rothkegel*, in: Taeger/Gabel, DSGVO, Art. 4 Rn. 47.
823 *Arning/Rothkegel*, in: Taeger/Gabel, DSGVO, Art. 4 Rn. 50 ff.; *Bird & Bird*, Data-related legal issues (2019), S. 17.
824 *Ernst*, in: Paal/Pauly, DSGVO, Art. 4 Rn. 49.
825 Vgl. auch *Specht-Riemenschneider*, in: Specht-Riemenschneider/Hennemann, DGA, Art. 12 Rn. 56.
826 *Arning/Rothkegel*, in: Taeger/Gabel, DSGVO, Art. 4 Rn. 125 m. w. N.
827 Siehe zu den Anforderungen der DSGVO an den Datenaustausch Kap. 3, C. III. 3.
828 Vgl. ErwG 26 DSGVO; siehe hierzu ausführlich in Kap. 3, C. III. 3. b) bb).
829 *Arning/Rothkegel*, in: Taeger/Gabel, DSGVO, Art. 4 Rn. 130.
830 Siehe zu den Schwierigkeiten bei der Anonymisierung Kap. 3, C. III. 3. b) bb).

(d) Konvertierung von Daten

Zuletzt nennt Art. 12 lit. e DGA die Konvertierung von Daten als Beispiel für eine zulässige Zusatzleistung.[831] Die Konvertierung der Daten dient in der Regel der Herstellung der Interoperabilität. Der Datenvermittler kann die Umwandlung für den Dateninhaber vornehmen oder ihm hierfür Werkzeuge anbieten. Datenumwandlungen auf Anweisung des Dateninhabers sind nach Art. 12 lit. d Var. 1 DGA zulässig und müssen nicht zwingend zur Anpassung an rechtliche Vorgaben oder europäische oder internationale Datennormen erfolgen.[832]

(e) Sonstige Dienste und Werkzeuge

Darüber hinaus können auch andere datenbezogene Zusatzleistungen von Datenvermittlern angeboten werden, soweit sie (ausschließlich) der Erleichterung des Datenaustausches dienen. Die beispielhafte Aufzählung in Art. 12 lit. e DGA ist insofern nicht abschließend. Da es sich bei allen der in Art. 12 lit. e und ErwG 32 DGA genannten Beispiele um datenbezogene Zusatzleistungen handelt, ist davon auszugehen, dass Art. 12 lit. e DGA ausschließlich die Bereitstellung datenbezogener Dienste und Werkzeuge erlaubt. Mit dem Datenaustausch (*exchange of data*) als Zweck der zulässigen Zusatzleistungen scheint Art. 12 lit. e DGA auf die technische Durchführung der Datenweitergabe abzuzielen. Andere Zusatzleistungen, wie zum Beispiel Hilfestellungen bei der rechtlichen Gestaltung von Datentransaktionen, darf der Datenvermittler daher nicht selbst erbringen. Solche komplementären Dienstleistungen können aber von anderen Unternehmen angeboten werden, die mit dem Datenvermittler in einem Konzern verbunden sind.

(4) Zweckbeschränkung für Drittwerkzeuge

Gemäß Art. 12 lit. e Hs. 2 DGA dürfen die nach dieser Vorschrift zulässigen und über den Datenvermittlungsdienst angebotenen Werkzeuge Dritter für keine „anderen Zwecke“ verwendet werden. ErwG 33 DGA führt hierzu ergänzend aus, dass durch die „in diesem Zusammenhang zur Verfügung gestellten Werkzeugen Dritter [...] Daten ausschließlich zu mit den Datenvermittlungsdiensten verbundenen Zwecken verwendet werden [sollten]“.[833] Es soll also verhindert werden, dass

---

831 Vgl. auch ErwG 32, 33 DGA.

832 Siehe zur Umwandlung des Datenformats ausführlich in Kap. 5, VII. 3. d) bb) (2) (a).

833 ErwG 33 DGA kann auch dahingehend verstanden werden, dass eine Zweckbeschränkung für die Verwendung von Daten durch Drittwerkzeuge aufgestellt wird, ähnlich der Datennutzungsbeschränkung des Art. 12 lit. a Alt. 1 DGA für den Datenvermittler. Hiergegen spricht aber, dass sich ein Anknüpfungspunkt für dieses Verständnis weder in Art. 12 lit. e DGA noch in einer anderen Vorschrift finden lässt. Ohnehin dürfte die Datennutzungsbeschränkung des Art. 12 lit. a Alt. 1 DGA mittelbar auch auf Drittwerkzeuge Anwendung finden. Der Datenvermitt-

Werkzeuge Dritter für Zwecke genutzt werden, die nicht der Erleichterung des Datenaustausches dienen.[834] Drittwerkzeuge sollen nur eingesetzt werden, um Daten des Dateninhabers zur Erleichterung der Datenweitergabe zu verarbeiten. Sie dürfen nicht isoliert von der Datenweitergabe auf der Plattform des Datenvermittlers angeboten werden oder nach der Durchführung der Datentransaktion noch zu anderen Zwecken genutzt werden. Es ist zum Beispiel denkbar, dass ein Dateninhaber an Werkzeugen zur Datenpflege auch unabhängig von der Datenweitergabe an Datennutzer ein Interesse hat. Da Datenvermittler nach der Vorstellung des Gesetzgebers nur spezialisierte Dienstleister für die Durchführung von Datentransaktionen sein sollen, sind solche von der Datenweitergabe unabhängigen Werkzeugverwendungen aber unzulässig. Datenvermittlungsdienste sollen sich gerade nicht zu integrierten Ökosystemen für die umfassende Verarbeitung und Nutzung von Daten entwickeln. Da Datenvermittler die alleinigen Adressaten der Art. 10 bis 15 DGA sind, müssen sie sicherstellen, dass die Werkzeuge Dritter allein zur Erleichterung des Datenaustausches eingesetzt werden. Zum Beispiel muss hierauf durch vertragliche oder technische Mittel hingewirkt werden.

cc) Stellungnahme

Im Vergleich zum Kommissionsentwurf ist zu begrüßen, dass der Gesetzgeber eine Ausnahme von der strengen Zweckbeschränkung nach Art. 12 lit. a DGA einfügt hat und zumindest das Anbieten solcher Dienste und Werkzeuge erlaubt, die der Erleichterung des Datenaustausches dienen.[835] Schließlich ist es aufgrund ihrer zentralen Stellung als Vermittler und ihrer damit einhergehenden Spezialisierung wahrscheinlich, dass sie eine besondere Expertise für Datentransaktionen aufbauen können. Es ist deshalb sinnvoll, dass sie eine Unterstützungsfunktion einnehmen dürfen, die über die bloße Datenvermittlung hinausgeht. Hiervon dürften Dateninhaber und mittelbar auch Datennutzer profitieren. Die Einführung des Art. 12 lit. e DGA ist auch mit den sonstigen Zielsetzungen des Gesetzgebers, das Vertrauen in Datenvermittler und den Wettbewerb zu schützen und zu stärken, vereinbar. Insbesondere könnte Art. 12 lit. e DGA den Qualitätswettbewerb zwischen Datenvermittlern stärken. Indem Datenvermittler die Möglichkeit erhalten, zusätzliche Leistungen anzubieten, können sie sich von ihren Wettbewerbern unterscheiden und dadurch an Attraktivität für ihre Nutzer gewinnen.

---

ler ist dazu verpflichtet, sicherzustellen, dass Daten nicht über den Ausnahmetatbestand des Art. 12 lit. e DGA hinaus von Dritten verwendet werden dürfen.

834 Vgl. *Specht-Riemenschneider,* in: Specht-Riemenschneider/Hennemann, DGA, Art. 12 Rn. 59.

835 Siehe auch *Hennemann/v. Ditfurth,* NJW 2022, 1905 (1908, Rn. 19); *Specht-Riemenschneider,* in: Specht-Riemenschneider/Hennemann, DGA, Art. 12 Rn. 54.

Zu befürchten ist aber, dass Art. 12 lit. e DGA nicht weit genug geht, da die Vorschrift nur eine sehr enge Ausnahme von der grundsätzlichen Datennutzungsbeschränkung für Datenvermittler darstellt. Datenvermittler dürfen ausschließlich Dienste und Werkzeuge anbieten, die unmittelbar der Erleichterung des Datenaustausches dienen. An dem „engen Korsett“, das Datenvermittlern auferlegt wird,[836] wird durch Art. 12 lit. e DGA nicht gerüttelt. Die Erbringung anderer datenbezogener Dienste, die über die Erleichterung des Datenaustausches hinausgehen, wie zum Beispiel zur Datenanalyse, wird Datenvermittlern weiterhin verboten. Solche Dienste können zwar durch mit dem Datenvermittler verbundene Unternehmen angeboten werden. Die integrierte Bereitstellung solcher Dienste durch den Datenvermittler wird jedoch untersagt. Interessenvertreter halten aber gerade die integrierte Bereitstellung verschiedener datenbezogener Leistungen durch B2B-Datenintermediäre (aus Nutzersicht) für besonders attraktiv.[837] Ebenfalls spricht die Generierung von Verbundvorteilen durch die gemeinsame Bereitstellung verschiedener datenbezogener Leistungen für eine weitere Lockerung der Neutralität von Datenvermittlern. Fraglich bleibt außerdem, ob der DGA den Datenvermittlern die nötige Flexibilität bei der Gestaltung ihrer Geschäftsmodelle gewährt, die sie brauchen, um die (individuellen) Bedürfnisse ihrer Nutzer bestmöglich zu erfüllen.[838] Es ist insofern aus gesamtwirtschaftlicher Perspektive ungewiss, ob die Verhinderung eventueller *Lock-in*-Effekte den Verlust von Synergieeffekten durch die integrierte Bereitstellung verschiedener Dienste aufwiegen kann.

f) Faire, transparente und nichtdiskriminierende Zugangsbedingungen (lit. f)

Art. 12 lit. f DGA stellt wichtige Anforderungen an die Zugangsgewährung und die Nutzungsbedingungen von Datenvermittlern. So soll das Zugangsverfahren eines Datenvermittlungsdienstes, einschließlich seiner Preise und Geschäftsbedingungen, fair, transparent und nichtdiskriminierend sein.

aa) Hintergrund und Zweck

Art. 12 lit. f DGA adressiert die Stellung von Datenvermittlern als *Gatekeeper*, die über den Zugang zu ihren Diensten und die dort geltenden Nutzungsbedingungen

836 *Hennemann/v. Ditfurth*, NJW 2022, 1905 (1910, Rn. 30).

837 Siehe die Stellungnahme von *Here Technologies*, dem Mutterkonzern des *Here Marketplace*, abrufbar unter: https://ec.europa.eu/info/law/better-regulation/have-your-say/initiatives/12491-Data-sharing-in-the-EU-common-European-data-spaces-new-rules-/F1656866_en; siehe auch *Bitkom*, Comments on the DGA (2021), S. 5.

838 Siehe hierzu Kap. 6, C. II. 1. b) cc) und 3. b).

entscheiden.[839] Falls sich Datenvermittler in der Zukunft zu zentralen Einrichtungen des europäischen Binnenmarkts entwickeln, könnten sie einen großen Einfluss auf wichtige Infrastrukturen für den Datenaustausch erlangen. Ihre dann entstehende Intermediationsmacht könnten sie in diesem Fall in wettbewerbsverfälschender Weise ausnutzen. Interessenkonflikte könnten dazu führen, dass vertikal oder horizontal integrierte Datenvermittler einen Anreiz haben, bestimmte Dateninhaber oder Datennutzer zu benachteiligen, weil diese mit den Diensten eines mit ihnen verbundenen Unternehmens im Wettbewerb auf der Datenvermittlungsplattform oder auf einem nachgelagerten Markt stehen. Zum Beispiel haben marktmächtige digitale Plattformen ihre *Gatekeeper*-Stellungen in der Vergangenheit genutzt, um Konkurrenten ihrer vertikal integrierten Geschäftsmodelle vom Plattform-Binnenmarkt auszuschließen oder durch andere Maßnahmen zu benachteiligen.[840] Dies stellt für die ausgeschlossenen Nutzer einen schweren wirtschaftlichen Nachteil dar, da sie dadurch wichtiger Absatzkanäle beraubt werden.

Aufgrund ihrer *Gatekeeper*-Stellung besteht außerdem das Risiko, dass Datenvermittler mit einer gewissen Marktmacht den Wettbewerb auf nachgelagerten Märkten verfälschen können, indem sie einzelne Unternehmen begünstigen oder benachteiligen. Dieses Risiko besteht in Fällen, in denen der Zugang zu den auf der Datenvermittlungsplattform ausgetauschten Daten essenziell für die Wettbewerbsfähigkeit von Unternehmen ist. Die Zugangsverweigerung gegenüber einzelnen Dienstenutzern kann dann deren Wettbewerbsposition auf dem nachgelagerten Markt schwächen.[841]

Darüber hinaus können marktmächtige Unternehmen in der Lage sein, ihre Nutzer auszubeuten.[842] In der Vergangenheit hatten hierunter insbesondere gewerbliche Plattformnutzer zu leiden. Denn wenn die Nutzung der Plattform für sie essenziell ist, um ihre Kunden zu erreichen, kann der Plattformbetreiber ihnen sehr hohe Preise für den Zugang zu den Nutzern der anderen Plattformseite abverlangen.[843]

Um allen potenziellen Nutzern den ungehinderten Zugang zu Datenvermittlungsdiensten zu ermöglichen und dadurch Wettbewerbsabschottungen und -verfälschungen zu verhindern, sollen die Zugangsverfahren und -bedingungen nach

---

839 Siehe hierzu ausführlich Kap. 5, C. VII. 2. a) bb); sowie *v. Ditfurth/Lienemann*, CRNI 23 (2022), 270 (286).
840 Siehe hierzu ausführlich Kap. 4, C. I. 2. a) bb).
841 Siehe in diesem Zusammenhang Kap. 4, C. III. 1. zum kartellrechtlichen Verfahren der Europäischen Kommission gegen *Insurance Ireland* als Betreiber eines Datenpools.
842 Siehe hierzu Kap. 4, C. I. 2. d).
843 Siehe Kap. 4, C. I. 2. d).

Art. 12 lit. f DGA fair, nichtdiskriminierend und transparent sein. Datenvermittler müssen gegenüber ihren (potenziellen) Nutzern als neutrale Akteure auftreten.[844] Faire und nichtdiskriminierende Zugangsverfahren sollen sicherstellen, dass einzelne Dienstenutzer beim Zugang nicht benachteiligt werden und der Wettbewerb ihnen gegenüber weder auf B2B-Datenmärkten noch auf nachgelagerten Märkten verfälscht wird. Durch die Gewährleistung fairer Preise und Geschäftsbedingungen besteht zudem ein gewisser Schutz vor Ausbeutungsmissbräuchen durch marktmächtige Datenvermittler. Hiervon können insbesondere KMU profitieren, die aufgrund ihrer geringen Verhandlungsmacht häufig nicht in der Lage sind, in Verhandlungen vorteilhafte Konditionen durchzusetzen.[845]

Zusätzlich kann die geforderte Transparenz des Zugangsverfahrens sowie der Preise und Geschäftsbedingungen den Konditionenwettbewerb zwischen Datenvermittlern stärken und die Informationsgewinnung über die zugrunde liegenden Märkte für den Gesetzgeber und die zuständigen Behörden erleichtern.[846] Denn die Offenlegung der Zugangsbedingungen von Datenvermittlungsdiensten ermöglicht deren Vergleichbarkeit und versetzt Dienstenutzer in die Lage, die für sie attraktivsten Angebote auszuwählen.[847] Die Transparenzpflichten sind insbesondere deshalb wichtig, weil die Geschäftsbedingungen auf B2B-Plattformmärkten der Allgemeinheit gegenüber häufig nicht offengelegt werden.[848]

bb) Regelungsinhalt

Nach dem etwas sperrig formulierten Wortlaut des Art. 12 lit. f DGA stellt der Anbieter von Datenvermittlungsdiensten sicher, „dass das Verfahren für den Zugang zu seinem Dienst sowohl für betroffene Personen als auch für Dateninhaber sowie für Datennutzer – auch in Bezug auf die Preise und die Geschäftsbedingungen – fair, transparent und nichtdiskriminierend ist“. Zunächst ist mangels einer näheren Präzisierung der Begriffe von Fairness, Transparenz und Nichtdiskriminierung zu untersuchen, was unter diesen Begriffen im Kontext des Zugangs und der Nutzung von Diensten zu verstehen ist. Anschließend wird untersucht, welche Anforderungen an die Zugangseröffnung („Ob“ des Zugangs) und die Zugangsbedin-

---

844 Siehe Kap. 5, VII. 2. a) bb).

845 *Hennemann/v. Ditfurth*, NJW 2022, 1905 (1909, Rn. 24). Der Schutz von KMU und Start-Ups stellt nach ErwG 27, 32 DGA in diesem Zusammenhang ein besonderes Anliegen des Gesetzgebers dar.

846 *Richter*, ZEuP 2021, 634 (656).

847 Ähnliche Erwägungen lagen bereits der P2B-VO zugrunde; vgl. *Martens/de Streel/u. a.*, B2B Data Sharing (2020), S. 31.

848 *Richter*, ZEuP 2021, 634 (656); *Richter/Slowinski*, IIC 50 (2019), 4 (16). Aus diesem Grund kann die Transparenzpflicht auch die Informationsbasis des Gesetzgebers und der zuständigen Behörden verbessern.

gungen („Wie“ des Zugangs) von Datenvermittlern zu stellen sind und wo die Grenzen der Vorschrift im Hinblick auf die neutrale Stellung von Datenvermittlern liegen.

(1) Fairness, Transparenz und Diskriminierungsfreiheit

(a) Vorüberlegungen

Die Grundsätze der Fairness, Transparenz und Diskriminierungsfreiheit für den Zugang zu Datenvermittlungsdiensten sind inspiriert durch ähnliche Vorgaben im Kartellrecht sowie in der sektorspezifischen Regulierung von Netzwerkindustrien. Im Kartellrecht können Geschäftsverweigerungen oder -abbrüche von marktbeherrschenden Unternehmen gegenüber ihren Zulieferern, Abnehmern oder Nutzern verbotene Verhaltensweisen nach Art. 102 Abs. 1 AEUV und § 19 Abs. 2 Nr. 4 GWB darstellen. Dies gilt insbesondere in den Fällen, in denen das marktbeherrschende Unternehmen über eine wesentliche Einrichtung (*essential facility*) verfügt und die Zugangsgewährung erforderlich ist, um auf einem vor- oder nachgelagerten Markt tätig zu werden.[849] Wenn ein kartellrechtlicher Zugangsanspruch zu einer Leistung besteht, ist dieser unter angemessenen, transparenten und nichtdiskriminierenden Bedingungen zu gewähren.[850]

Eine besondere Bedeutung haben diese Grundsätze beim Zugang zu standardessenziellen Patenten erlangt.[851] Marktmächtige Inhaber von standardessentzellen Patenten sind kartellrechtlich dazu verpflichtet, anderen Unternehmen die Lizenz an ihren Patenten zu sogenannten FRAND-Bedingungen zu erteilen.[852] Die Bedingungen für die Lizenzerteilung müssen danach fair (*fair*), angemessen (*reasonable*) und nichtdiskriminierend (*and non-discriminatory*) sein. Über ihren ursprüng-

---

849 Vgl. allgemein zu Geschäftsverweigerungen und der *Essential-Facility*-Doktrin im Kartellrecht *Fuchs*, in: Immenga/Mestmäcker, AEUV, Art. 102 Rn. 331 ff.; *Eilmansberger/Bien*, in: MüKo WettbR, AEUV, Art. 102 Rn. 462 ff.; *Deselaers*, in: Grabitz/Hilf/Nettesheim, AEUV, Art. 102 Rn. 465 ff.; *Bechtold/Bosch*, GWB, § 19 Rn. 65 ff.; vertieft zur Anwendbarkeit auf Internetmärkten *Paal*, GRUR-Beilage 2014, 69.

850 *Deselaers*, in: Grabitz/Hilf/Nettesheim, AEUV, Art. 102 Rn. 478. Art. 102 Abs. 2 lit. c AEUV und § 19 Abs. 2 Nr. 3 GWB enthalten auch darüberhinausgehend Diskriminierungsverbote gegenüber einzelnen Handelspartnern.

851 Standardessenzielle Patente sind solche Patente, die technische Lösungen schützen, die für die Nutzung bzw. die Umsetzung eines *de-facto*-Standards oder einer Norm erforderlich sind; hierzu ausführlich *Brachtendorf/Gaessler/Harhoff*, Journal of Economics & Management Strategy 2022, 1.

852 Siehe allgemein zum kartellrechtlichen Umgang mit standardessenziellen Patenten *Fuchs*, in: Immenga/Mestmäcker, AEUV, Art. 102 Rn. 359 ff.; *Batista/Mazutti*, IIC 2016, 244; siehe ausführlich zur historischen Entstehung der FRAND-Bedingungen *Contreras*, Antitrust Law Journal 80 (2015), 39.

lichen Anwendungsfall hinaus wurden FRAND-Bedingungen im Laufe der Zeit auch auf andere Konstellationen angewendet.[853] Zudem gibt es den FRAND-Bedingungen ähnliche Vorgaben schon seit langem im klassischen Regulierungsrecht.[854] Zum Beispiel ist der Zugang zu den Energieversorgungsnetzen und den Telekommunikationsnetzen gemäß §§ 20 f. EnWG[855] beziehungsweise §§ 24 ff. TKG[856] unter angemessenen, transparenten und diskriminierungsfreien Bedingungen zu ermöglichen.

Da die Anwendung der abstrakten Grundsätze der Fairness, Transparenz und Diskriminierungsfreiheit in der Praxis vielfach erhebliche Schwierigkeiten aufwirft,[857] enthalten sektorspezifische Regelungen häufig sehr detaillierte Vorgaben zur Erfüllung dieser Grundsätze.[858] Demgegenüber enthalten weder der Gesetzestext des Art. 12 lit. f DGA noch die Erwägungsgründe weitergehende Ausführungen dazu, wie die Erfordernisse der Fairness, Transparenz und Diskriminierungsfreiheit zu verstehen sind. Ihre Auslegung muss daher anhand allgemeiner Konzepte und Erwägungen erfolgen.

(b) Fairness

Um das Kriterium der Fairness vom auf den ersten Blick ähnlichen Kriterium der Diskriminierungsfreiheit abzugrenzen, ist zunächst festzuhalten, dass es sich bei der Fairness um ein absolutes Kriterium handelt.[859] Ob die Zugangsbedingungen eines Datenvermittlers gegenüber einem oder mehreren Nutzern fair sind, ist unabhängig davon zu beurteilen, welche Bedingungen andere Nutzer erhalten. Die Formulierung einer präzisen, einzelfallunabhängigen und in der Praxis handhabbaren Definition von Fairness wirft jedoch grundsätzliche Schwierigkeiten auf.[860]

---

853 Siehe *Heim/Nikolic*, JIPITEC 10 (2019), 38. Ein im Hinblick auf Art. 12 lit. f DGA interessantes Beispiel ist § 72 Abs. 1 S. 1 Nr. 1 WpHG, welcher der Umsetzung von Art. 18 Abs. 3 der europäischen Richtlinie 2014/65/EU (MiFID II) dient; siehe *Stötzel*, in: BeckOK WpHR, WpHG, § 72 Rn. 8.

854 *Montero/Finger*, The Rise of the New Network Industries (2021), S. 247 f.

855 Siehe hierzu nur *Säcker*, in: Säcker, EnWG, § 20 Rn. 12 ff.; *Säcker/Meinzenbach*, in: Säcker, EnWG, § 21 Rn. 48 ff.

856 Vgl. *Stamm*, MMR 2022, 357 (357 ff.).

857 Siehe zu den großen Schwierigkeiten der Festlegung fairer und angemessener Lizenzgebühren für die Nutzung von standardessenziellen Patenten nur *Ann*, Patentrecht, § 43 Rn. 29 ff.; siehe zu den ähnlichen Schwierigkeiten bei der Feststellung missbräuchlich überhöhter Preise *Eilmansberger/Bien*, in: MüKo WettbR, AEUV, Art. 102 Rn. 339 ff.

858 Vgl. etwa §§ 20 ff. EnWG. Aufgrund ihrer Vagheit wird die Angemessenheit von Netzentgelten als „ausfüllungsbedürftige, materiell-rechtliche Zielvorgabe" angesehen, siehe *Säcker/Meinzenbach*, in: Säcker, EnWG, § 21 Rn. 50.

859 So zur Auslegung der kartellrechtlichen FRAND-Bedingungen *Ann*, Patentrecht, § 43 Rn. 36.

860 Die Einordnung und Nutzbarmachung des Konzepts der „Fairness" gestaltet sich z. B. im Kartellrecht als schwierig; vgl. *Dunne*, The Modern Law Review 84 (2021), 230; *Kokott/Dittert*,

Insofern handelt es sich bei der Fairness um ein „reizvolles, aber inhaltlich schwer fassbares Konzept“,[861] das sich in der Rechtspraxis nur schwer konsistent und kohärent anwenden lässt. Im Rahmen von Art. 12 lit. f DGA ist zu beachten, dass das Fairnessgebot nicht allein abstrakte Schutzgüter, wie den unverfälschten Wettbewerb, schützt, sondern sich unmittelbar auf das Zweipersonenverhältnis zwischen Datenvermittler und Dienstenutzer bezieht. Aus diesem Grund sollten das Zugangsverfahren und die Zugangsbedingungen nach Art. 12 lit. f DGA dann als unfair angesehen werden, wenn die Interessen der Dienstenutzer nicht in angemessener Weise berücksichtigt werden.[862] Davon ist auszugehen, wenn Dateninhaber oder Datennutzer durch die Gestaltung des Zugangsverfahrens oder der Zugangsbedingungen in sachlich ungerechtfertigter und missbräuchlicher Weise einseitig benachteiligt werden. Unzulässige Benachteiligungen können sich sowohl hinsichtlich des Zugangs zum Datenvermittlungsdienst als auch hinsichtlich der Preise und Konditionen des Dienstes ergeben.[863]

(c) Diskriminierungsfreiheit

Ob das Zugangsverfahren und die Zugangsbedingungen eines Datenvermittlers nichtdiskriminierend sind, ist nach einem relativen Maßstab zu beurteilen. Die Behandlung des gegebenenfalls benachteiligten Dateninhabers oder Datennutzers ist mit der anderer Dateninhaber bzw. Datennutzer zu vergleichen.[864] Dabei umfasst die Vergleichsgruppe sowohl mit dem Datenvermittler verbundene Unternehmen, wie zum Beispiel Schwestergesellschaften, als auch sonstige Dienstenutzer. Aus dem Diskriminierungsverbot des Datenvermittlers folgt ein Gleichbehandlungsgebot gegenüber allen (potenziellen) Dienstenutzern. Die Ungleichbehandlung eines Nutzers ist nur dann zulässig, wenn sie aus objektiv und sachlich gerechtfertigten Gründen erfolgt. Sie muss zur Erreichung eines legitimen Ziels erforderlich und

---

in: FS Schroeder, S. 407. Bei der Beurteilung der fairen und angemessenen Höhe von Lizenzgebühren für die Nutzung von standardessenziellen Patenten wird die Fairness der Bedingungen jedenfalls dann abgelehnt, wenn sie exzessiv oder missbräuchlich sind; vgl. *Ann*, Patentrecht, § 43 Rn. 36; *Dewatripont/Legros*, The Journal of Industrial Economics 61 (2013), 913 (915).

861 *Dunne*, The Modern Law Review 84 (2021), 230 (261).

862 Dieses Verständnis weist gewisse Ähnlichkeiten zur Auslegung des § 307 Abs. 1 S. 2 BGB durch den *BGH* auf; vgl. *BGH* NJW 2003, 886 (887); NJW 2005, 1774 (1775); NJW 2006, 47 (48).

863 Siehe hierzu ausführlich in den nächsten Abschnitten.

864 Die Vergleichsgruppe für Dateninhaber sollte aber nur andere Dateninhaber umfassen; die Vergleichsgruppe für Datennutzer hingegen nur andere Datennutzer. Schließlich kann es aus Sicht des Datenvermittlers sinnvoll sein, eine Nutzergruppe bevorzugt zu behandeln, um das Henne-Ei-Problem zu lösen und Netzwerkeffekte zu generieren; siehe *Belleflamme/Peitz*, The Economics of Platforms (2021), S. 115 ff. Ungleichbehandlungen zwischen den beiden Nutzergruppen sind daher nicht zu beanstanden.

angemessen sein.[865] Gerechtfertigt sind Ungleichbehandlungen zum Beispiel dann, wenn sie der Aufrechterhaltung der Funktionsfähigkeit des Dienstes oder dem Schutz anderer Dienstenutzer dienen. Auch die Auferlegung ungleicher Preise und Konditionen kann legitim sein, wenn dadurch die unterschiedlichen Kosten reflektiert werden, die einzelne Nutzer verursachen. Ungerechtfertigt sind Diskriminierungen hingegen dann, wenn sie willkürlich erfolgen oder illegitimen Zwecken dienen. Letzteres ist etwa dann der Fall, wenn die Diskriminierung eines Dienstenutzers erfolgt, um ihn im Wettbewerb mit Schwestergesellschaften des Datenvermittlers zu benachteiligen.[866]

(d) Transparenz

Zuletzt müssen das Zugangsverfahren und die Zugangsbedingungen transparent sein. Allgemein liegt Transparenz vor, wenn alle relevanten Informationen offen, abrufbar und verständlich sind. Im Hinblick auf die Feststellung der transparenten Gestaltung des Zugangsverfahrens und der Zugangsbedingungen von Datenvermittlern ist es naheliegend, auf die Grundsätze und Wertungen der P2B-VO zurückzugreifen.[867] Mit der P2B-VO hat der europäische Gesetzgeber eine Reihe von Transparenzpflichten für Online-Vermittlungsdienste[868] eingeführt, die gewerbliche Nutzer solcher Plattformen vor unfairen Handelspraktiken schützen sollen.[869] Insbesondere enthält Art. 3 P2B-VO zu diesem Zweck Transparenzvorgaben an die allgemeinen Geschäftsbedingungen von Online-Vermittlungsdiensten. Die Geschäftsbedingungen solcher Plattformen müssen gemäß Art. 3 Abs. 1 lit. a und lit. b P2B-VO verständlich und verfügbar sein. Diese Transparenzanforderungen sind auch an das Zugangsverfahren und die Zugangsbedingungen von Datenvermittlungsdiensten zu stellen.

Die Verfügbarkeit der Geschäftsbedingungen setzt voraus, dass Dienstenutzer aussagekräftige und vollständige Informationen zu dem Zugang und den Bedingungen des Datenvermittlers ohne Schwierigkeiten abrufen können. Naheliegend ist es, die Zugangs- und Geschäftsbedingungen auf der Webseite des Datenvermitt-

865 Vgl. *Hennemann/v. Ditfurth*, NJW 2022, 1905 (1909, Rn. 24); vgl. zum insoweit ähnlichen § 72 Abs. 1 S. 1 Nr. 1 WpHG *Stötzel*, in: BeckOK WpHR, WpHG, § 72 Rn. 10.

866 Siehe hierzu näher in Kap. 5, C. VII. 3. f) bb) (5).

867 Sowohl der DGA als auch die P2B-VO adressieren schließlich die besondere Machtstellung von Intermediären und die auf intransparenten Geschäftsmodellen beruhenden Risiken.

868 Hierbei handelt es sich gemäß Art. 2 Nr. 2 P2B-VO um Internetdienste, die es gewerblichen Nutzern ermöglichen, Verbrauchern Waren oder Dienstleistungen anzubieten. Erfasst werden also zweiseitige B2C-Plattformen, wie Online-Marktplätze oder App-Stores; vgl. *Busch*, GRUR 2019, 788 (789). Siehe hierzu auch Kap. 5, D. IV. 2.

869 *Busch*, GRUR 2019, 788; *Tribess*, GWR 2020, 233.

lers zu veröffentlichen.[870] In zeitlicher Hinsicht müssen dem Dienstenutzer die relevanten Informationen während der gesamten Geschäftsbeziehung zur Verfügung stehen. Da die Transparenzpflicht des Art. 12 lit. f DGA die generelle Markttransparenz befördern soll,[871] ist darüber hinaus zu fordern, dass die relevanten Informationen auch schon vor dem Vertragsschluss für Interessenten abrufbar sind.[872] Nur dann kann der Konditionenwettbewerb zwischen verschiedenen Datenvermittlern gestärkt werden. Erforderlich ist außerdem, dass die Informationen vollständig sind und relevante Umstände und Bedingungen nicht verschweigen. Dies setzt voraus, dass die Informationen Aufschluss über die Zugangsvoraussetzungen, den Ablauf des Zugangsverfahrens sowie die Preise und Geschäftsbedingungen geben. Auch die Voraussetzungen und Gründe für die Nutzungsbeendigung oder -aussetzung sollten in angemessenem Umfang erläutert werden.[873] Schließlich hat insbesondere der Plattformausschluss aus intransparenten Gründen in der Vergangenheit ein geschäftliches Risiko für gewerbliche Nutzer dargestellt.

Um vollständige Transparenz zu erzielen, müssen die Informationen außerdem verständlich und klar formuliert sein.[874] Dies ist dann der Fall, wenn Zugangsvoraussetzungen und -bedingungen für die Dienstenutzer ohne Schwierigkeiten nachvollziehbar sind. Die verständliche Formulierung der Nutzungsbedingungen soll verhindern, dass Zweideutigkeiten und Missverständnisse entstehen, die Unsicherheiten über die Rechte und Pflichten der Dienstenutzer erzeugen.[875] An der verständlichen und klaren Formulierung fehlt es dann, wenn Formulierungen irreführend, unbestimmt oder ungenau sind und wesentliche Aspekte des Nutzungsverhältnisses nicht in ausreichendem Maße vorhersehbar sind.[876]

(2) Persönlicher Schutzbereich

Zu beachten ist zunächst, dass sich Art. 12 lit. f DGA nach seinem Wortlaut allein auf die Behandlung von Dateninhabern, betroffenen Personen und Datennutzern bezieht. Keine Anwendung findet die Vorschrift demnach auf Drittanbieter, deren Werkzeuge nach Art. 12 lit. e DGA über die Plattform des Datenvermittlers angebo-

870 Vgl. zu Art. 3 Abs. 1 lit. b P2B-VO *Alexander*, in: Köhler/Bornkamm/Feddersen, P2B-VO, Art. 3 Rn. 14; *Wais*, in: BeckOK UWG, P2B-VO, Art. 3 Rn. 7; *Busch*, GRUR 2019, 788 (790).

871 Vgl. *Richter*, ZEuP 2021, 634 (656).

872 Im Rahmen von Art. 3 Abs. 1 lit. b P2B-VO ist diese Frage umstritten; vgl. *Alexander*, in: Köhler/Bornkamm/Feddersen, P2B-VO, Art. 3 Rn. 13; *Wais*, in: BeckOK UWG, P2B-VO, Art. 3 Rn. 7.

873 Vgl. Art. 3 Abs. 1 lit. c P2B-VO.

874 Vgl. Art. 3 Abs. 1 lit. a P2B-VO.

875 Vgl. zu Art. 3 Abs. 1 lit. a P2B-VO *Alexander*, in: Köhler/Bornkamm/Feddersen, P2B-VO, Art. 3 Rn. 8.

876 Vgl. ErwG 15 P2B-VO.

ten werden können. Die faire und nichtdiskriminierende Behandlung solcher Nutzer ist daher nicht nach Art. 12 lit. f DGA geboten.

(3) Zugangseröffnung

Nach Art. 12 lit. f DGA muss der Datenvermittler sicherstellen, dass das Verfahren für den Zugang zu seinem Dienst fair, transparent und nichtdiskriminierend ist. Dies setzt voraus, dass die Zugangseröffnung zu Datenvermittlungsdiensten hinsichtlich der Zugangsbedingungen und des Zulassungsverfahrens die Kriterien der Fairness, Transparenz und Nichtdiskriminierung erfüllt. Der Zugang zu einem Datenvermittlungsdienst darf potenziellen Dienstenutzern nur in engen Grenzen verwehrt werden. Zu einem gewissen Grad stellt Art. 12 lit. f DGA damit einen Kontrahierungszwang für Datenvermittler auf. Die Nichtzulassung von Nutzern zum Datenvermittlungsdienst darf nur anhand fairer und diskriminierungsfreier Bedingungen erfolgen. Jeder potenzielle Nutzer, der die Zulassungsbedingungen erfüllt, muss zum Datenvermittlungsdienst zugelassen werden. Durch 12 lit. f DGA wird die Offenheit von Datenvermittlungsdiensten, die bereits ein Kriterium für die Anwendbarkeit des DGA gemäß Art. 10 lit. a DGA ist,[877] näher ausgestaltet.[878] Dabei erstreckt sich Art. 12 lit. f DGA nicht bloß auf die erstmalige Zulassung, sondern gilt auch für den Zugang bereits zugelassener Dienstenutzer. Diese dürfen nur aus fairen, transparenten und nichtdiskriminierenden Gründen und in einem diese Kriterien erfüllenden Verfahren vom Datenvermittlungsdienst ausgeschlossen werden. Anderenfalls wäre die Offenheit von Datenvermittlungsdiensten nur unzureichend geschützt und Datenvermittler könnten den Zugang zu ihren Diensten weiterhin in ungerechtfertigter Weise beschränken. Dieses Ergebnis wäre mit dem Zweck der Vorschrift nicht vereinbar.

(a) Faire Zugangsverfahren

Das Verfahren für die Zugangseröffnung ist fair, solange der den Zugang zum Datenvermittlungsdienst ersuchende Dateninhaber oder Datennutzer nicht in sachlich ungerechtfertigter und missbräuchlicher Weise einseitig benachteiligt wird. Der Zugang darf nicht in ungerechtfertigter Weise erschwert werden oder an ungerechtfertigte Bedingungen geknüpft werden, die den Nutzer erheblich benachteiligen. Unfair ist das Zugangsverfahren etwa dann, wenn ein Datenvermittler die exklusive Nutzung seiner Dienste durch Dienstenutzer voraussetzt. Eine solche Exklusivklausel würde Dienstenutzer in ihrer wirtschaftlichen Handlungs- und Vertragsfreiheit wesentlich einschränken und stellt daher eine erhebliche Benachtei-

---

877 Siehe Kap. 5, C. IV. 3. b) bb).
878 *Richter*, ZEuP 2021, 634 (656).

ligung dar. Hieraus folgt, dass das *Multihoming* von Dienstenutzern nicht vertraglich eingeschränkt werden darf. Unfair ist es zudem, wenn der Zugang zum Datenvermittlungsdienst die Nutzung anderer Dienste des Datenvermittlers oder der mit ihm verbundenen Unternehmen voraussetzt.[879] Auch das Zulassungsverfahren muss fair sein. Dies gilt insbesondere in zeitlicher Hinsicht. Über Zulassungsanträge muss in einem angemessenen zeitlichen Rahmen entschieden werden. Starke Verzögerungen im Verfahrensablauf stellen eine erhebliche Benachteiligung von Dienstenutzern dar.[880]

Entsprechende Fairnesserwägungen sind auch auf den Ausschluss von Nutzern vom Datenvermittlungsdienst übertragbar. Ein Ausschluss darf nur erfolgen, wenn er sachlich gerechtfertigt ist und den Nutzer nicht in missbräuchlicher Weise benachteiligt. Einen legitimen Ausschlussgrund stellt zum Beispiel die Verletzung von Verträgen mit anderen Dienstenutzern oder die Verletzung fremder Rechte durch den auszuschließenden Nutzer dar.[881] Auch der Ausschluss muss im Rahmen eines fairen Verfahrens erfolgen. Der Datenvermittler muss im Ausschlussverfahren das Vorbringen des betroffenen Nutzers würdigen und darf ihn nur ausschließen, wenn sich die Vorwürfe als berechtigt herausstellen.[882]

(b) Diskriminierungsfreie Zugangsverfahren

Nichtdiskriminierend ist das Zugangsverfahren, wenn alle (potenziellen) Dienstenutzer gleichbehandelt werden oder etwaige Ungleichbehandlungen sachlich gerechtfertigt sind. Sachlich gerechtfertigt sind Ungleichbehandlungen, wenn sie zur Erreichung eines legitimen Ziels erforderlich und angemessen sind. Dies ist insbesondere der Fall, wenn die Nichtzulassung oder der Ausschluss die Rechte anderer Plattformnutzer schützt, die Einhaltung von Rechtsvorschriften durch den Datenvermittler sicherstellt oder auf sonstige Weise der Funktionsfähigkeit der Plattform dient. So ist die Nichtzulassung oder der Ausschluss eines Dienstenutzers bei-

---

879 Solche Koppelungs- oder Bündelungspraktiken, die bereits nach Art. 12 lit. b DGA unzulässig sind, beschränken die Vertragsfreiheit von Dienstenutzern und benachteiligen sie damit in ungerechtfertigter Weise.

880 So waren lange und ungerechtfertigte Verzögerungen bei der Zulassung zur Datenplattform *Insurance Link* der Hauptanlass für die kartellrechtlichen Ermittlungen der Europäischen Kommission gegen den Plattformbetreiber *Insurance Ireland*; siehe *Europäische Kommission*, Pressemitteilung vom 18. Juni 2021, Mitteilung der Beschwerdepunkte an Insurance Ireland.

881 Ein Ausschluss kann in diesen Fällen gemäß Art. 12 lit. g oder lit. j DGA geboten sein.

882 Insofern weist Art. 12 lit. f DGA Ähnlichkeiten zur P2B-VO auf. Nach Art. 4 Abs. 3 i. V. m. Art. 11 P2B-VO kann ein gewerblicher Nutzer im Rahmen des internen Beschwerdemanagementverfahrens schließlich gegen die Aussetzung oder Beendigung von Online-Vermittlungsdiensten vorgehen. Ob der Ausschluss von einer Plattform gerechtfertigt ist, soll nach der P2B-VO in einem fairen und transparenten Verfahren geklärt werden; vgl. *Tribess*, GWR 2020, 233 (237).

spielsweise dann gerechtfertigt, wenn dieser zuvor gegen Rechtsvorschriften oder die ihrerseits zulässigen Nutzungsbedingungen des Datenvermittlungsdienstes verstoßen hat.[883] Ein legitimer Zweck kann auch dann verfolgt werden, wenn über den Datenvermittlungsdienst lediglich bestimmte Daten ausgetauscht werden sollen und daher nur Dateninhaber, die über solche Daten verfügen, zum Dienst zugelassen werden. Schließlich können in manchen Fällen Suchkosten besonders effektiv durch die Bereitstellung von Datenvermittlungsdiensten gesenkt werden, die auf bestimmte Daten, wie zum Beispiel Mobilitätsdaten, spezialisiert sind.[884]

Diskriminierend sind Ungleichbehandlungen hingegen dann, wenn sie in willkürlicher Weise oder aufgrund ungerechtfertigter Gründe erfolgen. Willkürlich sind Ungleichbehandlungen, die grundlos erfolgen oder auf völlig sachfremden Erwägungen beruhen. Ungerechtfertigt sind Ungleichbehandlungen, die illegitime Ziele verfolgen. Hierunter fallen etwa Ungleichbehandlungen, die der Begünstigung von Unternehmen dienen, die mit dem Datenvermittler in einem Konzern verbunden sind.[885] So darf ein Dateninhaber oder Datennutzer nicht von der Nutzung des Datenvermittlungsdienstes ausgeschlossen werden, weil er mit einem Schwesterunternehmen des Datenvermittlers konkurriert. Auch während des Zugangs- oder Ausschlussverfahren dürfen keine Diskriminierungen erfolgen. Eine unzulässige Diskriminierung liegt beim Zugangsverfahren unter anderem vor, wenn sich der Ablauf des Zugangsverfahrens für einzelne Dienstenutzer erheblich verzögert, ohne dass hierfür objektiv nachvollziehbare Gründe vorliegen. Ein Ausschlussverfahren ist unter anderem dann diskriminierend, wenn einem Dienstenutzer in Abweichung vom üblichen Vorgehen die Abgabe einer Stellungnahme verweigert wird.

(c) Transparente Zugangsverfahren

Um die Transparenzanforderungen des Art. 12 lit. f DGA einzuhalten, müssen Datenvermittler potenziellen Dienstenutzern alle relevanten Informationen zum Zulassungsverfahren in verständlicher Weise bereitstellen.[886] Relevant sind Informationen über die Nutzungsvoraussetzungen eines Datenvermittlers sowie über den Ablauf seines Zulassungsverfahrens. Für Dateninhaber und Datennutzer muss schon vor der Anmeldung ersichtlich sein, nach welchen Kriterien die Aufnahme oder Ablehnung von Dienstenutzern erfolgt. Ebenso sollte erkennbar gemacht werden, aus welchen Gründen und unter welchen Voraussetzungen sie von den

---

883 Schließlich sollen Datenvermittler gemäß Art. 12 lit. g und lit. j DGA gerade Maßnahmen ergreifen, um bestimmte Rechtsverstöße auf ihren Plattformen zu unterbinden.
884 Siehe etwa zum *Here Marketplace* Kap. 4, B. II. 2. b).
885 Siehe hierzu auch in Kap. 5, C. VII. 3. f) bb) (5).
886 Siehe Kap. 5, C. VII. 3. f) bb) (1) (d).

Diensten ausgeschlossen werden können. Die damit einhergehende Transparenz soll Nutzer frühzeitig in die Lage versetzen, ihr Verhalten anzupassen.

(4) Preise und Geschäftsbedingungen

Gemäß Art. 12 lit. f DGA muss das Zugangsverfahren auch in Bezug auf Preise und die (anderen) Geschäftsbedingungen fair, nichtdiskriminierend und transparent sein. Gemeint ist wohl, dass die konkrete Ausgestaltung der Preise und der sonstigen Geschäftsbedingungen die Kriterien der Fairness, der Diskriminierungsfreiheit und der Transparenz erfüllt. Der Begriff der Geschäftsbedingungen ist, wie bei Art. 12 lit. b DGA,[887] weit zu verstehen. Geschäftsbedingungen umfassen alle vertraglichen Vereinbarungen, die Leistung und Gegenleistung betreffen.

Unfair sind Geschäftsbedingungen dann, wenn sie die Dienstenutzer in ungerechtfertigter und missbräuchlicher Weise benachteiligen. Dies ist unter anderem dann der Fall, wenn die Preise für die Inanspruchnahme eines Datenvermittlungsdienstes in keinem angemessenen Verhältnis zum Wert der erhaltenen Leistung stehen. In diesem Rahmen ist zu berücksichtigen, dass die Feststellung der Angemessenheit von Preisen in der Praxis große Schwierigkeiten aufwirft.[888] Dies dürfte in besonderem Maße für Datenvermittlungsdienste gelten, deren primärer wirtschaftlicher Wert in ihrer *Match-Making*-Funktion besteht. Für das *Match-Making* lässt sich kaum ein objektiver Wert ermitteln. Insbesondere kann zur Wertermittlung nicht auf die Kosten der Bereitstellung abgestellt werden. Schließlich sind diese aufgrund von Skalenvorteilen[889] bei größeren und damit tendenziell erfolgreicheren Intermediären im Durchschnitt niedriger als bei kleineren Anbietern. Aus diesen Gründen ist bei der Annahme von unfairen Preisen durch DGA-Behörden grundsätzlich Zurückhaltung angezeigt. Erst bei exzessiv überhöhten Preisen sollte von einer missbräuchlichen Benachteiligung der Nutzer ausgegangen werden. Auch hinsichtlich anderer Geschäftsbedingungen als des Preises sind unfaire Benachteiligungen von Dienstenutzern grundsätzlich denkbar. Unfaire Konditionen können zum Beispiel vorliegen, wenn Datenvermittler von Dienstenutzern Zusatzleistungen verlangen, die zur Diensteerbringung nicht erforderlich sind und in keinem angemessenen Verhältnis stehen. Dies ist etwa der Fall, wenn Dienstenutzer dazu verpflichtet werden, für die Nutzung des Dienstes bestimmte Rechte oder Daten an den Datenvermittler zu übertragen.[890]

Diskriminierend sind Geschäftsbedingungen, wenn einzelne Dienstenutzer in ungerechtfertigter Weise gegenüber anderen Nutzern ungleich behandelt werden.

887 Siehe dazu Kap. 5, C. VII. 3. b) bb) (1).
888 Vgl. *Eilmansberger/Bien*, in: MüKo WettbR, AEUV, Art. 102 Rn. 339.
889 Siehe zu den positiven Skaleneffekten bei digitalen Plattformen Kap. 4, B. I. 3. b).
890 Vgl. auch § 19a Abs. 2 Nr. 7 GWB.

Ein absolutes Differenzierungsverbot stellt Art. 12 lit. f DGA hinsichtlich der Geschäftsbedingungen aber nicht auf.[891] Solange die Ungleichbehandlung auf sachlich gerechtfertigten Gründen beruht, ist sie zulässig. Folglich stellt es keine unzulässige Ungleichbehandlung dar, dass ein Nutzer höhere Nutzungsgebühren entrichten muss, weil er höhere Kosten verursacht, etwa indem er besonders große Datenmengen über den Datenvermittlungsdienst transferiert oder Zusatzdienste nutzt. Wenn hingegen verschiedene Nutzer die identischen Dienste im gleichen Umfang in Anspruch nehmen und hierfür unterschiedliche Gebühren entrichten, liegt eine unzulässige Ungleichbehandlung vor. Zu beachten ist in diesem Zusammenhang, dass aus Sicht des Datenvermittlers in vielen Fällen ein legitimes Interesse daran besteht, die Nutzergruppen der Dateninhaber und Datennutzer unterschiedlich zu behandeln. Um die Gesamtzahl aller Nutzer schnell zu erhöhen und positive Netzwerkeffekte zu generieren, kann es zweckmäßig sein, einer schwer erreichbaren und besonders begehrten Nutzergruppe auf Kosten der anderen Nutzergruppe Vergünstigungen anzubieten.[892] In diesen Fällen liegen keine sachlich ungerechtfertigte Ungleichbehandlung zwischen den beiden Nutzergruppen vor.

Die Preistransparenz setzt voraus, dass Dienstenutzer verständliche Informationen erhalten, die über das Zustandekommen der Gebühren und deren Höhe Aufschluss geben. Es muss für jeden Dienstenutzer vorhersehbar sein, welche Gebühren bei der Nutzung des Datenvermittlungsdienstes konkret für ihn anfallen werden. Im Hinblick auf die sonstigen Geschäftsbedingungen muss es für den Dienstenutzer ohne weiteres ersichtlich sein, welchen Rechte und Pflichten er und der Datenvermittler jeweils unterliegen. So sollen die Dienstenutzer vor nachteiligen Überraschungen geschützt werden und ihre Auswahl zwischen verschiedenen Datenvermittlern aufgrund umfassender Informationen zu allen relevanten Geschäftsparametern treffen können.

(5) Grenzen der nutzerbezogenen Neutralitäts- und Gleichbehandlungspflicht

Datenvermittler sollen gegenüber ihren Dienstenutzern zu einem gewissen Grad unabhängig und neutral sein. Dies folgt aus dem Diskriminierungsverbot nach Art. 12 lit. f DGA und dem damit einher gehenden Gleichbehandlungsgebot. Allerdings bezieht sich Art. 12 lit. f DGA nur auf den Zugang zu einem Datenvermittlungsdienst sowie auf die Preise und Geschäftsbedingungen für dessen Nutzung. Der Wortlaut des Art. 12 lit. f DGA umfasst demnach nicht die innere Funktionsweise und technische Gestaltung von Datenvermittlungsdiensten. Ein absolutes Differenzierungsverbot im Hinblick auf die Anbahnung und Durchführung von

891 Siehe hierzu auch im nächsten Abschnitt.

892 Siehe zu dieser verbreiteten Wachstumsstrategie von Plattformen nur *Belleflamme/Peitz*, The Economics of Platforms (2021), S. 115 ff.

Datentransaktionen kann daher nicht angenommen werden. Art. 12 lit. f DGA schreibt keine strikte Neutralität beim *Match-Making*, der Darstellung von Suchergebnissen oder der Übertragung von Daten vor.

Anders als beim DMA,[893] wird die Anbahnung von Transkationen sowie die Anzeige von Suchergebnissen durch Datenvermittlungsdienste von Art. 12 lit. f DGA nicht ausdrücklich adressiert. Eine Suchneutralität, wonach Datenangebote bei Nutzersuchen zwingend gleichbehandelt werden müssen,[894] kann deshalb nicht angenommen werden. Die „rein sekundäre Differenzierung“[895] zwischen Dienstenutzern dürfte mit Art. 12 lit. f DGA vereinbar sein.[896] Es kann danach zulässig sein, dass Datenvermittler die Angebote bestimmter Dateninhaber beim Ranking von Suchergebnissen, die Datennutzern angezeigt werden, bevorzugt behandeln, indem sie sie an herausgehobenen Stellen im Angebotskatalog oder in den Suchergebnissen präsentieren. Ebenso kann es zulässig sein, dass der *Matching*-Algorithmus eines Datenvermittlers bestimmte Dateninhaber bevorzugt, zum Beispiel aufgrund ihrer besonders attraktiven Angebote.

Auch Priorisierungen von Dateninhabern beim Ranking und *Matching* gegen Zahlung eines Entgelts verstoßen nicht zwingend gegen das Diskriminierungsverbot nach Art. 12 lit. f DGA. Monetäre Einflussnahmen auf den Anbahnungsprozess von Datentransaktionen sind nicht *per se* unzulässig. Um Diskriminierungen hinsichtlich der Geschäftsbedingungen des Datenvermittlungsdienstes zu vermeiden, ist es aber erforderlich, dass solche Einflussnahmen allen Dienstenutzern offenstehen. Wenn Bevorzugungen von bestimmten Dienstenutzern auf der Datenvermittlungsplattform erfolgen, müssen sie allen Nutzern angeboten werden und dürfen nicht einem ausgewählten Kreis von Nutzern vorbehalten werden. Dies gilt auch für Unternehmen, die mit dem Datenvermittler in einem Konzern verbunden sind. Solche Dienstenutzer dürfen nur dann beim *Ranking* bevorzugt werden, wenn eine solche Begünstigung auch anderen Dienstenutzern offensteht. Andernfalls liegt eine ungerechtfertigte Benachteiligung der übrigen Nutzer hinsichtlich der Geschäftsbedingungen des Datenvermittlers vor. Damit schränkt Art. 12 lit. f DGA die Fähigkeit von vertikal integrierten Datenvermittlern ein, die Datenangebote verbundener Unternehmen bevorzugt zu behandeln. Echte Selbstbegünstigungen[897] sind danach unzulässig. Die Besserstellung von Datenangeboten

893 Vgl. Art. 6 Abs. 5 DMA, wonach ein *Gatekeeper* die eigenen Dienste und Produkte beim Ranking nicht bevorzugen darf und das Ranking anhand fairer, transparenter und diskriminierungsfreier Kriterien erfolgen muss.

894 Siehe zum Begriff der Suchneutralität *Weber/Reumann*, NZKart 2022, 259 (262).

895 Siehe zu dieser Form der Nutzerdifferenzierung bei *Graef*, Yearbook of European Law 38 (2019), 448 (456 f.).

896 Vgl. *v. Ditfurth/Lienemann*, CRNI 23 (2022), 270 (286).

897 Siehe zu Selbstbegünstigungen integrierter Plattformen Kap. 4, C. I. 2. b) bb).

der mit dem Datenvermittlungsdienst in einem Konzern verbundenen Unternehmen ist nur dann erlaubt, wenn die Vorzugsbehandlung grundsätzlich auch von allen anderen Dienstenutzern in Anspruch genommen werden kann. Zu berücksichtigen ist in diesem Zusammenhang auch das Transparenzgebot. Datenvermittler müssen ihre Nutzer darüber informieren, ob und gegebenenfalls unter welchen Voraussetzungen Bevorzugungen von Dienstenutzern erfolgen können.

Diese Erwägungen treffen auch auf die von Datenvermittlern durchzuführenden Datenübertragungen zu. Eine „Neutzneutralität" für Datenvermittler, wonach alle Datenübertragungen gleichbehandelt werden müssen,[898] kann Art. 12 lit. f DGA deshalb nicht entnommen werden. Folglich ist es nicht zu beanstanden, wenn Dienstenutzern gegen Aufpreis schnellere Datenübertragungen angeboten werden, die eine besonders schnelle Umsetzung von Datentransaktionen und den Datenaustausch in Echtzeit ermöglichen. Zu berücksichtigen ist aber, dass solche Zusatzangebote in diskriminierungsfreier und transparenter Weise allen Dienstenutzern angeboten werden müssen.

cc) Stellungnahme

Grundsätzlich ist die Einführung des Art. 12 lit. f DGA zu begrüßen. Die Vorschrift kann potenziell einen wichtigen Beitrag zum Schutz vor der Verschließung und Verzerrung digitaler und nicht-digitaler Märkte leisten. Falls sich Datenvermittlungsdienste nach der Erwartung des Gesetzgebers zu zentralen Struktureinrichtungen der Datenwirtschaft entwickeln, über die viele traditionelle und neuartige Unternehmen den Zugang zu den von ihnen benötigten Daten erhalten, hat die Offenheit und Fairness solcher Dienste große Auswirkungen auf eine Vielzahl von Märkten.[899] In diesem Fall stellt der faire und gleiche Zugang zu solchen Diensten eine wichtige Voraussetzung für den fairen Wettbewerb auf Datenmärkten und nachgelagerten Märkten dar. Außerdem schützt die Vorschrift Dienstenutzer im vertikalen Verhältnis zum Datenvermittler vor Missbräuchen seiner *Gatekeeper*-Stellung. Hiervon können besonders Start-ups und andere kleinere Unternehmen profitieren, die ansonsten aufgrund ihrer relativ schwachen Verhandlungsposition benachteiligt werden könnten. Weiterhin kann Art. 12 lit. f DGA dazu beitragen, den horizontalen Wettbewerb zwischen Datenvermittlern zu schützen, indem es die Verwendung von Exklusivverträgen verbietet und so die Fähigkeit von Nutzern zum *Multihoming* gewährleistet.

---

898 Siehe zum Prinzip der Netzneutralität *Wimmer*, ZUM 2013, 641; *Jarass*, Privilegierungen im Internet (2019), S. 107 ff.

899 Welche Bedeutung der Zugang zu Daten für die Wettbewerbsfähigkeit von Unternehmen auf nachgelagerten Märkten haben kann, zeigt das Verfahren der Europäischen Kommission gegen *Insurance Ireland*; siehe hierzu näher in Kap. 4, C. III. 1.

Es ist auch angemessen, dass sich die Vorgaben des Art. 12 lit. f DGA auf die Zugangseröffnung und die Preise und Geschäftsbedingungen beschränken und die Vorschrift keine Regelungen zur technischen Gestaltung von Datenvermittlungsdiensten, einschließlich ihrer *Ranking-*, *Matching-* und Suchalgorithmen, enthält. Da Datenvermittlungsdienste noch am Anfang ihrer Entwicklung stehen, wird zurecht von zu starren und detaillierten Vorgaben hierzu abgesehen. Im Hinblick auf die künftige Überwachung und Regulierung von Datenvermittlungsdiensten können sich die Transparenzpflichten des Art. 12 lit. f DGA als wertvoll für die zuständigen Behörden und den Gesetzgeber erweisen, da sie so grundlegende Informationen für weitergehende Maßnahmen erhalten können.[900] Darüber hinaus dürften sie eine wettbewerbsfördernde Wirkung entfalten, indem sie Dienstenutzer dazu befähigen, informierte Entscheidungen über die Auswahl von Datenvermittlungsdiensten zu treffen. Zweifel können aber daran bestehen, ob den zuständigen Behörden die erforderlichen Untersuchungsbefugnisse zur effektiven Durchsetzung zur Verfügung stehen. Die Nutzung fairer Algorithmen lässt sich in vielen Fällen wohl nur durch Inspektionen vor Ort zuverlässig sicherstellen.[901] Der DGA sieht als Ermittlungsbefugnis der Behörden aber lediglich Auskunftsverlangen nach Art. 14 Abs. 2 DGA vor.

Es sind außerdem Fälle denkbar, in denen die nach Art. 12 lit. f DGA vorgeschriebene Offenheit von Datenvermittlungsdiensten gegenüber allen potenziellen Nutzern aus wettbewerbsökonomischen Erwägungen unzweckmäßig ist. Zum Beispiel können mehrere kleine Unternehmen einen Datenpool betreiben, um Wettbewerbsnachteile gegenüber größeren Unternehmen mit Zugang zu größeren Datenbeständen aufzuwiegen. In diesen Fällen sollte der größere Wettbewerber aus wettbewerblichen Gesichtspunkten keinen Zugang zum Datenvermittlungsdienst in Form eines Datenpools erlangen.[902] Aus diesem Grund sollte Art. 12 lit. f DGA so ausgelegt werden, dass ein Zugangsverfahren auch dann zulässig ist, wenn nur Unternehmen bis zu einer bestimmten Größe am Datenpool teilnehmen dürfen.[903] Die Herstellung der Chancengleichheit im Wettbewerb kann in diesem Fall als sachliche Rechtfertigung für die Ungleichbehandlung größerer Wettbewerber dienen. Alternativ müssten solche Datenpools als geschlossene Plattformen betrieben werden, die nur von einem ausgewählten Kreis von Unternehmen genutzt werden dürfen und daher nicht in den Anwendungsbereich des Art. 10 lit. a DGA fallen.

---

900 Vgl. *Richter*, ZEuP 2021, 634 (656).

901 Vgl. *Parker/Petropoulos/Van Alstyne*, Industrial and Corporate Change 30 (2021), 1307 (1326 f.).

902 *Crémer/de Montjoye/Schweitzer*, Competition policy for the digital era (2019), S. 97.

903 Solange es sich hierbei um eine unbestimmbare Nutzergruppe handelt, ist der Anwendungsbereich des Art. 10 lit. a DGA auch trotz dieser Beschränkung noch eröffnet; vgl. Kap. 5, C. IV. 3. b) bb).

g) Prävention betrügerischer oder missbräuchlicher Verhaltensweisen (lit. g)

Gemäß Art. 12 lit. g DGA müssen Datenvermittler über bestimmte Verfahren verfügen, um betrügerische oder missbräuchliche Verhaltensweisen von Datennutzern beim Datenzugang über den Datenvermittlungsdienst zu verhindern.

aa) Hintergrund und Zweck

Art. 12 lit. g DGA bezweckt den Schutz des Vertrauens von Dateninhabern bei der Nutzung von Datenvermittlungsdiensten. Dabei zielt die Vorschrift nicht auf den Schutz des Dateninhabers vor Handlungen des Datenvermittlers ab, sondern soll ihn vor missbräuchlichen Verhaltensweisen von Datennutzern bewahren. Art. 12 lit. g DGA soll daher primär das Vertrauen der Dateninhaber gegenüber den Datennutzern stärken. Ein hohes Vertrauensniveau zwischen den Dateninhabern und Datennutzern stellt in zweifacher Hinsicht eine wesentliche Bedingung für den erfolgreichen Datenaustausch über Datenvermittlungsdienste dar. Zum einen ist ein Vertrauensverhältnis zwischen den Parteien in der Praxis häufig eine notwendige Voraussetzung für das Zustandekommen von Datentransaktionen.[904] Solange der Dateninhaber Vertragsverletzungen des Datennutzers aufgrund von *ex-post*-Informationsasymmetrien weder effektiv aufdecken noch verhindern kann, wird er von der Weitergabe seiner Daten in der Regel absehen.[905]

Zum anderen stellt das Vertrauen zwischen den Nutzern allgemein eine unverzichtbare Voraussetzung für die Funktionsfähigkeit von Plattformen dar.[906] Solange die Nutzer einer Plattform einander nicht vertrauen, werden sie keine Transaktionen über die Plattform anbahnen. Aufgrund indirekter Netzwerkeffekte hängt die Attraktivität der Datenvermittlungsplattform für Datennutzer wesentlich davon ab, dass sie auch von Dateninhabern genutzt wird. Diese werden die Plattform jedoch nur nutzen, wenn sie den Datennutzern hinreichend vertrauen. Art. 12 lit. g DGA adressiert Vertrauensdefizite, indem Datenvermittler zu Maßnahmen verpflichtet werden, die betrügerische oder missbräuchliche Praktiken von Datennutzern verhindern sollen. Zu diesen Maßnahmen sind Datenvermittler aufgrund ihrer zentralen Stellung beim Datenaustausch, ihrer informationellen Vorteile gegenüber ihren Nutzern sowie ihrer *Gatekeeper*-Stellung auf der Datenvermittlungsplattform grundsätzlich geeignet.[907] Dennoch ist fraglich, ob Datenvermittlern die effektive Verhinderung solcher Verhaltensweisen in der Praxis gelingen kann.

---

904 Siehe ausführlich zur Bedeutung von Vertrauen beim Datenaustausch in Kap. 3, C. IV. 2.
905 Siehe hierzu Kap. 3, C. III. 2. c) und 3. d) bb).
906 Siehe *Belleflamme/Peitz*, The Economics of Platforms (2021), S. 124 ff.
907 Siehe zur Vertrauensfunktion von Intermediären allgemein in Kap. 4, B. 2. c) und von Datenmarktplätzen im Besonderen Kap. 4, B. II. 2. c) cc).

Darüber hinaus kann Art. 12 lit. g DGA im Kontext von Regulierungsbestrebungen zur fortschreitenden Verbesserung der Rechtsdurchsetzung im digitalen Raum gesehen werden.[908]

bb) Regelungsinhalt

Die Formulierung des Art. 12 lit. g DGA ist misslungen. Gemäß Art. 12 lit. g DGA soll der Anbieter von Datenvermittlungsdiensten über Verfahren verfügen, „um betrügerische oder missbräuchliche Praktiken in Bezug auf Parteien zu verhindern, die über seine Datenvermittlungsdienste Zugang zu erlangen suchen". Der Wortlaut der Norm wirkt unvollständig. Es lässt sich der Vorschrift nicht eindeutig entnehmen, wozu die Parteien Zugang zu erlangen suchen.[909] Sinn ergibt die Vorschrift nur dann, wenn sie sich auf das Ersuchen des Zugangs zu Daten über Datenvermittlungsdienste bezieht.[910]

(1) Adressaten von Verhinderungsmaßnahmen

Gemäß Art. 12 lit. g DGA sind Anbieter von Datenvermittlungsdiensten verpflichtet, Verfahren zur Verhinderung betrügerischer oder missbräuchlicher Praktiken (nur) in Bezug auf solche Parteien einzurichten, die über ihre Dienste Zugang zu erlangen suchen. Es ist davon auszugehen, dass es sich bei den Parteien, für die Verfahren eingerichtet werden sollen, ausschließlich um (potenzielle) Datennutzer handelt. Denn gemäß Art. 2 Nr. 9 DGA sind Datennutzer Personen, die Zugang zu bestimmten personenbezogenen und nicht-personenbezogenen Daten haben. Für ein solches Verständnis der Vorschrift spricht auch ErwG 36 DGA, der allein Maßnahmen gegen Datennutzer als Verfahren zur Verhinderung missbräuchlicher Praktiken nennt.

Gestützt wird dieses Auslegungsergebnis zudem durch die Zweckerwägung, dass es sich bei Dateninhabern um eine besonders vulnerable Nutzergruppe von Datenvermittlungsdiensten handelt. Aufgrund der nachvertraglichen Informationsasymmetrien zu ihren Lasten und den damit einhergehenden Risiken opportunistischen Verhaltens durch Datennutzer sind die Dateninhaber auf Schutzmaßnahmen gegenüber der Gruppe der Datennutzer in besonderem Umfang angewiesen. Nur wenn sie den auf der Plattform anzutreffenden Datennutzern vertrauen

---

908 Vgl. *v. Ditfurth/Lienemann*, CRNI 23 (2022), 270 (287); siehe auch Kap. 5, C. VII. 2. e).

909 Dieses Problem stellt sich auch bei anderen Sprachfassungen der Vorschrift. So lautet etwa die englische Sprachfassung wie folgt: „the data intermediation services provider shall have procedures in place to prevent fraudulent or abusive practices in relation to parties seeking access through its data intermediation service" (Hervorhebung durch Verfasser).

910 So im Ergebnis auch *Specht-Riemenschneider*, in: Specht-Riemenschneider/Hennemann, DGA, Art. 12 Rn. 68.

können, werden sie dort ihre Daten anbieten. Es ist daher naheliegend, dass Datenvermittler besondere Präventionsmaßnahmen gemäß Art. 12 lit. g DGA nur für betrügerische und missbräuchliche Praktiken von Datennutzern zwingend einrichten müssen.[911]

Alternativ könnte Art. 12 lit. g DGA dahingehend verstanden werden, dass Vorkehrungen für alle Parteien eingerichtet werden müssen, die Zugang zu Datenvermittlungsdiensten begehren. Diese Lesart würde auch Dateninhaber umfassen. Hiergegen spricht aber, dass nach dem Wortlaut der Zugang nur „über" die Datenvermittlungsdienste ersucht wird. Es ist unwahrscheinlich, dass der Gesetzgeber stattdessen die Formulierung „zu" verwenden wollte. Wahrscheinlicher ist es, dass in der englischen Sprachfassung versehentlich vergessen wurde, das Wort „data" dem Wort „access" voranzustellen.

(2) Betrügerische und missbräuchliche Praktiken

Nach Art. 12 lit. g DGA müssen Datenvermittler Vorkehrungen gegen betrügerische und missbräuchliche Praktiken einrichten. Definitionen solcher Praktiken finden sich weder im Gesetzestext noch in den Erwägungsgründen. Es ist jedoch nicht davon auszugehen, dass solche Praktiken zwingend ein Verhalten voraussetzen, das nach den nationalen Rechtsordnungen einen Betrug oder einen anderen vergleichbaren Straftatbestand darstellt. Denn nach ErwG 36 DGA stellt bereits der Verstoß gegen geltendes Recht oder die Geschäftsbedingungen des Datenvermittlers ein betrügerisches oder missbräuchliches Verhalten dar. Art. 12 lit. g DGA bezieht sich damit auch auf bloße Vertragsverletzungen. Mit betrügerischen Praktiken dürften deshalb (arglistig) täuschende Verhaltensweisen im Vertragsverhältnis gemeint sein.[912]

(a) Gesetzesverstöße

Betrügerische und missbräuchliche Praktiken können insbesondere bei Rechtsverstößen von Datennutzern vorliegen, die Rechte oder Interessen von Dateninhabern beeinträchtigen. Bei Verstößen gegen geltendes Recht ist in der deutschen Rechtsordnung grundsätzlich an Verstöße gegen das StGB, das Urheberrecht oder das GeschGehG zu denken. Strafrechtlichen Verstößen dürfte dabei aber nur eine untergeordnete Bedeutung zukommen. Schließlich ist davon auszugehen, dass die

911 Nichtsdestotrotz ist es aus Sicht von Datenvermittlern zweckmäßig auch Vorkehrungen gegenüber betrügerischen Praktiken von Dateninhabern einzurichten. Plattformwachstum ist nur dann möglich, wenn bei beiden Nutzergruppen ein hohes Vertrauensniveau vorliegt. Siehe in diesem Zusammenhang zu Art. 12 lit. j DGA Kap. 5, C. VII. 3. j).

912 So im Ergebnis auch *Specht-Riemenschneider*, in: Specht-Riemenschneider/Hennemann, DGA, Art. 12 Rn. 68.

Voraussetzungen des Betrugstatbestands nach § 263 StGB sowie anderer Straftatbestände bei missbräuchlichen Verhaltensweisen durch Datennutzer in der Regel nicht vorliegen. Selbst wenn ein Datennutzer den Datenzugang vom Dateninhaber durch Täuschung erlangt, wird es in der Regel schon am Tatbestandsmerkmal eines unmittelbaren, stoffgleichen Vermögensschadens beim Dateninhaber durch die Weitergabe der Daten fehlen.[913] Da Einzeldaten selbst keinem urheberrechtlichen Schutz unterliegen,[914] kommen als Urheberrechtsverstöße allein Verletzungen des Datenbankherstellerrechts eines Dateninhabers nach §§ 87a ff. UrhG in Betracht. Ein Verstoß gegen § 87b UrhG liegt vor, wenn der Datennutzer einen wesentlichen Teil der Sammlung ohne Erlaubnis des Datenbankherstellers verbreitet oder wiedergibt.[915] Zumindest bei manchen Datensätzen, die über Datenvermittlungsdienste ausgetauscht werden, dürfte es sich um einen wesentlichen Teil einer Datenbank handeln.

Am relevantesten dürften Verstöße gegen die Handlungsverbote nach § 4 Abs. 2 Nr. 2 und Nr. 3 GeschGehG sein.[916] Nach diesen Vorschriften darf ein Geschäftsgeheimnis nicht genutzt oder offengelegt werden, wenn dadurch gegen eine Nutzungsbeschränkung (Nr. 2) oder gegen eine Vertraulichkeitsvereinbarung (Nr. 3) hinsichtlich des Geschäftsgeheimnisses verstoßen wird. § 4 Abs. 2 Nr. 2 GeschGehG erfasst auch Fälle, in denen ein Vertragspartner das erlangte Geschäftsgeheimnis entgegen der vertraglichen Abrede mit dem Geheimnisinhaber für andere als die vereinbarten Nutzungszwecke verwendet.[917] Dies ist bei einer Datentransaktion zum Beispiel dann der Fall, wenn der Datennutzer die vom Dateninhaber erhaltenen Daten für andere als die vertraglich vereinbarten Anwendungszwecke analysiert. Eine Rechtsverletzung nach Art. 4 Abs. 2 Nr. 3 GeschGehG liegt vor, wenn ein Geschäftsgeheimnis gegenüber Dritten bekannt gemacht wird und dadurch gegen eine rechtsgeschäftliche oder gesetzliche Verpflichtung zur Vertraulichkeit oder Verschwiegenheit verstoßen wird.[918] Unter dieses Handlungsverbot kann die unbefugte Weitergabe der im Rahmen des Datenaustausches erlangten Daten vom Datennutzer an Dritte fallen.

913 Auch Verstöße gegen die §§ 202a ff. StGB sind bei der Anbahnung und Durchführung von Datentransaktionen über Datenvermittlungsdienste nicht zu erwarten. So schützt § 202a StGB z. B. nur vor unberechtigten Datenzugriffen und nicht vor reinen Vertragsbrüchen; siehe näher zum strafrechtlichen Schutz von Daten in Kap. 3, B. II. 6. a).

914 Siehe Kap. 3, B. II. 2.

915 *Dreier*, in: Dreier/Schulze, UrhG, § 87b Rn. 3 ff.

916 Siehe zum Schutz von Daten durch das GeschGehG auch in Kap. 3, B. II. 5.

917 *Alexander*, in: Köhler/Bornkamm/Feddersen, GeschGehG, § 4 Rn. 44 f.; *Hauck*, in: MüKo Lauterkeitsrecht (2022), GeschGehG § 4 Rn. 23.

918 *Alexander*, in: Köhler/Bornkamm/Feddersen, GeschGehG, § 4 Rn. 57 f.; *Hauck*, in: MüKo Lauterkeitsrecht (2022), GeschGehG § 4 Rn. 22, 26.

(b) Vertragsverletzungen

Betrügerische oder missbräuchliche Praktiken setzen nicht zwingend die Verletzung von Rechtsvorschriften voraus, sondern können bereits bei bestimmten Verstößen gegen die mit den Dateninhabern bestehenden Datenlizenzverträge sowie bei Verstößen gegen die Geschäftsbedingungen des Datenvermittlers angenommen werden. In der Praxis dürfte es sich hierbei wegen der schwierigen rechtlichen Fragen, die sich bei der Feststellung von Verstößen gegen Rechtsvorschriften stellen, um die wichtigsten Fallgruppen missbräuchlichen Verhaltens von Datennutzern handeln. Betrügerische und missbräuchliche Praktiken können bei Täuschungen der Vertragspartner oder erheblichen Vertragsbrüchen angenommen werden. Sie liegen dann vor, wenn der Datennutzer den Dateninhaber über seine Absichten hinsichtlich der Nutzung der übertragenen Daten täuscht oder vorsätzlich gegen wesentliche Vertragsbestimmungen verstößt.

Besonders problematisch dürften in diesem Zusammenhang unberechtigte Datenweitergaben an Dritte sowie Datenanalysen für vertraglich verbotene Zwecke sein. Die Missbräuchlichkeit solcher Handlungen ergibt sich daraus, dass das Vertrauen von Dateninhabern in das vertragskonforme Verhalten der Datennutzer in gravierender Weise verletzt wird. Schließlich ist die Erwartung, dass die Daten von den Datennutzern nur für die vereinbarten Zwecke verwendet werden und nicht mit Dritten geteilt werden, für die meisten Dateninhaber eine unverzichtbare Voraussetzung für die Übermittlung ihrer Daten an den Datennutzer. Wenn der Datennutzer das Vertrauen des Dateninhabers vorsätzlich verletzt, stellt dies eine missbräuchliche Handlung dar, die den Dateninhaber davon abhalten könnte, seine Daten in der Zukunft weiter verfügbar zu machen. Zugleich werden vorsätzliche Vertragsverletzungen in den meisten Fällen auch gegen die allgemeinen Geschäftsbedingungen von Datenvermittlungsdiensten verstoßen. Schließlich haben Datenvermittler ein wirtschaftliches Interesse daran, dass Datentransaktionen auf ihren Plattformen erfolgreich durchgeführt werden. Das Vorhandensein vertragsbrüchiger Datennutzer senkt hingegen das Vertrauensniveau und gefährdet den wirtschaftlichen Erfolg ihrer Dienste.

(3) Verhinderungsmaßnahmen

(a) Angemessenes Präventionsniveau

Datenvermittler müssen nach Art. 12 lit. g DGA über Verfahren zur Verhinderung betrügerischer oder missbräuchlicher Praktiken verfügen. Mit solchen Verfahren sind Maßnahmen gemeint, die Datenvermittler ergreifen sollen, um betrügerische und missbräuchliche Verhaltensweisen von Datennutzern zu unterbinden.[919]

919 Vgl. ErwG 36 DGA.

Auch wenn der Wortlaut der Norm dies nicht ausdrücklich vorschreibt, ist zur Erfüllung dieser Pflicht zu verlangen, dass der Datenvermittler geeignete, wirksame und angemessene Maßnahmen zur Verhinderung missbräuchlicher Praktiken ergreift. [920] Schließlich soll Art. 12 lit. g DGA einen effektiven Schutz des Vertrauens von Dateninhabern bewirken. Es genügt zur Erfüllung des Art. 12 lit. g DGA daher nicht, dass der Datenvermittler irgendwelche Maßnahmen zur Verhinderung missbräuchlicher Praktiken implementiert. Gleichzeitig kann aufgrund der vielfältigen Möglichkeiten missbräuchlicher Verhaltensweisen und der potenziell großen Anzahl von Datennutzern aber nicht erwartet werden, dass die Maßnahmen des Datenvermittlers missbräuchliche Handlungen von Datennutzern in allen Fällen tatsächlich verhindern können. Es genügt, dass ein angemessenes Schutzniveau gewährleistet wird.

(b) Konkrete Verhinderungsmaßnahmen

Hinweise darauf, welche Maßnahmen zur Verhinderung betrügerischer und missbräuchlicher Praktiken geeignet sind, finden sich im Gesetzestext nicht. Es bleibt daher weitgehend offen, welche Maßnahmen Datenvermittler konkret umsetzen müssen, um ihrer Verpflichtung zur Verhinderung betrügerischer und missbräuchlicher Praktiken nachzukommen. Aus ErwG 36 DGA geht zumindest hervor, dass der Ausschluss von Datennutzern als Sanktion für missbräuchliche Praktiken eine geeignete Maßnahme darstellt. Hieraus folgt, dass Datenvermittler ihre Verpflichtungen aus Art. 12 lit. g DGA nicht zwingend durch Maßnahmen erfüllen müssen, die vor der missbräuchlichen Handlung implementiert werden und rein präventiv wirken. Auch Maßnahmen, die erst nach der Durchführung der unzulässigen Handlung unmittelbare Wirkung entfalten, können zur Verhinderung solcher Verhaltensweisen geeignet sein.[921] Dies ist nachvollziehbar, da auch nachträglichen Sanktionen eine präventive Abschreckungswirkung entfalten und durch den Ausschluss negativ auffallender Nutzer verhindert wird, dass diese erneut missbräuchliche Handlungen vornehmen können.

In Anbetracht von ErwG 36 DGA sollten Datenvermittler zumindest Verfahren für den Ausschluss von Datennutzern einrichten, die betrügerische oder missbräuchliche Handlungen vorgenommen haben. Dabei sollte darauf geachtet werden, dass der Ausschluss der Datennutzer im Rahmen eines fairen Verfahrens erfolgt. Anderenfalls kann ein Verstoß des Datenvermittlers gegen Art. 12 lit. f DGA vorliegen, wonach allen Datennutzern der faire und nichtdiskriminierende Zu-

---

920 So auch unter Betonung des Wortlauts („verhindern“) *Specht-Riemenschneider*, in: Specht-Riemenschneider/Hennemann, DGA, Art. 12 Rn. 68.

921 So im Ergebnis auch *Specht-Riemenschneider*, in: Specht-Riemenschneider/Hennemann, DGA, Art. 12 Rn. 68.

gang zum Datenvermittlungsdienst zu gewähren ist.[922] Dem betroffenen Datennutzer muss im Ausschlussverfahren deshalb eine Verteidigungsmöglichkeit zustehen und der Ausschluss darf nur erfolgen, wenn die Vorwürfe tatsächlich berechtigt sind. Zudem ist ein dauerhafter Ausschluss nur bei einem erheblichen Verstoß gegen geltendes Recht, die Geschäftsbedingungen des Datenvermittlers oder vertragliche Vereinbarungen mit Dateninhabern verhältnismäßig. Bei leichten Verstößen ist hingegen nur die vorübergehende Sperrung angemessen.

Ergänzend kann die Einführung eines internen Melde- oder Beschwerdeverfahrens eine geeignete Maßnahme zur Verhinderung missbräuchlicher Praktiken darstellen, indem sie die Aufdeckung von missbräuchlichen Verhaltensweisen erleichtert. Über ein internes Beschwerdeverfahren können andere Dienstenutzer dem Datenvermittler mutmaßliche Rechtsverstöße von Datennutzern anzeigen, um ihm die weitere Untersuchung der Vorfälle zu ermöglichen. Dadurch befähigt ein Meldesystem den Datenvermittler, zügig gegen missbräuchliche Praktiken vorzugehen. Weiterhin kann eine geeignete Maßnahme zur Verhinderung missbräuchlicher Praktiken darin bestehen, dass der Datenvermittler die Datennutzer auf ihre Seriosität überprüft, bevor er sie zu seinem Dienst zulässt. Solche *ex-ante*-Überprüfungen sind bei vielen digitalen Plattformen verbreitet, um sicherzustellen, dass nur verlässliche Nutzer an der Plattform teilnehmen und sich die zugelassenen Nutzer gegenseitig vertrauen können.[923] Sie können grundsätzlich auch bei Datenvermittlungsdiensten sinnvoll und umsetzbar sein.[924] So könnten Datenvermittler zum Beispiel überprüfen, ob und seit wann die angemeldeten Datennutzer im Handelsregister registriert sind. Mittelfristig ist es zudem denkbar, dass betrügerische Datennutzer mithilfe von Betrugserkennungsalgorithmen frühzeitig aufgedeckt werden können.

cc) Stellungnahme

Insgesamt ist gegenüber Art. 12 lit. g DGA sowohl aus rechtspolitischer als auch aus rechtstechnischer Sicht Skepsis angebracht. Zunächst stellt sich die Frage, weshalb es überhaupt notwendig ist, Datenvermittler zur Verhinderung betrügerischer und missbräuchlicher Praktiken auf ihren Plattformen zu verpflichten. Da die effektive Unterbindung missbräuchlicher Praktiken eine wesentliche Voraussetzung für das Entstehen vertrauensvoller und erfolgreicher Interaktionen zwischen Plattformnutzern ist, haben Datenvermittler *per se* einen starken wirtschaft-

922 Siehe zu den Anforderungen des Art. 12 lit. f DGA für den Ausschluss von Dienstenutzern in Kap. 5, C. VII. 3. f) bb) (3) (a).

923 Vgl. *Belleflamme/Peitz*, The Economics of Platforms (2021), S. 126; *Koutroumpis/Leiponen/Thomas*, Industrial and Corporate Change 20 (2020), 645 (649).

924 *Richter/Slowinski*, IIC 50 (2019), 4 (14).

lichen Anreiz, solche Verhaltensweisen zu verhindern. Aus Sicht der Nutzer kann die behördliche Überwachung der Geeignetheit hierzu erforderlicher Maßnahmen theoretisch eine vertrauensfördernde Absicherung aufweisen. Aufgrund der Knappheit und Unbestimmtheit des Wortlauts schafft die Vorschrift allerdings Rechtsunsicherheiten für Datenvermittler und dürfte deshalb keinen echten Mehrwert darstellen. Datenvermittlern wird mit Ausnahme des knappen ErwG 36 DGA nicht mitgeteilt, welche konkreten Verfahren und Maßnahmen sie einführen sollen, um die Verpflichtungen aus Art. 12 lit. g DGA einzuhalten. Welche (weiteren) Anforderungen an die Implementierung geeigneter Maßnahmen und Verfahren gestellt werden, wird sich erst in der behördlichen und gerichtlichen Praxis zeigen. Die Unbestimmtheit der Norm eröffnet den zahlreichen nationalen Behörden und Gerichten dabei weite Auslegungsspielräume, die divergierende Interpretationen des Art. 12 lit. g DGA im europäischen Rechtsraum wahrscheinlich machen.

Ein weiteres Problem stellt sich im Zusammenhang mit der Aufdeckung von betrügerischen und missbräuchlichen Praktiken durch Datenvermittler. Datenvermittler sind aufgrund ihrer Eigenschaft als Betreiber digitaler Plattformen zwar befähigt, Vorgänge auf ihren Datenvermittlungsplattformen eng zu überwachen. Sie sind deshalb womöglich in der Lage, Rechtsverstöße, die unmittelbar auf ihren Plattformen stattfinden, effektiv aufzudecken. Was mit den Daten geschieht, sobald der Datennutzer sie vom Dateninhaber erhalten und auf seine eigenen Server übertragen hat, können Datenvermittler aber nicht überprüfen. Ob Datennutzer die Nutzungsbeschränkungen und die Vertraulichkeitsabreden nach Erhalt der Daten einhalten, lässt sich auch für die Datenvermittler nicht nachvollziehen. Es ist daher zu befürchten, dass Datenvermittler das rechts- und vertragskonforme Verhalten ihrer Nutzer nur zu einem geringen Grad sicherstellen können. *Koutroumpis u. a.* sehen gerade hierin den entscheidenden Grund für die bisherigen Misserfolge von Datenmarktplätzen.[925] Es ist deshalb möglich, dass sich die den Datenvermittlern zur Verfügung stehenden Maßnahmen zur Verhinderung missbräuchlicher Praktiken als ungenügend erweisen werden, um das notwendige Vertrauen der Dateninhaber herzustellen. Als hilfreich können sich langfristig aber eventuell neuartige Modelle zur Datennutzung und -weitergabe, wie zum Beispiel Daten-Sandboxen, digitale Wasserzeichen oder Blockchain-Anwendungen, erweisen.[926]

---

925 *Koutroumpis/Leiponen/Thomas*, Industrial and Corporate Change 20 (2020), 645 (654).
926 Siehe hierzu mit weiteren Nachweisen in Kap. 4, B. II. 2. c) cc).

h) Vorsorgemaßnahmen für den Insolvenzfall (lit. h)

Art. 12 lit. h DGA sieht vor, dass Datenvermittler für den Fall ihrer Insolvenz Maßnahmen ergreifen, um die angemessene Weiterführung ihrer Dienste zu ermöglichen und den Dienstenutzern den Zugriff auf ihre Daten zu ermöglichen.

aa) Hintergrund und Zweck

Der Zweck dieser Vorschrift besteht darin, das Vertrauen von Dateninhabern und Datennutzern in die Nutzung von Datenvermittlungsdiensten zu stärken, indem ihnen ein gewisser Schutz vor der insolvenzbedingten Unterbrechung solcher Dienste gewährt wird. Anlass dieser Vorschrift sind vermutlich Sorgen von Dienstenutzern hinsichtlich der zuverlässigen und dauerhaften Erbringung von Datenvermittlungsdiensten. So wird das Insolvenzrisiko von Diensteanbietern im IT-Bereich schon seit längerem als ein nicht unbedeutendes Geschäftsrisiko für deren Nutzer wahrgenommen.[927] Dies trifft insbesondere auf Anbieter von Cloud-Diensten und von *Software as a Service* (SaaS) zu.[928] Nutzer sehen sich bei einer Insolvenz des Diensteanbieters zwei Gefahren ausgesetzt. Zum einen droht die plötzliche Einstellung der Dienste.[929] Vor allem bei Cloud-Diensten kann dies zu erheblichen wirtschaftlichen Einbußen für die Dienstenutzer führen, da sie in vielen Fällen auf die Nutzung der Dienste für den Betrieb ihrer Geschäfte angewiesen sind. Zum anderen können Nutzer mit dem Verlust ihrer Daten konfrontiert werden.[930] Dies bedeutet für sie den Verlust wertvoller und gegebenenfalls wirtschaftlich unverzichtbarer Ressourcen sowie erhebliche Reputationsverluste gegenüber eigenen Kunden.

Dieselben Probleme können sich grundsätzlich auch bei der Insolvenz von Datenvermittlungsdiensten stellen. Falls sich Datenvermittler zu wichtigen Einrichtungen der europäischen Datenwirtschaft entwickeln sollten, wäre die insolvenzbedingte Einstellung ihrer Dienste eine große Belastung für die Nutzer. Insbesondere wenn kontinuierliche Datenübertragungen zwischen Unternehmen über Datenvermittlungsdienste erfolgen, könnte die plötzliche Unterbrechung der Dienste aufgrund einer Insolvenz eine gravierende Beeinträchtigung der Geschäftsaktivitäten der betroffenen Unternehmen darstellen. Sofern Dateninhaber

---

927 *Auer-Reinsdorff/Kast/Dressler*, in: Auer-Reinsdorff/Conrad, Hdb. IT-/DatenschR, § 38 Rn. 1.

928 *Parry*, in: Sarfraz, Cybersecurity Threats (2021), S. 15; *Parry/Bisson*, Journal of Corporate Law Studies 20 (2020), 421; *Heydn*, MMR 2020, 435.

929 *Parry/Bisson*, Journal of Corporate Law Studies 20 (2020), 421 (427 f.); *Tabrizi*, in: Hoeren, Hdb. MMR, 26.1 Rn. 46a.

930 *Parry*, in: Sarfraz, Cybersecurity Threats (2021), S. 15 (17); *James*, in: Leupold/Wiebe/Glossner, IT-Recht, 11.1 Rn. 23; *Wicker*, MMR 2014, 715; *Jülicher*, K&R 2015, 448 (449); *Tabrizi*, in: Hoeren, Hdb. MMR, 26.1 Rn. 46a.

oder Datennutzer ihre Daten durch den Datenvermittler speichern lassen, haben sie außerdem ein Interesse daran, diese im Falle der Insolvenz zurückzuerhalten. Ein besonderes Bedürfnis für Insolvenzvorkehrungen von Datenvermittlungsdiensten ergibt sich auch daraus, dass es sich bei den derzeit tätigen Datenvermittlern mehrheitlich um Start-Ups handelt. Diese tragen aufgrund ihrer geringen Kapitaldecke ein besonders hohes Insolvenzrisiko.[931] Erschwerend kommt hinzu, dass die Insolvenzordnungen der meisten Mitgliedstaaten primär die Zielsetzung verfolgen, die Gläubiger insolventer Unternehmen so weit wie möglich zu befriedigen, und demgegenüber die Kundeninteressen nur sekundär berücksichtigen.[932]

bb) Regelungsinhalt

Gemäß Art. 12 lit. h DGA gewährleistet der Anbieter von Datenvermittlungsdiensten im Falle seiner Insolvenz eine angemessene Weiterführung der Erbringung seiner Datenvermittlungsdienste und richtet, sofern dieser Datenvermittlungsdienst die Speicherung von Daten sicherstellt, Mechanismen ein, die es Dateninhabern und Datennutzern ermöglichen, Zugang zu ihren Daten zu erhalten, diese zu übertragen oder abzurufen.[933] Datenvermittler werden also dazu verpflichtet, bestimmte Vorkehrungen für den Insolvenzfall zu treffen. Hierbei handelt es sich leider um Vorgaben, deren Umsetzung äußerst schwierig, wenn nicht unmöglich sein dürfte. Schließlich steht die Vorschrift jedenfalls mit dem deutschen Insolvenzrecht in einem gewissen Widerspruch. Zudem ist die Vorschrift sehr abstrakt und gibt den Datenvermittlern keine konkreten Maßnahmen für ihre Umsetzung auf. Auch in den Erwägungsgründen finden sich hierzu keine weiteren Erläuterungen.

(1) Insolvenz

Die Weiterführung der Datenvermittlungsdienste und der Datenzugriff der Dienstenutzer müssen für den Fall der Insolvenz gewährleistet werden. Einen eigenen europarechtlichen Insolvenzbegriff gibt es nicht. In der europäischen Insolvenz-

---

931 Vgl. *Auer-Reinsdorff/Kast/Dressler*, in: Auer-Reinsdorff/Conrad, Hdb. IT-/DatenschR, § 38 Rn. 11.

932 *Parry/Bisson*, Journal of Corporate Law Studies 20 (2020), 421 (437 f.). So dient z. B. gemäß § 1 InsO das Insolvenzverfahren dazu, die Gläubiger eines Schuldners gemeinschaftlich zu befriedigen. Die Unternehmenserhaltung und damit auch die Fortführung von Diensten für Kunden stellt hingegen nur ein zweitrangiges Ziel dar, siehe *Ganter/Bruns*, in: MüKo InsO, § 1 Rn. 1.

933 Auf Art. 12 lit. h Var. 3 DGA, wonach C2B-Datenvermittler nach Art. 10 lit. b DGA, ihren Nutzern die Rechteausübung ermöglichen müssen, wird in dieser Untersuchung nicht eingegangen.

verordnung[934] wird in Art. 2 Nr. 4 für die Definition des Insolvenzverfahrens auf Anhang A verwiesen, der die Insolvenzverfahren der verschiedenen Mitgliedstaaten aufzählt. Für Deutschland wird auf die Insolvenzverfahren nach der InsO verwiesen.[935] Deren Insolvenzbegriff ist auch im Rahmen von Art 12 lit. h DGA zugrunde zu legen.[936] Der Insolvenzfall tritt danach mit der Eröffnung des Insolvenzverfahrens durch den Eröffnungsbeschluss des zuständigen Gerichts gemäß § 27 InsO ein. Mit dem Eröffnungsbeschluss ernennt das Gericht nach § 27 Abs. 1 S. 1 InsO einen Insolvenzverwalter.[937] Auf diesen geht mit der Eröffnung des Insolvenzverfahrens gemäß § 80 Abs. 1 InsO das Recht über, das zur Insolvenzmasse gehörende Vermögen zu verwalten und hierüber zu verfügen. Der Schuldner, also das insolvente Unternehmen, verliert dadurch die eigene Handlungsfähigkeit und kann über seine Rechte nicht mehr selbst verfügen.[938] Voraussetzungen für die Eröffnung des Insolvenzverfahrens sind ein Antrag nach § 13 InsO, die Insolvenzfähigkeit des Schuldners gemäß § 11 InsO sowie das Vorliegen eines Insolvenzgrundes.[939] Insolvenzgründe sind die Zahlungsfähigkeit nach § 17 InsO, die drohende Zahlungsunfähigkeit nach § 18 InsO und die Überschuldung nach § 19 InsO. Ab der Eröffnung des Insolvenzverfahrens bezweckt die Verwaltung des insolventen Unternehmens in erster Linie die Befriedigung der Gläubiger.

(2) Die angemessene Weiterführung der Dienste (Var. 1)

Art. 12 lit. h Var. 1 DGA sieht vor, dass Datenvermittler die angemessene Weiterführung ihrer Dienste nach der Insolvenz ermöglichen. Die Angemessenheit der Weiterführung bezieht sich auf die Kontinuität der Dienste, also auf den Zeitraum, für den die Dienste weiterhin angeboten werden.[940] Die Dienste müssen so lange weitergeführt werden, dass für die Dienstenutzer keine unzumutbare Unterbre-

---

934 Verordnung (EU) 2015/848 des Europäischen Parlaments und des Rates vom 20. Mai 2015 über Insolvenzverfahren, ABl. L 141 vom 5.6.2015, S. 19–72.

935 Siehe *Kindler*, in: MüKo BGB, EuInsVO, Art. 2 Rn. 6; *Tashiro*, in: Braun, EuInsVO, Art. 2 Rn. 12.

936 So im Ergebnis auch *Specht-Riemenschneider*, in: Specht-Riemenschneider/Hennemann, DGA, Art. 12 Rn. 70.

937 Siehe nur *Maier*, Insolvenz (2023), Rn. 20 ff.

938 *Vuia*, in: MüKo InsO, § 80 Rn. 6, 11; *Sternal*, in: Schmidt, InsO, § 80 Rn. 6; *Hartung/Berjasevic*, in: Leupold/Wiebe/Glossner, IT-Recht, 11.4.1 Rn. 4.

939 Siehe nur *Maier*, Insolvenz (2023), Rn. 10 ff.

940 So spricht die englische Sprachfassung von: „reasonable continuity of the provision of its data intermediation services“.

chung entsteht und sie ausreichend Zeit haben, um einen alternativen Dienst zu finden.[941]

(a) Verhältnis der Vorschrift zum nationalen Insolvenzrecht

Große Schwierigkeiten wirft die Frage auf, wie die Gewährleistung der Weiterführung der Dienste mit dem (deutschen) Insolvenzrecht vereinbart werden kann. Gemäß § 80 Abs. 1 InsO verliert der Schuldner mit der Eröffnung des Insolvenzverfahrens die Befugnis, sein Vermögen weiter zu verwalten. Stattdessen entscheidet der Insolvenzverwalter über die Fortführung der Dienste. Nach der Eröffnung des Insolvenzverfahrens verliert der Anbieter eines Datenvermittlungsdienstes folglich die Entscheidungshoheit darüber, ob seine Dienste fortgeführt werden.[942] Diese liegt dann allein beim Insolvenzverwalter. Wenn die Fortführung des Unternehmens, die in vielen Fällen grundsätzlich eine bessere Befriedigung der Gläubiger verspricht, keine Aussicht auf Erfolg hat, wird der Insolvenzverwalter die Liquidation des Unternehmens anordnen.[943]

Bei bereits bestehenden gegenseitigen und noch nicht vollständig erfüllten Verträgen[944] steht dem Insolvenzverwalter gemäß § 103 Abs. 1 InsO grundsätzlich ein Wahlrecht zu, ob er den Vertrag für den Schuldner erfüllen möchte. Wenn der Insolvenzverwalter die Erfüllung ablehnt, kann der Vertragspartner seinen Erfüllungsanspruch dauerhaft nicht durchsetzen.[945] Eine Ausnahmeregelung vom Grundsatz der Wahlfreiheit findet sich in § 108 Abs. 1 InsO. Danach bestehen bestimmte Dauerschuldverhältnisse wie Miet- oder Dienstverhältnisse im Fall der Insolvenz mit Wirkung für die Insolvenzmasse fort. Dem Insolvenzverwalter steht dann kein Wahlrecht zu.[946] Unter die Dienstverhältnisse im Sinne des § 108 Abs. 1

---

941 *Specht-Riemenschneider* verlangt darüberhinausgehend die Weiterführung bis zum Vertragsablauf oder bis zum Zeitpunkt, an dem der Vertrag ordentlich gekündigt werden kann; siehe *Specht-Riemenschneider*, in: Specht-Riemenschneider/Hennemann, DGA, Art. 12 Rn. 71.

942 Ähnliches verhält sich auch in anderen europäischen Jurisdiktionen; siehe z. B. zu Frankreich, Luxemburg und den Niederlanden *Dammann*, in: MüKo InsO, Frankreich Rn. 141; *Loesch/Goeder*, in: MüKo InsO, Luxemburg, Rn. 59; *Kortmann*, in: MüKo InsO, Niederlande Rn. 40, 44. Zu beachten ist aber, dass die Insolvenzordnungen einiger anderer Mitgliedstaaten vorrangig die Sanierung und nicht die Verwertung von Unternehmen anstreben; siehe etwa zu Frankreich *Dammann*, in: MüKo InsO, Frankreich Rn. 16.

943 *Sternal*, in: Schmidt, InsO, § 80 Rn. 23.

944 Gegenseitige Verträge sind Austauschverträge, bei denen eine synallagmatische Verknüpfung der beiderseitigen Hauptleistungspflichten vorliegt; siehe *Huber*, in: MüKo InsO, § 103 Rn. 55. Bei Verträgen zur Nutzung von Datenvermittlungsdiensten gegen Entgelt handelt es sich um Austauschverträge.

945 *Berberich*, in: BeckOK InsO, § 103 Rn. 72 f.

946 *Hofmann*, in: MüKo InsO, § 108 Rn. 1; *Berberich*, in: BeckOK InsO, § 108 Rn. 2.

InsO fallen nicht nur Arbeitsverhältnisse, sondern auch sonstige Dienstleistungen, bei denen es sich um Dauerschuldverhältnisse handelt.[947]

Es ist denkbar, dass Verträge über die Nutzung von Datenvermittlungsdiensten unter die Ausnahmeregelung des § 108 Abs. 1 InsO fallen.[948] Für eine verlässliche Einschätzung der Anwendbarkeit des § 108 Abs. 1 InsO kommt es entscheidend auf die zwischen Dienstenutzern und Datenvermittlern im Einzelfall vereinbarten Verträge an. In der Regel kann aber angenommen werden, dass Verträge zwischen Dienstenutzern und Anbietern von Datenvermittlungsdiensten, wie die meisten IT-Verträge[949] und Plattformnutzungsverträge[950], als typengemischte Verträge einzuordnen sind, die dienst-, miet- und werkvertragliche Elemente aufweisen können.[951] So dürfte die der Nutzung zugrundeliegende Bereitstellung der Datenvermittlungsplattform und die Zugangsgewährung zu ihr für den Nutzer eine Dienstleistung im Sinne von § 611 BGB darstellen, bei der es sich um ein Dauerschuldverhältnis handelt. Die nach § 12 lit. e DGA zulässige, vorübergehende Speicherung von Daten für den Dateninhaber könnte hingegen, wie dies bei Cloud-Verträgen üblich ist,[952] auch als Mietvertrag eingeordnet werden. Bei der technischen Durchführung von Datentransaktionen und der Vornahme zusätzlicher Leistungen, wie der Anonymisierung von Daten, sind werkvertragliche Elemente bestimmend. Schließlich ist in diesen Fällen ein konkreter Erfolg durch den Datenvermittler geschuldet. Wenn man im Rahmen von § 108 Abs. 1 InsO aber in erster Linie auf den dienstrechtlichen Charakter des zugrundeliegenden Nutzungsvertrages als Dauerschuldverhältnis abstellt, besteht der Nutzungsvertrag auch nach der Insolvenz des Datenvermittlers fort. Da die InsO für die Insolvenz des Dienstverpflichteten keine Sonderregelungen vorsieht,[953] kann der Insolvenzverwalter den Vertrag allein nach den allgemeinen Vorschriften des BGB kündigen.

---

947 *Berberich*, in: BeckOK InsO, § 108 Rn. 18.

948 Vergleichbare Regelungen zur Fortführung gegenseitiger Verträge gibt es auch in vielen anderen Jurisdiktionen; siehe nur *Dammann*, in: MüKo InsO, Frankreich, Rn. 155 ff.; *Loesch/Goeder*, in: MüKo InsO, Luxemburg, Rn. 104 ff.; *Kortmann*, in: MüKo InsO, Niederlande, Rn. 82 ff.

949 *Berberich*, in: BeckOK InsO, § 103 Rn. 33.2.

950 *Schöttle*, in: Auer-Reinsdorff/Conrad, Hdb. IT-/DatenschR, § 25 Rn. 250; *Billing*, in: Bräutigam/Rücker, E-Commerce, Teil 4. B. Rn. 9.

951 Hierbei ist zu unterscheiden zwischen den Verträgen, die zwischen den Dienstenutzern und dem Datenvermittler zustande kommen, und den Verträgen, die zwischen Dateninhabern und Datennutzern untereinander geschlossen werden.

952 Siehe nur *Meents*, in: Borges/Meents, Cloud Computing, § 4 Rn. 45; *Strittmatter*, in: Auer-Reinsdorff/Conrad, Hdb. IT-/DatenschR, § 22 Rn. 31; *Wicker*, MMR 2012, 783 (785).

953 *Berberich*, in: BeckOK InsO, § 108 Rn. 62.

(b) Vorsorgemaßnahmen und ihre Grenzen

Unabhängig von der Frage, ob die Nutzungsverträge mit Datenvermittlungsdiensten im konkreten Fall nach § 108 Abs. 1 InsO fortbestehen, ist festzuhalten, dass der Betreiber eines Datenvermittlungsdienstes ab der Eröffnung des Insolvenzverfahrens keinen Einfluss mehr auf die Fortführung seiner Dienste nehmen kann. Es lassen sich daher nur Vorsorgemaßnahmen der Datenvermittler von den zuständigen Behörden im Rahmen der Anmelde- und Überwachungsverfahren nach Art. 11 und 14 DGA überprüfen. Die Behörden kontrollieren, ob zu erwarten ist, dass der Datenvermittler im möglichen Insolvenzfall die angemessene Weiterführung seiner Dienste gewährleisten kann.

Völlig offen lässt die Vorschrift allerdings, welche Vorsorgemaßnahmen von Datenvermittlern konkret für den Insolvenzfall zu ergreifen sind. Auch in den Erwägungsgründen finden sich hierzu bedauerlicherweise keine Hinweise. Ohnehin dürfte die absolute Gewährleistung der angemessenen Weiterführung der Dienste durch Vorsorgemaßnahmen kaum möglich sein. Denn aufgrund des Übergangs der Verfügungs- und Verwaltungsbefugnisse auf den Insolvenzverwalter im Insolvenzfall verliert der Anbieter eines Datenvermittlungsdienstes jegliche Kontrolle über die Fortführung seiner Dienste. Er kann die Weiterführung der Dienste durch den Insolvenzverwalter erleichtern, sie aber nicht sicherstellen, wie dies von Art. 12 lit. h DGA eigentlich verlangt wird.

Als Vorbild für Vorsorgemaßnahmen nach Art. 12 lit. h DGA könnten die britischen Regelungen für Plattformen für die Anbahnung von *Peer-to-Peer*-Krediten (P2P-Plattformen)[954] dienen. Die britische *Financial Conduct Authority* setzt für die Zulassung solcher Plattformen voraus, dass deren Betreiber bestimmte Schutzmaßnahmen eingeführt haben.[955] Unter anderem werden die Betreiber von P2P-Plattformen dazu verpflichtet, bestimmte Vorkehrungen für die Abwicklung ihrer Plattformen im Fall der Insolvenz zu treffen.[956] So müssen sie für den Insolvenzverwalter ein Handbuch mit allen Informationen erstellen, die für die Abwicklung der vermittelten Kreditverträge durch den Insolvenzverwalter erforderlich sind.[957] Im Handbuch soll etwa beschrieben werden, wie bereits vermittelte Kreditverträge verwaltet werden, wie die IT-Systeme der Plattform organisiert werden und welche Ressourcen und welches Personal für die Fortführung der Dienste erforderlich sind.

---

954 Hierbei handelt es sich um Plattformen, die der Anbahnung von Krediten zwischen Privatpersonen dienen. Es handelt sich also nicht um Datenvermittlungsdienste i. S. d. DGA. Siehe näher zu P2P-Plattformen *Hertneck*, Peer-to-peer-Lending (2020), S. 34 ff.

955 Siehe *Parry/Bisson*, Journal of Corporate Law Studies 20 (2020), 421 (444 f.).

956 *Parry/Bisson*, Journal of Corporate Law Studies 20 (2020), 421 (445).

957 *FCA Handbook*, SYSC 4.1.8DB, abrufbar unter: https://www.handbook.fca.org.uk/handbook/SYSC/4/1.html.

Die Erstellung eines Handbuchs mit den wesentlichen Informationen für die angemessene Weiterführung und Abwicklung ihrer Dienste ist auch bei Datenvermittlungsdiensten sinnvoll. Da Datenvermittlungsdienste in einer sehr dynamischen und hochspezialisierten Marktnische tätig sind, kann ihre Weiterführung Insolvenzverwaltern Probleme bereiten. Aus diesem Grund sollte in dem Handbuch die Funktionsweise der Plattform dargestellt werden und erläutert werden, welche IT-Systeme und Mitarbeiter erforderlich sind, um den Betrieb des Datenvermittlungsdienstes aufrechtzuerhalten. Für den Insolvenzverwalter muss erkennbar sein, durch welche Maßnahmen er die vorübergehende Weiterführung des Datenvermittlungsdienstes erreichen kann. Durch die Erstellung eines Abwicklungshandbuchs können Datenvermittler die Weiterführung ihrer Dienste erleichtern und gegebenenfalls erst ermöglichen. Die nach Art. 12 lit. h Var. 1 DGA geforderte Gewährleistung der Weiterführung der Dienste kann hierdurch jedoch nicht erreicht werden. Letztlich bestimmt allein der Insolvenzverwalter über die tatsächliche Fortführung der Dienste innerhalb des von der Insolvenzordnung gesteckten Rechtsrahmens. Da der Gesetzgeber keine näheren Hinweise für die Erfüllung von Art. 12 lit. h DGA gegeben hat, ist es zu diesem Zeitpunkt unklar, wie die Anbieter von Datenvermittlungsdiensten die Anforderungen des Art. 12 lit. h Var. 1 DGA in der Praxis erfüllen können.

(c) Bindungswirkung gegenüber Insolvenzverwaltern

Angesichts der ineffektiven Mittel, die Datenvermitlern zur Sicherstellung der Fortführung ihrer Dienste im Insolvenzfall zur Verfügung stehen, stellt sich die Frage, ob Art. 12 lit. h Var. 1 DGA zur Wahrung seiner praktischen Wirksamkeit auch gegenüber den zur Liquidation insolventer Datenvmittler berufenen Insolvenzverwaltern Wirkung entfalten muss. Die Bejahung dieser Frage hätte zur Folge, dass Insolvenzverwalter zur angemessenen Weiterführung der Datenvermittlungsdienste verpflichtet wären und das Befriedigungsinteresse der Gläubiger unter Umständen hinter dem Interesse der Nutzer an der Dienstefortführung zurückstehen müsste.[958]

Der Wortlaut der Vorschrift spricht auf den ersten Blick gegen die Erstreckung der Vorschrift auf Insolvenzverwalter. Schließlich bezieht sich die Vorschrift allein auf die Verpflichtung des Anbieters von Datenvermittlungsdiensten, die angemessene Weiterführung seiner Dienste sicherzustellen. Auf Insolvenzverwalter geht die Vorschrift nicht explizit ein. Allerdings ist zu beachten, dass mit der Eröffnung des Insolvenzverfahrens nicht nur die Verwaltungs- und Verfügungsbefugnis

---

958 Damit würde sich Art. 12 lit. h DGA in einen Widerspruch zur InsO setzen, nach deren § 1 InsO das Insolvenzverfahren primär dazu dient, die Gläubiger eines Schuldners gemeinschaftlich zu befriedigen; siehe *Ganter/Bruns*, in: MüKo InsO, § 1 Rn. 1.

des Datenvermittlers als Schuldner vollständig auf den Insolvenzverwalter übergeht,[959] sondern der Insolvenzverwalter gemäß § 80 Abs. 1 InsO auch in die Pflichten des Schuldners eintritt.[960] Dies gilt auch für öffentlich-rechtliche Pflichten des Schuldners.[961] Insofern ist nach dem deutschen Insolvenzrecht davon auszugehen, dass Insolvenzverwalter in die Fortführungspflicht der von ihnen verwalteten Datenvermittlungsdiente gemäß Art. 12 lit. h Var. 1 DGA eintreten. Hierfür spricht auch der Zweck des Art. 12 lit. h DGA. Denn aufgrund der beschränkten Handlungsmöglichkeiten der Anbieter von Datenvermittlungsdiensten kann die effektive Fortführung der Dienste für einen angemessenen Zeitraum nur durch den Eintritt des Insolvenzverwalters sichergestellt werden. Aus diesem Grund ist der Eintritt des Insolvenzverwalters in die Handlungspflicht des Art. 12 lit. h Var. 1 DGA zur Wahrung der Wirksamkeit der unionalen Vorschrift erforderlich.

Um die Wirksamkeit des Art. 12 lit. h Var. 1 DGA zu gewährleiten, ist es im Kollisionsfall außerdem erforderlich, dass ein Insolvenzverwalter den von ihm verwalteten Datenvermittlungsdienst entgegen den Vorgaben des nationalen Insolvenzrechts für einen angemessenen Zeitraum fortführt. Denn nach dem Anwendungsvorrang des Unionsrechts, der auch für Vorschriften des europäischen Sekundärrechts gilt,[962] wird mitgliedstaatliches Recht unanwendbar, soweit es mit unionsrechtlichen Vorschriften kollidiert.[963] Hieraus folgt, dass der Insolvenzverwalter den Datenvermittlungsdienst auch dann fortführen muss, wenn ihm insofern gemäß § 103 InsO eigentlich ein Wahlrecht zustehen würde. Die der angemessenen Dienstefortführung entgegenstehenden insolvenzrechtlichen Vorschriften muss und darf der Insolvenzverwalter nicht beachten. Für nationale DGA-Behörden und Gerichte besteht außerdem nach dem unionalen Wirksamkeits- und Loyalitätsgebot gemäß Art. 4 Abs. EUV die Verpflichtung, jede dem Unionsrecht entgegenstehende Bestimmung der nationalen Rechtsordnung unangewendet zu lassen.[964]

(3) Zugriff auf gespeicherte Daten (Var. 2)

Gemäß Art. 12 lit. h Var. 2 DGA müssen Datenvermittler, welche die Speicherung von Daten anbieten, Mechanismen einrichten, um Dateninhabern den Zugang zu

---

959 *Vuia*, in: MüKo InsO, § 80 Rn. 6, 11; *Sternal*, in: Schmidt, InsO, § 80 Rn. 6.

960 *Vuia*, in: MüKo InsO, § 80 Rn. 46; *Mock*, in: Uhlenbruck, InsO, § 80 Rn. 71.

961 *Sternal*, in: Schmidt, InsO, § 80 Rn. 69; *Mock*, in: Uhlenbruck, InsO, § 80 Rn. 74, 245.

962 *Ruffert*, in: Calliess/Ruffert, AEUV, Art. 1 Rn. 20.

963 Siehe nur *Ruffert*, in: Calliess/Ruffert, AEUV, Art. 1 Rn. 18; *Streinz*, in: Streinz, EUV, Art. 4 Rn. 35; grundlegend *EuGH*, Urteil vom 15. Juli 1964, 6/64, ECLI:EU:C:1964:66. Slg. 1964, 1251 (1269) – *Costa*.

964 *Kahl*, in: Calliess/Ruffert, EUV, Art. 4 Rn. 128, 142; *Schill/Krenn*, in: Grabitz/Hilf/Nettesheim, EUV, Art. 4 Rn. 93.

ihren Daten sowie deren Abruf und Übertragung zu ermöglichen. Datenvermittler müssen also durch technische, organisatorische und rechtliche Maßnahmen gewährleisten, dass die technischen Zugriffs- und Verfügungsmöglichkeiten von Dienstenutzern über ihre Daten durch den Insolvenzfall nicht eingeschränkt werden.[965] Auch bei dieser Vorschrift besteht ein gewisser Konflikt mit dem deutschen Insolvenzrecht, so dass die Umsetzung von Art. 12 lit. h Var. 2 DGA Datenvermittlern in der Praxis erhebliche Probleme bereiten wird.

(a) Anwendungsbereich

Art. 12 lit. h Var. 2 DGA findet nur dann Anwendung, wenn ein Datenvermittler seinen Nutzern im Rahmen von Art. 12 lit. e DGA die Speicherung von Daten anbietet. Nach Art. 12 lit. e DGA ist Datenvermittlern die vorübergehende Speicherung von Daten erlaubt, solange sie der Vorbereitung oder Durchführung von Datentransaktionen dient.[966] In diesen Fällen haben Dateninhaber und Datennutzer ein Interesse daran, den Zugriff auf „ihre“ Daten auch im Falle der Insolvenz zu erhalten. Für Datenvermittler, die keine Datenspeicherung anbieten, ist Art. 12 lit. h Var. 2 DGA hingegen irrelevant.

(b) Technische Zugriffsmechanismen

Datenvermittler müssen sicherstellen, dass Dateninhaber und Datennutzer auch nach der Insolvenz des Datenvermittlers auf ihre Daten zugreifen können, die auf den Servern des Datenvermittlers gespeichert sind. Art. 12 lit. h Var. 2 DGA bezieht sich auf die Daten, die der Datenvermittler jeweils für die Dienstenutzer gespeichert hat. Der Wortlaut des Art. 12 lit. h Var. 2 DGA, wonach Dienstenutzer Zugriff auf „ihre Daten“ erhalten sollen, bedeutet also nicht, dass ihnen das Eigentum an den Daten zustehen muss. Ein solches Eigentumsrecht an Daten gibt es im deutschen und europäischen Recht schließlich nicht.[967]

Gemäß Art. 12 lit. h Var. 2 DGA sollen Datenvermittler sicherstellen, dass die Nutzer den Zugang zu ihren Daten erhalten bzw. diese abrufen oder übertragen können. Hierfür müssen sie die notwendigen technischen Einrichtungen, wie zum Beispiel Anwendungsprogrammierschnittstellen, einrichten. Da die Gewährung des Datenzugriffs aber bereits für den normalen Betrieb von Speicherdiensten erforderlich ist, dürften Datenvermittler in der Regel über die erforderlichen technischen Vorrichtungen verfügen. Der Zugang zu den Daten dürfte erfordern, dass

---

965 Vgl. auch *Specht-Riemenschneider*, in: Specht-Riemenschneider/Hennemann, DGA, Art. 12 Rn. 73.

966 Siehe hierzu Kap. 5, C. VII. 3. e) bb) (3) (a),

967 Siehe hierzu Kap. 3, C. II. 2.

die Dienstenutzer ihre Daten einsehen können.[968] Der Abruf der Daten setzt demgegenüber voraus, dass sie ihre Daten auch herunterladen können. Mit der Übertragung der Daten ist wohl der Transfer der Daten auf die Server anderer Diensteanbieter gemeint. Hierbei kann es sich zum Beispiel um andere Datenvermittler oder um Anbieter von Cloud-Diensten handeln.

(c) Rechtliche Umsetzung des Datenzugriffs

Schwierigkeiten wirft die Sicherstellung des Datenzugriffs im Insolvenzfall aus insolvenzrechtlicher Perspektive auf. Sofern die Daten der Dienstenutzer zur Insolvenzmasse gemäß § 35 Abs. 1 InsO gehören, geht gemäß § 80 InsO die Verwaltungs- und Verfügungsbefugnis über sie mit der Eröffnung des Insolvenzverfahrens auf den Insolvenzverwalter über.[969] In diesem Fall kann der Anbieter des Datenvermittlungsdiensts keinen Einfluss auf die Ermöglichung des Datenzugriffs durch seine Nutzer nehmen. Stattdessen wird der Insolvenzverwalter gemäß § 159 InsO die Verwertung der Daten als Teil der Insolvenzmasse anstreben. Etwas anderes gilt aber dann, wenn sich die Daten nach § 47 InsO aussondern lassen. Dann fallen sie nicht in die Insolvenzmasse und die Dienstenutzer können ihre Herausgabe vom Insolvenzverwalter verlangen. Der Aussonderungsfähigkeit von Daten kommt daher eine große Bedeutung für die Gewährleistung des Datenzugriffs durch Dienstenutzer zu. Bevor mögliche Handlungsalternativen für die Gewährleistung des Datenzugriffs dargestellt werden, soll daher zunächst in gebotener Kürze auf die insolvenzrechtliche Aussonderung von Daten eingegangen werden.

(aa) Aussonderung von Daten

Wenn Daten gemäß § 47 InsO ausgesondert werden können, hat dies zur Folge, dass sie nicht in die Insolvenzmasse fallen und der Aussonderungsberechtigte ihre Herausgabe vom Insolvenzverwalter verlangen kann.[970] Daten sind als Gegenstän-

---

968 In diesem Rahmen ergibt es keinen Sinn, den Zugang zu Daten im Sinne der Legaldefinition des Art. 2 Nr. 13 DGA zu verstehen, da es hier nicht auf die Datennutzung, sondern auf die Datenverfügbarkeit für die Dienstenutzer ankommt.

969 In der Literatur wird die Einbeziehung von Daten in die Insolvenzmasse überwiegend befürwortet, da sie einen erheblichen wirtschaftlichen Wert aufweisen, handelbar sind und sich der Anwendungsbereich des § 35 InsO nicht auf das Eigentum an Vermögensgegenständen beschränke; siehe nur *Berberich/Kanschik*, NZI 2017, 1; *Kirchner*, in: BeckOK InsO, § 35 Rn. 37c; *Bäuerle*, in: Braun, InsO, § 35 Rn. 36; *Holzer*, in: Kübler/Prütting/Bork, InsO, § 35 Rn. 60. Dieser Einordnung wird teilweise mit der Begründung widersprochen, dass es Daten an der vermögensrechtlichen Zuordnung fehle, siehe *Zurth/Lersch*, ZfDR 2021, 175 (182 ff.). Auch wenn dieser Einwand dogmatisch durchaus überzeugen kann, scheint sich die Einbeziehung von Daten in die Insolvenzmasse in der Rechtspraxis durchzusetzen.

970 Siehe nur *Hartung/Berjasevic*, in: Leupold/Wiebe/Glossner, IT-Recht, 11.4.1 Rn. 18.

de im Sinne des § 47 InsO grundsätzlich aussonderungsfähig.[971] Entscheidend dafür, ob sie ausgesondert werden können, ist der Umstand, ob einem Dritten eine Aussonderungsberechtigung zusteht. Dies setzt voraus, dass aufgrund eines dinglichen oder persönlichen Rechts (also einer schuldrechtlichen Berechtigung) geltend gemacht wird, dass der Gegenstand nicht zur Insolvenzmasse gehört.[972] Im Hinblick auf Daten kommen dingliche Aussonderungsberechtigungen aufgrund der fehlenden Eigentumsfähigkeit von Daten nicht in Betracht.[973]

Die Aussonderungsberechtigung bei Daten kann sich daher allein aus schuldrechtlichen Ansprüchen ergeben. Hierbei ist zu berücksichtigen, dass bloße Verschaffungsansprüche für die Aussonderungsberechtigung nicht genügen, da sie nicht auf der Massefremdheit des Leistungsgegenstandes beruhen.[974] Ansprüche auf Erfüllung schuldrechtlicher Verträge, wie zum Beispiel auf Lieferung der Kaufsache, begründen daher keine Aussonderungsberechtigung. Anders verhält es sich bei schuldrechtlichen Ansprüchen, die nicht auf die Verschaffung der Rechtsposition an einer fremden Sache gerichtet sind, sondern auf Herausgabe einer Sache, die dem Vermögen des Besitzers, also des Schuldners, haftungsrechtlich nicht zugeordnet ist.[975] Zu solchen Herausgabeansprüchen zählen zum Beispiel die §§ 546, 604 BGB.

Im Einklang mit einer Entscheidung des OLG Düsseldorf wird überwiegend anerkannt, dass ein Herausgabeanspruch und damit ein Aussonderungsrecht für Daten aus §§ 667 Alt. 1, 675 BGB folgen kann.[976] Dies setzt voraus, dass der Beauftragte die Daten im Rahmen einer Geschäftsbesorgung nach § 675 BGB erhalten hat, um den Auftrag für den Auftraggeber ausführen zu können.[977] Ein Geschäftsbesorgungsvertrag nach § 675 BGB kann bei der Speicherung der Daten von Dienstenutzern durch den Datenvermittler aber nicht angenommen werden. Schließlich setzt die Geschäftsbesorgung eine selbständige Tätigkeit wirtschaftlicher Art voraus, die nicht in einer bloßen Leistung an einen anderen, sondern in der Wahr-

---

971 *Hartung/Berjasevic*, in: Leupold/Wiebe/Glossner, IT-Recht, 11.4.1 Rn. 19; *Ganter*, in: MüKo InsO, § 47 Rn. 31a; *Haneke*, in: BeckOK InsO, § 47 Rn. 15; *Brinkmann*, in: Uhlenbruck, InsO, § 47 Rn. 8. Schließlich ist Gegenstand i. S. v. § 47 InsO alles, was Objekt von Rechten sein kann.

972 *Brinkmann*, in: Uhlenbruck, InsO, § 47 Rn. 9; *Haneke*, in: BeckOK InsO, § 47 Rn. 18.

973 *Ganter*, in: MüKo InsO, § 47 Rn. 339q; *Haneke*, in: BeckOK InsO, § 47 Rn. 88 ff.; *Hartung/Berjasevic*, in: Leupold/Wiebe/Glossner, IT-Recht, 11.4.1 Rn. 32. Siehe zur Eigentumsfähigkeit von Daten Kap. 3, C. II. 2.

974 *Brinkmann*, in: Uhlenbruck, InsO, § 47 Rn. 60; *Ganter*, in: MüKo InsO, § 47 Rn. 347.

975 *Brinkmann*, in: Uhlenbruck, InsO, § 47 Rn. 61; *Ganter*, in: MüKo InsO, § 47 Rn. 347.

976 *OLG Düsseldorf*, Urteil v. 27.9.2012 – I-6 U 241/11, NZI 2012, 887; *Ganter*, in: MüKo InsO, § 47 Rn. 339p; *Brinkmann*, in: Uhlenbruck, InsO, § 47 Rn. 62a; *Hartung/Berjasevic*, in: Leupold/Wiebe/Glossner, IT-Recht, 11.4.1 Rn. 27 ff.; *Jülicher*, ZIP 2015, 2063 (2064).

977 Siehe im Detail *OLG Düsseldorf*, Urteil v. 27.9.2012 – I-6 U 241/11, NZI 2012, 887 (889).

nehmung seiner Vermögensinteressen besteht.[978] Der entgeltlichen Speicherung von Daten fehlt es jedoch an dem erforderlichen Vermögensbezug, der sich darin ausdrückt, dass die Geschäftsbesorgung Einfluss auf den Vermögensstatus des Geschäftsherrn nimmt.[979] Die Speicherung von Daten dürfte stattdessen als einfacher Dienstvertrag nach § 611 BGB oder als Mietvertrag gemäß § 535 BGB einzuordnen sein.[980] Ansprüche, nach denen Dienstnehmer oder Mieter die Aussonderung ihrer Daten verlangen können, existieren jedoch nicht. Für die Nutzer von Datenvermittlungsdiensten können sich Aussonderungsberechtigungen daher allein aus individualvertraglichen Abreden ergeben.

(bb) Vertragliche Herausgabeansprüche

Für Cloud-Verträge wird Dienstenutzern empfohlen, dass sie Herausgabeansprüche mit ihren Cloud-Anbietern individualvertraglich vereinbaren.[981] So kann als Präventivmaßnahme vereinbart werden, dass der Cloud-Anbieter die Daten dem Nutzer auf Anfrage jederzeit oder bei Vermögensverschlechterungen zur Verfügung stellen muss.[982] Dies ermöglicht es den Nutzern, vor dem Eintritt der Insolvenz ihre Daten abzurufen. Eine weitergehende Absicherung für den Insolvenzfall kann durch sogenannte Dateneigentumsklauseln erfolgen.[983] In Dateneigentumsklauseln wird festgehalten, dass sämtliche Rechte an den Daten, einschließlich Eigentumsrechten und Urheberrechten, dem Nutzer zustehen. Diese Klauseln sollen unter anderem die Aussonderungsberechtigung der Dienstenutzer hinsichtlich ihrer Daten absichern.

Auch für Datenvermittlungsdienste könnten solche Dateneigentumsklauseln einen Weg bieten, um den Zugriff der Nutzer auf ihre Daten im Insolvenzfall zu gewährleisten. Wenn Dateneigentumsklauseln zur Aussonderungsberechtigung der Dienstenutzer führen, bietet es sich für Datenvermittler an, solche Klauseln zu Gunsten der Dienstenutzer in ihre Verträge oder allgemeinen Geschäftsbedingungen aufzunehmen. Ob solche Dateneigentumsklauseln tatsächlich insolvenzfest sind, ist jedoch umstritten.[984] Schließlich gibt es kein (geistiges) Eigentumsrecht an Daten. Sie werden den Dienstenutzern daher nicht vermögens- bzw. haftungs-

---

978 Siehe nur *Mansel*, in: Jauernig, BGB, § 675 Rn. 4; Heermann, in: MüKo BGB, § 675 Rn. 3 m. w. N.

979 Heermann, in: MüKo BGB, § 675 Rn. 8.

980 Siehe zu dieser Frage bereits oben in Kap. 5, C. VII. 3. h) bb) (a).

981 *Hartung/Berjasevic*, in: Leupold/Wiebe/Glossner, IT-Recht, 11.4.1 Rn. 22 ff.; *Jülicher*, ZIP 2015, 2063 (2064).

982 *Hartung/Berjasevic*, in: Leupold/Wiebe/Glossner, IT-Recht, 11.4.1 Rn. 22 f.

983 *Hartung/Berjasevic*, in: Leupold/Wiebe/Glossner, IT-Recht, 11.4.1 Rn. 45 f.; *Strittmatter*, in: Auer-Reinsdorff/Conrad, Hdb. IT-/DatenschR, § 22 Rn. 160.

984 Ablehnend *Haneke*, in: BeckOK InsO, § 47 Rn. 92; *Hoffmann*, JZ 2019, 960 (964).

rechtlich zugewiesen.[985] Die rein vertragliche Zuweisung der Daten kann hierüber nicht hinweghelfen. Es ist daher unsicher, ob Dateneigentumsklauseln den insolvenzfesten Zugriff der Dienstenutzer auf ihre Daten in der Rechtspraxis gewährleisten können. Angesichts dieser unsicheren Rechtslage ist es empfehlenswert, dass Datenvermittler noch weitere Maßnahmen zur Sicherstellung des Datenzugriffs ergreifen.

(cc) Hinterlegung von Daten bei einem Treuhänder

Eine vielversprechende, aber aufwendige Möglichkeit zur Gewährung des Datenzugriffs nach der Eröffnung des Insolvenzverfahrens stellt die Hinterlegung von Daten bei einem Treuhänder dar, die auch als *Data Escrow* bezeichnet wird.[986] Vorbild hierfür sind die bereits seit längerem etablierten Modelle des *Software Escrow* und des *Cloud Escrow*.

Beim *Software Escrow* wird der Quellcode einer Software bei einem Treuhänder (*Escrow Agent*) hinterlegt, um den Zugriff auf den Quellcode[987] durch den Softwarenutzer im Falle einer Insolvenz oder einer sonstigen Leistungsunterbrechung zu gewährleisten.[988] Typischerweise basiert das *Software Escrow* auf einem Modell der doppelten Treuhand. Im Rahmen eines eigenständigen Vertrages zwischen Entwickler, Nutzer und *Escrow Agent* wird festgelegt, unter welchen Bedingungen (z. B. Insolvenz) der Treuhänder den Quellcode an den Softwarenutzer herausgibt.[989] Die Insolvenzfestigkeit von Quellcode-Hinterlegungen wird überwiegend befürwortet.[990] So sind in der Rechtspraxis keine Fälle bekannt, in denen Insol-

---

985 *Zurth/Lersch*, ZfDR 2021, 175 (190).

986 *Peters*, in: Leupold/Wiebe/Glossner, IT-Recht, 12. Rn. 120.

987 Der Quellcode stellt die in Programmiersprache geschriebene Grundfassung einer Software dar, die vom Softwareentwickler kontinuierlich gepflegt und weiterentwickelt wird; siehe *Peters*, in: Leupold/Wiebe/Glossner, IT-Recht, 12. Rn. 19; *Auer-Reinsdorff/Kast/Dressler*, in: Auer-Reinsdorff/Conrad, Hdb. IT-/DatenschR, § 38 Rn. 71; *Vossius-Köbel*, Die Quellcode-Hinterlegung in der Insolvenz (2020), S. 35. Die insolvenzbedingte Einstellung der Pflege des Quellcodes führt dazu, dass die Software mittelfristig unbrauchbar wird. Aus diesem Grund hat der Softwarenutzer ein hohes Interesse daran, bei der Insolvenz des Softwareentwicklers Zugriff auf den Quellcode zu erhalten.

988 *Peters*, in: Leupold/Wiebe/Glossner, IT-Recht, 12. Rn. 18 ff., 30 ff.; *Auer-Reinsdorff/Kast/Dressler*, in: Auer-Reinsdorff/Conrad, Hdb. IT-/DatenschR, § 38 Rn. 58 ff.; *Vossius-Köbel*, Die Quellcode-Hinterlegung in der Insolvenz (2020), S. 29 ff.

989 *Peters*, in: Leupold/Wiebe/Glossner, IT-Recht, 12. Rn. 22; *Auer-Reinsdorff/Kast/Dressler*, in: Auer-Reinsdorff/Conrad, Hdb. IT-/DatenschR, § 38 Rn. 98.

990 Siehe *Peters*, in: Leupold/Wiebe/Glossner, IT-Recht, 12. Rn. 61; *Auer-Reinsdorff/Kast/Dressler*, in: Auer-Reinsdorff/Conrad, Hdb. IT-/DatenschR, § 38 Rn. 136.

venzverwalter die Herausgabe des Quellcodes durch den *Escrow Agent* an den Softwarenutzer erfolgreich verhindert haben.[991]

Eine Weiterentwicklung des *Software Escrow* stellt das *Cloud Escrow* dar.[992] Beim *Cloud Escrow* geht es neben der Sicherstellung der Verfügbarkeit der Dienste auch um den Zugriff auf die vom Nutzer gespeicherten Daten. Aus diesem Grund ist neben der Hinterlegung des Quellcodes auch die Sicherung der Daten des Nutzes durch den Treuhänder erforderlich.[993] Die Daten des Nutzers müssen daher fortlaufend vom Cloud-Anbieter in eine vom Treuhänder kontrollierte Infrastruktur transferiert und dort gespeichert werden. Im Falle einer Insolvenz kann der Cloud-Nutzer die Herausgabe seiner Daten vom Escrow Agent verlangen.

Auf diese Weise kann das *Cloud Escrow* als Vorbild für die insolvenzfeste Gewährleistung des Datenzugriffs im Rahmen von Art. 12 lit. h DGA dienen. Datenvermittler können die Daten ihrer Dienstenutzer bei *Escrow Agents* hinterlegen, um den Abruf der Daten durch die Dienstenutzer auch im Insolvenzfall zu ermöglichen. Dies setzt voraus, dass die von den Datenvermittlern für ihre Nutzer gespeicherten Daten kontinuierlich an den *Escrow Agent* zur Sicherung übertragen werden. Auch wenn die Insolvenzfestigkeit solcher *Data Escrows* noch nicht gerichtlich geklärt ist, dürften sie, wie auch *Software Escrows*, mit hoher Wahrscheinlichkeit insolvenzfest sein. Von Nachteil sind jedoch die Kosten, die mit der Hinterlegung von Daten verbunden sind.[994] Zudem dürfte die Datenhinterlegung in vielen Fällen einen unverhältnismäßigen Aufwand darstellen. Schließlich sollen Datenvermittler die Daten ihrer Nutzer nur vorübergehend, also für einen begrenzten Zeitraum, speichern. Datenvermittler sollen gerade nicht als Dienste zur dauerhaften Speicherung großer Datenmengen fungieren.[995] Es stellt daher eine erhebliche Belastung dar, wenn sie für eine bloße Nebenleistung weitreichende Vorsorgemaßnahmen in Form von *Data Escrows* organisieren müssen.

(dd) *De-novo*-Aussonderungsrecht

Wie schon bei Art. 12 lit. h Var. 1 DGA zeigt sich auch bei Variante 2, dass das deutsche Insolvenzrecht der effektiven Umsetzung der europäischen Vorgaben für Datenvermittler entgegensteht. Der Umstand, dass Daten nach herrschender Meinung nicht gemäß § 47 InsO aussonderungsfähig sind, würde in vielen Fällen die Herausgabe von Daten an Dateninhaber und -nutzer durch den Insolvenzverwal-

---

991 *Peters*, in: Leupold/Wiebe/Glossner, IT-Recht, 12. Rn. 63.
992 *Peters*, in: Leupold/Wiebe/Glossner, IT-Recht, 12. Rn. 100.
993 *Peters*, in: Leupold/Wiebe/Glossner, IT-Recht, 12. Rn. 105.
994 So verlangen *Escrow Agents* Gebühren in Höhe von bis zu mehreren Tausend Euro für ihre Dienste; siehe *Peters*, in: Leupold/Wiebe/Glossner, IT-Recht, 12. Rn. 12.
995 Siehe hierzu Kap. 5, C. VII. 3. e) bb) (3) (a).

ter vereiteln. Auch die Verwendung von *Data Escrows* dürfte aufgrund des damit verbundenen Aufwands in der Praxis keinen gangbaren Weg darstellen. Aufgrunddessen liegt die Annahme nahe, dass Art. 12 lit. h Var. 1 DGA den Dateninhabern und -nutzern ein Aussonderungsrecht hinsichtlich der Daten einräumt, die von Datenvermittlern für sie gespeichert werden.

Aus dem Wortlaut des Art. 12 lit. h Var. 2 DGA folgt ein solches Aussonderungsrecht nicht unmittelbar. Nach dem Wortlaut sind Datenvermittler lediglich dazu verpflichtet, ihren Nutzern den Zugang zu „ihren" Daten im Insolvenzfall zu ermöglichen. Ein Aussonderungsrecht ergibt sich aus dieser Verpflichtung der Datenvermittler nicht unbedingt. Auch der systematische Zusammenhang der Vorschrift spricht nicht dafür, dass der europäische Gesetzgeber ein besonderes Aussonderungsrecht für von Datenvermittlern gespeicherte Daten einführen wollte. Schließlich implementieren die Art. 10–15 DGA ausschließlich einen Regulierungsrahmen für die Erbringung von Datenvermittlungsdiensten. Die Einführung eines besonderen Aussonderungsrecht für Dateninhaber und -nutzer ist innerhalb dieses Regulierungsvorhabens grundsätzlich nicht zu erwarten.

Letztendlich gebieten es aber der Sinn und Zweck des Art. 12 lit. h Var. 2 DGA, dass ein Aussonderungsrecht an den von Datenvermittlern für Dateninhaber und -nutzer gespeicherten Daten besteht.[996] Denn Art. 12 lit. h Var. 2 DGA soll das Vertrauen der Nutzer in B2B-Datenvermittlungsdienste stärken, indem diese vor dem Verlust ihrer Daten und damit einhergehenden Störungen ihres Geschäftsbetriebs geschützt werden. Ein effektives Schutzniveau für solche Daten lässt sich aber allein durch Maßnahmen der Datenvermittler vor dem Insolvenzfall nicht gewährleisten. Nur ein vom Insolvenzverwalter zwingend zu berücksichtigendes Aussonderungsrecht gewährt den Dienstenutzern einen sicheren Zugangsanspruch zu ihren Daten. Insofern ist ein unionsrechtliches Aussonderungsrecht an diesen Daten notwendig, um die praktische Wirksamkeit und den Anwendungsvorrang[997] des Art. 12 lit. h Var. 2 DGA gegenüber dem nationalen Insolvenzrecht zu gewährleisten. Der Insolvenzverwalter eines Datenvermittlungsdienstes ist demnach verpflichtet, den Dienstenutzern den Zugang zu ihren Daten einzuräumen, unabhängig davon, ob die Daten nach der nationalen Rechtsordnung aussonderungsfähig sind.[998]

---

996 So im Ergebnis auch *Baloup/Bayamlıoğlu/u. a.*, White Paper on the DGA (2021), S. 36.

997 Siehe zum Anwendungsvorrang oben Kap. 5, C. VII. 3. h) bb) (2) (c) und *Ruffert*, in: Calliess/Ruffert, AEUV, Art. 1 Rn. 18; *Streinz*, in: Streinz, EUV, Art. 4 Rn. 35.

998 Siehe zur Anwendbarkeit der Pflichten des DGA auf Insolvenzverwalter Kap. 5, C. VII. 3. h) bb) (2) (c).

cc) Stellungnahme

Die Einführung des Art. 12 lit. h DGA kann nur als misslungen bezeichnet werden. So ist bereits unter rechtspolitischen Gesichtspunkten zweifelhaft, ob die Einführung einer Vorschrift, die Datenvermittlern besondere Pflichten für den Insolvenzfall aufgibt, notwendig und sinnvoll ist. Eine vergleichbare Vorschrift ist aus anderen Rechtsbereichen nicht bekannt.[999] Überzeugende Gründe, weshalb eine solche Sonderregelung ausgerechnet für Datenvermittlungsdienste eingeführt werden muss, sind nicht erkennbar. So gibt es zahlreiche Dienste, deren insolvenzbedingte Unterbrechung deutlich gravierendere Auswirkungen auf ihre Nutzer hat als dies aktuell bei Datenvermittlungsdiensten der Fall ist.[1000] Allenfalls in der Zukunft, wenn zwischen Unternehmen kontinuierliche Datenaustauschvorgänge über einen Datenvermittlungsdienst stattfinden, kann die insolvenzbedingte Einstellung des Dienstes eine wesentliche Beeinträchtigung der beteiligten Nutzer darstellen. Bei punktuellen Datentransaktionen oder bei der bloßen Anbahnung von Datentransaktionen über einen Datenvermittlungsdienst dürfte dessen plötzliche Einstellung hingegen verkraftbar sein.

Unabhängig von der grundsätzlichen Sinnhaftigkeit der Vorschrift ist festzuhalten, dass die konkrete Umsetzung des Art. 12 lit. h DGA dem Gesetzgeber nicht gelungen ist. Das Verhältnis der Vorschrift zum nationalen Insolvenzrecht wurde nicht hinreichend berücksichtigt. Es ist unklar, wie die aus Art. 12 lit. h DGA folgenden Verhaltenspflichten im Insolvenzfall mit dem Übergang der Verwaltungsbefugnis auf den Insolvenzverwalter zu vereinbaren sind. Insbesondere ist nicht ersichtlich, wie ein Datenvermittler seiner Pflicht zur Gewährleistung der angemessenen Weiterführung des Datenvermittlungsdienstes nachkommen soll. Zu den Anwendungsproblemen des Art. 12 lit. h DGA trägt auch sein äußerst knapper Wortlaut bei. Dem Datenvermittler wird nicht mitgeteilt, welche Maßnahmen er konkret ergreifen muss, um seinen Pflichten nachzukommen. Auch in den Erwägungsgründen finden sich hierzu keine Hinweise. Folglich wird der Regulierungsadressat bei der Auswahl geeigneter Maßnahmen zur Erfüllung der Vorschrift weitgehend allein gelassen. Für ihn besteht insofern eine massive Rechtsunsicherheit. Ob für die Anbieter von Datenvermittlungsdiensten überhaupt die Möglichkeit besteht, die angemessene Weiterführung von Diensten im Insolvenzfall si-

---

999 Rechtliche Vorgaben, die Insolvenzen regulierter Unternehmen vorbeugen sollen, sind z. B. aus dem Bankensektor oder der Flugbranche bekannt; vgl. *Parry/Bisson*, Journal of Corporate Law Studies 20 (2020), 421 (444). Die Anordnung der Fortführung von Diensten im Insolvenzfall gegenüber dem Dienstanbieter dürfte hingegen ein Novum sein.

1000 Ein Beispiel sind Cloud-Dienste, deren wirtschaftliche Bedeutung die von Datenvermittlungsdiensten derzeit bei weitem übersteigt.

cherzustellen, ist fraglich.[1001] Die Zielsetzungen des Art. 12 lit. h DGA lassen sich deshalb nur unter Rückgriff auf eine extensive Auslegung der Vorschrift erreichen. Unter teleologischen Gesichtspunkten ist anzunehmen, dass die Vorschrift auch Insolvenzverwalter bindet und sie zur angemessenen Fortführung der Dienste und zur Herausgabe der Daten an Dateninhaber und -nutzer verpflichtet.

Vor diesem Hintergrund bleibt zu hoffen, dass die zuständigen Behörden diese Vorschrift in der Praxis nur sehr restriktiv gegenüber Anbietern von Datenvermittlungsdiensten anwenden werden und keine vollständige Gewährleistung der Fortführung der Dienste sowie des Datenzugriffs durch Nutzer durch vor dem Insolvenzeintritt umzusetzende Maßnahmen verlangen werden. Eine strenge Durchsetzung des Art. 12 lit. h DGA wäre angesichts seines vagen Wortlauts und seines Spannungsverhältnisses zum (deutschen) Insolvenzrecht unverhältnismäßig.

i) Interoperabilität mit anderen Datenvermittlungsdiensten (lit. i)

Gemäß Art. 12 lit. i DGA müssen Anbieter von Datenvermittlungsdiensten die Interoperabilität ihrer Dienste mit anderen Datenvermittlungsdiensten gewährleisten.

aa) Hintergrund und Zweck

Laut ErwG 34 DGA soll Art. 12 lit. i DGA zur einwandfreien Funktion des Binnenmarkts für Datenvermittlungsdienste beitragen. Zu diesem Zweck sollen Datenvermittler geeignete Maßnahmen ergreifen, um die Interoperabilität mit anderen Datenvermittlungsdiensten zu ermöglichen. Art. 12 lit. i DGA zielt hiermit primär auf die Stärkung und den Schutz des Wettbewerbs zwischen Datenvermittlern ab, indem *Lock-in*-Effekte verhindert werden. Die auf einheitlichen Standards beruhende Interoperabilität von Datenvermittlungsdiensten soll es ermöglichen, dass Dienstenutzer ungehindert von einem Anbieter zu einem anderen zu wechseln können.[1002] Die Möglichkeit dieses uneingeschränkten *Switchings* durch Dienstenutzer setzt Anreize für Datenvermittler, Nutzer von anderen Anbietern durch Qualitätsvorsprünge und attraktivere Konditionen abzuwerben. Gleichzeitig können marktmächtige Datenvermittlern ihren Marktanteil nicht dadurch schützen, dass sie den Wechsel ihrer Nutzer zu anderen Anbietern künstlich erschweren.[1003]

1001 So auch *Schreiber/Pommerening/Schoel*, Das neue Recht der Daten-Governance (2023), § 3 Rn. 106.

1002 Vgl. *Hennemann/v. Ditfurth*, NJW 2022, 1905 (1909, Rn. 23). Mit Blick auf KMU hebt ErwG 2 DGA die Bedeutung der Interoperabilität von Daten und der Vermeidung von *Lock-in*-Effekten für die faire Gestaltung der europäischen Datenwirtschaft hervor.

1003 Siehe zu den künstlichen Wechselbarrieren, die von digitalen Plattformen errichtet werden, oben in Kap. 4, C. I. 2. a) aa).

Dadurch wird der Wettbewerb zwischen Datenvermittlern intensiviert und Dienstenutzer werden vor einer für sie nachteiligen *Lock-in*-Situation geschützt.

Dass die fehlende Interoperabilität von Diensten zu *Lock-in*-Effekten und einer damit einhergehenden Schwächung des Wettbewerbs führen kann, hat sich bereits auf Märkten für Cloud-Dienste gezeigt.[1004] Die Verwendung heterogener Datenformate und -modelle sowie uneinheitlicher Anwendungsprogrammierschnittstellen durch Cloud-Anbieter verhindert die Interoperabilität zwischen verschiedenen Diensten und erschwert es Nutzern, ihre Daten auf andere Cloud-Dienste zu übertragen.[1005] Durch das frühzeitige Forcieren interoperabler Standards für Datenvermittlungsdienste gemäß Art. 12 lit. i DGA sollen vergleichbare Entwicklungen auf den entstehenden Märkten für Datenvermittler *ex ante* verhindert werden.[1006]

Darüber hinaus ist es denkbar, dass der Gesetzgeber mit der Interoperabilität zwischen Datenvermittlungsdiensten noch eine weitergehende Zielsetzung verfolgt. Wenn die Interoperabilität im Rahmen des Art. 12 lit. i DGA als die Fähigkeit von Diensten verstanden wird, mit anderen gleichartigen Diensten zu kommunizieren und zusammenzuarbeiten, könnte sie dazu beitragen, Ökosysteme oder Netzwerke zwischen verschiedenen Datenvermittlungsdiensten entstehen zu lassen.[1007] Interoperable Datenvermittlungsdienste könnten es ermöglichen, dass Daten auch diensteübergreifend ausgetauscht werden. Dann könnten die Nutzer eines Datenvermittlungsdienstes ihre Daten auch mit den Nutzern eines anderen Datenvermittlungsdienstes teilen.

Hierdurch könnten starke Netzwerkeffekte für den gesamten Datenmarkt generiert werden, da Nutzer einen größeren Vorteil aus der Verwendung ihres Datenvermittlungsdienstes ziehen würden, als wenn sie Daten nur mit den Nutzern des gleichen Dienstes austauschen könnten. Sie würden davon profitieren, Teil eines größeren Netzwerkes zu sein als dies bei der Abschottung der Datenvermitt-

1004 *Europäische Kommission*, SWD(2022) 34 final, S. 5, 14, 22; *Opara-Martins/Sahandi/Tian*, Journal of Cloud Computing 5 (2016), 1 (2 f.).

1005 *Europäische Kommission*, SWD(2022) 34 final, S. 34; *Opara-Martins/Sahandi/Tian*, Journal of Cloud Computing 5 (2016), 1 (2); *Subramanian/Jeyaraj*, Computers and Electrical Engineering 71 (2018), 28 (38).

1006 Bestehende *Lock-in*-Effekte auf Märkten für Cloud-Dienste werden durch den DA-E adressiert. Cloud-Anbietern werden in Art. 29 DA-EU Interoperabilitätsvorgaben vorgeschrieben. Zudem enthalten die Art. 23 ff. DA-E mehrere Vorschriften, die das *Switching* von Diensten erleichtern sollen.

1007 Dies fordert der C2B-Datenintermediär *MyData Global* in seiner Stellungnahme zum DGA-E; siehe *MyData Global*, Towards interconnected and human-centric data intermediaries (2021), S. 13.

lungsdienste untereinander der Fall wäre.[1008] Eine so weitreichende Interoperabilität hätte auch positive Effekte für den Wettbewerb. Schließlich könnte sie bewirken, dass die Netzwerkeffekte auf der Marktebene auftreten und damit auch kleine Anbieter und Neueinsteiger von ihnen profitieren.[1009] Folglich würden Netzwerkeffekte nicht zur Marktmachtstellung großer und etablierter Anbieter beitragen und somit keine *Lock-in*-Effekte begünstigen.[1010] Ob dem Gesetzgeber eine so weitgehende Interoperabilität zwischen Datenvermittlungsdiensten tatsächlich vorschwebt, lässt sich jedoch gegenwärtig nicht abschließend beurteilen.

bb) Regelungsinhalt

Gemäß Art. 12 lit. i DGA trifft der Anbieter von Datenvermittlungsdiensten geeignete Maßnahmen, um unter anderem mithilfe von allgemein verwendeten offenen Standards in dem Sektor, in dem der Anbieter von Datenvermittlungsdiensten tätig ist, die Interoperabilität mit anderen Datenvermittlungsdiensten zu gewährleisten. ErwG 34 nennt darüber hinaus auch die Sicherstellung der Interoperabilität zwischen verschiedenen Sektoren als Zielsetzung. Bei der Auslegung von Art. 12 lit. i DGA stellen sich im Wesentlichen zwei Fragen. Zunächst ist zu erörtern, was unter der Interoperabilität von Datenvermittlungsdiensten im Rahmen des Art. 12 lit. i DGA konkret zu verstehen ist. Anschließend sind die Maßnahmen zu ermitteln, die zur Herbeiführung der Interoperabilität geeignet und geboten sind.

(1) Interoperabilität von Datenvermittlungsdiensten

Derzeit ist offen, was unter der Interoperabilität von Datenvermittlungsdiensten im Sinne des Art. 12 lit. i DGA zu verstehen ist und welche Zielsetzung damit verfolgt wird. Die Interoperabilität von Diensten oder Systemen bezeichnet allgemein ihre Fähigkeit, miteinander zu kommunizieren und zusammenzuarbeiten.[1011] Auf ähnliche Weise wird Interoperabilität in Art. 2 Abs. 19 DA-E definiert als die „Fä-

---

1008 Eine solche vollständige Interoperabilität existiert z. B. bei Telefonverbindungen und im E-Mail-Verkehr. Nutzer können unabhängig von ihrem Telefon- oder E-Mail-Anbieter weltweit mit allen Nutzern anderer Anbieter kommunizieren; siehe *Kades/Scott Morton*, Interoperability as a competition remedy (2021), S. 11 ff.

1009 *Kades/Scott Morton*, Interoperability as a competition remedy (2021), S. 10 f.; *Scott Morton/Crawford/u. a.*, Equitable Interoperability (2021), S. 7 f.; *Montero/Finger*, The Rise of the New Network Industries (2021), S. 242.

1010 *Crémer/de Montjoye/Schweitzer*, Competition policy for the digital era (2019), S. 85. Siehe zu den primär durch Netzwerkeffekte bedingten Konzentrationstendenzen auf digitalen Plattformmärkten in Kap. 4, C. I. 1. a).

1011 *Schweitzer/Kerber*, JIPITEC 8 (2017), 39 (40, Rn. 5); *Hoffmann/Otero*, JIPITEC 11 (2020), 252 (256, Rn. 20); *Brown*, The technical components of interoperability (2020), S. 4.

higkeit von zwei oder mehr Datenräumen, Kommunikationsnetzen, Systemen [...] miteinander Daten auszutauschen und zu nutzen, um ihre Funktionen erfüllen zu können". Aus diesen Definitionen ergibt sich jedoch nicht, wie weit die Interoperabilität im Rahmen des Art. 12 lit. i DGA reichen soll. Denn bei der Interoperabilität handelt es sich um einen Zustand, der zu unterschiedlichen Graden verwirklicht werden kann. Die „einfache" Interoperabilität von Systemen setzt voraus, dass bestimmte Daten zwischen zwei Systemen ausgetauscht werden und diese dadurch zu einem gewissen Grad zusammenarbeiten können, zum Beispiel indem sie komplementäre Dienste füreinander bereitstellen.[1012] Dies erfordert die Vereinheitlichung der verwendeten Datenformate und Anwendungsprogrammierschnittstellen. Die „vollständige" Interoperabilität liegt hingegen dann vor, wenn zwei gleichartige Dienste so miteinander verknüpft werden, dass ihre Dienste vollständig kompatibel sind und Nutzer unterschiedlicher Dienste miteinander verbunden werden können.[1013] Diese starke Form von Interoperabilität liegt zum Beispiel bei Telefonnetzwerken oder bei E-Mail-Diensten vor. Sie benötigt einen deutlich höheren Grad der Standardisierung und Integration unterschiedlicher Dienste.

Im Hinblick auf Datenvermittlungsdienste bedeutet die einfache Interoperabilität mangels komplementärer Anwendungsmöglichkeiten, dass Nutzer ihre Daten ohne größeren Aufwand von einem Datenvermittlungsdienst auf andere Datenvermittlungsdienste übertragen können. Die Verwendung von einheitlichen und interoperablen Datenformaten und Anwendungsprogrammierschnittstellen würde die Portabilität der Daten von Dienstenutzern ermöglichen und *Lock-in*-Effekte weitgehend verhindern. Die vollständige Interoperabilität von Datenvermittlungsdiensten würde hierüber hinausgehen. Sie würde voraussetzen, dass unterschiedliche Datenvermittlungsdienste so miteinander verbunden werden, dass Daten von Nutzern diensteübergreifend ausgetauscht werden können. Ein Dateninhaber könnte also mithilfe des Datenvermittlungsdienstes A seine Daten an einen Datennutzer übermitteln, der den Datenvermittlungsdienst B verwendet. Die vollständige Interoperabilität von Datenvermittlungsdiensten würde mithin die Entstehung eines übergreifenden Netzwerks für den Datenaustausch ermöglichen. Sie ist aber nur durch einen hohen Grad technischer Standardisierung erreichbar und würde einen starken Eingriff in die betriebliche und technische Organisation der Datenvermittler bedeuten.

Ob der Gesetzgeber die einfache oder die vollständige Interoperabilität von Datenvermittlungsdiensten intendiert hat, lässt sich momentan nicht erkennen.

1012 *Crémer/de Montjoye/Schweitzer*, Competition policy for the digital era (2019), S. 83 f. *Cremer u. a.* sprechen insoweit von „protocol interoperability".

1013 *Crémer/de Montjoye/Schweitzer*, Competition policy for the digital era (2019), S. 85. Diese Form der Interoperabilität wird dort als „full protocol interoperability" bezeichnet.

Weder der Wortlaut des Art. 12 lit. i DGA noch die Erwägungsgründe geben hierüber Aufschluss. Fest steht nur, dass Art. 12 lit. i DGA lediglich auf die Interoperabilität zwischen Datenvermittlungsdiensten abzielt.[1014] Die grundsätzlich sinnvolle Interoperabilität von Datenvermittlungsdiensten mit komplementären Diensten, wie zum Beispiel Cloud-Diensten, ist in Art. 12 lit. i DGA nicht vorgesehen.[1015]

(2) Geeignete Interoperabilitätsmaßnahmen

Art. 12 lit. i DGA verpflichtet Datenvermittler, geeignete Maßnahmen zu ergreifen, um den vom Gesetzgeber vorgesehenen Grad der Interoperabilität mit anderen Datenvermittlungsdiensten zu erreichen. Zu diesen Maßnahmen soll nach dem Wortlaut der Vorschrift und ErwG 34 DGA insbesondere die Einhaltung sektorspezifischer und allgemein verwendeter, offener Standards gehören. Dies ist nachvollziehbar, da Interoperabilität eine gewisse Vereinheitlichung der zusammenwirkenden Systeme voraussetzt, die in der Regel durch die Standardisierung oder Normierung wesentlicher technischer Systeme und Technologien erreicht wird.[1016] Im Hinblick auf die Interoperabilität von Datenvermittlungsdiensten scheinen sich bisher aber weder verbreitete Industriestandards (*de-facto*-Standards) durchgesetzt noch Normen (*de-jure*-Standards) entwickelt zu haben, die allgemein verwendet werden.[1017] Aus diesem Grund lassen sich die konkreten Anforderungen, die Art. 12 lit. i DGA an Datenvermittler stellt, noch nicht erahnen.

Nach der Erwartung des europäischen Gesetzgebers sollen relevante Standards in der nahen Zukunft entstehen. Eine wichtige Rolle soll dabei der Europäische Innovationsrat einnehmen, der nach Art. 30 lit. g DGA die Entwicklung von Standards anstoßen und begleiten soll. Daneben ist es denkbar, dass der Europäische Dateninnovationsrat selbst umzusetzende Maßnahmen für die Herstellung der Interoperabilität vorgeben wird.[1018] Bis solche Vorgaben vorliegen oder entsprechende Standards entstanden sind, kann Art. 12 lit. i DGA keine Wirkung ent-

1014 Nach dem Wortlaut von Art. 12 lit. i DGA sollen schließlich geeignete Maßnahmen getroffen werden, um „die Interoperabilität mit anderen Datenvermittlungsdiensten zu gewährleisten" (Hervorhebung durch den Verfasser).

1015 Nach Art. 12 lit. f DGA müssen Datenvermittler den Zugang zu ihren Diensten zwar fair und nichtdiskriminierend gestalten. Die Interoperabilität mit anderen, komplementären Diensten folgt daraus aber nicht zwingend.

1016 *Schweitzer/Kerber*, JIPITEC 8 (2017), 39 (44, Rn. 19 ff.); *Brinsmead*, Essential Interoperability Standards (2021), S. 16 f.; *Fitzgerald/Pappalardo*, SCRIPTed 6 (2009), 467 (470).

1017 Als *de-facto*-Standards oder Industriestandards werden Standards bezeichnet, die sich durch Marktprozesse oder infolge des Zusammenschlusses von Unternehmen entwickeln. Normen bzw. *de-jure*-Standards werden hingegen von anerkannten Normungsorganisationen festgelegt; hierzu näher Kap. 5, C. VII. 3. d) bb) (2) (d).

1018 Vgl. ErwG 34 DGA.

falten. Im Folgenden soll daher nur erste Überlegungen angestellt werden, auf welche Einrichtungen und Eigenschaften von Datenvermittlern sich künftige Maßnahmen beziehen können. Hierfür bieten die Art. 28 und 29 DA-E, die Interoperabilitätsvorgaben für die Betreiber von Europäischen Datenräumen[1019] und für Anbieter von Datenverarbeitungsdiensten[1020] enthalten, erste Anhaltspunkte.[1021] Anschließend wird darauf eingegangen, wie umzusetzende Interoperabilitätsvorgaben entstehen können und auf welche Weise der Europäische Dateninnovationsrat an der Entstehung solcher Vorgaben mitwirken soll.

(a) Anwendungsbereiche für Interoperabilitätsmaßnahmen

Da die Interoperabilität üblicherweise die Fähigkeit von technischen Systemen bezeichnet, miteinander zu kommunizieren, ist es naheliegend, dass die künftig erforderlichen Maßnahmen zur Herstellung der Interoperabilität auf technischen Vorgaben beruhen werden. Die von Datenvermittlern umzusetzenden Vorgaben werden sich voraussichtlich auf die von ihnen verwendeten technischen Einrichtungen, Programme und Schnittstellen beziehen. Besonders relevant für die Herstellung der Interoperabilität von technischen Systemen, wie Datenvermittlungsdiensten, dürften die Verwendung bestimmter Datenformate und -modelle sowie einheitlicher Anwendungsprogrammierschnittstellen[1022] sein.[1023] Auch Art. 28 Abs. 1 DA-E stellt deshalb für die Betreiber von Europäischen Datenräumen Vorgaben hinsichtlich der zu verwendenden Datenformate und Anwendungsprogrammierschnittstellen auf. Zu beachten ist allerdings, dass zur Herstellung der vollständigen Interoperabilität von Diensten noch weitergehende Vereinheitlichungen der Datenvermittlungsdienste erforderlich wären.

Bei der Standardisierung von Datenformaten ist zu beachten, dass die Umwandlung des verwendeten Datenformats gemäß Art. 12 lit. d DGA grundsätzlich die Zustimmung des Dateninhabers erfordert. Etwas anderes gilt nur dann, wenn

---

1019 Siehe zu den Gemeinsamen Europäischen Datenräumen in Kap. 2, B. V. 2.

1020 Bei Datenverarbeitungsdiensten handelt es sich gemäß Art. 2 Abs. 12 DA-E um Dienste, die die Verwaltung und den umfassenden Fernzugriff auf einen skalierbaren und elastischen Pool gemeinsam nutzbarer Rechenressourcen zentralisierter, verteilter oder hochgradig verteilter Art ermöglichen. Ein Beispiel hierfür sind Cloud-Dienste; siehe nur *Hennemann/Steinrötter*, NJW 2022, 1481 (1485, Rn. 30).

1021 Vgl. *Hennemann/v. Ditfurth*, NJW 2022, 1905 (1909, Fn. 73).

1022 Bei Anwendungsschnittstellen handelt es sich um technische Schnittstellen von Computerprogrammen, die aus verschiedenen Funktionen, Abläufen und Protokollen bestehen und den Austausch von Daten und die Kommunikation von intelligenten Maschinen miteinander ermöglichen; vgl. *Hoffmann/Otero*, JIPITEC 11 (2020), 252 (259, Rn. 29); siehe hierzu auch in Kap. 3, B. II.

1023 *OECD*, Data Driven Innovation (2015), S. 11; *Brown*, The technical components of interoperability (2020), S. 5 ff.

die Datenumwandlung durch Unionsrecht vorgeschrieben ist.[1024] Im Übrigen könnte aber, wie bei Art. 28 Abs. 1 lit. b DA-E, gefordert werden, dass die Datenformate, -vokabulare, -schemata und -taxonomien in einer öffentlich zugänglichen und einheitlichen Weise beschrieben werden. Auch die Vorgabe, einheitliche Standards hierfür zu verwenden, kommt innerhalb der von Art. 12 lit. d DGA gesetzten Grenzen in Betracht. So könnte zur Herstellung der syntaktischen und semantischen Dateninteroperabilität beigetragen werden.[1025]

Außerdem könnte die Verwendung einheitlicher und offener Standards für Anwendungsprogrammierschnittstellen die Interoperabilität von Datenvermittlungsdiensten verbessern. So würde die Verwendung standardisierter Anwendungsprogrammierschnittstellen es ermöglichen, Daten schnell und sicher von einem Datenvermittlungsdienst auf einen anderen zu übertragen. In diesem Zusammenhang schreibt Art. 28 Abs. 1 lit. c DA-E den Betreibern von Datenräumen vor, die technischen Mittel für den Datenzugang, wie zum Beispiel Anwendungsprogrammierschnittstellen, hinreichend zu beschreiben, um einen automatischen Zugang und eine automatische Übermittlung der Daten zwischen den Parteien kontinuierlich, in Echtzeit und in einem maschinenlesbaren Format zu ermöglichen. Entsprechende Vorgaben dürften auch für Datenvermittlungsdienste sinnvoll sein, um es den Dienstenutzern zu ermöglichen, ihre Daten zügig und in einem maschinenlesbaren Format von einem Datenvermittler zu einem anderen Datenvermittler zu portieren.[1026]

(b) Interoperabilitätsvorgaben

Nach dem Wortlaut von Art. 12 lit. i DGA können sich die für Datenvermittler umzusetzenden Interoperabilitätsvorgaben vor allem aus allgemein verwendeten, offenen Standards ergeben. Daneben sind auch Vorgaben durch *de-facto*-Standards und den Europäischen Dateninnovationsrat denkbar. Der Dateninnovationsrat soll zudem an der Entstehung von Standards für Datenvermittlungsdienste mitwirken.

(aa) Vorgaben des Europäischen Dateninnovationsrats

Beim Europäischen Dateninnovationsrat handelt es sich gemäß Art. 29 Abs. 1 DGA um eine Expertengruppe, die sich unter anderem aus Vertretern der für Datenver-

---

1024 Siehe hierzu Kap. 5, C. VII. 3. d) bb) (2) (c).

1025 Siehe zur Unterscheidung von syntaktischer und semantischer Dateninteroperabilität Kap. 3, D. III. 3. d) (2).

1026 Auch Art. 29 Abs. 1 und Abs. 2 DA-E zielen auf die Portabilität der Daten von Cloud-Nutzern ab.

mittlungsdienste zuständigen Behörden, des Datenschutzausschusses, der Europäischen Kommission sowie dem KMU-Beauftragten der EU zusammensetzt. Der Dateninnovationsrat soll als Beratungsgremium die Europäische Kommission bei der Umsetzung des DGA und der Koordinierung mit anderen europäischen und nationalstaatlichen Gesetzesvorhaben unterstützen.[1027] Ein wichtiges Tätigkeitsfeld des Dateninnovationsrats stellt die Beratung und Unterstützung bei Standardisierungsvorhaben dar, die auf eine Vereinfachung des sektorspezifischen und sektorenübergreifenden Datenaustausch abzielen. Nach Art. 29 Abs. 2 lit. b DGA ist deshalb innerhalb des Dateninnovationsrats eine Untergruppe für technische Beratungen zur Normung, Portabilität und Interoperabilität nach Art. 30 lit. f und lit. g DGA zu bilden.

Besonders relevant im Hinblick auf Interoperabilitätsvorgaben für Datenvermittler ist die Beratungsfunktion des Europäischen Dateninnovationsrats nach Art. 30 lit. g DGA. Nach dieser Vorschrift soll der Dateninnovationsrat die Kommission bei ihren Bemühungen unterstützen, einer Fragmentierung des Binnenmarkts und der Datenwirtschaft im Binnenmarkt entgegenzuwirken, indem die grenzüberschreitende und die sektorenübergreifende Interoperabilität von Daten sowie von Datenvermittlungsdiensten zwischen verschiedenen Sektoren und Bereichen auf der Grundlage bestehender europäischer, internationaler oder nationaler Normen verbessert wird. Wie der Europäische Dateninnovationsrat der Aufgabe, die Interoperabilität von Datenvermittlungsdiensten zu verbessern, genau nachkommen soll, ist angesichts der Unbestimmtheit des Art. 30 lit. g DGA derzeit schwer abzusehen. Erste Anhaltspunkte für künftige Maßnahmen bieten aber die Erwägungsgründe. ErwG 34 DGA legt nahe, dass der Dateninnovationsrat zum einen die Entstehung von Industriestandards befördern soll und zum anderen konkrete Maßnahmen zur Herstellung der Interoperabilität beschließen soll, die von den Datenvermittlern umzusetzen sind. Darüber hinaus soll der Dateninnovationsrat nach ErwG 54 DGA mit anderen Organisationen, Gremien und Expertengruppen zusammenarbeiten, die sich auch mit der Wiederverwendung und dem Austausch von Daten befassen, und europäische und internationale Normungen und Normungsvorhaben berücksichtigen.

Auch wenn sich dies nicht direkt aus dem Wortlaut des Art. 30 lit. g DGA ergibt, ist aufgrund der ErwG 34 und 54 DGA anzunehmen, dass der Europäische Dateninnovationsrat die Herstellung der Interoperabilität von Datenvermittlungsdiensten auf zwei Weisen unterstützen wird. Er kann zunächst bei der Entstehung von Industriestandards (*de-facto*-Standards) und Normen mitwirken, indem er mit den zuständigen Organisationen und den an Standardisierungsprozessen beteiligten Interessengruppen zusammenwirkt. Außerdem ist es denkbar, dass der Daten-

1027 Vgl. ErwG 53, 54 DGA.

innovationsrat den Datenvermittlern konkrete Maßnahmen vorgibt, durch die sie die Interoperabilität untereinander herstellen können.[1028] Letzteres wäre wünschenswert, damit Datenvermittler auf möglichst rechtssichere Vorgaben zur Erfüllung von Art. 12 lit. i DGA zurückgreifen können. Auf diese Weise könnte der Europäische Dateninnovationsrat eine wichtige Rolle bei der Ausfüllung dieser allgemein gehaltenen Vorschrift einnehmen.[1029]

(bb) Offene und andere Standards

Neben der Umsetzung direkter Vorgaben des Dateninnovationsrats können sich Maßnahmen zur Herstellung der Interoperabilität aus der Befolgung von Standards für Datenformate und Anwendungsprogrammierschnittstellen ergeben. Nach dem Wortlaut von Art. 12 lit. i DGA sollen Datenvermittler insbesondere offene Standards einhalten, die in ihrem Sektor allgemein verwendet werden. Dies setzt voraus, dass im jeweiligen Sektor relevante offene Standards existieren und sie bereits eine gewisse Verbreitung erreicht haben. Unter offenen Standards werden solche Standards verstanden, die in einem transparenten Verfahren entstehen, an dem alle betroffenen Parteien teilnehmen dürfen, und die frei und kostenlos verfügbar sind.[1030] Diese Offenheitskriterien werden in der Regel von Normen erfüllt, die von anerkannten Normungsorganisationen festgelegt wurden.[1031] Ein Beispiel für einen wichtigen offenen Standard ist das *Hypertext Transfer Protocol* (HTTP), das von den Organisationen IETF und W3C entwickelt wurde und es jedem ermöglicht, eine Webseite mit anderen Personen zu teilen.[1032] Im Hinblick auf die Standardisierung von Datenformaten und Anwendungsprogrammierschnittstellen für Datenvermittlungsdienste würde das Verfahren zur Festlegung offener Standards die Einbeziehung der betroffenen Unternehmen, insbesondere der Datenvermittler selbst, und sonstiger betroffener Organisationen erfordern. Auch der Europäische Dateninnovationsrat könnte hieran mitwirken.

1028 So heißt es in ErwG 34 DGA, dass die vom Europäischen Dateninnovationsrat festgelegten Maßnahmen für die Interoperabilität von Datenvermittlern rechtzeitig umgesetzt werden sollen. Möglicherweise soll die Vorgabe konkreter Maßnahmen im Rahmen der Erstellung von Verhaltenskodizes erfolgen, die ErwG 32 DGA als Aufgabe der Kommission vorsieht.

1029 *Spindler*, CR (2021), 98 (107, Rn. 43).

1030 Siehe *Gasser*, Interoperability in the Digital Ecosystem (2015), S. 19; *Furman/Coyle/u. a.*, Unlocking Digital Competition (2019), S 71; *Fitzgerald/Pappalardo*, SCRIPTed 6 (2009), 467 (472 f.); *Glader*, European Competition Journal 6 (2010), 611 (616); *Hillmer*, Daten als Rohstoffe (2021), S. 370; vgl. auch Anhang II Nr. 3 lit. a der VO(EU) 1025/2012 zur europäischen Standardisierung.

1031 *Fitzgerald/Pappalardo*, SCRIPTed 6 (2009), 467 (471); *Glader*, European Competition Journal 6 (2010), 611 (622 f.).

1032 *Furman/Coyle/u. a.*, Unlocking Digital Competition (2019), S. 71.

Auch wenn Art. 12 lit. i DGA insbesondere die Verwendung offener Standards erwähnt, ist es nicht ausgeschlossen, dass auch die Einhaltung anderer *de-facto-* oder *de-jure*-Standards, die nicht zwingend vollständig offen sein müssen, zur Erfüllung der Vorschrift erforderlich sein kann. Schließlich soll der Europäische Dateninnovationsrat nach ErwG 34 DGA auch die Entstehung von Industriestandards, also *de-facto*-Standards, unterstützen. Die Gewährleistung der Interoperabilität mit anderen Datenvermittlungsdiensten kann daher auch durch die Einhaltung von Standards erfolgen, die nicht in einem offenen Verfahren entstanden sind. Hierbei kann es sich insbesondere um Industriestandards handeln, die auf die Initiative von Unternehmen aus dem jeweiligen Sektor zurückgehen. Voraussetzung dürfte aber auch hier die allgemeine Verwendung des Standards sein, die nur bei einer hohen Verbreitung des Standards im jeweiligen Sektor vorliegt. Zudem ist auch bei diesen Standards ein gewisser Offenheitsgrad zu fordern. Sofern die Einhaltung des jeweiligen Standards die Verwendung rechtlich geschützter Technologien voraussetzt, sollten diese zu fairen, angemessenen und diskriminierungsfreien Lizenzbedingungen (FRAND-Bedingungen) zugänglich sein.[1033] Ansonsten kann es Datenvermittlern nicht zugemutet werden, die Standards zu befolgen.

cc) Stellungnahme

Da Art. 12 lit. i DGA aktuell noch in hohem Maße ausfüllungsbedürftig ist, lassen sich an dieser Stelle nur allgemeine Überlegungen anstellen. Der Erfolg der Vorschrift wird maßgeblich von der Arbeit des Europäischen Dateninnovationsrats und zuständiger Normungsorganisationen abhängen. Grundsätzlich stellt die Herstellung von Interoperabilität aus wettbewerbspolitischer Sicht aber ein begrüßenswertes Ziel dar. Schließlich trägt die Interoperabilität von Datenvermittlungsdiensten dazu bei, *Lock-in*-Effekte und damit verbundene Marktzutrittsschranken abzubauen. Das reibungslose *Switching* zwischen verschiedenen Datenvermittlern kann deshalb einen intensiven Wettbewerb zwischen Datenvermittlern begünstigen. Zu befürworten ist in diesem Zusammenhang auch, dass der DGA mit dem Europäischen Dateninnovationsrat ein Beratungsgremium vorsieht, dass die Entwicklung von Standards unter anderem für Datenvermittlungsdienste unterstützen soll. In dieser Funktion sollte der Dateninnovationsrat darauf hinwirken, dass offene Standards festgelegt und implementiert werden, die die Interessen mög-

---

1033 Eine solche Verpflichtung ergibt sich ohnehin schon aus Art. 101 Abs. 1 AEUV; siehe nur *Europäische Kommission*, Horizontalleitlinien (2011), Rn. 277 ff.; *Beckmann/Müller*, in: Hoeren, Hdb. MMR, 10. Rn. 115 f.; *Weck*, NJOZ 2009, 1177 (1184 ff.); *Glader*, European Competition Journal 6 (2010), 611 (621); *Picht*, GRUR Int 2014, 1 (7 ff.).

lichst aller betroffenen Akteure berücksichtigen und auf zukunftsfähigen und flexiblen Technologien beruhen.

Gleichzeitig sollte bei der Standardisierung von Datenvermittlungsdiensten auch darauf geachtet werden, dass mögliche negative Folgen von Standardisierungen für den Wettbewerb und die Innovationsfähigkeit vermieden werden. So kann die durch Standardisierung hergestellte Interoperabilität unter Umständen die Differenzierung zwischen Diensten beschränken und funktionierende Geschäftsmodelle stören.[1034] Datenvermittler sollten durch Interoperabilitätsvorgaben nicht davon abgehalten werden, maßgeschneiderte Dienste für bestimmte Sektoren oder Branchen zu entwickeln oder die Verwendung neuer Technologien auszuprobieren. Ein besonderes Risiko stellt vor diesem Hintergrund die Einführung vollständiger Interoperabilität zwischen Datenvermittlungsdiensten dar.[1035] Sie würde nämlich eine sehr weitgehende Vereinheitlichung der Funktionen und Eigenschaften von Datenvermittlungsdiensten voraussetzen. Folglich sollten bei der Einführung von Standards die Auswirkungen auf die Innovationsfähigkeit von Datenvermittlungsdiensten immer berücksichtigt werden.

Zuletzt stellt sich die Frage, ob es sinnvoll gewesen wäre, den Anwendungsbereich der Interoperabilitätspflicht nach Art. 12 lit. i DGA auch auf komplementäre Dienste zu erstrecken. Denn grundsätzlich ist anerkannt, dass die Interoperabilität zwischen unterschiedlichen Diensten das Innovationsniveau und den Wettbewerb auch für komplementäre Diensten stärken kann.[1036] Allerdings ist in diesem Zusammenhang zu berücksichtigen, dass Datenvermittler in den meisten Fällen ohnehin starke Anreize für die Herstellung ihrer Interoperabilität mit anderen Datenverarbeitungsdiensten haben dürften. Darüber hinaus könnte die erfolgreiche Standardisierung unterschiedlicher Dienstetypen zu diesem Zeitpunkt schwer umzusetzen sein. Selbst wenn eine Standardisierung möglich ist, könnte sie die Möglichkeiten der flexiblen Entwicklung und Anpassung unterschiedlicher Dienste zu stark einschränken. Aufgrund dieser Umstände ist die gesetzgeberische Zurückhaltung nachvollziehbar.

1034 *Gasser/Palfrey*, When and How ICT Interoperability Drives Innovation (2007), S. 16 f.; *Schweitzer/Kerber*, JIPITEC 8 (2017), 39 (42, Rn. 10).

1035 Die vollständige Interoperabilität liegt vor, wenn Datenvermittlungsdienste so miteinander verbunden werden, dass Daten diensteübergreifend ausgetauscht werden können; siehe Kap. 5, C. VII. 3. i) bb) (1).

1036 *Schweitzer/Kerber*, JIPITEC 8 (2017), 39 (42, Rn. 9).

j) Verhinderung rechtswidriger Datentransaktionen (lit. j)

Art. 12 lit. j DGA sieht vor, dass Datenvermittler angemessene Maßnahmen ergreifen, um rechtswidrige Datenübertragungen und Datenzugriffe über ihre Dienste zu verhindern.

aa) Hintergrund und Zweck

Art. 12 lit. j DGA nimmt Datenvermittler bei der Verhinderung rechtswidriger Datenübertragungen durch ihre Nutzer in die Verantwortung. Als „erste Rechtsdurchsetzungsinstanzen" („first-line enforcers")[1037] sollen sie gewährleisten, dass bei der Nutzung ihrer Dienste geltendes Recht eingehalten wird.[1038] Hierzu sind sie zu einem gewissen Grad gut geeignet. Als Betreiber digitaler Plattformen nehmen Datenvermittler eine zentrale Stellung bei der Anbahnung von Nutzerinteraktionen ein und können hierüber umfassende Informationen sammeln.[1039] Als *Gatekeeper* auf ihren Plattformen können sie zudem Nutzer, die gegen geltendes Recht verstoßen, von der weiteren Nutzung ihrer Dienste ausschließen. Nichtsdestotrotz kann die Überwachung einer Vielzahl von Datentransaktionen auch für die Datenvermittler einen enormen Aufwand bedeuten, insbesondere da die Feststellung von Rechtsverstößen im Einzelfall schwierige rechtliche Prüfungen erfordern kann.[1040]

Die Pflicht zur Verhinderung rechtswidriger Datenübertragungen verfolgt im Wesentlichen zwei Zielsetzungen. Zum einen soll das Vertrauen der Dienstenutzer in die Sicherheit und Seriosität von Datenvermittlungsdiensten gestärkt werden. Dateninhaber sollen darauf vertrauen können, dass sie vor der rechtswidrigen Verbreitung ihrer Daten effektiv geschützt werden. Datennutzer sollen davon ausgehen können, dass sie von Dateninhabern nur legale Datenangebote erhalten. Art. 12 lit. j DGA soll auf diese Weise durch Sicherheitsbedenken begründete Hemmungen, Datenvermittlungsdienste zu nutzen, abbauen und das Vertrauen der Dienstenutzer untereinander stärken.

Zum anderen verfolgt Art. 12 lit. j DGA das allgemeine ordnungsrechtliche Ziel, die als unzulänglich wahrgenommene Rechtsdurchsetzung im digitalen Raum zu verbessern. Zum Beispiel gilt die Urheberrechtsdurchsetzung im Internet schon seit langem als defizitär.[1041] Innerhalb ihres Verantwortungs- und Einfluss-

---

1037 *Graef/Gellert*, The European Commission's proposed DGA (2021), S. 11 f.
1038 Siehe hierzu oben in Kap. 5, C., VII. 2. e); vgl. auch *v. Ditfurth/Lienemann*, CRNI 23 (2022), 270 (287).
1039 Siehe zur informationellen Macht von Plattformbetreibern oben in Kap. 4, C. I. 1. c).
1040 Siehe zu dieser Problematik Kap. 5, VII. 3. j) bb) (1) (c).
1041 Siehe nur *Hennemann*, Urheberrechtsdurchsetzung und Internet (2011), S. 223 ff.; *Askani*, Private Rechtsdurchsetzung bei Urheberrechtsverletzungen im Internet (2021), S. 26 f.

bereichs sollen Datenvermittler zur besseren Rechtsdurchsetzung beitragen, indem sie rechtswidrige Verhaltensweisen auf ihren Plattformen unterbinden. Damit steht Art. 12 lit. j DGA in einem Zusammenhang mit anderen europäischen Gesetzesvorhaben, wie dem DSA und der DSM-RL, die Plattformbetreibern zur Verbesserung der Rechtsdurchsetzung weitergehende Verantwortlichkeiten für das Verhalten ihrer Nutzer auferlegen als dies bisher der Fall war.[1042]

bb) Regelungsinhalt

Nach Art. 12 lit. j DGA müssen Anbieter von Datenvermittlungsdiensten angemessene technische, rechtliche und organisatorische Maßnahmen ergreifen, um die Übertragung nicht personenbezogener Daten oder den Zugang zu diesen Daten zu verhindern, die nach Maßgabe des Unionsrechts oder des nationalen Rechts des jeweiligen Mitgliedstaats rechtswidrig sind. Diese eher abstrakt gehaltene Vorschrift wird nicht weiter durch die Erwägungsgründe konkretisiert. Dies führt zu nicht unerheblichen Auslegungsschwierigkeiten, die sich insbesondere bei der Frage stellen, welche Maßnahmen zur Verhinderung rechtswidriger Datenübertragungen geeignet und angemessen sind.[1043]

(1) Rechtswidrige Übermittlung nicht-personenbezogener Daten

Um den Umfang der Verantwortlichkeit von Datenvermittlern nach Art. 12 lit. j DGA festzustellen, ist zunächst zu klären, unter welchen Voraussetzungen die Übertragung nicht-personenbezogener Daten oder der Zugang zu diesen Daten gegen Unionsrecht oder nationales Recht verstößt.

(a) Nicht-personenbezogene Daten

Die Anwendbarkeit von Art. 12 lit. j DGA erstreckt sich ausschließlich auf die Übertragung nicht-personenbezogener Daten. Diese werden in Art. 2 Nr. 4 DGA definiert als Daten, die keine personenbezogenen Daten im Sinne von Art. 2 Nr. 3 DGA i. V. m. Art. 4 Nr. 1 DSGVO sind. Der Begriff der personenbezogenen Daten wird im DGA also im Einklang mit der DSGVO verwendet. Es handelt sich bei nicht-personenbezogenen Daten folglich um Daten, die sich weder auf eine identifizierte noch auf eine identifizierbare natürliche Person beziehen.[1044] Beispiele für nicht-perso-

---

1042 Siehe zum DSA nur *Gielen/Uphues*, EuZW 2021, 627 (632); *Spindler*, GRUR 2021, 545; *Kühling*, ZUM 2021, 461 (468); siehe zur DSM-RL *Raue*, in: Dreier/Schulze, UrhDaG, Vorbemerkung Rn. 1 ff.

1043 *Hennemann/v. Ditfurth*, NJW 2022, 1905 (1910, Rn. 25); *Richter*, ZEuP 2021, 634 (653).

1044 *Karg*, in: Simitis/Hornung/Spiecker, DSGVO, Art. 4 Nr. 1 Rn. 19; *Rosenkranz/Scheufen*, ZfDR 2022, 159 (164 f.). Siehe zum Personenbezug und der Identifizierbarkeit ausführlich in Kap. 3, C. III. 3. b) aa).

nenbezogene Daten können rein technische Daten, bloße Sachdaten oder erfolgreich anonymisierte Daten sein.[1045] Die Ausklammerung personenbezogener Daten aus dem Anwendungsbereich des Art. 12 lit. j DGA ist vermutlich deshalb erfolgt, weil die rechtswidrige Übertragung personenbezogener Daten bereits nach der DSGVO unterbleiben muss.[1046]

(b) Datenübertragung oder Datenzugang

Datenvermittler sollen die rechtswidrige Übertragung nicht-personenbezogener Daten oder den Zugang zu diesen Daten verhindern. Mit der Übertragung ist die Übermittlung der Daten vom Dateninhaber an den Datennutzer gemeint. Der Datennutzer erhält in diesem Fall den Datenzugriff auf seinen eigenen bzw. auf von ihm angemieteten Servern. Die Datenübermittlung kann zum Beispiel durch das Herunterladen der Daten über File-Hosting-Server oder über Anwendungsprogrammierschnittstellen erfolgen.[1047] Beim Zugang zu Daten erfolgt die Datennutzung durch den Datennutzer gemäß Art. 2 Nr. 13 DGA hingegen auf eine Weise, die die Übertragung oder das Herunterladen der Daten auf die Server des Datennutzers nicht zwingend voraussetzt. Der Zugriff des Datennutzers auf die ausgetauschten Daten erfolgt lediglich auf den Servern des Dateninhabers oder eines Dritten, wie zum Beispiel den Servern des Datenvermittlers. Es handelt sich also um den sogenannten *in-situ*-Zugang zu Daten, bei dem die verfügbar gemachten Daten in der Sphäre des Dateninhabers verbleiben und keine Kopie der Daten auf die Server des Datennutzers übertragen werden.[1048] Die Datennutzung durch den Datennutzer erfolgt dann ausschließlich auf den Servern des Dateninhabers oder eines Dritten.

Auch wenn der Wortlaut des Art. 12 lit. j DGA dies nicht ausdrücklich klarstellt, beschränkt sich die Verantwortung von Datenvermittlern zur Verhinderung rechtswidriger Datenzugriffe nach dem Zweck und der Systematik der Vorschrift nur auf Datenübertragungen und Datenzugänge, die über ihre Dienste vermittelt werden. Damit trifft den Datenvermittler allerdings auch dann eine Verhinderungspflicht, wenn die technische Durchführung einer rechtswidrigen Datentransaktion nicht über seine eigenen Dienste erfolgt, sondern sie hierüber nur ange-

1045 Zu beachten ist allerdings, dass aufgrund des äußerst weiten Anwendungsbereichs des Art. 4 Nr. 1 DSGVO viele scheinbar nicht personenbezogene Daten unter bestimmten Umständen dennoch personenbezogen sein können; siehe Kap. 3, C. III. 3. b) aa) (3).

1046 Siehe dazu in Kap. 5, D. II.

1047 Siehe *Arnaut/Pont/u.a*, Study on data sharing (2018), S. 61.

1048 Siehe ausführlich zum *in-situ*-Datenzugang *Martens/Parker/u. a.*, Towards Efficient Information Sharing in Network Markets (2021), S. 18 ff.; siehe zum *in-situ*-Datenzugang nach dem DA-E *Specht-Riemenschneider*, MMR-Beil. 2022, 809 (816); *Kerber*, Governance of IoT Data (2022), S. 8 f.

bahnt wurden. Hingegen bezieht sich Art. 12 lit. j DGA nicht auf externe Datenzugriffe, die auf unbefugte Weise erfolgen, insbesondere durch Hackerangriffe. Die Sicherheit der von Datenvermittlungsdiensten gespeicherten, verarbeiteten und übermittelten Daten wird bereits abschließend in Art. 12 lit. l DGA geregelt.

(c) Rechtswidrigkeit

Datenvermittler sollen Datentransaktionen nur dann verhindern, wenn sie rechtswidrig sind, indem sie gegen das Unionsrecht oder das nationale Recht des jeweiligen Mitgliedstaates verstoßen.[1049] Gegenüber reinen Vertragsverletzungen besteht die Verhinderungspflicht nicht. Da derzeit keine unmittelbar anwendbaren unionsrechtlichen Vorschriften existieren, die nicht-personenbezogene Daten schützen,[1050] kann sich die Rechtswidrigkeit einer Datentransaktion gegenwärtig allein aus nationalem Recht ergeben. Die Rechtswidrigkeit von Datentransaktionen kann sich im deutschen Recht insbesondere aus Verletzungen des Strafrechts, des Geschäftsgeheimnisrechts und des Urheberrechts ergeben.[1051] Da gemäß Art. 1 Abs. 4 DGA die Anwendung des Wettbewerbsrechts vom DGA unberührt bleibt, wird hier davon ausgegangen, dass sich eine Verhinderungspflicht für Verstöße gegen das Kartellrecht, die durch Datentransaktionen herbeigeführt werden, nicht aus Art. 12 lit. j DGA ergibt, sondern unmittelbar aus Art. 101 AEUV folgt.[1052]

1049 An dieser Stelle zeigt sich, dass die Definitionen des Dateninhabers und Datennutzers nach Art. 2 Nr. 8 und Nr. 9 DGA missglückt sind. Nach den Legaldefinitionen handelt es sich bei ihnen um Personen, die zur Weitergabe oder zur Nutzung der Daten im Rahmen des Unionsrechts und nationalen Rechts berechtigt sind. Bei strenger Befolgung des Wortlauts würde eine Datenvermittlung, die eine rechtswidrige und daher nach Art. 12 lit. j DGA zu verhindernde Datentransaktion zum Gegenstand hat, nicht in den Anwendungsbereich des Art. 10 lit. a DGA fallen. Siehe zu dieser Problematik näher in Kap. 5, C. IV. 3. a) bb) und cc).

1050 Der Geschäftsgeheimnis-RL fehlt es an der direkten Anwendbarkeit. Sie ist aber in nationales Recht umgesetzt worden. Die Verordnung (EU) 2018/1807 über den freien Verkehr nicht-personenbezogener Daten in der Europäischen Union enthält keine Schutzvorschriften für nicht-personenbezogene Daten.

1051 Vgl. *Hennemann/v. Ditfurth*, NJW 2022, 1905 (1909, Rn. 25).

1052 A. A. *Specht-Riemenschneider*, in: Specht-Riemenschneider/Hennemann, DGA, Art. 12 Rn. 79. Für das hier vertretene Verständnis des Art. 12 lit. j DGA spricht auch, dass Art. 11 Nr. 9 DGA-E, der vorsah, dass Datenvermittler über Verfahren zur Sicherstellung der Einhaltung des europäischen und nationalen Wettbewerbsrechts verfügen müssen, nicht in den finalen Verordnungstext übernommen wurde. Stattdessen wurde Art. 1 Abs. 4 DGA eingeführt, der den Vorrang des europäischen Wettbewerbsrechts klarstellt. Zu den erforderlichen Maßnahmen von Datenvermittlern zur Verhinderung von Kartellrechtsverstößen siehe unten in Kap. 5, D. III. 1.

(aa) Strafrechtsverstöße

Die Rechtswidrigkeit einer Datentransaktion kann sich grundsätzlich aus allen strafrechtlichen Vorschriften ergeben. Relevant dürften in diesem Zusammenhang aber vor allem Verstöße gegen §§ 202a ff. StGB sein.[1053] Gemäß § 202a StGB wird bestraft, wer sich oder einem Dritten unbefugt den Zugang zu Daten, die nicht für ihn bestimmt und gegen den unberechtigten Zugang besonders gesichert sind, unter Überwindung der Zugangssicherung verschafft.[1054] Nach dem gegenüber § 202a StGB subsidiären § 202b StGB macht sich strafbar, wer unbefugt sich oder einem anderen unter Anwendung von technischen Mitteln nicht für ihn bestimmte Daten aus einer nicht-öffentlichen Datenübermittlung oder aus der elektromagnetischen Abstrahlung einer Datenverarbeitungsanlage verschafft.[1055] Die gegenüber § 202a StGB subsidiäre Vorschrift bezweckt in erster Linie den Schutz moderner Kommunikationsformen und auch unverschlüsselter Datenübertragungen.[1056] Für die Rechtswidrigkeit von Datentransaktionen sind §§ 202a, 202b StGB relevant, weil sie auch die Zugangsverschaffung für einen anderen, also einen Dritten, unter Strafe stellen.[1057] Eine tatbestandliche Zugangsverschaffung kann daher im Rahmen einer Datentransaktionen erfolgen, durch die der Datennutzer den unberechtigten Zugang zu den Daten des Zugangsberechtigten erhält.[1058]

Zudem ist eine Datentransaktion rechtswidrig, wenn durch sie der Tatbestand der Datenhehlerei nach § 202d StGB erfüllt wird.[1059] Hierfür ist in objektiver Hinsicht erforderlich, dass der Täter Daten, die nicht allgemein zugänglich sind und die ein anderer durch eine rechtswidrige Tat erlangt hat, sich oder einem anderen verschafft, einem anderen überlässt, verbreitet oder sonst zugänglich macht. Neben den §§ 202a und 202b StGB kommen unter anderem auch der Diebstahl gemäß § 242 StGB oder der Betrug nach § 263 StGB als rechtswidrige Vortaten in Betracht.[1060] Die Weitergabe der so erlangten Daten durch den Täter an einen Dritten im Rahmen einer Datentransaktion kann eine taugliche Tathandlung darstellen.

1053 Siehe zum strafrechtlichen Schutz von Daten auch in Kap. 3, C. II. 6. a).
1054 Siehe hierzu näher in Kap. 3, C. II. 6. a).
1055 Siehe hierzu näher in Kap. 3, C. II. 6. a).
1056 *Kargl*, in: Kindhäuser/Neumann/Paeffgen, StGB § 202b Rn. 2. Eine verstärkte Bedeutung könnte die Vorschrift im Zusammenhang mit der Kommunikation zwischen Maschinen im Internet der Dinge erlangen; siehe *Hassemer*, in: Auer-Reinsdorff/Conrad, Hdb. IT-/DatenschR, § 43 Rn. 91.
1057 *Graf*, in: MüKo StGB, § 202b Rn. 16 f.
1058 Wenn der Täter zunächst selbst Kenntnis von den Daten erlangt und sie anschließend an den anderen weitergibt, handelt es sich bei der Weitergabe um eine mitbestrafte Nachtat; siehe *Graf*, in: MüKo StGB, § 202a Rn. 60; *Kargl*, in: Kindhäuser/Neumann/Paeffgen, StGB § 202a Rn. 14.
1059 Siehe hierzu Kap. 3, C. II. 6. a).
1060 *Eisele*, in: Schönke/Schröder, StGB, § 202d Rn. 8; *Graf*, in: MüKo StGB, § 202d Rn. 20 ff.

Denn bei der Übermittlung der Daten an den Datenempfänger handelt es sich um ein Verschaffen, Überlassen oder Zugänglichmachen im Sinne des § 202d StGB.[1061]

(bb) Verstöße gegen das Geschäftsgeheimnisgesetz

Rechtswidrig ist eine Datentransaktion auch dann, wenn sie einen Verstoß gegen das GeschGehG darstellt. Denkbar sind in diesem Zusammenhang Verstöße gegen die Handlungsverbote nach § 4 Abs. 2 und Abs. 3 GeschGehG. Sowohl Absatz 2 als auch Absatz 3 untersagen nämlich unbefugte Offenlegungen von Geschäftsgeheimnissen, die auch im Rahmen von Datentransaktionen erfolgen können.[1062] Verboten ist die Offenlegung nach § 4 GeschGehG, wenn der Rechtsverletzer die Daten selbst auf unerlaubte Weise nach Absatz 1 erlangt hat (Abs. 2 Nr. 1), er gegen eine Nutzungsbeschränkung (Abs. 2 Nr. 2) oder eine Vertraulichkeitsvereinbarung verstößt (Abs. 2 Nr. 3) oder er die Daten von einem Dritten erhalten hat, obwohl er zum Zeitpunkt der Erlangung oder Offenlegung wusste oder wissen musste, dass der Dritte die Daten entgegen Absatz 2 genutzt oder offengelegt hat (Abs. 3).[1063] Zu beachten ist aber, dass die Einordnung von Daten als Geschäftsgeheimnisse, insbesondere bei co-generierten Daten, rechtliche Schwierigkeiten aufwerfen kann.[1064]

(cc) Urheberrechtliche Verstöße

Denkbar ist außerdem, dass sich die Rechtswidrigkeit einer Datentransaktion aus Verstößen gegen das Urheberrecht ergibt. Einzeldaten sind zwar nicht selbst urheberrechtlich geschützt, Datensätze können unter Umständen aber als Datenbanken dem Schutz der §§ 87a ff. UrhG unterliegen.[1065] In diesem Zusammenhang ist zu beachten, dass die Anwendbarkeit des § 87a UrhG auf moderne Datensammlungen schwierige rechtliche Fragen aufwirft.[1066] Zumindest in manchen Fällen dürfte der Schutzbereich jedoch eröffnet sein. Dann schützt § 87b Abs. 1 UrhG den Datenbankhersteller vor der unbefugten Vervielfältigung, Verbreitung und öffentlichen Wiedergabe eines zumindest wesentlichen Teils seiner Datenbank.[1067] Bei der Weitergabe eines wesentlichen Teils der Datenbank durch einen anderen als den Da-

---

1061 Siehe zur Auslegung dieser Tatbestandsmerkmale *Eisele*, in: Schönke/Schröder, StGB, § 202d Rn. 12; *Graf*, in: MüKo StGB, § 202d Rn. 20 ff.

1062 Siehe näher zum Schutz von Daten durch das GeschGehG in Kap. 3, C. II. 5.

1063 Siehe zu diesen Tatbestandsalternativen ausführlich *Renner*, in: BeckOK IT-Recht (2022), GeschGehG, § 4 Rn. 21 ff.; *Hauck/Kamlah*, in: MüKo LautR (2022), GeschGehG § 4 Rn. 21 ff.; *Ohly*, in: Harte-Bavendamm/Ohly/Kalbfus, GeschGehG, § 4 Rn. 24 ff., 43 ff.

1064 Siehe hierzu in Kap. 3, C. II. 5. b).

1065 Siehe ausführlich zum Datenbankherstellerrecht in Kap. 3, C. II. 4. b).

1066 Siehe Kap. 3, C. II. 4. b).

1067 Siehe Kap. 3, C. II. 4. b).

tenbankhersteller an einen Dritten kann eine Vervielfältigung vorliegen, die den Datenbankhersteller in seinen Rechten verletzt. Denn für die Vervielfältigung genügt bereits das Hochladen oder Herunterladen wesentlicher Teile einer Datenbank auf einen nicht herstellereigenen Server.[1068] Datentransaktionen, die unbefugterweise wesentliche Teile von geschützten Datenbanken zum Gegenstand haben, sind daher rechtswidrig.

(2) Angemessenheit von Maßnahmen

Datenvermittler müssen gemäß Art. 12 lit. j DGA angemessene Maßnahmen ergreifen, um rechtswidrige Datentransaktionen zu verhindern. Die Angemessenheit dient als Maßstab für die Anforderungen, die zur Erfüllung der Verhinderungspflicht an den Umfang und die Natur der erforderlichen Maßnahmen gestellt werden. Danach muss der Aufwand für die erforderlichen Maßnahmen in einem angemessenen Verhältnis zum verfolgten Ziel stehen.[1069] Es kann daher nicht verlangt werden, dass Maßnahmen ergriffen werden, welche die absolute oder optimale Verhinderung von rechtswidrigen Datentransaktionen erreichen. Zum einen ist die lückenlose Verhinderung aller potenziell rechtswidrigen Datentransaktionen nicht erforderlich, um eine vertrauensvolle Umgebung für die Nutzer von Datenvermittlungsdiensten zu schaffen. Zum anderen würde die absolute Verhinderung rechtswidriger Datentransaktionen die Anbieter von Datenvermittlungsdiensten überfordern und den rechtskonformen Betrieb solcher Dienste faktisch unmöglich machen. Denn die absolute Verhinderung rechtswidriger Datentransaktionen würde die umfassende Nutzerüberwachung voraussetzen und einen enormen Prüfungsaufwand erfordern. Denn es können sich bei der Überprüfung der Rechtmäßigkeit von Datentransaktionen schwierige rechtliche Fragen stellen, deren Lösung zudem die umfassende semantische Auswertung der Daten voraussetzen würde.

Deshalb sollten Datenvermittler im Einzelfall geeignete und sinnvolle Maßnahmen ergreifen, die einen angemessen Verhinderungsgrad gegenüber rechtswidrigen Datentransaktionen gewährleisten und mit einem vertretbaren Aufwand einhergehen. Es sind nur solche Maßnahmen erforderlich, deren Aufwand im Verhältnis zu ihrem Nutzen steht. Minimalmaßnahmen, die lediglich ein schwaches Präventionsniveau herstellen, reichen hierfür aber nicht aus. Zu berücksichtigen ist bei der Feststellung der Effektivität von Maßnahmen außerdem der aktuelle

1068 *Hermes*, in: Wandtke/Bullinger, UrhG, § 87b Rn. 39.

1069 Auch wenn eine allgemeingültige Definition der Angemessenheit nicht existiert, ist es für Angemessenheitsprüfungen typisch, dass die Vor- und Nachteile einer Maßnahme in ein Verhältnis gesetzt und abgewogen werden müssen; vgl. nur *Jarass*, in: Jarass/Pieroth, GG, Art. 20 Rn. 120; *Schulze-Fielitz*, in: Dreier, GG, Art. 20 Rn. 184; *Kingreen*, in: Calliess/Ruffert, EU-GrCh, Art. 52 Rn. 70.

Stand der Technik und damit einhergehend die Maßnahmen, die Datenvermittlern potenziell zur Verfügung stehen.

(3) Technische, rechtliche und organisatorische Verhinderungsmaßnahmen

Datenvermittler sollen rechtswidrige Datentransaktionen durch angemessene technische, rechtliche und organisatorische Maßnahmen verhindern. Die Auswahl und Umsetzung der Maßnahmen bleiben dabei dem Ermessen der Datenvermittler überlassen. Entscheidend ist, dass die Maßnahmen in ihrer Gesamtheit ein angemessenes Niveau bei der Verhinderung rechtswidriger Datentransaktionen schaffen. Welche konkreten technischen, rechtlichen und organisatorischen Maßnahmen zu ergreifen sind, wird offengelassen. Weder im Gesetzestext noch in den Erwägungsgründen finden sich für den Rechtsanwender Hinweise zur Umsetzung der Verpflichtungen nach Art. 12 lit. j DGA.[1070] Das Fehlen konkreter Vorgaben ist erstaunlich und angesichts der dadurch entstehenden Rechtsunsicherheit[1071] nicht nachvollziehbar. Da Märkte für Datenvermittlungsdienste gerade erst entstehen, haben sich bewährte und verbreitete Maßnahmen zur Verhinderung rechtswidriger Datentransaktionen in der Praxis noch nicht etabliert. Immerhin können Instrumente anderer Rechtsgebiete gewisse Anhaltspunkte für die Ergreifung geeigneter Maßnahmen nach Art. 12 lit. j DGA bieten.[1072]

(a) Rechtliche Maßnahmen

Als rechtliche Maßnahmen zur Verhinderung rechtswidriger Datentransaktionen kommen vertragliche Maßnahmen in Betracht. Datenvermittler sollten in ihre allgemeinen Geschäftsbedingungen oder in ihre individuell ausgehandelten Verträge mit Dienstenutzern Klauseln aufnehmen, die die Anbahnung und Durchführung rechtswidriger Datentransaktionen über ihre Dienste ausdrücklich verbieten. Die Verträge sollten auch Sanktionen für den Fall der Zuwiderhandlung enthalten. Denkbare Sanktionen sind etwa die vorübergehende Sperrung eines Nutzers oder dessen dauerhafter Ausschluss vom Datenvermittlungsdienst.[1073] Solche Klauseln

---

1070 *Hennemann/v. Ditfurth*, NJW 2022, 1905 (1910, Rn. 25); *Richter*, ZEuP 2021, 634 (653).

1071 Vgl. bereits zum DGA-E *Graef/Gellert*, The European Commission's proposed DGA (2021), S. 14.

1072 *Hennemann/v. Ditfurth*, NJW 2022, 1905 (1910, Rn. 25); skeptisch hingegen *Richter*, ZEuP 2021, 634 (653).

1073 So sieht ErwG 36 DGA den Ausschluss von Datennutzern ausdrücklich als Sanktion für betrügerische oder missbräuchliche Praktiken nach Art. 12 lit. g DGA vor; zu Nutzerausschlüssen von Online-Diensten als Sanktion und Reaktion auf rechtswidriges Nutzerverhalten siehe auch *Spindler*, in: Spindler/Schmitz, TMG, § 10 Rn. 113.

zur Absicherung des „virtuellen Hausrechts“[1074] von Datenvermittlern wirken präventiv, da sie Nutzern durch die Sanktionsandrohung Anreize zu rechtskonformen Verhalten setzen und gegebenenfalls die Wiederholung von Rechtsverletzungen durch den Ausschluss auffälliger Nutzer verhindern. Zu beachten ist jedoch, dass die vertraglichen Klauseln nicht gegen Art. 12 lit. f DGA verstoßen dürfen, wonach Verfahren für den Zugang und den Ausschluss von Datenvermittlungsdiensten fair, transparent und nichtdiskriminierend sein müssen.[1075] Die Fairness der Sanktionen setzt insbesondere voraus, dass diese in einem angemessenen Verhältnis zur Rechtsverletzung stehen. Eine geringfügige Rechtsverletzung sollte demnach nicht zum dauerhaften Ausschluss vom Datenvermittlungsdienst führen. Zu berücksichtigende Kriterien sind insbesondere die Schwere und Häufigkeit von Verstößen sowie der Umstand, ob der Nutzer vorsätzlich gehandelt hat.

(b) Organisatorische Maßnahmen

Zur Verhinderung rechtswidriger Datentransaktionen kommen eine Reihe organisatorischer Maßnahmen in Betracht, die zu einem angemessenen Präventionsniveau beitragen können.

(aa) Zuständige Mitarbeiter

Als allgemeine Maßnahme, um die personellen Voraussetzungen für die Verhinderung rechtswidriger Datentransaktionen zu schaffen, empfiehlt es sich zunächst, eine ausreichende Zahl qualifizierter Mitarbeiter mit den damit verbundenen Aufgaben zu betrauen. Da die Untersuchung und Feststellung von Rechtsverletzungen aufwendige und anspruchsvolle Aufgaben darstellen, setzt deren effektive Verhinderung gewisse personelle Ressourcen und das Vorhandensein rechtlicher Expertise voraus.

(bb) Melde- und Blockierungsverfahren

Da die selbständige Aufdeckung von Rechtsverstößen Datenvermittler vor eine große Herausforderung stellt, können sogenannte Benachrichtigungs- und Blockierungsverfahren (*Notice-and-take-down*-Verfahren) eine wichtige Maßnahme zur Aufdeckung und anschließenden Unterbindung von rechtswidrigen Datentransaktionen darstellen. Hierbei handelt es sich um Verfahren, die bislang zur Vermei-

---

1074 Das virtuelle Hausrecht bezeichnet die Fähigkeit und Befugnis von Anbietern von Online-Diensten, die Regeln für die Zulassung, Nutzung und den Ausschluss von ihren Diensten zu setzen und durchzusetzen; vgl. *Schweitzer*, ZEuP 2019, 1 (5).

1075 Der faire und diskriminierungsfreie Zugang zu Datenvermittlungsdiensten bezieht sich zwangsläufig auch auf den Ausschluss von Nutzern; siehe hierzu Kap. 5, C. VII. 3. f) bb) (3).

dung und Behebung von Urheberrechtsverletzungen durch Internetprovider und Anbietern von Online-Diensten verwendet werden. Ihren Ursprung haben *Notice-and-take-down*-Verfahren in § 512 des U. S. Copyright Act.[1076] Von dieser Vorschrift inspiriert[1077] haben *Notice-and-take-down*-Verfahren den Eingang ins europäische und deutsche Recht über Art. 14 E-Commerce-RL[1078] und dessen Umsetzung in § 10 TMG[1079] gefunden. *Notice-and-take-down*-Verfahren sind außerdem in § 8 UrhDaG, der Art. 17 Abs. 4 lit. c DSM-RL umsetzt,[1080] sowie in Art. 16 und 17 DSA[1081] vorgesehen. *Notice-and-take-down*-Verfahren setzen sich aus zwei Bestandteilen zusammen.[1082] Zum einen erfordern sie ein Benachrichtigungs- oder Meldesystem, über das Rechteinhaber dem Diensteanbieter die Verletzung ihrer Rechte mitteilen können. Zum anderen muss der Diensteanbieter über Mechanismen verfügen, um die Rechtsverletzung unverzüglich zu beenden. Dies erfolgt in der Regel durch Sperrung oder Blockierung der illegalen Inhalte.

Um ein *Notice-and-take-down*-Verfahren erfolgreich umzusetzen, sollten Datenvermittler demnach ein Meldesystem einrichten, über das Nutzer, Rechteinhaber oder Dritte rechtswidrige Datenangebote anzeigen können. Bei hinreichender und schlüssiger Begründung sollten sie das betroffene Datenangebot bis zur endgültigen Klärung der Rechtslage zunächst sperren und die Weitergabe der Daten über ihren Dienst unterbinden. Um ein *Overblocking*[1083] zu verhindern, sollten an die Begründung hohe Anforderungen gestellt werden. Dem Dateninhaber, der durch sein Datenangebot vermeintlich gegen geltendes Recht verstößt, sollte die Möglichkeit eingeräumt werden, sich im Meldeverfahren und bei der anschließenden Untersuchung durch den Datenvermittler zu verteidigen.

Notice-and-take-down-Verfahren dürften für Datenvermittler eine unverzichtbare Maßnahme darstellen, um ein angemessenes Niveau der Rechtskonformität auf ihren Plattformen zu erreichen. Bei der Umsetzung solcher Verfahren in der

1076 Dazu *Holznagel*, GRUR Int 2007, 971; *Askani*, Private Rechtsdurchsetzung bei Urheberrechtsverletzungen im Internet (2021), S. 314 ff.

1077 *Hoffmann/Volkmann*, in: Spindler/Schuster, TMG, § 10 Rn. 41.

1078 Vgl. *Arroyo Amayuelas*, in: Schulze/Staudenmayer, RL 2000/31, Art. 14 Rn. 15.

1079 Vgl. *Paal/Hennemann*, in: BeckOK InfoMedienR, TMG, § 10 Rn. 2. Spezielle Vorschriften zum *notice-and-take-down*-Verfahren bei Videosharing-Plattformen finden sich außerdem in §§ 10a, 10b TMG.

1080 Siehe nur *Wandtke/Hauck*, ZUM 2021, 763 (766); *Hofmann*, NJW 2021, 1905 (1908); *Raue*, in: Dreier/Schulze, UrhDaG, § 8 Rn. 2.

1081 *Schmid/Grewe*, MMR 2021, 279 (280); *Spindler*, GRUR 2021, 545 (552).

1082 Siehe nur *Holznagel*, Notice and Take-Down-Verfahren (2013), S. 1 f.; *Janal*, GRUR 2022, 211 (216).

1083 Das *Overblocking* bezeichnet die Entfernung von Inhalten aufgrund von Beschwerden, obwohl die Inhalte tatsächlich nicht gegen Recht verstoßen; siehe *Askani*, Private Rechtsdurchsetzung bei Urheberrechtsverletzungen im Internet (2021), S. 202.

Praxis handelt es sich aber um einen schwierigen Balanceakt. Einerseits besteht das Risiko, dass Rechteinhaber die aufwendige tatsächliche und rechtliche Prüfung scheuen, ob ihre Rechte an einem Datensatz verletzt wurden. Hinzu kommt, dass Datenangebote auf Datenvermittlungsdiensten in der Regel nicht öffentlich einsehbar sind, was die Feststellung von Rechtsverstößen erschwert. Es ist daher denkbar, dass das Meldesystem von Rechteinhabern oder sonstigen Dritten in der Praxis kaum genutzt wird. Andererseits besteht die Gefahr des *Overblockings*, da vermeintliche Rechteinhaber vorschnell und zu Unrecht die Verletzung ihrer Rechte annehmen könnten. Datenvermittler sollten deshalb als neutrale Instanz auch eigene Untersuchungen durchführen und die Berechtigung von Meldungen überprüfen.[1084] Als Fortentwicklung von *Notice-and-take-down*-Verfahren kommen außerdem noch sogenannte *Notice-and-stay-down*-Verfahren in Betracht, wie sie etwa in § 7 UrhDaG vorgesehen sind.[1085]

(cc) Eigene Ermittlungen

Weiterhin könnten Datenvermittler Rechtsverstöße durch eigene Ermittlungen aufdecken und unterbinden. Sinnvoll und zumutbar dürften solche Ermittlungen durch Mitarbeiter des Datenvermittlers aber nur sein, wenn konkrete Verdachtsmomente vorliegen. Denn zum einen stellt es einen enormen Aufwand dar, große Datensammlungen auszuwerten. Zum anderen werden den Datenvermittlern in der Regel die nötigen Informationen fehlen, um einen Rechtsverstoß festzustellen. Ob Dritten an den gehandelten Daten Rechte zustehen, ist für sie in der Regel nicht nachvollziehbar. Anders verhält es sich aber dann, wenn Hinweise auf konkrete Rechtsverstöße vorliegen. Solche Hinweise können sich zum Beispiel aus Meldungen betroffener Rechteinhaber oder sonstiger Dritter ergeben. Langfristig ist es außerdem denkbar, dass ungewöhnliche und verdächtige Nutzeraktivitäten durch KI-basierte Programme aufgedeckt werden und dadurch Anlass zu weiteren Nachforschungen entsteht.

(dd) Zulassungsverfahren für Dateninhaber

Eine weitere organisatorische Maßnahme kann in der Einführung von Zulassungsverfahren für Dateninhaber bestehen. Der Datenvermittler überprüft dann die Seriosität von Dateninhabern, bevor er sie zu seinem Dienst zulässt. Solche *Scree-*

1084 Um das Risiko des *Overblockings* zu senken, enthalten §§ 14 ff. UrhDaG und Art. 17, 18 DSA-E detaillierte Regelungen zu internen Beschwerdeverfahren, zur Kostentragung bei solchen Verfahren und zur Sanktionierung missbräuchlicher Meldungen; siehe dazu nur *Janal*, GRUR 2022, 211 (219 f.).

1085 Siehe hierzu unten in Kap. 5, C. VII. 3. j) (3) (c).

nings werden von vielen Betreibern digitaler Plattformen verwendet, um die Zuverlässigkeit und Seriosität der zugelassenen Nutzer sicherzustellen.[1086] Datenvermittler können *Screening*-Verfahren nutzen, um den Zutritt von Dateninhabern zu verhindern, die mit hoher Wahrscheinlichkeit Rechtsverstöße begehen werden. So könnten Datenvermittler zum Beispiel überprüfen, ob und seit wann die angemeldeten Dateninhaber im Handelsregister registriert sind und wer ihre Eigentümer sind. Es ist möglich, dass Datenvermittler bei solchen Prognosen in der Zukunft durch KI-basierte Anwendungen unterstützt werden. Wichtig ist aber, dass tatsächliche Verdachtsmomente gegenüber Dateninhabern vorliegen, denen der Zugang verwehrt werden soll. Anderenfalls stellt die Verweigerung der Zulassung zum Datenvermittlungsdienst einen Verstoß gegen Art. 12 lit. f DGA dar.

(c) Technische Maßnahmen

Neben KI-basierten Programmen, die bei der Aufdeckung von Rechtsverstößen behilflich sind, ist als technische Maßnahme zur Verhinderung von Rechtsverstößen der Einsatz von Filtertechnologien im Rahmen von *Notice-and-stay-down*-Verfahren denkbar. Im Gegensatz zu *Notice-and-take-down*-Verfahren entfernt der Diensteanbieter bei *Notice-and-stay-down*-Verfahren nicht nur den rechtsverletzenden Inhalt, sondern unterbindet identische oder ähnliche Rechtsverletzungen automatisiert auch für die Zukunft.[1087] Eine *Notice-and-stay-down*-Verpflichtung findet sich im deutschen Recht in § 7 Abs 1 UrhDaG, der Art. 17 Abs. 4 lit. c DSM-RL umsetzt. Zur Befolgung von *Notice-and-stay-down*-Verpflichtungen ist der Einsatz von Upload-Filtern erforderlich.[1088] Bei Upload-Filtern handelt es sich um automatisierte Filtertechnologien, die anhand bestimmter Regeln digitale Inhalte beim Hochladen analysieren und bei der Feststellung einer Rechtsverletzung den Upload verhindern.[1089] Jedenfalls langfristig kommt der Einsatz von Filtertechnologien auch bei Datenvermittlern in Betracht. Mithilfe der von Rechteinhabern bereitgestellten Informationen könnten Datenvermittler in der Zukunft Verfahren entwickeln, die automatisch erkennen, ob Dateninhaber Datensätze anbieten, die gegen die Rechte Dritter verstoßen. Verpflichtend sollte der Einsatz von Filtertechnologien aber

---

1086 Siehe *Belleflamme/Peitz*, The Economics of Platforms (2021), S. 126; *Koutroumpis/Leiponen/Thomas*, Industrial and Corporate Change 29 (2020), 645 (649).

1087 Siehe *Janal*, GRUR 2022, 211 (216); *Hofmann*, NJW 2021, 1905 (1907); *Pravermann*, GRUR 2019, S. 783 (786); *Barudi*, in: Barudi, Das neue Urheberrecht (2021), § 1 Rn. 89; *Raue*, in: Dreier/Schulze, UrhDaG, § 7 Rn. 12.

1088 Siehe nur *Janal*, GRUR 2022, 211 (214, 216); *Hofmann*, NJW 2021, 1905 (1907, Rn. 11); *Pravermann*, GRUR 2019, S. 783 (784); *Barudi*, in: Barudi, Das neue Urheberrecht (2021), § 1 Rn. 90; *Raue*, in: Dreier/Schulze, UrhDaG, § 7 Rn. 5.

1089 *Raue/Steinebach*, ZUM 2020, 355 (358); ausführlich zu den technischen Grundlagen *Beaucamp*, Rechtsdurchsetzung durch Technologie (2022), S. 79 ff.

erst dann sein, wenn sie hinreichend zuverlässig[1090] und leicht verfügbar sind. Als problematisch könnte sich insofern erweisen, dass die Filterung von auf Datenvermittlungsdiensten angebotenen Datensätzen die Abgleichung sehr großer Datenmengen erfordern würde. Zudem müsste zuvor die rechtlich sehr anspruchsvolle Einordnung der Vergleichsdaten als geschützte Daten erfolgen. Ob Filtertechnologien jemals ein probates Mittel für die Aufdeckung und Verhinderung rechtswidriger Datentransaktionen darstellen werden, ist momentan nicht abzusehen.

cc) Stellungnahme

Grundsätzlich ist die Zielsetzung des Art. 12 lit. j DGA nicht zu beanstanden. Zwar bestehen Zweifel daran, dass die Regelung das Vertrauen der Nutzer in Datenvermittlungsdienste tatsächlich spürbar erhöhen kann.[1091] Nachvollziehbar ist aber die allgemeinere ordnungsrechtliche Zielsetzung, die Rechtsdurchsetzung im digitalen Raum zu verbessern und die Entstehung illegaler Datenmarktplätze zu verhindern.[1092] Da kommerzielle Anbieter von Datenvermittlungsdiensten mit dem Betrieb ihrer Dienste Gewinne erzielen können, ist es nicht unangemessen, dass sie dazu beitragen sollen, aus dem Vermittlungsbetrieb resultierende Rechtsverletzungen zu verhindern. Zudem sind sie zur Überwachung und Regulierung von Nutzeraktivitäten aufgrund ihrer zentralen Marktstellung grundsätzlich prädestiniert. Es ist aber zu bedenken, dass es sich beim Betrieb von Datenmarktplätzen um eine (nach Ansicht des Gesetzgebers) erwünschte wirtschaftliche Tätigkeit handelt. Um zu vermeiden, dass Anreize gegen die Aufnahme und Fortführung solcher Dienste gesetzt werden, sollte die Auferlegung einer Rechtsdurchsetzungspflicht daher in einer Weise erfolgen, die den Betrieb von Datenvermittlungsdiensten nicht wesentlich erschwert. Aufgrund der konkreten Umsetzung des Art. 12 lit. j DGA besteht ein solches Überlastungsrisiko jedoch.

Es ist nämlich zu befürchten, dass Art. 12 lit. j DGA Datenvermittler mit erheblichen Rechtsunsicherheiten belasten wird. Weder aus der Vorschrift noch aus den Erwägungsgründen ergibt sich, welche Maßnahmen von den Datenvermittlern umzusetzen sind. Die Anbieter von Datenvermittlungsdiensten bleiben bei der Auswahl der erforderlichen Maßnahmen auf sich allein gestellt. Im Hinblick auf mögliche Sanktionen werden sie damit vor ein unzumutbares rechtliches Risi-

---

1090 So leiden Filtertechnologien zur Aufdeckung urheberrechtlich geschützter Medieninhalte aktuell noch an diversen Schwächen; siehe *Beaucamp*, Rechtsdurchsetzung durch Technologie (2022), S. 86 ff.

1091 Siehe bereits oben zu Art. 12 lit. g DGA in Kap. 5, C. VII. 3. g) cc).

1092 So gibt es insbesondere für personenbezogene Daten schon seit längerem florierende illegale Datenbörsen; siehe *Hutchings/Holt*, The British Journal of Criminology 55 (2015), 596; *Hutchings/Holt*, Global Crime 18 (2017), 11.

ko gestellt. Schließlich bleibt offen, in welchem Umfang Datenvermittler zur Überwachung ihrer Nutzer sowie zur semantischen Auswertung der gehandelten Daten verpflichtet sind. Bei einer extensiven Auslegung der Vorschrift wäre es erforderlich, dass Datenvermittler die Rechtmäßigkeit aller über ihre Dienste angebahnten Transaktionen forensisch überprüfen. Die hierfür erforderliche semantische Auswertung der Daten würde zu einer organisatorischen Überlastung der Datenvermittler führen und die wirtschaftliche Attraktivität der Erbringung solcher Dienste erheblich schmälern. Aus diesem Grund ist zu betonen, dass nur die Einführung angemessener und damit zumutbarer Maßnahmen von Datenvermittlern verlangt werden kann. Erforderlich sind „lediglich" effiziente Verhinderungsmaßnahmen, bei denen der Erfüllungsaufwand in einem angemessenen Verhältnis zur erreichten Wirkung steht. Ein absoluter oder optimaler Schutz kann hingegen nicht gefordert werden. Durch eine restriktive Auslegung der Vorschrift wird eine unzumutbare Überforderung von Datenvermittlern vermieden. Trotzdem werden aufgrund der Unbestimmtheit der Vorschrift für sie weiterhin erhebliche Rechtsunsicherheiten bestehen.

k) Benachrichtigungspflicht bei unbefugten Datenzugriffen (lit. k)

Art. 12 lit. k DGA legt Datenvermittlern die Verpflichtung auf, unbefugte Zugriffe auf nicht-personenbezogene Daten, die über ihre Dienste erfolgen, den betroffenen Dateninhabern unverzüglich mitzuteilen.

aa) Hintergrund und Zweck

Sowohl bei Art. 12 lit. k DGA als auch bei Art. 12 lit. l DGA handelt es sich um Vorschriften, die Datensicherheitsanforderungen, die nach der DSGVO bereits für personenbezogene Daten vorgesehen sind, auf nicht-personenbezogene Daten ausweiten.[1093] So sieht Art. 34 Abs. 1 DSGVO vor, dass Betroffene über die Verletzung des Schutzes ihrer personenbezogenen Daten im Regelfall unverzüglich zu benachrichtigen sind.[1094] Diese Vorschrift soll die Transparenz im Hinblick auf Datenschutzverletzungen verbessern und es der betroffenen Person ermöglichen, Folgeschäden aufgrund der Datenschutzverletzung zu verhindern oder zumindest zu verringern.[1095]

Ähnliche Erwägungen dürften Art. 12 lit. k DGA zugrunde liegen. Indem Dateninhabern unbefugte Zugriffe auf „ihre" Daten unverzüglich mitgeteilt werden,

1093 Vgl. *Hennemann/v. Ditfurth*, NJW 2022, 1905 (1910, Fn. 79); *Richter*, ZEuP 2021, 634 (653).
1094 Vgl. *Specht-Riemenschneider*, in: Specht-Riemenschneider/Hennemann, DGA, Art. 12 Rn. 80.
1095 Vgl. zu Art. 34 DSGVO *Reif*, in: Gola/Heckmann, DSGVO, Art. 34 Rn. 1; *Jandt*, in: Kühling/Buchner, DSGVO, Art. 34 Rn. 1; *Martini*, in: Paal/Pauly, DSGVO, Art. 34 Rn. 16.

wird ihnen die sofortige Reaktion auf den unbefugten Datenzugriff ermöglicht. Sie können dann unmittelbar Schritte einleiten, um auf dem unbefugten Datenzugriff beruhende nachteilige Folgen zu unterbinden oder abzuschwächen. Etwa können sie die Übermittlung weiterer Daten an den Datenvermittlungsdienst unterbrechen oder rechtlich gegen den unbefugten Datenempfänger vorgehen.[1096] Art. 12 lit. k DGA erhöht insofern die Transparenz bei unbefugten Datenzugriffen, indem Informationsasymmetrien zu Lasten von Dateninhabern abgebaut werden.

Durch die geschaffene Transparenz soll vor allem das Vertrauen der Dateninhaber in Datenvermittler gestärkt werden. Schließlich stellt die Sicherheit ihrer Daten für die meisten Dateninhaber eine zwingende Voraussetzung dar, um überhaupt Datenvermittlungsdienste zu nutzen. So handelt es sich bei der Sorge vor unbefugten Datenzugriffen um ein wesentliches Hindernis für den florierenden Datenaustausch zwischen Unternehmen. Dateninhaber sollen deshalb nicht im Ungewissen darüber gelassen werden, ob es unbefugte Zugriffe auf ihre Daten gab. Solange sie keine entgegenstehende Mitteilung erhalten haben, sollen sie davon ausgehen können, dass ihre Daten beim Datenvermittlungsdienst sicher sind. Zudem kann die durch Art. 12 lit. k DGA geschaffene Transparenz bei unbefugten Datenzugriffen mittelbar dazu beitragen, die Sicherheitsstandards von Datenvermittlern zu erhöhen. Da sie unbefugte Datenzugriffe nicht verheimlichen dürfen, droht ihnen bei Datenlecks der Verlust der betroffenen Dienstenutzer. Sie haben daher einen verstärkten wirtschaftlichen Anreiz, unbefugte Datenzugriffe möglichst effektiv zu verhindern.

bb) Regelungsinhalt

Laut Art. 12 lit. k DGA müssen die Dateninhaber vom Anbieter von Datenvermittlungsdiensten im Falle einer unbefugten Übertragung, des unbefugten Zugriffs oder der unbefugten Nutzung der von ihnen[1097] geteilten nicht-personenbezogenen Daten unverzüglich unterrichtet werden.

1096 Hier stellt sich freilich das Problem, dass die nicht-personenbezogenen Daten von Dateninhabern häufig nicht rechtlich geschützt sind. In Betracht kommen aber gegebenenfalls Ansprüche aus dem GeschGehG. Siehe zum rechtlichen Schutz nicht-personenbezogener Daten oben in Kap. 3, C. II.

1097 Der eigentliche Wortlaut lautet: „der von ihm geteilten […] Daten“ (Hervorhebung durch den Verfasser). Es ist aber anzunehmen, dass es sich bei der Verwendung des Singulars um ein redaktionelles Versehen handelt.

(1) Unterrichtungsanlass

Die Unterrichtungspflicht nach Art. 12 lit. k DGA setzt das Vorliegen eines Unterrichtungsanlasses in Form der unbefugten Erlangung nicht-personenbezogener Daten eines Dateninhabers durch einen Dritten voraus.

(a) Nicht-personenbezogene Daten eines Dateninhabers

Von der Unterrichtungspflicht erfasst werden nur die nicht-personenbezogenen Daten, die von Dateninhabern geteilt worden sind. Bei diesen Daten handelt es sich wohl um alle nicht-personenbezogene Daten, die der Datenvermittlungsdienst für Dateninhaber gespeichert hat, um sie für Dateninhaber an Datennutzer zu übermitteln oder sie gegebenenfalls vorher im Rahmen von Art. 12 lit. e DGA zu verarbeiten. Da sich Art. 12 lit. k DGA ausschließlich auf nicht-personenbezogene Daten[1098] bezieht, unterfallen personenbezogene Daten nicht der Unterrichtungspflicht.[1099]

(b) Unbefugte Datenerlangung

Weiterhin ist erforderlich, dass ein Dritter die vom Dateninhaber geteilten nicht-personenbezogenen Daten in unbefugter Weise erlangt hat. Die Datenerlangung kann durch Übertragung der Daten an den Dritten erfolgen oder indem dieser den Zugriff auf die Daten erhält bzw. diese nutzt. Denkbar sind danach sowohl Fälle, in denen der Datenvermittler die Daten unabsichtlich oder absichtlich an einen Dritten übermittelt, als auch Konstellationen, in denen sich der Dritte den Zugang zu den Daten selbst verschafft. Entscheidend ist allein, dass ein Dritter den faktischen Zugriff auf die Daten des betroffenen Dateninhabers erlangt hat.

Zudem muss die Datenerlangung in unbefugter Weise erfolgt sein. Für die Unbefugtheit der Datenerlangung sind die Anweisungen des Dateninhabers an den Datenvermittler maßgebend. Die Datenerlangung durch einen Dritten ist dann unbefugt, wenn der Dateninhaber die Weitergabe seiner Daten weder veranlasst noch genehmigt hat[1100] und sie auch nicht durch rechtliche Datenzugangsansprüche vorgeschrieben ist. Auf welche Weise und unter welchen Umständen der Dritte die Daten erlangt hat, ist nach dem Zweck der Vorschrift hingegen unerheblich,

---

1098 Siehe zum Begriff nicht-personenbezogener Daten bereits oben in Kap. 5, C. VII. 3. j) bb) (1) (a).

1099 Wenn man vom Datenvermittler als Auftragsverarbeiter ausgeht (siehe unter Kap. 5, D. II. 2.), muss er den Dateninhaber als Verantwortlichen aber bereits nach Art. 28 Abs. 3 S. 2 lit. f DSGVO über den unbefugten Zugriff auf personenbezogene Daten unterrichten.

1100 Die englische Sprachfassung spricht vom „unauthorised transfer of data“, was darauf hindeutet, dass es für die Zulässigkeit der Datenweitergabe in erster Linie auf die Zustimmung oder Genehmigung des Dateninhabers ankommt.

solange der Dateninhaber mit der Datenerlangung nicht ausdrücklich einverstanden war oder sie auf andere Weise rechtmäßig war. Es ist daher unerheblich, ob der Datenvermittler die gegenständlichen Daten versehentlich an den Dritten weitergegeben hat, oder ob der Dritte die Daten durch einen Hacking-Angriff erhalten hat. Unbeachtlich ist auch ob dem Datenvermittler ein Schuldvorwurf zu machen ist, weil er fahrlässig oder vorsätzlich gehandelt hat. Die Unterrichtungspflicht trifft ihn auch dann, wenn er höchste Sicherheitsstandards eingehalten hat. Schließlich soll der Dateninhaber durch die Benachrichtigung in die Lage versetzt werden, Folgeschäden möglichst schnell und effektiv zu verhindern.

(2) Unverzügliche Unterrichtung

Sobald ein Fall einer unbefugten Datenerlangung eingetreten ist, muss der Datenvermittler betroffene Dateninhaber hierüber unverzüglich informieren.

(a) Inhalt der Unterrichtung

Der knappe Wortlaut des Art. 12 lit. k DGA sieht lediglich vor, dass im Falle einer unbefugten Datenerlangung die betroffenen Dateninhaber unterrichtet werden. Angaben zum Inhalt und Umfang der Unterrichtungspflicht enthält die Vorschrift nicht.[1101] Aufgrund des Zwecks der Vorschrift, Dateninhaber durch die Herstellung von Transparenz zu schützen, ist aber davon auszugehen, dass der betroffene Dateninhaber so umfassend über den Vorfall zu informieren ist, dass er das Risiko für seine geschäftlichen Interessen und die Notwendigkeit der Ergreifung von Schadensminimierungsmaßnahmen abschätzen kann. Hierzu sollte dem Dateninhaber zumindest mitgeteilt werden, wann der Vorfall erfolgt ist, welche Daten der Dritte erlangt hat und auf welche Weise der Dritte die Daten erhalten hat. Diese Informationen ermöglichen es dem Dateninhaber, die Sensibilität der betroffenen Daten zu festzustellen und die Notwendigkeit und die Erfolgsaussichten der Ergreifung von Schadensminimierungsmaßnahmen abzuschätzen. Die Informationen können auch dazu dienen, die Angemessenheit der verwendeten Schutzmaßnahmen des Datenvermittlers abzuschätzen. Der Dateninhaber kann dann entscheiden, ob er den Datenvermittlungsdienst weiter nutzen möchte und ob er gegebenenfalls Schadensersatzansprüche gegen den Datenvermittler geltend machen kann. Soweit dies möglich ist, sollte der Dateninhaber außerdem über die Identität des Dritten unterrichtet werden. Denn diese Information ist erforderlich, um gegen den Dritten rechtlich vorzugehen.

1101 Demgegenüber enthält z. B. Art. 33 Abs. 3 DSGVO ausführliche Vorgaben zum Benachrichtigungsinhalt.

(b) Unverzüglichkeit der Unterrichtung

Der Dateninhaber ist vom Datenvermittler unverzüglich über die Datenerlangung zu informieren. Im deutschen Recht wird das unverzügliche Handeln nach § 121 Abs. 1 BGB als Handeln ohne schuldhaftes Zögern verstanden. Dieses Verständnis ist nach der herrschenden Literaturansicht auch auf die Auslegung von „unverzüglich" im Rahmen von Art. 33 und 34 DSGVO zu übertragen.[1102] Es decke sich mit der englischen Sprachfassung des Art. 34 Abs. 1 DSGVO, die von „without undue delay" spricht und damit, wie § 121 Abs 1 BGB, an eine „subjektive Komponente der Vorwerfbarkeit" anknüpft.[1103] In der englischen Sprachfassung des Art. 12 lit. k DGA wird hingegen die Formulierung „without delay" verwendet. Der englische Wortlaut des Art. 12 lit. k DGA ist damit strenger als der von Art. 33 und 34 DGA. Die unverzügliche Unterrichtung muss daher grundsätzlich sofort nach der Entdeckung des unbefugten Datenzugriffs erfolgen. Nichtsdestotrotz sollte in Ausnahmefällen die spätere Unterrichtung zulässig sein, wenn hierfür ein wichtiger sachlicher Grund vorliegt. Dies ist zum Beispiel der Fall, wenn die Offenlegung eines Datenlecks weitere unbefugte Datenzugriffe durch Hacking-Angriffe hervorrufen kann. Schließlich sollen Datenvermittler gemäß Art. 12 lit. l DGA ein angemessenes Datensicherheitsniveau gewährleisten.

cc) Stellungnahme

Die Zielsetzung des Art. 12 lit. k DGA, die Transparenz für Dateninhaber bei unbefugten Zugriffen auf ihre Daten zu erhöhen, ist nachvollziehbar und sinnvoll. Eine Informationspflicht kann Dateninhaber vor Folgeschäden bewahren und mittelbar das Vertrauen in Datenvermittler stärken. Außerdem ermöglicht es die dadurch bewirkte Transparenz Dateninhabern, die Geeignetheit der von ihren Datenvermittlern verwendeten Maßnahmen zum Schutz ihrer Daten besser nachzuvollziehen und bei ungenügenden Schutzmaßnahmen den Anbieter zu wechseln. Als Nebenfolge kann hierdurch der Qualitätswettbewerb zwischen Datenvermittlern gestärkt werden, da diese Anreize erhalten, die Daten ihrer Nutzer effektiv zu schützen. In Abwesenheit einer gesetzlichen Benachrichtigungsverpflichtung wäre es hingegen denkbar, dass Datenvermittler ihren Nutzern unbefugte Datenzugriffe aus Angst vor Reputationsverlusten nicht oder nicht rechtzeitig mitteilen.[1104] Es ist daher durchaus wahrscheinlich, dass eine gesetzliche Unterrichtungs-

---

1102 Siehe nur *Reif*, in: Gola/Heckmann, DSGVO, Art. 33 Rn. 67; Art. 34 Rn. 25; *Jandt*, in: Kühling/Buchner, DSGVO, Art. 33 Rn. 15; *Martini*, in: Paal/Pauly, DSGVO, Art. 33 Rn. 34.

1103 *Martini*, in: Paal/Pauly, DSGVO, Art. 33 Rn. 34.

1104 Siehe zu dem auf der Befürchtung von Reputationsverlusten beruhenden Anreiz zur Verheimlichung von Datenlecks *Schwartz/Janger*, Michigan Law Review 105 (2007), 913 (931).

pflicht die Transparenz bei unbefugten Datenzugriffen gegenüber dem *Status quo ante* wesentlich verbessern kann.

l) Gewährleistung der Datensicherheit (lit. l)

Art. 12 lit. l DGA sieht vor, dass Datenvermittler die notwendigen Maßnahmen ergreifen um die Sicherheit der von ihnen gespeicherten, verarbeiteten und übermittelten nicht-personenbezogenen Daten zu gewährleisten. Für sensible wettbewerbsrelevante Daten soll sogar das höchste Sicherheitsniveau gewährleistet werden. Für sonstige nicht-personenbezogene Daten ist ein angemessenes Sicherheitsniveau ausreichend.

aa) Hintergrund und Zweck

Art. 12 lit. l DGA erinnert an die sich aus Art. 24, 25 und 32 DSGVO[1105] ergebenden datenschutzrechtlichen Vorgaben für die Sicherheit personenbezogener Daten. Durch Art. 12 lit. l DGA erstreckt der Gesetzgeber den aus der DSGVO bereits bekannten Schutzauftrag gegenüber Datenvermittlern auch auf die von ihnen gespeicherten, verarbeiteten und übermittelten nicht-personenbezogenen Daten. Die in der DSGVO vorgesehenen Sicherheitspflichten in Bezug auf personenbezogene Daten bezwecken in erster Linie den Schutz der Rechte und Freiheiten betroffener Grundrechtsträger bei der Verarbeitung ihrer Daten.[1106] Da nicht-personenbezogene Daten in der Regel keinem vergleichbaren rechtlichen Schutz unterliegen, verfolgt Art. 12 lit. l DGA eine andere Zwecksetzung. Art. 12 lit. l DGA soll ein hinreichendes Sicherheitsniveau für nicht-personenbezogene Daten von Dateninhabern gewährleisten, um deren Vertrauen in den Datenaustausch und die Nutzung von Datenvermittlern zu stärken. Dieser Zielrichtung liegt die nachvollziehbare Annahme zugrunde, dass Dateninhaber ihre Daten nur dann über Datenvermittler mit Datennutzern teilen werden, wenn sie annehmen können, dass keine unbefugten Zugriffe auf ihre Daten erfolgen werden. Schließlich stellt die Sorge vor dem Verlust bzw. der unbeabsichtigten Weitergabe von Daten ein wesentliches Hindernis für den freien Datenaustausch zwischen Unternehmen dar.[1107]

1105 Art. 25 und 32 DSGVO konkretisieren die bereits in Art. 24 DSGVO angelegte Verantwortung des Datenverantwortlichen; vgl. *Martini*, in: Paal/Pauly, DSGVO, Art. 24 Rn. 5.

1106 *Schultze-Melling*, in: Taeger/Gabel, DSGVO, Art. 32 Rn. 1; *Hladjk*, in: Ehmann/Selmayr, DSGVO, Art. 32 Rn. 2; *Roßnagel*, in: Simitis/Hornung/Spiecker, DSGVO, Art. 5 Rn. 169.

1107 Siehe hierzu Kap. 3, D. III. 2. c) und 3. d) bb).

bb) Regelungsinhalt

Gemäß Art. 12 lit. l DGA müssen die Anbieter von Datenvermittlungsdiensten die notwendigen Maßnahmen treffen, um ein angemessenes Sicherheitsniveau bei der Speicherung, Verarbeitung und Übermittlung nicht-personenbezogener Daten zu gewährleisten, und um das höchste Sicherheitsniveau bei der Speicherung und Übermittlung sensibler wettbewerbsrelevanter Informationen sicherzustellen. Die Vorschrift stellt damit zwei unterschiedliche Sicherheitsmaßstäbe hinsichtlich der von Datenvermittlern zu verarbeitenden Daten auf, die Unterschiede in der Sensibilität der verarbeiteten Daten reflektieren. Bevor auf die unterschiedlichen Anforderungen des Art. 12 lit. l DGA näher eingegangen wird, ist zunächst zu klären, was unter Datensicherheit zu verstehen ist.

(1) Datensicherheit

Art. 12 lit. l DGA zielt auf die Gewährleistung der Sicherheit der von Datenvermittlern verarbeiteten nicht-personenbezogenen Daten ab. Im Datenschutzrecht wird unter der Datensicherheit gemäß Art. 4 Nr. 12 DSGVO[1108] die Gesamtheit organisatorischer und technischer Maßnahmen zum Schutz der Integrität und Vertraulichkeit von Daten verstanden.[1109] Nach dieser auf Art. 12 lit. l DGA übertragbaren Beschreibung kann die Datensicherheit als Zustand definiert werden, in dem die Integrität und Vertraulichkeit von Daten aufgrund organisatorischer und technischer Maßnahmen umfassend geschützt sind. Die Datensicherheit liegt also dann vor, wenn Daten effektiv vor Verlusten, Verfälschungen und unbefugten Zugriffen geschützt sind.

Dabei ist unter der Integrität die Unversehrtheit von Daten zu verstehen.[1110] An der Unversehrtheit von Daten fehlt es dann, wenn sie vernichtet wurden, verändert wurden oder verlorengegangen sind.[1111] Bei der Vernichtung von Daten existieren diese nicht mehr in nutzbarer Form, zum Beispiel weil der Datenträger

1108 Nach Art. 4 Nr. 12 DSGVO stellt die Verletzung des Schutzes personenbezogener Daten „eine Verletzung der Sicherheit [dar], die [...] zur Vernichtung, zum Verlust, zur Veränderung, oder zur unbefugten Offenlegung von beziehungsweise zum unbefugten Zugang zu personenbezogenen Daten führt, die übermittelt, gespeichert oder auf sonstige Weise verarbeitet wurden".

1109 Vgl. *Jandt*, in: Kühling/Buchner, DSGVO, Art. 4 Nr. 12 Rn. 5; *Arning/Rothkegel*, in: Taeger/Gabel, DSGVO, Art. 4 Rn. 369; *Dix*, in: Simitis/Hornung/Spiecker, DSGVO, Art. 4 Nr. 12 Rn. 2.

1110 *Frenzel*, in: Paal/Pauly, DSGVO, Art. 5 Rn. 47.

1111 *Jandt*, in: Kühling/Buchner, DSGVO, Art. 4 Nr. 12 Rn. 7; *Arning/Rothkegel*, in: Taeger/Gabel, DSGVO, Art. 4 Rn. 374; *Frenzel*, in: Paal/Pauly, DSGVO, Art. 5 Rn. 47.

unwiderruflich zerstört wurde.[1112] Demgegenüber existieren die Daten bei ihrem Verlust fort. Der Zugangsberechtigte verliert aber seinen Zugriff auf die Daten.[1113] Eine Veränderung von Daten liegt dann vor, wenn sich ihr Informationsgehalt (beispielsweise durch Manipulation) ändert.[1114] Die Vertraulichkeit von Daten bezeichnet demgegenüber ihren Schutz vor der unbefugten Kenntnisnahme durch Dritte.[1115] Eine Verletzung der Vertraulichkeit ist anzunehmen, wenn die Daten unbefugt offengelegt werden oder ein unberechtigter Dritter den Zugang zu ihnen erhält.[1116] Vertraulichkeitsverletzungen liegen vor, wenn der Verantwortliche Daten unbefugt mit Dritten teilt oder sich Dritte eigenmächtig den Zugang zu den Daten verschaffen, etwa durch Hacking-Angriffe.

(2) Angemessenes Sicherheitsniveau bei nicht-personenbezogenen Daten (Alt. 1)

Nach Art. 12 lit. l Alt. 1 DGA müssen Datenvermittler ein angemessenes Sicherheitsniveau bei der Speicherung, Verarbeitung und Übermittlung „gewöhnlicher" nicht-personenbezogener Daten gewährleisten.

(a) Speicherung, Verarbeitung und Übermittlung nicht-personenbezogener Daten

Die Schutzpflicht des Art. 12 lit. l Alt. 1 DGA erstreckt sich ausschließlich auf nicht-personenbezogene Daten. In den Anwendungsbereich der Vorschrift fallen also nur solche Daten, die keinen Bezug zu einer identifizierten oder identifizierbaren natürlichen Person aufweisen.[1117] Für personenbezogene Daten ist ein angemessenes Sicherheitsniveau bei der Verarbeitung bereits durch Art. 24, 25 und 32 DSGVO vorgeschrieben.

Nach Art. 12 lit. 1 Alt. 1 DGA muss das angemessene Sicherheitsniveau für nicht-personenbezogene Daten bei deren Speicherung, Verarbeitung und Übermittlung gewährleistet werden. Diese Datennutzungstatbestände sind weit zu ver-

---

1112 *Jandt*, in: Kühling/Buchner, DSGVO, Art. 4 Nr. 12 Rn. 7; *Arning/Rothkegel*, in: Taeger/Gabel, DSGVO, Art. 4 Rn. 374.

1113 *Jandt*, in: Kühling/Buchner, DSGVO, Art. 4 Nr. 12 Rn. 7; *Arning/Rothkegel*, in: Taeger/Gabel, DSGVO, Art. 4 Rn. 375.

1114 *Jandt*, in: Kühling/Buchner, DSGVO, Art. 4 Nr. 12 Rn. 7; *Arning/Rothkegel*, in: Taeger/Gabel, DSGVO, Art. 4 Rn. 376; *Frenzel*, in: Paal/Pauly, DSGVO, Art. 5 Rn. 47

1115 *Jandt*, in: Kühling/Buchner, DSGVO, Art. 4 Nr. 12 Rn. 8; *Martini*, in: Paal/Pauly, DSGVO, Art. 32 Rn. 35d.

1116 *Jandt*, in: Kühling/Buchner, DSGVO, Art. 4 Nr. 12 Rn. 8 f.; *Arning/Rothkegel*, in: Taeger/Gabel, DSGVO, Art. 4 Rn. 377 f.

1117 Siehe zum Begriff nicht-personenbezogener Daten bereits oben in Kap. 5, C. VII. 3. j) bb) (1) (a).

stehen. Art. 12 lit. Alt. 1 DGA bezieht sich auf alle Vorgänge beim Datenvermittler, bei denen er mit den nicht-personenbezogenen Daten von Dateninhabern oder Datennutzern in irgendeiner Weise umgeht. Mit der Übermittlung von Daten ist die Zurverfügungstellung der von einem Dateninhaber geteilten Daten durch den Datenvermittler an einen Datennutzer im Sinne von Art. 12 lit. a DGA gemeint. Die Speicherung und die Verarbeitung[1118] von Daten umfassen in erster Linie die Zusatzdienstleistungen, die Datenvermittler ihren Dienstenutzern nach Art. 12 lit. e DGA anbieten dürfen.[1119]

(b) Angemessenes Sicherheitsniveau

Datenvermittler müssen durch notwendige und geeignete Maßnahmen ein angemessenes Sicherheitsniveau für die Daten ihrer Nutzer wahren. Für die Bestimmung der Angemessenheit von Sicherheitsvorkehrungen enthalten weder Art. 12 lit. l DGA noch die Erwägungsgründe Kriterien, auf die zurückgegriffen werden kann. Die Angemessenheit ist daher anhand allgemeiner Grundsätze zu bestimmen. In diesem Zusammenhang liegt es nahe, die ausführlicheren Kriterien des Art. 32 DSGVO heranzuziehen, der die Gewährleistung der Datensicherheit bei personenbezogenen Daten regelt.

Allgemein setzt die Angemessenheit voraus, dass die Vor- und Nachteile einer Maßnahme gegeneinander abgewogen werden.[1120] Hinsichtlich der Angemessenheit von Datensicherheitsmaßnahmen ist eine Risikoabwägung vorzunehmen: Der Aufwand des Datenvermittlers für die erforderlichen Maßnahmen muss in einem angemessenen Verhältnis zum Risiko für die Sicherheit der Daten von Dienstenutzern stehen.[1121] Abzuwägen sind der organisatorische und personelle Aufwand sowie die finanziellen Kosten für den Datenvermittler gegen das Risiko, dass die Integrität oder Vertraulichkeit der Daten von Dienstenutzern verletzt werden.[1122] Im

---

1118 Nach Art. 2 Nr. 12 DGA i. V. m. Art. 3 Nr. 2 VO (EU) 2018/1807 umfasst die Verarbeitung von nicht-personenbezogenen Daten unter anderem deren Erhebung, Erfassung, Organisation, Speicherung, Anpassung, Veränderung oder Auslesung.

1119 Danach ist es unter anderem zulässig, dass Datenvermittler die Daten von Dateninhabern zur Erleichterung des Datenaustausches vorübergehend speichern, umwandeln, pseudonymisieren oder anonymisieren; siehe hierzu Kap. 5, C. VII. 3. e) bb) (3).

1120 Siehe bereits in Kap. 5, C. VII. 3. j) bb) (2).

1121 Vgl. zu Art. 32 DSGVO *Hladjk*, in: Ehmann/Selmayr, DSGVO, Art. 32 Rn. 5, 11; *Jandt*, in: Kühling/Buchner, DSGVO, Art. 32 Rn. 9 ff., 31; *Martini*, in: Paal/Pauly, DSGVO, Art. 32 Rn. 48 ff.

1122 Dabei setzt sich das Risiko aus der Eintrittswahrscheinlichkeit einer Sicherheitsverletzung und der voraussichtlichen Schadensschwere zusammen; vgl. zu Art. 32 DSGVO *Martini*, in: Paal/Pauly, DSGVO, Art. 32 Rn. 50; *Schultze-Melling*, in: Taeger/Gabel, DSGVO, Art. 32 Rn. 23.

Ergebnis ist der Datenvermittler verpflichtet, zur Bestimmung der Angemessenheit seiner Schutzmaßnahmen eine Kosten-Nutzen-Analyse durchzuführen.[1123] Eine Sicherheitsmaßnahme ist dann angemessen, wenn ihr voraussichtlicher Mehrwert für die Schadensvermeidung die zusätzlichen Kosten der Maßnahme übersteigt.

Demnach verlangt Art. 12 lit. l DGA kein absolutes oder starres Schutzniveau.[1124] Stattdessen verfolgt die Vorschrift einen flexiblen und einzelfallbezogenen Ansatz. So hängt das erforderliche Schutzniveau maßgeblich vom Wert und der Bedeutung der gespeicherten, verarbeiteten oder übermittelten Daten ab. Je höher der Schaden für den Dienstenutzer durch eine Verletzung der Integrität oder der Vertraulichkeit der gegenständlichen Daten ist, desto umfassender sind die Schutzmaßnahmen, die ein Datenvermittler implementieren muss. Zudem verändert sich der Angemessenheitsmaßstab mit dem technischen Fortschritt.[1125] Ein absoluter oder optimaler Schutz der Daten kann hingegen nicht verlangt werden, da ein solches Schutzniveau nicht durch wirtschaftlich angemessene Maßnahmen zu erreichen ist.

(c) Notwendige Maßnahmen

Datenvermittler müssen gemäß Art. 12 lit. l Alt. 1 DGA die notwendigen Maßnahmen ergreifen, um ein angemessenes Schutzniveau zu erreichen. Der Gesetzestext gibt keine Hinweise darauf, um was für Maßnahmen es sich hierbei konkret handeln könnte. Lediglich in ErwG 23 DGA findet sich ein knapper Hinweis auf mögliche Maßnahmen. Langfristig ist es denkbar, dass der Dateninnovationsrat gemäß Art. 30 lit. d und lit. e DGA auf die Entwicklung einheitlicher Leitlinien zu den Sicherheitsanforderungen beim Datenaustausch hinwirken wird. Bis dahin ist es bei der Implementierung konkreter Sicherheitsmaßnahmen empfehlenswert, sich an den Vorgaben der Art. 24, 25 und 32 DSGVO[1126] für die Sicherheit von personenbezogenen Daten zu orientieren.

Grundsätzlich sind zur Herstellung der Datensicherheit sowohl technische als auch organisatorische Maßnahmen notwendig.[1127] Während sich technische Maß-

---

1123 Vgl. *Jandt*, in: Kühling/Buchner, DSGVO, Art. 32 Rn. 11.

1124 Vgl. zu Art. 32 DSGVO *Martini*, in: Paal/Pauly, DSGVO, Art. 32 Rn. 46.

1125 Nach Art. 32 Abs. 1 DSGVO ist der aktuelle Stand der Technik bei der Implementierung von Sicherheitsmaßnahmen fortlaufend zu berücksichtigen; vgl. *Hladjk*, in: Ehmann/Selmayr, DSGVO, Art. 32 Rn. 5; *Schultze-Melling*, in: Taeger/Gabel, DSGVO, Art. 32 Rn. 13; *Martini*, in: Paal/Pauly, DSGVO, Art. 32 Rn. 56 ff.

1126 Siehe zum Verhältnis der Normen untereinander *Martini*, in: Paal/Pauly, DSGVO, Art. 24 Rn. 5.

1127 Vgl. auch ErwG 23 DGA, wonach neben der Verschlüsselung von Daten auch innerbetriebliche Vorgaben zum Schutz der Daten erforderlich sind.

nahmen auf die bei der Datenverarbeitung verwendete Hardware und Software beziehen, adressieren organisatorische Maßnahmen die äußeren Abläufe und Umstände von Datenverarbeitungen.[1128] Entscheidend ist, dass die technischen und organisatorischen Maßnahmen im Zusammenspiel einen effektiven Schutz der Daten bewirken. Eine nicht abschließende Aufzählung hierzu geeigneter Maßnahmen, die sich teilweise auf Art. 12 lit. l DGA übertragen lassen, findet sich in Art. 32 Abs. 1 DSGVO wieder. Die hier zu nennenden, auf Art. 32 Abs. 1 DSGVO basierenden Maßnahmen sollen erste Anhaltspunkte für die Erfüllung von Art. 12 lit. l Alt. 1 DGA bieten. Die Umsetzung dieser konkreten Maßnahmen ist aber aufgrund des flexiblen Angemessenheitsmaßstabs nicht in allen Fällen unbedingt erforderlich oder ausreichend, um die Anforderungen des Art. 12 lit. l Alt. 1 DGA einzuhalten.

Wie bei Art. 32 Abs. 1 lit. a DSGVO kann die Verschlüsselung von Daten eine geeignete und notwendige Sicherheitsmaßnahme gemäß Art. 12 lit. l Alt. 1 DGA darstellen. Sie wird auch in ErwG 23 DGA als geeignete Sicherheitsmaßnahme vorgeschlagen. Bei einer Verschlüsselung werden Daten durch kryptographische Maßnahmen so verändert, dass sie ohne den passenden Schlüssel nicht mehr lesbar sind.[1129] Datenverschlüsselungen kommen insbesondere bei Datenübermittlungen zur Anwendung, um den unbefugten Zugang und die unbefugte Nutzung durch Dritte zu verhindern.[1130] Entscheidend für die Sicherheit von Verschlüsselungen sind in erster Linie die Schlüssellänge und die Vermeidung von Hintertüren in den Verschlüsselungssystemen.[1131] Da aufgrund kontinuierlicher technischer Entwicklungen die Datensicherheit durch Verschlüsselungen nur für einen begrenzten Zeitraum gewährleistet werden kann,[1132] müssen Datenvermittler ihre Verschlüsselungsverfahren fortlaufend an den aktuellen Stand der Technik anpassen.

Eine weitere, in Art. 32 Abs. 1 lit. b DSGVO genannte Maßnahme, die auch für den Schutz von nicht-personenbezogenen Daten durch Datenvermittler sinnvoll ist, besteht in der dauerhaften Sicherstellung der Vertraulichkeit, Integrität, Verfügbarkeit und Belastbarkeit der verwendeten IT-Systeme. Wenn die IT-Systeme vor Angriffen und unbefugten Zugriffen hinreichend geschützt sind, kommt dies auch der Sicherheit der auf ihnen gespeicherten und verarbeiteten Daten zugute. Datenvermittler sollten daher Maßnahmen ergreifen, um ihre IT-Systeme umfassend vor Einwirkungen von außen zu schützen. Die Vertraulichkeit der IT-Systeme

---

1128 *Jandt*, in: Kühling/Buchner, DSGVO, Art. 32 Rn. 5; *Martini*, in: Paal/Pauly, DSGVO, Art. 32 Rn. 28.

1129 *Jandt*, in: Kühling/Buchner, DSGVO, Art. 32 Rn. 19; *Martini*, in: Paal/Pauly, DSGVO, Art. 32 Rn. 34; *Schultze-Melling*, in: Taeger/Gabel, DSGVO, Art. 32 Rn. 16.

1130 *Conrad*, in: Auer-Reinsdorff/Conrad, Hdb. IT-/DatenschR, § 33 Rn. 214.

1131 *Jandt*, in: Kühling/Buchner, DSGVO, Art. 32 Rn. 21; *Martini*, in: Paal/Pauly, DSGVO, Art. 32 Rn. 34d; *Schultze-Melling*, in: Taeger/Gabel, DSGVO, Art. 32 Rn. 17.

1132 *Martini*, in: Paal/Pauly, DSGVO, Art. 32 Rn. 34c.

liegt dann vor, wenn unberechtigte Personen effektiv am Zugang zu den Systemen gehindert werden.[1133] Bewährte Maßnahmen zum Schutz der Vertraulichkeit von IT-Systemen umfassen insbesondere Zugangskontrollen.[1134] Die Integrität von IT-Systemen ist dann geschützt, wenn sie vor Manipulationen sicher sind. Zur Sicherstellung der Integrität geeignete Mittel sind zum Beispiel Firewalls und Antivirenprogramme.[1135] Um die Verfügbarkeit der Systeme sicherzustellen, sind Maßnahmen zu ergreifen, die deren jederzeitige Nutzbarkeit gewährleisten. Naheliegende Maßnahmen sind der Einsatz von Back-up-Systemen und die Sicherstellung der Notstromversorgung.[1136] Zuletzt setzt die Belastbarkeit der IT-Systeme voraus, dass die Systeme aufgrund ihrer Widerstandsfähigkeit bei Störungen nicht ausfallen, sondern funktionsfähig bleiben. Zur Verbesserung der Resilienz von IT-Systemen empfiehlt sich eine dezentrale Systemstruktur, das Einfügen von Redundanzen und das Vorhalten eines abgesicherten Betriebsmodus.[1137]

Im Ergebnis hat der Datenvermittler einen gewissen Spielraum bei der Auswahl und Umsetzung von Maßnahmen zum Schutz der Vertraulichkeit, Integrität, Verfügbarkeit und Belastbarkeit seiner IT-Systeme. Entscheidend ist, dass insgesamt ein angemessenes Schutzniveau erreicht wird.[1138] Bei der Auswahl und Umsetzung empfiehlt es sich auch auf die Vorgaben und Empfehlungen der ISO-Normenreihe 27000[1139] und des Standard-Datenschutzmodells[1140] der unabhängigen Datenschutzbehörden des Bundes und der Länder zurückzugreifen.[1141] So schlägt auch ErwG 23 DGA vor, dass Datenvermittler alle relevanten technischen Standards und Zertifizierungen einhalten sollen. Als Ergänzung der technischen Maßnahmen kommen außerdem innerorganisatorische Maßnahmen in Betracht, die den Datenumgang innerhalb des Unternehmens festlegen.[1142] Aufgrund der Flexi-

1133 Vgl. *Jandt*, in: Kühling/Buchner, DSGVO, Art. 32 Rn. 23. Auch ErwG 23 DGA sieht vor, dass Datenvermittler den Zugang zu ihren Systemen (für Dritte) verschließen sollten.

1134 *Jandt*, in: Kühling/Buchner, DSGVO, Art. 32 Rn. 23; *Martini*, in: Paal/Pauly, DSGVO, Art. 32 Rn. 35d.

1135 *Jandt*, in: Kühling/Buchner, DSGVO, Art. 32 Rn. 24; *Martini*, in: Paal/Pauly, DSGVO, Art. 32 Rn. 36a.

1136 *Jandt*, in: Kühling/Buchner, DSGVO, Art. 32 Rn. 25; *Martini*, in: Paal/Pauly, DSGVO, Art. 32 Rn. 38 ff.

1137 *Jandt*, in: Kühling/Buchner, DSGVO, Art. 32 Rn. 26; *Martini*, in: Paal/Pauly, DSGVO, Art. 32 Rn. 39.

1138 Vgl. zu Art. 32 DS-GVO *Hladjk*, in: Ehmann/Selmayr, DSGVO, Art. 32 Rn. 8; *Martini*, in: Paal/Pauly, DSGVO, Art. 32 Rn. 35a.

1139 Siehe unter: https://www.iso.org/standard/73906.html.

1140 Abrufbar unter: https://www.datenschutz-mv.de/datenschutz/datenschutzmodell.

1141 Siehe zu diesen Vorgaben ausführlich *Martini*, in: Paal/Pauly, DSGVO, Art. 32 Rn. 35b; *Schultze-Melling*, in: Taeger/Gabel, DSGVO, Art. 32 Rn. 26 ff.

1142 Vgl. auch ErwG 23 DGA.

bilität des Art. 12 lit. l Alt. 1 DGA lässt sich aber nur im Einzelfall feststellen, ob die gewählten Maßnahmen ein angemessenes Sicherheitsniveau erreichen. Datenvermittlern sollte daher ein gewisser Ermessenspielraum bei der Auswahl und Umsetzung von Maßnahmen zugestanden werden.

(3) Höchstes Sicherheitsniveau bei sensiblen wettbewerbsrelevanten Informationen (Alt. 2)

Eine Verschärfung der Sicherheitspflichten sieht Art. 12 lit. l Alt. 2 DGA gegenüber der Grundsicherheitspflicht der ersten Alternative bei wettbewerbsrelevanten Informationen vor. Bei deren Speicherung und Übermittlung ist das höchste Sicherheitsniveau zu gewährleisten.

(a) Speicherung und Übermittlung wettbewerbsrelevanter Informationen

Art. 12 lit. l Alt. 2 DGA findet Anwendung auf die Speicherung und Übermittlung[1143] sensibler wettbewerbsrelevanter Informationen. Der Anwendungsbereich der verschärften Sicherheitspflicht beschränkt sich auf Daten, die besonders schutzbedürftig sind. Die entscheidende Frage bei der Eröffnung des Anwendungsbereichs des Art. 12 lit. l Alt. 2 DGA besteht darin, was unter sensiblen wettbewerbsrelevanten Informationen[1144] im Sinne der Vorschrift zu verstehen ist. Der Gesetzgeber verwendet hierbei eine aus dem Kartellrecht geläufige Terminologie. Unter wettbewerbsrelevanten Informationen werden dort Informationen verstanden, deren Austausch kartellrechtliche Bedenken auslöst, weil er eine Wettbewerbsbeschränkung nach Art. 101 AEUV oder § 1 GWB bezwecken oder bewirken könnte.[1145] Auf diese Weise wird der Begriff der wettbewerbsrelevanten Informationen auch in ErwG 37, 60 DGA verwendet, worin die Verpflichtung von Datenvermittlern zur Einhaltung des europäischen Wettbewerbsrechts klargestellt wird.[1146] Indem der Wortlaut des Art. 12 lit. l Alt. 2 DGA auf die Wettbewerbsrelevanz von Informationen abstellt, wird impliziert, dass sich Eröffnung des Anwendungsbereichs auf wettbewerbsrelevante Informationen im Sinne des Kartellrechts bezieht.

1143 Wieso die zweite Alternative anders als die erste Alternative von Art. 12 lit. l DGA ihre Schutzpflichten nicht auch auf die Verarbeitung von Daten erstreckt, ist unklar. In der Praxis sollte dieser Unterschied der beiden Alternativen aber nicht bemerkbar sein, da bereits die Gewährleistung der Sicherheit bei der Speicherung und Übermittlung von Daten die Implementierung umfassender Sicherheitsmaßnahmen erfordert.

1144 In der englischen Sprachfassung werden sie als „competitively sensitive information" bezeichnet.

1145 Vgl. *Europäische Kommission*, Horizontalleitlinien (2011) Rn. 55 ff., 113; siehe näher zur kartellrechtlichen Zulässigkeit von Informationsweitergaben oben in Kap. 3, C. III. 2. a).

1146 Siehe zu den kartellrechtlichen Pflichten von Datenvermittlern in Kap. 5, D. III.

Hiervon ist aber aufgrund der Systematik und des Zwecks der Vorschrift nicht auszugehen.[1147] Stattdessen ist anzunehmen, dass geschäftlich sensible Daten der Dienstenutzer gemeint sind. Gegen ein kartellrechtliches Verständnis der Norm spricht, dass die Anwendung des Wettbewerbsrechts gemäß Art. 1 Abs. 4 DGA vom DGA nicht berührt wird. Auch der Umstand, dass Art. 12 lit. l Alt. 2 DGA zusammen mit Alternative 1 geregelt wird, die in jedem Fall den Schutz der Datensicherheit bezweckt, spricht gegen eine kartellrechtliche Zielsetzung. Stattdessen ist es naheliegend, dass auch Art. 12 lit. l Alt. 2 DGA den Zweck verfolgt, das Vertrauen der Dienstenutzer in die Sicherheit ihrer besonders sensiblen Daten bei Datenvermittlern zu stärken. Nimmt man hingegen eine kartellrechtliche Zielsetzung an, würde es sich bei Art. 12 lit. l Alt. 2 DGA um ein systemwidriges Einsprengsel in Art. 12 DGA handeln. Denn Art. 12 DGA soll das Vertrauen der Dienstenutzer stärken und vor Wettbewerbsverfälschungen durch Datenvermittler schützen. Anhaltspunkte dafür, dass Art. 12 DGA auch den Schutz vor kartellrechtswidrigen Informationsweitergaben bezweckt, sind hingegen nicht ersichtlich. Aus diesen Gründen ist davon auszugehen, dass die Formulierung des Art. 12 lit. l Alt. 2 DGA missverständlich ist. Ob Daten in den Anwendungsbereich der Vorschrift fallen, hängt nicht von ihrer kartellrechtlichen Relevanz ab, sondern von ihrer Bedeutung für die Wettbewerbsfähigkeit der Dienstenutzer.[1148]

Das Vorliegen sensibler wettbewerbsrelevanter Informationen ist dann anzunehmen, wenn die Informationen aufgrund ihrer Bedeutung für die Wettbewerbsfähigkeit des jeweiligen Unternehmens nicht in die Hände Dritter, insbesondere von Wettbewerbern, fallen dürfen.[1149] Die besondere Schutzbedürftigkeit solcher Informationen folgt daraus, dass ihr Bekanntwerden gegenüber Wettbewerbern oder anderen Unternehmen die Wettbewerbsposition des betroffenen Informationsinhabers wesentlich verschlechtern würde. Grundsätzlich können sowohl bestimmte kaufmännische als auch technische Informationen besonders sensible wettbewerbsrelevante Informationen darstellen. Sensible kaufmännische Informationen können zum Beispiel Daten über Preise, Margen oder künftige Geschäftsstrategien sein. Sensible technische Informationen können unter anderem bei Daten über wichtige und geheime Technologien, Verfahren und Produkte vorliegen. Von einer sensiblen Information ist insbesondere dann auszugehen, wenn es sich bei ihr um eine als Geschäftsgeheimnis nach § 2 Nr. 1 GeschGehG geschützte Information handelt. Gleichwohl ist nicht davon auszugehen, dass der Anwen-

1147 A. A. wohl *Specht-Riemenschneider*, in: Specht-Riemenschneider/Hennemann, DGA, Art. 12 Rn. 87; *Schweitzer/Metzger/u. a.*, Data access and sharing (2022), S. 297.

1148 In vielen Fällen dürften kartellrechtlich relevante Informationen (z. B. über Margen) aber auch für die Wettbewerbsfähigkeit von Unternehmen bedeutend sein.

1149 Ähnlich zur Wettbewerbsrelevanz von Informationen i. R. d. § 6 IFG *Schoch*, IFG, § 6 Rn. 92.

dungsbereich des Art. 12 lit. l Alt. 2 DGA das Vorliegen eines Geschäftsgeheimnisses zwingend voraussetzt. Da es sich bei der Wettbewerbsrelevanz nicht um ein scharfes und absolutes Abgrenzungskriterium handelt, eröffnet die Vorschrift einen gewissen Interpretationsspielraum.

(b) Sicherstellung des höchsten Sicherheitsniveaus

Wenn Datenvermittler sensible wettbewerbsrelevante Daten ihrer Dienstenutzer speichern oder übermitteln, müssen sie Maßnahmen ergreifen, um das höchste Sicherheitsniveau zu gewährleisten. Die Vorschrift sieht demnach im Vergleich zu gewöhnlichen nicht-personenbezogenen Daten eine Steigerung bei den Sicherheitsmaßnahmen für besonders sensible Daten vor. Während Art 12 lit. l Alt. 1 DGA die Bestimmung des angemessenen Sicherheitsniveaus dem Rechtsanwender überlässt, indem dieser den Aufwand der Sicherheitsmaßnahmen und das Schadensrisiko selbst feststellen und miteinander abwägen muss, gibt der Gesetzgeber in Alternative 2 das Schadensrisiko bei sensiblen wettbewerbsrelevanten Daten und die daraus zu ziehenden Konsequenzen selbst vor. Da die Schadensschwere bei der Verletzung der Vertraulichkeit oder Integrität von sensiblen Daten als besonders groß einzuschätzen ist, muss der Datenvermittler einen besonders hohen Aufwand betreiben, um das höchste Sicherheitsniveau zu erreichen.

Die Gewährleistung des höchsten Sicherheitsniveaus erfordert zwar nicht, dass ein absoluter Schutz der sensiblen Daten erreicht wird. Ein solches Schutzniveau ist nach dem gegenwärtigen Stand der Technik schließlich nicht zu erreichen. Allerdings sind Datenvermittler dazu verpflichtet, den nach dem Stand der Technik optimal erreichbaren Schutz der wettbewerbsrelevanten Daten sicherzustellen. Als geeignete und notwendige Maßnahmen kommen grundsätzlich die gleichen Sicherheitsvorkehrungen wie bei Art. 12 lit. l Alt. 1 DGA in Betracht. Anders als dort muss der Datenvermittler im Rahmen von Art. 12 lit. l Alt. 2 DGA aber unabhängig von ihren Kosten und dem organisatorischen Aufwand alle Sicherheitsmaßnahmen ergreifen, die zur Verfügung stehen und das Sicherheitsniveau spürbar steigern.[1150] Folglich werden Datenvermittler dazu verpflichtet, einen sehr hohen Aufwand für den Schutz wettbewerbsrelevanter Daten zu betreiben. Nur wenn sich das Sicherheitsniveau für solche Daten nicht mehr verbessern lässt, erfüllen sie die Voraussetzung des Art. 12 lit. l Alt. 2 DGA.

1150 Ähnlich *Specht-Riemenschneider*, in: Specht-Riemenschneider/Hennemann, DGA, Art. 12 Rn. 87.

cc) Stellungnahme

Im Ergebnis überzeugen die Konzeption und Umsetzung des Art. 12 lit. l DGA nicht. Es ist zweifelhaft, ob die Einführung einer Rechtsvorschrift zu den Anforderungen an die Sicherheit nicht-personenbezogener Daten bei Datenvermittlern überhaupt notwendig ist.[1151] Zwar ist es vermutlich zutreffend, dass die Sicherheit ihrer Daten eine essenzielle Voraussetzung für die Bereitschaft von Dateninhabern und Datennutzern zur Nutzung von Datenvermittlungsdiensten ist. Allerdings rechtfertigt dieser Umstand an sich noch keinen regulatorischen Eingriff. Schließlich ist zu erwarten, dass die starke Nachfrage der Nutzer nach sicheren Diensten ein entsprechendes Angebot schafft. Und in der Tat werben Datenintermediäre schon jetzt mit den hohen Sicherheitsstandards ihrer Dienste.[1152] Im Übrigen liegen derzeit keine Anhaltspunkte für ein unzureichendes Datensicherheitsniveau bei Datenvermittlungsdiensten vor.

Eine Rechtfertigung für die Einführung von Art. 12 lit. l DGA könnte sich allenfalls aus Informationsasymmetrien zulasten der Dienstenutzer ergeben. Wenn Dienstenutzer nicht nachvollziehen können, ob der Datenvermittler ausreichende Sicherheitsmaßnahmen tatsächlich umsetzt, könnten behördliche Überprüfungen der Sicherheitsvorkehrungen sinnvoll sein. Hiervon ist aber zumindest im B2B-Bereich nicht auszugehen. Zum einen verfügen viele Unternehmen über die notwendigen Kenntnisse, um die Geeignetheit der Sicherheitsmaßnahmen selbst einzuschätzen. Zum anderen haben sich bereits Marktlösungen für die Überprüfung der Informationssicherheit von Unternehmen entwickelt. Insbesondere können Unternehmen die Sicherheit ihrer IT-Systeme durch Auditoren auf die Einhaltung der ISO 27001-Vorgaben überprüfen und zertifizieren lassen.[1153] Es ist unwahrscheinlich, dass die behördliche Überprüfung einen Mehrwert im Vergleich zu solchen Zertifizierungsverfahren darstellt.

Stattdessen könnte Art. 12 lit. l DGA aufgrund seiner misslungenen Umsetzung eine erhebliche rechtliche Belastung für Datenvermittler verursachen. Schließlich werden wichtige Tatbestandsmerkmale des Art. 12 lit. l DGA weder definiert noch konkretisiert. Bei wesentlichen Abgrenzungsfragen ist daher die Entstehung von Rechtsunsicherheit zu befürchten. Hinsichtlich der Frage, welche konkreten Maßnahmen von Datenvermittlern zur Gewährleistung der Datensicherheit nach Art. 12 lit. l Alt. 1 DGA zu ergreifen sind, lässt sich über den knappen Wortlaut der Vorschrift noch durch Rückgriff auf Art. 32 DSGVO hinweghelfen. Schwieriger ge-

---

1151 Zumal Art. 12 lit. l DGA anders als Art. 24, 25 und 32 DSGVO auch nicht den Schutz der Rechte und Freiheiten von Grundrechtsträgern bezwecken kann.

1152 Siehe nur https://www.dawex.com/en/security-privacy; https://www.advaneo-datamarketplace.de.

1153 Vgl. *Schultze-Melling*, in: Taeger/Gabel, DSGVO, Art. 32 Rn. 29 ff.

staltet sich dies aber bei Art. 12 lit. l Alt. 2 DGA. Dort fehlt es an einer klarstellenden Erläuterung, bei welchen Daten es sich um sensible wettbewerbsrelevante Daten handelt. Die Unsicherheit darüber, welche Daten unter die Vorschrift fallen, kann im Zusammenspiel mit den sehr hohen Sicherheitsanforderungen an Datenvermittler dazu führen, dass diese für eine unangemessen große Anzahl von Daten einen sehr hohen Sicherungsaufwand betreiben müssen. Es ist zu erwarten, dass sich dieser Aufwand dann in höheren Preisen der Datenvermittler niederschlagen wird.

Ohnehin ist unklar, ob die gesetzliche Festlegung höchster Sicherheitsvorkehrungen für bestimmte Daten sachgerecht ist. So ist kein nachvollziehbarer Grund ersichtlich, weshalb die Festlegung besonderer Schutzmaßnahmen für bestimmte Daten nicht den Vertragsparteien selbst überlassen wird, sondern pauschal für alle wettbewerbsrelevanten Daten vom Gesetzgeber getroffen wird. Es ist schließlich davon auszugehen, dass die Dienstenutzer selbst am besten einschätzen können, ob ihre Daten besondere Sicherheitsvorkehrungen erfordern, die über ein angemessenes Schutzniveau hinausgehen. Die generelle Anordnung höchster Sicherheitsmaßnahmen für bestimmte Datentypen durch Art. 12 lit. l Alt. 2 DGA kann hingegen zu unverhältnismäßigen Sicherheitskosten führen, die wahrscheinlich auf die Nutzer umgewälzt werden und den Betrieb von Datenvermittlungsdiensten gerade für kleine und junge Anbieter wesentlich erschweren.

m) Die Protokollführung (lit. o)

Nach dem erst im Gesetzgebungsverfahren hinzugekommenen Art. 12 lit. o DGA sind Datenvermittler dazu verpflichtet, ein Protokoll aus *Log*-Daten (*log record*) über ihre Datenvermittlungstätigkeiten zu führen.

aa) Hintergrund und Zweck

Zweck der Vorschrift ist es vermutlich, die Transparenz von Datenvermittlungstätigkeiten und ihre nachträgliche Überprüfbarkeit durch zuständige Behörden zu erhöhen. Die *Log*-Daten können Aufschluss über die Anbahnung und die Durchführung von Datentransaktionen und die damit verbundenen Vorgänge geben. Zum Beispiel lässt sich den *Log*-Daten entnehmen, zwischen welchen Dateninhabern und Datennutzern zu welchem Zeitpunkt Datentransaktionen zustande gekommen sind. Die Daten können dann von den nach Art. 13 DGA zuständigen Behörden gemäß Art. 14 Abs. 2 DGA angefordert und ausgewertet werden, um beispielsweise rechtswidrige Datentransaktionen im Sinne von Art. 12 lit. j DGA aufzudecken. Auch für andere Behörden können die *Log*-Daten nützlich sein. So können sie zum Beispiel von Kartellbehörden verwendet werden, um den kartellrechtswidrigen Austausch von Informationen über Datenvermittlungsdienste festzustellen. Gleichzeitig können die *Log*-Daten aber auch den Datenvermittlern selbst bei der Beweisführung helfen, dass bestimmte rechtswidrige Vorgänge nicht erfolgt sind oder sie die nötigen Verhinderungsmaßnahmen getroffen haben. In seiner Zielsetzung, nicht aber seinem Regelungsinhalt, weist Art. 12 lit. o DGA damit Ähnlichkeiten zu den Protokollpflichten nach Art. 30 DSGVO und § 76 BDSG auf.[1154]

bb) Regelungsinhalt

Nach dem deutschen Wortlaut von Art. 12 lit. o DGA müssen Anbieter von Datenvermittlungsdiensten ein Protokoll über die Datenvermittlungstätigkeit zu führen. Um was für ein Protokoll es sich handeln soll, bleibt nach dem Wortlaut der deutschen Sprachfassung offen. Konkreter ist an dieser Stelle die englische Sprachfassung, nach der die Datenvermittler einen „log record" über ihre Datenvermittlungstätigkeiten führen sollen. Hieraus wird deutlich, dass sich das zu erstellende Protokoll auf *Log*-Daten bezieht, die bei Datenvermittlungstätigkeiten generiert werden.[1155] Anders als Art. 30 DSGVO oder § 76 BDSG sieht Art. 12 lit. o DGA demnach nicht vor, dass Datenvermittler ein händisches Verzeichnis beziehungsweise Protokoll über ihre Tätigkeiten erstellen müssen. Es genügt, dass *Log*-Daten über die Datenvermittlungstätigkeiten aufgezeichnet und aufbewahrt werden.

(1) Aufzeichnung von *Log*-Daten

Ein *Log Record* kann als systematische Aufzeichnung und Speicherung von *Log*-Daten verstanden werden. Bei *Log*-Daten oder auch Protokolldaten handelt es sich um digitale Daten, die bestimmte Vorgänge und Ereignisse in einem computerbasierten System automatisch und chronologisch aufzeichnen und protokollieren.[1156] Die in ihnen enthaltenen Informationen können dann bei ihrer Auswertung Aufschluss über bestimmte Aspekte der protokollierten Ergebnisse geben. *Log*-Daten kommen zum Beispiel bei der Analyse von Fehlern technischer Systeme zur Anwendung. Aus ihnen lässt sich unter anderem entnehmen, wann und bei welcher Anwendung ein Fehler eingetreten ist.[1157] Darüber hinaus können mithilfe von *Log*-Daten auch Datenübertragungen zwischen verschiedenen Systemnutzern nachvollzogen werden. Beispielsweise halten *Log*-Daten bei einer E-Mail-Verbin-

---

1154 Siehe zum Zweck von Art. 30 DSGVO, § 76 BDSG *Hartung*, in: Kühling/Buchner, DSGVO, Art. 30 Rn. 12; *Martini*, in: Paal/Pauly, DSGVO, Art. 30 Rn. 2; *Paal*, in: Paal/Pauly, BDSG, § 76 Rn. 2.

1155 Siehe dazu nur *Hartung*, in: Kühling/Buchner, DSGVO, Art. 30 Rn. 15 ff.; *Paal*, in: Paal/Pauly, BDSG, § 76 Rn. 5 ff.

1156 *Schmitz/Yanenko*, in: Baur/Blasius, Handbuch Methoden der Empirischen Sozialforschung (2019), S. 991; *Sarre/Pruß*, in: Auer-Reinsdorff/Conrad, Hdb. IT-/DatenschR, § 2 Rn. 46.

1157 *Sarre/Pruß*, in: Auer-Reinsdorff/Conrad, Hdb. IT-/DatenschR, § 2 Rn. 47.

dung fest, zwischen welchen E-Mail-Adressen zu welchem Zeitpunkt und über welche Dauer eine Verbindung bestanden hat und welche Datenmengen dabei übertragen wurden.[1158]

Log-Daten können daher über die „äußeren Umstände" einer Kommunikation Auskunft geben, nicht aber über deren Inhalt.[1159] Insbesondere lässt sich anhand der *Log*-Daten nachvollziehen, zwischen welchen Personen in welchem Umfang und in welchem Zeitraum Kommunikation stattgefunden hat. Ähnliche Informationen können *Log*-Daten auch über die auf Datenvermittlungsplattformen zustande gekommenen Interaktionen enthalten. Aus ihnen kann sich insbesondere entnehmen lassen, zwischen welchen Dateninhabern und Datennutzern ein Kontakt hergestellt wurde, zu welchem Zeitpunkt und über welchen Zeitraum interagiert wurde und ob es anschließend zu einer Datentransaktion über den Datenvermittlungsdienst kam. Zudem kann anhand der *Log*-Daten der Umfang der übermittelten Datenmengen festgestellt werden. Auf diese Weise können *Log*-Daten die Rückverfolgung von in der Vergangenheit liegenden Datentransaktionen und sonstigen Interaktionen ermöglichen.[1160]

(2) Umfang der Protokollführung

Der knappe Wortlaut des Art. 12 lit. o DGA lässt den konkreten Umfang der Protokollführungspflicht offen. Es stellt sich daher die Frage, wie weit der sachliche und zeitliche Umfang der Pflicht reicht.[1161] Hinsichtlich des sachlichen Umfangs der Protokollpflicht ist zu berücksichtigen, dass sich der Wortlaut des Art. 12 lit. o DGA auf die Datenvermittlungstätigkeiten von Datenvermittlern beschränkt. Der Wortlaut bezieht sich damit nicht umfassend auf alle Tätigkeiten von Datenvermittlern, sondern nur auf die Vermittlung von Datentransaktionen. Aus diesem Grund ist davon auszugehen, dass die Protokollpflicht lediglich die *Log*-Daten über Vorgänge und Ereignisse erfasst, die in einem unmittelbaren Zusammenhang zur Anbahnung und Durchführung von Datentransaktionen stehen. Hierbei handelt es sich primär um *Log*-Daten über die Interaktionen zwischen Dateninhabern und Daten-

---

1158 *Thüsing/Traut*, in: Thüsing, Beschäftigtendatenschutz, § 9 Rn. 12; *Klaas/Wybitul*, in: Momsen/Grützner, Wirtschafts- und Steuerstrafrecht, § 16 Rn. 300.

1159 *Klaas/Wybitul*, in: Momsen/Grützner, Wirtschafts- und Steuerstrafrecht, § 16 Rn. 300. Für ein anschauliches Beispiel zu den sich aus *Log*-Daten ergebenden Informationen und ihrer Darstellung siehe *Schmitz/Yanenko*, in: Baur/Blasius, Handbuch Methoden der Empirischen Sozialforschung (2019), S. 991 (992).

1160 Aus diesem Grund ist der Einsatz von *Log*-Daten zur Rückverfolgbarkeit der Zahlungsvorgänge und sonstigen Interaktionen von Zahlungsdienstleistern verbreitet; siehe *Terlau*, in: Casper/Terlau, VO(EU) 2018/389 Art. 36 Rn. 4.

1161 Vgl. auch *Specht-Riemenschneider*, in: Specht-Riemenschneider/Hennemann, DGA, Art. 12 Rn. 104.

nutzern im Vorfeld von Datentransaktionen und über die anschließende technische Umsetzung erfolgreicher Transaktionen.

Die Protokollpflicht erstreckt sich hingegen weder auf rein interne Systemvorgänge der Datenvermittler noch auf die Erbringung sonstiger Dienste im Rahmen von Art. 12 lit. e DGA. Diese Umfangsbeschränkung der Protokollpflicht steht auch im Einklang mit dem Zweck der Vorschrift, da ein besonderes Interesse an der Rückverfolgbarkeit von Ereignissen insbesondere im Hinblick auf die erfolgten Datentransaktionen besteht. In zeitlicher Hinsicht ist unklar, wie lange die aufgezeichneten *Log*-Daten aufzubewahren sind. Hierüber geben weder der Gesetzestext noch die Erwägungsgründe Aufschluss. Nach der Zielsetzung des Art. 12 lit. o DGA sollte aber gewährleistet werden, dass die zuständigen Behörden die erfolgten Datenvermittlungstätigkeiten erfolgreich nachprüfen können. Die *Log*-Daten sollten daher so lange aufbewahrt werden, wie sie für behördliche Ermittlungen gebraucht werden können. Da behördliche Ermittlungen in der Regel einen längeren Zeitraum in Anspruch nehmen und der Anlass hierzu oft nicht sofort bekannt wird, sollten die *Log*-Daten über einen Zeitraum von mehreren Jahren aufbewahrt werden.

cc) Stellungnahme

Grundsätzlich ist es sinnvoll, dass Datenvermittler dazu verpflichtet werden, *Log*-Daten über ihre Datenvermittlungstätigkeiten aufzuzeichnen und aufzubewahren. Solche Daten werden von Datenvermittlern und anderen Anbietern von Online-Diensten im Regelfall ohnehin erhoben. Da sie Aufschluss über die Erfüllung der anderen Pflichten nach Art. 12 DGA sowie über Handlungen geben können, die nach anderen Rechtsvorschriften rechtswidrig sind, haben auch die zuständigen Behörden ein gerechtfertigtes Interesse am Zugang zu bestimmten *Log*-Daten. Indem die Speicherung und Sicherung solcher Daten vorgeschrieben wird, kann verhindert werden, dass die benötigten Daten vorzeitig gelöscht oder im Einzelfall nicht aufgezeichnet werden. Zu kritisieren ist aber auch in diesem Fall die Umsetzung der Verpflichtung. Der äußerst knappe Wortlaut des Art. 12 lit. o DGA spezifiziert weder den Inhalt noch den Umfang der aufzuzeichnenden Daten. Dies kann in der Praxis zu Unsicherheiten bei der Anwendung der Vorschrift führen.

n) Zwischenergebnis

Im Ergebnis ist festzuhalten, dass Datenvermittler durch Art. 12 DGA umfassend in ihren Geschäftsaktivitäten reguliert werden. Die dort enthaltenen Bedingungen zielen auf die Stärkung des Nutzervertrauens und den Schutz des Wettbewerbs auf Märkten für Datenvermittlungsdienste ab. Beide Zielsetzungen ergänzen sich zu einem gewissen Grad. Schließlich kann der Schutz der Dienstenutzer im vertikalen Verhältnis zum Datenvermittler durch Vorschriften, welche die (potenzielle) wettbewerbliche Machtstellung von Datenvermittler adressieren, auch dazu beitragen, das Vertrauen der Nutzer zu stärken.[1162] Darüber hinaus dient Art. 12 DGA dem Schutz des horizontalen Wettbewerbs zwischen Datenvermittlern und der Minimierung der von digitalen Konglomeraten ausgehenden wettbewerblichen Risiken.[1163] Das Vertrauen der Dienstenutzer soll außerdem dadurch hergestellt werden, dass ihre Sicherheit und die ihrer Daten geschützt werden.[1164]

Um diese Ziele zu erreichen, legt Art. 12 DGA den Datenvermittlern in erster Linie positive und negative Verhaltenspflichten auf. Dabei greift Art. 12 DGA tief in die Organisationshoheit und die strategische Ausrichtung von Datenvermittlungsdiensten ein. Ihnen wird ein „enges Korsett" für ihre Geschäftsaktivitäten auferlegt.[1165] Ergänzt werden die Verhaltenspflichten durch Art. 12 lit. a Alt. 2 DGA, der eine gesellschaftsrechtliche Entflechtung vorsieht und damit Veränderungen der gesellschaftsrechtlichen Struktur von Datenvermittlungsdiensten erfordern kann. Aus rechtspolitischer und wettbewerbsökonomischer Perspektive variiert die Sinnhaftigkeit der einzelnen Vorgaben des Art. 12 DGA.[1166] Insgesamt drängen sich jedoch bei vielen in Art. 12 DGA enthalten Bedingungen erhebliche Zweifel an ihrer Erforderlichkeit oder ihrer Geeignetheit zur Erreichung der beabsichtigten Zielsetzungen auf. Zu kritisieren ist außerdem die Umsetzung der Vorgaben für Datenvermittler in Art. 12 DGA.[1167] Aufgrund der Knappheit, Abstraktheit und Unbestimmtheit vieler Vorschriften ist zu befürchten, dass in der Rechtspraxis große Rechtsunsicherheiten und damit einhergehende Anwendungsschwierigkeiten zulasten der Datenvermittler auftreten werden, wodurch die Bereitstellung solcher Dienste weiter erschwert wird.

4. Internationale Transfers nicht-personenbezogener Daten (Art. 31 DGA)

a) Überblick

Art. 31 DGA regelt die Zulässigkeit von Übertragungen nicht-personenbezogener Daten durch Datenvermittler und andere im DGA adressierte Stellen an Drittstaaten. Grundsätzlich werden Datenvermittler nach Art. 31 Abs. 1 DGA verpflichtet, Maßnahmen zu ergreifen, um die internationale Übertragung in der Union gespeicherter nicht-personenbezogener Daten oder den Zugang von Regierungsorganisationen zu diesen Daten zu verhindern, wenn eine solche Übertragung oder ein sol-

1162 Dies trifft jedenfalls auf Art. 12 lit. a, c, d, f und i DGA zu.
1163 Unter anderem diese Zielsetzung verfolgen Art. 12 lit. a, b, d, e, f und i DGA.
1164 Vgl. Art. 12 lit. g, h, j, k, l, o DGA.
1165 *Hennemann/v. Ditfurth*, NJW 2022, 1905 (1910, Rn. 30).
1166 Siehe zur Bewertung der Gesamtkonzeption des DGA in Kap. 6, C. II.
1167 Siehe hierzu Kap. 6, B.

cher Zugang im Widerspruch zum Unionsrecht oder dem nationalen Recht des betreffenden Mitgliedstaats stehen würde.

Im Hinblick auf den Datenzugang öffentlicher Stellen aus Drittstaaten finden sich in den Absätzen 2 und 3 spezielle Vorgaben dazu, wann ein solcher Rechtskonflikt nicht vorliegt und der Datentransfer zulässig ist. Nach Art. 31 Abs. 2 DGA ist Drittstaaten der Datenzugang zu gewähren, wenn ihre zugrundeliegenden gerichtlichen oder behördlichen Entscheidungen aufgrund völkerrechtlicher Abkommen in der EU oder dem jeweiligen Mitgliedstaat anerkannt und vollstreckbar sind. Alternativ sind die betroffenen nicht-personenbezogenen Daten dem Drittstaat gemäß Art. 31 Abs. 3 DGA offenzulegen, wenn dessen behördliche und gerichtliche Verfahren bestimmte rechtsstaatliche Grundsätze einhalten. Falls die Voraussetzungen der Absätze 2 und 3 nicht vorliegen, trifft Art. 31 Abs. 4 DGA eine Kompromisslösung. Danach soll gegenüber den öffentlichen Stellen des Drittstaats nur die zulässige Mindestmenge der herausverlangten Daten offengelegt werden. Für den Fall, dass ein Datenvermittler dem Zugangsersuchen eines Drittstaats nachkommt, sieht Art. 31 Abs. 5 DGA ergänzend vor, dass Datenvermittler die betroffenen Dateninhaber hierüber informieren müssen.

b) Hintergrund und Zweck

Obwohl der DGA laut ErwG 1 den freien internationalen Datenverkehr fördern soll, trifft Art. 31 DGA Regelungen, die in der Praxis den Transfer geschützter nicht-personenbezogener Daten in Drittstaaten erheblich einschränken und erschweren dürften. Anlass der Einführung des Art. 31 DGA sind Bestrebungen, den Schutz nicht-personenbezogener Daten auch außerhalb des europäischen Hoheitsgebiets möglichst umfassend zu gewährleisten. Angesichts globaler Datenflüsse besteht sonst das Risiko, dass das europäische Schutzniveau für solche Daten durch internationale Datentransfers unterlaufen wird. So ist zu befürchten, dass in Drittstaaten gespeicherte Daten europäischer Bürger oder Unternehmen vor unzulässigen Verwendungen sowie vor unbefugten Zugriffen Dritter rechtlich nur unzureichend geschützt sind.[1168]

Diese Problematik, auf die der europäische Gesetzgeber mit Art. 31 DGA reagieren möchte, hat bei internationalen Transfers personenbezogener Daten schon seit längerem eine große Bedeutung. Als besonders problematisch werden in diesem Zusammenhang Zugriffe der Behörden von Drittstaaten auf die Daten europäischer Bürger oder Unternehmen gesehen. So gibt es zum Beispiel in den USA eine Reihe von Gesetzen, die es den Strafverfolgungs- und Sicherheitsbehör-

---

1168 Vgl. ErwG 20 DGA. Darüber hinaus kann der Transfer nicht-personenbezogener Daten in Drittländer auch sicherheits- oder außenpolitische Interessen der EU oder ihrer Mitgliedstaaten berühren; dazu *Hennemann*, in: Specht-Riemenschneider/Hennemann, DGA, Art. 31 Rn. 11 f.

den unter Umständen ermöglichen, auf Daten europäischer Bürger zuzugreifen, die von amerikanischen Unternehmen gespeichert werden.[1169] Unternehmen, die aufgrund mehrerer Niederlassungen sowohl dem europäischen Datenschutzrecht als auch den drittstaatlichen Datenzugangsansprüchen unterliegen, befinden sich dann in einem Konflikt zwischen den Rechtsordnungen.[1170] Um diesen Rechtskonflikt unter Wahrung des Datenschutzrechts aufzulösen und einen angemessenen Datenschutzstandard bei der Speicherung personenbezogener Daten europäischer Bürger in Drittstaaten zu gewährleisten, sind in den Art. 44 ff. DSGVO die rechtlichen Voraussetzungen internationaler Transfers von personenbezogenen Daten umfassend geregelt.[1171] Indem Art. 31 DGA darauf abzielt, die effektive Durchsetzung europäischen Rechts im globalen Datenverkehr sicherzustellen, verfolgt die Vorschrift eine ähnliche Zielrichtung wie die Art. 44 ff. DSGVO.

Hinsichtlich des Umfangs und des Regelungsinhalts der beiden Verordnungen ergeben sich aber wesentliche Unterschiede. Art. 31 DGA übernimmt nicht lediglich die Vorschriften der DSGVO und überträgt sie auf nicht-personenbezogene Daten, sondern setzt seinen inhaltlichen Schwerpunkt auf den Umgang mit Datenzugangsersuchen von Hoheitsträgern aus Drittstaaten. Während die Art. 44 ff. DSGVO internationale Datentransfers zwischen und innerhalb von Unternehmen und anderen Organisationen ausführlich regeln, enthält Art. 31 DGA hierzu lediglich in Absatz 1 Vorgaben. Aus der DSGVO bekannte Instrumente wie die Angemessenheitsbeschlüsse gemäß Art. 45 DSGVO finden sich im DGA nicht wieder. Stattdessen wird in Art. 31 Abs. 1 Alt. 1 DGA allein der Grundsatz postuliert, dass internationale Datenübertragungen zu verhindern sind, wenn sie im Widerspruch zum Recht der EU oder des zuständigen Mitgliedstaates stehen könnten. Ausführlich werden in Art. 31 DGA dagegen die Datenzugangsersuchen von Hoheitsträgern aus Drittstaaten geregelt. Hierzu wird in Absatz 2 eine Art. 48 DSGVO vergleichbare Regelung getroffen. Zusätzliche Vorgaben, zu denen keine parallelen Vorschriften in der DSGVO existieren, finden sich in den Absätzen 3 und 4.

Indem Art. 31 DGA die Geltung und Durchsetzung europäischen Rechts gewährleisten soll, ist die Vorschrift im Kontext der Stärkung digitaler Souveränität zu sehen.[1172] So bezweckt Art. 31 DGA den Schutz der Rechte und Interessen von europäischen Unternehmen gegenüber Unternehmen und Hoheitsträgern aus

---

1169 Siehe z. B. zum weitreichenden CLOUD Act *Gausling*, MMR 2018, 578; *Daskal*, Stanford Law Review Online 71 (2018), 9; *Pauly*, in: Paal/Pauly, DSGVO, Art. 48 Rn. 1; *Schröder*, in: Kühling/Buchner, DSGVO, Art. 48 Rn. 25.

1170 Siehe nur *Schröder*, in: Kühling/Buchner, DSGVO, Art. 48 Rn. 11; *Loof/Schefold*, ZD 2016, 107.

1171 Siehe nur *Golland*, NJW 2020, 2593; *Paal/Kumkar*, MMR 2020, 733; ausführlich *Wittershagen*, The Transfer of Personal Data (2022), S. 52 ff.

1172 Siehe zur digitalen Souveränität Europas und ihrer Verbindung zum DGA Kap. 5, B. III. 1. b).

Drittstaaten.[1173] Art. 31 DGA soll unrechtmäßige Zugriffe Dritter, egal ob privater oder hoheitlicher Stellen, auf die rechtlich geschützten, nicht-personenbezogenen Daten europäischer Unternehmen verhindern. Indem Risiken der Industriespionage und des Diebstahls geistigen Eigentums unterbunden werden, dient der Schutz der Daten einerseits der Wahrung offener Märkte und des fairen Wettbewerbs.[1174] Andererseits ist es möglich, dass der Schutz der Daten vor Zugriffen aus Drittstaaten die Bereitschaft von Dateninhabern erhöht, Datenvermittlungsdienste in Anspruch zu nehmen. Denn nach dem Kenntnisstand der Kommission schrecken viele Unternehmen vor der Nutzung datenbezogener Dienste, wie zum Beispiel Cloud-Diensten, zurück, weil sie aufgrund der Datenübertragung in ein Drittland den unrechtmäßigen oder unbefugten Zugriff auf ihre Daten befürchten.[1175] Auf diese Weise kann Art. 31 DGA auch dazu beitragen, das Vertrauen in Datenvermittler zu stärken.

c) Regelungsinhalt

Art. 31 DGA adressiert zwei unterschiedliche Wege, wie die in Europa von Datenvermittlern gespeicherten Daten in Drittstaaten übertragen werden können. Zum einen können Datenvermittler oder ihre Vertragspartner die gespeicherten Daten freiwillig in Drittstaaten übertragen.[1176] Sofern hierdurch ein Widerspruch zum europäischen Recht oder dem Recht des zuständigen Mitgliedstaates zu befürchten ist, sollen gemäß Art. 31 Abs. 1 Alt. 1 DGA angemessene Maßnahmen ergriffen werden, um solche Datentransfers zu verhindern. Zum anderen können hoheitliche Stellen von Drittstaaten den Zugang zu den von Datenvermittlern in der EU gespeicherten Daten verlangen. Solche Datenersuche können zum Beispiel im Rahmen einer strafrechtlichen Untersuchung erfolgen. Auch hier besteht gemäß Art. 31 Abs. 1 Alt. 2 DGA für Datenvermittler grundsätzlich die Pflicht, den Datenzugang des Drittstaates durch angemessene Maßnahmen zu verhindern, wenn er im Widerspruch zu europäischem Recht steht. Ein solcher Widerspruch liegt aber nicht vor, wenn gemäß Art. 31 Abs. 2 DGA ein den Datenzugang regelnder völkerrechtlicher Vertrag existiert oder der Drittstaat gemäß Art. 31 Abs. 3 DGA bestimmte rechtstaatliche Anforderungen erfüllt.

1173 Vgl. ErwG 20 DGA; *Baloup/Bayamlıoğlu/u. a.*, White Paper on the DGA (2021), S. 51.

1174 Vgl. ErwG 20 DGA.

1175 *Europäische Kommission*, SWD(2022) 34 final, S. 21. Aus diesem Grund enthält Art. 27 DA-E eine mit Art. 31 DGA fast identische Regelung zu internationalen Transfers nicht-personenbezogener Daten durch Datenverarbeitungsdienste, worunter vor allem Cloud-Dienste fallen.

1176 Auch *Drexl u.a.* nehmen an, dass Art. 31 Abs. 1 DGA nicht nur staatliche Datenzugangsverlangen, sondern auch freiwillige Datenübertragungen in Drittstaaten erfasst; siehe *Drexl/Banda/u.a.*, Position Statement on the Data Act (2022), S. 74, Rn. 204.

Als Auslegungshilfe für Art. 31 DGA können die ErwG 20 bis 22 herangezogen werden. Zu beachten ist allerdings, dass sich diese Erwägungsgründe größtenteils ausschließlich auf die internationale Übertragung von Daten beziehen, die sich bei öffentlichen Stellen im Sinne des Art. 2 Nr. 17 DGA befinden und für die Wiederverwendung nach Art. 3 ff. DGA bestimmt sind. Für die Übermittlung solcher Daten in Drittstaaten sind nämlich in Art. 5 Abs. 10 ff. DGA spezielle Regelungen vorgesehen. Nichtsdestotrotz können die zur Übermittlung solcher Daten getroffenen Überlegungen des Gesetzgebers, die überwiegend allgemeine Erwägungen widerspiegeln, teilweise auch bei Auslegung des Art. 31 DGA berücksichtigt werden.

aa) Verhinderung rechtswidriger Datenübertragungen (Abs. 1)

Während die Art. 44 ff. DSGVO ein präventives Verbot mit Erlaubnisvorbehalt für internationale Datentransfers enthalten,[1177] sieht Art. 31 Abs. 1 DGA lediglich vor, dass Datenvermittler angemessene Maßnahmen ergreifen, um die internationale Übertragung von nicht-personenbezogenen, in der Union gespeicherten Daten (Alt. 1) oder den Zugang zu diesen Daten durch Regierungsorganisationen aus Drittstaaten (Alt. 2) zu verhindern, sofern dies im Widerspruch mit europäischem oder nationalem Recht stünde.[1178] Es handelt sich bei Art. 31 Abs. 1 DGA folglich nicht um ein absolutes Verbot von internationalen Datentransfers, sondern um das Gebot, angemessene Verhinderungsmaßnahmen gegen rechtswidrige internationale Datenzugriffe zu implementieren. Art. 31 Abs. 1 DGA lässt die Absätze 2 und 3 unberührt. Sind die dort genannten Bedingungen erfüllt, dürfen (und müssen) die Datenvermittler den Datenzugang durch Drittstaaten zulassen. Liegen die Voraussetzungen der Absätze 2 und 3 hingegen nicht vor, sollen Datenvermittler gemäß Art. 31 Abs. 4 DGA nur die bei Zugrundelegung europäischen Rechts zulässige Menge an Daten gegenüber den Regierungsorganisationen offenlegen. Die Absätze 2, 3 und 4 beziehen sich demnach nur auf den Datenzugang von Regierungsorganisationen. Hinsichtlich der privaten Übermittlung von in der Union gespeicherten Daten in Drittstaaten gilt allein der Grundsatz des Art. 31 Abs. 1 Alt. 1 DGA.

(1) In der Union gespeicherte nicht-personenbezogene Daten

Der Anwendungsbereich des Art. 31 Abs. 1 DGA bezieht sich auf nicht-personenbezogene Daten, die in der EU gespeichert sind. Nicht-personenbezogen sind alle Daten, die keinen Bezug zu einer identifizierten oder identifizierbaren natürlichen

---

1177 Siehe nur *Pauly*, in: Paal/Pauly, DSGVO, Art. 44 Rn. 1.

1178 Insofern lässt sich Art. 31 Abs. 1 DGA als „Erlaubnis mit Verbotsvorbehalt“ verstehen; siehe *Hennemann*, in: Specht-Riemenschneider/Hennemann, DGA, Art. 31 Rn. 24.

Person aufweisen.[1179] In der Praxis handelt es sich hierbei vor allem um rein technische Daten, bloße Sachdaten oder erfolgreich anonymisierte Daten. Bei Datenvermittlern kann es sich hierbei insbesondere um nicht-personenbezogene Daten handeln, die sie gemäß Art. 12 lit. e DGA für ihre Nutzer speichern. In der Union gespeichert sind die Daten, die sich auf Servern befinden, deren physischer Standort innerhalb des Territoriums eines Mitgliedstaates der EU liegt.

(2) Internationale Datenübertragung oder Datenzugang eines Drittstaats

Die Pflicht zur Ergreifung von Verhinderungsmaßnahmen bezieht sich sowohl auf die internationale Übertragung der geschützten Daten (Alt. 1) als auch auf den Zugang zu solchen Daten durch Regierungsorganisationen aus Drittstaaten (Alt. 2).

(a) Internationale Übertragung von Daten (Alt. 1)

Der Begriff der internationalen Datenübertragung ist im DGA nicht legaldefiniert. Es stellt sich daher die Frage, unter welchen Umständen von einer internationalen Datenübertragung auszugehen ist. Wie bei der Datenübermittlung nach Art. 44 DSGVO[1180] empfiehlt es sich hier auf den Schutzzweck der Vorschrift abzustellen. Art. 31 DGA soll verhindern, dass der Zugriff auf geschützte Daten durch Personen aus Drittstaaten erfolgen kann, die aufgrund ihres Aufenthalts im Drittstaat nicht an die europäischen Rechtsvorschriften gebunden sind oder denen gegenüber europäisches Recht nicht effektiv durchgesetzt werden kann. Unter Drittländern sind in diesem Zusammenhang alle Staaten zu verstehen, die nicht Vertragspartner des EU-Vertrags und damit keine Mitglieder der EU sind.[1181] Entscheidend für das Vorliegen einer internationalen Datenübertragung ist demnach, dass der unmittelbare Datenzugriff in oder aus einem Drittstaat erfolgen kann und daher das europäische Schutzniveau für die betroffenen Daten ausgehebelt werden kann.[1182] Folglich liegt die internationale Übertragung von Daten jedenfalls dann vor, wenn die Daten auf einen Server übermittelt werden, der sich in einem Drittstaat befindet. Darüber hinaus dürfte es aber schon genügen, dass die Daten gegenüber einer Person in einem Drittland offengelegt werden, indem sie den Zugang zu diesen Da-

---

1179 Siehe hierzu ausführlich in Kap. 5, C. VII. 3. j) bb) (1) (a).

1180 Vgl. *Zerdick*, in: Ehmann/Selmayr, DSGVO, Art. 44 Rn. 7.

1181 Vgl. *Pauly*, in: Paal/Pauly, DSGVO, Art. 44 Rn. 6; *Gabel*, in: Taeger/Gabel, DSGVO, Art. 44 Rn. 7.

1182 Nach anderer Ansicht soll die Zugrifsmöglichkeit aus einem Drittstaat für eine internationale Datenübertragung nach Art. 31 Abs. 1 Alt. 2 DGA aus systematischen Gründen nicht ausreichen. Erforderlich sei stattdessen die aktive Weitergabe von Daten in Drittländer; siehe *Hennemann*, in: Specht-Riemenschneider/Hennemann, DGA, Art. 31 Rn. 32; *Schreiber/Pommerening/Schoel*, Das neue Recht der Daten-Governance (2023), § 5 Rn. 6 f.

ten erhält oder diese abrufen kann.[1183] Denn bereits dann ist die Person aus dem Drittstaat in der Lage, die Daten einzusehen und gegebenenfalls Kenntnis von rechtlich geschützten Informationen, wie Geschäftsgeheimnissen, zu erlangen.

(b) Datenzugang von Regierungsorganisationen aus Drittstaaten (Alt. 2)

Grundsätzlich sind Datenvermittler nach Art. 31 Abs. 1 Alt. 2 DGA auch verpflichtet, Maßnahmen zur Verhinderung des Zugangs von „Regierungsorganisationen" aus Drittstaaten zu den von ihnen in der Union gespeicherten Daten zu ergreifen. Diese Abwehrverpflichtung besteht entgegen dem Wortlaut der deutschen Sprachfassung gegenüber allen öffentlichen Stellen aus Drittstaaten, die den Zugang zu Daten verlangen können. Nur durch ein weites Verständnis von „Regierungsorganisationen" kann der Schutzzweck der Vorschrift effektiv verwirklicht werden.[1184] Da sich Art. 31 Abs. 2 und 3 DGA ausdrücklich auf gerichtliche und verwaltungsbehördliche Entscheidungen beziehen, ist davon auszugehen, dass auch Absatz 1 ein weiter Begriff des „governmental access" zugrunde liegt. In den Anwendungsbereich von Art. 31 Abs. 1 Alt. 2 DGA fallen daher alle Datenzugangsverlangen von Stellen aus Drittstaaten, denen Hoheitsbefugnisse zustehen. Nicht von der Vorschrift erfasst werden hingegen Datenzugangsverlangen von privaten Akteuren. Dies gilt auch dann, wenn sie im Rahmen eines Gerichtsverfahrens erfolgen.[1185] Erst wenn das Gericht eine entsprechende Herausgabeanordnung erlässt, findet Art. 31 Abs. 1 Alt. 2 DGA Anwendung.

Wie und auf welchem rechtlichen Wege der Zugang zu den Daten verlangt wird, ist im Rahmen des Art. 31 Abs. 1 Alt. 2 DGA unbeachtlich, solange das Verlangen von einer hoheitlichen Stelle stammt. Der Datenzugang kann sowohl durch gerichtliche oder behördliche Entscheidungen als auch durch Weisungen oder Anordnungen von Staatsregierungen angefordert werden. Keine Bedeutung hat der Umstand, aus welchem Anlass und zu welchem Zweck der Datenzugang begehrt wird. Art. 31 Abs. 1 Alt. 2 DGA ist auf Datenzugangsbegehren zu jeglichen Zwecken anwendbar.

1183 Vgl. zu Art. 44 DSGVO *Pauly*, in: Paal/Pauly, DSGVO, Art. 44 Rn. 4; *Gabel*, in: Taeger/Gabel, DSGVO, Art. 44 Rn. 11.

1184 Hierbei ist auch zu berücksichtigen, dass die in der deutschen Sprachfassung gewählte Formulierung des Zugriffs von „Regierungsorganisationen" den Anwendungsbereich gegenüber der englischen Sprachfassung verkürzt, in der von „governmental access" die Rede ist. Das Wort *Government* kann die Regierung eines Staates bezeichnen, aber kann sich in einem weiteren Sinne auch auf den gesamten Staat, also die Legislative, Judikative und die Exekutive beziehen; siehe nur https://en.wikipedia.org/wiki/Government.

1185 Diese Problematik ist besonders relevant im Rahmen des US-amerikanischen Beweismittelverfahrens, der sogenannten *Pre-Trial-Discovery*; siehe nur *Gabel*, in: Taeger/Gabel, DSGVO, Art. 44 Rn. 4; *Schröder*, in: Kühling/Buchner, DSGVO, Art. 44 Rn. 13.

Besonders relevant dürften aber Datenzugangsbegehren sein, die Strafverfolgungs- oder Staatssicherheitszwecke verfolgen und sich auf spezielle Datenzugangsansprüche aus der Rechtsordnung des jeweiligen Drittstaats berufen. So erwähnt ErwG 22 DGA ausdrücklich, dass einige Drittstaaten Gesetze erlassen haben, die den unmittelbaren Zugang staatlicher Stellen zu nicht-personenbezogenen Daten vorsehen, welche sich bei Personen innerhalb des Hoheitsgebiets europäischer Mitgliedstaaten befinden. Ein Beispiel für ein solches Gesetz ist der amerikanische CLOUD Act (Clarifying Lawful Overseas Use of Data Act), der Anbieter von elektronischen Kommunikationsdiensten oder sogenannten Remote-Computing-Diensten, wozu insbesondere Cloud-Dienste zählen, dazu verpflichtet, ihre außerhalb der USA gespeicherten Daten aufzubewahren und gegebenenfalls den amerikanischen Behörden zugänglich zu machen.[1186] Auch wenn Gesetze wie der CLOUD Act vermutlich den entscheidenden Anlass für die Einführung von Art. 31 Abs. 1 Alt. 2 DGA gegeben haben, erschöpft sich der Anwendungsbereich hierin nicht, sondern umfasst alle Datenzugangsverlangen öffentlicher Stellen unabhängig von ihrer Rechtsgrundlage und ihrem Zweck.

(3) Widerspruch zum Unionsrecht oder nationalem Recht

Datenvermittler müssen Vorkehrungen zur Verhinderung von Datentransfers und Datenzugriffen (nur) dann treffen, wenn durch diese ein Konflikt mit dem Unionsrecht oder dem Recht des jeweiligen Mitgliedstaates entstehen würde. Bei der Auslegung dieses Tatbestandsmerkmals stellen sich im Wesentlichen zwei Fragestellungen. Zunächst ist festzustellen, gegen welche europäischen oder nationalstaatlichen Vorschriften die Übertragung von nicht-personenbezogenen Daten verstoßen und damit zu ihnen in Widerspruch treten kann. Anschließend ist zu erörtern, an welchen Umstand Art. 31 Abs. 1 DGA bei der Prüfung eines Widerspruchs zum europäischen Recht anknüpft.

(a) Relevante Rechtsvorschriften der EU und ihrer Mitgliedstaaten

Grundsätzlich kommen nach Art. 31 Abs. 1 DGA alle Rechtsvorschriften der EU oder ihrer Mitgliedstaaten in Betracht, zu denen ein Widerspruch bestehen kann. Wie ErwG 22 DGA aber klarstellt, kann sich ein Widerspruch von Datenübertragungen mit dem Recht der EU oder eines Mitgliedstaates in erster Linie aus Verletzungen der rechtlich geschützten Interessen von Mitgliedstaaten im Zusammenhang mit ihrer nationalen Sicherheit oder durch Beeinträchtigungen der Rechte

---

1186 Siehe zum CLOUD Act *Gausling*, MMR 2018, 578; *Daskal*, Stanford Law Review Online 71 (2018), 9; *Pauly*, in: Paal/Pauly, DSGVO, Art. 48 Rn. 1; *Schröder*, in: Kühling/Buchner, DSGVO, Art. 48 Rn. 25.

von Dateninhabern an ihren nicht-personenbezogenen Daten ergeben. Die Rechtswidrigkeit von Datenübertragungen kann also zum einen daraus folgen, dass europäische oder nationalstaatliche Gesetze zum Schutz der äußeren oder inneren Sicherheit verletzt werden. Da B2B-Datenvermittler im Regelfall keine sicherheitsrelevanten Daten speichern, dürfte diese Fallgruppe vorliegend kaum relevant sein. Eine größere Bedeutung dürften jedoch durch internationale Datenübertragungen herbeigeführte Verletzungen individueller Rechte an nicht-personenbezogenen Daten einnehmen. Hierfür kommen vor allem Verletzungen des GeschGehG und des Urheberrechts in Betracht.[1187]

(b) Konflikt zwischen Rechtsordnungen

Im Anschluss hieran stellt sich die Frage, was genau im Widerspruch zum europäischen Recht stehen kann. Hierauf liefert der Wortlaut der Vorschrift leider keine eindeutige Antwort.[1188] Es spricht aber viel dafür, dass sich Art. 31 Abs. 1 DGA darauf bezieht, dass die Rechtsordnung eines Drittstaates im Widerspruch zum Unionsrecht oder dem nationalen Recht des jeweiligen Mitgliedstaates, in dem der Datenvermittler tätig ist, steht.[1189] Für dieses Verständnis spricht zunächst der Zweck der Vorschrift. Art. 31 Abs. 1 DGA soll Dateninhaber abstrakt vor dem Verlust ihrer Geschäftsgeheimnisse oder der Verletzung ihrer Urheberrechte aufgrund der Übermittlung ihrer Daten in Drittstaaten schützen. Diese besondere Schutzvorschrift ist nicht deshalb erforderlich, weil Datenspeicherdienste oder andere Organisationen in Drittstaaten weniger vertrauenswürdig oder verlässlich als in der EU sind. Vielmehr ist der Schutz vor internationalen Datentransfers notwendig, weil die Rechtsvorschriften der EU und ihrer Mitgliedstaaten in Drittstaaten keine Wirkung entfalten bzw. dort nicht durchsetzbar sind. Der sich aus dem Datentransfer in einen Drittstaat ergebende Konflikt der unterschiedlichen Jurisdiktionen kann dazu führen, dass Rechte- beziehungsweise Geheimnisinhaber gegenüber Datenzugriffen, die nach europäischem Recht unzulässig sind, im Drittstaat schutzlos sind.

Dieses Auslegungsergebnis wird auch vom Wortlaut der Norm gestützt. Schließlich müssen internationale Datenübertragungen verhindert werden, wenn

---

1187 Vgl. ErwG 22 DGA; *Baloup/Bayamlıoğlu/u. a.*, White Paper on the DGA (2021), S. 52. Siehe zum Schutz nicht-personenbezogener Daten durch das GeschGehG und das UrhG ausführlich in Kap. 3, C. II. 4 und 5.

1188 Zurecht kritisch daher *Drexl/Banda/u.a.*, Position Statement on the Data Act (2022), S. 75, Rn. 206.

1189 Nach anderer Ansicht ist hingegen auf den Verstoß der Datenübertragung gegen eine „spezielle Übermittlungs- oder Zugangsverbotsnorm“ (z. B. im Kontext des Außenwirtschaftsrechts) abzustellen; siehe *Hennemann*, in: Specht-Riemenschneider/Hennemann, DGA, Art. 31 Rn. 33.

sie „im Widerspruch zum Unionsrecht“ stehen würden („would create a conflict with Union law“). Im Widerspruch zu einer Rechtsvorschrift können üblicherweise nur andere Rechtsnormen stehen. Steht hingegen eine konkrete Handlung oder ein Vorgang nicht im Einklang mit einer Rechtsnorm, wird stattdessen von einer Rechtsverletzung gesprochen. Für die Annahme, dass sich Art. 31 Abs. 1 DGA auf die Rechtsordnung von Drittstaaten bezieht, spricht weiterhin ein Vergleich mit Art. 5 Abs. 10 und 12 DGA. Dort finden sich besondere Vorschriften zur internationalen Übertragung von Daten, die von öffentlichen Stellen verfügbar gemacht wurden. Eine Übermittlung solcher Daten in Drittstaaten ist grundsätzlich nur dann zulässig, wenn der Datennutzer angemessene Schutzvorkehrungen nach Art. 5 Abs. 10 DGA für die erhaltenen Daten getroffen hat.[1190] Ein ausreichender Schutz der Daten wird aber auch dann angenommen, wenn in dem Drittstaat ein mit der EU vergleichbares Schutzniveau für die nicht-personenbezogenen Daten besteht.[1191] In diesen Fällen kann die Kommission gemäß Art. 5 Abs. 12 DGA Durchführungsrechtsakte nach Art. 290 AEUV erlassen, um Klarheit über die Zulässigkeit der Weiterverwendung von Daten in dem betroffenen Drittland zu schaffen.[1192] Dies zeigt, dass es dem Gesetzgeber bei der Zulässigkeit von Datentransfers in Drittstaaten darum geht, ob dort ein rechtliches Schutzniveau für die Daten von Unternehmen existiert, das mit dem der Europäischen Union vergleichbar ist. Es ist sehr wahrscheinlich, dass Art. 31 DGA die gleichen Erwägungen zugrunde liegen.

(c) Feststellung eines Widerspruchs zum Unionsrecht

Für die Zulässigkeit von internationalen Datenübertragungen kommt es entscheidend darauf an, ob die Rechtsordnung des jeweiligen Drittlandes im Widerspruch zum Recht der EU oder des betroffenen Mitgliedstaates steht. Bei der Feststellung eines Widerspruchs ist zwischen freiwilligen internationalen Datenübertragungen nach Art. 31 Abs. 1 Alt. 1 DGA und staatlichen Datenzugriffen nach Art. 31 Abs. 1 Alt. 2 DGA zu unterscheiden. Bei staatlichen Datenzugriffen stellen Art. 31 Abs. 2 und 3 DGA spezielle Vorgaben dafür auf, ob ein Datenersuchen mit dem Unionsrecht im Einklang steht. Bei internationalen Datenübertragungen nach Art. 31 Abs. 1 Alt. 1 DGA ist der Widerspruch zwischen den Rechtsordnungen ohne Rückgriff auf die Absätze 2 und 3 festzustellen.

Im Hinblick auf Art. 31 Abs 1 Alt. 1 DGA kann ein Widerspruch zwischen den Rechtsordnungen dann angenommen werden, wenn die in Europa geschützten

---

1190 Vgl. ErwG 20 DGA.
1191 Vgl. ErwG 21 DGA.
1192 Vgl. ErwG 21 DGA. Dieses Instrument entspricht den Angemessenheitsbeschlüssen für die internationale Übertragung personenbezogener Daten nach Art. 45 DSGVO.

Daten keinem äquivalenten Schutz im Drittstaat unterliegen. Dies ist bei Datenübertragungen insbesondere dann der Fall, wenn die Rechtsordnung des Drittstaates Urheberrechte oder Geschäftsgeheimnisse überhaupt nicht oder nur unzureichend schützt oder existierende Schutzrechte nicht effektiv angewendet und durchgesetzt werden. An einer effektiven Durchsetzbarkeit von Schutzrechten fehlt es etwa dann, wenn sich begründete Rechtsansprüche, die auf der Verletzung von Schutzrechten beruhen, vor Gerichten nicht in einem zumutbaren Zeitraum durchsetzen lassen. Ein Widerspruch kann auch dann anzunehmen sein, wenn großzügige Ausnahmetatbestände für den staatlichen Zugriff auf geschützte Daten vorgesehen sind und aufgrund dessen nicht von einem angemessenen Schutz der Daten ausgegangen werden kann. Von einem adäquaten Schutzniveau nicht-personenbezogener Daten in einem Drittland kann unter Rückgriff auf die Kriterien des Art. 5 Abs. 12 DGA ausgegangen werden, wenn folgende Voraussetzungen erfüllt sind: Die Rechts-, Aufsichts- und Durchsetzungsmechanismen eines Drittstaates müssen geistiges Eigentum und Geschäftsgeheimnisse in einer Weise schützen, die dem Schutzniveau der EU entspricht, sie müssen wirksam angewendet und durchgesetzt werden[1193] und sie müssen wirksame gerichtliche Rechtsbehelfe für die Rechtsinhaber vorsehen.

Datenvermittler müssen daher vor der Übertragung von Daten in Drittländer feststellen, ob ein Widerspruch der Rechtsordnung des jeweiligen Drittlandes mit der europäischen Rechtsordnung vorliegt. Da Art. 31 DGA hierfür keine Angemessenheitsbeschlüsse durch die Europäische Kommission vorsieht, müssen die Datenvermittler diese Feststellung grundsätzlich selbst treffen. Sie tragen damit das Risiko einer Fehleinschätzung. Ob Datenvermittler, bei denen es sich häufig um kleine Unternehmen handelt, in der Lage sind solche rechtlich durchaus anspruchsvollen Feststellungen zu treffen, ist zu bezweifeln. Schließlich setzt die Feststellung nicht nur Kenntnisse von der Rechtslage im Drittstaat, sondern auch von der Rechtsanwendung in der Praxis voraus. Da die unzulässige Übertragung von Daten in einen Drittstaat nach Art. 34 Abs. 1 DGA sanktioniert werden kann, empfiehlt es sich aus rechtlicher Sicht bei der Annahme eines gleichwertigen Schutzniveaus zurückhaltend zu sein. Auch wenn die Durchführungsrechtsakte nach Art. 5 Abs. 12 DGA auf Art. 31 DGA nicht unmittelbar anwendbar sind, ist es aufgrund der hohen Rechtsunsicherheit sinnvoll, sich an ihnen zu orientieren. Schließlich stellt die Europäische Kommission mit ihnen den gleichwertigen

1193 Neben dem abstrakten rechtlichen Schutz von Daten kommt es also auch auf die tatsächliche Umsetzung der Schutzvorschriften in der Praxis an; vgl. zu Art. 45 DSGVO *Pauly*, in: Paal/Pauly, DSGVO, Art. 45 Rn. 5.

Schutz nicht-personenbezogener Daten in einem Drittland fest.[1194] Hierauf sollten sich auch Datenvermittler verlassen können.

(4) Angemessene Verhinderungsmaßnahmen

Datenvermittler müssen alle angemessenen technischen, rechtlichen und organisatorischen Maßnahmen, einschließlich vertraglicher Vereinbarungen, ergreifen, um die im Widerspruch zum europäischen oder nationalen Recht stehende Übertragung von nicht-personenbezogenen Daten zu verhindern.

(a) Angemessenes Verhinderungsniveau

Die Maßnahmen zur Verhinderung von unzulässigen internationalen Datenübertragungen müssen angemessen sein. Da weder der Gesetzestext noch die Erwägungsgründe konkrete Anhaltspunkte für die Angemessenheit von Maßnahmen geben, ist auf allgemeine Grundsätze zurückzugreifen. Allgemein setzt die Angemessenheit von Maßnahmen voraus, dass der für sie erforderliche Aufwand in einem angemessenen Verhältnis zum verfolgten Zweck, also der Verhinderung unzulässiger Datentransfers, steht.[1195] Angemessen ist eine Maßnahme, wenn ihre zu erwartenden Vorteile die damit einhergehenden Nachteile überwiegen. Konkret sind also der organisatorische Mehraufwand und die finanziellen Kosten einer Maßnahme mit dem Nutzen der Maßnahme zur Verhinderung unzulässiger internationaler Datenübertragungen abzuwägen. Kosten können Datenvermittlern durch Verhinderungsmaßnahmen zum Beispiel entstehen, wenn sie für ihre Dienste auf teurere Cloud-Anbieter zurückgreifen müssen, weil sich deren Server im Territorium der EU befinden. Diese Kosten müssen dann im Verhältnis zu dem Mehrwert stehen, den die Maßnahme für die Verhinderung unzulässiger Datenübermittlungen erzielt. Im Ergebnis muss also keine absolute oder optimale Verhinderung von internationalen Datenübertragungen erreicht werden.

(b) Geeignete Maßnahmen

Art. 31 Abs. 1 DGA sieht vor, dass die Datenvermittler angemessene technische, rechtliche und organisatorische Verhinderungsmaßnahmen ergreifen. Um was für spezifische Maßnahmen es sich hierbei handeln soll, bleibt jedoch weitgehend

---

1194 Bei der internationalen Übermittlung personenbezogener Daten existieren Angemessenheitsbeschlüsse gemäß Art. 45 DSGVO unter anderem gegenüber der Schweiz, Großbritannien, Argentinien, Kanada und Japan; siehe *Beck*, in: BeckOK DatenschR, DSGVO, Art. 45 Rn. 55 ff.

1195 Siehe zur Angemessenheit von Maßnahmen auch oben in Kap. 5, C. VII. 3. j) bb) (2) und l) bb) (2) (b).

offen.[1196] Dennoch drängen sich einige naheliegende Maßnahmen auf. Besonders geeignet dürften Maßnahmen sein, die bei der Auswahl von Vertragspartnern und der Gestaltung von Verträgen ansetzen. Hierbei sollte verhindert werden, dass nicht-personenbezogene Daten auf Servern in Drittstaaten gespeichert werden, deren Rechtsordnung im Widerspruch zum Recht der EU und des jeweiligen Mitgliedstaates steht. Wenn Datenvermittler Verträge mit Dritten eingehen, wie zum Beispiel Cloud-Anbietern oder Anbietern von Drittwerkzeugen im Sinne des Art. 12 lit. e DGA, sollten sie deshalb darauf achten, in welchen Drittstaaten sich deren Server befinden. Eine Möglichkeit besteht darin, Vertragspartner auszuwählen, deren Server sich ausschließlich innerhalb der EU oder innerhalb eines Drittstaats mit gleichwertigem Schutzniveau befinden. Bei Vertragspartnern, deren Server sowohl in der EU als auch in Drittstaaten stehen, die über kein gleichwertiges Schutzniveau verfügen, sollte vertraglich festgelegt werden, dass die Daten des Datenvermittlers nur in der EU gespeichert werden dürfen.[1197] Datenvermittler sollten die Einhaltung dieser Vertragspflicht anschließend regelmäßig überprüfen.

Im Hinblick auf staatliche Datenersuchen von Drittländern sollten Datenvermittler ihre Mitarbeiter anweisen, dass sie die Herausgabe der Daten vorbehaltlich der Voraussetzungen des Art. 31 Abs. 2 und 3 DGA ablehnen. Ihre Vertragspartner sollten Datenvermittler für solche Fälle durch Vertragsklauseln zur Nichtherausgabe der Daten gegenüber den öffentlichen Stellen von Drittstaaten verpflichten.[1198] Diese organisatorischen und rechtlichen Maßnahmen sollten durch technische Vorkehrungen zur Verhinderung von Datenzugriffen aus Drittstaaten ergänzt werden. Durch Maßnahmen der IT-Sicherheit[1199] kann verhindert werden, dass Dritte auf die Systeme und damit auf die Daten von Datenvermittlern zugreifen können. Bei der Auswahl von Vertragspartnern ist außerdem darauf zu achten, dass diese über hohe Sicherheitsstandards verfügen. Im Ergebnis bieten sich also in erster Linie präventive Maßnahmen an, die darauf abzielen, unzulässige Datentransfers generell zu verhindern.

bb) Zulässigkeit aufgrund völkerrechtlicher Abkommen (Abs. 2)

Art. 31 Abs. 2 DGA trifft spezielle Regelungen für die Zulässigkeit von staatlichen Datenzugangsersuchen aus Drittländern. Wenn die Voraussetzungen dieser Vorschrift gegeben sind, steht ein internationaler staatlicher Datenzugang nach Art. 31 Abs. 1 Alt. 2 DGA nicht im Widerspruch zum Unionsrecht oder dem Recht

1196 Schon zum DGA-E zurecht kritisch *Baloup/Bayamlıoğlu/u. a.*, White Paper on the DGA (2021), S. 52.

1197 In diese Richtung geht wohl auch ErwG 22 DGA.

1198 Vgl. ErwG 22 DGA.

1199 Siehe zu möglichen Sicherheitsmaßnahmen bereits oben in Kap. 5, C. VII. 3. l) bb) (2) (c).

eines betroffenen Mitgliedstaates. Gemäß Art. 31 Abs. 2 DGA werden Entscheidungen und Urteile eines Gerichts eines Drittlands und jegliche Entscheidungen einer Verwaltungsbehörde eines Drittlands, mit denen von einem Anbieter von Datenvermittlungsdiensten die Übertragung von in der Union gespeicherten nicht-personenbezogenen Daten im Anwendungsbereich dieser Verordnung oder der Zugang zu diesen Daten in der Union verlangt wird, nur dann anerkannt oder vollstreckbar, wenn sie auf eine in Kraft befindliche völkerrechtliche Übereinkunft wie etwa ein Rechtshilfeabkommen zwischen dem ersuchenden Drittland und der Union oder auf eine solche Vereinbarung zwischen dem ersuchenden Drittland und einem Mitgliedstaat gestützt sind.

(1) Zweck und Systematik

Die Vorschrift soll vermutlich bewirken, dass Drittstaaten den Zugang zu europäischen Daten über die offiziellen Stellen der Mitgliedstaaten ersuchen und nicht versuchen, ihre Datenzugangsersuchen direkt gegenüber den Datenvermittlern durchzusetzen. Auf diese Weise sollen „offizielle Kooperationskanäle" privilegiert werden.[1200] Insofern weist Art. 31 Abs. 2 DGA starke Ähnlichkeiten zu Art. 48 DS-GVO auf.[1201] Art. 31 Abs. 2 DGA stellt keine direkte Ausnahme von Art. 31 Abs. 1 DGA dar, die beim Vorliegen ihrer Voraussetzungen Datenvermittler dazu verpflichtet, ihre betroffenen Daten dem Drittstaat zugänglich zu machen. Vielmehr regelt die Vorschrift, unter welchen Voraussetzungen die gerichtlichen oder behördlichen Entscheidungen von Drittländern anerkannt und vollstreckt werden können.[1202] Erst wenn aufgrund eines Rechtshilfeabkommens die Rechtshilfe bewilligt wurde, ist der Datenvermittler verpflichtet, die gegenständlichen Daten den öffentlichen Stellen des jeweiligen Drittstaates zugänglich zu machen.[1203] Im Unterschied zur DSGVO können staatliche Zugangsersuchen zu nicht-personenbezogenen Daten aber auch ohne völkerrechtliches Abkommen zulässig sein, wenn stattdessen die Voraussetzungen des Art. 31 Abs. 3 DGA vorliegen.

(2) Anwendungsbereich

Art. 31 Abs. 2 DGA ist anwendbar, wenn die Übertragung von in der Union gespeicherten nicht-personenbezogenen Daten im Anwendungsbereich dieser Verord-

---

1200 So zu Art. 48 DSGVO *Zerdick*, in: Ehmann/Selmayr, DSGVO, Art. 48 Rn. 7.

1201 Siehe zum Hintergrund von Art. 48 DSGVO *Jungkind*, in: BeckOK DatenschutzR, DSGVO, Art. 48 Rn. 6; *Gabel*, in: Taeger/Gabel, DSGVO, Art. 48 Rn. 1.

1202 Vgl. zu Art. 48 DSGVO *Jungkind*, in: BeckOK DatenschutzR, DSGVO, Art. 48 Rn. 4.

1203 Vgl. *Jungkind*, in: BeckOK DatenschutzR, DSGVO, Art. 48 Rn. 10.

nung oder der Zugang zu diesen durch Entscheidungen der Gerichte oder Behörden von Drittstaaten angefordert wird.

(a) Entscheidungen der Gerichte oder Behörden von Drittstaaten

Art. 31 Abs. 2 DGA bezieht sich sowohl auf Entscheidungen von Gerichten als auch von Behörden aus Drittstaaten. Wie bei Art. 48 DSGVO[1204] sind die verwendeten Begriffe weit zu verstehen. Schließlich soll Art. 31 DGA vor allen Datenzugriffen aufgrund hoheitlicher Akte schützen, die im Widerspruch zum europäischen Recht stehen. Für die Auslegung ist entscheidend, ob eine Einrichtung eines Drittstaates Staatsgewalt ausübt.[1205] Deshalb sind unter Behörden alle Stellen mit hoheitlichen Befugnissen zu verstehen. Bei behördlichen Entscheidungen kann es sich um alle Beschlüsse, Verfügungen oder Anweisungen solcher Stellen handeln, durch die der Datenzugang begehrt wird.[1206] Welche rechtliche Handlungsform für das Datenzugangsersuchen gewählt wird, ist dabei unbeachtlich. Dies gilt auch für Entscheidungen von Gerichten. Hierbei spielt es keine Rolle, ob der Datenzugang durch ein Urteil im Sinne des deutschen Prozessrechts verlangt wird.[1207] In den Anwendungsbereich des Art. 31 Abs. 2 DGA fallen alle Urteile, Beschlüsse, Verfügungen oder sonstige Entscheidungsformen, durch die die Gewährung des Datenzugang verbindlich gefordert wird. Unerheblich ist zudem der Zweck des Herausgabeverlangens.[1208] Es ist daher irrelevant, ob das Datenzugangsersuchen ein legitimes Anliegen, wie die berechtigte Strafverfolgung oder den Schutz wichtiger öffentlicher Interessen, verfolgt. Ob die Voraussetzungen eines Rechtshilfeabkommens vorliegen, soll erst bei der Rechtshilfebewilligung geprüft werden.

(b) Übertragung nicht-personenbezogener Daten

Art. 31 Abs. 2 DGA findet Anwendung auf Ersuchen wegen der Übertragung von in der Union gespeicherten nicht-personenbezogenen Daten im Anwendungsbereich dieser Verordnung oder dem Zugang zu diesen. Mit den Daten „im Anwendungsbereich dieser Verordnung" bezieht sich die Vorschrift vermutlich auf die in Art. 3 Abs. 1 DGA aufgezählten Daten. Art. 3 Abs. 1 DGA regelt, welche Datenkategorien aus dem Besitz öffentlicher Stellen nach Art. 3 bis 9 DGA wiederverwendet werden

---

1204 Siehe *Pauly*, in: Paal/Pauly, DSGVO, Art. 48 Rn. 5; *Schröder*, in: Kühling/Buchner, DSGVO, Art. 48 Rn. 13.

1205 Vgl. zum insoweit deckungsgleichen Art. 48 DSGVO *Zerdick*, in: Ehmann/Selmayr, DSGVO, Art. 48 Rn. 5.

1206 Vgl. *Zerdick*, in: Ehmann/Selmayr, DSGVO, Art. 48 Rn. 5.

1207 Siehe auch zu Art. 48 DSGVO *Pauly*, in: Paal/Pauly, DSGVO, Art. 48 Rn. 5; *Gabel*, in: Taeger/Gabel, DSGVO, Art. 48 Rn. 4.

1208 Vgl. *Zerdick*, in: Ehmann/Selmayr, DSGVO, Art. 48 Rn. 6.

dürfen. Hierbei handelt es sich insbesondere um (nicht-personenbezogene) Daten, die Geschäftsgeheimnisse oder geistige Eigentumsrechte verkörpern. Da auch Art. 31 DGA den Schutz solcher Datenkategorien vor drittstaatlichen Zugriffen bezweckt, kann diese Eingrenzung hier übernommen werden, auch wenn Art. 3 Abs. 1 DGA grundsätzlich nur auf die Wiederverwendung von Daten öffentlicher Stellen Anwendung findet. Art. 31 Abs. 2 DGA ist folglich anwendbar, wenn die Übertragung von nicht-personenbezogenen Daten gefordert wird, die in der EU gespeichert und nach dem GeschGehG oder dem Urheberrecht geschützt sind. Nicht-personenbezogene Daten, die keinem Schutz unterliegen, können demgegenüber auch bei Nichtvorliegen der Voraussetzungen des Art. 31 Abs. 2 DGA offengelegt werden.[1209]

(3) Vorliegen eines völkerrechtlichen Vertrags als Voraussetzung

Es ist für die Anerkennung und Vollstreckbarkeit gerichtlicher oder behördlicher Entscheidungen aus Drittstaaten erforderlich, dass sie sich auf das Vorliegen einer sich in Kraft befindlichen völkerrechtlichen Übereinkunft, wie etwa einem Rechtshilfeabkommen, zwischen dem ersuchenden Drittland und der Union oder zwischen dem ersuchenden Drittland und einem Mitgliedstaat stützen. Bei einer völkerrechtlichen Übereinkunft handelt es sich um einen völkerrechtlichen Vertrag, also eine Einigung zwischen zwei oder mehr Völkerrechtssubjekten, durch welche die zwischen ihnen bestehende Rechtslage verändert werden soll.[1210] Relevante völkerrechtliche Grundlagen für den staatlichen Zugang zu Daten dürften vor allem Rechtshilfeabkommen sein, die im Wortlaut der Vorschrift und in ErwG 22 DGA auch ausdrücklich erwähnt werden. Rechtshilfeabkommen sind völkerrechtliche Verträge, die als Rechtsgrundlage für die justizielle Zusammenarbeit zwischen zwei oder mehreren Staaten dienen.[1211] Von großer Wichtigkeit sind Rechtshilfeabkommen insbesondere bei der staatenübergreifenden Prävention und Verfolgung von Straftaten. In diesem Rahmen nimmt die Bedeutung des Datenaustausches zwischen öffentlichen Stellen und des Zugriffs auf Daten, die bei Privaten gespeichert sind, kontinuierlich zu.[1212] Typischerweise sehen Rechtshilfeabkommen daher Befugnisse zum Austausch von Informationen und Beweismitteln zwischen den Behörden des ersuchenden und des ersuchten Staats vor, worunter

---

1209 Auch dann ist aber nach Art. 31 Abs. 1 Alt. 2 DGA erforderlich, dass kein Widerspruch zum Recht der EU oder des zuständigen Mitgliedstaates vorliegt.

1210 Siehe *BVerfG*, BVerfGE 90, 286 (359); *Pauly*, in: Paal/Pauly, DSGVO, Art. 96 Rn. 5; *Nettesheim*, in: Dürig/Herzog/Scholz, GG, Art. 59 Rn. 63.

1211 *Pauly*, in: Paal/Pauly, DSGVO, Art. 48 Rn. 8.

1212 *Gleß/Hackner/Trautmann*, in: Schomburg/Lagodny/u. a., Internationale Rechtshilfe in Strafsachen, Einleitung Rn. 24 f., 252 ff.

auch die Übermittlung von Daten fallen kann.[1213] Art. 31 Abs. 2 DGA erfasst nicht nur Rechtshilfeabkommen, die von der EU abgeschlossen wurden, sondern auch solche, die von Mitgliedstaaten eigenständig mit Drittstaaten vereinbart wurden.

Im Bereich der Strafrechtshilfe kommen als relevante Rechtshilfeabkommen für die Übermittlung von Daten insbesondere das zwischen der EU und den USA geschlossene Abkommen über die Auslieferung und über die Rechtshilfe in Strafsachen[1214] in Betracht sowie das Rechtshilfeabkommen in Strafsachen, das die EU mit Japan[1215] vereinbart hat.[1216] Beispiele für relevante Abkommen der Mitgliedstaaten sind das Abkommen über die Auslieferung und über die Rechtshilfe in Strafsachen zwischen Deutschland und den USA[1217] sowie das mit Kanada[1218] abgeschlossene Abkommen über die Rechtshilfe in Strafsachen.[1219] Auf zivilrechtlicher Ebene kann die Übertragung von Daten aufgrund des Haager Übereinkommens[1220] über die Beweisaufnahme im Ausland in Zivil- oder Handelssachen geboten sein.[1221] Neben den hier genannten Rechtshilfeabkommen existieren noch weitere völkerrechtliche Verträge, die den Datenaustausch zwischen Behörden vorsehen.[1222]

(4) Rechtsfolge: Anerkennung, Vollstreckbarkeit und Datenübertragung

Die allermeisten Rechtshilfeabkommen sehen vor, dass die angeforderten Informationen und Daten ausschließlich zwischen den Behörden des ersuchenden und

---

1213 *Jungkind*, in: BeckOK DatenschutzR, DSGVO, Art. 48 Rn. 11; *Zerdick*, in: Ehmann/Selmayr, DSGVO, Art. 48 Rn. 8; *Pauly*, in: Paal/Pauly, DSGVO, Art. 48 Rn. 8.

1214 Beschluss 2009/820/GASP des Rates v. 23.10.2009 über den Abschluss im Namen der Europäischen Union des Abkommens über Auslieferung zwischen der Europäischen Union und den Vereinigten Staaten von Amerika und des Abkommens über Rechtshilfe zwischen der Europäischen Union und den Vereinigten Staaten von Amerika, ABl. 2009 L 291, S. 40.

1215 Beschluss 2010/88/GASP/JI des Rates vom 30.11.2009 über die Unterzeichnung im Namen der Europäischen Union des Abkommens zwischen der Europäischen Union und Japan über die Rechtshilfe in Strafsachen, ABl. 2010 L 39, S. 19.

1216 Vgl. *Jungkind*, in: BeckOK DatenschutzR, DSGVO, Art. 48 Rn. 11; *Zerdick*, in: Ehmann/Selmayr, DSGVO, Art. 48 Rn. 7; *Pauly*, in: Paal/Pauly, DSGVO, Art. 48 Rn. 8; *Schröder*, in: Kühling/Buchner, DSGVO, Art. 48 Rn. 16.

1217 BGBl. 2007 II, S. 1620.

1218 BGBl. 2004 II, S. 962.

1219 *Jungkind*, in: BeckOK DatenschutzR, DSGVO, Art. 48 Rn. 12.

1220 BGBl. 1977 II, S. 1472.

1221 Vgl. *Jungkind*, in: BeckOK DatenschutzR, DSGVO, Art. 48 Rn. 11; *Schröder*, in: Kühling/Buchner, DSGVO, Art. 48 Rn. 16.

1222 Siehe *Schröder*, in: Kühling/Buchner, DSGVO, Art. 48 Rn. 16; *Zerdick*, in: Ehmann/Selmayr, DSGVO, Art. 48 Rn. 7.

des ersuchten Staates ausgetauscht werden.[1223] Ein direkter Datenaustausch zwischen dem Dateninhaber und der Behörde des ersuchenden Staates ist dagegen unüblich. Art. 31 Abs. 2 DGA ordnet deshalb als Rechtsfolge an, dass Datenzugangsersuchen von Drittstaaten in der EU oder dem jeweiligen Mitgliedstaat lediglich anerkannt und vollstreckbar werden. Das Datenzugangsersuchen des Drittstaats kann dann durch die Behörden und Gerichte des ersuchten Staates durchgesetzt werden. Erforderlich ist hierfür außerdem, dass das Gericht oder die Behörde des ersuchenden Drittstaats im Einklang mit den Voraussetzungen des jeweiligen Abkommens die Rechtshilfe beantragt hat und sie ihr vom ersuchten Staat bewilligt wurde.[1224] Erst im Anschluss an die Durchführung dieses Verfahren ist der adressierte Datenvermittler dazu verpflichtet (und befugt), die ersuchten Daten weiterzugeben.

cc) Zulässigkeit aufgrund der Einhaltung rechtstaatlicher Standards (Abs. 3)

Art. 31 Abs. 3 DGA enthält eine subsidiäre Alternative zu Absatz 2 für die Übertragung von nicht-personenbezogenen Daten an öffentliche Stellen von Drittstaaten. Unter den engen Voraussetzungen des Art. 31 Abs. 3 DGA kann die nach Absatz 1 grundsätzlich unzulässige Gewährung des staatlichen Datenzugangs, der im Widerspruch zu europäischem Recht steht, auch dann erlaubt sein, wenn kein völkerrechtlicher Vertrag im Sinne von Absatz 2 vorliegt. Hierfür ist gemäß Art. 31 Abs. 3 DGA erforderlich, dass der Drittstaat, dessen Gericht oder Behörde den Datenzugang verlangt, bestimmte rechtstaatliche Anforderungen erfüllt.[1225]

(1) Anwendungsbereich

Wie Absatz 2 setzt Absatz 3 zunächst voraus, dass eine auf Datenzugang gerichtete Entscheidung eines Gerichts oder einer Behörde eines Drittstaates vorliegt, aufgrund derer der Datenvermittler der drittstaatlichen Stelle den Datenzugang gewähren soll.[1226] Zudem ist die Regelung des Absatzes 3 gegenüber der des Absatzes 2 subsidiär. Die Vorschrift kommt deshalb nur dann zur Anwendung, wenn das Datenzugangsersuchen nicht auf einem völkerrechtlichen Vertrag beruht. Weiterhin muss die die Befolgung der Entscheidung auf Datenzugang voraussichtlich dazu führen, dass der Adressat in den Widerspruch zum Recht der EU oder

---

1223 Vgl. *Zerdick*, in: Ehmann/Selmayr, DSGVO, Art. 48 Rn. 8.
1224 Vgl. *Jungkind*, in: BeckOK DatenschutzR, DSGVO, Art. 48 Rn. 10; *Gabel*, in: Taeger/Gabel, DSGVO, Art. 48 Rn. 5.
1225 Vgl. auch ErwG 22 DGA.
1226 Sie zur Auslegung dieser Begriffe bereits oben in Kap. 5, C. VII. 4. c) bb) (2) (a).

des zuständigen Mitgliedstaates tritt.[1227] Es muss also ein greifbares Risiko dafür bestehen, dass die Gewährung des Datenzugangs gegenüber der staatlichen Stelle eines Drittlandes europäisches oder nationalstaatliches Recht zum Schutz der nicht-personenbezogenen Daten oder anderer Rechtsgüter verletzt. Wenn ein Widerspruch zu europäischem oder nationalstaatlichem Recht hingegen ausgeschlossen ist, kann der Datenzugang auch dann gewährt werden, wenn weder die Voraussetzungen des Absatzes 2 noch des Absatzes 3 vorliegen.

(2) Zulässigkeitsvoraussetzungen

Nach Art. 31 Abs. 3 DGA müssen drei kumulative Voraussetzungen hinsichtlich des Rechtssystems des jeweiligen Drittstaates erfüllt sein, damit Datenübertragungen an dessen Gerichte und Behörden auch in Abwesenheit von völkerrechtlichen Verträgen im Sinne von Art. 31 Abs. 2 DGA zulässig sind. Gemeinsam sollen die drei Voraussetzungen sicherstellen, dass Daten nur in Staaten übertragen werden, die ein hohes rechtsstaatliches Niveau aufweisen und daher von einem adäquaten Schutz der Daten auch im Drittstaat auszugehen ist. Die Rechtsstaatlichkeitsvoraussetzungen erstrecken sich dabei sowohl auf strafrechtliche, verwaltungsrechtliche und zivilrechtliche Gerichtsverfahren als auch auf strafrechtliche und verwaltungsrechtliche Behördenverfahren, durch die der Zugang zu nicht-personenbezogenen Daten begehrt werden kann.

(a) Begründung, Verhältnismäßigkeit und Bestimmtheit von Urteilen (lit. a)

Gemäß Art. 31 Abs. 3 lit. a DGA muss das Rechtssystem des Drittlands vorsehen, dass Entscheidungen oder Urteile zu begründen sind und verhältnismäßig sein müssen. Zudem müssen die Entscheidungen oder Urteile eine hinreichende Bestimmtheit aufweisen, indem zum Beispiel eine hinreichende Bezugnahme auf bestimmte verdächtige Personen oder Rechtsverletzungen erfolgt. Da sich Art. 31 Abs. 3 DGA auf gerichtliche und behördliche Entscheidungen bezieht, ist davon auszugehen, dass die Vorgaben des lit. a nicht nur Gerichtsentscheidungen, sondern auch Behördenentscheidungen betreffen.

Erforderlich ist zunächst, dass die Entscheidungen oder Urteile eine Begründung enthalten. Konkrete Anforderungen an die Begründungspflicht enthält Art. 31 Abs. 3 lit. a DGA nicht. Aufgrund der allgemeinen rechtsstaatlichen Zielsetzungen von Entscheidungsbegründungen lassen sich aber gewisse Mindeststandards formulieren. Generell erfüllt die Pflicht zur Begründung von Entscheidun-

1227 So heißt es in der englischen Sprachfassung des Art. 31 Abs. 3 DGA: „compliance with such a decision would risk putting the addressee in conflict with Union law or with the national law of the relevant Member State".

gen den rechtsstaatlichen Zweck, erkennbar zu machen, ob sich eine staatliche Stelle bei ihrer Entscheidungsfindung an Recht und Gesetz gehalten hat und nicht von rechtsfremden Erwägungen beeinflusst worden ist.[1228] Darüber hinaus schützt die Begründungspflicht das rechtliche Gehör von Verfahrensbeteiligten, da die Überprüfung einer Entscheidung im Rechtsmittelverfahren voraussetzt, dass das Rechtsmittelgericht nachvollziehen kann, auf welchen tatsächlichen und rechtlichen Annahmen die Entscheidung beruht.[1229] Die Rechtsordnung eines Drittstaats sollte daher zumindest vorsehen, dass die tragenden tatsächlichen Umstände und rechtlichen Gründe einer Entscheidung in der Entscheidungsbegründung wiedergegeben werden müssen. Erforderlich ist die Darstellung des relevanten Sachverhalts sowie der entscheidungserheblichen rechtlichen Erwägungen. Zusätzlich sollte erforderlich sein, dass die Entscheidungsbegründungen den tatsächlichen und rechtlichen Vortrag der Beteiligten würdigen, soweit dieser relevant ist.[1230] In einem engen Zusammenhang mit der angemessenen Begründung einer Entscheidung steht deren hinreichende Bestimmtheit. Nach Art. 31 Abs. 3 lit. a DGA muss sich die Entscheidung zum Beispiel hinreichend auf eine bestimmte verdächtige Person oder eine Rechtsverletzung beziehen. Entscheidend für die Bestimmtheit einer Entscheidung ist danach, dass sie sich auf den konkreten Einzelfall bezieht und nicht bloß allgemeine Gründe für den Datenzugang postuliert. Es sollte genau dargelegt werden, aus welchen tatsächlichen und rechtlichen Gründen der Datenzugang ausgerechnet vom Entscheidungsadressaten begehrt wird.[1231]

Außerdem muss das Rechtssystem des Drittstaates grundsätzlich vorsehen, dass Entscheidungen von Gerichten und Behörden verhältnismäßig sind. Ganz allgemein dürfte dies voraussetzen, dass in behördlichen und gerichtlichen Verfahren auch die Rechte und Interessen des Adressaten einer staatlichen Maßnahme berücksichtigt werden, indem eine Abwägung zwischen ihnen und dem durch die Maßnahme verfolgten Ziel erfolgt. Es kann dabei nicht zwingend erwartet werden, dass eine Verhältnismäßigkeitsprüfung nach deutschen Maßstäben erfolgt. Jedoch sollte das Recht des Drittstaates effektive Mechanismen enthalten, um sicherzustellen, dass die Nachteile einer Maßnahme in einem angemessenen Verhältnis zu dem im Einzelfall verfolgten Zweck darstellen. An der Verhältnismäßigkeitsvoraussetzung fehlt es jedenfalls dann, wenn eine Rechtsordnung die Rechte und In-

---

1228 Siehe nur *Dawin*, in: Schoch/Schneider, VwGO, § 108 Rn. 118.

1229 Vgl. *Dawin*, in: Schoch/Schneider, VwGO, § 108 Rn. 118; *Clausing/Kimmel*, in: Schoch/Schneider, VwGO, § 117 Rn. 18; *Musielak*, in: MüKo ZPO, § 313 Rn. 6.

1230 Siehe zum deutschen Zivil- und Verwaltungsprozessrecht nur *Clausing/Kimmel*, in: Schoch/Schneider, VwGO, § 117 Rn. 18 ff.; *Musielak*, in: MüKo ZPO, § 313 Rn. 16 f.

1231 Hierfür spricht auch der englische Wortlaut der Norm: „The third-country system requires [...] a decision or judgment to be specific in character".

teressen der Adressaten bei Datenzugriffen überhaupt nicht oder kaum berücksichtigt.[1232]

(b) Rechtliches Gehör des Adressaten (lit. b)

Des Weiteren muss nach Art. 31 Abs. 3 lit. b DGA gewährleistet sein, dass die begründeten Einwände von Adressaten von Datenzugangsverlangen von einem zuständigen Gericht des Drittstaates überprüft werden. Demnach muss die Rechtsordnung des jeweiligen Drittstaates einen effektiven Anspruch auf rechtliches Gehör für alle, auch ausländische, Rechtssubjekte vorsehen. Der Zweck der Gewährleistung rechtlichen Gehörs besteht unter anderem darin, den Schutz des Individuums im Gerichtsverfahren zu gewährleisten, indem er am Gerichtsverfahren mitwirken und so auf eine faire Verfahrensführung und ein richtiges Verfahrensergebnis hinwirken kann.[1233] Die Gewährleistung des rechtlichen Gehörs setzt notwendigerweise voraus, dass dem Adressaten der Rechtsweg gegen belastende Entscheidungen überhaupt offensteht und ihm ein faires Verfahren gewährt wird.[1234] Nur wenn diese Voraussetzungen gewahrt sind, kann der Adressat einer Entscheidung seine Einwände effektiv vor dem zuständigen Gericht vorbringen.

Art. 31 Abs. 3 lit. b DGA erfordert deshalb zunächst, dass Adressaten von Entscheidungen den Zugang zu den Gerichten erhalten, die nach der Rechtsordnung des Drittstaats für entsprechende Verfahren zuständig sind.[1235] Es sollte sich hierbei in Anlehnung an Art. 6 Abs. 1 EMRK um Gerichte handeln, deren Zuständigkeit allgemein und durch Rechtsvorschriften vorgeschrieben ist und deren Unabhängigkeit und Unparteilichkeit gewahrt ist.[1236] Diese Voraussetzungen liegen insbesondere dann nicht vor, wenn über die Rechtsbehelfe von europäischen Adressaten durch Sondergerichte oder andere Gerichte entschieden wird, die nicht über die nötige Unabhängigkeit gegenüber der Exekutive verfügen. Hinsichtlich des rechtlichen Gehörs eines Adressaten ist zu verlangen, dass er über das Verfahren und dessen Entwicklung umfassend informiert wird und die Gelegenheit erhält,

---

1232 Dies dürfte z. B. bei China der Fall sein; vgl. zum Schutz von personenbezogenen Daten vor staatlichen Zugriffen in China *EDPB*, Government Access to Data in Third Countries (2021), S. 24 f.

1233 Siehe zu den Zielsetzungen des Anspruchs auf rechtliches Gehör nach Art. 103 Abs. 1 GG nur *Schulze-Fielitz*, in: Dreier, GG, Art. 103 Rn. 12 ff.

1234 Im deutschen Grundgesetz ist daher mit Art. 19 Abs. 4 GG eine Rechtsweggarantie vorgesehen. Art. 6 Abs. 1 EMRK schützt umfassend das Recht auf ein faires Verfahren, wozu auch der Zugang zu einem unabhängigen Gerichtsverfahren gehört.

1235 Dies folgt bereits aus den allgemeinen Regeln des Völkerrechts; siehe *Schmidt-Aßmann*, in: Dürig/Herzog/Scholz, GG, Art. 19 Abs. 4 Rn. 36a.

1236 Siehe zu diesen Voraussetzungen ausführlich *Meyer*, in: Karpenstein/Mayer, EMRK, Art. 6 Rn. 51 ff.

sich zu allen wesentlichen Fragen zu äußern.[1237] Das tatsächliche und rechtliche Vorbringen eines Adressaten ist vom zuständigen Gericht nicht nur zur Kenntnis zu nehmen, sondern umfassend zu überprüfen. Hierfür ist erforderlich, dass sich das zuständige Gericht mit den Argumenten des Adressaten auseinandersetzt und diese rechtlich würdigt.[1238] Aus der Entscheidungsbegründung muss ersichtlich sein, dass eine solche Überprüfung der Einwände des Adressaten erfolgt ist.[1239]

(c) Gebührende Berücksichtigung der rechtlichen Interessen des Adressaten (lit. c)

Zuletzt muss gemäß Art. 31 Abs. 3 lit. c DGA das zuständige Gericht des Drittlandes, das die Entscheidung oder das Urteil erlässt oder die Entscheidung einer Verwaltungsbehörde überprüft, nach dem Recht dieses Drittlandes befugt sein, die einschlägigen rechtlichen Interessen des Bereitstellers der durch das Unionsrecht oder das nationale Recht des betreffenden Mitgliedstaates geschützten Daten gebührend zu berücksichtigen. Die Norm richtet sich dabei sowohl an Entscheidungen, in denen Gerichte die Datenherausgabe selbst anordnen, als auch an Verfahren, in denen Gerichte die bereits ergangenen Anordnungen von Verwaltungsbehörden überprüfen. Unter den Bereitstellern von Daten sind in diesem Zusammenhang die Adressaten von drittstaatlichen Datenherausgabeverlangen zu verstehen, wozu unter anderem Datenvermittler zählen können. Deren rechtliche Interessen können insbesondere darin liegen, die Rechte ihrer Nutzer an deren nicht-personenbezogenen Daten vor der Verletzung durch den drittstaatlichen Datenzugriff zu schützen, um nicht durch die Datenherausgabe selbst europäisches oder nationales Recht zu verletzen. Schutzrechte der Dateninhaber hinsichtlich ihrer nicht-personenbezogenen Daten können sich dabei aus dem GeschGehG und aus §§ 87a ff. UrhG ergeben.[1240]

Die Gerichte des Drittstaates müssen befugt sein, das Interesse des Adressaten an der Aufrechterhaltung des nach dem Recht der EU oder des jeweiligen Mitgliedstaates vorgesehenen Schutzes der nicht-personenbezogenen Daten gebührend zu berücksichtigen. Die gebührende Berücksichtigung erfordert nicht, dass die Interessen des Datenvermittlers in jedem Fall das Interesse am Datenzugang überwiegen. Notwendig ist aber, dass die Interessen des Datenvermittlers in ange-

---

1237 Siehe allgemein zum rechtlichen Gehör *Degenhardt*, in: Sachs, GG, Art. 103 Rn. 11; *Meyer*, in: Karpenstein/Mayer, EMRK, Art. 6 Rn. 111.
1238 *Meyer*, in: Karpenstein/Mayer, EMRK, Art. 6 Rn. 111.
1239 Dies ergibt sich bereits aus Art. 31 Abs. 3 lit. a DGA; siehe auch zur EMRK *Meyer*, in: Karpenstein/Mayer, EMRK, Art. 6 Rn 113.
1240 Siehe zu Schutzrechten an nicht-personenbezogenen Daten oben in Kap. 3, C. II.

messener Weise berücksichtigt werden. Dies setzt eine Abwägung zwischen dem Ziel des Datenzugangs und dem Interesse am Schutz der Daten voraus.

Damit die Gerichte eines Drittstaates die Rechte an nicht-personenbezogenen Daten überhaupt berücksichtigen können, ist zunächst erforderlich, dass die Rechtsordnung des jeweiligen Drittstaates die nach europäischem Recht existierenden Rechte anerkennt oder gleichwertige Schutzvorschriften vorsieht, die auch auf ausländische Dateninhaber anwendbar sind. Hiervon kann in der Regel bei Drittstaaten ausgegangen werden, die das TRIPS-Abkommen zum Schutz geistigen Eigentums unterzeichnet haben.[1241] Ziel des von der GATT, einer Vorläuferin der WTO, beschlossenen Abkommens ist es, den internationalen Handel durch die Beseitigung von Hemmnissen zu fördern und gleichzeitig einen angemessenen Schutz des geistigen Eigentums zu gewährleisten.[1242] Das TRIPS-Abkommen sieht daher auf internationaler Ebene Mindeststandards für den Schutz geistigen Eigentums durch materielle und prozessuale Vorgaben vor, die von allen Mitgliedstaaten der WTO umzusetzen sind.[1243]

Im Hinblick auf den Schutz von Daten als Geschäftsgeheimnissen und dem Schutz von Datenbanken schreibt das TRIPS-Abkommen ein gewisses Schutzniveau vor. So sind gemäß Art. 10 Abs. 2 S. 1 des Abkommens Zusammenstellungen von Daten zu schützen. Dieser Schutz erstreckt sich, wie Satz 2 klarstellt, nicht auf die Daten selbst. Außerdem verlangt Art. 10 Abs. 2 TRIPS eine gewisse Schöpfungshöhe, die nach dem europäischen *sui-generis*-Schutzrecht für Datenbanken[1244] hingegen nicht zwingend erforderlich ist.[1245] Gemäß Art. 39 TRIPS sind die Mitgliedstaaten außerdem verpflichtet, in ihren Rechtsordnungen den Schutz nicht offenbarter Informationen, worunter Geschäftsgeheimnisse zu verstehen sind, zu gewährleisten. Die Regelung des Art. 39 Abs. 2 TRIPS diente als Vorbild für die Definition von Geschäftsgeheimnissen in der Geschäftsgeheimnis-RL und § 2 GeschGehG und wurde dort fast wortgleich übernommen.[1246] Insoweit Daten Geschäftsgeheimnisse enthalten, ist ihr Schutz durch die Mitgliedstaaten gemäß Art. 39 TRIPS zu gewährleisten. Als prozessuale Ergänzung dieser Vorgaben enthalten die Art. 41 bis 61 TRIPS Vorschriften zur gerichtlichen Durchsetzung geisti-

1241 Die 164 Mitglieder des TRIPS-Abkommens stammen aus allen Teilen der Welt und repräsentieren unter anderem alle großen Industrienationen; siehe für eine Auflistung aller Mitglieder unter: https://www.wto.org/english/tratop_e/trips_e/amendment_e.htm.

1242 *Götting*, in: Götting/Meyer/Vomrbrock, Gewerblicher Rechtsschutz, § 4 Rn. 26.

1243 *Budzinsk/Monostori/Pannicke*, in: Wentzel, Internationale Organisationen (2016), S. 147 (153 ff.); *Götting*, in: Götting/Meyer/Vomrbrock, Gewerblicher Rechtsschutz, § 4 Rn. 25.

1244 Dazu oben in Kap. 3, C. II. 4. b).

1245 *Andanda*, IIC 50 (2019), 1052 (1065 ff.). Der Schutzbereich des Art. 10 Abs. 2 TRIPS ist daher enger als der des § 87a UrhG.

1246 *Harte-Bavendamm*, in: Harte-Bavendamm/Ohly/Kalbfus, GeschGehG (2020), § 2 Rn. 3 ff.

ger Eigentumsrechte.[1247] Unter anderem sind die Mitgliedstaaten verpflichtet, gemäß Art. 41 Abs. 2 TRIPS faire und einfache Verfahren zur wirksamen Rechtsdurchsetzung einzuführen.

Im Ergebnis dürfte die Teilnahme am TRIPS-Abkommen ein gewichtiges Indiz dafür sein, dass die Gerichte eines Drittstaates die Interessen der Bereitsteller von Daten in angemessener Weise berücksichtigen können. Sie ist aber nicht zwingend erforderlich, um die Voraussetzungen des Art. 31 Abs. 3 lit. c DGA zu bejahen. Drittstaaten können die Einbeziehung der Interessen von Datenbereitstellern auch auf andere Weise gewährleisten. Umgekehrt ist es im Einzelfall denkbar, dass die Gerichte eines Drittstaates trotz der Unterzeichnung des TRIPS-Abkommens in der Rechtspraxis nicht in der Lage sind, die Interessen der Datenbereitsteller in unabhängiger und angemessener Weise zu berücksichtigen.

(3) Rechtsfolge

Wenn kein völkerrechtlicher Vertrag im Sinne des Art. 31 Abs. 2 DGA existiert und die kumulativen Voraussetzungen des Absatz 3 vorliegen, ist der Datenvermittler befugt, die angeforderten nicht-personenbezogenen Daten unmittelbar an das Gericht oder die Behörde zu übertragen, welche den Datenzugang angeordnet hat. Grundsätzlich sind die Adressaten von Datenzugangsanordnungen in diesen Fällen selbst verpflichtet, die Drittstaaten auf die Erfüllung der rechtsstaatlichen Vorgaben zu überprüfen. Da Zweifel an der Eignung von Unternehmen für diese Aufgabe bestehen, wäre die Veröffentlichung von Empfehlungen der Europäischen Kommission hierzu wünschenswert.

dd) Kompromisslösung (Abs. 4)

Sind die in Absatz 2 oder 3 festgelegten Bedingungen nicht erfüllt, so überträgt der Anbieter von Datenvermittlungsdiensten gemäß Art. 31 Abs. 4 DGA aufgrund einer vertretbaren Auslegung des Ersuchens nur die auf das Ersuchen hin zulässige Mindestmenge an Daten. Art. 31 Abs. 4 DGA bezieht sich also auf Konstellationen, in denen ein Drittstaat den Zugang zu Daten verlangt, zu dem kein völkerrechtliches Abkommen nach Absatz 2 besteht und der auch nicht die rechtstaatlichen Anforderungen des Absatzes 3 erfüllt. Der Zweck der Vorschrift besteht augenscheinlich darin, Datenvermittler und andere Adressaten von Datenzugangsersuchen aus der Zwickmühle zu befreien, die für sie durch den Konflikt des europäischen Rechts mit dem Recht eines Drittstaates entstehen kann. Denn wenn ein Drittstaat von Unternehmen die Übertragung von Daten verlangt, die nach europäischem Recht unzulässig ist, stehen die adressierten Unternehmen vor einem Dilemma.

1247 Dazu *Dreier*, GRUR Int 1996, 205 (209 ff.).

Wenn sie dem Datenersuchen nachkommen, verstoßen sie gegen das Recht der EU oder eines Mitgliedstaats und können dafür von den zuständigen Behörden sanktioniert werden. Wenn sie die Übermittlung der Daten dagegen verweigern, müssen sie Sanktionen nach dem Recht des Drittstaates befürchten. Die Adressaten können folglich keine Entscheidung treffen, die mit beiden zueinander im Widerspruch stehenden Rechtsordnungen vereinbar ist.[1248] Art. 31 Abs. 4 DGA kann aus dieser Situation einen Ausweg schaffen, indem es die Datenübertragung an den Drittstaat trotz des Nichtvorliegens der Voraussetzungen der Absätze 2 und 3 zu einem gewissen Grad zulässt.

Dem Adressaten eines Datenersuchens ist es in diesen Fällen erlaubt, die Mindestmenge der angeforderten Daten zu übertragen, die sich durch eine noch vertretbare Auslegung der Entscheidung eingrenzen lässt. Datenvermittler und andere Adressaten sollen die Entscheidung also restriktiv auslegen, um so wenige Daten wie nötig an den Drittstaat übermitteln zu müssen. Diese Minimalauslegung muss aber noch vertretbar sein. Das Auslegungsergebnis muss sich demnach innerhalb des Korridors befinden, der durch Anwendung der klassischen Auslegungsmethoden umrissen wird. Relevant ist die Verpflichtung des Art. 31 Abs. 4 DGA also nur dann, wenn dem Adressaten bei der Auslegung der Entscheidung ein gewisser Spielraum eröffnet ist. In diesen Fällen sollen sich die Adressaten unbestimmte Formulierungen der Entscheidungen zunutze machen. Die Minimalauslegung bezieht sich entgegen dem Wortlaut der Norm nicht auf den quantitativen Umfang der herauszugebenden Daten. Stattdessen sollte die Vorschrift so verstanden werden, dass möglichst keine geschützten Daten herausgegeben werden. Schließlich soll Art. 31 DGA rechtlich geschützte nicht-personenbezogene Daten vor Datenzugriffen durch Drittstaaten bewahren.[1249]

Auch wenn Art. 31 Abs. 4 DGA als Kompromisslösung Datenvermittlern eine praktische Hilfestellung zur Hand gibt, ist zu befürchten, dass die Vorschrift in vielen Fällen keinen wirklichen Ausweg aus dem Dilemma zwischen widersprüchlichen Rechtsordnungen darstellen wird. Denn wenn die Gerichte oder Behörden eines Drittstaates die Übertragung der Mindestmenge an Daten nicht als Erfüllung ihres Datenersuchens ansehen, könnten sie den seiner Pflicht nicht vollständig nachkommenden Adressaten mit Sanktionen belegen.

1248 Siehe zu dieser im Datenschutzrecht bereits virulenten Problematik *Schröder*, in: Kühling/Buchner, DSGVO, Art. 48 Rn. 11; *Loof/Schefold*, ZD 2016, 107.

1249 Aus diesem Grund wünschen sich *Drexl u. a.* eine Klarstellung des Wortlauts von Art. 27 Abs. 4 DA-E; siehe *Drexl/Banda/u. a.*, Position Statement on the Data Act (2022), S. 72, Rn. 196.

ee) Informationspflicht gegenüber Dateninhaber (Abs. 5)

Gemäß Art. 31 Abs. 5 DGA ist der Anbieter von Datenvermittlungsdiensten grundsätzlich verpflichtet, den betroffenen Dateninhaber über das Vorliegen eines Datenzugangsersuchen zu unterrichten, bevor er dem Ersuchen einer Verwaltungsbehörde eines Drittlandes auf Zugang zu den Daten des Dateninhabers nachkommt. Etwas anderes gilt nur dann, wenn das Ersuchen Strafverfolgungszwecken dient. Dann soll der Datenvermittler den betroffenen Dateninhaber solange nicht über das Datenzugangsersuchen unterrichten, wie dies zur Wahrung der Wirksamkeit der Strafverfolgungsmaßnahmen erforderlich ist.

Die Informationspflicht des Art. 31 Abs. 5 DGA dient dem Schutz betroffener Dateninhaber. Der Gesetzgeber reagiert mit ihr auf Vorschriften von Drittstaaten, die den Anbietern von Datendiensten die rechtzeitige Benachrichtigung ihrer betroffenen Nutzer untersagen.[1250] Dieses aus rechtstaatlicher Sicht problematische Vorgehen soll durch die Benachrichtigungspflicht unterbunden werden. Die Nutzer sollen frühzeitig Kenntnis vom ersuchten Datenzugang erlangen, um gegebenenfalls Maßnahmen zur Wahrung ihrer Rechte und Interessen ergreifen zu können. So können sie sich zum Beispiel mit den Verwaltungsbehörden eines Drittstaates in Verbindung setzen, um darauf hinzuwirken, dass ihre Geschäftsgeheimnisse nicht gegenüber Dritten offengelegt werden. Alternativ können sie vor den Gerichten des Drittstaates gegen das Datenzugangsersuchen vorgehen.[1251] Gleichzeitig berücksichtigt Art. 31 Abs. 5 DGA aber auch das Interesse der Drittstaaten an einer effektiven Strafverfolgung, indem er vorsieht, dass die Unterrichtung dann nicht erfolgen darf, wenn dadurch Strafverfolgungsmaßnahmen unterlaufen werden.

Art. 31 Abs. 5 DGA verlangt grundsätzlich, dass die Unterrichtung des Dateninhabers vor der Übermittlung der Daten erfolgt. Um die Interessen des Dateninhabers angemessen zu schützen, sollte die Mitteilung so früh erfolgen, dass dieser anschließend genug Zeit hat, um sich noch vor der Übermittlung der Daten mit dem Datenvermittler in Verbindung setzen zu können. Eine Verpflichtung hierzu ergibt sich aus dem Wortlaut der Vorschrift aber nicht. Art. 31 Abs. 5 DGA enthält zum Inhalt der Unterrichtung keine näheren Vorgaben. Erforderlich dürfte es aber sein, dass der Datenvermittler dem Dateninhaber mitteilt, welche seiner Daten offenzulegen sind und welchen Zweck das Datenzugangsersuchen verfolgt.

1250 Siehe *Europäische Kommission*, SWD(2022) 34 final, S. 21. Ein Beispiel hierfür ist der *Freedom Act* der USA, der Dienstleistern vorschreibt, dass sie ihre Nutzer erst sechs Monate nach dem Datenzugriff benachrichtigen dürfen.

1251 So auch zum ähnlichen Art. 27 DA-E *Drexl/Banda/u. a.*, Position Statement on the Data Act (2022), S. 72.

Nur dann sind Anlass und Umfang des Datenzugangsersuchen für den Dateninhaber nachvollziehbar.

Die Unterrichtung über das Datenzugangsersuchen soll ausnahmsweise dann nicht erfolgen, wenn sie der Wirksamkeit von Strafverfolgungsmaßnahmen entgegensteht. Dies ist dann anzunehmen, wenn die Unterrichtung mit einer gewissen Wahrscheinlichkeit zur Flucht oder zu Verdunkelungshandlungen des Beschuldigten führen kann, bei dem es sich nicht notwendigerweise um den Dateninhaber handeln muss. Besonders relevant dürften dabei Konstellationen sein, in denen zu befürchten ist, dass der Dateninhaber aufgrund der Mitteilung seine Daten von den Servern des Datenvermittlers abziehen wird. Die Unterrichtung soll nur solange unterbleiben, wie dies erforderlich ist, um die Wirksamkeit der Strafverfolgungsmaßnahmen zu schützen. Nach der Übermittlung der Daten ist die Unterrichtung daher im Regelfall nachzuholen.

d) Zwischenergebnis

Die strengen Vorschriften zum Schutz personenbezogener Daten bei der Übermittlung in Drittstaaten werden vor allem mit deren hoher Grundrechtsrelevanz begründet.[1252] Dieser Begründungsansatz ist auf nicht-personenbezogene Daten nicht übertragbar, da sie in der Regel keinem vergleichbar hohen grundrechtlichen Schutz unterliegen. Dennoch kann die Regulierung der Übermittlung nicht-personenbezogener Daten in Drittstaaten aus rechtspolitischen Gründen sinnvoll sein. Jedenfalls wenn es zutrifft, dass die Sorge europäischer Unternehmen vor Industriespionage bei der Datenspeicherung in Drittstaaten ein wesentliches Hindernis für die Nutzung von Cloud- und anderen Datendiensten darstellt,[1253] ist die Zielsetzung des Art. 31 DGA grundsätzlich nachvollziehbar. Durch die Regulierung der Übertragung rechtlich geschützter nicht-personenbezogener Daten in Drittländer können die Interessen europäischer Unternehmen gewahrt werden und das Vertrauen in Datenvermittler gestärkt werden. Zudem kann Art. 31 DGA einen Beitrag zur Stärkung der digitalen Souveränität Europas leisten.

Nichtsdestotrotz ist zweifelhaft, ob Art. 31 DGA in seiner konkreten Umsetzung und unter Beachtung der tatsächlichen Gegebenheiten, auf welche die Vorschrift Anwendung finden wird, wirklich einen Fortschritt zum *Status quo* darstellen wird. Allgemein stellt sich bei Art. 31 DGA das Problem, dass der Schutz nicht-personenbezogener Daten im europäischen Recht derzeit eher schwach ausgeprägt[1254]

1252 Siehe nur *EuGH*, Urteil vom 6. Oktober 2015, C-362/14, ECLI:EU:C:2015:650, Rn. 78 – *Schrems I*.

1253 *Europäische Kommission*, SWD(2022) 34 final, S. 21.

1254 Dies ist zu einem gewissen Grad beabsichtigt, da ein zu hohes Schutzniveau für nicht-personenbezogene Daten deren Wiederverwendbarkeit einschränken könnte. Die vieldiskutierte Ein-

und mit großen Rechtsunsicherheiten behaftet ist. Nicht-personenbezogene Einzeldaten können lediglich als Geschäftsgeheimnisse einem rechtlichen Schutz unterliegen. Die Anwendung des europäischen Geschäftsgeheimnisschutzes auf (Roh-)Daten begegnet rechtlichen Schwierigkeiten und ist kompliziert.[1255] Daneben können Datensammlungen unter Umständen durch das Datenbankherstellrecht geschützt sein. Auch der Anwendungsbereich und Schutzumfang des Datenbankherstellerrechts ist aber mit zahlreichen Rechtsunsicherheiten behaftet.[1256] Dies hat zur Folge, dass der konkrete Schutzumfang des Art. 31 DGA und damit seine künftige Praxisbedeutung unsicher sind.

Unter anderem deshalb ist davon auszugehen, dass bei der privaten Übertragung von Daten in Drittstaaten gemäß Art. 31 Abs. 1 Alt. 1 DGA erhebliche Rechtsunsicherheiten für Datenvermittler entstehen werden. Vor einer Datenübertragung in einen Drittstaat müssen sie zunächst prüfen, welche der für ihre Nutzer gespeicherten Daten nicht-personenbezogen sind und einem Schutzrecht unterliegen. Dies erfordert eine semantische Auswertung der gespeicherten Daten aller Dateninhaber, was bei größeren Datenmengen technisch und organisatorisch fast unmöglich ist.[1257] Anschließend müssen Datenvermittler eigenständig feststellen, ob die Rechtsordnung des Drittstaates im Widerspruch zum EU-Recht und dem Recht ihres Mitgliedstaats steht. Beide Prüfungen dürften im Regelfall mit einem unverhältnismäßigen Aufwand einhergehen. Es ist daher wahrscheinlich, dass Datenvermittler, um nicht gegen Art. 31 Abs. 1 Alt. 1 DGA zu verstoßen, in der Zukunft generell von freiwilligen Datenübertragungen in Drittstaaten absehen werden. Art. 31 Abs. 1 Alt. 1 DGA könnte daher *de facto* eine Pflicht zur Datenlokalisierung herbeiführen.[1258]

Auch wenn dadurch möglicherweise ein besserer Schutz von Geschäftsgeheimnissen europäischer Unternehmen gewährleistet wird, sind von Art. 31 Abs. 1 Alt. 1 DGA insgesamt erhebliche Nachteile für die Nutzer von Datenvermittlern zu erwarten.[1259] Zum einen kann Art. 31 Abs. 1 Alt. 1 DGA dazu führen, dass europäische Datenvermittler ihre Daten nicht mehr auf günstigeren Servern in Drittstaaten speichern, was sich in höheren Preisen für Dienstenutzer niederschlagen kann. Zum anderen wird es für internationale Datenvermittler unattraktiver ihre

---

führung eines europäischen Dateneigentumsrechts wurde unter anderem aus diesem Grund überwiegend abgelehnt; siehe Kap. 3, C. II. 2.

1255 Siehe hierzu Kap. 3, C. II. 5.

1256 Siehe Kap. 3, C. II. 4.

1257 Vgl. zum fast identischen Art. 27 DA-E *Drexl/Banda/u. a.*, Position Statement on the Data Act (2022), S. 73.

1258 Vgl. zu Art. 27 DA-E *Colangelo*, European Proposal for a Data Act (2022), S. 25 f.; *Drexl/Banda/u. a.*, Position Statement on the Data Act (2022), S. 72 ff.

1259 Vgl. *Drexl/Banda/u. a.*, Position Statement on the Data Act (2022), S. 73 f.

Dienste innerhalb der EU anzubieten. Denn damit wäre der Aufbau oder die Anmietung neuer Kapazitäten für die Datenspeicherung und -verarbeitung auf dem Gebiet der EU erforderlich. Die *de-facto*-Lokalisierungspflicht könnte deshalb denn Wettbewerb im europäischen Binnenmarkt schwächen, was nachteilige Folgen für europäische Dienstenutzer hätte.

Auch die Regelungen des Art. 31 DGA zum Umgang mit Datenzugangsersuchen aus Drittstaaten dürften die Bereitstellung von Datenvermittlungsdiensten im Ergebnis nicht erleichtern. Es ist zwar grundsätzlich nachvollziehbar, dass der europäische Gesetzgeber Datenvermittler und andere Organisationen, die rechtlich geschützte Daten für andere speichern, verpflichtet, solche Datenzugriffe grundsätzlich abzulehnen und sie stattdessen auf Rechtshilfeersuchen zu verweisen. Schließlich geht das größte Risiko rechtswidriger Zugriffe auf nicht-personenbezogene Daten laut der Europäischen Kommission von Datenzugangsersuchen durch die Behörden oder Gerichte von Drittstaaten aus.[1260] Allerdings befinden sich die Datenvermittler aufgrund von Art. 31 Abs. 1 Alt. 2 DGA nun auch hinsichtlich nicht-personenbezogener Daten in einer Zwickmühle zwischen europäischem und drittstaatlichem Recht. Der Gesetzgeber versucht diese Zwickmühle zu entschärfen, indem Art. 31 DGA mit den Absätzen 3 und 4 Adressaten von Datenzugangsersuchen neue Handlungsoptionen eröffnet.

Fraglich ist jedoch, ob die dort vorgesehenen Auswege in der Praxis tatsächlich Erleichterungen für Adressaten von Datenzugangsersuchen bewirken werden. Art. 31 Abs. 3 DGA verlangt vom Adressaten eine komplizierte Prüfung des Rechtssystems und der Rechtspraxis des Drittstaats. Mit hinreichender Sicherheit dürften die kumulativen Voraussetzungen der Vorschrift nur bei wenigen Drittstaaten zu bejahen sein. Hierbei dürfte es sich überwiegend um Staaten handeln, mit denen bereits Rechtshilfeabkommen abgeschlossen wurden. Auch am Erfolg der Kompromisslösung des Absatzes 4 sind Zweifel angebracht. Sie setzt voraus, dass sich die Behörde des Drittstaates mit einer Minimalerfüllung ihres Datenzugangsersuchens zufriedengibt. Tut sie dies nicht, befindet sich der Adressat weiterhin im Konflikt zwischen europäischem und drittstaatlichem Recht. Dieser Konflikt kann letzten Endes nur auf politischer Ebene und durch völkerrechtliche Verträge gelöst werden. Indem Art. 31 Abs. 1 DGA Datenvermittlern die im Konflikt zum europäischen Recht stehende Datenherausgabe unter Sanktionsandrohung verbietet, wird dieser Konflikt nun auch auf ihren Rücken ausgetragen. Dies dürfte nicht zur Attraktivität der Bereitstellung solcher Dienste beitragen.

1260 *Europäische Kommission*, SWD(2022) 34 final, S. 21.

D. Weitere Rechtsfragen im Zusammenhang mit der Regulierung von B2B-Datenvermittlungsdiensten

I. Einleitung

Zuletzt soll auf das Verhältnis des DGA zu anderen europäischen Rechtsakten und die sich daraus ergebenden Pflichten für B2B-Datenvermittler eingegangen werden. Von großer Bedeutung sind in diesem Rahmen die DSGVO und das Kartellrecht, deren Anwendbarkeit durch den DGA laut Art. 1 Abs. 3 und Abs. 4 DGA nicht berührt wird. Weiterhin ist auf das Verhältnis des DGA zu den anderen in der Datenstrategie angekündigten Verordnungen einzugehen. Insbesondere stellt sich hier die Frage, ob Datenvermittler parallel auch die Anforderungen des DMA oder des DSA einhalten müssen. Am Ende des Abschnitts wird untersucht, ob und auf welche Weise die Art. 11 und 12 DGA auch durch private Akteure in Zivilverfahren durchgesetzt werden können.

II. Datenschutzrechtliche Pflichten für B2B-Datenvermittler

Eine große Bedeutung für die Erbringung von B2B-Datenvermittlungsdiensten haben das Verhältnis des DGA zum Datenschutzrecht sowie die sich aus der DSGVO ergebenden Pflichten für Datenvermittler. Wie sich aus Art. 1 Abs. 3 S. 1 DSGVO ergibt, gelten das Unionsrecht und das nationale Recht zum Schutz personenbezogener Daten für alle personenbezogenen Daten, die im Zusammenhang mit dem DGA verarbeitet werden.[1261] Etwaige Konflikte zwischen Vorschriften des DGA und des europäischen und nationalen Datenschutzrechts sind gemäß Art. 1 Abs. 3 S. 3 DGA zugunsten des Datenschutzrechts aufzulösen. In keinem Fall wird, wie Satz 4 klarstellt, durch den DGA eine eigene Rechtsgrundlage für die Verarbeitung personenbezogener Daten begründet.

Der Anwendungsbereich und die Wirkung der DSGVO werden vom DGA folglich nicht berührt. Für die an Datentransaktionen beteiligten Parteien bedeutet dies, dass sie die Anforderungen der DSGVO und anderer (nationaler) Datenschutzgesetze vollumfänglich berücksichtigen und umsetzen müssen. Dies betrifft in erster Linie Dateninhaber und Datennutzer.[1262] Beim Datenaustausch über einen Datenvermittler im Sinne des Art. 10 lit. a DGA können sich aus der DSGVO aber auch für den Datenvermittler Pflichten im Hinblick auf die zu vermittelnen

1261 Vgl. auch ErwG 4 DSGVO.
1262 Siehe Kap. 3, C. III. 3. b).

Daten der Dateninhaber ergeben.[1263] Wie ErwG 35 DGA klarstellt, ist der Datenvermittler an die Bestimmungen der DSGVO gebunden, wenn es sich bei ihm um einen Verantwortlichen nach Art. 4 Nr. 7 DSGVO oder um einen Auftragsverarbeiter nach Art. 4 Nr. 8 DSGVO handelt. Im Folgenden soll daher darauf eingegangen werden, ob und unter welchen Umständen Datenvermittler bei Datentransaktionen als Pflichtenträger von der DSGVO adressiert werden und welche rechtlichen Konsequenzen daraus folgen.

1. Datenverarbeitung als Anknüpfungspunkt

Die Anwendbarkeit der DSGVO setzt zunächst voraus, dass Datenvermittler überhaupt als Teilnehmer an Datenverarbeitungsvorgängen in Erscheinung treten. Eine Verarbeitung ist nach Art. 4 Nr. 2 DSGVO jeder mit oder ohne Hilfe automatisierter Verfahren ausgeführte Vorgang (oder eine Vorgangsreihe) im Zusammenhang mit personenbezogenen Daten. Als Beispiele werden unter anderem die Erhebung, Speicherung oder Veränderung von personenbezogenen Daten genannt. Ob Datenvermittlungsdienste an Verarbeitungen der zwischen Dateninhabern und Datennutzern auszutauschenden Daten beteiligt sind, lässt sich nur einzeln für die verschiedenen von ihnen übernommenen Aufgaben beantworten.

Die Kernfunktion von Datenvermittlern, die für die Eröffnung des Anwendungsbereichs des Art. 10 lit. a DGA essenziell ist, besteht in der Herstellung von Geschäftsbeziehungen zwischen Dateninhabern und Datennutzern. Bei dieser eigentlichen Vermittlungsleistung bringt der Datenvermittler verschiedene Dateninhaber und Datennutzer auf seiner Plattform zusammen, damit sie untereinander Datentransaktionen abschließen. Bei der „reinen" Datenvermittlung ist der Datenvermittler an keiner Verarbeitung der zwischen Dateninhabern und Datennutzern auszutauschenden Daten beteiligt, da die Anbahnung und der Abschluss einer Datentransaktion keinen ausgeführten Vorgang im Sinne des Art. 4 Nr. 2 DSGVO darstellt. Schließlich setzt ein ausgeführter Vorgang eine Handlung voraus, durch die etwas mit den Daten selbst geschieht oder ein Umgang mit ihnen erfolgt. Ein solcher Vorgang geht in der Regel mit einer Veränderung der Daten einher.[1264] Hieran fehlt es bei der bloßen Anbahnung von Datentransaktionen, da dort weder der Datenvermittler noch ein anderer unmittelbar Zugang zu den gegenständlichen Daten erhält und von keiner Seite auf die Daten eingewirkt wird. Der bloße Ab-

1263 Darüber hinaus können Datenvermittler auch andere personenbezogene Daten im Rahmen ihres Geschäftsbetriebs verarbeiten, z. B. im Zusammenhang von Vertragsverhältnissen mit Dateninhabern und Datennutzern. Von Interesse sind in diesem Abschnitt aber nur die datenschutzrechtlichen Pflichten von B2B-Datenvermittlern bezüglich der von ihnen zu vermittelnden Daten der Dateninhaber.

1264 Siehe nur *Arning/Rothkegel*, in: Taeger/Gabel, DSGVO, Art. 4 Rn. 77.

schluss eines Vertrages über die Datenweitergabe stellt noch keine Datenverarbeitung dar. Hieraus folgt, dass das Geschäftsmodell eines B2B-Datenvermittlers hinsichtlich der zu vermittelnden Daten nicht in den Anwendungsbereich der DSGVO fällt, soweit er lediglich Datentransaktionen anbahnt und weder an der Datenübermittlung beteiligt ist noch zusätzliche datenbezogene Dienste im Sinne von Art. 12 lit. e DGA anbietet.[1265]

Anders verhält es sich, wenn der Datenvermittler die gegenständlichen Daten für den Dateninhaber an den Datennutzer überträgt. Dann ist er an einer Offenlegung von Daten gegenüber dem Datennutzer in Form einer Datenübermittlung beteiligt. Eine Offenlegung nach Art. 4 Nr. 2 DSGVO liegt vor, wenn personenbezogene Daten einem Empfänger im Sinne des Art. 4 Nr. 9 DSGVO[1266] zugänglich gemacht werden. Eine Übermittlung ist die Form der Offenlegung, bei der personenbezogene Daten gezielt mit einzelnen Empfängern geteilt werden. Unter anderem kann die Übermittlung auf elektronische Weise erfolgen.[1267] Die Übertragung der Daten vom Dateninhaber an den Datennutzer über die Dienste des Datenvermittlers stellt, unabhängig davon wie sie im konkreten Fall technisch umgesetzt wird, eine Datenübermittlung nach Art. 4 Nr. 2 DSGVO dar.

Auch die zusätzlichen datenbezogenen Dienstleistungen, die Datenvermittler nach Art. 12 lit. e DGA anbieten dürfen, stellen Datenverarbeitungen nach Art. 4 Nr. 2 DSGVO dar.[1268] Eine Verarbeitung in Form einer Datenspeicherung liegt bereits dann vor, wenn Datenvermittler personenbezogene Daten eines Dateninhabers auf ihren Servern speichern. Bei den übrigen besonders relevanten Zusatzdienstleistungen dürfte es sich in der Regel zwar nicht um Veränderungen von Daten handeln. Denn für die Datenveränderung ist nach herrschender Literaturansicht eine inhaltliche Umgestaltung der Daten erforderlich.[1269] Hieran fehlt es bei

---

1265 Auch die Erbringung einer Auftragsverarbeitung setzt voraus, dass der Auftragsverarbeiter aktiv an der Verarbeitung mitwirkt und die Kenntnisnahme der Daten erwünscht oder zumindest möglich ist; siehe *Arning/Rothkegel*, in: Taeger/Gabel, DSGVO, Art. 4 Rn. 257 f.; *Spoerr*, in: BeckOK DatenschutzR, DSGVO, Art. 28 Rn. 21.

1266 Der Empfängerbegriff der DSGVO ist weit. Gemäß Art. 4 Nr. 9 DSGVO ist ein Empfänger eine natürliche oder juristische Person, Behörde, Einrichtung oder andere Stelle, der personenbezogene Daten offengelegt werden, unabhängig davon, ob es sich bei ihr um einen Dritten handelt oder nicht.

1267 *Arning/Rothkegel*, in: Taeger/Gabel, DSGVO, Art. 4 Rn. 88 f.

1268 Die Bedingungen des Art. 12 lit. e DGA und die Vorgaben der DSGVO sind dann von Datenvermittlern kumulativ zu beachten; siehe auch *Specht-Riemenschneider*, in: Specht-Riemenschneider/Hennemann, DGA, Art. 12 Rn. 31, 54.

1269 *Arning/Rothkegel*, in: Taeger/Gabel, DSGVO, Art. 4 Rn. 78; *Schild*, in: BeckOK DatenschutzR, DSGVO, Art. 4 Rn. 44.

der Anonymisierung,[1270] der Aufbereitung und der Formatumwandlung von personenbezogenen Daten. Allerdings sind diese datenbezogenen Tätigkeiten unter den Auffangtatbestand der Datenverwendung zu fassen, worunter jeder Umgang mit personenbezogenen Daten verstanden wird.[1271]

2. Verantwortlichkeit von Datenvermittlungsdiensten

Wenn ein Datenvermittler an einer Verarbeitung der auszutauschenden Daten beteiligt ist, stellt sich die Frage nach seiner datenschutzrechtlichen Verantwortlichkeit für den Verarbeitungsvorgang. Hierfür kommt es auf seine Funktion und Rolle bei der Datenverarbeitung an. Die DSGVO unterscheidet insofern grundlegend zwischen Verantwortlichen nach Art. 4 Nr. 7 DSGVO und Auftragsverarbeitern nach Art. 4 Nr. 8 DSGVO. Der Verantwortliche trägt gemäß Art. 24 Abs. 1 DSGVO die Verantwortung für den Datenverarbeitungsvorgang. Er muss sicherstellen, dass die Datenverarbeitung im Einklang mit der DSGVO erfolgt und alle dafür erforderlichen Maßnahmen ergreifen.[1272] Konsequenterweise ist der Verantwortliche Adressat der Betroffenenrechte nach Art. 13 ff. DSGVO und unterliegt bei Rechtsverstößen den öffentlich-rechtlichen Sanktionen gemäß Art. 83 f. DSGVO sowie der zivilrechtlichen Haftung nach Art. 82 DSGVO.[1273]

Demgegenüber nimmt der Auftragsverarbeiter nur eine dem Verantwortlichen untergeordnete Rolle bei der Datenverarbeitung ein. Er darf die personenbezogenen Daten gemäß Art. 29 DSGVO lediglich auf Weisung des Verantwortlichen verarbeiten und übernimmt eine Hilfstätigkeit bei der Datenverarbeitung. Über den Zweck und die Art und Weise der Datenverarbeitung entscheidet weiterhin der Verantwortliche.[1274] Dieser bleibt deshalb auch dann für die Verarbeitung verantwortlich, wenn sie (vollständig) vom Auftragsverarbeiter durchgeführt wird.[1275] Den Auftragsverarbeiter treffen im Vergleich zum Verantwortlichen weniger umfangreiche Datenschutzpflichten.[1276] Aus Sicht eines Datenvermittlers ist es daher vorteilhaft als Auftragsverarbeiter im Sinne von Art. 4 Nr. 8 DSGVO und nicht als Verantwortlicher eingestuft zu werden.

Wenn mehrere Personen an einer Datenverarbeitung als Verantwortliche beteiligt sind, kann es sich bei ihnen auch um gemeinsame Verantwortliche nach

---

1270 Siehe *Arning/Rothkegel*, in: Taeger/Gabel, DSGVO, Art. 4 Rn. 78; *Schild*, in: BeckOK DatenschutzR, DSGVO, Art. 4 Rn. 45.

1271 *Arning/Rothkegel*, in: Taeger/Gabel, DSGVO, Art. 4 Rn. 81 f.; *Ernst*, in: Paal/Pauly, DSGVO Art. 4 Rn. 29; *Schild*, in: BeckOK DatenschutzR, DSGVO, Art. 4 Rn. 48.

1272 Vgl. ErwG 74 DSGVO.

1273 Siehe nur *Schmidt/Brink*, in: BeckOK DatenschutzR, DSGVO, Art. 24 Rn. 18.

1274 *Spoerr*, in: BeckOK DatenschutzR, DSGVO, Art. 28 Rn. 18.

1275 *Arning/Rothkegel*, in: Taeger/Gabel, DSGVO, Art. 4 Rn. 174.

1276 Siehe zu den Pflichten *Hartung*, in: Kühling/Buchner, DSGVO, Art. 4 Nr. 8 Rn. 4.

Art. 26 Abs. 1 S. 1 DSGVO handeln. Dafür ist erforderlich, dass sie gemeinsam die Zwecke oder Mittel einer Datenverarbeitung festlegen. Eine gemeinsame Verantwortlichkeit mit dem Dateninhaber oder Datennutzer ist für Datenvermittler besonders unattraktiv,[1277] da sie dann gemäß Art. 26 Abs. 3 DSGVO als Gesamtschuldner mit den anderen Verantwortlichen haften und sich deren Handlungen zurechnen lassen müssen.[1278] Aus diesen Gründen hat die Einordnung der datenschutzrechtlichen Verantwortlichkeit von Datenvermittlern eine große Bedeutung für die Bestimmung der Pflichten und der datenschutzrechtlichen Risiken, die mit ihren Geschäftsmodellen einhergehen. Im Folgenden soll daher untersucht werden, welche datenschutzrechtliche Rolle B2B-Datenvermittler im Rahmen von Datentransaktionen typischerweise einnehmen.

a) Verantwortlicher (Art. 4 Nr. 7 DSGVO)

Verantwortlicher ist gemäß Art. 4 Nr. 7 DSGVO die Person, die allein oder gemeinsam mit anderen über die Zwecke und Mittel der Verarbeitung von personenbezogenen Daten entscheidet. Es handelt sich bei ihm um den „Herrn der Daten“[1279], dem die DSGVO aufgrund seiner Entscheidungsbefugnis über Zweck und Mittel der Verarbeitung die primäre Verantwortung für die Einhaltung des Datenschutzes zuweist.[1280] Verantwortlicher ist wer das beabsichtigte Ergebnis einer Datenverarbeitung und die Art und Weise bestimmt, auf die es erreicht werden soll.[1281] Entscheidend ist demnach, wer über die wesentlichen inhaltlichen Fragen der Datenverarbeitung bestimmt.[1282]

Hinsichtlich der Entscheidungsbefugnis über die Mittel einer Verarbeitung ist zwischen wesentlichen und unwesentlichen Mitteln zu unterscheiden. Nur Entscheidungen über wesentliche Mittel sind für die Einstufung als Verantwortlicher relevant.[1283] Die Bestimmung unwesentlicher Mittel kann hingegen an einen Auftragsverarbeiter delegiert werden, ohne dass dadurch die Zuweisung der Verant-

1277 Vgl. zu Datentreuhändern nach Art. 10 lit. b DGA *Kühling*, ZfDR 2021, 1 (14 ff.).
1278 *Arning/Rothkegel*, in: Taeger/Gabel, DSGVO, Art. 4 Rn. 222; *Martini*, in: Paal/Pauly, DSGVO, Art. 26 Rn. 36 f.
1279 *Raschauer*, in: Sydow/Marsch, DSGVO, Art. 4 Rn. 123; *Kühling*, ZfDR 2021, 1 (15).
1280 *Arning/Rothkegel*, in: Taeger/Gabel, DSGVO, Art. 4 Rn. 181; *Hartung*, in: Kühling/Buchner, DSGVO, Art. 4 Nr. 7 Rn. 6.
1281 *Arning/Rothkegel*, in: Taeger/Gabel, DSGVO, Art. 4 Rn. 181.
1282 *Arning/Rothkegel*, in: Taeger/Gabel, DSGVO, Art. 4 Rn. 184; *EDPB*, Guidelines 07/2020 (2.1), S. 14, Rn. 35.
1283 *Arning/Rothkegel*, in: Taeger/Gabel, DSGVO, Art. 4 Rn. 184; *Hartung*, in: Kühling/Buchner, DSGVO, Art. 4 Nr. 7 Rn. 13; *EDPB*, Guidelines 07/2020 (2.1), S. 15.

wortlichkeit berührt wird.[1284] Die wesentlichen Mittel einer Verarbeitung sind in der Regel eng mit dem Zweck der Verarbeitung verbunden und umfassen unter anderem die Fragestellungen, welche Datenkategorien zu verarbeiten sind, wie lange die Daten zu speichern sind und welchen Dritten Zugang zu den Daten zu gewähren ist.[1285] Entscheidungen über unwesentliche Mittel betreffen hingegen die praktische Umsetzung der Verarbeitung, worunter zum Beispiel die Auswahl von Verarbeitungssoftware oder von Sicherheitsmaßnahmen fällt.[1286] Diese Entscheidungen können Auftragsverarbeitern überlassen werden, ohne dass hierdurch die datenschutzrechtliche Verantwortlichkeit berührt wird.

b) Auftragsverarbeiter (Art. 4 Nr. 8 DSGVO)

Bei einem Auftragsverarbeiter handelt es sich gemäß Art. 4 Nr. 8 DSGVO um jede Stelle, die personenbezogene Daten für einen Verantwortlichen verarbeitet. Auftragsverarbeiter arbeiten mit Verantwortlichen zusammen, um für diese bestimmte Aufgaben zu übernehmen, die im Rahmen der Datenverarbeitung anfallen. Für die Einordnung einer Zusammenarbeit als Auftragsverarbeitung ist erforderlich, dass allein der Verantwortliche über die Zwecke und wesentlichen Mittel der Verarbeitung entscheidet und der Auftragsverarbeiter an die Weisungen des Verantwortlichen gebunden ist.[1287]

Die Entscheidungshoheit über die Zwecke und wesentlichen Mittel der Verarbeitung ist anhand der tatsächlichen Verhältnisse im konkreten Verarbeitungsvorgang zu beurteilen.[1288] Ein wichtiges Indiz hierfür bietet der Umstand, wer an der Datenverarbeitung ein eigenes Interesse hat.[1289] Der Verantwortliche nimmt an der Verarbeitung der personenbezogenen Daten teil, weil er hiermit ein bestimmtes Verarbeitungsergebnis herbeiführen möchte. Demgegenüber verfolgt der Auftragsverarbeiter mit der Verarbeitung keinen eigenen Zweck, der über das unmittelbare finanzielle Vergütungsinteresse an der Auftragsdurchführung hinaus-

---

1284 *Arning/Rothkegel*, in: Taeger/Gabel, DSGVO, Art. 4 Rn. 184; *Spoerr*, in: BeckOK DatenschutzR, DSGVO, Art. 28 Rn. 18.

1285 *Arning/Rothkegel*, in: Taeger/Gabel, DSGVO, Art. 4 Rn. 184; *Kartheuser/Nabulsi*, MMR 2018, 717 (718); *EDPB*, Guidelines 07/2020 (2.1), S. 15, Rn. 40.

1286 *EDPB*, Guidelines 07/2020 (2.1), S. 15, Rn. 40; *Spoerr*, in: BeckOK DatenschutzR, DSGVO, Art. 28 Rn. 18; *Lang*, in: Taeger/Gabel, DSGVO, Art. 26 Rn. 43.

1287 *Arning/Rothkegel*, in: Taeger/Gabel, DSGVO, Art. 4 Rn. 243.

1288 *Arning/Rothkegel*, in: Taeger/Gabel, DSGVO, Art. 4 Rn. 244; *Hartung*, in: Kühling/Buchner, DSGVO, Art. 4 Nr. 8 Rn. 7; *Spoerr*, in BeckOK DatenschutzR, DSGVO, Art. 28 Rn. 22.

1289 *Arning/Rothkegel*, in: Taeger/Gabel, DSGVO, Art. 4 Rn. 251; *Spoerr*, in: BeckOK DatenschutzR, DSGVO, Art. 28 Rn. 18 f.; *EDPB*, Guidelines 07/2020 (2.1), S. 26, Rn. 80 f.

geht.[1290] Er ordnet sich dem vom Verantwortlichen gesetzten Verarbeitungszweck unter und hat an dessen Erfüllung (abgesehen von seiner Vergütung) kein eigenes Interesse.[1291] Im Rahmen der Bestimmung der Verarbeitungsmittel ist die Unterscheidung zwischen wesentlichen und unwesentlichen Mitteln zu berücksichtigen. Der Auftragsverarbeiter kann die unwesentlichen technischen und organisatorischen Mittel eigenständig festlegen, ohne dass er deshalb als (gemeinsamer) Verantwortlicher einzuordnen ist.[1292] Gegenüber den Entscheidungen des Verantwortlichen über die Zwecke und wesentlichen Mittel der Verarbeitung ist der Auftragsverarbeiter aber weisungsgebunden.[1293] Ihm fehlt es insoweit an einem wesentlichen eigenen Wertungs- und Entscheidungsspielraum, der seine Unabhängigkeit begründen würde.[1294]

c) Gemeinsame Verantwortlichkeit (Art. 26 DSGVO)

Während bei der Auftragsverarbeitung nur der Auftragsgeber Verantwortlicher im Sinne des Art. 4 Nr. 7 DSGVO ist, sind auch Konstellationen möglich, bei denen es gemäß Art. 26 DSGVO mehrere gemeinsam Verantwortliche gibt. Hierfür ist nach Art. 26 Abs. 1 S. 1 DSGVO erforderlich, dass zwei oder mehr Verantwortliche gemeinsam die Zwecke und Mittel der Verarbeitung festlegen. In der Praxis wirft die Abgrenzung des Art. 26 DSGVO zur alleinigen Verantwortlichkeit und der Auftragsverarbeitung bei arbeitsteiligen Datenverarbeitungsvorgängen Schwierigkeiten auf.[1295] Ein wesentlicher Grund hierfür ist die extensive Auslegung des Art. 26 DSGVO durch die kontroverse[1296] Rechtsprechung des EuGH.[1297]

1290 *Arning/Rothkegel*, in: Taeger/Gabel, DSGVO, Art. 4 Rn. 251; *Spoerr*, in: BeckOK DatenschutzR, DSGVO, Art. 28 Rn. 18 f.; *EDPB*, Guidelines 07/2020 (2.1), S. 26, Rn. 81.

1291 Hierbei ist auf den konkreten Verarbeitungsvorgang abzustellen. Es ist deshalb unerheblich, dass ein spezialisierter Auftragsverarbeiter seine Dienste am Markt anbietet und damit den Verarbeitungszweck abstrakt bestimmt; siehe *Arning/Rothkegel*, in: Taeger/Gabel, DSGVO, Art. 4 Rn. 252; *EDPB*, Guidelines 07/2020 (2.1), S. 27, Rn. 84.

1292 *Arning/Rothkegel*, in: Taeger/Gabel, DSGVO, Art. 4 Rn. 253; *Radtke*, Gemeinsame Verantwortlichkeit (2022), S. 132.

1293 *Spoerr*, in: BeckOK DatenschutzR, DSGVO, Art. 28 Rn. 18.

1294 *Gabel/Lutz*, in: Taeger/Gabel, DSGVO, Art. 28 Rn. 13.

1295 *Spoerr*, in: BeckOK DatenschutzR, DSGVO, Art. 26 Rn. 18; *Lang*, in: Taeger/Gabel, DSGVO, Art. 26 Rn. 39, 67; *Kartheuser/Nabulsi*, MMR 2018, 717.

1296 Vgl. *Lang*, in: Taeger/Gabel, DSGVO, Art. 26 Rn. 36 m. w. N.

1297 *EuGH*, Urteil vom 5. Juni 2014, C-210/16, ECLI:EU:C:2018:388 – *Facebook-Fanpages*; Urteil vom 10. Juli 2018, C-25/17, ECLI:EU:C:2018:55 – *Zeugen Jehovas*; Urteil vom 29. Juli 2019, C-40/17, ECLI:EU:C:2019:1039 – *Fashion ID*. Zusammenfassungen der Entscheidungen finden sich in *Radtke*, Gemeinsame Verantwortlichkeit (2022), S. 49 ff.; *Arning/Rothkegel*, in: Taeger/Gabel, DSGVO, Art. 4 Rn. 197 ff.

Nach dem Wortlaut des Art. 26 DSGVO müssen die Verantwortlichen die Zwecke und die Mittel der Verarbeitung gemeinsam festlegen. Aufgrund des Wortlauts und der korrespondierenden Formulierung in ErwG 79 DSGVO wird diese Voraussetzung überwiegend kumulativ verstanden, so dass ein gemeinsam Verantwortlicher sowohl an der Entscheidung über die Zwecke als auch an der Festlegung der (wesentlichen) Mittel beteiligt sein muss.[1298] Eine gemeinsame Entscheidung liegt jedenfalls dann vor, wenn die beteiligten Stellen alle Zwecke und Mittel der Verarbeitung gemeinsam und übereinstimmend festlegen.[1299] Laut dem Europäischen Datenschutzausschuss genügen nach der Rechtsprechung des EuGH aber auch „konvergierende Entscheidungen", bei denen sich die jeweiligen Entscheidungen der Beteiligten über Zweck und Mittel ergänzen und jeder Beteiligte einen spürbaren Einfluss auf die Bestimmung der Zwecke und wesentlichen Mittel der Verarbeitung hat.[1300] Danach reicht für die Beteiligung an der Entscheidung bereits ein geringer Grad der Mitwirkung und Einflussnahme auf die Festlegung der Zwecke und der wesentlichen Mittel einer Datenverarbeitung aus.[1301] Es ist aber weiterhin erforderlich, dass jeder Beteiligte mit der Verarbeitung ein eigenes Interesse verfolgt, das über die Zahlung eines Entgelts hinausgeht.[1302] Zudem ist beim gemeinsamen Verantwortlichen im Gegensatz zum weisungsabhängigen Auftragsverarbeiter ein gewisser Entscheidungsspielraum über die Zwecke und wesentlichen Mittel der Verarbeitung zu fordern.[1303]

d) Einordnung von B2B-Datenvermittlern als Auftragsverarbeiter

Mit Blick auf die Funktionen und Aufgabenfelder von Datenvermittlern nach Art. 10 lit. a DGA spricht viel für ihre Einordnung als Auftragsverarbeiter gemäß Art. 4 Nr. 8 DSGVO.[1304] Aufgrund der weiten Auslegung der gemeinsamen Verant-

1298 *Lang*, in: Taeger/Gabel, DSGVO, Art. 26 Rn. 41; *Kartheuser/Nabulsi*, MMR 2018, 717 (720); *EDPB*, Guidelines 07/2020 (2.1), S. 19, Rn. 53; die hervorgehobene Bedeutung der Zweckfestlegung für die Verantwortlichkeit betonend *Radtke*, Gemeinsame Verantwortlichkeit (2022), S. 130 ff.

1299 *Arning/Rothkegel*, in: Taeger/Gabel, DSGVO, Art. 4 Rn. 192; *EDPB*, Guidelines 07/2020 (2.1), S. 19, Rn. 54.

1300 *EDPB*, Guidelines 07/2020 (2.1), S. 19, Rn. 55; *Spoerr*, in BeckOK DatenschutzR, DSGVO, Art. 26 Rn. 25.

1301 *Lang*, in: Taeger/Gabel, DSGVO, Art. 26 Rn. 36; *Arning/Rothkegel*, in: Taeger/Gabel, DSGVO, Art. 4 Rn. 209; *Gierschmann*, ZD 2020, 69 (71).

1302 *Arning/Rothkegel*, in: Taeger/Gabel, DSGVO, Art. 4 Rn. 216; *Radtke*, Gemeinsame Verantwortlichkeit (2022), S. 145; *EDPB*, Guidelines 07/2020 (2.1), S. 22, Rn. 68.

1303 *Radtke*, Gemeinsame Verantwortlichkeit (2022), S. 147; *Lang*, in: Taeger/Gabel, DSGVO, Art. 26 Rn. 66.

1304 So im Ergebnis auch *Marx/Sütthoff*, CR 2023, 29 (34 Rn. 29). Bei C2B-Datenvermittlern nach Art. 10 lit. b DGA ist hingegen die Einordnung als (gemeinsamer) Verantwortlicher naheliegend, siehe *Kühling*, ZfDR 2021, 1 (14 f.); a. A. *Marx/Sütthoff*, CR 2023, 29 (34 Rn. 27).

wortlichkeit durch den EuGH, die überdies auf vagen Kriterien beruht, besteht hierüber aber keine vollständige Gewissheit.[1305]

Bei der Datenübermittlung vom Dateninhaber an den Datennutzer nehmen Datenvermittler lediglich eine technische Hilfs- und Unterstützungsfunktion ein. Sie entscheiden weder über die Zwecke noch über die wesentlichen Mittel der Offenlegung. Diese Entscheidungen verbleiben allein bei den Dateninhabern und Datennutzern. Der Dateninhaber wird mit der Offenlegung in der Regel ein finanzielles Interesse verfolgen oder eine Zusammenarbeit mit dem Datennutzer anstreben. Für den Datennutzer ist die Offenlegung ein Zwischenschritt zur anschließenden wirtschaftlichen Nutzung der Daten für eigene Zwecke. Der Datenvermittler hat hingegen keinen Einfluss darauf, welches Ergebnis durch die Offenlegung beim Dateninhaber und Datennutzer herbeigeführt werden sollen. Er verfolgt mit der Durchführung der Datentransaktion kein eigenes Interesse, das über das mit jeder entgeltlichen Dienstleistung zwangsläufig verknüpfte Vergütungsinteresse hinausgeht. Dieses abstrakte Interesse an der Durchführung von Datentransaktionen genügt für die Einordnung als Verantwortlicher aber gerade nicht.[1306]

Darüber hinaus kann der Datenvermittler im Regelfall auch keinen Einfluss auf die Festlegung der wesentlichen Mittel der Offenlegung nehmen. Entscheidungen über wesentliche Mittel zur Erreichung des mit der Offenlegung beabsichtigten Verarbeitungsergebnisses umfassen zum Beispiel die Auswahl der zu übermittelnden Daten sowie der Datenempfänger.[1307] Es handelt sich also um Mittel, deren Festlegung eng mit dem Zweck der Offenlegung zusammenhängt. Auch die Entscheidung, ob für die Durchführung einer Datenübermittlung ein Datenvermittler eingeschaltet oder ob ein anderer Übermittlungsweg gewählt wird, stellt eine wesentliche Entscheidung dar. Diese Entscheidung liegt aber allein beim Dateninhaber und gegebenenfalls dem Datennutzer. Der Datenvermittler kann auf diese Entscheidungen keinen Einfluss nehmen. Ihm verbleiben lediglich Entscheidungen über die technische Umsetzung der Datentransaktion. Hierbei handelt es sich um

---

1305 Zu berücksichtigen ist jedoch, dass die Entscheidungen des EuGH nicht die Abgrenzung zwischen der gemeinsamen Verantwortlichkeit und der Auftragsverarbeitung zum Gegenstand hatten. Stattdessen ging es um die Unterscheidung, ob parallel mehrere Personen allein verantwortlich waren oder ob sie als allein Verantwortliche gemeinsam verantwortlich waren. Die dort getroffenen, ergebnisorientierten Erwägungen sollten daher nicht vorschnell auf die Abgrenzung zwischen gemeinsamer Verantwortlichkeit und Auftragsverarbeitung übertragen werden. Skeptisch gegenüber einer generellen Übertragbarkeit der geschaffenen Kriterien auf andere Fallkonstellationen deshalb zurecht *Arning/Rothkegel*, in: Taeger/Gabel, DSGVO, Art. 4 Rn. 217 ff.

1306 Vgl. *Arning/Rothkegel*, in: Taeger/Gabel, DSGVO, Art. 4 Rn. 252; *Radtke*, Gemeinsame Verantwortlichkeit (2022), S. 145; *EDPB*, Guidelines 07/2020 (2.1), S. 28, Rn. 84.

1307 *Arning/Rothkegel*, in: Taeger/Gabel, DSGVO, Art. 4 Rn. 184; *Lang*, in: Taeger/Gabel, DSGVO, Art. 26 Rn. 43; *Kartheuser/Nabulsi*, MMR 2018, 717 (718); *EDPB*, Guidelines 07/2020 (2.1), S. 15, Rn. 40.

Entscheidungen über unwesentliche Mittel, die ohne weiteres an Auftragsverarbeiter delegiert werden können.

Entsprechendes gilt auch für die Bereitstellung von Zusatzdiensten im Sinne von Art. 12 lit. e DGA. Danach darf der Datenvermittler für den Dateninhaber lediglich einzelne komplementäre Dienstleistungen erbringen, wie die Anonymisierung von Daten oder die Umwandlung von Datenformaten. Der Datenvermittler entscheidet dabei weder über den Zweck noch über die wesentlichen Mittel solcher Datenverarbeitungen. Er nimmt die gewünschten Leistungen nur auf Antrag oder mit Zustimmung des Dateninhabers[1308] und nach dessen Wünschen vor. Ihm steht insoweit kein eigener Ermessensspielraum zu. Wie bei Cloud-Dienstleistungen und *Software-as-a-Service*-Dienstleistungen[1309] handelt es sich bei der Erbringung von Zusatzdienstleistungen um typische Fälle der Auftragsverarbeitung.

3. Rechtsfolgen

Wenn, wie hier, angenommen wird, dass Datenvermittler im Hinblick auf die zu vermittelnen Daten als Auftragsverarbeiter einzuordnen sind, stellt dies für sie im Vergleich zur Einordnung als (gemeinsam) Verantwortlicher eine rechtliche Erleichterung dar. Nichtsdestotrotz unterliegen auch Auftragsverarbeiter einer Reihe datenschutzrechtlicher Verpflichtungen, die von Datenvermittlern zu berücksichtigen sind. Insbesondere sind die Datenvermittler nach Art. 28 Abs. 3 S. 1 DSGVO verpflichtet, mit dem oder den Verantwortlichen einen Vertrag zu schließen, in dem Gegenstand und Dauer der Verarbeitung, Art und Zweck der Verarbeitung, die Art der personenbezogenen Daten, die Kategorien betroffener Personen und die Pflichten und Rechte des Verantwortlichen festgelegt sind. In diesem Vertrag muss sich der Auftragsverarbeiter unter anderem dazu verpflichten, dass seine relevanten Mitarbeiter zur Vertraulichkeit verpflichtet sind (lit. b), dass er alle nach Art. 32 DSGVO erforderlichen Sicherheitsvorkehrungen getroffen hat (lit. c) und dass er nach Beendigung der Verarbeitung alle personenbezogenen Daten löscht oder zurückgibt (lit. g).[1310] Im Rahmen der Vertragserstellung empfiehlt sich eine sorgfältige Vorgehensweise, um zu verhindern, dass aufgrund missglückter Formulierungen der Eindruck entstehen kann, dass es sich beim Auftragsverarbeiter um einen gemeinsamen Verantwortlichen handelt.[1311]

1308 Vgl. Art. 12 lit. e DGA

1309 Vgl. *Spoerr*, in: BeckOK DatenschutzR, DSGVO, Art. 26 Rn. 24a.

1310 Für eine umfassende Aufzählung der Pflichten eines Auftragsverarbeiters siehe nur *Hartung*, in: Kühling/Buchner, DSGVO, Art. 4 Nr. 8 Rn. 4.

1311 *Spoerr*, in: BeckOK DatenschutzR, DSGVO, Art. 26 Rn. 22; siehe zu den Anforderungen an die Dokumentation der Auftragsverarbeitung *Gierschmann*, ZD 2020, 69 (72).

Zu berücksichtigen ist außerdem, dass gemäß Art. 82 Abs. 4 DSGVO Auftragsverarbeiter und Verantwortliche bei Verstößen gegen die DSGVO als Gesamtschuldner haften. Dies gilt für die Auftragsverarbeiter jedoch nach Art. 82 Abs. 2 S. 2 DSGVO nur bei Verstößen gegen Pflichten, die speziell an Auftragsverarbeiter gerichtet sind.[1312] Auftragsverarbeiter müssen daher nicht für die Verletzung von Pflichten haften, die ausschließlich den Verantwortlichen betreffen.[1313] Da Art. 82 Abs. 3 DGA eine Exkulpationsmöglichkeit vorsieht, empfiehlt es sich, alle Maßnahmen zur Sicherstellung des Datenschutzes zu dokumentieren.[1314]

III. Kartellrechtliche Pflichten

Wie Art. 1 Abs. 4 DGA klarstellt, bleibt auch die Anwendung des Wettbewerbsrechts vom DGA unberührt.[1315] Der Schutz des Wettbewerbs auf dem Markt für Datenvermittlungsdienste soll nicht allein durch die *ex ante* wirkenden Verhaltensvorgaben für Datenvermittler sichergestellt werden.[1316] Stattdessen wird die Zielsetzung eines funktionierenden Wettbewerbs auf diesem Markt auch weiterhin durch das europäische und nationale Kartellrecht verfolgt. Dies hat für die Anbieter von Datenvermittlungsdiensten unmittelbare Konsequenzen. Da die Vorgaben des DGA keine abschließenden wettbewerblichen Verhaltensregelungen darstellen, müssen Datenvermittler zusätzlich sicherstellen, dass sie im Einklang mit kartellrechtlichen Anforderungen handeln.[1317]

Zum Teil stehen die kartellrechtlichen Vorgaben in einem komplementären Verhältnis zum DGA und sehen für Datenvermittler die Umsetzung weiterer Maßnahmen vor. So sind Datenvermittler kartellrechtlich verpflichtet, geeignete Maßnahmen einzuführen, um den kartellrechtswidrigen Austausch wettbewerbsrelevanter Informationen über ihre Dienste zu verhindern.[1318] Zum Teil überschneiden sich die Anforderungen des DGA und des Kartellrechts aber auch. Dann müssen unter Umständen strengere Vorgaben des Kartellrechts hinsichtlich der Organisation und des Betriebs eines Datenvermittlungsdienstes berücksichtigt werden. Da das Kartellrecht anders als der DGA, der einen unflexiblen *One-size-*

1312 Gemeinsame Verantwortliche profitieren von einer solchen Haftungsbeschränkung hingegen nicht. Dieser Umstand trägt wesentlich dazu bei, dass die gemeinsame Verantwortlichkeit für Datenvermittler gegenüber der Auftragsverarbeitung deutlich unattraktiver ist.

1313 *Moos/Schefzig*, in: Taeger/Gabel, DSGVO, Art. 82 Rn. 67, 69.

1314 *Quaas*, in: BeckOK DatenschutzR, DSGVO, Art. 82 Rn. 19.

1315 Vgl. auch ErwG 60 DGA.

1316 Siehe zu dieser Zielsetzung der Art. 10 bis 15 DGA in Kap. 5, B. III. 2. c).

1317 Siehe auch *Schweitzer/Metzger/u. a.*, Data access and sharing (2022), S. 297.

1318 Vgl. ErwG 37, 60 DGA.

fits-all-Ansatz[1319] verfolgt, stark einzelfallabhängig ist, hängt die Notwendigkeit der Implementierung weitergehender Maßnahmen von der Marktstellung und dem Marktumfeld eines jeweiligen Datenvermittlers ab. Je nach der Größe eines Datenvermittlers und seinen gesellschaftsrechtlichen Verbindungen zu Unternehmen mit einer gewissen Marktmacht kann es daher empfehlenswert sein, sich frühzeitig mit den zuständigen Wettbewerbsbehörden abzustimmen.

1. Maßnahmen zur Verhinderung unzulässiger Informationsweitergaben

Wie ErwG 37 und 60 DGA klarstellen, sollen Anbieter von Datenvermittlungsdiensten insbesondere verhindern, dass die Dateninhaber und Datennutzer über ihre Dienste wettbewerbsrelevante Informationen austauschen.[1320] Der Austausch wettbewerbsrelevanter Informationen zwischen Wettbewerbern kann schließlich Kollusionen zwischen Unternehmen begünstigen[1321] und andere Wettbewerbsbeschränkungen herbeiführen[1322] und ist daher grundsätzlich nach Art. 101 Abs. 1 AEUV bzw. § 1 GWB untersagt.[1323] Das Risiko des unzulässigen Austausches von Marktinformationen zwischen Nutzern hat in der Fallpraxis der Wettbewerbsbehörden zur kartellrechtlichen Zulässigkeit digitaler B2B-Handelsplattformen[1324] bereits eine wichtige Rolle gespielt.[1325]

Wenn über die Handelsplattform wettbewerbsrelevante Informationen ausgetauscht werden oder ihre Nutzung Rückschlüsse auf das Marktverhalten anderer Marktteilnehmer zulässt, kann auch der Betreiber des Marktplatzes gegen europäisches und nationales Kartellrecht verstoßen.[1326] Bei der Inbetriebnahme von

1319 Siehe dazu Kap. 5, C. III. 3.

1320 Der Kommissionsentwurf des DGA enthielt in Art. 11 Nr. 8 DGA-E noch eine ausdrückliche Pflicht für Datenvermittler, sicherzustellen, dass das europäische und nationale Wettbewerbsrecht eingehalten wird. Eine entsprechende Vorschrift findet sich in der finalen Fassung des DGA nicht. Da die Anwendbarkeit des Kartellrechts vom DGA unberührt bleibt, wäre eine solche Vorschrift ohnehin überflüssig.

1321 Siehe nur *Dewenter/Löw*, NZKart 2015, 458.

1322 So kann es insbesondere zu Marktabschottungen kommen; siehe *Europäische Kommission*, Horizontalleitlinien (2011), Rn. 69 ff.

1323 Siehe hierzu ausführlich oben in Kap. 3, C. III. 2. a) aa).

1324 Hierbei handelte es sich bisher um Plattformen für physische Güter wie Stahlerzeugnisse oder Öl.

1325 Siehe nur *Europäische Kommission*, Entscheidung vom 31. Juli 2001, COMP/38.064 – *Covisint*; *BKartA*, Fallbericht vom 27. März 2018, B5-1/18-001 – *XOM Metals*; *BKartA*, Fallbericht vom 9. September 2020, B8-94/19 – *OLF*.

1326 *Podszun/Bongartz*, BB 2020, 2882 (2888 f.); *Küster/Schieber*, BB 2020, 2188 (2195); *Beckmann/Müller*, in: Hoeren, Hdb. MMR, 10. Rn. 100 ff.; *Ecker*, CCZ 2021, 200 (202); *Lübbig*, in: Wiedemann, Hdb. KartR, § 9 Rn. 234, 237 f.; *Paal/Kumkar*, in: BeckOK InfoMedienR, AEUV, Art. 101 Rn. 153a; *Zimmer*, in: Immenga/Mestmäcker, GWB, § 1 Rn. 186.

B2B-Marktplätzen sind daher bestimmte Maßnahmen zu ergreifen, um den rechtswidrigen Austausch von Marktinformationen effektiv zu verhindern. Da es sich bei Datenvermittlungsdiensten im Sinne von Art. 10 lit. a DGA um B2B-Handelsplattformen handelt, müssen die in der kartellrechtlichen Anwendungspraxis entwickelten Grundsätze zur Zulässigkeit solcher Plattformen auch von ihnen berücksichtigt werden. Eine Besonderheit besteht bei Datenvermittlungsdiensten darin, dass sie Handelsplattformen für Informationsgüter darstellen. Auf ihnen werden daher in viel größerem Umfang Informationen zwischen Nutzern ausgetauscht als dies auf B2B-Plattformen für physische Güter der Fall ist. In diesem Zusammenhang ist aber zu berücksichtigen, dass der Datenaustausch zwischen Dateninhabern und Datennutzern im Regelfall keine wettbewerbsrelevanten Informationen zum Inhalt haben sollte.[1327] Nichtsdestotrotz können sich im Einzelfall kartellrechtliche Bedenken ergeben.

a) Wettbewerbsrelevante Informationen

Datenvermittler sind verpflichtet, den Austausch von Informationen mit wettbewerbsrelevanten Inhalten über ihre Dienste zu verhindern. Wettbewerbsrelevant sind insbesondere Informationen über das geplante Wettbewerbsverhalten von Unternehmen, also über ihre geplanten Preise, Mengen- und Absatzziele.[1328] Problematisch ist außerdem die Weitergabe von strategisch relevanten Informationen, die Rückschlüsse auf das Verhalten von Wettbewerbern zulassen und daher die Ungewissheit auf dem Markt reduzieren. Hierbei handelt es sich vor allem um Informationen über Produktionskosten und -kapazitäten, Umsätze, die bestehende Nachfrage und Kundschaft, Marktanteile, künftige Investitionen sowie Forschungs- und Entwicklungsaktivitäten.[1329] Nicht wettbewerbsrelevant sind dagegen in der Regel rein technische Informationen, da es ihnen an einem unmittelbaren Wettbewerbsbezug fehlt.[1330]

Eine kartellrechtliche Brisanz hat der Informationsaustausch grundsätzlich nur dann, wenn er zwischen tatsächlichen oder potenziellen Wettbewerbern erfolgt.[1331] Aus diesem Grund besteht bei Datenvermittlungsdiensten, die sich nur an Teilnehmer aus einem bestimmten Sektor oder einer bestimmten Branche richten,

1327 Siehe oben in Kap. 3, C. III. 2. a) aa) (2) (b).

1328 Vgl. ErwG 37 DGA; siehe auch oben in Kap. 3, C. III. 2. a) aa) (1) und *Europäische Kommission*, Horizontalleitlinien (2011), Rn. 73 f.

1329 Vgl. *Europäische Kommission*, Horizontalleitlinien (2011), Rn. 86.; *Europäische Kommission*, Horizontalleitlinien (2022), Rn. 424; *Wagner-von Papp*, in: MüKo WettbR, AEUV Art. 101 Rn. 351 f.; *Bechtold/Bosch/Brinker*, EU-Kartellrecht, AEUV Art. 101 Rn. 201.

1330 *Wagner-von Papp*, in: MüKo WettbR, AEUV Art. 101 Rn. 353.

1331 Vgl. auch ErwG 60 DGA; siehe hierzu ausführlich in Kap. 3, C. III. 2. a) aa) (1).

ein größeres Risiko kartellrechtlich sensibler Informationsweitergaben als bei anderen Datenvermittlern. Inhaltlich ist ein rechtswidriger Informationsaustausch unter Dateninhabern und Datennutzern vor allem über zwei Themenfelder denkbar. Zum einen können sich Dienstenutzer über ihre Strategien auf den Hauptmärkten, auf denen sie tätig sind, austauschen. Zum anderen können Dateninhaber untereinander ihr Datenangebot und die für deren Nutzung verlangten Preise koordinieren. Unzulässige Informationsweitergaben können also nicht nur zwischen den beiden Nutzergruppen, sondern auch innerhalb der jeweiligen Nutzergruppen erfolgen.

b) Geeignete Maßnahmen

Um kartellrechtliche Bedenken zu entkräften, sollten Datenvermittler durch geeignete und erforderliche Maßnahmen sicherstellen, dass der Austausch wettbewerbsrelevanter Informationen über ihre Plattformen unterbleibt.[1332] Auch hier kann keine absolute oder optimale Verhinderung kartellrechtlich unzulässiger Informationsflüsse verlangt werden. Dies würde nämlich eine umfassende inhaltliche Prüfung aller Datentransaktionen und sonstiger Kommunikationsvorgänge zwischen den Dienstenutzern erfordern. Hierfür müsste der Datenvermittler alle übermittelten Daten semantisch auslesen und zudem die Wettbewerbsbeziehungen zwischen den beteiligten Parteien sowie ihr Marktumfeld bewerten. Eine solche einzelfallbezogene Überprüfung von Datentransaktionen wäre aufgrund ihrer Komplexität entweder schon technisch und organisatorisch unmöglich oder zumindest mit einem unzumutbaren Aufwand verbunden.

Stattdessen sollte auf die Maßnahmen zurückgegriffen werden, die von den Wettbewerbsbehörden in ihrer Fallpraxis als ausreichend zur angemessenen Verhinderung von unzulässigen Informationsweitergaben angesehen wurden. Demnach empfiehlt es sich, die Identität von Dateninhabern und Datennutzern vor der Gewährung des Zugangs zum Datenvermittlungsdienst eindeutig zu verifizieren.[1333] Hierzu können zum Beispiel der Handelsregisterauszug und die Umsatzsteueridentifikationsnummer angefordert werden.[1334] Darüber hinaus sollte durch Firewalls und andere technische Vorrichtungen verhindert werden, dass Dienste-

1332 Vgl. allgemein zu B2B-Handelsplattformen *Podszun/Bongartz*, BB 2020, 2882 (2886, 2888); *Küster/Schieber*, BB 2020, 2188 (2195); *Ecker*, CCZ 2021, 200 (202); *Lübbig*, in: Wiedemann, Hdb. KartR, § 9 Rn. 236.

1333 *Podszun/Bongartz*, BB 2020, 2882 (2886); *Küster/Schieber*, BB 2020, 2188 (2195).

1334 Dies empfiehlt sich bereits um die Vorgaben aus Art. 12 lit. g und lit. j DGA zu erfüllen; siehe hierzu oben unter in Kap. 5, C. VII. 3. g) bb) (3) (b) und j) bb) (3).

nutzer den Zugang zu sensiblen Daten anderer Nutzer erhalten können.[1335] Diese organisatorischen und technischen Maßnahmen können durch die Einführung vertraglicher Verhaltensleitlinien für die Dienstenutzer ergänzt werden.[1336]

2. Zusätzliche kartellrechtliche Vorgaben für B2B-Plattformen

Neben dem Umstand, dass Plattformnutzer untereinander wettbewerbsrelevante Daten austauschen können, stellen sich beim Betrieb von B2B-Handelsplattformen weitere kartellrechtliche Risiken aufgrund der Machtposition des Plattformbetreibers. Um diesen Risiken frühzeitig entgegenzuwirken haben die europäischen und deutschen Wettbewerbsbehörden in der Vergangenheit den Betreibern solcher Plattformen strukturelle und verhaltensbezogene Vorgaben aufgegeben. Diese Vorgaben sind grundsätzlich auch von Anbietern von Datenvermittlungsdiensten zu berücksichtigen. Für sie ergibt sich aber die Besonderheit, dass einige der üblichen, nach deutschem und europäischem Kartellrecht gebotenen Maßnahmen bereits in Art. 12 DGA vorgesehen sind.[1337] Zumindest teilweise können die kartellrechtlichen Anforderungen aber über die Vorgaben des DGA hinausgehen.

Die kartellrechtlichen Vorgaben für B2B-Handelsplattformen adressieren in erster Linie drei Problemfelder, die in der Natur von B2B-Plattformen liegen und zu wettbewerblichen Risiken führen können. Zunächst stellt sich ein Informationsproblem.[1338] So besteht zugunsten des Plattformbetreibers und zum Nachteil der Nutzer eine Informationsasymmetrie, da der Plattformbetreiber wichtige Einblicke in Geschäftsinformationen seiner Nutzer erlangt. Diese Informationsvorteile kann ein integrierter Plattformbetreiber zu Lasten seiner Nutzer ausnutzen.[1339] Diese Problematik wird bei Datenvermittlern bereits durch die Datennutzungsbeschränkungen gemäß Art. 12 lit. a Alt. 1 und lit. c DGA und das gesellschaftsrechtliche Trennungsgebot nach Art. 12 lit. a Alt. 2 DGA adressiert.[1340] In der Vergangenheit sind die kartellrechtlichen Vorgaben für hybride Plattformen aber deutlich über das gesellschaftsrechtliche Trennungsgebot des DGA hinausgegangen. So haben Wettbewerbsbehörden die umfassende personelle, organisatorische, technische und informatorische Trennung der Plattform von der Muttergesellschaft und

1335 *Podszun/Bongartz*, BB 2020, 2882 (2886); *Ecker*, CCZ 2021, 200 (202); *Lübbig*, in: Wiedemann, Hdb. KartR, § 9 Rn. 236; *Reimers/Brack/Modest*, NZKart 2018, 453 (455 f.).

1336 *Küster/Schieber*, BB 2020, 2188 (2195).

1337 Schließlich soll Art. 12 DGA auch vor Wettbewerbsverfälschungen durch Datenvermittler schützen; siehe Kap. 5, B. III. 2. c).

1338 *Podszun/Bongartz*, BB 2020, 2882 (2883).

1339 Siehe dazu auch in Kap. 4, C. I. 1. c).

1340 Siehe hierzu oben in Kap. 5, C. VII. 3. a) und c).

anderen Konzerneinheiten gefordert.[1341] Anders als Art. 12 lit. a Alt. 1 DGA kann das Kartellrecht folglich die vollständige funktionelle und informationelle Entflechtung von Datenvermittlungsdiensten vorsehen. Es stellt damit Anforderungen auf, die deutlich stärker in die Organisationshoheit von Plattformbetreibern eingreifen als das rechtliche Trennungsgebot des DGA.

Weitere kartellrechtliche Vorgaben richten sich gegen das „Exklusivitätsproblem“ von B2B-Plattformen.[1342] Dieses besteht darin, dass der Plattformbetreiber eine starke Machtstellung gegenüber seinen Nutzern erlangen kann, wenn er sie durch vertragliche oder technische Mittel exklusiv an seine Plattform bindet. Durch solche Maßnahmen werden nicht nur die Wettbewerber geschwächt, sondern auch die geschäftlichen Nutzer in ihrer wirtschaftlichen Handlungsfreiheit beeinträchtigt. Das Exklusivitätsproblem wird durch den DGA bereits umfassend adressiert, indem das *Switching* und *Multihoming* von Dienstenutzern durch Art. 12 lit. f und lit. i DGA gewährleistet wird.[1343] Darüber hinausgehende kartellrechtliche Vorgaben sind in diesem Fall nicht zu erwarten. In der Vergangenheit haben Wettbewerbsbehörden insbesondere Exklusivitätsklauseln untersagt und technische Vorkehrungen zur Herstellung der Interoperabilität und Datenportabilität begrüßt.[1344]

Kartellrechtliche Vorgaben adressieren außerdem das Machtproblem von B2B-Plattformen.[1345] Plattformen mit hoher Marktmacht können ihre Machtstellung zulasten ihrer Nutzer ausnutzen, indem sie zum Beispiel Nutzungsgebühren in missbräuchlicher Höhe verlangen oder einzelne Nutzer (gezielt) diskriminieren. Art. 12 lit. f DGA soll hier bereits Abhilfe schaffen, indem Datenvermittlern die Gewährleistung des fairen und diskriminierungsfreien Zugangs zu ihren Diensten vorgeschrieben wird.[1346] Die Pflicht zur Gewährleistung des offenen und diskriminierungsfreien Zugangs zu B2B-Plattformen folgt in vielen Fällen auch aus dem europäischen Kartellrecht. In der Vergangenheit haben Wettbewerbsbehörden den Plattformbetreibern daher Vorgaben auferlegt, die inhaltlich und im Umfang weitgehend Art. 12 lit. f DGA entsprechen.[1347]

1341 *Podszun/Bongartz*, BB 2020, 2882 (2889); *Küster/Schieber*, BB 2020, 2188 (2194); *Ecker*, CCZ 2021, 200 (201 f.).
1342 *Podszun/Bongartz*, BB 2020, 2882 (2883).
1343 Siehe hierzu Kap. 5, C. VII. 3. f) und i).
1344 *Podszun/Bongartz*, BB 2020, 2882 (2890).
1345 *Podszun/Bongartz*, BB 2020, 2882 (2883).
1346 Siehe hierzu Kap. 5, C. VII. 3. f) bb) (3).
1347 Siehe zu den kartellrechtlichen Vorgaben *Podszun/Bongartz*, BB 2020, 2882 (2889).

3. Zwischenergebnis

Insgesamt bietet schon die Einhaltung der Vorschriften des Art. 12 DGA einen gewissen Schutz vor kartellrechtlichen Risiken beim Betrieb von B2B-Plattformen. Um allen Anforderungen des Kartellrechts gerecht zu werden, ist zusätzlich erforderlich, dass Maßnahmen zur Verhinderung kartellrechtswidriger Datenweitergaben zwischen den Dienstenutzern ergriffen werden. Zudem kann es bei vertikal oder horizontal integrierten Datenvermittlungsdiensten erforderlich sein, dass sie über Art. 12 lit. a Alt. 2 DGA hinausgehend auch auf informatorischer und operationeller Ebene vom restlichen Konzern getrennt werden. Um kartellrechtliche Risiken auszuschließen, empfiehlt es sich für Datenvermittler frühzeitig den Kontakt zu den zuständigen Wettbewerbsbehörden zu suchen und eine (unverbindliche) Einschätzung zur kartellrechtlichen Zulässigkeit des Geschäftsmodells einzuholen. Dies gilt vor allem bei Datenvermittlern, die mit Unternehmen verbunden sind, die über eine gewisse Marktmacht verfügen. Jedenfalls bei Datenvermittlern, die nicht in marktmächtige Konzerne integriert sind,[1348] ist zu hoffen, dass sich die Wettbewerbsbehörden in Anbetracht der bereits nach dem DGA vorgesehenen Maßnahmen mit der Auferlegung weiterer Pflichten zurückhalten werden.[1349] Anderenfalls könnten sich Datenvermittler durch die divergierenden Vorgaben des DGA und des Kartellrechts einer nicht unerheblichen Rechtsunsicherheit ausgesetzt sehen.

IV. Datenvermittlungsdienste und der Digital Markets Act

Für Anbieter von Datenvermittlungsdiensten stellt sich weiterhin die Frage, ob und gegebenenfalls unter welchen Voraussetzungen sie (zusätzlich) in den Anwendungsbereich des DMA fallen können. Dies hätte für sie gravierende Konsequenzen, da sie dann neben den Vorgaben des Art. 12 DGA auch die umfangreichen Anforderungen der Art. 5 ff. DMA einhalten müssten. Ausdrücklich wird die Anwendbarkeit des DMA auf Datenvermittler nach Art. 10 DGA und die Anwendbarkeit des DGA auf *Gatekeeper* nach Art. 3 DMA in keiner der beiden Verordnungen geregelt bzw. klargestellt. Eine explizite Regelung durch den europäischen Gesetzgeber wäre wünschenswert und vor dem Hintergrund, dass beide Verordnungen der Europäischen Datenstrategie entspringen und innerhalb eines ähnlichen Zeitraums

1348 Bei kleineren Datenvermittlern kann eine kartellrechtliche Prüfung nach Art. 101 AEUV bzw. § 1 GWB bereits an der Spürbarkeitsschwelle scheitern. Dies gilt aber nicht im Hinblick auf Hardcore-Verstöße, wozu auch der Informationsaustausch zählen kann; siehe *Podszun/Bongartz*, BB 2020, 2882 (2887).

1349 Eine Pflicht hierzu besteht trotz Art. 13 Abs. 3 S. 2 DGA nicht; siehe Kap. 5, C. VI. 1. c) bb).

beschlossen wurden, auch zu erwarten gewesen.[1350] Die grundsätzliche Anwendbarkeit des DMA auf Datenvermittlungsdienste ist deshalb durch Auslegung der Art. 2 und 3 DMA zu ermitteln und wird hier abgelehnt. Die hier behandelten Datenvermittler müssen insofern keine parallele Anwendbarkeit des DGA und des DMA befürchten.

1. Parallelen zwischen DMA und DGA

Der DMA und die Art. 10 bis 15 DGA weisen hinsichtlich ihres Regelungsgegenstandes, ihrer Zwecksetzung und ihrer Regulierungssystematik gewisse Ähnlichkeiten auf. Beide Verordnungen adressieren digitale Plattformen. Der DMA soll gemäß Art. 1 Abs. 1 DMA zum Funktionieren des Binnenmarktes beitragen, indem die Fairness und Bestreitbarkeit[1351] von digitalen Märkten, auf denen *Gatekeeper* anwesend sind, gewährleistet wird. Hierzu sollen sehr große digitale Plattformen reguliert werden, die auf ihren Märkten als *Gatekeeper* den Zugang von gewerblichen Nutzern zu ihren Kunden kontrollieren.[1352] Der DMA adressiert in erster Linie die wettbewerblichen Risiken, die von den starken und vielseitigen Machtstellungen[1353] großer digitaler Plattformen ausgehen.[1354] Dazu stellt der DMA Verhaltensvorschriften für eine geringe Anzahl sehr mächtiger Plattformen auf, wozu insbesondere die sogenannten GAFAM[1355] zählen dürften.[1356] Auch die Art. 10 bis 15 DGA zielen unter anderem auf den Schutz bestimmter digitaler Märkte (Märkte für Datenvermittlungsdienste) vor plattformbedingten Vermachtungen und Wettbewerbsverfälschungen ab.[1357] Anders als beim DMA haben sich die wettbewerblichen Gefahren digitaler Plattformen bei den Adressaten des DGA aber noch nicht realisiert.

Parallelen können auch in der Regulierungssystematik der beiden Verordnungen gesehen werden.[1358] Sowohl der DMA als auch der DGA verfolgen einen *One-*

1350 Insofern wird zurecht die fehlende Kohärenz der in der Datenstrategie angekündigten Verordnungen gerügt; siehe *Picht/Richter*, GRUR Int 2022, 395.

1351 Siehe zu den klärungsbedürftigen Begriffen der Fairness und Bestreitbarkeit *Schweitzer*, ZEuP 2021, 503 (509 ff.).

1352 Siehe nur *Kumkar*, RDi 2022, 347 (Rn. 1); *De Streel/Liebhaberg/u. a.*, The European Proposal for a Digital Markets Act (2021), S. 9 f.

1353 Die Macht dominanter digitaler Plattformen beruht auf ihrer Marktmacht, ihrer informationellen Macht und ihrer Regelsetzungsmacht; siehe hierzu Kap. 4, C. I. 1.

1354 Siehe nur *Schweitzer*, ZEuP 2021, 503 (517); *Kumkar*, RDi 2022, 347 (348, Rn. 3).

1355 *Google* (bzw. nun *Alphabet*), *Amazon*, *Facebook* (bzw. nun *Meta*) und *Microsoft*.

1356 *Leistner*, Journal of Intellectual Property Law & Practice 16 (2021), 778 (779).

1357 Siehe Kap. 5, B. III. 2. c).

1358 Vgl. *Hennemann/v. Ditfurth*, NJW 2022, 1905 (1910, Rn. 30).

size-fits-all-Regulierungsansatz.[1359] Alle Unternehmen, die in den jeweiligen Anwendungsbereich der Verordnungen fallen, werden unabhängig von ihrem Geschäftsmodell und ihrer individuellen Marktstellung durch einheitliche Vorgaben reguliert. Zudem werden in beiden Verordnungen die jeweiligen Adressaten *ex ante* durch die Auferlegung konkreter Verhaltenspflichten reguliert.[1360] Im Gegensatz zum Kartellrecht sind daher keine Abwägungsentscheidungen über die Zulässigkeit bestimmter Verhaltensweisen im Einzelfall vorgesehen.

Auch inhaltlich weisen die den *Gatekeepern* bzw. den Datenvermittlern auferlegten Pflichten gewisse Überschneidungen auf. So enthält der DMA unter anderem ein Koppelungsverbot in Art. 5 Abs. 8 DMA, eine Nutzungsbeschränkung hinsichtlich der Daten von gewerblichen Nutzern in Art. 6 Abs. 2 DMA sowie Interoperabilitätsvorgaben in Art. 6 Abs. 7 und Art. 7 DMA.[1361] Sowohl der DMA als auch der DGA verfolgen außerdem einen dienstebezogenen Regulierungsansatz. Die Verpflichtungen der Art. 5 ff. DMA erstrecken sich nur auf die zentralen, in Art. 2 Abs. 2 DMA genannten Plattformdienste (*core platform services*) von *Gatekeepern*.[1362] Bei den zentralen Plattformdiensten handelt es sich um Dienste, die bestimmte ökonomische Merkmale, wie Netzwerkeffekte oder starke positive Skaleneffekte, aufweisen und aufgrund dessen zu missbrauchsanfälligen Marktkonzentrationen und -verschließungen tendieren.[1363] Auf sonstige Dienste der *Gatekeeper*, die nicht unter die abschließend aufgezählten zentralen Plattformdienste fallen, findet der DMA hingegen keine Anwendung.[1364]

2. (Nicht-)Anwendbarkeit des DMA auf B2B-Datenvermittler

Anwendbar ist der DMA nur auf *Gatekeeper*, die zuvor von der Europäischen Kommission als solche benannt worden sind. Gemäß Art. 3 Abs. 1 DMA soll ein Unternehmen als *Gatekeeper* benannt werden, wenn es einen erheblichen Einfluss auf den Binnenmarkt hat (lit. a), einen zentralen Plattformdienst anbietet, der für gewerbliche Nutzer einen wichtigen Zugangsweg darstellt, um Endnutzer zu erreichen (lit. b) und hinsichtlich seiner Tätigkeiten eine verfestigte und dauerhafte Stellung innehat oder sie in naher Zukunft innehaben wird (lit. c). Die Voraussetzungen von Art. 3 Abs. 1 lit. b und lit. c DMA können grundsätzlich von allen Unter-

1359 Siehe zum DGA Kap. 5, C. III. 3.; siehe zum DMA *Schweitzer*, ZEuP 2021, 503 (534 ff.).
1360 Siehe zum DGA Kap. 5, C. III. 3; siehe zum DMA *Schweitzer*, ZEuP 2021, 503 (531 ff.).
1361 Anders als der DGA sieht der DMA keine gesellschaftsrechtliche Entflechtung der zentralen Plattformdienste von sonstigen Unternehmensbereichen vor.
1362 Vgl. nur Art. 1 Abs. 2 DMA.
1363 *Kumkar*, RDi 2022, 347 (349, Rn. 8); *Schweitzer*, ZEuP 2021, 503 (520 f.).
1364 *Kumkar*, RDi 2022, 347 (351, Rn. 15); *Schweitzer*, ZEuP 2021, 503 (528 f.); *Herbers*, RDi 2022, 252 (253, Rn. 4).

nehmen und damit auch von Datenvermittlern erfüllt werden. Entscheidend ist deshalb für die Anwendbarkeit des DMA auf Datenvermittler, ob es sich beim Anbieten von Datenvermittlungsdiensten nach Art. 10 lit. a DGA um einen zentralen Plattformdienst nach Art. 2 Abs. 2 DMA handelt. Nur wenn das der Fall ist, können Anbieter von Datenvermittlungsdiensten in den Anwendungsbereich des DMA fallen.

Art. 2 Abs. 2 DMA nennt insgesamt zehn verschiedene zentrale Plattformdienste, wozu unter anderem Online-Vermittlungsdienste, Suchmaschinen, soziale Netzwerke und Messengerdienste gehören.[1365] Lediglich Online-Vermittlungsdienste nach Art. 2 Abs. 2 lit. a DMA kommen ernsthaft als Anknüpfungspunkt für Datenvermittlungsdienste in Betracht. Online-Vermittlungsdienste werden im DMA nicht definiert. Stattdessen verweist Art. 2 Abs. 5 DMA auf die Definition solcher Dienste in Art. 2 Nr. 2 P2B-VO. Gemäß Art. 2 Nr. 2 P2B-VO handelt es sich bei Online-Vermittlungsdiensten um Dienste der Informationsgesellschaft (lit. a), die es gewerblichen Nutzern ermöglichen, Verbrauchern Waren oder Dienstleistungen anzubieten, indem sie die Einleitung direkter Transaktionen zwischen diesen gewerblichen Nutzern und Verbrauchern vermitteln (lit. b).[1366] Ein unerlässliches Merkmal von Online-Vermittlungsdiensten besteht demnach darin, dass sie Transaktionen über Waren oder Dienstleistungen zwischen gewerblichen Nutzern und Verbrauchern vermitteln.[1367] Dabei wird unter Verbrauchern gemäß Art. 2 Nr. 4 P2B-VO jede natürliche Person verstanden, die zu Zwecken handelt, die außerhalb der gewerblichen, geschäftlichen, handwerklichen oder beruflichen Tätigkeit dieser Person liegen. Folglich erfasst Art. 2 Nr. 2 P2B-VO allein B2C-Vermittlungsdienste. B2B-Vermittlungsdienste, die ausschließlich Transaktionen zwischen gewerblichen Nutzern anbahnen, fallen nicht in den Anwendungsbereich der P2B-VO.[1368]

Da Art 2 Abs. 5 DMA auf die Definition der P2B-VO verweist, gilt diese Voraussetzung auch für Online-Vermittlungsdienste nach Art. 2 Abs. 2 lit. a DMA. Nur der Betrieb einer B2C-Plattform kann danach einen zentralen Plattformdienst darstellen. Aufgrund dieser Tatbestandsbegrenzung scheidet die Anwendbarkeit des DMA auf die hier untersuchten B2B-Datenvermittlungsdienste im Sinne von Art. 10 lit a DGA aus. Es kann sich daher bei einem Online-Vermittlungsdienst nach Art. 2 Abs. 5 DMA nicht gleichzeitig um einen Datenvermittlungsdienst

---

1365 Siehe *Kumkar*, RDi 2022, 347 (349, Rn. 8); *Herbers*, RDi 2022, 252 (253 f., Rn. 4).

1366 Darüber hinaus ist nach Art. 2 Nr. 2 lit. c P2B-VO erforderlich, dass die Online-Vermittlungsdienste gewerblichen Nutzern auf der Grundlage eines Vertragsverhältnisses zwischen dem Anbieter dieser Dienste und den gewerblichen Nutzern bereitgestellt werden.

1367 Vgl. *Schulte-Nölke*, in: Busch, P2B-VO, Art. 2 Rn. 27 ff.

1368 Vgl. ErwG 11 P2B-VO; *Busch*, GRUR 2019, 788 (790); *Alexander*, in: Köhler/Bornkamm/Feddersen, P2B-VO, Art. 2 Rn. 19.

gemäß Art. 10 lit. a DGA handeln.[1369] Schließlich setzt Art. 10 lit. a DGA unter Bezugnahme auf Art. 2 Nr. 11 DGA voraus, dass ein Datenvermittlungsdienst Geschäftsbeziehungen zwischen Dateninhabern und Datennutzern vermittelt. Die Anbahnung von Geschäftsbeziehungen ist aber nicht mit der Definition von Verbrauchern nach Art. 2 Nr. 4 P2B-VO vereinbar. Denn Geschäftsbeziehungen im Sinne des Art. 2 Nr. 11 DGA verfolgen einen kommerziellen Zweck,[1370] während Verbraucher im Sinne von Art. 2 Nr. 4 P2B-VO ausschließlich zu nicht-kommerziellen Zwecken handeln. Auch wenn es sich bei Datennutzern nach Art. 2 Nr. 9 DGA um natürliche Personen handeln kann, kommen demnach keine Verbraucher als Datennutzer in Betracht. Art. 10 lit. a DGA erfasst daher keine B2C-Dienste, die Art. 2 Abs. 2 lit. a DMA für seine Anwendbarkeit aber gerade voraussetzt. Die Anwendbarkeit des DMA auf Datenvermittlungsdienste ist auch dann ausgeschlossen, wenn die Datenvermittlungsdienste Teil eines größeren Unternehmens sind, das als *Gatekeeper* nach Art. 3 Abs. 1 DMA benannt wurde. Denn auch in diesem Fall beziehen sich die Anforderungen des DMA allein auf die zentralen Plattformdienste des *Gatekeepers* und nicht auf sonstige Tätigkeiten, die durch das Unternehmen ausgeübt werden. Umgekehrt ist auch der DGA aufgrund seines dienstebezogenen Regulierungsansatzes nur auf die gesellschaftsrechtlich zu trennenden Datenvermittlungstätigkeiten eines Konzerns anzuwenden und nicht auf dessen ggf. vorhandene zentrale Plattformdienste.

V. Datenvermittlungsdienste und der Digital Services Act

Außerdem stellt sich die Frage, in welchem Umfang Datenvermittlungsdienste den Vorgaben des DSA unterliegen. Es ist davon auszugehen, dass es sich bei Datenvermittlern zumindest um Hosting-Dienste nach Art. 3 lit. g (iii) DSA handeln wird. Manche Datenvermittler können darüber hinaus Online-Plattformen nach Art. 3 lit. i DSA darstellen. Folglich müssen alle Datenvermittler zumindest bestimmte Regelungen des DSA einhalten.

1. Hintergrund und Regelungsgegenstand des DSA

Wie auch der DGA und der DMA geht der DSA auf die Europäische Datenstrategie zurück. Er soll dazu beitragen, ein sicheres, berechenbares und vertrauenswürdi-

1369 Dies dürfte auch für die hier nicht behandelten, sonstigen Datenvermittlungsdienste nach Art. 10 lit. b und lit. c DGA gelten, da es sich bei diesen Diensten nicht um B2C-Dienste handelt. Die grundsätzliche Anwendbarkeit des DMA auf Datenvermittlungsdienste hingegen (ohne nähere Begründung) annehmend *Picht/Richter*, GRUR Int 2022, 395 (399).

1370 Siehe hierzu Kap. 5, C. IV. 3. b) aa) (2) (b).

ges Umfeld für die Nutzung digitaler Dienste zu schaffen,[1371] indem er die Haftungsregelungen für die Anbieter digitaler Dienste modernisiert.[1372] Hierzu aktualisiert und modifiziert der DSA zunächst die durch die E-Commerce-RL eingeführten Haftungsprivilegierungen für reine Vermittlungsdienste sowie für Caching- und Hosting-Anbieter. Die in Deutschland durch die §§ 7 ff. TMG umgesetzten[1373] Art. 12–15 der E-Commerce-RL sehen vor, dass die Anbieter solcher Dienste grundsätzlich nicht für die gespeicherten oder übermittelten Informationen verantwortlich sind. Eine Haftung der Diensteanbieter für die Inhalte ihrer Nutzer kommt nach Art. 12 ff. E-Commerce-RL nur unter engen Voraussetzungen in Betracht, etwa wenn der Diensteanbieter Kenntnis von illegalen Inhalten hat oder solche Inhalte nicht rechtzeitig entfernt hat. Ziel dieser Haftungsprivilegierung war es, die Entwicklung und Nutzung des „elektronischen Geschäftsverkehrs" im europäischen Binnenmarkt zu fördern.[1374] Dieses System der Haftungsprivilegierung für reine Durchleitungs-, Caching- und Hosting-Dienste behält der DSA grundsätzlich bei. Allerdings führt er als Reaktion auf die technische und wirtschaftliche Entwicklung solcher Dienste einige neue Pflichten und Anforderungen für deren Anbieter ein.[1375] Unter anderem sind sie nach Art. 14 DSA verpflichtet, in ihren Geschäftsbedingungen Informationen zur Beschränkung und Moderation der Inhalte ihrer Nutzer offenzulegen. Über die vorgenommene Inhaltsmoderation ist dann nach Art. 15 DSA ein jährlicher Bericht zu veröffentlichen. Speziell für Hosting-Dienste sind außerdem noch weitergehende Pflichten in Art. 16 ff. DSA vorgesehen.

Darüber hinaus enthält der DSA neue Regelungen für Online-Plattformen und sehr große Online-Plattformen, bei denen es sich laut Art. 3 lit. i DSA um besondere Hosting-Dienste handelt. Mit diesen Sondervorschriften für Online-Plattformen reagiert der europäische Gesetzgeber in erster Linie auf die Risiken und Gefahren, die von Nutzern solcher Plattformen für die öffentliche Sicherheit und Ordnung ausgehen können. Durch die neuen Vorschriften soll sichergestellt werden, dass Plattformbetreiber effektiv gegen existierende Plattformphänomene, wie Hasskommentare und Desinformationskampagnen, vorgehen müssen.[1376] Zugleich sollen die Vorschriften den Schutz der Grundrechte von Plattformnutzern, insbeson-

1371 Vgl. Art. 1 Abs. 1 DSA.

1372 *Kaesling*, ZUM 2021, 177 (183); *Janal*, ZEuP 2021, 227 (232); *Spindler*, GRUR 2021, 545; *Gielen/Uphues*, EuZW 2021, 627 (633); *Hennemann*, in: BeckOK InfoMedienR, TMG, § 7 Rn. 4a.

1373 Siehe nur *Hennemann*, in: BeckOK InfoMedienR, TMG, § 7 Rn. 4.

1374 Siehe nur *Janal*, ZEuP 2021, 227 (229).

1375 *Spindler*, GRUR 2021, 545 (548 ff.); *Kaesling*, ZUM 2021, 177 (179); *Buchheim*, in: Spiecker/Westland/Campos, Demokratie und Öffentlichkeit (2022), S. 249 (252 ff.); *Janal*, ZEuP 2021, 227 (233 ff.).

1376 Vgl. *Gielen/Uphues*, EuZW 2021, 627 (632 f.); *Spindler*, GRUR 2021, 653.

dere der Meinungsfreiheit, gewährleisten. Unter anderem werden Plattformbetreiber verpflichtet, Beschwerdemanagementsysteme nach Art. 20 DSA und außergerichtliche Streitschlichtungsmechanismen gemäß Art. 21 DSA einzuführen. Weitergehende Pflichten für sehr große Online-Plattformen sind in den Art. 33 ff. DSA enthalten.

2. Anwendbarkeit des DSA auf Datenvermittlungsdienste

Es ist davon auszugehen, dass es sich bei allen Datenvermittlungsdiensten gemäß Art. 10 lit. a DGA um Hosting-Dienste im Sinne des DSA handelt.[1377] Dies hat zur Folge, dass die Vorschriften zur Haftung und zu den Anforderungen an solche Dienste auch auf Datenvermittler Anwendung finden. Darüber hinaus kann es sich bei manchen Datenvermittlern auch um Online-Plattformen nach Art. 3 lit. i DSA handeln.

Die von der E-Commerce-RL übernommene Definition von Hosting-Diensten in Art. 3 lit. g (iii) DSA ist weit. Danach handelt es sich bei allen Diensten der Informationsgesellschaft, die von ihren Nutzern bereitgestellte Informationen speichern, um Hosting-Dienste. Nach ErwG 29 DSA zählen hierzu unter anderem Cloud-Dienste, Webhosting-Dienste, und Filesharing-Dienste. Hinsichtlich des insoweit identischen Art. 14 E-Commerce-RL ist anerkannt, dass es sich auch bei Online-Marktplätzen[1378] und sozialen Netzwerken um Hosting-Anbieter handeln kann.[1379] Diese Wertung hat der europäische Gesetzgeber für den DSA übernommen. So handelt es sich bei Online-Plattformen, für die in den Art. 19 ff. DSA besondere Vorschriften vorgesehen sind, um eine Unterkategorie von Hosting-Diensten. Online-Plattformen zeichnen sich gegenüber sonstigen Hosting-Diensten nach Art. 3 lit. i DSA dadurch aus, dass sie die Informationen ihrer Nutzer nicht nur speichern, sondern diese Informationen auch öffentlich verbreiten.[1380] Dabei ist nach Art. 3 lit. k DSA unter der öffentlichen Verbreitung von Informationen zu verstehen, dass sie auf Wunsch des Dienstenutzers einer potenziell unbegrenzten Anzahl von Dritten bereitgestellt werden.[1381] Nach ErwG 14 DSA genügt hierfür, dass die Nutzer eines Dienstes, bei dem sich jeder ohne weitere Voraussetzungen registrieren lassen kann, auf die gespeicherten und verbreiteten Informationen der an-

---

1377 Von der Anwendbarkeit des DSA auf Datenvermittler ausgehend auch *Richter*, ZEuP 2021, 634 (664).

1378 *EuGH*, Urteil vom 5. Juni 2014, C-324/09, ECLI:EU:C:2011:474, Rn. 106 ff. – *L'Oréal/Ebay*.

1379 *Janal*, ZEuP 2021, 227 (234); *Wendehorst*, EuCML 2016, 30 (31).

1380 Vgl. ErwG 13 DSA; *Janal*, ZEuP 2021, 227 (234); *Spindler*, GRUR 2021, 653 (653 f.).

1381 Erforderlich ist nach Art. 3 lit. i DSA außerdem, dass es sich bei der Informationsverbreitung nicht lediglich um eine Nebentätigkeit handelt, die untrennbar mit einem anderen Dienst verbunden ist. Laut ErwG 13 DSA handelt es sich z. B. bei der Kommentarfunktion von Online-Medien lediglich um eine solche Nebentätigkeit.

deren Nutzer zugreifen können. Online-Plattformen umfassen laut ErwG 13 DSA insbesondere Online-Marktplätze oder soziale Netzwerke. Bei Cloud-Diensten, E-Mail-Providern oder Messenger-Diensten handelt es sich hingegen nicht um Online-Plattformen.

Angesichts der weiten Definitionen des Art. 3 lit. g (iii) DSA ist anzunehmen, dass es sich bei Datenvermittlern um Hosting-Anbieter handelt. Schließlich speichern Datenvermittlungsdienste bestimmte Informationen ihrer Nutzer. Zum einen speichern sie für Dateninhaber Informationen in der Form von Daten,[1382] die an Datennutzer übertragen werden sollen. Zum anderen speichern sie Informationen der Dateninhaber und Datennutzer bei der Erstellung von deren Nutzerkonten. So genügt nach der Rechtsprechung des EuGH zu Art. 14 E-Commerce-RL bereits die Speicherung der von Nutzern eingegebenen Daten, zum Beispiel bei der Erstellung eines Verkäuferkontos, für die Qualifizierung eines Dienstes als Hosting-Anbieter.[1383]

Schwieriger gestaltet sich die Einordnung von Datenvermittlern als Online-Plattformen.[1384] Die für Online-Plattformen nach Art. 3 lit. g DSA typische öffentliche Verbreitung von Informationen kann nicht bei allen Datenvermittlungsdiensten ohne weiteres angenommen werden. Denn die öffentliche Informationsverbreitung setzt voraus, dass die Informationen für eine potenziell unbegrenzte Zahl von Dritten leicht verfügbar sind. Nach ErwG 14 DSA ist dies bei Diensten, die eine vorherige Registrierung voraussetzen, nur dann der Fall, wenn die Nutzer des Dienstes, die Zugang zu der Information wünschen, automatisch registriert oder zugelassen werden, ohne dass eine menschliche Entscheidung hierfür erforderlich ist. Diese Voraussetzung ist bei den für Datentransaktionen vorgesehenen Daten der Dateninhaber nicht gewahrt. Sie sind gerade nicht für eine potenziell unbegrenzte Anzahl von Dritten leicht verfügbar, da ihre Offenlegung gegenüber Datennutzern als Dritten zunächst den Abschluss eines Datenlizenzvertrags zwischen Dateninhaber und Datennutzer voraussetzt. Eine Veröffentlichung von Informationen kommt jedoch hinsichtlich der für die Erstellung der Nutzerkonten eingegebenen Daten in Betracht. Gespeicherte Informationen zu Dateninhabern und den von ihnen angebotenen Datensätzen lassen sich nämlich bei manchen Datenintermediären auch ohne Registrierung öffentlich einsehen. In diesen Fällen verbreitet der Datenvermittlungsdienst bestimmte Informationen zum Konto des

1382 Informationen werden weder im DSA noch in der E-Commerce-RL legaldefiniert. Bei Daten handelt es sich aber um die wichtigste Form von Informationen für die Informationsgesellschaft. Sie sind daher als Informationen im Sinne des DSA anzusehen.

1383 *EuGH*, Urteil vom 5. Juni 2014, C-324/09, ECLI:EU:C:2011:474, Rn. 1010 – *L'Oréal/Ebay*.

1384 Der Anwendbarkeit steht nicht entgegen, dass es sich bei B2B-Datenvermittlern nicht um B2C-Plattformen handelt. Grundsätzlich umfassen Online-Plattformen i. S. d. Art. 2 lit. h DSA auch B2B-Plattformen, siehe *Spindler*, GRUR 2021, 653 (654).

Dateninhabers und seinen Datenangeboten in der Öffentlichkeit. Ob eine potenziell unbegrenzte Zahl Dritter tatsächlich den Zugang zu solchen Informationen erhält, ist im Einzelfall festzustellen.[1385] Beim *Dawex Global Data Marketplace* dürfte dies beispielsweise nicht möglich sein, da dort eine vorherige Zulassung zum Datenmarktplatz erforderlich ist, die nur geschäftlichen Kunden offensteht.[1386] Beim *Snowflake Marketplace* lassen sich Datenangebote von Dateninhabern hingegen auch öffentlich einsehen.[1387]

Zu beachten ist in diesem Zusammenhang, dass gemäß Art. 19 Abs. 1 DSA kleine Unternehmen und Kleinstunternehmen[1388] vom Anwendungsbereich der meisten Regelungen für Online-Plattformen im dritten Kapitel des DSA ausgeschlossen sind. Die Vorschriften des fünften Abschnitts des DSA erfassen hingegen nur sehr große Plattformen, die nach Art. 33 Abs. 1 DSA durchschnittlich mindestens 45 Millionen aktive Nutzer im Monat haben und gemäß Absatz 4 von der Kommission benannt worden sind. Die Schwelle von 45 Millionen aktiven Nutzern dürfte auf absehbare Zeit von keinem Datenvermittlungsdienst auch nur annähernd erreicht werden.

3. Rechtsfolgen für Datenvermittlungsdienste

Da Datenvermittlungsdienste immer als Hosting-Anbieter und unter Umständen sogar als Online-Plattformen einzuordnen sind, ist in gebotener Kürze auf die daraus entstehenden Folgen für Datenvermittler einzugehen. Die umfangreichen Anforderungen und Pflichten des DSA können in diesem Rahmen nicht vollständig wiedergegeben werden. Es ist aber geboten, näher auf das Verhältnis zwischen DGA und DSA einzugehen, da sich deren Regelungen zum Teil widersprechen.

1385 Aus rechtspolitischer Sicht ist diese Unterscheidung nicht nachvollziehbar. Es leuchtet nicht ein, weshalb (Daten-)Marktplätze, die die Angebote ihrer Nutzer öffentlich zeigen, rechtlich anders behandelt werden sollen als solche Marktplätze, die eine Zulassung zum Marktplatz erfordern.

1386 Vgl. https://www.dawex.com/en/why-data-exchange/success-stories/global-data-marketplace.

1387 Vgl. https://www.snowflake.com/snowflake-marketplace.

1388 Nach Art. 2 Abs. 2 des Anhangs zur Empfehlung der Kommission vom 6. Mai 2003 (2003/361/EG) beschäftigt ein kleines Unternehmen weniger als 50 Mitarbeiter und hat einen Jahresumsatz, der 10 Mio. EUR nicht übersteigt. Ein Kleinstunternehmen beschäftigt nach Art. 2 Abs. 3 des Anhangs weniger als zehn Personen und hat einen Jahresumsatz von höchstens 2 Mio. EUR.

a) Anforderungen und Pflichten des DSA

Der DSA verfolgt einen gestuften Regulierungsansatz.[1389] Die Regelungen des zweiten Kapitels sowie des ersten Abschnitts des dritten Kapitels sind auf alle im DSA adressierten Dienste anwendbar. Sie gelten demnach auch für Online-Plattformen, da es sich bei ihnen um spezielle Hosting-Anbieter handelt. Die Vorschriften des zweiten Abschnitts des dritten Kapitels richten sich hingegen nur an Host-Dienste (einschließlich Online-Plattformen). Abschnitt 3 des dritten Kapitels bezieht sich ausschließlich auf (alle) Online-Plattformen. Im fünften Abschnitt desselben Kapitels finden sich außerdem noch spezielle Vorschriften für sehr große Plattformen.

Grundlegend regelt Art. 6 DSA, der den Inhalt des Art. 14 E-Commerce-RL weitgehend übernimmt, die Haftungsprivilegierung von Host-Anbietern.[1390] Sie sind für gespeicherte Informationen ihrer Nutzer gemäß Art. 6 Abs. 1 DSA grundsätzlich nur dann verantwortlich, wenn sie von deren rechtswidrigen Inhalten Kenntnisse haben oder die rechtswidrigen Inhalte nach Kenntniserlangung nicht entfernen bzw. sperren. Weiterhin wird in Art. 8 DSA, der Art. 15 E-Commerce-RL fortführt, festgelegt, dass Hosting-Anbieter und andere Anbieter von Vermittlungsdiensten generell nicht verpflichtet sind, die von ihnen gespeicherten Informationen zu überwachen oder aktiv nach Tatsachen oder Umständen zu forschen, die auf eine rechtswidrige Tätigkeit hinweisen.[1391] Im dritten Kapitel enthalten Art. 14 und 15 DSA Transparenzverpflichtungen, die sich an alle Anbieter von Vermittlungsdiensten[1392] richten.[1393] Nach Art. 14 DSA müssen bestimmte Beschränkungen ihrer Dienste in den Geschäftsbedingungen von Diensteanbietern angegeben werden. Art. 15 DSA sieht außerdem vor, dass Diensteanbieter jährlich über ihre Moderation von Inhalten berichten, wozu unter anderem Sperrungen und Löschungen von rechtswidrigen Inhalten gehören.

Auf der zweiten Regulierungsstufe enthält der DSA in den Art. 16 bis 18 spezielle Vorgaben für Hosting-Anbieter. In Art. 16 DSA werden die Anforderungen an *Notice-and-take-down*-Verfahren von Hosting-Anbietern, die bereits nach Art. 12 E-Commerce-RL erforderlich sind, näher konkretisiert.[1394] Hosting-Anbieter werden dazu verpflichtet, anwendungsfreundliche Meldesysteme einzurichten, über die Nutzer und Dritte illegaler Inhalte melden können. Wenn der Host-Anbieter Inhal-

1389 *Schmid/Grewe*, MMR 2021, 279; *Spindler*, GRUR 2021, 545; *Husovec/Roche Laguna*, Digital Services Act (2022), S. 4 ff.; *Paal/Kieß*, ZfDR 2022, 1 (13).

1390 Hierzu ausführlich *Spindler*, GRUR 2021, 545 (549); *Janal*, ZEuP 2021, 227 (244 ff.).

1391 *Janal*, ZEuP 2021, 227 (240). Art. 7 DSA steht damit in einem gewissen Widerspruch zu Art. 12 lit. g und lit. j DGA. Siehe zur Auflösung dieses Normenkonflikts im nächsten Abschnitt.

1392 Die Vorschriften richten sich also nicht nur an Hosting-Dienste, sondern auch an reine Durchleitungsdienste und Caching-Dienste; siehe Art. 3 lit. g DSA.

1393 Dazu *Spindler*, GRUR 2021, 545 (551 f.).

1394 *Spindler*, GRUR 2021, 545 (552); *Kaesling*, ZUM 2021, 177 (180); *Janal*, ZEuP 2021, 227 (252).

te von Nutzern sperrt oder löscht, muss er sie gemäß Art. 17 Abs. 1 DSA über die Gründe informieren. Unter anderem sollen gemäß Art. 17 Abs. 3 DSA die Umstände mitgeteilt werden, die zur Entfernung der Inhalte geführt haben.

Die Art. 19 ff. DSA enthalten zusätzlich eine Reihe von Sondervorschriften für Online-Plattformen.[1395] Unter anderem sind gemäß Art. 22 DSA die Benachrichtigungen von vertrauenswürdigen Hinweisgebern vorrangig zu behandeln. Weitere Pflichten betreffen den Umgang mit Nutzern und betroffenen Dritten. Gemäß Art. 20 DSA müssen Online-Plattformen für ihre Nutzer und für Dritte interne Beschwerdesysteme einrichten. Darüber hinaus müssen sie Maßnahmen gegen den Missbrauch ihrer Dienste ergreifen. Nutzer, die wiederholt illegale Inhalte hochgeladen haben, sind nach Art. 23 Abs. 1 DSA zu sperren. Das gleiche gilt gemäß Art. 23 Abs. 2 DSA für Dritte, die regelmäßig unbegründete Benachrichtigungen über angeblich illegale Inhalte abgegeben haben. Weitere in den Art. 24 ff. DSA vorgesehene Verhaltenspflichten umfassen unter anderem die Transparenz von Online-Plattformen (Art. 24 und 27), ihr Design (Art. 25), das Kennzeichnen von Werbeinhalten (Art. 26) sowie den Schutz Minderjähriger (Art. 28).[1396] Zusätzliche Vorkehrungen für besonders große Plattformen sind in den Art. 33 ff. DSA vorgesehen.[1397]

b) Umsetzung der DSA-Vorgaben durch Datenvermittlungsdienste

Im Ergebnis müssen Datenvermittler neben den Vorgaben des DGA also auch die für sie jeweils anwendbaren Anforderungen des DSA einhalten. Dabei sollten die allgemeinen Vorgaben für Hosting-Anbieter keinen großen Mehraufwand für Datenvermittler darstellen. Bereits nach Art. 12 lit. j DGA dürfte die Einführung eines *Notice-and-take-down*-Verfahrens für rechtswidrige Datenangebote sinnvoll und in der Regel geboten sein.[1398] Die Vorgaben des Art. 16 DSA könnten insofern sogar eine hilfreiche Konkretisierung darstellen. Anders verhält es sich bei den Vorgaben für Online-Plattformen nach Art. 19 ff. DSA. Diese gehen deutlich über die Vorgaben des DGA hinaus und sehen umfangreiche Vorgaben für die Einführung von Beschwerdemanagementsystemen und externen Streitschlichtungsstellen sowie für das Design und die Transparenz solcher Plattformen vor. Datenvermittlungsdienste, bei denen es sich um Online-Plattformen im Sinne des Art. 3 lit. i DSA han-

---

1395 Vgl. *Spindler*, GRUR 2021, 653 (654); *Kaesling*, ZUM 2021, 177 (181).

1396 Art. 29 bis 32 DSA enthalten außerdem noch besondere Vorschriften für Online-Plattformen, die Verbrauchern den Abschluss von Fernabsatzverträgen mit Unternehmern ermöglichen.

1397 Siehe zu den Pflichten sehr großer Online-Plattformen *Spindler*, GRUR 2021, 653 (658 ff.); *Schmid/Grewe*, MMR 2021, 279 (281).

1398 Siehe hierzu Kap. 5, C. VII. 3. j) bb) (3) (b) (bb).

delt, müssen daher im Vergleich zu sonstigen Datenvermittlern eine Vielzahl zusätzlicher Anforderungen befolgen.

Dabei bestehen Zweifel, ob die Erstreckung der Pflichten aus Art. 19 ff. DSA auf Datenvermittlungsdiensten sachlich gerechtfertigt ist. Schließlich bezwecken die Vorschriften in erster Linie den Schutz der öffentlichen Sicherheit und Ordnung, indem sie Mechanismen zur Verhinderung und Entfernung rechtswidriger Inhalte vorsehen. Rechtswidrige Inhalte werden in Art. 3 lit. h DSA weit definiert. Es handelt sich bei ihnen um alle Informationen, die selbst oder im Zusammenhang mit Handlungen wie dem Verkauf von Produkten oder der Erbringung von Dienstleistungen, nicht im Einklang mit dem Recht der EU oder der Mitgliedstaaten stehen. Als Beispiel für illegale Informationen nennt ErwG 12 DSA terroristische Inhalte und die Hassrede. Informationen, die im Zusammenhang mit Handlungen illegal sind, umfassen unter anderem die unbefugte Verbreitung privater Bilder Dritter, den Verkauf gefälschter Produkte, Online-Stalking oder die nicht genehmigte Verwendung von urheberrechtlich geschütztem Material.[1399]

Mit Ausnahme von Verstößen gegen das Urheberrecht[1400] weisen die in ErwG 12 DSA genannten Beispiele eine geringe Relevanz für B2B-Datenvermittlungsdienste auf, deren Geschäftsmodelle auf den Austausch von Rohdaten zwischen Unternehmen ausgelegt sind und nicht auf die öffentliche Äußerung von Meinungen, die Kommunikation zwischen natürlichen Personen oder den Handel mit physischen Gütern. Infolgedessen wirkt die Anwendung der Regelungen der Art. 16 ff. DSA auf Datenvermittlungsdienste insgesamt unpassend. Zum Beispiel ist der Einsatz von vertrauenswürdigen Hinweisgebern nach Art. 22 DSA bei Datenvermittlungsdiensten schwer vorstellbar. Nichtsdestotrotz ist davon auszugehen, dass die Art. 19 ff. DSA grundsätzlich auf Datenvermittlungsdienste anwendbar sind. Weder aus dem Gesetzestext des DGA noch des DSA geht hervor, dass der DGA die abschließende Regulierung von Datenvermittlungsdiensten darstellen soll.

c) DGA als *lex specialis* zum DSA

Aufgrund der parallelen Anwendbarkeit von DGA und DSA kann das Anwendungsverhältnis zwischen beiden Verordnungen nicht offengelassen werden. Denn in einem wichtigen Punkt widersprechen sich die Vorschriften des DGA und des DSA.[1401] So sieht Art. 8 DSA vor, dass Host-Anbieter nicht verpflichtet werden sollen, die von ihnen gespeicherten Informationen zu überwachen oder aktiv

1399 Vgl. auch *Spindler*, GRUR 2021, 545 (548).
1400 Beim Datenaustausch zwischen Unternehmen ist eine Verletzung des Datenbankherstellerrechts grundsätzlich denkbar; siehe Kap. 5, C. VII. 3. j) bb) (1) (c) (cc).
1401 *Spindler*, CR 2021, 98 (108, Rn. 45).

nach Tatsachen oder Umständen zu forschen, die auf eine rechtswidrige Tätigkeit ihrer Nutzer hinweisen. Diesem Verbot einer allgemeinen Überwachungspflicht von Host-Anbietern stehen die Rechtsdurchsetzungspflichten des Art. 12 lit. g und lit. j DGA diametral entgegen. Nach Art. 12 lit. g DGA sollen Datenvermittler geeignete Maßnahmen über Verfahren verfügen, um betrügerische oder missbräuchliche Praktiken von Datennutzern zu verhindern. Gemäß Art. 12 lit. j DGA sollen angemessene Maßnahmen ergriffen werden, um rechtswidrige Datentransaktionen zu verhindern. Beide Verhaltenspflichten erfordern zu einem gewissen Grad die Überwachung von Nutzern und das Ausfindigmachen rechtswidrigen Nutzerverhaltens[1402] und widersprechen damit Art. 8 DSA.

Dieser Normenkonflikt ist zugunsten des DGA als *lex specialis* aufzulösen. Nach dem auch im Unionsrecht anerkannten[1403] *lex-specialis*-Grundsatz geht die speziellere Rechtsnorm der allgemeineren bei der Anwendung vor. Hinsichtlich der Verhaltenspflichten von Datenvermittlern ist der DGA gegenüber dem DSA spezieller. Schließlich enthält der DSA allgemeine und horizontale Regelungen, die alle digitalen Dienste erfassen und die sektorspezifische Regelungen nur ergänzen sollen.[1404] Spezifischere Rechtsvorschriften, wie die DSGVO oder die Urheberrechts-RL, sollen hierdurch ausdrücklich nicht modifiziert oder beschränkt werden.[1405] Dies muss auch für den DGA gelten. Dieser enthält nämlich maßgeschneiderte Vorschriften für Datenvermittler, die nicht durch die allgemeineren Vorgaben des DSA unterlaufen werden sollen.

VI. Verhältnis des DGA zum Data Act

Ein kurzer Blick ist außerdem auf das Verhältnis des DGA zum DA-E, dem „Herzstück des Datenwirtschaftsrechts“[1406], zu werfen. Gemeinsam bilden der DGA und der DA-E den horizontalen, sektorübergreifenden Rechtsrahmen für die europäische Datenwirtschaft und sollen maßgeblich zu der in der Europäischen Datenstrategie formulierten Zielsetzung eines dynamischen Datenaustausches im euro-

1402 Siehe hierzu näher in Kap. 5, C. VII. 3. g) und j).
1403 Siehe nur *EuGH*, Urteil vom 12. Februar 2015, C-48/14, ECLI:EU:C:2015:91, Rn. 49 – *Parlament/Rat*.
1404 Vgl. *Europäische Kommission*, COM(2020) 825 final, S. 5; *Schmid/Grewe*, MMR 2021, 279 (282).
1405 Vgl. Art. 2 Abs. 4 DSA. Ausdrücklich heißt es in der Begründung zum DSA-E: „Die vorgeschlagene Verordnung ergänzt bestehende sektorspezifische Rechtsvorschriften und lässt die Anwendung bestehender EU-Rechtsvorschriften zur Regelung bestimmter Aspekte der Bereitstellung von Diensten der Informationsgesellschaft unberührt, die als *lex specialis* gelten“; siehe *Europäische Kommission*, COM(2020) 825 final, S. 5.
1406 *Hennemann/Steinrötter*, NJW 2022, 1481 (Rn. 2).

päischen Binnenmarkt beitragen.[1407] Es ist daher überraschend,[1408] dass der DA-E kaum direkte Bezüge zum DGA herstellt.[1409] Hoffnungen auf eine enge Verzahnung des DA-E mit dem DGA und anderen Regulierungsvorhaben im Bereich der digitalen Wirtschaft[1410] wurden durch den Kommissionsentwurf enttäuscht. Dennoch enthält der DA-E einige Regelungen, die für Datenvermittlungsdienste oder den B2B-Datenaustausch eine gewisse Relevanz entfalten können.

1. Datenzugangsansprüche und Datenvermittlungsdienste

Den Kern des DA-E stellt das im zweiten Kapitel geregelte Datenzugangsrecht der Nutzer von datenerzeugenden oder -sammelnden Produkten gegenüber dem Dateninhaber dar, bei dem es sich üblicherweise um den Hersteller des Produkts handeln dürfte.[1411] Gemäß Art. 3 Abs. 1 DA-E sollen datengenerierende Produkte grundsätzlich so entwickelt und hergestellt werden, dass die von ihnen generierten Daten unmittelbar für ihre Nutzer zugänglich sind.[1412] Ist dies nicht möglich, hat der Produktnutzer gemäß Art. 4 Abs. 1 DA-E einen Anspruch auf Zugang zu den vom Produkt erzeugten Daten. Darüber hinaus kann der Nutzer gemäß Art. 5 Abs. 1 DA-E vom Dateninhaber verlangen, dass er die Produktdaten mit einem vom Nutzer benannten Dritten teilt. Da die Nutzer nur die Weitergabe „ihrer" Produktdaten an Dritte verlangen können, ist fraglich, ob der DA-E sein Ziel erreichen kann, innovativen Dritten die für ihre Zwecke erforderlichen Daten zur Verfügung zu stellen.[1413] Für viele innovative Datenanwendungen wird nämlich der Zugang zu aggregierten Nutzerdaten notwendig sein.

Es ist deshalb zu hoffen, dass Datenvermittlungsdienste eine Bündelungs- und Verbreitungsfunktion für die Nutzerdaten übernehmen könnten.[1414] Dass es sich auch bei Datenvermittlern um Dritte im Sinne des Art. 5 DA-E handeln kann, stellt ErwG 35 DA-E insoweit klar.[1415] Es ist daher grundsätzlich möglich, dass Nutzer die Daten ihrer Produkte über Datenvermittler nach Art. 10 DGA mit weiteren Dritten teilen können. Als Hemmnis für die breitflächige Weitergabe von Produktdaten

---

1407 Siehe *Europäische Kommission*, COM(2020) 66 final, S. 14 ff.

1408 Vgl. auch *Schweitzer/Metzger/u. a.*, Data access and sharing (2022), S. 298.

1409 Der DGA wird lediglich in ErwG 35 DA-E ausdrücklich genannt. Datenvermittlungsdienste werden nur in ErwG 35 und 87 DA-E erwähnt.

1410 Siehe nur *Picht/Richter*, GRUR Int 2022, 395 (402).

1411 Ausführlich zum Dateninhaber i. S. d. Art. 2 Abs. 6 DA-E *Specht-Riemenschneider*, MMR-Beil. 2022, 809 (813).

1412 Es ist also ein *data access by design* vorgesehen; vgl. *Podszun/Pfeifer*, GRUR 2022, 953 (956).

1413 *Hennemann/Steinrötter*, NJW 2022, 1481 (1484, Rn. 19); *Podszun/Pfeifer*, GRUR 2022, 953 (960 f.).

1414 *Hennemann/Steinrötter*, NJW 2022, 1481 (1484, Rn. 19).

1415 Vgl. auch *Tolks*, MMR 2022, 444 (449).

könnten sich aber die Regelungen des Art. 6 DA-E erweisen.[1416] Denn gemäß Art. 6 Abs. 1 DA-E sollen Dritte die erhaltenen Nutzerdaten nur zu den mit dem Nutzer vereinbarten Zwecken und Bedingungen verarbeiten. Nach Art. 6 Abs. 2 lit. c DA-E dürfen sie die erhaltenen Daten nicht mit weiteren Dritten teilen, es sei denn, dies ist für die Erbringung der vom Nutzer gewünschten Dienstleistung erforderlich. Letztlich steht hinter Art. 6 DA-E die Konzeption, dass die Datenweitergabe an Dritte gemäß Art. 5 Abs. 1 DA-E in erster Linie dem Produktnutzer selbst dient.[1417] Ein typischer Anwendungsfall von Art. 5 Abs. 1 DA-E dürfte daher die Weitergabe und Verarbeitung von Daten sein, um dem Nutzer Dienstleistungen oder Produkte auf einem nachgelagerten Markt anzubieten. Die breite Vermarktung und Monetisierung solcher Produktdaten über Datenmarktplätze ist über Art. 5 Abs. 1 DA-E hingegen nicht vorgesehen und könnte in der Praxis schwer umsetzbar sein.[1418]

2. Vorschriften zum B2B-Datenaustausch

Der DA-E enthält zudem eine Reihe von Vorschriften, die für den freiwilligen Datenaustausch zwischen Unternehmen relevant sind. Zunächst ist in Art. 13 DA-E geregelt, unter welchen Voraussetzungen Vertragsbedingungen, die den Datenzugang betreffen und einseitig gegenüber KMU gestellt werden, unwirksam sind. Art. 13 DA-E errichtet damit eine Inhaltskontrolle für Datenlizenzverträge zwischen Großunternehmen und KMU. So sollen KMU vor unangemessen nachteilhaften Vertragsbedingungen geschützt werden, vor deren Auferlegung sie sich aufgrund ihrer geringen Verhandlungsmacht nicht selbst schützen können.[1419] Unwirksam sind Datenlizenzverträge gemäß Art. 13 Abs. 1 DA-E, wenn die Vertragsklauseln gegenüber den KMU unfair, also missbräuchlich, sind. Hiervon ist nach Art. 13 Abs. 2 DA-E auszugehen, wenn die Vertragsklauseln erheblich von guten kaufmännischen Gepflogenheiten abweichen und somit gegen Treu und Glauben verstoßen. Absatz 3 legt sodann fest, unter welchen Umständen zwingend von der Missbräuchlichkeit der Klauseln auszugehen ist. Absatz 4 enthält Fallgruppen, in denen die Unzulässigkeit der Vertragsklauseln widerleglich vermutet wird.

Insgesamt weisen die Fallgruppen der Absätze 3 und 4 nur teilweise einen Datenbezug auf und sind eher abstrakt gehalten.[1420] Zum Beispiel ist eine Vertragsbedingung gemäß Art. 13 Abs. 3 lit. a DA-E unfair, wenn eine Partei die Haftung für Vorsatz und grobe Fahrlässigkeit durch eine einseitig gestellte Bedingung ausschließt. Eine Regelung mit konkretem Datenbezug enthält aber Art. 13 Abs. 4 lit. c

1416 *Drexl/Banda/u. a.*, Position Statement on the Data Act (2022), S. 122, Rn. 338.
1417 *Drexl/Banda/u. a.*, Position Statement on the Data Act (2022), S. 122, Rn. 338.
1418 Siehe auch *Schweitzer/Metzger/u. a.*, Data access and sharing (2022), S. 299.
1419 Vgl. *Europäische Kommission*, SWD(2022) 34 final, S. 166.
1420 *Hennemann/Steinrötter*, NJW 2022, 1481 (1485, Rn. 26 f.).

DA-E. Danach ist in der Regel von der Missbräuchlichkeit einer Klausel auszugehen, wenn sie der anderen Partei die Nutzung von Daten untersagt, zu deren Erstellung diese selbst beigetragen hat. Im Ergebnis kann Art. 13 DA-E durchaus dazu beitragen, die vertragliche Stellung von KMU bei der Datennutzung oder -weitergabe gegenüber Unternehmen mit überlegener Verhandlungsmacht zu verbessern. Der konkrete Umfang und die Effektivität dieser Schutzvorschrift werden sich aber wohl erst nach dem Entstehen einer ausdifferenzierten Rechtsprechungspraxis zeigen.

Weiterhin sieht Art. 34 DA-E die Erstellung unverbindlicher Musterverträge für Datenlizenzverträge durch die Europäische Kommission vor. Die Musterverträge sollen Unternehmen bei B2B-Datentransaktionen eine Hilfestellung bieten und zur Verwendung ausgewogener und fairer vertraglicher Rechte und Pflichten zwischen Dateninhabern und Datennutzern beitragen.[1421] Zusätzlich können die Musterverträge dabei helfen, aktuell existierende Rechtsunsicherheiten[1422] bei der Erstellung und Durchsetzung von Datenlizenzverträgen abzumildern.[1423] Da die Parteien von Datentransaktionen bereits einen hochkomplexen und strengen Regulierungsrahmen berücksichtigen müssen, ist eine Standardisierung und Erleichterung der Vertragserstellung zur Senkung der rechtlichen Transaktionskosten zu begrüßen. Die erfolgreiche Verbreitung der Modellklauseln wird aber voraussetzen, dass die Kommission eine sachgerechte Abwägung zwischen den Interessen der Dateninhaber und Datennutzer trifft und klare und anwendungsfreundliche Vertragsbedingungen formuliert.

Zuletzt enthält der DA-E eine Vorschrift, die den Schutzumfang des Datenbankherstellerrechts betrifft. Um die Geltendmachung des Datenzugangsrechts von Produktnutzern nach Art. 4 DA-E nicht zu behindern, regelt Art. 35 DA-E, dass das Datenbankherstellerecht nach Art. 7 Datenbank-RL bzw. §§ 87a ff. UrhG nicht auf Datenbanken anwendbar ist, welche Daten enthalten, die durch die Produkte der Nutzer erstellt oder gesammelt wurden.[1424]

VII. Private Durchsetzung des DGA

Im europäischen Kartellrecht kommt der privaten Rechtsdurchsetzung durch betroffene Unternehmen (mittlerweile) eine große Bedeutung zu.[1425] Es ist deshalb

1421 Vgl. ErwG 55 DA-E; *Europäische Kommission*, SWD(2022) 34 final, S. 171.
1422 Siehe dazu oben in Kap. 3, D. III. 3. c) bb) (1).
1423 Vgl. auch *Podszun/Pfeifer*, GRUR 2022, 953 (958).
1424 Vgl. *Hennemann/Steinrötter*, NJW 2022, 1481 (1483, Rn. 9).
1425 Siehe nur *Wils*, World Competition 40 (2017), 3.

erstaunlich, dass der DGA die Möglichkeit und die Art und Weise der privaten Durchsetzung seiner Regelungen vor Zivilgerichten in keiner Weise adressiert.[1426] Stattdessen enthält der DGA ausschließlich Regelungen zur öffentlichen Durchsetzung seiner Vorschriften durch die zuständigen Behörden im Sinne des Art. 13 DGA. Zwar steht allen Dritten ein durch gerichtliche Rechtsbehelfe gemäß Art. 28 DGA abgesichertes Beschwerderecht nach Art. 27 DGA zu, durch das sie bei den zuständigen Behörden gegen Datenvermittler vorgehen können.[1427] Auch hierbei handelt es sich aber lediglich um verwaltungsrechtliche Instrumente, die der öffentlichen Rechtsdurchsetzung dienen. Ein direktes Vorgehen Dritter gegen Datenvermittler wird dort nicht geregelt.

Obwohl der DGA nicht auf die private Durchsetzung seiner Vorschriften eingeht, ist grundsätzlich davon auszugehen, dass sowohl die Nutzer eines Datenvermittlungsdienstes als auch dessen Wettbewerber zivilrechtliche Ansprüche, die auf Verstößen gegen Art. 12 DGA beruhen, nach dem Recht der Mitgliedstaaten geltend machen können.[1428] Dienstenutzer können sich auf die Nichtigkeit vertraglicher Regelungen nach § 134 BGB berufen und Beseitigungs-, Unterlassungs- und Schadensersatzansprüche nach § 823 Abs. 2 (ggf. in Verbindung mit § 1004 BGB analog) geltend machen. Hingegen stehen ihnen keine Ansprüche gemäß § 33 GWB zu, da diese Vorschrift allein an Verstöße gegen das GWB oder Art. 101 bzw. Art. 102 AEUV anknüpft. Wettbewerber können gegen bestimmte Rechtsverstöße anderer Datenvermittler nach den Vorschriften des UWG vorgehen.[1429]

1. Nichtigkeit von Verträgen

Wenn ein Datenvermittler sich gegenüber einem Dienstenutzer auf vertragliche Vereinbarungen beruft, die im Widerspruch zu Vorschriften des Art. 12 DGA stehen, kann der Dienstenutzer ihm die Nichtigkeit der Vereinbarungen nach § 134 BGB entgegenhalten.[1430] Denn nach § 134 BGB ist ein Rechtsgeschäft, das gegen ein gesetzliches Verbot verstößt, nichtig, soweit sich nicht aus dem Gesetz etwas anderes ergibt. Verbotsgesetze, die auch dem europäischen Sekundärrecht entnommen

---

1426 Auch der DMA enthält nur wenige Hinweise auf die Durchsetzung seiner Vorschriften vor Zivilgerichten, vgl. ErwG 42, 92 DMA. Das Fehlen weitergehender Regelungen zur privaten Durchsetzung der Art. 5 ff. DMA wird in der Literatur überwiegend kritisch gesehen, siehe nur *Podszun*, Journal of European Competition Law & Practice 2021, 1 (10 ff.); *Karbaum/Schulz*, NZKart 2022, 107 (112).

1427 Siehe hierzu Kap. 5, C. VI. 4. b) aa).

1428 *Richter*, ZEuP 2021, 634 (657 f.).

1429 *Richter*, ZEuP 2021, 634 (658).

1430 A. A. *Specht-Riemenschneider*, in: Specht-Riemenschneider/Hennemann, DGA, Art. 12 Rn. 110.

werden können,[1431] sind Rechtsvorschriften, die ein Rechtsgeschäft wegen seines Inhalts oder seiner Zweckrichtung verbieten.[1432] Ob ein Gesetz ein Rechtsgeschäft verbieten soll, ist durch Auslegung zu ermitteln.[1433] Entscheidend ist in Abgrenzung zu bloßen Ordnungsvorschriften, dass die Rechtsnorm das Rechtsgeschäft an sich, also seinen Inhalt, untersagt und sich nicht bloß gegen die äußeren Umstände seines Zustandekommens richtet.[1434]

Hiernach ist davon auszugehen, dass Art. 12 DGA mehrere einseitige Verbotsnormen enthält.[1435] Schließlich untersagt Art. 12 DGA Datenvermittlern die Durchführung bestimmter Handlungen gegenüber ihren Dienstenutzern absolut und unabhängig von den äußeren Umständen. Vertragliche Absprachen, die gegen diese Vorschriften verstoßen, sind nach Art. 12 DGA verboten und deshalb in Verbindung mit § 134 BGB nichtig. So untersagt etwa Art. 12 lit. a Alt. 1 DGA Datenvermittlern die Nutzung der Daten von Dateninhaber für andere Zwecke als der Bereitstellung an die Datennutzer. Wenn ein Vertrag zwischen einem Datenvermittler und einem Dateninhaber die Nutzung der Daten zu anderen Zwecken vorsieht, die auch nicht gemäß Art. 12 lit. e DGA zulässig sind, verstößt er gegen Art. 12 lit. a DGA und fällt in den Anwendungsbereich des § 134 BGB. Entsprechendes gilt für Rechtsgeschäfte, die gegen das Bündelungsverbot nach Art. 12 lit. b DGA, die Zweckbeschränkung nach Art. 12 lit. c DGA oder die Voraussetzung fairer und nichtdiskriminierender Preise und Geschäftsbedingungen nach Art. 12 lit. f DGA verstoßen.

Die Rechtsfolge eines Verstoßes gegen ein (einseitiges) Verbotsgesetz richtet sich nach der Zwecksetzung der Verbotsnorm.[1436] Von der (vollständigen) Nichtigkeit eines Rechtsgeschäfts ist nur dann auszugehen, wenn sie sich aus der Auslegung des Verbotsgesetzes ergibt.[1437] Im Einzelfall kann daher die Beschränkung der Nichtigkeitswirkung auf Teile des Rechtsgeschäfts angezeigt sein.[1438] Bei Verstößen gegen Regelungen des Art. 12 DGA ist lediglich von der Teilnichtigkeit der

---

1431 *Armbrüster*, in: MüKo BGB, § 134 Rn. 51; *Vossler*, in: BeckOGK BGB, § 134 Rn. 39.

1432 *Dörner*, in: Schulze/Dörner/u. a., BGB, § 134 Rn. 4; *Wendtlandt*, in: BeckOK BGB, § 134 Rn. 9.

1433 *Armbrüster*, in: MüKo BGB, § 134 Rn. 58; *Wendtlandt*, in: BeckOK BGB, § 134 Rn. 9.

1434 *Armbrüster*, in: MüKo BGB, § 134 Rn. 59. Eine typische Ordnungsnorm ist z. B. das Ladenschlussgesetz, da es sich nicht gegen den Inhalt des Rechtsgeschäfts, sondern nur gegen die äußeren Umstände seines Zustandekommens (den Zeitpunkt) richtet.

1435 Hierfür spricht auch, dass die dem Art. 12 DGA zum Teil ähnlichen, kartellrechtlichen Missbrauchstatbestände nach Art. 102 AEUV und § 19 GWB als Verbotsnormen anerkannt sind; siehe *Bechtold*, NZKart 2020, 459; *Armbrüster*, in: MüKo BGB, § 134 Rn. 87 f.; *Vossler*, in: BeckOGK BGB, § 134 Rn. 238, 245.

1436 *Armbrüster*, in: MüKo BGB, § 134 Rn. 177; *Dörner*, in: Schulze/Dörner/u. a., BGB, § 134 Rn. 7.

1437 Bei nur einseitigen Rechtsverstößen geht die Rspr. grundsätzlich davon aus, dass die Wirksamkeit des Rechtsgeschäfts nicht entfällt; vgl. *Vossler*, in: BeckOGK BGB, § 134 Rn. 56 f.

1438 *Armbrüster*, in: MüKo BGB, § 134 Rn. 182 ff.

betroffenen Rechtsgeschäfte auszugehen. Schließlich ist es nicht im Interesse der Dienstenutzer, deren Schutz durch Art. 12 DGA bezweckt wird, dass die gesamte Vertragsgrundlage zwischen ihnen und dem Datenvermittler entfällt. Stattdessen entspricht es ihrer Interessenlage und dem Schutzzweck des Art. 12 DGA, dass nur die Vertragsabreden nichtig sind, die unmittelbar gegen Art. 12 DGA verstoßen. Zum Beispiel ist Dienstenutzern bei überhöhten, gegen Art. 12 lit. f DGA verstoßenden Preisen, wie bei Ausbeutungsmissbräuchen im Kartellrecht,[1439] ein Anspruch auf Vertragsanpassung zuzubilligen.

2. Beseitigungs-, Unterlassungs- und Schadensersatzansprüche

Sowohl Dienstenutzer als auch Wettbwerber können unter Umständen Beseitigungs-, Unterlassungs- und Schadensersatzansprüche gegen Datenvermittler geltend machen. Hierbei unterscheiden sich aber die ihnen zur Verfügung stehenden Anspruchsgrundlagen.

a) Ansprüche nach § 823 Abs. 2 BGB

Für Dienstenutzer können sich Beseitigungs-, Unterlassungs- und Schadensersatzansprüche gegen Datenvermittler neben den §§ 280 ff. BGB aus § 823 Abs. 2 BGB ergeben.[1440] Die Schadensersatzpflicht des § 823 Abs. 2 BGB trifft denjenigen, der gegen ein Schutzgesetz verstößt, das den Schutz einer anderen Person bezweckt. Als Schutzgesetze kommen auch europäische Verordnungen in Betracht.[1441] Erforderlich ist für die Annahme einer Schutznorm, dass sie zumindest auch dem Schutz von Individualinteressen und nicht bloß dem Schutz der Allgemeinheit dienen soll.[1442]

Mit Art. 12 DGA verfolgt der europäische Gesetzgeber zwar in erster Linie wirtschaftspolitische Zielsetzungen. So soll das Vertrauen in Datenvermittlungsdienste gestärkt werden, damit sie zur Entstehung eines funktionierenden Binnenmarkts für Daten beitragen können. Zu diesem Zweck zielen die Regelungen des Art. 12 DGA aber mitunter auch unmittelbar auf den Schutz individueller Dienstenutzer ab, die vor bestimmten Handlungen der Datenvermittler geschützt werden sollen.[1443] So bezweckt zum Beispiel Art. 12 lit. a Alt. 1 DGA den Schutz von Datenin-

1439 Siehe dazu *Bechtold*, NZKart 2020, 459 (463).

1440 Vgl. auch *Specht-Riemenschneider*, in: Specht-Riemenschneider/Hennemann, DGA, Art. 12 Rn. 111.

1441 *Wagner*, in: MüKo BGB, § 823 Rn. 539.

1442 *Wagner*, in: MüKo BGB, § 823 Rn. 562; *Staudinger*, in: Schulze/Dörner/u. a., BGB, § 134 Rn. 147.

1443 So auch *Specht-Riemenschneider*, in: Specht-Riemenschneider/Hennemann, DGA, Art. 12 Rn. 111. Auch bei kartellrechtlichen Vorschriften handelt es sich um Schutzgesetze im Sinne

habern vor der Verwendung ihrer Daten durch Datenvermittler für deren eigene Zwecke. Gemäß Art. 12 lit. b DGA soll außerdem verhindert werden, dass Dienstenutzer durch Koppelungs- oder Bündelungspraktiken gezwungen werden, weitere Dienste gegen ihren Willen in Anspruch zu nehmen. Darüber hinaus soll Art. 12 lit. f DGA sicherstellen, dass alle potenziellen Nutzer den fairen und diskriminierungsfreien Zugang zu Datenvermittlungsdiensten erhalten. Art. 12 lit. l DGA dient schließlich dem Schutz der Daten individueller Dateninhaber und -nutzer.[1444] Geschützt werden hierdurch die Vermögensinteressen der Dienstenutzer.

Neben der rechtswidrigen Verletzung eines Schutzgesetzes setzt § 823 Abs. 2 BGB voraus, dass der Anspruchsgegner schuldhaft, also vorsätzlich oder fahrlässig gehandelt hat. Als Rechtsfolge können Dienstenutzer zunächst Schadensersatz gemäß §§ 249 ff. BGB verlangen, wenn ihnen durch die Schutzgesetzverletzung ein kausaler Schaden entstanden ist. Außerdem können sie über den quasinegatorischen Schutzanspruch nach § 823 Abs. 2 i. V. m. § 1004 BGB analog die Beseitigung und Unterlassung von Verstößen gegen Vorschriften des Art. 12 DGA verlangen, die den Schutz individueller Nutzer bezwecken. Anders als der Schadensersatzanspruch nach Art. 823 Abs. 2 BGB setzt die Geltendmachung von Beseitigungs- oder Unterlassungsansprüchen kein Verschulden des Datenvermittlers voraus.[1445] Beispielsweise kann ein Dateninhaber vom Datenvermittler verlangen, dass er die Nutzung seiner Daten zu anderen als den nach Art. 12 lit. a DGA zulässigen Zwecken unterlässt. Besonders relevant dürften Beseitigungs- und Unterlassungsansprüche auch im Rahmen des Art. 12 lit. f DGA sein. Dateninhaber oder -nutzer, denen der Zugang zu den Datenvermittlungsdiensten eines Anbieters verwehrt wird, können über den Beseitigungsanspruch den Zugang zu den Diensten durchsetzen.[1446]

b) Ansprüche nach dem UWG

Verstöße von Datenvermittlern gegen die Vorgaben des Art. 12 DGA können auch durch ihre Wettbewerber, also durch andere Datenvermittler, im Wege der Zivil-

des § 823 Abs. 2 BGB; siehe *Wagner*, in: MüKo BGB, § 823 Rn. 594; *Spindler*, in: BeckOGK BGB, § 823 Rn. 387.

1444 Auch Art. 12 lit. c, g, h und k DGA können dem Schutz individueller Nutzer dienen.

1445 *Wagner*, in: MüKo BGB, Vor § 823 Rn. 41; *Spohnheimer*, in: BeckOGK BGB, § 1004 Rn. 13.1.

1446 Ihnen steht ein Abwehranspruch gegen die Verweigerung der Zulassung zu den Datenvermittlungsdiensten zu. Auf die gleiche Weise können sie gerichtlich gegen die Auferlegung unfairer oder diskriminierender Bedingungen durch den Datenvermittler vorgehen. So erfordert zum Beispiel die Beseitigung diskriminierender Bedingungen, dass der betroffene Dienstenutzer die gleichen Konditionen wie andere Nutzer erhält.

klage verfolgt werden.[1447] Diese können gemäß §§ 8 und 9 UWG Beseitigungs-, Unterlassungs- und Schadenersatzansprüche gegen rechtsbrüchige Datenvermittler geltend machen.[1448]

aa) Aktivlegitimation

Aktivlegitimiert sind nach §§ 8, 9 UWG die „Mitbewerber".[1449] Nur ihnen stehen eigene lauterkeitsrechtliche Individualansprüche gegen Rechtsverletzer zu.[1450] Bei Mitbewerbern handelt es sich gemäß § 2 Abs. 1 Nr. 4 UWG um Unternehmer, die mit einem oder mehreren Unternehmern als Anbieter oder Nachfrager von Waren oder Dienstleistungen in einem konkreten Wettbewerbsverhältnis stehen. Kennzeichnend für Mitbewerber ist also, dass sie zueinander in einem horizontalen Konkurrenzverhältnis stehen.[1451] Ein konkretes Wettbewerbsverhältnis ist zwischen allen Datenvermittlern anzunehmen, die sich auf dem gleichen räumlichen Markt an den identischen Nutzerkreis richten. Den Dienstenutzern selbst fehlt hingegen die Aktivlegitimation nach dem UWG. Bei ihnen handelt es sich mangels horizontalen Wettbewerbsverhältnisses nämlich nicht um Mitbewerber, sondern lediglich um Marktteilnehmer im Sinne des § 2 Abs. 1 Nr. 3 UWG.[1452] Bloßen Marktteilnehmern stehen aber keine eigenen Individualansprüche gegen Rechtsverletzer zu.[1453]

bb) Verstoß gegen Marktverhaltensregeln

Beseitigungs-, Unterlassungs- und Schadensersatzansprüche nach §§ 8, 9 UWG setzen das Vorliegen einer nach § 3 UWG unzulässigen geschäftlichen Handlung voraus. Unlauter und damit unzulässig nach § 3 Abs. 1 UWG sind gemäß § 3a UWG insbesondere solche Handlungen, die einer gesetzlichen Vorschrift zuwiderlaufen,

---

1447 Darüber hinaus können auch bestimmte Verstöße gegen Art. 11 DGA verfolgt werden. Dies gilt insbesondere für die unrechtmäßige Verwendung der nach Art. 11 Abs. 9 DGA für anerkannte Datenvermittler vorgesehenen Labels und Logos; siehe dazu näher *Specht-Riemenschneider*, in: Specht-Riemenschneider/Hennemann, DGA, Art. 11 Rn. 85.

1448 So in der Tendenz auch *Specht-Riemenschneider*, in: Specht-Riemenschneider/Hennemann, DGA, Art. 12 Rn. 112; *Richter*, ZEuP 2021, 634 (658).

1449 Nach § 8 Abs. 3 Nr. 2–4 UWG sind außerdem bestimmte Verbände und qualifizierte Einrichtungen sowie die Industrie- und Handelskammern zur Geltendmachung von Beseitigungs- und Unterlassungsansprüchen befugt.

1450 *Alexander*, in: BeckOK UWG, § 2 Rn. 242; *Sosnitza*, in: Ohly/Sosnitza, UWG, § 2 Rn. 86.

1451 *Alexander*, in: BeckOK UWG, § 2 Rn. 256 ff.

1452 Sie befinden sich zum Rechtsverletzer in dem für Marktteilnehmer typischen Vertikalverhältnis; vgl. *Alexander*, in: BeckOK UWG, § 2 Rn. 215.

1453 Sie werden allein kollektivrechtlich nach § 8 Abs. 3 Nr. 2 bis 4 UWG geschützt; siehe *Sosnitza*, in: Ohly/Sosnitza, UWG, § 2 Rn. 61.

die auch dazu bestimmt ist, im Interesse der Marktteilnehmer das Marktverhalten zu regeln, und die geeignet sind, die Interessen von Verbrauchern, sonstigen Marktteilnehmern oder Mitbewerbern spürbar zu beeinträchtigen. Es ist im Ergebnis davon auszugehen, dass Verstöße gegen Art. 12 DGA einen Rechtsbruch nach § 3a UWG darstellen, gegen den Mitbewerber gemäß §§ 8, 9 UWG vorgehen können.[1454]

Zunächst handelt es sich bei den Regelungen des Art. 12 DGA um Marktverhaltensregeln.[1455] Marktverhaltensregeln nach § 3a UWG sind Gesetze, die das Marktverhalten von Marktteilnehmern bestimmten Handlungs- oder Unterlassungspflichten unterwirft.[1456] Dabei umfasst das Marktverhalten jede Tätigkeit eines Unternehmers auf einem Markt, die objektiv dazu dient, den Absatz oder den Bezug von Waren oder Dienstleistungen zu fördern und durch die auf andere Marktteilnehmer eingewirkt wird.[1457] Hierzu gehören vor allem das Angebot und die Nachfrage von Waren und Dienstleistungen.[1458] Indem die Vorschriften des Art. 12 DGA die Erbringung von Datenvermittlungsdiensten detailliert regeln, sind sie als Marktverhaltensregeln einzustufen. Sie legen fest, welche Dienste Datenvermittler erbringen dürfen und auf welche Weise und in welchem Umfang sie diese anbieten können.[1459]

Weiterhin müssen Marktverhaltensregeln gemäß § 3a UWG den Schutz der marktbezogenen Interessen anderer Marktteilnehmer bezwecken. Der bloße

---

1454 Dies setzt allerdings grundsätzlich voraus, dass der Rechtsbruchtatbestand des § 3a UWG mit der vollharmonisierenden UGP-Richtlinie überhaupt vereinbar ist. Hieran bestehen erhebliche Zweifel, da die UGP-RL Geschäftspraktiken, die *per se* unlauter sind, abschließend regelt und der Rechtsbruchtatbestand dort nicht als *per se* unlautere Geschäftspraktik vorgesehen ist; siehe *Augenhofer*, EuCML 2021, 30 (32); *Halder*, Private Enforcement und Datenschutzrecht (2022), S. 164 f.

1455 *Richter*, ZEuP 2021, 634 (658 f.); *Schreiber/Pommerening/Schoel*, Das neue Recht der Daten-Governance (2023), § 6 Rn. 27.

1456 *Niebel/Kerl*, in: BeckOK UWG, § 3a Rn. 21.

1457 *Köhler*, in: Köhler/Bornkamm/Feddersen, UWG, § 3a Rn. 1.62.

1458 *Ohly*, in: Ohly/Sosnitza, UWG, § 3a Rn. 15; *Köhler*, in: Köhler/Bornkamm/Feddersen, UWG, § 3a Rn. 1.62; *Niebel/Kerl*, in: BeckOK UWG, § 3a Rn. 21.

1459 Anders als bei kartellrechtlichen Vorschriften, wie den Art. 101, 102 AEUV oder §§ 1, 19, 20 GWB, ist beim DGA nicht von einer Sperrwirkung für Ansprüche nach dem UWG auszugehen. Die Nichtanwendbarkeit lauterkeitsrechtlicher Ansprüche auf Kartellrechtsverstöße wird damit begründet, dass das Kartellrecht in den §§ 33 ff. GWB bereits abschließende Regelungen zu Beseitigungs-, Unterlassungs- und Schadensersatzansprüchen enthält; siehe nur *Schaffert*, in: MüKo LautR, UWG, § 3a Rn. 24 f. Der DGA fällt aber weder in den Anwendungsbereich der §§ 33 ff. GWB noch enthält er eigene Regelungen, die den §§ 8 ff. UWG entsprechen. Es sprechen daher keine Konkurrenzgründe gegen die Anwendbarkeit des UWG.

Schutz allgemeiner Interessen genügt dagegen nicht.[1460] Art. 12 DGA enthält zunächst eine Reihe von Vorschriften, die die Interessen von Dateninhabern und Datennutzern als sonstige Marktteilnehmer im Sinne des Art. 2 Abs. 1 Nr. 3 UWG schützen.[1461] Außerdem dient Art. 12 DGA dem Schutz von Mitbewerbern. Hierfür genügt, dass die Norm die Herstellung gleicher Wettbewerbsbedingungen für alle Unternehmen bezweckt.[1462] Da durch Art. 12 DGA stark harmonisierte Anforderungen an die Erbringung von Datenvermittlungsdiensten festgelegt werden, um das allgemeine Vertrauensniveau gegenüber solchen Dienste zu stärken,[1463] und um ein wettbewerbliches Umfeld für den Datenaustausch zu gewährleisten,[1464] ist anzunehmen, dass die Vorschrift in ihrer Gesamtheit auch die Herstellung gleicher Wettbewerbsbedingungen für alle Datenvermittler im europäischen Binnenmarkt bezweckt. Deshalb schützt Art. 12 DGA in seiner Gesamtheit auch die Interessen von Mitbewerbern, so dass sich diese bei allen Verstößen gegen Art. 12 DGA auf einen Rechtsbruch im Sinne von § 3a UWG berufen können.

cc) Spürbarkeit

Die nach § 3a UWG erforderliche Spürbarkeit der Verletzung der Interessen von Mitbewerbern oder sonstigen Marktteilnehmern setzt zudem voraus, dass eine Interessenverletzung durch die Nichtbeachtung der Marktverhaltensregel tatsächlich mit einer gewissen Wahrscheinlichkeit eintreten kann.[1465] Aus Sicht eines Mitbewerbers genügt es, dass seine Marktchancen durch den Rechtsbruch gemindert werden können.[1466] Das ist jedenfalls dann der Fall, wenn aufgrund konkreter Anhaltspunkte anzunehmen ist, dass der Rechtsverletzer durch sein Verhalten Wettbewerbsvorteile erhält.[1467] Nicht jede Verletzung einer Bedingung nach Art. 12 DGA durch einen Datenvermittler wird daher spürbar sein. Die Spürbarkeit ist aber dann gegeben, wenn ein Datenvermittler tatsächliche Wettbewerbsvorteile

---

1460 *Ohly*, in: Ohly/Sosnitza, UWG, § 3a Rn. 21; *Köhler*, in: Köhler/Bornkamm/Feddersen, UWG, § 3a Rn. 1.64; *Niebel/Kerl*, in: BeckOK UWG, § 3a Rn. 28.

1461 Insbesondere schützt Art. 12 DGA die Vertraulichkeit und Sicherheit der Daten (lit. a, g und l), die wirtschaftliche Entscheidungsfreiheit (lit. b) sowie die Fähigkeit zur Inanspruchnahme von Diensten (lit. f) von Dateninhabern bzw. Datennutzern.

1462 *Köhler*, in: Köhler/Bornkamm/Feddersen, UWG, § 3a Rn. 1.66; *Niebel/Kerl*, in: BeckOK UWG, § 3a Rn. 30.

1463 Siehe oben in Kap. 5, C. II. 2. b); vgl. auch ErwG 32 DGA.

1464 Siehe oben in Kap. 5, C. II. 2. c); vgl. auch ErwG 33 DGA.

1465 *Köhler*, in: Köhler/Bornkamm/Feddersen, UWG, § 3a Rn. 1.97; *Niebel/Kerl*, in: BeckOK UWG, § 3a Rn. 7.

1466 *Köhler*, in: Köhler/Bornkamm/Feddersen, UWG, § 3a Rn. 1.98; *Niebel/Kerl*, in: BeckOK UWG, § 3a Rn. 40; *Ohly*, in: Ohly/Sosnitza, UWG, § 3a Rn. 30g.

1467 *Ohly*, in: Ohly/Sosnitza, UWG, § 3a Rn. 30g.

aus seinem Verhalten zieht, etwa indem er aufgrund von Kosteneinsparungen durch die Nichtbeachtung der Vorschriften seine Dienste zu günstigeren Preisen anbieten kann oder indem er Daten entgegen Art. 12 lit. a Alt. 1 DGA gewinnbringend für eigene Zwecke einsetzt. Wenn ein Rechtsbruch nach § 3a UWG vorliegt, stehen Mitbewerbern gemäß § 8 UWG Beseitigungs- und Unterlassungsansprüche und bei schuldhaftem Handeln auch Schadensersatzansprüche nach § 9 UWG zu.

VIII. Zwischenergebnis

Abschließend lässt sich festhalten, dass Datenvermittler nicht nur den Anforderungen des DGA unterliegen, sondern darüber hinaus auch die anspruchsvollen Vorgaben der DSGVO, des Kartellrechts sowie des DSA zu beachten haben. Nicht anwendbar ist auf B2B-Datenvermittler hingegen der DMA. Trotzdem sehen sich Datenvermittler einem komplizierten und anspruchsvollen Regulierungsgeflecht ausgesetzt. Das Zusammenspiel der teils überlappenden, teils sich ergänzenden Vorschriften führt dazu, dass Datenvermittler ihre Dienste innerhalb eines komplexen Rechtsrahmens anbieten müssen.[1468] Hierzu trägt weiter bei, dass im System getrennter Zuständigkeiten[1469] für ein und dieselbe Tätigkeit eine Vielzahl unterschiedlicher europäischer und nationaler Regulierungsbehörden zuständig sein kann. Dieser Umstand erhöht das Risiko divergierender und widersprüchlicher Entscheidungen.[1470] Vor diesem Hintergrund stellt es für B2B-Datenvermittler eine spürbare Erleichterung dar, wenn sie, wie hier vertreten, datenschutzrechtlich als Auftragsverarbeiter und nicht als (gemeinsam) Verantwortliche zu qualifizieren sind. Im Hinblick auf die Überwachung von Datenvermittlern durch die Wettbewerbsbehörden ist zu hoffen, dass diese sich an den Vorgaben des DGA orientieren und darüber hinaus gehende Anforderungen an den Betrieb und die Organisation von Datenvermittlern nur in Ausnahmefällen verlangen.[1471] Zudem sollten bei der Anwendung des DSA auf Datenvermittler Normwidersprüche zugunsten des DGA als *lex specialis* aufgelöst werden.

Hinsichtlich der privaten Durchsetzung des DGA hat sich gezeigt, dass die Vorgaben des Art. 12 DGA sowohl von Dienstenutzern als auch von konkurrierenden Datenvermittlern nach dem nationalen Recht auf dem Zivilrechtsweg durchgesetzt werden können. Allerdings stellt sich hier die Frage, ob der europäische Gesetzge-

1468 *Graef/Gellert*, The European Commission's proposed DGA (2021), S. 15.
1469 Siehe hierzu oben Kap. 5, C. VI. 1. c).
1470 Siehe hierzu Kap. 6, C. II. 3. a); vgl. auch *v. Ditfurth/Lienemann*, CRNI 23 (2022), 270 (290); *Hennemann/v. Ditfurth*, NJW 2022, 1905 (1910, Rn. 29).
1471 Hierfür spricht auch die Kooperationspflicht zwischen den verschiedenen Fachbehörden gemäß Art. 13 Abs. 3 DGA, die sich jedoch nur auf die Anwendung des DGA erstreckt.

ber durch die unterlassene Normierung der privaten Rechtsdurchsetzung eine Chance zur Sicherstellung der effektiven Rechtsdurchsetzung verpasst hat.[1472] Schließlich sind gewisse Vollzugsdefizite beim DGA aufgrund der Eigenschaften der dezentralen und behördlichen *ex-post*-Kontrolle von Datenvermittlern wahrscheinlich.[1473] Die Ergänzung der öffentlichen Rechtsdurchsetzung durch private Rechtsdurchsetzung scheint daher dringend geboten. Die Effektivität privater Rechtsdurchsetzung beruht darauf, dass Private, die durch Rechtsverletzungen selbst betroffen sind, über die nötigen Informationen und Anreize verfügen, um zügig gegen den Rechtsverletzer vorzugehen.[1474] Außerdem entlastet die private Rechtsdurchsetzung die Behörden und schont ihre personellen und finanziellen Ressourcen.[1475]

Aus diesen Gründen ist es enttäuschend, dass sich der europäische Gesetzgeber nicht dazu entschieden hat, Vorschriften zur privaten Rechtsdurchsetzung in den DGA aufzunehmen. Zwar bleibt es Dienstenutzern und Wettbewerbern auch so möglich, privatrechtlich gegen Datenvermittler wegen Verstößen gegen Art. 11 und 12 DGA vorzugehen. Die Effektivität der privaten Rechtsdurchsetzung würde aber von einem maßgeschneiderten und attraktiven rechtlichen Rahmen profitieren.[1476] So wäre es zum Beispiel möglich gewesen, europaweit harmonisierte Verfahrensregeln für Zivilklagen wegen Verletzungen des DGA einzuführen. Denkbar wäre auch die Einführung von Sonderregelungen zur Vereinfachung solcher Verfahren, zur Beweisführung oder zur Bündelung von Klagen gewesen. Indem der europäische Gesetzgeber sich gegen eine maßgeschneiderte Regelung der privaten Rechtsdurchsetzung entschieden hat, hat er es verpasst, das harmonische Zusammenspiel öffentlicher und privater Rechtsdurchsetzung sicherzustellen.[1477]

1472 Siehe auch *Richter*, ZEuP 2021, 634 (660).

1473 Siehe hierzu in Kap. 6, C. II. 2. b); vgl. auch *Richter*, ZEuP 2021, 634 (660).

1474 *Wagner*, AcP 206 (2006), 352 (446).

1475 *Wagner*, AcP 206 (2006), 352 (447 f.).

1476 Vgl. *Podszun*, Journal of European Competition Law & Practice 2021, 1 (7 f.).

1477 Siehe zu den Wechselbezügen privater und öffentlicher Rechtsdurchsetzung im Kartellrecht *Podszun*, Journal of European Competition Law & Practice 2021, 1 (9).

Kapitel 6: Kritische Würdigung

A. Einleitung

Im fünften Kapitel wurde bereits zu den einzelnen Vorschriften der Art. 10 bis 15 DGA aus rechtlicher und ökonomischer Perspektive Stellung genommen. Hieran anknüpfend erfolgt in diesem Kapitel eine vorläufige Bewertung der europäischen Regulierung von Datenvermittlern, die auf Überlegungen zur Gesamtkonzeption des DGA, seiner Umsetzung und den daraus folgenden wahrscheinlichen Praxisauswirkungen beruht. Hierzu wird in einem ersten Schritt die Gesamtumsetzung der Art. 10 bis 15 DGA aus rechtlicher Perspektive kritisiert. Im Anschluss daran werden anhand rechtsökonomischer Erwägungen, die Erfolgsaussichten sowie unbeabsichtigte Nebenfolgen der Regulierung von Datenvermittlungsdiensten durch den DGA analysiert.

B. Rechtstechnische Kritik

In der Analyse der Art. 10 bis 15 DGA im fünften Kapitel wurde an vielen Stellen kritisiert, dass die Auslegung der Vorschriften des DGA den Rechtsanwender vor erhebliche Schwierigkeiten stellt. In vielen Teilen wirkt der DGA, obwohl es sich bei ihm um eine unmittelbar anwendbare Verordnung handelt, unvollständig, provisorisch und konkretisierungsbedürftig. Die Kritikpunkte an der Formulierung und Gestaltung der Art. 10 bis 15 DGA sollen in diesem Abschnitt gebündelt und systematisch dargestellt werden.

I. Mangelnde Bestimmtheit und Detailliertheit von Vorschriften

Es wird zurecht kritisiert, dass die Vorschriften des DGA aufgrund ihrer Abstraktheit und Unbestimmtheit dem Rechtsanwender keine hinreichende Auslegungshilfe bieten und so zu erheblichen Rechtsunsicherheiten führen können.[1] Die Auslegung der Art. 10 bis 15 DGA stellt den Rechtsanwender unter anderem deshalb vor Probleme, weil die Vorschriften zu knapp, allgemein und vage sind. Zu vielen wesentlichen Aspekten der Regulierung enthält der DGA nicht hinreichend detaillierte, sondern lediglich abstrakte Vorgaben. Dies erschwert die Anwendung der Vor-

1 *Specht-Riemenschneider*, in: Specht-Riemenschneider/Hennemann, DGA, Art. 12 Rn. 24; *Roßnagel*, ZRP 2021, 173 (175); *v. Ditfurth/Lienemann*, CRNI 23 (2022), 270 (290); Spindler, CR 2021, 98 (104, Rn. 30); *Schweitzer/Metzger/u. a.*, Data access and sharing (2022), S. 289.

https://doi.org/10.1515/9783111337661-006

schriften. Hinzu kommt, dass die Erwägungsgründe zu vielen Fragestellungen keine oder zumindest keine hilfreichen Erläuterungen enthalten.

Diese Problematik stellt sich vor allem bei der Auslegung der Bedingungen des Art. 12 DGA. Oft ist nicht klar, welche konkreten Handlungen oder Maßnahmen die regulierten Datenvermittler ergreifen sollen. Ein Beispiel hierfür bietet Art. 12 lit. c DGA, wonach den Dateninhabern auf Anfrage die bei der Erbringung von Datenvermittlungsdiensten erhobenen Daten zur Verfügung zu stellen sind. Offen bleibt aber welche Daten hiervon konkret erfasst werden und auf welche Weise sie zur Verfügung zu stellen sind.[2] So ist es sowohl denkbar, dass der Dateninhaber den Zugang zu den aggregierten Daten erhält, die bei vom Datenvermittler erhoben wurden, als auch, dass ihm lediglich der Zugang zu den Daten gewährt werden muss, die bei seiner Nutzung des Datenvermittlungsdienstes gesammelt wurden. Die durch die Unbestimmtheit des Wortlauts entstehende Unsicherheit wäre vermeidbar gewesen. So wird in Art. 6 Abs. 10 DMA der Datenzugang von Plattformnutzern ausführlicher geregelt.

Weitere auffällige Beispiele bieten Art. 12 lit. g und lit. j DGA. Danach müssen Datenvermittler bestimmte Vorkehrungen bzw. Maßnahmen ergreifen, um betrügerische und missbräuchliche Praktiken sowie rechtswidrige Datenzugriffe zu verhindern. Unklar ist aber, welche Vorkehrungen oder Maßnahmen gemeint sind.[3] Da Datenvermittlungsdienste erst seit kurzem existieren, kann bei ihrer Bestimmung weder auf Erfahrungswerte noch auf besonders naheliegende Maßnahmen zurückgegriffen werden.[4] Es fehlen konkrete Hilfestellungen für den Rechtsanwender. Zu bemängeln ist die Regelungsknappheit auch im Hinblick auf Art. 12 lit. l DGA, der die Implementierung notwendiger Maßnahmen zur Gewährung eines angemessenen Sicherheitsniveaus bei der Verarbeitung der Daten von Dienstenutzern vorsieht.[5] Welche konkreten Maßnahmen zu ergreifen sind, spezifiziert die Vorschrift nicht. Ein Blick auf Art. 32 DSGVO zeigt aber, dass eine stärkere Konkretisierung der Anforderungen an die Sicherheitsmaßnahmen durchaus möglich gewesen wäre. Bei Art. 12 lit. l DGA, wie auch beim in hohem Maße ausfüllungsbedürftigen Art. 12 lit. i DGA, besteht immerhin die Hoffnung, dass der Europäische Dateninnovationsrat nach Art. 30 DGA zur Konkretisierung der Vorschriften beitragen kann.[6] Bis dahin ist jedoch eine erhebliche Rechtsunsicherheit bei der Anwendung der Vorschriften zu erwarten.

---

2 Siehe hierzu näher in Kap. 5, C. VII. 3. c) bb) (3).

3 Hinsichtlich Art. 12 lit. g DGA bietet ErwG 36 eine gewisse Hilfestellung, indem dort zumindest eine mögliche Maßnahme genannt wird.

4 Siehe zur Auslegung der Vorschriften näher in Kap. 5, C. VII. 3. g) und j); siehe auch *Richter*, ZEuP 2021, 634 (654); *Hennemann/v. Ditfurth*, NJW 2022, 1905 (1910, Rn. 25).

5 Siehe hierzu Kap. 5, C. VII. 3. l).

6 Siehe hierzu Kap. 5, C. VII. 3. i) bb) (2) (b) (aa).

Ein letztes und besonders problematisches Beispiel für die unzureichende Bestimmtheit des Art. 12 DGA stellt lit. h dar. Danach müssen Datenvermittler im Insolvenzfall die angemessene Weiterführung ihrer Dienste gewährleisten und ihren Nutzern den Zugriff auf ihre Daten ermöglichen.[7] Wie die Weiterführung der Dienste gewährleistet werden soll, lässt die Vorschrift offen. Auch die Erwägungsgründe enthalten hierzu keine Hilfestellung. Mangels vergleichbaren Regelungsvorbildern ist nicht ersichtlich, wie die Umsetzung des Art. 12 lit. h DGA in der Praxis erfolgen soll.[8] Die mangelhafte Bestimmtheit des DGA stellt nicht nur bei Art. 12 DGA ein Problem dar, sondern betrifft auch die Vorgaben zur Einrichtung der mitgliedstaatlichen Überwachungsbehörden nach Art. 13, 26 DGA. Dort werden, auch im Vergleich zu Art. 51 ff. DSGVO, viele wichtige Fragestellungen zu den Aufgaben und Anforderungen an die Behörden nur oberflächlich geregelt. Immerhin wird den Mitgliedstaaten somit eine gewisse Flexibilität bei der Umsetzung der Vorgaben gewährt.[9]

II. Abwägungsentscheidungen und unbestimmte Rechtsbegriffe

Eng verknüpft mit der Unbestimmtheit und mangelnden Konkretisierung der Vorgaben des Art. 12 DGA sind die Anwendungsschwierigkeiten, die dadurch entstehen, dass der Gesetzgeber an mehreren Stellen Abwägungsentscheidungen durch Datenvermittler vorsieht und unbestimmte Rechtsbegriffe verwendet. So müssen Datenvermittler gemäß Art. 12 lit. j DGA angemessene Maßnahmen zur Verhinderung von rechtswidrigen Datentransfers ergreifen. Nach Art. 12 lit. l DGA müssen sie ein angemessenes Sicherheitsniveau bei der Verarbeitung nicht-personenbezogener Daten gewährleisten. Die in diesem Rahmen erforderlichen Angemessenheitsprüfungen setzen eine Abwägung der Nutzerinteressen mit dem Aufwand, den die Maßnahmen erfordern, voraus. Der europäische Gesetzgeber legt hiermit aus dem Staats- und Verwaltungsrecht stammende Abwägungspflichten privaten Unternehmen auf.[10] Es ist fraglich, ob gewinnorientierte Unternehmen in der Lage sind, solche Abwägungen in sachgerechter Weise vorzunehmen. Zudem erhöhen

7 Siehe zu Art. 12 lit. h DGA ausführlich in Kap. 5, C. VII. 3. h).

8 Erschwerend kommt hinzu, dass die Vorschrift im Widerspruch zum Insolvenzrecht vieler Mitgliedstaaten steht.

9 Aus diesem Grund hatte sich die deutsche Bundesregierung hinsichtlich des DGA-E gegen detaillierte Regelungen und Vorgaben für die nationalen Behörden ausgesprochen, siehe *Bundesregierung*, Vorläufige Stellungnahme der Bundesrepublik Deutschland zum Daten-Governance-Gesetz (2021), S. 25.

10 Siehe *Veil*, Abwägungsentscheidungen, abrufbar unter: https://dataprotection-landscape.com/index.php/law/gdprbrbalancing-decisions/balancing-decisions-general.

individuelle Abwägungsentscheidungen den Compliance-Aufwand für Datenvermittler. Die Verwendung klarer und detaillierter Vorgaben anstelle von Angemessenheitsprüfungen hätte deshalb sowohl die Wirksamkeit der Reglungen erhöhen als auch die Rechtsunsicherheit für die Anwender verringern können.

Auch die Verwendung unbestimmter Rechtsbegriffe eröffnet den Spielraum für divergierende Auslegungen und damit einhergehende Rechtsunsicherheiten. So werden Datenvermittler dazu verpflichtet, nach Art. 12 lit. f DGA den „fairen" Zugang zu ihren Diensten zu ermöglichen, nach Art. 12 lit. i DGA „geeignete" Interoperabilitätsmaßnahmen zu ergreifen und Dateninhaber nach Art. 12 lit. k DGA über den „unbefugten" Zugriff auf ihre Daten zu informieren. Die Verwendung unbestimmter Rechtsbegriffe ist freilich keine Besonderheit des DGA und dient legitimen Zielen, wie der Gewährleistung der Anpassungsfähigkeit des Rechts.[11] Kehrseite der Flexibilität von unbestimmten Rechtsbegriffen sind aber die Auslegungsschwierigkeiten, die in der Praxis mangels hinreichender Normkonkretisierung auftreten können. Solche Schwierigkeiten sind beim DGA insbesondere deshalb zu befürchten, weil es ihm als neuer Verordnung zunächst an der Konkretisierung durch die Rechtsprechung fehlen dürfte.[12] Außerdem fehlt es dem DGA an unmittelbar anwendbaren „Technikklauseln", die auf detaillierte technische Vorgaben in anderen Rechtsakten oder Leitlinien verweisen.[13] Mittelfristig ist jedoch zu erwarten, dass der Europäische Dateninnovationsrat nach Art. 30 DGA auf die Entwicklung detaillierter Vorgaben zur Ausfüllung der unbestimmten Rechtsbegriffe hinwirken wird. Bis dahin muss zur Auslegung unbestimmter Rechtsbegriffe auf Konzepte zurückgegriffen werden, die im Zusammenhang mit anderen Vorschriften entwickelt wurden.[14]

III. Fehlende Kohärenz

Die Anwendung des DGA wird weiterhin dadurch erschwert, dass bei einigen Vorschriften der innere und äußere Regelungszusammenhang nur unzureichend be-

---

11 Siehe zu den Gründen für die Verwendung unbestimmter Rechtsbegriffe im Technik- und IT-Recht *Kipker*, DuD 2016, 610.

12 Siehe hierzu allgemein *Kipker*, DuD 2016, 610.

13 Siehe zu Technikklauseln *Zech*, Einführung in das Technikrecht (2021), S. 74 f.

14 So kann z. B. bei der Auslegung des fairen Zugangs nach Art. 12 lit. f DGA auf Grundsätze zurückgegriffen werden, die für die Behandlung von kartellrechtlichen FRAND-Bedingungen entwickelt wurden, siehe hierzu Kap. 5, C. VII. 3. f) bb) (1) (a). Für die Beurteilung geeigneter und notwendiger Sicherheitsmaßnahmen nach Art. 12 lit. l DGA bieten die im Rahmen von Art. 24, 25 und 32 DSGVO entwickelten Auslegungsergebnisse erste Anhaltspunkte.

rücksichtigt wurde. Der daraus resultierende Mangel an Kohärenz erschwert das Verständnis und die Befolgung der Vorschriften.

In besonders gravierender Weise zeigt sich das Fehlen innerer Kohärenz bei der Eröffnung des Anwendungsbereichs für B2B-Datenvermittler nach Art. 10 lit. a DGA.[15] Weder wird deutlich, in welchem Verhältnis die Halbsätze 1 und 2 zueinanderstehen,[16] noch wird klargestellt, inwiefern die Bereitstellung der Mittel als Voraussetzung für Datenvermittlungsdienste in Art. 10 lit. a Hs. 1 DGA als eigenständige und damit regulierte Datenvermittlungstätigkeit angesehen wird. Die fehlende Abstimmung der verschiedenen Regelungsteile des Art. 10 lit. a DGA lässt sich nicht eindeutig auflösen und dürfte dazu führen, dass die Abgrenzung regulierter Datenvermittlungsdienste von nicht-regulierten Diensten in vielen Fällen schwerfällt. Auch die Überwachungs- und Durchsetzungsvorschrift des Art. 14 DGA sind unter diesem Gesichtspunkt nicht gelungen. Es wird dort weder deutlich, in welchem zeitlichen Anwendungsverhältnis die verschiedenen Absätze des Art. 14 DGA zueinanderstehen, noch wird das Verhältnis zwischen Zwangsgeldern und gerichtlichen Bußgeldern gemäß Art. 14 Abs. 4 lit. a DGA und den nach Art. 34 DGA zu erlassenden Sanktionsvorschriften geregelt.[17]

Ähnliche, aber weniger folgenreiche Kohärenzdefizite finden sich auch in Art. 12 DGA. Nach Art. 12 lit. l DGA müssen Datenvermittler zum Beispiel ein angemessenes Sicherheitsniveau bei der Speicherung, Verarbeitung und Übermittlung gewährleisten. Sowohl bei der Speicherung als auch bei der Übermittlung handelt es sich aber schon um Verarbeitungen im Sinne des Art. 2 Nr. 12 DGA.[18] Dies wirft die Frage auf, ob die Speicherung und Übermittlung von Daten in Art. 12 lit. l DGA nur aus Klarstellungsgründen genannt werden, oder ob der Gesetzgeber hiermit noch andere Zwecke verfolgt. Hieran anknüpfend stellt sich ein weiteres Problem, das von *Veil* bereits hinsichtlich der DSGVO kritisiert wurde.[19] Zentrale Rechtsbegriffe werden im DGA nicht einheitlich verwendet. So müssen Datenvermittler nach Art. 12 lit. i DGA „geeignete" Maßnahmen (*appropriate measures*) treffen,

---

15 Siehe hierzu ausführlich in Kap. 5, C. IV. 2.

16 Ohnehin ist der Mehrwehrt von Art. 10 lit. a Hs. 2 DGA fraglich. Die dort genannten wenig konkreten Beispiele für Datenvermittlungsdienste dürften in vielen Fällen keinen Datenvermittlungsdienst i. S. d. Art. 2 Nr. 11 DGA darstellen. Auch die in ErwG 28 DGA enthaltenen Beispiele sind insoweit nur begrenzt hilfreich; vgl. auch *Schweitzer/Metzger/u. a.*, Data access and sharing (2022), S. 285; zum DGA-E *Baloup/Bayamlıoğlu/u. a.*, White Paper on the DGA (2021), S. 27 f.; *Richter*, ZEuP 2021, 634 (662).

17 Siehe hierzu näher in Kap. 5, C. VI. 3. d) und bei *Specht-Riemenschneider*, in: Specht-Riemenschneider/Hennemann, DGA, Art. 14 Rn. 43 f.

18 Siehe hierzu Kap. 5, C. VII. 3. l) bb) (2) (a) und *Specht-Riemenschneider*, in: Specht-Riemenschneider/Hennemann, DGA, Art. 12 Rn. 85.

19 *Veil*, Auch die Rechtssprache ist verräterisch (2022).

nach Art. 12 lit. j DGA „angemessene“ Maßnahmen (*adequate measures*) ergreifen und nach Art. 12 lit. l DGA „notwendige“ Maßnahmen (*necessary measures*) umsetzen. Ob der Gesetzgeber durch die Verwendung divergierender Begriffe die Auferlegung unterschiedlich strenger Abwägungsmaßstäbe bezweckt hat, bleibt offen. Die konsistente Verwendung und Übersetzung von zentralen Rechtsbegriffen wäre zur Vermeidung von Missverständnissen wünschenswert gewesen.

Auch an der äußeren Kohärenz des DGA im Zusammenhang mit anderen Rechtsvorschriften fehlt es teilweise. So stellt die Definition des Dateninhabers nach Art. 2 Nr. 8 DGA darauf ab, dass er nach geltendem Recht das Recht hat, den Zugang zu bestimmten Daten zu gewähren.[20] Tatsächlich existiert ein solches Verfügungsrecht über Daten derzeit jedoch nicht. Dies hat zur Folge, dass der Anwendungsbereich dieser Definition nur durch eine geltungserhaltende Reduktion aufrechterhalten werden kann.[21] Problematisch ist auch Art. 12 lit. h DGA, wonach Datenvermittler verpflichtet sind, die angemessene Weiterführung ihrer Dienste im Insolvenzfall zu gewährleisten. Bei dieser Vorschrift hat der Gesetzgeber das Verhältnis der Vorschrift zu den Insolvenzrechtsordnungen der Mitgliedstaaten nicht ausreichend berücksichtigt. Schließlich verliert die Geschäftsführung eines Unternehmens mit der Insolvenz die Entscheidungshoheit über die Unternehmensfortführung.[22] Es ist daher nicht ersichtlich, wie ein Anbieter von Datenvermittlungsdiensten selbst die Fortführung seiner Dienste nach der Insolvenz gewährleisten soll. Im Hinblick auf das Verhältnis des DGA zur DSGVO stellt Art. 1 Nr. 3 DGA den Anwendungsvorrang der DSGVO klar. Es bestehen aber berechtigte Zweifel daran, ob das Verhältnis zwischen DGA und DSGVO tatsächlich so eindeutig ist, wie Art. 1 Abs. 3 DGA suggeriert.[23]

IV. Redaktionelle und sonstige handwerkliche Fehler

Zuletzt enthält der DGA auch einige redaktionelle und andere handwerkliche Fehler. So sind manche seiner Vorschriften lückenhaft und unvollständig. Hinzu kommen zahlreiche und zum Teil gravierende Übersetzungsfehler in der deutschen Sprachfassung. Die wohl schwerwiegendste Regelungslücke findet sich in Art. 12 lit. b DGA. Die Vorschriften soll Bündelungs- und Koppelungspraktiken in Bezug

20 Der Wortlaut der englischen Sprachfassung lautet: „a legal person […] which, in accordance with applicable Union or national law, has the right to grant access to or to share certain personal data or non-personal data“ (Hervorhebung durch den Verfasser).
21 Siehe hierzu Kap. 5, C. IV. 3. a) bb) (1).
22 Siehe hierzu Kap. 5, C. VII. 3. h) bb) (2) (a).
23 Siehe *Veil*, PinG 2023, 1; *Specht-Riemenschneider*, in: Specht-Riemenschneider/Hennemann, DGA, Art. 1 Rn. 40 ff.

auf Datenvermittlungsdienste umfassend verhindern. Nach dem Wortlaut werden aber gerade die wettbewerblich besonders bedeutsamen Koppelungen nicht erfasst, bei denen der Datenvermittlungsdienst das gekoppelte Produkt darstellt.[24] Ein weniger ins Gewicht fallender Redaktionsfehler findet sich in Art. 12 lit. g DGA. Dort fehlt ein Satzteil zur Klarstellung, zu was die dort genannten Parteien Zugang begehren.[25] Besonders auffällige und folgenreiche Übersetzungsfehler finden sich zum Beispiel in Art. 12 lit. e,[26] Art. 14 Abs. 1 S. 2[27] und Art. 31 Abs. 1 Alt. 2 DGA.[28] Angesichts dessen, dass der Wortlaut der deutschen Sprachfassung an einigen Stellen vom Wortlaut der englischen, französischen und spanischen Sprachfassungen abweicht, empfiehlt es sich, bei der Auslegung vorrangig auf diese Sprachfassungen und nicht auf die deutsche Sprachfassung zurückzugreifen.

V. Folgen für die Rechtsanwendung

Im Ergebnis ist festzuhalten, dass die Vorschriften des DGA an vielen Stellen zu abstrakt sind und viele vermeidbare handwerkliche Fehler aufweisen. Nicht alle der in diesem Abschnitt aufgezeigten Unzulänglichkeiten sind für sich genommen problematisch. In vielen Fällen lässt sich trotzdem ein zweckmäßiges Auslegungsergebnis finden. Im Zusammenspiel dürften die fehlende Konkretisierung und Kohärenz der Vorschriften aber zu einer erheblichen Rechtsunsicherheit für Datenvermittler führen.[29] Angesichts der Ausfüllungsbedürftigkeit vieler Regelungen des Art. 12 DGA bleibt zu hoffen, dass der Dateninnovationsrat die Sicherheits- sowie die Interoperabilitätsvorschriften zügig konkretisieren wird. Jedenfalls in manchen Fällen sind die gesetzgeberischen Ungenauigkeiten aber so eklatant, dass die einheitliche Anwendung der betroffenen Vorschriften in der Praxis schwerfallen dürfte.[30]

Als besonders folgenreich für die Effektivität und den Erfolg des DGA könnte sich die Unbestimmtheit der den Datenvermittlern in Art. 12 DGA auferlegten Bedingungen erweisen. Wie im fünften Kapitel erläutert wurde, werden die Geschäftstätigkeiten von Datenvermittlern durch starre *ex-ante*-Regeln reguliert.[31] Die Vorteile der Regulierung durch *ex-ante*-Regeln bestehen allgemein darin, dass

24 Siehe hierzu Kap. 5, C. VII. 3. b) bb) (4).
25 Siehe hierzu Kap. 5, C. VII. 3. g) bb) (1).
26 Siehe hierzu Kap. 5, C. VII. 3. e) bb).
27 Siehe hierzu Kap. 5, C. VI. 3. b).
28 Siehe hierzu Kap. 5, C. VII. 4. c) aa) (2) (b).
29 Siehe hierzu näher in Kap. 6, C. II. 3. a).
30 Dies dürfte insbesondere bei Art. 10 lit. a und Art. 12 lit. h DGA der Fall sein.
31 Siehe oben in Kap. 5, C. III. 3.

sie den Normadressaten und den Normvollziehern größere Rechtssicherheit bieten und sich schneller, effektiver und günstiger durchsetzen lassen.[32] Diese Vorteile stellen sich aber nur dann vollständig ein, wenn die *ex-ante*-Regeln tatsächlich hinreichend bestimmt sind. Sind die *ex-ante*-Regeln hingegen zu unkonkret, entsteht für die Regelungsadressaten ein rechtlicher Graubereich.[33] Die Vorschriften bieten den Adressaten dann einen Auslegungsspielraum bei ihrer Umsetzung. Hieraus können zwei Konsequenzen folgen. Zum einen entsteht Rechtsunsicherheit für die Datenvermittler, da sie damit rechnen müssen, dass ihre Rechtsauffassung von der Auslegung der Normvollzieher abweicht. Zum anderen können sie den Auslegungsspielraum zu ihren eigenen Gunsten ausnutzen, indem sie die Vorschriften in ihrem Interesse auslegen.[34] Hierdurch könnte die vertrauensfördernde und wettbewerbsschützende Wirkung des DGA geschmälert werden. Welche dieser beiden Konsequenzen in der Praxis schwerer wiegen wird, dürfte davon abhängen, wie streng die Einhaltung der *ex-ante*-Regeln durch die zuständigen Behörden überwacht wird.

C. Abschließende rechtsökonomische Erwägungen

Nachdem im fünften Kapitel schon zu den einzelnen Regelungen des Art. 12 DGA Stellung genommen wurde, sollen in diesem Abschnitt die Erfolgsaussichten der Art. 10 bis 15 DGA in ihrer Gesamtheit aus rechtsökonomischer Perspektive bewertet werden. Mithilfe der Methoden der positiven ökonomischen Theorie[35] sollen erste Einschätzungen zu den wahrscheinlichen Auswirkungen der europäischen Regulierung von B2B-Datenvermittlungsdiensten herausgearbeitet werden. Hieran anschließend sollen die Erfolgsaussichten und weiteren relevanten Auswirkungen des DGA bewertet werden. Selbstverständlich kann hier keine abschließende Untersuchung und Bewertung des noch nicht anwendbaren DGA erfolgen. Zielsetzung der folgenden Überlegungen ist es vielmehr, mögliche Fehlschlagsrisiken und unbeabsichtigte Nebenfolgen des DGA zu identifizieren, die bei der künftigen Analyse der Praxisauswirkungen des DGA, auch im Hinblick auf seine Überprüfung nach Art. 35 DGA, als Leitfaden dienen können.

---

32 Siehe Kap. 5, C. III. 3.

33 *Kerber*, Taming tech giants with a per-se rules approach? (2021), S. 7.

34 Siehe zum DMA *Kerber*, Taming tech giants with a per-se rules approach? (2021), S. 7.

35 Siehe zur positiven ökonomischen Theorie *Friedman*, Essays in Positive Economics (1953), S. 3 ff.; *v. Towfigh/Petersen*, in: v. Towfigh/Petersen, Ökonomische Methoden im Recht (2017), S. 1 (4 f.)

I. Ausgangslage des Gesetzgebers

Bevor die Erfolgsaussichten der europäischen Regulierung von B2B-Datenvermittlungsdiensten untersucht werden, soll zunächst auf die schwierige Ausgangslage des Gesetzgebers bei der Ausarbeitung des DGA eingegangen werden. Diese folgt daraus, dass sich der Gesetzgeber bei der frühzeitigen Regulierung kaum entstandener Märkte Informationsdefiziten ausgesetzt sieht. Die daraus resultierende schwierige Ausgangslage wirkt sich auf die Erfolgsaussichten des DGA aus.

1. Informationsdefizite

Der Gesetzgeber steht bei der Regulierung von B2B-Datenvermittlungsdiensten vor einem doppelten Informationsproblem.[36] Weder sind die Märkte für Datenvermittlungsdienste und ihre gegenwärtigen Startschwierigkeiten ausreichend erforscht, noch ist vorhersehbar, in welche Richtung sich Datenintermediäre in der Zukunft entwickeln werden.

Ungewissheit über den Regelungsgegenstand stellt eine typische Herausforderung bei der Regulierung neuer Technologien und Phänomene dar.[37] Das Fehlen wichtiger Informationen über die Regulierungsadressaten und ihren Kontext dürfte auch bei der Ausarbeitung des DGA eine erhebliche Schwierigkeit dargestellt haben. So ist von einem objektiven[38] Mangel empirisch abgesicherter Erkenntnisse zu den gegenwärtigen Umständen und Problemen auf den Märkten für Datenvermittlungsdienste auszugehen. Es derzeit noch nicht ausreichend erforscht, wodurch B2B-Datenmärkte und vor allem B2B-Datenvermittlungsdienste in ihrem Wachstum gebremst werden. Die Europäische Kommission geht davon aus, dass Datenvermittler in erster Linie durch Vertrauensdefizite bei den Nutzern vom Wachstum abgehalten werden. Diese Annahme ist zwar nicht unplausibel, aber letztlich rein spekulativ.[39] Andere Erklärungsansätze machen technische, rechtliche und organisatorische Schwierigkeiten für die Schwierigkeiten von Datenvermittlern verantwortlich.[40] Demnach lässt sich aktuell nicht sicher sagen, an welchen Hindernissen B2B-Datenvermittler in der Praxis bislang scheitern und wie sie am besten beim Wachstum unterstützt werden können.

---

36 Vgl. *v. Ditfurth/Lienemann*, CRNI 23 (2022), 270 (290).

37 Siehe zum Technikrecht *Zech*, Einführung in das Technikrecht (2021), S. 41 ff.

38 Beim objektiv fehlenden Wissen steht das benötigte Wissen generell nicht zur Verfügung und fehlt nicht nur dem Gesetzgeber, etwa aufgrund von Informationasymmetrien; siehe zu dieser Unterscheidung *Zech*, Einführung in das Technikrecht (2021), S. 43 f.

39 Siehe hierzu näher in Kap. 4, B. II. 2. f) und *Richter*, ZEuP 2021, 634 (644).

40 *Koutroumpis/Leiponen/Thomas*, 29 Industrial and Corporate Change 2020, 645 (654); *Simon/Markopoulos/u. a.*, D2.1 ‚Definition and analysis' (2021), S. 41 ff.

Die vorhandenen Informationsdefizite erhöhen das Risiko gesetzgeberischer Fehlentscheidungen. Es ist wahrscheinlicher, dass sich Entscheidungen über das Ob und das Wie der Regulierung von Datenvermittlungsdiensten im Nachhinein als nicht sachgerecht erweisen werden. Konkret spiegeln sich die Informationsdefizite zu den Märkten für (B2B-)Datenvermittlungsdienste in Art. 12 DGA wider. Viele der Regelungen beruhen auf wettbewerblichen Erfahrungen mit sehr großen B2C-Digitalplattformen. Nur wenige Vorschriften weisen einen spezifischen Bezug zu den Eigenschaften und Funktionen von Datenvermittlern auf.[41] Ob sich die Erfahrungen mit B2C-Plattformen unmittelbar auf B2B-Datenvermittlungsdienste übertragen lassen, ist aber fraglich.

Das Risiko gesetzgeberischer Fehlentscheidungen wird durch die zu erwartende dynamische Entwicklung der Regulierungsadressaten und ihres Marktumfelds weiter erhöht.[42] Es ist im Augenblick nur schwer vorherzusehen, in welche Richtung sich die Märkte für Datenvermittlungsdienste entwickeln werden und für welche Datenvermittlungsangebote in der Zukunft eine wesentliche Nachfrage entstehen wird. Dies erschwert die Gestaltung von Vorschriften, die auch langfristig zur Erreichung ihrer Zwecke geeignet sind. Die besondere Dynamik digitaler Märkte kann dazu führen, dass der DGA schon kurze Zeit nach seiner Anwendbarkeit von der Praxis überholt wird.[43]

2. *Collingridge*-Dilemma

Die schwierige Ausgangssituation des Gesetzgebers lässt sich durch das *Collingridge*-Dilemma verdeutlichen.[44] Nach dem *Collingridge*-Dilemma befindet sich ein Gesetzgeber (oder ein anderer Akteur) bei der Gestaltung technischer Entwicklungen in einer Zwickmühle:[45] Zu Beginn einer technischen Entwicklung kann der Gesetzgeber den Verlauf der Entwicklung effektiv steuern und beeinflussen. Allerdings fehlen ihm zu diesem Zeitpunkt aufgrund der Neuheit des Phänomens noch die erforderlichen Informationen, um die Entwicklung in die erwünschte Richtung zu lenken. Es lässt sich nämlich nicht vorhersagen, welche Wirkungen die Steuerungsversuche entfalten werden. Handelt der Gesetzgeber erst zu einem deutlich späteren Zeitpunkt der Technikentwicklung liegen ihm die notwendigen Informa-

---

41 Beispiele hierfür sind Art. 12 lit. e und lit. m DGA.

42 Vgl. *Richter*, ZEuP 2021, 634 (646, 662); *v. Ditfurth/Lienemann*, CRNI 23 (2022), 270 (291). Siehe allgemein zur Dynamik technischer Entwicklungen *Zech*, Einführung in das Technikrecht (2021), S. 38 ff.

43 *Richter*, ZEuP 2021, 634 (662 f.).

44 Vgl. *Hennemann/v. Ditfurth*, NJW 2022, 1905 (1910, Fn. 90); diesen Bezug auch herstellend *Veil*, Data Governance Act II: Datenmittler (2021).

45 *Collingridge*, The Social Control of Technology (1980), S. 19; *Grunwald*, Technikfolgenabschätzung (2010), S. 165 f.; *Genus/Stirling*, Research Policy 47 (2018), 61 (63).

tionen zur zweckmäßigen Gestaltung vor. Es ist dann aber zu spät oder zu aufwendig, um in der Zwischenzeit eingetretene, unerwünschte Entwicklungen nachträglich wieder umzukehren oder zu beseitigen. Folglich steht der Gesetzgeber am Anfang einer technischen Entwicklung vor einem Informationsproblem und in ihrem späteren Verlauf vor einem Machbarkeitsproblem.[46]

Das *Collingridge*-Dilemma lässt sich auf die Regulierung von Datenvermittlungsdiensten durch den DGA übertragen. Augenblicklich lässt sich aus Sicht des Gesetzgebers relativ effektiv auf Datenvermittlungsdienste und ihre Märkte einwirken, um ihr Skalieren zu unterstützen und potenzielle Wettbewerbsverfälschungen zu verhindern. Hierfür könnte es in einigen Jahren aufgrund der dynamischen Entwicklung digitaler Märkte zu spät sein. Dann könnte das marktfördernde Potenzial von Datenvermittlern bereits verkümmert oder eine starke Marktkonzentration und damit einhergehende Wettbewerbsverfälschungen eingetreten sein.[47] Der Nachteil des frühen Tätigwerdens besteht jedoch darin, dass nur unzureichende empirische Erkenntnisse zu Datenvermittlungsdiensten vorliegen. Dies erhöht das Risiko gesetzgeberischer Fehlentscheidungen. Umgekehrt liegen zu einem späteren Zeitpunkt zwar mehr und bessere Informationen zu den Märkten für Datenvermittlungsdienste vor. Dann könnte es aber zu spät sein, um in der Zwischenzeit eingetretene, unerwünschte Entwicklungen umzukehren oder zu korrigieren. Zum Beispiel könnte die Marktstruktur zu diesem Zeitpunkt aufgrund wettbewerbsverfälschender Verhaltensweisen bereits in ein Oligopol oder Monopol gekippt sein.[48]

Zu beachten ist, dass dem *Collingridge*-Dilemma eine gewisse Überspitzung zugrunde liegt. Es erzeugt eine überzeichnete Dichotomie zwischen Wissen und Unwissen sowie zwischen Handlungsfähigkeit und -unfähigkeit.[49] In der Wirklichkeit sind die Unterschiede zwischen den Vor- und Nachteilen des frühen und späten Handelns aber graduell und nicht absolut. So können in vielen Fällen bereits zum früheren Zeitpunkt Annahmen mit einer gewissen Plausibilität über die zu erwartende Entwicklung getroffen werden. Und auch zum späteren Zeitpunkt bestehen in den meisten Fällen noch bestimmte Handlungsoptionen.[50] Nichtsdestotrotz illuminiert das *Collingridge*-Dilemma anschaulich die Zwickmühle, in der sich der Ge-

---

46 *Collingridge*, The Social Control of Technology (1980), S. 19; *Grunwald*, Technikfolgenabschätzung (2010), S. 165 f.; *Genus/Stirling*, Research Policy 47 (2018), 61 (63).

47 Insbesondere scheint die Kommission besorgt zu sein, dass sich in naher Zukunft mächtige digitale Konglomerate auf den Märkten für Datenvermittlungsdienste ausbreiten könnten; siehe Kap. 5, B. III. 2. c) bb) und *Europäische Kommission*, SWD(2020) 295 final, S. 16 f.

48 Siehe zum Kippen eines Marktes in Kap. 4, C. I. 1. a).

49 *Grunwald*, Technikfolgenabschätzung (2010), S. 166 f.

50 Dies zeigt etwa das Beispiel des DMA, der die Bestreitbarkeit digitaler Märkte, auf denen es bereits zu einer starken Marktkonzentration gekommen ist, sicherstellen soll.

setzgeber beim DGA aufgrund der gegenläufigen Risiken des frühen und späten Handelns befindet. Schließlich ist es wahrscheinlich, dass der frühe Zeitpunkt der Regulierung von Datenvermittlungsdiensten vor allem auf die Sorge der unumkehrbaren Marktausbreitung bereits mächtiger digitaler Konglomerate zurückzuführen ist.

II. Erfolgsaussichten der Regulierung von B2B-Datenvermittlungsdiensten

Hieran anschließend sollen die Erfolgsaussichten der Regulierung von B2B-Datenvermittlungsdiensten näher beleuchtet werden. Dafür soll abgeschätzt werden, ob die gewählte Regulierung einen geeigneten Ansatz darstellt, um Datenvermittlungsdienste zu fördern und den Wettbewerb auf ihren Märkten zu stärken.

1. Wettbewerbsschutz

Da die Art. 10 bis 15 DGA augenscheinlich in großem Umfang durch die wettbewerblichen Erfahrungen mit digitalen Plattformen geprägt worden sind, überrascht es nicht, dass sie deutliche strukturelle und inhaltliche Ähnlichkeiten zum DMA aufweisen.[51] Darüber hinaus sind die in Art. 12 DGA enthaltenen Vorgaben zur Neutralität, Entflechtung, Interoperabilität sowie den fairen und diskriminierungsfreien Zugangsbedingungen von Datenvermittlungsdiensten von Regulierungskonzepten inspiriert, die aus der Regulierung traditioneller Netzwerkindustrien bekannt sind.[52] Datenvermittlungsdienste werden künftig einem eigenen *ex-ante*-Regulierungsrecht unterliegen, das unter anderem darauf abzielt, den Wettbewerb vor vertikalen und horizontalen Verfälschungen zu schützen.

Bei bereits marktmächtigen digitalen Plattformen wird die Ergänzung des Kartellrechts durch eine *ex-ante*-Regulierung von vielen Wettbewerbsökonomen befürwortet.[53] Fraglich ist jedoch, ob die gleichen oder ähnliche Erwägungen auch schon auf die Regulierung von B2B-Datenvermittlungsdiensten zutreffen. Aus diesem Grund soll zunächst überlegt werden, ob und unter welchen Annahmen die *ex-ante*-Wettbewerbsregulierung von Märkten für B2B-Datenvermittlungsdienste zu diesem Zeitpunkt sinnvoll und erforderlich ist. Anschließend soll festgestellt

---

51 Siehe hierzu bereits Kap. 5, D. IV. 1.; vgl. auch *Hennemann/v. Ditfurth*, NJW 2022, 1905 (1910, Rn. 30); *v. Ditfurth/Lienemann*, CRNI 23 (2022), 270 (287 f.); *Baloup/Bayamlıoğlu/u. a.*, White Paper on the DGA (2021), S. 32 ff.

52 Vgl. *v. Ditfurth/Lienemann*, CRNI 23 (2022), 270 (288).

53 Siehe nur *Parker/Petropoulos/Van Alstyne*, Digital Platforms and Antitrust (2020), S. 17 ff.; *Montero/Finger*, The Rise of the New Network Industries (2021), S. 236 ff.; *Furman/Coyle/u. a.*, Unlocking Digital Competition (2019).

werden, ob der gewählte Regulierungsansatz geeignet ist, den Wettbewerb vor Verfälschungen zu schützen, ohne ihr wirtschaftliches Potenzial zu beschränken.

a) Erforderlichkeit

Die Erforderlichkeit spezieller Vorschriften zum Schutz des Wettbewerbs auf Datenvermittlungsmärkten ergibt sich nicht aus ihrer gegenwärtigen Marktstruktur. Aktuell gibt es keine marktmächtigen Anbieter von B2B-Datenvermittlungsdiensten. Sich bereits jetzt manifestierende Wettbewerbsrisiken sind nicht ersichtlich. Aufgrund gegenwärtiger Umstände ist eine Regulierung von Datenvermittlern über den gegenwärtigen kartellrechtlichen Rahmen hinaus nicht erforderlich.[54]

Eine andere Einschätzung kann sich aber mit Blick auf die Konzentrationstendenzen digitaler Plattformmärkte ergeben. Aufgrund der Bedeutung positiver Netzwerk-, Skalen- und Verbundeffekte neigen digitale Plattformmärkte zu starken Konzentrationen.[55] Ausgeprägte Netzwerkeffekte, Skaleneffekte und Verbundvorteile können im Zusammenspiel zum rasanten Wachstum einer Plattform und dem Kippen des Marktes führen. Ein Markt ist dann gekippt, wenn eine Plattform eine dominante Marktstellung erlangt, die sich langfristig nicht mehr bestreiten lässt. Da es sich bei B2B-Datenvermittlungsplattformen überwiegend um zweiseitige digitale Plattformen handelt, ist eine durch Netzwerk- und Skaleneffekte bedingte Konzentrationsentwicklung auf den Märkten für B2B-Datenvermittlungsdienste durchaus denkbar. Zwangsläufig ist eine solcher Entwicklung aber nicht. Denn bisher sind Konzentrationsentwicklungen auf digitalen B2B-Plattformmärkten noch selten.[56] Dies liegt möglicherweise daran, dass bei den Nutzern von B2B-Plattformen ein größeres Bedürfnis zur Differenzierung und zum *Multihoming* besteht und es für Plattformen schwieriger ist, Flaschenhals-Stellungen zwischen den Nutzergruppen aufzubauen. Ob es auf Märkten für B2B-Datenvermittlungsdienste tatsächlich zu starken Machtkonzentrationen kommen wird, lässt sich aus diesen Gründen nicht vorhersagen.

Wenn man annimmt, dass auch Märkte für B2B-Datenvermittlungsdienste aufgrund der Eigenschaften von digitalen Plattformmärkten immanente Konzentrationstendenzen aufweisen, kommt dem Schutz des Wettbewerbs um den Markt große Bedeutung zu. In diesem Fall kann die frühzeitige Wettbewerbsregulierung dazu beitragen, den dynamischen Wettbewerb um den Markt zu schützen.[57] Zunächst können *First Mover's Advantages* reduziert werden, um sicherzustellen,

54 Vgl. *Hennemann/v. Ditfurth*, NJW 2022, 1905 (1910, Rn. 30); siehe zu den zum Teil durchaus strengen kartellrechtlichen Anforderungen an B2B-Plattformen in Kap. 5, D. III. 2.

55 Siehe hierzu Kap. 4, C. I. 1. a).

56 Siehe Kap. 4, C. II. 2.

57 Siehe Kap. 5, B. III. 2. c) bb) und *v. Ditfurth/Lienemann*, CRNI 23 (2022), 270 (279).

dass sich die besten Dienste im unverfälschten Wettbewerb durchsetzen. Weiterhin kann die Regulierung dazu beitragen, den dynamischen Wettbewerb zu schützen, indem die Bestreitbarkeit des Marktes nach erfolgter Marktkonzentration gewährleistet wird. Darüber hinaus kann durch die frühzeitige Regulierung verhindert werden, dass sich mächtige (digitale) Konglomerate auf dem Markt für Datenvermittlungsdienste ausbreiten und aufgrund von Konglomeratseffekten[58] und Verbundvorteilen eine ähnliche Machtstellung wie auf ihren Kernmärkten einnehmen können.[59] Angesichts der Ungewissheit über die Eigenschaften von B2B-Plattformmärkten und der Unvorhersehbarkeit künftiger Entwicklungen auf den Märkten für Datenvermittlungsdienste ist es im Moment unklar, ob eine frühzeitige und Regulierung des Wettbewerbs auf diesen Märkten in Ergänzung zum Kartellrecht tatsächlich erforderlich ist. Im Hinblick auf die Entwicklung anderer digitaler Plattformmärkte gibt es aber zumindest auch nachvollziehbare Gründe für eine frühzeitige regulatorische Intervention in B2B-Datenvermittlungsmärkte.[60]

b) Geeignetheit

Ebenso wie sich die Erforderlichkeit der rechtlichen Intervention in B2B-Datenvermittlungsdienste aufgrund der Unvorhersehbarkeit künftiger Entwicklungen zu diesem Zeitpunkt nicht endgültig einschätzen lässt, kann auch die Geeignetheit des Regulierungsansatzes nicht abschließend beurteilt werden. Dennoch ist es möglich, erste Überlegungen zu den voraussichtlichen wettbewerblichen Wirkungen und Erfolgsaussichten der Regulierung vorzunehmen. Zu diesem Zweck bieten die von *Parker*, *Petropoulos* und *Van Alstyne* aufgestellten Kriterien für die wettbewerbliche Regulierung von Plattformmärkten einen sachgemäßen Bewertungsmaßstab.[61] Danach soll die regulatorische Intervention drei Kriterien erfüllen: Erstens soll die Regulierung den durch die Plattform geschaffenen wirtschaftlichen Wert nicht verringern. Zweitens sollen faire und transparente Regeln die Platt-

---

58 Siehe zu Konglomeratseffekten Kap. 4, C. I. 1. b).

59 Siehe Kap. 5, B. III. 2. c) aa); siehe zur Sorge der Kommission vor der Ausbreitung von Konglomeraten auf Datenvermittlungsmärkten *Europäische Kommission*, SWD(2020) 295 final, S. 10, 16 f.

60 Hinzu kommt, dass die Bedeutung des Datenzugangs für nachgelagerte Märkte in der Zukunft zunehmen dürfte und deshalb der Zugang zu industrieweiten Datenpools immer wichtiger werden könnte. Das damit verbundene Abschottungsrisiko könnte bei einer Vielzahl von Fällen auf Dauer womöglich durch eine einheitliche *ex-ante*-Regulierung schneller und effektiver als durch kartellrechtliche Prüfungen adressiert werden, auch wenn sich diese z. B. im Fall *Insurance Ireland* als ausreichend erwiesen haben.

61 *Parker/Petropoulos/Van Alstyne*, Digital Platforms and Antitrust (2020), S. 17. Der folgende Abschnitt beruht im Wesentlichen auf *v. Ditfurth/Lienemann*, CRNI 23 (2022), 270 (288 ff.).

formnutzung bestimmen, damit der über die Plattform geschaffene wirtschaftliche Wert in fairer Weise auf die an der Plattform partizipierenden Marktteilnehmer verteilt wird. Drittens soll die Regulierung den dynamischen Wettbewerb schützen, indem Plattformbetreiber daran gehindert werden, wettbewerbsbeschränkende Strategien gegenüber Marktneulingen und anderen (potenziellen) Wettbewerbern anzuwenden.[62] Die *ex-ante*-Regeln des Art. 12 DGA können zu einem relativ hohen Grad geeignet sein, um zur Erfüllung der letzten beiden Kriterien beizutragen. Es ist aber zu befürchten, dass sie den durch Datenvermittlungsdienste geschaffenen Wert verringern werden.[63]

aa) Schutz der Plattformnutzer

Damit die Plattformnutzer in angemessener Weise an der durch die Plattform generierte Wertschöpfung beteiligt werden, sind transparente und diskriminierungsfreie Regeln für die Plattformnutzung unerlässlich. Durch sie sollen gleiche Wettbewerbsbedingungen auf dem Plattformbinnenmarkt hergestellt werden.[64] Zu diesem Zweck enthält Art. 12 DGA einige Vorschriften, die Dateninhaber und Datennutzer vor Wettbewerbsverfälschungen und missbräuchlichen Verhaltensweisen durch Datenvermittler schützen sollen.

Die Kernvorschrift zum Schutz der Dienstenutzer vor wettbewerbsverfälschenden und missbräuchlichen Verhaltensweisen im Vertikalverhältnis stellt Art. 12 lit. f DGA dar. Danach müssen Datenvermittler sicherstellen, dass der Zugang zu ihren Diensten und ihre Preise und Geschäftsbedingungen fair, transparent und nichtdiskriminierend sind.[65] Art. 12 lit. f DGA schützt zunächst den Wettbewerb auf der Plattform. Nutzern darf nicht aus objektiv ungerechtfertigten Gründen der Zugang zu Datenvermittlungsdiensten verweigert oder entzogen werden. Zudem dürfen Nutzer aufgrund des Diskriminierungsverbots nicht gegenüber anderen Nutzern benachteiligt werden. Dies gilt auch gegenüber Dienstenutzern, die mit dem Datenvermittler in einem Konzern verbunden sind. Auf diese Weise schützt Art. 12 lit. f DGA vor Selbstbegünstigungen vertikal integrierter Datenvermittler. Außerdem trägt Art. 12 lit. f DGA zum Schutz vor Wettbewerbsverfälschungen auf nachgelagerten Märkten bei, für die der Zugang zu den über den Datenvermittlungsdienst verfügbaren Daten einen wesentlichen Input darstellt.[66] Datenvermittlern ist es untersagt, (potenzielle) Nutzer von ihren Diensten auszu-

62 *Parker/Petropoulos/Van Alstyne*, Digital Platforms and Antitrust (2020), S. 17.

63 *v. Ditfurth/Lienemann*, CRNI 23 (2022), 270 (289).

64 *Parker/Petropoulos/Van Alstyne*, Digital Platforms and Antitrust (2020), S. 20.

65 Siehe hierzu näher in Kap. 5, C. VII. 3. f).

66 So verhielt es sich z. B. im Kommissionsverfahren zu *Insurance Ireland*; siehe hierzu Kap. 4, C. III. 1.

schließen und so im Wettbewerb auf dem nachgelagerten Markt schlechter zu stellen.

Darüber hinaus schützt Art. 12 lit. f DGA vor Ausbeutungsmissbräuchen.[67] Datenvermittlern ist es verboten, ihren Nutzern unfaire Bedingungen aufzuerlegen, worunter insbesondere auch in missbräuchlicher Weise überhöhte Preise fallen. Außerdem ist es Datenvermittlern aus Gründen des fairen Zugangs untersagt, von ihren Nutzern den Abschluss von Exklusivverträgen zu verlangen.[68] Hierdurch wird die Fähigkeit von Nutzern zum *Multihoming* geschützt.[69] Ergänzt wird der Schutz der Dienstenutzer durch die Transparenzvorgaben des Art. 12 lit. f DGA. Danach muss es für Dienstenutzer erkennbar und vorhersehbar sein, unter welchen Bedingungen die Dienstenutzung möglich ist. Durch die hergestellte Transparenz sollen Nutzer feststellen können, ob sie im Wettbewerb benachteiligt oder ausgebeutet werden.[70]

Dateninhaber werden außerdem durch Art. 12 lit. a Alt. 1 DGA vor bestimmten datenbezogenen Wettbewerbsverfälschungen und Ausbeutungsmissbräuchen[71] aufgrund von Interessenkonflikten geschützt. Nach Art. 12 lit. a Alt. 1 DGA dürfen Datenvermittler die bereitgestellten Daten der Dateninhaber nicht für eigene Zwecke verwenden. Hierdurch wird verhindert, dass die Datenvermittler (oder die mit ihnen verbundenen Unternehmen) die bereitgestellten Daten im Wettbewerb auf der Plattform verwenden oder sie für Dienste oder Produkte auf anderen Märkten nutzen, auf denen sie im Wettbewerb zum Dateninhaber stehen.[72] Abgesichert werden die Schutzvorschriften des Art. 12 lit. f und lit. a Alt. 1 DGA durch die gesellschaftsrechtliche Entflechtung nach Art. 12 lit. a Alt. 2 DGA. Die Absicherung fairer Zugangs- und Nutzungsbedingungen durch Entflechtungsbedingungen ist aus wettbewerbsökonomischer Perspektive grundsätzlich sinnvoll.[73] Zweifelhaft ist jedoch, wie effektiv die rein rechtliche Entflechtung ohne eine ergänzende operationelle Entflechtung sein kann.[74] Allerdings dürfte die Verpflichtung zur ge-

67 Die Bedeutung von FRAND-Bedingungen zur Verhinderung von Ausbeutungsmissbräuchen durch digitale Plattformen wird häufig betont; vgl. *Montero/Finger*, The Rise of the New Network Industries (2021), S. 247 f.

68 Siehe hierzu Kap. 5, VII. 3. f) bb) (3) (a).

69 Um die Entstehung von Abhängigkeiten zu vermeiden, bevorzugen viele Unternehmen die parallele Nutzung mehrerer Plattformen; siehe *Montero/Finger*, The Rise of the New Network Industries (2021), S. 241.

70 Zusätzlich kann die Transparenz den Konditionenwettbewerb zwischen Diensteanbietern verbessern; siehe hierzu oben Kap. 5, VII. 3. f) aa) und *Richter*, ZEuP 2021, 634 (656).

71 Einen Ausbeutungsmissbrauch könnte es darstellen, wenn Datenvermittler den Datenzugang im Gegenzug zur Zugangsgewährung zu ihren Diensten verlangen.

72 Siehe hierzu auch Kap. 5, VII. 2. a) aa) (1).

73 Vgl. *Parker/Petropoulos/Van Alstyne*, Industrial and Corporate Change 30 (2021), 1307 (1326).

74 Siehe hierzu Kap. 5, VII. 3. a) cc).

sellschaftsrechtlichen Entflechtung in Verbindung mit den Datennutzungsbeschränkungen nach Art. 12 lit. a Alt. 1 und lit. c DGA eine gewisse informatorische Entflechtung hinsichtlich der bei der Datenvermittlung anfallenden Daten nach sich ziehen.[75]

Insgesamt können die Vorschriften des Art. 12 DGA dazu beitragen, dass Dienstenutzer vor Wettbewerbsverfälschungen und Ausbeutungsmissbräuchen durch Datenvermittler geschützt werden und aufgrund dessen an dem durch Datenvermittlungsdienste geschaffenen wirtschaftlichen Wert teilhaben können.[76] Auf diese Weise kann auch das Vertrauen von Dateninhabern und Datennutzern in die Nutzung von B2B-Datenvermittlungsdiensten gestärkt werden. In der Praxis wird die Effektivität der Vorschriften aber auch von ihrer Überwachung und Durchsetzung abhängen. Dabei bestehen Zweifel daran, ob den zuständigen Behörden die erforderlichen Untersuchungsbefugnisse zur Verfügung stehen.[77] Die Einhaltung von Fairness- und Datennutzungsvorgaben durch Plattformen lässt sich in vielen Fällen wohl nur durch Inspektionen vor Ort zuverlässig sicherstellen.[78] Der DGA sieht als Ermittlungsbefugnis der Behörden aber lediglich Auskunftsverlangen nach Art. 14 Abs. 2 DGA vor.

bb) Schutz des dynamischen Wettbewerbs

Um den dynamischen Wettbewerb um und auf einen Plattformmarkt effektiv zu schützen, ist es erforderlich, die Auswirkungen von *First Mover's Advantages* zu reduzieren und die Bestreitbarkeit des Marktes durch neue Markteintritte zu gewährleisten. Hierfür ist es von zentraler Bedeutung, dass durch die Verhinderung wettbewerbsverfälschender Verhaltensweisen das *Multihoming* und *Switching* ermöglicht und die Entstehung von *Lock-in*-Effekten verhindert wird.[79] So wird sichergestellt, dass sich der Dienst mit der höchsten Qualität trotz bereits bestehender Netzwerkeffekte anderer Anbieter im Wettbewerb durchsetzen oder nachträglich in den Markt eintreten kann.[80]

Art. 12 DGA enthält mehrere Vorschriften, die geeignet sind, den horizontalen Wettbewerb um und auf dem Markt für B2B-Datenvermittlungsdienste zu schützen. Zunächst enthält Art. 12 lit. f DGA gegenüber Datenvermittlern das Verbot,

---

75 Siehe hierzu näher in Kap. 5, VII. 3. a) bb) (2) (c).
76 Vgl. *v. Ditfurth/Lienemann*, CRNI 23 (2022), 270 (288 f.).
77 Siehe auch in Kap. 5, VI. 3. c).
78 Vgl. *Parker/Petropoulos/Van Alstyne*, Industrial and Corporate Change 30 (2021), 1307 (1326 f.).
79 Siehe nur *Parker/Petropoulos/Van Alstyne*, Digital Platforms and Antitrust (2020), S. 20; *Montero/Finger*, The Rise of the New Network Industries (2021), S. 240.
80 Siehe hierzu auch oben in Kap. 5, C. VII. 2. a) aa) (2).

von ihren Nutzern den Abschluss von Exklusivverträgen zu verlangen.[81] Durch diese Vorgabe können vertragliche *Lock-in*-Effekte unterbunden werden. Da die Verwendung von Exklusivverträgen auf Plattformmärkten in der Vergangenheit ein schwerwiegendes Wettbewerbshindernis dargestellt hat,[82] handelt es sich beim Verbot ihrer Verwendung um eine geeignete Maßnahme zur Ermöglichung des *Multihoming* durch Dienstenutzer. Eine weitere wichtige Vorschrift zur Verhinderung von *Lock-in*-Effekten ist Art. 12 lit. i DGA, wonach Datenvermittler verpflichtet sind, die Interoperabilität ihrer Dienste mit anderen Datenvermittlungsdiensten zu gewährleisten. Art. 12 lit. i DGA gewährleistet zumindest, dass Dienstenutzer ohne großen Aufwand zwischen verschiedenen Diensten wechseln können, wozu auch die Portabilität ihrer Daten gehört.[83] Indem Art. 12 lit. i DGA die Entstehung technischer *Lock-in*-Effekte verhindert, begünstigt es das *Switching* von Dienstenutzern.[84] Ergänzend trägt auch Art. 12 lit. d DGA zur Verhinderung technischer *Lock-in*-Effekte bei, indem die Vorschrift Datenvermittlern die eigenmächtige Umwandlung von Datenformaten untersagt.[85]

Der horizontale Wettbewerb auf B2B-Datenvermittlungsmärkten wird außerdem vor wettbewerblichen Risiken durch den Markteintritt von (digitalen) Konglomeraten geschützt. Gemäß Art. 12 lit. a Alt. 1 DGA dürfen Datenvermittler mit Ausnahme der im Umfang sehr begrenzten Zusatzdienstleistungen nach Art. 12 lit. e DGA ihren Nutzern keine weiteren Dienstleistungen anbieten. Ferner schützt Art. 12 lit. b DGA vor Bündelungs- und Koppelungsstrategien durch Datenvermittler.[86] Diese Bestimmungen stellen gemeinsam sicher, dass das *Switching* für Dateninhaber und Datennutzer einfach bleibt, da sie nicht dazu gedrängt werden kön-

---

81 Siehe hierzu unter Kap. 5, VII. 3. f) bb) (3) (a).

82 *Montero/Finger*, The Rise of the New Network Industries (2021), S. 241.

83 Siehe Art. 12 lit. i DGA Kap. 5, VII. 3. i) bb) (2) (a). Über die einfache Interoperabilität von Datenvermittlungsdiensten hinausgehend erfordert Art. 12 lit. i DGA womöglich auch die vollständige Interoperabilität solcher Dienste. Dies würde voraussetzen, dass unterschiedliche Datenvermittlungsdienste so miteinander verbunden werden, dass Daten von Nutzern diensteübergreifend ausgetauscht werden können. Die vollständige Interoperabilität verschiedener Dienste hat den großen Vorteil, dass existierende Netzwerkeffekte geschützt werden, aber aus ihnen keine marktmächtige Stellung erwachsen kann. Ob Art. 12 lit. i DGA tatsächlich auf die Herstellung vollständiger Interoperabilität abzielt, lässt sich derzeit jedoch nicht abschließend feststellen; siehe hierzu Kap. 5, VII. 3. i) bb) (1).

84 Wettbewerbsökonomen betonen die große Bedeutung der Datenportabilität für das *Switching* von Plattformnutzern; siehe nur *Parker/Petropoulos/Van Alstyne*, Digital Platforms and Antitrust (2020), S. 20; *Montero/Finger*, The Rise of the New Network Industries (2021), S. 240.

85 Siehe hierzu Kap. 5, VII. 3. d) aa).

86 Zu beachten ist aber, dass Art. 12 lit. b DGA keine Koppelungspraktiken erfasst, in denen der Datenvermittlungsdienst den gekoppelten Dienst darstellt. Dies eröffnet eine erhebliche Schutzlücke; siehe hierzu Kap. 5, VII. 3. b) bb) (4).

nen, ein aus verschiedenen (datenbezogenen) Diensten bestehendes Ökosystem in Anspruch zu nehmen, das vom Datenvermittler und den mit ihm verbundenen Unternehmen angeboten wird. Zum Beispiel wird die Verknüpfung der Datenvermittlungsdienste mit den Cloud-Diensten oder den Datenanalysediensten eines digitalen Konglomerats verhindert. Indem Datenvermittlungsdienste von anderen Diensten isoliert werden, werden Anreize von Dienstenutzern für den Wechsel zu anderen Datenvermittlern nicht durch *Lock-in*-Effekte reduziert, die auf der Inanspruchnahme des Ökosystems beruhen.[87] Außerdem verhindert das Verbot von Koppelungs- und Bündelungsstrategien nach Art. 12 lit. b DGA, dass Konglomerate die Marktmachtstellungen, über die sie auf ihren Kernmärkten verfügen, auf den Markt für Datenvermittlungsdienste übertragen können.[88] Im Ergebnis bietet Art. 12 DGA einen effektiven Schutz des dynamischen Wettbewerbs auf B2B-Datenvermittlungsmärkten.[89] Allerdings sind die hierfür gewählten Maßnahmen zum Teil sehr streng und können zu Lasten der durch Datenvermittlungsdienste erzielten Wertschöpfung gehen.

cc) Wertschöpfung durch B2B-Datenvermittlungsdienste

Ein wichtiges Kriterium für die Plattformregulierung besteht darin, dass sie den durch die Plattform geschaffenen wirtschaftlichen Wert nicht reduzieren soll.[90] Da für die Wertschöpfung durch digitale Plattformen die Entstehung von Netzwerkeffekte, Skaleneffekte und Verbundvorteile von überragender Bedeutung ist, sollte der Gesetzgeber darauf achten, dass diese Effekte und Vorteile durch die Regulierung nicht wesentlich reduziert werden. Im Hinblick auf den DGA ist jedoch zu befürchten, dass die strengen Maßnahmen, die den Datenvermittlungsdiensten zum Schutz des Wettbewerbs auferlegt werden, die potenzielle Wertschöpfung von Datenvermittlungsdiensten erheblich verringern.[91]

Zwar beeinträchtigt Art. 12 DGA nicht unbedingt die Entstehung von Netzwerkeffekten bei der Erbringung von Datenvermittlungsdiensten. Schließlich geht die vertikale, gesellschaftsrechtliche Entflechtung in der Regel nicht mit einer Verringerung von Netzwerkeffekten einher.[92] Allerdings dürften die vertikale Entflechtung nach Art. 12 lit. a Alt. 2 DGA, die Datennutzungsbeschränkungen nach Art. 12 lit. a Alt. 1 und lit. c DGA sowie die Untersagung der Erbringung komple-

---

87 Siehe zu den *Lock-in*-Effekten durch digitale Ökosysteme oben in Kap. 4, C. I. 1. b).

88 Allerdings ist zu beachten, das Art. 12 lit. b DGA vor Koppelungsstrategien nur einen unzureichenden Schutz bietet; siehe Kap. 5, C. VII. 3. b) bb) (4).

89 *v. Ditfurth/Lienemann*, CRNI 23 (2022), 270 (289).

90 *Parker/Petropoulos/Van Alstyne*, Digital Platforms and Antitrust (2020), S. 17.

91 *v. Ditfurth/Lienemann*, CRNI 23 (2022), 270 (289).

92 Siehe *Montero/Finger*, The Rise of the New Network Industries (2021), S. 246 f.

mentärer Dienste nach Art. 12 lit. a Alt. 1 und lit. e DGA dazu führen, dass die Fähigkeiten von Datenvermittlern zur Generierung von Verbundvorteilen stark eingeschränkt werden. So ist es Datenvermittlern untersagt, die bei der Bereitstellung verschiedener Dienste generierten Daten zu kombinieren und aus der gemeinsamen Analyse besonders wertvolle Erkenntnisse zu extrahieren, die sich anschließend zur Verbesserung der Datenvermittlungsdienste einsetzen lassen.[93] Indem der DGA die Realisierung datenbasierter Verbundvorteile verbietet, verhindert er Qualitätssteigerungen, die den Wert der Datenvermittlungsdienste für ihre Nutzer erhöhen könnten.

Darüber hinaus untersagt Art. 12 lit. a Alt. 1 DGA die Integration von Datenvermittlungsdiensten mit anderen komplementären Diensten, etwa zur Aggregierung oder Analyse von Daten. Durch das enge Korsett, in das Datenvermittler durch Art. 12 DGA gezwängt werden, wird die Entstehung integrierter Dienste verhindert, die ihren Nutzern einen besonders hohen und über die separate Nutzung getrennter Dienste hinausgehenden Wert bieten könnten.[94] In diesem Zusammenhang ist zu berücksichtigen, dass aus verschiedenen komplementären Diensten bestehende Ökosysteme zwar ein *Lock-in*-Risiko darstellen. Dieses *Lock-in*-Risiko von Ökosystemen beruht in Abwesenheit anderer wettbewerbsverfälschender Maßnahmen jedoch darauf, dass sie ihren Nutzern einen besonders hohen Mehrwert bieten und daher besonders attraktiv sind. Ihre Verhinderung zum Schutz des dynamischen Wettbewerbs geht daher mit unmittelbaren Nachteilen für die Nutzer einher. Erschwerend kommt hinzu, dass Art. 12 DGA aufgrund seines unflexiblen Regulierungsansatzes Verhaltensweisen auch dann verbieten wird, wenn sie im Einzelfall effizient sind und keine wettbewerblichen Risiken darstellen.

Zuletzt ist zu befürchten, dass der DGA den Spielraum zur Differenzierung zwischen unterschiedlichen Datenvermittlungsdiensten durch das auferlegte Regelungskorsett erheblich beschränken wird.[95] Denn die Pflicht zur Verwendung gemeinsamer Standards nach Art. 12 lit. i DGA und das Verbot der integrierten Bereitstellung mehrere komplementärer Dienste nach Art. 12 lit. a Alt. 1 DGA begrenzen den Umfang und die Vielfalt der Dienste, die von Datenvermittlern angeboten werden dürfen. Dies kann dazu führen, dass sich die Auswahl der Nutzer auf ein homogenes Angebot von Datenvermittlungsdiensten beschränken wird. Die Vereinheitlichung der erlaubterweise anzubietenden Datenvermittlungsdienste durch den DGA könnte deshalb zu einer Schwächung des Qualitätswettbewerbs führen, da Datenvermittler aufgrund der Begrenzung ihres Handlungsspielraums nur anhand relativ weniger Qualitätsparameter, wie dem vorhandenen Datenangebot

93 Siehe zu Verbundvorteilen bei der Datenanalyse oben in Kap. 2, D. II. 5. b).

94 Siehe hierzu auch in Kap. 6, C. II. 3. b).

95 *v. Ditfurth/Lienemann*, CRNI 23 (2022), 270 (289).

oder der Schnelligkeit der Datenübertragungen, miteinander konkurrieren können. Ob die dadurch erfolgende Standardisierung von Datenvermittlungsdiensten im Interesse ihrer Nutzer ist, bleibt fraglich. Letztlich begrenzt der DGA die möglichen Angebotsformen und Marktstrukturen auf dem Markt für B2B-Datenvermittlungsdienste zu einem Zeitpunkt, zu dem relativ wenig über die praktischen Bedürfnisse der Marktteilnehmer bekannt ist.

dd) Spannungsverhältnis zwischen Wettbewerbsschutz und Förderungsgedanke?

Im Ergebnis sind Art. 10 bis 15 DGA zwar gut geeignet, um viele der auf digitalen Plattformmärkten vorkommenden vertikalen und horizontalen Wettbewerbsrisiken frühzeitig zu verhindern. Im Gegenzug ist jedoch zu befürchten, dass sie Datenvermittler davon abhalten könnten, ihr volles Potenzial für den B2B-Datenaustausch auszuschöpfen. Denn es ist davon auszugehen, dass der DGA die wirtschaftliche Wertschöpfung durch Datenvermittlungsdienste beeinträchtigen wird. Insofern scheint ein gewisses Spannungsverhältnis zwischen den Zielsetzungen des Wettbewerbsschutzes und der Förderung von Datenvermittlern zu bestehen.[96] Letztlich zeugt die Entscheidung des Gesetzgebers, Datenvermittlungsdienste bereits zu diesem Zeitpunkt einer strengen *ex-ante*-Regulierung zu unterwerfen, von einem gewissen Pessimismus hinsichtlich der freien Entwicklung der Märkte für Datenvermittlungsdienste, der sich wohl vor allem aus den Erfahrungen mit mächtigen digitalen Plattformen speist.

2. Förderung des Vertrauens in Datenvermittler

Ob der DGA zur Förderung von Datenvermittlungsdiensten beitragen kann, lässt sich angesichts der Informationsdefizite zum *Status quo* von B2B-Datenmärkten und Datenvermittlungsmärkten sowie der Unvorhersehbarkeit künftiger Entwicklungen derzeit nicht beantworten. Es lässt sich jedoch herausarbeiten, welche Annahmen des Gesetzgebers zutreffen müssten, damit der DGA tatsächlich eine Förderungswirkung für Datenvermittlungsdienste erzielen kann. Zu diesem Zweck können drei Annahmen identifiziert werden, deren Vorliegen für den Erfolg des DGA notwendig sind. Da es unwahrscheinlich ist, dass sich alle drei Annahmen in der Anwendungspraxis bewahrheiten werden, ist von einem beträchtlichen Fehlschlagrisiko des DGA auszugehen.

---

96 *v. Ditfurth/Lienemann*, CRNI 23 (2022), 270 (289 f.).

a) Ausmaß von Vertrauensdefiziten

Die Erfolgsaussichten der Förderung von Datenvermittlungsdiensten durch den DGA hängen zunächst davon ab, ob und inwieweit das niedrige Niveau der Nutzung von Datenvermittlungsdiensten an Vertrauensdefiziten liegt. Die Europäische Kommission nimmt an, dass Vertrauensdefizite der (potenziellen) Nutzer bisher den Hauptgrund für die Schwierigkeiten bei der Etablierung von Datenvermittlungsdiensten darstellen.[97] Da das Vorhandensein gegenseitiger Vertrauensverhältnisse für den B2B-Datenaustausch eine wichtige Rolle spielt,[98] ist die Annahme plausibel, dass (unter anderem) Vertrauensdefizite zur geringen Nutzung von Datenvermittlungsdiensten beitragen. Allerdings kann nicht zwingend davon ausgegangen werden, dass es sich bei Vertrauensdefiziten um den alleinigen Grund oder zumindest um den Hauptgrund hierfür handelt.[99] Andere Ursachen[100] dürften einen mindestens ebenso großen Beitrag hierzu leisten. Wie sehr der DGA die Nutzung von Datenvermittlungsdiensten fördern kann, hängt entscheidend davon ab, in welchem Umfang bestehende Schwierigkeiten auf Vertrauensdefizite zurückzuführen sind. Wenn Vertrauensdefizite das Haupthindernis darstellen, kann die vertrauensfördernde Regulierung viel bewirken. Beruht der Nutzermangel von Datenvermittlungsdiensten hingegen in erster Linie auf anderen Ursachen, wird die Regulierung zur Vertrauensförderung ins Leere gehen.

b) Geeignetheit des DGA zur Vertrauensförderung

Weiterhin ist für den Erfolg des DGA erforderlich, dass er zur effektiven Vertrauensförderung von B2B-Datenvermittlern geeignet ist. Hiervon ist hinsichtlich des Art. 12 DGA grundsätzlich auszugehen.[101] Die Vorschrift gewährt einen weitreichenden Schutz der Dienstenutzer vor nachteiligen Verhaltensweisen der Daten-

---

97 *Europäische Kommission*, SWD(2020) 295 final, S. 12.

98 Siehe hierzu oben in Kap. 3, D. IV. 2.

99 Siehe hierzu oben in Kap. 4, B. II. 2. f); vgl. auch *Spindler*, CR 2021, 98 (107, Rn. 45).

100 Siehe nur *Koutroumpis/Leiponen/Thomas*, 29 Industrial and Corporate Change 2020, 645 (654); *Simon/Markopoulos/u. a.*, D2.1 ‚Definition and analysis' (2021), S. 41 ff.

101 Es ist aber nicht davon auszugehen, dass die rechtliche Intervention in jeder Hinsicht notwendig ist, um das Vertrauen in Datenvermittler zu stärken. So ist es naheliegend, dass Datenvermittler von sich aus Maßnahmen nach eigenem Ermessen ergreifen, um das Vertrauen potenzieller Nutzer zu gewinnen. Bereits jetzt werben viele Datenmarktplätze etwa damit, dass sie besonders hohe Datensicherheitsstandards einhalten; siehe etwa https://www.dawex.com/en/security-privacy; https://www.advaneo-datamarketplace.de. Außerdem stehen bereits Marktlösung zur Überprüfung der Datensicherheit von Datenvermittlern zur Verfügung. Zum Beispiel können Unternehmen die Sicherheit ihrer IT-Systeme durch Auditoren auf die Einhaltung der ISO 27001-Vorgaben überprüfen und zertifizieren lassen; siehe *Schultze-Melling*, in: Taeger/Gabel, DSGVO, Art. 32 Rn. 29 ff.

vermittler und stellt die Sicherheit ihrer Daten sicher. Auch wenn im Einzelnen noch weitergehende Schutzvorschriften denkbar gewesen wären,[102] bietet Art. 12 DGA insgesamt ein angemessenes Schutzniveau. Erforderlich ist darüber hinaus jedoch auch, dass die Vorschriften des DGA in der Praxis umfassend angewendet und effektiv durchgesetzt werden. Hieran bestehen aus mehreren Gründen Zweifel.

Zunächst kann sich eine Vertrauensminderung der Dienstenutzer daraus ergeben, dass die Vorschriften des DGA lediglich im Rahmen einer *ex-post*-Kontrolle durchgesetzt werden.[103] Eine *ex-ante*-Genehmigung von Datenvermittlungsdiensten erfolgt nicht. Aufgrund dessen können potenzielle Dienstenutzer bei der Inanspruchnahme eines Datenvermittlungsdienstes nicht mit Sicherheit davon ausgehen, dass seine Rechtskonformität bereits von den zuständigen Behörden überprüft wurde. Ob die Behörde ihren Überwachungspflichten tatsächlich nachkommt, lässt sich durch die Nutzer in der Regel nicht überprüfen. Aus diesem Grund könnte die für den DGA gewählte *ex-post*-Kontrolle ungeeignet sein, um ein konstant hohes Vertrauensniveau herzustellen.

Erschwerend kommt hinzu, dass gewisse Defizite bei der Durchsetzung des DGA zu erwarten sind. Zunächst setzt der DGA allein auf die öffentliche Durchsetzung seiner Vorschriften.[104] Die private Durchsetzung der Vorschriften nach dem Recht der Mitgliedstaaten bleibt zwar möglich, der DGA enthält hierzu aber keine erleichternden oder anderen Regeln.[105] Die allgemeinen Defizite (rein) öffentlicher Durchsetzung sind hinlänglich bekannt.[106] Begrenzte Ressourcen und Informationsasymmetrien zulasten der Behörden erschweren die Überwachung von Rechtsverstößen in vielen Bereichen. Bei der Überwachung von Datenvermittlungsdiensten dürften sich diese Probleme in besonderem Maße stellen. Zunächst kann die zu erwartende Dynamik auf den noch jungen Märkten für Datenintermediäre dazu führen, dass die Behörden einen hohen Aufwand betreiben müssen, um sich über aktuelle Marktentwicklungen zu informieren. Sind sie hierzu nicht in der Lage, besteht das Risiko, dass sie neuen Entwicklungen und eventuell auch Verstößen hinterherhinken. Zudem ist die Feststellung von Rechtsverstößen der Datenvermittler in vielen Fällen schon auf der Tatsachenebene komplex. Ob ein Datenvermittler die Datennutzungsbeschränkung nach Art. 12 lit. a Alt. 1 DGA tatsächlich einhält, wird unter Umständen die umfassende Untersuchung seiner IT-Systeme

---

102 Z. B. hätte Datenvermittlern auch die operationelle Entflechtung vorgeschrieben werden können.

103 Vgl. *Hennemann/v. Ditfurth*, NJW 2022, 1905 (1910, Rn. 29); *Richter*, ZEuP 2021, 634 (660).

104 Zurecht kritisch *Richter*, ZEuP 2021, 634 (660); siehe hierzu auch in Kap. 5, C. III. 4. und D. VIII.

105 Siehe Kap. 5, D. VII.

106 Siehe nur *Wagner*, AcP 206 (2006), 352 (441 ff.).

voraussetzen. Auch die Überprüfung, ob ein Datenvermittler durch die Verwendung von Algorithmen bestimmte Nutzer diskriminiert oder unfair behandelt, erfordert umfangreiche und schwierige Untersuchungen der IT-Systeme und Algorithmen.[107] In diesem Zusammenhang könnten sich die unzureichenden Ermittlungsbefugnisse[108] der zuständigen Behörden als Schwachstelle des DGA erweisen. Gemäß Art. 14 Abs. 2 DGA können die zuständigen Behörden lediglich Informationsanfragen an Datenvermittler stellen. Durchsuchungen der Räumlichkeiten von Datenvermittlern oder Datenzugangsrechte der Behörden sind in Art. 14 DGA hingegen nicht vorgesehen. Es ist deshalb zu befürchten, dass den zuständigen Behörden nicht die notwendigen Befugnisse zustehen, um Rechtsverstöße effektiv aufzudecken.

Die konsistente Anwendung und effektive Durchsetzung des DGA wird außerdem durch die Unbestimmtheit seiner Vorschriften und seine handwerklichen Mängel gefährdet.[109] Die dadurch entstehenden rechtlichen Graubereiche können dazu führen, dass Datenvermittler die Vorgaben des DGA absichtlich oder unabsichtlich nur unzureichend umsetzen. Außerdem erschweren die Rechtsunsicherheiten des DGA die Feststellung von Verstößen auf der Rechtsebene durch die zuständigen Behörden. Es besteht aufgrund der existierenden Rechtsunsicherheiten das Risiko, dass rechtliche Prüfungen sehr aufwendig und langwierig sind und Entscheidungen der Behörden in vielen Fällen von den Adressaten vor Gericht angefochten werden.

c) Überwiegen von Vertrauensvorteilen

Selbst wenn der DGA geeignet ist, das Vertrauen in Datenvermittlungsdienste herzustellen, ist nicht klar, ob er sein übergeordnetes Ziel der Förderung von Datenvermittlungsdiensten erreichen kann. Schließlich verursacht der DGA auch neue Hürden für die Erbringung von Datenvermittlungsdiensten.[110] Um Datenvermittler tatsächlich zu fördern, müssten die durch den DGA herbeigeführten Vertrauensvorteile die mit ihm einhergehenden Nachteile überwiegen. Ob die Vertrauensvorteile der Regulierung die durch den DGA herbeigeführten Kosten und Beschränkungen überwiegen werden, lässt sich zu diesem Zeitpunkt nicht absehen. Eine gewisse Skepsis ist insofern jedoch angebracht.[111] So ist unklar, ob der DGA, indem er allein auf die Vertrauensförderung abzielt, überhaupt am richtigen Hebel zur För-

---

107 Siehe Kap. 5, VII. 3. f) cc).
108 Siehe zu den Ermittlungsbefugnissen Kap. 5, VI. 3. c).
109 Siehe hierzu Kap. 6, B.
110 Siehe hierzu unten in Kap. 6, C. II. 3. a).
111 Skeptisch zeigen sich auch *Richter*, ZEuP 2021, 634 (662); Spindler, CR 2021 (98, 107); *Hennemann/v. Ditfurth*, NJW 2022, 1905 (1910, Rn. 29); *v. Ditfurth/Lienemann*, CRNI 23 (2022), 270 (290).

derung von Datenvermittlungsdiensten ansetzt. Zweifelhaft ist außerdem, ob der DGA geeignet ist, das Vertrauensniveau spürbar zu heben. Diesen unsicheren Vorteilen des DGA stehen konkrete Nachteile gegenüber, die die Erbringung von Datenvermittlungsdiensten spürbar erschweren dürften.

3. Negative Auswirkungen der Regulierung von Datenvermittlungsdiensten

Es ist zu befürchten, dass der DGA die Erbringung von B2B-Datenvermittlungsdiensten erschweren und ihre Wertschöpfungs- und Innovationspotenziale beschränken wird. Hierdurch können Datenvermittlungsdienste im Wettbewerb mit anderen substituierbaren Diensten benachteiligt werden, weshalb regulierungsbedingte Ausweichbewegungen zu erwarten sind. Aufgrund dieser Umstände stellt sich die Frage, ob nicht ein freiwilliger Zertifizierungsrahmen anstelle des verbindlichen Regulierungsrahmens vorzugswürdig gewesen wäre.

a) Verhinderungseffekte

In der Literatur besteht die verbreitete Befürchtung, dass der DGA die Entwicklung und die Entstehung neuer Datenvermittlungsdienste hemmen wird, da er keine Anreize für die Erbringung solcher Dienste setzt, sondern stattdessen ihre Compliance-Kosten wesentlich erhöhen wird.[112] So bietet der DGA neuen Datenvermittlern neben dem abstrakten Versprechen der Vertrauensförderung keine greifbaren Vorteile oder Erleichterungen. Demgegenüber erschwert er ihre Erbringung, indem er die Kosten für die rechtskonforme Bereitstellung von Datenvermittlungsdiensten erhöht.

Die Einhaltung der Verpflichtungen nach Art. 11 und 12 DGA wird finanzielle und personelle Ressourcen der Datenvermittler binden und gegebenenfalls die Umgestaltung der Unternehmensstruktur erfordern.[113] In diesem Zusammenhang ist besonders kritisch zu sehen, dass die Kernvorschriften des DGA in hohem Maße unbestimmt sind und zum Teil unter handwerklichen Fehlern leiden.[114] Die damit einhergehende Rechtsunsicherheit vergrößert den Aufwand für die Einhaltung der Bestimmungen des DGA und kann die Einholung externen Rechtsrats erfordern. Außerdem ist zu beachten, dass die Rechtsunsicherheit für die Erbringung von Datenvermittlungsdiensten durch das Zusammenspiel von DGA, DSGVO

---

112 *Hartl/Ludin*, MMR 2021, 534 (537); *Kühling*, ZfDR 2021, 1 (23); *Bitkom*, Comments on the DGA (2021), S. 5; *Hennemann/v. Ditfurth*, NJW 2022, 1905 (1910, Rn. 29); *Richter*, ZEuP 2021, 634 (662); *v. Ditfurth/Lienemann*, CRNI 23 (2022), 270 (290); *Specht-Riemenschneider*, in: Specht-Riemenschneider/Hennemann, DGA, Art. 12 Rn. 25; *Schweitzer/Metzger/u. a.*, Data access and sharing (2022), S. 290.

113 *v. Ditfurth/Lienemann*, CRNI 23 (2022), 270 (290).

114 Siehe hierzu oben in Kap. 6, B.

und Kartellrecht weiter erhöht wird.[115] Denn der DGA verschärft den ohnehin schon komplexen und strengen Rechtsrahmen für Datenvermittlungstätigkeiten. Datenvermittler müssen künftig drei schwierige Regulierungsbereiche navigieren, deren Zusammenwirken eine große Herausforderung für die rechtskonforme Erbringung von Datenvermittlungsdiensten darstellen dürfte. Erschwerend kommt hinzu, dass für Datenvermittler mindestens drei unterschiedliche Fachbehörden parallel zuständig sein werden.[116] Der DGA sieht keine Verzahnung der verschiedenen Rechtsbereiche und Fachbehörden vor und ermöglicht daher kein echtes *One-Stop-Shop*-Verfahren.[117] Gemäß Art. 13 Abs. 3 DGA bleiben die Befugnisse der Datenschutz- und Wettbewerbsbehörden unberührt. Divergierende Einschätzungen der Behörden sind daher möglich. Es kann erforderlich sein, dass Datenvermittler die Rechtmäßigkeit ihrer Geschäftsmodelle parallel mit drei Fachbehörden gleichzeitig abklären müssen.

Der erhebliche Umfang der Vorgaben des DGA sowie die durch ihn und sein Zusammenspiel mit dem Datenschutz- und Kartellrecht verursachten Rechtsunsicherheiten werden zu hohen Rechtseinhaltungskosten für Datenvermittler führen. Dies dürfte insbesondere für KMU und Start-ups eine erhebliche und unverhältnismäßig hohe Belastung darstellen.[118] Die Bestrebungen der Kommission, KMU bei der Erbringung von Datenvermittlungsdiensten zu unterstützen,[119] werden infolgedessen vermutlich nicht erfolgreich sein. Es ist außerdem zu befürchten, dass die entstehenden Kosten die Wettbewerbsfähigkeit von Datenvermittlungsdiensten beeinträchtigen werden.[120]

b) Enges und undifferenziertes Regulierungskorsett

Es ist außerdem zu befürchten, dass das enge und unflexible Regulierungskorsett des DGA die Wertschöpfungs- und Innovationspotenziale von B2B-Datenvermittlungsdiensten zu stark limitieren wird.[121] Art. 12 DGA schränkt die Vielfalt zulässiger Geschäftsmodelle und damit verbundene Differenzierungsmöglichkeiten für Datenvermittlungsdienste erheblich ein. Hierdurch kann das Entstehen neuer und innovativer Geschäftsmodelle unterbunden werden und bestehende Geschäftsmodelle können dazu gezwungen werden, ihre maßgeschneiderten Dienstleistungen

---

115 *Graef/Gellert*, The European Commission's proposed DGA (2021), S. 15.
116 Vgl. *Hennemann/v. Ditfurth*, NJW 2022, 1905 (1910, Rn. 29); *v. Ditfurth/Lienemann*, CRNI 23 (2022), 270 (290).
117 Siehe oben in Kap. 5, C. VI. 1. c).
118 *v. Ditfurth/Lienemann*, CRNI 23 (2022), 270 (290).
119 Siehe *Europäische Kommission*, SWD(2020) 295 final, S. 45.
120 Siehe hierzu unten in Kap. 6, C. II. 3. c).
121 Vgl. *v. Ditfurth/Lienemann*, CRNI 23 (2022), 270 (290 f.).

anzupassen. Insbesondere kann Art. 12 DGA verhindern, dass sich Datenvermittler Verbundvorteile bei der Bereitstellung verschiedener, komplementärer Dienste zunutze machen können.[122] Es ist deshalb zu befürchten, dass sie ihr wirtschaftliches Potenzial nicht vollständig entfalten können. Ob unter potenziellen Dienstenutzern überhaupt ein signifikantes Interesse an der isolierten Nutzung von Datenvermittlungsdiensten besteht, ist unklar. Jedenfalls von Stakeholdern wird die Bedeutung zusätzlicher datenbezogener Dienste, die auch über die in Art. 12 lit. e DGA erlaubten Ausnahmen hinausgehen, bei der Erbringung von Datenvermittlungsdiensten betont.[123] So sei es gängig, dass Datenmarktplätze ihre Nutzer auch bei der Anreicherung und Analyse ihrer Daten und nicht bloß beim Datenaustausch selbst unterstützen.[124]

Erstaunlich ist außerdem, dass B2B- und C2B-Datenvermittlern sowie Datengenossenschaften die gleichen Bedingungen für die Erbringung ihrer Dienste auferlegt werden, obwohl sie sehr unterschiedliche Geschäftsmodelle verfolgen.[125] Das strenge Regulierungskorsett des Art. 12 DGA sieht kaum individuelle Regelungen für die Erbringung unterschiedlicher Datenvermittlungsdienste vor, die Rücksicht auf deren spezifische Zielsetzungen und Funktionen nehmen und ihnen einen ausreichenden Spielraum für Differenzierungen belassen. Aufgrund dessen birgt der *One-size-fits-all*-Ansatz des DGA das Risiko, dass bestimmte Datenvermittlungsdienste ohne sachliche Rechtfertigung in ihren Funktionen und Möglichkeiten beschränkt werden. Zum Beispiel ist es nicht nachvollziehbar, weshalb Datengenossenschaften, die die Interessen ihrer Mitglieder vertreten, den gleichen Neutralitätspflichten wie vertikal integrierte Datenmarktplätze unterliegen sollen.[126]

Vor diesem Hintergrund besteht das Risiko, dass der DGA Innovationen und andere positive Entwicklungen, wie zum Beispiel die Differenzierung von Diensten, auf den Märkten für B2B-Datenvermittlungsdienste unterbinden wird. Dabei

---

122 Siehe dazu in Kap. 6, C. II. 1. b) cc).

123 *Bitkom*, Comments on the DGA (2021), S. 5; *Schweitzer/Metzger/u. a.*, Data access and sharing (2022), S. 290; *Rosenbach*, „Google agiert aktiv bis aggressiv", Spiegel Online vom 14. Januar 2022, abrufbar unter: https://www.spiegel.de/wirtschaft/google-agiert-aktiv-bis-aggressiv-a-ea52b084-eb59-43b5-b751-f9b4ba649731; siehe auch die Stellungnahme zum DGA-E von *Here Technologies*, dem Mutterkonzern des *Here Marketplace*, abrufbar unter: https://ec.europa.eu/info/law/better-regulation/have-your-say/initiatives/12491-Data-sharing-in-the-EU-common-European-data-spaces-new-rules-/F1656866_en.

124 *Bitkom*, Comments on the DGA (2021), S. 5.

125 Vgl. auch *Specht-Riemenschneider*, in: Specht-Riemenschneider/Hennemann, DGA, Art. 12 Rn. 24.

126 Insgesamt drängt sich der Eindruck auf, dass der Großteil der Regelungen des Art. 12 DGA primär für B2B-Datenvermittler nach Art. 10 lit. a DGA Sinn ergibt. Zum Beispiel ist bei C2B-Datenvermittlern kein nachvollziehbares Bedürfnis nach der Dienstebeschränkung nach Art. 12 lit. a Alt. 1 und lit. e DGA sowie dem Koppelungsverbots gemäß Art. 12 lit. b DGA ersichtlich.

werden die zulässigen Gestaltungsmöglichkeiten von Datenvermittlungsdiensten zu einem Zeitpunkt der Marktentwicklung verbindlich festgelegt, zu dem Datenvermittler noch nicht kommerziell erfolgreich sind. In diesem frühen Marktstadium wäre es besser gewesen, wenn der Gesetzgeber das Experimentieren mit neuen und unterschiedlichen Geschäftsmodellen ermutigt hätte, anstatt es zu verbieten.[127] Da derzeit keine akuten Wettbewerbsprobleme auf Datenvermittlungsmärkten ersichtlich sind, dürften die Nachteile einer frühen Intervention in den Experimentierprozess des Marktes schwerer wiegen als mögliche Vorteile.

c) Wettbewerbsverzerrungen und Ausweichbewegungen

Aufgrund der hohen Rechtseinhaltungskosten und dem engen Regulierungskorsett, das B2B-Datenvermittlungsdiensten auferlegt wird, ist zu befürchten, dass sie im Wettbewerb mit anderen substituierbaren und unregulierten Konkurrenzdiensten benachteiligt werden.[128] Als Konkurrenten von Datenmarktplätzen kommen vor allem Datenbroker in Betracht, die anders als Datenmarktplätze keine direkten Geschäftsbeziehungen zwischen Dateninhabern und Datennutzern herstellen, sondern Daten selbst ankaufen, aufbereiten und anschließend weiterlizenzieren.[129] Bei offenen industriellen Datenplattformen ist zu erwarten, dass ihr Betrieb gegenüber der Nutzung geschlossener Datenplattformen unattraktiver wird. Eine Wettbewerbsbenachteiligung zulasten der regulierten Datenvermittlungsdienste tritt nur dann nicht ein, wenn die durch den DGA möglicherweise herbeigeführten Vertrauensvorteile die Nachteile der *ex-ante*-Regulierung überwiegen.[130]

Die zu befürchtenden Wettbewerbsbenachteiligungen können zu Ausweichbewegungen der Anbieter von Datenvermittlungsdiensten führen.[131] Existierende Datenvermittler könnten ihre Geschäftsmodelle anpassen, um der Regulierung als

127 *v. Ditfurth/Lienemann*, CRNI 23 (2022), 270 (291).

128 *Kerber*, DGA – einige Bemerkungen aus ökonomischer Sicht (2021), S. 3; *Hennemann/v. Ditfurth*, NJW 2022, 1905 (1910, Rn. 30); zu C2B-Datenvermittlern *Specht-Riemenschneider/Blankertz/u. a.*, MMR-Beil. 2021, 25 (32). Zum Teil wird auch bemängelt, dass der DGA Datenvermittlungsdienste gegenüber den durch den DMA regulierten Torwächtern benachteilige, siehe *Graef/Gellert*, The European Commission's proposed DGA (2021), S. 21; *Schweitzer/Metzger/u. a.*, Data access and sharing (2022), S. 291. In diesem Zusammenhang ist aber zu beachten, dass Datenvermittlungsdienste nach Art. 10 DGA und die durch den DMA regulierten Plattformdienste i. S. d. Art. 2 Nr. 2 DMA in keinem (direkten) Wettbewerbsverhältnis zueinander stehen; siehe oben in Kap. 5, D. IV. 2. Sofern Torwächter nach Art. 3 DMA auch Datenvermittlungsdienste anbieten sollten, unterliegen diese Dienste ohnehin dem DGA.

129 Siehe zu Datenbrokern oben in Kap. 4, B. II. 4. b).

130 Siehe Kap. 6, C. II. 2. c).

131 *Richter*, ZEuP 2021, 634 (662); *Hennemann/v. Ditfurth*, NJW 2022, 1905 (1910, Rn. 30); *v. Ditfurth/Lienemann*, CRNI 23 (2022), 270 (292).

Datenvermittlungsdienst zu entkommen.[132] Neue Datenintermediäre könnten von Beginn an versuchen, Dienste anzubieten, die nicht von Art. 10 DGA erfasst werden. Zum Beispiel könnten Anbieter von Datenmarktplätzen von einem Plattformmodell auf ein Händlermodell[133] umsteigen, bei dem sie, ähnlich wie Datenbroker, Daten selbst erwerben und anschließend weiterlizenzieren. So könnten sie verhindern, dass sie unmittelbare Geschäftsbeziehungen zwischen Dateninhabern und Datennutzern herstellen. Die Betreiber von offenen industriellen Datenplattformen könnten geschlossene Plattformen anbieten, die nur einer kleinen und handverlesenen Nutzerzahl offenstehen.[134] Sollten solche Ausweichbewegungen tatsächlich eintreten, hätte der DGA das Gegenteil seiner Bestrebungen erreicht.

d) Freiwillige Zertifizierung als vorzugswürdige Alternative

Angesichts des erheblichen Fehlschlagrisikos der Art. 10 bis 15 DGA wäre die Einführung eines freiwilligen Zertifizierungsrahmens für Datenvermittlungsdienste anstelle ihrer verpflichtenden Regulierung die angemessenere und mildere Option gewesen.[135] Ein solcher Zertifizierungsrahmen wurde für datenaltruistische Organisationen in Art. 16 bis 25 DGA gewählt.[136] Auch im Hinblick auf Datenvermittlungsdienste präferierte die Kommission noch in ihrer Folgenabschätzung zum DGA die freiwillige Zertifizierung solcher Dienste.[137] So wurde zurecht befürchtet, dass die obligatorische Regulierung aufgrund der damit verbundenen Kosten prohibitive Auswirkungen auf KMU und Start-Ups haben könnte.[138] Die Entscheidung für eine obligatorische Regulierung erfolgte am Ende laut der Kommission deshalb, da sie zu höheren Vertrauensvorteilen führen könne und „klare Regeln" für die Aktivitäten von Datenvermittlern auf dem europäischen Datenmarkt schaffen würde.[139]

---

132 In diesem Zusammenhang berichten *Schweitzer u. a.* von ihrem aus Interviews gewonnenen Eindruck, dass sich existierende Datenintermediäre bereits intensiv mit den Auswirkungen des DGA auf ihre Geschäftsmodelle auseinandersetzen; siehe *Schweitzer/Metzger/u. a.*, Data access and sharing (2022), S. 290.

133 Siehe zu dieser grundlegenden Unterscheidung von Intermediärstypen oben in Kap. 4, B. I. 1.

134 Bei einer marktmächtigen Plattform wird die Öffnung i. d. R. aber aus kartellrechtlichen Gründen geboten sein, siehe Kap. 5, D. III. 2.

135 *Specht-Riemenschneider/Blankertz/u. a.*, MMR-Beil. 2021, 25 (32); *Hennemann/v. Ditfurth*, NJW 2022, 1905 (1910, Rn. 29); *v. Ditfurth/Lienemann*, CRNI 23 (2022), 270 (291).

136 Siehe hierzu nur *Spindler*, CR 2021, 98 (105 f.); *Schildbach*, ZD 2022, 148 (151).

137 Vgl. *Europäische Kommission*, COM(2020) 767 final, S. 6; SWD(2020) 295 final, S. 52; zu den dem Entscheidungsprozess zugrunde liegenden Erwägungen siehe *Europäische Kommission*, SMART 2020/694 D2, S. 97 ff.

138 *Europäische Kommission*, COM(2020) 767 final, S. 6.

139 *Europäische Kommission*, COM(2020) 767 final, S. 6.

Für die Vorzugswürdigkeit eines freiwilligen Zertifizierungsrahmens für Datenvermittler sprechen neben den von der Kommission genannten Hemmeffekten vor allem zwei Punkte. Zunächst hätte die freiwillige Zertifizierung der Kommission das Sammeln weiterer Marktinformationen ermöglicht.[140] Die im Rahmen der Zertifizierung anfallenden Informationen hätten dann für die zielgenaue Gestaltung eines obligatorischen Regulierungsrahmens zu einem späteren Zeitpunkt genutzt werden können. Angesichts gegenwärtig existierender Informationsdefizite[141] hätten solche Informationen einen hohen Wert für den Gesetzgeber gehabt. Das Sammeln weiterer Informationen ist zwar auch im Rahmen der gewählten Regulierung möglich. Dieser belastet die adressierten Datenvermittler aber unmittelbar mit schweren und gegebenenfalls nicht erforderlichen Einschnitten in ihre Geschäftsmodelle. Ein freiwilliger Zertifizierungsrahmen hätte diese Hemmeffekte vermieden und trotzdem das Sammeln wichtiger Informationen ermöglicht.

Zudem hätte die Einführung eines freiwilligen Zertifizierungsrahmens dem Gesetzgeber eine Experimentierphase vor der Einführung eines obligatorischen Regulierungsrahmens gewährt. So hätte überprüft werden können, welche Vorschriften Anwendungsprobleme hervorrufen und ob bestimmte Vorschriften nicht streng genug bzw. zu weitgehend sind. Insbesondere hätte der Wettbewerb zwischen zertifizierten und nicht zertifizierten Datenvermittlern zeigen können, ob die (selbst auferlegten) Vorgaben geeignet sind, die Vertrauenswürdigkeit von zertifizierten Anbietern gegenüber nicht-zertifizierten Anbietern spürbar zu erhöhen.[142] So hätte sich überprüfen lassen können, ob der gewählte Ansatz der Vertrauensförderung tatsächlich geeignet und erforderlich ist, um Datenvermittlern zu einer größeren Nutzerbasis zu verhelfen. Aus diesen Gründen wäre es vorzugswürdig gewesen, wenn der Gesetzgeber zumindest vorerst auf einen freiwilligen Zertifizierungsrahmen für Datenvermittler zurückgegriffen hätte. Dieser hätte zwar keinen Schutz des Wettbewerbs auf Datenvermittlungsmärkten bewirken können. Allerdings gibt es derzeit keine Anzeichen dafür, dass dieser in der nahen Zukunft unmittelbar gefährdet sein könnte. Es hätte deshalb viel dafür gesprochen, zunächst die Förderung von Datenvermittlungsdiensten voranzutreiben.

---

140 Vgl. *v. Ditfurth/Lienemann*, CRNI 23 (2022), 270 (291).

141 Siehe oben in Kap. 6, C. I. 1.

142 *Hennemann/v. Ditfurth*, NJW 2022, 1905 (1910, Rn. 29); *v. Ditfurth/Lienemann*, CRNI 23 (2022), 270 (291).

III. Internationale Auswirkungen des DGA

Zum Schluss wird ein kurzer Blick auf die möglichen internationalen Auswirkungen des DGA geworfen. Hierzu sollen die potenziellen Folgen des DGA für Drittstaaten, für Datenvermittler aus Drittstaaten und für europäische Datenvermittler mit internationalen Geschäftsaktivitäten abgeschätzt werden.

1. Stärkung digitaler Souveränität

Wie bereits oben festgestellt wurde, handelt es sich bei der Stärkung der digitalen Souveränität und der wirtschaftlichen Unabhängigkeit um eine implizite Zielsetzung des DGA.[143] Unter der digitalen Souveränität ist die staatliche Fähigkeit zur autonomen Regelsetzung im digitalen Raum und die Fähigkeit zur effektiven Wahrung und Durchsetzung der selbstgesetzten Regeln zu verstehen.[144] Die Stärkung dieser beiden Aspekte digitaler Souveränität wird auch durch den DGA verfolgt. Zum einen reguliert der Gesetzgeber Datenintermediäre frühzeitig, um wichtige Werte und Regeln für den Datenaustausch im Binnenmarkt durch europäische Vorstellungen zu prägen.[145] Zum anderen enthält der DGA Mechanismen, welche die effektive Durchsetzung europäischen Rechts gewährleisten sollen. Nach Art. 11 Abs. 3 DGA müssen internationale Datenvermittler einen Vertreter in der EU benennen, an den sich die zuständigen Behörden wenden können.[146] Hierdurch soll die Einhaltung der Bestimmungen des DGA durch internationale Anbieter gewährleistet werden.[147] Außerdem adressiert Art. 31 DGA Übertragungen von nicht-personenbezogenen Daten in Drittstaaten.[148] Datenvermittler müssen angemessene Maßnahmen ergreifen, um die internationale Übermittlung oder den staatlichen Zugriff auf nicht-personenbezogene Daten zu verhindern, wenn dadurch ein Konflikt zum europäischen oder nationalen Recht eines Mitgliedstaates entstehen würde. Danach sollen Datenvermittler Vorkehrungen treffen, um den Bruch europäischen Rechts durch internationale Datenzugriffe zu verhindern.

Art. 31 DGA zeigt, dass es sich bei digitaler Souveränität um ein „zweischneidiges Schwert“[149] handeln kann. So ist die digitale Souveränität zwingender Bestand-

143 Siehe Kap. 5, B. III. 1 b); vgl. auch *Baloup/Bayamlıoğlu/u. a.*, White Paper on the DGA (2021), S. 55 f.

144 Siehe Kap. 5, B. III. 1 b) (1).

145 Siehe Kap. 5, B. III. 1 b) (2); es soll gerade verhindert werden, dass sich die Datennutzung in der EU nach amerikanischen oder chinesischen Wertvorstellungen richtet, vgl. *Europäische Kommission*, COM(2020) 66 final, S. 6.

146 Siehe oben unter Kap. 5, B. III. 1 b) (2) und VI. 2. c).

147 Vgl. ErwG 42 DGA.

148 Siehe oben in Kap. 5, B. III. 1 b) (2) und VI. 4.

149 *Chander/Sun*, Vanderbilt Journal of Transnational Law 55 (2022), 283 (311).

teil staatlicher Handlungsfähigkeit im digitalen Raum. Damit ist aber nicht gesagt, dass die staatlich gesetzten Regeln im Einzelfall sachgerecht sind und hinreichend Rücksicht auf Drittstaaten nehmen. Im Hinblick auf Art. 31 DGA ist zu befürchten, dass Datenvermittler bei Datenzugangsersuchen von Drittstaaten auch hinsichtlich nicht-personenbezogener Daten in eine Zwickmühle geraten werden.[150] Sie laufen in diesen Fällen in Gefahr entweder europäisches oder drittstaatliches Recht zu verletzen und setzen sich damit einem Sanktionsrisiko von zwei Seiten aus. Dies zeigt, dass die Souveränität von Staaten und Staatenverbünden in einer globalisierten Welt auch und gerade[151] im digitalen Raum an Grenzen stoßen kann. Dass sich Zielkonflikte zwischen europäischen und drittstaatlichen Rechtsordnungen, wie bei Art. 31 DGA, allein durch unilaterale Rechtssetzung beheben lassen, ist zu bezweifeln. Solche Konflikte lassen sich letztlich nur durch „Datendiplomatie" lösen.[152] Bis dahin dürfte Art. 31 DGA dazu führen, dass Rechtskonflikte auf den Rücken von Datenvermittlern ausgetragen werden.

2. Protektionistische Auswirkungen des DGA

Bestrebungen zur Stärkung der digitalen Souveränität und der (daten)wirtschaftlichen Unabhängigkeit können außerdem protektionistische Auswirkungen haben.[153] Solche Auswirkungen sind auch mit Blick auf den DGA zu befürchten.[154] Zunächst enthält der DGA mit Art. 31 Abs. 1 Alt. 1 und Art. 11 Abs. 3 Vorschriften, die internationale Anbieter von Datenvermittlungsdiensten unmittelbar benachteiligen werden. Indem Art. 31 Abs. 1 Alt. 1 DGA strenge und rechtsunsichere Anforderungen an die private Datenübertragung in Drittstaaten stellt, könnte die Vorschrift zu einer *de-facto*-Lokalisierungspflicht für nicht-personenbezogene Daten führen, die von Datenvermittlern gespeichert werden.[155] Für internationale Datenvermittler wäre damit der Aufbau oder die Anmietung neuer Kapazitäten für die Datenspeicherung und -verarbeitung auf dem Gebiet der EU verbunden. Die daraus entstehenden Kosten werden die Anreize für ihren Eintritt in den europäischen Binnenmarkt verringern. Zusätzliche Kosten können internationalen Anbietern durch die Pflicht zur Benennung eines Vertreters nach Art. 11 Abs. 3 DGA ent-

150 Siehe Kap. 5, C. VII. 4. d). Dieselbe Problematik existiert schon seit längerem im Datenschutzrecht, siehe nur *Loof/Schefold*, ZD 2016, 107.

151 *Chander/Sun*, Vanderbilt Journal of Transnational Law 55 (2022), 283 (306 f.).

152 Siehe zur Datendiplomatie nur *Hennemann*, Datenrealpolitik (2022) S. 7.

153 Siehe Kap. 5, B. III. 1 b) bb) (2).

154 Vgl. auch *Richter*, ZEuP 2021, 634 (660).

155 Siehe hierzu Kap. 5, C. VII. 4. d); vgl. auch zum weitgehend identischen Art. 27 DA-E *Colangelo*, European Proposal for a Data Act (2022), S. 25 f.; *Drexl/Banda/u. a.*, Position Statement on the Data Act (2022), S. 72 ff.

stehen.[156] Die anfallenden Mehrkosten für internationale Datenvermittler könnten insbesondere für KMU aus Drittstaaten einen Hemmeffekt entfalten. Von der hieraus resultierenden Marktabschottung könnten ihre europäischen Wettbewerber profitieren. Solche protektionistischen Folgen sind jedoch nicht im Interesse der europäischen Dateninhaber und Datennutzer sowie der Gesamtwirtschaft. Sie schwächen den Wettbewerb im europäischen Binnenmarkt und führen mittelbar zu einem niedrigeren Qualitäts- und Innovationsniveau sowie zu höheren Preisen.

Mittelbare protektionistische Auswirkungen könnten sich auch aus Art. 12 lit. a und lit. b DGA ergeben. Diese Vorschriften verhindern die integrierte Bereitstellung von Datenvermittlungsdiensten zusammen mit anderen, komplementären Diensten. Im Ergebnis wird der Markt für Datenvermittlungsdienste von anderen, benachbarten Märkten isoliert.[157] Damit schützt der DGA den Markt vor der Ausbreitung digitaler Ökosysteme, die mehrere datenbezogene Dienste integrieren können. Auf diese Weise können spezialisierte Datenvermittler, die keine anderen Dienste erbringen, vor dem Wettbewerb durch integrierte Datenunternehmen geschützt werden. Da große Datenunternehmen bisher vor allem aus den USA stammen,[158] kann der DGA insbesondere auch europäischen Unternehmen, deren Angebote auf den DGA maßgeschneidert sind, zu größeren Wettbewerbschancen verhelfen.[159] Schließlich müssen integrierte Anbieter ihre Dienste anpassen oder den Binnenmarkt verlassen. Angesichts des harten Durchgreifens der EU gegen digitale Plattformen aus den USA wäre es nicht überraschend, wenn es sich hierbei um eine erwünschte Nebenfolge des DGA handeln würde. Hiermit könnten aber auch negative Auswirkungen für den europäischen Binnenmarkt einhergehen. Zum einen wird die Bereitstellung potenziell besonders attraktiver, integrierter Dienste für europäische Nutzer verhindert. Zum anderen kann die Marktabschottung langfristig die globale Wettbewerbsfähigkeit europäischer Anbieter schmälern, da sie sich nur unter verzerrten Wettbewerbsbedingungen durchsetzen konnten.[160]

3. Brüssel-Effekt oder Ausweichbewegungen?

Zuletzt stellt sich die Frage, ob die Regulierung von Datenvermittlungsdiensten nach Art. 10 bis 15 DGA einen Brüssel-Effekt entfalten könnte, indem sie auch Auswirkungen auf die Erbringung solcher Dienste in Drittstaaten haben wird. Vom

---

156 *Baloup/Bayamlıoğlu/u. a.*, White Paper on the DGA (2021), S. 30.

157 Siehe Kap. 5, C. VII. 2. a) aa) (2).

158 Beispiele sind *Alphabet* (*Google*), *Amazon* oder *Snowflake*.

159 So gibt es in der EU eine Reihe junger Datenmarktplatzanbieter, die keine anderen Geschäftstätigkeiten verfolgen; das prominenteste Beispiel hierfür ist *Dawex* (https://www.dawex.com).

160 *Bildt/Mann/Vos*, The Brussels Effect (2020).

Brüssel-Effekt wird gesprochen, wenn ein einzelner Staat oder Staatenbund in der Lage ist, seine Gesetze und Vorschriften durch Marktmechanismen unilateral über seine Grenzen hinaus zu tragen, was *de facto* zu einer globalen Anwendung der nationalen Normen führt.[161]

Der Brüssel-Effekt tritt auf, wenn Unternehmen darauf angewiesen sind, im Binnenmarkt des Staates oder Staatenbundes tätig zu sein und sie dessen Vorschriften aus Praktikabilitätsgründen auch außerhalb seiner Jurisdiktion befolgen.[162] Zur Befolgung der Vorschriften auf anderen Märkten haben Unternehmen dann einen Anreiz, wenn sich die Erbringung ihrer Dienste nicht auf verschiedenen Märkten aufteilen lässt oder damit zu hohe Kosten verbunden sind.[163] Zum Beispiel kann es notwendig sein, dass Unternehmen die europäischen Datenschutzvorschriften auch in Drittstaaten befolgen, da sich die Speicherung europäischer Daten nur mit einem prohibitiv hohen Aufwand von der Speicherung anderer Daten trennen lässt.[164] Aufgrund dessen hatte das Inkrafttreten der DSGVO auch Auswirkungen auf den Datenschutz in nicht-europäischen Ländern.[165]

Im Gegensatz zur DSGVO ist das Auftreten des Brüssel-Effekts beim DGA aber zu bezweifeln. Zunächst ist die Befolgung der Vorgaben des Art. 12 DGA potenziell mit großen Nachteilen für Datenvermittler verbunden, da sie die Integration verschiedener datenbezogener Dienste verbieten. Zumindest manche Datenvermittler werden deshalb einen hohen Anreiz haben, die Vorschriften des DGA nicht global zu befolgen. Darüber hinaus ist von der lokalen Teilbarkeit von Datenvermittlungsdiensten grundsätzlich auszugehen.[166] Unternehmen können dann im europäischen Binnenmarkt Datenvermittlungsdienste anbieten, die die Vorgaben des DGA erfüllen, und parallel im Rest der Welt integrierte Datendienste erbringen. In diesem Fall besteht keine Notwendigkeit, die Erbringung ihrer Dienste in Drittstaaten an die europäischen Vorgaben anzupassen. Die Entwicklung eines Parallelmarkts in der EU kann jedoch zur Folge haben, dass europäische Dienstenutzer anders als ihre internationalen Wettbewerber nicht auf möglicherweise besonders attraktive Dienste zurückgreifen können.

---

161 *Bradford*, Northwestern University Law Review 107 (2012), 1 (3).
162 *Bradford*, Northwestern University Law Review 107 (2012), 1 (10 ff.).
163 *Bradford*, Northwestern University Law Review 107 (2012), 1 (17 f.).
164 *Bradford*, Northwestern University Law Review 107 (2012), 1 (18).
165 Siehe nur *Mahieu/Asghari/u. a.*, Journal of Information Policy 11 (2021), 301.
166 Vgl. *Bildt/Mann/Vos*, The Brussels Effect (2020).

D. Ergebnis

Im Ergebnis überzeugen die Konzeption und Umsetzung der Art. 10 bis 15 DGA nicht. Dies zeigt sich insbesondere bei einer Rückbesinnung auf die primäre Zielsetzung des europäischen Gesetzgebers. Die übergeordnete Zielvorstellung des DGA und der europäischen Datenstrategie besteht darin, die Wiederverwendbarkeit existierender Datenbestände für innovative und andere produktive Zwecke zu erhöhen. Hierzu soll unter anderem der Datenaustausch zwischen Unternehmen erleichtert und angetrieben werden. Bisher findet dieser schließlich nur in einem geringen Umfang statt. Dies liegt insbesondere daran, dass Transaktionskosten und Informationsasymmetrien die Anbahnung und Durchführung von Datentransaktionen erschweren. Jedenfalls in der Theorie könnten B2B-Datenvermittler, insbesondere Datenmarktplätze, als *Match-Maker* einen wichtigen Beitrag zu Verringerung der Transaktionskosten und Informationsasymmetrien leisten und auf diese Weise den Märkten für Unternehmensdaten zu neuem Schwung verhelfen. Aus Sicht des Gesetzgebers stellt die Erbringung von Datenvermittlungsdiensten deshalb eine erwünschte Tätigkeit dar. Sie soll durch Art. 10 bis 15 DGA gefördert werden, indem das Nutzervertrauen in Datenvermittler gestärkt wird. Jedoch ist zu befürchten, dass der Gesetzgeber bei der Umsetzung des DGA den Förderungsgedanken und die Zielsetzung der Erleichterung des (B2B-)Datenaustausches zu sehr aus den Augen verloren hat.

Nach Art. 10 bis 15 DGA unterliegen alle B2B-Datenvermittlungsdienste, die sich an einen offenen Nutzerkreis richten und als *Match-Maker* Geschäftsbeziehungen zwischen ihren Nutzern anbahnen, einer strengen *ex-ante*-Regulierung, durch die das Nutzervertrauen in sie gestärkt werden soll. Diese Vorgehensweise ist aufgrund von drei Umständen hochriskant. Zunächst sind die Gründe unbekannt, durch die Datenvermittler aktuell vom Wachstum und einer breiteren Nutzung abgehalten werden. Die Annahme, hierfür seien in erster Linie Vertrauensdefizite verantwortlich, ist rein spekulativ.[167] Außerdem handelt es sich bei den meisten Datenvermittlern um KMU oder Start-ups. Die durch die zusätzliche Regulierung verursachten Kosten treffen sie besonders empfindlich. Zuletzt sind die Märkte für Datenvermittlungsdienste jung und befinden sich in der Experimentierphase ihrer Entwicklung. Es ist noch offen, welche Datenvermittlungsdienste in welcher Form kommerziellen Erfolg haben werden. Der DGA legt allen europäischen Datenvermittlern ein enges Korsett für ihre Dienste auf. Die frühzeitige *One-size-fits-all*-Regulierung unterbindet die Differenzierung von Datenvermittlern

---

167 Siehe Kap. 4, B. II. 2. f).

und verhindert das Experimentieren mit neuen Geschäftsmodellen.[168] Die Zielsetzung der Förderung von Datenvermittlern, die den Art. 10 bis 15 DGA maßgeblich zugrunde liegen soll, hat deshalb nur dann Erfolg, wenn die Regulierung tatsächlich in der Lage ist, das Nutzervertrauen herzustellen und die daraus resultierenden Vorteile für Datenvermittler die Nachteile der Regulierung überwiegen. Es ist daher unwahrscheinlich, dass der DGA Datenvermittler tatsächlich fördern kann.

Auch weil der gewählte Regulierungsrahmen so schlecht zur Förderungszielsetzung passt, drängt sich der Verdacht auf, dass es dem Gesetzgeber vor allem auch um den Schutz des Wettbewerbs auf Datenvermittlungsmärkten vor horizontalen Wettbewerbsverfälschungen und dem Markteintritt von digitalen Konglomeraten geht.[169] Der DGA ist insofern wesentlich durch die Erfahrungen der Wettbewerbsbehörden mit mächtigen digitalen Plattformen geprägt. Er soll vor vertikalen und horizontalen Wettbewerbsverfälschungen schützen und den dynamischen Wettbewerb um den Markt offenhalten. Da es sich bei B2B-Datenvermittlern um digitale Plattformen handelt, die von Netzwerkeffekten, Skaleneffekten und Verbundvorteilen profitieren, ist es durchaus möglich, dass Datenvermittlungsmärkte Konzentrationstendenzen aufweisen und zur Bildung von Konglomeraten neigen werden.[170] Es ist deshalb zu einem gewissen Grad nachvollziehbar, dass der Gesetzgeber solche Entwicklungen frühzeitig aufhalten möchte. Allerdings übersieht er, dass B2B-Plattformmärkte bisher weniger von Konzentrationstendenzen betroffen waren und eine höhere Differenzierung aufweisen.[171] Außerdem steht die strenge wettbewerbliche *ex-ante*-Regulierung in einem Zielkonflikt zur Förderung von Datenvermittlern, indem sie die Nutzung von Verbundvorteilen verhindert und die Entwicklung differenzierter Dienste unterbindet.[172]

Vor diesem Hintergrund ist zu befürchten, dass der Gesetzgeber eine falsche Abwägung zwischen den Zielsetzungen der Förderung und des Wettbewerbsschutzes getroffen hat. Da sich noch nicht absehen lässt, ob Datenvermittlungsdienste, insbesondere Datenmarktplätze, ihr marktförderndes Potenzial jemals entfalten können, hätte zunächst die Förderung von Datenvermittlern im Vordergrund ste-

168 Dieser Umstand ist besonders bedenklich, da die Art. 10 bis 15 DGA auch C2B-Datenvermittler und Datengenossenschaften regulieren, deren Funktionen und Zielsetzungen sich wesentlich von B2B-Datenvermittlern unterscheiden; siehe Kap. 6, C. II. 3. b).

169 Dafür, dass die Art. 10 bis 15 DGA neben vertikalen Wettbewerbsverfälschungen auch vor horizontalen Wettbewerbsverfälschungen schützen sollen, spricht vor allem, dass einige Vorschriften des Art. 12 DGA auch (lit. a, b, d, f, i) oder ausschließlich (die Beschränkung zulässiger Dienste nach lit. a und e)) dem Schutz des horizontalen Wettbewerbs dienen; siehe hierzu näher in Kap. 5, B. III. 2. c) aa).

170 Siehe Kap. 4, C. II. 1.

171 Siehe Kap. 4, C. II. 2.

172 *v. Ditfurth/Lienemann*, CRNI 23 (2022), 270 (289 f.).

hen sollen. Stattdessen engt der DGA Datenvermittlungsdienste ein und erschwert ihre Erbringung.[173] Da derzeit noch kein Datenvermittler auch nur ansatzweise über signifikante Marktmacht verfügt, ist es unwahrscheinlich, dass es in naher Zukunft zu unumkehrbaren Vermachtungen oder Wettbewerbsverfälschungen kommen wird. Zudem hätte die Sorge vor der Marktausbreitung digitaler Konglomerate[174] zielgenauer durch maßgeschneiderte Regelungen oder durch Erweiterungen des DMA adressiert werden können.[175] Insgesamt ist zu befürchten, dass sich der Gesetzgeber beim DGA von einem diffusen Misstrauen gegenüber digitalen Plattformen leiten lassen hat und die Potenziale und Besonderheiten von Datenvermittlern dabei nicht ausreichend berücksichtigt hat.

Auch wenn der DGA einen „Experimentalcharakter"[176] aufweist und sich seine Praxiswirkungen nicht vorhersehen lassen, bietet er wenig Anlass zu Optimismus hinsichtlich seiner primären Zielsetzung, der Förderung von Datenvermittlungsdiensten. So ist die Intervention in dynamische Märkte, die noch am Anfang ihrer Entwicklung stehen, hochriskant. Dies gilt auch für Datenvermittlungsmärkte.[177] Neben konzeptionellen Problemen leidet der DGA unter seiner mangelhaften Umsetzung. Zentrale Vorschriften sind in hohem Maße auslegungs- und ausfüllungsbedürftig und dürften in der Praxis zu großen Rechtsunsicherheiten führen, wodurch die Erbringung von Datenvermittlungsdiensten weiter erschwert wird.[178] Schon aufgrund seiner rechtstechnischen Fehler ist es unwahrscheinlich, dass der DGA Datenvermittler tatsächlich erfolgreich fördern kann. Angesichts der erheblichen Risiken der *ex-ante*-Regulierung von Datenvermittlungsdiensten bleibt zu hoffen, dass der für 2025 vorgesehene Evaluationsprozess nach Art. 35 DGA ergebnisoffen und kritisch durchgeführt wird.[179]

Da die Risiken der *ex-ante*-Regulierung deren Vorteile wahrscheinlich überwiegen, wäre die freiwillige Zertifizierung von Datenvermittlungsdiensten zu diesem Zeitpunkt vorzugswürdig gewesen.[180] Ergänzend hätte über rechtliche Erleichterungen oder Klarstellungen für Datenvermittler nachgedacht werden können. Da der Rechtsrahmen für die Erbringung von Datenvermittlungsdiensten

173 Vgl. *v. Ditfurth/Lienemann*, CRNI 23 (2022), 270 (292).

174 Siehe Kap. 5, B. III. 2. c) bb) und *Europäische Kommission*, SWD(2020) 295 final, S. 16 f.

175 Ohnehin stellt sich die Frage, wie groß dieses Risiko aktuell überhaupt ist. So hat *Microsoft* seinen Datenmarktplatz bereits wieder eingestellt. Auch die Datenmarktplätze von *Google* und *Amazon* sind bisher klein; siehe Kap. 4, C. II. 1.

176 *Richter*, ZEuP 2021, 634 (661 ff.).

177 Siehe auch *v. Ditfurth/Lienemann*, CRNI 23 (2022), 270 (291).

178 Siehe Kap. 6, B. und C. II. 3. a).

179 Siehe auch *Richter*, ZEuP 2021, 634 (663); *Hennemann/v. Ditfurth*, NJW 2022, 1905 (1910, Rn. 30); *v. Ditfurth/Lienemann*, CRNI 23 (2022), 270 (292).

180 Siehe Kap. 6, C. II. 3. d).

ohnehin sehr anspruchsvoll ist, hätte sich hierdurch möglicherweise eine echte Förderung von Datenvermittlungsdiensten erreichen lassen. Anpassungen und Klarstellungen des europäischen Rechtsrahmens für den (B2B-)Datenaustausch sind auch in einem breiteren Umfang denkbar und eventuell geboten. Schließlich stellen das strenge europäische Datenschutzrecht und rechtliche Unklarheiten hinsichtlich der Nutzungsrechte sowie der vertraglichen Ausgestaltung von Datentransaktionen und ihren Haftungsfolgen ein wesentliches Hindernis für den B2B-Datenaustausch dar.[181]

In diesem Zusammenhang zeigt sich ein grundlegendes Problem der europäischen Datenstrategie und des europäischen Datenrechts: Fundamentale Zielsetzungen der europäischen Datenpolitik stehen in einem gewissen Widerspruch zueinander. So sind ein florierender (B2B-)Datenaustausch und die intensive und innovative Datennutzung schwer möglich, wenn gleichzeitig ein strenger und großflächiger Datenschutz herrschen soll. Umgekehrt gehen das umfassende Datensammeln und ein reger Datenaustausch notwendigerweise mit einer Schwächung des Datenschutzes einher.[182] Ebenso ist ein „freier Datenverkehr mit Drittländern"[183] nicht zu erreichen, wenn hierfür auf die die hohen europäischen Standards für die Sicherheit personenbezogener und nun auch nicht-personenbezogener Daten[184] gepocht wird, die Drittstaaten nicht erfüllen können oder wollen. Eine kohärente Datenpolitik erfordert es deshalb, die Widersprüche verschiedener Zielsetzungen offen anzusprechen.[185] Nur dann können sie in Ausgleich gebracht und angemessene Lösungen und Kompromisse gefunden werden. Wenn die EU sich ernsthaft einen florierenden Datenaustausch zum Ziel gesetzt hat, wird sie sich langfristig mit einer Anpassung des „Elefanten im Raum", der DSGVO, befassen müssen. Nur so lassen sich die Zielsetzungen des Datenschutzes einerseits sowie der regen Datennutzung und -weitergabe andererseits in Einklang bringen.[186]

---

181 *Büchel/Demary/u. a.*, Anreizsystem und Ökonomie des Data Sharings (2022), S. 52.

182 Zum Beispiel wird hierdurch die Re-Identifizierung vermeintlich anonymer Daten erleichtert; siehe nur *Finck/Pallas*, International Data Privacy Law 10 (2020), 11 (20); *Stalla-Bourdillon/Knight*, Wisconsin International Law Journal 34 (2016), 284 (318 f.).

183 ErwG 1 DGA.

184 Siehe zu Art. 31 DGA Kap. 5, VII. 4.

185 Mit anderen Worten ist eine „Datenrealpolitik" gefordert, welche die Kohärenz und den globalen Kontext von datenpolitischen und -rechtlichen Maßnahmen stärker berücksichtigt; siehe *Henenmann*, Datenrealpolitik (2022), S. 4 f.

186 So bereits im Jahr 2017 *Wendehorst*, in: Lohsse/Schulze/Staudenmayer, Trading Data in the Digital Economy (2017), S. 327 (354).

Kapitel 7: Zusammenfassung

A. Der Datenaustausch zwischen Unternehmen als wirtschaftspolitische Zielsetzung

In der Europäischen Datenstrategie formuliert die Europäische Kommission ihre Zielvorstellung eines echten europäischen Binnenmarkts für Daten, über den alle europäischen Unternehmen Zugang zu den von ihnen benötigten Daten erhalten sollen. Eine tragende Säule des Binnenmarkts für Daten stellt der florierende B2B-Datenaustausch dar. Vom verbesserten Datenzugang europäischer Unternehmen verspricht sich die Kommission ein erhebliches Wachstum der Gesamtwirtschaft sowie die Verbesserung der internationalen Wettbewerbsfähigkeit der europäischen Datenwirtschaft. Außerdem soll der rege B2B-Datenaustausch zur fairen Verteilung der wirtschaftlichen Vorteile der Datennutzung beitragen, indem verhindert wird, dass einzelne Unternehmen ihre Datenbestände abschotten. Stattdessen sollen alle Unternehmen, unabhängig von ihrer Größe und Marktmacht, an den Vorteilen der Datennutzung partizipieren können.

Das große wirtschaftliche Potenzial des Datenaustausches beruht auf den Eigenschaften von Daten als nicht-rivale und wiederverwendbare wirtschaftliche Ressourcen. Im Zuge der Digitalisierung und damit einhergehender technischer Entwicklungen hat die Datennutzung für Unternehmen in den letzten Jahren exponentiell an Bedeutung gewonnen. Daten werden gesammelt und analysiert, um aus ihnen wertvolle Informationen zu extrahieren, die der unternehmerischen Entscheidungsfindung zugrunde gelegt werden können. Auf diese Weise kann die Datennutzung die Produktivität von Unternehmen erhöhen und ihre Innovationsfähigkeiten stärken. Hiervon können auch Verbraucher profitieren, indem sie bessere und günstigere Produkte und Dienstleistungen erhalten. Aufgrund der Nicht-Rivalität von Daten können mehrere Personen dieselben Daten nutzen, ohne dass sie hierdurch unmittelbar an Wert verlieren oder sich ihr Informationsgehalt verbraucht. Außerdem können Daten in vielen Fällen nicht nur zu einem Zweck, sondern zu einer Vielzahl von – bei der Sammlung nicht vorsehbaren – Zwecken wiederverwendet werden. Aus diesen Gründen ist der rege Datenaustausch unverzichtbar, um den vollständigen wirtschaftlichen und gesellschaftlichen Wert von Daten zu schöpfen.

Um den bisher nur in geringem Umfang erfolgenden B2B-Datenaustausch zu fördern, sieht die Europäische Kommission sowohl horizontale als auch sektorspezifische Gesetzesinitiativen vor. Auf horizontaler Ebene soll der freiwillige Datenaustausch gefördert werden, indem das Vertrauen in Datenvermittlungsdienste durch die Regulierung nach Art. 10 bis 15 DGA gestärkt wird. Außerdem sind in

https://doi.org/10.1515/9783111337661-007

Art. 4 f. DA-E Zugangsrechte zu Daten vorgesehen, die von IoT-Produkten generiert werden. Ergänzt werden DGA und DA auf sektoraler Ebene durch die Gemeinsamen Europäischen Datenräume.

B. Marktversagen auf Sekundärmärkten für Unternehmensdaten

Unternehmen handeln bereits heute mit ihren Daten auf Datenmärkten, um zusätzliche Einnahmen zu generieren oder mit anderen Unternehmen zu kooperieren. Mangels Eigentumsrechten an Daten beruht der B2B-Datenaustausch auf der faktischen Kontrolle der Datenhalter über ihre Datenbestände und erfolgt über gesetzlich ungeregelte Datenlizenzverträge. Insgesamt ist das Transaktionsniveau auf Märkten für Unternehmensdaten aber noch gering. Viele Unternehmen sind schon grundsätzlich nicht bereit, ihre Daten mit anderen Unternehmen zu teilen, da sie den Verlust von Wettbewerbsvorteilen oder Sicherheitsrisiken befürchten. Selbst wenn Unternehmen zur Weitergabe ihrer Daten bereit sind, stehen dem Datenhandel in vielen Fällen prohibitive Informationsasymmetrien und Transaktionskosten entgegen. Für Datennachfrager ist es aufgrund von *ex-ante*-Informationsasymmetrien in vielen Fällen nicht erkennbar, wer über die von ihnen benötigten Daten in der gewünschten Qualität verfügt. Dieser Umstand führt zu hohen Suchkosten bei der Anbahnung von Datentransaktionen. Auch der Abschluss von Datentransaktionen kann aufwendig und teuer sein. Die Preisfindung wird durch das niedrige Transaktionsvolumen und die Heterogenität von Datensätzen erschwert. In rechtlicher Hinsicht ist der Vertragsabschluss aufwendig, da es an einem dispositiven Vertragsrecht fehlt und sich noch keine etablierte Vertragspraxis herausgebildet hat.

Erschwert wird die rechtliche Durchführung von Datentransaktionen außerdem durch den regulatorischen Rahmen und die damit einhergehenden Rechtseinhaltungskosten. Insbesondere das Datenschutzrecht stellt aufgrund seines weiten Anwendungsbereichs und seiner strengen Rechtmäßigkeitsanforderungen eine große Herausforderung für den B2B-Datenaustausch dar. In vielen Fällen ist zudem die kartellrechtliche Prüfung der Datentransaktion angezeigt. Hohe Kosten können auch bei der technischen Durchführung des Datenaustausches entstehen. Insbesondere kann es aufwendig sein, die Interoperabilität verschiedener Datensätze herzustellen. Zuletzt ist es dem Datenveräußerer aufgrund von *ex-post*-Informationsasymmetrien kaum möglich, die Einhaltung der Vertragsbestimmungen durch den Datenerwerber zu überwachen und sicherzustellen. Das Risiko vertragswidriger Datennutzungen und -weitergaben lässt sich deshalb nur schwer ausschließen.

Insgesamt ist davon auszugehen, dass aufgrund von Informationsasymmetrien und Transaktionskosten viele an sich vorteilhafte Datentransaktionen nicht zustande kommen. Es bestehen insofern Anhaltspunkte für ein Marktversagen. In bestimmten Konstellationen können außerdem Marktmachtstellungen von Datenhaltern den Datenaustausch verhindern. Die Existenz von Informationsasymmetrien und hohen Transaktionskosten spricht dafür, dass Vertrauensbeziehungen beim B2B-Datenaustausch eine besondere Bedeutung zukommen.

C. Chancen und Risiken von Intermediären auf Märkten für Unternehmensdaten

Es besteht die Hoffnung, dass B2B-Datenintermediäre eine zentrale Rolle bei der Beseitigung des Marktversagens auf Märkten für Unternehmensdaten einnehmen können. Indem sie die Anbahnung von Datentransaktionen erleichtern und anschließend die Transaktionsdurchführung durch organisatorische, technische und rechtliche Hilfestellungen unterstützen, können Datenintermediäre Transaktionskosten spürbar senken und die Auswirkungen von Informationsasymmetrien abmildern. Dadurch haben sie das Potenzial, den B2B-Datenaustausch zu beleben und zur Entstehung eines florierenden Binnenmarkts für Daten beizutragen. Dies gilt insbesondere für Datenmarktplätze, die als *Match-Maker* zwischen einer Vielzahl von Unternehmen aus unterschiedlichen Sektoren vermitteln und Transaktionen anbahnen. Von industriellen Datenplattformen ist in erster Linie zu erwarten, dass sie als technische Infrastrukturen die technischen Kosten für den Datenaustausch zwischen Unternehmen verringern und so die Durchführung von datengestützten Unternehmenskooperationen vereinfachen. Bisher ist es jedoch noch nicht gelungen, kommerziell erfolgreiche Datenmarktplätze mit großen Nutzerzahlen zu etablieren. Die Gründe hierfür sind noch nicht hinreichend erforscht. Die Europäische Kommission nimmt an, dass Vertrauensdefizite für diesen Zustand verantwortlich sind. Empirisch abgesichert ist diese Annahme jedoch nicht. Es kommen auch andere Ursachen in Betracht.

Datenintermediäre bieten nicht nur Chancen für Datenmärkte. Als Intermediäre in Form von digitalen Plattformen gehen von ihnen auch gewisse wettbewerbliche Risiken aus. Märkte für digitale Plattformen sind aufgrund von Netzwerkeffekten, Skaleneffekten und Verbundvorteilen durch starke Konzentrationstendenzen gekennzeichnet. Da auch Datenmarktplätze von diesen Effekten in hohem Maße profitieren, ist es nicht unwahrscheinlich, dass vergleichbare Entwicklungen auch auf ihren Märkten eintreten werden. Die damit einhergehende Marktmachtkonzentration kann von zunehmend marktmächtigen Plattformen gegenüber ihren Nutzern und Wettbewerbern zu Ausbeutungsmissbräuchen und Wettbewerbsverfälschungen ausgenutzt werden. Hierdurch entstehen negative Folgen für den Wettbewerb, das Innovationsniveau und die Gesamtwohlfahrt. Außerdem ist es denkbar, dass erfolgreiche und bereits etablierte Anbieter anderer digitaler Dienste als Konglomerate aufgrund von Verbundvorteilen und gegebenenfalls mithilfe von *Leveraging*-Praktiken starke Marktpositionen auf dem Markt für Datenintermediäre einnehmen können.

D. Die Regulierung von B2B-Datenintermediären durch Art. 10 bis 15 DGA

I. Zielsetzungen

Die Regulierung von Datenvermittlungsdiensten durch den DGA verfolgt eine doppelte Zielsetzung. Sie soll einerseits das Vertrauen in Datenvermittler stärken, um es ihnen zu ermöglichen, größere Nutzerzahlen für ihre Dienste zu gewinnen. Der hierdurch herbeigeführte Nutzerzuwachs soll ihr Potenzial zur Anbahnung von Datentransaktionen entfalten und ihnen dazu verhelfen, zentrale Einrichtungen für den B2B-Datenaustausch im europäischen Binnenmarkt zu werden. Hiermit wird die primäre Zielsetzung des DGA verfolgt, die Wiederverwertbarkeit existierender Datenbestände verbessern. Gleichzeitig soll die Regulierung durch Art. 10 bis 15 DGA die von Datenvermittlern potenziell ausgehenden wettbewerblichen Gefahren eingrenzen. So soll verhindert werden, dass sie ihre potenziellen Machtstellungen zu Lasten ihrer Nutzer und Wettbewerber ausnutzen können. Außerdem soll die Übertragung der Machtstellungen digitaler Konglomerate von anderen Märkten auf den Markt für Datenvermittlungsdienste unterbunden werden.

II. Anwendungsbereich

Neben C2B-Datenvermittlern und Datengenossenschaften erfasst der sachliche Anwendungsbereich des DGA gemäß Art. 10 lit. a DGA auch B2B-Datenvermittler. Nach Art. 10 lit. a Hs. 1 Alt. 1 i. V. m. Art 2 Nr. 11 DGA handelt es sich bei einem B2B-Datenvermittlungsdienst um einen Dienst, mit dem durch technische, rechtliche oder sonstige Mittel Geschäftsbeziehungen zwischen einer unbestimmten Anzahl von Dateninhabern einerseits und Datennutzern andererseits hergestellt werden sollen, um die gemeinsame Datennutzung zu ermöglichen.

Die Definition stellt auf den Zweck von Datenvermittlungsdiensten ab. Die Feststellung, ob ein Anbieter auf die Herstellung von Geschäftsbeziehungen abzielt, soll anhand objektiver Kriterien erfolgen. Das Vorliegen dieses Definitionsmerkmals ist zu bejahen, wenn die Tätigkeiten des Anbieters objektiv geeignet sind, Geschäftsbeziehungen zur gemeinsamen Datennutzung herzustellen und gegenwärtig oder in naher Zukunft am Markt angeboten werden. Die Zielsetzung von Datenvermittlungsdiensten sollte aus teleologischen Gründen restriktiv ausgelegt werden und nur die Herstellung von Geschäftsbeziehungen erfassen, deren Hauptzweck die Ermöglichung der gemeinsamen Datennutzung darstellt.

Die Herstellung einer Geschäftsbeziehung setzt die Entstehung einer unmittelbaren Verbindung zwischen Dateninhaber und Datennutzer voraus. Es genügt, dass ein geschäftlicher Kontakt oder eine geschäftliche Interaktion zwischen beiden Parteien mit dem Ziel der gemeinsamen Datennutzung vermittelt wird. Das Vorliegen einer Geschäftsbeziehung ist anzunehmen, wenn die gemeinsame Datennutzung einen kommerziellen Zweck verfolgt. Ein kommerzieller Zweck für die Datennutzung liegt vor, wenn sie im Zusammenhang mit den Geschäften des Datennutzers erfolgt und zumindest mittelbar der Gewinnerzielung dient. Erforderlich ist außerdem, dass der Datenvermittlungsdienst bei der Anbahnung der Geschäftsbeziehung durch technische, rechtliche oder sonstige Mittel behilflich ist und nicht bloß bei der Durchführung der Datentransaktion. Er muss also als *Match-Maker* in Erscheinung treten. Ob ein Datenvermittler zwischen einer unbestimmten Anzahl von Dateninhabern und Datennutzern Geschäftsbeziehungen herstellt, richtet sich danach, ob und gegebenenfalls welche Zulassungsvoraussetzungen er für die Nutzung seiner Dienste aufstellt. Entscheidend ist, ob die Kriterien für die Nutzung seiner Dienste so abstrakt sind, dass der potenzielle Nutzerkreis, der die vorgegebenen Kriterien erfüllt, eine unbestimmbare Anzahl von Dateninhabern und -nutzern umfasst.

Der Anwendungsbereich des Art. 10 lit. a Hs. 1 Alt. 1 DGA ist dann nicht eröffnet, wenn ein Datenvermittler unter die Voraussetzungen des Art. 15 DGA fällt. Danach sind die Art. 10 ff. DGA nicht auf datenaltruistische Organisationen oder Einrichtungen ohne Erwerbszweck anwendbar, die auf Grundlage des Datenaltruismus zur Verfügung gestellte Daten für Ziele von allgemeinem Interesse sammeln und hierbei keine Geschäftsbeziehungen herstellen. Die Voraussetzungen der Art. 10 lit. a Hs. 1 Alt. 1 i. V. m. Art. 2 Nr. 11 DGA werden typischerweise von Datenmarktplätzen erfüllt. Industrielle Datenplattformen erfüllen sie nur dann, wenn sie sich an eine unbestimmte Zahl von Nutzern richten. Auch andere, bisher noch nicht in Erscheinung getretene Dienste können in den Anwendungsbereich fallen. Nicht erfasst werden gemäß Art. 2 Abs. 11 Hs. 2 DGA insbesondere Datenbroker (lit. a), Dienste zur Vermittlung urheberrechtlich geschützter Inhalte (lit. b) und geschlossene Dienste (lit. c).

Gemäß Art. 10 lit. a Hs. 1 Alt. 2 DGA wird außerdem die Bereitstellung von technischen oder anderen Mitteln zur Ermöglichung von Datenvermittlungsdiensten im Sinne des Art. 10 lit. a Hs. 1 Alt. 1 DGA als Erbringung solcher Datenvermittlungsdienste angesehen und unterfällt damit dem DGA. Hiervon werden nach der gebotenen restriktiven Auslegung nur solche Mittel erfasst, die unmittelbar zur Herstellung von Geschäftsbeziehungen zur gemeinsamen Datennutzung genutzt werden können. Augenscheinlich bezieht sich die Vorschrift auf Unternehmen, die darauf spezialisiert sind, die technische Infrastruktur für den Betrieb von Datenplattformen den Betreibern maßgeschneidert zur Verfügung zu stellen. Bedauerlicherweise ist das Anwendungsverhältnis zwischen Art. 10 lit. a Hs. 1 Alt. 2 DGA und Alternative 1 unklar.

Der räumliche Anwendungsbereich des DGA kann sich auch auf internationale Anbieter von Datenvermittlungsdiensten erstrecken. Dies ergibt sich lediglich mittelbar aus Art. 11 Abs. 3 und ErwG 42 DGA. Aufgrund der völkerrechtlichen Relevanz der internationalen Anwendbarkeit ist es bedenklich, dass ihr Vorliegen und ihre Voraussetzungen nicht explizit im Gesetzestext des DGA festgelegt werden. Inhaltlich greift Art. 42 DGA auf das bereits aus Art. 3 Abs. 2 lit. a DSGVO und Art. 6 Abs. 1 lit. b Rom I-VO bekannte Marktortprinzip zurück.

III. Anmeldeverfahren und öffentliche Durchsetzung

Die Art. 10 bis 15 DGA unterstellen die Datenvermittlungstätigkeiten von Unternehmen und anderen Organisationen einem Verbot unter Anmeldevorbehalt. Jeder Anbieter von Datenvermittlungsdiensten ist gemäß Art. 11 Abs. 1 DGA verpflichtet, sich bei der zuständigen Behörde anzumelden, und darf seine Dienste gemäß Art. 11 Abs. 4 DGA erst nach erfolgter Anmeldung erbringen. Im Rahmen der Anmeldung sind gemäß Art. 11 Abs. 6 DGA bestimmte Informationen mitzuteilen. Internationale Datenvermittler müssen zudem gemäß Art. 11 Abs. 3 DGA einen Vertreter in der EU benennen. Hierdurch soll die effektive Durchsetzung des DGA sichergestellt werden. Insgesamt dürfte der Aufwand für die Anmeldung von Datenvermittlungsdiensten jedoch überschaubar sein. Eine Genehmigung der Datenvermittlungsdienste ist nicht vorgesehen. Stattdessen beruht die Durchsetzung der Vorschriften des DGA auf einem System der *ex-post*-Kontrolle, also der nachträglichen Überwachung und Sanktionierung von Rechtsverstößen. Da die *ex-post*-Kontrolle typischerweise ein geringeres Niveau an Rechtssicherheit bietet, ist es zu begrüßen, dass Art. 11 Abs. 9 DGA die freiwillige Möglichkeit der Bestätigung der Rechtskonformität von Datenvermittlern vorsieht.

Die Durchsetzung der Vorschriften des DGA im Rahmen der *ex-post*-Kontrolle erfolgt gemäß Art. 14 Abs. 1 DGA von Amts wegen oder auf Antrag durch die von den Mitgliedstaaten gemäß Art. 13 Abs. 1 DGA zu benennenden Behörden. Die Behörden sind gemäß Art. 14 Abs. 2 DGA befugt, die zur Überwachung erforderlichen Informationen von Datenvermittlern anzufordern. Es ist jedoch zweifelhaft, ob Informationsanfragen als einzige Ermittlungsbefugnis zur umfassenden Aufklärung von Sachverhalten ausreichen. Wenn die Behörden einen Rechtsverstoß feststellen, können sie gemäß Art. 14 Abs. 4 DGA dessen Beendigung anordnen und dem Datenvermittler zur Durchsetzung Zwangsgelder sowie die vorübergehende Aussetzung oder dauerhafte Einstellung der Dienste auferlegen. Alternativ oder kumulativ stehen ihnen außerdem Sanktionsbefugnisse zu. Die hierzu erforderlichen Vorschriften sind gemäß Art. 34 DGA von den Mitgliedstaaten zu erlassen. Datenvermittlern und anderen betroffenen Personen steht gegen Entscheidungen der zuständigen Behörden gemäß Art. 28 DGA das Recht auf einen wirksamen Rechtsbehelf zu. Alle natürlichen oder juristischen Personen haben gemäß Art. 27 DGA außerdem das Recht, bei der zuständigen Behörde Beschwerde gegen Anbieter von Datenvermittlungsdiensten einzulegen.

IV. Materielle Regulierung nach Art. 12 und 31 DGA

Materielles Herzstück der Regulierung von Datenvermittlungsdiensten ist Art. 12 DGA. Die dort enthaltenen Bedingungen zielen auf die Stärkung des Nutzervertrauens und den Schutz des Wettbewerbs auf Märkten für Datenvermittlungsdienste ab. Beide Zielsetzungen ergänzen sich zu einem gewissen Grad. Schließlich kann der Schutz der Dienstenutzer im vertikalen Verhältnis zum Datenvermittler durch Vorschriften, welche die (potenzielle) wettbewerbliche Machtstellung von Datenvermittler adressieren, auch dazu beitragen, das Vertrauen der Nutzer zu stärken.[1] Darüber hinaus dient Art. 12 DGA dem Schutz des horizontalen Wettbewerbs zwischen Datenvermittlern und der Minimierung der von digitalen Konglomeraten ausgehenden wettbewerblichen Risiken.[2] Um diese Ziele zu erreichen, legt Art. 12 DGA den Datenvermittlern primär positive und negative Verhaltenspflichten auf. Ergänzt werden die Verhaltenspflichten durch Art. 12 lit. a Alt. 2 DGA, der eine gesellschaftsrechtliche Entflechtung vorsieht. Insgesamt greifen die Vorgaben des Art. 12 DGA tief in die Organisationshoheit und strategische Ausrichtung von Datenvermittlungsdiensten ein. Die Art und Weise, in der die Zielsetzungen der Vertrauensstärkung und des Wettbewerbsschutzes durch Art. 12 DGA ver-

1 Dies trifft jedenfalls auf Art. 12 lit. a, c, d, f und i DGA zu.
2 Art. 12 lit. a, b, d, e, f und i DGA verfolgen unter anderem diese Zielsetzung.

folgt und umgesetzt werden, lässt sich anhand von fünf Grundprinzipien systematisieren. Bei diesen, die Regulierung von Datenvermittlern prägenden Prinzipien handelt es sich um die Neutralität, die Interoperabilität, die Unterstützungsfunktion, die Datensicherheit und die Rechtsdurchsetzungsverantwortung von Datenvermittlungsdiensten.

Um missbräuchliche Verhaltensweisen sowie Wettbewerbsverfälschungen zu Lasten ihrer Nutzer und Wettbewerber zu verhindern, sollen Datenvermittler zunächst neutral sein. Zum einen soll die Neutralität der Datenvermittler in Bezug auf die Daten sichergestellt werden, die zwischen Dateninhabern und Datennutzern über ihre Dienste geteilt werden. Zum anderen sieht Art. 12 DGA eine unabhängige und neutrale Marktstellung der Datenvermittler vor. Nach Art. 12 lit. a Alt. 1 DGA, der Kernvorschrift der datenbezogenen Neutralität, dürfen Datenvermittler die Daten der Dateninhaber nicht für eigene Zwecke verwenden und ihren Nutzern nur im engen Rahmen des Art. 12 lit. e DGA zusätzliche Dienstleistungen anbieten. Auch die Daten, die sie über ihre Nutzer bei der Erbringung ihrer Dienste selbst erheben, dürfen Datenvermittler nur unter den engen Voraussetzungen des Art. 12 lit. c DGA nutzen. Hierdurch soll das Nutzervertrauen geschützt werden, indem Wettbewerbsverfälschungen aufgrund von Interessenkonflikten vertikal oder horizontal integrierter Datenvermittler unterbunden werden. Darüber hinaus schützen Art. 12 lit. a Alt. 1 und lit. e DGA den horizontalen Wettbewerb, indem *Lock-in*-Effekte durch die Bereitstellung komplementärer Dienste in einem digitalen Ökosystem verhindert werden. Diesem Zweck dient auch Art. 12 lit. b DGA, wonach Bündelungspraktiken und zum Teil auch Koppelungspraktiken integrierter Datenvermittler verboten sind. Diese Vorschrift soll außerdem vor Marktmachtübertragungen durch Konglomerate schützen. Die nutzerbezogene Neutralität wird durch Art 12 lit. f DGA sichergestellt, wonach der Zugang zu Datenvermittlungsdiensten und ihre Geschäftsbedingungen fair, nichtdiskriminierend und transparent sein müssen. Hierdurch soll verhindert werden, dass der Wettbewerb auf dem Datenvermittlungsdienst oder auf nachgelagerten Märkten zu Lasten einzelner Nutzer verzerrt werden kann. Abgesichert werden die datenbezogene und nutzerbezogene Neutralität durch die Vorgabe der gesellschaftsrechtlichen Entflechtung nach Art. 12 lit. a Alt. 2 DGA.

Weiterhin sieht Art. 12 DGA vor, dass Datenvermittler Maßnahmen zur Verbesserung der Interoperabilität vornehmen. Dies gilt sowohl hinsichtlich der von ihnen auszutauschenden Daten (lit. d) als auch hinsichtlich ihrer eigenen Dienste (lit. i). Hierdurch soll einerseits der Datenaustausch erleichtert werden. Andererseits soll der horizontale Wettbewerb geschützt werden, indem der *Lock-in* von Nutzern verhindert wird. In Art. 12 lit. d und e DGA spiegelt sich die Unterstützungsfunktion von Datenvermittlern wider. Datenvermittler sollen ihren Nutzern über ihre *Match-Making*-Funktion hinaus bei der Durchführung von Datentransaktionen helfen, beispielsweise indem sie das Datenformat umwandeln oder Daten anonymisieren. Darüber hinaus enthält Art. 12 zur Stärkung des Nutzervertrauens mehrere Vorschriften die auf die Sicherheit der beim Datenvermittler gespeicherten Daten von Dateninhabern abzielen. Nach Art. 12 lit. l DGA muss ein angemessenes bzw. bei sensiblen nicht-personenbezogenen Daten ein höchstes Sicherheitsniveau gewährleistet werden. Im Falle der Insolvenz sollen Datenvermittler nach Art. 12 lit. h DGA die angemessene Weiterführung ihrer Dienste sicherstellen und ihren Nutzern den Zugang zu ihren Daten ermöglichen. Über einen unberechtigten Datenzugriff müssen Datenvermittler die betroffenen Dateninhaber gemäß Art. 12 lit. k DGA unverzüglich informieren. Außerdem ist nach Art. 12 lit. o DGA ein Protokoll aus *Log*-Daten über die Datenvermittlungstätigkeiten zu führen. Zuletzt wird Datenvermittlern durch Art. 12 DGA eine gewisse Verantwortung für die Verhinderung rechtswidrigen Nutzerverhaltens auferlegt. Nach Art. 12 lit. g DGA müssen sie über Verfahren verfügen, um betrügerische oder missbräuchliche Praktiken von Datennutzern zu verhindern. Gemäß Art. 12 lit. j DGA sollen angemessene Maßnahmen ergriffen werden, um die rechtswidrige Übertragung nicht-personenbezogener Daten zu verhindern.

Zusätzlich regelt Art. 31 DGA die Zulässigkeit von Übertragungen nicht-personenbezogener Daten durch Datenvermittler in und an Drittstaaten. Grundsätzlich werden Datenvermittler nach Art. 31 Abs. 1 DGA verpflichtet, Maßnahmen zu ergreifen, um die internationale Übertragung in der Union gespeicherter nicht-personenbezogener Daten oder den Zugang von Regierungsorganisationen zu diesen Daten zu verhindern, wenn eine solche Übertragung oder ein solcher Zugang im Widerspruch zum Unionsrecht oder dem nationalen Recht des betreffenden Mitgliedstaates stehen würde. Hinsichtlich des Datenzugangs öffentlicher Stellen aus Drittstaaten finden sich in den Absätzen 2 und 3 spezielle Vorgaben dazu, wann ein solcher Rechtskonflikt nicht vorliegt und der Datentransfer zulässig ist. Dies ist dann der Fall, wenn der Datenzugang aufgrund eines völkerrechtlichen Abkommens gewährt werden darf (Abs. 2) oder die behördlichen und gerichtlichen Verfahren des Drittstaates bestimmte rechtsstaatliche Anforderungen erfüllen (Abs. 3). Liegen diese Voraussetzungen nicht vor, soll den öffentlichen Stellen des Drittstaates nur die zulässige Mindestmenge der herausverlangten Daten offengelegt werden (Abs. 4).

E. Kritische Würdigung

Auch wenn sich die Praxisauswirkungen der Art. 10 bis 15 DGA nicht vorhersehen lassen, können im Ergebnis weder die Konzeption noch die Umsetzung der Art. 10 bis 15 DGA überzeugen. Zunächst leidet die Umsetzung der Vorschriften unter rechtstechnischen Mängeln. Viele der Vorschriften, insbesondere Art. 12 DGA, sind zu allgemein, knapp und vage gehalten. Sie sind in hohem Maße auslegungs- und ausfüllungsbedürftig. Dies erschwert ihre konsistente Anwendung und schafft Rechtsunsicherheit. Ein besonders problematisches Beispiel hierfür bietet Art. 12 lit. h DGA, der offenlässt, wie die Weiterführung von Datenvermittlungsdiensten im Insolvenzfall sichergestellt werden soll. Außerdem wird das Verständnis mancher Vorschriften dadurch erschwert, dass der innere Normzusammenhang oder der Regelungszusammenhang mit anderen Rechtsvorschriften nur unzureichend berücksichtigt wurde.

Auch die Gesamtkonzeption der Art. 10 bis 15 DGA kann insgesamt nicht überzeugen. Zwar sind die Vorschriften geeignet, viele der auf digitalen Plattformmärkten vorkommenden vertikalen und horizontalen Wettbewerbsrisiken frühzeitig zu verhindern. Allerdings ist zu befürchten, dass der DGA sein primäres Ziel der Förderung von (B2B-)Datenvermittlern verfehlen wird. So ist es wahrscheinlich, dass der DGA die Entwicklung und die Entstehung neuer Datenvermittlungsdienste hemmen wird, da er keine Anreize für die Erbringung solcher Dienste setzt, sondern die Kosten für ihre rechtskonforme Entwicklung wesentlich erhöht und damit insbesondere für KMU und Start-ups eine Belastung darstellt. Außerdem kann das strenge und unflexible Regulierungskorsett des DGA die Wertschöpfungs- und Innovationspotenziale von Datenvermittlungsdiensten zu stark einschränken, zumal es zu diesem Zeitpunkt noch unklar ist, ob und in welcher Form eine signifikante Nachfrage nach Datenvermittlern entstehen wird. Es ist deshalb davon auszugehen, dass die strenge wettbewerbliche *ex-ante*-Regulierung in einem Zielkonflikt mit der Förderung von Datenvermittlern steht, indem sie die Nutzung von Verbundvorteilen verhindert und die Entwicklung differenzierter Vermittlungsdienste unterbindet. Die Förderungszielsetzung des DGA kann nur dann Erfolg haben, wenn die Regulierung tatsächlich in der Lage ist, das Nutzervertrauen herzustellen und die daraus resultierenden Vorteile für Datenvermittler die Nachteile der Regulierung überwiegen. Hiervon kann nicht mit hoher Wahrscheinlichkeit ausgegangen werden. Letztlich ist zu befürchten, dass der Gesetzgeber eine falsche Abwägung zwischen den Zielsetzungen der Förderung und des Wettbewerbsschutzes getroffen hat. Da sich noch nicht absehen lässt, ob Datenvermittlungsdienste, insbesondere Datenmarktplätze, ihr marktförderndes Potenzial jemals entfalten können, hätte zunächst die Förderung von Datenvermittlern im Vordergrund stehen sollen. Angesichts des erheblichen Fehlschlagrisikos der Regulierung wäre die Einführung des ursprünglich erwogenen freiwilligen Zertifizierungsrahmens für Datenvermittlungsdienste vorzugswürdig gewesen.

Literaturverzeichnis

Acs, Zoltan/Audretsch, David: Innovation in Large and Small Firms: An Empirical Analysis, The American Economic Review 78 (1988), S. 678–690.

Adam, Simon: Daten als Rechtsobjekte, NJW 2020, S. 2063–2068.

Ahlstrom, David: Innovation and Growth: How Business Contributes to Society, Academy of Management Perspectives 24 (2010), S. 11–24.

ALI/ELI: ALI-ELI Principles for a Data Economy – Data Transactions and Data Rights, ELI Final Council Draft, 2021, abrufbar unter: https://europeanlawinstitute.eu/fileadmin/user_upload/p_eli/Publications/ALI-ELI_Principles_for_a_Data_Economy_Final_Council_Draft.pdf (zitiert als: *ALI/ELI*, Principles for a Data Economy (2021)).

Alt, Rainer/Zimmermann, Hans-Dieter: Electronic Markets on platform competition, Electronic Markets 29 (2019), S. 143–149.

Altmeppen, Holger: Gesetz betreffend die Gesellschaften mit beschränkter Haftung. Kommentar, 11. Aufl., München 2023.

Andanda, Pamela: Towards a Paradigm Shift in Governing Data Access and Related Intellectual Property Rights in Big Data and Health-Related Research, IIC 50 (2019), S. 1052–1081.

Ann, Christoph: Patentrecht. Lehrbuch zum deutschen und europäischen Patentrecht und Gebrauchsmusterrecht, 8. Aufl., München 2022.

Aplin, Tanya: Trading Data in the Digital Economy: Trade Secrets Perspective, in: Sebastian Lohsse/Reiner, Schulze/Dirk, Staudenmayer (Hrsg.), Trading Data in the Digital Economy, Trading Data in the Digital Economy: Legal Concepts and Tools. Münster Colloquia on EU Law and the Digital Economy III, Baden-Baden 2017, S. 59–72.

Aretz, Christian: Der Souverän in der Krise. Gedanken zur Reichweite der Macht über die eigenen Identitätsdaten, DuD 2022, S. 40–44.

Armstrong, Mark: Competition in two-sided markets, The RAND Journal of Economics 37 (2006), S. 668–691.

Arnaut, Catarina/ Pont, Marta/ Scaria, Elizabeth/ Berghmans, Arnaud/ Leconte, Sophie: Study on data sharing between companies in Europe. Final Report. A study prepared for the European Commission, SMART 2016/0087, 2018, abrufbar unter: https://op.europa.eu/en/publication-detail/-/publication/8b8776ff-4834-11e8-be1d-01aa75ed71a1/language-en (zitiert als: *Arnaut/Pont/u.a.*, Study on data sharing (2018).

Arrow, Kenneth J.: Economic Welfare and the Allocation of Resources for Invention, in: NBER (Hrsg.), The Rate and Direction of Inventive Activity: Economic and Social Factors, Princeton 1962, S. 609–626, abrufbar unter: http://www.nber.org/books/univ62-1.

Artikel-29-Datenschutzgruppe: Stellungnahme 4/2007 zum Begriff „personenbezogene Daten", WP 136, 2007, abrufbar unter: https://ec.europa.eu/justice/article-29/documentation/opinion-recommendation/files/2007/wp136_de.pdf (zitiert als: *Artikel-29-Datenschutzgruppe*, WP 136).

Askani, Helena: Private Rechtsdurchsetzung bei Urheberrechtsverletzungen im Internet, Schriften zum Medien- und Informationsrecht Bd. 57, Baden-Baden 2021 (zugl. Diss. Freiburg 2020).

Atik, Can/Martens, Bertin: Competition Problems and Governance of Non-personal Agricultural Machine Data: Comparing Voluntary Initiatives in the US and EU, JIPITEC 12 (2021), S. 370–396.

Auer-Reinsdorff, Astrid/Conrad, Isabell (Hrsg.): Handbuch IT- und Datenschutzrecht, 3. Aufl., München 2019.

https://doi.org/10.1515/9783111337661-008

Auernhammer, Herbert (Begr.), herausgegeben von Martin Esser/Philipp Kramer/Kai v. Lewinski: Datenschutz-Grundverordnung. Bundesdatenschutzgesetz und Nebengesetze, Kommentar, 7. Aufl., Hürth 2020 (zitiert als *Bearbeiter*, in: Auernhammer, DSGVO).

Augenhofer, Susanne: To Answer the Phone or not – Case Note to CJEU, C-266/19 EIS, EuCML 2021, S. 30–33.

Augsberg, Steffen/Gehring, Petra: Datensouveränität als Diskursgegenstand: Ambiguität als Chance?, in: Steffen Augsberg/Petra Gehring (Hrsg.), Datensouveränität. Positionen zur Debatte, Frankfurt 2022, S. 7–17.

Autorité de la Concurrence/BKartA: Competition Law and Data, 10. May 2016, abrufbar unter: https://www.bundeskartellamt.de/SharedDocs/Publikation/DE/Berichte/Big%20Data%20Papier.pdf;jsessionid=EBC13B02D356D0F6551120EF4E68F180.1_cid381?__blob=publicationFile&v=2.

Azzi, Adèle: The Challenges Faced by the Extraterritorial Scope of the General Data Protection, JIPITEC 9 (2018), S. 126–137.

Bailey, Joseph/Bakos, Yannis: An Exploratory Study of the Emerging Role of Electronic Intermediaries, International Journal of Electronic Commerce 1 (1997), S. 7–20.

Baischew, Dajan/Kroon, Peter/Lucidi, Stefano/Märkel, Christian/Sörries, Bernd: Digital Sovereignity in Europe – a first benchmark, Dezember 2020, abrufbar unter: https://www.wik.org/fileadmin/Studien/2021/Digital_Sovereignty_Report.pdf (zitiert als *Baischew/Kroon/ua.*, Digital Sovereignity in Europe (2020)).

Baker, Jonathan: Beyond Schumpeter vs. Arrow: How Antitrust fosters innovation, Antitrust Law Journal 74 (2007), S. 575–602.

Baldia, Sonia: The Transaction Cost Problem in International Intellectual Property Exchange and Innovation Markets, Northwestern Journal of International Law & Business 34 (2013), S. 1–52.

Baldwin, Robert/Cave, Martin/Lodge, Martin: Understanding Regulation. Theory, Strategy and Practice, 2. Aufl. Oxford 2011 (zitiert als: *Baldwin/Cave/Lodge*, Understanding Regulation (2011)).

Baloup, Julie/Bayamlıoğlu, Emre/Benmayor, Aliki/Ducuing, Charlotte/Dutkiewicz, Lidia/Lalova, Teodora/Miadzvetskaya, Yuliya/Peeters, Bert: White Paper on the Data Governance Act, CiTiP Working Paper, 23. Juni 2021, abrufbar unter: https://papers.ssrn.com/sol3/papers.cfm?abstract_id=3872703 (zitiert als: *Baloup/Bayamlıoğlu/u. a.*, White Paper on the DGA (2021)).

Bamberger, Zelda: Souveränität, in: Jan Bergmann (Hrsg.), Handlexikon der Europäischen Union, 6. Aufl., Baden-Baden 2022 (zitiert als *Bamberger*, Souveränität (2022)).

Bamberger, Kenneth/Lobel, Orly: Platform Market Power, Berkeley Technology Law Journal 32 (2017), S. 1051–1092.

Barbero, Martina/Cocoru, Diana/Graux, Hans/Hillebrand, Anette/Linz, Florian/Osimo, David/Siede, Anna/Wauters, Patrick: Study on emerging issues of data ownership, interoperability, (re-)usability and access to data, and liability. A study prepared for the European Commission, SMART 2016/0030, 2018, abrufbar unter: https://op.europa.eu/en/publication-detail/-/publication/08e03d91-4835-11e8-be1d-01aa75ed71a1/language-en (zitiert als: *Barbero/Cocoru/u. a.*, Study on emerging issues of data ownership (2018)).

Baregheh, Anahita/Rowley, Jennifer/Sambrook, Sally: Towards a Multidisciplinary Definition of Innovation, Management Decision 47 (2009), S. 1323–1339.

Barudi, Malek (Hrsg.): Das neue Urheberrecht. UrhG, UrhDaG, VGG, Baden-Baden 2021.

Barwise, Patrick/Watkins, Leo: The Evolution of Digital Dominance. Ho wand why we got GAFA, in: Martin Moore/Damien Tambini (Hrsg.), Digital Dominance. The Power of Google, Amazon, Facebook and Apple, New York 2018, S. 21–49.

Basedow, Jürgen: Das Rad neu erfunden. Zum Vorschlag für einen Digital Markets Act, ZEuP 2021, S. 217–226.

Batista, Pedro/Mazutti, Gustavo: Comment on „Huawei Technologies" (C-170/13): Standard Essential Patents and Competition Law – How Far Does the CJEU Decision Go?, IIC 2016, S. 244–253.
BDI: Deutsche digitale B2B-Plattformen. Digitalisierung und Nachhaltigkeit verzahnen. Entwicklung eines industriellen B2B-Plattformökosystems in Deutschland fördern, 2020, abrufbar unter: https://bdi.eu/publikation/news/deutsche-digitale-b2b-plattformen-2021/ (zitiert als: *BDI*, Digitale B2B-Plattformen (2020)).
BDI: Statement on the proposed regulation on European data governance (Data Governance Act), Februar 2021, abrufbar unter: https://english.bdi.eu/publication/news/proposed-regulation-on-european-data-governance/ (zitiert als: *BDI*, Statement on the proposed DGA (2021)).
Beaucamp, Sophie: Rechtsdurchsetzung durch Technologie, Internet und Gesellschaft Bd. 26, Tübingen 2022 (zugl. Diss. HU Berlin 2022; zitiert als: *Beaucamp*, Rechtsdurchsetzung durch Technologie (2022)).
Bechtold, Rainer: Umfang und Grenzen der kartellrechtlichen Nichtigkeitssanktion, NZKart 2020, S. 459–465.
Bechtold, Rainer/Bosch, Wolfgang: Gesetz gegen Wettbewerbsbeschränkungen. Kommentar, 10. Aufl., München 2021.
Bechtold, Rainer/Bosch, Wolfgang/Brinker, Ingo: EU-Kartellrecht. Kommentar, 4. Aufl., München 2023.
Beck'sche Online-Formulare IT- und Datenrecht, herausgegeben von Thomas Nägele/Simon Apel, Stand: 15. Ed., 2023 (zitiert als: *Bearbeiter*, in: BeckOF IT-Recht).
Beck'scher Online-Großkommentar Zivilrecht, herausgegeben von Beate Gsell/Wolfgang Krüger/Stephan Lorenz/Christoph Reymann, Stand: 1. Juni 2023 (zitiert als: *Bearbeiter*, in BeckOGK BGB).
Beck'scher Online-Kommentar BGB, herausgegeben von Wolfgang Hau/Roman Poseck, Stand: 66. Ed., 1. Mai 2023 (zitiert als: *Bearbeiter*, in: BeckOK BGB).
Beck'scher Online-Kommentar Datenschutzrecht, herausgegeben von Heinrich Wolff/Stefan Brink, Stand: 44. Ed., 1. Mai 2022 (zitiert als: *Bearbeiter*, in: BeckOK DatenschutzR).
Beck'scher Online-Kommentar Informations- und Medienrecht, herausgegeben von Hubertus Gersdorf/ Boris Paal, Stand: 40. Ed., 1. Mai 2023 (zitiert als: *Bearbeiter*, in: BeckOK InfoMedienR).
Beck'scher Online-Kommentar Insolvenzrecht, herausgegeben von Alexander Fridgen/Arndt Geiwitz/Burkard Göpfert, Stand: 29. Ed., 15. April 2023 (zitiert als *Bearbeiter*, in: BeckOK InsO).
Beck'scher Online-Kommentar IT-Recht, herausgegeben von Georg Borges/Marc Hilber, Stand: 10. Ed., 1. April 2023 (zitiert als: *Bearbeiter*, in: BeckOK IT-Recht).
Beck'scher Online-Kommentar Kartellrecht, herausgegeben von Klaus Bacher/Rolf Hempel/Florian Wagner-von Papp, Stand. 8. Ed., 1. April 2023 (zitiert als: *Bearbeiter*, in: BeckOK KartR).
Beck'scher Online-Kommentar Urheberrecht, herausgegeben von Hartwig Ahlberg/Horst-Peter Götting/ Anne Lauber-Rönsberg. Stand: 38. Ed., 1. Mai 2023 (zitiert als: *Bearbeiter*, in: BeckOK UrhR).
Beck'scher Online-Kommentar UWG, herausgegeben von Jörg Fritzsche/Reiner Münker/Christoph Stollwerck, Stand: 20. Ed., 1. April 2023 (zitiert als: *Bearbeiter*, in: BeckOK UWG).
Beck'scher Online-Kommentar Verwaltungsverfahrensgesetz, herausgegeben von Johann Bader/Michael Ronellenfitsch, Stand: 59. Ed., 1. April 2023 (zitiert als: *Bearbeiter*, in: BeckOK VwVfG).
Beck'scher Online-Kommentar Wertpapierhandelsrecht, herausgegeben von Christoph Seibt/Petra Buck-Heeb/Rafael Harnos, Stand: 7. Ed., 15. Februar 2023 (zitiert als: *Bearbeiter*, in: BeckOK WpHR).
Becker, Tilman: Big Data Usage, in: Jose Maria Cavanillas/Edward Curry/Wolfgang Wahlster (Hrsg.), New Horizons for a Data-Driven Economy. A Roadmap for Usage and Exploitation of Big Data in Europe, Berlin u. a. 2016, S. 143–165.
Beise, Clara: Datensouveränität und Datentreuhand, RDi 2021, S. 597–604.
Belleflamme, Paul: Coordination on formal vs. de facto standards: a dynamic approach, European Journal of Political Economy 18 (2002), S. 153–176.

Belleflamme, Paul/Peitz, Martin: The Economics of Platforms. Concepts and Strategy, Cambridge u. a. 2021 (zitiert als: *Belleflamme/Peitz*, The Economics of Platforms (2021)).

Berberich, Matthias/Kanschik, Julian: Daten in der Insolvenz, NZI 2017, S. 1–10.

Besson, Samantha: Sovereignity, in: Max Planck Institute for Comparative Public Law and International Law (Hrsg.), Max Planck Encyclopedias of International Law, 2011, abrufbar unter: https://opil.ouplaw.com/view/10.1093/law:epil/9780199231690/law-9780199231690-e1472 (zitiert als: *Besson*, Sovereignity (2011)).

Beyer-Katzenberger, Malte: Neuartige Rechtsfragen in Bezug auf Daten in Zeiten des Internets der Dinge, von Big Data und Künstlicher Intelligenz – Anmerkungen aus rechtspolitischer Perspektive?, in: Louisa Specht-Riemenschneider/Nikola Werry/Susanne Werry (Hrsg.), Datenrecht in der Digitalisierung, Berlin 2019, S. 37–60.

Bildt, Carl/Mann, Erika/Vos, Sebastian: The Brussels Effect (2020) – The EU's Digital Strategy Goes Global, Global Policy Watch v. 26. Februar 2020, abrufbar unter: https://www.globalpolicywatch.com/2020/02/the-brussels-effect-the-eus-digital-strategy-goes-global (zitiert als: *Bildt/Mann/Vos*, The Brussels Effect (2020)).

Bird & Bird: Data-related legal, ethical and social issues, August 2019, abrufbar unter: https://www.twobirds.com/-/media/pdfs/eu-data-economy-legal-ethical–social-issues.pdf (zitiert als: *Bird & Bird*, Data-related legal issues (2019)).

Bitkom Bundesverband Informationswirtschaft, Telekommunikation und Neue Medien: Comments on the Data Governance Act, Position Paper, Februrar 2021, abrufbar unter: https://www.bitkom.org/sites/default/files/2021-02/20210209_bitkom-position-data-governance-act.pdf (zitiert als: *Bitkom*, Comments on the DGA (2021)).

BKartA: Big Data und Wettbewerb, Schriftenreihe „Wettbewerb und Verbraucherschutz in der digitalen Wirtschaft", Oktober 2017, abrufbar unter: https://www.bundeskartellamt.de/SharedDocs/Publikation/DE/Schriftenreihe_Digitales/Schriftenreihe_Digitales_1.pdf?__blob=publicationFile&v=3.

BKartA: Innovationen – Herausforderungen für die Kartellrechtspraxis, Schriftenreihe „Wettbewerb und Verbraucherschutz in der digitalen Wirtschaft", November 2017, abrufbar unter: https://www.bundeskartellamt.de/SharedDocs/Publikation/DE/Schriftenreihe_Digitales/Schriftenreihe_-Digitales_2.pdf?__blob=publicationFile&v=3 (zitiert als: *BKartA*, Innovationen (2017)).

Borges, Georg/Meents, Jan Geert (Hrsg.): Cloud Computing. Rechtshandbuch, München 2016.

Borgogno, Oscar/Zangrandini, Michele Savini: Data governance and the regulation of the platform economy, Questioni di Economia e Finanza Nr. 652, November 2021, abrufbar unter: https://www.bancaditalia.it/pubblicazioni/qef/2021-0652/QEF_652_21.pdf?language_id=1 (zitiert als: *Borgogno/Zangrandi*, Data governance (2021)).

Bougette, Patrice/Budzinski, Oliver/Marty, Fréderic: Self-Preferencing and Competitive Damages: A Focus on Exploitative Abuses, The Antitrust Bulletin 67 (2022), S. 190–207.

Bourreau, Marc/de Streel, Alexandre: Digital Conglomerates and EU competition policy, March 2019, abrufbar unter: https://papers.ssrn.com/sol3/papers.cfm?abstract_id=3350512 (zitiert als: *Bourreau/de Streel*, Digital Conglomerates (2019)).

Brachtendorf, Lorenz/Gaessler, Fabian/Harhoff, Dietmar: Truly Standard-Essential Patents? A Semantics-Based Analysis, Journal of Economics & Management Strategy 2022, Early View, S. 1–26.

Bradford, Anu: The Brussels Effect, Northwestern University Law Review 107 (2012), S. 1–67.

Braun, Eberhard (Hrsg.): Insolvenzordnung. Kommentar, 9. Aufl., München 2022.

Bräutigam, Peter/Rücker, Daniel (Hrsg.): E-Commerce. Rechtshandbuch, München 2017.

Breyer, Stephen: Analyzing Regulatory Failure: Mismatches, Less Restrictive Alternatives, and Reform, Harvard Law Review 92 (1979), S. 547–609.

Brinsmead, Simon: Essential Interoperability Standards. Interfacing Intellectual Property and Competition in International Economic Law, Cambridge 2021 (zitiert als: *Brinsmead*, Essential Interoperability Standards (2021)).

Britz, Gabriele/Hellermann, Johannes/Hermes, Georg (Hrsg.): Energiewirtschaftsgesetz. Kommentar, 4. Aufl., München 2023.

Brown, Ian: The technical components of interoperability as a tool for competition regulation, November 2020, abrufbar unter: https://osf.io/preprints/lawarxiv/fbvxd/ (zitiert als: *Brown*, The technical components of interoperability (2020)).

Brynjolfsson, Erik/Jin, Wang/McElheran, Kristina: The Power of Prediction: predictive analytics, workplace complements, and business performance, Business Economics 56 (2021), S. 217–239.

Brynjolfsson, Erik/McElheran, Kristina: Data in Action: Data-Driven Decision Making and Predictive Analytics in U. S. Manufacturing, 6. July 2019, abrufbar unter: https://papers.ssrn.com/sol3/papers.cfm?abstract_id=3422397 (zitiert als: *Brynjolfsson/McElheran*, Data in Action (2019)).

Büchel, Jan/Demary, Vera/Engels, Barbara/Goecke, Henry/Mertens, Armin/Röhl, Klaus-Heiner/Rusche, Christian/Scheufen, Marc/Schröder, Bjarne: Anreizsystem und Ökonomie des Data Sharings. Handlungsfelder des unternehmensübergreifenden Datenaustausches und Status quo der deutschen Wirtschaft, 21. März 2022, abrufbar unter: https://www.iwkoeln.de/studien/jan-buechel-vera-demary-barbara-engels-henry-goecke-armin-mertens-klaus-heiner-roehl-christian-rusche-marc-scheufen-bjarne-schroeder-anreizsystem-und-oekonomie-des-data-sharings.html (zitiert als: *Büchel/Demary/u. a.*, Anreizsystem und Ökonomie des Data Sharings (2022)).

Buchheim, Johannes: Der Kommissionsentwurf eines Digital Services Act – Regelungsinhalte, Regelungsansatz, Leerstellen und Konfliktpotenzial, in: Indra Spiecker gen. Döhmann, Michael Westland, Ricardo Campos (Hrsg.): Demokratie und Öffentlichkeit im 21. Jahrhundert – zur Macht des Digitalen, Baden-Baden 2022, S. 249–271.

Budzinski, Oliver/Gaenssle, Sophia/Stöhr, Annika: Der Entwurf zur 10. GWB Novelle: Interventionismus oder Laissez-faire?, List Forum für Wirtschafts- und Finanzpolitik 46 (2020), S. 157–184.

Budzinski, Oliver/Monostori, Katalin/Pannicke, Julia: Der Schutz geistiger Eigentumsrechte in der Welthandelsorganisation: Urheberrechte im TRIPS-Abkommen und die digitale Herausforderung, in: Dirk Wentzel (Hrsg.), Internationale Organisationen, Berlin u. a. 2016, S. 147–174.

Büllingen, Franz/Börnsen, Solveig: Marktorganisation und Marktrealität von Machine-to-Machine-Kommunikation mit Blick auf Industrie 4.0 und die Vergabe von IPv6-Nummern, WIK Diskussionsbeitrag Nr. 400, August 2015, abrufbar unter: https://www.wik.org/uploads/media/WIK_Diskussionsbeitrag_Nr_400.pdf (zitiert als: *Büllingen/Börnsen*, Marktorganisation und Marktrealität (2015)).

Bundesregierung Deutschland: Vorläufige Stellungnahme der Bundesrepublik Deutschland zum zum Vorschlag der Europäischen Kommission für eine Verordnung des Europäischen Parlaments und des Rates über europäische Daten-Governance (Daten-Governance- Gesetz), 2021, abrufbar unter: https://www.bmwk.de/Redaktion/DE/Downloads/S-T/stellungnahme-bundesrepublik-deutschland-zu-daten-governance-gesetz.pdf?__blob=publicationFile&v=4 (zitiert als: *Bundesregierung*, Vorläufige Stellungnahme der Bundesrepublik Deutschland zum Daten-Governance-Gesetz (2021)).

Bundesregierung Deutschland: Datenstrategie der Bundesregierung, 27. Januar 2021, abrufbar unter: https://www.bundesregierung.de/breg-de/suche/datenstrategie-der-bundesregierung-1845632 (zitiert als: *Bundesregierung*, Datenstrategie (2021)).

Burk, Dan L.: Law and Economics of Intellectual Property: In Search of First Principles, Annual Review of Law and Social Science 8 (2012), S. 397–414.

Burstein, Michael J.: Exchanging Information Without Intellectual Property, Texas Law Review 91 (2012), S. 227–282.

Busch, Christoph: Mehr Fairness und Transparenz in der Plattformökonomie?, GRUR 2019, S. 788–796.

Busch, Christoph (Hrsg.): P2B-VO. Kommentar, München 2022.

Cabral, Luis/Haucap, Justus/Parker, Geoffrey/Petropoulos, Georgios/Valletti, Tommaso/Van Alstyne, Marshall: The EU Digital Markets Act – A Report from a Panel of Economic Experts, 2021, abrufbar unter: https://publications.jrc.ec.europa.eu/repository/handle/JRC122910 (zitiert als: *Cabral/Haucap/u.a*, The EU Digital Markets Act (2021)).

Caillaud, Bernard/Jullien, Bruno: Chicken & Egg: Competition among Intermediation Service Providers, The RAND Journal of Economics 34 (2003), S. 309–328.

Calliess, Christian/Ruffert, Matthias (Hrsg.): EUV, AEUV. Kommentar, 6. Aufl. 2022, München 2022.

Carballa Smichowski, Bruno: Alternative Data Governance Models: Moving Beyond One-Size-Fits-All Solutions, Intereconomics 54 (2019), S. 222–227.

Carlton, Dennis/Waldman, Michael: The Strategic Use of Tying to Preserve and Create Market Power in Evolving Industries, The RAND Journal of Economics 33 (2002), S. 194–220.

Carrière-Swallow, Yan/Haksar, Vikram: The Economics and Implications of Data. An Integrated Perspectice, IMF Paper No. 19/16, September 2019, abrufbar unter: https://www.imf.org/en/Publications/Departmental-Papers-Policy-Papers/Issues/2019/09/20/The-Economics-and-Implications-of-Data-An-Integrated-Perspective-48596 (zitiert als: *Carrière-Swallow/Haksar*, The Economics and Implications of Data (2019)).

Casper, Matthias/Terlau, Matthias (Hrsg.): Zahlungsdiensteaufsichtsgesetz, 3. Aufl., München 2023.

Chander, Anupam/Sun, Haochen: Sovereignity 2.0, Vanderbilt Journal of Transnational Law 55 (2022), S. 283–324.

Coase, Ronald: The Problem of Social Cost, The Journal of Law & Economics 3 (1960), S. 1–44.

Colangelo, Giuseppe: European Proposal for a Data Act. A First Assessment, Assessment Paper, Juli 2022, abrufbar unter: https://cerre.eu/publications/european-proposal-for-a-data-act-a-first-assessment/ (zitiert als: *Colangelo*, European Proposal for a Data Act (2022)).

Collingridge, David: The Social Control of Technology, New York, 1980.

Constantiou, Ioanna/Kalinikos, Jannis: New Games, New Rules: Big Data and the Changing Context of Strategy, Journal of Information Technology 30 (2015), S. 44–57.

Contreras, Jorge: A Brief History of FRAND: Analyzing Current Debates in Standard Setting and Antitrust through a Historical Lens, Antitrust Law Journal 80 (2015), S. 39–120.

Cooter, Robert/Ulen, Thomas: Law & Economics, 6. Aufl., Boston u. a. 2016.

Cortez, Nathan: Regulating Disruptive Innovation, Berkeley Technology Law Journal 29 (2014), S. 175–228.

Cowen, Tyler: Public Goods Definitions and their Institutional Context: A Critique of Public Goods Theory, Review of Social Economy 43 (1985), S. 53–63.

Crémer, Jacques/de Montjoye, Yves-Alexandre/Schweitzer, Heike: Competition policy for the digital era. Final Report for the European Commission, 2019, abrufbar unter: https://ec.europa.eu/competition/publications/reports/kd0419345enn.pdf (zitiert als: *Crémer/de Montjoye/Schweitzer*, Competition policy for the digital era (2019)).

Curry, Edward: The Big Data Value Chain: Definitions, Concepts, and Theoretical Approaches, in: Jose Maria Cavanillas/Edward Curry/Wolfgang Wahlster (Hrsg.), New Horizons for a Data-Driven Economy. A Roadmap for Usage and Exploitation of Big Data in Europe, Berlin u. a. 2016, S. 29–38.

Custers, Bart/Bachlechner, Daniel: Advancing the EU Data Economy: Conditions for Realizing the Full Potential of Data Reuse, Information Polity 22 (2017), S. 291–309.

Czychowski, Christian/Winzek, Marie: Rechtliche Struktur und Inhalt von Datennutzungsverträgen. Datenwirtschaftsrecht III: Der Vertrag über ein neues Elementarteilchen?, ZD 2020, S. 81–90.

Dahlman, Carl: The Problem of Externality, The Journal of Law & Economics 22 (1979), S. 141–162.

Dauses, Manfred/Ludwigs, Markus (Hrsg.): Handbuch des EU-Wirtschaftsrechts, Stand: 57. Ed., August 2022, München.

Dawex: Case Study. Agdatahub runs its groundbreaking agricultural Data Exchange on Dawex technology, 2020, abrufbar unter: https://mitcdoiq.org/wp-content/uploads/2019/02/API-AGRO-case-study_Dawex.pdf (zitiert als: *Dawex*, Case Study (2020)).

Demary, Vera/Fritsch, Manuel/Goecke, Henry/Krotova, Alevtina/Lichtblau, Karl/Schmitz, Edgat/Azkan, Can/Korte, Tobias: Readiness Data Economy. Bereitschaft der deutschen Unternehmen für die Teilhabe an der Datenwirtschaft, DEMAND-Projekt, 2019, abrufbar unter: https://www.demand-projekt.de/paper/Gutachten_Readiness_Data_Economy.pdf (zitiert als: *Demary/Fritsch/u. a.*, Readiness Data Economy (2019)).

de Cornière, Alexandre/Taylor, Greg: Upstream Bundling and Leverage of Market Power, The Economic Journal 131 (2021), S. 3122–3144.

De Mauro, Andrea/Greco, Marco/Grimaldi, Michele: A formal definition of Big Data based on its essential features, Library Review 65 (2016), S. 122–135.

De Streel, Alexandre: Big Data and Market Power, in: Gerard, Damien/de Rivery, Eric Morgan/Meyring, Bernd (Hrsg.), Dynamic Markets, Dynamic Competition and Dynamic Enforcement, The impact of the digital revolution and globalisation on competition law enforcement in Europe, Brüssel 2018, S. 97–112.

De Streel, Alexandre/Liebhaberg, Bruno/Fletcher, Amelia/Feasey, Richard/Krämer, Jan/Monti, Giorgio: The European Proposal for A Digital Markets Act. A First Assessment, Januar 2021, abrufbar unter: https://cerre.eu/publications/the-european-proposal-for-a-digital-markets-act-a-first-assessment/ (wird zitiert als: *De Streel/Liebhaberg/u. a.*, The European Proposal for A Digital Markets Act (2021)).

Denga, Michael: Digitale Souveränität durch Datenprivatrecht?, Denga GRUR 2022, S. 1113–1120.

Determann, Lothar: Gegen Eigentumsrechte an Daten. Warum Gedanken und andere Informationen frei sind und es bleiben sollten, ZD 2018, S. 503–508.

Determann, Lothar: No one owns car data, Hastings Law Journal 70 (2018), S. 1–43.

Dewatripont, Mathias/Legros, Patrick: Essential Patents, FRAND Royalties and Technological Standards, The Journal of Industrial Economics 61 (2013), S. 913–937.

Dewenter, Ralf/Löw, Franziska: Kommunikation zwischen Unternehmen als kollusives Instrument: Eine ökonomische Betrachtung, NZKart 2015, S. 458–466.

Dewenter, Ralf/Lüth, Hendrik: Datenhandel und Plattformen, ABIDA Gutachten, 2018, abrufbar unter: https://www.abida.de/sites/default/files/ABIDA_Gutachten_Datenplattformen_und_Datenhandel.pdf.

v. Ditfurth, Lukas/Lienemann, Gregor: The Data Governance Act: – Promoting or Restricting Data Intermediaries?, CRNI 23 (2022), S. 270–295.

Dolata, Ulrich: Plattform-Regulierung. Koordination von Märkten und Kuratierung von Sozialität im Internet, Berliner Journal für Soziologie 29 (2019), S. 179–206.

Drahos, Peter: The Regulation of Public Goods, Journal of International Economic Law 7 (2004), S. 321–339.

Dreier, Horst (Hrsg.): Grundgesetz-Kommentar, Bd. 2: Art. 20–82, 3. Aufl., Tübingen 2015.

Dreier, Horst (Hrsg.): Grundgesetz-Kommentar, Bd. 3: Art. 83–146, 3. Aufl., Tübingen 2015.

Dreier, Ralf: TRIPS und die Durchsetzung von Rechten des geistigen Eigentums, GRUR Int 1996, S. 205–218.

Dreier, Ralf/Schulze, Gernot (Hrsg.): Urheberrechtsgesetz. Kommentar, 7. Aufl., München 2022.
Drexl, Josef: Designing Competitive Markets for Industrial Data. Between Propertisation and Access, JIPITEC 8 (2017), S. 257–292.
Drexl, Josef: Neue Regeln für die Europäische Datenwirtschaft? Ein Plädoyer für einen wettbewerbspolitischen Ansatz – Teil 1, NZKart 2017, S. 339–344.
Drexl, Josef: Neue Regeln für die Europäische Datenwirtschaft? Ein Plädoyer für einen wettbewerbspolitischen Ansatz – Teil 2, NZKart 2017, S. 415–421.
Drexl, Josef: Data Access and Control in the Era of Connected Devices. Study on behalf of the Eurpean Consumer Organisation BEUC, 2018, abrufbar unter: https://www.beuc.eu/sites/default/files/publications/beuc-x-2018-121_data_access_and_control_in_the_area_of_connected_devices.pdf (zitiert als: *Drexl*, Data Access and Control (2018)).
Drexl, Josef/Banda, Carolina/Otero, Begona González/Hoffmann, Jörg/Kim, Daria/u. a.: Position Statement of the Max Planc Isntitute for Innovation and Competition of 25 May 2022 on the Commission's Proposal of 23 Feburary 2022 for a Regulation on harmonised rules on fair access to and use of data (Data Act), 25. Mai 2022, abrufbar unter: https://www.ip.mpg.de/fileadmin/ipmpg/content/stellungnahmen/Position_Statement_MPI_Data_Act_Formal__13.06.2022.pdf (zitiert als: *Drexl/Banda/u. a.*, Position Statement on the Data Act (2022)).
Driesen, David/Ghosh, Shubha: The Functions of Transaction Costs: Rethinking Transaction Cost Minimization in a World of Friction, Arizona Law Review 47 (2005), S. 61–111.
Duch-Brown, Nestor/Martens, Bertin/Mueller-Langer, Frank: The economics of ownership, access and trade in digital data, JRC Digital Economy Working Paper 2017-01, 2017, abrufbar unter: https://joint-research-centre.ec.europa.eu/system/files/2017-03/jrc104756.pdf (zitiert als: *Duch-Brown/Martens/Mueller-Langer*, The economics of ownership (2017)).
Dunne, Niamh: Platforms as regulators, Journal of Antitrust Enforcement 9 (2020), S. 244–269.
Dunne, Niamh: Fairness and the Challenge of Making Markets Work Better, The Modern Law Review 84 (2021), S. 230–264.
Dürig, Günter (Begr.), herausgegeben von Roman Herzog, Rupert Scholz, Matthias Herdegen, Hans H. Klein: Grundgesetz. Kommentar, Bd. III: Art. 17–28, Stand: 99. EL., September 2022, München (zitiert als: *Bearbeiter*, in: Dürig/Herzog/Scholz, GG).
Dürig, Günter (Begr.), herausgegeben von Roman Herzog, Rupert Scholz, Matthias Herdegen, Hans H. Klein: Grundgesetz. Kommentar, Bd. IV: Art. 29–67, Stand: 99. EL., September 2022, München (zitiert als: *Bearbeiter*, in: Dürig/Herzog/Scholz, GG).
Ebner, Gordian Konstantin: Weniger ist Mehr? Die Informationspflichten der DS-GVO – Eine kritische Analyse, Baden-Baden 2022 (zugl. Diss. Passau 2022; zitiert als: *Ebner*, Weniger ist mehr? (2022)).
Ecker, Benedikt: Kartellrechtliche Anforderungen an B2B-Onlineshops und Plattformen, CCZ 2021, S. 200–202.
Edison, Henry/bin Ali, Nauman/Torkar, Richard: Towards innovation measurement in the software industry, Journal of Systems and Software 86 (2013), S. 1390–1407.
EDPB: Guidelines 07/2020 on the concepts of controller and processor in the GDPR, Version 2.1, adopted on 07 July 2021, abrufbar unter: eppb_guidelines_202007_controllerprocessor_final_en (zitiert als: *EDPB*, Guidelines 07/2020 (2.1)).
EDPB: Government Access to Data in Third Countries. Final Report, EDPS/2019/02-13, November 2021, abrufbar unter: https://edpb.europa.eu/system/files/2022-01/legalstudy_on_government_access_0.pdf (zitiert als: *EDPB*, Government Access to Data in Third Countries (2021)).
Ehmann, Eugen/Selmayr, Martin (Hrsg.): Datenschutz-Grundverordnung, 2. Aufl., München 2018.
Ehricke, Ulrich: Zur Vereinbarkeit der Gesellschaftsform einer GmbH für die Netzgesellschaft mit den Vorgaben des Legal Unbundling, IR 2004, S. 170–173.

Eisenmann, Thomas/Parker, Geoffrey/Van Alstyne, Marshall: Platform envelopment, Strategic Management Journal 32 (2011), S. 1270–1285.

Elhauge, Einer: Tying, Bundled Discounts, and the Death of the Single Monopoly Profit Theory, Harvard Law Review 123 (2009), S. 399–481.

Engeler, Malte: Der Konflikt zwischen Datenmarkt und Datenschutz. Eine ökonomische Kritik an der Einwilligung, NJW 2022, S. 3398–3405.

Engels, Barbara: Data Governance as the Enabler of the Data Economy, Intereconomics 54 (2019), S. 216–222.

Engert, Andreas: Digitale Plattformen, AcP 218 (2018), S. 304–376.

Ensthaler, Jürgen: Industrie 4.0 und die Berechtigung an Daten, NJW 2016, S. 3473–3478.

EPRS: Digital sovereignity for Europe, EPRS Idea Paper, 2020, abrufbar unter: https://www.europarl.europa.eu/RegData/etudes/BRIE/2020/651992/EPRS_BRI(2020)651992_EN.pdf.

Europäische Kommission: Grünbuch zur Innovation, Bulletin der Europäischen Union Beilage 5/95, Luxemburg 1995 (zitiert als: *Europäische Kommission*, Grünbuch zur Innovation (1995)).

Europäische Kommission: A strategy for smart, sustainable and inclusive growth, Mitteilung vom 3. März 2010, COM(2010) 2020 final (zitiert als: Europäische Kommission, COM(2010) 2020 final).

Europäische Kommission: Leitlinien zur Anwendbarkeit von Artikel 101 des Vertrags über die Arbeitsweise der Europäischen Union auf Vereinbarungen über horizontale Zusammenarbeit, Abl. C 11, S. 1–72 vom 14. Januar 2011 (zitiert als: *Europäische Kommission*, Horizontalleitlinien (2011)).

Europäische Kommission: Für eine florierende datengesteuerte Wirtschaft, Mitteilung vom 2. Juli 2014, COM(2014) 442 final (zitiert als: *Europäische Kommission*, COM(2014) 442 final).

Europäische Kommission: Digitalisierung der europäischen Industrie. Die Chancen des digitalen Binnenmarkts in vollem Umfang nutzen, Mitteilung vom 19. April 2016, COM(2016) 180 final (zitiert als: *Europäische Kommission*, COM(2016) 180 final).

Europäische Kommission: Aufbau einer Europäischen Datenwirtschaft, Mitteilung vom 10. Januar 2017, COM(2017) 9 final (zitiert als: *Europäische Kommission*, COM(2017) 9 final).

Europäische Kommission: SWD on the free flow of data and emerging issues of the European data economy. Accompanying the document COM Building a European data economy, 10. Januar 2017, SWD(2017) 2 final (zitiert als: *Europäische Kommission*, SWD(2017) 2 final).

Europäische Kommission: Synopsis Report. Consultation on the „Building A European Data Economy" Initiative, 2017, abrufbar unter: https://ec.europa.eu/information_society/newsroom/image/document/2017-36/synopsis_report_-_data_economy_A0EFA8E0-AED3-1E29-C8DE049035581517_46646.pdf (zitiert als: *Europäische Kommission*, Consultation on the „Building A European Data Economy" Initative (2017).

Europäische Kommission: Annex to the Synopsis report. Detailed analysis of the public online consultation results on „Building a European Data Economy", 2017, abrufbar unter: https://ec.europa.eu/information_society/newsroom/image/document/2017-36/annex_to_the_synopsis_report_-_data_economy_A45A375F-ADFF-3778-E8DD2021E5CC883B_46670.pdf (zitiert als: *Europäische Kommission*, Detailed analysis of the consultation results on „Building a European Data Economy" (2017)).

Europäische Kommission: Workshop Report: Data access and Transfer with focus on API, 2017, abrufbar unter: https://ec.europa.eu/information_society/newsroom/image/document/2017-32/report_final_for_web_C285AA6E-0C77-373C-999BF6DFBCC3F995_46252.pdf (zitiert als: *Europäische Kommission*, Data access and Transfer (2017).

Europäische Kommission: Leitfaden für die gemeinsame Nutzung von Daten des Privatsektors in der europäischen Datenwirtschaft, Begleitunterlage zur Mitteilung der Europäischen Kommission

„Aufbau eines gemeinsamen europäischen Datenrausm“, 25. April 2018, SWD(2018) 125 final (zitiert als: *Europäische Kommission*, SWD(2018) 125 final).

Europäische Kommission: Aufbau eines gemeinsamen europäischen Datenraums, Mitteilung vom 25. April 2018, COM(2018) 232 final (zitiert als: *Europäische Kommission*, COM(2018) 232 final).

Europäische Kommission: Eine europäische Datenstrategie, Mitteilung vom 19. Februar 2020, COM (2020) 66 final (zitiert als: *Europäische Kommission*, COM(2020) 66 final).

Europäische Kommission: Summary Report on the open public consultation on the European strategy for data, 2020, abrufbar unter: https://digital-strategy.ec.europa.eu/en/library/summary-report-public-consultation-european-strategy-data.

Europäische Kommission: Towards a European strategy on business-to-government data sharing for the public interest, Final report prepared by the High-Level Expert Group on Business-to-Government Data Sharing, 2020, abrufbar unter: https://op.europa.eu/en/publication-detail/-/publication/d96edc29-70fd-11eb-9ac9-01aa75ed71a1 (zitiert als: *Europäische Kommission*, Towards a European strategy on B2G data sharing (2020).

Europäische Kommission: SMART 2020/694 D2. Impact Assessment on enhancing the use of data in Europe. Report on Task 1 – Data governance, 2020, abrufbar unter: https://www.asktheeu.org/en/request/9101/response/30449/attach/5/ANNEX%20I.pdf?cookie_passthrough=1 (zitiert als: *Europäische Kommission*, SMART 2020/694 D2).

Europäische Kommission: Monitoring B2B Industrial Digital Platforms in Europe. Advanced Technologies for Industry – B2B Platforms, April 2020, abrufbar unter: https://ati.ec.europa.eu/reports/eu-reports/monitoring-b2b-industrial-digital-platforms-europe (zitiert als: *Europäische Kommission*, Monitoring B2B Industrial Digital Platforms in Europe (2020)).

Europäische Kommission: Vorschlag für eine Verordnung des Europäischen Parlaments und des Rates über europäische Daten-Governance (Daten-Governance-Gesetz), Mitteilung vom 25. November 2020, COM(2020) 767 final (zitiert als: *Europäische Kommission*, COM(2020) 767 final).

Europäische Kommission: Impact Assessment Report Accompanying the document Proposal for a Regulation of the European Parliament and of the Council on European data governance (Data Governance Act), 25. November 2022, SWD(2020) 295 final (zitiert als: *Europäische Kommission*, COM(2020) 295 final).

Europäische Kommission: Vorschlag für eine Verordnung des Europäischen Parlaments und des Rates über einen Binnenmarkt für digitale Dienste (Gesetz über digitale Dienste) und zur Änderung der Richtlinie 2000/32/EG, Mitteilung vom 15. Dezember 2020, COM(2020) 825 final (zitiert als: *Europäische Kommission*, COM(2020) 825 final).

Europäische Kommission: Pressemitteilung vom 18. Juni 2021, Mitteilung der Beschwerdepunkte an *Insurance Ireland*, abrufbar unter: https://ec.europa.eu/commission/presscorner/detail/de/ip_21_3081.

Europäische Kommission: Proposal for a Regulation of the European Parliament and of the Council on harmonised rules on fair access to and use of data (Data Act), Mitteilung vom 23. Februar 2022, COM(2022) 68 final (zitiert als: *Europäische Kommission*, COM(2022) 68 final).

Europäische Kommission: Impact Assessment Report Accompanying the document Proposal for a Regulation of the European Parliament and of the Council on harmonised rules on fair access to and use of data (Data Act), 23. Februar 2022, SWD(2022) 34 final (zitiert als: *Europäische Kommission*, SWD(2022) 34 final).

Europäische Kommission: SWD on Common European Data Spaces, 23. Februar 2022, SWD(2022) 45 final (zitiert als: *Europäische Kommission*, SWD(2022) 45 final).

Europäische Kommission: Proposal for a Regulation of the European Parliament and of the Council on the European Health Data Space, Mitteilung vom 3. Mai 2022, COM(2022) 197 final (zitiert als: *Europäische Kommission*, COM(2022) 197 final).

Europäische Kommission: Rolling Plan for ICT Standardisation, 2022, abrufbar unter: https://ec.europa.eu/docsroom/documents/49834.

Europäische Kommission: Leitlinien zur Anwendbarkeit von Artikel 101 des Vertrags über die Arbeitsweise der Europäischen Union auf Vereinbarungen über horizontale Zusammenarbeit, Abl. C 259, S. 1–125 vom 21. Juli 2023 (zitiert als: Europäische Kommission, Horizontalleitlinien (2023))

Europäischer Rat: Schlussfolgerungen des Europäischen Rates vom 24./25. Oktober 2013, EUCO 169/13, abrufbar unter: https://data.consilium.europa.eu/doc/document/ST-169-2013-INIT/de/pdf (zitiert als: *Europäischer Rat*, EUCO 169/13 (2013).

Evans, David: Multisided Platforms, Dynamic Competition, and the Assessment of Market Power for Internet-Based Firms, Coase-Sandor Working Paper Series in Law and Economics No. 753, 2016, abrufbar unter: https://papers.ssrn.com/sol3/papers.cfm?abstract_id=2746095 (zitiert als: *Evans*, Multisided Platforms (2016)).

Evan, David/Schmalensee, Richard: Failure to Launch: Critical Mass in Platform Businesses, Review of Network Economics 9 (2010), S. 1–26.

Evans, David/Schmalensee, Richard: Chapter 1: Industrial Organization of Two-Sided Platforms, in: David Evans (Hrsg.), Platform Economics: Essays on Multi-Sided Businesses, Competition Policy International 2011 S. 2–29, abrufbar unter: https://papers.ssrn.com/sol3/papers.cfm?abstract_id=1974020.

Falck, Oliver/Koenen, Johannes: Industrial digital economy – B2B platforms, Ifo Study for the BDI, 2020, abrufbar unter: https://english.bdi.eu/publication/news/industrial-digital-economy-b2b-platforms/ (zitiert als: *Falck/Koenen*, B2B platforms (2020).

Falkhofen, Benedikt: Infrastrukturrecht des digitalen Raums. Data Governance Act, Data Act und Gaia-X, EuZW 2021, S. 787–794.

Feasey, Richard/de Streel, Alexandre: Data Sharing for Digital Markets Contestability. Towards a Governance Framework, CERRE Report, September 2020, abrufbar unter: https://cerre.eu/publications/data-sharing-digital-markets-competition-governance.

Fedkenhauer, Thomas/Fritzsche-Sterr, Yvonne/Nagel, Lars/Pauer, Angelika/Resetko, Aleksei: Datenaustausch als wesentlicher Bestandteil der Digitalisierung, 2017, abrufbar unter: http://docplayer.org/53465188-Datenaustausch-als-wesentlicher-bestandteil-der-digitalisierung.html (zitiert als: *Fedkenhauer/Fritzsche-Sterr/u. a.*, Datenaustausch (2017).

Fehling, Michael/Kastner, Berthold/Störmer, Rainer (Hrsg.), Verwaltungsrecht. Handkommentar, 5. Aufl., Baden-Baden 2021.

Fink, Michèle/Pallas, Frank: They who must not be identified – distinguishing personal from non-personal data under the GDPR, International Data Privacy Law 10 (2020), S. 11–36.

Fitzgerald, Anne/Pappalardo, Kylie: Moving Towards Open Standards, SCRIPTed 6 (2009), S. 467–483.

Floridi, Luciano: Data, in: Darity, William (Hrsg.), International Encyclopedia of the Social Sciences Volume 2, 2. Aufl., New York u. a. 2008, S. 234–237.

Floridi, Luciano: The Fight for Digital Sovereignty: What It Is, and Why It Matters, Especially for the EU, Philosophy & Technology 33 (2020), S. 369–378.

Frankfurter Kommentar EUV, GRC, AEUV, herausgegeben von Matthias Pechstein/Carsten Nowak/Ulrich Häde. Bd. 3: Art. 101–215 AEUV, Tübingen 2017 (zitiert als *Bearbeiter*, in: FK AEUV).

Freitas, André/Curry, Edward: Big Data Curation, in: Jose Maria Cavanillas/Edward Curry/Wolfgang Wahlster (Hrsg.), New Horizons for a Data-Driven Economy. A Roadmap for Usage and Exploitation of Big Data in Europe, Berlin u. a. 2016, S. 87–118.

Frenz, Walter (Hrsg.), Handbuch Industrie 4.0: Recht, Technik, Gesellschaft, Berlin u. a. 2020 (zitiert als: *Bearbeiter*, in: Handbuch Industrie 4.0).

Frey, Dieter/Rudolph, Carl: Das Urheberrechts-Diensteanbieter-Gesetz – ein Überblick. Das neue Regelungswerk für Diensteanbieter und seine Stärken und Schwächen, MMR 2021, S. 671–677.

Friedman, Milton: Essays in Positive Economics, Chicago 1953.

Fries, Martin/Scheufen, Marc: Märkte für Maschinendaten. Eine rechtliche und rechtsökonomische Standortbestimmung, MMR 2019, S. 721–726.

Fruhwirth, Michael/Rachinger, Michael/Prlja, Emina: Discovering Business Models of Data Marketplaces, HICSS 53 (2020), S. 5738–5747.

Fuchs, Julian: Rechtsfähigkeit, in: Klaus Weber (Hrsg.), Rechtswörterbuch, 24. Aufl., München 2022 (zitiert als: *Fuchs*, Rechtsfähigkeit (2022)).

Furman, Jason/Coyle, Diane/Fletcher, Amelie/McAuley, Derek/Marsden, Philip: Unlocking Digital Competition. Report of the Digital Competition Expert Panel, March 2019, abrufbar unter: https://assets.publishing.service.gov.uk/government/uploads/system/uploads/attachment_data/file/785547/unlocking_digital_competition_furman_review_web.pdf (zitiert als: *Furman/Coyle/u. a.*, Unlocking Digital Competition (2019)).

Gal, Michal: Abuse of Dominance – Exploitative Abuses, in: Ioannis Lianos/Damien Geradin, Handbook on European Competition Law, Cheltenham 2013, S. 385–422.

Gal, Michal/Rubinfeld, Daniel: Data Standardization, New York University Law Review 94 (2019), S. 737–770.

Gambaro, Marco: Big Data Competition and Market Power, Market and Competition Law Review 11 (2018), S. 99–122.

Gandomi, Amir/Haider, Murtaza: Beyond the hype: Big data concepts, methods, and analytics, International Journal of Information Management 35 (2015), S. 137–144.

Gasser, Urs: Interoperability in the Digital Ecosystem, Berkman Research Publication No. 2015-13, Juli 2015, abrufbar unter: https://dash.harvard.edu/handle/1/28552584.

Gasser, Urs/Palfrey, John: When and How ICT Interoperability Drives Innovation. Breaking Down Digital Barriers, Berkman Publication Series, November 2007, abrufbar unter: https://cyber.harvard.edu/interop/pdfs/interop-breaking-barriers.pdf.

Gausling, Tina: Offenlegung von Daten auf Basis des CLOUD Act, MMR 2018, S. 578–582.

Genus, Audley/Stirling, Andy: Collingridge and the dilemma of control: Towards responsible and accountable innovation, Research Policy 47 (2018), S. 61–69.

Gielen, Nico/Uphues, Steffen: Digital Markets Act und Digital Services Act. Regulierung von Markt- und Meinungsmacht durch die Europäische Union, EuZW 2021, S. 627–637.

Gierschmann, Sibylle: Gemeinsame Verantwortlichkeit in der Praxis. Systematische Vorgehensweise zur Bewertung und Festlegung, ZD 2020, S. 69–73.

Glader, Marcus: Open Standards: Public Policy Aspects and Competition Law Requirements, European Competition Journal 6 (2010), S. 611–648.

Gola, Peter/Heckmann, Dirk (Hrsg.): Datenschutz-Grundverordnung, Bundesdatenschutzgesetz. Kommentar, 3. Aufl., München 2022.

Golland, Alexander: Datenschutzrechtliche Anforderungen an internationale Datentransfers, NJW 2020, S. 2593–2596.

González Morales, Luis/Orrell, Tom: Data Interoperability: A Practicioner's Guide to Joining Up Data in the Development Sector, 2018, abrufbar unter: https://repository.oceanbestpractices.org/handle/11329/1971 (zitiert als: *González Morales/Orrell*, Data Interoperability (2018).

Götting, Horst-Peter/Meyer, Justus/Vormbrock, Ulf (Hrsg.): Gewerblicher Rechtsschutz und Wettbewerbsrecht. Praxishandbuch, 2. Aufl., Baden-Baden 2020.

Grabitz, Eberhard/Hilf, Meinhard/Nettesheim, Martin (Hrsg.): Das Recht der europäischen Union, EUV/AEUV, Stand: 78. EL., Januar 2023, München.

Graef, Inge: Differentiated Treatment in Platform-to-Business Relations: EU Competition Law and Economic Dependence, Yearbook of European Law 38 (2019), S. 448–499.

Graef, Inge/Gellert, Raphael/Husovec, Martin: Towards a Holistic Regulatory Approach for the European Data Economy: Why the Illusive Notion of Non-Personal Data is Counterproductive to Data Innovation, TILEC Discussion Paper 2018-028, 2018, abrufbar unter: https://papers.ssrn.com/sol3/papers.cfm?abstract_id=3256189.

Graef, Inge/Gellert, Raphael: The European Commission's proposed Data Governance Act: some initial reflections on the increasingly complex EU regulatory puzzle of stimulating data sharing, TILEC Discussion Paper 2021-006, 2021, abrufbar unter: https://papers.ssrn.com/sol3/papers.cfm?abstract_id=3814721 (zitiert als: *Graef/Gellert/Husovec*, Towards a Holistic Regulatory Approach (2018)).

Graef, Inge/Tombal, Thomas/de Streel, Alexandre: Limits and Enablers of Data Sharing. An Analytical Framework for EU Competition, Data Protection and Consumer Law, TILEC Discussion Paper 2019-024, 2019, abrufbar unter: https://papers.ssrn.com/sol3/papers.cfm?abstract_id=3494212 (zitiert als: *Graef/Tombal/de Streel*, Limits and Enablers of Data Sharing (2019).

Graf v. Westphalen, Friedrich: Datenvertragsrecht – disruptive Technik – disruptives Recht. Kollisionsrecht und Haftungsrecht, IWRZ 2018, S. 9–21.

v. Grafenstein, Maximilian: Reconciling Conflicting Interests in Data through Data Governance. An Analytical Framework (and a Brief Discussion of the Data Governance Act Draft, the Data Act Draft, the AI Regulation Draft, as well as the GDPR), HIIG Discussion Paper Series 2022-02, 2022, abrufbar unter: https://papers.ssrn.com/sol3/papers.cfm?abstract_id=4104502 (zitiert als: *v. Grafenstein*, Reconciling Conflicting Interests in Data (2022)).

Gravelle, Hugh/Rees, Ray: Microeconomics, 3. Aufl., Harlow 2004.

Griliches, Zvi: The Search for R&D Spillovers, The Scandinavian Journal of Economics 94 (1992), S. 29–47.

Grunwald, Armin: Technikfolgenabschätzung – Eine Einführung, 2. Aufl., Berlin 2010.

Haberer, Bastian/Schnurr, Daniel: Open Government Data in Digital Markets: Effects on Innovation, Competition and Societal Benefits, 2022, abrufbar unter: https://papers.ssrn.com/sol3/papers.cfm?abstract_id=3743648 (zitiert als: *Haberer/Schnurr*, Open Government Data in Digital Markets (2022)).

Hacker, Philipp: Immaterialgüterrechtlicher Schutz von KI-Trainingsdaten, GRUR 2020, S. 1025–1033.

Hagiu, Andrei: Merchant or Two-Sided Platform? Review of Network Economics 6 (2007), S. 115–133.

Hagiu, Andrei/Jullien, Bruno: Why do intermediaries divert search? The RAND Journal of Economics (42) 2011, S. 337–362.

Hagiu, Andrei/Yoffie, David: Intermediaries for the IP market, Harvard Business School Working Paper 12-023, 12. Oktober 2011, abrufbar unter: https://www.hbs.edu/ris/Publication%20Files/12-023_0e95cdce-abbf-46ea-b8cb-15a3ebb054ed.pdf.

Hagiu, Andrei/Wright, Julian: Multi-sided platforms, International Journal of Industrial Organization 43 (2015), S. 162–174.

Halder, Christoph: Private Enforcement und Datenschutzrecht, 2022, aberufbar unter: https://opus4.kobv.de/opus4-uni-passau/frontdoor/index/index/year/2022/docId/1051 (zugl. Diss. Passau 2022).

Harte-Bavendamm, Henning/Ohly, Ansgar/Kalbfus, Björn (Hrsg.): GeschGehG. Kommentar, München 2020.

Hartl, Andreas/Ludin, Anna: Recht der Datenzugänge. Was die Datenstrategien der EU sowie der Bundesregierung für die Gesetzgebung erwarten lassen, MMR 2021, S. 534–538.

Haucap, Justus/Kehder, Christiane/Loebert, Ina: B2B-Plattformen in Nordrhein Westfalen: Potenziale, Hemmnisse und Handlungsoptionen, Ein Gutachten im Auftrag des Ministeriums für Wirtschaft, Innovation, Digitalisierung und Energie des Landes Nordrhein-Westfalen, Dezember 2020, abrufbar unter: https://www.wirtschaft.nrw/sites/default/files/documents/gutachten_b2b-plattformen.pdf (zitiert als: *Haucap/Kehder/Loebert*, B2B-Plattformen in NRW (2020)).

Heim, Mathew/Nikolic, Igor: A FRAND Regime for Dominant Digital Platforms, JIPITEC 10 (2019), S. 38–55.

Hennemann, Moritz: Urheberrechtsdurchsetzung und Internet, Schriften zum Medien- und Informationsrecht Bd. 1, Baden-Baden 2011 (zugl. Diss. Freiburg 2011).

Hennemann, Moritz: Datenlizenzverträge, RDi 2021, S. 61–70.

Hennemann, Moritz: Datenrealpolitik. Datenökosysteme, Datenrecht, Datendiplomatie, University of Passau IRDG Research Paper Series No. 22-18, November 2022, abrufbar unter: https://papers.ssrn.com/sol3/papers.cfm?abstract_id=4267390 (zitiert als: *Hennemann*, Datenrealpolitik (2022)).

Hennemann, Moritz/v. Ditfurth, Lukas: Datenintermediäre und Data Governance Act, NJW 2022, S. 1905–1910.

Hennemann, Moritz/Steinrötter, Björn: Data Act – Fundament des neuen EU-Datenwirtschaftsrechts?, NJW 2022, S. 1481–1486.

Herbers, Björn: Der Digital Markets Act (DMA) kommt – neue Dos and Don'ts für Gatekeeper in der Digitalwirtschaft, RDi 2022, S. 252–259.

Hertneck, Lucas: Peer-to-peer-Lending. Vertrags- und aufsichtsrechtliche Anforderungen, Berlin 2020 (zugl. Diss. Münster 2019; zitiert als: *Hertneck*, Peer-to-peer-Lending (2020)).

Hessel, Stefan/Leffer, Lena/Potel, Karin: Datengetriebene Geschäftsmodelle, ZD 2022, S. 537–541.

Heydn, Truiken: Software as a Service (SaaS): Probleme und Vertragsgestaltung. Software im digitalen Zeitalter – „Schubladen" des BGB II, MMR 2020, S. 435–440.

Hillgruber, Christian/Seitschek, Hans Otto: Souveränität, in; Görres-Gesellschaft (Hrsg.), Staatslexikon, Bd. 5, 8. Aufl., Freiburg 2021 (zitiert als: *Hillgruber/Seitschek*, Souveränität (2021)).

Hillmer, Katharina: Daten als Rohstoffe und Entwicklungstreiber für selbstlernende Systeme. Zum Regulierungsbedürfnis von Innovationshemmnissen durch Datennetzwerkeffekte, Baden-Baden 2021 (zugl. Diss. Köln 2021; zitiert als: *Hillmer*, Daten als Rohstoffe (2021)).

Hillmer, Katharina: Daten und Datennetzwerkeffekte als Innovationsfaktoren bei selbstlernenden Systemen, ZfDR 2021, S. 255–279.

Hoeren, Thomas: Dateneigentum. Versuch einer Anwendung von § 303a StGB im Zivilrecht, MMR 2013, S. 486–491.

Hoeren, Thomas: Datenbesitz statt Dateneigentum, MMR 2019, S. 5–8.

Hoeren, Thomas: Dateneigentum und Datenbesitz, in: Tereza Pertot (Hrsg.), Rechte an Daten, Tübingen 2019, S. 37–48.

Hoeren, Thomas/Sieber, Ulrich/Holznagel, Bernd (Hrsg.): Handbuch Multimedia-Recht, Stand: 58. EL, März 2022, München.

Hoeren, Thomas/Pinelli, Stefan: Daten im Rechtsverkehr – Überlegungen für ein allgemeines Datenvertragsrecht, JZ 2020, S. 879–884.

Hoffmann, Jan Felix: „Dateneigentum und Insolvenz", JZ 2019, S. 960–968.

Hoffmann, Jörg/Otero, Begona Gonzalez: Demystifying The Role of Data Interoperability in the Access and Sharing Debate, JIPITEC 11 (2020), S. 252–273.

Hoffmann-Riem, Wolfgang: Innovation und Recht – Recht und Innovation: Recht im Ensemble seiner Kontexte, Tübingen 2016 (zitiert als: *Hoffmann-Riem*, Innovation und Recht (2016)).

Hoffmann-Riem, Wolfgang: Recht im Sog der digitalen Transformation, Tübingen 2022.

Hofmann, Franz: „Absolute Rechte" an Daten – immaterialgüterrechtliche Perspektive, in: Tereza Pertot (Hrsg.), Rechte an Daten, Tübingen 2019, S. 9–31.

Hofmann, Franz: Das neue Urheberrechts-Diensteanbieter-Gesetz, NJW 2021, S. 1905–1910.

Holm-Hadulla, Moritz/Hamann, Christian/Bug, Hannah/Melborg, Nora: Data Pooling between Companies, 2. Februar 2022, abrufbar unter: https://www.gleisslutz.com/en/Data_pooling_between_companies.html (zitiert als: *Holm-Hadulla/Hamann/u. a.*, Data pooling between Companies (2022)).

Holznagel, Daniel: Zur Providerhaftung – Notice and Take-Down in § 512 U. S. Copyright Act, GRUR Int 2007, S. 971–986.

Holznagel, Daniel: Notice and Take-Down-Verfahren als Teil der Providerhaftung, Geistiges Eigentum und Wettbewerbsrecht Bd. 79, Tübingen 2013 (zugl. Diss. Göttingen 2010; zitiert als: *Holznagel*, Notice and Take-Down-Verfahren (2013)).

Holzweber, Stefan: Tying and bundling in the digital era, European Competition Journal 14 (2018), S. 342–366.

Hoop, Stefan: Die Regulierung von Marktdaten nach der MiFID II, WM 2018, S. 205–212.

Hornung, Gerrit: Grundrechtsinnovationen, Tübingen 2015.

Huber, Monika/Wessel, Sascha/Brost, Gerd/Menz, Nadja: Building Trust in Data Spaces, in: Boris Otto/Michael ten Hompl/Stefan Wrobel, Designing Data Spaces. The Ecosystem Approach to Competitive Advantage, 2022, S. 147–164, abrufbar unter: https://doi.org/10.1007/978-3-030-93975-5.

Hult, Daniel: Creating trust by means of legislation – a conceptual analysis and critical discussion, The Theory and Practice of Legislation 6 (2018), S. 1–23.

Husovec, Martin/Roche Laguna, Irene: Digital Services Act: A Short Primer, 2022, abrufbar unter: https://papers.ssrn.com/sol3/papers.cfm?abstract_id=4153796 (zitiert als: *Husovec/Roche Laguna*, Digital Services Act (2022)).

Hüßtege, Rainer/Mansel, Heinz-Peter (Hrsg.): BGB. Nomos Kommentar, Bd. 6: Rom-Verordnungen – EuGüVO – EuPartVO – HuP – EuErbVO, 3. Aufl., Baden-Baden 2019.

Hutchings, Alice/Holt, Thomas: A Crime Script Analysis of the Online Stolen Data Market, The British Journal of Criminology 55 (2015), S. 596–614.

Hutchings, Alice/Holt, Thomas: The online stolen data market: disruption and intervention approaches, Global Crime 18 (2017), S. 11–30.

ICC: Feedback on the Proposal for a Regulation – COM(2020)767 in European Data Governance, 2021 (zitiert als: *ICC*, Feedback on COM(2020)767 (2021)).

Immenga, Ulrich/Mestmäcker, Ernst-Joachim (Begr,), herausgegeben von Torsten Körber/Heike Schweitzer/Daniel Zimmer: Wettbewerbsrecht, Bd. 1: Kommentar zum Europäischen Kartellrecht, 6. Aufl., München 2019 (zitiert als: *Bearbeiter*, in: Immenga/Mestmäcker).

Immenga, Ulrich/Mestmäcker, Ernst-Joachim (Begr,), herausgegeben von Torsten Körber/Heike Schweitzer/Daniel Zimmer: Wettbewerbsrecht, Bd. 2: Kommentar zum deutschen Kartellrecht, 6. Aufl., München 2020 (zitiert als: *Bearbeiter*, in: Immenga/Mestmäcker).

Isensee, Josef/Kirchof, Paul (Hrsg.): Handbuch des Staatsrechts der Bundesrepublik Deutschland, Bd. VI: Bundesstaat, 3. Aufl., Heidelberg 2008.

Janal, Ruth: Haftung und Verantwortung im Entwurf des Digital Services Acts, ZEuP 2021, S. 227–271.

Janal, Ruth: Friendly Fire? Das Urheberrechts-Diensteanbieter-Gesetz und sein Verhältnis zum künftigen Digital Services Act, GRUR 2022, S. 211–221.

Jarass, Lorenz: Privilegierungen im Internet. Grundlagen, wettbewerbsrechtliche Vorgaben und normative Konsequenzen im Diskurs um die Netzneutralität, Heidelberger Schriften zum Wirtschaftsrecht und Europarecht Bd. 87, Baden-Baden 2019 (zugl. Diss. Heidelberg 2017; zitiert als: *Jarass*, Privilegierungen im Internet (2019)).

Jarass, Hans/Pieroth, Bodo (Hrsg.): Grundgesetz für die Bundesrepublik Deutschland. Kommentar, 17. Aufl., München 2022.

Jauernig, Othmar (Begr.), herausgegeben von Rolf Stürner: Bürgerliches Gesetzbuch. Kommentar, 18. Aufl., München 2021 (zitiert als: *Bearbeiter*, in: Jauernig, BGB).

Jestaedt, Clemens: Kontoinformationsdienste – neue Online-Services unter Regulierung, BKR 2018, S. 445–450.

Jones, Charles/Tonetti, Christopher: Nonrivalry and the Economics of Data, American Economic Review 110 (2020), S. 2819–2858.

Jouanjean, Marie-Agnes/Casalini, Francesca/Wiseman, Leanne/Gray, Emily: Issues around data governance in the digital transformation of agriculture. The Farmer's Perspective, OECD Food, Agriculture and Fisheries Papers No 146, 2020, abrufbar unter: https://www.oecd-ilibrary.org/agriculture-and-food/issues-around-data-governance-in-the-digital-transformation-of-agriculture_53ecf2ab-en (zitiert als: *Jouanjean/Casalini/u. a.*, Issues around data governance (2020).

Judge, Kathryn: Intermediary Influence, The University of Chicago Law Review 82 (2015), S. 573–642.

Jülicher, Tim: Daten in der Cloud im Insolvenzfall. Ein internationaler Überblick, K&R 2015, S. 448–452.

Jülicher, Tim: Die Aussonderung von (Cloud-)Daten nach § 47 InsO, ZIP 2015, S. 2063–2066.

Kades, Michael/Scott Morton, Fiona: Interoperability as a competition remedy for digital networks, Working Paper, Februar 2021, abrufbar unter: https://papers.ssrn.com/sol3/papers.cfm?abstract_id=3808372 (zitiert als: *Kades/Scott Morton*, Interoperability as a competition remedy (2021)).

Kaesling, Katharina: Evolution statt Revolution der Plattformregulierung. Kommentar zu dem Entwurf der Europäischen Kommission zu einem Digital Services Act, ZUM 2021, S. 177–184.

Kagermann, Henning/Streibich, Karl-Heinz/Suder, Katrin: Digitale Souveränität. Status Quo und Handlungsfelder, 2021, abrufbar unter: https://www.acatech.de/publikation/digitale-souveraenitaet-status-quo-und-handlungsfelder (zitiert als: *Kagermann/Streibich/Suder*, Digitale Souveränität (2021)).

Kahl, Arno: Entterritorialisierung im Wirtschaftsrecht, in: Matthias Jestaedt (Redaktion), Grenzüberschreitungen, Veröffentlichungen der Vereinigung der Deutschen Staatsrechtslehrer, Bd. 76, Berlin u. a. 2017, S. 343–386.

Kapczynski, Amy/Syed, Talha: The Continuum of Excludability and the Limits of Patents, The Yale Law Journal 122 (2013), S. 1900–1963.

Kaplow, Louis: Rules versus Standards: An Economic Analysis, Duke Law Journal 42 (1992), S. 557–629.

Karbaum, Christian/Schulz, Max: Antitrust Litigation 2.0 – Private Enforcement beim DMA?, NZKart 2022, S. 107–112.

Karpenstein, Ulrich/Mayer, Franz (Hrsg.): Konvention zum Schutz der Menschenrechte und Grundfreiheiten. Kommentar, 3. Aufl., München 2022.

Kartheuser, Ingemar/Nabulsi, Selma: Abgrenzungsfragen bei gemeinsamen Verantwortlichen. Kritische Analyse der Voraussetzungen nach Art. 26 DS-GVO, MMR 2018, S. 717–721.

Kartheuser, Ingemar/Schmitt, Florian: Der Niederlassungsbegriff und seine praktischen Auswirkungen-Anwendbarkeit des Datenschutzrechts eines Mitgliedstaats auf ausländische EU-Gesellschaften, ZD 2016, S. 155–159.

Katz, Michael/Shapiro, Carl: Network Externalities, Competition, and Compatibility, American Economic Association 75 (1985), S. 424–440.

Katz, Michael/Shapiro, Carl: Product Compatibility Choice in a Market with Technological Progress, Oxford Economic Papers 38 (1986), S. 146–165.

Kelleher, John D./Tierney, Brendan: Data Science, Cambridge, Massachusetts, 2018.

Kerber, Wolfgang: A New (Intellectual) Property Right for Non-Personal Data? An Economic Analysis, GRUR Int 2016, S. 989–998.

Kerber, Wolfgang: Data Governance in Connected Cars: The Problem of Access to In-Vehicle Data, JIPITEC 9 (2018), S. 310–331.

Kerber, Wolfgang: DGA – einige Bemerkungen aus ökonomischer Sicht, Januar 2021, abrufbar unter: https://www.uni-marburg.de/de/fb02/professuren/vwl/wipol/pdf-dateien/kerber_dga_einige-bemerkungen_21012021.pdf.

Kerber, Wolfgang: From (horizontal and sectoral) data access solutions towards data governance systems, in: BMJV/MPI (Hrsg.), Data Access, Consumer Interests and Public Welfare, Baden-Baden 2021, S. 441–476.

Kerber, Wolfgang: Datenrechtliche Aspekte des Digital Markets Act. Datenwirtschaftsrecht I: Vorschlag einer Ex-ante-Regulierung von Gatekeeper-Plattformen, ZD 2021, S. 544–548.

Kerber, Wolfgang: Taming tech giants with a per-se rules approach? The Digital Markets Act from the „rules vs. standard" perspective, 2021, abrufbar unter: https://papers.ssrn.com/sol3/papers.cfm?abstract_id=3861706 (zitiert als: *Kerber*, Taming tech giants with a per-se rules approach? (2021)).

Kerber, Wolfgang: Governance of IoT Data: Why the EU Data Act will not fulfill its objectives, 8. April 2022, abrufbar unter: https://papers.ssrn.com/sol3/papers.cfm?abstract_id=4080436 (zitiert als: *Kerber*, Governance of IoT Data (2022)).

Kerber, Wolfgang/Specht, Louisa: Datenrechte – Eine rechts- und sozialwissenschaftliche Analyse im Vergleich Deutschland-USA, ABIDA Gutachten, 2019, abrufbar unter: https://www.abida.de/sites/default/files/ABIDA_Gutachten_Datenrechte.pdf (zitiert als: *Kerber/Specht*, Datenrechte (2019)).

Khan, Lina: Amazon – An Infrastructure Service and its Challenge to Current Antitrust Law, in: Martin Moore/Damien Tambini (Hrsg.), Digital Dominance. The Power of Google, Amazon, Facebook and Apple, New York 2018, S. 98–129.

Khan, Lina: The Separation of Platforms and Commerce, Columbia Law Review 119 (2019), S. 973–1098.

Kindhäuser, Urs/Neumann, Ulfrid/Paeffgen, Hans-Ullrich (Hrsg.): Strafgesetzbuch. Kommentar, Bd. 2: §§ 146–358, 5. Aufl., Baden-Baden 2017.

Kipker, Dennis-Kenji: Unbestimmte Rechtsbegriffe, DuD 2016, S. 610.

Kitchin, Rob: Big Data, new epistemologies and paradigm shifts, Big Data & Society 1 (2014), S. 1–12.

Kitchin, Rob: The Data Revolution. Big Data, Open Data, Data Infrastructures and Their Consequences, London u. a. 2014 (zitiert als: *Kitchin*, The Data Revolution (2014)).

Kling, Michael: § 8 Das Kartellverbot des Art. 101 AEUV, in Michael Kling/Stefan Thomas, Kartellrecht, 2. Aufl., München 2016.

Koch, Jens: Aktiengesetz. Beck'scher Kurz-Kommentar, 17. Aufl., München 2023.

Köhler, Helmut/Bornkamm, Joachim/Feddersen, Jörn (Hrsg.): Gesetz gegen den unlauteren Wettbewerb, 41. Aufl., München 2023.

Kokott, Juliane/Dittert, Daniel: Das Konzept der Fairness im europäischen Wettbewerbsrecht, in: Juliane Kokott/Petra Pohlmann/Romina Polley (Hrsg.), Europäisches, deutsches und internationales Kartellrecht, Festschrift für Dirk Schroeder, Köln 2018, S. 407–414.

König, Pascal: Fortress Europe 4.0? An analysis of EU data governance through the lens of the resource regime concept, European Policy Analysis 2022, S. 1–21.

Körber, Thorsten: „Ist Wissen Marktmacht?" Überlegungen zum Verhältnis von Datenschutz, „Datenmacht" und Kartellrecht – Teil 1, NZKart 2016, S. 303–310.

Kornmeier, Udo/Baranowski, Anne: Das Eigentum an Daten – Zugang statt Zuordnung, BB 2019, S. 1219–1225.

Koutroumpis, Pantelis/Leiponen, Aija/Thomas, Llewellyn: Markets for data, Industrial and Corporate Change 29 (2020), S. 645–660.

Krämer, Hannes: Extraterritoriale Wirkungen des Unionsrechts – eine normanalytische Skizze, EuR 2021, S. 137–149.

Krämer, Jan/Schnurr, Daniel: Big Data and Digital Markets Contestability: Theory of Harm and Data Access Remedies, Journal of Competition Law & Economics 18 (2022), S. 255–322.

Krämer, Jan/Schnurr, Daniel/Micova Sally Broughton: The Role of Data for Digital Markets Contestability. Case Studies and Data Access Remedies, CERRE Report, September 2020, abrufbar unter https://cerre.eu/publications/data-digital-markets-contestability-case-studies-and-data-access-remedies/ (zitiert als: *Krämer/Schnurr/Micova*, The Role of Data for Digital Markets Contestability (2020)).

Krämer, Jan/Senellart, Pierre/de Streel, Alexandre: Making Data Portabiliy More Effective for the Digital Economy. Economic Implications and Regulatory Challenges, CERRE Report, June 2020, abrufbar unter: https://cerre.eu/publications/report-making-data-portability-more-effective-digital-economy/ (zitiert als: *Krämer/Senellart/Streel*, Making Data Portabiliy More Effective (2020)).

Kraul, Torsten: „Recht an Daten“: Aktuelle Gesetzeslage und vertragliche Ausgestaltung, GRUR-Prax 2019, S. 478–480.

Kraus, Michael: Datenlizenzverträge, DSRITB 2015, S. 537–551.

Krotova, Alevtina/Eppelsheimer, Jan: Was bedeutet Data Governance? Eine Clusteranalyse der wissenschaftlichen Literatur zu Data Governance, 2019, abrufbar unter: https://www.iwkoeln.de/fileadmin/user_upload/Studien/Gutachten/PDF/2019/Gutachten_Data_Governance_DEMAND_Template.pdf (zitiert als: *Krotova/Eppelsheimer*, Was bedeutet Data Governance? (2019)).

Krüger, Philipp: Datensouveränität und Digitalisierung. Probleme und rechtliche Lösungsansätze, ZRP 2016, S. 190–192.

Krüger, Stefan/Wiencke, Julia/Koch, André: Der Datenpool als Geschäftsgeheimnis, GRUR 2020, S. 578–584.

Krugman, Paul/Wells, Robin: Economics, 4. Aufl., New York 2015.

Kübler, Bruno/Prütting, Hans/Bork, Reinhard (Hrsg.): InsO. Kommentar zur Insolvenzordnung, Stand: 96. EL., Juni 2023, Köln.

Kühling, Jürgen: Der datenschutzrechtliche Rahmen für Datentreuhänder. Chance für mehr Kommerzialisierungsfairness und Datensouveränität?, ZfDR 2021, S. 1–25.

Kühling, Kürgen: „Fake News“ und „Hate Speech“ – Die Verantwortung der Medienintermediäre zwischen neuen NetzDG, MStV und Digital Services Act, ZUM 2021, S. 461–472.

Kühling, Jürgen/Buchner, Benedikt (Hrsg.): Datenschutz-Grundverordnung, Bundesdatenschutzgesetz. Kommentar, 3. Aufl., München 2020.

Kühne, Bettina: Asymmetrische Bindungen in Geschäftsbeziehungen. Einflussfaktoren im Business-to-Business-Bereich, Wiesbaden 2008 (zitiert als: *Kühne*, Asymmetrische Bindungen in Geschäftsbeziehungen (2008)).

Kumkar, Lea Katharina: Der Digital Markets Act nach dem Trilog-Verfahren. Neue Impulse für den Wettbewerb auf digitalen Märkten, RDi 2022, S. 347–354.

Küster, Stefan/Schieber, Franziska: Kartellrechtliche Vorgaben beim Aufbau von B2B-Plattformen, BB 2020, S. 2188–2195.

Lackner, Karl/Kühl, Kristian (Fortf.)/*Heger, Martin* (Hrsg.), Strafgesetzbuch. Kommentar, 30. Aufl., München 2023 (zitiert als: *Bearbeiter*, in: Lackner/Kühl/Heger, StGB).

Landes, William/Posner, Richard A.: Market Power in Antitrust Cases, Harvard Law Review 94 (1981), S. 937–996.

Lange, Juliane/Stahl, Florian/Vossen, Gottfried: Datenmarktplätze in verschiedenen Forschungsdisziplinen: Eine Übersicht, Arbeitsberichte des Instituts für Wirtschaftsinformatik No. 138, 2017, abrufbar unter: https://www.wi.uni-muenster.de/sites/wi/files/public/research/arbeitsberichte/ab138.pdf (zitiert als: *Lange/Stahl/Vossen*, Datenmarktplätze in verschiedenen Forschungsdisziplinen (2017)).

Lehner, Franz: Preis- und Wertermittlung für Daten und Informationen, in: Louisa Specht-Riemenschneider/Nikola Werry/Susanne Werry (Hrsg.), Datenrecht in der Digitalisierung, Berlin 2019, S. 471–488.

Leistner, Matthias: European Copyright Licensing and Infringement Liability under Art. 17 DSM-Directive Compared to Secondary Liability of Content Platforms in the U. S. – Can We Make the New European System a Global Opportunity Instead of a Local Challenge?, ZGE 2020, S. 123–214.

Leistner, Matthias: The Commission's vision for Europe's digital future: proposals for the Data Governance Act, the Digital Markets Act and the Digital Services Act – a critical primer, Journal of Intellectual Property Law & Practice 16 (2021), S. 778–784.

Leistner, Matthias/Antoine, Lucie/Sagstetter, Thomas: Big Data, Geistiges Eigentum und Wettbewerbsrecht Bd. 162, Tübingen 2021 (zitiert als: *Leistner/Antoine/Sagstetter*, Big Data (2021)).

Lemley, Mark A.: The Surprising Virtues of Treating Trade Secrets as IP Rights, Stanford Law Review 61 (2008), S. 311–353.

Leupold, Andreas/Wiebe, Andreas/Glossner, Silke (Hrsg.): IT-Recht. Recht, Wirtschaft und Technik der digitalen Transformation, 4. Aufl., München 2021.

v. Lewinski, Kai: Die Matrix des Datenschutzes, Internet und Gesellschaft Bd. 1, Tübingen 2014.

v. Lewinski, Kai/Hähnle, Johanna: Was informatorisch richtig ist, kann auch juristisch rechtens sein. Datenvalidität und -qualität als juristische Kategorien, DuD 2021, S. 686–690.

Lianos, Ioannis/Carballa, Bruno: Economic Power and New Business Models in Competition Law and Economics: Ontology and New Metrics, CLES Research Paper Series 3/2021, 2021, abrufbar unter: https://www.ucl.ac.uk/cles/sites/cles/files/cles_3_2021.pdf (zitiert als: *Lianos/Carballa*, Economic Power and New Business Models (2021)).

Loof, Ariane/Schefold, Christian: Kooperation bei Ermittlungsverfahren gegen Unternehmen in den USA. Datentransfer zwischen Skylla und Charybdis, ZD 2016, S. 107–114.

Lüftenegger, Klaus/Dressel, Julia: Risiken der Datenherausgabe, BB 2022, S. 2506–2511.

Lundqvist, Björn: Competition and Data Pools, EuCML 2018, S. 146–154.

Lyon, Aidan: Chapter 35. Data, in: Paul Humphreys (Hrsg.), The Oxford Handbook of Philosophy of Science, Oxford 2016, S. 738–758.

Lyons, Bruce/Mehta, Judith: Contracts, Opportunism and Trust: self-interest and social orientation, Cambridge Journal of Economics 21 (1997), S. 239–257.

Magen, Stefan: Ein Wettbewerbskonzept für das Öffentliche Wettbewerbsrecht, in: Kirchof/Korte/Magen (Hrsg.), Öffentliches Wettbewerbsrecht. Neuvermessung eines Rechtsgebiets, Heidelberg 2014, S. 17–62.

Magen, Stefan: § 4 – Spieltheorie, in: Emanuel v. Towfigh/Niels Petersen (Hrsg.), Ökonomische Methoden im Recht, 2. Auflage, Tübingen 2017, S. 83–130.

Mahieu, René/Asghari, Hadi/Parsons, Christopher/van Hoboken, Joris/Crete-Nishihata, Masashi/Hilts, Andrew/Anstis, Siena: Measuring the Brussels Effect through Access Requests: Has the European General Data Protection Regulation Influenced the Data Protection Rights of Canadian Citizens?, Journal of Information Policy 11 (2021), S. 301–349.

Maier, Walter: Insolvenz, in: Beck'sches Steuer- und Bilanzrechtslexikon, herausgegeben von Matthias Alber/Hendrik Arendt/u. a., Stand: 63. Ed., 1. April 2023, München (zitiert als: *Maier*, Insolvenz (2023)).

Mangelsdorf, Axel: Normen und Standards in der KI, in Volker Wittpahl (Hrsg.), Künstliche Intelligenz. Technologie, Anwendung, Gesellschaft, iit-Themenband, Heidelberg 2019, S. 48–57.

Maradana, Rana/Pradhan, Rudra/Dash, Saurav/Zaki, Danish/Gaurav, Kunal/Jayakumar Manju/Sarangi, Ajoy: Innovation and economic growth in European Economic Area countries: The Granger causality approach, IIMB Management Review 31 (2019), S. 268–282.

Marr, Bernard: Data Strategy. How to Profit from a World of Big Data, Analytics and the Internet of Things, London u. a. 2017 (zitiert als: Marr, Data Strategy (2017)).

Martens, Bertin: Data access, consumer interests and social welfare – An economic perspective on data, in: BMJV/MPI (Hrsg.), Data Access, Consumer Interests and Public Welfare, Baden-Baden 2021, S. 69–102.

Martens, Bertin/ de Streel, Alexandre/Graef, Inge/Tombal, Thomas/Duch-Brown, Nestor: Business-to-business data sharing. An economic and legal analysis, JRC Digital Economy Working Paper 2020-05, 2020, abrufbar unter: https://joint-research-centre.ec.europa.eu/system/files/2020-07/jrc121336.pdf (zitiert als: *Martens/de Streel/u. a.*, B2B Data Sharing (2020)).

Martens, Bertin/Mueller-Langer, Frank: Access to digital car data and competition in aftersales services, JRC Digital Economy Working Paper 2018-06, 2018, abrufbar unter: https://papers.ssrn.com/sol3/papers.cfm?abstract_id=3262807 (zitiert als: *Martens/Mueller-Langer*, Access to digital car data (2018)).

Martens, Bertin/Parker, Geoffrey/Petropoulos, Georgios/Van Alstyne, Marshall: Towards Efficient Information Sharing in Network Markets, Bruegel Working Paper 12/2021, November 2021, abrufbar unter: https://www.bruegel.org/working-paper/towards-efficient-information-sharing-network-markets (zitiert als: *Martens/Parker/u. a.*, Towards Efficient Information Sharing in Network Markets (2021)).

Martini, Mario/Kolain, Michael/Neumann, Katja/Rehorst, Tobias/Wagner, David: Datenhoheit. Annäherung an einen offenen Leitbegriff, MMR-Beil. 2021, S. 3–23.

Marx, Simon/Sütthoff, Alicia: Verantwortlichkeit auf Datenmarktplätzen. Orientierungshilfe für die Verantwortlichkeitszuweisun für einen datenschutzkonformen Handel mit personenbezogenen Daten, CR 2023, S. 29–35.

Mas-Colell, Andreu/Whinston, Michael/Green, Jerry: Microeconomic Theory, Oxford u. a. 1995.

Mattioli, Michael: The Data-Pooling Problem, Berkeley Technology Law Journal 32 (2017), S. 179–236.

Mayer-Schönberger, Viktor/Cukier, Kenneth: Big Data: A Revolution That Will Transform How We Live, Work, and Think, London 2013 (zitiert als: *Mayer-Schönberger/Cukier*, Big Data (2013)).

Mayer-Schönberger, Viktor/Padova, Yann: Regime Change? Enabling Big Data through Europe's New Data Protection Regulation, The Columbia Science and Technology Law Review 17 (2016), S. 315–335.

Meisel, Lukas/Spiekermann, Markus: Datenmarktplätze. Plattformen für Datenaustausch und Datenmonetarisierung in der Data Economy, ISST-Bericht, 2019, abrufbar unter: https://www.isst.fraunhofer.de/content/dam/isst-neu/documents/Publikationen/Datenwirtschaft/2019-2_ISST-Bericht_-Datenmarktplaetze-ISSN-0943-1624.pdf (zitiert als: *Meisel/Spiekermann*, Datenmarktplätze (2019)).

Mennicke, Petra: Zum Weisungsrecht der Gesellschafter und der Folgepflicht des GF in der mitbestimmungsfreien GmbH, NZG 2000, S. 622–626.

Metzger, Axel: Digitale Mobilität – Verträge über Nutzerdaten, GRUR 2019, S. 129–36.

Meyer, Lars: Soft Law for Solid Contracts – A Comparative Analysis of the Value of the UNIDROIT Principles of International Commercial Contracts and the Principles of European Contract Law to the Process of Contract Law Harmonization, Denver Journal of International Law & Policy 34 (2006), S. 119–143.

Michl, Fabian: „Datenbesitz" – ein grundrechtliches Schutzgut?, NJW 2019, S. 2729–2733.

Mitty, Walter: Airbus bet on big data, 2020, abrufbar unter: https://d3.harvard.edu/platform-digit/submission/skywise-airbus-bet-on-big-data/.

Momsen, Carsten/Grützner, Thomas (Hrsg.): Wirtschafts- und Steuerstrafrecht. Handbuch für die Unternehmens- und Anwaltspraxis, 2. Aufl., München 2020.

Monopolkommission: Wettbewerbspolitik: Herausforderung digitale Märkte, Sondergutachten 68, 2015, abrufbar unter: https://www.monopolkommission.de/images/PDF/SG/SG68/S68_volltext.pdf (zitiert als: *Monopolkommission*, Herausforderung digitale Märkte (2015)).

Monopolkommission: Wettbewerb 2020, XXIII. Hauptgutachten der Monopolkommission gemäß § 44 Abs. 1 Satz 1 GWB, 2020, abrufbar unter: https://www.monopolkommission.de/images/HG23/HGXXIII_Gesamt.pdf (zitiert als: *Monopolkommission*, XXIII. Hauptgutachten (2020)).

Morell, Alexander: § 3 – Nachfrage, Angebot und Märkte, in: Emanuel v. Towfigh/Niels Petersen (Hrsg.), Ökonomische Methoden im Recht, 2. Auflage, Tübingen 2017, S. 45–82.

Morrison, Eleanor: Unbundling, Markets, and Regulation, in: Manfred Hafner/Giacomo Luciani (Hrsg.), The Palgrave Handbook of International Energy Economics, Cham 2022, S. 471–491.

Möschel, Wernhard: Ex ante-Kontrolle versus ex post-Kontrolle im Recht der Wettbewerbsbeschränkungen, ORDO 52 (2001), S. 63–73.

Motta, Massimo: Competition Policy. Theory and Practice, Cambridge 2004 (zitiert als: *Motta*, Competition Policy (2004)).

Münchener Handbuch des Gesellschaftsrechts, herausgegeben von Michael Hoffmann-Becking, Bd. 4: Aktiengesellschaft, 5. Aufl., München 2020 (zitiert als *Bearbeiter*, in: MünchHdb. GesR IV).

Münchener Kommentar zum Aktiengesetz, herausgegeben von Wulf Goette/Mathias Habersack/Susanne Kalss, Bd. 2: §§ 76 – 117 AktG, MitbestG, DrittelbG, 6. Auflage, München 2023 (zitiert als: *Bearbeiter*, in; MüKo AktG).

Münchener Kommentar zum Aktiengesetz, herausgegeben von Wulf Goette/Mathias Habersack/Susanne Kalss, Bd. 3: §§ 118 – 178 AktG, 5. Auflage, München 2022 (zitiert als: *Bearbeiter*, in; MüKo AktG).

Münchener Kommentar zum Bürgerlichen Gesetzbuch, herausgegeben von Franz Jürgen Säcker/Roland Rixecker/Hartmut Oetker/Bettina Limperg. Bd. 1: Allgemeiner Teil, 9. Aufl., München 2021 (zitiert als: *Bearbeiter*, in: MüKo BGB).

Münchener Kommentar zum Bürgerlichen Gesetzbuch, herausgegeben von Franz Jürgen Säcker/Roland Rixecker/Hartmut Oetker/Bettina Limperg. Bd. 2: Schuldrecht – Allgemeiner Teil, 9. Aufl., München 2022 (zitiert als: *Bearbeiter*, in: MüKo BGB).

Münchener Kommentar zum Bürgerlichen Gesetzbuch, herausgegeben von Franz Jürgen Säcker/Roland Rixecker/Hartmut Oetker/Bettina Limperg. Bd. 6: Schuldrecht Besonderer Teil III, 8. Aufl., München 2020 (zitiert als: *Bearbeiter*, in: MüKo BGB).

Münchener Kommentar zum Bürgerlichen Gesetzbuch, herausgegeben von Franz Jürgen Säcker/Roland Rixecker/Hartmut Oetker/Bettina Limperg. Bd. 7: Schuldrecht Besonderer Teil IV, 8. Aufl., München 2020 (zitiert als: *Bearbeiter*, in: MüKo BGB).

Münchener Kommentar zum Bürgerlichen Gesetzbuch, herausgegeben von Franz Jürgen Säcker/Roland Rixecker/Hartmut Oetker/Bettina Limperg. Bd. 8: Sachenrecht, 9. Aufl., München 2020 (zitiert als: *Bearbeiter*, in: MüKo BGB).

Münchener Kommentar zum Bürgerlichen Gesetzbuch, herausgegeben von Franz Jürgen Säcker/Roland Rixecker/Hartmut Oetker/Bettina Limperg. Bd. 13: Internationales Privatrecht II, 8. Aufl., München 2021 (zitiert als: *Bearbeiter*, in: MüKo BGB).

Münchener Kommentar zum Gesetz betreffend die Gesellschaften mit beschränkter Haftung, herausgegeben von Holger Fleischer/Wulf Goette, Bd. 2: §§ 35–52 GmbHG, 2. Aufl., München 2023 (zitiert als: *Bearbeiter*, in: MüKo GmbhG).

Münchener Kommentar zur Insolvenzordnung, herausgegeben von Rolf Stürner/Horst Eidenmüller/Heinrich Schoppmeyer, Bd. 1: §§ 1–79, 4. Aufl., München 2019 (zitiert als: *Bearbeiter*, in: MüKo InsO).

Münchener Kommentar zur Insolvenzordnung, herausgegeben von Rolf Stürner/Horst Eidenmüller/Heinrich Schoppmeyer, Bd. 2: §§ 80–216, 4. Aufl., München 2019 (zitiert als: *Bearbeiter*, in: MüKo InsO).

Münchener Kommentar zur Insolvenzordnung, herausgegeben von Rolf Stürner/Horst Eidenmüller/Heinrich Schoppmeyer, Bd. 4: EuInsVO 2015, Art. 102a-102c EGInsO, Länderberichte (herausgegeben von Ursula Schlegel), 4. Aufl., München 2019 (zitiert als: *Bearbeiter*, in: MüKo InsO).

Münchener Kommentar zum Lauterkeitsrecht, herausgegeben von Peter Heermann/Jochen Schlingloff. Bd. 2: Besondere Fallgruppen und Rechtsgebiete, §§ 7a-20 UWG, Geschäftsgeheimnisgesetz, 3. Aufl., München 2022 (zitiert als: *Bearbeiter*, in: MüKo LautR).

Münchener Kommentar zum Strafgesetzbuch, herausgegeben von Volker Erb/Jürgen Schäfer. Bd. 4: §§ 185–262, 4. Aufl., München 2021 (zitiert als: *Bearbeiter*, in: MüKo StGB).

Münchener Kommentar zum Wettbewerbsrecht, herausgegeben von Frank Montag/Franz Jürgen Säcker/Florian Bien/ Peter Meier-Beck. Bd. 1: Europäisches Wettbewerbsrecht, 3. Aufl., München 2020 (zitiert als: *Bearbeiter*, in: MüKo WettbR).

Münchener Kommentar zum Wettbewerbsrecht, herausgegeben von Frank Montag/Franz Jürgen Säcker/Florian Bien/ Peter Meier-Beck. Bd. 2: Deutsches Wettbewerbsrecht, 4. Aufl., München 2022 (zitiert als: *Bearbeiter*, in: MüKo WettbR).

Münchener Kommentar zur Zivilprozessordnung, herausgegeben von Wolfgang Krüger/Thomas Rauscher, Bd. 1: §§ 1–354, 6. Aufl., München 2020 (zitiert als: *Bearbeiter*, in: MüKo ZPO).

MyData Global: Towards interconnected and human-centric data intermediaries. MyData Global response to Data Governance Act, 8. Februar 2021.

Nalebuff, Barry: Bundling as an Entry Barrier, The Quarterly Journal of Economics 119 (2004), S. 159–187.

Nguyen, David/Paczos, Marta: Measuring the economic value of data and cross-border data flows. A business perspective, OECD Digital Economy Papers No. 297, August 2020, abrufbar unter: https://www.oecd-ilibrary.org/science-and-technology/measuring-the-economic-value-of-data-and-cross-border-data-flows_6345995e-en (zitiert als: *Nguyen/Paczos*, Measuring the economic value of data (2020)).

Niebel, Thomas/Rasel, Fabienne/Viete, Steffen: BIG data – BIG gains? Understanding the link between big data analytics and innovation, Economics of Innovation and New Technology 28 (2019), S. 296–316.

Nielsen, Rasmus Kleis/Ganter, Sarah Anne: Dealing with digital intermediaries: A case study of the relations between publishers and platforms, New Media & Society 20 (2020), S. 1600–1617.

Noura, Mahda/ Atiquzzaman, Mohammed/Gaedke, Martin: Interoperability in Internet of Things: Taxonomies and Open Challenges, Mobile Networks and Applications 24 (2019), S. 796–809.

OECD: Quality Framework and Guidelines for OECD Statistical Activities, STD/QFS(2011)1, 2012, abrufbar unter: https://www.oecd.org/sdd/qualityframeworkforoecdstatisticalactivities.htm (zitiert als: *OECD*, Quality Framework (2012)).

OECD: Introduction to Data and Analytics (Module 1): Taxonomy, Data Governance Issues and Implications for further Work, DSTI/ICCP(2013)13, 2013, abrufbar unter: https://one.oecd.org/document/DSTI/ICCP(2013)13/en/pdf (zitiert als: *OECD*, Introduction to Data and Analytics (2013)).

OECD: Data Driven Innovation. Big Data for Growth and Well-Being, 2015, abrufbar unter: https://read.oecd-ilibrary.org/science-and-technology/data-driven-innovation_9789264229358-en (*OECD*, Data Driven Innovation (2015)).

OECD: The Innovation Imperative. Contributing to Productivity, Growth and Well-Being, 2015, abrufbar unter: https://www.oecd-ilibrary.org/content/publication/9789264239814-en (*OECD*, The Innovation Imperative (2015)).

OECD: Enhancing Access to and Sharing of Data. Reconciling Risks and Benefits for Data Re-Use across Societies, 2019, abrufbar unter: https://read.oecd-ilibrary.org/science-and-technology/enhancing-access-to-and-sharing-of-data_276aaca8-en (zitiert als: *OECD*, Enhancing Access to and Sharing of Data (2019)).

OECD: Abuse of dominance in digital markets, 2020, abrufbar unter: https://www.oecd.org/daf/competition/abuse-of-dominance-in-digital-markets-2020.pdf (zitiert als: *OECD*, Abuse of dominance in digital markets (2020)).

OECD: Roundtable on Conglomerate Effects of Mergers – Background note by the Secretariat, DAF/COMP(2020)2, 2020, abrufbar unter: https://one.oecd.org/document/DAF/COMP(2020)2/en/pdf (zitiert als: *OECD*, Roundtable on Conglomerate Effects (2020)).

OECD: Ex ante regulation of digital markets, OECD Competition Committee Discussion Paper, 2021, abrufbar unter: https://www.oecd.org/daf/competition/ex-ante-regulation-and-competition-in-digital-markets.htm (zitiert als: *OECD*, Ex ante regulation of digital markets (2021)).

Ohly, Ansgar: Das neue Geschäftsgeheimnisgesetz im Überblick, GRUR 2019, S. 441–451.

Ohly, Ansgar/Sosnitza, Olaf: Gesetz gegen den unlauteren Wettbewerb. Kommentar, 8. Aufl., München 2023.

Ohm, Paul: Broken Promises of Privacy: Responding to the Surprising Failure of Anonymization, UCLA Law Review 57 (2010), S. 1701–1777.

Oostveen, Manon: Identifiability and the applicability of data protection to big data, International Data Privacy Law 6 (2016), S. 299–309.

Opara-Martins/Sahandi, Reza/Tian, Feng: Critical analysis of vendor lock-in and its impact on cloud computing migration: a business perspective, Journal of Cloud Computing 5 (2016), S. 1–18.

Osborne Clarke: Legal study on Ownership and Access to Data. A study prepared for the European Commission, SMART 2016/0085, 2016, abrufbar unter: http://publications.europa.eu/resource/cellar/d0bec895-b603-11e6-9e3c-01aa75ed71a1.0001.01/DOC_1 (zitiert als: *Osborne Clarke*, Legal Study on Ownership and Data (2016)).

Ott, Ingrid/Turnovsky, Stephen: Excludable and Non-Excludable Public Inputs: Consequences for Economic Growth, Economica 73 (2006), S. 725–748.

Otto, Boris: The Evolution of Data Spaces, in: Boris Otto/Michael ten Hompl/Stefan Wrobel, Designing Data Spaces. The Ecosystem Approach to Competitive Advantage, 2022, S. 3–16, abrufbar unter: https://doi.org/10.1007/978-3-030-93975-5.

Otto, Boris/Weber, Kristin: Data Governance, in: Knut Hildebrand/Marcus Gebauer/Holger Hinrichs/Michael Mielke (Hrsg.), Daten- und Informationsqualität, 2. Aufl., Wiesbaden 2011.

Otto, Boris/Steinbuß, Sebastian/Teuscher, Andreas/Lohmann, Steffen/u. a.: Reference Architecture Model, International Data Spaces Association, Version 3.0 April 2019, abrufbar unter: https://internationaldataspaces.org/wp-content/uploads/IDS-Reference-Architecture-Model-3.0-2019.pdf.

Otto, Boris/Rehof, Jakob/u. a.: Data Ecosystems. Conceptual Foundations, Constituents and Recommendations for Action, ISST-Report, Oktober 2019, abrufbar unter: https://www.isst.fraunhofer.de/

content/dam/isst-neu/documents/Publikationen/StudienundWhitePaper/FhG-ISST_DATA-ECO-SYSTEMS.pdf (zitiert als: *Otto/Steinbuß/u. a.*, Reference Architecture Model (2019)).

Paal, Boris: Immaterialgüter, Internetmonopole und Kartellrecht, GRUR-Beilage 2014, S. 69–77.

Paal, Boris/Hennemann, Moritz: Big Data as an Asset. Daten und Kartellrecht, ABIDA Gutachten, 2018, abrufbar unter: https://www.abida.de/sites/default/files/Gutachten_ABIDA_Big_Data_as_a-n_Asset.pdf (zitiert als: *Paal/Hennemann*, Big Data as an Asset (2018)).

Paal, Boris/Kieß, Fabian: Digitale Plattformen im DSA-E, DMA-E und § 19a GWB, ZfDR 2022, S. 1–29.

Paal, Boris/Kumkar, Lea Katharina: Datenübermittlungen nach dem Unwirksamwerden des EU-US Privacy Shield. Bestandsaufnahme und Handlungsempfehlungen nach der EuGH-Entscheidung „Schrems II", MMR 2020, S. 733–739.

Paal, Boris/Kumkar, Lea Katharina: Die digitale Zukunft Europas. Europäische Strategien für den digitalen Binnenmarkt, ZfDR 2021, S. 97–129.

Paal, Boris/Pauly, Daniel (Hrsg.): Datenschutz-Grundverordnung, Bundesdatenschutzgesetz, 3. Aufl., München 2021.

Panzar, John/Willig, Robert: Economies of Scope, The American Economic Review 71 (1981), S. 268–272.

Parker, Geoffrey/Petropoulos, Georgios/Van Alstyne, Marshall: Digital Platforms and Antitrust, 2020, abrufbar unter: https://papers.ssrn.com/sol3/papers.cfm?abstract_id=3608397.

Parker, Geoffrey/Petropoulos, Georgios/Van Alstyne, Marshall: Platform Mergers and Antitrust, Industrial and Corporate Change 30 (2021), S. 1307–1336.

Parry, Rebecca: An Assessment of the Risk of Service Supplier Bankruptcies as a Cybersecurity Threat, in: Muhammad Sarfraz (Hrsg.), Cybersecurity Threats with New Perspectives, London 2021, S. 15–26.

Parry, Rebecca/Bisson, Roger: Legal approaches to management of the risk of cloud computing insolvencies, Journal of Corporate Law Studies 20 (2020), S. 421–451.

Peuker, Enrico: Verfassungswandel durch Digitalisierung. Digitale Souveränität als verfassungsrechtliches Leitbild, Beiträge zum öffentlichen Recht, Bd. 286, Tübingen 2020 (zugl. Habil. HU Berlin 2019; zitiert als: *Peuker*, Verfassungswandel durch Digitalisierung (2020)).

Philpott, Daniel: Sovereignity, in: Edward N. Zalta (Hrsg.), The Stanford Encyclopedia of Philosophy, Fall 2020 Edition, abrufbar unter: https://plato.stanford.edu/entries/sovereignty/ (zitiert als: *Philpott*, Sovereignty (2020)).

Picht, Peter Georg: Standardsetzung und Patentmissbrauch – Schlagkraft und Entwicklungsbedarf des europäischen Kartellrechts, GRUR Int 2014, S. 1–17.

Picht, Peter Georg/Richter, Heiko: EU Digital Regulation 2022: Data Desiderata, GRUR Int 2022, S. 395–402.

Pirstner-Ebner, Renate: Unbundling im Energierecht – Vorgaben der Beschleunigungsrichtlinien und österreichische Umsetzung, The European Legal Forum 4 (2004), S. 235–241.

Podszun, Rupprecht: Private Enforcement and Gatekeeper Regulation: Strengthening the Rights of Private Parties in the Digital Markets Act, Journal of European Competition Law & Practice 2021, S. 1–14.

Podszun, Rupprecht (Hrsg.): Digital Markets Act. Gesetz über digitale Märkte. Handkommentar, Baden-Baden 2023.

Podszun, Rupprecht/Bongartz, Philipp: B2B-Marktplätze und IoT-Plattformen in der kartellbehördlichen Praxis, BB 2020, S. 2882–2891.

Podszun, Rupprecht/Pfeifer, Clemens, Datenzugang nach dem EU Data Act: Der Entwurf der Europäischen Kommission, GRUR 2022, S. 953–961.

Pohle, Julia/Thiel, Thorsten: Digital sovereignty, Internet Policy Review 9 (2020), S. 1–19.

Polley, Romina: Kartellrechtskonformes Teilen von Daten beim Collaborative Condition Monitoring, CR 2021, S. 701–708.

Posner, Richard A.: Transaction Costs and Antitrust Concerns in the Licensing of Intellectual Property, John Marshall Review of Intellectual Property Law 4 (2005), S. 325–335.

Posner, Richard A.: Economic Analysis of Law, 9. Aufl., New York 2014.

Pravermann, Timm: Art. 17 der Richtlinie zum Urheberrecht im digitalen Binnenmarkt. Eine Analyse der neuen europäischen Haftungsregelung für Diensteanbieter für das Teilen von Online-Inhalten, GRUR 2019, S. 783–788.

Prömper, Stefan/Stein, Thomas (Hrsg.): Bundesgebührengesetz. Kommentar, München 2019.

Prütting, Hans/Wegen, Gerhard/Weinreich, Gerd (Hrsg.): Bürgerliches Gesetzbuch. Kommentar, 18. Aufl., Köln 2023.

Purtova, Nadezhda: The law of everything. Broad concept of personal data and future of EU data protection law, Law, Innovation and Technology 10 (2018), S. 40–81.

Radtke, Tristan: Gemeinsame Verantwortlichkeit unter der DSGVO. Unter besonderer Berücksichtigung von Internetsachverhalten, Schriften zum Medien- und Informationsrecht Bd. 60, Baden-Baden 2022 (zugl. Diss. Freiburg 2021; zitiert als: *Radtke*, Gemeinsame Verantwortlichkeit (2022)).

Raue, Benjamin/Steinebach, Martin: Uploadfilter – Funktionsweisen, Einsatzmöglichkeiten und Parametrisierung, ZUM 2020, S. 355–364.

Reimers, Thilo/Brack, Sebastian/Modest, Cordula: Kartellrechtliche Compliance in Zeiten der Digitalisierung, NZKart 2018, S. 453–459.

Reimsbach-Kounatze, Christian: Enhancing access to and sharing of data: Striking the balance between openness and control over data, in: BMJV/MPI (Hrsg.), Data Access, Consumer Interests and Public Welfare, Baden-Baden 2021, S. 27–68.

Reinsel, David/Gantz, John/Rydning, John: The Digitization of the World, An IDC White Paper, November 2018, abrufbar unter: https://www.seagate.com/files/www-content/our-story/trends/files/idc-seagate-dataage-whitepaper.pdf (zitiert als: *Reinsel/Gantz/Rydning*, The Digitization of the World (2018))).

Reviglio, Urbano: The untamed and discreet role of data brokers in surveillance capitalism: a transnational and interdisciplinary overview, Internet Policy Review 11 (2022), S. 1–27.

Richter, Heiko: Europäisches Datenprivatrecht: Lehren aus dem Kommissionsvorschlag für eine „Verordnung über europäische Daten-Governance", ZEuP 2021, S. 634–667.

Richter, Heiko/Slowinski, Peter: The Data Sharing Economy: On the Emergence of New Intermediaries, IIC 50 (2019), S. 4–29.

Richter, Stephanie: Vereinbarkeit des Entwurfs zum Data Act und der DS-GVO. Der schmale Grat zwischen Schutz personenbezogener Daten und Datenkommerzialisierung, MMR 2023, S. 163–168.

Riehm, Thomas: Rechte an Daten – Die Perspektive des Haftungsrechts, VersR 2019, S. 714–724.

Rodriguez, de las Heras Ballell, Teresa/Hofmann, Jeanette/Graef, Inge/Stalla-Bourdillon, Sophie/Jeon, Doh-Shin/Gawer, Annabelle/Majchrowska, Agata: Work stream on Data. Progress Report, 2021, abrufbar unter: https://platformobservatory.eu/app/uploads/2020/07/04Dataintheonlineplatformeconmy.pdf (zitiert als: *Rodríguez de las Heras Ballell/Hofmann/u. a.*, Work stream on Data (2021)).

Röhl, Klaus-Werner/Bolwin, Lennart/Hüttl, Paula: Datenwirtschaft in Deutschland. Wo stehen die Unternehmen in der Datennutzung und was sind ihre größten Hindernisse?, Studie im Auftrag des BDI, 2021, abrufbar unter: https://bdi.eu/publikation/news/datenwirtschaft-in-deutschland (*Röhl/Bolwin/Hüttl*, Datenwirtschaft in Deutschland (2021)).

Röttgen, Charlotte: Rechtspositionen an Daten: Die Rechtslage im europäischen Rechtsraum, in: Louisa Specht-Riemenschneider/Nikola Werry/Susanne Werry (Hrsg.), Datenrecht in der Digitalisierung, Berlin 2019, S. 371–407.

Rosenkranz, Franz/Scheufen, Marc: Die Lizenzierung von nicht-personenbezogenen Daten, ZfDR 2022, S. 159–198.

Roßnagel, Alexander: Grundrechtsschutz in der Datenwirtschaft. Vorsorgepflichten in der Data-Governance, ZRP 2021, S. 173–176.

Rubinfeld, Daniel/Gal, Michal: Access Barriers to Big Data, Arizona Law Review 59 (2017), S. 339–381.

Runeson, Per/Olsson, Thomas/ Linåker, Johan: Open Data Ecosystems – An empirical investigation into an emerging industry collaboration concept, Journal of Systems and Software 182 (2021), S. 1–17.

Rusche, Christian: Data Economy and Antitrust Regulation, Intereconomics 54 (2019), S. 114–119.

Rusche, Christian/Scheufen, Marc: On (intellectual) property and other legal frameworks in the digital economy: An economic analysis of the law, IW Report No. 48/2018, 2018, abrufbar unter: https://www.iwkoeln.de/studien/christian-rusche-marc-scheufen-on-intellectual-property-and-other-legal-frameworks-in-the-digital-economy.html (zitiert als: *Rusche/Scheufen*, On (intellectual) property (2018)).

Sachs, Michael (Hrsg.): Grundgesetz. Kommentar, 9. Aufl., München 2021.

Säcker, Franz Jürgen (Hrsg.): Berliner Kommentar zum Energierecht, Bd. 1: Energiewirtschaftsrecht – Energieplanungsrecht – Energiesicherungsrecht, 4. Aufl., Frankfurt a. M. 2019.

Sagstetter, Thomas: Big Data und der europäische Rechtsrahmen: Status quo und Reformbedarf im Lichte der Trade-Secrets-Richtlinie 2016/943/EU, in: Lena Maute/Mark-Oliver Mackenrodt (Hrsg.), Recht als Infrastruktur für Innovation, GRUR Junge Wissenschaft, Baden-Baden 2019, S. 285–318.

Samuelson, Paul: The Pure Theory of Public Expenditure, The Review of Economics and Statistics 36 (1954), S. 387–389.

Sattler, Andreas: Personenbezug als Hindernis des Datenhandels, in: Tereza Pertot (Hrsg.), Rechte an Daten, Tübingen 2019, S. 49–85.

Sassenberg, Thomas/Faber, Tobias (Hrsg.): Rechtshandbuch Industrie 4.0 und Internet of Things, 2. Aufl., München 2020 (zitiert als: *Bearbeiter*, in: Sassenberg/Faber, Rhdb. Industrie 4.0).

Savary, Fiona: Regulierung von Gatekeeper-Plattformen, RDi 2021, S. 117–123.

Schäfer, Hans-Bernd: Legal Rules and Standards, in: Charles Rowley/Friedrich Schneider (Hrsg.), The Encyclopedia of Public Choice, Boston 2004, S. 671–674.

Schäfer, Hans-Bernd/Ott, Claus: Lehrbuch der ökonomischen Analyse des Zivilrechts, 6. Aufl., Berlin u. a. 2020 (zitiert als: *Schäfer/Ott*, Ökonomische Analyse des Zivilrechts (2020)).

Schildbach, Roman: Zugang zu Daten der öffentlichen Hand und Datenaltruismus nach dem Entwurf des Daten-Governance-Gesetzes, ZD 2022, S. 148–153.

Schmid, Gregor/Grewe, Max: Digital Services Act: Neues „Grundgesetz für Onlinedienste"? Auswirkungen des Kommissionsentwurfs für die Digitalwirtschaft, MMR 2021, S. 279–282.

Schmidt, Karsten (Hrsg.): Insolvenzordnung. Beck'scher Kurz-Kommentar, 20. Aufl., München 2023.

Schmidt, Stefan A.: Zugang zu Daten nach europäischem Kartellrecht, Tübingen 2020 (zugl. Diss. Münster 2020).

Schmitz, Andreas/Yanenko, Olga: Web Server Logs und Logfiles, in: Nina Baur/Jörg Blasius (Hrsg.), Handbuch Methoden der empirischen Sozialforschung, Wiesbaden 2019, S. 991–999.

Schmolke, Klaus Ulrich: § 5 – Vertragstheorie und ökonomische Analyse des Vertragsrechts, in: Emanuel v. Towfigh/Niels Petersen (Hrsg.), Ökonomische Methoden im Recht, 2. Auflage, Tübingen 2017, S. 131–162.

Schneider, Christian: Regulierungsrecht der Netzwirtschaften I und II, Forschungen aus Staat und Recht 172/173, Wien 2013.

Schneider, Jens-Peter/Theobald, Christian (Hrsg.): Recht der Energiewirtschaft. Praxishandbuch, 5. Aufl., München 2021.

Schoch, Friedrich: Informationsfreiheitsgesetz. Kommentar, 2. Aufl., München 2016.

Schoch, Friedrich/Schneider, Jens-Peter (Hrsg.): Verwaltungsrecht. Verwaltungsgerichtsordnung, Stand: 43. EL., August 2022, München.

Schoch, Friedrich/Schneider, Jens-Peter (Hrsg.): Verwaltungsrecht. Verwaltungsverfahrensgesetz, Stand: 3. EL., August 2022, München.

Schomburg, Wolfgang/Lagodny, Otto/Gleß, Sabine/Hackner, Thomas/Trautmann, Sebastian (Hrsg.): Internationale Rechtshilfe in Strafsachen. Beck'scher Kurz-Kommentar, 6. Aufl., München 2020.

Schönke, Adolf (Begr.)/*Schröder, Horst* (Fortf.): Strafgesetzbuch. Kommentar, Gesamtredaktion bei Albin Eser, 30. Aufl., München 2019 (zitiert als: *Bearbeiter*, in: Schönke/Schröder. StGB).

Schreiber, Kristina/Pommerening, Patrick/Schoel, Philipp: Das neue Recht der Daten-Governance, Baden-Baden 2023.

Schricker, Gerhard/Loewenheim, Ulrich/Leistner, Matthias/Ohly, Ansgar (Hrsg.): Urheberrecht. Kommentar, 6. Aufl., München 2020.

Schulze, Reiner/Dörner, Heinrich/Ebert, Ina/u. a. (Hrsg.): BGB. Handkommentar, 11. Aufl., Baden-Baden 2022 (zitiert als: *Bearbeiter*, in: Schulze/Dörner/u. a., BGB).

Schulze, Reiner/Staudenmayer, Dirk (Hrsg.): EU Digital Law. Article-by-Article-Commentary, München u. a. 2020.

Schur, Nico: Die Lizenzierung von Daten. Der Datenhandel auf Grundlage von vertraglichen Zugangs- und Nutzungsrechten als rechtspolitische Perspektive, GRUR 2020, S. 1142–1152.

Schur, Nico: Die Lizenzierung von Daten. Einordnung, Grenzen und Möglichkeiten von vertraglichen Zugangs- und Datennutzungsrechten in der digitalen Ökonomie, Tübingen 2020 (zugl. Diss. Göttingen 2020; zitiert als: *Schur*, Die Lizenzierung von Daten (2020)).

Schütrumpf, Moritz/Person, Christian: Gaia-X: Vernetzte Infrastrukturen für eine europäisch geprägte Datenwirtschaft, RDi 2022, S. 281–288.

Schwark, Eberhard/Zimmer, Daniel (Hrsg.): Kapitalmarktrechts-Kommentar, 5. Aufl., München 2020.

Schwartz, Paul/Janger, Edward: Notification of Data Security Breaches, Michigan Law Review 105 (2007), S. 913–984.

Schweitzer, Heike: Datenzugang in der Datenökonomie: Eckpfeiler einer neuen Informationsordnung, GRUR 2019, S. 569–580.

Schweitzer, Heike: Digitale Plattformen als private Gesetzgeber: Ein Perspektivwechsel für die europäische „Plattform-Regulierung", ZEuP 2019, S. 1–12.

Schweitzer, Heike: The Art to Make Gatekeeper Positions Contestable and the Challenge to Know What Is Fair: A Discussion of the Digital Markets Act Proposal, ZEuP 2021, S. 503–544.

Schweitzer, Heike/Haucap, Justus/Kerber, Wolfgang/Welker, Robert: Modernisierung der Missbrauchsaufsicht für marktmächtige Unternehmen. Endbericht, Projekt im Auftrag des Bundesministeriums für Wirtschaft und Energie (BMWi) Nr. 66/17, 2018, abrufbar unter https://www.bmwk.de/Redaktion/DE/Publikationen/Wirtschaft/modernisierung-der-missbrauchsaufsicht-fuer-marktmaechtige-unternehmen.pdf?__blob=publicationFile&v=15 (zitiert als: *Schweitzer/Haucap/u. a.*, Modernisierung der Missbrauchsaufsicht (2018)).

Schweitzer, Heike/Kerber, Wolfgang: Interoperability in the Digital Economy, JIPITEC 8 (2017), S. 39–68.

Schweitzer/Heike/Metzger, Axel/ Blind, Knut/Richter, Heiko/Niebel, Crispin/Gutmann, Frederik: Data access and sharing in Germany and in the EU: Towards a coherent legal framework for the emerging data economy. A legal, economic and competition policy angle, Final Report, 8. Juli 2022, abrufbar unter: https://pure.mpg.de/rest/items/item_3457829/component/file_3457831/content (zitiert als: *Schweitzer/Metzger/u. a.*, Data access and sharing (2022))).

Schweitzer, Heike/Peitz, Martin: Datenmärkte in der digitalisierten Wirtschaft: Funktionsdefizite und Regelungsbedarf?, Discussion Paper No. 17-043, 2017, abrufbar unter: http://ftp.zew.de/pub/zew-docs/dp/dp17043.pdf (zitiert als: *Schweitzer/Peitz*, Datenmärkte in der digitalisierten Wirtschaft (2017)).

Schweitzer, Heike/Peitz, Martin: Ein neuer europäischer Ordnungsrahmen für Datenmärkte?, NJW 2018, S. 275–280.

Scott Morton, Fiona/Crawford, Gregory/Crémer, Jacques/Dinielli, David/u. a.: Equitable Interoperability: the „Super Tool" of Digital Platform Governance, Tobin Center Policy Discussion Paper No. 4, Juli 2021, abrufbar unter: https://papers.ssrn.com/sol3/papers.cfm?abstract_id=3923602 (zitiert als: *Scott Morton/Crawford/u. a.*, Equitable Interoperability (2021)).

Seifried, Mareike/Berschek, Irene: Schwerpunktstudie Digitale Souveränität. Bestandsaufnahme und Handlungsfelder, Oktober 2021, abrufbar unter: https://www.bmwk.de/Redaktion/DE/Publikationen/Digitale-Welt/schwerpunktstudie-digitale-souveranitaet.pdf?__blob=publicationFile&v=6 (zitiert als: *Seifried/Berschek*, Schwerpunktstudie Digitale Souveränität (2021)).

Sharma, Priyanka/Lawrenz, Sebastian/Rausch, Andreas: Towards Trustworthy and Independent Data Marketplaces, ICBT 2 (2020), S. 39–45.

Shelanski, Howard: Information, Innovation and Competition Policy for the Internet, University of Pennsylvania Law Review 161 (2013), S. 1663–1705.

Shell, Richard: Opportunism and Trust in the Negotiation of Commercial Contracts: Toward a New Cause of Action, Vanderbilt Law Review 44 (1991), S. 221–282.

Sherman, Justin: Data Brokers and Sensitive Data on U. S. Individuals. Threats to American Civil Rights, Natonal Security, and Democracy, 2021, abrufbar unter: https://techpolicy.sanford.duke.edu/wp-content/uploads/sites/4/2021/08/Data-Brokers-and-Sensitive-Data-on-US-Individuals-Sherman-2021.pdf (zitiert als: *Sherman*, Data Brokers and Sensitive Data (2021)).

Sigwart, Marten/Borkowski, Michael/Peise, Marco/Schulte, Stefan/Tai, Stefan: A secure and extensible blockchain-based data provenance framework for the Internet of Things, Personal and Ubiquitous Computing 2020, abrufbar unter: https://link.springer.com/article/10.1007/s00779-020-01417-z.

Simitis, Spiros/Hornung, Gerrit/Spiecker gen. Döhmann (Hrsg.): Datenschutzrecht. DSGVO mit BDSG, München 2019.

Simon, Natalia, Markopoulos, Ioannis/Gindl, Stefan, u. a.: D2.1 ‚Definition and analysis of the EU and worldwide data market trends and industrial needs for growth', 2021, abrufbar unter: https://www.trusts-data.eu/wp-content/uploads/2021/07/D2.1-Definition-and-analysis-of-the-EU-and-worldwide-data-market-trends-....pdf (zitiert als: *Simon/Markopoulos/u.a.*, D2.1 ‚Definition and analysis' (2021)).

Sivinski, Greg/Okuliar, Alex/Kjolbye, Lars: Is big data a big deal? A competition law approach to big data, European Competition Journal 13 (2017), S. 199–227.

Smit, Jan/Kreutzer, Stephan/Moeller, Carolin/Carlberg, Malin: Industry 4.0. Study for the ITRE Committee, Februar 2016, abrufbar unter: https://op.europa.eu/en/publication-detail/-/publication/1b970736-9acb-11e6-868c-01aa75ed71a1.

Sodan, Helge/Ziekow, Jan (Hrsg.): Verwaltungsgerichtsordnung. Großkommentar, 5. Aufl., Baden-Baden 2018.

Sokol, Daniel/Comerford, Roisin: Antitrust and Regulating Big Data, George Mason Law Review 23 (2016), S. 1129–1161.

Specht-Riemenschneider, Louisa: Der Entwurf des Data Act. Eine Analyse der vorgesehenen Datenzugangsanasprüche im Verhältnis B2B, B2C und B2G, MMR-Beil. 2022, S. 809–826.

Specht-Riemenschneider, Louisa/Blankertz, Aline/Sierek, Pascal/Schneider, Ruben/Knapp, Jakob/Henne, Theresa: Die Datentreuhand. Ein Beitrag zur Modellbildung und rechtlichen Strukturierung zwecks Identifizierung der Regulierungserfordernisse für Datentreuhandmodelle, MMR-Beil. 2021, S. 25–48.

Specht-Riemenschneider, Louisa/Hennemann, Moritz (Hrsg.): Data Governance Act. Handkommentar, Baden-Baden 2023.

Spiecker gen. Döhmann, Indra: Wissensverarbeitung im Öffentlichen Recht, RW 2010, S. 247–282.

Spiekermann, Markus: Data Marketplaces: Trends and Monetisation of Data Goods, Intereconomics 54 (2019), S. 208–216.

Spindler, Gerald: Der Vorschlag für ein neues Haftungsregime für Internetprovider – der EU-Digital Services Act (Teil 1), GRUR 2021, S. 545–553.

Spindler, Gerald: Der Vorschlag für ein neues Haftungsregime für Internetprovider – der EU-Digital Services Act. Teil 2: Große und besonders große Plattformen, GRUR 2021, S. 653–662.

Spindler, Gerald/Schmitz, Peter (Hrsg.): Telemediengesetz. Kommentar, 2. Aufl., München 2018.

Spindler, Gerald/Schuster, Fabian (Hrsg.): Recht der elektronischen Medien. Kommentar, 4. Aufl., München 2019.

Spindler, Gerald/Stilz, Eberhard (Hrsg.): Aktienrecht. Bd. 1: § 1–132 AktG, 5. Aufl., München 2022.

Spulber, Daniel F.: Market Microstructure and Intermediation, Journal of Economic Perspectives 10 (1996), S. 135–152.

Spulber, Daniel F.: Market Microstructure: Intermediaries and the Theory of the Firm, Cambridge 1999.

Staebe, Erik: Unbundling-Vorgaben für vertikal integrierte Infrastrukturbetreiber als Kern eines „allgemeinen Regulierungsrechts"? (Teil 1), IR 2006, S. 204–207.

Staebe, Erik: Unbundling-Vorgaben für vertikal integrierte Infrastrukturbetreiber als Kern eines „allgemeinen Regulierungsrechts"? (Teil 2), IR 2006, S. 222–225.

Stahl, Florian/ Löser, Alexander/Vossen, Gottfried: Preismodelle für Datenmarktplätze, Informatik-Spektrum 38 (2015), S. 133–141.

Stahl, Florian/Schomm, Fabian/Vossen, Gottfried/Vomfell, Lara: A classification framework for data marketplaces, Vietnam Journal of Computer Science 3 (2016), S. 137–143.

Stalla-Bourdillon, Sophie/Knight, Alison: Anonymous Data v. Personal Data – False Debate: An EU Perspective on Anonymization, Pseudonymization and Personal Data, Wisconsin International Law Journal 34 (2016), S. 284–322.

Stamm, Barbara: Marktmachtabhängige und -unabhängige Zugangsregulierung im neuen TKG. TKG-Novelle I: Erweiterung der Zugangsverpflichtungen statt Deregulierung, MMR 2022, S. 357–363.

Steinle, Claus/Schiele, Holger/Ernst, Tanja: Information Asymmetries as Antecedents of Opportunism in Buyer-Supplier Relationships: Testing Principal-Agent Theory, Journal of Business-to-Business Marketing 21 (2014), S. 123–140.

Steinrötter, Björn: Gegenstand und Bausteine eines EU-Datenwirtschaftsrechts, RDi 2021, S. 480–485.

Stelkens, Paul/Bonk, Heinz Joachim/Sachs, Michael (Hrsg.): Verwaltungsverfahrensgesetz. Kommentar, 10. Aufl., München 2023.

Stender-Vorwachs, Jutta/Steege, Hans: Wem gehören unsere Daten? Zivilrechtliche Analyse zur Notwendigkeit eines dinglichen Eigentums an Daten, der Datenzuordnung und des Datenzugangs, NJOZ 2018, S. 1361–1367.

Stigler, George J.: The Theory of Price, 3. Aufl., London u. a. 1966.

Stigler Committee on Digital Platforms: Final Report, September 2019, abrufbar unter: https://www.chicagobooth.edu/-/media/research/stigler/pdfs/digital-platforms—committee-report—stigler-center.pdf.

Streinz, Thomas: Chapter 29. The Evolution of European Data Law in: Paul Craig/Gráinne de Búrca (Hrsg.), The Evolution of EU Law, 3. Auflage, Oxford u. a. 2021, S. 902–936.

Streinz, Rudolf (Hrsg.): EUV/AEUV, Beck'sche Kurz-Kommentare, 3. Aufl., München 2018.

Strohbach, Martin/Daubert, Jörg/Ravkin, Herman/Lischka, Mario: Big Data Storage, in: Jose Maria Cavanillas/Edward Curry/Wolfgang Wahlster (Hrsg.), New Horizons for a Data-Driven Economy. A Roadmap for Usage and Exploitation of Big Data in Europe, Berlin u. a. 2016, S. 119–142.

Subramanian, Nalini/Jeyaraj, Andrews: Recent security challenges in cloud computing, Computers and Electrical Engineering 71 (2018), S. 28–42.

Swann, Peter: The Economics of Innovation, Cheltenham 2009.

Sydow, Gernot/Marsch, Nikolaus (Hrsg.): Datenschutz-Grundverordnung. Bundesdatenschutzgesetz, 3. Aufl., Baden-Baden 2022.

Syverson, Chad: Macroeconomics and Market Power: Context, Implications, and Open Questions, Journal of Economic Perspectives 3 (2019), S. 23–43.

Taeger, Jürgen/Gabel, Detlev (Hrsg.): DSGVO – BDSG – TTDSG, 4. Aufl., Frankfurt 2022.

Taeger, Jürgen/ Pohle, Jan (Hrsg.), Computerrechts-Handbuch, Stand: 37. EL Mai 2022, München.

Tang, Qifeng/Shao, Zhiqing/Huang, Lihua/Yin, Wenyi/Dou, Yifan: Identifying Influencing Factors for Data Transactions: A Case Study from Shanghai Data Exchange, Journal of Systems Science and Systems Engineering 29 (2020), S. 697–708.

Terhechte, Jörg Philipp (Hrsg.): Verwaltungsrecht der Europäischen Union, 2. Aufl., Baden-Baden 2022.

Theobald, Christian/Kühling, Jürgen (Hrsg.): Energierecht. Kommentar, Stand: 119. EL., Februar 2023, München.

Theobald, Christian/Nill-Theobald, Christiane (Hrsg.): Grundzüge des Energiewirtschaftsrechts, 3. Aufl., München 2013.

Thomas, Stefan: § 8 Die europäische Zusammenschlusskontrolle, in Michael Kling/Stefan Thomas, Kartellrecht, 2. Aufl., München 2016.

Thüsing, Gregor (Hrsg.): Beschäftigtendatenschutz und Compliance, 3. Aufl., München 2021.

Tidd, Joe/Bessant, John/Pavitt, Keith: Managing Innovation, 3. Aufl., Chichester u. a. 2005.

Tiedeke, Anna Sophia: Die (notwendige) Relativität digitaler Souveränität. Kritische Reflexionen zu einem zentralen und umstrittenen Konzept im digitalen Zeitalter, MMR 2021, S. 624–628.

Tolks, Daniel: Die finale Fassung des Data Governance Act. Erste Schritte in Richtung einer europäischen Datenwirtschaft, MMR 2022, S. 444–449.

Tribess, Alexander: P2B-Verordnung zur Förderung von Fairness und Transparenz von Online-Diensten, GWR 2020, S. 233–238.

Uecker, Philipp: Extraterritorialer Anwendungsbereich der DS-GVO. Erläuterungen zu den neuen Regelungen und Ausblick auf internationale Entwicklungen, ZD 2019, S. 67–71.

Uhlenbruck, Wilhelm (Fortf.), herausgegeben von Heribert Hirte/Heinz Vallender: Insolvenzordnung. Kommentar, Bd. 1: InsO, 15. Aufl., München 2019.

Utterback, James: The Process of Technological Innovation within the Firm, Academy of Management, S. 75–88.

Veil, Winfried: Data Governance Act II: Datenmittler, CR-Online Blog vom 11. Oktober 2021, abrufbar unter: https://www.cr-online.de/blog/2021/10/11/in-der-datenschutzrechtlichen-todeszone-der-data-governance-act-teil-ii/.

Veil, Winfried: Auch die Rechtssprache ist verräterisch, CR-Online Blog vom 8. August 2022, abrufbar unter: https://www.cr-online.de/blog/2022/08/08/auch-rechtssprache-ist-verraeterisch/.

Veil, Winfried: Ende des Wilden Westens oder wirrer Wildwuchs?, ZGI 2022, S. 197–198.

Veil, Winfried: Der Data Governance Act und sein Verhältnis zum Datenschutzrecht Teil I: Weiterverwendung von Daten im Besitz öffentlicher Stellen, PinG 2023, S. 1–8.

Vogelzang, Francesco: A closer look at the data intermediaries and the risk of platformization, Open Future Blog, 1. März 2022, abrufbar unter: https://openfuture.eu/blog/a-closer-look-at-data-intermediaries-and-the-risk-of-platformization/.

Volkmann, Uwe: Volkssouveränität, in: Görres-Gesellschaft (Hrsg.), Staatslexikon, Bd. 5, 8. Aufl., Freiburg 2021 (zitiert als: *Volkmann*, Volkssouveränität (2021)).

von der Groeben, Hans/Schwarze, Jürgen/Hatje, Armin (Hrsg.): Europäisches Unionsrecht, Bd. 3, 7. Aufl., Baden-Baden 2015.

Vossius-Köbel, Isabelle: Die Quellcode-Hinterlegung in der Insolvenz, UFITA-Schriftenreihe des Archivs für Medienrecht und Medienwissenschaft Bd. 291, Baden-Baden 2020 (zugl. Diss. Passau 2019).

Wagner, Gerhard: Prävention und Verhaltenssteuerung durch Privatrecht – Anmaßung oder legitime Aufgabe, AcP 206 (2006), S. 352–476.

Walshe, Ray: The Road to Big Data Standardisation, in: Edward Curry/Andreas Metzger/Sonja Zillner/Jean-Christophe Pazzaglia/Ana Garcia Robles (Hrsg.), The Elements of Big Data. Foundations of the Research and Innovation Ecosystem, Cham 2021, S. 333–354.

Wandtke, Artur-Axel/Bullinger, Winfried (Hrsg.): Urheberrecht. Praxiskommentar, 6. Aufl., München 2022.

Wandtke, Artur/Hauck, Ronny: Verantwortlichkeit und Haftung – Das Urheberrechts-Diensteanbieter-Gesetz im Kontext des allgemeinen Urheberrechts, ZUM 2021, S. 763–775.

Weber, Felix/Reumann, Anna Sofia: Selbstbegünstigung im Regulierungsrecht – Verstoß gegen Art. 6 DMA?, NZKart 2022, S. 259–263.

Weck, Thomas: Schutzrechte und Standards aus Sicht des Kartellrechs, NJOZ 2009, S. 1177–1188.

Wellisch, Dan: Abstracting, Indexing, Classification, Thesaurus Construction: A Glossary, Port Aransas 1996.

Wendehorst, Christiane: Platform Intermediary Services and Duties under the E-Commerce Directive and the Consumer Rights Directive, EuCML 2016, S. 30–33.

Wendehorst, Christiane: Of Elephants in the Room and Paper Tigers: How to Reconcile Data Protection and the Data Economy, in: Sebastian Lohsse/Reiner Schulze/Dirk Staudenmayer (Hrsg.), Trading Data in the Digital Economy, Trading Data in the Digital Economy: Legal Concepts and Tools. Münster Colloquia on EU Law and the Digital Economy III, Baden-Baden 2017, S. 327–356.

Wernick, Alina/Olk, Christopher/v. Grafenstein, Maximilian: Defining Data Intermediaries, Technology and Regulation 2020, S. 65–77.

Wicker, Magda: Vertragstypologische Einordnung von Cloud-Computing-Verträgen. Rechtliche Lösungen bei auftretenden Mängeln, MMR 2012, S. 783–788.

Wicker, Magda: Haftet der Could-Anbieter für Schäden beim Cloud-Nutzer? Relevante Haftungsfragen in der Cloud, MMR 2014, S. 715–718.

Wiebe, Andreas: Protection of industrial data – a new property right for the digital economy?, GRUR Int 2016, S. 877–884.

Wiebe, Andreas: Schutz von Maschinendaten durch das sui-generis-Schutzrecht für Datenbanken, GRUR 2017, S. 338–345.

Wiedemann, Gerhard (Hrsg.): Handbuch des Kartellrechts, 4. Aufl., München 2020 (zitiert als: *Bearbeiter*, in: Wiedemann, Hdb. KartR).

Williamson, Oliver: The Modern Corporation: Origins, Evolution, Attributes, Journal of Economic Literature 19 (1981), S. 1537–1568.

Wils, Wouter: Private Enforcement of EU Antitrust Law and Its Relationship with Public Enforcement: Past, Present and Future, World Competition 40 (2017), S. 3–45.

Wimmer, Kurt: Free Expression and EU Privacy Regulation: Can the GDPR Reach U. S. Publishers?, Syracuse Law Review 68 (2018), S. 547–578.

Wimmer, Norbert: Netzneutralität – Eine Bestandsaufnahme, ZUM 2013, S. 641–652.

Wittershagen, Leonie: The Transfer of Personal Data from the European Union to the United Kingdom post-Brexit, Global and Comparative Data Law Bd. 1, Berlin u. a. 2022 (zugl. Diss. Passau 2022; zitiert als: *Wittershagen*, The Transfer of Personal Data (2022)).

Wolfert, Sjaak/Ge, Lan/Verdouw, Cor/Bogaardt, Marc-Jeroen: Big Data in Smart Farming – A review, Agricultural Systems 153 (2017), S. 69–80.

Woods, Andrew: Litigating Data Sovereignity, The Yale Law Journal 128 (2018), S. 328–406.

Wu, Lynn/Hitt, Lorin/Lou, Bowen: Data Analytics, Innovation, and Firm Productivity, Management Science 66 (2020), S. 2017–20139.

Yu, Dan/Hang, Chieh: A Reflective Review of Disruptive Innovation Theory, International Journal of Management Reviews 12 (2010), S. 435–452.

Zech, Herbert: Information als Schutzgegenstand, Tübingen 2012 (zugl. Habil. Bayreuth 2012).

Zech, Herbert: Daten als Wirtschaftsgut. Überlegungen zu einem „Recht des Datenerzeugers", CR 2015, S. 137–146.

Zech, Herbert: „Industrie 4.0" – Rechtsrahmen für eine Datenwirtschaft im digitalen Binnenmarkt, GRUR 2015, S. 1151–1160.

Zech, Herbert: Besitz an Daten?, in: Tereza Pertot (Hrsg.), Rechte an Daten, Tübingen 2019, S. 91–102.

Zech, Herbert: Einführung in das Technikrecht, Schriften zum Immaterialgüter-, IT-, Medien-, Daten- und Wettbewerbsrecht Bd. 2, Trier 2021.

Zillner, Sonja/Becker, Tilman/Munné, Richard/Hussain, Kazi/Rusitschka, Sebnem/Lippel, Helen/Curry, Edward/Adegboyega, Ojo: Big Data-Driven Innovation in Industrial Sectors, in: Jose Maria Cavanillas/Edward Curry/Wolfgang Wahlster (Hrsg.), New Horizons for a Data-Driven Economy. A Roadmap for Usage and Exploitation of Big Data in Europe, Berlin u. a. 2016, S. 169–178.

Zins, Chaim: Conceptual approaches for defining data, information, and knowledge, Journal of the American Society for Information Science and Technology 58 (2007), S. 479–493.

Zurth, Patrick/Lersch, Jan: Daten und Informationen als Teil der Insolvenzmasse?, ZfDR 2021, S. 175–192.

www.ingramcontent.com/pod-product-compliance
Lightning Source LLC
LaVergne TN
LVHW092122300926
849161LV00002B/199